中国汽车史话

二〇一五年九月 邹家华

自主创新

车魂

为中国自主创新汽车展题

二二年六月 邹家华

FOREWORD

序

　　汽车产业是国民经济的重要支柱产业，汽车产业发展对国民经济发展具有重要的意义。今天，全球汽车工业产值超过 15 000 亿美元，是最大的全球性产业之一，也是经济发达国家的重要支柱产业。

　　从 1953 年一汽建设开始，中国汽车工业已经走过了一个甲子，从最初的一穷二白到后来的缺轻少重、轿车为零，再到 2016 年的年产销量超过 2800 万辆，以及中、重、轻、轿、微品种齐全，中国用 60 多年的时间完成了汽车工业发展壮大的过程。今天，我国已经成为世界汽车产销量第一的汽车生产和销售大国。在艰难困苦的条件下，中国汽车人克服无数艰难险阻，一步一个脚印，做到了出产品、出人才、出思想，取得了辉煌的成绩。作为一名曾经参与策划、组织和指挥汽车工业发展的老人，在回顾中国汽车产业 60 多年的坎坷历程时，感受颇多。

　　新中国成立以来，经济与社会发展历经风雨坎坷，既有成功与胜利的喜悦，也有失败与坎坷的教训，中国汽车工业的诞生与新中国的诞生几乎同步，中国经济与社会发展的风风雨雨也直接影响到了中国汽车工业的发展。历史是一面镜子，"以铜为镜，可以正衣冠，以史为镜，可以知兴替"，回顾中国汽车工业发展的历程，既有现实意义，又有历史意义。

　　1950 年年初，毛泽东主席在苏联访问时就提出要建设一汽，由此促成了中国汽车工业的诞生；之后又亲自为一汽选定厂长、题写厂名；还在政治局会议上多次讨论一汽的建设，调集精兵强将，举全国之力建设一汽；带头乘坐一汽生产的红旗轿车，为一汽的发展排忧解难。作为共和国长子的一汽终于茁壮成长，毛主席后又决定建设第二汽车制造厂，奠定了中国汽车工业发展的基础。改革开放以后，邓小平同志高瞻远瞩，同意汽车工业中外合资、引进先进技术，中国汽车工业从此进入新的发展阶段。"七五"时期，国家提出将汽车工业列为国民经济支柱产业。1994 年，国家计划委员会（计委）公布中国第一部《汽车工业产业政策》，要求到 2010 年，汽车工业发展成为国民经济支柱产业，并带动其他相关产业的发展；2004 年，国家发展和改革委员会（发改委）公布第二部《汽车工业产业政策》，再次要求到 2010 年将汽车产业建设成为国民经济支柱产业，为全面实现小康社会做出更大贡献；2009 年，国务院办公厅公布了《汽车产业调整和振兴规划》，明确提出，汽车产业是国民经济重要的支柱产业。进入新世纪以来，我国汽车工业总产值年均增长 20% 以上，居机械工业之首，明显高于同期的国民经济增速。2010 年，汽车产业实现工业总产值 4.34 万亿元，占国民经济总产值的 6.13%；直接相关产业从业人员超过 4000 万人，占全国城镇就业人数的 12% 以上；汽车行业实现税收 9500 亿元，贡献了全国税收的 13%。今天，无论是从汽车保有量和产销量看，还是从占国民经济的比重、就业人数看，中国汽车产业已经名副其实地成了国民经济第一支柱产业。2014 年，中国国内的汽车保有量已超过 1 亿辆，北京、上海、广州这样的中心城市已经达到平均每 4 人拥有一辆汽车。这些数据说明，汽车已经成为社会大众须臾不可离的"改变世界的机器"，中国已经实实在在地进入了汽车社会。

在中国汽车工业走过62年历程的时候，徐秉金、欧阳敏同志不辞辛劳，花费数年时间搜集并整理了大量资料，采访了多位中国汽车业界的元老，将中国汽车工业发展的历史与重大事件集中反映在了这部著作之中。回顾这段历史，如同回到那段波澜壮阔、激动人心的火热年代，既可以让我们看到成绩、增强信心与力量，又可以让我们看到差距与不足，更能激励我们拼搏前进。

今天，汽车工业是消化和吸收现代科技，尤其是高新科技成果最强的工业部门之一。随着时代与科技的发展，现代汽车正向智能化、网络化、轻量化和能源多样化发展，汽车产业也逐步成为科技创新的领头羊和驱动器。虽然中国目前已经成为汽车大国，但不能不看到，由于历史的原因，中国汽车产业的现状与汽车大国的地位仍不相符，离汽车强国尚有一定的差距，汽车产品的质量与品种仍然不能满足国民经济发展和人民群众的需求，在自主创新、掌握核心技术、创造自主品牌上还有很多工作要做。

党的十八大报告指出："科技创新是提高社会生产力和综合国力的战略支撑，必须摆在国家发展全局的核心位置。要坚持走中国特色自主创新道路，以全球视野谋划和推动创新，提高原始创新、集成创新和引进消化吸收再创新能力，更加注重协同创新。"

创新是汽车产业持续发展的不绝动力。汽车产业的发展建立在电力、钢铁、石油、化工、机械、电子等各种现代工业的基础之上，没有这些基础工业体系的现代化，发展现代化的汽车产业就是无源之水、无本之木。一辆汽车集中了几乎所有现代工业的发展成就：蒸汽机和内燃机的发明推动了汽车的诞生和大规模生产，电子技术的发明使得汽车更为快捷安全、更为节能环保、更为智能化、更符合人性化特点，材料科学的发展使得制造汽车的材料的重量越来越轻、强度越来越高。而新能源技术的不断开拓势必会将汽车引领向新的、更高的发展阶段。这些都生动地说明，创新对汽车产业的影响是革命性的。

技术创新是思想和劳动的结晶，有着原创和传承的特点。技术的载体是产品，产品的技术含量决定了其使用价值和市场价值。事实说明，只有自主开发产品才可能发展技术能力，自主开发的过程就是技术创新的过程。技术创新并非凭空而来，而是随着对事物认识的深化而循序渐进的。汽车刚出现时，人们对发动机爆炸般的噪声难以容忍，于是发明了消声排气管；为了减少行驶时的震动，使乘坐更为舒适，人们又发明了减振器和充气的橡胶轮胎；晚上行驶时看不见前方，于是增添了车灯；发动机油耗高，于是发明了各种化油器和节油装置。发动机、底盘、传动、转向、车架、车身的配合如何做到最安全、最科学、最高效，都是在一次次的观察、思考、总结、试验，以及一次次失败的基础上，才有了今天的成就。由此可以认识到，发明与创新一定需要从头到尾的全过程、需要循序渐进。

创新需要以广泛而坚实的国民经济生产研发体系和政府相关政策做支撑，创新也需要浓厚的社会氛围来支持。1903年，美国的莱特兄弟发明了飞机，飞行成功后，纽约万人空巷去迎接，美国政府立即从财政和政策上支持其投入生产，这说明社会和政府对创新的认可程度。回望英国工业革命、美国20世纪初的崛起，创新都是重要动力。历史的发展证明，创新能力决定国家的兴衰，中国对此有着深刻的认识。21世纪，国与国之间的竞争同样是自主创新能力的竞争，自主创新能力强则国强，自主创新能力弱则国弱，此外别无他途。

放眼全球，中国汽车市场是最为活跃和最大的市场之一。谁占有中国市场，谁就握住了世界汽车发展的主导权。中国汽车工业的起步远远落后于世界汽车强国，经过60多年的努力，我们已经成为汽车大国，但距离汽车强国还有相当一段距离，要跻身世界汽车强国，我们还需要提高自主创新能力，掌握具有自主知识产权的核心技术，创立自己的知名品牌。一个国家、一个企业为了获得产业、技术、信誉或品牌，没有也不可能通过购买、抄袭达到目的，只有依靠自己，脚踏实地，建立长期战略目标，抓铁有痕，踏石留印，一步一个脚印地、扎扎实实地埋头苦干，坦然面对低潮，甚至是失利，才能看到风雨后的彩虹。

　　自主创新是人类进步的起源，是一个国家发展的动力，是国家意志和民族精神的体现，是提高中国经济和中国汽车产业竞争力的关键，是从汽车大国走向汽车强国的必由之路，也是中华民族自立自强的最高精神境界。自主创新需要完整的创新政策体系，需要各级财政巨额资金投入，需要大量的团结协作、不畏艰苦、富有创意的创新人才队伍，需要有积极大胆的创新思维，需要守得住孤独、长时间坐在冷板凳上默默无闻埋头苦干的坚守精神，需要坚韧不拔、越挫越勇的创新意志，需要全社会对创新的理解与宽容。急功近利、巧取豪夺、投机钻营、唯书唯上、好大喜功都是自主创新的障碍与大敌。在自主创新上，从政府到企业，应少一些"叶公"，多一些"愚公"；少一些崇洋媚外，多一些民族自尊。只有如此，中国的汽车产业才能够提高国际竞争力，自立于世界汽车强国之林。

　　强调自主创新并不是要关闭市场、杜门谢客。中国的市场始终是开放的，欢迎外资品牌和合资品牌进入。在经济全球化的今天，我们不可能什么东西都自己动手做，但对事关国计民生的基础研究和战略支柱产业，自主创新仍旧是我们发展壮大必不可少的重要法宝。

CONTENTS

目　录

序

上　篇 ································· 1

第一章　摇篮曲 ······················ 2

"我们也要有这样的汽车厂" ············ 2

郭力让贤 ·························· 7

三年建成一汽 ······················ 13

友谊之歌 ·························· 18

"解放"之路 ······················ 22

"垂直"换型转产 ···················· 29

第二章　深山跃出一条龙 ·············· 35

几上几下 ·························· 35

建厂方针 ·························· 41

选址 ····························· 47

二汽建设规划 ······················ 61

转折 ····························· 67

"从头越" ························· 70

"自筹资金建二汽" ·················· 77

中国的"底特律" ··················· 90

春风送暖 ·························· 94

走出大山 ·························· 103

第三章　新的起点 ··················· 112

面向世界 ·························· 112

盘点家底 ·························· 116

联营之路 ·························· 120

松绑放权 ·························· 126

第四章　"发展最快的汽车"——轻型车 ··· 134

遍地开花 ·························· 134

"跃进"汽车 ······················ 139

北京130，中国第一轻卡 ·············· 144

一拥而上 ·························· 147

跃进握手依维柯 ···················· 150

"有心栽花" ······················ 153

"无心插柳"之一，江铃的故事 ········· 157

"无心插柳"之二，庆铃的故事 ········· 163

30万辆胎死腹中 ···················· 183

第五章　汽车力士——重型车 ·········· 197

"黄河"奔流 ······················ 197

中国的军用车辆 ···················· 201

"有炮无车也白搭" ················· 203

三汽流产与引进斯太尔 ··············· 214

解困 ····························· 226

第二代军车谱系 ···················· 232

第三代高机动越野车：猛士 ··········· 234

重型汽车，风起云涌 ················ 263

下　篇 ···························· 269

第六章　"红旗"飘飘 ··············· 270

乘"东风"展"红旗" ··············· 270

高高飘扬的红旗 ···················· 279

"凤凰"与"井冈山" ··············· 286

第七章　国家决策 ··················· 290

畸形的轿车消费市场 ················ 290

疯狂的走私 ······················ 294

舆论先行 ·························· 298

北戴河决策 ······················ 308

"八五"规划与中国轿车 ············· 310

"博弈" ·························· 323

"千呼万唤始出来" ················· 330

第八章　上海先手破局 ··············· 340

上海"巧遇"德国大众 ··············· 340

石油危机带来的合资机遇 ············· 343

德国大众抢滩上海·················· 345

漫漫谈判路 ························ 348

磨合 ····························· 362

国产化绝不允许"瓜菜代" ········· 369

第九章 一汽"优先" ·············· 385

哈恩的第二只钓钩 ················· 385

"先导工程" ····················· 397

一汽优先 ························· 405

德国人"送"一座总装厂 ·········· 407

讨价还价 ························· 413

"现场服务" ····················· 419

大众公司是大赢家 ················· 422

第十章 "起了个大早，赶了个晚集" ········· 428

曲折多变的二汽轿车项目 ··········· 428

二汽轿车项目究竟要多少钱 ········· 444

法国不是省油的灯 ················· 451

神龙争夺战 ······················ 453

襄樊切了一块蛋糕 ················· 456

二汽零部件国产化的几个故事 ······· 459

第十一章 "战国时代" ············· 465

北京吉普横空出世 ················· 465

北京切诺基 ······················ 470

"吉普风波" ····················· 475

失败的"婚姻" ··················· 482

1亿元"市场准入费" ·············· 490

4S店：全新销售模式的诞生·········· 498

天津轿车："华夏得利" ············ 502

群雄并起 ························· 507

第十二章 自主创新：中国轿车发展的
必由之路··········512

CKD：成也萧何败也萧何············· 512

《汽车品牌销售管理实施办法》帮了谁的忙··· 519

自主创新：中国轿车新的长征········· 523

自主创新该从哪里做起············· 527

中国首次自主品牌车展············· 531

自主品牌的困惑 ··················· 541

让开大路，占领两厢··············· 544

第十三章 汽车社会··············· 547

大道通天 ························· 547

沈阳会议——中国高速公路建设的里程碑··· 553

我们需要什么样的汽车社会········· 555

"车祸猛于虎" ···················· 561

汽车与污染 ······················ 562

后记 ····························· 565

振奋精神，重塑车魂··············· 565

参考文献··························· 567

中国汽车史话

上篇

第一章 摇篮曲

"我们也要有这样的汽车厂"

1949年12月16日，苏联，莫斯科雅罗斯拉夫火车站。

连续几天的暴风雪让莫斯科的气温降到了零下20多摄氏度，整个城市到处冰封雪盖、银装素裹。虽然莫斯科天寒地冻，但雅罗斯拉夫车站大厅内却热气腾腾，挤满了人，其中最为引人注目的是，除了斯大林外，苏联共产党中央政治局的全体成员都集中在大厅内。这些人不是来搭乘火车的，而是聚集在这里等候一位来自远方的尊贵客人。这位尊贵的客人是谁呢？

雅罗斯拉夫车站站台上，苏联红军仪仗队军容严整，枪刺上闪耀着寒光。身材魁梧的战士们排成整齐的迎宾队列，在严寒中一动不动，如同一组雕像。

莫斯科时间12时整，一辆机车喷吐着白色的烟雾拉着一列车厢缓缓进站，新中国首任国家主席毛泽东的专列在雅罗斯拉夫车站的站台边稳稳停下。苏共中央政治局委员莫洛托夫以及其他苏共中央政治局委员一起来到车厢门口迎接远道而来的毛泽东。身穿深咖啡色外套、头戴皮帽的毛泽东面带笑容走下车来，与前来迎候的莫洛托夫等苏共中央领导一一握手问候。在高亢的"乌拉"欢呼声中，毛泽东检阅了苏军仪仗队，紧接着又发表了简短的讲话。欢迎仪式结束后，毛泽东一行立即驱车前往位于莫斯科郊外的斯大林的孔策沃别墅。根据苏方的安排，毛泽东访苏期间便下榻于此。当日下午6时，毛泽东与斯大林的双手紧紧握在一起，中苏两国领袖开始了历史性的会晤。

1950年2月14日，作为毛泽东这次出访的成果，中苏双方签订了《中苏友好同盟互助条约》《关于中国长春铁路、旅顺口及大连的协定》和《关于苏联贷款给中华人民共和国的协定》。通过这些协定，中苏双方商定了苏联对中国经济建设的援助项目。

其实，中苏之间关于经济援助的问题早在1949年年初就开始商议了，只是那时中华人民共和国尚未成立。

如何在战争的废墟上迅速实现国家工业化，中国经济建设的蓝图开始在中国共产党领导层中，尤其是在毛泽东主席的脑海中酝酿。根据当时的国际政治环境，新中国实行"一边倒"的外交政策，即完全站在以苏联为首的社会主义国家一边，在经济建设上，中国寻求援助的目光自然是投向北方邻国苏联。

受斯大林的委派，1949年1月30日，苏共中央政治局委员米高扬与苏联铁道部部长科瓦廖夫一起来到河北平山县西柏坡，与中共中央领导人会谈。会谈时间长达6天，讨论的内容非常广。在谈到中国军事工业及经济建设问题时，中共中央的领导们提出：鉴于中国经济发展的现状，希望苏联帮助开发东北的工业，向中国派遣经济建设专家并提供包括汽车在内的各种重要物资援助。毛泽东专门强调，我们也不是白要你们的援助，我们将在几年后用物资偿还这笔贷款。

米高扬回去后向斯大林做了详细汇报，斯大林决定，请中国同志到苏联来具体商定。

1949 年 4 月 21 日，解放军千军万马渡过长江，摧枯拉朽，国民党军队一败涂地，南京城升起鲜艳的红旗。南京的陷落意味着国民党反动政权的失败。毛泽东兴奋地赋诗"宜将剩勇追穷寇，不可沽名学霸王"。随着解放大军南下西进，全国各地红旗飘扬，全国解放形势大定。新中国成立后，全国的经济建设成为日益紧迫的现实问题。

战争虽然打胜了，但中国共产党人面对的却是一个残破凋零的烂摊子。

由于长期战乱，大量厂矿倒闭，耕地荒芜，生产凋敝，国内经济一派萧条。以铁路运输为例，全国当时有上万千米的铁路线路、3200 多座桥梁和 200 多座隧道被毁，连通东南西北的津浦、京汉、粤汉、陇海、浙赣等主要铁路干线没有一条能全线通车，1/3 的机车因破损严重而无法投入运营。

厂矿倒闭导致工人大量失业。1949 年，全国失业工人多达 400 万，几乎占全国职工总数的一半。国民党反动政府的通货膨胀政策又使得物价以天文数字飞涨。在刚刚解放的地区，投机资本家操纵金融黑市，套购粮食、棉纱、燃料等重要生活物资，哄抬物价、扰乱市场，一些地方出现恶性通货膨胀。1949 年 11 月，上海刚解放不久，城市里的粮食、棉纱、五金、化工产品等每天上涨 20%~30%，造成社会动荡、人心惶惶。

为了消灭残余的国民党军队，继续解放中南、西南、西北等大片国土，新中国政府还要支付庞大的军政费用，1949 年，军费开支占全国财政收入的 50% 以上。随着新解放地区的扩大，管理机构和行政人员也相应增加。1949 年，全国支出的各项费用折合小米 283.5 亿公斤，而当年的收入只有 151.5 亿公斤，赤字达 132 亿公斤。残破的经济现状使得 1949 年的中国成为世界上最穷的国家之一，当年的国民生产总值仅仅 700 亿元，年人均国民收入只有 27 美元，远远低于当时整个亚洲 44 美元的人均收入。面对这样一副"家底"，经济建设自然成为新中国的头等大事。在谈到恢复经济建设时，毛泽东扳着指头说道：

"现在我们能造什么？能造桌子椅子，能造茶碗茶壶，能种粮食，还能磨成面粉，还能造纸。但是，一辆汽车、一架飞机、一辆坦克、一辆拖拉机都不能造。"

1949 年 6 月 21 日，受毛泽东的指派，中央政治局常委刘少奇率中共中央代表团赴苏联。7 月 30 日，刘少奇和马林科夫分别代表中国和苏联签订贷款协定。8 月 4 日，毛泽东复电刘少奇等，鉴于中国国内现状，希望斯大林同意先派人来华组织"中苏共同委员会"，最好先带铁路、电力、钢铁、煤矿、煤油矿、军事等方面的专家共同来商定新中国经济建设的具体项目。苏共中央同意了毛泽东的提议，决定由柯瓦廖夫具体负责此事。8 月 14 日，刘少奇与科瓦廖夫及第一批苏联专家 220 人一起离开莫斯科启程回国。此后，中苏两国专家初步商定了苏联帮助中国建设的具体项目。虽然有了商定的意见，但这些都需要中苏两党领袖的最后敲定。

1949 年 10 月 1 日，新中国正式宣告成立，领导人们宵衣旰食，极为忙碌，他们既要指挥消灭残余的国民党军队，又要组建新的国家机构，还要考虑新中国成立后的内政外交，所以毛泽东主席一直无法抽身到苏联去与斯大林会谈，直到 1949 年即将结束，毛泽东主席才得以动身赴苏联访问。

由于要谈的问题太多，所以毛泽东主席在苏联停留了两个多月。其间，毛泽东主席参观了很多苏联企业。在斯大林汽车厂，看到流水线上鱼贯而出的汽车，毛泽东兴奋地用浓重的湖南口音对随行人员说："我们也要有这样的汽车厂。"此后，毛泽东主席在与斯大林会谈时说，我们要搞一个"既好吃，又好看"的东西。他的意思是，中苏两国要签订一个有实际内容的援助方案。毛泽东主席去苏联后不久，根据谈判的需要，政务院总理周恩来便接着率领李富春等一大批负责经济建设的领导人前往苏联，与苏方具体商定苏方援助中国的经济建设项目。

在商谈工业建设项目时，苏方指出，汽车产业在国民经济建设中具有重要的基础地位，几乎什么建设都离不开作为运输工具的汽车，建议中国尽快建设一座像斯大林汽车厂那样的综合性汽车制造厂。苏方还表示，斯大林汽车厂有什么样的设备，中国的汽车厂就要有什么样的设备；斯大林汽车厂有什么样的水平，中国的汽车厂就要有什么样的水平。除了建设一家汽车厂外，同时再建一家轻型汽车装配厂，以适应短期需要，以后再扩建成制造厂。1950 年 1 月，中方代表团与苏方商定，由苏联援助中国建设一家中型载货汽车制造厂。

1950 年 2 月 14 日，中苏两国正式签订了《中华人民共和国中央人民政府苏维埃社会主义共和国联合政府关于贷款给中华人民共和国的协定》，敲定了一批苏联援助中国建设的重点工业项目，1950 年先建设第一批共 50 项，其中包括一个汽车厂项目。协定签订以后，同年 2 月 17 日，毛泽东、周恩来等一行 14 人启程回国。由李富春、王稼祥、叶季壮、刘亚楼、赛福鼎·艾则孜、伍修权组成的新中国政府代表团留在苏联，继续进行苏联援助中国经济建设具体项目的谈判。中苏双方关于经济建设的谈判一直持续到了 1952 年，以后又经过一些反复，最后确定苏联对中国经济建设的 156 个项目提供援助。

我军初创时，没有后方生产基地，所有的装备只有从敌人手里夺过来，这就决定了当时包括汽车在内的我军装备杂、乱、少、旧的特点。我军军车装备的历史起源于抗日战争时期的 1937 年年底，在国共合作的前提下，中央军委用国内外友人赠送的和自购的十几辆汽车组建了我军第 1 支汽车运输队。1945 年抗日战争结束时，全军陆续缴获各型军车 400 余辆。解放战争时期，我军从国民党军队手中缴获了大量的军车。缴获最多的一次是鲁南战役，华东野战军一举全歼国民党军队第 1 快速纵队，缴获汽车 470 辆，并以此为基础组建了华东野战军特种兵纵队。解放战争期间，我军共缴获各种汽车 2.2 万辆。这一时期，军车的特点是"万国牌"。

新中国成立后，国防建设需要大量军车，但当时我国没有汽车制造能力，面对帝国主义的经济封锁和军事包围，我军的军车主要是从苏联购买。

1950 年朝鲜战争爆发，10 月志愿军出国作战，全军共有汽车 1300 余辆（3 个汽车团有 700 多辆，4 个军各 100 余辆），仅第一个星期就被敌机打坏 217 辆。从志愿军 1950 年 10 月 19 日夜出国到 12 月底的 72 天中，国内给志愿军补充汽车 12 486 辆，损失 6646 辆，送回国内修理 438 辆，受损率达 60% 以上。到 1953 年朝鲜战争停战，国内共拨给志愿军汽车 21 728 辆，损失 7729 辆，上交修理 8436 辆，所剩不足一半。

朝鲜战争开始时，苏联答应在 1950 年 12 月 15 日以前为志愿军提供 3000 辆汽车，但面对严重的战场损失，为保证前方军需弹药的运输，中方急需增加汽车采购以解燃眉之急。11 月 5 日，周恩来与扎哈罗夫会谈时，催促苏联务必于 11 月内将中国所购的第一批汽车运到。周恩来表示"现时汽车第一，坦克、大炮都可以放在汽车后"运来。11 月 17 日，周恩来又致电斯大林称，由于敌机轰炸，"车辆不足"，"粮食和冬季服装不能及时运到，部队正在忍饥挨饿"，而中国能够紧急动员的车辆只有 200 辆。周恩来恳请斯大林下令先借用苏军旅顺基地的 500 辆旧汽车。斯大林当天便回复立即在满洲里站向中方交付新车，11 月 20 日移交 140 辆，11 月 25 日至 26 日移交 355 辆。此后，苏联的汽车源源不断地运送到朝鲜前线，1950 年共交付 5000 辆。但杯水车薪，远远不能满足前线需要。1951 年，中方又购买了 12 000 辆。到战争结束时，全军拥有各种汽车 71 000 余辆，在中国能够自产汽车之前，军车主要是购自苏联。

自1951年起，国家每年进口汽车1万多辆。到1957年底，全军的汽车装备总数已达9.2万余辆，其中苏式汽车5.5万余辆；西方各国汽车2.2万余辆；东欧各国汽车近3000辆。

苏联是世界上第一个建成的社会主义国家，苏联的工业建设成为中国工业建设效仿的榜样，向"苏联老大哥学习"是当时喊得最响亮的口号。老大哥要援助中国建设汽车厂，那么老大哥自身的汽车工业如何呢？

在沙皇俄国时代，俄罗斯的机械工业非常落后。1910年，沙俄在德、法、美等国后也生产出了自己的汽车，但由于基础工业落后，以敲敲打打的手工方式生产出来的汽车无法形成规模。十月革命胜利后，苏联国内只有几家手工的汽车装配厂和维修作坊，没有现代意义上的汽车厂。1929年，苏联的汽车年产量只有2000辆，供不应求，所需汽车90%依靠进口。列宁曾经说道："我们需要的不仅仅是汽车，更需要的是汽车制造技术。"发展汽车工业因而成为苏联第一个五年计划的重点。鉴于苏联国内的工业基础薄弱，自己制造力不从心，所以开始积极寻找快速发展汽车制造业的技术。根据苏联当时的经济和工业实力，摆在苏联面前的只有两个办法：一是大批量地从国外购买汽车，然后仿制；二是向西方购买成型的汽车工厂由本国自己生产。

第一个方案可以快速得到制造汽车的技术，但始终只能跟在别人后面照抄，且需要相当大的外汇开支。第二个方案较为复杂，需要大力培养专业知识分子、工程师、技术人员和工人，同时也需要提高围绕汽车发展的冶金、机械等各方面的工业能力。经过比较，苏联政府决定与外国合作，购买一家汽车制造厂回来。1929年3月4日，苏联苏维埃最高委员会颁布了主席令，决定在高尔基市建造一座年产10万辆的汽车制造厂。当时世界上只有美国的福特和通用两家公司有这样的生产规模，要购买美国的整座汽车工厂，美国政府会同意将这么重要的战略物资卖给苏联吗？

20世纪二三十年代，世界上只有苏联一个社会主义国家，新生的苏联以资产阶级为革命对象，是美、英、法等主要资本主义国家的眼中钉、肉中刺，它们对苏联采取包围、封锁和军事干涉等手段，出钱、出枪，甚至直接出人，希望将这个新生的苏维埃政权绞杀掉。它们怎么会支持苏联国内的经济建设，卖成套设备给它呢？

1929年，世界性的经济危机席卷全球，美国受到的冲击最大。经济危机使美国经济直线下滑，其中汽车产量下降80%，成千上万人失业。经济危机又造成美国政局剧烈动荡，就像落水的人要求生一样，此时谁给他一个救生圈，他都要紧紧抓住不放。斯大林给美国的救生圈是黄金。苏联政府看准机会，提出向美国购买全套的汽车厂。苏联政府用自己的库存黄金换回了福特公司旗下的一家叫"卢吉"的汽车厂。卢吉厂建在伊利湖的支流卢吉河边，是世界上第一家综合性的、大量采用流水线生产的汽车厂。一家卢吉厂包括炼钢、轧钢、轮胎、玻璃、汽车各个总成、总装线在内的十几个专业厂，厂区绵延几千米，规模极其宏大。

1929年，苏联派出代表团前往美国与福特公司就购买汽车厂的事宜进行谈判。福特原先把苏维埃看作"势不两立的敌人"，声称除非苏联的意识形态变得适合他的口味，否则他"不会运一个螺帽去那儿"。但早就与苏联做生意的美国著名石油大王哈默劝他说："要是这样，你会有太长的时间没法在那里做生意，那里可是一个巨大的市场。"

福特最终没能挡住经济危机的压力与苏联黄金的诱惑。1929年5月31日，苏联政府与福特汽车公司签署了合同。根据合同，福特公司向苏联提供了Ford-A, Ford-AA和Ford-Timken三种货车的设计图样。从1929年3月到1934年3月，每年都有50名苏联专家以及实习生进入美国的工厂进行学习。苏联买下了卢吉厂的全套图样和生产设备后，自己动手，在伏尔加河畔的高尔基市建设了"高尔基汽车厂"。1931 年 11 月 6 日，高尔基汽车厂自己生产的第一辆汽车下线。1931 年，高尔基汽车厂开始批量生产。其产品就是以后大名鼎鼎的"嘎斯"车。

苏联利用西方迫切需要向外国输出资本、技术以摆脱经济危机的有利时机，大举引进西方的先进技术、技术人员和资金，在各主要工业部门建立了一大批骨干企业，初步奠定了现代工业基础。

1933 年，法西斯势力日益猖獗，国际形势紧张，苏联的经济和国防建设急需大量汽车。按当时的要求，仅一个步兵师就需要配 558 辆汽车，而苏联有数百个师。在供不应求的形势下，1933 年 8 月 21 日，苏维埃最高委员会决定将高尔基汽车厂进行扩建改造，在另外两个城市新建两座汽车生产工厂，并要求在 1938 年以前达到年产 30 万台的规模。到了 1941 年 6 月，经过扩建的高尔基汽车厂的产量勉强达到了 29 万台，但供需缺口仍然不小。

除了高尔基汽车厂外，苏联另一家著名的汽车厂就是斯大林汽车厂。斯大林汽车厂的前身叫"阿莫（AMO）"汽车厂，是沙俄政府从意大利"菲亚特"公司引进货车产品技术，从美国、瑞士等国家购买生产装备建成的一家汽车装配厂。1917 年，阿莫汽车厂建成投产时正逢十月革命，沙皇政府倒台后，由于西方列强的围困封锁，阿莫工厂处于严重瘫痪状态，只能敲敲打打地搞点汽车修理，直到 1924 年 11 月 1 日才生产出第一辆"阿莫 15"型汽车。1926 年—1927 年，"阿莫"汽车厂总共只生产了 425 辆汽车。

1929 年，阿莫工厂被苏联政府列为第一个五年计划的重点项目，从资金和物资上给予全面保障。与高尔基汽车厂不同，"阿莫"汽车厂没有从国外全盘购买整个汽车厂，而是采取了更为科学的"点菜"方式，在西方资本主义国家分别购买各种设备，然后自己组装成生产线。为了扩建和完善汽车厂，苏联政府动员大量人力物力，在莫斯科市南郊的丛林地带，填平泥沼和水塘，处理空地上森林和荆棘，建起面积达 120 万平方米的巨大厂区，整个工厂占地 500 公顷，职工 2.5 万人，工厂建成后，年产能力达到 2.5 万辆。1931 年 10 月 21 日，新建工厂第一辆汽车下线，产品就是"吉斯"。1931 年 10 月 1 日，阿莫工厂被命名为斯大林汽车厂。1934 年—1937 年，斯大林汽车厂又进行了第二次扩建，生产新型的"吉斯 5"型载重车。到 1937 年，斯大林汽车厂的年产量超过 6 万辆。

此时，全世界战火连天，日本在亚洲、德国在欧洲、意大利在非洲相继发动侵略战争，德、日从东西方向苏联施加压力，苏联处在战争的边缘。

面对日益恶化的欧洲、亚洲局势，苏联开始将部分工业企业迁移到乌拉尔山以东的亚洲部分。但希特勒已经急不可耐，1941 年 6 月，德国突然袭击苏联，苏联陷入战争之中。参战初期，苏军节节败退，苏联在欧洲部分的工业基本上被战争摧毁，而苏联政府在乌拉尔山以东的亚洲部分建设的战备企业尚未开始生产。为了解决苏军装备问题，根据《租借法案》，美国开始向苏联提供战争物资，其中就包括汽车。到了 1944 年，美国供应苏联的汽车总数达 34.5 万辆，其中最为著名的是美国万国货车公司生产的万国牌 KB 系列货车。这种货车是美国以及盟军的主战装备，具有较高的技战术性能。1943 年，斯大林汽车厂以万国 KB 货车为原型进行技术改造。改造后的产品即"吉斯 150"。第二次世界大战胜利后，1946 年 3 月，苏联政府对斯大林汽车厂进行了第三次扩建改造。到 1948 年年底，吉斯 150 已达到日产 250 辆的规模。苏联援建中国的汽车型号就是吉斯 150，中国编制的型号为 CA10 型，包括 CA10、CA10B、CA10C 等。其中，C 是中国的第一个字母，A 表示第一，10 为货车的序列号。

郭力让贤

因为承担着新中国的经济恢复和建设重任，所以新成立的重工业部格外繁忙。1950年2月22日，重工业部召开了全国机械工作会议，会议由时任重工业部副部长的刘鼎主持。刘鼎是原浙江省立高等工业学校电机专业的高才生，曾担任过张学良的副官，后到苏联学习军事机械，回国后在八路军太行山根据地长期组织军工生产，担任八路军军工部长；新中国成立后任重工业部副部长、二机部副部长、航空工业部顾问等职。这次全国机械工业会议提出，要建立新中国独立自主的机器工业，特别要建立中国自己的汽车制造工业。重工业部决定，立刻开始中国汽车工业的筹备工作，并指示成立汽车工业筹备组。成立筹备组容易，可谁来挑大梁呢？刘鼎的眼光盯在了重工业部专家组办公室主任郭力身上。

郭力原名高崇岳，1916年出生于河北省河间县（现为河间市）高家庄一户书香门第，1932年考入哈尔滨高等工业专科学校（哈尔滨工业大学前身），1933年加入中国共产党。抗日战争爆发后，郭力回到河北老家，利用自己的工业知识在根据地组织兵工生产，制造枪支弹药。一个大学毕业的高才生，熟识军工生产，又懂外语，这样的人才到哪里去找？在当时，一个高小毕业生就算知识分子了，更何况是一名大学生？

1950年3月27日，重工业部正式成立汽车工业筹备组，郭力被任命为主任，孟少农、胡云芳为副主任。

孟少农，原名孟庆基（参加革命后改为孟少农），湖南桃源人。1936年，孟少农考入清华大学机械工程系。1941年考取留美公费生，进入麻省理工学院机械系学习。在校学习期间，先后在美国福特等著名汽车公司担任实习工程师。因为他学习、工作极为严谨认真、成绩突出，所以福特等几家公司很器重他，希望他留下来，答应给他提供优越的研究条件和生活待遇。孟少农谢绝了所有聘请，1946年5月离开美国回国，他要用自己所学的知识为中国的汽车工业服务。回国后，孟少农回到母校清华大学执教，先后任机械系副教授和教授。1947年7月，孟少农参加了中国共产党；1948年9月，他奉命奔赴解放区参加革命工作，是当时中国共产党内极为稀少的共产党员教授。1950年1月，刘鼎找孟少农谈话，要他立即着手筹备创建我国的汽车工业。就这样，郭力与孟少农一起拉开了中国汽车工业创业的大幕。

1950年7月1日，中央人民政府重工业部发出"重计字"第156号文件：

奉财委财经计（重）字第2709号指示……其建立汽车制造厂事已蒙批准，兹将指定由筹备组做基础，迅速成立汽车制造厂建设处，即行开始筹备设计计划及预算编制工作。在计划未经财委批准前，可先提出须预拨设计经费数字，呈部批拨，并希于10月底以前，将第一批国外订货单提出。

（第一汽车制造厂史志编纂室，《第一汽车制造厂厂志 1950—1986》，吉林科学技术出版社，1992年）

孟少农是留过洋的，也在福特这样的大公司里工作过，懂得建立汽车工业应从哪里下手。汽车工业筹备组成立后，他与郭力首先抓了两件事：一是调查研究，调研国内当时有关汽车和汽车工业的基本情况；二是集结和培养技术骨干。孟少农凭着原来在清华大学任教等诸多条件，广泛召集人才。筹备组从清华大学、上海交通大学、北洋大学、南开大学、北京大学、燕京大学、同济大学等国内知名院校抽调了 100 多名学生，同时将分散在上海、重庆、昆明等地的汽车技术人员和极少数的留学归国人员陆续选调集中。

抗战胜利后，国民党政权为了发展自己的汽车工业，曾选派两批约 40~50 名技术人员到美国学习汽车技术。新中国成立后，这批在美国学习的人员处于尴尬境地，他们不甘心跟着国民党政权跑到台湾去，但又不知道新中国的人民政府是否欢迎他们回来。了解到这个情况后，郭力立即表示，欢迎这些技术人员回国参加汽车工业筹建工作。得知祖国欢迎自己，那些留美的工程技术人员立刻踊跃归国，张德庆、陈继善、张树梅、吴敬业、彭定一、王玉京、陈乃隆、杨南生、桂同申、张胜瑕、孙顺理、刘炳南、史汝楫、冯辅晋、陆孝宽、茅於恭、支德瑜、俞云焕等 50 多位学有专长的技术人员先后来到筹备组，这批宝贵的技术人才成为新中国汽车工业建设的重要力量。汽车工业筹备组里还有 1949 年 9 月来华的 3 位苏联专家，其中一位是苏联斯大林汽车厂的总设计师斯莫林。

1950 年 7 月，筹备组在天安门边的南池子成立了由吴敬业为主任的汽车实验室，孟少农利用自己在清华大学任教的关系，委托清华大学机械系为筹备组办了一个实习班，为筹备组培训专业人才。从 1950 年 3 月到 8 月，几个月的时间里，在一穷二白的基础上，汽车工业筹备组拳打脚踢，硬是将中国汽车工业筹备组的基本框架撑起来了。

汽车工业筹备组刚成立时只有十几个人，办公地址设在北京灯市口西口的中国工程师学会旧址内，这里只有几间平房，一二十个人挤在里面还凑合；但随着队伍逐渐扩大，百十来个人挤在一起就转不过身来。北京鼓楼附近有一条胡同叫扁担厂，以前是制作扁担的作坊。1952 年秋，汽车工业筹备组搬到了这里，昔日冷清的胡同一下子热闹起来。汽车工业筹备组在扁担厂胡同成立了汽车设计室，进行汽车先期的设计研究和培训工作。

1950 年 8 月 2 日，刘鼎主持召开了汽车工作会议，讨论中国汽车工业建设的方针步骤，会议决定，即将建设的中国汽车工厂的设计工作请苏联专家主持。经过一系列商讨，同年 12 月 2 日，苏联政府应邀派出苏联汽车拖拉机工业部工厂设计专家沃罗涅茨基、设计师基涅谢夫到达北京，他们计划在 3 个月的时间内了解中国工业的基本情况，并做好选定厂址等前期准备工作。

汽车制造厂的选址是关键。在此之前，汽车工业筹备组已经做了一些选址工作。

由于苏联的斯大林汽车厂厂址在莫斯科，因此苏方建议，中国的第一个汽车厂也要建在首都或首都附近。陈云当时兼任重工业部第一任部长，主持第一汽车制造厂的筹备工作。他主张索性再远点，将厂址设在西安。但在讨论选址条件时，苏联专家提的几个问题却让他再三斟酌。

苏联专家指出，建设一个大型的现代化汽车制造厂首先需要考虑电力供应、钢材供应、铁路运输、地质、水源等基础条件。按年产 3 万辆货车的生产线计算，需要电力机组 24 000 千瓦，而 1950 年时，西安的发电厂只有 9000 千瓦的发电能力，要解决供电问题需要新建电站，这又需要新的投资，还要耗费大量时间。生产 3 万辆货车一年要 20 多万吨钢材，而西安没有大型冶金企业，北京只有一座石景山钢铁厂。1950 年时，石景山钢铁厂的钢产量不足 10 万吨，要满足 20 多万吨钢材的需求，就需要改造扩容，这也需要新的投资，并耗费数年的时间。除了电力和钢材外，厂房建设和正常生产还需要两万立方米的木材，这对北京和处于西北的西安来说也是难以解决的。汽车厂建成后，还有原材料运进和成车运出的问题，每年的铁路运输量就高达100 多万吨，西安的铁路运输量难以承受。

依照以上条件列入备选范围的有石家庄、太原、西安、宝鸡、湘潭、株洲等地，但都被

——排除了。最后，经过充分比对，陈云认为，东北地区，尤其是长春周边符合条件。当年，日本帝国主义为了掠夺东北丰富的资源，在那里建设了较完备的工业基础。吉林省吉林市以南24千米处的松花江上的装机容量60万千瓦的小丰满水电站离长春不远，完全可以满足电力供应。东北的鞍钢是当时国内第一大钢厂，可以满足钢材的供应。东北的铁路交通基本已是网络，煤矿、森林资源极为丰富。从政治上考虑，东北离苏联较近，安全上也有保障。经过反复权衡，将第一汽车制造厂建在东北成为共识。

1950年12月28日，政务院财经委员会计划局就新建汽车厂的选址问题召开会议，会议决定，在吉林省四平至长春一线选择厂址。1951年1月3日，周恩来总理批示：

可将嘎斯装配厂设于北京，吉斯制造厂（指一汽）设于东北长春附近。

（第一汽车制造厂史志编纂室，《第一汽车制造厂厂志　1950—1986》，吉林科学技术出版社，1992年）

1951年1月26日，中央财经委下达"财经密计（建）字"第37号指示：

关于汽车制造厂设计问题，根据各种条件并详加考虑，决定如下：

一、厂址：因原材料及电力供应关系，该厂址决定在四平至长春间选择一适当地点。

二、产品种类：吉斯150型4吨货车。

三、规模：货车3万辆，一次建设完成。

四、设计及完工时间：1951年开始设计，1953年开始建造，1957年开始生产。厂房及附属房屋等设计标准应适合中国情况，标准不宜过高，由重工业部与设计组洽商提出标准报本委核定。以上各点请转知苏联设计组。

（第一汽车制造厂史志编纂室，《第一汽车制造厂厂志　1950—1986》，吉林科学技术出版社，1992年）

1951年1月30日，汽车工业筹备组处处长胡亮立即带人奔赴东北进行初步调查。2月10日，孟少农陪同苏联汽车拖拉机设计院总设计师沃罗涅茨基来到长春孟家屯考察。经过对四平、公主岭、长春三个城市的人口、城市规模、供电能力、交通条件及地理环境等方面的综合调查分析，最后将长春市孟家屯车站铁路以北作为厂址选择对象。该地区的优点是接近城市、地形开阔，周围有铁路、车站和敌伪遗留下的房屋，京哈铁路紧临厂区。将汽车制造厂设于长春，既便于建厂时大量苏联设备的输入，也便于投产后就近利用东北的钢铁、煤炭、木材和水电资源。经过反复比对，沃罗涅茨基、孟少农等决定厂址定在长春市西南孟家屯车站西北侧，这一方案很快就得到了中央财经委的批准：

关于汽车制造厂厂址地点，本委同意设于长春市西南孟家屯车站对面铁路西地区。

汽车厂的项目和厂址定下来了，但将设想变为现实，第一步就是设计。要设计一座年产三万辆的现代化汽车厂，需要大量机械、汽车、建筑等专业的技术人才，对于刚刚成立的新中国而言，这是无法办到的事情。经过与苏联有关方面协商，一汽的建设全部委托苏联。1951年11月3日，中国重工业部与苏联汽车拖拉机工业部签订了第00831号合同，即"中苏关于第一汽车制造厂设计合同"，合同规定了苏联于1951年12月完成中国第一汽车厂的初步设计，1952年12月完成中国第一汽车厂（以下简称"一汽"）的技术设计。

苏联方面的动作很快，苏联专家小组很快就拿出了第一汽车制造厂的计划任务书，计划任务书规定了汽车厂的生产纲领等设计条件。1952年1月23日，苏联汽车拖拉机设计院完成了一汽的初步设计，设计图样由一汽的"第一名职工"陈祖涛从莫斯科带回北京。

　　陈祖涛是原红四方面军总政委陈昌浩的二儿子。1939 年，陈祖涛随父亲陈昌浩从延安前往苏联，在苏联度过了自己的少年和青年时代。1951 年 8 月，陈祖涛从苏联鲍曼工学院毕业后回到中国，在北京见到了周恩来总理。由于长期在苏联生活，陈祖涛能说一口流利的俄语，汉语甚至还不如俄语流畅。周恩来详细询问了他的学习情况和所学专业后告诉他，苏联正在援助中国建设一汽，非常需要专业技术人才，让他到一汽去工作，还希望他立刻到苏联去，以一汽代表的身份参加中方与苏方的谈判。周恩来当场给中国驻苏大使张闻天写了一封亲笔信交给陈祖涛，带着周恩来总理的"介绍信"，陈祖涛回到了莫斯科。陈祖涛回忆：

　　1951 年 9 月，我带着周总理的信回到莫斯科。总理给我的任务有两个：一是以第一汽车厂的代表，参与和苏联的谈判；二是到苏联的斯大林汽车厂去实习。张闻天是中国革命的元老，党内著名的理论家，为人和善、温文尔雅，讲话不急不慢，平易近人，一点架子也没有。他看了周总理的信，高兴地说："好，你就到商务代表处去报到吧。"我在那里具有几重身份：一是第一汽车厂的代表，当时苏联援建的 156 个项目，每个项目都有人长驻商务处随时处理各种事务；二是使馆的翻译，我的俄文好，经常参加使馆的一些对外交往活动；三是为国内临时来苏联的各个代表团充当中苏双方的联系人，帮助他们开展工作。

　　1952 年 1 月 21 日，一汽的初步设计做完了，设计院通知我去，把厚厚的几十本设计书和图样交给我。整个汽车厂的设计分初步、技术和施工图三个阶段。当时中苏双方关系很好，这么多的设计资料交给我，既无什么仪式，也不要繁杂的交接手续，就这么直接交给我，连收条都没有。此时，我的身份又变成外交部的信使。我用外交邮袋装上设计资料，一个人从莫斯科直飞北京，下了飞机后，专车接我直奔汽车局筹备处（今北京鼓楼扁担厂胡同的一个小四合院内），把图样交给郭力。筹备组立刻组织翻译组开始进行紧张的翻译审核工作。

（陈祖涛口述，欧阳敏著，《我的汽车生涯》，人民出版社，2004 年）

　　1952 年 1 月 23 日，苏方的初步设计送到北京，交由中方审查。苏方的设计全是俄文，中方所做的第一件事就是将设计书翻译成中文。重工业部紧急动员一大批通晓俄文的人才集中翻译，忙了大半个月，翻译完成。2 月 23 日，重工业部初步审查通过了苏方的设计方案；3 月 15 日，报政务院审批。中央财经委主任陈云又召集相关部委对苏方的设计进行审核。当时新中国刚刚成立，中国也缺乏专门的技术人才来对苏联的设计进行技术审查，基本上是苏联提供什么样的设计，中国就同意什么样的设计；再加上当时中苏双方的火热关系，审核很快就通过了。1952 年 4 月 4 日，汽车工业筹备组代表财经委起草了审批文件，大意是：中华人民共和国政府同意苏联政府对中国第一汽车厂的初步设计。

　　4 月 25 日，重工业部发出"动刘字第 169 号"文件：

　　批准中国第一汽车制造厂设计计划任务书。

　　任务书规定，第一汽车制造厂生产吉斯 150 型 4 吨货车，年生产能力 3 万辆。

　　1953 年开始建厂，1957 年建成投产。

　　工厂的设计问题解决了，又一问题随之而来：要建设中国第一家汽车厂，谁来当厂长呢？时任重工业部部长的刘鼎认为，时任重工业部外国专家组组长的郭力是合适的人选。1952 年 4 月 19 日，重工业部任命年仅 36 岁、年富力强、风华正茂的郭力为长春汽车厂（一汽）厂长。谁也没想到，郭力到任后仅半年，便向中央提出辞去厂长职位，希望中央另外选派厂长，由此引出了一个"厂长找厂长"的动人故事。

　　接到中央的任命后，郭力告别家人来到长春。此时的一汽建设现场荒野一片，只有原日本

731部队遗留下来的几座建筑物的残垣断壁。就在这些废墟的基础上，郭力开始全身心地投入到一汽建设的组织指挥之中。建设新中国第一家现代化的汽车厂，这在中国历史上也是第一次，其任务之艰巨可想而知。虽然有苏联方面的大力援助，但在一穷二白的基础上搞建设，指挥调动千军万马，协调上下左右各方面的关系，刚刚从北京来的郭力感觉到了人生地不熟给工作带来的诸多不便。工作了几个月后，从汽车厂建设的大局着眼，郭力开始有了自己的考虑。自己是一汽建设的总负责人，但自己过去的工作经历中还没有过组织大企业大规模建设的经验，再加上自己原来不在东北工作，对东北的情况不熟，没有广泛的社会关系。一汽建在东北，需要对东北社会和民情的透彻了解，需要东北的党政部门以及各类生产企业的大力支持，协调好各方面的关系对一汽建设有着直接影响，而情况不熟和经验不足会直接影响工作。为保证一汽顺利建成，希望中央能选一位熟悉当地情况、工作能力更强和威望更高的同志来接替厂长职位，自己愿意退居次要岗位，协助新厂长进行建设工作。

退出一把手的位置，对个人声誉、利益都会有一定的影响，但在个人得失与国家利益的大局面前，郭力毫不犹豫地站在国家利益上，表现出了共产党人的高风亮节。

郭力的女儿郭栖栗回忆，郭力当时对自己身边的一位工作人员说了自己的想法："汽车厂地处东北，应当有一位熟悉东北情况、资格老一点、位置高一点的同志来当厂长，这样更有利于调动地方群众支持我们。汽车厂建成投产时间有限，基建必须和生产同步进行。工厂由苏联援建，我必须尽快带队到苏联去，审查并熟悉工厂组织设计，请专家到工厂来，派实习生去苏联，现场指挥、组织生产，这是我的长处。"

考虑到此事事关重大，郭力决定由自己当面向党组织汇报。他先是到沈阳向东北局的领导谈了自己的想法；然后又去北京，向一机部的领导提出了请调厂长的申请。郭力的想法被中央所采纳，中央开始考虑新厂长的人选。

就在这个时候，一个从未接触过机械工业的人在得知中央正在挑选一汽厂长的消息后，主动向中央提出到一汽工作，他就是饶斌。

饶斌祖籍南京，生于吉林，原名饶鸿熹，早年学医，1933年加入中国共产主义青年团，1937年加入中国共产党。参加革命后，年轻的饶斌来到烽火连天的山西，投身于抗日战场。曾任中共晋西北临时省委秘书长，静乐地委副书记，中共晋西北八分区地委书记，中共中央晋绥分局党校教育长，中共辽宁省委组织部副部长，抚顺市和吉林市委书记，东北民主联军驻图们卫戍司令部司令员，哈尔滨市市长，中共松江省省委副书记、松江省副主席。

一汽挑选厂长的事情惊动了中央，一汽厂长候选人问题也进入了中央政治局的议题。在讨论厂长候选人时，毛泽东发话了："是那个在哈尔滨当市长的白面书生吗？他够厉害吗？"在得到肯定的回答后，毛泽东点头认可。1952年12月28日，一机部（52）"机干技字"第27号文件任命饶斌为汽车工业筹备组组长、长春652厂（第一汽车制造厂）厂长，郭力、孟少农、宋敏之为副厂长。

得知中央决定派曾当过哈尔滨市市长、松江省副主席的饶斌前来接替他的工作时，郭力非常高兴，立即派江华前往沈阳迎接。临行前，郭力对江华说："中央任命饶斌同志为厂长，确实是天时、地利、人和三者都顺。所谓'天时'，就是我们厂正处在建厂的关键时刻，很需要强有力的人来加强领导，这方面饶斌同志比我强。他对中央及东北局的一些领导同志都很熟悉，对解决我们建厂中的困难非常有利。所谓'地利'，是因为饶斌同志是个'老东北'，在东北工作多年，我们建厂离不开地方的支持，如抽调干部、招收工人、解决征地、修路，以及解决职工的吃住等问题，都要与地方打交道。这方面，我也不如饶斌同志。所谓'人和'，是因为我们厂将有一支来自五湖四海的庞大队伍，需要饶斌同志这样水平更高、能力更强的人来带这支队伍。另外，我们还要和苏联谈判，要聘请一大批苏联专家。我虽然懂俄语，但在处理国际事务方面不如饶斌同志有经验。我说的这些是心里话，都是实际情况。你快去，就说我请他快点来。"

郭力的肺腑之言充分表现出了一位老共产党员以革命事业为重的党性原则，以及以大局为重、谦逊、朴实、坦诚、宽广的胸怀。郭力"当着厂长找厂长"成了当时的一段佳话。

虽然郭力是主动让贤，但其中究竟有没有什么别的原因呢？郭力的老朋友，原一汽副厂长、铸造专家、二汽副厂长李子政多年后讲述了郭力当时的想法。

李子政是老地下党员，参加过抗联，当过军工厂厂长，是一个有着传奇经历的老革命，同时也是当时全国少有的八级铸造工，由于出身好、工作能力强、遇事坚持原则、为人敢说话，特别是敢于说真话、敢于为人打抱不平，为此在一汽得到外号"李青天"。1951年，李子政在哈尔滨坦克厂时就与郭力认识，以后李子政调来支援一汽建设，郭力看李子政为人正派、胸怀坦荡，便经常向他讲一些自己过去的复杂经历，时间一长，两人便成了无所不谈的朋友。1953年有一段时间，郭力住在在苏联，代表一机部专门负责一汽设计图样审查，与同在苏联负责留学生工作的李子政交谈过辞掉厂长的想法。除了纯粹工作原因外，郭力也有一些个人的难言之隐。

郭力是河北人，小时候被在吉林做买卖的爷爷带到吉林。在吉林高中毕业后，郭力考入哈尔滨高等工业学校，1933年在学校加入地下党组织；毕业后到绥芬河检车段做检车员，他的组织关系隶属于哈尔滨市地下党。1936年，东北地下党组织被日本鬼子破坏，郭力的单线联系人被捕，郭力也与组织失去了联系。当时，整个东北一片白色恐怖，不得已，他只好回到河北老家。回到老家后，郭力到处寻找党组织，北京、石家庄等地都跑过了，但都没能与党组织取得联系。无奈之下，他听从父亲的劝告，留在当地做了教员。直到许世友的部队经河北到山东建立抗日根据地时，郭力才与组织取得了联系。许世友的部队在河北停留了两三个月，建立起了根据地。许世友带领的大部队走后，郭力留下来组织了游击队，他带领大家挖地道、打游击，以后又负责根据地的军工生产。1949年天津解放后，党组织安排郭力在天津负责组织军工生产。新中国成立后，郭力又被调到重工业部工作。

刚解放时，组织上搞过多次干部审查，郭力从东北回老家的经历成了审查中的问题。在一次又一次的干部登记和调查中，郭力反复被问道："你是哈尔滨地下党，怎么跑回家了？"当郭力解释说没有找到党组织时，总是有人不相信："怎么会找不到组织，难道连一个党员也找不到？"尽管郭力一次又一次地解释，但都没用，有时候还得关起来审查，不能回家。一次次的审查、一次次不信任的口气和眼光深深伤害了郭力的心。虽然对这段经历组织上没有给出结论，但当时审查人员的口气却让人没法接受："你怎么能从东北跑到关内来呢？"按照他们的逻辑，你私自离开东北就是逃跑，逃跑就意味着背叛。

李子政回忆："郭力推心置腹地对我讲，中央派我到一汽厂当厂长，我不干。我已经被审查够了，但这个事情我怎么说也说不清楚，将来再审查还是说不清楚。作为这么大个工厂的负责人，怎么能老是被人审查呢？郭力讲着讲着就流泪了。但国家任命了，不干也不行，刚好在工作中也遇到一些具体问题，所以郭力认为，从党的事业考虑，应该有一个熟悉当地情况的，和长春、吉林都有关系的东北人来当厂长，自己当副厂长。抱定这个想法后，郭力就一次又一次地给上级，甚至给中央写报告，直到中央同意了他的意见。这次谈话让我对郭力更加尊重。"

三年建成一汽

汽车厂的技术设计完成后，下一步就需要订购设备。根据协议，一汽的设备基本都由苏联政府代为订购，苏联自己能生产的都在苏联订货；苏联自己暂时不能生产的，则由苏联向世界各国订购。虽然由苏方代为订货，但每一项订货内容中方都必须派人参与。中央财经委迅速决定，派遣由孟少农、李刚、陈祖涛、潘承烈组成的订货代表小组去莫斯科办理设计联络、设备分交、聘请专家、派遣实习生等具体事宜。

技术设计完成后便需要根据技术要求设计施工图。汽车厂的施工图设计是非常复杂的，它要按照技术设计的要求，把每个车间，包括车间里的每台设备以及所有的工模夹具，包括厂房结构、供电、供水等都进行精确地定位。偌大一个汽车制造厂，包括几百个车间厂房、数百万台设备和工模夹具，要将这些精准地在图样上定位，工作量极其巨大。由于施工图设计的工作量太大，所以苏联政府决定由斯大林汽车厂负责全面包建一汽，包括提供产品设计、组织工艺和施工设计。苏方以斯大林汽车厂为主，联合26个苏联设计单位，共600多位设计人员，完成了一汽的全部工艺和施工设计，并向中方提供了产品的全部设计图样和技术资料。

斯大林汽车厂专门成立了由总工艺师茨维特科夫负责的"A3-1"（即中国一汽）设计组和"援建中国'一汽'办公室"。全厂每个车间的技术科长都作为设计组的成员参与进来。在斯大林汽车厂的努力下，1953年4月6日，苏联设计的第一批建筑施工图样送达长春；6月23日，苏联贸易部通知中方，已经批准由苏方供应一汽生产所需的全部工具、夹具、辅具的图样，并由苏方负责其中较为复杂的工具的制造。

按照规范，设计单位完成设计后，需要由委托设计单位对设计结果进行审查，但当时中方基本不具备对设计结果进行审查的技术能力，而且这种审查在中苏两国来回倒腾，费时费力。考虑到现实情况，1954年2月，一机部授权郭力在莫斯科批准苏方对一汽的技术设计。

一汽开始设计后，各项建设准备工作也紧锣密鼓地展开了。一座现代化汽车制造厂的建设工程涉及工业建设安装等很多方面，中方根据自身的经济发展水平和能力，将一汽的建成时间定为4年，即1953年1月开工至1957年3月正式投入生产。但苏联方面对此却不认可。苏方表示：斯大林同志对援建中国汽车厂非常关注，重大事情都亲自过问，并且希望尽快建成，所以苏方安排的建成时间是3年，希望中方在建成时间上能和苏联协调一致，并提交了3年建成的进度表。时任一机部部长的黄敬和副部长段君毅认为，这件事情非同小可，经过慎重考虑，他们直接向党中央、毛主席汇报：

按我部现有力量，4年完成犹有困难，3年完成更无把握……将会带来进口设备积压和专家延聘等一系列问题。

一机部的报告被提交到中央政治局讨论，毛泽东、刘少奇、周恩来、朱德、邓小平等同志都发了言。他们认为，提前一年建成虽然有很多困难，但可以动员全国支持一汽建设，而一汽提前一年建成，对中国经济将有很大的好处，对全国人民也会有极大的鼓舞作用。会议决定，举全国之力，用三年时间建成一汽。1953年6月9日，毛主席亲自签发了《中共中央关于力争三年建设长春汽车厂的指示》：

5月27日关于长春汽车厂的报告阅悉。

一、争取缩短长春汽车厂的建设时间，不仅对我国国防建设、经济建设有重要意义，而且第一机械工业部也可以在长春汽车厂建设中积累经验，培养和壮大自己的建设力量，并为以后的其他重要建设工程创造有利条件。现苏联汽车设计院经过计算后正式建议我们在3年内完成该厂的建设，并具体排列了设计和设备交付的时间及工程进度。中央认为，应该完全赞成苏方关于三年建成汽车厂的建议。

二、由于我们技术落后和没有经验，要在三年内建成这样一个大规模的工厂，在施工力量的自组织、施工的技术、国内设备的供应和生产的准备等方面，都将会有很大的困难。因此，中央认为有必要通报全国，责成各有关部门对长春汽车厂的建设予以最大的支持，力争3年内建成。

三、目前需要的技术干部和行政管理干部，中央组织部应迅速尽量予以调配；将来该厂需要在国内制造的设备，各企业应尽量优先予以制造，并切实保证质量；在材料和物资供应上，国家物资分配应优先予以调拨，交通部门应保证及时运输。

四、东北局和长春市委对长春汽车厂的建设应该经常进行严格的检查和监督，加强该厂的政治工作……建立责任制技术上的检查和监督制度，届时保证工程质量，按时完成工程计划。

五、为了加强对长春汽车厂建设的具体领导，第一机械工业部应由黄敬同志直接管理该厂的建设，并应配备几名专职干部协同黄敬同志进行此项工作。第一机械工业部党组每月应将长春汽车厂的建设情况向中央做一报告，重大问题应及时报告。

中共中央

1953年6月9日

（第一汽车制造厂史志编纂室，《第一汽车制造厂厂志 1950—1986》，吉林科学技术出版社，1992年）

党中央为一个企业建设发出文件、提出明确要求，在党的历史上还是第一次，它说明一汽建设对全国政治和经济发展的重要意义。根据中央的这个文件，一机部立刻开始按照苏联的进度表调整建设安排，并报党中央批准。于是，在1953年国内恢复经济、支援抗美援朝的热潮中，又多了一项支援一汽建设的热潮。"三年建成一汽"成为当时最鼓舞人心的口号之一。

1953年6月，毛泽东为一汽奠基题词。7月15日，长春天晴气朗，一汽举行了隆重的开工仪式。一汽一号门前的广场上彩旗飘扬、人头攒动，广播里播放着激昂的乐曲，两辆大型起重机将两面五星红旗徐徐升起，李岚清、王恩魁、李柏林、周同义、贾志学等六名青年共产党员将刻有毛泽东主席亲笔题写的"第一汽车制造厂奠基纪念"字样的汉白玉基石放置在厂区中心广场的基座上。东北人民政府副主席林枫、一机部部长黄敬、一汽厂长饶斌挥锹铲土，中国汽车工业史上第一场规模空前的建设工程开始了。

一汽整个的建设工程共有106个项目，要在三年时间内完成困难非常大。中央关于三年建成一汽的指示促成了全国各行各业支援一汽的局面，大大加快了一汽的建设进度。到1956年，一汽共完成建筑面积70 2480平方米、安装设备7552台、铺设管道86 290米、制造工艺装备2万多套。

一汽的设备总数达到8000多台，占总量38.4%的大型复杂设备都购自苏联和其他国家，成套设备的80%都由苏联提供。承担一汽设备制造的苏联企业有200多家，其中包括苏联所有著名的机械设备制造厂，其中螺旋伞齿轮切齿机、曲轴连杆轴径切割机、缸体多头铣床、缸体轴孔镗床、锻造机械压力机等高精尖设备在苏联的一些机床厂也是第一次设计和试制。斯大林汽车厂试制了两台 3500 吨大梁压床，一台自用，一台就提供给一汽。这个庞然大物重 660 吨，十几米高，为了将它从苏联运到中国，苏联专门制造了 16 轴、载重 185 吨的凹形列车。所有这些机床设备在苏联试制完成后，还要再进行严格的试用检测，完全合格后才运往中国。有些设备苏联自己也不能生产，于是便由苏方进口再转往中国，如英国造的可锻铸铁矫正油压机、东德的 pele 压床、捷克的 vr-2 攻丝机等。根据生产需要，在 22 524 种非标准工具中，苏联供应的就有 11 941 种。

成千上万台套设备集中堆放在一起，要把它们准确地安装到车间去，同时还要将与之相关的工、卡、模具等准确地定位到每一个车间中、每一台设备上；另外，生产所需的水、电、汽、油、路都要配套到每一个工位。这些问题纷繁复杂，如同把几百上千个蚕茧放到一个槽子里同时抽丝，稍有不慎就会乱成一团，下游的施工、安装、调试、生产便都无法进行。中国是第一次自己建汽车厂，没有经验，于是一汽人采用最简单也是最直观的办法，他们在苏联专家组组长西加乔夫的协助下制造出整个工厂的模型，然后将设备在每个车间模型上反复摆放编号，创造性地提出了"一号表""二号表"制度，即各个车间根据填写"一号表""二号表"的内容到仓库里领出自己的设备，以及相关的工、卡、模具，然后进行安装调试。整个生产准备工作因而做到了忙而不乱、有条不紊。"一号表""二号表"制度的实行有效地控制了生产准备情况，保证了生产准备工作有序进行。

尽管建设者有着很高的政治热情，但一汽建设实际上是处在一边施工、一边集结建设力量的过程中，机构、制度尚不健全，建设者绝大多数都是刚刚放下锄头的农民，热情高、干劲大，但缺乏技术知识，不少管理者也从未有过这种大型工业建设的组织指挥经验，因而建设过程中暴露出了不少问题。首先是基建工地。为了求快，施工人员在浇筑厂房基座时，对混凝土的配比、钢筋在混凝土中的摆放和捆扎等都未能按照要求来，现场的技术人员也不监督质量。苏联专家后来在质量检查时发现了大量问题。例如，在一个车间的 20 根承重的梁柱中，就有 6 根、共 14 处露出了钢筋，浇筑完的表面全部都是密密麻麻的坑窝。热电站厂房承重需要 40 根梁柱，浇筑完成后才发现，水泥与砂石骨料根本没有搅拌，水泥在上面、沙石在下面，几十根梁柱因此全部报废。苏联专家发现问题后向他们指出问题，但反而被施工人员认为是大惊小怪、多此一举，更有甚者竟用沥青涂盖表面，意图蒙混过关。施工人员对此的解释是"为了赶进度"。饶斌对发现的问题很震惊，他痛斥这种不负责任的做法为"犯罪"，当场要求将已浇筑的不合格基柱全部推倒重来。

大型现代化汽车制造厂的建设极其复杂，从基础开挖到土建，到电气管道铺设，到设备进场安装、调试、生产，头绪众多，因而需要组织者具有大工业建设的知识，以及科学的管理与协调交叉的智慧。如同一支庞大的乐队，只有通过乐队指挥，众多的乐器才能演奏出华美的乐章，反之则难以设想。在这方面，一汽建设也付出了代价。例如在苏联专家制订的一汽建设进度安排表上，1954 年二季度应开始机械安装工程。但所有的机械设备全部由苏联订购，由于多种原因，很多订购的设备并没能按时到货，但中方负责安装的单位在没有了解机械设备到货与否的情况下，便根据原定的时间集结机械安装队伍进场；而机械安装队伍进场后才发现土建任务尚未完成，订购的机械设备也还未到货，由此导致数千名机械安装人员无事可做，也使本来就紧张的住宿和生活后勤保障又多了新的困难。

有的部门对自己部门的工作内容不了解，领导也是"拍脑袋决定"，结果出现了很多不应有的错误。如热电站计划购买 7000 吨石灰，结果事后才发现只需要 19.5 吨；后勤供应部门制订计划要购买 120 吨工业用盐，使用时才发现只需要 25 吨；1953 年购进的 2600 吨工业用煤一直堆放在露天场地上日晒雨淋，直到 1955 年也没有动用；一些职能处室向总厂提出需要购买大量的仪器设备，结果多达 490 台套的设备是属于闲置无用的；更有粗心大意的 "笑话"，一个部门提出要买 76 吨耐火黏土材料，但采购部门却将 76 看成 760，足足多采购了 684 吨；油漆车间需要油漆喷枪，采购人员竟将儿童玩具手枪购回；仓库管理人员不懂得设备进库分类，来了货就入库，在需要出库时而却因货物太多而不知道具体存放位置。

由于不懂技术、不照章办事，所以建设工程中事故不断。1954 年 1—10 月，全厂发生工伤事故 152 次。一个 320 人的运输装卸大队，其中绝大多数人没有工业装卸运输的常识，在装卸运输中事故不断，仅在 1955 年 1—7 月的半年时间中，就造成人身伤亡事故 104 次、轻伤 118 人、重伤 3 人，占到全队的 1/3，很多机械设备也受到损伤。

1956 年 1~3 季度，全厂发生人身伤害事故 43 起、死亡 1 人、重伤 34 人；设备事故 114 起，其中大型事故 8 起，中型事故 106 起，共计停工 3229 台时。生产出的汽车质量不稳定，第三季度的新车大修率高达 30%，零件废品率也很高：10 月份发动机车间活塞环的废品率高达 46%，底盘车间的轴承套废品率竟达 71%。开工仅数月，全厂停机 3 小时以上的事故多达 563 台次，其中错误操作 259 台次，对设备维护保养不良造成事故 171 台次。

大量的问题说明，提高人员的技术和文化素质、掌握科学管理和生产技术已是刻不容缓的重大问题。

一汽是新中国建设的第一座大型现代化企业，除了苏联专家和少数工程技术人员外，绝大多数的干部工人都没有大型工业企业建设的经验和知识。当时刚刚解放不久，国家底子薄，技术人才极为缺乏，相当多的干部和工人无论是在管理上还是施工上，既不懂技术，又不具备常识，也不遵循规律的现象大量存在。如果不在短期内迅速解决这一问题，一汽的建设就将成问题；而建设好后能否正常运转和生产合格的汽车也成问题。严酷的事实说明，建设和管理现代化的大型汽车制造厂需要严格的制度和科学的管理方法，需要大批具有现代科学机械工业知识的专业技术人员。在这方面没有任何捷径可走，唯一的办法就是强化学习，掌握科学技术，建立一套科学且完整的现代管理制度。

饶斌是学医的，他明白，要当好医生，一定要掌握基本的医疗理论，要建设现代化的大型汽车制造企业，就一定要懂得现代化大型企业的管理和基本的机械工业和汽车常识。"白帽子"（不懂技术）生产不出汽车，即使生产出来了，也不可能是质量好的汽车。饶斌号召全厂干部工人大力学习技术，坚决摘掉 "白帽子"，建立规章制度并严格执行。他严肃地提出，要想在一汽工作下去，就要认真学习、提高素质、掌握技术，坚决摘掉 "白帽子"。

1954 年 3 月起，一汽全厂掀起学习高潮。厂里明文规定，在 6 个月内，工人要完成业余文化学习和技术学习规划，厂级、处级和部分科级干部要组织学习《汽车构造》《金属材料》《汽车制造工业》《技术设计》《生产组织与管理》等方面的基本知识，学习完后还要接受考试，不合格的要 "返工"。对文化水平低的人，除了学习技术外，还要补习文化。所有的干部早上 6 点钟起床、7 点钟上课、9 点钟下课后开始上班；晚上 7 点钟后开始上课、9 点钟下课，然后才能下班回家。每个星期天全体学员上半天课。厂门口张贴着巨幅的宣传画，画中的人面向每一位来上班的人发问道："你今天学习了吗？"。"学习、学习、再学习""用知识武装起来才有力量" 等标语到处可见。不仅如此，连节日的灯谜内容都是与汽车技术有关的问题。

一汽举办了各种层次的业余文化学校、中等技术夜校、夜大；国家机械部与教育部还在长春创办了长春汽车拖拉机学院，由饶斌担任院长；建工部也将一汽作为干部和人才的培训基地，建工部副部长周荣鑫带领一百多名干部来到长春蹲点，学习建筑结构装配技术和现场施工的组织管理。清华大学、同济大学、天津大学、哈尔滨工程大学纷纷组织教师到一汽工地讲课，学生则到一汽工地实习。在一汽，到处都可以看到各类学习班、培训班、讲习班等，干部工人上班、上工时，几乎人人手里都提着个书包。仅1954年一年，一汽举办全厂性的汽车专业班、企业管理班、生产管理讲习班、干部业务学习班、工具机修专业班、汽车产品图样班、统计人员专业班等共51个，培训学员2059人。培训班的要求是：对照要求、联系实际、干啥学啥、学啥用啥。

除了自己组织学习外，苏联专家也出面帮助制订了一套正规的业余文化学习和技术学习规划。几十名苏联专家根据自己所长，对中国的管理干部和技术工人进行各种短期培训。3年建厂期间，苏联专家共举办各种培训班讲座1800多次，为一汽培养了240多名管理干部和技术骨干。

除了组织大家学习外，饶斌自己也虚心地当小学生。饶斌不是学工科的，对于现代汽车制造是门外汉，为了能够适应形势的需要，除了参加厂级干部学习班外，他还请了一些专家教授做他的老师，除了在课堂里学，他更多的是到建设工地和生产车间中现场学。为了解决厂房水泥浇筑的质量问题，他硬是到现场和工人一起推着小车运水泥和砂石料，拿着铁锹和工人一起搅拌水泥，直到了解到水泥要搅拌到什么样才能浇筑、浇筑多长时间才能凝固、凝固后需要养护多长时间才能使用。在苏联斯大林汽车厂实习时，他每天早上和工人一起上班，一个工位、一个工位地学习。如果一个工位的任务、职能和质量要求没有搞清楚，他就不离开，直到搞清楚为止。通过刻苦学习和努力实践，饶斌迅速适应了角色转换，成为中国汽车工业第一位既有理论知识又有实践能力的组织者和指挥者。强化学习有效地提高了全厂干部工人的专业技术水平和文化水平，为一汽的建设、投产奠定了基础。

除了一汽自己的努力外，苏联政府和苏联专家在三年建成一汽的行动中也起到了重要的保障作用。苏方先后向一汽派遣了180多名教育、设计、机械、土建、冶金、动力、工艺、工具技术检验、设备维修、生产组织等各方面的专家。苏联首席专家西格乔夫、总训练专家布列托夫统筹全局，亲自参与建设的每一个步骤，带领所有的苏联专家在现场手把手地教中方人员，传授技术和管理经验，指导施工、安装和生产准备。生产调试阶段是工厂建设的关键阶段，需要经验丰富的车间和岗位技术骨干在现场调试设备。针对中国技术骨干缺乏的现实，苏方将50名斯大林汽车厂生产岗位上的生产调整工程师、调整工长等技术骨干全部派往一汽，进行现场调试、现场指导。这些苏联专家除了直接参与建设、培训外，还主动发现问题、解决问题，并向中方提出建议。从1953年7月到1956年12月，苏联专家就基建、安装、生产、质量、安全和节约等方面提出书面和口头建议19 903条，这些建议对于保证建设进度与质量起到了重要作用。

现代化的汽车厂建设是一个非常复杂的系统工程，将整个工厂建设好、管理好，使之能够正常运转只算完成了一部分，只有厂房设备远远不够，还需要大量能够熟练掌握和运用这些设备的人。当时，中国的工业基础非常落后，能够掌握现代化生产设备的技术工人极为稀少，一个大型的现代化汽车厂除了技术工人外，还需要大量的管理人员，从车间、工段、技术、生产方面，再到厂长、副厂长、总工程师等，以管理整个企业并使之正常运转。但当时中国的工业基础太差，这类的专门人才极为稀缺。

在帮助中国建设汽车厂时，苏联是真诚的。一汽还在技术设计的时候，苏联斯大林汽车厂就开始考虑培训中方专业技术人员的问题。"斯大林汽车厂"援建中国一汽负责人、厂长克雷罗夫及具体负责的副总工程师博依科向中方提出："你们第一次建设这么大的现代化工厂，为了保证投产后的生产和管理，现在就要考虑派实习生来我们这里跟班实习，否则掌握不了生产设备、生产工艺和各项管理。"

经过仔细计算，苏方提出了一个从生产车间到管理部门所需的人员清单，包括厂长、所有职能部门的处长、车间主任、工段长，以及普通的调整工，共500多人的实习生队伍。

那时的中国还在朝鲜战场上和美国拼杀，国内经济建设尚未全面恢复，经济上非常紧张，但国家仍给这500多名实习生提供了高规格的生活条件——每人每月生活费700卢布，这一水平远远高于国内的生活水准（按苏联当时的生活水平，400卢布就很好了），而且每人都配备了皮大衣、呢大衣、毛料大衣、毛料西服等。作为联络员和厂长助理，陈祖涛负责与苏方协调办理500名实习人员的具体手续。一汽从厂长、副厂长到处长、车间主任、工段长、技术工人等共500人的实习队伍先后来到了苏联的斯大林汽车厂。

厂长饶斌是1954年初冬来到莫斯科实习的。苏方对饶斌的实习很重视，斯大林汽车厂厂长克雷罗夫亲自圈定了他要实习的部门，全厂每个处室和生产岗位都包含了，他们就是让饶斌把汽车生产的全过程都熟悉一遍。

饶斌极为勤奋好学，在莫斯科实习期间，除了吃饭睡觉，他天天一个一个车间、一个一个生产工位仔细地看，边看、边问、边记，如果有一点没有看清楚，他就守在工位旁边不走，直到弄明白为止。短暂的实习为饶斌了解汽车生产和管理打下了重要的基础。

除了安排进车间跟着工程师和老工人学习外，苏方还根据专业安排了专家一对一的讲课。讲课的时间为：工人300小时、管理干部400小时、技术人员500小时。为了充分利用这段宝贵的实习时间，一汽要求所有的实习生和他们的老师们共同生活和工作，把学习的技术知识和生产操作结合起来，进一步提高动手能力。经过短时间的强化学习，一汽人的综合素质有了明显的提高，各项规章制度也得以逐步出台和完善，投产条件基本具备。

为了使实习生的生活丰富多彩，"斯大林汽车厂"的共青团组织也配合实习安排，经常组织中国学员一起联欢，带他们参加植树、到高尔基公园游园、去艺术画廊欣赏名画、去他们的乡间别墅做客、去美丽的郊外树林里野餐、到莫斯科大剧院观看著名舞蹈家乌兰洛娃表演的芭蕾舞《天鹅湖》、参加庆祝十月革命节游行等。这些活动既活跃了中国实习生的业余生活，又增进了对苏联社会的了解，加深了中苏人民的友谊。

友谊之歌

赴苏学习的500多人中人才辈出，日后的国家主席江泽民就在这支队伍里。当时，江泽民是一汽动力处处长，带他实习的是"斯大林汽车厂"的动力专家基列夫。基列夫是一个既负责、又有高度事业心的人，对人热情诚恳，对江泽民既和蔼又认真，经常手把手地教他，比如汽车厂的动力系统的配置，水、电、汽的需要，一个汽车厂的动力系统共需要多少电，每个车间需要多少电，应该用多大的变压器，建几座变电站，用多大直径的电缆，架空线该怎么走，地埋电缆该怎样埋，甚至电缆接头应该怎样接，基列夫都是一招一式、哪先哪后、一丝不苟地讲解，直到讲明白为止。后来作为援华专家，基列夫又来到一汽，为一汽建设动力系统，和江泽民共同工作了几年。基列夫是工人出身，在汽车厂工作几十年，积累了丰富的实践经验；他还是一名忠实的老布尔什维克，对共产主义事业无限忠诚，对工作极度认真，没有半点马虎。在一汽投产前的日子里，因为工作紧张，基列夫曾经在车间里连续工作三天三夜，江泽民多次劝他去休息，但基列夫不为所动，与江泽民师徒二人在车间里同吃同干，一起奋战了整整72个小时。在那段时间里，两人配合默契，基列夫一个手势，江泽民便知道师父要什么工具；江泽民一个眼色，基列夫便知道江泽民要说什么。在他们的共同努力下，整个一汽的动力系统安全、快速地建成投产。因此，基列夫在一汽享有很高的威信，得到了广泛的尊重。

江泽民学贯中西、精通中外历史，有着极高的文化修养。基列夫给江泽民讲动力系统的组成与工作状态，江泽民给基列夫讲中国悠久的历史和深厚的文化，两人也常常共同讨论俄罗斯的绘画、音乐，甚至包括舞蹈大师乌兰诺娃的芭蕾。师徒俩既谈汽车，又谈文化，海阔天空，神游八方；既为师生，又为朋友；既为中国的汽车工业建设做出了重大贡献，又结下了深厚的朋友情谊。

尽管日后中苏两国之间出现了矛盾分歧，但那段深厚的情谊却深深地刻在了中苏两国人民的心中。不忘师恩是中华民族的美德，后来，江泽民工作变动频繁，但他始终没有忘记当年在"斯大林汽车厂"手把手教自己的苏联老师，但由于两国关系的变化而无法直接联系。直到1989年，苏联共产党总书记戈尔巴乔夫访华，揭开了中苏关系的新篇章，时任上海市委书记的江泽民才立刻与时任中汽公司总经理的陈祖涛联系，让他以中汽公司的名义邀请基列夫访华。

陈祖涛的夫人赵淳媛在中汽公司外联部工作，她立刻与国务院外国专家办公室联系，通过外国专家办公室与苏联联系，邀请基列夫访华。当时的中苏关系虽已解冻，但苏联僵化的行政体制运转缓慢，直到一年后，邀请函才到达基列夫手里。接到江泽民的邀请，基列夫百感交集，他了解到，江泽民已经是上海的市委书记了，他为江泽民的进步深感骄傲。

基列夫对自己的中国学生江泽民有着非常深的感情，他常常念叨：江泽民聪明沉稳，为人厚道诚实，看问题高瞻远瞩，对工作认真负责，将来必有远大前程。陈祖涛对笔者讲了这段极富神秘色彩的故事：

基列夫后来对我们夫妇讲了自己对江泽民的心灵感应。1989年的一天，他在自己莫斯科郊外别墅的草地上锄草（苏联的别墅并不是今天中国富人的乡间豪宅。而是一种郊外的简易小木房），他的邻居突然气喘吁吁地跑来对他说："基列夫，中国出大事了，他们更换了自己的最高领导人，你猜是谁？"正在劳动的基列夫头也没抬地回答："江泽民。"

邻居立刻愣住了，他满腹疑问："你怎么知道？"

这回轮到基列夫吃惊了，他完全是出于下意识地回答。他认为，像江泽民这种品质和素质的人，就应该担任中国的领导人。但当他明白自己的这种意识是现实时，更多的是兴奋和欣慰。中国有了江泽民这样的人来领导，中国一定会有一个光明的前途。

1990年夏天，基列夫来到中国首都北京，住进了钓鱼台4号院。基列夫到达的当天，江泽民便立刻赶到钓鱼台来。相隔几十年，岁月已经让他们从风华正茂的青年成为老年，但却隔不断两人的思念之情。见面后，两人紧紧地握手、热烈地拥抱，互相长时间地打量，然后又开心地欢笑，热情地问候。这既是两个老朋友的会面，也是中国人民对当年无私援助自己的外国友人的真情回报。

第二天，江泽民在钓鱼台宴请基列夫，陈祖涛夫妇与当年的翻译刘任伟夫妇作陪。六人都是当年中苏友好的见证人，谈论的话题都是当年在长春一汽、在莫斯科斯大林汽车厂的峥嵘岁月。谈得兴起，江泽民即席用俄语唱起当年流行的《莫斯科郊外的晚上》《喀秋莎》《红梅花儿开》《三套车》《再见吧妈妈》等苏联歌曲，江泽民充满激情的演唱勾起了大家对往事的回忆，满头白发的基列夫流下了激动的热泪。

作为中国的领导人，江泽民实在是太忙了，无法抽出身来陪基列夫，于是便委托陈祖涛陪同基列夫到中国各地去走走，并专门交代到几个开放的城市去看看。江泽民的安排有其深意。到1990年，中国改革开放已经12年了，国内建设已经取得了一定的成就，尤其是沿海省份和城市，成绩更为明显。但苏联的经济状况却持续恶化，多年积累下来的国民经济比例失调长期没有得到改善，人民生活每况愈下。这次，他想让基列夫这个老布尔什维克去感受一下中国的改革开放。

基列夫中国之行的第一站是广东，广东省省长叶选平也是当年500名赴苏联实习的人员之一，能够在广东接待当年的苏联专家，叶选平兴奋不已。

广东是中国改革开放的前沿、越秀大地，到处郁郁葱葱、一派生机。城市里车水马龙、高楼林立，商场里货物充足、琳琅满目，人们的衣着靓丽、各具特色，农村里稻浪滚滚、鸡鸭猪鹅满场满圈，到处都显现出富足与欢快。基列夫从广州到深圳、珠海、惠州，一路上，他的思想情绪表现出明显的起伏变化。在广州参观了中外合资企业，观看了市容、风景，基列夫看完后一声不吭。陈祖涛回忆：

晚上，我们陪同他在草地上散步，交谈白天的观感，基列夫却说："你们这是在复辟资本主义。"他很认真地说："这么多资本家的企业都进了中国，这些人都是我们当年要打倒和消灭的对象，你们却将他们请进来，这不是复辟资本主义了吗？"说着，竟然流出几滴眼泪。深圳是中国改革开放的前沿，这里的经济更为活跃，引进外资的力度更大、办法更多样。他们在蛇口参观的全是合资企业。在大大小小的合资企业里，各种产品琳琅满目，基列夫一面感叹产品的丰富，一面仍在探求产品的阶级属性。深圳市市长李灏陪同基列夫登上世界之窗最高处，李灏指着对面对基列夫说："对面就是香港。"基列夫却说："万恶的资本主义已经近在眼前了。"看到他一本正经的样子，陪同的人想笑却笑不起来。在与我们夫妇独自交谈的时候，基列夫也敞开心扉："资本主义已经到了门口、进了家门了，共产主义完了，我的心里受不了。"

基列夫是工人出身，从小受到的就是社会主义与资本主义势不两立、不共戴天的正统教育，长大以后又是一名正统的布尔什维克，除了到中国来，他就没离开过苏联。对于这次到中国来看到的这些，他完全没有思想准备，也不了解中国的国情，改革开放对于他来说完全是一个陌生的词。在苏联，经济长期裹足不前，人民生活没有任何改善，商场里的柜台空空如也。但长年生如斯长如斯，类似于基列夫这样的普通苏联民众也早已习惯了那种清淡简朴的生活，在他们的教科书里，这就是社会主义，至于要达到物资极大丰富，那是共产主义的事情。而如今，教科书里的资本主义就在自己的身边，白天陷入商品的海洋，晚上满街的霓虹灯疯狂闪烁，年轻人追求时尚，奇装异服、发式怪异，但人们对这一切却不再排斥。自己所接触到的中国人也没有谁再谈共产主义。在企业里，负责人公开宣称要赚更多的钱，政府官员们开口闭口都是发展、改革、引进、合资，再不然就是对生活的赞美和对更高生活水平的追求。所有这些，与基列夫脑子里的苏联式社会主义的概念相差太远了，他如同桃花源中人，对所见到的一切都怀疑和不理解，都将之放到"资本主义"的概念中。

到深圳后，深圳市市长李灏宴请基列夫。席间，基列夫似乎并不在意精美丰盛的食物，他左顾右盼了一阵，向李灏提出："餐厅里为什么要这么多的灯？这太浪费能源了，请让餐厅的经理关掉几盏灯。"不同的思维方式对问题的观察会有不同的结果，基列夫认为几个人在这里吃饭却开这么多灯，太铺张，不符合社会主义勤俭节约的原则，这与疯狂追求物资享受的资本主义有什么区别？

基列夫的问题确实让东道主为难，短时间内无法向他解释社会主义与经济发展，与人民生活水平提高，与对漂亮美好事物追求的关系。李灏不得不对他解释："这家餐厅是由经理自己管理的，政府没有权利干涉。再说，如果关掉了灯，这里就会显得冷清，就不会有客人来了；没有客人，餐厅就无法经营下去；餐厅经营不下去，这里的员工就会失业，让员工失业是不符合社会主义共同致富原则的。"

陈祖涛告诉基列夫："贫穷不是社会主义。中国改革开放的目的就是要增强国力，全面提高人民的生活水平。现在，中国人民再也不愿意回到过去那种物资极度匮乏的所谓的社会主义了。今天，中国的经济比过去要强上好多倍。过去我们靠你们的帮助才建成年产3万辆的汽车厂，今天，我们有十几家汽车厂，年产汽车超过了100万辆。但我们与世界上的发达国家相比还很落后，所以我们要加速发展。社会主义不是闭关自守，更不是故步自封、互不往来。当年我们建设的汽车厂今天已经完全落后了，我们要学习先进的技术来加快自己的发展，技术是没有阶级属性的，我们国家实行的是社会主义制度，这并不妨碍我们学习资本主义先进的技术。"

陈祖涛特意有针对性地说："当年的斯大林汽车厂很先进，但今天仍然不改革，产品几十年不变样，已经明显落后了，这样下去肯定会出问题。"

听完陈祖涛的解释，基列夫似懂非懂，仍旧是满脸的不理解。其实，当时苏联正处在解体的前夜，只是他们并不了解，几个月后，红旗真的从克里姆林宫跌落到地下，苏联人民毫不留念地抛弃了苏联共产党，这一切正好说明，中国共产党发展经济、改善民生的改革之路的正确。

在广东参观访问结束后，陈祖涛等人陪同基列夫来到中国最大的城市之一上海。江泽民夫人王冶坪、上海市市长朱镕基，原市委书记汪道涵等人一起接待了基列夫。在上海参观访问了2天，临别前，朱镕基告诉基列夫，江泽民总书记要送他一套音响。在那个时候，音响还是属于高档商品，基列夫一听，连连摆手说："不要，不要。"朱镕基向他反复解释，这是总书记表达对您的敬意。可不管怎么说，基列夫就是不肯收。朱镕基一看这个老头如此倔强，他的幽默劲上来了："您要是不收，我这个上海市市长就当不成了。"

没想到基列夫当真了，他充满疑问地问朱镕基为什么？朱镕基说："您看，您曾经是江总书记的老师，今天他要我代他给自己的送老师一点礼物，您却不收。他会说，这个朱镕基，连这点事情也办不了，还当什么上海市市长，赶早下去算了。"

听朱镕基一说，在场的人大笑起来，基列夫这才没有再坚持。但他又提出新的问题："这套音响很贵的，在海关要补交关税，我哪来那么多钱交？我无法带过海关。"

听他这么讲，陈祖涛赶紧说："没关系，我们来解决这个问题。"

回北京后，中方有关人员来到苏联驻华大使馆，向使馆人员讲明江总书记要送给基列夫一套音响，请他们协助通过海关。听说中国总书记送给苏联公民礼品，苏联大使馆立刻配合出具证明，这才解决了基列夫的后顾之忧。但基列夫回国后仍旧将这套音响送给了李哈乔夫汽车厂的俱乐部。为此，他的女儿还埋怨老人没有将音响送给自己。

不仅存在很多不理解，对江泽民以及中国各地负责人的盛情款待，基列夫也深感不安。他一路上反复地问陈祖涛："你们对我这么周到客气，我该说些什么呢？你们这么热情，你们需要我写份报告吗？我写些什么内容呢？"

基列夫所谓的"报告"是指当年他在中国当专家时，对工作中提出的意见或建议。他的话表明了他淳朴厚道的品德。面对充满不安的基列夫，陈祖涛不得不反复给他做工作："你是我们总书记请来的客人，你对中国的建设发展做出过很大的贡献，我们中国人要结交新朋友，但从来不忘老朋友，更不会忘记在我们最困难的时候给我们真诚帮助的同志和朋友。"

带着江泽民以及中国人民的深情厚谊，也带着大量的不理解和疑问，基列夫回到了苏联。不久，苏联发生天翻地覆的变化，苏联解体，红旗落地，十几个加盟共和国分崩离析，像基列夫这样的老布尔什维克陷入了更深刻的困惑。

陈祖涛说："基列夫回国后，我们夫妇俩每次到去苏联都要去看望基列夫。基列夫告诉我，江泽民每次来苏联访问，都要将他接进克里姆林宫。在苏联，普通人要进克里姆林宫就如同普通中国人要进中南海一样，是很不容易做到的。老人动情地说："虽然我教过他几天，和他共同工作过几年，但是他的知识远远超出我，我只是一名普通的动力工程师，他却始终不忘我们之间的友谊，江泽民真是个品德高尚的、重感情的人。"

中国人民是重感情的，中国人民永远不会忘记帮助过自己的朋友。江泽民对基列夫的感情就是中国人民这种美德的最好体现。

"解放"之路

通过中央"三年建成一汽"的号召和一汽建设者的忘我劳动，解放牌汽车犹如一个婴儿般渐渐发育成熟。一汽生产的汽车叫"解放"，这一名字是怎样来的呢？

1953年下半年，一汽的生产准备工作正在紧锣密鼓地进行着。按照协议，斯大林汽车厂开始为中国的新车准备各类模具了。按照国际通用的习惯，每一款汽车产品都有自己的名字，并标在其最醒目的地方，这就需要将新车的名字刻在模具上。但是中国的新车叫什么名字呢？斯大林汽车厂"援建中国'一汽'办公室"的负责人找到正在苏联的一汽副厂长孟少农，提出了新车命名的问题，并要求中方尽快起好名字，不影响苏方的模具制作。孟少农立即将苏方的意见转告国内，饶斌立即组织一汽厂务会多次研究，同时也向一机部报告了关于新车命名的问题。一机部除了专门开会研究外，还搞了车名征集活动，但众说纷纭，一直未能定下来。

命名问题一直到了中央，在一次政治局会议上，段君毅提到新车命名的问题。朱德说，我们的部队叫解放军，我们造的汽车也叫"解放"吧，到会的其他中央领导，包括毛主席都表示赞同，"解放"的名字就这样定了下来。段君毅将命名的情况通知了一汽。名字定下来了，但谁来为新车书写名字呢？经过反复讨论，决定就用毛主席为《解放日报》题写的"解放"二字的手写体，由苏联莫斯科斯大林汽车厂放大后，刻写到汽车车头的第一套模子上。由党和国家最高领导为新中国的第一种汽车命名，这是一汽人的殊荣，也是绝无仅有的。

1955年是一汽建设的高峰时期，一些车间已经陆续建成，一些设备也陆续安装，生产前的调试工作也在紧锣密鼓地进行着。土建、设备安装、生产准备三条战线同时作战，很多矛盾交叉出现、互相制约。从客观条件看，在工业基础极为薄弱、人才极为匮乏的条件下，三年建成一个年产3万辆的大型现代化汽车厂确实是有点过急了。虽然中苏双方为一汽的建设竭尽了全力，但到了 1955 年年中，按照进度看，距中央要求的 3 年建成尚有距离，主要是一些关键设备和材料的订货未能按时交付，其中最棘手的是铸造车间、发动机车间和车身车间尚未完工。其中，如果铸造车间难以按时完工，铸造车间不能完工，按时出车就无法实现。此外，还有耐热钢等重要材料的订货难以解决，部分 1955 年交付的设备要推迟到 1956 年交付。经过对一汽现有能力的推算，到 1956 年 7 月，一汽无法正式投产。经过与苏联外贸部及汽车工业部的几次讨论，如果要等到铸造车间建成，中方自己生产铸件，就无法按照中央要求的时间出车。经过与苏联专家商量，苏联专家提出"一个工部、一个工段，够条件的就立即投入生产"，也就是成熟一个、投产一个，不成熟的暂时外购。

1956 年 5 月 5 日，饶斌和一汽党委书记赵明新联合署名向中央发出一份《第一汽车制造厂给中央的报告》，详细报告了一汽建设的进展和存在的问题。报告提出：

……

其中最突出的矛盾是：工厂内部的技术水平与管理水平远远不能适应现代化汽车制造工业的要求。再则是工厂外部的原材料供应、协作产品供应和汽车生产的矛盾。汽车是现代化生产，是大量流水作业，对所需的原材料和协作产品在质量、技术上要求严格稳定，产品零部件需求数量大、品种多，要求货源稳定，这些都给我国冶金工业和其他配合汽车生产的企业带来新的课题。

……

请求国家解决以下几个问题：

迅速扩大货源……如以年产 3 万辆计，需要各种金属 13 万吨，目前国内只能解决 28%，72% 靠国外解决。但冷轧钢板、冷轧钢带等材料靠国外解决也是困难的。我厂 1956 年国外订货 8600 辆份，至今才到 3200 辆份。目前有 369 种材料尚未到厂，国内订货也有 105 种材料未到厂，如不从国内外两方面解决问题，1957 年年初即有全厂停产的危险。

（第一汽车制造厂史志编纂室，《第一汽车制造厂厂志 1950—1986》吉林科学技术出版社，1992 年）

中央对这份报告高度重视，立即指示饶斌去苏联，向已在苏联谈判的国家计委主任李富春和一机部部长黄敬汇报，由他们直接与苏联有关部门商谈，争取尽快解决问题。1956 年 5 月 20 日，饶斌与陈祖涛直飞莫斯科。李富春与黄敬对他们的汇报极为重视，立即与苏联贸易部联系，请他们协助解决中方的困难。考虑到中央 3 年建成一汽的时限是 7 月，如不能按时完成中央的要求就会造成重大的政治影响，也将影响一汽在全国人民心目中的形象，饶斌提出，先向苏联李哈乔夫汽车厂借 100 辆份吉斯 150 的材料、300 辆份金属材料和 200 辆份轴瓦材料，保证 1956 年 7 月出车，中方几个车间的扫尾工作完成后就能接上。苏方同意先满足中方的部分要求，不日即发货；但指出，一汽所要求的 940 吨厚钢板苏方无法解决。苏联外贸部副部长表示，苏联的部分钢板也要进口，希望中方自己也派人到联邦德国等资本主义国家去采购。经过请示李富春，饶斌决定与陈祖涛一起先到民主德国去采购钢板、砂轮等急需物品，计划去民主德国 10 天左右；如有货源，拟留陈祖涛在德工作几天，他可先回；回来时经波兰、捷克可顺便参观其他汽车厂，争取在捷克采购部分钢板和砂轮，大约 7 月底回国。

7 月 5 日，饶斌与陈祖涛前往民主德国。到了后，他们找到民主德国政府 03 办公室德拉汉姆先生，德拉汉姆找了为一汽承制设备的 PELS 厂的厂长纳迭尔、总设计师莫洛勒德、设计工程师卡连巴赫与饶斌等商谈。饶斌与陈祖涛在民主德国解决了部分材料，但钢板仍未解决；他们又从民主德国得知，联邦德国有中国需要的钢材。由于时间临近投产，加上此时国内即将召开党的八大，而饶斌是八大代表，所以饶斌决定自己赶回国内，由陈祖涛到联邦德国去向资本主义国家采购钢板。

陈祖涛回忆：

那时，我还是个28岁的青年，参加工作也只有几年的时间，钢板事关一汽生产，这么大的事情就交给我一个人，而且还是在外国，我的肩头顿时感到千斤重担，这是我参加工作以来所没有过的，我当时唯一的依靠就是我国大使馆。我国驻东德大使曾涌泉非常热心地帮我找有关方面联系，对我的工作给了很多支持。

就在我为钢板在东德发愁的时候，突然出来了一个意外插曲，国内开"八大"，需要60辆高档的奔驰300轿车。当时外贸部驻东德的代表林海云找到我，他对我说："祖涛，你是汽车厂的，你懂车，这件事情就由你来负责吧。"

通过东德方面，我们和西德的奔驰公司取得联系，西德奔驰公司立刻就派人到东柏林来与我们见了面。听说我们要买60辆奔驰300轿车，奔驰公司的代表显得很吃惊。一次购买60辆，这在当时是一笔大买卖。和总部联系后他们告诉我，他们的库存没有这么多车，希望我们给他们几天时间，他们把世界各地的展览样车调回来满足我们的需求。他们说，这是奔驰第一次和中华人民共和国做生意，他们要讲信用，也希望今后和我们这样一个大国建立长期的商贸往来。奔驰公司的代表郑重地提出："陈先生，我们邀请您到我们奔驰公司参观。"

我告诉他，我国和西德没有外交关系，我们没有办法过境。奔驰公司的代表称，没有问题，我们24小时内给你们办妥。果然，他们不到24小时就给我和外贸部的二位同志办妥了全部过境手续。我们这才明白，在西方，这些大公司有很强的话语权，政府就是这些公司的代言人，政府就要全力为企业服务，以换取企业对政府的支持。奔驰公司的总部在斯图加特，我们首先去参观奔驰公司的汽车博物馆。奔驰公司的汽车博物馆有一个规定，哪一个国家的贵宾来了，要悬挂这个国家的国旗。我们一走进展览大厅，就看到鲜艳的五星红旗，心里顿时一阵激动。当时我们国家和西德没有外交关系，我们两国是分属于两大敌对阵营的，悬挂中国的五星红旗表明他们对我们国家的尊重，也是对我们的尊重。

在西德，我向奔驰公司提出，可否通过他们帮助购买钢板的要求，他们非常爽快，立刻和生产钢板的工厂联系，钢板厂在莱茵河边的斯太因。这个厂设备先进、管理一流，钢板质量完全达到我方要求。他们满口答应我："钢板不成问题，要多少给多少。"几万吨的钢板就这样解决了，我当时真是又惊又喜，让我和饶斌日夜发愁的事，就这样，不费吹灰之力就解决了。这件事也让我认识到了市场经济中，国外大公司对于商业信誉的重视和快捷的效率。因为质量好，这一批钢板用完了以后，我们又续订了几次，由于双方讲信用守合同，一汽和这个厂也建立了长期供货关系。

（陈祖涛口述，欧阳敏著，《我的汽车生涯》，人民出版社，2004年）

从1953年起到1956年，短短的3年时间，原来荒凉的孟家屯出现了一座图画中才能看到的宏伟壮观的汽车城。工厂区占地150公顷，建筑物总面积38万平方米，安装设备7552台（套），电气网络18700米。厂区内宽阔的中央大道两边绿树成荫，高大的厂房成排成栋，整洁的住宅区里红花绿树、芳香宜人，整个一汽厂区就如同美丽的花园。三年前栽下的果树已生根发芽，就要结出醇香的果实。

孟少农是在美国福特汽车厂工作过的，美国每一种新车开始生产前，都要制造一枚开工纪念章。一汽快要建成了，也需要一个开工纪念章，他找到设计科的吕彦斌，让他来负责此事。吕彦斌回忆：

> 1955年，一汽的建设正在热火朝天的时候，厂房还没完全盖好，孟厂长便交给我一个任务。他说："1956年7月15日一汽就要正式开工了，你设计一个开工纪念章，到时候给大家一人发一个。"我设计了几个方案，交给他审查。他挑选了一个，说："你马上到上海去，找到以前刻袁大头的那位老师傅，让他按照图样把纪念章刻出来，你把模子带回来。"我就从沈阳上车，换了几趟车，从天津到上海，找到那位老师傅。师傅姓陶，听我说明来意后，他说："你要我刻人像没事，刻谁的都行，颧骨、牙齿、眼睛这些我都能满足你的需要，你只要拿相片来就行，但要刻汽车，我可没这本事。"在我的一再恳求下，陶师傅答应了。我在旁边配合他工作，告诉他哪些地方高，哪些地方低，哪些地方是直线，哪些地方用曲线。车厢外部的直线好刻，驾驶室和车头的曲线难度较高，刻了两三次才刻好。就这样，我们干了20天。试压满意后，我赶紧坐火车回来，把纪念章交给孟厂长。1956年7月15日一汽开工生产，10月17日厂里开大会感谢苏联专家对一汽的支援。在这个大会上，受国务院和周总理的委托，黄敬部长带着锦旗和感谢信来厂慰问专家组，饶斌厂长代表一汽对专家组表示感谢，并送给他们每人一枚镀金的纪念章。后来，一汽又送给职工一人一枚镀铬的纪念章。当时，我也留了几个纪念章，以后下乡时给弄丢了。现在想要，但哪里也找不到，去年在古玩市场看到了一枚，一问要80元，结果我这个设计者还要自己花80元从古玩市场上买回。

1956年7月是中央三年建成一汽的最后时限，在此之前，一汽的各个车间里已经在热气腾腾地进行各项生产准备和设备调试了。3月26日，铸工车间炼出第一炉铁水；4月3日，底盘车间流水线开始试运行；5月8日，锻工车间的锻压机开始批量试生产；6月21日，发动机车间开始流水试生产；6月30日，409项协作配套产品中有404项合格；7月2日，冲压车间的设备开始生产；7月9日，解放牌汽车驾驶室试制成功。

7月13日，一汽总装车间人群涌动，人们如同过节般兴奋。总装线上，随着一个个零部件的组装，一辆解放牌汽车渐渐成型。上午10点钟，中国第一辆解放牌汽车缓缓驶下生产线，一汽副厂长孟少农登上汽车，点火发动，松开离合器，轻踩加速踏板，随着一声喇叭长鸣，崭新的解放牌汽车平稳起动，在场的干部群众的掌声和欢呼声响成一片，不少人手抚汽车，热泪涟涟，年轻的女工们将早已准备好的大红花扎在车头。这一刻是中国汽车工业分娩的日子，响亮的汽车喇叭声似婴儿的第一声啼哭。

7月14日下午1时，12辆新下线的解放牌货车披红挂彩，绕厂区一周后浩浩荡荡地驶向长春市区，向吉林省委省政府、长春市委市政府报捷。这一天，长春全市也披上了节日盛装，道路两旁彩旗招展、锣鼓喧天，路上挤满了热情的群众，大家争先恐后地一睹中国国产汽车的风姿。人们不断地向车队抛洒五彩的纸花，没有纸花的人竟然拿高粱、谷子、玉米向车上抛洒。在市政府门前，吉林省、长春市的全部领导都在鼓掌祝贺，道路完全被热情的人群所占据。一些人蜂拥着爬上汽车，车厢里挤满了，就站在车门边的踏板上，最后连车头的翼子板上、车前的保险杠上都坐满了人。在欢呼的人海里，在长春市热情的群众簇拥下，车队只能缓缓向前蠕动。

汽车生产出来了，但车身上没有厂徽和厂标，孟少农再次将设计厂徽和厂标的任务交给已经担任设计科长的吕彦斌。吕彦斌回忆：

> 1957年，孟少农厂长让我设计一汽的厂徽和厂标。他在美国福特厂干过多年，对美国汽车

的结构很清楚。他说福特公司的厂标 1910 年就设计出来了，一直沿用到现在。"商标越老越值钱，尤其当你成了名牌后，别人一看到你的商标就会相信你这个车的质量，所以商标很重要。"经他这么一说，我也认为这事非同小可。我问他设计的主题思想是什么，他说只要看起来易懂，能够体现国家民族形式就行。我共设计了六七十个方案，领导也开会讨论研究了多次，最后选中一个。他们说，今后一汽制订的工厂标准、生产的车型、重要零部件以及职工宿舍里，都必须刻上厂标。现在还有没有厂标我不太清楚，但那时在解放牌汽车的连杆和螺丝帽上都有。

在中央领导的关怀下，在全国人民的关注下，中国的汽车工业开始了自己漫长的发展历程。

8 月 21 日，第一批 10 辆解放牌汽车运到北京，在天安门广场向首都人民亮相，受到首都群众的热烈欢迎和赞扬。

9 月 22 日，解放牌汽车开始作为国家重点物资正式出售。

10 月 14 日，由国家建委副主任孔祥祯、吉林省省长栗又文、建工部副部长宋裕和、一机部副部长曹祥仁组成的国家验收委员会通过一汽建设验收。

10 月 15 日，一汽举行隆重的开工典礼，宣布全厂开始投入生产，并将一辆编号 000002 号的解放牌汽车赠送给苏联人民。

截至 1956 年 12 月底，一汽共生产解放牌汽车 1654 辆，大大超过原定计划。

1957 年 7 月 1 日，为纪念中国建成现代化汽车厂，正式生产汽车的历史性时刻，邮电部发行了一套名为《我国自制汽车出厂纪念》纪念邮票，邮票共 2 枚，票面分别是一汽厂区全景和总装流水线。

1957 年 10 月 18 日，在中国第二届出口商品交易会上，约旦商人比塔先生订购了 3 台解放牌汽车，自此，中国实现有史以来的第一次向外出口整车。

中国的第一款解放牌汽车简历：型号，CA-10，空重 3900 公斤，搭载 90 马力直立式 6 缸 4 冲程发动机（71kW），最大时速 65 千米，载重量 4 吨。

一汽建成后，苏联专家逐步撤回，一汽的生产管理全部由一汽人自己掌握。虽然一汽已建成投产，但中国工业基础差、专业人才少、工人技术水平低的问题不可能在短时间内解决，由此带来的质量问题始终困扰着一汽。特别是在沸腾的 1958 年，在"大跃进""放卫星"的冲动下，一汽出现了一个"班产 250 辆运动"，这一严重脱离实际的"运动"给一汽造成了很大损失。

"班产 250 辆"是个什么意思呢？一汽设计年产量为 3 万辆，按照正常生产，大致需要班产 50 辆左右。虽然一汽 1957 年正式投产，但因为设备、工人素质、配套件、国际订货等多种因素的制约，实际生产能力一直没能达到生产纲领。1958 年，"大跃进"号角吹响，各行各业"大跃进"，农业"放卫星"，亩产千斤、万斤甚至几万斤的消息都能见于各级党报，由于缺乏对生产实际的认识和把握，"大跃进"事与愿违，给国家建设和人民生活造成严重影响。一汽是共和国的独生子，"大跃进"之风也刮到了这里。这件事情首先起于一汽底盘车间，转向工部转向器壳小组工人受"大跃进"影响，日夜加班，班产超过平日。这个小组的生产组长朱武喜、党小组长秦凤章提出"再加一把劲，力争班产 250 辆"的口号，这一口号提出后，一些班组也起而呼应，一些车间主任、班组长甚至互相挑战，看看谁能实现这一目标。这是群众生产积极性的表现，但在全国"大跃进"的形势下，这一口号就走样了。一汽党委因势利导，发起一个全厂性的群众运动，号召人人努力，力争实现班产 250 辆，并授予朱武喜的小组为"卫星小组"。一汽党委号召开展"班产 250 辆运动"，当时的目的一是给群众运动鼓劲，二是想趁机向一机部争取一些设备资金支持。为此，一汽党委做了一个预算，要实现班产 250 辆的规模，需要增加 2000 台设备，新建厂房 9 万平方米。如果这些能实现，一汽就能够实现班产 250 辆，也就是能实现年产 15 万辆。基于这一想法，1958 年 8 月，一汽党委向一机部汽车局正式报告，并在报告中承诺 1959 年 10 月实现规划。一机部也很受鼓舞，1958 年 9 月，部党组向彭真、李富春、薄一波等中央领导报告，表示基本同意一汽的规划，并提出将实现 15 万辆规划的时间延长 3 年，即 1965 年实现年产 15 万辆。

一汽的"班产 250 辆运动"引起了吉林省省委的关注，省委写出《关于第一汽车厂大搞群众运动，大闹技术革命的总结》上报中央。1958 年 12 月 5 日，人民日报刊登社论，题为《大企业中大搞群众运动的一面红旗》，介绍了一汽大搞群众运动的经验。就这样，一汽被推着走向大浪的浪尖。

1958 年 12 月 8 日，根据一机部的意见，一汽再次向一机部报送扩建计划任务书，提出要补充热电站、宿舍、机械化运输等项目，投资增加为 1.1 亿元，基建面积增加到 11 万平方米，这就大大超出了班产 250 辆的初衷。姑且不谈国家能否拿出 1.1 亿元给一汽，仅就一汽现有设备，也完全无法实现班产 250 辆的目标。

1959 年，中央领导发现有人谎报产量，以臆想代替政策等错误。毛主席在一些会议上的讲话传达下来。毛主席说："有些人总想三五天内搞成共产主义……谁不赞成就说谁是右派，这是错误的。""有些号称马列主义的经济学家，表现得更左，主张取消商品经济，实行产品调拨，这完全是错误的……这样做，实质上就是剥夺农民。在两种所有制的条件下，农民只能接受商品交换。"

（张矛著，《饶斌传记》，华文出版社，2004 年）

大风起兮云飞扬，在狂热的大风劲吹之下，全国"放卫星"此起彼伏，要让过热的头脑冷静下来也非一日之功。

在狂热情绪的引导下，一汽党委制定的 1959 年生产任务严重脱离实际。1958 年，一汽生产汽车 14 922 辆，连设计纲领的一半都不到。在党的八大二次会议之前，一汽党委制定的生产规划要求 1965 年生产汽车 15 万辆。党的八大二次会议后，又将实现 15 万辆的时间提前到 1962 年。而在"班产 250 辆运动"中，提出要在 1959 年达到 15 万辆。

如果仅仅是作为一个长远发展规划，倒也无可厚非，但在那个时代，将班产 250 辆作为一个群众运动，向各车间、班组层层下达远远超出实际能力的计划和任务，结果造成拼速度、拼设备、拼人力，最终就是欲速则不达。

由于只讲速度不讲质量，汽车废品损失率逐月上升。如制造活塞使用的铝合金由外购改为自配料生产材料，结果活塞内出现大量气泡，废品率大幅上升。制造进排气管使用"大跃进"时自己炼制的"土铁块"，由于焦炭质量差，浇注温度低，造成"土铁块"含硫量高，生产出的产品砂眼、裂纹显著增多，一个季度的废品即超过 1957 年全年的废品。机加工质量粗糙，生产的零部件的光洁度达不到要求，毛刺清除不干净更是普遍现象。对复杂的机床使用缺乏经验，机床调整也不规范，造成批量产生废次产品。再加上对管理制度缺乏科学的认识，一些车间为了多出产品，对规章制度随意修改，有的形同虚设。据张矛著的《饶斌传记》记载：

1959 年 3 月份生产 1000 辆军车，24 辆存在严重质量问题，严重地影响了国防建设。1958 年第 3 季度开始，成品汽车重修率不断上升，各地要求一汽赔偿的款数也不断上升，给用户和工厂都带来了损失。

经过质量检查，冲压车间发现问题 141 个，发动机车间发现问题 78 个，底盘车间发现问题 72 个，总装车间发现问题 82 个，协作件发现质量问题 56 个，大量的问题造成整车质量下降。1959 年一季度，成品汽车大修率上升到 22.3%，创一汽生产以来质量最差的记录。由于产品质量问题给用户带来了损失，因此一汽解放牌汽车的质量受到广泛批评。投产不到 3 年，一汽带病设备高达 1609 台，占全厂设备的 30%，由于保管和使用不当，冲压车间焊缝机多次出现问题，严重的一次甚至造成全厂停产达十多天。

1961 年 9 月，一机部研究室邀请一汽厂长郭力（饶斌已调一机部）、工厂设计处处长陈祖涛，以及一机部汽车局副局长刘守华、胡亮等人座谈，对 1958 年的"班产 250 辆"运动进行反思。几人都认为：

1. 对汽车生产的主、客观条件和可能性考虑不充分、操之过急、脱离实际，目标定得过高、过急，经过努力也不是短时间内能够实现的。这种不切实际的做法，对群众的积极性实际上是一种伤害。

2. 目标制订脱离实际，反映出来的实际上是浮夸。把少数不能持久的、突击的高指标作为要实现的目标。

3. 领导在抓长远规划时，考虑长远多，考虑当前少；只顾"多、快"，忽视了"好、省"。在抓生产时，考虑能力产量多，考虑质量少。

（第一汽车制造厂史志编纂室，《第一汽车制造厂厂志 1950—1986》，吉林科学技术出版社，1992 年）

产品质量问题给一汽带来了严重的负面影响。1960 年 11 月 18 日，贺龙、罗瑞卿等军委领导来一汽视察，贺龙不客气地当面批评："一汽要有质量第一的思想，要保持名牌。"中央领导的批评震动了一汽。1961 年 1 月 25 日，一汽党委决定，由副厂长孟少农带领质量调查小组走访包头、呼和浩特、兰州、西宁、西安、武汉、成都等地的用户。4 月，一汽专门召开技术检查会议，郭力厂长在会上大力强调：产品质量问题事关企业生死存亡。

其实问题并不光出在一汽，那个时候，整个机械行业的质量问题大量出现。1959 年 6 月，一机部部长赵尔陆专门发出《关于整顿生产秩序，提高产品质量问题给机械工业系统各级领导的一封信》：

机械产品是我国社会主义建设中重要的设备，产品质量不好，会给使用部门和整个国家带来很大的损失。不要把主观能动性估计得超过了客观可能性。需要着重研究一下整顿企业生产秩序问题，把各个环节组织成一个有机整体，才能制造出质量好、成本低的产品。

生产技术上的规章制度是国内外长期生产实践积累的宝贵经验，它反映了生产技术活动的规律。如果随意破坏规律，就会造成生产上的紊乱。在整顿生产技术的过程中，要抓紧图样管理和新产品试制，试制要经过审查批准，鉴定试验未合格之前，一不登报，二不献礼。第二要抓工艺纪律，工艺管理规程不下放；新材料新工艺的使用，要经过试验肯定后才能纳入工艺规程。第三要严把产品质量关。

……

（第一汽车制造厂史志编纂室，《第一汽车制造厂厂志 1950—1986》，吉林科学技术出版社，1992 年）

不能不看到，在此之前，中国毕竟工业基础薄弱，以其社会环境和思想认识而言，虽然领导者和广大的建设者都有着强烈的建设热情，但综合素质的养成、科技水平的提高、规章制度的建设与完善非一日之功。无论是领导者还是建设者，对于现代化工业建设、发明创造所需的科技意识和社会环境还远远没有本质的认识。各种因素混合在一起，使得一汽直到20世纪60年代中期才达到3万辆的设计产量，产品质量与其母本吉斯150和美国万国货车仍有很大差距，这是当时的社会环境使然。

从1956年7月13日第一辆解放牌汽车走下生产线，到1986年9月29日最后一辆走下生产线为止，第一汽车厂共生产了1 281 502辆解放牌货车。

为了纪念解放牌汽车在中国正式生产，中国人民银行1953年版的壹分纸币正面就是一辆解放牌货车。20世纪六七十年代，解放牌货车是中国对外援助的主要物资，阿尔巴尼亚、越南、朝鲜以及非洲国家都有大量的解放牌货车。阿尔巴尼亚还将解放牌货车印上了其流通纸币。其1964年和1976年版面值5列克的纸币正面的图案为一艘正在航行的货轮，背面图案为行驶在大桥上的列车和满载货物行驶在公路上的汽车，这辆汽车就是解放牌汽车。

"垂直"换型转产

一汽建设成功结束了中国不能造汽车的历史，使我国的机械综合加工能力上了一个台阶，增强了国民经济实力，培养了一大批汽车专业人才；一汽也成了中国汽车工业的摇篮，到处都能看到的"解放"牌汽车也大大地鼓舞了全国人民的士气，增强了民族自信心。但解放牌汽车毕竟是美国人20世纪30年代的产品，苏联人50年代转给我们，在中国又生产了几十年，随着时间的推移，"解放"牌汽车身上的光环逐渐消退，各种毛病也逐步显现出来，如自重大、吨位小、油耗高、车速低、各项技术指标低，已经明显地落后于时代。综合看有如下问题：

第一，产品型号落后。一汽从1956年投产到1983年改型为止，一共生产了26年。在这26年里，一直生产的就是这一个车型，在原来的基础上有一点小修改，但没有大的改动，所以被人们称为几十年一贯制。其原因很简单，它的问题是娘胎里带来的。一汽是苏联援建的，所以企业运行管理机制也全盘照搬苏联模式。苏联的汽车厂都没有设立自主的汽车开发机构，比如我们在20世纪50年代看到的"伏尔加""莫斯科人"等车型，现在基本上还是老面孔，不是它不想改，而是它的生产条件和科研环境使它没法改。苏联的汽车厂都没有研发机构，这是苏联的生产体制所决定的。苏联在援建中国的时候，也是按照这个模式来建设的。原中汽公司总经理陈祖涛曾任一汽工厂设计处处长，他回忆道："苏方在一汽厂区成立了'产品设计处'，里面只有一些行政办公设备，而产品设计所需的研究、开发和各种试验设备很少。并不是说他有而不给我们，而是他们自己也很少。那么他们的研究问题是如何解决的呢？苏联有一个'全苏汽车研究所'负责汽车的研发。但由于它和汽车生产厂隶属于不同的管理部门，因此造成了研发、生产两张皮的现象。我们开始对它的这一套也是全盘学习。在我们一机部汽车局下面，有一个'南池子汽车工业筹备组汽车实验研究所'；1958年，该所下放到长春，叫'长春汽车研究所'，在一汽厂区外建了一套办公、实验、研究等设施，但这个所和一汽没有任何隶属关系，从1958年到1980年始终是'两张皮'。这个研究所也搞一些研究，但由于脱离汽车生产的实际，所以没有发挥多大的作用。想改的没有手段和能力，有手段和能力的又和生产企业没有关系，你让企业怎么办？"

第二，计划经济的弊端使企业对产品的改进没有积极性。计划经济时代，生产计划由国家计委直接下达，工厂生产的汽车直接入国库，再由计委来分配。用户对汽车的意见到不了工厂手里，工厂如果自己要改进产品，那要先报告，然后由国家组织专家来评审，评审完成后才能立项。立项完了后再在国家财政排队等拨款，款到了后才能动手。这里面环节众多、手续复杂。而且，这种修改对生产厂家没有任何利益，既劳神费力又没有任何利益，企业怎么可能有积极性呢？计划经济时代，企业不用竞争反而还经营得很好，多一事不如少一事，这就是典型的计划经济体制弊端。

第三，没有钱，技术改造没有资金来源。在西方的企业，技术改造的费用为利润的3%~8%，所以他们有很多钱来改进产品和提高产品的市场竞争能力。而产品的竞争能力强了，利润自然就会更多，技术改造的钱也会更多，才能形成良性循环。在我国，按照企业管理规定，汽车厂的技改资金只有从生产利润里提取的0.1%。中国的汽车厂产量低、成本高，劳动生产率远远低于国外汽车厂家，利润也少得很。利润本来就低，只拿0.1%能干什么事？而且这0.1%还需要企业先把利润足额交上去，然后再由国家财政返还，有的地方财政困难，这个返还就拖着，最后拖得不了了之。一汽的老厂长刘守华曾经说过："一汽这么大个厂，但我自己有权支配的钱还不够盖一个100平方米的厕所。"

在计划经济时代，企业只是国家的一个生产车间，是一个生产单元，而不是自负盈亏的经营者，所以企业没有技术改造和产品研发的资金。到了20世纪90年代初期，国家才将企业的技改资金从0.1%上调为1%，但这点钱杯水车薪，对于企业技术改造来说仍然远远不够。这里面很大的因素是国家对企业与国家关系的认识问题——是放水养鱼还是竭泽而渔？是让企业做一个生产车间还是做市场上的经营者？对这个道理的认识用了整整十几年。陈祖涛回忆："20世纪80年代中期，我陪朱镕基到美国通用参观他们的研发中心，研发中心一个极小的项目一年就有500万美元的费用，时任国家计委副主任的朱镕基对此极其吃惊。中国企业的技改研发资金与之相比简直不成比例。"西方的资本家都明白，只有产品的研发上去了，产品才有竞争力，才能占领市场，才谈得上利润。技改和研发是企业活力的源头，这是中国付出很大代价，经过多年努力才认识到的。

第四，缺少产品研发人员。研发人员是要在产品的开发、改进的过程中逐步培养、锻炼而成的。但一汽因为前面所讲的原因，没有研发，当然也就没有专业的研发人员。即使工厂有些人才，但因缺少开发实践，成长也很慢。

第五、苏联援建的一汽是生产单一品种的综合性工厂，它的机器设备都是为单一品种而设计、生产的，哪怕只对产品做一点小小的改动，也需要对生产线上的机器设备做很大的调整，真正是"牵一发而动全身"。而且一汽的产品零部件60%以上都在厂内生产，对外协作件少，这意味着，如果要大规模开展技术改进甚至改造，几乎绝大部分的担子只能靠自己背起来，都得靠自己搞。而现在的汽车厂一般只有20%~30%的总成是自己生产，其他大部分都是协作件，这样也就分散了技术改造的压力。

这些就是一汽多年产品没有改型、产品几十年一贯制的原因。鉴于一汽存在的这些缺憾，以后建设二汽的时候，孟少农、陈祖涛等就专门为二汽配套建设了属于二汽自己的产品研发机构——技术中心和有研制能力的模具厂、通用铸锻厂、组合机床厂、夹具工具厂。二汽花了很多钱为技术中心配备了较先进的试验设备、开发技术设备，使二汽具备了较强的产品研发和制造能力，避免了走一汽的老路。

到了 20 世纪 80 年代，中国的经济发展对汽车的要求越来越高，一汽的老解放已经明显地不适合市场的需求，国内同行给他们的压力也越来越大。比如，二汽的"东风"货车的发动机功率为 135 马力，一汽"解放"的发动机功率只有 95 马力；二汽的东风车载重 5 吨，一汽的解放车载重 4 吨；二汽的东风车最高时速可达 90 千米，一汽解放使劲全身力气也只能跑 75 千米。两相比较，经济效费比非常明显。20 世纪 80 年代，改革开放的局面已经形成，汽车不再是国家控制的物资，私人买车跑运输的日益增多，就在二汽的东风汽车供不应求的时候，一汽的销售处却门可罗雀，一汽的几个停车场停满了滞销积压的解放牌货车。产品严重积压，还要花费巨额资金购买维持生产的原材料，为国家做出过重大贡献的一汽人这才发现，自己已经面临生死存亡的严峻局面，一汽产品几十年一贯制的局面非改不可、不改不行。

怎么改？在以往，企业有了困难可以向国家伸手，一汽是共和国长子，一直躺在国家怀抱里，由国家从政策资金层面给予支持；但现在不同了，在改革开放的形势下，国民经济向市场转型，国家已经给企业断了奶，一汽只能靠自己。

经过数年努力，1983 年，一汽拿出了新的试验车型 CA141。这是一款几乎全部重新设计的新车型，135 马力，载重 5 吨，新型的长头驾驶室，前后桥、转向等几大总成都做了较大改动。中汽公司组织国内专家对该产品做出鉴定：

CA141 已经具备了 80 年代国内同类车型的先进水平，同意作为一汽的换代产品投入生产。

新产品有了，但要组织生产却是另一回事。一汽的生产设备都是针对单一产品设计的，现在要改换生产新型号，意味着一汽的绝大部分的设备要改造，如果这样做，一汽就要停产，国家就会损失惨重。同时，改造需要巨额资金，其数额相当于重建一个汽车厂，而且要几年的周期，这是一笔大账。

一汽的换型改造引起了国际上各大汽车公司的关注。有生意可做，日本人最积极。日本的"丰田""日产""五十铃""日野"等几家公司的几十位专家在一汽考察了三四个月，考察结束后提出，由他们承包一汽的换型转产，价格为 25 亿~27 亿元人民币，而且还要以全厂停产为前提。这是一汽无法接受的条件，且不说一汽没有 20 多亿元，就是停产也是无法接受的。危机面前，一汽人拿出当年创业的精神，破釜沉舟，背水一战。一汽党委组织和动员全厂干部、技术人员和工人自己动手干，他们提出"不停产、不减产、垂直转型"，创造了中国汽车发展史的奇迹。

20 世纪 40 年代的苏联，"斯大林"汽车厂的总工艺师杰米·扬柳克曾经创造性地在不停产、少停产的情况下，成功地将 2.5 吨的"吉斯 5"转产为载重 4 吨的吉斯"150"（"解放"车的原形），这在世界汽车工业史上是一个创造，他也因此获得了"斯大林"奖章。时任中汽公司总工程师的陈祖涛回忆："当一汽提出'垂直转产'方案时，我都吓了一跳，他们详细地向我介绍了'垂直转产'的设想、做法，我认为大胆、周密、细致、可行。"

中汽公司批准了一汽的"垂直转产"方案，陈祖涛在一汽召开的全厂"垂直转产"动员大会上说："如果你们顺利地实现了'不停产、不减产、垂直转型'的宏伟目标，中汽公司将送给你们一个一吨重的大奖章。"

垂直转产的难度在哪里？为什么说垂直转产的难度不亚于建设一个新厂，甚至比建设一个新厂还要难？建设新厂是在空地上搞建设，没有碍手碍脚的东西；而垂直转产则是在原来摆满设备的厂房里重新换上新设备来生产新产品，而原来的老设备同时还要保证老产品的正常生产和部分新产品零部件的生产。就那么大的空间，就那么多的时间，要把新的装进去，老的撤出来，新老交替，还要保证老产品生产，其难度可想而知。来看一组数据：

在老产品的 4046 个零部件中，78.2% 要重新设计、试制和试验；原有工装设备 20 324 台（套），大部分要拆除或改造，然后要新安装 24 870 台（套）工装设备、1847 台非标设备、168 台组合机床；原有各类生产设备 7800 台，现在要安装调试 11 574 台。这么大量的设备转移换位，除了新建少数车间外，其余全部在原来近 38 万平方米的车间里调整。整个"垂直转产"工程涉及新产品的设计验证和攻关；工艺试验与攻关；设备设计与制造；外购设备的订货；土建施工、设备搬迁、老生产线的拆除改造和新生产线的建设；产品扩散、外协产品定点、技术引进；零件调试与小批量生产、改装车同步生产等方方面面，涉及一汽内部 25 个专业厂、17 个后方单位、全国 95 个配套厂，以及美、英、日、德、苏等国外企业。这么多的内容和企业要全部按照规定的时间统一行动，同时还要在全厂不停产的情况下进行，也就是要在同一块面积上同时进行老产品的生产和技术改造。在常人看来，这几乎是不可能的。

这次换型改造是一场为求重生的大战役。为了保证换型转产的绝对成功，一汽成立了"换型改造总指挥部"，指挥部的组成也出人意料。

李治国，一汽七级钳工，1953 年进入一汽工作，参加工作前只有小学文化，在一汽先后自学了 5 年业余中专、6 年业余大学和英语、日语，从一名普通工人成长为七级高级钳工和研究员级高级工程师，一汽第一副厂长。李治国不仅勤于学习、精通业务，而且有科学的思维和极强的组织能力。一汽党委决定，由李治国出任换型转产总指挥，一汽的厂长和其他厂领导则任副总指挥；全厂的财权、人权、生产调度指挥权全部交给李治国，让他有权力指挥和调动全厂的人、财、物和生产调度。这种安排在全国也是少见的。

除了自身努力外，一汽的换型转产也得到了国内方方面面的大力支持。一汽是吉林省内最大的国有企业，吉林省政府倾全力支持，省长曾 7 次到一汽现场办公，为一汽换型转产解决难题。为增强一汽的技术力量，中汽公司将"长春汽车研究所"整体划转给一汽，结束了汽车研究所和汽车生产厂"两张皮"现象。

除了前述的种种困难外，换型转产的另一大困难就是钱。换型转产的工作量几乎相当于建一座新厂，设备研制、定做、安装、土建、厂房建设，原有设备的改装、迁移、调试等工作都需要钱。20 世纪 80 年代初正是计划经济向市场经济过渡转换的时期，一汽这样的大型国企还是在计划经济体制内的"媳妇"，每年赚的钱全上交"婆婆"；要花钱，再向"婆婆"要。

从全国大的经济环境来看，一汽的换型转产有点"生不逢时"。1981 至 1986 年的"六五计划"期间，正是改革开放逐步深入的时期，全国各地、各部门都急于发展本地的经济，抢资源、争项目，造成经济过热，国家财政收支出现严重问题，最终不得不实行"调整、改革、整顿、提高"的方针，很多大型企业的基本建设面临"停、缓、建"的尴尬局面。1986 年 3 月 25 日，在第六届全国人民代表大会第四次会议上，国务院总理在全国人大会议上做政府工作报告时称：

必须十分清醒地认识到，由于在实行历史性的深刻转变中对规律的认识和经验的积累都要有一个过程，所以工作上还存在某些缺点和失误，前进中还有不少困难和问题。我们前几年虽然注意了国民经济的综合平衡和按比例发展，但对有效控制社会总需求过度增长还是注意不够；在处理数量和质量、速度和效益的关系上，对提高经济效益，特别是产品质量，还缺乏有力的措施和有效的监督；在着重增强企业活力的时候，加强和改善宏观管理的措施也未能及时跟上。特别是 1984 年第四季度以后，在经济形势好转的情况下，一度出现了追求超高速现象，固定资产投资和消费基金增长过猛、货币发行过多、进口控制不严，经济生活中产生了某些不稳定因素。

总理所说的这些乱象在汽车行业中也大量存在。一汽的换型转产也在这个关口，自然也受到了冲击和影响。一汽换型转产属于"技改"项目，国家只给了6000万。区区6000万与实际需要相差太大，一汽只能想办法再给国家有关部门打报告争取资金。为了"要钱"，一汽"跑部进京"，两位厂领导住到北京专职"求人"，一求就是七七四十九天。2005年笔者采访李治国，谈起要钱时，李治国的声音都哽咽了。他说，一位厂领导为了追着一位部门领导说明情况，甚至不顾个人尊严，一直追到厕所。除了向国家争取外，一汽还采取了自筹、贷款等办法，硬是基本凑齐了所需资金。最后结算，换型转产耗费4.4亿元，这个数字让人难以相信，也难以想象。

1986年7月15日，一汽顺利完成了换型转产目标。新车型投产那天，就如同29年前一汽建成投产时一样，当全新的、具有80年代水平的新"解放"缓缓驶下自动装配线时，全厂都沸腾了，数万职工拥挤在生产线边欢呼跳跃，许多老汽车人的脸上流下了激动的泪水。随着新解放一辆一辆驶下生产线，一汽从此开始了新的历程。

新车投产后，产量、质量直线上升，在不到1年的时间里，通过了充满风险的质量稳定期。1987年9月，"解放CA141"被评为国家一等品，在市场上逐步建立起了良好的信誉。回想当年，一汽从建厂到达到设计能力花了9年时间；而这次换型转产，仅用了半年的时间就达到了6.8万辆的设计能力；第二年年产量达到8万辆，超过设计能力30%。1987年7月15日，一汽换型转产工程顺利通过国家验收。

这次转产的意义非常重大，它不单纯是一汽为国家节约了多少钱、创造了多少价值，而是展现了中国工人身上蕴藏的一种精神：敢想而讲科学，敢干而不霸蛮。我们国家有很多20世纪50年代建设的企业，它们超期服役，为国家做了大量贡献，而今是让他们光荣退休，还是让它们焕发青春、继续为国家做贡献，一汽人用实际行动做了回答。时任国家经贸委副主任的朱镕基说："一汽换型成功是个奇迹。"时任一机部部长的周子健总结说："通过换型改造，开发了一个具有先进水平的国家级新产品；通过换型改造，使工厂的制造技术、工艺装备有了显著的提高。一汽具备了一定的自我改造和自我发展的能力。通过换型改造，使一汽进入了产品系列开发的新阶段；通过换型改造，进一步提高了职工的综合素质，培养了大批人才；通过换型改造，使一汽的综合管理水平有了大幅度的提高。"

陈祖涛对笔者讲了当时发生的一个故事：

在庆祝换型转产成功大会上，一汽厂长耿昭杰对我说："我们兑现了3年内不停产、不减产、垂直转型的诺言，现在你也该兑现你的诺言了。"我激动地对他说："你们一汽人做了这么了不起的贡献，一吨重的奖章一定要兑现。"耿昭杰表示："一吨重的奖章我们不要了，奖章只是个形式，我们一汽建厂至今，连一个全厂职工活动开大会的地方都没有，你给我们批100万元钱，给我们盖一个工人俱乐部，就算是对我们最好的奖励。"我当即表示："100万元钱数量不少，但对做出了重大贡献的一汽人来说不算多，这笔钱一定要想办法给你们。"

（陈祖涛口述、欧阳敏撰写，《我的汽车生涯》，人民出版社，2004年）

陈祖涛回北京后很快兑现了诺言，除了拨款给一汽建工人俱乐部外，还在一汽建了一座纪念碑。

一汽老办公楼前有一片青翠的松林，松林中央矗立着一个高5米、宽2.5米的紫红色大理石纪念碑。碑的左上方镶嵌着一枚做工精致、重达一吨的铜奖章,纪念碑上镌刻着时任国务院总理李鹏的题词:"第一汽车制造厂产品换型工厂技术改造纪念"。纪念碑庄重地耸立在蓝天绿树之间,记录着中国汽车工业发展中那段激动人心的历史。

经过几十年的建设和发展,一汽确实做到了出汽车、出人才、出经验。现在,全国很多汽车厂的领导或是技术骨干几乎都在一汽工作过、学习过、生活过,一汽是名副其实的新中国汽车工业的摇篮。让我们永远记住一汽建设发展过程中的这些名字:江泽民、李岚清、饶斌、郭力、孟少农、陈祖涛、方劼、吕福源、刘守华、李刚、耿昭杰、徐元存、黄兆銮、李治国、韩玉麟、徐兴尧、范恒光、刘经传……

第二章　深山跃出一条龙

几上几下

在中国汽车工业发展史上，第一汽车制造厂是在苏联全面援助下建成的第一座大型汽车厂，它的建成结束了中国人不能造汽车的历史。几乎与第一汽车制造厂同时，中国政府开始规划部署建设第二汽车制造厂（简称"二汽"），二汽是新中国历史上第一座完全依靠自己的力量，由中国人自己设计、自己施工建设、98% 以上的设备自己制造的特大型现代化大型汽车厂。二汽从 1953 年开始筹建，其中两次下马；1964 年开始第三次上马，直到 1986 年 1 月由国家全面检查验收，其建设周期长达二十多年，几乎与共和国共同成长，共和国成长所经历的坎坷磨难，第二汽车制造厂一件不落地全部经历了。在二汽成长的年轮上，处处可见历史刻下的斑斑印迹，了解二汽的历史，就是在翻阅中国工业、中国经济、中国社会发展的历史。二汽建设成功，开创了中国汽车工业发展的新纪元，奠定了中国汽车工业全面发展的基础。

第一汽车厂的建设成功，结束了我国不能制造汽车的历史。但很多人可能不知道，就在我国刚开始建设一汽的时候，党和国家领导人就在考虑建设二汽了。1952 年年底，国民经济正处在恢复时期，志愿军在朝鲜和美国人打得烽火连天。由于美国的飞机狂轰滥炸，志愿军的汽车损失非常大。没有汽车，前方急需的给养和物资运不上去，汽车的缺乏已经直接影响到了前方战事的进程，彭德怀急得直接给毛主席发电报要汽车。新中国刚刚成立，国民经济千疮百孔，现代工业几乎为零，国内连一颗螺丝钉都不能生产，更不用说汽车了。当时，苏联援建中国的第一汽车制造厂正在紧锣密鼓地准备，尚未正式开工，但一汽的建设使得人们看到了希望——既然能建一汽，也能建二汽。

1952 年 8 月中下旬，时任中国政务院总理周恩来率领中国政府代表团访苏。代表团向苏联方面提出，鉴于中国国内经济建设的需要，请苏联方面考虑援助中国建设第二汽车制造厂。对中方的提议，苏方回应将向有关部门汇报后综合考虑。1952 年冬，李富春副总理率领中国政府代表团赴苏，与苏联方面协商落实苏联政府援助中国政府的 141 项经济建设项目，中方与苏方正式讨论了苏方援助中方建设第二汽车制造厂的问题。苏方指定苏联汽车拖拉机部及所属的设计院与中方具体谈判。经商定，双方同意采用莫洛托夫汽车制造厂的"嘎斯"系列汽车技术，在中国建设第二汽车制造厂。二汽项目谈判结果汇报给党中央后，毛主席很重视，做出"要建设第二汽车厂"的指示。

根据中苏双方的谈判结果和中央指示，1953 年 1 月，一机部汽车局上报了《第二汽车厂建设说明书》，仿制 2.5 吨的嘎斯 51 型汽车，年产量定在 10 万辆以上。1953 年 3 月，政务院（1954 年 9 月改称国务院）正式决定，建设第二汽车制造厂。考虑到一汽在北方，便决定将二汽放在南方，初步定在中南地区的湖北省。1953 年年底，中央决定，由湖北省负责包建二汽。

二汽在湖北建厂，就由湖北出干部。刘西尧，1934 年考入国立武汉大学物理系，1937 年参加革命，历任湖北省委第一副书记，二机部副部长、国防科委副主任、教育部长，少将军衔。1954年，刘西尧正在湖北省委副书记任上，省政府主席李先念点将并报中央同意，刘西尧成为二汽建设筹委会主任，黄正夏、郭欠恒、刘绍五、罗红为副主任。此外，调集湖北各地市委书记5人、八个地市的全部宣传部长、省直的7名厅局长、38个县的县委书记和县长参加二汽筹备组。当时，全国刚刚解放，百废待兴，建设任务极其繁重，干部极端缺乏。一个小学学历的干部就算是知识分子，中学学历的就是大知识分子，大学生就是宝贝疙瘩。现在一下子将这么多知识分子领导干部全部集中去建设汽车厂，可见中央和湖北省的重视程度。1954年4月10日，湖北省抽调去建设二汽的干部在汉口利济路一个宾馆集中。考虑到这些干部的文化水平和专业知识现状，湖北省委决定，从这批干部中挑出一批人去武汉的华中工学院（华中科技大学前身）学习。1955年，全国高校院系调整，所有高校的汽车专业（除清华外）都集中到新组建的长春汽车拖拉机学院（即以后的吉林工业大学，今天的吉林大学）。这样一来，这批干部又来到长春，他们在这里边学习专业，边到一汽实习。

黄正夏，1937年参加革命，1938年担任中共湖北省均县县委书记；新中国成立后担任湖北省政府秘书处副处长，沙市市委书记；1954年担任二汽筹备组副组长，1973年担任第二汽车制造厂党委书记、厂长；1983年任湖北省人大常委会副主任。黄正夏回忆：

1954年元月，我到省里开会，先念同志找我谈话。他问我今年多大了，我回答："33岁。"先念同志笑着说："你还蛮年轻嘛，这么年轻就当了市委书记，又有文化，现在中央要湖北省包干建设第二汽车制造厂，这可是国家的大项目，要配一批干部。你去搞汽车怎么样？"我在先念同志的领导下工作，比较了解他的个性，当他向你详细交代某件工作并征求你的意见时，实际上就已经有了基本意见了。新中国刚成立，工业底子薄，建设大工厂是一件很重要的事；能去参加大工厂的建设，更是件让人眼红的事，我能赶上这么个机会参加新中国的大工业建设，当然是件求之不得的好事。先念同志见我很愿意去，便说："好，省委决定你去帮助西尧同志工作。你在基层当过领导，经过考验，有工作经验，工作又积极，你去搞汽车，相信会搞出些名堂来的。"

（黄正夏口述，欧阳敏著，《艰难历程》，新华出版社，2007年）

二汽筹备工作由时任一机部副部长的段君毅负责。1953年5月，江西省机械工业厅厅长刘绍五奉调二汽筹建组负责二汽选址。经过一段时间的踏勘，筹建组首先选择了武汉北面黄陂的横店，后因这里有血吸虫病而放弃；又看中了武汉的关山，但这里地质破碎，工业用水也存在困难，又放弃了；最后看中了武昌东南面的徐家棚到青山一带。徐家棚、青山位于武汉的东南，濒临长江和京广铁路，交通和取水都方便，而且紧靠大城市武汉，生活供应方便。二汽定址青山后，各项准备工作陆续展开。就在此时，苏联援建156个项目之一的华中钢铁公司（今天的武汉钢铁公司）也在选址，他们也选中了青山，两家大型企业在地址选择上撞车了。李先念时任中南财经委员会的副主任，此事由他分管。黄正夏回忆：

我们找到先念同志，希望他能帮我们说说话，哪知刚一提此事就碰了钉子。先念同志说：你这个汽车在哪个地方不能放，非要和人家钢铁公司争？人家钢铁公司需要大量的水运交通，光吃矿石就不得了。他们选地方难，你们不要争了，让给他们吧。

（黄正夏口述，欧阳敏著，《艰难历程》，新华出版社，2007年）

李先念发了话，此事再无争执。放弃了青山后再选，1954年年初，选定武昌水果湖东北岸的"答王庙"一带。这里交通方便，离正在建设的武钢近，将来使用钢材、焦炭和煤气都方便。

1954年5月18日，国家计委正式批准二汽水果湖地址。苏联政府汽车拖拉机设计院也派出西津斯基为首的专家组前来指导，苏联专家对选定地址表示满意。二汽总厂厂部办公楼选定在今武汉重型机床厂东侧，主体厂房向东延伸，家属区及学校则在水果湖一带。考虑到大型汽车厂的男工人多，为了解决将来男工人找对象的问题，湖北省又规划在武汉建设几座大型的棉纺织厂，并预留出了建设轻工纺织区的地块，地址就在水果湖边的高家湾。

1954年4月10日，二汽筹备处和临时党委正式集中办公，全面开展各项筹建准备工作。建设二汽，首先要明确建设规模：建多大的厂？生产什么汽车？年产量多少？由于中国方面的汽车专家、经济建设经验和资金都非常缺乏，所以基本上是苏联专家拿意见，中方再根据国内对汽车的需要作补充。根据中国代表团在苏联时与苏方会商的设计纲领，二汽采用苏联"嘎斯"型汽车系列。

1955年7月，苏联汽车拖拉机设计院编制的中国第二汽车制造厂初步设计文件确定：

中国第二汽车制造厂拟引进高尔基、莫洛托夫汽车厂产品，生产嘎斯汽车，年产10万辆：其中，嘎斯51型2.5吨载货汽车6万辆；军用越野车2万辆，其中嘎斯63型四轮越野车和带绞盘的嘎斯63A型共1500辆。嘎斯69型军用指挥车5000辆；预留"伏尔加"型小轿车2万~4万辆，总计12万辆。预定1957年开工建设，1959年至1960年建成投产。

厂址确定后，厂区规划、公路铁路等各种规划图也陆续出来了。正在各项准备工作向前推进的时候，苏联汽车拖拉机部副部长在与中方筹建组负责人交谈时说："你们将这么多新建的工厂都集中在武汉，将来万一发生战争，一颗炸弹就会造成巨大的损失。"

2007年，笔者采访黄正夏时，他回忆说，这位苏联专家当时的话只是个人看法，并不代表苏联方面的正式意见，而且他当时也是随口讲出来的。

武汉处于中国的腹地，国家的很多重大项目都放在武汉，当时在武汉建设的有5个"武"字头的大型企业：武汉重型机床厂、武汉锅炉厂、武昌造船厂、武汉内燃机厂和武汉钢铁公司，另外还有正在建设的武汉长江大桥。1955年，苏联和美国正处于严峻的冷战对峙状态，双方剑拔弩张、怒目相向；中国和美国在朝鲜打得不可开交，美国在战场上没有占到便宜，就威胁要对中国发动军事侵略。应该说，这个苏联专家的提醒是善意的，也是有远见的，但这究竟是他个人的意见，并不代表苏联政府。在那个时候，苏联专家在中国有着特殊的地位，他们的言行对我们的各项工作都有着重要的影响。由于没有现代工业建设的经验，因此中方对苏联专家的意见言听计从。苏联专家的意见被汇报到了中央，引起了中央领导的高度重视。

1955年春，国家建委、一机部和汽车局下文：

二汽厂址定在武汉，从经济条件讲，城市利用率大，投资较为节省；武汉位于全国中心，产品好销好运。但从国防条件看，武汉离海岸线约800千米，工厂比较集中，万一发生战争，正处于敌人的空袭圈内，二汽厂址介于沙湖和东湖之间，空中目标显著。

不久，二汽在武汉的建设工作停了下来，新的选址工作再次开始。在全国跑了很多地方后，新址选在四川成都的牛市口。1955年3月26日，二汽筹备处向一机部报告，二汽厂址基本选定在四川成都、德阳、绵阳一带，并已开始钻探，还兴建了2万平方米的宿舍和部分暂设工程。

有意思的是，这次中方并未将改变厂址一事告知在现场的苏联汽车拖拉机设计院。1955年秋，当苏联专家组再来武汉商讨技术设计时才知道二汽厂址已经变更，苏联专家组立即返回苏联。1955年10月到1956年2月，刘西尧到苏联考察汽车厂建设，在与苏方相关人员会谈时，苏方提出，根据汽车工业发展的方向，不宜再建设高度集中的大型汽车厂，建议中国建设各类专业厂。1956年5月，苏方派出汽车拖拉机部一位副司长和几名专家，会同中方做了进一步的讨论，正式提出：不建综合性的大汽车厂，改而分建十大专业厂，包括一个铸造和一个锻造加工中心，这十大专业厂从四川成都到德阳、简阳，经陕西宝鸡、西安，到河南洛阳、郑州，一线摆开，总厂厂部设在成都牛市口，下一步再考虑在全国主要交通枢纽地区建设装配点。这个方案已经正式报请一机部和国务院审批，二汽内部尚未正式传达。1956年8月，突然传来中央内部消息：二汽下马，各项筹备工作暂停。1957年3月，国家建委、一机部正式宣布：二汽下马。

二汽下马有其经济、技术上的原因，"一五计划"摊子铺得太大，国家底子太薄，人力、物力、财力等各方面都难以承受。同时，我国对大规模的工业建设缺乏经验，没有人才和技术储备，没有掌握现代工业建设所必需的经验和规律，遇到问题拿不定主意，左右徘徊，也是重要的原因，如放弃在武汉的选址。一位外国专家个人的一句话，就让中国最大的汽车厂的筹建工作停了下来，难道之前那么多领导的讨论和分析就没有考虑过这些？从放弃武汉到成都选址，前后达两年之久，如果当时抓紧了，是不是就可以避免1956年的下马呢？黄正夏回忆：

对于这段历史，我曾问过当时主管此项工作的一机部6局（汽车局）局长张逢时。他说："你们二汽的行动真快，集中得也快，解散得也快。你们要是稍微慢一点，也可能早就恢复了。当年那个专家的话，只是他个人的见解，你们到了成都后，苏联专为二汽设计服务的一个代表团就来到武汉，找不到你们二汽了，人家只好空手打道回府了。"听了他的话，我百感交集、无言以对。历史是不能重演的，但历史的经验和教训却是可以汲取的。

（黄正夏口述，欧阳敏著，《艰难历程》，新华出版社，2007年）

二汽下马也有深刻的政治因素。1953年斯大林逝世，赫鲁晓夫上台。此时，中苏之间已经出现了裂痕，双方对国际政治有着不同的看法，赫鲁晓夫对各社会主义国家的内部事务指手画脚，引起很大反感，最终直接导致匈牙利事件爆发。同时，苏联同美国军事竞争日趋激烈，国民经济比例失调，经济压力巨大，赫鲁晓夫认为，援助中国经济建设是一个"巨大的包袱"，他再也不愿意背这个"包袱"了。

下马后，二汽聚集起来的干部和技术人员队伍也迅速分散、各奔东西。值得庆幸的是，二汽筹建组将苏联方面给的"嘎斯"车基本型的图样交给了南京汽车厂，为以后南京汽车厂生产"跃进"牌汽车创造了条件。

1958年，"大跃进"之风席卷全国，中央号召"跑步进入社会主义"，建设二汽再次列入中央计划。负责经济的李富春副总理提议："二汽就建在湖南吧。"并仿照苏联的做法，把二汽起名为"毛泽东汽车厂"。

按照中央的指示，1958年年初，一机部成立二汽建设筹备组，方劼任组长，一汽总工程师孟少农、一汽工厂设计处处长陈祖涛都是选址小组成员。选址小组跑了长沙、常德、怀化、溆浦、邵阳、芷江等很多地方，经过反复研究和对比，最后定选定湖南常德一个战争时期遗弃的飞机场。常德坐落在沅江边，景色秀美、物资丰富、交通方便，铁路、公路、水路都有，是建设大型工业基地的很好的地方。1960年2月3日，一机部六局写出二汽建厂若干问题的报告。报告说：

二汽于1957年下马，我国已通知苏联取消这个项目。1958年，中央又重新提出上马。同年冬和1959年春，我们在湖南进行了初步选址工作，我们倾向长江方案，故建议部尽速确定。

1960年4月30日，第一机械工业部批复同意筹建二汽，但没过多久，突然又通知，二汽不建了。

二汽第二次下马的原因很简单，1958年的"大跃进"造成国民经济比例严重失调，又遇上连续三年的自然灾害，粮食严重减产，国民经济处于极度困难时期，国家无力再建设包括二汽在内的一大批项目。

针对严重的经济困难，中央提出"调整、巩固、充实、提高"八字方针恢复和重振经济。国家在各项政策上也有些松动，农村放开了自留地，允许农民把自己生产的农产品拿出来卖，城里也开设了自由市场，允许自由交易。经过几年努力，国民经济逐步回升，形势有了好转，主要的标志就是能吃饱饭，不再饿肚子了。由于我国的运力长期不足，运输一直是国民经济发展的瓶颈，1964年，国民经济好转，二汽的建设再次提上了议事日程。

1964年8月17日、20日，毛泽东在中央书记处会议上两次指出：我们要警惕帝国主义可能发动的侵略战争。现在工厂都集中在大城市和沿海地区，不利于备战。各省都要建立自己的战略后方。这次会议决定，要集中力量建设三线，在人力、物力、财力上给予保证。第一线能搬迁的项目要搬迁，明后年不能见效的项目一律缩小规模。中央关于三线建设的战略决策正式确立。

8月19日，国务院、解放军总参谋部召集会议，部署国家经济建设如何防备敌人突然袭击，会议决定：

从现在起，一切新的建设项目，不在第一线，特别是十五个一百万人口以上的大城市建设。第一线，特别是十五个大城市的现有续建项目，除明年、后年即可完工投产见效的以外，其余一律要缩小规模，不再扩建，尽早收尾。一线现工业集中的城市的老企业，有关军工和机械工业的，能一分为二的，分一部分到三线、二线；能迁移的，也应有计划地有步骤地迁移。从明年起，不再新建大中型水库。一线的全国重点高等学校和科研、设计机构，凡能迁移的，应有计划地迁移到三线、二线去，不能迁移的，应一分为二。今后，一切新建项目都应贯彻执行分散、靠山、隐蔽的方针。建议恢复人民防空委员会，周恩来任主席，谢富治任秘书长。恢复北京地下铁道建设筹备处，积极准备北京地下铁道的建设。

会议建议国务院成立专案小组，李富春任组长，薄一波、罗瑞卿任副组长。

会议后，李富春、薄一波、罗瑞卿联名向毛泽东和中央送交了《关于国家经济建设如何防备敌人突然袭击的报告》。8月30日，邓小平批示将报告印发中央工作会议，以后又发给各中央局、部、委、省委执行。

关于三线建设，中央和国务院曾经发出过多种文件，但从时间和内容看，这份报告可以说是确立三线建设决策的第一份，具有重要意义。为准备打仗，中央决定不惜花费巨大的代价和牺牲，建设"三线"战略工业基地。

所谓"三线"，是当时全国的战略区域划分，一线是沿海沿边，二线是中国中部，三线地区基本上就是不包括新疆、西藏、内蒙古的中国中西部内地。三线建设的目标是：

在中国的战略纵深地区，即西南和西北地区（包括湘西、鄂西、豫西）建立一个比较完整的后方工业体系。计划分三步实施，第一步是用三年或者更多一点时间，把重庆地区，包括从綦江到鄂西的长江上游地区，以重钢为原料基地，建设成能够制造常规武器和某些重要机械设备的基地；第二步是建设西北，使之具备一定的工业基础，成为可靠的战略后方；第三步是建设攀枝花钢铁基地。同时，把重庆基地、攀枝花钢铁工业基地和成昆铁路的建设作为三线建设初期在四川的建设重点,这就是所谓的"两基一线"。此外,还有航天、航空、汽车、船舶、电子、核工业等大批重要项目和与之配套的建设项目,包括几百个工厂和科研单位(其中有从沿海内迁的一大批企业单位)。

汽车是重要的军事后勤装备,当然是重要的"三线"建设项目。1964年,在制定第三个五年计划的时候,根据经济发展和国防建设需要,毛泽东说:"建设第二汽车厂是时候了!"1965年,第二汽车厂的建设项目正式列入国家发展第三个五年计划,成为"三线"建设的重点项目。

三线建设是特定时代特定环境下的产物,由于当时没有经验,又一味地强调政治挂帅,一切为了战备,一切服从战备,一切让位于战备,所以新的工厂建设强调靠山、分散、隐蔽,不讲经济建设的规律,结果国家建在三线的很多企业都在远离交通线的深山里,生产、生活极为不便,原材料运不进、产品运不出,干部职工的家属、子女生活、学习无着落,新建设的工厂陷入了决定——投资——建设——投产——亏损这个怪圈。很多工厂建在崇山峻岭的大山洞里,拥有新建的厂房、崭新的机器设备,但就是无法开工,最后陷入绝境,给国家造成了巨大的浪费。成千上万生龙活虎、血气方刚、如花似玉的青年们怀着满腔热情,怀着忠于毛主席忠于党的决心,离开城市,告别父母,离别家人,在交通闭塞、生活条件艰苦的深山老林里一干就是一辈子,很多人两代甚至三代都窝在山沟里,贡献了青春。改革开放以后,根据形势的发展,不少三线企业走出大山,开始进行二次创业。

三线建设有它的积极意义和历史贡献。当年,国家几千亿元的投资注入中西部省区的边远山区,建设了30多个大型的工业基地和几百个工厂,以及为之配套的焦枝线、襄渝线、成昆线、湘黔线等铁路,直接促进了西部省区的经济发展和一大批城市的出现或扩张,包括重庆、四川绵阳、攀枝花(从金沙江畔的无人区直接发展到中等城市)、南充、湖北十堰、贵州遵义、安顺、都匀、凯里、陕西咸阳、渭南、宝鸡、汉中、安康、甘肃天水等,这些城市群和铁路线的建设促进了经济落后地区的城市化进程,为这些地方的经济和社会发展提供了有利条件。

三线建设是我党特殊历史时期的重大决策,有伟大的成绩和值得吸取的历史教训。

早在1963年,鉴于中国经济困难,毛泽东等中央领导就号召开展调查研究,想方设法克服经济困难。经过调查研究,刘少奇提出,进行上层建筑和生产关系的调整改革,采用"托拉斯"经济手段管理企业,以减少行政干预和官僚主义,并初步定于1964年开始试办。第一批试办的行业包括:烟草公司、医药公司、盐业公司、橡胶工业公司、拖拉机内燃机配件公司、纺织机械公司、制铝工业公司、上海船业公司、地质机械仪器公司和汽车工业公司。1964年8月,中央调时任一汽厂长郭力任汽车工业公司首任经理,不久又任命郭力为一机部副部长兼汽车工业公司经理。中汽公司在长春设立长春汽车分公司,以一汽为主导厂,吸收东北13家大中型企业组成汽车工业公司。就在这个时候,中央决定二汽上马,在长春召开的"汽车工业技术和规划会议"提议,新上马的二汽联合上海、南京、武汉等地的汽车工业,组建成新型现代化汽车工业托拉斯——长江汽车公司。在那个时候,托拉斯这种跨地域、跨行政区划的经济组织牵涉到方方面面的利益和管辖权限,实行起来遇到这样那样的问题多不胜数。一年以后,"文化大革命"爆发,托拉斯随之销声匿迹,以二汽为主导的长江公司也就无人再提及。

根据中央决定二汽上马的精神,1965年4月10日,第一机械工业部党组正式向党中央并周恩来总理写出报告,建议在第三个五年计划期间,在内地建设一个能生产1吨至8吨各型载重汽车的中型汽车生产基地。7月16日,又向党中央并周恩来总理报送了《关于中型载重汽车生产基地第二汽车厂的建设方案》。方案明确,二汽的产品顺序为"以军为主,先军后民",二汽建设纲领为 10 万辆货车。为了保证打仗的需要，二汽建设的首要任务是生产 2.5 吨的军用越野车，建设目标是年产 2.5 吨的军用越野车 2.5 万辆，3.5 吨的军用越野车 2 万辆，共 4.5 万辆。

1965 年 12 月 21 日，中国汽车工业公司发出《关于成立第二汽车制造厂筹备处的通知》，一机部正式任命饶斌、齐抗、张庆梓、李子政、陈祖涛五人组成二汽建设领导小组。1966 年 10 月 10 日，中共湖北省省委任命五人小组组成"第二汽车制造厂筹备处"临时党委，饶斌任书记。二汽建设核心领导层正式成立，几上几下的二汽建设第三次启动了。

建厂方针

建设一个什么样的汽车厂，这是饶斌为首的二汽建设"五人领导小组"首先要考虑的问题。

第二汽车制造厂的总投资达数亿元人民币，从总体设计到选址、工厂布局、系列化汽车产品设计、生产设备制造、安装、调试全部由中国人自己设计建造的第一个现代化综合大型汽车厂。在此之前，国内产量达到 3 万辆的大型汽车厂仅有在苏联帮助下建成的一汽。一汽的建设，既有经验，又有教训。五人小组的意见是，充分吸取一汽建设的经验和教训，走中国人自己的路。

一汽的建设经验有三点：

一是全党重视，以举国之力，全方位保障。一汽于 1951 年开始设计，1953 年 7 月 15 日动工，1956 年 6 月 15 日建成投产，说三年就三年，一点也不拖拉。一汽从立项开始，毛泽东亲自过问，中央从全国各地配备最得力的干部，调集最好的建设队伍；全厂干部工人有极高的荣誉感，对工作全心全意；人民群众大力支持。在长春孟家屯选好厂址后，当地群众迅速有组织地搬迁，没有任何阻力，长春各单位几乎每个星期日都组织干部群众到汽车厂工地参加义务劳动。

二是苏联的大力支持和援助。新中国成立后实行一边倒的外交政策，处于和美国对抗的目的，苏联对于自己阵营中增加中国这么一个重要的大国极为重视，下大力气支援、中国经济建设，援建中国的 156 项重点工程搭建起了国民经济的基本框架。为保证一汽建设，苏联政府拿出一家大型汽车厂负责包建，工厂设计、土建设计、产品图样、工艺文件、设备工装、人员培训、安装调试，甚至开始生产的产品毛坯都全部由苏联提供。

三是建立完善的现代企业管理制度。汽车工业是技术密集型产业，要保证成千上万套设备有序运行，必须要有严格、完善的生产管理体系。苏联政府派来 200 多名专家，从厂部到车间，按汽车生产的流程，一对一地帮、手把手地教，为一汽建立了全套生产管理制度。一汽派出 500 名管理干部和技术骨干去苏联的汽车厂，岗位对岗位地接受培训，在短时间内建立了一支从岗位操作技工到工段、车间，直至厂部的汽车生产和管理技术人员队伍。有了制度和遵守制度的人，一汽才能在短时间内让生产走上正轨。

一汽存在的问题有四：

一是生产布局落后、产品单一、生产规模小。一汽的设计能力仅为年产 3 万辆，70% 的零部件总成都集中在厂里生产，生产线上的所有设备只能适应单一车型。而且，这些生产设备全部集中在有限的车间里，如同北京的四合院，这种布局的优点是紧凑集中，缺点是只能生产单一产品，而且对产量也有限制，这给产品改型换代和增加产量带来了极大的困难。要改，整条生产线就得伤筋动骨，这种生产布局，严重制约了一汽的后续发展能力。这与苏联国内的生产体系和指导思想有关。鉴于苏联工业生产能力和社会需求现状，苏联汽车生产的原则是，以少量级别的汽车品种满足国民经济多方面的需求。在这种思想指导下，苏联的斯大林汽车厂、高尔基汽车厂和莫斯科人汽车厂，基本上都是生产单一的产品。由于产品单一，苏联的汽车厂在设计之初就明确，要将冲压、铸锻、焊接、油漆等生产工艺全部集成在一起，以实现主要总成高效生产。这种设计思路和建厂做法可以在短时间内实现大批量高效率生产，但产品单一，产品改型极为困难。一汽是苏联汽车厂包建的，也就全盘延续了苏联汽车生产的弊端，只能维持简单的再生产，产品无法向系列化、多品种方向发展，导致产品几十年一贯制。

二是产品技术水平低，生产能力不均衡。一汽的解放牌是从苏联"斯大林"汽车厂的"吉斯150"复制过来的，而"吉斯150"又是从美国"万国"牌汽车复制过来的。"万国"牌汽车是20世纪30年代中期投产的产品，1953年到中国后几乎没有什么改动。一个设计于20世纪30年代的产品使用了几十年都没有改进，技术水平能不落后吗？此外，由于设计时过于强调集中，强调前方的装配能力，造成一汽的生产能力不均衡，零部件毛坯生产能力小于加工能力，加工能力小于装配能力；铸、锻、冲能力小于机械加工能力；附配件生产能力大于主机生产能力，这就形成了前方强、后方弱的态势，后方生产保证不了前方需要，从根本上制约了工厂的发展。

三是重生产、轻研发。一汽在设计时就是以生产为主，没有考虑研发，没有专门的研发机构，产品设计人员、工艺技术人员少，试制实验手段和技术手段弱，严重妨碍了技术发展和产品改进。

四是管理体制落后。在计划经济体制下，工厂不是独立的经济主体，只是政府的产品生产车间，工厂没有任何自主权，别说新产品设计，就是老产品的任何改动都需要报上级主管部门批准。工厂头上的"婆婆"又多，遇到问题众说纷纭，却又心中无数，举棋不定，左右摇摆，让人无所适从。这种状况下，企业的研发极度困难。

二汽的生产纲领是10万辆货车，这个规模是相当大的。在当时，以货车的生产能力，从世界角度看二汽排在第三。排名第三并不能说明先进，反而从另一个方面说明二汽建厂思想的局限性。放开苏联不谈，美欧日等西方汽车厂家的规模比中国的要大得多，但他们的产品呈多元化，80%是轿车，其余是货车；货车根据运力的结构不同又分为重型车和轻型车，重型车占15%，轻型车占60%~70%，中吨位的通用型车只占15%~20%。而二汽的生产纲领规定，2.5吨、3.5吨的军用越野车占了4.5万辆，其余的5.5万辆都是中吨位的5吨货车。这种生产纲领，世界少见。这个纲领的制定源于20世纪60年代备战的背景，主要强调服务国防。实际上，每年几万辆军车，部队根本消化不了。5吨民用载重车的好处是通用性强，在中国当时的公路状况下，有较强的适应性。这种中吨位通用型货车的不足之处是大吨位的货物拉不了，小吨位的货物又浪费运力。但纲领却规定5.5万辆的规模，这也算是中国特色。

饶斌、陈祖涛等人全过程参与了一汽建设，对一汽的经验、教训有深刻的认识。在多年的工作实践中，他们也了解美欧日等西方汽车大国的发展模式，经过深入的分析研究，他们认为，针对一汽的经验和教训，二汽要扬长避短，同时面向世界，借鉴西方汽车厂家的一些有益的做法，实现多品种、系列化和专业化生产模式，不再搞一汽那样的综合性大厂。根据这一思路，二汽筹备组制定了《第二汽车制造厂建厂方针十四条》（以下简称"十四条"），并上报一机部。1967年，"十四条"被一机部批准。由于产生的时代原因，"十四条"中有很多不科学的东西，但主要精神，特别是生产技术方面的方针是正确的，主要有以下几条：

在建厂总的指导思想上，要创中国式的汽车工业发展道路，使我国汽车工业的布局、品种、产量和技术水平上大翻身；

在工厂生产组织方面，改全能厂为专业厂，扩大各专业厂的职权。工厂内不设脱离生产实践的研究、设计、试验机构，实行设计研究、试验试制和生产相结合；

在工厂管理方面，要建立一套有利于发展社会主义经济的科学管理规章制度；

在产品开发方面，产品必须从我国的实际情况和方便用户出发，总结我国汽车工业的经验，自行设计并建立自己的汽车系列，以适合我国的自然条件。产品要好用、好造、好修、省油，做到技术先进，坚固耐用，成本低廉，保持世界第一流水平；

在工厂设计、土建设计、工艺设计方面，要赶超世界先进水平；在工装设备方面，必须大量采用新设备，特别要广泛采用简易、高效、专用、组合的设备。

从接受筹建任务起，饶斌将二汽建设分为产品设计试制、生产和工装设备订制、厂址选择、后方组织四个战场。

产品试制被置于最优先的位置。产品和生产纲领是建厂依据，只有明确要生产的汽车每个零件的设计图及年产量才能确定生产工艺、选择制造设备和工艺设备，再根据设备需要来规划厂房，配备人员、动力、物流和生活设施，以及工厂生产和生活区的平面布置等工厂设计细节，最后才能按工厂设计建设厂房车间。

二汽要生产什么样的新产品呢？作为三线建设的重点项目，二汽以生产军车为主，但也要兼顾民用，叫作"军民结合，以军为主"，20世纪70年代后期才改为"军民结合，以民为主"。军车品种取决于部队需求。主要用途是牵引火炮。根据当时我国公路状差，桥梁承载能力较低的现状，经和军方商定，二汽主要生产两吨越野车，和三吨半民用载重车，可供载运步、炮兵和弹药等各种物资。

产品开发重任落在长春汽车研究所主要领导人张庆梓肩上。张庆梓原是华东解放军后勤部随军维修厂（又称"一担子工厂"）的厂长。南京解放后，维修厂落地生根，不再随军漂泊，以后中央决定将嘎斯军车的装配任务放到该厂，这个曾经的军工厂正式更名为南京汽车制造厂。张庆梓后调入长春汽研所任党委书记。在二汽筹建五人小组中，不仅齐抗和张庆梓曾任南汽领导，饶斌也曾在南汽蹲点，经商定，决定成立"中型载重汽车基地建设委员会"（又称"三吨半汽车试制办公室"），以南京汽车制造厂为新车型设计、试制、试验车型的中心，组织华东地区28家企业参与试制，长春汽研所副总工程师王汝湜担任汽车设计的技术领导。

1965年年初，一机部在长春召开"汽车工业技术和规划会议"。会议决定，将一机部所属长春汽车研究所划归二汽领导；二汽产品按照多品种系列化发展；进口美国"万国""道奇"两个系列的汽车作为参考样车，先仿照"万国S—62"试制3.5吨民用汽车。由于美国对中国实行全面封锁，最后经加拿大转口进口了美国1965年生产的"万国""道奇"系列共17辆样车。一汽、二汽、南汽共组织起一支130多人的试制队伍，分成总布置、发动机、车身、传动系及材料工艺等15个组。

1965年3月，汽车专家王汝湜带领部分设计人员来到南京汽车厂开始投入试制，试制产品为2吨军用越野车，也称为"20Y"。20指的是牵引重量为2吨，"Y"为"越野"的首字母。设计中的20Y是拖炮的车，为配合试制，军方还专门组织了一次军事演习，演练夜间汽车牵引火炮进入和撤离阵地。现场演习，使得王汝湜等设计人员对军用越野车需要具备的性能有了更为清晰的认识，开阔了设计思路。如为防止空袭，夜间进入阵地时汽车不能开灯，夜间视野本来就模糊，再隔着一层风窗玻璃，更是看不清外面，汽车行动极为不便。王汝湜为此在设计方案中提出，军车的风窗玻璃如需要可以翻倒。除了军车外，根据产品系列化的要求，试制组还提出了试制方案：用一种驾驶室、两种发动机、一种变速器、一种离合器、两种车桥，组合出 4×4、6×6、8×8 三种越野车型和 3.5 吨、2 吨以及 1.5 吨共六种车型。到 1966 年年底，二汽筹建组和南京汽车厂已经开工试制了 3 款军车、3 辆 3.5 吨民用货车和 5 台 V8 发动机，并按时提供了产品设计图样。筹备组根据图样开始组织制造工艺设计和所需的生产设备，包括自动生产线的设计，一机部据此组织全国机床设备行业接受新设备开发任务。后因世界局部战争的实践，飞机越飞越高，军方认为高射炮威力必须加大才能有效防空，原 2 吨越野车拉不动新炮，要求二汽改为 2.5 吨越野车（25Y），相应的民用载重车改为 5 吨车。面对军方的要求，二汽筹备组只得更改主要车型的全部设计，原 694 发动机的功率也不够，时间紧迫，只得接受一汽已基本完成的 6 缸 100mm 缸径，即 6100 发动机设计。

有了产品，还需要生产和工装设备按照图样将其加工出来，这就是工装订制。二汽是我国第一次完全自己自主设计建设的大型综合汽车制造厂，但当时我国的汽车工业水平和机械工业制造装备水平非常落后，缺乏建设专业工厂和高精尖设备的能力。怎样才能既保证建设质量，又能够追赶世界先进国家的发展水平呢？为了满足建厂方针所提的要求，针对当时的国情和生产水性，以饶斌为首的五人小组创造性地提出了"包建"和"聚宝"的办法。

饶斌总结了苏联斯大林汽车厂包建一汽的经验，结合国内经济建设"全国一盘棋"的总体思考，提出了按照汽车的总成分工，由一汽及国内相关厂家分别"包建"一个与自己相同功能的专业厂的思路。

每一个负责包建的单位，都是技术适用、工艺成熟、管理正规的企业，让这些企业"依样画葫芦"，基本照着原样再建设一个厂。这样做，既降低了投资风险，又提高了建设效率。为了保证建一个成一个，要求包建单位实行"四包"，即包设计、包生产准备、包人员培训、包生产调试。这种包建的做法在我国经济发展中很有针对性，每一个接受包建任务的单位，包括它的上级单位，均任务明确、责任明确。在包建任务分配中，一汽包建了 11 个分厂，上海包建了 6 个分厂，北京包建了 1 个分厂，武汉包建了 1 个分厂。靠这个做法，二汽在十堰的 21 条山沟里建设了从发动机、车架、车桥、传动轴、底盘、车厢、铸造、锻造、车轮等 27 个专业厂。二汽这个特大型企业之所以能在"文化大革命"的高潮中建设起来，与这个方针是分不开的。

汽车厂是技术密集型企业，每辆汽车上集成了大量的机械、电子、纺织、化工等行业的最新科技成果，而我国的科技水平相对落后，怎样才能避免新产品一生产出来就成为落后产品呢？饶斌说：

一汽的设计能力是 3 万辆，1958 年想翻一番，搞了很长时间都未能达到。我考虑了好久，想用"聚宝"的方法，把汽车工业和机械工业在打高技术革命和技术革新方面的成果都聚到二汽来，再吸收一些国外的新技术。最近，我到大连机床厂去，请他们设计一种生产连杆的自动线，要求自动化程度高、能年产 10 万辆份，要具有国内外先进水平。大连机床厂很支持，要是全国的机械行业都能这样做，那不光汽车工业进步，对全国的机械工业也是一个推进。

（张矛著，《饶斌传记》，华文出版社，2003 年）

饶斌认为，我国机械工业的总体水平比发达国家落后，但我们有些地方、有些企业、有些设计研究单位在科技革新和科技革命中大量运用"四新"（新工艺、新装备、新材料、新产品），取得了明显的成果。这些新的科研成果单独存在时作用有限，难以形成生产力，但是一旦将它们全部集中到一起，由此产生的产品就是全新的产品，它的水平就得到了明显的提高，这种将全国点点滴滴的先进科研成果集中起来使用的方法如同"聚宝"。为了努力追赶世界先进水平、缩小差距，我们可以采用"聚宝"的办法，充分采用和吸收全国"双革四新"取得的成果，将其运用到二汽建设中来。饶斌的建议得到了一机部以及党和国家领导的高度认可，并立即在全国组织实施。

一机部和相关部委在1965年开始筹划这项工作，包建工作选定上海南汇通用机械厂为样板。南汇通用机械厂是一个只有二三百人的小厂，但这个厂的工人师傅有很强的设计攻关能力。全厂有200多台套设备，其中国家标准设备只有六台，其余的都是自己动手设计制造的专用设备。二汽筹建处决定由这个厂包建二汽传动轴厂，并以此为其他包建厂的样板。时任上海机电局局长的蒋涛表示："上海坚决支持二汽建设，对包建工作，我们采取援外的方法，人员我们出，成立包建二汽办公室，6个包建厂从设计、制造直到投产，从技术工人到干部配备，我们全部包下来。"

最终明确，在二汽19个前方厂中，一汽包建11个厂，即：车身、车架、车厢、总装、车轮、车桥、底盘零件、铸造一厂、铸造二厂、锻造、发动机；北京包建化油器厂；上海包建6个厂：钢板、弹簧、标准间、水箱、传动轴、仪表；武汉包建轴瓦厂。

1966年，一机部在长春召开"新工艺试验动员大会"，全国22个省140多家企业、研究院所、大专院校为二汽提供40多项科技成果，600多个企业、科研单位、大专院校为二汽生产2万多台设备，还为二汽输送了大批专业技术人员、管理干部和技术工人。通过"聚宝"，二汽的工装设备上采用了大量新技术、新工艺、新材料成果。截至1978年，全国机械工业系统共为二汽生产工装设备17000多台，其中锻压设备621种1255台，铸造设备162种355台，金属切削设备3059种7664台，冷加工自动线52种57条。据20世纪80年代的统计，二汽建厂以来，共采用新工艺53项、新材料14项、新设备1400多种4000多台，自动化生产线117条。

发动机是汽车的动力源头，在高温高压下工作，制造复杂，工艺要求严格，加工难度大。缸体、缸盖、曲轴、凸轮轴等主要部件形状复杂、造型特殊、精度要求高、加工难度极大，是大批量汽车生产中最主要的难关。按照年产10万辆的要求，平均每5分钟就要生产一台。发动机的缸体生产需要经过造型、浇注、抛光，从内到外各个工作面的加工等工序；发动机曲轴和凸轮轴的加工需要下料、加热、锻造、切削、磨削等工序，全部完成后再组装、调试，这一切工序要在短短几分钟内高精度完成，没有现代化的科技手段几乎无法实现。二汽自己研发的"发动机曲轴生产自动生产线"，从上料到锻造成型、精加工、自动校正，直到成品装车，一次完成；发动机"缸体、缸盖多头高压造型自动生产线""变速器薄壳生产加工自动生产线""MTS"整车道路模拟实验台等一大批生产试验设备都实现了国内首创，并具有世界先进水平。济南第二机床厂生产了"发动机缸体多面加工一次成型自动生产线"，这条生产线主体为长达32米的发动机缸体加工大拉床，这台大拉床上装有1784把硬质合金刀片，一次加工仅一分半钟就能切削一个缸体的6个面，生产效率相当于6台大型铣床，为国内首创，具有世界先进水平。华中工学院（华中科技大学前身）、上海第五机床厂、上海天平二厂设计制造的"连杆称重去重自动线"可14秒加工一个连杆，重量误差不超过正负8克。大连组合机床厂生产的"缸体缸盖自动生产线"，长沙机床厂制造的连续拉床，多工位冷镦机、多变压器多点焊机等设备也都达到了国内先进水平。

今天看来，这种做法完全符合中国的国情，通过"聚宝"，国内自己设计制造了98%（近2万台套）的设备。事实也证明，我们自己制造的设备绝大多数是国内一流，有些设备已经接近当时的国际水平，有少量的还具有当时的国际先进水平。这些设备使二汽在整体上达到20世纪70年代水平，个别达到了当代同步水平。在建设过程中，"包建"与"聚宝"互相结合、共同作用，使我国的机械制造水平向前跨了一大步，缩短了我国与世界水平的差距，也使得二汽生产的东风汽车的总体指标国内领先，部分指标接近当时的国际水平，基本实现了建厂方针所提的"汽车多品种系列化""生产专业化""生产技术水平略高于一汽"的要求。

"包建"与"聚宝"为二汽的成功建设立下了历史性的功绩，也为我国的大型现代化企业建设开创出一条成功之路。

除了"包建"与"聚宝"外，二汽的另一大成就是首次在企业里建立了研发机构，集中了一批研发人才。产品研发是实现汽车产品系列化的基础，没有研发能力就意味着只能跟在别人后面走，受制于人。要改变这种现状，创建自己的品牌，首先要有自己的研发机构、研发人才队伍和研发手段。二汽从"工艺研究所"起步发展成为"技术中心"，聚集了一支几百人的专业研发队伍，成立了汽车模具厂、设备制造厂、刃具量具厂、通用铸锻厂。有了机构、队伍和手段，二汽依靠自己，系统地开展汽车生产过程中的工艺研究、产品研发、设备研制等工作，研发力量成为二汽发展中的助推器。

汽车工业是专业技术性很强的综合性加工工业，需要大量各个层次的工程技术人员，包括大量的熟练技工。二汽建设白手起家，仅靠五人小组的几名专家是无法完成任务的。陈祖涛提出："我们都是一汽出来的，请一汽支援我们需要的人才。"大家都认为这是个好主意。

在那个时候，汽车工业的技术人才是紧俏的宝贝，更何况一汽也有更宏伟的发展目标，怎么会愿意把自己的"宝贝"无偿送人呢？2004年，笔者采访陈祖涛，他讲了向一汽要人的故事：

我们都是一汽出来的，于是向一汽的厂长刘守华要求支援。刘守华也很有意思，他眯着眼，一副若有所思的样子，也不说同意，也不说不同意，就是一言不发。我们很快明白了，他不想给。说了几次，他总是顾左右而言他，这下我们急了。这时正好一机部的段君毅部长和其他几个部长都在一汽蹲点，我们找到他反映情况。段君毅一听就生气了，他马上在一汽的党委会上讲这个问题："一汽是得到全国人民的支持才有今天，现在二汽要上马，一汽支持义不容辞。都是为中国造汽车，分什么你的我的？"他指示，一汽将三级以上的工人、管理干部和技术干部分成三份，由二汽来挑一份。部长发话了，谁敢不照办。饶斌他们要我去挑，我也不管那些，按照段部长的指示，我心满意足地从一汽人事部门认真地挑了2000多名技术干部、管理干部和熟练技工。其实我也明白，一汽干部走多了会影响工作，但二汽在创建时期，更需要干部，骨干多了，二汽就能建设得更快、更好，最终还是对国家有利。为此，刘守华很有意见。但这是工作，我们私人交情很好。很多年后，有一次，我和他谈起此事，他还是不服。我乐了："当初你要是爽快地给我们一些人，何至于一下子走了2000多人呢？"

（陈祖涛口述，欧阳敏执笔，《我的汽车生涯》，人民出版社，2004年）

当时，一汽的干部总数为4664人，按照三分之一，应调人数为1539人。从1965年到1969年，先后调入二汽的总计1273人，其中处级干部37人、科级干部203人、技术干部549人、一般干部484人。

到1965年7月，二汽建厂四大问题，即产品系列化、分厂专业化、建厂采用聚宝和包建方针都已一一落实，接下来就要看选址了。

选址

选址和工厂布置的负责人是陈祖涛。陈祖涛是一汽工厂设计处处长，对汽车厂的整体布局有着丰富的经验。陈祖涛回忆：

1964年，我因为四川大足汽车厂的建设到法国考察，在巴黎就接到饶斌从国内打来的电话。饶斌当时任一机部副部长，也是我在一汽的直接领导，我们两人之间互相了解，工作上配合得也很好。他在电话里对我说：我被任命为二汽的厂长了，你也来吧，咱们一块干吧，咱们再干一个汽车厂。

（陈祖涛口述，欧阳敏撰写，《我的汽车生涯》，人民出版社，2004年）

当时的二汽筹建工作共分为五个战场：

一是长春一汽，主要工作为组织对口包建专业厂，调集干部及技术人才；

二是南京汽车厂，主要工作是试制新产品样车；

三是上海，主要工作是抓"聚宝"和"包建"；

四是武汉，主要抓汽车附配件；

五是湖北郧阳山区，主要工作是选址。

由于历史原因，20世纪60年代以前，我国的重工业主要集中在东北。后来中苏关系紧张，东北工业基地受到很大压力。加强南方工业布局，缩小南北工业发展的差距，是党和国家领导人在全国工业布局时考虑的因素，而三线建设在客观上加速了这一思想的落实。第一汽车制造厂建在北方长春，那第二汽车制造厂就该建在南方。

从湖北省省会武汉向西500千米，穿过富饶的江汉平原，跨过湍急的汉江，进入群山起伏的秦巴山区。大山深处，有一座现代化的汽车城，这里就是被称为"中国底特律"的十堰市，中国第二汽车厂就坐落在这里。以今天的眼光来看，建设现代化特大型生产企业，首先考虑的是交通发达、物流运输快捷、城市功能齐全、生产生活方便的地方，第二汽车制造厂为什么反其道而行之，建立在交通闭塞、人烟稀少、生产生活极其不便的群山深处呢？二汽以及许多相似的国防军工企业的建设是特定历史时期的产物，这里凝聚着一段每一个中国人都不能忘记的历史。

从1953年起，二汽建设几上几下，二汽选址也随之几上几下。第三次上马后，选址工作随之开始。从1965年2月到1966年10月，选址小组历尽千辛万苦，跑遍湖南、四川、贵州、湖北、陕西，选址方案有几十个之多。直到二汽选址已定，大规模建设已开始，还有人多次上书中央，声称厂址选择不合理，要求重新选定。最后由国务院总理周恩来出面，明确二汽厂址还是定在湖北郧阳十堰，厂址之争才告结束。

客观看，造成二汽选址时间长、方案变化大的根本原因不是技术问题，而是政治原因。二汽第三次上马伊始，"文革"阴云开始聚集，在极"左"思潮泛滥的环境下，人们的思维定式发生了严重偏转，这就给全国经济建设，尤其是三线建设，当然也包括二汽建设带来了深重灾难。

二汽是一个特大型现代工业企业，生产纲领为年产10万辆汽车，每年需要大批的原材料运进、大批的产成品运出，需要耗费巨大的电能和水源，这就要求二汽一定要建在地质条件稳定、交通发达，公路、铁路、水路畅通，能源供应充足的地方。二汽有数万名工人，再加上他们的家属就有十几万人，医疗、教育、住房以及生活物资供应等城市生活功能必不可少，这是选择厂址的基本条件。但三线建设的目的是备战，为防备敌人袭击，尤其是空袭，中央要求三线企业要建设在远离城市的深山老林里。"文革"时期，极"左"思潮甚嚣尘上，有些人片面地领会中央的精神，一味地强调"靠山、隐蔽、分散"，忽略甚至完全不顾工业企业建设的规律，极大地干扰和影响了二汽的选址工作。幸亏有段君毅、饶斌、陈祖涛、孟少农等一大批刚正不阿的领导干部和坚持科学规律的知识分子，才使得二汽选址基本遵从了科学规律，为二汽建设打下基础。

影响二汽选址的因素实在太多，但其中最关键的是铁路。

四川位于中国西南，这里地形险要，物产丰富，号称天府之国。由于秦岭和横断山脉的阻隔，四川与外界的联系非常困难。自古以来，奔流不息、穿越险峻三峡的长江是四川唯一的对外联系通道。开通一条通途将"天府之国"与外界联系起来，一直是四川父老乡亲的夙愿。早在清光绪二十九年（公元1903年）五月，四川总督锡良就奏请清光绪皇帝，获准建设一条东起湖北汉口西至四川成都的长约2000千米的川汉铁路。川汉铁路筹划之初由川人自办，后经由川鄂两省商定，决定首先从宜昌动工，先修宜（昌）万（县）段，宜昌以上段由四川负责修筑，铁路建成25年后，由湖北出钱收回。1906年7月，在宜昌设立"商办川汉铁路有限公司"，由四川人乔树楠、费道纯、王秉恩先后任驻宜总经理。宣统元年（公元1909年）3月，又设立"川汉铁路总公司宜昌工程局"。从宜昌至万县，沿路山高坡陡、道路崎岖、地势险要，工程难度极大，川汉铁路总公司奏请清政府委派著名爱国铁路专家詹天佑任总工程师。詹天佑亲自到川鄂边界，沿宜昌以上勘察线路，调集京绥、京汉、津浦铁路技术工人、民工约6000多人汇集宜昌。1909年10月28日，川汉铁路宜万段开工，其中宜昌到秭归150多千米最先开工，在没有现代化开挖机械情况下，数万民工在深山峡谷中用原始的办法劈山修路。

修铁路是一国的内政，川汉铁路又是自筹资金，但西方帝国主义列强为了从中国获得更多的利益，控制中国的经济命脉，强行要挟清政府从西方列强手里借款修川汉铁路，改商办为官办。以清朝邮传部大臣盛宣怀为代表的一批官僚，也鼓吹借债筑路"为我国第一救亡政策"，并开始策划先将铁路国有，再借债筑路。1911年5月20日，清政府屈于列强的压力，命盛宣怀与英、法、德、美4国银行团正式签订《湖北湖南两省境内粤汉铁路、湖北境内川汉铁路借款合同》，借款1000万英镑（先付600万英镑），以两湖厘金盐税做担保。合同规定：粤汉路用英国总工程师，川汉铁路用美国和德国总工程师，4国银行团享有该铁路的修筑权和延长继续投资的优先权；同时宣布川汉铁路收归国有，商办取消。清政府将拟议中的川汉铁路一分为二，在京汉铁路广水段接线至宜昌段，经襄阳、荆门至宜昌，约600千米，由德国人负责承建；宜昌起至四川万县，约300千米，由美国人承建。

满清政府的卖国行为激起了全国人民的公愤。1911年5月，四川人民首先群起抗议，掀起了波澜壮阔的"保路运动"。四川各界还组织保路同志会，全国各地纷纷呼应，坚决反对将筑路权给予外国，抗议清政府的卖国行为。清政府调大量武昌驻军到四川镇压"保路破约"运动，酿成重大血案，川汉铁路基本停工。

1911年，"中华民国"宣告成立。1913年6月，民国政府交通部派要员接收川汉铁路工程，商办公司撤销，工程全部停工。其物资，包括已铺成的宜昌码头车站至小溪塔段12千米沿线的铁轨、枕木，也拆除用作粤汉铁路之用，修筑川汉铁路的工人也被遣散。川汉铁路是清朝政府腐败的象征，是中国人民的耻辱。

新中国成立后，毛泽东、周恩来等中央领导十分关心川汉铁路的建设，先后听取过川汉铁路方案汇报。毛主席做了"资源、线路、都要用两三年时间认真调查，有把握才能比选"的重要批示。当时，川鄂交界的利川县（现为利川市）齐岳山是川汉铁路的关键障碍，要打通长达10千米的铁路隧道，当时我国尚无能力开凿如此长距离的隧道，川汉铁路由此搁置。

1964年，由于三线建设需要，搁置多年的川汉铁路也同时上马。二汽选址与川汉铁路选址几乎同时进行，川汉铁路走向不时发生改变，所以二汽选址方案也随之发生改变。

这一次为三线建设的川汉铁路有两个方案，一是南线方案，即从武汉到湖南的常德，到四川的西阳，再到重庆；二是北线方案，即从武汉到恩施，再经西阳到重庆。但北线要穿过险峻的山脉，施工难度大，所以多数人赞同南线方案。二汽选址之初，走的也是南线方案。

1965年2月末，春节刚过，一机部派基建局副局长关祉桃和二汽筹备组副组长齐抗带领一机部汽车局殷志炎、宁培志，长春汽车工厂设计处的韩云岭、李学诗等人出发到湖南长沙，开始了二汽选址工作。根据川汉铁路南线方案走向，选址小组到了常德，沿着澧水走向，踏勘了澧县、津市、石门、慈利、大庸等地。这次的踏勘以五万分之一的军用地图对照现场，属于厂址地理位置的粗选。回到北京后了解到，川汉铁路南线方案还有沅江方案，于是，齐抗不顾七月流火，带领一机部汽车局的姜季焱、长春汽车工厂设计处的韩云岭、李学诗等再次赶赴湖南，几个人乘坐一辆吉普车沿着湘黔线的涟源、新化、翻越雪峰山，踏勘了溆浦、怀化、黔阳、麻阳、吉首、铺市、花垣，以及沅江沿岸的辰溪、芦溪、沅陵等地。为了确保厂址与川汉铁路南线走向同步，几个人还赶到承担川汉铁路设计任务的铁道部第四设计院驻地四川秀山，请郭驰千院长和方力副院长介绍了川汉铁路选线的方案。

经过踏勘，大家认为，湘西的辰溪、芦溪、沅陵三县相距约50千米，都在川汉铁路和沅水旁边，符合建厂条件。因为沅陵旁边有一地名为松溪，故将这一方案称为"三溪方案"。湘西一带山清水秀、景色宜人，而且物产丰富，所到之处处处可见茶园、竹园、橘园、油茶园，所以大家又称这里为"四园之地"，对这里的生活条件很满意，于是立即向一机部和汽车局做了汇报，倾向于在这里建厂。

1965年8月下旬，选址小组进入"三溪"做进一步踏勘，同时，长春汽车工厂设计处吴庆时等十余人，建工部中南工业建筑设计院的张静宇、俞树余等十余人，一机部勘测公司华中勘测大队叶德华、陈鹤鸣，长春汽车研究所张铮等共计30余人抵达这里，开始了厂址的区域位置选择工作。为了测试沅水的运输能力，选址小组的刘进福还专门乘坐当地航运局的船从长沙航行至安江。

就在选址小组为选择了"三溪"而兴奋的时候，齐抗等人接到了陈祖涛从北京打来的电话，传达中央关于三线企业选址必须"靠山、分散、隐蔽"的方针，要求二汽厂址要靠山，关键地方还要进洞。打完电话后，陈祖涛也直接赶到"三溪"重新审视"三溪"厂址。陈祖涛回忆：

选址开始时，我正在四川大足汽车厂，没能赶上初期选址踏勘。我是五人小组中负责技术和工厂设计的，所以在选址上我要补课。我和吴庆时沿着选址小组走过的路线又重走了一遍。湖南湘西武陵山区的宸溪、芦溪、沅陵一带山大、林密、洞多，电影《乌龙山剿匪记》就是在那里拍摄的。我专门到那些洞里去看了，那个地方做土匪的藏身洞可以，但建设现代化的汽车厂就不具备条件了。大山洞里空气湿度太大，设备容易生锈，尤其是精密仪器设备对环境要求更高。二汽是机械加工型企业，设备成千上万，再大的洞也放不了，因此我是反对进洞的。

（陈祖涛口述，欧阳敏撰写，《我的汽车生涯》，人民出版社，2004 年）

1964 年 10 月，中央在西昌召开"三线建设工作会议"。会上，原定走南线的川汉铁路被否定，改走北线，并且做了大幅度的调整。以后，经过反复讨论和比较，从战备角度考虑，最后决定，川汉铁路南线、北线方案全部放弃，将川汉铁路与规划中的焦柳铁路打通，改为从湖北襄樊到四川重庆。因为走向改变了，所以称呼也由川汉铁路变成了襄渝铁路。在明确了襄渝铁路的走向后，确定渝达（重庆至达县）、襄成（襄樊至成都）两线合一，称襄渝铁路。

1965 年 11 月，邓小平到攀枝花等西南三线建设基地视察，一机部部长段君毅陪同。路上谈到襄渝铁路建设时，段君毅向邓小平建议："搞三线建设不能没有二汽。二汽建设离不开铁路，现在修襄渝铁路，二汽应该摆在襄渝铁路边上。"段君毅的提议得到了邓小平的首肯。邓小平说："对，二汽应该摆在襄渝线上。"

时任二汽厂长黄正夏回忆：

1980 年 7 月 22 日，小平同志来二汽视察，在他的视察安排中，看完二汽后就直接到河南。段君毅同志此时已到河南任省委书记，还专程从郑州赶到十堰来接小平同志。上午 8 点，小平同志的专列准时进入十堰火车站，我和段君毅同志上车问候小平同志。段君毅同志见到小平同志，第一句话就说："小平同志，二汽的厂址路线还是你定的。"小平同志仰起头想了想说："啊，有这回事。你们提了以后，我就说，应该这样定。但二汽是毛主席、周总理亲自抓的事情，我要报告毛主席、周总理，如果 3 天不答复你，就算定了。结果当天晚上我就打电话报告周总理，建议将二汽摆在襄渝线上。周总理说：'好。但是我要请示毛主席，如果 3 天没有给你答复，这件事就定了。'"所以说，二汽的厂址是小平同志亲自定的，而且经过周总理，又请示了毛主席。

（黄正夏口述，欧阳敏著，《艰难历程》，新华出版社，2007 年）

得到邓小平同意后，段君毅立即通知饶斌：川汉铁路走向要改变，你们赶紧到铁道部了解情况，做好北线的踏勘准备。

铁道部第二设计院设计的川汉铁路北线方案称为川豫线，即从四川的成都经陕西汉中、旬阳、安康，经湖北襄樊到河南信阳。以后川豫线又改为襄成线，即从湖北襄樊到四川成都；以后再改为襄渝线，即从湖北襄樊经陕西到四川重庆。襄渝线在湖北境内也有南线和北线，南线从陕西安康经平利进入湖北境内，经过竹溪、竹山、房县到襄樊；北线从陕西安康经旬阳、白河、将军河进湖北郧县的鲍峡、黄龙、十堰、六里坪、草店、三官殿、光化到襄樊。无论是南线还是北线方案，襄渝线都要穿越横亘在中国中部的秦巴山脉。

打开中国地图，在中国的中心位置，秦岭犹如一条腾跃的巨龙，自西向东，绵延逶迤，横亘于中国中部。龙首高昂于甘肃省临潭，龙身向东经天水南部的麦积山进入陕西、河南，龙尾一部分由陕西延伸至湖北十堰。秦岭全长 1600 千米，南北宽数十米至二三百千米，面积广大，山势高峻，气势磅礴，蔚为壮观。秦岭绵延于四川、陕西、甘肃和湖北省边境的山地为大巴山系，又称为秦巴山区。

秦岭是中国南方和北方的分界线，长江与黄河的分水岭；千百年来，秦岭和黄河并称为中华民族的父亲山、母亲河；又因为孕育了灿烂的中华文明，所以秦岭又被尊为华夏文明的龙脉。秦岭的北面为八百里秦川的关中平原，秦岭以南则是沃野千里的江汉平原。

秦岭山区山势雄伟、沟壑纵横，修建于 20 世纪 30 年代的"老白公路"（老河口至白河），从老河口（光化）起进入郧阳山区，在深山里逶迤环绕，是湖北连通陕西的重要通道。

根据襄渝线南北走向方案，齐抗带领姜季焱、韩云岭、李学诗三人于11月3日从北京出发直奔武汉，从武汉转道襄樊，从襄樊乘坐吉普车沿着老白公路进入郧阳山区。考虑到在郧阳山区的选址工作强度太大，齐抗等四人力量不足，11月6日，饶斌再加派一汽工厂设计处的李延彭和迟文波火速赶去支援他们。11月8日，李延彭、迟文波从长春上火车，11日赶到武汉，再从武汉乘吉普车赶到襄樊。到襄樊后了解到，齐抗等人两天前已经去老河口，他们立即驱车追赶；到老河口后得知，齐抗等人已经去往房县；他们再向房县追赶，等到了房县，齐抗等人已经前往竹山。如此一路追赶，吉普车在盘旋往复的山路上狂奔，眼看着一个个悬崖陡壁，近乎360度的大回旋弯坡，坐车的、开车的都头晕眼花。李延彭一路上给司机压速度，直至11月20日深夜，吉普车开进湖北最西边的山区小县竹溪县，才追上齐抗等人。齐抗率领这个6人选址小组，先后踏勘了南线的光化、房县、竹山、竹溪、平利、安康、汉阴、石泉和北线的谷城、盛康、石花街、浪河、老营、六里坪、十堰、黄龙、白河、将军河等地，搜集到了大量资料。12月3日，结束踏勘返回北京。

回到北京即得到消息，襄渝铁路走北线的可能性极大，从踏勘情况看，北线的地理环境也有利于工厂分布。12月21日，选址小组再度出发，第二次进山，进一步深入踏勘了北线的谷城、盛康、石花街、老营、戴湾、丁家营、浪河店、六里坪、白浪、十堰、花果、黄龙、将军河、白河一带。在十堰重点查看了顾家岗、叶家湾、李家边、茅箭堂、陈家岗、马路坑、郑家湾、余家湾、方块、十堰、头堰、二堰、三堰、五堰、张湾、狗培、花果等地。选址小组两进郧阳山区，踏勘了20多个乡镇，走访了80多个单位和部门，搜集了铁路、公路、航运、地形、地质、水文、地震、气象、洪水、水源、电源、水库、工业、农业等方面大量资料。陈祖涛也参加了这次选址，作为二汽建厂领导小组中负责技术的成员，他需要对厂址有直观和切身的感受。陈祖涛回忆：

我们和何方、李延彭、李学诗四人开着一辆北京210吉普，拿着五万分之一的军用地图，沿着老白公路在深山里逐点勘察，没有路的地方就下来走。有一天，吉普车在狭窄崎岖的山道上开，一位在路边砸石头的老太太突然站起来横穿公路，开车的司机猝不及防，只得猛打方向、猛踩刹车，吉普车闪过老太太，尖叫着刹在公路边上。我和司机把头伸出窗外一看，顿时一阵头晕，吉普车的车轮紧挨着公路的边，路底下是万丈绝壁，垂直下去，深不见底。司机吓得两腿发软，几乎下不来车，要是动作再慢一点或司机处置失当，那我们就没有今天了。在山里考察，渴、饿、累、困是天天围绕着我们的几件事。在那大山里，每天出门，一包干粮一壶水，走到哪里就吃到哪里，什么清洁卫生那都顾不上了。但我们也尝到了城里所没有的好处，山里的柿子多，一分钱就能买两三个，几分钱就能在老乡家里炒一大盘鸡蛋。跑累了，就喝当地产的石花大曲，石花的大曲酒喝起来真香啊！

（陈祖涛口述，欧阳敏撰写，《我的汽车生涯》，人民出版社，2004年）

汉江发源于陕西省西南部秦岭与米仓山之间的宁强县嶓冢山，向东南穿越秦巴山区，在湖北省均县与丹江汇合后出秦巴山区。脱离了山谷的束缚，汉江一泻千里，在汉口汇入长江。汉江全长1577千米，落差高达1964米，主要集中在汉江上游，且上游河谷河道狭窄，山区集雨面积大，每逢夏秋时节，暴雨成灾，祸害下游，威胁武汉。为了治理汉江，并考虑调水北方，在毛泽东的提议下，1958年，在湖北省均县开工建设汉江丹江口水利枢纽。1966年，丹江口水库已经开始拦洪发电。

丹江口水库东南岸是大巴山东段，与秦岭交汇。这里山势如大海波涛，自西向东，连绵起伏。其中有一处山势奇特，万山丛中一峰耸立，群峰环绕，这里就是闻名于世的道教圣地武当山。

明末李自成的起义军曾在武当山玉虚宫驻扎，把这里称为老营，该称呼沿用至今。老营镇只有几十户人家，老白公路从镇内穿过。由于这里交通方便，所以二汽筹建处决定在老营驻扎。玉虚宫内又有不少残损房间，均县草店区老营公社林场将玉虚宫交给二汽筹建处，这里就成为二汽筹建处踏勘小组的为临时办公地点。

1965年12月30日，各路踏勘小组汇聚襄樊，整理踏勘资料。1966年1月10日，饶斌从北京抵达襄樊，听取南线、北线踏勘情况汇报。随后，饶斌与踏勘小组一起到谷城、老营，亲自察看南北方案的踏勘现场，经过认真的踏勘比对，初步确定选择北线方案。

离开老营，饶斌与齐抗到武汉，向中南局书记王任重和湖北省的领导汇报二汽在鄂西北郧阳山区的选址情况。王任重赞成把二汽放在鄂西北地区，具体地段可由国家根据一机部的意见定，地方同意由汽车厂征用一些农田进行建设，宿舍则尽量不占或少占农田。征求完湖北省领导的意见后，饶斌即返回北京向一机部领导汇报。

1966年2月，二汽筹备处大队人马正式进驻郧阳山区。

关于二汽与襄渝铁路之间，有一个罕为人知的故事。1966年2月，农历丙午年大年初三，已经从老营回到长春过年的汽车工厂设计处的李延彭突然接到饶斌从北京打来的电话，饶斌在电话中说："襄渝铁路湖北段有两个方案，一个是沿武当山北面顺汉江走；一个是走武当山南，经石花街、房县、竹山。他让李延彭立即赶到四川成都，找到铁道部西南铁路建设指挥部指挥长彭敏，并向他反映二汽选址在武当山的北面，紧挨规划中的襄渝铁路，若襄渝铁路要走武当山北面，考虑到二汽的隐蔽问题，建议襄渝铁路线路尽量靠向山里。接到电话，李延彭立即动身赶赴成都，找到彭敏后，向他转达了饶斌的意见。彭敏很支持二汽的想法，立即指派勘察处一位姓夏的处长随同李延彭一起来到武当山，对二汽初步选定的厂区进行现场勘测，李延彭再随夏处长入川向彭敏汇报，彭敏答应向部里汇报。不久，襄渝铁路湖北段线路正式确定：走武当山北麓。事后，彭敏沿着襄渝铁路走向考察，陈祖涛赶至陕西白河与之会面，陪同他一路考察，告诉他二汽在这里的布局位置。彭敏与勘察处的技术人员现场讨论铁路走向，最大限度地满足了二汽的需要，这才有了今天襄渝铁路从老河口进山后，紧挨武当山北面，从六里坪、顾家岗、十堰、红卫、花果、黄龙完全穿越二汽厂区的走向，并在武当山、六里坪、顾家岗、红卫、花果等处设站以方便二汽建设。

按照选址进度，厂址方位大致确定以后，就要进一步进行地质勘测、工厂设计阶段了。1966年3月起，一机部汽车工厂设计处从长春和西南设计室、北汽设计队先后抽调了吴庆时、蒋一子、徐大椿、张国典、朱宗国、梁万瑞、王建华等70多名专业技术人员和企业管理人员来到郧阳十堰，这批人也是二汽选厂的基本技术队伍。围绕厂址选定和规划设计，一机部勘测公司华中勘测大队派了叶德华、陈鹤鸣等数十人配合地址和地形测量工作；建工部派来了中南工业建筑设计院、北京工业建筑设计院、天津煤气设计院、北京给排水设计院以及相关专业设计室、彼岸准研究所的袁哨楚、罗纯安等30多名专业技术人员负责工厂设计；湖北省水利厅设计院派出罗拯等人配合厂址防洪设计、郧阳地委派出郧县的孟令珍承担厂址周边的农业规划任务；二汽筹备处的何方、李延彭、迟文波、周鸿德、李效时、李占甲、徐邦源等数十人全部参与各专业工厂选址工作，饶斌、齐抗、陈祖涛、李东波等人在现场具体组织和指导。

20世纪60年代，老白公路沿线满目荒凉，这么多人进驻，住在哪里呢？郧阳地区在老白公路沿线唯有的两个县城——均县和郧县距离选定的厂址太远，筹备处近百人要现场工作和生活，就只能在老营就地扎营。老营一带村落稀少，周边既无宾馆，又无旅店，由于玉虚宫内残存有十余间房屋，所以二汽筹建处只好将就一下。

二汽筹建处进驻时，玉虚宫大门尚存，大门院墙上的砖雕虽然斑驳陆离，但依然可见精美花纹。大门内两边配殿早已崩塌，殿堂的台基还依稀可辨，两个套城的护栏有几处尚存，保存较好的要数四座御碑亭，亭内御碑字迹清晰。宫内淤泥厚达一米，院内种满了橘树。昔日皇家庙堂，今日橘树成行。

前期的选址只是初步确定二汽的大致方位，现在要做的就是具体定位。选址小组要在这些起伏不平、沟沟岔岔的地方测量可用地面积，明确划定工厂的位置，这就要做进一步精确踏勘，寻找布厂的地块。张国典、梁万瑞从安康出发，沿汉江经旬阳到白河，步行200多千米；吴庆时、韩云岭、徐大橚沿汉江的五峰、辽瓦、茶店、邓湾、鸳鸯寺步行调查；陈祖涛、李延彭、李学诗等人到老营南面，沿剑河上行，一直攀登上武当山顶峰，居高临下地对周边地势做目测分析。

经过反复踏勘和现场比对勘测，结合中央关于三线工厂选址的指导方针综合分析，二汽筹建处认为，湖北郧阳基本符合建厂要求和中央关于三线企业选址的方针，二汽厂址初步定在郧阳地区郧县一个有近百户居民的名叫十堰的小镇。

二汽选在十堰，为古老的十堰带来了新生。十堰被群山环抱，呈放射状分布着众多较宽阔的山沟，每一条山沟都向心地汇聚到这块几十平方千米小镇上。小镇离汉江27千米，有公路相通，十堰西南20千米的黄龙镇有一条汉江的支流叫堵河，水流较大，可以满足设计大纲需要的生产和生活用水。十堰东北80千米就是中国最大的内陆人工湖——丹江口水库，90万千瓦装机容量的丹江口水电站是距二汽最近的电源，二汽开工建设的电力可以依靠这里。设计中的襄渝铁路从十堰经过，交通不成问题。十堰向南距襄樊200多千米，距华中重镇武汉494千米，和这两个大城市相邻，有利于人员和物资的集散。十堰的四周都是大小群山，符合中央靠山、隐蔽的建设原则。十堰的地质和水文、气象等方面的条件也比较好。

根据地质部门资料记载，草店至黄龙之间有一条地层断裂带，被称为"老白公路大断裂"，因此这里能否建厂，需要进一步落实。饶斌对此信息非常重视，派何方走访了地质部力学研究所、地质研究所、水文地质及工程地质局、中国科学院地球物理研究所、北京地质学院、湖北省地质局、长江流域规划办公室、一机部华中勘测大队等专业权威部门。为了保险起见，1966年2月中旬，又邀请了崔作舟、时振梁、李长寿等专家到郧阳山区现场对地质、地震进行观测。通过周密科学论证后得出结论：十堰到将军河一带地震按照六度考虑，可以不设防。十堰避开了房县青峰大断层，没有发生大地震的危险，工业建筑设计可不采取抗震措施。

十堰属南北气候交接地区，秦岭阻隔了北方冷空气对南方的入侵，冬天较暖，取暖季节短，而夏季高温天气也不多。不足的是，十堰季节性降雨容易造成灾害性洪涝。资料记载，1935年夏秋，这里曾发生过连续7天7夜的大暴雨，所以在防洪上要采取措施，工厂设计要按百年一遇的标准，对十堰现有的25个水库要采取加固措施，同时还要疏通这里的8条河流，就可以解决山洪问题。初步意向定下来后，二汽筹建处马上向一机部写了选址报告。根据国家建委安排，1966年5月份在老营召开"内地建设厂址平衡会"，会上将对二汽厂址做出决定。筹建处上上下下都在紧张忙碌地为会议做准备。

1966年三四月间，在二汽选址过程中，前方人员经常接到从北京传来的各种"精神""要求"，主要内容都是要认真彻底落实"靠山、分散、隐蔽"的六字方针。二汽筹备处的工作人员绝大多数都是工程技术人员，他们在制定方案时，既要考虑做出符合生产规律的工厂规划设计方案，又要考虑"六字方针"可究竟怎样才算做到六字方针，他们也心中无数。1966年2月初，北京传达了中央防空检查组的《第一次检查汇报》，这份文件对一些三线工厂设计建造时在防空方面存在的问题提出了严肃批评，二汽筹建处的同志们也因此紧张起来。二汽是一个年产10万辆汽车的大厂，光专业厂就有几十个，每个厂又有那么多车间，还有公路铁路，这么一大摊子在地上要铺开几十上百平方千米，要在空中不被发现，的确是难以做到。如果纯粹按照要求做，又会违背现代化工厂建设的基本规律，这也会给国家造成巨大损失，搞得这些工程技术专家们左右为难。以后的事情发展说明，技术人员们的担忧不是多余的。

1966年4月4日，时任国家计委副主任林乎加和国防局长白杨检查三线企业选址建设，在老营听取了陈祖涛关于二汽选址方案的汇报。听完汇报后，林乎加说："你们在具体点上做很多工作，小的方面脑子动得多，但从大的方面动脑子少了。我们准备大打、早打，战争打到徐州、开封，生产也要不受影响，在敌人轰炸的情况下不影响生产，要从最困难的地方着想。你们要找一个既有铁路，又有水运，厂址打不烂，运输炸不断的地方，要多看几个地方，多拿几个方案向中央汇报。"

陈祖涛回忆：

他听了我们的工作汇报，看了我们的选址报告和工厂布置规划，满脸的不高兴，把我和何方叫到房里，狠狠地批了我们一通："陈祖涛，你们怎么选的地方，我们的原则是要进大山，你这是大山吗？中央关于三线建设的精神你根本不了解。你们要再往大山里走，到陕西安康、石泉去选址。"

（陈祖涛口述，欧阳敏撰写，《我的汽车生涯》，人民出版社，2004年）

2004年笔者采访陈祖涛时，他说，我们选定的二汽地址已经是在秦巴山区了，十堰地属武当山北麓，虽然是山区，但尚属丘陵地带。我们选定的地方，山的高差都只有50米左右，确实不够大。二汽选址，既要考虑隐蔽，也要考虑工厂布局的规律，要有利于物流和生产。其实他们对于进山隐蔽的理解过于教条。"文革后"，我去美国访问，看到美国人从卫星上拍我们二汽的照片，哪个厂在哪里，一清二楚，这说明，你进再大的山，人家从卫星上也看得清清楚楚。按现代科学的观点，看得见就打得着。从这个意义上看，当时的进山，而且是要进大山、进深山，毫无意义，只能是吓唬自己，吓唬我们的人民，徒然增加建设的成本和难度。犹如脑袋埋在沙子里的鸵鸟，自己看不见别人就以为别人看不见自己，实在是可悲。

林乎加是代表中央来检查工作的，他的意见不能不考虑。此时饶斌正在北京开会，接到陈祖涛的电话，他立即从北京赶回老营。在他回来之前，陈祖涛带领何方、李延彭、李学诗三人乘上吉普车再赴安康。从老营到安康有数百千米，老白公路在山间迂回曲折，慢慢爬高。老白公路勉强算三级公路，由于山势险峻，有的地方道路仅有一车宽，两车相遇都没法错车，车过竹山、竹溪进入陕西，道路两边高山入云，车行其间，如果不看地面，就如同坐在飞机上。陈祖涛回忆：

我们驾车西去，一路上都是连绵起伏、重重叠叠、一望无际的大山，这里已是中国著名的秦岭山系。过了陕西白河的牛瓦山，再向前，又过了两座大山，这两座山之间，汽车一个上下就要跑几十千米，翻一座山就要大半天，山是够大了，但从地形看根本没法建工厂，更别说建设大型汽车厂了。于是我们再向前，到了陕西的安康；再从安康出发，沿着秦岭的山间小道，经石泉一直到了汉阴。那个山就更大了，这是战国时代从陕西到四川的通道，也是李白《蜀道难》里写的那条道。这里山高壁陡，公路如玉带缠腰，山峰似利剑直指青天，有的地方根本就没有路，公路就是从山腰向里凿进几米，路外就是万丈悬崖，真如《蜀道难》诗里所说"一夫当关，万夫莫开"。从路边往下看，尽是悬崖峭壁，有的地方崖壁接近90度，只有站在悬崖边，才能理解李白所说的'蜀道难，难于上青天'的感叹。放眼望去，周围除了高耸入云的山峰，基本没有适合建厂的平地。山的高差有的几百米，有的近千米，这么陡的山，铁路怎么进来？没有铁路，每年几百万吨的物资进出怎么解决？而且，这种地形，生产车间怎么布局？年产10万辆车的厂房有150多万平方米，生活宿舍100多万平方米，这里怎么可能盖这么大的厂房？这么多的宿舍？这样的地形绝对不能建设大规模的汽车工业基地，这是劈山也办不到的事。建设二汽这样特大型的汽车厂，必须要考虑到长远，我坚决不同意在这样的大山里建厂。

（陈祖涛口述，欧阳敏撰写，《我的汽车生涯》，人民出版社，2004年）

陈祖涛等人向西踏勘无功而返，但让工程技术人员为难的事情还在进一步发展。4月18日，吴庆时受饶斌委托，从北京来到老营，传达建工部准备下发的三线建设有关具体要求，概括起来为"七字八条"。七字指厂房建设要"一贴、二埋、三嵌、四散、五藏、六进洞、七伪装"；八条则具体规定了车间面积不能大于3000平方米，一个建筑群的总面积在20 000平方米上下，建筑群之间的距离不得少于1 000米；一个车间的长度不得超过70米，宽度不得大于20米；单独建筑物的面积要控制在1 000平方米，最大的不得超过3000平方米；建筑物要尽可能低矮，要修单层厂房，不要修多层建筑，一般不要超过两层；生产主要设施，如电源、水泵站和关键部位都要藏在山洞里；建筑物要去掉工厂的特征，砌墙不要用红砖，要用油漆涂色伪装墙面；门窗不宜高大，要遮掉玻璃的反光等。一句话，工厂在山沟里布局和设计时，千方百计不能让敌机在空中发现；即使发现，也要难以辨认和轰炸；即使轰炸，也要做到炸不垮、打不烂。

1966年5月，国家建委在北京召开会议，确定二汽厂址定在鄂西北的郧县十堰到陕西的旬阳一带。1966年6月6日，一机部向党中央报告二汽选址及建设设想：

根据小平同志指示和铁路修建计划，厂址拟选在鄂西北的郧县十堰到陕西的旬阳一带，所选地区长85千米、宽30千米，山区海拔1000米左右，位于汉水以南，武当山北缘，东距老河口130多千米，西距安康200多千米；厂房拟分别建在该地区40多条高差150米左右的山沟里，能很好地隐蔽。即将建设的川汉铁路由此通过，水陆交通方便，以上厂址已经国家建委审查同意。建设规模年产汽车10万辆，远景发展规划20万辆。

与此同时，饶斌、齐抗、陈祖涛带领筹建处一百多号人全部住到堵河以西的鲍峡，重点踏勘鲍峡以西、安康以东。

从山势地形看，从石花街起，经浪河、六里坪、白浪、十堰、柏林直到黄龙，沿老白公路120千米，多为平原到浅山的过渡，山丘连绵、山势平缓，相对高差在50米左右。公路两侧多宽沟，间或有大坪错落，便于工厂布置。但从堵河以西起，地形突变、山势雄伟，相对高差多在120米以上，沿公路两侧很少有宽沟，没有错落的大坪，河沟蜿蜒曲折、坡陡流急、村落稀疏，不利于工厂布置。为了考察旬阳以东地形，选址小组的梁万瑞、张国典、胡祥生三人在安康计委几个人的带领下，徒步从安康沿汉江东行，以汉江为轴心，左右开弓，历时9天，行程300余千米，查看了安康、大小棕溪、旬阳、蜀河、麻虎、白河等地段，认为这里的地形实在是难以建设大型汽车厂。

为了在工厂选址中突出防空，7月21日，二汽筹建处专程请来了武汉部队空军的同志和参加过援越防空作战的武汉军区作战参谋彭海蛟等3人来现场讨论建筑设计如何防空，请他们介绍了空中侦察、轰炸的有关知识，并带他们现场看了11条沟和两个河湾。他们认为，从军事角度和立足早打、大打精神，工厂建设越隐蔽越好、越分散越好。但工程技术人员则难以接受，把二汽23个专业厂的上百个车间分散到几十平方千米的深山老林里，能否保证连续而有节奏地流水线生产？甚至是能不能把工厂建起来？

经过这些折腾，筹建处的工程技术人员和前来参加工厂设计的人员对原本初步确定的厂址方案发生动摇，基本形成两种意见：一种是要求坚决贯彻"七字八条"；另一部分则认为，如此设计，工厂没法建，国家还要多花好多钱。争去争来，谁也说服不了谁。一晃几十天过去了，选址工作陷于停滞。

二汽是三线建设中的重点工程，党和国家领导人高度关注。此时二汽选址工作陷于僵局，一机部领导也坐不住了。关键时刻，一机部段君毅部长来到鲍峡现场指导工作。

段君毅，河南范县人，1935年毕业于中国大学，次年加入中国共产党。参加革命后曾任中共北平市西城区区委书记、冀鲁豫行署主任、第二野战军第六纵队政委、中共鄂豫区委书记、第二野战军后勤部司令兼政委。新中国成立后，历任西南军政委员会工业部部长、第一机械工业部部长、中共四川省委书记、铁道部部长、中共河南省委第一书记、北京市委第一书记、中顾委常委。"文革"开始时，段君毅正在一机部部长任上。

在中央"五·一六"通知发布以后，"文革"的号角正式吹响，北京成了这场政治漩涡的中心。国务院各个部委无一幸免。一机部是国务院各个机械工业部中最大的一个，一机部的很多单位都承担着三线建设的重任，骤然而至的狂风暴雨使得很多三线建设项目陷入停滞。作为共和国的部长，段君毅参与了中央关于三线建设的规划与布置，他最清楚，一旦三线建设受到影响，对于国家和国防将会产生多大的损失。二汽是国家"三五"建设的重点项目，也是一机部三线建设最大的项目之一，二汽选址工作已经一年多了，直至现在还在为"隐蔽、分散"争论不休，段君毅心急如焚，再拖下去，一旦北京的形势影响到这里，这个中国最大的汽车厂还能不能建设起来或许都难说了。段君毅来到二汽选址现场，在察看地形、听取汇报后，针对选址中不同意见争论的焦点做了重要指示，主要内容如下：

靠山、分散、隐蔽是必要的，但是要适当分散、适当集中。也要算经济账。像二汽这样的大厂完全保密是困难的。总书记邓小平也说过，汽车厂要敌人看不见不可能，要积极防空，既要靠空军的飞机保护，也要靠民兵和高射炮。

汽车厂的保密要求与原子弹、导弹基地的保密要求有所不同。外国人来参观，原子弹、导弹基地可以不让看，可汽车厂不能不让人家看。一件事情有两个方面，一方面要保密，另一方面也要人家知道你还有点东西。敌人有什么汽车厂我们不是也知道吗？

战备条件下的工业生产也要合理和经济，过于分散会出现新问题，破坏生产特性。段君毅指着一个最分散的方案说，这个方案已经分散到极点，按照这种布局，你们的汽车成本和长春一汽比，每辆车会不会增加1000元以上？厂房小了，还能照常生产吗？三线建设也要算经济账，最隐蔽的方案也是最浪费的方案。基建投资如果增加三分之一，这个项目就不能干了。

在当前形势下，干部要加强敌情和战备观点，但在做方案的时候，要全面考虑，不要片面地用"战备"压人，要允许人家说话。

最近一两个月内，部里要召开"二汽厂址安排设计审计会议"，请国家建委、三线建委、省建委以及各个设计部门参加，各个包建厂也参加。那时，把各种方案摆出来，不要回避矛盾。

二汽厂址一定要尽快定下来。

段君毅的这番话实事求是，强调了既要加强战备思想，同时也要遵循经济规律，颇有辩证思维，对最后确定二汽厂址起到了关键作用。此时"文革"已经闹得沸沸扬扬，段君毅回到北京即受到"文革"的冲击。当时，负责工业口的国务院副总理余秋里在接见一汽领导时忧心忡忡地说："国家现在急需汽车，但有的汽车企业一个月才生产20辆车。二汽现在还在争论厂址的问题，真不知道什么时候才能建成。"

段君毅的话对打破选址僵局起到了极大的作用，大家加深了对"靠山、隐蔽、分散"的理解，也在一定程度上抵制了极"左"思潮的干扰。二汽筹建处根据掌握的地块条件，按照汽车生产的工艺路线和特点，划分了发动机、地盘、总装冲压、技术后方四大片，集思广益，最后总结出西一、西二、西三、东一、东二、中一、中二共七个厂址方案。三个西方案都是在堵河以西建厂；东一、东二方案是从茅坪至花果一带建厂；中一、中二是将东西两边都用上，过于分散。

1966年9月，孟少农、李子政、张庆梓等三人以及二汽各专业厂筹建组的负责人共四五十人来到老营。孟少农是中国第一代汽车专家；李子政是一汽副厂长，人称铸造大王；张庆梓是长春汽车研究所所长。各个专业厂选址小组负责人都是本专业的专家，他们的到来，有力地推动了选址进程。他们几乎一致认可东方案，认为东方案有利生产，并提出了很多有益的改进意见。

1966年10月7日，一机部在老营召开了"第二汽车制造厂总体布置审查会议"，会议由一机部副部长白坚主持，国家计委、建委、一机部、汽车局、各设计院、湖北省委、中南三线建设委员会及30多个设计单位的设计人员和二汽各专业厂的筹备人员等共500多人参加。

老营本来只有几十户人家，玉虚宫里早已被二汽筹建处的一百多号人挤满了。现在一下子来了500多人在这里开会，其中不乏司局级领导，住的问题没法解决。经当地政府协助，只能将与会人员都安排到当地的老乡家里去住。老乡家里也没有那么多床，搞会务的人只好因地制宜，给每一位报到的人发一捆稻草，自己扛到老乡家里席地而卧，不管多大的官，大家都一样打地铺、睡稻草。吃饭时，500多人每人凭会上发的餐票，自己端着碗到临时的食堂里去排队打饭，一机部白坚副部长在门口负责收饭票。在特殊的政治氛围下，会议组织也是也是军事化，每天早上，饶斌带队，几百人排队在公路上跑步出操，口号喊得震天响。几百人在这里吃、住、排队跑操，成了当地百姓眼中的一道风景线。一个有那么多高级领导、高级知识分子参加的、决定二汽命运的国家级会议，就这样平静地在鄂西北的深山小镇里召开了。

会议分两个阶段，第一阶段从10月7日到15日，主要听取总体方案和相关专题介绍，然后到十堰、黄龙、鲍峡、陈庄等地实地查看；第二阶段学习政策，讨论建厂方针和二汽总体布置方案。

会议开始后，与会代表对建厂方案争得一塌糊涂，争论的焦点仍然集中在是否需要靠山隐蔽的问题上。大多数人，尤其是汽车厂的人都不同意西方案和中方案。但在"影响备战"的大帽子下，有不同意见的人也不敢说话了。

主持会议的白坚副部长看到这个情况，大声说："清兵就要渡河了，你们还在议论纷纷（意思是当时的形势很紧张）。这个厂究竟还建不建？这次会议，一定要把厂址定下来。"白坚的意思很明白，现在全国各地形势已经剧烈动荡，一旦波及这里，二汽建设很可能又会"黄"了，眼下形势紧张，这次会议一定要把二汽建厂的方案解决了。

在这种情况下，会议最后决定由二汽建设五人领导小组拿决定性的意见。经过这些天的讨论，选址方案淘汰得只剩下东、中、西3个了：西方案是鲍峡（鲍峡以西）方案，东方案是十堰方案，中方案是黄龙（黄龙）方案。鲍峡和黄龙镇两个地方虽然靠山，但地形不利于建厂。相比较而言，十堰地形最理想，但山小了点。陈祖涛和李子政是坚决的十堰派，饶斌也赞成十堰方案。五人小组开会讨论，决定由陈祖涛代表五人小组做主导发言，陈祖涛问饶斌该怎么讲，饶斌说："你就按你的意见放开讲吧。"

陈祖涛回忆：

这一夜，我彻夜未眠，满脑子都是数据、方案，人家会怎么提问，我该怎么回答。思来想去睡不着，半夜爬起来向孟少农征求意见。孟少农是留美的汽车专家，也是清华大学汽车系的创始人，我们之间沟通过多次，他支持我的十堰方案。他告诉我：你的方案是以总装为核心各自组团的蛛网式布局，这样讲，明白易懂，大家也容易接受。

（陈祖涛口述，欧阳敏撰写，《我的汽车生涯》，人民出版社，2004年）

第二天，陈祖涛在会上介绍选址意见。他将三个方案共20多个设想和盘托出，对每一个方案的优劣做了详尽的分析，最后拿出的十堰方案，也被称为"四片一疏散"。这个方案的特点是：将全车各个总成从毛坯生产到最后装配的相关工厂全部集中到一个基本封闭的片区的生产原则，以底盘、发动机、冲压总装和技术后方为中心划为四片，各自组团布置，与之相关的附配件厂做疏散布置。具体为：

1. 总装配和冲压（车身、车架、车轮、冲模）等专业厂放在厂区东部的狗培、镜潭沟、寺沟等处。

2. 底盘（车桥、减速器）锻工、可锻铸铁、传动轴等专业厂放在厂区北部的大岭沟、赵家沟、东沟、后槽、刘家沟等处。

3. 发动机、传动箱和灰铸铁等专业厂放在厂区西部的花园沟、安沟、枧堰沟和头堰等处。

4. 技术后方（刃量具、设备制造、设备修造、通用铸锻、动力后方）专业厂放在厂区中部的吕家沟、周家沟、袁家沟、大炉子沟、小炉子沟等处。

这个方案的优点：一是易于贴坡切山，少占良田，并可较多地改河滩为良田，有利于工农结合；二是处于群山之中，沟较多较曲，比较隐蔽；三是地块较多，便于施工，且铁路干线通车早，建设进度较快；四是治山治水较易，可少花投资；五是可以形成放射型的布局，组成环状运输网，便于运输和生产；六是铁路、公路、水路运输四通八达，战时不易被打垮炸断；七是粮菜供应比较方便。

会议整整开了一天，基本上都是陈祖涛在介绍情况。如同大学毕业时的答辩一样，与会的代表不断提问，陈祖涛也在不断回答、解释。到会的有很多一汽和其他几个汽车厂的代表，他们懂得造汽车究竟需要什么样的环境，在他们有力的支持下，十堰方案最终获得通过。

会议确定，第二汽车厂建厂地址定在湖北十堰，东起白浪、西抵堵河、北至刘家沟、南到枧堰沟、东西长20多千米、南北宽10多千米的地方；工厂布置采用分片组团方式布局，必要时还可做微调，第二汽车制造厂定于1967年4月1日开工。《老营现场会议纪要》正式以一机部的意见上报国家。1967年2月，一机部正式下文批准。

老营会议结束后，1966年11月20日，二汽筹建处从老营搬到十堰一处叫十堰垭子的地方，并正式挂牌办公。因为生产军车，所以一机部通知二汽为二级保密厂，对外公开的名称是东风机械厂筹备处。

历经两年多的时间，二汽筹建处几十人，足迹遍及湖南、贵州、陕西、湖北的山山水水，经过无数次的反复，在"文革"大潮席卷而来之时，终于将中国人自己的现代化大型汽车厂的地址和布局定了下来。客观地看，以今天的眼光，选址十堰是不符合现代企业生产所需的条件和要求的，但在那个特殊的历史年代，能选在十堰就是万幸了。但几乎所有人都没想到，二汽选址所遭受的磨难还并未截止。

进入1967年，"文革"大潮已经把全国搅成一锅粥，各个单位揪斗"走资派"，成立"革委会"，二汽也不例外。二汽五人领导小组中，饶斌、陈祖涛都被揪回一汽"批斗"，只有齐抗一人被结合进了"革委会"，担任副主任。二汽各个分厂也成立了各种群众组织。1967年年初，二汽在长春的群众组织给李富春和谷牧写信，询问二汽厂址的决定中央是否知道？二汽由湖南改为湖北中央是否知道？

2月中旬，李富春回函：

二汽是1967年国民经济计划（草案）中决定要开工建设的项目……二汽项目的决定，是中央批准的，不是某一个人批准的。厂址由湖南改到湖北是因为中央对铁路修建计划的改变而变更的。

就在这个时候，一机部发出文件《关于第二汽车制造厂总体布置和设计纲要的批复》，文件原则上同意《老营会议纪要》和工厂设计纲要……为保证第一期工程1967年4月1日开工，希望根据这个纲要进行工程设计。

1967年3月2日，长春工厂设计处生产委员会、二汽"造反大军总部"、长春汽研所"造反大军"派出赴京代表，就二汽厂址问题写信给李富春、谷牧并转周总理。他们认为：二汽厂址的选定不符合"靠山、隐蔽、分散"的方针，要求重新审查并选定厂址。在当时的形势下，"造反派们"根据自己的需要甚至是感觉提出意见就是"革命行动"。此时，一机部的段君毅等部领导已经被揪斗，早已没有发言权。一机部的工作人员对造反派的所提问题，向李富春写出书面汇报，大意是：二汽回湖南建厂困难较大。如果中央仍确定二汽放在湖北，可在现方案上进行调整和疏散。至于将军河和安康，不仅可用地少，而且铁路修到时间晚，不利于二汽建设等。

3月22日，国家计委、建委对一机部的书面汇报做了书面答复：

二汽厂址由湘西改到湖北，富春同志已有答复。

具体厂址仍放在郧县十堰至将军河一带。工厂总体布置请你们根据"靠山、隐蔽、分散"方针和毛主席"五七指示"精神，要考虑加快三线建设的总要求和经济合理的原则，充分听取群众意见，合理调整，迅速讨论决定。

根据国家计委、建委的批复，1967年3月29日，一机部在郧阳地区行署基建工地召开"二汽总体布置整顿会议"。当初参与选址的饶斌、齐抗、陈祖涛等人都已失去人身自由，参加会议的有中南建委、湖北省计委、建委、郧阳军分区等部门，会议由一机部副部长郭力和郧阳军分区司令员刘景休主持。与会者花了一个月的时间到现场踏勘和内外磋商，认为"老营会议"所确定的厂址和总体布置符合党的方针政策，局部地方可以调整。这次会议后，"造反派们"稍微安静了些。

1967年4月1日，二汽开工典礼如期在二汽动力厂所在地大炉子沟举行。随后，"文革"继续深入，进入"武斗""夺权""横扫一切"的"牛鬼蛇神""阶段，二汽基建工地一片混乱。

1968年2月，二汽的"武汉钢工总二汽革命造反司令部"以及"吉林省红革会""吉林省长春公社二汽造反总部"等群众组织联合汇报组再次给李富春写信，认为：二汽建设存在根本性问题，不符合毛主席的三线建设方针，要求二汽改在谷城石花街建厂。

根据这一情况，国家计委、建委和一机部商定，由国家建委副主任谢北一和一机部副部长沈鸿主持，二汽的群众组织代表和二汽筹建单位代表于3月26日在北京召开"二汽建设问题座谈会"，经过反复协商，终于取得"二汽厂址基本不动，适当调整"的共识。

到了4月份，二汽厂址问题再起争议，一部分人给李富春写信，认为"二汽布局太分散，建成也不能生产"；"二汽的进出通道只有一条老白公路，战时两头一炸二汽就憋死了"；"十堰一带地质复杂，山体滑坡严重，一户人家夜里睡在山上，一觉醒来就滑到了地上"；"十堰水患严重，周围十多个水库，头顶几盆水，到时水库一垮二汽就全完了"。甚至还有"十堰的老鼠比猫大，蚊子比苍蝇大"之类的奇谈怪论。其核心思想是：十堰这里环境恶劣，生产生活条件差，二汽不能建在大山里。于是二汽建设的"东、西方案"之争再起。

二汽建设的主力军都出自于一汽，鉴于当时的形势，一部分人回到了长春，在长春成立"二汽革命委员会"；没有回长春的，则在十堰成立"二汽革命委员会"。一个要北建革委会，一个要南建革委会，两派互相攻讦，谁也不让谁，这就是二汽建厂史上有名的"南北之争"。"南北之争"搅和进"东西方案"之争，一时闹得乌烟瘴气。

反对在十堰建厂的一方提出，用靠东边的老营、丁营、青灰铺、浪河店直到谷城的石花街取代靠西边的十堰，其理由是：这里有大批三线军工厂，军工厂可以，二汽也应该可以；与之相对立的观点则认为，十堰方案符合中央精神，无须再动，这次风波也被称为是东方案和西方案。更值得注意的是，这次提出要调整的不再是造反派，而是二汽"内部人"。东方案的支持者派出代表再次进京，积极争取二汽厂址放在东方案。国家建委副主任谢北一听取了东方案代表汇报后，传达了李富春、李先念、聂荣臻三位副总理的指示：

1. 十堰厂址从"靠山、隐蔽、分散"方面做了考虑，东方案从经济合理观点怎样看？成本是否增加？要考虑一下。

2. 贯彻"靠山、隐蔽、分散"方针"大分散、小集中"应怎样理解？工厂进沟对防空好一些，要考虑积极防空。

3. 谷城可以去看一看，若适合建厂，军工厂可以调整。

4. 汽车厂厂址是大事，建议组织总参、一机部、五机部等部门到实地比较再决定。

三位副总理发了话，分量不可谓不重。6月25日，国家建委副主任谢北一、一机部部长周子健、湖北省革委会副主任张树成、武汉军区参谋长张显杨以及一机部、五机部、建工化工部、铁道部、军委总参谋部、武汉军区、湖北军区、湖北省革委会、湖北省三线办等部门组成考察组，上百人浩浩荡荡地来到郧阳山区二汽现场，听取东西方案的介绍。

6月26日，大队人马首先来到谷城石花街一带现场查看；27日一大早，来到十堰黄龙，从黄龙向东，到了花果、狗培、吕佳和、镜潭沟、炉子沟等地方现场视察。谢北一认为，东边地形开阔，有利于工业建设；武汉军区张显扬副参谋长则明确表示，西边山势优于东边，有利防空。当晚，在郧阳军分区会议室开会。谢北一说："从1953年5月开始为二汽选址至今，已经15年了，二汽对我来说有特别的感情，在二汽选址问题上，从来没有花费如此多的时间和精力。但我只是具体工作人员，只能做一些组织工作，二汽厂址究竟如何定，还要听取各方面的意见，回去后向国务院汇报。"

6月28日，谢北一等人到光化军用机场乘机返京，在机场和二汽革委会相关人员交谈时，他表示：厂址是否可以有东有西？具体情况，要等到回北京向国务院汇报后才能明确。此时，国内形势已经剧烈动荡，全国各地造反派抢班夺权，一些地方还出现了"武斗"，李先念副总理、周恩来总理连听汇报的时间都安排不出来。

1968年11月，"文革"造成国民经济严重下滑，很多工厂停工停产，很多三线工厂建设也陷入停顿，11月18日，由李先念负责的国务院业务组召开会议讨论解决办法，周恩来总理参加会议。在会上谈到二汽选址至今仍在争论之中，周恩来、李先念都表示了极大的不安和忧虑。第二天，周恩来在国家建委关于二汽厂址的汇报上批示"可以确定在湖北省郧县十堰地区"。

1968年11月21日，一机部军管会通知二汽军管会：11月19日22时30分，国家建委军管会传达周总理对第二汽车厂厂址的指示："可以确定在湖北省郧县十堰地区"。周恩来一锤定音，二汽厂址之争最终尘埃落定。

让人感到惊诧的是，二汽军管会将这次"东西方案之争"作为"反革命事件"，东方案策划与鼓吹者被作为"反革命"而受到关押，恐怕这是周恩来总理做批示时绝对没想到的。

12月4日，国家计委、国家建委批准二汽建设方案，生产纲领10万辆。

二汽建设规划

按照饶斌的设想，二汽的建设进度大致分为几个阶段：

1966年，全面做好二汽开工前的各种准备工作；

1967年，开始大规模基本建设，同时在南汽、一汽组织中间生产，考验产品、工艺和设备；

1968年，进入基建高潮，内外基地的新老产品形成系列；

1969年，基建扫尾，同时进行设备安装、调试和试生产，内外基地结合出车；

1970年，达到5万辆份配套能力；

1972年，实现设计大纲10万辆能力。

饶斌布置的"五人小组"正在按照这个方案逐步推进，但1966年风云突变，"文革"开始了。

经过千辛万苦，二汽厂址总算确定了下来，接下来就要确定各专业厂的总体位置。二汽革委会决定，成立"二汽专业厂总体布置调整组"，由调整组拿出最后方案，交由"二汽现场会"最后敲定。

1969年1月9日，经国务院批准，一机部、武汉军区在位于十堰市的郧阳军分区大院内召开了"二汽现场会议"，全国106个单位参加会议。武汉军区副司令员孔庆德、国家建委副主任宋养初、一机部副部长周子健、湖北省军区参谋长熊心乐等在会上讲了话。孔庆德在会上宣布，经武汉军区批准成立二汽建设总指挥部，熊心乐为总指挥长。会议确定了二汽总体布置方案，安排了建设总进度。

这次会议决定了二汽正式开工建设，具有重要的历史意义。熊心乐在会上宣布：

二汽各专业厂的总体布置有几条原则：一是只能向西，不能向东；二是只能进沟，不能出沟；三是只能大分散、小集中；四是不能占或少占良田；五是在"靠山、隐蔽、分散"的前提下考虑经济合理。

　　二汽建设要实行边设计、边施工、边安装、边投产的"四边方针"；以及先生产、后生活，先建厂房、后建宿舍的"两先两后"的建设原则。

　　会后不久，武汉军区三线建设领导小组通知，二汽对外称"红卫厂"，"二汽建设指挥部"对外称"红卫厂建设总指挥部"。1969年4月1日，二汽革委会通知，从当日起，二汽所属单位对外称红卫厂，各专业厂启用57（"武器"的谐音）开头的代号：通用铸锻厂5720、设备修造厂5721、设备制造厂5722、刃量具厂5723、动力厂5724、冲模厂5725、车身厂5740、车架厂5741、车轮厂5742、总装配厂5743、车厢厂5744、底盘零件厂5745、钢板弹簧厂5746、木材加工厂5747、铸造一厂5748、发动机厂5749、铸造二厂5750、车桥厂5751、铸造厂5752、锻模厂575、传动轴厂5754、变速器厂5759、水箱厂5760、标准件厂5761、化油器厂5762、仪表厂5763、轴瓦厂5764。

　　1969年3月2日，苏联军队侵入中国黑龙江虎林县（现为虎林市）珍宝岛，中方坚决进行自卫反击，国内开始进行大规模的战争准备，二汽建设也因此更受关注。一机部向国务院报送《关于加速第二汽车厂建设的报告》。1969年8月21日，总参装备部、总后运输部、炮兵司令部和北京军区、武汉军区、二汽革委会以及二汽包建厂等40多个单位的150人在北京召开2.5吨军用越野车定型会议。会议认为，2.5吨军车充分考虑了部队的实战需要，试验表明，该车越野性能好、牵引力大、行驶平稳、机动灵活、爬坡能力强，可以通过泥泞沼泽地、乡村道路，深受部队欢迎。军方希望在改进的基础上尽快装备部队。国内和国际形势都在催促加快二汽建设，争取早日投产。

　　1969年5月15日，"二汽建设总指挥部"在十堰召开会议，会议内容有二：一是对新设备的试制和生产方案进行审查；二是对各专业厂的工艺设计、总平面布置，以及工厂设计的原则进行审查。这次会议认为原五人小组制订的方案是"贪大求洋"，在批判原设计方案的时候，提出"设计革命"。参加审查原设计方案的那些人根本就不具备工厂设计知识，对二汽的建设和各专业厂的生产建设所需要的条件完全不知道，或是知之甚少。"无知者无畏"，他们打着"革命"的旗号，认为原设计"贪大求洋"，不符合"艰苦奋斗、自力更生"的要求，是"修正主义的设计"，要彻底革命，对原设计方案全面推翻，大搞所谓的"设计革命"。

　　经过"设计革命"，二汽原来的设计大幅缩水。如更改原来的厂房设计，大量使用轻钢屋架，又不认真焊接、涂漆，导致几乎所有的厂房车间都漏水，有的屋顶甚至被大风刮掉；有的仓库被砍掉，导致大量设备堆放在露天风吹日晒，其中一些精密设备锈蚀损坏；把生产检验环节的工装设备砍掉，产品不经检测，质量没有保障；将原设计车间混凝土地坪厚度25厘米更改为15厘米，造成地面抗压能力下降，设备安装后地面沉降，进而损坏设备，导致无法生产；随意改变车间立柱、行车承重墙、车间保暖系统、厂区道路规划、电力变压器容量、给排水管径等。如车桥厂，单槽瓦屋面需要更换76%；车间屋架吊装不合格的比例为48%；屋顶檩条搭接长度不够的比例为35%；干打垒墙体100%要更换；7000平方米地坪6000平方米起鼓、下沉、裂纹，严重影响设备安装精度；中后桥设备车间的112台设备只有5台安装合格；由于屋架、柱子、基础均存在问题，所以厂房内的悬链、天车、行轨吊车都不能安装，所有车间和设备安装需要全部返工。再如厂区铁路，二汽厂区铁路全厂39千米，全部路基填土高度不够，夯实不好，路边坡坍塌，线路坡度过陡，铁轨轨面高低不平，路渣粒度大，厚度不够，路基稳定性不好，全线"带病"运行，脱轨、翻车事故不断发生。16个专业厂的地下电缆铺设不符合设计要求；25个专业厂砍掉事故照明灯；地下管线应使用防锈的铸铁管件，却随意换成不防锈的普通钢管；在已施工的 110 个阀门管井中，有 69 个漏水。类似问题举不胜举，但"设计革命"者均视而不见。1971 年 7 月 21 日，二汽建设总指挥部向一机部和湖北省革委会报送"设计革命"的成果：

设计革命前，工艺设备总台数 18 900 台，设计革命后减为 15 718 台，减少了 3 182 台。

设计革命前，厂区工业建筑面积 119.87 万平方米；设计革命后，减为 95.6315 万平方米，减少了 24.238 9 万平方米。

设计革命前，二汽建设总投资为 11.5 亿元；设计革命后，减为 9.7 亿元。

1971 年 11 月，一机部批准了这份"设计革命"成果。

出"政治车"是严重影响二汽建设的另一问题。

1969 年 10 月 22 日，武汉军区政委刘丰打电话给"二汽建设总指挥部"，命令二汽加快出车速度，要求 1970 年"五一"出 100 辆、"十一"出 500 辆，届时到武汉参加庆祝游行，并明确指出，这是"政治任务"，要不打折扣地执行。

生产设备都没到位，怎么生产汽车？在那个年代"理解的要执行，不理解的在执行中加深理解"。在军代表强压下，二汽人只得用手工加工零部件，找代用配件凑合装车，至 1970 年 4 月 15 日，共组装出 10 部汽车。但如此进度让刘丰非常不满，连续四次打电话施压，并于 7 月 2 日亲自来到二汽，要二汽落实出"政治车"的任务，并为此举办"学习班"，反对"右倾保守"，狠抓"阶级斗争"。湖北省军区一位领导声色俱厉地说："出不出车是对战争、对祖国、对毛主席的态度问题，条件不具备要因陋就简，为出车，死了也光荣。要团结对敌，加速'斗批改'，反对'条件论'。"高压之下，谁还敢反驳，二汽人只好在芦席棚内用手工敲敲打打单件和加工零部件，到 1970 年 9 月，拼拼凑凑地造出了 21 辆"政治车"。

1970 年 10 月 1 日，这些手工生产出来的车要送到武汉参加建国 20 周年纪念游行。因为是手工生产拼凑起来的车，对质量谁也不放心，要是检阅时车在现场出了毛病，那可真是谁也担待不起的"政治问题"。以防万一，二汽人想出绝招，在每辆检阅车上挂上用彩绸裹住的绳子，由 8 名工人手拿着绳子载歌载舞，一旦车子抛锚，拿着绳子跳舞的人就立即用人力将车拉着走。同时派出几十名工人，带上修理工具，躲在主席台后面，随时准备紧急抢修。国庆节游行热热闹闹地持续了几个小时，那些工人紧张地在主席台后蹲了几个小时。直到这批"政治车"通过了主席台，大家的心才放下来。工人们对自己的产品如此不放心，可以想见产品的质量，这样的产品有谁会要呢？

饶斌、陈祖涛等专家型的领导被关押，导致二汽的现场建设一塌糊涂。五人领导小组仅剩齐抗被"结合"进二汽革委会，但也被剥夺了实权。齐抗长时间担任南汽主要领导，他最清楚懂行的领导对二汽建设的重要性。为了保证二汽建设，他和二汽革委会主任、郧阳军分区司令员刘景休合计，希望能以二汽革委会的名义，将关押在一汽的饶斌要回来指导二汽建设。他的想法得到刘景休的支持，二汽革委会要求一汽放饶斌回二汽，其理由是"饶斌也是二汽的走资派，二汽干部职工坚决要求将饶斌带回二汽批判"。二汽革委会的要求遭到一汽"饶斌专案组"的拒绝，在多次交涉无果的情况下，二汽军管会出面与一汽军代表联系，最终一汽革委会同意放人。1968 年 12 月，饶斌获准离开一汽回到十堰，随即由湖北省革委会安排到武汉参加"毛泽东思想学习班"。这个"学习班"里多半是各地、各单位被打倒的、但没有明确问题即将复出的"走资派"，到这个"学习班"即相当于被保护了起来。在"学习班"里学习半年后，1969年 6 月，饶斌被宣布"解放"返回二汽。在"文革"的特殊年代里，各单位被打倒的走资派仍属于"另类"，他们人虽然"解放"了，但仍生活在阴影中。饶斌回到二汽后，二汽军管会的主要负责人并未给他安排职务，他起初只是在二汽建设总指挥部当一名无职无权的"参谋"。到了1970年，鉴于二汽建设进展缓慢，战备形势下，国家对汽车的需求日趋迫切，在中央的过问下，饶斌才被勉强"结合"进二汽建设总指挥部里担任副总指挥，负责生产准备工作。1972年12月，二汽结束军管，饶斌才开始重新担任二汽党委书记，重新全面主持二汽工作。

1971年2月，全国计划会议在北京召开，战备成为会议的主基调。武汉军区再次提出，部队战备急需汽车，今年内，二汽必须生产3000辆军车。二汽建设指挥部总指挥熊心乐和饶斌参加了会议。熊心乐是军人，他知道，汽车生产的事情还得靠饶斌；饶斌也为紧急的国防形势着急，也希望二汽能够满足军方的需求，但汽车生产不能靠拍脑袋、讲形势，在目前的条件下，别说3000辆了，就是1000辆也不可能实现，但现场政治高压让他无法说话。无奈之下，饶斌向一机部、国家计委的领导反映，希望能客观面对二汽的现实情况。在一机部、国家计委相关领导的"通融"下，会上同意将二汽的生产任务调减为1200~2000辆。这下，武汉军区的刘丰不干了，他直接给二汽军代表施压。重压之下的熊心乐只能再找饶斌做工作，饶斌苦口婆心地解释："现在工厂车间的基建都没完成，设备没有安装完，大多数设备尚未调试，强行出车，必然损害基建、设备安装和生产准备，欲速则不达。"熊心乐看自己无法说服饶斌，又找来总指挥部政委苗树森，两人共同找饶斌谈话。他们两位是军人，要服从刘丰的命令，饶斌无可奈何，只好违心地答应想办法力争"五一"出200辆、"十一"出500辆、全年出3000辆。虽然口头答应，但客观现实无法改变，结果到1971年年底，只凑合出了120辆。在这种环境与条件下生产的汽车的质量可想而知。

除了二汽，一汽生产的汽车质量也大幅下滑。中国当时还要支持越南抗击美国，每年无偿援助越南大量军民用物资，其中就包括汽车。因为国内生产环境一塌糊涂，所以中国援助越南的汽车出现了大量的质量问题，有的运到了越南后甚至无法开动，越方表示拒绝接受中方援助的汽车。1972年1月11日，心力交瘁的周总理给国家计委批示：

望计委把长汽（一汽）、二汽、京汽、南汽抓一抓，质量这样下降，如何援外？如何备战？这是路线问题，要在这个月，放在议事日程上来解决。

（第一汽车制造厂史志编纂室，《第一汽车制造厂厂志 1950—1986》，吉林科学技术出版社，1992年）

1月25日，国家计委在北京召开"汽车质量问题座谈会"，把各个汽车厂的负责人召集到一起商讨如何提高产品质量。但"庆父不死，鲁难未已"，"文革"打乱了一切正常的生产管理秩序，搞乱了人们的思想，在这样的大环境下，质量焉能好起来？这又岂是一两个座谈会能解决问题？

陈祖涛是二汽建设中的主要技术负责人，"文革"中，他被一汽造反派揪回一汽批斗，于1973年重返二汽。看到"设计革命"造成的恶果，陈祖涛痛心不已。2004年，笔者采访陈祖涛时谈起此事，他仍旧气愤难平，历数了"二汽建设总指挥部"瞎指挥的劣迹：

瞎指挥的第一件事是"设计革命"。二汽建厂方针和工厂设计方案，是我在工作实践中长期思考，并被实践证明是可行的，也是我们五人小组以及大部分技术干部共同的思考成果和智慧结晶，是严格按照生产和设备所需要的工程环境设计的，都是在科学的前提下，经过周密计算得出的结论。但在反对"贪大求洋""革命理论"的指导下，需要投资20多亿元建设资金的二汽，被压缩成了9个多亿，那些人完全不懂年产10万辆汽车的工厂车间需要什么样的工程条件，脱离实际不讲原则，对我们的设计凭着想象盲目挥刀乱砍，毫不心疼，把很多工艺设备、水、电、路、桥涵、防洪设施、动力、公用设施等都强行砍掉。我特别心疼的是，把我们的后方研发基地全部砍了，大改了我们的厂房设计。

原设计方案中，车间、宿舍都有防寒保暖设备，他们不知道有些精密设备对温度、湿度有严格，甚至是苛刻的要求，只认为是贪图享受，砍掉了防寒保暖设备。结果，冬天车间里室内室外一个温度，机器设备精度降低，液压设备因为油冻住了而无法起动。工人冻得伸不出手，就在车间里烧火取暖，车间里熏得黑一块、白一块，一片狼藉，车辆的装配质量大大下降。

随意降低改变设计标准。车间的水泥地坪按规定要75厘米厚，他们认为浪费，改成20厘米。由于随意降低设计标准，结果全厂一半以上车间地面下沉，有严重质量问题的厂房大约50万平方米，69万平方米的厂房大面积漏雨。已经装好的182根天车立柱竟有133根不符合要求。车间的行吊原设计承重20吨，他们改成5吨，结果许多大件吊不动，直接影响生产。

根据当地的雨量，车间、房屋的排水管设计为300毫米，他们改成100毫米，结果，一下大雨就"水漫金山"，车间里一片汪洋。1973年4月29日，十堰下了一场降水量70毫米的暴雨，结果全厂55个车间进水，生产停顿，设备受损。5月4日，国务院副总理李先念对此做了批示："只下了70毫米雨就弄得不得了，在暴雨季节，那里一天一夜可以下200毫米，甚至还多，应该注意这个情况。否则，我们的工厂连年闹水灾，不大像话。"

为了安全，原设计每个车间都有围墙，但他们说"贫下中农就是最好的围墙"，把围墙砍了，结果导致许多车间里的设备被盗，有的车间还被当地老乡当成了牛圈。

他们以节约的名义，随意降低原设计的供电变压器功率，结果造成车间里动力不足，频繁跳闸。

瞎指挥的第二件事是"干打垒"运动。"干打垒"就是用一定比例的水泥、石灰、泥土混合在木模板中夯打结实做成墙体。在当地农村，这本来是一种传统的建房方法。但他们打着"节约闹革命"的口号，不顾车间的质量要求，强行规定二汽所有的车间不准用砖砌，全部改成"干打垒"。"干打垒"本是农村特定条件下的产物，用来建个简易居住的房屋还勉强凑合，但在大生产的现代工业建筑上采用"干打垒"就成了荒唐的笑话。"干打垒"墙体的强度、耐压度远远不能适应现代工业厂房的技术要求，更何况建设汽车厂是百年大计。但在那个年代，这道命令却堂而皇之地被颁布和执行，而且跟着叫好的人还不在少数。干打垒车间建成后，没隔多久，墙上就出现道道裂纹，新建的车间成为危房。锻造厂的车间里要安装几千吨的冲床和压床，对地面基础和墙体都有特殊的要求，但他们竟然将地面基础减少，将墙体改成"干打垒"，结果造成地面沉降，墙体开裂，机器一开动，车间里尘土飞扬。当时推行"干打垒"都到了无法理喻的地步。十堰有条张湾河，大约有20多米宽，河上要修一座汽车和行人共用的桥，他们提出要修"干打垒"桥，结果可想而知，屡修屡垮，但他们很坚决，屡垮屡修。因为花的钱比水泥桥还要贵得多，以至于后来百姓称其为"金桥"。就是这样不讲科学的蛮干，他们居然还把它当成经验来推广。1970年，国家召开全国基建会议，会上两个人做经验介绍，一个是上海的马天水，一个就是二汽军管小组的组长。他的讲话题目就是《"干打垒"起家，"干打垒"发家》。1970年8月，二汽也召开了"干打垒"经验交流会，会上号召把"干打垒"推向施工生产的各个方面去，提出"枪毙红砖，让干打垒开花、结果"。在他们的强行命令下，全厂所有的建筑全部都得用"干打垒"，当时有个厂用红砖砌了大门，被他们批判为"修正主义"，是"资本家的工厂"，硬是带人冒雨扒倒，改建成干打垒。在极"左"路线的高压下，到1973年，全二汽"干打垒"厂房已经完成了 31.7 万平方米、民用宿舍 10.5 万平方米，共计五六十万平方米。建得越多，后果越严重。

瞎指挥的第三件事就是出"政治车"。到了 1970 年年初，二汽厂房还处在土建施工阶段，大多数设备还没有安装调试，根本不具备出车的条件。当时武汉军区政委刘丰就要求出车，而且规定 1970 年"五一"要生产出 100 辆车、"十一"要出 500 辆车、1971 年要出 3000 辆车。厂房尚未建好，生产设备尚未安装到位，有些设备还在外地调试。没有厂房，没有设备，怎么出车？但他们不管，说："三线建设不好，毛主席睡不着觉，为了让毛主席他老人家睡好觉，我们一定要早出车，这是政治任务，要出政治车。"有的工程技术人员老老实实地说，厂房未建好，设备未到位，目前确实不具备出车的条件。二汽的军代表居然以"这是和无产阶级司令部唱反调，是阶级斗争新动向"的大帽子来打压说实话的人，并且说："就是用牙啃，也要把车啃出来，这是死命令。"这真是秀才遇到兵，有理说不清。为了抓紧时间出车，军代表提出要"打破清规戒律"，边设计、边生产、边建设、边定型；产品设计工作实行"三不要"，即不要工程师，不要六十年代初毕业的大学毕业生参加设计，不要个人签字，理由是不能依靠资产阶级知识分子，设计者签字是为个人树碑立传。产品出来不按规定进行试验，2.5 吨越野车仅试制两轮 8 辆样车，做了少量的试验就轻率地定型，结果在使用中暴露出的问题有几百处之多——漏油、漏水、漏气、发动机马力不够、驾驶室开裂、门窗关不紧、漏水、变速器噪声等，在社会上和用户中产生了极坏的影响。

（陈祖涛口述，欧阳敏撰写，《我的汽车生涯》，人民出版社，2004 年）

类似于这样瞎指挥的例子太多了，当时要在一条河上修一座桥，在讨论修桥方案时，二汽的军管组长问要多久，技术人员说需要做地质考察然后设计，大约需要半年。这位军管组长大为不满："为什么要半年？你们这些知识分子就是拿技术吓人，你们就拿武汉长江大桥两头一砍，不就是一座很好的桥吗？还要你们设计什么？给我一个月造出来。"他不知道建桥要水文、地质资料，每一座桥都得根据当地的实际情况来修，而是蛮干、瞎指挥，让人无所适从。

此时的二汽被"文化革命"和"设计革命"搞得气息奄奄、一派凋零。"干打垒"的厂房布满裂纹，许多设备在破烂的厂房里闲置着，墙上横七竖八地贴着"文化大革命"的标语口号；为完成任务抢着出的"政治车"龇牙咧嘴、灰尘满面，一动不动地趴在墙角路边；工人们一天到晚以政治学习为主，生产管理秩序严重废弛，上班时在生产线旁抽烟、喝茶、聊天、串岗、漏岗属常事，生产出的车"跑、冒、滴、漏"，问题成堆。群众编出顺口溜笑话二汽的车"远看摇头摆尾，近看龇牙咧嘴，停下来漏油漏水"，25Y（2.5 吨军车的简称）成了 25"歪"。凡此种种，举不胜举。"文革"中的二汽就这样在"革命"的旋涡中徘徊。这种"设计革命"实际上是"革"设计的命，是对科学的亵渎，是对生产力的破坏。

必须看到，瞎指挥并不是二汽所独有的，当时全国都弥漫着这样一股风气，它是特定历史时期的产物，有其深刻的思想和历史根源，代表了一部分人的思想观念——轻视知识，轻视从事脑力劳动的知识分子，盲目地崇拜和迷信权力，实际上就是愚昧和落后。在二汽执行"军管"任务的少数领导人，在经济上，不了解地方工作，特别是大工业建设的内在规律，错误指挥，给二汽的工程质量造成严重问题；在政治上，推行极"左"思潮，冤假错案不断发生。

2007 年，笔者采访原二汽党委书记厂长黄正夏，黄正夏讲了一段事情：

原二汽"军管会"的主要负责人孔庆德陪同洪学智将军来二汽视察。我陪他们吃饭。席间，洪学智问我："孔司令在你们二汽工作了一段时间，你们对孔司令有什么评价？"

由于问得突然，我一下子愣住了，稍加思考后，我说："孔司令在二汽有两大贡献，第一，要是没有孔司令和各级军代表，我们的队伍组织不起来。'文革'期间，造反派闹得厉害，眼看基建生产一摊散沙，出现无人能管、无人敢管的局面。这种情况下，二汽军管保证了三线国防工程的施工开展，制止了造反派无法无天的行为，这确实是一大功绩。第二条，大量地解放了干部，特别是老干部，也包括技术专家，这些人是二汽建设的最主要最基础的力量。二汽从混乱走向正轨离不开他们。这两条孔司令功不可没。缺点是孔司令太好骂人，好瞎指挥。"

洪学智听了哈哈大笑，点着孔庆德说："你看看，人家对你评价很高啊。"

孔庆德说："解放干部不假，但是骂人嘛，我死了也改不了。瞎指挥是有，乱来是脾气坏，这改不了。"

1977年10月，我在北京向先念同志汇报工作时，偶然也谈到这件事。先念同志说，孔庆德这个家伙脾气太坏，但解放干部确实是做了件大好事。搞经济建设不能瞎指挥，这一点韩东山司令员做得好，他在江汉油田和康世恩同志配合得就很好，他就不干预康世恩同志的工作。

（黄正夏口述，欧阳敏著，《艰难历程》，新华出版社，2007年）

客观地看，当年参与二汽军管的将军的主观愿望是好的，但由于当时特殊的政治环境赋予了他们极大的权力，再加上不懂科学且没有限制的权力，所以瞎指挥也就难以避免了。在当时的历史条件下，二汽一片混乱，没有军代表的强制性管理，二汽的正常生产秩序根本无法恢复。孔庆德将军及一批军管代表也逐步认识到，建设二汽这么大的现代化工厂，没有以饶斌为代表的那些既有革命精神，又讲科学规律、实事求是、脚踏实地的领导干部和技术人员是不行的。

转折

1972年12月30日，具有浓厚军管意识的"二汽建设总指挥部"被撤销，军代表全部撤出二汽，湖北省委任命饶斌为二汽革委会主任和党委第一书记。经过数年坎坷磨难，饶斌终于重新回到二汽主要领导岗位。

"设计革命""出政治车""干打垒"给二汽造成的损害太大太深，尽管二汽想方设法弥补，但实在是问题成堆，有很多已经伤筋动骨，靠二汽自身已经难以扭转。二汽的问题再次惊动中央，1973年4月13日，李先念指派副总理余秋里召集湖北省革委会副主任赵修、一机部副部长周子健、国家计委副主任袁宝华研究解决二汽的问题。会上，余秋里问："二汽施工质量到底差到什么程度？有多少厂房车间已建设好，但因设计不合理需要返工？有多少机器设备需要重新安装？"

袁宝华说："二汽是我国的重大建设项目，它关系到军队的装备、备战，是有重大意义的三线项目，在一定意义上比钢铁还重要。要好好调查了解，看有哪些厂房、车间、工段、生产线施工有问题，要从设计、施工、安装及厂房布置方面一条一条地摸，该调整的调整，该返工的返工，要一条条生产线、一个个厂房、一个个车间地落实。厂房怎么能搞'干打垒'？投资问题，多两千万、少两千万你们不用管，这是个战略性项目，现在是迫不及待。"

根据会议精神，湖北省委、武汉军区立即召开"二汽建设座谈会"，省委全体常委、武汉军区司令员曾思玉，饶斌及二汽全体党委常委参加。由于问题太多，座谈会从4月26日一直开到5月7日，开了整整两个星期。饶斌在会上详细汇报了二汽存在的严重问题。在中央的高度重视下，5月18日，湖北省委决定加强二汽现场领导力度，成立以饶斌为组长的"现场领导小组"。

李先念副总理看了湖北省委《关于召开二汽建设座谈会的报告》后批示：

秋里、宝华并一机部，二汽是个大厂，是军工、民用急需的工厂，省委已在抓，我们就应当大抓，而且要抓好。

（张矛著，《饶斌传记》，华文出版社，2003年）

李先念认为，二汽存在的许多问题光靠湖北省抓是无法解决的，还需要国家有关单位出面才能解决问题。他指派国家建委副主任谢北一来二汽调查。调查发现，"设计革命"带来的恶果是惊人的：

一、干打垒墙体倾斜开裂

二汽所有的冷加工厂房都是干打垒墙体，刚刚建成不久，还未安装设备，但墙体已经开裂，还有个别墙体倾斜。车轮厂的干打垒墙体的裂缝甚至可以放进一块砖头。总装厂调整车间墙体外斜2厘米，发动机三泵车间墙体外斜5厘米。由于墙体倾斜，发动机试验站不符合生产要求。发动机总装车间的墙体到处是裂缝，根本不能进行正常生产。"干打垒"宿舍质量很差，有的无法使用。车轮厂、动力厂、钢板弹簧厂的"干打垒"宿舍有倒塌的危险。

二、屋面瓦质量差，漏雨渗水严重

总装厂主厂房有30 000多块瓦，43%漏雨，漏水导致配电箱停电，生产停顿。发动机厂的热处理车间共有18 000块瓦，只有16片不渗水。雨水进入车间导致机床生锈，机油失效。最近一次大雨，发动机液压机仓里100多吨机油因进水而全部报废。瓦面易损坏，总装厂建好不到2年，厂房瓦面已经更换过两次，更新50%以上。

三、盲目推广轻钢屋架后果严重

因"二汽建厂总指挥部"某些领导强行推广，20个专业厂、70多个车间和仓库共采用25万平方米的轻钢屋架，总装厂、总装车间、发动机厂曲轴、连杆、分动箱、变速器等需要承重的车间也全部安装了这种轻钢屋架，结果车间悬链安装上去还未负载，屋架就已下降2厘米，已达到弹性变形极限。有个车间仅吊挂一台发动机，屋架就变形了。总装车间无法安装悬链系统。全二汽几乎所有的轻钢屋架全部都存在安装质量问题。经检验后，工程局一位领导说："二汽的轻钢屋架，按国家的规范要求，一项也交验不上。"

四、地坪开裂沉陷

经检查，62个车间，40个的地坪下沉。车轮厂备料车间是放钢材的，地坪每平方米应承受10吨压力，按规定水泥地坪厚度应为25厘米，但经检测，地坪最厚处仅9厘米，最薄处仅5厘米，根本无法使用。车身长毛坯车间打包坑严重渗水，里面竟然还有青蛙。由于水泥地坪下陷，在地盘零件厂已安装的180多台设备中，有78台变形了。

五、厂区排洪问题大

因为大量改变防洪排水设计，车间又多摆放在沟谷内，所以极易遭受洪水袭击。今年（1973年）5月，一次仅为74毫米的降雨，就造成54个车间进水。发动机厂估计，如果下100毫米的雨，仅厂区排洪量就有4万立方米。全厂的排洪缺乏总体设计，花果水厂的排洪沟竟然直对热处理车间。

（张矛著，《饶斌传记》，华文出版社，2003年）

问题的严重性触目惊心，时任国务院副总理李先念决定亲自出面和有关部委领导一起听取二汽的汇报。

　　1973年7月19日下午2点，国务院会议室。国务院副总理李先念、国家计委副主任袁宝华、国家建委副主任朴斋和施工局局长李京昭、外贸部副部长柴树藩、一机部部长李水清、副部长周子健、徐斌州、汽车局长阎济民、邮电部副部长钟夫翔、四机部副部长齐一丁、国务院值班室主任王书明，以及湖北省有关领导齐聚一堂，听取饶斌的汇报。其间，李先念副总理不断插话发问，摘要如下：

　　饶斌汇报到二汽有25个专业厂、195个车间。李先念插话："这么大的厂，是个汽车城啊，厂内怎么联系啊？"

　　李水清："电话还打不通呢，电话是新产品，不好用，要退，人家不干；要用，用不成。"

　　李先念："是钟夫翔那里搞的吧，请钟夫翔和四机部部长来。"

　　邮电部长副部长钟夫翔和四机部副部长齐一丁进来。

　　李先念："二汽的电话不好用，打张三通到李四那里去了，这怎么行呢？"

　　钟夫翔："电话是编码式的，是新产品，还没过关。"

　　李先念："没过关，为什么给人家用？"

　　钟夫翔："他们拿的是实验品，很多产品没过关。"

　　李先念："试验可以，但别害人呀，你们两家（邮电部、四机部）给解决。"

　　钟夫翔："改纵横式的，明后两年可以解决，1974年换1000门，1975年换1000门。"

　　饶斌汇报到因"设计革命"造成厂房车间渗漏时，李先念问："怎么办呢？基础怎么样？"

　　李水清说，首先要解决冬季保温问题。袁宝华说，夏季总装厂内比外面温度还要高。

　　李先念："什么道理？"

　　袁宝华说："厂房太低，'设计革命'中，把天窗也去掉了。"

　　李先念："什么人的主张？为什么要这样？"

　　饶斌说："有人强调，降低厂房高度可以节约。"

　　李先念："不建这个厂不是更'节约'吗？"

　　当饶斌汇报到"干打垒"问题时，李先念说："不行就打掉它嘛。"

　　袁宝华说，秋里同志讲，大庆搞"干打垒只是民用建筑，他们的工业建筑是用钢筋混凝土的，搞得结结实实。"

　　饶斌汇报到厂区防洪问题，李先念说："下70毫米就淹了，你们那里是暴雨中心，一昼夜下300毫米也正常，有时一次暴雨下1000毫米。"

　　饶斌汇报厂区有十几个水库要加固，李先念说："哪一年才能加固？老天爷不等你怎么办？""二汽下70毫米雨就把机器淹了，在那里，这等于老天爷撒泡尿，下1000毫米不就把厂房泡了吗？"

　　饶斌汇报到产品质量时，周子健说，产品试验不够。李先念问："有没有试验机构？"得知试验机构在"设计革命"中被砍掉了，袁宝华说，试验工作必须加强，没有这一条不行。

　　李先念说："这么大个厂，应该有科研机构。"

　　当汇报到二汽生活困难时，李先念说："职工没有菜吃，要打负责人的屁股。"

　　汇报到存在的主要问题时，李先念说："我看主要是质量问题，百年大计，现在出车推迟一年都不行，个别厂房要推倒重来。"

　　饶斌、袁宝华、周子健、朴斋都说，二汽搞成今天这个样子，自己有责任，当时没能顶住"压力"。

李先念："要向前看，要总结经验教训……中央、全国人民、全世界人民对二汽寄予莫大希望。越南同志要汽车，我对他们说，二汽投产了就好了。去年我对他们吹牛，说二汽明年可以投产，现在我向他们讲，二汽今年投产不行了……我担心的是基础，我在湖北工作过，对大巴山地区的暴雨是了解的，那个地方下雨不是一点点下，真是倾盆大雨。水库不行的赶快加固，加到确实可靠后再蓄水，多花几个钱可以，不然要吃大亏。该节约的节约，不该节约的硬要节约就是浪费，就要走向事物的反面，就要淹机器，这不是惩罚吗？"

当李先念得知二汽原来设计要花9亿元，"设计革命"节约了一点，现在反而要花13.2亿元后说："现在走了弯路，厂房是要百年大计的，13亿元能办下来就是件便宜事，再不要走弯路了，不然就比猪还蠢。毛主席讲：人蠢起来比猪还蠢，碰了一次钉子还要碰……同意你们提的建成投产时间，实在不行也不勉强，尽你们几万人最大的努力去干，不要追究哪个的责任了。"

（张矛著，《饶斌传记》，华文出版社，2003年）

为贯彻李先念的指示，7月28日，国家计委、建委、一机部召集湖北省以及与二汽建设相关的部门和单位共60余人在北京开会，余秋里、谢北一、都在会上讲了话。余秋里强调说："二汽建设现场要实行一元化领导，饶斌在那里负责，设计单位、施工单位、使用单位，统统由他负责、接受他的领导，要定这个原则。在二汽那个地方，统统归现场党委一元化领导，班长就是第一书记饶斌，统统听饶斌的。"

8月3日上午，余秋里再次在国家计委召集袁宝华、谢北一、李水清、周子健、赵修、饶斌、白洛、陈祖涛研究二汽现场领导问题。当天下午，李先念再次接见参加会议的全体代表，听完汇报后，李先念讲话：

这次会议是逐步扩大的，开始是想找饶斌同志谈一谈，因为听说有问题，现场单位很多，有一个一元化领导问题，因此会就开大了。二汽建设，三支两军人员是起了作用的，当时如果没有军队，要闹好久啊。他们心是好的，但受到瞎指挥影响，效果不一定那么好。劲可鼓不可泄。二汽实际上是军工厂，部队的情况，你们也能想象到，炮一年出好多，一门炮几吨重，现在是一车几炮，一车一炮做不到……什么时候投产要根据你们的实际情况，尽最大努力去争取，什么时候能行，就什么时候投产。该中央各部干的事，都要想办法完成。

（张矛著，《饶斌传记》，华文出版社，2003年）

这次在北京召开的会议，前后接近一个月，负责经济工作的李先念两次听汇报，国家计委、建委、一机部，以及相关部委的主要领导同志也直接参与解决问题，说明了党和国家对二汽建设的高度关注，也说明二汽在国防建设和国民经济建设中的重要地位。这次会议明确了饶斌为二汽建设现场的主要负责人，解决了"设计革命""干打垒""出政治车"等"极左"行为带来的严重问题，也解决了建设所需的资金、物资问题，再次体现了二汽"领导重视""举国之力"的特点，这是二汽建厂历史上一次极为重要的、带有转折性质的会议，为二汽的健康发展开创了道路。

就在中央召开二汽建设座谈会同时，根据中央领导的要求，1973年3月，二汽自身也开始了对二汽设计规划的重新审定和扩大设计。

"从头越"

"文革"中的二汽被搞得一团糟，饶斌主持工作后，立即重新按照工厂的生产管理体系组建了二汽生产指挥管理系统。新的厂党委做的第一件事，就是解决"设计革命"造成的破坏，进行"扩大初步设计"，简称"扩初设计"。

陈祖涛是二汽"五人领导小组"中最年轻且在苏联受过高等教育的专家型人才。"文革"中，陈祖涛被揪回一汽批斗，以后又被下放到吉林桦甸农村。但一汽"造反派"并未把陈祖涛放逐到农村的事告知二汽，而二汽也处在"文革"的旋涡中，所以无人关注陈祖涛的命运。国内政治乱局如同演戏一样，台面上的人物乱哄哄地你方唱罢我登场，时间一长，一个二汽建厂的主要技术负责人就这样不知去向了。

在生产准备的关键时刻，技术工作必不可少。饶斌重新回到领导岗位后，立即想方设法与各方联系，寻找陈祖涛。但几番风雨后，一汽"陈祖涛专案组"的一些人也早已作鸟兽散，大兴安岭深山里的陈祖涛也与外面的世界断了联系，谁也说不清陈祖涛到哪里去了。饶斌急了，这么大一个汽车专家怎么就人间蒸发了呢？"文革"中，多少惨痛的经历使他警觉起来。饶斌向湖北省委和一机部党组汇报，请求湖北省和一机部动用行政手段去找一汽要人。陈祖涛到哪里去了呢？2004年，笔者采访陈祖涛时，陈祖涛讲了这段近乎传奇的过程：

"文革"中，我被"造反派"抓回一汽关押，经过炼狱般的非人折磨后又被下放到吉林省桦甸深山沟里。那时我头发蓬乱、又黑又瘦，身穿一领破旧的黑棉袄，腰上扎一根草绳，满手满脚都是泥，身边跟着一条狗，带着老岳母、妻子和孩子在黑土地上和农民兄弟相濡以沫。经历过"文化大革命"这一劫难后，我思想极度痛苦，怎么也想不通，经常彻夜难眠。回想我被从二汽揪回一汽，又被赶到农村的那段日子，历经磨难，九死一生，没想到在农村却获得解脱，在最不自由中获得了充分的自由，精神在"精神囚笼"中得到了延伸和舒展，在暗无天日中享受到了"阳光灿烂的日子"。"文化大革命"使我认识了太多的不义、背叛和邪恶，让我感受了太多的痛苦，目睹了太多的死亡。我常常想，为什么他们要这样整我？为什么他们要整那么多无辜的人？为什么我们的国家和我们的社会就听任这些人胡作非为？为什么我们这个有几千年文明的古国，竟会让那么多的人一下子丧失理性，变得如此疯狂？桦甸农村山清水秀，我在这里休养生息，充分享受大自然的抚慰和醇厚民风的熏陶，我喜欢这里的山山水水和淳朴的农民，不愿意再回到汽车厂去见到那些有着蛇蝎心肠的人。就在我自得其乐的时候，汽车又来敲我的门了。我被赶到桦甸农村的事，汽车工业界的人都不知道，但我却自己暴露了行踪。有一次，我带着村里的大车去吉林市标准件厂（一汽的产品扩散厂）拉废料时，被厂里的一个叫蒋椿录的干部认了出来。他和我打招呼，问我现在哪里，我完全没有在意，告诉了他我现在的地方，谁知道他回去就告诉了厂长牛振海。两天之后，牛振海竟开着"胜利"牌轿车来八道河子村看我来了。八道河子村的村民除了看到过我造的土汽车外，从来没有见过小轿车来过，这一下子，全村轰动了。牛振海来到我破旧的土房子前握着我的手说："我是专门来看你的，这些年你受苦了。想当年你和赵老师在莫斯科时是那样洋气，现在在这么艰苦的环境里你是怎么过来的？"

我告诉他，我在这里过得非常愉快，我喜欢这里。牛振海向我介绍了一汽现在的一些情况，并告诉我："有人到厂里来找你，到处打听你，但大家都不知道你在哪里，要不是你去厂里拉废铁，谁会想到你这个汽车专家在深山里猫着。"

他让我多保重身体，有什么事只管找他。临走时，我专门交代，千万不要告诉别人我在这里。他走后，我敏感地意识到，我在这里可能待不长了。此时是1972年11月份。果然如我所料，没有半个月，二汽就派人找来了。我记得来的是个中年人，他说代表二汽来请我回去。我原来有思想准备，我告诉他，我在这里很好，我不回去。他见劝不动便走了。再过了几天，桦向县里来了人，拿着一机部的调令通知我，组织上调你回二汽，明天就来车接你。我是党员，有组织原则，顶是顶不过了，只好走。我原来就预测过，国家建设还是需要我们这样忠心耿耿的知识分子的，国家不会把我丢在农村不管的。但没有想到的是，这一天来得太快了。

傍晚，我漫步走到村外，站在潺潺的小溪边，聆听着溪水欢快地歌唱。远处，我的孩子和村里的孩子们正在无忧无虑地玩耍，挂在山尖上的夕阳把金色的余晖洒向广袤的山林。放眼望去，整个世界都显得金光灿烂，这里太美了。我突然间觉得，这里和我在莫斯科儿童院周围的树林是那样的相像，它又让我回忆起那些美好的，但后来又给我带来无限痛苦的往事。一想到又要回到那既熟悉又陌生的环境中去，想到"文革"带给我、带给我的亲人、带给社会、带给中国汽车工业的伤痛，一刹那间，我觉得自己不应该回去，我真的不愿意离开这个保护了我、升华了我的美丽的山村，不愿意离开这里淳朴的老乡们。这一夜，我彻夜未眠。第二天，一汽来了两辆大货车，帮我搬家，告别了依依不舍的乡亲们，我从广阔的农村又回到了熟悉的一汽，和一汽的厂长刘守华以及一些"文革"中没被整死的老朋友见了面。还没休息两天，一机部汽车局就通知我赶到北京去参加二汽建设的重要会议。

（陈祖涛口述，欧阳敏撰写，《我的汽车生涯》，人民出版社，2004 年）

1973 年 1 月，二汽"扩大初步设计"（简称"扩初设计"）会议在北京华侨饭店召开，主持会议的李子政看到陈祖涛突然出现在会场上，高兴得跳了起来，一下子冲到陈祖涛跟前，抓住他的手连声问："这些年你到哪里去了？现在你回来了，这下可好了，赶快来抓扩初设计。"

"扩初设计"主要是恢复和扩大二汽的建厂设计，实际上也是完善了当初因为极"左"思潮影响很多该上的而没上的项目。内容主要有"恢复生产和质量保证体系""恢复和加强防洪设计""续建铁路和扩建公路""建设引水工程""加强十堰市城市功能"等内容。这次补充"扩初"设计完成后，国家对二汽的总投资从 9 亿多元人民币增加到 20 多亿元人民币，既补回了"文革"中的损失，也进一步完善了二汽的总体设计。

扩初设计主要做了几件工作：

一、恢复生产和质量保证体系

首先是补充了被砍掉的工装设备和房屋面积，以保证生产与生产之间的衔接；其次是恢复了被砍掉的计量系统。计量系统是现代工业生产的最基本质量保证，汽车之所以能够大量生产，靠的就是计量和标准系统。"设计革命"中，计量系统全部被砍掉了，要生产质量有保证的车，就要立刻恢复和重建一整套完整的、科学的，从总厂的中央计量室到各分厂、各车间，直到各个生产工位的生产计量标准系统。

二、恢复和加强防洪设计

二汽的各个工厂都是建在各条山沟里。十堰有堵河、犟河、茅塔河、马家河、百二河等几条河流，另外还有 38 条支沟分别将雨季的洪水汇入这几条河，而各条山沟上建设有大小不等的共 21 座水库。这些建于 20 世纪五六十年代的水库的建筑质量和防洪能力都很差，分布在二汽厂区的东、南、西、北四面，相当于几个很破旧的大水桶四面堆放在一间房子的上面。十堰的年降水量为 769.9 毫米，雨季主要集中在 4—5 月和 7—9 月。山区里的河流平时都是近乎干涸，但夏季暴雨集中，山区集雨面积大，几百平方千米流域面积的雨水会在极短的时间里汇入河谷，短时间内就会出现河床水位暴涨，水库翻坝甚至垮坝的危险。这种局面一旦出现，建在水库下游的工厂就会陷入灭顶之灾。有人形容二汽面临的水灾威胁为"头上顶着 21 盆水"。在二汽的初步设计中，对于这些水库都有加固、翻修或者重修的计划，但全被"革命"了，现在"扩初"

计划对这些水库全部做了整修加固处理，并为此专门成立了河道建设指挥部。

三、续建铁路拓宽公路

十堰是山区，二汽建设和各厂区之间所需的人流、物流全靠铁路和公路解决。按年产 10 万辆汽车算，二汽铁路年总运输量达 295.4 万吨，需要建专用铁路线 50 多千米、车站 7 座、蒸汽机车 13 台、铁路车辆 100 辆；厂区公路是二汽物流的主要手段，据估测，要保证二汽正常的生产、生活，厂区内最大交通流量为每昼夜 3274 车次。但厂内很多地方不通车或者厂与厂之间公路不通，"扩初设计"为此编制了"厂区公路运输货流图""生活物资货流图""公路运输交通流量图"，根据流量图编制运输车辆 803 辆，分为 6 个车队，并决定成立"运输部"总管铁路和公路及水路运输。十堰原来是一个百人小镇，只有一条低等级的碎石单车道的公路从山中穿过。二汽落户十堰所带来的人流和物流使得交通运输量成千倍地上涨。按照交通流量，"扩初计划"决定建设厂区公路网共 234.5 千米，并逐年改扩建 18~22 米宽的厂区主干道路。

四、黄龙引水工程

20 世纪 70 年代，二汽（包括十堰市区）每天用水共计 19.4 万吨，其中二汽生产用水 7.3 万吨。十堰用水的来源主要是市区内的茅塔河、马家河、岩洞沟、头堰、黄龙滩等水库，共计库容 10.5 亿立方米。除了黄龙水库外，其他水库的库容量都不大，并且受到天气的制约，下暴雨盛不下，不下雨很快就见底，缺水的问题严重影响二汽的建设发展。十堰不是个缺水的地方，在十堰的周围，有汉江和黄龙水库，水源丰富。但要彻底解决二汽的用水问题只有两条路，一是从汉江引水，一是从黄龙水库引水。汉江方案距离远、工程复杂、工程量太大；黄龙水库距离近，施工难度相对要小，工程量也小，缺点是水量不如汉江。两相比较，"扩初设计"决定建设引黄龙水工程。

五、城市建设

二汽几十万建设大军每天要吃、要喝、要保持正常的生活，孩子要上学、病人要看病，这些都需要城市体系来保障。十堰是一个百人山区小镇，根本谈不上城市服务体系。1973 年，为了服务二汽建设，国家决定将十堰升格成为地级市。这样，"扩初设计"里又增加了城市规划设计。为了有利于二汽建设，中央决定十堰市和二汽实行"政企合一"体制。1973 年正处于"文革"中后期，十堰市的城市规划受到了很多极"左"思想的干扰，"扩初设计"编制了十堰市城市总体规划图，主要是十堰至张湾区域的工业建设布置、道路骨架、管线走向等意想图，但这个意向图没有配套的用地分析、城市道路、给水排水、电力电信、园林绿化、环境保护和城市防洪等专业规划，以及城市建设所需投资的概算，也没有报请上级批准，实际上没有起到指导城市建设的作用，这个意向图只能算是一个思路。

1973 年 3 月，《十堰市城市建设总体规划》编制完成，全市以十堰至张湾为中心区，由白浪、茅箭、红卫、花果、黄龙、土门 6 个卫星集镇组成，每个卫星集镇之间相距 5~6 千米，由厂区铁路、城市道路、公共交通、电力电信和市中心连接起来，形成点线结合、分片成团、集中布置的瓜藤式总体格局；城市人口规模为近期 25 万，远期 40 万；规划建设占地 2.2 万亩。

《城市建设总体规划》出来后便正式成立了城市规划领导小组，领导小组由刘庆祥、陈明、刘景修、陈祖涛、杨健和于跃组成，十堰市建委主任张万祥任办公室主任。规划工作主要是陈祖涛和张万祥负责组织实施。由于城市建在山区，生活供应困难，所以规划小组的主要领导特别强调市中心要留有蔬菜基地，要求道路两旁，一边是建筑，一边是菜地。规划人员认为这样做不科学，多次在市中心的规划图上设计居住和商业建筑，但领导们审查时坚持要改过来，设计人员先是改了，以后又改回去，这样反反复复搞了几次，规划图上画了抹，抹了又画。城市规划是一门科学，有它自身的规律，违背规律，规律就会给你以报复和惩罚。十堰市建设好了后，当年领导指定的规划还是被建设者按照实际需要做了更改，胜利的是科学。

在"扩初设计"的同时，还开展了"产品、设备、工程质量"三攻关。

参与二汽建设的共有全国22个省市、33个设计单位、600多家企业提供工装设备。工装设备的研制生产有其规律和流程，在极"左"思潮的影响下，"瞎指挥"盛行，不讲科学，盲目赶进度，导致很多企业给二汽生产的工装设备在产品质量、工程安装质量上存在大量的问题。很多企业给二汽制造的工装设备质量低劣，"带病"安装，试车后浑身都是毛病，根本就不能用，不能用的设备造什么汽车？造出来的车又谈何质量？1973年下半年，二汽党委决定在全厂开展"产品、设备、工程质量"三攻关。

产品攻关由二汽副总、产品处处长王汝湜负责组织，首先是进行严格的产品检验制度，确保整车质量过关。针对全厂生产秩序涣散、没有严格的产品实验和检验制度，陈祖涛提出要尽快建立产品质量实验室。如对发动机进行质量检验的"台架实验室"，原来的设计有20个，"设计革命"砍得剩下一个，在这次产品攻关中又全部恢复，同时恢复的还有全厂所有的产品实验室。从长远考虑，每个分厂也建了一套产品实验机构，从机构、人员、资金等方面保证了产品开发的实验手段和产品质量的检验手段。在此基础上，所有的总成和零部件都要按照产品规范开展严格的试验，确保所有装车的零部件合格，如发动机要求台架满负荷实验300小时，通过了才能交付总装；不光是在车间里检验合格，还要在严格的道路实验中去检验。要求整车在极端最高气温、极端最低气温、大雨、灰尘、坡度、S形路、波浪路、摇摆路等各种气象和道路条件下实验，而且一定要跑满25 000千米。在没有试车场的情况下，二汽只好用最笨的办法，让试车队全国到处跑。

陈祖涛回忆：

解决二汽产品质量问题的关键是实验，实验的关键是试车队，要在较短的时间里取得数据资料，就只有让试车队多跑。为此，我们组织了一个整车道路试车队，工程师李荣辉任队长、朱伯山任技术负责人。这个朱伯山是清华大学64年的毕业生，是二汽的技术尖子，队员则全是有实践经验的工程技术人员和工人师傅。根据试验的内容要求，试车队要在不同气候中、不同的道路上进行试验，他们的数据就是我们将来改进的依据。为了赶时间，无论雨雪风霜，试车队几十个人每天人停车不停，吃住都在车上，高原气候跑到拉萨，湿热带跑到海南岛，寒冷气候跑到内蒙古的海拉尔，高温气候跑到新疆吐鲁番。在吐鲁番，外面气温50多度，要把车门窗关紧，驾驶室内温度达到五六十度；在海拉尔，外面气温零下40多度，却要把车窗全部打开，驾驶室里的气温和外面一样，也是零下40度，每个人把所有能穿的都穿在身上，但还是浑身冻得冰凉。至于喝凉水、啃干粮，睡露天那就是不值一提的家常便饭了。从1973年下半年到1974年上半年，试车队用了1年多的时间，跑完了两轮5万多千米，取得了宝贵的数据。第一轮25 000千米，1973年年底跑完。我们立刻组织技术人员对全部数据逐一进行分析，全车共查出2.5吨车104项关键质量问题。针对问题，修改了全车四分之一的设计，共涉及900多个零部件，然后划分到各专业厂限期改进。改进后的总成装车后马上进行第二轮25 000千米的道路实验。经过这样两轮道路实验，汽车存在的质量问题基本上解决了。但发动机过热的问题始终解决不了。我们是第一次设计整车，技术储备太少，因此以我们自己的技术水平解决不了这个问题。事情反映到了刚刚复出的邓小平同志那里，他对二汽的质量复查问题非常重视，一锤定音："我们自己解决不了，可以向国外有经验的公司咨询，请他们帮忙解决嘛。"

此时"文革"尚未结束，要找国外的公司来给自己的国防三线企业"看病"，这个政治风险可想而知，但这是实事求是的态度，也是可以较快解决问题的办法。既然小平同志发话了，我们就马上和国际上著名的英国"里卡多"公司联系，经过他们改进后的发动机做了两轮实验，很快解决了问题。

通过两年多脱胎换骨的"攻关"，二汽产品的技术问题基本解决了，为全面大规模投产和产品投放市场打下了坚实的基础，此时离全面投产只剩下不到一年的时间了。

（陈祖涛口述，欧阳敏撰写，《我的汽车生涯》，人民出版社，2004 年）

设备攻关。设备攻关由副总工程师刘仁需负责，所谓设备"攻关"实际上是工装设备大返工。在特殊环境下，大批工装设备被迫"带病进山"。通过生产检验，共查出 1800 多台工装设备存在不同程度的质量问题。听说二汽的工装设备问题如此严重，一机部部长周子健极为重视，他多次来到二汽现场考察，一机部召开全国规模的"设备攻关"会议，组织全国的设备供应厂都来对自己生产的设备攻关。但在"文革"大环境下，设备攻关也是困难重重。有一件事情很能说明问题：二汽有一台上海重型机械厂生产的 800 吨压床，这台设备工作一直不正常，这个厂派来的"攻关"小组组长是一个普通的 2 级工人，组员却是我国万吨水压机的副总设计师林宗棠。林宗棠是大名鼎鼎的技术专家，后来任航天工业部部长，但在那个扭曲的年代，他只能当组员。陈祖涛说：

我和林宗棠早在莫斯科就认识，我不管他是不是组长，每次开大会，都请他上主席台，设备攻关技术上的问题也只找他，请他解决。结果引得那个"组长"很不满意，其实找那个组长也是白搭，技术问题他根本就说不上话。

（陈祖涛口述，欧阳敏撰写，《我的汽车生涯》，人民出版社，2004 年）

生产设备攻关一直进行到 20 世纪 80 年代初期，经过攻关，有些设备问题解决了，有些问题根本无法解决，最后只能重新设计，重新生产。

工程质量攻关。1973 年年初，二汽已完成工业建筑面积 78 万平方米、供水管线 45 千米、专用铁路线 35 千米、变电站 5 座，这些工程在设计、施工、材料和安装等方面都存在质量问题，有些问题极为严重，如几乎所有的厂房、车间都采用"干打垒"；不经测试，盲目地在厂房上搞轻型结构；为追求建筑进度，令人匪夷所思地安排"倒程序"施工，要求所有的厂房施工先统一完成框架结构，第二年再统一解决屋面、地面的问题，造成建筑工期与安装工期严重冲突，很多厂房房屋还没建好，就在里面安装了 3000 多台设备，造成绝大多数设备锈蚀、损坏。现在要进行工程质量攻关，意味着要对原来大部分工程推倒重来。

1973 年 7 月，李先念副总理在北京主持召开"二汽质量问题座谈会"。在会上，陈祖涛汇报"干打垒"厂房给二汽建设带来严重问题，车间里根本没法生产，成了直接影响二汽建设的祸害。李先念眉头紧锁问："祖涛，你看该怎么办？"

陈祖涛快人快语："唯一的办法就是推倒重来。"

李先念略微考虑了一下说："有的可以留作仓库，有的可以推倒重建。"

二汽花费了 2 年多的时间，组织 3 万多名施工队伍和 2 万多名二汽职工，耗费上千吨钢材、水泥、数万立方米的木材、几千吨进口瓦楞铁，共耗资 1 亿多元，对不合格的厂房、屋面、屋架、地面、排水沟、围墙、护坡、水库加固等全部进行返修和重建。

饶斌长期担任一汽的厂长，他最懂得，现代化大型企业生产必须有科学的生产组织体系，更需要懂得科学生产体系的组织者和管理者。在北京召开的"二汽工程质量和加速建设问题座谈会"上,饶斌向李先念汇报时提出:"二汽是技术高度集中的企业,应该设立一名专管技术工作的总工程师。"

李先念当即表示赞同:"好啊,谁来当呢?"

饶斌说:"二汽的技术工作一直是陈祖涛负责的,他也是我们二汽五人小组成员之一,我们想让他当总工程师。"

陈祖涛的父亲陈昌浩曾任红四方面军总政委,李先念曾任红四方面军红三十军政委,两人是老战友,在延安时,李先念就认识陈祖涛。李先念说:"好啊,祖涛从小我就认识他,他在苏联就是学汽车的,他可以当总工程师。"

1973年11月,中共湖北省委正式任命陈祖涛为二汽总工程师,这是二汽成立后的第一任总工程师,也是"文革"中我国特大型企业任命的第一名总工程师。

二汽成立了由陈祖涛总负责的"总工程师办公室",由他组织协调全厂的工程技术人员开展工作,并任命了12个副总工程师协助陈祖涛工作:吴庆时协助分管全局;俞云焕分管生产;刘仁需分管设备及设备攻关;王汝湜分管产品及产品攻关;陈善述分管热加工;李龙天和徐政润分管冷加工;支德瑜分管汽车使用材料;夏治涛分管工厂设计;马志诚分管基建、水库、防洪工程;田润生、毛翼分管水、电、动力。在陈祖涛带领下,十几名工程技术人员同心协力,二汽建设面貌开始有所改观。

1973年5月中旬,二汽"扩初设计"报告完成并交一机部审查。5月29日,一机部向国家建委报送《第二汽车制造厂扩大初步设计的报告》:

这次的设计审查,是以1971年批复的"设计革命"成果为基础,结合几年来的建设和生产调试实践进行的……根据以上原则审查结果,二汽总投资额调整为11.9664亿元,工艺设备20 880台,建筑面积210万平方米(工业建筑面积116万平方米,民用建筑面积95万平方米),职工52 400人。

(张矛著,《饶斌传记》,华文出版社,2003年)

在此期间,李先念数次召集国家有关部委与二汽代表一起商讨二汽建设问题,表达了国家对二汽建设的焦虑之心,国家计委、国家建委也多次召集一机部等部门商讨解决二汽建设问题的方案与措施,大环境对二汽建设日趋有利。7月2日,一机部再次向国家建委报送《请审查第二汽车制造厂扩大初步设计的报告》(一机计字900号),报告对1971年11月批复的二汽"设计革命"后9.7亿元方案提出调整,具体意见如下:

二汽生产规模仍按国家原批准的年产汽车10万辆不变。

厂报设计13.22亿元,我们的意见将其中郧阳至十堰公路、水库工程和从国外引进铸造生产线所需投资1682万元,不列入该厂总投资内,按固定资产转给有关部门。未能预见工程费核减513万元,总投资拟调整为13亿元。

工艺设备同意按初步设计意见,调整为20 877台,建筑面积调整为211万平方米。

职工总数调整为52 400人(包括新增加的轴瓦厂职工)。

(张矛著,《饶斌传记》,华文出版社,2003年)

这次文件的批复速度极为迅速,7月12日,国家建委函复一机部,同意一机部对二汽"扩初设计"的意见。至此,经过重新设计的二汽建设方案最后确定,历经磨难的二汽建设开始走上正轨。

饶斌是二汽建设的总负责人，从一汽到二汽，他杰出的领导才能和组织能力到了充分的发挥。尤其是在 1972 年复出后，在短短的两年时间里，为实现二汽建成投产的目标，在那个特殊的年代里，他创造性地组织了"大会战""大检阅"的形式，在短期内，集中力量突击完成了一些大的工程，如"设备攻关调试大会战""工装设计大会战""工程质量返修大会战""非标设备制造大会战""引水工程大会战""公路铁路修建大会战""水库加固工程大会战"等多个会战。通过这些会战，集中解决了二汽生产建设中的重大卡脖子问题。

1974 年 12 月 26 日，二汽各专业厂按统一安排全面开工，二汽总装厂总装线缓缓起动，第一批 55 辆 2.5 吨军用越野车徐徐驶下总装线，这意味着二汽初步实现了 2.5 吨越野车的设计能力。总装线旁，饶斌心绪翻滚，他想起了 18 年前一汽解放牌汽车正式下线的情景。

1975 年 6 月 16 日，二汽党委向一机部、湖北省委、国家计委、国家建委发出了"报捷电"。李先念看到一机部《一机情况反映》增刊 23 期中关于二汽 2.5 吨越野车实现设计生产能力的消息，兴奋地批示：

二汽看来是心齐、气顺、劲足，这个厂的队伍，包括基建队伍是有一股"一不怕苦，二不怕死"的精神的。搞工业，搞基建，就要有这样一种打硬仗的作风。希望二汽不要骄傲，还要谦虚谨慎、继续前进。二汽已经建设多年了，应当逐步建成投产了……既要有严格的科学态度，又要保质保量地加紧建设，人民和军队多么需要这个厂发挥作用啊。十堰还有一个东风轮胎厂，也望抓一下。在汽车方面，如果把军用越野车解决了，又把重型汽车搞上去了，这对国民经济将起到极大作用。

（张矛著，《饶斌传记》，华文出版社，2003 年）

1975 年 7 月 1 日，这一天细雨蒙蒙，十堰市张湾广场人山人海，彩旗飘扬，扩音器里激昂的进行曲响彻云霄，二汽党委在这里召开"庆祝两吨半越野车生产能力建成投产大会"。一机部副部长孙有余、湖北省革委会副主任闫均分别宣读了一机部和湖北省革委会的贺电。这意味着，经过艰苦努力，二汽建设第一阶段 4.5 万辆军用越野车的目标实现。

"自筹资金建二汽"

1977 年 10 月 6 日，中央任命饶斌为机械工业部副部长。没有多久，又任命他为部长。接替饶斌担任二汽党委书记兼厂长的是黄正夏。

早在 1953 年二汽筹备时，黄正夏便担任筹备组副组长。二汽第一次下马后，黄正夏被调往国家科委工作，在那里一干就是十几年。二汽第三次上马后，黄正夏一直关注二汽的进展。2007 年，笔者在武汉采访黄正夏，他详细讲述了回到二汽工作的过程：

1971 年，我从科学院（此时国家科委与中国科学院合并）设在湖南衡东县的"五七"干校解放出来……就是这个时候，我知道了二汽重新上马，并逐步开始全面建设的消息。当时心中就为之一动，我曾经在二汽的筹委会工作过，但最终连汽车厂的大门也没有进就离开了。现在在科学院无事可干，还不如回到二汽去做点实事。就在这时，十堰市的陈明书记为二汽建设的事情到北京来开会。我和陈明过去是老同事，见到他后向他详细地了解了二汽的情况，并希望他捎个信给湖北省委和二汽领导，表示自己非常希望回到二汽。1973 年的秋天，北京城里万木萧瑟，狂风卷起漫天灰尘，天上到处灰蒙蒙的。诡谲多变的政治气候如同越来越糟的天气一样，瞬息万变。我实在不想在这种环境中再待下去，非常怀念在基层工作时那种生动活泼的工作环境。陈明走了后也没有消息，我等不及了。我原来就是先念同志安排到二汽工作的，现在我想回二汽，还得找他。在和爱人认真商量了后，为了避免节外生枝，决定不告诉任何人，直接给先念同志写了份报告。报告送出去后，心里充满了希望。十多天后，科学院通知我，中央组织部找我去谈话，我心头一阵喜悦。去了后被告知，先念同志批准了我的报告，并见到了先念同志的批文："登奎（纪登奎）同志并中央组织部，黄正夏这个同志真怪，人家都希望上来，他偏要下去。此同志一贯工作积极，我意批准他的要求。"

谈话的同志告诉我，中央组织部已经和湖北省委联系安排了我的工作，让我直接回湖北报到。就这样我义无反顾地离开了日渐秋凉的北京，回到了湖北。

（黄正夏口述，欧阳敏著，《艰难历程》，新华出版社，2007年）

回到二汽，黄正夏主要协助饶斌工作，可1977年10月6日，中央正式调饶斌同志任机械部副部长。没有多久，又任命他为部长。任命虽然下了，但饶斌向中央表示，二汽建设还有一些工作没完成，同时还要在十堰着手筹备中国重型汽车厂的建设，也就是三汽。根据饶斌的建议和中央的安排，由黄正夏全面负责二汽的工作。经过一段时间的过渡，1978年1月开始，黄正夏开始全面接手二汽的工作。

从1966年建厂到1977年，二汽建设已经11年，但由于"文革"等原因，截至1977年年底，二汽才基本建成2.5吨军用越野车的能力。二汽的生产纲领规定年产10万辆，其中2.5吨、3.5吨的军用车就占了4.5万辆，这个纲领是根据当时"要准备打仗"的特殊环境与条件才指定的，建设过程中，也是全力以赴，首先解决了部队急需的2.5吨军车。但国际、国内形势风云变幻，到了20世纪70年代末期，原来认为迫在眉睫的战争阴云渐渐远去，国家对军费的投入也有所减少。1978年，部队只订购了1000辆2.5吨越野车，这意味着国家投入大量资金、人力、物力建成的军用越野车生产能力闲置。5吨民用车虽然紧俏，但生产能力尚未建成。二汽是国家投资建设的企业，从1965年开始投资建设，十几年时间，每年投资几千万，累计投资已达十几亿元，现在每年还要继续投资，但仍不见成效，于是被称为"计划亏损"，1978年的"计划亏损"是3200万。产能闲置的代价就是浪费国家大量的钱，一方面军车产能限制，一方面还要国家每年下拨大量资金来建设5吨民用车的能力，二汽也靠此来维持发工资。作为企业，自己不能生产，反而要靠国家养起来，二汽人把这叫作吃"基建饭"，生产上不去，背负沉重包袱的是国家，唯有尽快形成5吨民用车的生产能力，大批量地生产市场急需的民用车，才能实现收支平衡，不再吃"基建饭"。

在计划经济体制下，二汽的生产计划由国家下达，国家计划下达以后，再由国家物资部门分配给相应的钢材、煤炭等生产物资；二汽生产的汽车交给国家物资部门，再由物资部门全国统一分配。1978年，国家给二汽民用车的生产任务只有2000辆，军车没有下指标。每一辆民用5吨车的成本是2.7万元，按照二汽基建所需的费用，减掉生产2000辆车的成本，二汽还要亏损3000万~3500万元，这种亏损叫作"计划亏损"。也就是说，如果1978年国家只补贴二汽政策性亏损3200万元，二汽就算完成计划，连这3200万都不向国家要，那就是扭亏为盈了。二汽党委一班人算了一笔账，通过精打细算，将每辆车成本由2.7万元降到2.3万元，如果增产2000辆车，亏损就可以降到2000万元；如果增产3000辆车，亏损就可以降到1000万元；如果全年生产5000辆，二汽就能够全部扭亏为盈。二汽党委提出：全厂努力，力争1978年实现"扭亏增盈"的目标。黄正夏回忆：

1978年3月25日，湖北省召开"工业学大庆"会议，我和王兆国参加会议。会议开了好几天，因为是亏损大户，所以我们一言不发。省长韩宁夫给我写了一个条子："黄正夏同志，你们一定要发言，哪怕你们只说一句话，保证今年亏损不超过3200万就行。"这是在"将军"，实际上是逼着我们表态。经过和王兆国商量后，我在大会上发言："首先，今年我们保证绝对不超过3200万的亏损计划；第二，我们争取超产2000辆5吨民用车，亏损不超过2000万元；第三，我们还想争取超产3000辆5吨民用车，力争今年全面扭亏为盈。但我所需要的电和生产物资要绝对保证。"会后，管生产的副省长张进先悄悄地对我说："你不会是吹牛吧？"我告诉他，我这是二汽党委的集体表态，说话算话。他不信，要和我打赌："你今年要是真能扭亏为盈，我输一只眼睛给你。"省长韩宁夫也问我："你用什么办法扭亏为盈？我心里无底呀。"听我详细介绍后，韩宁夫说："你超产的3000辆车我全要了，你要的电、省管物资我全部保证，缺了，你找我。"

（黄正夏口述，欧阳敏著，《艰难历程》，新华出版社，2007年）

超产是对二汽潜在实力的认识。二汽是现代化大规模生产，只要设备调整好，原材料充足，就具备超产的条件。2.5吨的军车已经建成设计能力，军车部分总成和多数零部件能与新的5吨车通用，这些都是超产3000辆实现扭亏增盈的保证。另外，要告诉全厂群众，天天向国家伸手要饭吃，大家的生活条件都得不到改善。二汽现在已经具备了甩掉亏损帽子的条件，只要全体职工共同努力，从点滴做起，就能实现目标。二汽党委会上统一思想，提出"保质量、上能力、争超产、扭亏损"的决策。实现扭亏增盈关键是两点：一是提高质量，二是在提高质量基础上发力。

二汽5吨车已经进行了5轮试验，还剩下64项大小不等的问题，相关部门和单位按照倒计时，限时解决。二汽两万多台套生产设备已基本到齐，经过前一段时间的攻关调试，更换了300多台设备、1800多种工艺装备、86套车身驾驶室冲模，还消除了上万项质量隐患。而且2.5吨车和5吨车的很多部件通用，除了个别生产线还要调试外，目前建成的生产能力实际上已经达到了15 000辆。用15 000辆的能力保5000辆的生产绝对没有问题。关键时刻，发动机厂传来消息，发动机试车时冒蓝烟，生产调度会上，所有人都忧心忡忡。总工程师孟少农却不急不慌，他认为，冒蓝烟说明是机油系统的问题，可以解决。

在孟少农的指导下，问题发动机被大卸八块，所有的零件一个一个地对照图样逐点检查，最后发现，发动机进排气顶杆边上一个叫"摇臂"的小零件出了问题。"摇臂"上有一个负责机油供给的小凸包叫驼峰，这个驼峰只有半个绿豆大，经测量，它的尺寸比图样小了半毫米，导致发动机工作时，机油供应过多，于是出现冒蓝烟，俗称"烧机油"。经过现场改进，问题解决。黄正夏回忆：

王任重副总理来视察，我将他带到发动机厂，给他看这个零件。他问："这是什么？"我告诉他："这个小东西是发动机进排气挺杆，顶上那半个绿豆大小的凸包叫驼峰。"王任重问："这么点小东西有什么用？"

我得意地笑了："别看这个东西小，它可有点辩证法呢？就是它差点挡了我们二汽前进的路。"

（黄正夏口述，欧阳敏著，《艰难历程》，新华出版社，2007年）

扭亏增盈的节骨眼上，发动机质量问题成了卡脖子难题。二汽的发动机完全是自己设计的汽油机，投产后就存在马力小、性能差等问题，用在2.5吨的军车上很吃力，更不用说3.5吨的军车了。我国在发动机上的技术储备少，解决起来有难度，可发动机是汽车的核心总成，不解决也不行。二汽任副厂长兼总工程师孟少农主张老老实实地向外国人学，他说英国有一个著名的里卡图发动机设计咨询公司，考虑是否可以找英国人咨询一下。那个时候三中全会还没有召开，找外国公司是要冒风险的。

问题反映到一机部，时任一机部副部长的沈鸿起了关键作用。沈鸿是中国著名机械工程专家，中国科学院院士，中国机械工业的卓越领导人之一。沈鸿没上过大学，1931年冬，在上海做徒工的沈鸿自己制造成功了弹子锁，他的产品不光行销全国，还远销到香港和南洋市场。事业取得成功后，他又关注上了汽车，开始自己动手修理和拆装汽车。他原打算先从汽车零件和维修设备做起，以后再造汽车，但抗日战争的爆发打碎了沈鸿制造汽车的梦想。1937年9月，他带领7名青年工人、10部机床，乘两条小木船，跟随以胡厥文为首的爱国工商界迁移委员会向大后方迁移，人家跑重庆，他却奔延安，在安塞县山沟里的"茶坊兵工厂"担任总工程师。八年抗战期间，沈鸿设计制造了子弹厂、迫击炮厂、枪厂、火药厂和前方游动修械厂急需的成套机器设备，共有成百种型号、数百台套。1942年，毛泽东亲笔为他题写"无限忠诚"四个大字。新中国成立后，沈鸿先后任三机部和一机部的副部长，1980年任国家机械工业委员会副主任，主持或参与了从仪器仪表到发电设备，从农业机械到军工配套的大量工程项目的研究和决策，是我国第一台12 000吨水压机的总设计师，组织编写了中国第一部《机械工程手册》《电机工程手册》《中国大百科全书·机械工程》卷大型工具书，为我国机械工业的发展做出了杰出贡献。

作为一机部副部长，沈鸿对二汽建设非常支持。二汽建设的很多问题，尤其是技术问题，都是他负责处理。二汽要求进口的重型、关键、精密设备，沈鸿一概支持。发动机"心脏病"的问题反映到他那里，沈鸿很赞成："咱们本事不高，就和外国人合作搞嘛。"沈鸿将此事报告了李先念。李先念说："发动机是心脏，心脏不健康，心肌梗死怎么办？自己搞不了，就请外国医生看看嘛。"

经李先念同意，二汽副总工程师王汝湜带队到英国里卡图公司，与里卡图公司合作，将原来95马力的发动机改成了135马力和165马力两型发动机。通过联合改进，让二汽人也看到了中外之间在技术上的差距。发动机出厂前要进行试车，国内标准是连续运转100小时就算过关，里卡图则要求至少运转1000小时，最理想的是2000~3000小时；而且还要增加负载模拟实际运输状况，这样的发动机才算过关。

这次合作，解决了二汽的发动机问题，同时还带来意外收获。黄正夏说：

英方提出，你们的发动机缸体很厚实，还有改造的潜力，可以考虑改造成柴油机，他的建议引起我们的重视，如果能将现成的汽油机缸体改成柴油机，那意味着将在不增加新生产线的条件下，增加新的发动机品种。如能成功，意义太重大了。根据他的建议，在发动机厂进行试验，结果取得成功。里卡图专家检测后认为，这一款由汽油机缸体变成的柴油机设计科学、结构合理，输出功率达到了200马力，是一款中上等水平的柴油机；如果再增加增压、中冷等技术手段，输出马力还可以增加。总厂立即决定，利用现有的生产线，在发动机厂专门建设一座年产5000台发动机的车间，同时生产135、165两种马力汽油机和200马力的柴油机的混流生产线，作为发动机厂汽油机、柴油机系列化改造试验和长远创新发展的阵地。

（黄正夏口述，欧阳敏著，《艰难历程》，新华出版社，2007年）

经过全厂干部职工奋斗，截至1978年12月底，二汽全面完成国家任务，超产3120辆，单车成本 22 113 元。自建厂以来，首次实现不要国家的补贴，而且给国家上交 131 万元，全面实现了扭亏增盈目标。12 月中旬，二汽党委向国务院、湖北省人民政府报告，今年已经完全实现了扭亏增盈。12 月 20 日，国务院扭亏为盈领导小组发来贺电，并传达了康世恩副总理的祝贺。12 月 24 日，湖北省扭亏为盈领导小组发来贺电。12 月 26 日，一机部发来贺电，祝贺二汽在产品质量提高的前提下，实现扭亏为盈。

二汽的扭亏为盈极为及时，1979 年年初，中国云南和广西边境燃起战火，中国政府决定进行自卫还击作战。让二汽人没想到，这次自卫还击作战给了二汽产品证明自身价值的机会。

1978 年 12 月 9 日，二汽接到上级命令：紧急调集 1000 辆 5 吨车，集结待命；12 月 18 日，部队来接车。此前，军方已经采购了 1000 辆 2.5 吨越野车，这意味着，短短几天内，2000 辆军车将要同时南下为国效力。从 18 日到 26 日，短短几天内，2000 辆东风牌汽车全部发送完毕。那些天是二汽人骄傲自豪的日子。在十堰通往山外的公路上，草绿色的军车好似一条不见首尾的长龙，日夜奔流不息；襄渝铁路上，整列整列的火车满载军车，呼啸着飞驶在铁路上。黄正夏回忆：

因为原来二汽出的"政治车"质量极差、口碑很坏，"看起来龇牙咧嘴、跑起来摇头摆尾、停下来漏油漏水"，因此总后勤部本不打算要二汽的 5 吨车。后来还是余秋里副总理说："二汽这些年建设得不错了，就调二汽的车吧。"了解到这些情况后，我的心里也暗自庆幸，幸亏我们决定打翻身仗，否则国家就是要，我们也拿不出合格的产品，我们二汽就会错过为国效力的机会。事实证明，我们的产品质量是过硬的。在枪林弹雨的前线，我们的汽车执行的都是最艰巨的战斗突击和物资抢运任务。环境严酷的战场是对汽车产品最好的考验，尽管我们的车因遭受炮火而伤痕累累，但没有一辆车出质量事故。有一辆 2.5 吨的越野车从山崖上摔下来，滚了几个跟头，掉到山下，驾驶室被摔变了形，但战士们照样开着跑。东风车优越的性能给战士们留下了深刻的印象，被战士们称为"英雄车""功臣车"。总后勤部一位领导原来对二汽车印象很不好，说话也不客气，经过这次战争考验，他彻底改变了对二汽车的印象："对不起，对不起，我还是老眼光。你们的车真好，马力大、跑得快、拉得多。战士们都喜欢你们的车。你们的车在哪里，我们的指挥部准在哪里。"

（黄正夏口述，欧阳敏著，《艰难历程》，新华出版社，2007 年）

1979 年 3 月 1 日，对越自卫反击战东线谅山爆发激战，越军自河内增援精锐的首都防卫军第 308 师向谅山反击，解放军攻入谅山北市区，双方展开血战。为支援前方战斗，前线总指挥许世友下令急调炮兵师至前线进行火力压制。3 月 1 日 9 时 30 分，我军 300 门火炮急袭谅山越军阵地，30 分钟落弹几万发，敌人的阵地淹没在一片火海之中。但紧急时刻，后方的炮弹却运送不上来。谅山一带山高林密，根本就没有道路，为了前方攻击需要，工兵部队紧急开山，在山腰间开了一条"急造"公路。说是公路，其实就是两三米宽，用泥土铺就的路面。那些天几乎天天降雨，拉炮的车一过，道路早已被碾压得不成样子，人走都滑溜溜的，运送弹药的汽车根本没法走。前面炮兵急需弹药，怎么办？炮弹送不上去，许世友在指挥部里雷霆震怒，他下令，想尽一切办法，在规定的时间内给我把炮弹送上去，贻误战机，军法处置。关键时刻，有一位干部说，据高炮营反映，二汽送来的 2.5 吨炮车不错，是不是让这个车来送弹药？指挥部果断决定，将保卫指挥部的高炮营的 18 辆 2.5 吨越野车全部调去拉炮弹。一声令下，18 辆 2.5 吨越野车立即装满炮弹开向谅山前线。在滑溜溜的山间公路上，18 辆满载炮弹的车排成野战队形，稳稳地鱼贯而行，既没打滑，又没停车，顺利地将炮弹按时运送到了前方炮兵阵地，保证了战斗的胜利。于是，这18辆车由拖车"转行"为运输车，谅山一战下来，18名驾驶员全部立功。

随着战线向前推进，部队的弹药物资运输也随之向前，但前方道路条件太差。一次，一百多辆运输车因为道路打滑，全部堵死在公路上动弹不得。驾驶2.5吨越野车的驾驶员们出于对车辆性能的信任，竟然开车驶离公路，在没有路的地方行走，通过了受阻路段。还有一次，某部队炮兵阵地设在一片稻田旁，炮车必须要经过稻田才能到达阵地。拉炮车的驾驶员告诉指挥员，我们这个车进不了泥地，炮兵指挥员急了，让战士们用人力拖炮，几吨重的炮在泥地里，几十名战士奈何不得，最后还是二汽的2.5吨越野车开进稻田牵引，前后桥上的六个轮子一起用力，硬是通过泥泞的稻田将火炮顺利拉到既设阵地。以后，前方指挥员都要在自己手上留几辆这种车作为执行紧急任务的机动力量。

严峻的战场环境给二汽的产品做了最好的鉴定，二汽东风车的口碑从此树立，二汽人的自信心也从此树立了起来。

扭亏增盈将二汽引上了发展的快车道：1978年生产了5120辆，1979年猛增至14 541辆，上缴利润5734万元；作为盈利企业，还成了1979年全国第一批100家"赢利分成"企业改革试点，得到了22.66%的留利分成，当年企业留利1596万元。1980年生产31 500辆，上缴利润11 527万元，企业留利4620万元。正在二汽向着更高目标努力的时候，一场风暴不期而至。

1978年12月18日—22日，党的十一届三中全会召开，全会果断地停止"以阶级斗争为纲"，做出把工作重心转移到社会主义现代化建设上来和实行改革开放的决定。

经历了"文革"十年动乱后，现在突然出现一个"放手大干"的社会环境，从中央到地方决策层普遍存在一种要把被耽误的时间抢回来的急切心情，忽视了国民经济长期存在的严重结构性矛盾，以及长期存在的能源短缺、基础设施落后等深层次问题。国家计委1977年编制的"国民经济发展十年规划"提出，到1985年，全国钢产量要达到6000万吨、出产粮食4000亿公斤的高指标；还要建设120个大型项目，其中包括十大钢铁基地、九大有色金属基地、八大煤炭基地、十大油气田、30个大电站、6条铁路新干线、5个港口等不切实际的高指标。由于"十年规划"中的这些大项目都是建立在贷款、引进的基础上，因此又被称为"洋跃进"。这个豪华的"十年规划"在1977年中共十一大上提出，并在1978年2月五届全国人大一次会议上通过。

针对党内普遍要求快速发展的情绪，陈云头脑冷静。1978年12月10日，中央召开工作会议，陈云在东北组发言时指出："实现'四个现代化'是我国史无前例的一次革命，必须既积极又稳重。我们同日、德、英、法不同，我们的工业基础不如他们，技术力量不如他们。"陈云主张："引进项目要循序渐进，不要一拥而上。一拥而上，看起来好像快，实际上欲速则不达。基本建设都不能有材料缺口，各方面都要上，样样有缺口实际上是挤了农业、轻工业和城市建设……材料如有缺口，不论是中央项目还是地方项目，都不能安排。"

1979年3月14日，李先念与陈云联名给中央写信，对财经工作提出了6条指导性的意见：

一、前进的步子要稳，不要再折腾，必须避免反复和出现大的"马鞍形"。

二、从长期来看，国民经济能做到按比例发展就是最快的速度。

三、现在的国民经济是没有综合平衡的，比例失调的情况相当严重。

四、要有两三年的调整时期，才能把各方面比例失调的情况大体上调整过来。

五、钢的指标必须可靠。钢的发展方向，不仅要重数量，而且更要重质量。要着重调整我国所需要的各种钢材之间的比例关系。钢的发展速度要照顾到各行各业发展的比例关系。由于钢的基建周期长，因此不仅要制订 5 至 7 年的计划，而且要制订直到 2000 年的计划。

六、借外债必须充分考虑还本付息的支付能力，考虑国内投资能力，做到基本上循序进行。

（肖冬连，《大转折纪事之一》，载于《党史博览》，2004 年第 10 期）

陈云和李先念的建议引起了中央的高度重视。1979 年 3 月 21 日至 23 日，中央政治局召开会议，讨论国民经济调整问题和 1979 年国民经济计划。针对国民经济现状，会前，邓小平指出："我们要从总方针上来一个调整……今年计划有些指标要压缩一下，不然不踏实、不可靠。"

陈云在会议的第一天发言，着重批评国民经济比例失调，并阐述了要进行调整的理由。陈云指出，

为什么比例失调？是"洋跃进"，要靠外国的贷款来发展我们的经济。搞现代化要从中国的基本国情出发。我们搞四个现代化，建设社会主义强国，是在什么情况下进行的？……讲实事求是，先要把国情这个"实事"搞清楚。这个问题不搞清楚，什么事情也搞不好……一方面我们还很穷，另一方面要在本世纪末实现四个现代化。这是个矛盾。人口多，要提高生活水平不容易；搞现代化用人少，就业难。我们只能在这种矛盾中搞四化。这个现实情况是制定建设蓝图的出发点……要有两三年的调整时间，最好是 3 年。现在国民经济比例失调，比 1961 年、1962 年严重得多。基本建设项目大的 1700 多个、小的几万个，赶快下决心，搞不了的，丢掉一批就是了。搞起来，没有燃料、动力，还是白搞。地方工业、社办工业如果同大工业争原料、争电力，也要停下来。调整的目的是要达到按比例地前进……外资还要不要？外国技术还要不要？一定要，而且要充分利用，把时限延长一点就是了。

（肖冬连，《大转折纪事之一》，载于《党史博览》，2004 年第 10 期）

3 月 23 日，中央政治局会议最后一天，邓小平讲话支持陈云的意见。他提出："中心任务是 3 年调整，这是个大方针、大政策。经过调整，国民经济会更快地形成新的生产能力。这次调整，首先要有决心，东照顾、西照顾不行，决心很大才干得成。其次要看到困难，把道理讲清楚，把工作做充分。"

中央政治局会议原则同意了国家计委修改和调整 1979 年国民经济计划的意见，决定用 3 年时间调整我国的国民经济。会后，中央决定，在国务院下设财政经济委员会，作为研究制定财经工作方针政策和决定财经工作中的大事的决策机关。财经委由陈云、李先念、姚依林、余秋里、王震、谷牧、薄一波、王任重、陈国栋、康世恩、张劲夫、金明等 12 人组成；以陈云为主任，李先念为副主任，姚依林为秘书长。

1979 年 4 月 5 日—28 日，中央召开工作会议，李先念在会上提出国民经济发展中存在的四个问题：一是基本建设规模搞大了；二是引进工作搞急了；三是工业生产追求产值、产量，忽视提高质量、增加品种、降低成本；四是 1979 年编制的计划在基建规模、生产指标、财政收支、利用外资等方面都安排大了。

针对国民经济比例严重失调的情况，会议决定，从 1979 年起用 3 年时间对国民经济实行"调整、改革、整顿、提高"。

国民经济调整虽然主要是针对"洋跃进"，但也涉及许多耗费国家大量资金又没能建成投产的企业，这立即影响到了尚未完全建成的二汽。黄正夏回忆：

1979 年上半年，我们就听说，为了克服严重的财政困难，国家将缩短基建战线，准备对正在建设的大型企业逐个审查，严格控制投资。投资额过大，短期建成无望的企业将面临下马

的境地。二汽是国家投资建设的特大型企业，虽然这两年我们已经走出了亏损的阴影，开始小规模盈利，但我们的基建任务还没有完成，还有很多重大关键项目需要国家继续投资才能完成。按照国务院批准的 10 万辆能力的设计纲领，共需要 25 亿元的投资，到 1987 年建成。截至 1979 年年底，国家已先后投入了 16.7 亿元，尚缺 8 亿多元。如果此时停下来，我们就成了典型的半截子工程。在国家的大政策面前，二汽怎么办？为了减少国家的巨额投资，继续建设二汽，我们于 1979 年 7 月 16 日向国家提交了"以厂建厂、自滚雪球"的报告。报告提出：二汽建设尚需大量资金，考虑到国家现状，我们请求批准二汽建设所需资金由企业用自己的利润慢慢地滚雪球积累，到 1987 年企业全面建成后，再向国家上缴利润。但这个意见不被接受，尤其是财政部。财政部一位领导说："为建设二汽，国家投入了十几个亿的资金，现在你们开始盈利就不想交利润了？没门！赚 1 分钱也得上交。此事没商量。"

1979 年 12 月 1 日，我们提交了第二份报告。这一次，在提法上有了一些变化，叫作"利润分成加贷款"。大致内容是：国家对二汽的利润对半分成，允许企业用留下的利润继续建设，不足部分由国家拨款改为二汽向银行贷款，自己还本付息。这个报告在国家计委、财政部都受到重视，财政部副部长吕培俭说"这个提法可以考虑，但先得送先念副总理审批。"

听说要将报告送给先念同志，我觉得有希望了。先念同志多年来对二汽的建设发展高度关心，1978 年来二汽视察时还专门交代我们要建设好二汽，他肯定不会眼看着二汽被停下来的。为了请先念同志快点审批，我给先念同志写了封信，意思说，中央对二汽的关心使我们很受鼓舞，我们提出"利润分成加贷款"的方案，希望中央不要调整二汽，批准我们继续建设。没有想到，被兜头浇了一瓢凉水。信是通过财政部交的，没几天，财政部转给我一张先念同志亲笔写的便条："黄正夏，你鼓舞个屁，目前国家财政这么困难，决不允许你们乱开口子。"

看到信，我感到情况严重，个人受批评没有什么，但先念同志的话说明国家财政紧张的程度。另外，我觉得我给先念同志的信写得过于匆忙，没有把话说清楚，以至于造成现在进退维谷的境地。下一步该怎么办呢？

（黄正夏口述，欧阳敏著，《艰难历程》，新华出版社，2007 年）

1980 年的元月格外寒冷，中央电视台的天气预报接连报道大风降温消息。元旦那天，凛冽的西北风夹着细小的雨珠袭击了鄂西北，寒风夹着细雨一下子将气温降到了零度以下。以后连续几天，十堰都一直笼罩在阴沉沉的雨雾之中。糟糕的天气使人的心情更加恶劣，黄正夏在办公室里坐卧不安。元月 3 日，黄正夏得到确切消息，国家计委、国家经委、国家建委联名发出"停缓建"企业名录，其中就包括二汽。黄正夏说："听到这个消息，犹如听到家里失火了一样，顿时心急如焚。"这其中自有其道理。

二汽在闯过扭亏增盈关后，形势日渐好转，1979 年，产量已达 1.5 万辆，利润上缴几千万。二汽的几万职工奋斗 11 年才取得今天的成绩，现在正在向下一个目标努力，却突然要"停缓建"。这就犹如正在做饭，饭已经快熟了，却突然将火撤了，结果就是一锅夹生饭。如果让正在蓬勃发展的二汽停下来，二汽 3 万多职工、2 万多台设备的出路在哪里？这个包袱最终还要国家来背，国家的损失太大了。

怎么办？二汽党委把所有专业厂的党委成员全部集中起来共商大计，经过多日的反复讨论、算账、争论，几乎所有人都认为：二汽是国家的宝贝，是中国最大的汽车厂，二汽有今天，是全厂几万干部职工艰苦奋斗十年的成果，是党和国家关怀，全国各兄弟企业帮助支持的结果，二汽不光是二汽人的二汽，二汽是全国人民的二汽，二汽人不能坐以待毙，今天的困难我们一定要克服。国家有困难，我们理解，"文革"中那样大的困难我们都挺过来了，今天的困难是暂时的。党委会上，黄正夏拿出自己多日思考的意见：依靠自己的力量自筹资金解决二汽眼前的困难，以实际行动帮助国家解决困难。他的意见一出，立即引起激烈争论。黄正夏回忆：

我将"自筹续建"的想法征求总会计师邹显信的意见，我让他算算大账，看看有无可能性。邹显信对我的想法非常称道，并报告了主管财会的副厂长，不料这位副厂长却申斥他："黄正夏不懂国家财政制度，你也不懂？这叫胡搞，国家肯定不会批准。"

邹显信很为难地问我："怎么办？"

我没多说，遵守国家的财政制度不是错事，但作为一名负责干部，在困难面前，要能够动脑筋想办法，制度是人定的，只要有合理成分，也不是不可以修订的。问题在你是不是去想办法寻找这种合理的成分。我问邹显信："他不同意我的想法，他有没有什么好的意见？"

邹显信摇摇头："没有。"

既然如此，我决定，到北京去做工作，争取上级的支持。

（黄正夏口述，欧阳敏著，《艰难历程》，新华出版社，2007 年）

黄正夏提出"自筹资金续建二汽"的想法并非一时冲动和蛮干，而是经过认真的思考和测算的。

国家是因为财政困难，无法投入过多的资金才将二汽列入"停缓建"项目。要避免列入"停缓建"项目，只有保证每年按时向国家上缴利润，同时不向国家要资金投入，这样国家才可能考虑不将二汽列入"停缓建"名单，这是问题的关键所在。没有了国家的资金投入，二汽能否靠自筹资金建设？经分析，是完全有可能的。

第一，二汽建设纲领是 1985 年建成 10 万辆能力。从现在起到 1985 年还有 6 年。目前，二汽已经实现赢利。按照国家政策，1980 年可留利 3000 万元，以后每年可以递增 20%，其中 60% 用于技术改造、职工奖金和集体福利，40% 用于续建，我们先过几年紧日子，把这笔资金捆绑起来使用，6 年可以集中 4000 万元。

第二，二汽是新厂、新设备，可以将 2% 的固定资产维修费的一半用于续建，6 年可以集中 8500 万元。

第三，二汽还在建设，不需要大量更新设备，企业固定资产折旧资金除每年上缴 30% 外，从留给企业的 70% 的总额中抽出 60% 用于续建，6 年可以集中 2 亿元左右。

这三笔资金都是国家政策规定留给企业的自有资金，如果将这 3 笔钱捆起来使用，作为企业自筹资金，打破"打酱油的钱不能买醋"的束缚，二汽自我发展的资金问题便可迎刃而解。根据邹显信的计算，1980 年—1985 年期间，这三笔资金总额可达 4.5 亿元。为了留有余地，只报 3.3 亿元用于续建二汽比较稳妥。目前，二汽的产能状态良好，职工士气旺盛，每年可递增产量 1 万辆，6 年可累计生产 30 万辆以上，照常可以上缴国家利润 7 亿~8 亿元，实现税收 3 亿~4 亿元。这样对国家、对企业都有好处的办法，难道国家会不批准吗？

（黄正夏口述，欧阳敏著，《艰难历程》，新华出版社，2007 年）

虽然襄渝铁路早已通车。但 1980 年时还没有从十堰到北京的直达车。黄正夏一行几人从十堰先到武汉，再从武汉转车进京，一路舟车劳顿。几十个小时在火车上，黄正夏辗转难眠，经过算账，自己心里有了底。但怎样才能让国家各部委赞同，特别是中央领导认可、同意二汽的做法？想起先念同志的批示，"黄正夏，你鼓舞个屁，国家财政如此紧张，决不允许你们在下面乱开口子"，李先念严峻的脸色似乎就在眼前，国家不是极度困难，他何至于会如此呢？每当想起这件事，黄正夏心中就一阵不安。唯有逐个向他们汇报，将情况讲清，将问题讲透，取得他们的认同。

1月3日，饶斌接到国家计委、经委、建委当天签发的通知，确定二汽为"停缓建"项目。这是周子健和饶斌在二汽出差时部党组定的，他们两人不知道。接到通知，饶斌极为着急，他一边与黄正夏联系，让二汽赶紧想法制订一个应对方案，一边与周子健等其他部长商量，争取在1月份的部长办公会上再议一次。

1月的北京，天寒地冻，马路边到处都是厚厚的冰雪。街头上人来车往、川流不息。下了火车，黄正夏一行首先赶到一机部向饶斌汇报，饶斌是二汽的老领导，二汽建设的历史就是他一脚一脚走过来的。

多年的行政工作磨炼使饶斌显得更为老练深沉，考虑问题也更为细致谨慎，他反复掂量"自筹资金，续建二汽"的想法后，提出加上"量入为出"，变成"自筹资金，量入为出，续建二汽"，认为这样话说缓和点，各部门易于理解，对二汽而言也有弹性。但他也严重忧虑，担心二汽的这个提法与国家财政制度不合，国家难以批准。更何况："先念同志最近一直在讲国家财政困难，上次先念同志还严厉批评了你们，你们是否可以晚两三个月再报这个方案。"

黄正夏认为，不能再晚了：

对二汽来讲，现在已是关键时刻，国家三部委将二汽列入"停缓建"的通知已经正式发出，国家财政制度规定，对"停缓建"项目，一律停止购买和进口设备，国家将只发工资和设备维修费，并停止供应建设用原材料，相关的生产流动资金也可能要冻结，情况实在是"刻不容缓"，不能晚。至于先念同志上次的批评，现在不是计较个人委屈得失的时候。自己在先念同志领导下工作过几年，他是个性情豪爽的人，从来不和基层的同志计较短长，当他认为你的意见是错误的时候，他会批评你，甚至会把你骂得狗血淋头，他批评人用的是湖北红安的口语，并不是真的"骂人"。你如果坚持把道理讲清楚，说服他，他不但不生气，他还会赞扬你敢说真话，让你放手大干。

（黄正夏口述，欧阳敏著，《艰难历程》，新华出版社，2007年）

1月24日，一机部部长办公会听取黄正夏关于"自力更生、筹集资金，继续加速二汽建设"的汇报。饶斌发言：

二汽提的依靠自力更生，筹集资金，继续建设二汽看来是可行的……要到计委、财政部去，要求把二汽从"停缓建"企业改为"缓建"企业，不然明年更麻烦了。

（张矛著，《饶斌传记》，华文出版社，2003年）

周子健说：

当前国家的财政困难是暂时的，调整时期，许多项目下来了，我们没提意见，但像二汽这样的骨干企业，要积极支持搞上去，充分发挥已经到手的效益。一吹哨子就全停下来，对国家是不利的。部里支持你们的意见，要向李先念副主席和余秋里、薄一波副总理写个报告，争取得到支持。

（张矛著，《饶斌传记》，华文出版社，2003年）

1月25日，黄正夏代表二汽正式向国家相关部、委、局正式递交了报告。报告的题目是《自筹资金，量入为出，分期续建二汽》。报告的主要内容是：

在当前情况下，为保证二汽建设继续进行，争取1985年建成8.5万辆综合生产能力，在此期间，二汽一切利税照交，二汽建设不再要国家投资，所需资金全部由自己筹集。这样做，二汽可以继续建设发展，国家收益也会更高。

这是二汽党委为争取二汽建设继续进行的第三份报告，这份报告也同时报给了湖北省委省政府。这是二汽为生存而做的努力。为了提高工作效率，黄正夏等人在北京住下来，每天用电话和各个方面联系，不管对方是否吃饭、休息，抓到就做工作。黄正夏说：

我找了国家几个主要部委的领导汇报，首先是财政部。财政部分管副部长吕培俭听完汇报后，很赞赏我们的想法。他说，我们现在的财政状况非常紧张，国家想方设法开源节流，要是全国所有的大企业都像你们二汽这样，那国家财政的日子就好过了。从财政部出来，在电梯里遇到了王丙乾部长，还没容我开口，他就说："你是为你们的报告来的吧。我听说你们的做法了，很好，我赞同你们的报告。"

他的话给了我很大信心，财政部长点了头，我们的事情就有希望。谁知他走了几步又回过头说："不过，你们将来要把借用的设备维修费给补上。"

我笑了，堂堂一个国家的财政部长，居然还记得一个企业用了多少设备维修费，这也确实说明他手上太紧了。出了财政部，我马不停蹄直奔国家计委，国家计委金熙英副主任听完汇报后表态："你们这个做法值得推广"。

我对他说："计委是国家计划项目的主管部门，现在二汽已被你们列入'停缓建'项目，你既然赞同二汽的做法，可否请你们会同有关部委共同出一个文件。"金熙英很爽快，"好，我们牵头起草联合报告正式上报国务院。"

二汽的主要问题就出在基建负担太重，我又到国家建委分别找了主任韩光，副主任彭敏、李景昭。韩光原来在国家科委就是我的老上级，副主任彭敏原来也是国家科委的干部，韩光来过二汽，他对二汽推广球墨铸铁曲轴、低合金高强度钢的高新科技项目很感兴趣，说还是二汽有人才，事在人为呀。他对我们的报告没有任何意见。彭敏说："你们是真抓实干的，凡是二汽的项目我都放心，都支持。"

在国家经委，徐良图副主任同意我们的报告，他专门叮嘱，你们要把"技术中心"的投资加大一些。国家物资总局的余啸谷副局长说，只要国家计委同意，我这里没有任何问题，所有国家统配物资照拨不误。

那几天，我风风火火游走于几个部委之间，全部一路绿灯，他们的支持极大地增强了我"自筹资金、续建二汽"的信心。

（黄正夏口述，欧阳敏著，《艰难历程》，新华出版社，2007 年）

二汽在湖北，因此湖北省委省政府对二汽的前途和命运非常关心。接到二汽的报告，省长韩宁夫非常重视，第二天就召集省计委、建委等有关部门的领导开会统一意见，他指示这些部门分别对口做好中央各部门的工作，同时批示以省委省政府的名义直接上报党中央、国务院，请求批准二汽续建。

二汽是国家的重点建设项目，经过十多年的努力，已经大部建成并已见成效，中途下马搞不好会造成"夹生饭"，一旦停了几年没事干，到时设备出毛病，队伍散了，相当于国家花了十多年时间、投资几十亿却鸡飞蛋打，这可是谁也不愿意看到的事情。正因为如此，国家计委对二汽"自筹资金、续建二汽"的意见尤为赞赏并努力促成。两三天的功夫，国家计委起草的报告就完成并送六个相关部委征求意见。为了统一修改意见，由国家计委副主任金熙英牵头，请各部委主管的司局长们开了一次碰头会。这些司局长们都已经看到了二汽的报告，他们所在的部委已经统一了意见，结果这个征求意见会半小时就结束了。饶斌担心二汽的报告会被卡在一些地方，所以一直在跟踪报告进展，听说国家计委要专门召开相关部委司局长征求意见，便立即赶往会场。没曾想，因为意见高度一致，会议仅仅开了半小时就散了，饶斌赶到时，各部委的司局长们已经走了。虽然扑了个空，但饶斌得知结果后也稍稍放心。

国家计委牵头的六部委关于同意二汽"自筹资金，续建二汽"的意见出来了。按照程序，还需要各部委领导在二汽的报告上签上意见，然后正式上报国务院。此时已是2月9日周六，第二天是周日。休息日不办公，到周一后，文件在各部委走程序还要耗费时日，如果稍慢一点，或是部领导出差外出，那拖的就不是一两天了。眼下，国家停缓建的势头正猛，就在北京这些天，很多在建的大型企业停工的消息陆续传来。每听到一个企业停建，黄正夏的心头就紧一下，他实在担心，要是已经有眉目的事情在公文走程序中被耽搁了，那就让人后悔终生了。黄正夏回忆：

国家部委的公文是由专人传送的，这是保密纪律。但我深知如果按照正常程序走，那可就不知会拖多久了。此时的心情非常急迫，便想自己亲自送公文。我找到国家计委副主任金熙英说："我来给国家计委当一次通信员吧。"

金熙英当然明白我的意思，他安慰我："那怎么合适，我派人去，催他们跑快点就行了。"

我向他解释，要跑的部委多，找的人多，通信员哪里有我熟，万一在哪里拖延了一下，就误了大事。金熙英理解我此刻的心情，就爽快地答应了。我随即给相关部委的领导打电话："明天上午10点钟以前，请你们在家等着，我给你们送会签文件。"

2月10日上午8点30分，我准时敲响了金熙英的家门，他笑呵呵地说："在我的行政经历中，像你这样自己亲自拿着文件一家一家跑的领导还是第一个。"

他认真地在文件上签了自己的名字。我转身就到了吕培俭家，他更爽快，连客气话都不讲，提笔就签。紧接着是经委徐良图、建委李景昭、物资总局的余啸谷、一机部饶斌，全部签完，刚好1个小时。看到这些部委负责人龙飞凤舞的签字，我觉得如同一双双有力的大手支撑着我们二汽，有了他们的支持，我的底气更足了。上午10点再到金熙英家时，他一愣："怎么这么早回来了，他们不在家？"

我笑着递过签满名字的文件，他仔细端详了好一阵，感慨道："这件事也就是你亲自跑，要是走公文传送，起码两个月。"

（黄正夏口述，欧阳敏著，《艰难历程》，新华出版社，2007年）

办完所有的事，时间离春节已经不远了，满街都是急匆匆打点年货的人。金熙英劝黄正夏先回十堰静候佳音，这边由他负责盯着，国务院领导中途审议文件时，若有需要，你们再随时赶来。俗话说，心诚则灵。黄正夏回到十堰才10天，就接到国务院办公厅的电话，让他速赴北京。原来，六部委的报告很快到了李先念办公室，李先念批给薄一波副总理"斟酌办理"。薄一波副总理要找黄正夏了解情况。

在薄一波办公室，黄正夏详细地做了汇报。听完汇报后薄副总理说："我明白了，你们要求继续建设二汽，不要投资，只要政策，利税照交，效益很大，这是好事。看来先念同志是同意这个报告了。因为我分管机械和基建，所以发到我这里让我先知道，到时好说话。你先回十堰等消息，需要时再来北京。"

1980年3月11日，由李先念主持的国务院办公会议正在召开，出席会议的有余秋里、王震、方毅、姚依林、谷牧、薄一波、姬鹏飞、康世恩等9位副总理，会议的第一个议题就是审议二汽《自筹资金，量入为出，分期续建二汽》的报告。与会的9位副总理全部同意这份报告。与会的一机部部长周子健立刻走出会议室，将这一消息通知了正在十堰苦苦等候的黄正夏。

周子健在电话里说："9 位副总理全部同意。这在过去是没有先例的。你们的努力有了结果。现在，国家批了，下面怎么干，就看你们了。希望你们加倍努力，一定完成任务。"

黄正夏回忆：

放下电话，我的心中先是充满喜悦，继而满怀感慨，最后陷入深深的沉思。这一喜讯太沉重了，这一结果来得太艰难了，多少个不眠之夜，多少次食不甘味，多少次心如油煎，现在终于有了结果。有时我也在想，造成二汽被"停缓建"的是谁？是我们吗？如果我们做错了，那应该让我们承受这些过失带来的后果。但是很明显，从饶斌同志为首的第一代二汽人到我们，二汽人一直是兢兢业业，艰苦努力，没有丝毫的懈怠，问题不在我们这里。问题的根子，是我们那段不堪回首的历史，是"文化大革命"的大破坏、大动乱和部分领导人的瞎指挥造成的。瞎指挥，乱折腾把我们国家拖到了如此境地，以至于不得不一次又一次的调整，并让我们承担苦果和压力。我们的国家经历了太多的苦难与动荡，在恢复与发展的时候，需要我们为国分忧。我向党委的同志们报告了这"沉重的喜讯"。我郑重地宣布：过去，我们"跑部进京"要政策，是为了争取二汽继续建设发展的机会，现在国家批准了我们的要求，我们的承诺就变成了坚决完成任务的军令状。我们现在是背水一战，只能成功，不能失败。

3 月 22 日，国务院（1980）68 号"关于批准二汽续建的"文件正式下发，从此，二汽开始走上了一条依靠自己努力，走内涵发展的艰苦道路。

国家批准二汽"自筹资金，续建二汽"有很重要的意义。对二汽来说，前 10 年的努力没有白费，今后可以继续建设发展。但继续发展的条件也更为苛刻，国家的投资来源全部切断，一分没有，每年还要照样给国家上缴利润和税费，一分不少，看起来更困难了。但从辩证法的角度看，这又是件大好事。国家没有投资了，把二汽逼上了绝路，置之死地而后生，二汽人要依靠自主发展，也就使二汽有了更多的自主权，可以放开手脚干，客观来看，这次国家批准二汽次筹资金、续建二汽，实际上拉开了二汽人第二次创业的大幕。对国家来说，二汽的续建对国家旧的计划体制、财政制度和企业管理制度都是一次重大的冲击，也是一次重大的革新，创造了国有特大型企业以内涵资金扩大再生产的先例，比单纯沿用企业折旧资金的效果要大不知多少倍。关键是，培养了国有企业不再依赖国家的投入来扩大再生产，转而独立自主、自力更生，依靠自己创造性发展的精神，扩大了企业经营管理的自主权，开创了国家特大型企业改革开放的先河。

根据二汽的报告，1980 年 3 月 5 日，一机部批准二汽成为直接对外经营出口试点单位，从此二汽有权自主与国外厂商开展来料加工、样品加工和技术的交流与合作。1983 年，外经贸部批准二汽成立对外进出口公司；同年，二汽在德国、美国等地建立了贸易联络点。这些对外窗口的建立，为二汽地进一步对外开放创造了条件。

1980 年 5 月 17 日，孟少农、陈祖涛两位总工程师向二汽党委提出"创名牌、夺金牌，打入国际市场"的二汽发展战略目标。经过党委慎重研究，决定将这一建议作为二汽正式的战略目标。这一切，都预示着二汽开始要迈向国际市场，走与国际接轨的道路。

到了 1982 年，经过两年奋斗，二汽基本实现了年产 5.5 万辆 5 吨民用车的设计能力，同时也为二汽争取到了实现"利润递增、上交包干"的优惠政策。

有了这些积累，二汽开始向年产 10 万辆的目标奋斗，同时考虑战略展开，建设襄樊基地，发展 8 吨平头柴油车，建立东风联营集团。到了 1985 年，二汽每年留利已近 3 亿元。这些资金为企业的积累发展保证了后劲，也为国家做出了巨大的贡献。

中国的"底特律"

美国有一个世界知名的城市——底特律，因为美国通用等世界最大的汽车公司总部和一些生产、研发机构都设在这里。汽车成为底特律面向世界的"名片"，这里成了世界闻名的"汽车城"。

1967年年初，为配合二汽建设，中央决定，划出郧县的十堰区、黄龙区及茶店区的茅坪公社，成立十堰办事处。1969年12月1日，湖北省决定，撤销十堰办事处，正式成立十堰市，隶属郧阳地区管辖。1973年2月17日，十堰市升级为地级市，直属湖北省管辖。由此，秦巴深山里，一个崭新的城市横空出世。1975年，时任国家建委主任谷牧来二汽视察，谈到十堰市建设时说："建市的第一个任务就是为二汽服务，要修好路，如果搞得好，这里将会是最漂亮的城市。"1994年10月22日，十堰市与原郧阳地区合并，从此走上以城带乡、综合发展的腾飞之路。

谷牧的预言极为准确，随着二汽这棵小树生根、发芽、壮大，十堰开始崛起。进入1978年，据国家统计局排名，在全国综合实力前50名的城市中，十堰排名第37名。

01上海02北京03天津04沈阳05武汉06广州07哈尔滨08南京09长春10重庆11旅大（大连）12西安13济南14杭州15唐山16鞍山17徐州18抚顺19无锡20齐齐哈尔21成都22吉林23太原24本溪25青岛26邯郸27包头28苏州29柳州30长沙31洛阳32淮南33宝鸡34郑州35牡丹江36淄博37十堰38株洲39佳木斯40南昌41大庆42淮北43石家庄44丹东45常州46锦州47咸阳48兰州49开封50阜新。

随着时间发展，综合实力50强的城市不断更新，十堰在其中的名次也逐渐前移。在1992年年底公布的全国综合实力50强城市中，十堰排名第22名：

上海、北京、广州、天津、南京、武汉、深圳、大连、沈阳、厦门、成都、杭州、哈尔滨、昆明、苏州、长春、无锡、大庆、重庆、长沙、青岛、十堰、佛山、乌鲁木齐、石家庄、合肥、柳州、常州、南通、西安、福州、江门、克拉玛依、扬州、烟台、济南、郑州、宁波、鞍山、锦州、惠州、汕头、韶关、珠海、海口、保定、淄博、南宁、抚顺、威海。

1992年，全国小康城市评比，十堰竟然取得第六名的成绩。中国太大了，中国的文化历史太悠久了，很多人对十堰这座名字奇特的城市感到困惑，不少人甚至将十堰市和实验室混为一谈。十堰在哪里？它怎么会排名如此靠前？人们可能不清楚十堰，但没有人不知道二汽，知道十堰与二汽的关系后，人们在称谓上变为"十堰二汽"（有一段时间'厂市合一'）。1992年，第二汽车制造厂正式更名为"东风汽车公司"，东风汽车公司从此成为十堰的名片，媒体把十堰称为"车城"和"中国的底特律"。

中国特殊政治气候下的工业建设，给十堰这个秦巴深山里的百人小镇带来了意外的发展机遇。

由于三线建设，到郧阳山区来落脚的绝不止一个二汽。当年的三线建设分为多个层次，中央有三线，各个省，甚至有的行业也将自己管辖的企业分为一二三线。三线企业的最大特征就是进山钻洞。在一些人看来，山越大越隐蔽，就越符合三线的条件。郧阳山区有几个特征，第一是山大；第二是离出山的地方很近；第三是有交通之便，老白公路、襄渝铁路穿山而过；第四是有电，丹江口电站装机 90 万千瓦，是国内名列前茅的大电站；第五是有水，郧阳山区内有汉江、堵河、丹江等数条河流，1958 年在这里建设了丹江口水库，使得这里成为中国最大的内陆湖泊。这些条件是企业，尤其是大型企业建设最需要的。正是有这么多有利条件，才吸引了众多三线企业建到郧阳山区来，除了襄渝铁路、二汽外，还有东风轮胎厂、汽车电器厂、粉末冶金厂、精密铸造厂、汽车附件厂、汽车塑料厂、汽车篷布厂、黄龙滩水电站、风动工具厂，以及解放军总后勤部 7 家工厂、文化部文字 605 厂、湖北省 7031 工程等几十家。这些工厂全部分布在郧阳地区所属均县、郧县以及十堰市的各条山沟里。此时襄阳地区与郧阳地区刚刚分开，郧阳地区机关就设在十堰，整个地委、行署机关在一个叫作柳林沟的小山沟临时搭建了 7 间小平房，几十名干部连办公带住宿都挤在里面。新成立的郧阳地区几乎没有工业，几个县都是深山里的穷县，二汽、襄渝铁路和几十个三线工程同时进山开展基本建设，从吃、住、行到建材什么都需要，郧阳地区、十堰各级政府和人民再次面临沉重的压力。《中共郧阳——十堰简史》记载了当时的困难：

交通不便，运输困难。这么多工厂建设，数万吨物资要限期运进，当时的铁路只有一条武汉到丹江口的汉丹线，物资或经铁路运到丹江口后再转公路，或经汉江运到丹江口和郧县。整个郧阳地区只有一条低等级的老白公路，承载能力有限，遇到超大件就没有办法了。二汽铸造厂要运几个上百吨的大件，只有将沿路所有的桥梁加固后再慢慢走。

建材需要量太大，砖瓦灰沙石样样都缺。各厂区周围的县区沿公路、水路就地安排社队组织砖瓦灰沙石生产供应。那段时间，只要是有基建任务的工厂，路旁、河边、村口都在挖沙、砸石头、烧石灰，到处一派繁忙景象。各县紧急建设砖瓦厂，据不完全统计，那几年共供应红砖 20 746 万块、木材 42 187 立方米、机制瓦 36 万片、水泥瓦片 457 万片，其他建材数量难以胜计。

工程量巨大。仅二汽一家就有工业建筑面积 125 万平方米、民用建筑面积 102 万平方米，还有二汽铁路专用线、厂区专用公路等。东风轮胎厂工业建筑面积 9.48 万平方米，民用建筑面积 6.6 万平方米，土石方量高达一千万立方米以上。郧阳地区抽调各县两万名劳动力直接进入厂区工地参战。

生活供应困难。几十万人一下子到了一个基础薄弱的山沟里，吃的、住的、烧的、用的都成问题，柴米油盐样样都缺。特别是燃料，除了组织劳动力上山伐木外，还抽调了 7300 多名劳动力到郧县挖煤。为了解决几十万人吃菜问题，又拿出 160 多公顷最好的地种菜。

供电问题。为解决二汽建设用电，湖北省决定，要限期抢架 105 千米的 11 万伏高压线路，由郧阳地区负责劳动力和地材。105 千米沿线全是崇山峻岭，没有起重设备，没有公路，全靠人力将万斤铁塔扛上山。听说是要为二汽送电，线路沿途村村户户 2 万多名群众，上至 70 多岁白发苍苍的老人，下至六七岁的儿童全部倾巢出动，男女老少，肩挑手提，硬是将 270 个万斤铁塔扛上了山，保证了按时通电。

一位郧阳地区的领导干部回忆那段艰难岁月时说：

那几年，全地区到处都是三线建设的工地，丹江口水库还没完工，移民搬迁正在节骨眼上，二汽、襄渝铁路、东风轮胎厂等都来了，到处都向我们要人、要地、要材料。我们刚刚与襄阳分家，几乎什么东西都没有，三个县城淹了，好地淹了，粮食收成大量下降，老百姓连饭也吃不饱，没有工业，没有商业，上级也没有拨款，非常困难。但三线建设是中央的决策，再困难，我们也要支持。不就是要人要地吗？我们给，要什么给什么。我们 6 个县，每个县 50 万人，到丹江修水库的，到二汽建厂房的，到襄渝铁路修铁路的，到其他三线厂参加建设的，仅民工就常年保持在十几万人左右，还要留人在地里种庄稼。这全靠老百姓啦，我们郧阳的人民能吃苦，有大局观念，我们一动员，他们支援三线建设的热情就像战争年代支援前线一样，有什么拿什么，要什么给什么。建水库要淹地，给；建厂房要占地，给；搞基建要木材，给；盖房子要砖、要瓦、要沙、要石头，给；几十万人要吃粮要吃菜，给；我们什么都拿出去了，还有些人连命也豁出去了，我们什么回报也没要，所有的投工投劳全部都是义务的，民工还要自带干粮。看看我们今天的几个县，全部都是国家级贫困县，有多少老百姓，今天连温饱还成问题……

与二汽建设紧密相关的一个重要问题是城市建设，在今天看来，这也是最大、最突出、与民生结合得最紧的问题。二汽开始建设后，短短几年的时间，集中到十堰的就有20来万人。几十万人拖家带口，要吃、要穿、要住房，小孩要上学，老人要看病，他们需要解决最基本的生活需求。但深山里的十堰什么都没有，不解决这些最基本的生活需求，怎么能调动干部职工的建设积极性，生产生活是一辆自行车的两个轮子，只有协调发展才能平稳持续前进。

十几万职工，几十万人的生活，吃、喝、拉、撒、睡，生、老、病、死、购物、娱乐、上学、看病等最基本的需求如何满足？这些都需要城市体系来保障。十堰市虽然也叫"市"，实际上是在郧县一个百户小镇的基础上来建设的，根本没有城市的影子。晴天一身灰，下雨满街泥，被称为"光灰的城市"。这里没有马路、没有公共汽车、没有商场、没有路灯、没有自来水、没有下水道、没有学校、没有医院、没有粮店菜场、没有肉类屠宰加工厂、没有蔬菜生产基地、没有电影院，甚至没有火葬场。简而言之，没有任何城市服务体系。当时十堰广为流传："十大怪"：

十堰市，真奇怪，不分城里和城外，一条马路直通外，山沟里把楼房盖，工厂里面种青菜，红薯叶子当菜卖，电话没有走路快，下雨打伞头朝外，汽车专往河里开，石头块子当煤卖，高粱秆子当锅盖。

"十大怪"生动形象地描述了当时十堰的艰苦状况。以燃料为例，当时的燃料主要是煤，但当地没有蜂窝煤加工点，买煤只能靠以单位出面，买回煤面，然后分给职工自己加工捏煤球。除了煤外，各单位还派人到周围的山里砍柴回来给大家分。于是出现了一个有趣的现象，每到星期天，全市家家户户都在劈柴和捏煤球，当时调侃年轻人的话都与之相关："今天又上丈母娘家劈柴了？"孩子到哪里上学、病人到哪里就医、穿衣吃粮如何解决成了困扰每个人的问题。因为买衣服困难，一时间自己动手做衣服成了时髦。由于缺乏最基本的生活保障，因此很多人都无法安心这里的生活，请求调走的比比皆是，一时间，能调离十堰二汽成为最让人高兴的事。城市建设成为与二汽建设同等重要的工作，当时的东风轮胎厂的党委书记于跃说："二汽建设振奋人心，城市建设安定人心。"

不考虑客观条件和人的基本需求，单纯强调"先生产、后生活"是否科学呢？

人的最低的生活需求都不能满足，他的生产热情又能持续多久呢？等认识到必须满足人的基本生活需求才能使其长时间保持工作热情时，二汽已不得不回过头来补课——除了建工厂外，还要花钱、花力气来建社会，城市建设成了保障二汽建设的大事。为了服务二汽建设，中央批准十堰成立了地级市，二汽总工程师陈祖涛兼任十堰市第一任城市规划委员会主任，原中央办公厅干部张万祥任十堰市建委第一任主任，两人合作，对新建的十堰市进行了整体规划。张万祥带队到一机部、国家计委汇报，找到中央的一些老同志游说，为十堰市的城市建设争取到了特殊政策和 2000 多万的建设资金，加快了十堰市的城市建设。

2007 年笔者采访黄正夏谈到十堰市建设时他说：

先生产后生活是特定历史条件下的产物，短时间可以，时间长了绝对不行。在二汽这样大的工厂里搞什么先生产后生活，这是不考虑人民利益的极"左"行为。二汽建设 10 年多了，十几万工人群众家属的生活条件基本没有改善。在一穷二白的深山里，吃、穿、住、行、购物、孩子上学、看病等各方面的条件都没有。这种情况下，群众情绪能稳定吗？情绪不稳定，生产能搞好吗？在各项问题中，最突出的就是住房。二汽刚建设的时候，大家都住芦席棚，以后，各个厂自己建了一点简易房，很多都是土坯房。全二汽人均住房 3 平方米。3 平方米是个什么概念呢？简单地说，就是一张单人床。建设二汽时，很多职工都是全家一起来的，10 年过去了，中年的老了，小的长大了。有的工人三代同堂，六七口人挤在十来平方米的简易房里，连 60 岁的老人都睡上下铺。有的 30 多了，由于没有房子结婚，只能在单身宿舍里混居。他们在这里拼命工作，但连个安身之所都没有，工作的积极性能长久吗？我的想法很坚决，只要扭亏为盈了，一定要挤出一部分钱来为职工群众盖住房，解决他们的当务之急。

（黄正夏口述，欧阳敏著，《艰难历程》，新华出版社，2007 年）

黄正夏说干就干。1978 年，二汽完成了 5000 辆民用车，黄正夏从二汽的积累中拿出 1000 万元投入城市建设，给职工群众盖住房、修马路。给工人群众盖了 60 多万平方米的宿舍，二汽职工住房面积从人均 3 平方米一下子增加到人均 6 平方米；修建厂区道路 100 多千米、城市公路（十堰到房县公路十堰段）100 多千米；给医院增添设备，增加病房，改善医疗环境；给学校增添教学楼，改善教学环境；给二汽电视中心增添设备。黄正夏称这是"填补欠账"。先生产后生活是历史造成的，我们没法改变，但我们给工人群众还旧账是天经地义的。除此以外，二汽还投资几十万元用于十堰市的城市排污建设。黄正夏说：

二汽那时还在基建，是不允许拿钱来干别的，更别说城市排污了。但我搞了个小动作，我与省环保局的黄涛若局长达成了君子协定。我对他说："你们来检查二汽，哪些地方污水标准不合格，你们就罚款。你们罚款，二汽出钱。要不然，钱也划不出二汽，也到不了十堰市的账上去。"

（黄正夏口述，欧阳敏著，《艰难历程》，新华出版社，2007 年）

黄正夏拿留利的钱改善职工生活，发展城市建设也给他带来很大的麻烦。黄正夏回忆：

1978 年 12 月底，财政部、汽车总局到二汽来审计，他们对二汽取得的成绩拍手叫好，但就是有几笔钱不让报。修路、盖房的钱因为没有计划，属于擅自做主，违反国家财政纪律，不让报。我们为国家节省了 3200 万元，从自己挣的钱里拿出 600 万元改善职工的住房和生活条件，结果不让报。真是卡死人啦。我不服，和他们争辩。汽车总局财务负责人和泉山出面帮我们说公道话。他说："二汽有钱拿来盖房修路还欠账，这是好事。要是二汽没有扭亏增盈，3200 万元没有完成怎么办？即使他们没有完成也是国家政策允许的，国家还是要拿钱来补这个窟窿。现在二汽苦心经营，用自己挣的钱来干迫切需要干的事，还被说干得不对，这表面上看起来是维护了财务制度，但实质上对国家有利吗？那以后，谁还会像他们这样努力去干呢？我们到底要鼓励什么样的精神呢？"

他的这番话打动了在场的人。财政部来的同志也说，我们很支持，也很同情二汽，但是国家的财务纪律也要遵守。这样吧，你们把建设道路的项目名称改成维修厂区内部道路，盖宿舍的项目改成房屋修缮。这样就行了。

（黄正夏口述，欧阳敏著，《艰难历程》，新华出版社，2007 年）

经过全体建设者几十年的辛勤努力，十堰市从零起步，建起了学校（从小学到大学）、商场、医院（5所综合大医院，共5000个病床）、公园，还修建了四通八达的马路。一座美如花园，有着60多万人口的现代化城市在秦巴山区出现。今天的十堰市街道宽敞、整洁美观、高楼林立、商业网点密布、公共交通便利，到处是霓虹灯、广告牌，成为全国有极高知名度的"汽车城""文明城""小康城"，是一座繁荣兴旺、有鲜明地域特点的新兴城市；也是黄河以南的城市群中，唯一以普通话作为通用语言的城市。

三线建设造成襄渝铁路上马，襄渝铁路建设带来了二汽落户十堰，二汽建设促成了十堰市的兴起，十堰市的建成为二汽的稳定发展提供了强有力的保障。"青山遮不住，毕竟东流去"。鄂西北的深山里，当时中国最大、设备最先进、车辆技术含量最高的第二汽车厂横空出世。在秦巴山区几千年的历史中，第一次有了现代化的汽车工业。昔日沉寂的深山老林里，东风汽车呼啸而过，滚滚车轮刮起强劲的东风旋风。

二汽建设得到当地政府和人民的大力支持，在进入批量生产有了利润后，便开始反哺郧阳地区，开始是少量的产品扩散，以后逐步加大扩散的规模并帮助地方企业提高生产水平和能力。值得称道的是，二汽并不是将扶持和帮助地方企业作为一种短期行为，而是将其视为自身发展的重要内容。在黄正夏的推动下，1979年5月，二汽下发《关于扶持郧阳地区若干厂生产二汽零件配件的通知》，让下属各分厂尽可能地帮助地方企业发展，并一次又一次地与郧阳地区签订生产协作定点协议，通过这些帮助，郧阳地区的工业企业生产水平与能力得到明显提高，逐步形成了自己的汽车零部件工业。随着二汽自身的发展，对地方企业扶持帮助的力度也越来越大，地方企业的发展速度也随之快速递增。1991年年底，郧阳地方企业仅汽配一项的产值便达3.47亿元；1993年，年产值达到7亿元，十余家企业发展成国内汽配生产小型"巨人"企业。2006年，十堰市（1994年郧阳地区与十堰市合并）的汽车工业总产值达263亿元。汽车工业产值占全市工业总产值的比重超过80%，已发展成为国内有较强影响力的汽车零部件和专用车（改装车）生产基地。

根据十堰市"十一五"经济发展规划，到2010年，汽车工业要累计完成投资130亿元，新增销售收入333亿元，利税85亿元。整车生产能力达到50万辆以上，汽车工业产值达到850亿元以上，年均增幅达到15%。而今天的十堰市已成为名副其实的汽车城。

经过十几万人艰苦努力，二汽总算是建成了，但仍然留下了许多教训和遗憾：

在条件完全不具备的大山区建设现代化的汽车企业是否科学？最终，二汽总部南迁到武汉，开启了二汽发展历史上的新时代，这真是耐人寻味的变化。二汽的发展历史，就是一部浓缩的中国经济社会发展史。

春风送暖

1978年1月10日，时任国务院副总理李先念来二汽视察。

对郧阳这片山区，李先念有着深深的感情。早在1932年，红四方面军千里西征，从鄂豫皖根据地出发，冲破敌军层层围追堵截，一路向西。李先念时任红四方面军红十一师政委，在郧阳山区的漫川关与敌军展开血战，近千名红军将士血染山冈。1946年6月26日，蒋介石调动30万大军向中原解放区发起进攻，时任中原军区司令员李先念率领中原军区数万部队突围，解放战争的帷幕由此拉开。中原军区突围部队沿着当年红四方面军的行进路线，在郧阳山区与敌人再次展开血战，有近千名我军战士倒在突围的路上。正因为如此，李先念对这片土地格外眷念。

1977年年底，十一届三中全会召开，中央将工作的重心转向经济建设，时任党中央副主席的李先念立即决定到二汽来看看。这是二汽建设以后，李先念第一次亲自来二汽视察。

1978年1月10日，李先念的专列按时到达十堰火车站。陪同他来的有国务院副总理谷牧、中央办公厅主任吴庆彤、湖北省委书记陈丕显、交通部长叶飞、水电部长钱正英、一机部部长周子健等领导。

李先念一行首先观看了2.5吨军车的爬坡表演。二汽总厂招待所旁边的陡坡坡度为27~30度，二汽人将这里作为军用越野车的爬坡表演场地。李先念和领导们一起，兴致勃勃地观看了2.5吨军车的爬坡表演。

对于李先念要来二汽视察，二汽党委做了精心安排，规划了视察项目和线路，谁知李先念不按二汽的安排行动，他说："不是说，十堰是夹皮沟里的羊拉屎吗，我要看看你们这个厂究竟怎么样，你们要带我去看看危险的地方在哪里。"

李先念提的"危险"指的是防洪问题。因为十堰的地形和当年选址的指导思想所致，二汽所有的专业厂都是分散组团布置在各条山沟里，以后有人说二汽的专业厂分布像羊拉屎——到处都是。而这些山沟里有一个最大的隐患，那就是季节性洪水。

十堰有堵河、犟河、茅塔河、马家河、百二河等几条主要河流，以及周边38条大山沟和近百条小山沟，除了几条主要河流外，绝大多数河沟平日几乎干涸，大大小小的卵石裸露出来，细细的溪流在石缝中静静地流淌，对不知底细的人来说，这种静静流淌的小溪具有极大的欺骗性。

每逢雨季，周边38条山沟和近百条小山沟分别将洪水汇入这几条河。十堰的年均降水量高达769.9毫米，雨季主要集中在4—5月和7—9月，山区集雨面积大，每逢暴雨，雨水便迅速汇流到谷底的各条小溪里，文静的小溪顿时面目狰狞，湍急的水流横冲直撞。这些河流又分别汇集到百二河、茅塔河、堵河等较大的河流中，河水水量猛增。山区河道狭窄，上下游之间落差大，有的几十米，有的甚至有几百米的落差，如此多的水流快速汇集，动能加上势能短时间内便可形成洪峰。洪峰如同万马奔腾，发出令人恐惧的轰鸣，一往无前。洪水冲刷着山沟两边的堤岸，严重的会造成大面积塌方和滑坡。这种季节性洪水是十堰地区最为典型的洪灾。为防止洪灾，早在20世纪五六十年代，当地人民便在百二河、茅塔河等河流上筑坝拦洪，至二汽在这里建设时，十堰地区已经有蓄水70万立方米以上的百二河水库、七星沟水库、镜潭沟水库、头堰水库、简池沟水库等大大小小27座水库，蓄水10万立方米以下的小水库甚至有一百多座，总蓄水量达6700多万立方米。由于当时资金缺乏，因此很多水库质量较差，没过几年便成为病、险水库。这些水库基础不牢，在山洪袭击的时候，有垮坝的危险。二汽专业厂建设在山沟里，如果防护措施不力，就很容易受到洪水袭击。二汽建设过程中，向李先念以及其他的中央领导和各个部委的领导都汇报过这些问题。曾在这里战斗过的李先念知道这里的地形和地质灾害的严重，在听二汽汇报时多次形象地说："你们头上顶着十几个尿盆，一旦垮了你们怎么得了？"

实际情况也是如此，二汽建设过程中频繁遭受水患袭击。

1971年4月29日，十堰地区下了70毫米暴雨，山洪暴发，二汽各专业厂有55个车间进水。

5月4日，时任国务院副总理李先念批示："只下了70毫米雨就弄得不得了，在暴雨季节，那里一天一夜可以下200毫米，甚至还多，应该注意这个情况。否则，我们工厂连年要闹水灾，不大像话。"

1971年8月2日上午7时，十堰地区小峡沟突降暴雨，45分钟降雨62毫米，山洪暴发，洪水流量达700立方米／秒，二汽几百名职工遭受洪水袭击，17人死亡。

1975年8月8日，十堰市出现40年未遇的特大暴雨，24小时降雨325毫米，暴雨造成山洪暴发，百二河水库大坝被洪水冲垮，倾泻而出的洪水漫过河滩冲进二汽厂房，造成二汽大面积停产，市区交通、通信中断，损失惨重。

1976年夏秋，十堰地区连降暴雨，二汽和十堰市又一次遭受洪水洗劫。

为防雨水患，二汽在建设过程中指定专门的厂级领导，拨出专款，组建专门的队伍开展各水库和河道的维修和重建，国家也拨出专项资金支援。最后，十堰市彻底整治河道、加固堤坝，水患才基本消除。

李先念来到二汽立即提出水害问题，表明了他对二汽防洪建设的高度关心。

按照李先念的要求，一行人首先来到二汽设备修造厂。这个厂建在一条叫袁家沟的山谷里，一条小河由南往北贯穿全沟，袁家沟是这种季节性河流的典型代表。设备修造厂7个生产车间就分布在小河两侧。为了防御季节性洪水，该厂整治了小河的河道，并沿着车间的周边修建了坚固的水泥护坡。李先念说："要注意滑坡，否则会把厂房推掉。"

饶斌告诉领导们，为了防止滑坡问题，二汽请来了有治理滑坡丰富经验的铁道兵研究防治措施。

李先念乘车在所有厂区看了一遍，然后说："看完了后，我就放心了，你们做了很好的工作。人家说你们是羊拉屎，我看你们不是羊拉屎，是牛拉屎（指各分厂呈组团式布局），有分散，有集中，这样我就放心了。要是羊拉屎，这么大的汽车厂，怎么生产啊？"

陪同先念同志视察的谷牧副总理说："这是十堰市和二汽的特点，也是优点，千万不要把它破坏了。"

晚上，李先念等中央和省里的领导一起观看了二汽试车队在东北、西藏、云南、海南岛试车的纪录片。

11日上午8点30分，由陈祖涛向李先念等中央及省里的领导介绍十堰二汽的地理位置和建设情况。听完汇报，领导们来到铸造厂。李先念站在高大的厂房前问："这个厂房的质量怎么样？"听说经过重新修整后，厂房质量问题已经解决后，李先念点点头又问道："自动线好不好用？"二汽铸造厂的KW自动线是从德国进口的，自动化程度非常高。铸造厂党委书记告诉他，工人们已经掌握了先进技术。

视察完厂区后，李先念又听取了饶斌的全面汇报。饶斌汇报道，二汽的建设尚未完工，还有很多配套设施以及铸造厂的建设急需引进的关键设备。为了保证生产安全，要彻底整治十堰周边那十几个"尿盆子"，全部项目共需要5300万美元。李先念说："同意，你们一定要搞好。"

当汇报到汽车生产成本时，周子健部长说："生产几万辆的成本总比生产几百辆的成本要低。"

李先念说："让二汽吃饱，把生产几百辆的工厂停一批。"

在汇报到有些地方存在浪费劳动力的问题时，李先念说："浪费劳动力的地方很多，要强调规划，有的工程一句话就上几千几万人，盲目性大，窝工不少，填了挖，挖了填，无效劳动多。

说到浪费，还有请客送礼。饶斌，你这里请客花多少钱？（饶斌答："我们有个规定，不请客。"）不要请客！包括我们，人来了，给碗饭吃就算对得起了。还是要讲艰苦朴素嘛！"

12日上午，李先念一行来到总装厂视察。李先念随着总装线的移动，仔细观看总装线上车架、车桥、发动机、驾驶室一件件装上去，直到最后一辆整车从生产线上下来。总装厂党委书记陈仁玉请李先念到刚下线的新车上去坐一下。李先念高兴地说："好，坐一下。"上车后说："这车挺好啊，坐着很舒服。"

二汽建设需要大批高精尖设备，有一些目前国内还不能生产而二汽生产又必需的关键设备，李先念亲自批准进口了。这次来看看这些设备的运转情况如何，是否发挥了作用，也是他视察的重点内容。锻造厂引进的12 000吨热模锻压自动生产线是二汽生产的关键设备，引进自联邦德国。12 000吨热模锻压机组是德国奥姆克公司的产品，这是当时世界上最大的锻压机组，全机组包括六大主机，由加热机床和锻造自动线两部分构成，整个生产线全长64米、重达1700吨。工作时，每40秒就能锻压出来一件成品，一年可轧制10万辆汽车的前梁、发动机曲轴、大型齿轮，或其他特殊锻件。

黄正夏汇报说："这条自动线是您1973年特批的外汇从西德进口的，非常先进，安装也很复杂。因为二汽是三线工厂，不让外国人进来，所以只有靠我们自己动手安装。运来的时候是散件，我们自己也担心能否安装成功，但我们的工程师和工人师傅们硬是完全靠自己安装、调试完成，并顺利运行。1978年9月，经国务院批准，允许奥姆克公司作为二汽开放后的第一批客人来访，奥姆克的生产厂长亲眼见到这条生产线锻造出合格的汽车前梁时高兴地说：'我们一直为这条生产线的命运担心，想不到你们做得这样出色，和世界上任何地方比都毫不逊色。'为了购进这台设备，有些人把我们批得够呛，说我们是卖国主义、爬行主义、洋奴哲学。他们批我们，就是要抓你这个给钱的黑后台呀。"

李先念问："这个家伙要多少钱？"

黄正夏说："1974年的价格是1620万马克，折合1000万美元，现在已经3000万美元了。"

李先念说："那些人就知道闭着眼睛唱高调，这么大的厂，一年要生产那么多汽车，没有这样的先进设备行吗？卖国主义，你让他们卖卖看！"李先念叮嘱说："太闭塞了不行，要经常出去看看，汽车行业可以组织人到西德、法国去看看奔驰厂、雷诺厂。"

1974年，为了保证二汽的建设进度，李先念顶住压力，先后批准二汽引进多台关键设备如重型铸造自动线、几台千吨以上的锻压机、计量及检测精密仪器，其中就包括这台12 000吨的锻压机。虽然这些引进的设备只占二汽全部设备的2%，但这些都是当时国内暂时不能生产或质量尚未过关的关键设备，对二汽产品质量起到了重要的保证作用。

陈祖涛回忆：

在听完了二汽党委的汇报后，李先念又专门把我叫到他的住处问："祖涛，除了会上谈的情况外，还有什么问题？"

我是二汽的技术负责人，最清楚二汽存在的问题，我和李先念之间又有父辈革命战争时的友谊，既然先念同志问我，我也就放开谈了二汽当时最急需解决的问题："二汽现在最伤脑筋的问题是精加工的设备问题，这些设备的精度要求高，国内机床工业能力有限，暂时解决不了。为了保证二汽的产品质量并迅速形成生产能力，对国内暂时不能解决的关键设备，我认为，可以到国外购买最先进的设备，但这需要外汇。"

李先念问："你们需要多少？"

我早有准备："根据目前的行情，大概需要 4000 万 ~5000 万美元。"

"要这么多？" 李先念吃惊地说。我告诉他，在二汽生产过程中，铸造、锻造、发动机关键部位的精加工，以及螺旋齿轮精加工设备都是国内机床设备行业目前还难以生产或尚未过关的，这些设备质量不行，生产出来的汽车质量就难以保证。如果现在不解决，用国内质量差的设备凑合，将来损失更大。我详细地向李先念说出了目前国际上每台设备的价格。李先念听完，果断地说："行，我给你们批。" 在李先念的支持下，我们迅速派技术人员出国，买回了生产急需的设备。

（陈祖涛口述，欧阳敏撰写，《我的汽车生涯》，人民出版社，2004 年）

在二汽建设的过程中，李先念是批示最多，也是对二汽建设管得最多的领导，如工程建设质量复查，投巨资建防洪设施，动用国家宝贵的外汇储备从国外购进当时世界上最先进的设备等都是他拍板决定的。关键时刻，李先念的果断决定保证了二汽 "工程质量""设备质量""产品质量" 三大问题基本得以解决，二汽的建成出车也得到了保障。

视察结束离开十堰时，李先念强调："建设现代化的企业，我们要以自力更生为主，这是坚定不移的。但一些生产必需的、我们自己又生产不了的、重型的、高级的、精密的仪器仪表等设备，还是要引进。别听那些什么卖国主义、爬行主义、洋奴哲学，怕什么？我们不要打肿脸充胖子，要承认差距，虚心学习，才能消除差距。学习不光在国内，还要打开国门走出去，看看人家是怎么生产的，要多订阅一些国际资料。不要自我封闭，不要骄傲，骄傲就会栽跟头，不信你试试。引进技术、设备发展自己有什么可怕的？工厂在国内建设，政权在我们手上，税收我们照收，工人还能就业，这有什么不好？问题是你们在合作中要真正学到东西，要有自己的创造，那才有真正的自主权。"

改革开放以后，二汽建设明显提速，二汽生产的东风军车和民用车辆在部队和社会上好评不断，因为是完全依靠自己的力量建设的现代化大型汽车厂，所以中央各级领导对二汽的发展高度关注，继李先念以后，中央和各部委的领导陆续地来到二汽视察、参观、考察。让二汽人最激动的是，邓小平也专程来二汽视察。

黄正夏回忆：

1980 年 7 月 20 日，我接到中央办公厅副主任、中央警卫局局长杨德忠的电话通知：邓小平同志 7 月 22 日来二汽视察。小平同志专列早上 8 点到十堰火车站，你们不要来很多人接，最多来 3 个人，来的领导同志中最好有一个年轻的。接待中要注意三条：第一，不许一大群车，只要一辆面包车就行了；第二，不要照相；第三，吃饭只安排四菜一汤。视察时间半天。

（黄正夏口述，欧阳敏著，《艰难历程——黄正夏采访实录》，新华出版社，2007 年）

其实黄正夏已经得知邓小平来视察的消息，就在邓小平来的前一天，河南省委第一书记段君毅和第二书记胡立教来二汽参观考察。段君毅曾是一机部的老领导，改革开放以后，调到河南省主持全面工作。邓小平视察完二汽后，即到河南视察，他们是专程来十堰迎接的。

杨德忠要求只安排一辆面包车来接，当时符合要求、专门用于接待工作的面包车只有日本生产的 "考斯特"，但这种车较贵，当时二汽很穷，一辆 "考斯特" 面包车也没有。刚好段君毅带来了一辆，这才解除了二汽的尴尬。

邓小平从四川乘船途经宜昌视察葛洲坝，然后在湖北省省委书记陈丕显的陪同下专程来视察二汽。7 月 21 日晚，专列到了距十堰 20 千米的六里坪火车站，邓小平在车上休息了一夜；第二天早上 8 点整，专列准时到达十堰火车站。根据杨德忠要求只来 3 个人，要一个年轻一点的，黄正夏带上时任二汽副厂长的王兆国陪同段君毅、胡立教到站台上迎接。2006年，笔者采访黄正夏，他对这段经历记忆犹新：

专列进站时，我们已经迎候在站台。小平同志正在吃早餐，听工作人员说我们来了，便立即请我们上车。我们进到车厢里，小平同志对我们说："请进来嘛，可以边吃边谈。"

小平同志穿着白色的短袖衬衣，面色红润。我们刚坐下，小平同志说："早就想来看看二汽，总是难以成行，这次来成了。"

坐在一旁的湖北省委书记陈丕显说："邓副主席在宜昌就问二汽，这次他可是自愿来的。"

段君毅说："邓副主席，二汽的厂址还是你定的。"

小平同志仰起头想了想说："啊，有这回事。你们提出二汽要在襄渝铁路上选择厂址以后，我就说，应该这样定。但是二汽建设是毛主席、周总理直接关心的事情，我要报告毛主席、周总理，如果3天不答复你，就算定了。当天晚上我就打电话报告周总理，建议将二汽摆在襄渝线上，周总理说，建议很好。但是我要请示毛主席，如果3天没有给你答复，这件事就定了。"

他又指着段君毅说："你这个一机部的部长行动很快嘛。你看，二汽不是已经建设起来了吗，你的工作不错。"

他突然发现自己说错了，又说："啊，对对，你现在在河南省委工作了。"

小平同志的早餐很简单，两碟小菜、油条和稀饭。他一边吃饭，我们一边汇报，就这样边吃边聊。小平同志听得很认真，不时停下吃饭，仔细倾听。饭后，小平同志说："走，看看去。"

（黄正夏口述，欧阳敏著，《艰难历程——黄正夏采访实录》，新华出版社，2007年）

一行人下了火车，乘上段君毅同志带来的面包车，黄正夏边引路，边汇报情况。

邓小平到十堰的前一天晚上，杨德忠又打电话来说："小平同志这次来时间紧，只安排看三个项目。"

这个安排让黄正夏很为难，按照他的想法，希望让邓小平在二汽多停留一段时间，详详细细地向他汇报二汽的建设发展经历，让他看看中国人自己设计建造的汽车厂，但只限制看三个项目，怎么办呢？黄正夏说："当时我们紧急商量、决定，三个就三个，我们多准备几个，特别是多准备几个带特色的，随时插上去。"

二汽的安排是，先视察公路边的白浪公社马路大队，因为马路大队旁就是二汽锻造厂，锻造厂有当时全国仅有、世界上也只有四台的12 000吨热模锻压连续自动生产线。而且，这也体现了二汽城乡结合、工农结合的特点。马路大队的蔬菜地里红绿相间，西红柿、辣椒、茄子长势喜人，马路大队的书记汇报了二汽建设以来村里发生的天翻地覆的变化。邓小平频频点头说："从这个大队可以看出二汽建设中城乡结合、工农结合、有利生产、方便生活，这样农村很快就可以富起来了。"

离开马路大队，一行人进入二汽锻造厂，径直来到12 000吨热模锻压连续生产线旁边。按照杨德忠的要求，黄正夏没有组织工人们前来欢迎，高大的车间里，清洁整齐，工人们正在各自的工位上有序地工作。锻压机正在工作，偌大的机器设备，开动起来几乎没有什么噪声，只是在最后将锻件锻压成型时才发出轻轻的哐唧声。邓小平来到12 000吨锻压机前，津津有味地看着这个庞然大物精致准确地揉捏着烧得通红的钢锭。黄正夏汇报说："这是我们引进的全世界最先进的12 000吨热模锻压连续生产自动线，锻压机自身有6层楼房高，这是德国为我们生产的第一台。"

年轻时曾经在法国留学的邓小平当时就是在雷诺汽车厂勤工俭学，他对锻压设备很熟悉，但对眼前这台庞然大物工作时的状态也很吃惊，这么大的机器工作起来这么安静、这样清洁，他说："这就是科技进步的结果。"邓小平详细地向黄正夏询问这台设备的情况。黄正夏详细介绍了这台设备进口、安装、调试、生产的全过程：

这是二汽向德国进口的核心生产设备，设备从德国运回来时是散件，由于二汽地处三线，外国人不能来，所以整个设备的安装、调试、运行、维修全部都是我们自己干的。改革开放以后，德国人想了解这台设备的情况，经请示先念同志，批准德国人来。德国工程师来之前，认为中国人安装不了这套设备，更使用不了这个设备。到了十堰后，这位工程师一言不发，直奔车间，迎面看到的是这台设备正在工作。他非常吃惊，在机器前一动不动地仔细观察了整整40分钟，脸上渐渐露出欣喜的神色。然后才向我们的陪同人员了解设备的使用情况。我们详细地告诉他设备目前的工作情况，以及还存在哪些问题，我们做了哪些改进。他高兴地说，中国人了不起。从这套设备的购置、安装和正常运行，我看到了中国建设现代化的决心、气魄和能力。

（黄正夏口述，欧阳敏著，《艰难历程》，新华出版社，2007 年）

听完介绍，邓小平赞赏地说："中国搞四个现代化建设就应当有这样的信心。"

邓小平在车间参观时，工人们都看见了，他们兴奋的眼光都集中在邓小平身上，但按照事先安排，他们都没有停下手中的工作。锻压车间的中心控制室在车间的正上方，邓小平一行人进入车间，这里是最佳观察角度。突然，控制中心的一个女操作员通过生产调度用的扩音机大声说："热烈欢迎邓副主席，邓副主席好！"清脆的嗓音在车间里震响。

因为事先没有安排，面对工人们自发的欢呼，黄正夏一下愣住了。听到广播里的问候，邓小平仰身向她招招手，大声地回应："同志们好，谢谢同志们的辛勤劳动。"

这台锻压机的生产线很长，为了准确地控制生产节奏，中心控制室与锻压机操控台都有扩音系统相连，邓小平正站在锻压机控制台上，身边就是生产调度的麦克风，他的回答通过麦克风进入扩音机，高大的车间里顿时响起他浓郁的四川口音。一位普通女工和党的最高领导人通过扩音机的一问一答，让现场所有人激动起来，正在生产的工人们顿时响起热烈的掌声和欢呼声，邓小平向工人群众频频挥手示意。

在视察途中，黄正夏问邓小平："我们有两种型号的军用越野车正在进行爬坡试验，您是不是看一看。"

邓小平的回答很干脆："当然要看。"

黄正夏回忆：

这也是不在规定的三个项目之内的，我们的心情就是想让小平同志对我们二汽的生产情况、工人的精神面貌、我们的设备水平、生产能力、队伍建设有一个全面的了解。所以表面上说是安排三个项目，实际看了六个。

（黄正夏口述，欧阳敏著，《艰难历程——黄正夏采访实录》，新华出版社，2007 年）

二汽总厂厂部北面有一面十几米高、32~34 度的陡坡，这里成为二汽军用越野车爬坡试验的场地。一行人直接来到场地前，事先准备好的一台 2.5 吨、一台 3.5 吨军用越野车立即发动起来，轰隆隆地开始爬坡表演。攀爬 30 度的坡度是军用越野车基本性能。30 度的陡坡，人走都费劲，但两辆越野车毫不费力，轰轰地爬上坡顶，又稳健地回到坡下。几个来回下来，邓小平开心地笑了。试验场周围挤满了干部职工，他们报以热烈的掌声。黄正夏告诉邓小平："部队很欢迎我们的军车和民用车，称其为'功臣车''英雄车'。"邓小平指着这两辆试验车说："2.5 吨越野车我知道，听说在战争中还立了功，能爬这么陡的坡，部队当然欢迎。"

在二汽铸造一厂，邓小平看到铸造工人穿着白大褂工作，颇有感触地说："我年轻时在法国雷诺汽车厂工作，那个车间里到处是烟雾和灰尘，你这里居然穿着白大褂上班，真好。你们的铸造车间这么干净，这对工人健康有好处，对铸件质量也有好处。"

在发动机厂，邓小平来到发动机生产自动线旁。这条自动线的核心设备为我国独有的发动机"缸体大拉床"。缸体大拉床有 1784 把车刀，一分钟可以拉削发动机缸体的 6 个平面，生产效率大大超过普通拉床。又由于有一千多把刀具，因此这台设备也被称为"千手观音"。邓小平仔细地看完一个发动机缸体从毛坯铸件到成型的全部工作程序，然后将段君毅拉到身边，他指着商标说："看，济南第二机床厂生产的，我们的机械工业能造这个，不错嘛。现在看，以我国自造设备为主，适当进口一些高精度设备，武装现代化工厂的经验值得总结。"

陈丕显向邓小平介绍了二汽在困难的情况下依靠自己的力量，"自筹资金，量入为出，分期续建二汽"的做法。小平同志深表赞同。他说："我看过国务院批准你们这样做的文件，"并关切地问黄正夏："你们的问题解决了吗？"

黄正夏回答："我们决心依靠自己的力量续建二汽，为国家减轻负担，现在各项工作正在顺利进行。全场职工的情绪和信心都很高。"

小平同志赞许地问段君毅："四川大足汽车厂是不是也可以照二汽的方法办？"

为了让邓小平多了解二汽，二汽在总装厂布置了一个小展览，摆放了二汽所有的 21 种车的型谱和 8 种车身挂图。由副厂长、总工程师孟少农介绍各种样车的性能。孟少农和邓小平过去就认识，一见面，两人热情地握手。

在介绍到二汽立项时就定下来要走多品种系列化道路时，邓小平说："一定要多品种、系列化生产，汽车厂也可以生产非汽车产品。"

当听到二汽目前为军车和民用车的关系颇感困惑时，邓小平明确表态："你们二汽注意满足军用，这是好的，但从长远、从根本看，主要应搞民用。军队要车，可能第一批要得多，以后就逐渐减少。你们又搞 5 吨车，又搞 8 吨车，都是民用的，这很好嘛。"

听完结束，邓小平兴奋地站在样车前招呼大家："来来，大家来合个影。"

陪同的同志们立刻兴奋地靠拢过来，和邓小平一起，留下了幸福的回忆。

总装线像一条流动的机械河，一个汽车大梁放上去，随着流水线的移动，全身上下左右逐渐披挂起来，到了流水线的终点，就是一辆完整的汽车。在一辆新下线的汽车前，黄正夏请邓小平上去试坐一下。邓小平和司机陈桂祥亲切地握手，问他是哪里人，来二汽多久了。邓小平很重亲情，这次来视察，把小外孙萌萌也带上了。他抱着萌萌上了车，汽车缓缓起动，小家伙高兴得四处张望，问这问那。邓小平慈爱地说："萌萌长大了来开大货车。"

7 月下旬的十堰，晴空万里，天气炎热。二汽各个专业厂分散在几十千米的范围内，邓小平虽然已是 76 岁的高龄，但精神矍铄、毫无倦意，用了半天的时间就走遍全厂。一路上，他边看边谈，思路敏捷，谈笑风生。黄正夏回忆：

小平同志就二汽发展和国家形势共讲了五个方面的问题：

第一，"你们注意搞军品当然好，但是从长远、从根本上说，就是搞民品"。小平同志的这句话，让我们认识到"和平与发展"的世界大趋势，反映在二汽建设和发展的长远目标上就是发展民品。二汽的诞生是"以军为主"，现在要"以民为主"，这是一个战略发展思路的重大调整。小平同志走后，我们即对原来的生产纲领进行了大幅调整，将原定年产 4.5 万辆军车下调到 1 万辆，将 5.5 万辆民品上调到 9 万辆。军品产量减少，但产品质量和技术储备一点也不减少，以保证国防需要。随着市场竞争，民品技术水平和质量迅速提高，将来一旦战争需要，民品可以迅速改装成军品。

第二、要高度重视高新技术的引进、吸收，强化新产品开发，提高产品质量。20世纪80年代初，世界信息技术刚刚露头，电子技术刚刚开始在生产线上应用。小平同志敏锐地注意到了这个问题。他说："国外很多设备、生产线都用电子计算机控制，你们要注意这个动向，要发展电子计算机。既要搞点大型机，也要搞点终端机、专用机，一面加速引进，一面自己设计制造。""要多出去考察，寻找我们的差距，才能锻炼和培养自己的人才，才能较快地赶上国际先进水平。""要多到国外考察，多学习，闭关锁国、故步自封，肯定会落后。"

小平同志这是在给我们敲警钟，要我们时刻关注新技术的发展动向。为此，我们先后组团到美国、日本等发达国家专门考察了计算机、数控机床在生产线上的应用，引进和建立了二汽计算机中心和各分厂的终端设备，改进了生产管理、产品设计、设备制造，提高了生产自动化、智能化集成能力。

第三、开展行业协作，鼓励竞争，推动联合，走集团化发展的道路。

小平同志问我对汽车行业大协作的意见，我说，我们很赞成行业联合设想，这符合汽车产业发展的特点，也符合中国的国情。我们已经做了前期的调研准备工作，准备首先联合7个省的8家企业，组织联营公司，然后逐步推广。小平同志很满意，他说："应当这样搞，不这样搞，不能打破'小而全'，这是保护竞争，促进联合。二汽这样的大厂，应当作为中心，带动几个省搞专业化协作，把联营公司组织起来。"

第四、赞扬我们走"自筹资金、续建二汽"，度过"停缓建"难关。

我向小平同志汇报了二汽在国家经济调整的大局面前，决心依靠自己的力量，"自筹资金、量入为出、续建二汽"的想法和做法，特别是中央批准我们的要求后，几个月以来执行的情况。小平同志对此给予了高度的评价："我看过国务院批准二汽续建的文件，这是国家计划和财政管理体制上的革新，是一个创举。企业的潜力大得很，只要充分调动基层干部的积极性，全心全意依靠工人阶级，领导干部带头示范，不吃大锅饭，什么奇迹都可以创造出来。你们大胆试验下去，其他的大厂也可以这样做。"

第五、鼓励我们关怀培养和提拔使用青年干部。

这次接待小平同志，二汽副厂长王兆国一直参与陪同。在汽车上，小平同志把王兆国叫到身边，向他询问一些情况。我向小平同志介绍："这是二汽的副厂长。"

小平同志问："是总厂的副厂长还是分厂的副厂长？"

我说："是总厂的副厂长，今年38岁。"

小平同志仔细端详王兆国同志说："啊，这么年轻。"

我接着介绍："王兆国可不是坐'直升飞机'上来的，他是自己扎扎实实干上来的。他大学毕业分配来后，从分厂的技术员到分厂的团委书记，再到总厂的团委书记、政治部副主任、党委常委，又到一个分厂当了3年的党委书记，把这个分厂建成二汽第一个大庆式企业。这才把他提拔到总厂。"

小平同志笑着说："你们这么大的厂子，能提拔30多岁的优秀青年当厂长，可见我们党有的是人才，只看你能不能发现和让不让他们进行各种锻炼考验，敢不敢放手让他们挑担子。"

小平同志走了以后，陈丕显书记告诉我："小平同志多次以二汽为例提到培养青年干部的问题。"有一次，小平同志在党内谈到提拔干部时说："一定要把真正优秀的中青年干部快点提拔上来。给他们搭个比较轻便的梯子，使他们越级上来也好。""不解决选拔人才问题，我们交不了班，历史会给我们记下一笔。"

（黄正夏口述，欧阳敏著，《艰难历程——黄正夏采访实录》，新华出版社，2007年）

走出大山

二汽原来设计的铸造能力为20万吨以上，但还没有开始建设就遇上了"文革"。按照原设计，二汽有两个铸造厂共10个生产车间、16条造型生产线、21台10吨工频电炉。在"设计革命"中，10个生产车间被砍掉3个，16条造型生产线被砍掉4条，21台10吨工频电炉被砍掉5个。由此造成铸造能力严重不足，成了实现10万辆生产能力的"瓶颈"，为了打破铸造"瓶颈"，早日实现10万辆生产能力，二汽党委决定重新建设新的铸造厂。1978年1月10日，李先念来二汽视察时，了解二汽生产发展的实际困难后，给二汽批了5300万美元，作为引进铸造以及其他关键设备的经费。二汽副厂长李子政专程到日本、瑞士等国考察铸造设备，经过反复对比，最后决定引进日本三菱公司的两条"多触头高压造型线（SPO）"和两条瑞士高压造型线（GF）。因为一汽生产发展需要，一机部决定将四条现代化铸造生产线调一条给一汽。1980年3月22日，国务院批复二汽"自筹资金、量入为出、分期续建"的方案中，就包括"铸造扩建工程"。

1980年，中国改革开放逐渐加速，但中国的汽车产业发展远远落后于国民经济和社会发展需求，鉴于二汽在全国汽车工业中的地位，黄正夏决心利用国家批准"三铸"（第三铸造厂）建设的有利时机，扩大二汽的产能，向国际级大汽车产业集团努力：

近期集中建设第三铸造厂，6吨、8吨平头载重车用系列柴油发动机制造厂，现代化试车场，以及相应的铁路专线、电站、煤气站、水厂建设，远期为建设大批量轻型车、轿车项目做准备。

根据这个方案，二汽将要建设一个比十堰基地还要大的年产20万~30万辆车的大基地。

1980年10月29日，二汽正式成立了铸造三厂筹备组，开始选择厂址。

建设"三铸"，厂址究竟选择在十堰还是选择在外地，意见不一。有人主张在京郊廊坊一带，有的主张在镇江，有的提出山东发展条件好。各种意见争执不下的时候，国家机械委一位领导提出，江西九江有一个军工企业要下马，可以利用它们现成的厂房；九江附近还产铸造所需的造型沙，如果建在那里，还可以节省投资和造型沙的运输费用。黄正夏认为：

二汽在十堰，从有利生产的角度，铸造厂应该和二汽建在一起，建设在外地，长途运输会提高生产成本，生产调度管理上也会有种种不便。为什么会出现要求建在外地的意见呢？让人百思不得其解。其理由无非是：要把三铸收归行政部门所有，建成全国最大的铸造中心，以此来控制全国各个汽车厂的发展，说到底就是希望全国只搞一个汽车总厂，或者一个无所不管的总公司。真要这样干的话，二汽乃至全国其他的汽车厂就不可能放手发展，名义上是服务全国，实际上对各厂"分而治之"。这样做的结果，只会影响各大厂的快速发展，在行业内互相扯皮，当然，也不排除还有其他各种复杂的想法。由于国家机械委的领导提出了九江方案，我不得不认真对待。为了慎重起见，我们派二汽副总工程师、规划设计处处长夏治涛同志专程到九江那个军工厂去考察。

（黄正夏口述，欧阳敏著，《艰难历程——黄正夏采访实录》，新华出版社，2007年）

夏治涛回来后汇报：那个地方不适合建设大型的铸造中心。首先那里不通铁路，一个几十万吨的大型铸造厂每年有大量的原材料运进，大量的产成品运出，光靠一条公路远远满足不了繁重的运输。其次，九江紧靠长江、鄱阳湖，市内的地下水位特别高，九江长年降水量大，市内地势低洼，积水排泄不畅。铸造厂主要设备建在地下，一旦遇到积水倒灌，会造成严重后果。

在和一机部负责人交换意见时，黄正夏明确表示：不同意九江方案。最后确定，"三铸"就在二汽原地建设。经过踏勘，"三铸"厂址初步定在十堰市白浪公社马路坑大队。但分管基建的副总工程师马志诚反对："白浪、白浪，就是白浪滔天，历史上这里就发生过多次洪水，铸造厂就是怕水，建在这里不合适。"

经过考证，这里确实多次发生过水灾，地质钻探也表明这里的地下水位较高，而且马路大队的人口稠密，搬迁补偿费用过于昂贵，大量的农转非人口难以安置。放弃马路大队后，又选了茅箭公社砖瓦厂，但地方狭小，又被放弃。"三铸"需要的地方很大，十堰本来就是秦巴大山里的一小块盆地，二汽建设已经将所有可用地全部用完，要想再找成块的地方非常困难。既然十堰不行就向外找，二汽开始了走出大山的第一步。

经过选择，踏勘小组看中了汉江北岸，丹江大坝下游，丹江口市与老河口市交界一个叫楸树湾的地方，这个地方距十堰80千米，紧邻襄渝铁路、汉丹铁路、汉十公路，交通方便，是一个近10平方千米的小平原，地形条件很好，移民、搬迁量均不大，在这里不仅可以摆下"三铸"，而且可以有更长远的发展。但二汽的想法却被再次推翻。"三铸"筹备组从丹江口市带回诸多问题：

首先是安全的问题，庞大的铸造基地建在丹江大坝下游，万一丹江大坝有什么问题，比如战争、剧烈的地质活动等，对于厂区来说可就是灭顶之灾。世界各国大的建设项目，都是要回避在大坝下游进行。其次，丹江口水电站目前完成的只是一期工程，二期工程将要加高大坝，增加蓄水量，丹江口工程管理局已经将这里划为二期工程的取土预留区，这样丹江方案又被否定。

黄正夏说：

三铸绝不是一个单独的项目，二汽将来要建成大批量、专业化、系列化的特大型汽车企业集群，不光要生产中吨位货车，从长远考虑，还要生产轻型车、轿车，按照这种发展思路，联系邓小平"和平发展新时代""二汽发展要以民品为主"的观点，激发了我走出大山到平原选址的念头。

（黄正夏口述，欧阳敏著，《艰难历程——黄正夏采访实录》，新华出版社，2007年）

巍巍秦巴山脉如同蜿蜒的巨龙，西起甘、陕、川，沿途横跨数省，纵横捭阖，不可一世，但进入豫、鄂后势头减缓，从丹江口向东，山势逐渐降低，变为起伏的丘陵，不过几十千米，就已渐渐融入一望无际的、一马平川的襄阳。经汇报，饶斌同意二汽走出十堰的想法，并建议：当前国家正处于困难时期，你们叫"基建"恐怕国家难以批准，最好叫"易地扩建"。

1982年5月，二汽选址小组到了襄樊市谷城县的黄康、胡家井、大峪桥等地踏勘，但都觉得地方局促，建设大汽车基地施展不开。黄正夏回忆：

1982年5月的一个晚上，分管基建的副总工程师马志诚和拟调铸造三厂的党委书记段兴钊一起来到我家，他们提出在谷城等地选址都不符合建设大批量生产基地的要求，问可不可以考虑再向东一点，跨过汉江到襄阳一带去选厂。要是这样，我们就彻底离开"山"，到了江汉平原了。我慎重地思索了很久，最后决定"你们先去看看吧。"

（黄正夏口述，欧阳敏著，《艰难历程——黄正夏采访实录》，新华出版社，2007年）

1982年6月，时至仲夏，江汉平原满目深绿，正是油菜飘香、麦苗吐穗时节。二汽"三铸"选址小组跨过汉江，来到了自然环境优美，闻名中外的历史文化名城襄樊市。

襄樊市位于湖北省西北部，是汉江南岸古城襄阳和汉江北岸古埠樊城的合称，长江最大的支流汉江从襄樊穿城而过，将襄樊分成襄阳和樊城两部分。"天赐襄阳地灵秀，人绘史卷名风流"。襄樊是一座有悠久历史的文化名城，至今已有2800多年的历史，拥有丰富的人文资源和自然景观。襄樊古称"七省通衢""南船北马"，城市功能配套齐全，交通也极为方便，焦柳、汉丹、襄渝三条铁路干线在市区交汇，焦枝铁路北上接入运输动脉京广线，使得襄樊具备了和郑州、徐州一样的交通枢纽地位。316国道、207国道、312国道从襄樊市通过，形成四通八达的国道交通网络。长度和水量足以与欧洲莱茵河媲美的汉江穿城而过，经疏浚后可常年通航500吨级以上的船舶，成为襄樊经济发展的黄金水道。也可以完全满足大型企业建设的生产生活用水。黄正夏说："选址时，我的要求就是一要'防水'，二要有大片的土地便于长远的发展。三要尽量少占良田。"根据这几点要求，选址小组来到了襄樊市的马棚和襄阳县（现为襄阳市）的万山、黄龙拐、余家湾、肖湾、太平店、油坊岗等地，经过逐点踏勘，最后看中了肖湾、油坊岗、马棚三个地方。肖湾、油坊岗属于襄阳地区襄阳县，马棚则属于襄樊市，当时襄阳地区和襄樊市尚未合并，一个投资数亿的大型企业对当地经济的影响和带动作用是极为重要的，建设一个二汽带出了一个几十万人口的十堰市；现在，又要建设一个大型汽车产业基地，襄阳襄樊地市两家都开始了对这个项目的争取。

经过地质勘查，肖湾地质属于中强膨胀土，地基处理困难，不适合建厂。对此结论，襄阳地区的领导极为不满："肖湾有膨胀土，马棚就没有膨胀土？我们在这里建了那么多房子都没有影响，为什么你们就不能建？"襄阳地区领导专程到武汉请来中南勘测设计院作地质测定。中南勘测设计院做了地质调查后，证明这里确实是中强膨胀土，不适宜大型厂房建设，襄阳地区的领导才放弃了肖湾建厂的意见。

马棚的优势是地形平坦、紧靠汉江、取水方便，又靠铁路，交通便利，该地属襄樊市管，将来安置职工家属就业和子女上学方便。缺点是地形较低，汉江涨水时有受淹的危险。上游不远处还有一个质量不好的水库，一旦降水过量时就有坍塌的危险，防洪是个大问题。

油坊岗有一百多万平方米，属小型丘陵岗地，地形起伏不大，属汉江二阶台地。这里地势较高，没有防洪问题。交通以公路为主，襄樊到河南新野的公路紧邻其旁。附近还有建设试车场的大块土地。这里人少地多，人均有5亩地，届时安置费用不高，距离襄樊市仅有10余千米。经过反复比对，最终选定襄阳县油坊岗。襄阳地区领导对于二汽选中油坊岗很满意，黄正夏说："他们听到我浓厚的乡音，更是高兴，表示要尽全力支持国家重点企业建设，要什么给什么，决不含糊。不过，他们在酒桌上的热情可就真让人害怕了。"

厂址确定以后，最急迫的任务是征地。考虑到十堰建设二汽时占地招工带来很多后遗症，所以黄正夏向负责这项工作的铸造二厂厂长王玉泉交代政策：只能征地，不能招工。但当地政府非常希望能安排失地农民就业。王玉泉和襄阳地区的董姓副专员为此开展了马拉松式的谈判。襄阳地区非常支持二汽落户襄阳，襄阳县当然更是求之不得，但董专员也有他的考虑：土地转为工业建设了，原来土地上的农民怎么办？襄阳县既要二汽，也希望二汽能够将所占土地上的农民招工。董专员提出确定每亩土地5700元，一次性征地10 000亩，但襄阳县要求安排招工，条件是，每招一个工人，从土地款中减少 13 600 元。王玉泉不同意招工，董专员也挺犟，你不招工，我就不在土地转让协议上签字，双方顶牛了。黄正夏回忆：

王玉泉风风火火地从襄樊跑回十堰来找我，我正为襄樊基地的事要上北京。王玉泉拦住我要我看他们的紧急报告。我也急得不得了，告诉王玉泉："报告我不看了，有什么事情你口头说。"王玉泉也不含糊，他说："看来总厂的政策要改，只占地不招工人家不理你。但他提出，招一个人，可以从土地款中扣回 13 600 元，我的意思是，早一天把土地签下来，可以早一天动工建设，我建议招一部分工人，招工时提点文化条件。"左右权衡，我也无可奈何，为尽快动工，我在报告上签了字。最后，我们在襄阳县招工 100 人，少支付安置费用 136 万元。

（黄正夏口述，欧阳敏著，《艰难历程——黄正夏采访实录》，新华出版社，2007 年）

1982 年，正是中央"调整、巩固、改革、提高"政策的第三年，随着政策的到位，国民经济出现新一轮发展高潮，作为基本生产资料的汽车供不应求，二汽是中国最大的汽车制造企业，理所应当在这轮大发展中充当先锋队和主力军。现在，国家同意二汽建设襄樊基地，历史赋予了二汽第二个千载难逢的发展机遇。

在中国自己生产的汽车序列里，绝大部分是载重 4~5 吨的中型车，这种车的优点是通用性强；缺点是重的拉不了，轻的又浪费运力。其实，中国广大的农村和众多的城市，需求量最大的还是载重 1~3 吨的轻型车和载重 6~8 吨的中重型车。黄正夏早已看到了这种发展趋势，他说：

我考虑，在襄樊基地，除了建设铸造三厂外，还要抓住机遇上 8 吨平头柴油车，建设全国最高水平的试车场，同时还要谋划大规模轻型车项目。在当时的条件下，计划经济"分工"的概念还束缚着我们，我们还不敢直接提发展轿车，一汽和上海分别在发展轿车，二汽如果再提出发展轿车，肯定会碰钉子，所以只宜提出发展轻型车。国内除了北京等地有小批量的轻型车生产外，还没有成规模的轻型车生产企业。作为二汽来说，没有轻型车，就很难发展成全系列的大企业集团。不管它什么向上、向下，只要条件许可，我就要上。将来条件许可，我们还要上轿车。我的目的就是要建设中国的通用、中国的丰田，争取 2000 年向百万辆集团进军。人家什么都能生产，我们为什么只能生产单一品种？二汽要力争 1990 年前，先完成铸造三厂和 8 吨柴油车；1990 年后，再上轻型车和普及型轿车，发展更多车型，逐步实现跨越式发展。但鉴于当时的现状，要讲策略，不能将后面的想法一次和盘托出。

（黄正夏口述，欧阳敏著，《艰难历程——黄正夏采访实录》，新华出版社，2007 年）

基于上述考虑，黄正夏向中汽公司汇报了铸造三厂选址在襄阳的油坊岗的方案，以及准备上 8 吨柴油车、建设第二基地的设想；并提出，中汽公司要二汽向上，但二汽前面有筹建的三汽，三汽是重型车，8 吨为起点，二汽向上没有空间，请中汽公司协调一下，二汽、三汽之间可否以 8 吨为界，8 吨车由二汽生产。饶斌对二汽到襄樊建设新的基地很赞同，明确了两点：

一、同意"三铸"建设迁到襄阳，但不宜提新建，提"易地扩建为好"；

二、二汽发展上限可以定为 8 吨，但先不必要上报第二基地，等上级批准了"三铸"厂址，第二基地就自然确定了，以免节外生枝。

1982 年 8 月 7 日，二汽党委正式向湖北省委、中汽公司并一机部报告了《关于第二汽车制造厂扩建工程更改厂址的报告》，先后得到国家建委和机械工业部的审批同意。湖北省委省政府非常积极，立即召集省计委、经委、建委和襄阳地委领导一起，研究怎样尽快落实二汽"三铸"在襄阳油坊岗易地扩建和建设二汽第二基地的问题。9 月 18 日，湖北省建委正式发函通知襄阳地区建委，落实国家建委同意二汽铸造三厂扩建工程在襄阳县境内选址建厂。二汽向省政府要求，在油坊岗需要购买 1 万亩土地，并预留 5000 亩供二汽下一步发展使用。二汽的要求得到了湖北省和襄阳地区的全力支持，全部答应了二汽发展所需的土地要求。

1982 年 12 月 14 日，湖北省建委在襄樊市召开了厂址选定工作会议，中汽公司、湖北省机械厅、襄阳地区、湖北省交通、勘察、给排水设计院等单位出席了会议。这次会议和 20 世纪 60 年代二汽在十堰建设，为厂址的情况争执不下的情况大不相同，与会代表一致赞同油坊岗建厂方案，并上报一机部、国家建委、国家经委。

1983 年 1 月 31 日，国家计委正式批准第二汽车制造厂铸造三厂易地扩建。8 月 21 日铸造三厂破土动工。

1983 年 9 月 4 日，二汽正式向湖北省人民政府并中汽公司、一机部提出了"襄阳厂区远景发展规划图的报告"，提请批准在三铸及汽车道路试验场的基础上，建立二汽新厂区，作为发展 8 吨载重车及几种军用车的生产基地，这些报告先后得到批准。

1984 年 7 月 29 日，时任湖北省委书记关广富以及省政府其他领导听取二汽主要领导黄正夏、李惠民、陈清泰关于二汽襄樊基地建设的情况和存在的若干问题的汇报。湖北省委省政府对二汽在襄樊建设新的基地极为重视，听取汇报后，关广富责成省委副书记沈因洛先后在十堰、襄樊召集当地主要领导和二汽主要领导座谈，就基地规划、建设用地、企业和地方相互支援等问题统一认识，下发了《加快二汽襄樊基地建设会议纪要》（湖北省政府 1984（85）号文件）。

1984 年 10 月 5 日，襄阳油坊岗，天气晴朗，艳阳高照，二汽基地上插满彩旗，几十台推土机一字排开，二汽襄樊基地奠基仪式在这里举行。一机部汽车局领导饶斌、二汽主要领导黄正夏、陈清泰，以及湖北省、襄樊市（1983 年襄阳地区和襄樊市合并实行市带县体制）的领导一起挥锹铲土，将镌刻着饶斌手书"奠基题词"的石碑埋于地下，奠基仪式正式宣告二汽襄樊基地建设全面铺开。

建设第二基地的主要任务之一，就是二汽自己生产柴油发动机机和 8 吨平头柴油汽车。在任何汽车上，发动机是心脏，有了好的发动机，问题就解决了一半。柴油机马力大又节省能源，世界上主要汽车厂商生产的 3 吨以上的汽车都是使用柴油发动机，但当时中国在汽车专用大马力柴油发动机上还是空白。早在 1980 年，饶斌就曾提出二汽和一汽共同研制汽车专用柴油机，但没能成行。以后孟少农同志主持设计了 6110、5110 和 6110T 系列柴油机。黄正夏讲了一个耐人寻味的故事：

就在二汽的柴油发动机正在研制的时候，日本日产柴公司的专家们来二汽参观，他们到技术中心的试验台架上看过这个产品。一年后，二汽和日产（柴）公司谈判联合开发时，他们拿出来的机型，竟然和二汽自己研制的一模一样，让人感到非常吃惊。日本虽然技术发达，科技水平高，但"学习"别人技术的手段也是很高明的。比如我国独有的宣纸制造技术、北京景泰蓝制造技术、洛阳唐三彩技术都是被他们这样"学"去的。

（黄正夏口述，欧阳敏著，《艰难历程——黄正夏采访实录》，新华出版社，2007 年）

二汽研制的 6100 系列柴油机在一定的程度上要满足军用，但总后勤部不满意，认为 6100 机型体积大、油耗高、可靠性差。如果经过改进、完善、定型、准备生产工装设备，投入批量生产，起码得一两年时间。经过反复考虑，二汽决定与国际上先进的柴油机生产公司合作，经过与日产柴和美国康明斯公司洽谈比较，二汽认为康明斯柴油机马力大、油耗低、寿命长、性能稳定，最后决定引进美国康明斯公司技术。

黄正夏带队到一机部汇报引进计划，没想到，一机部一位主要领导不同意引进康明斯柴油机："你们为什么要引进外国柴油机，你们应该立足于国内。国内为拖拉机配套的柴油机生产厂共50家。每家的生产能力都有5000多台，你们要哪一家都行，都要也可以。"

黄正夏向他解释，国内农用拖拉机使用的柴油机和汽车使用的柴油机之间有很大的差别，前者为低速、恒速；后者为高速、变速。以美国康明斯柴油机与国内拖拉机用柴油机相比，同样马力下，体积、重量、油耗均相差一倍。而且，国内柴油机生产企业的规模、效率、质量都无法满足汽车需要。这位领导竟然提出："既然这样，那你们更应该想办法帮助这些企业进行技术改造。"

黄正夏哭笑不得，如果二汽有能力帮助改造国内的农用柴油机为汽车用柴油机，那又何必要千里万里到美国去引进人家的技术呢？再说，二汽基地的生产纲领为4万辆6.5吨柴油车、2万辆8吨柴油车，国内柴油机厂虽然多，但每个企业的年产量最多为5000台左右，要满足二汽的生产需要，要合并12家厂才能做到，如此规模伤筋动骨的技术改造岂能在短时间内做到？黄正夏真急了："如果强令我们接受，我宁可撤销这个项目。"

事情并没有完，有的领导提出更为荒谬的意见："二汽生产汽油汽车就行了，搞什么柴油机项目，不要和农业争柴油，都像你们这样，柴油不够用怎么办？生产的汽油又给谁用？"

黄正夏回忆：

没过多久，一机部老部长段君毅来襄樊基地检查工作，对这个项目的安排也提出批评，说我们不该在国内有很多柴油机厂的情况下又去搞引进。那次我不在，二汽的其他领导详细地向他做了解释，老部长仍半信半疑，但他回到北京后，经过了解情况，立刻让他的秘书打电话来说："我在襄樊批评你们的话收回，你们的安排，国家计委已经批准，你们好好干吧。"

（黄正夏口述，欧阳敏著，《艰难历程——黄正夏采访实录》，新华出版社，2007年）

二汽是全国企业改革试点单位，是靠自筹资金维持发展，在引进项目上有自主权，面对各种意见和批评，黄正夏等二汽领导坚持非引进康明斯机型不可。相持了约半年之久，一机部的那位领导从专家那里了解到拖拉机柴油机和汽车柴油机在技术性能上确实存在很大的差异，最后不得已才同意了二汽的引进计划。

1983年6月25日，黄正夏、孟少农、李惠民、李荫寰等11人到美国康明斯发动机公司考察。一行人首站来到美国福特公司。在洽谈合作的具体内容时，二汽代表团表示希望能够购买福特公司的8吨平头驾驶室的技术。福特公司代表表示，福特不卖技术，但可以提供驾驶室和车架，合资生产汽车。车桥、发动机你们可以任意选用。福特公司有一个拖拉机厂，由于市场萎缩，处于倒闭状态，他们想将这个厂的发动机做一些修改后卖给二汽，可二汽代表团成员全都是汽车专家，他们当然不接受。福特毫不客气，不买我的发动机，那驾驶室合作也就免谈。这就是国际商业竞争，只有利益，没有温情脉脉，别看平时说得有多么好听，到了利益相关时，双方都是各不相让，只有最后签订协议成交时，才是盘点自己利益的时候。

离开福特，黄正夏一行人来到位于美国印第安纳州哥伦布市的康明斯公司总部。康明斯是全球领先的动力设备制造公司，公司的创始人克莱西·康明斯本人并不是学机械的，但由于他对机械，尤其是发动机一直有着浓厚的兴趣和热情，所以最终成为自学成才的机械发明家。20世纪30年代，康明斯对货车柴油机技术进行大规模的研发，取得多项突破，奠定了康明斯的核心竞争力。1968年，康明斯投资2300万美元在哥伦布市建立了自己的技术研发中心，为应对70年代初开始的排放法规的挑战打下了坚实的基础。康明斯是全球发动机企业中唯一一家能够对发动机的五大关键技术平台，即进气处理系统、滤清和后处理系统、燃油系统、电控系统和缸内燃烧优化设计全部自主开发的跨国公司，因为其领先的技术，它吸引来了全世界许多企业与其进行战略合作。

康明斯公司对来自中国的第二汽车制造厂表示了极大的兴趣，专门派出华裔的高级工程师全程陪同二汽代表团进行仔细的考察，这位工程师还是孟少农当年留美的同学。根据二汽的需求，他为二汽介绍了 B、C 两种系列的柴油发动机。B 系列马力较小，适合使用在拟生产的 6 吨平头柴油车上，C 系列马力较大，适合 8 吨以上的车使用。参观考察结束后，康明斯的副总拜尔兹先生和黄正夏一行进行了会谈。这是一次令人印象深刻的交谈。拜尔兹问黄正夏："你们在开发新产品中，每个批次投入试验的样品有多少台？"

"5 台。"黄正夏告诉他。

"那太少了，我们是 50 台。"

黄正夏很吃惊："为什么要那么多？"

拜尔兹回答："只有这样才能充分暴露问题。"

拜尔兹解释道，这 50 台车不光给专业试验人员开，还要卖给用户试用，最好是交给新手开，在规定的时间内坏了他还可以来换，其目的就是要让他们乱开，让产品经历最严酷的试验，这才能充分地将所有的问题暴露出来。所以，一个试验批次几辆怎么够？康明斯的这些做法给了二汽的技术专家们很大的启发。

拜尔兹又问："你们的新发动机在台架上试验多少小时？"

黄正夏回答："100 小时"。

拜尔兹的脑袋摇得拨浪鼓似的，连声："不，不，我们的试验是 3000 小时，只有 3000 小时不出问题，这个发动机才是好发动机。"

拜尔兹说："试验不能只进行匀速试验，要不断地做载荷变换试验，就是一会儿空载，一会儿重载，不同的载荷交相进行，这样才能看出发动机的真实水平。"

他得意地说："我们康明斯发动机的奋斗目标是，到 1990 年将排量为 6 升的柴油发动机每马力小时的油耗降到 135 克，比目前世界最先进水平 160~170 克还要低 30 克，我们之所以能在全世界保持最高水平，靠的就是这些过硬的试验手段。"

拜尔兹还告诉二汽代表团，对发动机检验，除了寿命指标外，还有可靠性指标。什么是可靠性呢？即你这个车，在 5000 千米以内，事故不得超过三次。什么为事故呢？连螺丝帽松了也算事故。如果掉了零件，那就是大事故，错装了零件要受到严重处罚。

对康明斯公司的考察让黄正夏等人感慨良多：在资本主义社会，人人都要时刻面对激烈的竞争和强大的生存压力，只有使自己成为最棒的，使自己的产品成为最好的，才能摆脱淘汰的命运。反观国内大锅饭的体制，培养了一批四平八稳的懒人，涣散了自己的斗志。

康明斯的考察使给黄正夏一行留下了深刻的印象，也坚定了他们引进世界一流的产品，学习和掌握先进生产技术和管理水平，逐步提高自己开发能力的决心。考察结束后，代表团决定，B、C 系列的这两款发动机都要。从那时起，二汽和康明斯的合作一直延续到今天，而且合作越来越深，范围越来越广。

离开美国，黄正夏一行人飞到了日本。在日本，二汽代表团考察了好几家汽车公司，最后来到日产柴油车公司，日产柴公司是专门生产柴油载重车的专业公司。在这里，黄正夏一行着重参观了他们的驾驶室、柴油机、变速器等产品的生产加工手段和产品设计能力，对他们的 PB12 驾驶室比较满意。日产柴公司对二汽的合作意向做出了积极的回应，他们表示，双方可以全面合作，也可以就驾驶室、柴油机、变速器等一项一项分总成合作。经过洽谈，双方就生产8吨平头柴油机汽车驾驶室达成合作意向。

1983年9月20日，黄正夏在北京分别向国务委员张劲夫、中汽公司饶斌、一机部周建南、国家计委甘子玉、国家经委马仪、对外经贸部魏玉明等领导一一做了正式汇报。张劲夫听完汇报后，当场就在二汽的引进外资先进技术合作生产的申请上批示："原则赞成，可以搞技贸结合、合资或合作生产的试点，以求在汽车领域的技术和管理上有新的提高。"

1984年3月7日，国家计委正式批准了二汽8吨柴油车建设项目，并要二汽"注意利用3.5吨越野车的条件，实现平战结合"。根据国家计委的意见，二汽正式提出了同国外合资建设一个新的柴油发动机样板厂的建议。至此，在襄樊基地建设的柴油发动机、6吨柴油车、8吨柴油车等主要项目均已全部落实，国家的相关政策也在陆续到位。

1984年7月31日，二汽总装厂披红挂彩、锣鼓喧天，一辆崭新8吨平头柴油车缓缓驶下总装线，这是二汽第一辆试生产的EQ153型8吨平头柴油车。新车外形漂亮时尚，驾驶室人性化设计，宽敞舒适、视线好，油漆锃明瓦亮，如同一件漂亮的工艺品。人们围着它品头论足，犹如欣赏待字闺中的新娘。这是二汽生产的第一辆8吨柴油车，也是二汽第二次创业的第一件产品，它的诞生宣布二汽第二次创业从设想变为现实。

1984年，时任国务院主要领导在北京召开的汽车产业发展座谈会上提出，要将汽车产业发展成为国民经济的"支柱产业"，要求各地和有关部门要采取措施大力支持汽车工业发展。黄正夏认为，在目前有利条件下，原定襄樊基地1万辆8吨平头柴油车的想法过于保守，生产规模应当翻一倍，实现年产2万辆。为什么要改成2万辆？这主要是从社会需求和投资效益来考虑的。随着生产力的发展，社会对大吨位车的需求日益增加。到1984年为止，我国汽车厂中，大规模生产8吨左右汽车的厂家不多，济南、重庆、陕西等重型车厂的产量都在几千辆上下，国内缺重少轻的局面并没有改变，据测算，8吨车在我国当时的道路条件下，是最适合的车型。二汽新的8吨车无论是技术水平还是整车质量，在全国当时的车型中都是属于最好的，可以预料，新的8吨柴油车问世会后会对国内其他企业所生产的车型产生强烈的冲击，2万辆的销售没有问题。从组织生产的角度看，2万辆与1万辆的建设工作量相差不大，总投资增加1亿～1.5亿元，就可建成2万辆的生产能力。如果在关键环节上留点余地，将来还可以发展10~15吨级的重型载重车。资金也不成问题，除了自筹和留利的资金外，国家计委和财政部还批给了二汽9000万美元外汇额度。国内的政治环境日益稳定、宽松，各项改革措施逐步到位，这些都为二汽实现新的跨越准备了条件。

为统一领导班子内部的思想，1984年2月和6月，二汽党委连续召开了两次"生产能力讨论会"。经过反复讨论，最后确定，到1990年，二汽实现20万辆生产能力，即十堰老基地的14万辆和襄樊新基地的6万辆柴油车（4万辆6吨平头柴油车和2万辆8吨平头柴油车）。黄正夏回忆：

1984年6月的这次能力讨论可以看成是二汽发展史上一次思想大解放，具有重要的突破意义，从此二汽彻底摆脱了"中型车10万辆"单一品种的老框框。在向湖北省委主要领导汇报后，我们的发展规划得到了省委省政府的大力支持。8月20日，我们又到北京向一机部、国家计委报告了二汽的发展设想。

（黄正夏口述，欧阳敏著，《艰难历程——黄正夏采访实录》，新华出版社，2007年）

1984年10月11日，国家计委下达文件批复："同意二汽用自筹资金在'七五'或稍长一些时间里，使原定 10 万辆汽车生产能力扩大到 25 万辆（包括东风联营公司 5 万辆）能力；同意二汽引进美国康明斯 B、C 系列柴油发动机制造技术；同意由国家拨给 9000 万美元的外汇额度，用于引进技术和关键进口设备。"

1985 年 8 月 16 日，国家计委会同机械部、中汽公司、湖北省在二汽召开了"20 万辆能力审查会"。按照会议确定的方案，9 月 18 日，二汽正式提出了《建设 20 万辆能力设计任务书》，确定十堰老基地 5 吨民用车扩大到 13 万辆，保持两种军用越野车 1 万辆；襄樊基地新建 6 吨平头柴油车 4 万辆，8 吨平头柴油车 2 万辆；引进康明斯 B 系列柴油机 6 万台，C 系列柴油机 2.5 万台，总投资 25 亿元，其中襄樊基地 14.5 亿元。

1986 年 5 月，国家计委以计机（1986）771 号《关于第二汽车制造厂年产二十万辆扩建和技术改造设计任务书的批复》确定："二汽生产能力扩大到 20 万辆，争取 1990 年形成 20 万辆生产能力，总投资 25 亿元，其中基建投资 15 亿元、技改投资 10 亿元、外汇额度 1.17 亿美元。其中国家安排 0.9 亿美元，企业自有留成 0.27 亿美元。"

从铸造三厂扩建到襄樊基地建设，再到 20 万辆能力的确定，这是二汽的第二次创业，二汽由此开始了驶入蓝海的航程。

第三章 新的起点

面向世界

20世纪80年代，随着改革开放逐渐深入，中国汽车工业的发展进入了一个新的时期，从北到南，从东到西，无论是大企业还是小企业，各种繁杂、稀奇、闻所未闻的事件层出不穷。"乱花渐欲迷人眼"，将这些事件细加梳理，可以得出三个关键词：引进、联营、放开。

"引进"即与西方大的汽车企业合资合作引进技术。改革开放打开国门，二汽和美国康明斯、福特公司，上汽和德国大众公司、美国通用公司，一汽和德国大众公司，江汽、重汽和日本五十铃公司，天津汽车和日本大发公司，北汽和美国汽车公司（AMC），南汽和意大利菲亚特公司，济南重汽和奥地利斯太尔公司，广汽和法国标致公司纷纷开展各种形式的合资和技术合作，长期以来一直封闭发展、自成体系的中国汽车工业开始面向世界。

"联营"是指针对全国汽车企业"散、乱、差"和"小而全"的现状，中汽公司以一汽、二汽、南汽等骨干企业牵头，以集团化、大批量、专业化、大协作为目标，分别组成东风汽车工业联营公司、解放汽车工业联营公司、南京汽车工业联营公司、京津冀汽车工业联营公司、重型汽车工业联营公司、上海汽车工业联营公司和汽车零部件工业联营公司，分别以一汽、二汽、南汽、重汽、北汽的主力车型为基础，将全国大大小小的汽车生产企业和零部件企业组成联营集团，初步将一盘散沙的汽车生产和零部件企业组织了起来，由此产生了新的一批骨干企业。

"放开"是指汽车工业行政管理制度改革。改革开放给中国经济带来了活力，各个行业出现千舟竞发的新局面，商品经济日益活跃，市场经济、企业竞争已经初见端倪，但陈旧的管理体制束缚了企业的手脚，也阻碍了企业的发展。针对中汽公司"全国一盘棋"的发展思路，以一汽、二汽为主的企业开始主动抗争，分别给中央最高领导写信，引起中央领导高度重视，1984年8月11日，中央财经领导小组在北戴河召开会议，最终导致中汽公司领导更换，公司更名，中央出台文件为汽车企业松绑。中国最大的两大汽车企业一汽、二汽脱离中汽公司的"怀抱"，中国汽车工业迎来了相对宽松的发展环境。

1978年被称为中国改革开放元年。这一年，在邓小平的推动下，中国共产党开始了改革开放政策的酝酿。

国与国之间交往，利益，尤其是经济利益是第一位的。中国宣布实行改革开放，打开大门与世界交流，美国、欧洲的发达国家和大公司看到了无限商机，一个拥有8亿人口、经济欠发达的大国，其市场潜力几乎是无限的。美国、欧洲等发达国家，技术先进，经济发达，但国内市场容量有限，急需向外输出资本与技术以开辟新的市场。现在政治上的因素有利，它们纷纷将眼睛盯住中国，仔细捕捉来自中国的每一个信号。

早在1975年8月18日，邓小平在国务院讨论《关于加快工业发展的若干问题》时就提出了七点指导性意见，其中第二条是：

引进新技术、新设备，扩大进出口。可以考虑同外国签订长期合同，引进他们的技术装备开采煤炭，用煤炭偿付，这是一个大政策。总之要争取多出口一点东西，换点高、精、尖的技术和设备回来，加速工业技术改造，提高劳动生产率。

1978 年 3 月 18 日，邓小平在全国科学大会开幕式上响亮提出："任何一个民族、一个国家，都需要学习别的民族、别的国家的长处，学习人家的先进科学技术。"但长期关起门来搞革命，对外交往也多是政治性的，现在想要引进技术，到哪里去引进呢？环顾世界，经济技术发达的国家和地区主要有美国、日本和西欧。

经过分析比较，从与中国的国家关系和总体经济水平考虑，1978 年 5 月，中央决定，派谷牧副总理率领代表团赴西欧考察。出发之前，邓小平在北京饭店听取了代表团准备情况的汇报，邓小平指示，要"广泛接触，详细调查，深入研究些问题"；了解人家现代化工业发展到什么水平了，把资本主义国家先进的好的管理经济的经验学回来。

这是新中国成立之后，中央向西方国家派出的第一个政府经济代表团。代表团成员有钱正英（水电部部长）、彭敏（国家建委副主任）、张根生（农林部副部长）、叶林（北京市革委会副主任）、王全国（广东省革委会副主任）、杨波（山东省革委会副主任）等六位省部级干部。从 1978 年 5 月 2 日到 6 月 6 日，中国代表团先后访问了法国的巴黎、里昂、马赛，联邦德国的波恩、鲁尔、汉堡、巴伐利亚等，瑞士的日内瓦、伯尔尼、巴塞尔、苏黎世，丹麦的哥本哈根、奥尔堡，比利时的布鲁塞尔、安特卫普等地，会见了众多的政界人士和企业家，重点考察了这些国家工农业和科技的现代化水平，以及经济发展较快的原因，组织管理社会化大生产的经验。除了会谈以外，代表团还参观了工厂、农场、城市建设、港口码头、市场、学校、科研单位、居民点等。联邦德国的发展经历对代表团有很深的触动。第二次世界大战彻底摧毁了德国的经济，德国几乎所有的城市被炮火夷为平地，德国人民无衣、无食、无处栖身，到处都是饥寒交迫的老百姓，生存成了战后德国人民面临的首要问题。在这种情况下，德国开始大力发展新型工业，积极开展国际贸易，短短几十年时间就快速实现了现代化。联邦德国城市繁荣、经济发达，人民生活普遍实现了电气化和自动化，考察团每一个人都提出共同的问题：这一切究竟是怎样实现的？

中国代表团访欧期间，在看到中国与欧洲各国在经济科技等方面巨大差距的同时，也感受到所在国官员和企业界人士与中国发展经贸关系的强烈愿望。谷牧在同法国巴尔总理会谈时，按事先的准备先谈政治，巴尔却说："这些问题您同总统会见时再讨论，我们今天主要谈经济，1977 年法中贸易额为什么下降，这同贵我两国的友好关系不相称。"

在同法国总统德斯坦会见时，德斯坦开门见山："我对经济有兴趣，法国的东西哪些是中国需要的，法中两国可以在哪些方面进一步发展合作？"

在座的法国驻华大使对谷牧说："听说你们要建设 120 个大项目，我们法国愿意有所贡献，给我们 10 个行不行？"

联邦德国巴伐利亚州州长卡里在宴会上说："听说你们资金困难，我们愿意提供支持，50 亿美元怎么样，用不着谈判，现在握握手就算定了！"

谷牧在离开丹麦去联邦德国时，丹麦代首相在机场送行时说："你要到大国访问了，但希望中国不要忘记我们小国，在发展经济合作上也要照顾一下小国。"

可以看到，这些西方资本主义国家资金过剩，技术要找市场，产品要找销路，都很想同中国拉关系、做生意，只要做好工作，利用外资加速中国经济建设是可能的。

代表团回国后，谷牧专门向邓小平做了汇报。听完汇报后，邓小平就实行开放政策、积极引进外国资金和先进技术等问题讲了三点意见：

一是从国外引进先进技术这件事一定要做；二是要下定决心向国外借点钱搞建设；三是要尽快争取时间。

（刘向东等主编，《对外开放起始录》，经济管理出版社，2008 年）

邓小平还说："你要把你们看到听到的情况讲给大家听，让更多的人了解情况。"

1978 年 7 月上旬，国务院召开有关部委负责人参加的关于加速"四化"建设的务虚会，谷牧在会上报告了西欧考察的情况，提出了对外开放的若干意见。谷牧说：

我国要老老实实承认落后了，与世界先进水平拉开了很大的差距。现在的问题是，我们怎么赶上国际先进水平，怎么搞现代化，怎么把速度搞快些？很重要的一条就是狠抓先进技术的引进、消化、吸收。国际形势提供了可以利用资本主义世界的科技成果来发展我们自己的机会，一定要抓住它。1975 年小平同志就提出过加强技术引进、增加外贸出口的政策，现在应当认真组织实施、加强引进……在发展对外经济关系上，必须解放思想，多想点子，开拓路子，绝不能自我封闭、自我禁锢、作茧自缚、贻误时机。

（谷牧著，《谷牧回忆录》，中央文献出版社，2009 年）

由于考察引起的反响和带来的效果，中央又相继派出以机械工业部部长周子健为团长的机械工业代表团，对意大利、法国、联邦德国、南斯拉夫等国进行考察，还派出以机械工业部副部长周建南为团长的代表团对日本进行考察。据不完全统计，从 1977 年 7 月到 1980 年 6 月三年间，除中央领导同志的出访活动外，中央派出的部委代表团达 360 次，科教经贸代表团 472 次，几乎每两天不到就有一个代表团启程前往国外。这些代表团从不同的角度看到了中国与世界先进水平之间的差距，增加了改革开放的动力。

日本与中国一水之隔，历史上，两国之间有过友好交往，也有过惨痛的战争经历。新中国成立后，日本政府追随美国，与中国处于长期对立状态，直到 1972 年中日恢复邦交后，两国才开始重新往来。虽然两国隔海相望、一衣带水，但由于中日两国的政治现状，双方交往无论是深度还是广度都远远不够，媒体上多见的只是一些与政治相关的报道，国内民众对日本经济和社会发展的认识也多缘于偶尔得见的制作精巧的日本家用录音机、收音机和小汽车。

经过战后几十年的高速发展，日本已经成为高度发达的资本主义强国，其国民生产总值仅次于美国，在资本主义世界里坐上了第二把交椅。日本国土面积狭小、资源贫乏、人口密度大、城市人口集中，全国 90% 的人口都集中在各个大小城市里。由于美军的轰炸，第二次世界大战结束后，整个日本已经是一片废墟，工业经济被彻底摧毁。美军占领日本后，日本面临的问题是怎么样让战后余生的国民活下去。20 世纪 50 年代初期，美国出于和苏联、中国对峙的需要，重新帮助日本恢复经济。按照经济总产值和人均产值来说，这个时候的日本，仅仅和新中国成立之初差不多。但是进入 50 年代中期以后，日本的经济如同发酵的面团，快速膨胀，到了 60 年代，其国民经济总产值已经达到西方世界的第五位；进入 70 年代，日本的工业发展更为迅猛，工业生产以每年 15% 的速度递增，国民经济总产值平均以每年 10.4% 的速度递增，迅速将除美国以外的西方其他发达资本主义国家远远抛在后面。1978 年，日本人均国民生产总值已经达到 1 万美元，接近美国的水平。到了 20 世纪 80 年代，日本的汽车、电视机、摩托车、轮船等主要工业产品全部占据世界第一的位置，特别是和中国几乎同时起步的汽车制造业，1980 年就达到了 1100 万辆，其经济总量已经稳居世界第二。日本产品以其质优、价廉、精巧新奇的优势席卷世界，超高速发展的日本经济被称为"经济奇迹"，日本人也被称为"经济动物"。从一个经济彻底崩溃的战败国到世界第二经济强国不过短短二十多年的时间，日本经济成为世界各国和经济学家们关注的焦点，世界各国到日本学习、参观、考察、调研的代表团络绎不绝。据日本提供的数据，从 20 世纪 70 年代中期到 80 年代，他们每年要接待上万个代表团。这些代表团中，排在第一的是美国，第二就是中国。

1978 年 10 月 22 日，日本东京羽田机场，一架中国民航的专机缓缓停靠，时任日本首相福田赳夫率领阁僚迎上前去。时任中共中央副主席、国务院副总理邓小平缓步走下舷梯，与福田首相握手，乐队高奏中日两国国歌。为了推动中国改革开放进程，邓小平决定亲自访问日本，探索和实践对外开放大政策。

邓小平同福田首相就国际形势和双边关系进行了深入的会谈；会见了裕仁天皇；拜会了参、众两院议长；与各党派负责人进行了友好的接触和交谈；出席了日中友好团体联合欢迎宴会，以及经济界的联合宴请；探望并拜会了经贸、文化、艺术界的许许多多的知名人士和新老朋友；参观了日产汽车公司的工厂、新日铁公司的君津工厂、松下电气公司的茨目工厂，与企业负责人和资深经济界人士、技术管理人员频繁接触交谈。

访日期间，邓小平从东京到大阪、京都，坐的是日本的高速铁路，即"新干线"。陪同访问的日本外务省亚洲局长告诉邓小平，现在列车的速度是时速 240 千米，您觉得怎么样？邓小平说"太快了，像鞭子赶一样"，"我们中国现在就需要这个速度"。下车以后他又说，"我知道什么叫现代化了。"在回答日本记者有关中国现代化问题时，邓小平说："这次到日本访问，就是要向发达国家请教，世界在突飞猛进地发展，我们清醒地估计了困难，树立了雄心壮志，一定要实现现代化。这就要有正确的政策，就要善于学习，要以国际先进的技术、先进的管理方法作为我们的起点。首先承认我们的差距，老老实实承认差距，就有希望，要善于学习。本着这样的态度、政策、方针，我们是大有希望的。"

1978 年 10 月，邓小平在会见联邦德国新闻代表团时强调："我们引进先进技术是为了发展生产力，提高人民生活水平，是有利于我们的社会主义国家和社会主义制度。"

以后，邓小平在谈到这段时间中央组织的大规模的考察活动时说："我们过去有一段时间，向先进国家学习先进的科学技术被叫作"崇洋媚外"。现在大家明白了，这是一种蠢话。我们派了不少人出去看看，使更多的人知道了世界是什么面貌，关起门来故步自封、夜郎自大是发达不起来的。"

"他山之石，可以攻玉"，差距与现实促进了国内改革开放政策的形成。

1978 年 11 月 10 日—12 月 15 日，中共中央工作会议在北京召开。参加会议的有各省、市、自治区和各大军区负责人等共 212 人。华国锋主持开幕式。这次会议在中国改革开放史上具有重要意义。会议原定议题是：

1. 进一步贯彻以农业为基础的方针，尽快把农业生产搞上去。

2. 讨论 1979 年和 1980 年的国民经济计划安排。

3. 讨论李先念在国务院务虚会上的讲话。

但由于邓小平与与会老革命家们的共同努力，会议的发展与原先的预订发生了根本的转变。

会议刚开始，邓小平建议，会议应该讨论"把全党的工作重点转移到社会主义现代化建设上来"，中央政治局接受了他的建议，围绕着这个问题进行了认真的讨论。围绕着讨论，会议印发了《苏联在二三十年代是怎样利用外国资金和技术发展经济的》《战后日本、西德、法国的经济是怎样迅速发展起来的》等材料。苏联20世纪在二三十年代采取的对外开放措施，如租让制、兴办合资公司、吸收外国贷款、与外国公司签订技术援助协定、招聘外国专家和技工、进口先进机器设备等发展经济的做法，引起了与会者极大的兴趣，给当时的讨论提供了有益的借鉴。大家认为，苏联当时的那些做法，我们都可以参考采用。日本的发展经验更令人深思，日本从20世纪60年代起，只用了13年时间，就发展成为世界第二大经济大国，主要有三条经验：一是大量引进外资，解决国内资金不足；二是引进外国先进技术和设备；三是大量培养人才。与会者都认为，世界经济发展日新月异，中国若不警醒，还是按照老办法，社会主义建设就发展不起来。多年来我们对外不了解，主观地搞了一些框框，束缚了自己的手脚，影响了经济的发展。现在中央下决心了，我们要敢于打破老框框，国际经济发展通用的商业手段我们都应该采用。

1978年12月18日，党的十一届三中全会在北京召开，全会决定，将党和国家的工作重点转到经济建设上来，实行改革开放的重大决策。采用世界先进技术和设备作为一项长期政策被写进了会议公报：

采取一系列新的重大的经济措施，对经济管理体制和经营管理方法着手认真的改革，在自力更生的基础上积极发展同世界各国平等互利的经济合作，努力采用世界先进技术和先进设备。

由此，中国对外开放的大政策开始形成。在对外开放大政策的推动下，中国对外引进有了快速的发展。1978年，中国与日本、联邦德国、英国、美国等十几个国家和地区共签订了1230多个项目，成交额达到78亿美元，合同数量和金额超过建国几十年来的总和。

改革开放的大政策，为中国汽车工业引进先进技术，与国际汽车产业巨头合资合作创造了条件，从1979年上海汽车与德国大众合作生产桑塔纳轿车开始，重汽集团引进斯太尔项目、一汽引进德国大众奥迪项目、二汽引进康明斯发动机项目、天津引进日本大发微型车项目、北汽引进美国切诺基项目、广汽引进法国标致项目、南汽引进意大利依维柯项目、中汽公司引进五十铃项目，从重型车到轻型车，再到轿车，中国汽车工业开始了全方位的合资引进。以后，美国通用、福特、克莱斯勒、法国雪铁龙、标致、日本日产、丰田、本田、韩国现代、意大利菲亚特等排名世界前十名的世界各大汽车公司都在中国找到了自己的合作伙伴，通过引进技术合资合作，中国汽车工业迅速发展，几年上一个台阶。2010年，终于超过美国，坐上世界产销第一的宝座并一直至今。从某种意义上说，打开国门，引进先进技术与资金，加速了中国汽车产业与国际汽车产业的接近与融合，促进了中国汽车产业的发展与进步。

盘点家底

1953年，在苏联援助下，中国开始建设一汽，中国的汽车工业从此起步，但由于基础和条件太差，刚起步的中国汽车工业走得跟跟跄跄。1958年，中国国内掀起了"大跃进"的热潮，由于当时全国实行企业管理权下放，再加上国内生产、生活对汽车的强烈需求，各省市头脑发热，不顾经济建设发展的规律，不管有没有条件，都一窝蜂地利用汽车配件厂和修理厂仿制和拼装汽车，仅仅几个月内，除西藏和宁夏外，全国各省市自治区几十个厂点"制造"出各类汽车达200余种，形成了中国汽车工业发展史上第一次热潮。这种做法的结果可想而知，造出来的汽车品种重复、技术落后、质量差、数量少。1960 年，全国共生产各类汽车 1.6 万辆，其中一汽生产 1.49 万辆，其余众多厂点仅生产 1100 辆，有的一年甚至只有几辆。

在"大跃进"惨痛的教训面前，国家采取了"调整、巩固、充实、提高"的八字方针，一机部也成立了汽车整顿小组，由汽车工业局副局长兼总工程师胡亮任组长。整顿小组对全国的汽车厂进行评估整顿，经过"关、停、并、转"，到 1963 年，全国共剩下汽车制造厂 18 家、改装车厂 45 家，有实力的汽车工厂只有 5 家：一汽、南汽、重汽、北汽、上汽。一汽年产载重 4 吨的解放牌货车 17 665 辆；南京汽车厂年产 2.5 吨跃进牌货车 1000 辆；北京汽车厂开始小批量生产北京 212 吉普和载重 1.5 吨多北京 130 型轻卡；上海汽车厂由三轮汽车转产上海牌轿车，已经形成年产几百辆的能力；济南汽车厂则初步具备了年产载重 8 吨黄河牌货车几百辆的能力。

"大跃进"时代造汽车的热潮虽然退却，但国内对汽车的需求并没有减退，由于需求的压力继续存在，只要时机合适，就会形成新的动能。20 世纪 60 年代中期，为应对美苏的军事威胁，毛泽东决定在全国范围内开展"备战备荒"和"三线建设"，中央提出"发挥中央和地方两个积极性""建立完整的国民经济体系"，中央开了口，地方就放开了手脚。从 1969 年下半年开始，全国各省市自治区（除台湾、西藏外）纷纷以"大会战"的形式组织汽车生产，1970 年—1971 年的两年间，全国汽车整车生产点多达 100 多个，仅江西一个省就有汽车厂 14 家。全国大大小小的汽车厂有 150 余家，汽车年产量却只有区区几万辆，其中一汽占了 80%，南京、北京、济南、上海等几家年产量几千辆（二汽正在建设中尚未生产），其余的产量多的上百，少的只有十几辆。生产的产品几乎全部都是仿制一汽的"解放"、北京的"130"和"吉普"、南汽的"跃进"，众多的厂家互相抄袭仿制，质次量差。围绕汽车生产厂，又出现了近 200 余家改装车生产厂和多如牛毛的汽车零部件生产企业。从 1966 年—1980 年，全国新建、改建大大小小的汽车配件厂多达 2000 多家，这么多的企业分属于不同的省、市和行业，条块分割，各自为政，非常混乱。

汽车厂数量之多为世界之冠，汽车厂产量之少也为"世界之冠"，中国汽车工业的现状成为世界汽车业的笑柄。1970 年，日产公司的年产量 137.4 万辆，丰田公司 169.9 万辆。从 1961 年的 21 万辆发展到 1968 年的 108 万辆，丰田用了 7 年；从 1961 年的 16.5 万辆发展到 1969 年的 114 万辆，日产用了 8 年。相比之下，中国汽车工业的现状令人汗颜。德国《商报》一记者撰文称：

中国 120 多家汽车厂的效率不及日本的一半，生产能力加起来还不如丰田一家多，但负债率却达到固定资产的 80%。

除了厂家多、产量少以外，产品结构也严重不合理。当时，中国汽车生产骨干企业只有一汽和二汽，这两家企业生产的解放和东风均为载重 4~5 吨的中型车，占了全国汽车总产量的 80%。南汽、北汽、济南等企业生产的重型车和轻型车的年产量不过数千辆。当时中国汽车的状况是，中型车唱主角，缺重（型车）少轻（型车），轿车基本属于空白，专用车品种少，这种产品结构远远不能满足运输市场的需要。

除了数量少、产品结构不合理外，技术水平落后、质量差是中国汽车的另一突出问题。据当年中汽公司的统计数据，中国汽车与国际水平的差距主要表现在：

油耗高。我国汽车平均油耗比国外高 38%~109% 不等。

可靠性差。首次故障里程，国内中型车最高为 900 千米，国外车为 30 000 千米。故障间隔里程，国内最高为 1667 千米，国外为 30 000 千米。第一次大修里程，汽油车，国内为

15 万 ~20 万千米，国外 20 世纪 60 年代即为 20 万千米；柴油车，国内为 1520 千米，国外为 50 万千米。

污染物排放量大。COD 排放，国内轿车为 4.5%，国外小于 0.5%。

科研人员和科研经费差距巨大。1978 年，日本丰田公司产量 200 万辆，当年共有职工 4.5 万人，其中设计试验人员 6500 人，占全员的 14%。三菱公司 6800 人，设计试验人员 1100 人，占全员的 16.2%。1978 年，中国一汽产量 3 万辆，职工 4.3 万人，设计试验人员 300 人，占全员的 1.5%。一汽是当时国内最现代化的汽车厂，其他的汽车生产企业连一汽的水平也达不到。1978 年，法国雪铁龙公司的科研经费占公司营业总额的 2.5%，德国大众为 2%，美国通用为 1.7%。1978 年，中国汽车全行业的研究费用只有 753 万元，只占总产值的 0.31%。

设计实验费用少。1978 年，日野、丰田、日产的设计试验费用都占营业额的 3%，三菱占 4%，而一汽只占营业额的 0.1%。如果看绝对额，经费差距更是没法相比了。

科研力量和经费跟不上，产品质量必然落后。西方发达国家生产的汽车自重不断减少，而载重量不断增大，耗油量不断减少。如它们 4~5 吨的中吨位货车自重只有 2.5~3 吨，而我国的中吨位货车的自重与载重为 1:1。这意味着，中国每生产一辆货车，比人家要多消耗一吨多钢材。4~5 座的轿车，国际水平只有 800~900 公斤，而上海牌轿车的自重高达 1400 公斤。

至于噪声、舒适性、行驶安全性、操纵方面更是存在巨大的差距。

这就是技术差距。技术差距决定了产品差距，进而决定了国力的差距。

1983 年，中汽公司曾对 4 种国产车型的 11 辆样车进行了 25 000 千米的可靠性试验。其结果触目惊心：

解放牌汽车的平均故障间隔里程为 620.4 千米，东风、北京 130 为 540.5 千米，北京 212 为 425.5 千米。而日本汽车的无故障里程为 25 000 千米。

5 辆 CA15 解放汽车参加实验，第一辆行驶 553 千米时，车门自动打开，发电机不发电；第 4 辆行驶 1061 千米时，离合器分离不彻底；第 5 辆行驶 114.5 千米时，发电机调节器损坏。

2 辆东风 EQ140 参加试验，第 1 辆行驶 215 千米时，方向自动跑偏；第 2 辆行驶 114.5 千米时，关闭电路发动机不熄火。

2 辆北京 130 参加试验，第 1 辆行驶 16.6 千米时收音机损坏，并引起全车电路故障；第 2 辆行驶 185 千米时，左右轮毂发热。

2 辆北京 212 参加试验，第 1 辆行驶 250 千米时，变速器、同步器发响；第 2 辆刚刚开动，方向机沉重不回位。

（张矛著，《饶斌传记》，华文出版社，2003 年）

1981 年，南京汽车厂将自己生产的跃进货车和日本同吨位的五十铃货车放在一起做了一次油耗对比道路试验。五十铃货车载重 3 吨；南京跃进载重 2.5 吨；五十铃百千米油耗为 13.56 公升，而南京跃进则为 20.98 公升。日本车比中国车节油 1/3。

汽车质量的关键在于零部件，中国汽车产业的散、乱、差现象在很大程度上与零部件企业的散、乱、差有直接关系，零部件是汽车工业发展的基础。中国汽车零部件企业现状又如何呢？

以二汽为例，二汽的建设带起了一个新兴的汽车零部件产业群。这个产业群分为四个层次，一是二汽建设时就规划了的，如标准件、钢板弹簧、活塞及活塞环等；二是湖北省为了与二汽配套，专门规划建设的如汽车篷布、汽车工程塑料、粉末冶金、汽车电器等；三是二汽为了帮助十堰本地发展经济，将一些技术含量不高、加工手段简单的零部件交给当地政府，组织起了一些零部件企业，如缸套厂、水箱及消声器厂、轮毂厂、铸造厂、改装厂等；四是为了稳定职工队伍，二汽将部分没有工作的职工家属组织起来，利用生产中的边角废料，为二汽生产一些小的零配件。人们将这种小零部件配套企业称为"五七连"，实际上就是街道小企业。除此外还有一些家庭作坊式的小企业，如同小鱼小虾围着一艘大船，拣拾一些船上掉下的食物碎渣度日。这些企业分别属于二汽、湖北省、十堰市以及附属的县、街道以及乡镇等不同级别的政府管辖。企业的上级管理部门不一样，财政投资渠道不一样，税收、利润上缴渠道不一样，互相之间没有横向联系；但有一点是相同的，这些企业都是依靠二汽给它们扩散产品而生存，二汽的技术水平决定它们的技术水平，二汽的生存现状决定它们的生存现状。依托主机厂，依靠主机厂，依赖主机厂，这就是它们的共同点，放大来看，这也是中国汽车零部件企业的现状。

20世纪80年代后，随着汽车工业的逐渐升温，全国更多的地方，尤其是经济快速发展的东部沿海的县、乡镇，都将发展的眼光投向汽车零部件，这里的人民聪明能干、心灵手巧，他们的业务员不辞辛劳，身背着试制出的各种零部件，频繁地出现在各家汽车主机厂、总成主机厂，以接近成本的价格，有的甚至以低于成本的价格推销自己的产品，为的就是要挤进主机厂的零部件供应圈。很多主机厂为了降低成本，也将自己所需的零部件外包给这些企业。为了进一步压低价格，主机厂将配套零部件企业又分为A、B、C、甚至D，让他们之间互相竞争，由此又刺激了零部件企业的蓬勃"生长"。

据不完全统计，仅1983年，全国就有2400个汽车零部件工厂，职工47.8万人，占汽车行业总人数的50%；固定资产30.1亿元，占汽车行业的34.3%；年总产值为30.2亿元，占汽车行业36.6%。这么多汽车零部件企业的生产组织结构极不合理，如同散沙一样分散在全国各地，这些企业隶属于各地"经济诸侯"，它们的人、财、物、产、供、销都被各省、市、县，甚至乡镇的地方政府控制，依附于各主机厂"讨生活"，给一口，吃一口，很多企业处于半死不活状态下。生产企业小、产品质量次、生产效率低，经济效益差是这些企业共同的特点，技改、革新、发展都是有其心无其力。饶斌曾做过调查：

北京化油器厂年产化油器20万只，人均年产280只。日本日立公司佐贺工厂年产350万只，人均年产4777只。日本东京化油器制作所是一个很小的企业，化油器年人均生产2837只。

济南汽车配件厂年产气门500万只，人均年产8000只。日本富士公司年产气门4200万只，人均年产6万只。

长沙汽车电器厂年产汽车电机18万套，人均年产40套。日本电装公司安成制作所年产电机3800万套，人均年产1200套。

上海汽车底盘厂年产转向机3万套，人均年产35套。日本NSK公司年产转向机320万套，联邦德国ZF公司年产转向机140万套，占欧洲市场1/3。

二汽水箱厂年产节温器10万只，美国汤姆逊公司年产节温器4600万只，占世界市场的80%。

由于劳动生产率低、经济效益差、经费紧张，所以科研、设计基本无从谈起。而国外主要汽车零部件企业都拥有完整、先进的开发能力和产品测试基地，科研经费占年营业额的3%~8%。

（张矛著，《饶斌传记》，华文出版社，2003年）

这种"散乱差"的产业现状如果不治理，中国汽车工业不可能健康发展，但如何治理呢？

联营之路

中国汽车工业的管理体制有过几次变动。1964年，为了促进支柱产业发展，国家决定试办12个工业托拉斯，汽车工业为试点之一，成立了中国汽车工业公司，对汽车工业企业实行集中管理，跨出了地区、部门界限，组织起专业化协作配套网。中汽公司下设长春、北京、南京、重庆等分公司及济南、武汉汽车制造总厂，归属中汽公司管理的企业共75家。

1979年12月，党中央、国务院决定成立国家机械委员会，薄一波任主任。1980年2月，国家机械工业委员会成立汽车工业小组，饶斌为组长，范慕韩、冯克为副组长。汽车工业小组调研制订了《全国汽车工业调整改组方案（试行）》，"方案"要求在全国以工业城市为依托、以生产同类车型骨干企业为基础，组建东风、南京、解放、重型、上海和京津冀6个汽车工业联营公司，同时重新筹建中国汽车工业公司。1981年3月，汽车工业小组改为"汽车行业调整规划协调小组"，实施汽车工业调整改组。1982年5月6日，中国汽车工业公司正式成立，饶斌任董事长、李刚任总经理、陈祖涛任总工程师。中汽公司实行董事会领导下的总经理负责制。中汽公司根据国家授权，对全国汽车工业实行归口管理，兼有一定的行政职能。在成立大会上，饶斌说：

成立汽车工业公司，标志着中国汽车工业进入新的历史阶段，初步设想它的历史任务是：

1. 改革管理体制，把公司办成企业型的经济实体，结束单纯用行政办法管理企业的历史。

2. 改革企业结构，结束汽车行业分散、重复、"小而全"的小生产格局的历史。

3. 改革不利于产品发展的制度，结束汽车产品几十年一贯制、踏步不前的历史。

4. 改革生产组织形式，结束单一产品的历史。

5. 改革企业管理结构，结束企业只抓生产和工艺，不抓研究、发展和销售的历史。

6. 改革汽车产品结构，适应交通运输结构的变化，结束汽车工业"缺重少轻"的历史。

（张矛著，《饶斌传记》，华文出版社，2003年）

时任国务院副总理薄一波在中汽公司成立大会上讲话指出："成立中国汽车工业公司是我们进行经济管理体制改革，用经济组织替代行政机构进行经营管理的一个重大突破。"

面对急需发展而又是一盘散沙的汽车工业，中央领导及时地提出，汽车工业应当走联合、竞争的路。1980年7月，小平同志视察二汽时指出："保护竞争，促进联合，应当这样搞，否则不能打破小而全。"

中汽公司成立以后，立即在全国范围内整合汽车生产资源，开始组建"联营公司"，走在最前面的是二汽。

饶斌设想，打破条块分割的界限，把散布在全国的各汽车厂及其零部件厂根据其大小强弱和产品、地域等特点，组成若干个"联营公司"，对企业实行专业化改造，逐步形成若干个以大型骨干企业为主体的高起点、专业化、大批量的集团化生产体系，同时在零部件企业中培植一些"专业化巨人"。在工作性质、工作任务、工作目标等方面定下一个大的框架，具体怎么发展让企业自己干。

1978年年初，时任国家机械委主任、国务院副总理薄一波在与饶斌谈话时说："长期以来，中央在处理和地方的关系上，常常是一统就死、一死就放、一放就乱、一乱就收、一收又死，总是一种恶性循环。1964 年搞的托拉斯到各地收厂，搞行业垄断，没有解决问题，影响也不好。小平同志提出，社会化大生产和分工协作都是发展的必然趋势，可以先考虑在汽车行业搞一搞改革试点，搞联合。"

根据薄一波的谈话精神，饶斌立即抽调时任二汽发动机厂党委书记的李岚清到湖北、四川、广东、广西四省区进行专业化大协作的调查。当时的想法主要是利用这些地方的生产能力，扩大联合，提高产量。饶斌调到一机部任部长后，向黄正夏传达了薄一波的讲话精神，希望二汽能够在企业联合上有所作为。此时，二汽东风牌汽车的名声在全国已经比较响亮，有很多地方的领导也来二汽联系，希望二汽能够帮助他们发展地方汽车工业，扩散部分产品给他们，搞活地方经济，二汽也希望发展的步子迈得更大些。根据饶斌传达的精神，黄正夏立即布置筹备组建汽车集团，当时的名称为"联营公司"。

经过几个月的调查摸底，四川、湖北、广东、广西四省区共有汽车工人 12 万，各种工厂500 多个，各种设备 2 万多台（套），固定资产 4.2 亿元，已经形成年产 25 种共 8000 辆汽车，除个别企业年产量超过 1000 辆外，其余的都是几百辆，有的甚至是几十辆，此外还有约 3 亿元产值汽车配件的能力，这些产品和企业普遍存在质量差、品种杂、管理水平低的问题，这些地方都希望由二汽牵头，按照产品系列化、标准化、通用化和生产专业化协作的原则对他们现有的汽车工业进行改组。1978 年 6 月，二汽和四省区主管部门召开了一个"规划会议"，用四省区和一机部的名义向国家计委、国家经委并国务院送呈了《汽车工业改组意见的报告》。但报告送上去后如同泥牛入海再无消息，这次联合设想没有成功。

1980 年年初，根据改革开放的形势，国务院提出了"发扬优势、保护竞争、推动联合"的要求。二汽再一次开展联合尝试，这一次明确组建以二汽的东风汽车为主导产品，围绕着东风汽车开发改装车、变形车的大型汽车集团，在此基础上发展、改造和提高地方汽车企业的能力。1980 年 6 月 6 日，二汽邀请了湖北、浙江、四川、云南、贵州、广东、广西、新疆等省区的机械厅局长和相关企业的领导座谈，讨论联合问题。这些地方都愿意和二汽共同发展，提出了自愿结合，组织联营公司，逐步实现专业化大协作。

在计划经济的环境下，组建跨省区、跨行业所有制的"联营公司"可不是那么好"联营"的。家家有本难念的经，各地都有难唱的曲。

第一，企业利益关系复杂。当时中国的汽车工业散、乱、差，条块分割"诸侯"割据，隶属关系复杂导致利益纠葛；汽车企业内部品种单一、产品型号杂乱，多数企业是"能力不大但四肢健全"的"小而全"企业，不同企业的产品销售和原材料进货渠道不一样，生产关系难以理顺。

第二，隶属关系复杂，矛盾众多。由于联营企业分属不同的"地方政府"，联营公司只是一个表面的联营体，深层次的矛盾一点也没有消除。联营公司的"兄弟们"都是跨地区、隶属关系各不相同的企业，每个企业都还有原来的"领导"，对联营企业，各地的"领导"们态度不一，或是撒手不管，或是死死管住不放，现行的行政和经济体制与联营公司"不兼容"。联营公司中有中央企业、地方企业、集体企业，管理权分属中央财政、地方财政，不同的企业要给不同的"领导"缴纳赋税，在这种环境下，利益关系难以调整。联营了，自己的"媳妇"跟人跑了，自己的地方利益会不会受影响？湖北有一家专门生产大型特种车、牵引车的大型汽车企业很想进入联营公司，它的产品也很有特色，二汽也非常希望这家企业参加联营，并打算把部分重型车交给他们开发和生产。但湖北省里的一位领导就是不同意："我自己的企业凭什么交给你们二汽？它就是赔钱也是我省里自己的企业，到了你那里，就是赚钱也不是我的企业，和我没有关系。"有的地方政府领导对参加联营公司的企业交代："只接受松散联营受益，不接受紧密联营受制。"有的地方企业负债累累、处于绝境，地方政府希望甩包袱，全部推给二汽，后又听说中央有政策，企业还有希望，就立刻对联营提条件、设关卡，拖延办手续；有的地方要将本省区的大小企业打包"集体入盟"，让联营公司帮他们把包袱背起来。

第三，二汽内部意见也不统一。二汽是国家特大型企业，生产能力、设备、管理水平全国一流，生产能力以每年上万辆的速度递增，发展前景光明。在这种时候带上一帮"穷兄弟"搞联营，这不是让人家来自己的锅里舀饭吃吗？对此，各种意见此起彼伏，主要有四种：一是组织联营是自我树立对立面，帮助了人家，影响了自己；二是"胳膊肘朝外拐"，自己吃亏；三是联营企业水平参差不齐，质量无保证，万一砸了自己的牌子怎么办；四是国内的企业隶属关系复杂，穷时靠着你，富了就甩开你怎么办？

第四，国家有的部委领导也有不同的看法：全国汽车一盘棋，你们这样搞联合，其他的汽车企业怎么办？你们要发展，别人还活不活？甚至动用行政压力，不许自己行业的企业参加二汽的联营公司。

二汽联营所遇到的问题非常有代表性，问题反映到中央，1980年7月1日，国务院通过《关于推动经济联合的暂行规定》：

1. 组织经济联合体一定要从生产发展的迫切需要出发，坚持自主原则，不受行业、地区和所有制、隶属关系的限制，但不能随意改变联合各方的所有制、隶属及财务关系。

2. 要推进原料产地与加工地区的联合。

3. 各种经济联合体都必须完成税收和利润上交任务。

4. 联合体应由各代表组成联合委员会，实行民主管理、科学管理。

1980年9月22日，二汽总部向一机部呈送了《关于成立东风汽车工业联营公司的报告》。10月16日，召开了8省区机械工业厅局长及重庆汽车厂、云南汽车厂、柳州汽车厂、贵州汽车厂、广州汽车厂、新疆汽车厂、杭州汽车厂、汉阳汽车制配厂等8家汽车企业领导共同参加的汽车企业"联营工作会议"。会上，根据国务院《关于推动经济联合的暂行规定》精神，拟订了"东风汽车工业联营公司章程（草案）"：

1. 所有参加联营的企业，所有制、管理体系、隶属关系、企业原有"法人"四不变，自愿、平等、互利、互惠。

2. 坚持对国家、地方、集团、企业有利。参加联营的地方企业采取"五、三、二"利润分成的办法，即：50%交国家（或地方），30%企业自己支配，20%交主导企业（集团）用于支持联营企业专业化分工的"专项改造资金"。

3. 组织形式多样化。联营公司分为紧密层、半紧密层、松散层、协作关系四种。紧密层完全接受集团的领导与安排，风险共担，利益共享。半紧密层实行两种领导关系，即以地方为主，不同形式的权利与义务也不相同，参与联营的企业自己对号入座，有完全的自主性。

4. 分工明确，量体裁衣。联营企业坚持"专业化分工改造"，依据企业专长发展"小而专、小而精"，联营企业之间"优势互补，劣势互克"。

5. 明确利益关系。联营企业"自主经营、独立核算、自负盈亏、自我积累、自我发展"。

6. 明确制定联营企业的产品方向。云南汽车厂生产东风系列的高原自卸车、大客车；柳州汽车厂专业生产东风柴油车自卸车、柴油载重车；广州汽车厂生产东风大客车；贵州汽车厂生产 6102 柴油机；杭州汽车厂生产大客车专用底盘；新疆汽车厂专门组装东风汽车，发展沙漠载重车等。集团负责制订标准，派员帮助地方企业做好改装车专用车的开发工作。组织专业化协作生产，促进新产品的开发，做好东风汽车的售后服务工作。

中国汽车工业落后的有一个重要原因就在于条块分割、各自为政，企业重复生产，产品品种单一、质次价高，缺乏竞争能力，导致几百家企业生产的汽车还不如西方一家大公司。联营本意在打破条块分割、各自为政，但联营公司是市场经济行为，而此时的联营公司却生长在计划经济的土壤里。客观来看，东风联营公司的这个"章程"真是勉为其难。解决的办法，只能有待深化改革。

"章程"出台后，经过和各级领导协商，各地企业多数都选择了参加半紧密层。参加紧密层的只有新疆汽车厂、浙江杭州汽车厂、广西柳州汽车厂、云南昆明汽车厂四家。紧密层企业的隶属关系由地方企业变成中央企业，财政、物资关系转到中央部门，但自身的独立法人地位不变。以后紧密层又发展成核心层，核心层企业实现了人、财、物、产、供、销六统一，企业内还实现了人员交流，例如辽宁朝阳柴油机厂的党委书记调任东风集团公司党委副书记。经过数年发展，所有的核心层企业都有了自己的拳头产品，都成为当地经济效益最好的利税大户和最有影响力的企业。

国家机械委员会、一机部、汽车局、湖北省人民政府对二汽在全国带头联营的行动大加赞赏，1981 年 2 月 17 日，国家机械委员会以国机经发〔81〕14 号文件批复，同意成立以二汽为基础，杭州汽车厂、汉阳汽车制配厂、广州汽车制造厂、柳州汽车制造厂、重庆汽车制造厂、贵州汽车制造厂、云南汽车制造厂、乌鲁木齐汽车装配厂 8 个企业组成"东风汽车工业联营公司"的申请报告。黄正夏为联营公司理事长、经理，王兆国为副经理，陈祖涛为副经理兼总工程师。同年 4 月 8 日，二汽正式召开了"东风汽车工业联营公司"成立大会。东风汽车工业联营公司是改革开放以来我国第一家汽车工业联营公司，它的成立标志着汽车工业联合、发展的尝试。

按照中汽公司部署，继二汽之后，一汽也开始组建联营集团。

早在 1964 年一机部试办中国汽车工业公司（托拉斯）时，在东北地区就成立了以一汽为主体的"中国汽车工业公司长春分公司"，由黑、辽、吉三省的相关汽车企业辽阳弹簧厂、营口汽车配件厂、沈阳汽车制造厂、丹东汽车改装厂、四平客车厂、吉林省气门芯厂、辽源汽车配件二厂、长春随车工具厂、长春汽车配件厂、长春汽车坐垫靠背厂、哈尔滨齿轮一厂、哈尔滨齿轮二厂、哈尔滨汽车电器厂共 13 家企业组成。跨地域跨所有制的 13 家企业虽然形式上捏在了一起，但人、财、物、产、供、销自成体系，13 家企业都是独立运转，公司只是一个空壳。

一汽组建联营公司过程中遇到的困难与问题与二汽如出一辙，跨地域、跨体制联合，人、财、物、产、供、销问题无法解决，各种利益关系如同道道锁链紧紧拴住马腿，联营的马儿如何让能扬鞭奋蹄？但在改革开放的大形势下，成立"联营公司"是国家政策，各地"诸侯"虽不愿意，但也要"顺从上意"，这可就苦了没有自主权的企业，一汽的联营推一下动一下，步履蹒跚。1980 年 7 月国务院通过《关于推动经济联合的暂行规定》，依据这个规定，一汽先是成立了类似于农业合作社的"汽车生产协作互助会"，9 月又成立了"解放汽车系列产品联营公司及维修服务公司"。客观看，这两个联营组织均属于最低层次的"民办联营"，有其名，无其实。经过一年多的磨合，在参照东风联营公司的基础上，最后众多厂家达成联营的原则：以一汽为主体，以"解放"汽车系列产品为对象，以不改变所有制性质、不改变企业隶属关系、不改变财税上缴渠道为原则组建企业联合体。1982年12月，以一汽为主体的"解放汽车工业联营公司"艰难问世。

一汽联营公司的正式名称为"解放汽车工业联营公司"。联营公司的企业有：第一汽车制造厂、四平客车装配厂、四平汽车改装厂、沈阳汽车制造厂、沈阳轿车制造厂、丹东汽车改装厂、凌源汽车制造总厂、青岛汽车制造厂、山东汽车改装厂、重庆汽车制造厂、青海汽车制造厂共大小11家企业。1982年12月30日，11家企业和地方政府的代表在吉林长春正式宣告成立，一汽党委书记徐元存和厂长黄兆峦分别担任联营公司的党委书记和董事长，一汽党委副书记谢云担任经理。

南京汽车厂是除一汽二汽以外国内规模较大的汽车生产企业，主要产品为载重2.5吨的"跃进"牌轻型货车，产品在全国有较广的覆盖范围。在20世纪50年代后期和70年代两次汽车发展大潮中，全国各地涌现了一大批地方汽车企业，这些企业都是地方汽车修造小厂，技术、资金和生产能力都极度缺乏，主要靠仿造和购买零部件拼装汽车。南京的跃进轻型载货汽车是主要仿造对象，由此形成一批跃进系列的装配厂和零部件企业。南汽既是江苏省的重点企业，同时也是中汽公司直接管辖的企业。根据中央鼓励联合、整合资源的精神，中汽公司决定成立以南京汽车厂为核心的"南京汽车工业联营公司"，围绕"跃进牌"轻卡，把与这一系列相关的汽车生产厂家和零部件企业组合起来，调整结构，理顺关系，提高产品质量，这对于整个华东和中南汽车工业发展和全国的汽车行业布局都是件大事。

1981年年初，陈祖涛和张剑飞一起到南京汽车厂，代表中汽公司协调组织筹建南汽联营公司。陈祖涛、张剑飞两人花了几个月的时间，把与南汽有关的汽车厂和零部件生产厂全部跑了一遍，向他们讲了中央改革的意图，听取了他们对联合的意见和看法。江西省委书记江渭清和省长白栋材专门交代，积极拥护五省市汽车工业联合。武汉市的领导说："对南汽联营，我们态度鲜明，要宣告'起义'，就地整编，'率部投降'。"在地方政府和企业共同努力下，1982年1月9日，南京汽车工业联营公司宣布成立。南京汽车工业联营公司以南京汽车制造厂为基础，与江苏、安徽、福建、江西和武汉五省市生产同类型汽车的企业联合组成。第一批参加南京汽车工业联营公司的单位有南京汽车制造厂、镇江汽车制造厂、江淮汽车厂、合肥汽车厂、六安齿轮制造厂、永安汽车修造厂、福州市汽车修配厂、江西汽车制造厂、江西汽车底盘厂、抚州汽车厂、江西汽车齿轮厂、南昌齿轮厂、武汉汽车制造厂、武汉汽车发动机厂、武汉长江汽车制造厂、武汉汽车齿轮厂、武汉汽车研究所、武汉有色金属铸造厂共18家企业。南京汽车联营公司第一任管委会主任李代胜，经理江华，总工程师张羡曾。按照成立的时间顺序，南京汽车工业联营公司是继东风汽车工业联营公司之后成立的又一家汽车联营公司。

初战告捷更增加了饶斌的信心，接下来双管齐下，分别组建京津冀汽车工业联营公司和重型汽车工业联营公司。

重型汽车工业联营公司成立于1983年3月29日。20世纪80年代初期，中国的重型汽车还是一支弱旅，创建于20世纪60年代的济南汽车厂年产量不过千余辆，"文革"中开始建设的四川汽车制造厂和陕西汽车制造厂步履蹒跚，三家合在一起一年只有区区数千辆的产量。中汽公司成立后，豪情满怀的饶斌立即开始筹建专门制造重型汽车的第三汽车制造厂，重型汽车工业联营公司也是以三汽筹备组为核心联合组建的。第一批参加联营公司的企业有济南汽车制造厂、四川红岩汽车制造厂、綦江齿轮厂、重庆汽车发动机厂、重庆汽车配件制造厂、重庆汽车弹簧厂、重庆油泵油嘴厂、重庆重型汽车研究所、杭州汽车发动机厂、陕西汽车制造厂、陕西汽车齿轮厂、汜河汽车制造厂、青岛汽车制配厂和株洲汽车齿轮厂等 14 家企业。重型汽车工业联营公司主要生产重型汽车、柴油发动机、专用车辆和附配件的科研、生产、销售、技术服务，并研发超重型汽车。联营公司成立时，各家企业生产的产品有济南汽车厂生产的黄河牌 JN150 系列 8 吨载重车、JN252 型 5 吨越野车，组装罗马尼亚的罗曼 10 吨以及 19 吨载重汽车；四川汽车厂生产的红岩 CQ261 型 6 吨越野汽车，以及用此底盘改装的其他车辆；陕西汽车制造厂生产的延安牌 SX250 型 5 吨越野车，以及用此底盘改装的其他车辆；汜河汽车制造厂生产的江淮牌 8 吨载重汽车；青岛汽车制配厂生产的黄河牌，以及用罗曼底盘改装的 7 吨、8 吨、9 吨、15 吨自卸汽车。为加速重型汽车工业发展，重型汽车联营公司从国外引进先进技术，生产 16、19、22、26、32 五个吨位及 15 个基本车型的 57 种以上的变形车，并实现主要总成通用化、系列化。

经过几十年的发展，京津冀地区已经形成以北京汽车工业为龙头，天津、河北遍地开花的汽车制造装配修造厂和零部件企业群。北京汽车制造厂生产的北京吉普和北京第二汽车制造厂生产的载重 1.5 吨北京 130 轻型载货汽车是两大主导产品。根据对京津冀地区汽车资源的摸底排查，中汽公司决定成立京津冀汽车工业联营公司。京津冀联营公司的任务是发展载重 2.5 吨及以下吨级、以城市用车为主的各种轻型车、微型车和专用车。在经济合理和专业化协作的基础上，经过调整改组和技术改造，使京津冀地区的汽车工业逐步发展成为有重点分工又相互协作的专业化、大批量生产的轻型和微型车基地。其中，北京以 130 轻型载货车为主，天津以 1 吨以下的微型车为主，河北各地以专用车为主，各地区的毛坯总成和附配件统一规划、互相协作。京津冀联营公司实行多品种系列化，主要生产轻型、微型两个系列组、五个系列和六大类专用车，补齐国内汽车系列中 1.5 吨、1 吨和 0.5 吨的缺口，设想由现在的 22 个品种增加到 123 个品种。争取到 1985 年实现基本车型 4.6 万辆，专用车 0.8 万辆；1990 年以后基本车型达到 10 万～12 万辆，专用车 2 万辆，基本满足国内市场需求并力争打入国际市场。

微型车系列组有微型厢式车、微型指挥车和普及型轿车三个系列；微型厢式车包括微型客车（六座的小面包车）、客货两用车（工具车）和微型货车；微型指挥车（吉普）包括软顶和硬顶指挥车；普及型轿车包括轿车和皮卡。

轻型车系列组由轻型厢式车和指挥车组成。轻型厢式车的基本车型为北京 130，指挥车主要为北京吉普。

唐山、邢台、保定、石家庄四个城市的三个汽车厂和六个改装厂按系列分工，逐步形成专用车生产基地。

京津冀地区的汽车制造修造和装配厂及附配件企业共有一百多家，性质有国营、集体，上级单位分别从省一直到县乡，隶属关系复杂，要将如此多的企业整合到一起，如同理一团乱麻，实在是费劲。陈祖涛回忆，一百多家企业有一百多种情况，根本无法将它们捏到一起，做完了企业的工作还要做它们的上级单位的工作，纠缠不清的利益关系让人心劳力瘁。经过三年的艰辛筹备，1983 年 5 月 13 日，京津冀汽车工业联营公司在北京宣告成立。首批参加联营的共 103 家：北京汽车制造厂、北京第二汽车制造厂、北京摩托车制造厂、北京内燃机总厂等 39 家企业；天津汽车制造厂、天津市第二汽车制造厂、天津客车厂等 52 家企业；河北省的邢台红星汽车制造厂、唐山市汽车制造总厂、石家庄市汽车厂、保定市汽车厂、秦皇岛汽车配件厂等 12 家企业。京津冀汽车工业联营公司董事长冯克、总经理吴忠良、总工程师蒋一子。

那段时间还成立了"上海汽车拖拉机工业联营公司"和"汽车零部件工业联营公司"。

中汽公司成立以后，短短几年的时间里，以专业化、大批量、协作生产为目标，将全国散乱的汽车企业分别组建成七个联营公司，为解决一盘散沙、各自为政的中国汽车工业做出了积极的尝试。

松绑放权

就在中汽公司忙于对全国一盘散沙的汽车企业实行联营重组时，改革开放已经逐步进入快车道，以简政放权为标志的企业管理体制改革悄然兴起，很多企业他们都希望头上的"领导"放松对企业的控制，让企业自己决定自己的前途与命运。"孩子"大了想要独立，这直接导致了管理者与被管理者之间的矛盾冲突。

联营的目的是要企业放开手脚，但一些企业的上级主管单位却对此颇"不适应"。新形势下，有些单位采取机关变公司，换汤不换药，成了纯粹的"翻牌公司"，挂的是公司的羊头，卖的是原来行政管理那一套的狗肉。这些单位以公司面目出现后，还名正言顺地向下属企业收取管理费，既当裁判员，又当运动员，比原来的行政管理更厉害一招。这也说明改革的艰难，绝不是一朝一夕，也绝不是一两个企业的成功经验就能够让全国照搬的。

改革不是一两个机构名称的变更和调整，改革是利益格局的调整，是权力的再分配，要根据经济发展的规律把属于企业自身发展所需要的权力还给企业，使企业真正变成社会经济活动的基础和主体，独立自主地面对市场。体制本身产生的弊端，只能从体制自身改革。

面对联营公司改革中出现的一系列问题，1984年11月，中国社会科学院经济所所长，著名经济学家蒋一苇专程来二汽考察联营情况，通过对联营企业广泛调查并座谈，蒋一苇对二汽的联营方式大加赞赏，他兴奋地说："二汽所走的道路是一次成功的经验。"回到北京后，蒋一苇向中央写了关于二汽联营的专题调查报告，胡耀邦对此非常重视，批示在《人民日报》发表。1984年11月20日，《人民日报》发表了题为《企业自由联合的一种有效形式——东风汽车工业联营公司在自愿基础上搞好联合》的调查报告：

东风汽车工业联营公司是我国第一家以自愿、平等、互利原则基础组织起来的企业经济联合体，经过几年发展，取得了很大的成绩。但是在发展过程中，也受到条块分割的旧体制的阻碍，联合处在十字路口上。

几年来，在工业改组和企业联合的做法上，存在一个根本分歧，企业联合是靠行政命令来进行呢？还是坚持自愿、平等、互利、协商的原则，由企业自由联合？

东风汽车工业联营公司的建立、成长和进一步发展的过程充分说明，企业的联合是社会化大生产的必然趋势，以一个骨干企业为中心，吸收自愿参加的企业，按照平等互利原则组成各种联合体和联合公司是企业自由联合的一种有效形式。

这篇社论点出当时经济体制改革存在的根本问题：企业联合是靠行政命令来进行呢？还是坚持自愿、平等、互利、协商的原则，由企业自由联合？联营后的企业能否真正变成社会经济活动的基础和主体，不受干扰地独立自主地面对市场是联营成功与否的标志。

问题回到了中汽公司自身。中央当初组建中汽公司，其目的是要"以经济手段管理经济"。中汽公司虽然是以"公司"的名义出现，但"换汤不换药"，仍旧是体制内的产物，公司内部完全依照国务院部级机构设置，司局、处一应俱全。陈祖涛说：

新成立的中汽公司争取到了和正部级单位一样的权利，如"外事权"，汽车行业系统的人员因工作需要出国，我们批了就行，不用再去外交部；"计划单列权"，我们可以自己制订计划，全国的汽车企业对我们，我们再对计委；"财务单列权"，财政部对全国汽车行业的拨款只对我们，我们再对全国的汽车企业；还有"人事权"，大型企业的老总都由我们自己任命而不需要通过人事部和组织部。简而言之，我们争取到了几乎所有能管住企业的权利，实际上对汽车企业也还是"人、财、物、产、供、销"的统管，这样，我们汽车工业公司变成了一个"小工业部"，各企业再不用为了一点小事往计委、经委等国家各部委去跑手续、等批件，而只对我们一家，这比原来的管理体制前进了一步，但各联营公司有关"人、财、物、产、供、销"的事还得往我们中汽公司跑，相当于头上还有个"婆婆"，这离中央要求我们"放手"还有相当的距离。

（陈祖涛口述，欧阳敏撰写，《我的汽车生涯》，人民出版社，2004 年）

在改革开放快速推进的大环境下，这种管理体制势必与企业发生矛盾冲突。

1984 年 5 月中旬，中汽公司召开"80 年代水平汽车新产品形成能力起步工作会议"，饶斌在会上发表长篇讲话，在谈到行业管理问题时说：

要实行全行业"一盘棋"的方针，集中资金，确保重点，发展专业化大协作大生产。实行全行业一盘棋，目的是减少重复，减少人力、物力、财力和时间的浪费，加快换代改造的速度，使有限的资金和比较薄弱的技术力量相对集中，用到刀刃上，确保行业重点尽快取得经济效果，这是实现汽车工业新局面战略目标急需采取的一项重要措施。

（张矛著，《饶斌传记》，华文出版社，2003 年）

中汽公司的思路与中央正在大力提倡改革开放，给企业自主权的精神相抵触。1984 年，国务院总理在一次座谈中谈到中国汽车工业发展时明确表示："不要搞全国性高度集中的经济实体，要给骨干企业很大的自主权，让企业自行决定自己的发展。"

1984 年 6 月，中汽公司党组开会，讨论国务院领导的讲话和中国汽车工业发展的趋势及做法，会议结束后给中央写了一个报告，报告的内容是中国汽车工业大发展的思路、做法，同时也提出与之相应的中国汽车工业的管理体制。7 月 1 日，中汽公司《关于汽车工业大发展和改革工作的报告》上报国务院。文件中明确要求：

改革管理办法，把公司作为一级计划单位，办成在计划、财务、物资、内外资、劳动人事等方面拥有必要自主权的全国性经济实体公司。

（张矛著，《饶斌传记》，华文出版社，2003 年）

陈祖涛回忆：

这个报告实际上是要对全国的汽车企业实行更加全面的控制。报告送到了当时的国务院总理手里。1984 年 7 月 6 日，他在报告上批示："依林、宋平、劲夫同志，中国汽车工业要大发展是必然趋势，也可能成为今后经济增长的一个重要组成部分，国外都经过了这一阶段，问题在于如何因势利导、避免大的盲目性，体制（组织机构）如何搞也是一个大问题。建议计委牵头，体改委参加，由国务院和财经小组最后确定。"

过了五六天，中央顾问委员会副主任、国家机械委员会主任薄一波对这个报告批示："几个月来，我在想一个问题，'联合公司'是对的，比过去进了一步，但还是不解决问题。不是说船舶公司、汽车公司没有做工作，而是竞争局面没有打开。是数量，主要是质量，长此下去，汽车进步不会很快，即使速度上去了，过后又会掉下来。本报告最后提出要把中汽公司改为实体，这启发了我，为什么中汽公司不能变为虚体呀？而让几个企业独立经营自负盈亏呀？而中汽公司只管信息、调节、计划呢？一时想到的，仅供参考。"

国务院总理看后又批示："薄老的意见值得重视，特别是中汽公司不要形成垄断，不要削弱企业主要的自主权，请认真研究办法。"

（陈祖涛口述，欧阳敏撰写，《我的汽车生涯》，人民出版社，2004 年）

这是中央领导第一次提出汽车企业管理体制要"虚"。这个"虚"就是指要对企业放权。要给企业更多的自主发展权，要解决当时企业没有发展积极性，普遍存在吃"大锅饭"的突出问题。这已经是对中汽公司管理企业的方法直接提出批评意见了。除了中央领导外，企业也对中汽公司的管理发出了不同声音。

早在 1981 年中汽公司成立后不久，中汽公司就有意对全国的汽车企业实行统一管理。黄正夏回忆：

1981 年，经过自筹资金续建二汽，二汽挺过了最困难的时候，基建、生产都在按计划进行。为了适应市场形势，国家撤销了物资总局，企业对自己的产品掌握了营销权。二汽的 5 吨民用车取得良好的销售业绩，初步建立自己的销售网络，产销衔接也逐步走上正轨。国家放开了企业的营销自主权，中汽公司却又想把这个权利控制到自己手上。1981 年年底，中汽公司的一位领导亲自找到我，和我商量说："过去二汽的产品是物资总局统购包销，搞得不好，现在国家物资总局不搞了，今后改由中汽公司来帮二汽统购包销好不好？你们可以集中精力搞好生产。"

过去，企业将自己的全部产品交给国家物资总局统购包销，那是计划经济体制下的做法，将自己的产品销售权交给人家控制，这样既不利于企业调动积极性，又不利于企业自主发展。国家改革统购包销的政策使企业建立了正常的营销机制，也给了企业和用户产销直接见面的机会，是一种进步，也是甩掉了套在企业嘴上的笼头。现在中汽公司又想来一个统购包销，把已经甩掉的笼头又给企业重新戴上，那行吗？我回答道："这恐怕不好吧，经过一年的自产自销，企业已经充分尝到了产销结合的好处，要搞活大企业，一定要做到设计、生产、销售三位一体，缺一不可。我们已经建立了自己在全国的销售网络，现在再退回去搞统购包销，中汽公司岂不成了又一个物资总局啦？"

面对我的反问，这位领导没有说什么，以后再也没有提这件事了。

（黄正夏口述，欧阳敏著，《艰难历程——黄正夏采访实录》，新华出版社，2007 年）

相比较二汽，一汽来得更为直接。1984 年 7 月 21 日，一汽的党委书记徐元存、厂长黄兆銮等四位领导联名给胡耀邦和国务院领导写信，对中汽公司的《关于汽车工业大发展和改革工作的报告》提出批评，认为应该给企业独立自主经营权，不能把企业，尤其是像一汽这样的特大型企业当成国家的一个车间而不给任何自主的发展权。一汽的信较为中肯地提出了中汽公司存在的问题，也反映了改革开放给企业带来的发展意识。一汽的信引起了时任中共中央和国务院主要领导的高度重视。

1984 年 8 月 11 日，中央财经领导小组在北戴河召开专门会议，听取一汽徐元存、黄兆銮等主要负责人的汇报。国务院主要领导以及万里、姚依林、胡启立、李鹏等参加了会议，中汽公司的主要领导也列席了会议。会上，国务院领导严厉地批评了中国汽车工业公司对企业管得过死，造成企业缺乏活力、缺少自主权的做法。在明确中国汽车工业要大发展，要走专业化、大批量的发展道路，要以大型骨干企业为主搞好联合的同时，提出对一汽、二汽等骨干企业要给予很大的自主经营权，让其放手发展。中汽公司的主要任务就是搞好服务和行业管理。中汽公司要"虚"一点，不要搞实，"实"要给企业；中汽公司要搞成"中国汽车工业联合服务公司"。会后，中央财经领导小组印发了《关于发展汽车工业问题会议纪要》，现将部分内容摘录如下：

……

四、中汽公司要搞好行业服务和管理。中汽公司要搞得"虚"一点，不能搞"实"，"实"应该在一汽、二汽等下面的公司或企业。中汽公司的名字可以保留，但要搞成"中国汽车工业联合服务公司"，同时以中汽公司为主，搞一个"中国汽车工业协会"。从国内的经验看，搞高度集中的全国大公司不好，那样，基层权力太小，而上层信息不灵、决策迟缓、官僚主义严重，弊病很多。今后，全国性的大公司不再搞。

中汽公司要搞好行业规划、行业管理，搞好服务，提供信息，制定技术政策，以及为中小企业进出口业务的服务和代理……

中汽公司要给一汽、二汽等骨干企业很大的自主权，让他们放手发展，一汽、二汽要在国家计委单独立户，要把进出口、同外商谈判、项目审批等有关权力下放给他们，让他们在竞争中充分发挥作用。

会议原则同意一汽关于开展竞争、搞活企业的设想和进一步扩大自主权的要求……会议对二汽最近写给耀邦等同志关于扩大自主权的报告进行了研究，除了对襄樊、十堰两市列为对外开放城市暂不考虑外，其余的都原则同意，具体由国家计委批示。

（张矛著，《饶斌传记》，华文出版社，2003 年）

中央领导的这些提法与中汽公司主要领导原来的管理思路有很大的差距，对于中央领导的批评和自己原来关于中国汽车工业发展管理的思路，饶斌陷入深深的思考之中。

1984 年 9 月 1 日，中共中央召开十二大，决定"对内搞活经济、对外实行开放"的方针。1984 年 10 月 22 日，中共中央在北京召开了十二届三中全会，全会一致通过了《中共中央关于经济体制改革的决定》。"决定"阐明了加快以城市为重点的整个经济体制改革的必要性、紧迫性，规定了改革的方向、性质、任务和各项基本方针政策，是指导我国经济体制改革的纲领性文件。为了对比说明问题，特将有关段落摘录如下：

增强企业的活力，特别是增强全民所有制的大、中型企业的活力，是以城市为重点的整个经济体制改革的中心环节。围绕这个中心环节，主要应该解决好两个方面的关系问题，即确立国家和全民所有制企业之间的正确关系，扩大企业自主权；确立职工和企业之间的正确关系，保证劳动者在企业中的主人翁地位。

过去国家对企业管得太多、太死的一个重要原因，就是把全民所有同国家机构直接经营企业混为一谈。根据马克思主义理论和社会主义实践，所有权同经营权是可以适当分开的。为了使各个企业的经济活动符合国民经济发展的总体要求，社会主义的国家机构必须通过计划和经济的、行政的、法律的手段对企业进行必要的管理、检查、指导和调节，通过税收等形式从企业集中必须由国家统一使用的纯收入，委派、任免或批准聘选企业的主要领导人员，并且可以决定企业的创建和关、停、并、转、迁。但是，由于社会需求十分复杂而且经常处于变动之中，所以企业条件千差万别，企业之间的经济联系错综繁复，任何国家机构都不可能完全了解和迅速适应这些情况。如果全民所有制的各种企业都由国家机构直接经营和管理，那就不可避免地会产生严重的主观主义和官僚主义，压抑企业的生机和活力。因此，在服从国家计划和管理的前提下，企业有权选择灵活多样的经营方式，有权安排自己的产供销活动，有权拥有和支配自留资金，有权依照规定自行任免、聘用和安排本企业的工作人员，有权自行决定用工办法和工资奖励方式，有权在国家允许的范围内确定本企业产品的价格，等等。总之，要使企业真正成为相对独立的经济实体，成为自主经营、自负盈亏的社会主义商品生产者和经营者，具有自我改造和自我发展的能力，成为具有一定权利和义务的法人。

1984年11月，中汽公司在香山召开了"加速中国汽车工业发展座谈会"，全国汽车企业的领导都来参加了会议。在会上，给每个人发了中汽公司《关于汽车工业大发展和改革工作的报告》。饶斌主持会议，希望大家就这份文件发表意见。黄正夏回忆：

由于对中汽公司的这个文件有些不同看法，所以我没有发言，一汽副厂长谢云也没有发言。饶斌注意到我们的态度，在中午休息时，专门和我们进行了个别交谈。他问我为什么不发言？我坦言："看了这个文件我不好发言。二汽在全国是有影响的大企业，一旦我们有不同的看法，对中汽公司的工作有影响。"

饶斌说："我们都是老同事了，有不同的看法是正常的，互相交换一下意见，但说无妨。"

既然如此，我就坦陈了我的意见："我认为，中汽公司应该尊重企业发展的自主权，像一汽、二汽这样的汽车厂，已经具有面对市场独立发展的能力，也有对国家方针政策的理解能力，但这个文件里面把企业统得太死，不给企业任何自主发展的空间，几乎实现了人、财、物、产、供、销、教育、外贸、技术开发九统一，连一个处长的任命你们都要管，企业还能干什么呢？这个文件与中央的精神不符。中央的精神完全是放权、扩大企业自主权、开放搞活。主题是"放"。"而中汽公司的做法恰恰相反，是统，是收权，把企业原来还有的一点自主权都要收回去。这种情况，我怎么发言？在中央改革精神的指导下，我们好多问题似应要重新思考。总之，要符合中央改革的精神。"

谢云只说了一句说："我同意黄正夏同志的意见。"

（黄正夏口述，欧阳敏著，《艰难历程——黄正夏采访实录》，新华出版社，2007年）

从中央领导到一汽、二汽两巨头，对中汽公司的发展规划都持不同意见，中汽公司的处境可想而知。

改革是对旧有的思维、观念、制度以及工作方法的巨大挑战。几十年来，在现行的体制和计划经济的环境中工作，工作方式已经形成一种固定的思维模式，这种思维模式是几十年一点一滴、日积月累形成的，现在靠几次讲话、几份文件就改变，弯子转得太急了。改革开放之初，对形势认识模糊、不理解、困惑、茫然不知所从，习惯性地以过去的思维模式思考问题、解决问题的现象很普遍，这也说明改革的难度。改革旧的体制首先要从人的思想，尤其是领导的思想，特别是主要领导的思想入手，这是一个漫长的，有时甚至是痛苦的过程。毋庸讳言，在这个过程中，有很多人因没有能够跟上这个伟大的变革而退出了领导岗位，但他们的退出是长江后浪推前浪式的退出，是在完成了自己的历史使命后的退出，是一种光荣的退出，决不能以他们的退出而否定他们过去的历史功绩。相反，他们的退出为新的力量发展创造了机会和条件，对社会进步、发展有利，这也是一种历史功绩。

1985年3月28日，中共中央组织部通知：免去饶斌的董事长、党组书记职务，任命李刚兼任中国汽车工业公司董事长、党组书记，张兴业为副董事长，陈祖涛为总经理。

陈祖涛回忆：

中央在北戴河召开会议时，我正在济南汽车厂召开政治工作会议，接到北京的电话，说国务院总理找我，让我马上赶回来。我当时还不知道有什么事情，但国务院领导要找我，肯定有事。我马上从济南火速赶回北京。到北京后，国务院总理的秘书白美清同志立刻安排我到中南海去。这时我才知道，饶斌同志72岁，因为年纪大了，退下来去了中央顾问委员会。由李刚同志任董事长，我接任总经理。国务院领导对我说："你们中汽公司要改变职能，在管理上要虚，要让企业有完全的自主权，你们的职能就是为企业服务。"

然后他提了几个名字，如"中国汽车联合服务公司""中国汽车公会"。

他对我们中国汽车工业公司的批评我是知道的，从我个人的认识来看，他的批评确实有道理，汽车工业要做强做大，要发展成支柱产业，靠的就是企业独立自主、放开手脚去发展。我们的汽车工业建立已有30多年了，像一汽、二汽、上汽等企业在生产、管理、设计上都已经成熟，已经形成了自己的发展思路和产品体系。他们早就不安于我们现在的管理模式，想自己发展了。但我们现在却还像在幼儿园里看孩子一样，把企业抓得紧紧的、看得死死的，他们没有发展的自由，我们也出力不讨好。我在基层这么多年，对此深有感受。所以他这么一讲，我当然明白。让我负责，我觉得担子重，但这副担子能让我实现"使汽车工业成为国民经济发展的支柱产业"的梦想，我还是敢接的。但他起的那两个名字，我觉得不太合适，容易产生歧义，特别是"公会"和"工会"容易混淆。我说了我的意见和看法。他说："好，你提名字，只要体制上'虚'，让企业放手发展就行。"

我回公司后，立刻火速把一汽的耿昭杰、二汽的马跃，以及几个主要汽车厂的负责人请到北京，到香山脚下国务院的一个招待所开会，告诉他们国务院领导的指示，并且商量公司的新名字。他们听到领导的指示后都非常高兴，最后大家商定的名字是"中国汽车工业联合会"。名字定下来后，我又通过白美清安排向国务院领导汇报。总理听了我们的意见后表示："只要你陈祖涛同意转变体制，你有什么要求我都满足你。"

（陈祖涛口述，欧阳敏撰写，《我的汽车生涯》，人民出版社，2004年）

1985年5月，根据北戴河会议精神，国家计委、经委、体改委和机械工业部发布《关于汽车工业发展规划和管理体制若干问题的通知》，通知要求，中汽公司把企业自主经营的决策权下放给企业，并提出中汽公司的主要职能是：在国家方针、政策指导下，做好统筹规划、综合平衡、开发经营、监督服务，组织协调工作，逐步办成企业性的联合开发服务公司。

1986年10月，国家计委下达"关于解放、东风、重型汽车工业联营公司实行计划单列的通知"，从此，解放、东风、重型汽车三家国有特大型企业就从管理体制上正式脱离了中汽公司，开始独自面对广阔的市场。

1987年6月29日，经国务院批准，中汽公司正式更名为"中国汽车工业联合会"，"中国汽车工业公司"予以撤销。国务院给"中国汽车工业联合会"定的职能是："中国汽车工业联合会是全国汽车摩托车行业的企业、事业单位自愿参加的联合组织。它是为政府决策提供咨询和建议，在企业和政府之间发挥桥梁和纽带作用，根据国家的授权和委托，对全国汽车企业行使必要的行业管理职能。"

在"中国汽车工业联合会"（简称"中汽联"）成立大会上，时任国务院副总理的李鹏在讲话中要求中汽联："要进一步促进汽车企业的联合，走高起点、专业化、大批量的道路，促进汽车工业的发展，使汽车工业成为我国国民经济的重要支柱产业。"

陈祖涛在成立大会上宣布了中汽联的工作内容：

1.研究汽车工业发展战略，导向政策和战略措施，明确汽车工业的战略地位，推动2000年发展目标的实现。

2.坚持改革，推进联合，实现专业化改组、改造，逐步形成若干个以大型骨干企业为主体的具有国际竞争力的高起点、专业化、大批量集团化生产体系和一些"专业化巨人"。

3.推动技术进步，加速人才培养，为汽车工业的发展积蓄后劲。

4.坚持对外开放，积极推进技术引进，抓好引进技术的消化吸收，改变目前汽车工业技术落后、开发能力薄弱的局面，使汽车工业逐步成为重要出口产业。

5.依靠法规、政策对汽车工业进行宏观管理。

6.反对官僚主义，深入调查研究，为企业服务。

1987年6月28日，李鹏、姚依林等国务院领导在北戴河听取陈祖涛、李荫寰、陈清泰等人关于发展轿车工业的汇报。会后，国务院宣布成立由姚依林副总理挂帅的"振兴汽车工业协调小组"，负责统筹中国的汽车工业发展，中国的汽车工业形成了"国务院振兴汽车工业协调小组"——中汽联——各汽车联营公司——生产厂，这样一个既有宏观掌握，又有企业发展自主权的体制。

1987年10月22日，《人民日报》就中国的汽车工业改革发表文章称：

改革汽车工业管理体制是改革我国产业管理体制的试点……为了真正解决条块分割、治散和搞活等矛盾，加快我国汽车工业的发展，以真正形成支柱产业，中央决定对汽车工业管理体制率先进行改革。下放企业，迈出了改革汽车工业管理体制的第一步，主要标志是一汽、二汽脱离中国汽车工业公司，实行计划单列……组建中国汽车工业联合会是中国汽车工业管理体制改革的第二步，中国汽车工业联合会执行行业管理职能，统筹安排汽车及零部件的生产定点和协作配套，使企业和政府机构完全脱钩……国务院成立振兴汽车工业协调小组以加强汽车工业的配套改革，更有效地协调与汽车相关工业的发展，以及对汽车工业及时做出重大战略决策，这是汽车工业管理体制的又一重大改革……汽车工业能否搞上去，不但是一个经济发展问题，而且已成为令人瞩目的政治问题。

1990年1月，根据新的形势，中汽联的体制又发生变化。国务院批复机械电子工业部的报告，同意成立中国汽车工业总公司，加了"总"字，是管理汽车工业直属企事业单位的经济实体，在国家计划中实行单列，同时政府授权对全国汽车工业行使行业管理职能；中汽联合会是汽车工业行业协会，可作为试点保留，1990年7月中汽联合会申报更名为中国汽车工业协会。

20世纪90年代是中国经济体制改革步子最大的年代，随着市场经济观点日益深入人心，企业成为独立的市场主体已是不可逆转的潮流。1994年1月，国家将汽车行业行政管理职能从中汽总公司分离出来，由新组建的机械工业部汽车工业司承担。被剥夺管理权力的"中国汽车工业总公司"的运行亮起了黄灯，处于名分不正的尴尬的境地。1998年3月，政府机构改革，撤销机械工业部成立国家机械工业局，包括行使全国汽车行业管理的职能。2000年2月，为进一步实施政企分开、淡化政府行政管理，撤销国家机械工业局，把全国各工业行业的综合业务归到国家经济贸易委员会。此时，中国的汽车生产企业早已在市场大海里搏击风浪，成为名副其实的独立经营、自负盈亏的市场主体，"中国汽车工业总公司"已经没有存在的必要了。2002年，国务院办公会议决定撤销"中国汽车工业总公司"；2004年，在清算了全部债权债务以后，"中国汽车工业总公司"正式摘牌，完成了它的历史使命。此时的中国汽车行业已驶上快车道，进入了世界汽车产销大国的行列。

原中汽公司副经理胡信民在中汽公司工作了几十年，他的回忆很冷静：

　　一汽、二汽独立后，和中汽公司形成了竞争关系。但是，中汽公司还要行使行业管理的职能，比如说行业立项，还得通过我们的审查，等认可后再进行上报，然后通过国家计委批准。一汽、二汽独立后，虽然国家没有明文宣布取消剩下的四个联营公司，但由于它们属松散型联营，所以被直接下放归地方管理。在这些企业里，南汽属于另类。它是中央企业，与一汽和二汽相比，它还比较小，所以国家没有同意它单立户头，对它的管理权仍然在中汽公司。到了1987年6月，经国务院批准成立了中国汽车工业联合会（以下简称中汽联），同时撤销中汽公司。中汽公司改名后，南汽户头仍然留在联合会，中汽联对南汽的董事、总经理有任免权，但具体经营业务不插手。在一汽、二汽单立户头的背景下，那些没有单立户头的企业都是企业实体，一个太虚的联合会如何参与竞争？如何进行经营？中汽联向国务院报告，要求恢复中汽公司的名字。1990年1月，国务院批复，同意成立中国汽车工业总公司（以下简称中汽总公司），是管理汽车工业直属企事业单位的经济实体，在国家计划中实行单列，南汽和其他几个零部件企业都归中汽总公司管。中汽总公司还被授权对全国汽车工业行使行业管理职能。当时分管领导是邹家华，中汽总公司总经理是蔡诗晴。至于中汽联，则被作为试点保留。1990年7月，中汽联更名为中国汽车工业协会，我是第一任协会会长。1994年1月，体制改革，国家将汽车行业管理职能从中汽总公司分离出来，由新组建的机械工业部汽车工业司承担。1999年，中汽总公司为人担保出现问题，经济陷于困境，无奈之下，想卖掉早年投在上海大众的部分股份。当年上海大众成立时，中汽总公司投入10%的股份，现在要处理这些股份，就必须给国务院打报告，但没想到，这个报告打出是非来了。报告到了国务院总理那里，他听说中汽总公司快不行了，背的债务又多，认为中汽总公司没有必要存在了。1999年，中汽总公司被取消。

第四章 "发展最快的汽车"——
轻型车

遍地开花

轻型汽车一般是指载重 1~3 吨的载货汽车，以及以其底盘为基础延伸发展起来的乘用车。由于轻型车轻便灵活、经济适用、易于维修和改装，因此深受用户欢迎。至 20 世纪 80 年代中后期，在美、欧、日等发达国家的载货汽车保有量中，轻型车所占份额高达 80%。轻型车在中国的发展轨迹也值得深思，与一汽、二汽、重汽和以后的轿车项目相比，一个与民生贴得最近的车种，却是国家投资最少的车种。虽然受到的"关照"少，但一经问世，轻型车便立即受到了全社会的欢迎。1.5 吨级轻型车北京 130 是 20 世纪 60 年代中后期北京市政府自己上马的项目，也是中国第一款批量生产的 1.5 吨级轻型车。北京 130 投产后大受欢迎，在全国各地畅销不衰，全国各地疯狂仿制。

改革开放给中国带来的最大变化就是经济日趋活跃。成千上万的中小企业和个体商户要在城市之间运送产品调剂需求；大量的农民要将自己的产品从农村拉到城里，山区的道路条件不好需要轻小的车，既可拉人，又可载货。这些都对轻型车提出了市场需求。需求激增只是感性认识，运输市场中重中轻汽车究竟具备什么样的结构比例才是合理的呢？在美、日、欧等发达国家与地区，商用车和乘用车的比例为 2∶8 或 3∶7；商用车里，中、重、轻的比例为 1∶1∶8。也就是说，轿车需求量为第一，其次就是轻型车。今天，按照经济发展水平，中国已不同于往日，中国的汽车产量已经雄居世界第一，汽车消费结构比例与发达国家的比例也很近似。看看今天中国的汽车市场，发展最快、生产数量最多、社会保有量最大的车种的就是轻型车。从最"不受待见"到发展最快、产量最多，中国轻型车的发展让人深思。

中国生产轻型汽车的历史不算短。早在 1929 年，张学良就在东北创办了"民生汽车工厂"，并于 1931 年 6 月试制成功了中国第一辆"民生牌"75 型 2.5 吨载货汽车，但"九·一八事变"后，民生牌汽车也就夭折了。20 世纪 30 年代以后，山西军阀阎锡山在军工厂的基础上开办"公营汽车修理厂"，试制成功一辆"山西牌"1.5 吨载货汽车，但毕竟力量有限，山西牌汽车未能修得正果。1937 年，日寇侵占太原，这个汽车厂也就化为乌有。1931 年，湖南省政府利用各种修理力量组建"湖南机械厂"；1936 年，湖南机械厂试制出两辆"衡岳牌"2.5 吨客车，以后再无下文。

上海是中国最早、最大的工商业城市，也是新中国成立前中国汽车保有量最多的城市。那时的汽车都是"万国牌"，各种类型的修理厂和修理技师也应运而生，先后有几个私人试制汽车的壮举，但都中道夭折。1937 年，上海一家官商合办、私人入股的"中国汽车制造公司"挂牌成立，德国奔驰公司还派出 20 名专家前来指导。中国汽车制造公司采取 CKD 方式先从奔驰公司进口 7000 辆 2.5 吨载货汽车散件组装，5 年后再全部自制。到 1937 年 "八·一三" 事变，日寇占领上海前，中国汽车制造公司已经组装了近百辆汽车。上海沦陷后，中国汽车制造公司在搬迁内地的过程中逐步消亡。

可以看出，中国汽车工业发展的历史上，日寇侵华是阻碍并破坏中国汽车工业发展的第一因素。

1945 年，国民政府接收了位于天津的日本华北自动车株式会社所属天津南开工厂，改名为天津汽车制配厂。1946 年，该厂仿制载重 0.65 吨的日本大发三轮汽车，命名为 "飞鹰牌"。后由于国家经济衰败，飞鹰牌断断续续生产了 60 辆之后，宣布停产。

新中国的轻型汽车工业是从军队的汽车修理厂起步的。

1945 年 5 月，日寇已经陷于全面失败，8 月 15 日，晋察冀军区司令员郭天明急令平北军分区司令员詹大南和政委段苏权接收张家口。八路军兵临城下，驻张家口的日军却拒绝投降。围城几天后，8 月 20 日上午 6 时，詹大南和段苏权下令发起进攻，当天下午攻占张家口，全歼敌守军。进城后，部队接管了日军一个汽车修理厂，在此基础上成立了晋察冀军区汽车修理厂，这是中国人民解放军历史上第一个汽车修理厂，后更名为华北军区汽车修理厂。解放战争后期，该修理厂搬迁至石家庄。1949 年 1 月，北平和平解放，解放军又接收了国民党军 409 汽车修理厂；6 月，华北军区后勤部将驻在石家庄的华北军区汽车修理厂一部迁入北京，与 409 汽车修理厂合并，更名为北京汽车修配厂。

1946 年 12 月，解放军三野 8 纵在鲁南全歼国民党军第一快速纵队，缴获大量汽车、坦克等机械设备，并组建了自己的特种纵队。为了提供修理保障，1947 年 3 月 27 日，在山东临沂地区耿家王峪成立了中国人民解放军第三野战军特种纵队修理厂，随军提供维修服务。1949 年 4 月，解放大军跨过长江横扫千军，先后解放南京、上海等大城市；7 月，三野特种纵队修理厂由上海到南京，接管了国民党军联勤总部 401 汽车修理厂；1950 年 1 月 2 日，成立了三野特种纵队修理总厂，后更名为华东军区炮兵修理总厂，厂址定于南京。

1949 年 8 月，叶飞率领三野 10 兵团攻占福州，缴获大量军车，也随即成立 10 兵团汽车修理厂，厂址定在福州。

整个解放战争期间，解放军先后缴获了敌军上万辆各种品牌、各种型号的汽车，虽然也接收了国民党的 16 个汽车修理厂，但仍然无法应对上万辆 "万国牌" 汽车的维修服务，为此又新建了 15 个汽车修理厂。新中国工业基础薄弱，汽车更是品牌繁多、杂乱无章，为建立和发展以零部件制造为主的汽车修配厂，统一计划、协调生产、组织供应，解放军总后勤部提出将大量的汽车修理厂集中合并，统一管理。1951 年 4 月 1 日，经中央军委副主席周恩来批准，将西北军区虢镇 501 汽车制配厂、西南军区綦江 502 汽车修配厂、华北军区北京汽车修配厂、华东军区炮兵修理总厂和中南军区武汉汽车修配厂改由总后勤部直接领导，并分别命名为第一、第二、第五、第三和第四汽车制配厂。

1953 年，国家开始执行国民经济建设第一个五年计划，军队也开始转入正规化、现代化建设。为适应形势发展、增强地方汽车修造能力，总后勤部将第二（綦江）、第三（南京）、第四（武汉）、第五（北京）汽车制配厂移交给新成立的国家第一机械工业部，北京汽车修配厂和南京汽车制配厂还成为一机部的重点骨干企业。

除了军队系统的汽车修理厂转交给地方外，北京、南京、上海、天津、沈阳、南昌、成都、武汉等地都陆续将旧社会留下的各种类型的汽车修理厂和配件厂（作坊）进行整顿改造，形成本地区的汽车修配企业。经过20世纪50年代中期的公私合营和社会主义改造后，这些汽车修配企业都成为地方国营或集体所有制企业。这些汽车修理厂构建了中国轻型汽车工业起步发展的基础。

中国的汽车工业以载重4吨中型车起步，但中型车自重大、油耗高，重的拉不了，轻的又浪费运力，在城市狭窄的小街巷里穿行更是行走困难。自20世纪50年代起，日本、欧洲等国出现载重1~2吨的轻型三轮载货车。这种车吨位小、底盘低、车身短、轻便灵活，特别适合运输城市里各类生活物资，很快引起了中国相关部门的重视，中国的天津、上海开始引进并仿制，中国现代的轻型汽车由此起步。

中国的轻型车与国民经济和社会发展，尤其是城市经济发展基本同步。1958年"大跃进"时期，党的"建设社会主义总路线"提出要"在全国范围内建立一个以现代交通工具为主的四通八达的公路运输网"，全国各地一拥而上，开始了造汽车的"热潮"。由于轻型车生产相对简单，单车装配也不需要大型成套设备，所以各地拼凑和仿制的都是载重2.5吨以下的轻型汽车。由于缺乏生产轻型车驾驶室的冲压设备，干劲十足的工人们用榔头敲驾驶室，用组合千斤顶代替千吨压床压制大梁，有的地方甚至用竹子代替钢板弹簧。其中，上海汽车修造厂（上海汽车制造厂的前身）和南京汽车制配厂（南京汽车制造厂的前身）开始批量仿制生产SH58—1型三轮汽车和NJ130型轻型载货汽车。1958年，全国轻型汽车产量为504辆。这段时期为中国轻型汽车工业萌芽期。

20世纪六七十年代，在NJ130的基础上，南京汽车制造厂试制出NJ230军用越野车，北京汽车制造厂试制出BJ212和BJ130，上海汽车厂试制出SH130。经一机部汽车局鉴定定型，这几款车型成为中国轻型汽车的第一代产品，也成为全国各地汽车企业仿制的对象。20世纪70年代，第四个"五年计划"期间，为解决汽车产业结构问题，国家和江苏省投资对南京汽车制造厂，北京市政府投资对北京汽车制造厂等进行大规模的技术改造。1975年，在一机部汽车局组织的全国"2吨载货汽车产品座谈会"上，北京第二汽车制造厂开发的BJ130轻型载货汽车被国家列为正式产品，要求全国2吨载货汽车生产企业都要按照BJ130的图样统一生产，初步建立了轻型车专业化协作体系。当年，全国生产轻型载货汽车为29 399辆、轻型客车为1231辆。至1978年，以BJ130为基本型的生产厂家有73家，以跃进NJ130为基本型的生产厂家有21家。虽然这94家汽车生产企业的技术水平和生产能力参差不齐、产量大小各异、产品质量较差，但这些企业的产品有效地缓解了国民经济和社会发展对轻型车的需求，同时带动了一批零部件企业，经过短短两年多的时间，便初步形成了轻型汽车生产体系。1979年，全国共生产轻型载货汽车50 498辆、轻型客车2547辆，比1975年增长近40%。这一阶段为中国轻型汽车工业的起步期。

1983年，中汽公司组建了东风、解放等7个汽车工业联营公司。其中，南京汽车工业联营公司和京津冀汽车工业联营公司，以及汽车零部件工业联营公司将全国绝大部分轻型车生产企业和零部件企业按照产品系列组织起来，以国家定型产品为基本型，按照大批量、专业化、多品种的原则组织生产，产品逐步走向"标准化、通用化、系列化"。1983年上旬，各联营公司刚刚成立，全国轻型载货汽车产量为45 614辆、轻型客车产量为3784辆。联营公司成立后仅仅一年多，在1985年，全国共生产轻型货车107 923辆、轻型客车19 104辆，产量均翻了一番。

改革开放后，国民经济日益活跃，各种小型企业，尤其是私企民企大量涌现，轻型车的社会需求占全社会汽车需求的 60% 以上，需求量大，产能不足，再加上轻型汽车的生产投入相对较小、技术要求相对较低，所以国内很多地方都将轻型汽车产业列为本地的支柱产业。

1981 年至 1986 年的"六五计划"期间，经济过热，国家财政状况出现严重问题，导致国家不得不实行"调整、改革、整顿、提高"的方针。经过几年调整，1986 年 3 月 25 日，在第六届全国人民代表大会第四次会议上，时任国务院总理在全国人大会议做政府工作报告时称：

必须十分清醒地认识到，由于在实行历史性的深刻转变中对规律的认识和经验的积累都要有一个过程，因此工作上还存在某些缺点和失误，前进中还有不少困难和问题。我们前几年虽然注意了国民经济的综合平衡和按比例发展，但对有效控制社会总需求过度增长还是注意不够；在处理数量和质量、速度和效益的关系上，对提高经济效益，特别是产品质量还缺乏有力的措施和有效的监督；在着重增强企业活力的时候，加强和改善宏观管理的措施未能及时跟上。特别是 1984 年第四季度以后，在经济形势好转的情况下，一度出现了追求超高速的现象，固定资产投资和消费基金增长过猛，货币发行过多，进口控制不严，经济生活中产生了某些不稳定因素。

总理所说的这些乱象反映在汽车工业上，就是"遇到红灯绕着走"。各地以及一些部门，包括军工企业在国家计委"七五"规划以外，纷纷自行审批轻型车进口项目，其数量高达 31 项，年生产能力 36 万辆。但这些自行引进的项目的产品水平仍停留在第一代的水平上，很多外国公司将自己已经过时或已经放弃的产品或生产线转卖给中方。由于这些自行引进项目的冲击，国家计委"七五"规划确定的五个引进项目未能按照原计划落实，轻型汽车散乱的局面仍未能得到改变。

1989 年，列入《国家部门、地区汽车企业和产品目录》的轻型载货汽车厂家有 47 家，其中国家计划内生产企业 38 家；轻型客车生产企业 11 家，其中国家计划内生产企业 7 家。这些企业分属于国家、地方不同的管理体制。1989 年，全国轻型车总产量实现 25.16 万辆，其中载货汽车 21.88 万辆、旅行车 3.28 万辆，年产过万辆的企业只有南汽、北汽、北京二汽、天津汽车厂、沈阳汽车厂和哈尔滨星光汽车厂。生产厂家过多过滥，产品品质良莠不齐，"散、乱、差"仍是轻型车发展面临的主要问题。这一阶段为中国轻型汽车工业的发展期。

20 世纪 80 年代中期，在改革开放的大格局下，中国汽车工业开始面向世界，"七五"计划期间，国家计委会同中汽公司对全国汽车工业发展做了初步规划，决定引进国际先进技术，合资合作对中国汽车企业进行技术改造。轻型车确定了五个系列产品：

1. 引进意大利依维柯公司 3 吨轻型载货汽车和旅行车技术，生产纲领 6 万辆，由南京汽车厂引进并组织消化吸收。

2. 引进日本五十铃公司 2 吨轻型载货汽车，生产纲领 10 万辆，由北京二汽和西南三省一市（云南、贵州、四川、重庆）的有关企业组织消化和吸收。

3. 引进法国标致公司 1 吨轿车型轻型载货汽车，生产纲领 1.5 万辆，由广州汽车公司组织消化吸收。

4. 由一汽引进日产驾驶室和美国克莱斯勒汽油发动机开发 1~2 吨级 CA 系列轻型载货汽车和旅行车，组织整个东北地区的轻型车生产，生产纲领 11 万辆，其中哈尔滨星光厂 1 万辆。

5. 北汽仿制日本三菱公司旅行车，自行开发 BJ122 系列 1 吨级轻型载货汽车，生产纲领 2 万辆。

（摘自国家计委《轻型汽车"八五"规划提纲》）

国家计委及中汽公司设想，经过引进先进技术，进入 20 世纪 90 年代以后，中国轻型汽车将实现二代产品年产 30.5 万辆的能力，既能满足国内对轻型车不断增长的需求，又能遏制轻型车车过多过滥、盲目发展的局面。但由于各地对轻型车的需求过于旺盛，所以很多地方和部门想方设法突破国家计划，自行引进，"七五"计划关于轻型车的发展控制未能实现。国家计委在《轻型汽车"八五"规划提纲》中承认由于宏观控制不得力，地方和部门（含军工和军队口）在国家计委"七五"规划之外，又自行审批了 31 项，其年生产能力约为 36 万辆，产品水平大部分仍然停留在第一代产品的水平上。因此，散、乱、差的局面并未得到改变。

当时，据中汽公司信息系统预测，"八五"期间，全国轻型车需求 188 万辆，1995 年当年需求 55 万辆，其中 1 吨、2 吨、3 吨的需求比例为 3∶6∶1。结合宏观经济、工业增长、城乡道路运输、燃油供应等因素，国家计委预计"八五"期间全国轻型车需求为 153 万辆。结合需求增长和遏制"七五"期间汽车发展乱象，国家计委制定了轻型汽车"八五"规划提纲：

按照五中全会提出的"控制总量，调整结构，整顿秩序，提高效益"的总方针，轻型车"八五"规划的原则是，加强治理整顿，控制盲目发展，根据"七五"的基础，扶持具有先进水平的五个系列尽快实现批量投产，重点是依维柯、五十铃和 CA 产品，鼓励适度竞争……限制发展过度产品，淘汰落后的老产品，使轻型车在"八五"期间形成几个大批量的生产厂。

"八五"规划的具体目标是，根据需求预测和投资可能，安排年生产能力为 45 万辆，其中五大系列产品形成 35 万辆的能力，包括：依维柯系列 6 万辆、五十铃系列 13.5 万辆、标致系列 1.5 万辆、CA 系列 12 万辆、BJ122 系列 2 万辆……过渡系列控制在 5 万辆，不再做新的投入。

"七五"计划已批发动机项目争取在 1993 年全部投产，1995 年达到纲领……

具体安排如下：

1. 南汽依维柯项目，维持原批准的年产 6 万辆的生产纲领不变……"八五"期间再投入 6 亿元，尽快建成，形成 2 万辆厢式车、2 万辆货车、2 万辆底盘的生产能力，国产化率要达到 90% 以上。

2. 一汽轻型车项目，维持原批准年产 6 万辆的生产纲领不变……"八五"期间再投入 6.5 亿元，在"八五"前期建成投产。

3. 哈尔滨星光机械厂向一汽自行开发的 CA 系列靠拢，尽快形成年产 1 万辆的能力。

4. 沈阳轻型汽车项目……重点发展 1 吨车型，可以考虑采用与美国通用汽车公司合资生产 S—轻型载重车……"八五"再投入 1 亿元，形成 5 万辆生产能力，已经引进丰田海狮车身技术的 SY—624 旅行车形成 1 万辆生产能力。

5. 北京轻型汽车公司五十铃项目，维持原批准的 4 万辆生产纲领不变……"八五"期间再投入 3.76 亿元，在"八五"建成投产。

6. 北京旅行车厂利用已引进的丰田考斯特车身技术，结合五十铃底盘生产旅行车；在"七五"投入 0.5 亿元的基础上，"八五"再投入 0.5 亿元，形成 1 万辆的生产能力。

7. 北京汽车摩托车公司，在"七五"投入 0.85 亿元的基础上，"八五"再投入 0.5 亿元，尽快形成 BJ122 系列产品年产 2 万辆的能力。

8. 西南五十铃项目，维持原批准的生产纲领不变，总投资仍为 5.2 亿元，根据目前实际情况，对生产企业进行调整：云南兰箭汽车厂、贵州乌江机械厂仍保留生产纲领 1.5 万辆；成都飞机制造公司……调换为成都汽车厂，生产纲领 1.5 万辆；庆铃公司目前已初步形成 1.5 万辆能力……

9. 上述北京五十铃项目和西南五十铃项目在"八五"末期可形成年产 10 万辆的生产能力，与"八五"规划目标 13.5 万辆差额 3.5 万辆。江南汽车厂目前已形成五十铃产品年产 1.5 万辆的能力，拟将该厂补入规划。其余差额 2 万辆，将视"八五"各企业改造情况择优安排扩大规模。

10. 广州标致公司轻卡项目，"八五"重点放在提高国产化上，"八五"末期国产化率要达到 90%；并按照合同，敦促法方尽到出口义务。

11. 天津客车厂利用英国和日本技术开发的旅行车……拟考虑"八五"期间形成年产 1 万辆的能力，所需投资 1.1 亿元。

12. 军工系统、军队系统、二汽康明斯、4BT 客车底盘等生产的旅行车，"八五"期间大致控制在 4 万辆的生产能力，在此范围内考虑产品的更新换代，并充分利用国内已引进的发动机，不宜再搞新的底盘技术引进。车身技术的引进要由中汽公司归口，报国家计委最后审定。

……

规划制定极为周详，如同点餐配菜，对每家企业分配资金、规定任务。但让规划制定者怎么也没有想到的是，轻型车发展的现实对这份规划做出了最好的评判，至"八五"计划完成，再延至"九五""十五"，规划清单上的一些企业甚至已不复存在，规划的目标与现实相差很远。进入 21 世纪，在中国轻型汽车领域叱咤风云的领军人物是原来都没有进入规划者视野的北汽福田、庆铃、江铃、江淮等企业，规划中投入巨资的企业在激烈的市场竞争面前早已一败涂地，之所以如此，原因很多，但归根结底，改革开放后，市场这只"看不见的手"所发挥的作用已远远超过领导意志之手。

从"九五"至今，中国市场经济日益成熟，经过市场风雨的洗礼，中国的轻型汽车工业也随之成熟。作为国计民生须臾不可离的生活资料和运输工具，无论是生产规模、生产集中度还是产品系列结构，中国轻型汽车已经基本能满足国民经济发展和社会民生需求，除特殊个别需求外，已不再需要进口了。

"跃进"汽车

1953 年 8 月，华东军区炮兵修理总厂，即总后第三汽车制配厂在南京正式更名为南京汽车制配厂，厂址位于南京中央门西南侧。新成立的南京汽车制配厂先后生产"井冈山牌"三轮摩托、45 型军用操舟机和 4 缸 50 马力汽油发动机，后又根据部队急需开始生产 8201 雷达天线车、1107 型和 1108 型特种工程车、1109 型防化工程车、机油加油车、M20 发动机。至 1957 年，南京汽车制配厂已经形成批量生产 NJ050 型汽油发动机的能力。这一年，南京汽车制配厂向一机部汽车局提出要求：自己动手生产汽车。

几乎与此同时，为编制中国汽车发展型谱，一机部汽车拖拉机研究所在全国范围内开展汽车使用调查，调查结果表明，全国许多部门，特别是邮电部门，强烈要求生产 1.5 吨级的轻型车。"汽研所"建议，轻型载货汽车应当是继一汽 4 吨解放牌货车后优先发展的第二种车型。

胡亮，中国汽车工业最早的专家。1937 年，胡亮考取辅仁大学物理系，后又转入清华大学机械系。抗战爆发后，清华大学南迁至云南和几所大学共同组成"西南联合大学"，胡亮在西南联大攻读机械系。大学毕业后，胡亮曾经在国民党机械化部队待过一段时间。抗战胜利后，胡亮一直在解放区从事军工生产。新中国成立后，胡亮被调到汽车工业筹备组协助郭力工作。1953 年年初，机械部成立汽车工业管理局，胡亮先后任技术处长、副局长，负责汽车行业产品的研发和技术管理工作。接到"汽研所"的调查报告和南汽要求生产汽车的报告，1957 年 5 月，一机部因势利导，派胡亮组织"汽研所"和南京汽车制配厂商讨合作开发轻型汽车。方案总负责人为张羡曾、总体设计师为盛景芳、底盘设计师为陆兆丰、发动机设计师为阚士元、技术顾问则为苏联专家别特连科。在参考日本 1.75 吨王子牌轻型载货汽车基础上，南京汽车制配厂很快拿出设计方案：型号 CN120，4 轮后驱动，载重 1.5 吨。1957 年年底，设计图样完成；1958年 5 月 15 日，第一辆样车试制成功，但该车型并未投入生产。

　　早在 1952 年，中苏双方商定苏联援助中国经济建设项目时，苏方就向中方提出，除了建设一座大型综合汽车生产厂外，还应该建设一座以装配为主的汽车装配厂，并积极推荐苏联的嘎斯车，当时国家准备筹建第二汽车制造厂来生产这个项目。一汽建设投产后，国家无力再建二汽。1957 年，一机部汽车局提出中国汽车工业发展方针，即"全国汽车发展型谱"规划。规划提到："在今后一个时期内，对于主要工业产品，特别是国家建设和国民经济技术改造所必需的技术设备，应当通过仿造的方法逐步达到自行设计和制造的目的。"恰逢此时，南汽向一机部汽车局申请自己造汽车，一机部遂将准备引进的嘎斯 51、嘎斯 62、嘎斯 64、嘎斯 69 四个车型及所有嘎斯技术资料都转给了南汽。

　　嘎斯 51 是苏联高尔基汽车厂生产的轻型载货货车。1944 年嘎斯 51 问世，1946 年开始量产，1947 年在载重 2.5 吨的 4×2 嘎斯 51 基础上发展出载重 2 吨的 4×4 嘎斯 63。嘎斯 63 到 1968 年停产，嘎斯 51 则一直生产到 1975 年。嘎斯汽车技术成熟、结构坚固、操纵灵活、转弯半径小、通过性好、对道路要求不高，很适合中国国情。一机部指令，南京汽车制配厂在研制 CN120 的同时，要着手安排仿制苏联嘎斯 51 型载货汽车。

　　南京汽车制配厂原来只是一个修理厂，虽然也曾制造过摩托车和汽油发动机，但这两种产品与生产 2.5 吨整车完全不可同日而语。1958 年，全厂仅有职工 2100 人，最大的锻造设备只有一台一吨的夹板锤，最大的压床只有 250 吨，无论是技术能力还是设备能力都谈不上制造整车。但在立志"超英赶美"的"大跃进"年代，要"跑步进入社会主义"，"人有多大胆，地有多高产"，全社会都处于亢奋状态，积极性和创造精神高涨。南汽自己有生产汽油发动机的能力，底盘系统采用嘎斯总成，但车身和车架就为难了。车架和车身都是冲压件，车架的关键是大梁，车身的关键是驾驶室，要压制大梁和驾驶室，除了造型复杂的模具外，还需要 3500 吨以上的压床，而该厂当时只有 250 吨油压机，困难显而易见。南京汽车制配厂的前身为军队汽车修理厂，有着克服困难、奋发图强、自力更生解决问题的优良传统，没有大压床，工人师傅们想出了"分段压制"的方案，利用厂里的 250 吨油压机，分段压制试制出汽车大梁。驾驶室造型复杂、体型庞大，首先需要的就是模具，模具的精度决定驾驶室的质量，但当时国内没有工厂能加工如此复杂和大型的模具。工人师傅们充分发挥创造力和想象力，在地上挖地坑做模具，用马粪纸剪样板，然后采用铁木结构外加帆布，敲敲打打地硬是做出了驾驶室，虽然粗糙，但也能遮风挡雨。

　　1958 年 3 月 10 日凌晨 5 时，经过多少不眠之夜，第一辆全手工制作的 2.5 吨轻型载货汽车在简陋的厂房里诞生。厂领导立即安排人跑到离厂区最近的鼓楼邮电局，向一机部发电报报告喜讯。几天以后，南汽又装配出 2 辆 NJ130 型轻型载货汽车。6 月，南汽又以嘎斯 63 为原型，成功仿制出 NJ230 型载重 1.5 吨轻型越野汽车。

对于中国汽车工业来说，南汽的成功无异于放了一颗"卫星"，无论是一机部还是江苏省、南京市的领导都兴奋不已，因为是在"大跃进"时期，所以 NJ130 被命名为"跃进"。1958 年 6 月 10 日，经一机部批准，南京汽车制配厂正式改名为"南京汽车制造厂"，并要求立即投入批量生产。

汽车是机械工业的终端产品，一辆汽车上集合了当代机械、电子、化工等工业门类的最新技术，发动机、底盘、车身、车架都是由成百上千个零部件组成的，每个零部件都有着严格的技术指标，都需要专业化的精密设备或流水生产线才能实现批量生产，而南京汽车制配厂完全不具备这些条件。在特定的环境下，短时间内，可以组织工人师傅敲敲打打拼拼凑凑仿制生产几辆汽车；但如果违背科学规律，依靠敲敲打打、拼拼凑凑的办法批量生产汽车，这样生产出来的汽车的技术指标和生产质量是无法保障的。1958 年到 1959 年，南汽分两批共生产了 60 辆 NJ230 汽车，这 60 辆车无论是结构上还是性能上都不符合设计要求。从 1958 年到 1960 年，南汽总共生产了 1707 台车，由于根本不具备生产条件，因此这一千多台车质量极差，驾驶室粗糙简陋，气门弹簧断裂，缸体、曲轴、齿轮超前磨损，汽车各部位松动，一走就到处响，阴天漏雨、晴天漏油，有的车甚至是刚生产出来就无法开动。在严酷的现实面前，根据一机部汽车局的指示，南汽实行减产整顿。

减产整顿该怎么做？除了厂里的设备不足等问题外，还存在哪些问题？

就在南汽开展减产整顿的时候，饶斌来到南汽下放劳动。作为一汽、二汽的厂长，饶斌一到南汽就立即深入基层、寻找问题、摸索解决问题的办法。饶斌直接进入生产车间跟班劳动，很快发现，由于长期以修配为主，所以南汽在生产计划管理上不规范，由修配为主转入批量生产制造，无论是管理制度上还是生产任务安排上，都难以摆脱以前的影响，生产任务安排敲轻敲重，管理制度不深入不落实，管理人员和工人中都存在"游击习气"，在设备保养、产品工序、生产工艺、产品质量等方面存在很多问题。有些工人在生产时，随意性很强，设备操作动作不规范，设备不按规定保养，生产出的产品随手扔，质量检查不严格。更为严重的是，相当一部分人的质量意识淡薄，在饶斌蹲点的发动机车间，质量意识问题令人触目惊心：

一、等机会，找窍门，悄悄处理掉废品。不少工人把生产的废品藏起来，打扫卫生时，当垃圾扔掉。轴工班看到铸工班送来几根曲轴做加工试验，就趁机利用废品顶换。一个老工人出个废品，就叫徒工扔到废品堆里；晚上他去，看见废品堆里别的废品是断的，就把自己的废品也砸断，看见别的废品已经生锈，就在自己的废品上倒上水，让其生锈。

二、讲情面，互相包庇。有的工人将发动机缸体的平面加工坏了，就请试水压的工人帮忙，称缸体漏水，是废品；有的产品加工报废了，就给检查员递香烟，让其帮忙通过。

三、蒙混检查员。工人摸熟了质量检查员的特点，采取各种办法对付他。对比较懒的检查员，他们就将废品放在不便于检查的地方；对只做抽查的检查员，他们就把合格的产品放在上面、废品放在下面；对技术不过硬的检查员，他们就吓唬他："你懂什么？这属于公差允许范围！"；对吃软的检查员，就奉承几句，一根烟一抽，打个哈哈就混过去了。

四、找客观原因推卸责任。产品报废了，就找毛坯上有没有砂眼，如果砂眼小，就把它搞大；如果表面没有砂眼，就将其摔断或制造砂眼。一次，偏心轴连续报废 5 根，恰好这台设备刚刚维修过，他们就说这是机修组的责任。

五、不择手段，挽救"废品"。曲轴的法兰孔加工大了，就故意用拉毛和敲扁的办法使孔变小；有人在加工曲轴中心孔时，碰坏了法兰盘外圆，干脆就将外圆车小一毫米，让产品流到下道工序，把责任推给加工法兰盘外圆的人。

六、根据指标完成情况处理废品。车间、工段干部都把"废品单"装在口袋里，如果本月没有超过废品指标，就在本月处理，如果本月废品指标超过，就以未查出废品为理由拖到下个月。工人之间，工段之间可以互相"调剂"废品，以免影响到本月的"奖金"。

七、按数量赶任务，不顾产品质量。曲轴抛光每根工时定额是4分钟，在任务重时，只研磨两三分钟，有时只用夹头夹一下，让检查员以为加工过了。

八、扩大废品量，迫使领导回用。有个工人加工报废了7根水泵轴，他索性把废品增加到25根，让领导下不了报废决心。

九、管理人员帮助出"坏点子"。一个质量标兵连续几年没有出废品，最近出现一个废品，工段长和监察组长都帮助出点子，将其隐瞒下来。有的零件明显达不到技术要求，管理人员就把专用量具藏起来，让检查员无法测量。

从揭露的问题来看，与车间和工段相比，行政科室其严重情况"有过之而无不及"：

一、敷衍塞责，不顾质量。设备科大修20立方米空气压缩机，把活塞环开口设计得太大，但未按时完成大修任务，仍把不合格的活塞环装上去。按规定标准，一台空气压缩机每天消耗机油半公斤，现在每天需要10公斤，浪费惊人。

二、不懂装懂，乱出主意。工艺科派一人到哈尔滨第一工具厂订组合机床专用钻头，这个人竟然擅自将67张图样全部做了修改，最严重的在一张图样上做了28处修改，造成产品大量报废。

三、脱离实际，"闭门造车"。锻冶科一工程技术人员设计吸尘装置，按照其设计生产出来后，装置根本不吸尘。工艺科一技术人员设计滚齿机的"芯棒"，竟然不到现场测量，结果制造出的"芯棒"尺寸不对，装不上去，工艺科的技术员反而认为这是"小错误"，"没什么了不起"。

四、互相推诿，不负责任。铸工车间委托工具车间制造长汽缸套金属模具，结果因为锻冶科加工编号错误，长气缸套金属模具做成短气缸套金属模具，双方互相指责，无人承担责任。

（张矛著，《饶斌传记》，华文出版社，2003年）

屋漏在下，原因在上，车间工段工人质量意识淡薄，问题出在厂领导。在厂党委扩大会上查找忽视质量问题的原因，厂领导首先承担责任：

思想上盲目自满，故步自封。虽然自己生产的产品问题不少，但满足于"汽车总比马车好"，"今年比去年好"，"比上不足，比下有余"。与长春（一汽）比，强调他们条件比我们好；与济南汽车厂比，强调他们的产量没有我们的大；与上海交通汽车比，又说他们的汽车只能在城里跑，没有我们的越野性能好。不认真抓产品质量，实质上是迷失方向的行为。有时还有浮夸谎报的行为，如汽车轮胎还没装，就上报完成整车计划多少。有时为了完成计划，不惜下令挑选废品回用。

（张矛著，《饶斌传记》，华文出版社，2003年）

质量意识淡薄，各种管理制度形同虚设，生产中不讲规矩、随意性强、马马虎虎、能对付就行，小生产带来的"游击习气"正是工业化大生产的死敌，这些正是南汽批量生产要整顿的问题。饶斌与南汽厂党委沟通后提出，南汽整顿的目的是要实现"均衡生产"，以均衡生产牵头，狠抓质量，带动其他方面。在厂党委会上，饶斌提出："均衡生产，要以抓设备完好率为突破口，机床设备好比战士的武器，武器不好，怎么打胜仗呢？没有好的设备，怎么能生产出合格的产品呢？均衡生产必须以设备作保证。设备完好率高，才能保证全厂各车间工段的均衡生产。"饶斌深入车间和工人座谈，他把每天 8 小时的工作分为班前、班中、交班三个部分，每个人每部分做什么要求明确，如上班前检查、润滑机床设备，清点刀具量具，对照图样明确工作任务，根据图样要求安排好生产工序；车间管理人员要到每个工位检查考核，严格要求生产工艺和生产工序，严把产品质量关和物资材料消耗定额，建立严格的岗位责任制和岗位生产日志记载。全厂上下建章立制，狠抓质量，经过一段时间的努力，逐渐见到效果。

1964 年 6 月 10 日，检查科发现发动机车间 9 台成品发动机漏油。如果在过去，会采用拧紧螺丝或是增加垫圈和填料的办法凑合过去。但现在不行了，检查科和发动机车间工人一起，将问题发动机大卸八块，逐点检查，最终发现问题，原来是气缸体加工螺丝孔时一个螺丝孔错钻到缸体油道，导致机油从螺孔渗出。如在以往，这几台发动机返工报废就完了，但这次不一样了，检查科和发动机车间的领导紧紧揪住问题不放：是哪一个批次的产品？谁是生产加工人？有多少螺孔钻歪了？最后决定，将这个批次的所有发动机，包括已经入库和装车并运送到火车站的共 121 台全部追回，然后全部拆散检查。真是不查不知道，一查吓一跳，121 台发动机，四分之一的油道被钻通，厂领导立即命令发动机工段停产三天，查找原因，认真解决。重大的经济损失和危险的事故隐患教育了全厂的每一个人，南汽领导班子趁机举一反三，在全厂开展质量大检查。

经过减产整顿，南汽终于逐渐走出低谷：1962 年生产发动机 1737 台、汽车 450 辆，1963 年生产发动机 2704 台、汽车 1200 辆，1964 年生产发动机 4156 台、汽车 1433 辆。饶斌将自己在南汽整改抓质量的工作写成报告上报给国家经委。时任国家经委主任谷牧高度重视，立即转发全国。

进入 1962 年，国民经济状况稍有好转，部队现代化建设急需轻型越野车。一机部汽车局正式向南京汽车制造厂下达研制 NJ230 型 1.5 吨越野车的任务，并明确要求，新的 NJ230 要采用全金属驾驶室。经过整顿的南汽重整旗鼓，根据生产需要，设计出 456 台套工装设备，建立主任设计师、主任工艺师、主任检查师，完善各项生产制度，1963 年 6 月至 9 月，共完成 8 辆样车。根据试验大纲，南汽与解放军炮兵某部组成试车队，从 1964 年 9 月至 1965 年 6 月，在江浙一带进行了 2.5 万千米的可靠性试验，并与 1960 年的嘎斯 63 型越野车进行对比。实验结果表明，NJ230 型越野车的主要经济技术指标已经达到了设计大纲要求。1964 年 12 月，中国汽车工业公司邀请国防科工委、解放军总后勤部运输部、炮兵司令部及研究院、总后勤部车辆研究所、南京军区后勤部、一汽、二汽（筹备组）、上海汽车制造厂、济南汽车制造厂等单位对 NJ230 型越野车进行技术鉴定。与会代表认为：

该车型的主要参数及动力性、经济性、越野性等战技术指标均已达到设计要求，其性能与嘎斯 63 基本相同，经济性能略好于嘎斯 63，同意投入小批量生产。

1965 年，NJ230 越野车正式投入小批量生产并很快形成生产力，1965 年生产 350 辆，1966 年生产 2200 辆，超过年产 2000 辆的设计纲领。从此，NJ230 和 NJ130 成为南京汽车厂的两大主打产品；南京汽车厂也走出阴霾，成为中国第一个轻型车生产厂。

为保证南汽能够实现批量生产，1964 年成立的中国汽车工业公司分别成立了南京分公司和北京分公司，分别组织跨地域、跨部门的企业生产零部件供给整车厂。1964 年 11 月，南京汽车制造厂和南京市汽车配件制造公司的 8 个配件厂、杭州发动机厂、杭州链条厂、常州市市政工程机械厂合并成立了中国汽车公司南京分公司。分公司以南汽为主体，按照专业化协作进行总体规划。铸锻件、前后桥、座椅等零部件分别扩散到镇江、常州、扬州等地的 6 家零配件企业，发展纲领为年产 1 万辆，力争 1968 年达产。零部件扩散后，南京汽车制造厂集中力量进行铸造、锻造、发动机、冲压、总装生产线的扩建改造；1966 年，达到年产 5000 辆的综合生产能力。按照这个进度，到 1966 年，南汽就能基本实现年产 1 万辆的能力，但"文革"的爆发打乱了南汽的发展步骤，直到 1969 年，南汽才实现年产万辆的纲领。

北京 130，中国第一轻卡

在中国轻型车的序列里，与社会民生需求结合最紧影响最大的，能称为中国第一轻卡的，恐怕非北京 130 莫属。

经过三年调整，被"大跃进"折腾得精疲力竭的国民经济逐年恢复。1965 年，国民经济处于新中国成立以来最好的时期。社会各行各业生机勃勃，从中央到地方都在紧锣密鼓地制定国民经济发展第三个五年计划。北京是中国的首都，首都的清洁卫生和秩序是北京市各级领导时常牵挂的大问题。当时，北京每到冬天，大街小巷到处都是送取暖煤和冬储大白菜的大车，这些大车都是牲口驾辕，拉车的马匹走到哪里，拉屎拉尿到哪里，胡同里到处是一堆堆的马粪，居民们对此很有意见，市容环境也大受影响。

北京城有几百年的历史，城区内各个胡同、街巷道路狭窄，只能通行马车。20 世纪 60 年代的北京尚未实行集中供暖，每到冬天，这些胡同、街巷里的居民都要买进大量的煤炭堆在自家院子里烧火、做饭、取暖。冬天，家家户户购买大白菜储存过冬也是北京的一大特色。每到冬天，给居民们送煤炭和大白菜成为一项重大任务。那时的汽车少，不光车少，而且基本都是载重 4 吨的解放牌大货车，又大又笨的解放牌大货车进不了胡同，即使勉强进去，也拐不了弯，倒不了车，能钻胡同走小巷的只有马拉的大车。经层层反映，这个问题最后被提到了北京市政府办公会议上，大家都想解决环境卫生问题，不让马车进城，那居民们的煤和大白菜谁来送？开会的官员们感叹："解放牌货车那么大，进不了巷子，要是有一种小一点的汽车就好了。"

时任中共中央政治局委员、北京市委书记彭真说："我们有自己的汽车厂，让汽车厂设计生产一款小一些的，能够在胡同巷子里开行的汽车。现在北京市正在制定第三个'五年计划'，要把生产轻型汽车列入'三五计划'。"彭真当场指定常务副市长万里负责此事。万里立即组织北京市交通运输局调查研究拿出方案。经过调研，北京市交通运输局将制造轻型车的任务交给北京市汽车修理公司第二修理厂。原中汽公司副总经理冯克回忆：

有一天，万里同志和王纯找我、北内厂长李本和北京市交通局副局长、总工程师朱临等其他几位同志谈话。万里说："第三个五年计划要办三件事情：一是马车不进城，二是黄土不露天，三是路桥要立交。你们要想办法生产一种小吨位的货车。"

根据万里的谈话，我们认为，组织生产 130 型小货车的时机到了。北京市决定立项，由北京市交通局负责生产小货车，由北京汽车制造厂、北内厂、北京汽车配件厂做主要配合。交通局立即组织力量进行设计和生产，我们三家要合力在北京二里沟生产出 130 小货车，用来代替马车。

北汽第二修理厂的前身是北京市汽车修配厂第二分厂。早在 1958 年，这个厂在清华大学的技术支持下就设计制造过微型车。这种微型车采用两缸 6 马力的发动机，如同今天的"摩的"。

1959年国庆节前试制出3辆,时任一机部部长段君毅听说后专门来参观,他对这种小车很感兴趣,还专门向周恩来总理汇报,设想用这种车来取代满街跑的人力车。这种小型车先后生产了126辆,东城、西城两个区分了43辆,崇文、朝阳两个区分了11辆,一些机关单位也分了一部分。这种车技术含量低,存在大量的质量问题,而且资金拮据,无法投入批量生产,只勉强维持到1961年,实在难以为继,只能下马。下马后,第二修理厂的930名职工只能重操旧业——修理汽车,也生产点汽车配件。

1965年11月,根据北京市委市政府关于制造轻型汽车的决定,北京市交通局成立了领导小组。领导小组提出,新研制的轻型载货汽车要贯彻"好看、好用、好造、好修"的原则。在参考上海正在试制的SH1201.5吨轻型车和日本丰田公司的DYNA1900的基础上,北汽第二修理厂确定了北京自己研制的轻型载货车的基本指标:载重2吨,平头驾驶室,小轮胎低重心,适宜进入胡同街巷,发动机采用BJ212的492Q75马力汽油机,变速器采用东德易发(IFA)C32,车架采用与丰田1900型相同的结构,型号为BJ130。除了技术指标外,为做到好看,北汽第二修理厂请来中央美术学院郑柯教授指导造型,郑教授共画出90多张造型图供厂里选择,然后按照选定图形做出石膏模型,钣金师傅按照石膏模型敲出车身。1966年4月28日下午,2台样车试制出来。看到式样新颖、小巧漂亮的样车,试制组的人员心情激动、跃跃欲试,几个人当夜就开到八达岭的山路上转了一圈。至1967年6月,北汽第二修理厂共试制出20辆样车。

新车出来了,好不好用?好不好修?好不好看?好不好不能自己说了算,要听用户的评价。一机部汽车局对BJ130的问世非常关注,为了了解用户的反映,汽车局专门组织BJ130到国内10个省做示范访问。BJ130造型新颖,特别适合城市里轻型货物的运输,低矮的车厢也便于货物上下,特别受到邮政、商业、副食等部门的欢迎,其底盘也有很大的改装空间。这次示范访问获得巨大成功,各地问得最多的是,什么时候可以买到这个车?有的地方甚至要求示范样车就留在本地不要走了。根据访问统计,BJ130的市场需求量非常大,其数量远远超出北汽第二修理厂现有的生产能力,要在现有的基础上扩大产能,需要大量的投资和较长的时间。对于一机部汽车局和北汽第二修理厂而言,资金和时间都没有,产品有市场但无生产能力,怎么办?

一辆汽车身上有发动机、车身、车架、底盘等几大总成,每个总成都由大量的标准和非标准零部件组成,这么多的零部件不可能都由汽车厂自己生产,只有将部分零部件扩散给其他专业厂去生产,与北京130形成稳定的配套关系,主机厂与配套厂互相依存,才能实现大批量生产。

在一机部汽车局协调下,北汽第二修理厂做了大量的调查,选定一批具备生产能力的工厂,并与之形成协作配套关系,边生产、边改造、边完善。至1972年,北汽第二修理厂与北京市和全国60多家工厂形成生产协作关系,外协、外购零部件约占整车成本的70%。依靠技术改造,充分整合资源,北京130初步形成专业化批量生产协作系统,1973年全年生产2350辆,实现了小批量生产。

1972年11月13日开始,根据一机部汽车局的指示,长春汽车研究所组织专业技术人员对北京130进行定型试验,包括2500千米可靠性试验和20 000千米耐久性试验,并对发动机、驾驶室、前后桥、车身、车架等10个总成进行工况测试,整整进行了一年半。1975年5月,长春汽研所对北京130轻型载货汽车提交试验报告。报告认为:

北京130轻型载货汽车的整车设计较为成功,其动力性、制动性和转向操纵性较好,可作为中国近期一种基本车型投入批量生产。但在其燃油经济性和部分零部件质量存在薄弱环节，有待改进。

1975 年 5 月 20 日，北京春暖花开、艳阳高照。友谊宾馆内人头攒动，宾馆的院子里停着几辆崭新的北京 130 汽车，操着天南海北口音的人们兴奋地围着这几辆汽车品头论足。一机部汽车局和北京市汽车工业公司组织的 "2 吨级汽车产品座谈会"正在这里召开，全国各地 46 个厂家的代表齐聚一堂。会上，长春汽研所宣读了北京 130 定型的检测报告，北汽第二修理厂介绍了北京 130 轻型载货汽车的试验和 22 项技术改进的情况。一机部汽车局副局长胡亮代表汽车局做出了重要决定：

按照标准化、通用化、系列化的标准，要求全国生产 2 吨级轻型载货汽车的企业要以北京 130 为基础，实现整车技术参数与性能统一，发动机与底盘各主要总成统一，总成各部位连接尺寸统一，主要易损件统一，整车及主要总成装配、验收技术条件统一，即所谓 2 吨 130 型汽车 "五统一"。

在国民经济水平相对低下，资金投入不足，汽车工业技术水平参差不齐，散、乱、差，供给严重不足的现实情况下，将一个适用范围广，很受用户欢迎的汽车平台立为标杆，按照标准化、系列化、通用化的原则，对全国汽车厂家实行 "五统一"，将散乱的资源集中起来，在不改变生产厂家属性的条件下，可以提升产能，增加轻型汽车的有效供给，鼓励地方投入资金和技术力量推动各汽车企业升级改造，在一定程度上抑制了汽车工业散、乱、差。这次会议对中国轻型汽车的发展有里程碑式的意义。

1972 年 7 月，北京汽车第二修理厂更名为 "北京市二里沟汽车制造厂"，1976 年更名为 "北京第二汽车制造厂"。1977 年年底，就在中国开始进入改革开放元年的历史时刻，经一机部汽车局和北京市汽车公司检测，北京 130 轻型载货汽车被列为国家合格产品。

从 1974 年起，北京第二汽车制造厂开始持续不断地进行技术改造和扩改建生产车间、生产线，先后建成了冲压、驾驶室焊装、油漆、车架、前后桥、方向机、变速器、总装等 24 条生产线，为实现均衡生产打下基础。截止到 1978 年，北京汽车第二修理厂完成了底盘、总装、车身冲压车间的扩建改造，产品质量进一步稳定，实现了年产汽车 7000 辆，成为继南京汽车厂以外的第二个轻型车生产基地。1978 年 3 月，经过改进的北京 130A 长货箱轻型货车荣获全国科技大会奖。

进入 20 世纪 80 年代，每到冬季，在北京的大街小巷里，因送煤炭和冬储大白菜而到处乱窜的牲口大车渐渐消失，取而代之的是轻便灵活的北京 130。北京市老市长彭真和万里的愿望，在北京汽车人手里变成了现实。不光在北京，全国几乎所有城市的商业、贸易、邮政，以及个体私营中小企业，在引进的五十铃、依维柯未进入市场前，BJ130 几乎是唯一选择。截止到 20 世纪 80 年代中期，全国各省共有 20 多个企业生产 BJ130，总产量超过 50 万辆，产品畅销全国 26 年。在计划指标紧张时，甚至需要通过领导批条子购买！从这个意义上讲，中国第一轻卡非 BJ130 莫属。

北京第二汽车制造厂凭借 BJ130 轻型货车红极一时，成为 20 世纪八九十年代国内汽车企业的标杆。1988 年 4 月，北京第二汽车制造厂与中国国际信托投资公司、香港肖特吉汽车公司共同投资成立北京轻型汽车有限公司，北二汽作为甲方投资 1.4 亿元，占注册资本金的 70%。市场经济犹如逆水行舟，不进则退，在激烈的市场竞争中，北二汽未能及时抓住机遇，对 BJ130 进行更新换代，而国内其他轻卡企业不断推陈出新，江铃、庆铃、东风轻卡、解放轻卡纷纷推出第二代轻型车。面对众多年轻新秀,BJ130垂垂老矣。由于产品老化,加之研发能力弱、技术滞后,北京二汽未能适时调整产品结构和运行机制,经营形势江河日下、日益困难,逐步陷入10多年的亏损境地,最后终于资不抵债。2005年11月18日,北京市第一中级人民法院发布民事裁定书,宣告北京第二汽车制造厂破产。

一拥而上

随着国民经济与社会发展,民生需求日益受到重视,与中重型车相比,轻型车更适合邮政、商业、供销、农贸等民生行业的需求;在制造上,较之中重型车,轻型车所需的加工工艺及设备也容易实现,各地的汽车修理厂、制配厂稍加改造也能实现小批量的生产。再加上"文革"中,为了加强三线建设,中央将管理权下放到地方,鼓励地方建立较为完备的工业生产体系。在多种因素的作用下,地方汽车工业出现一拥而上的局面。在众多的地方汽车厂家中,除了北京、南京外,工业基础较好的上海、沈阳、天津等地在全国轻型汽车工业中也占据了一席之地。

上海轻型车研制的时间与北京几乎同时。1963年,上海汽车制造厂便开始着手研制SH120(后改为SH130 1.5)轻型载货汽车,1966年研制出3辆样车。1968年5月4日,上海市农机公司召开SH120型轻型车小批量试制和新产品工作会议。1968年将载重1.5吨的SH120改为载重2吨的SH130。为形成批量生产能力,上海农机公司以上海汽车厂为主体,组织上海地区的配套协作企业为SH130生产各种专用设备和生产线。1970年开始小批量生产,当年产2002辆;1973年生产4000辆,1974年生产5000辆,按照一机部汽车局的布置,上海汽车厂的主要精力要放在轿车上,因此SH130的产能不再扩张。至1982年,上海桑塔纳成为主打产品,SH130也就悄然隐退。

辽宁省是中国重工业基地,机械工业基础扎实,但从"一五"计划起,国家在辽宁省并无汽车工业布点。20世纪60年代,辽宁省、沈阳市的汽车工业基础基本上都是规模有限的汽车修理厂和配件厂。1964年和1965年,为了对全省汽车修理和配件工厂统一管理,辽宁分别成立了沈阳汽车修理工业公司和沈阳汽车配件公司。没有汽车生产厂并不意味着不想上汽车,1969年7月,在"文革"和备战的高潮中,辽宁省革委会宣布开展"汽车工业大会战",由沈阳市汽车配件工业公司组织,以辽宁汽车修配厂和沈阳轿车修造厂为主体,全省汽车修理配件企业参与,制造辽宁2号2.5吨和辽宁4号轻型汽车。1970年1月,沈阳市汽车配件工业公司更名为沈阳市汽车工业公司,下属沈阳汽车制造厂和沈阳轿车修配厂。

早年间,沈阳曾有过一点汽车修配企业,但经过几年战乱,早已残破不堪。1949年沈阳解放时,沈阳仅有3家国有汽车修配企业,私人汽车修理作坊207户、工人1980人。1957年社会主义改造运动中,沈阳的汽车修配企业分别组建成10家汽车修理厂。这些修理厂除了修理汽车外,也开始生产一些汽车零配件。沈阳轿车厂的前身为东北公路局汽车修理厂,20世纪50年代中期就开始利用嘎斯汽车底盘改造"和平号"客车。沈阳汽车制造厂的前身沈阳汽车装配厂在1957年曾年产500辆军用改装车。1958年,"大跃进"的狂风吹得沈阳市领导坐不住了。1958年4月,沈阳市政府决定在第二个五年计划期间,将市属汽车修理和配件企业扩建为汽车制造厂。1958年10月,将地方国营第二机械厂、汽车装配厂以及公私合营民生车辆配件厂、永昌车辆配件厂、世德新车辆配件厂合并为沈阳市汽车制造厂，以后更名为沈阳汽车制造厂。1958年12月，沈阳汽车制造厂按照南京跃进汽车的图样，仿制出3辆2.5吨载货汽车，命名为"巨龙牌"。为使工厂早日形成生产能力，沈阳汽车厂专门邀请一汽专家前来指导。1960年3月，一机部同意沈阳汽车制造厂生产"巨龙牌"汽车，并指定一汽工厂设计处处长陈祖涛为首的工作组来指导工厂设计和发展规划制定。陈祖涛回忆：

沈阳汽车制造厂是以一个较大的汽车修配厂为基础设计的一个土洋结合的年产3000辆的汽车厂。我带了一批工程设计人员住到厂里开始设计，首先的问题是大梁，汽车的大梁需要3000吨的压床将5毫米的钢板一次冲压成型，在那个时候，3000吨的压床对一个修配企业来讲，是可望而不可即的。3000吨压床是洋设备，我们搞不起洋的就搞土的，大家在一起商量用什么办法解决"压"的问题，一个技术员说："不就是压吗？我们用200吨的'千斤顶'代替压床，一段一段顶。"我们按照这个"灵感"，把几个"千斤顶"固定在一起，然后同步起动，将钢板顶进凹模里，经过试验取得成功，"千斤顶"土压床代替洋压床就写进了我们的设计里。发动机是汽车的心脏，生产发动机，铸造、机械加工生产线是必不可少的。但别说汽车厂了，整个沈阳市也拿不出钱来买这些洋设备。怎么办呢？无奈之时，只能用土设备替代，在地面上用"冲天炉"融化铁水直接浇铸，那个加工现场灰尘漫天，几炉铁水浇铸下来，现场烟雾腾腾，每个人都成了灰人。发动机的要求很严，铁水的配比、温度、压力、保温时间都有严格的要求，像这样用冲天炉浇注，成品率非常低，一大部分都是废品。缸体浇注出来了需要加工，发动机的加工精密度要求非常高，需要专用机械和生产线。他们没有，只能用普通的刨床、铣床、钻床来代替发动机专用设备加工。专用镗缸机太贵，就用汽车修配厂使用的单轴镗缸机代替，非专用设备加工出来的发动机的质量可想而知，而且废品率也很高。更为难的是齿轮加工，齿轮是汽车上动力传递的重要部件，汽车齿轮的品种多，加工精度要求高，加工设备都是专用设备，如插齿机、滚齿机、磨齿机等，这些设备昂贵、娇气，要求恒温、恒湿，而且国内当时还不能生产，只能到外国买，这对沈阳汽车制造厂来说也是难以做到的。没有办法，只有想土办法，我们学习食品厂做月饼的办法，把齿轮钢坯加热然后放到另一个齿轮上挤压，经过多次压模成型，然后再用手工去毛刺、打磨，这样做出来的齿轮虽然比不上洋设备生产出来的质量和精度，但装上车也能凑合跑。我们在沈阳前前后后花了一年多近两年的时间，完成了汽车厂的全套设计。这个厂也成了沈阳汽车工业发展的基础。

在那个令人热血沸腾的年代，我们采用了很多正常生产所不允许的办法，完成了年产3000辆汽车的工厂设计，也造出了虽然质量不稳定、寿命不够长、油耗高，污染严重，但能够跑的汽车。应该怎样看待这件事情呢？应该说，首先它是有历史功绩的，当时国家经济建设急需汽车，但我们一年就只能生产不到2万辆汽车，到国外买又没有那么多钱，在这个时候，自己动手克服困难，利用土办法生产一些汽车解决经济建设的急需是可以的，而且也确实解决了一点小问题。这样也能够锻炼人，人的聪明才智有时候就是在这种极端的条件下才蹦出火花。但真理和谬误往往就在一步之间，哲学上叫"过犹不及"。我们这种设计是在那个特定的时间和空间范围内的产物，只在那个时期适用，如果以后都拿它作为范本，那就是谬误，问题就出在这里了。我们的"土、洋、群"设计方案编制出来后，在当时被当成了经验，各地纷纷照抄。汽车在当时是重要的生产资料，全国各地都想造汽车，但都被庞大的投资和神秘的技术吓住了。现在好了，花钱不多，技术简单，产量不大但也够用。当时国家实行企业下放，把企业交给地方管理，于是，全国各地一哄而上，纷纷利用当地的汽车修配厂仿造和拼装汽车，形成了中国汽车工业发展史上的第一个热潮。有的地方甚至在我们已经够土的设计上再动手简化，有些地方将汽车专用的钢板弹簧改成用普通钢板。很多地方由于条件不具备而盲目、强行上汽车厂，结果造成了极大的浪费。现在回想起来，"大跃进"年代"土、洋、群"的做法是应该引以为鉴的。

（陈祖涛口述，欧阳敏撰写，《我的汽车生涯》，人民出版社，2004 年）

从 1958 年 10 月到 1960 年 12 月，沈阳汽车制造厂共生产"巨龙牌"汽车 354 辆，其中还有部分军品。但汽车毕竟是耐用机械产品，对质量有很高的要求，"土、洋、群"办法生产出来的汽车质量远远达不到设计要求。因为质量问题，用户反映强烈，部队对"巨龙牌"汽车的质量反映直接到了国防部。1960 年 12 月，根据贺龙副总理的指示，国务院、国防工委、一机部汽车局和辽宁省、沈阳市国防工办组成检查组，对沈阳汽车制造厂进行检查并提出严肃批评。1961 年 7 月，沈阳市决定该厂停止生产汽车，重点转向生产军用改装车。

1969 年 7 月，辽宁省"革委会"组织了全省"汽车大会战"，决定由沈阳汽车制造厂生产辽宁 2 号 2.5 吨载重车和辽宁 4 号轻型越野车。根据辽宁省革委会的安排，沈阳汽车制造厂着手恢复"巨龙牌"2.5 吨汽车的生产，像这种不考虑实际情况，仅凭领导拍脑袋便指定企业上汽车的做法，能制造出合格的汽车吗？这一次，沈阳汽车制造厂再次生产整车。接受以往的教训，沈阳汽车制造厂购置了关键专用设备 30 多台，自制专用设备 40 多台套，建成流水线 10 条，发动机、变速器、前后桥总成装配流水线，还有一些总成部件外购，初步具备了小批量生产的能力：1971 年生产 700 辆，1972 年年产 1150 辆，1973 年生产 1307 辆。

但"巨龙牌"汽车毕竟设计落后，虽然增加了一些生产设备，但也无法改变产品落后的实质。这样生产的汽车的性能、质量都很差，用户反映强烈，这一下"革委会"也没办法了，只能向一机部求援。1973 年，一机部派遣以二汽总工程师孟少农为首的汽车调查组到沈阳汽车制造厂调查。孟少农一看图样就直摇头，他认定辽宁 2 号汽车性能落后，不适宜继续生产，建议转产北京 130 型 2 吨轻型汽车。经一机部批复同意后，沈阳市按照年产 5000 辆的规划，安排沈阳汽车制造厂按照北京 130 型图样生产，产品序列号为沈阳 132 轻型汽车。经过一番准备，1975 年沈阳 132 投产，当年生产 320 辆。仓促转产，生产设备、技术支撑体系不完备，企业又要急于上产量，所以新投产的沈阳 132 质量仍旧很差，用户很不满意。1977 年，沈阳汽车厂被迫再次停产整顿。几次反复，沈阳接受了教训，沈阳汽车厂下大力气，历时一年多在设备、管理、工艺等方面做出重大改进，整车质量趋于稳定。1978 年年底，沈阳 132 型汽车在海南汽车试验场顺利完成 50 000 千米道路试验。

沈阳轿车厂和沈阳汽车制造厂的情况大致相似，从修理和客车改装转为整车生产。辽宁 4 号是 1.5 吨的轻型车，沈阳轿车厂参照北京 212 先做出两台样车，然后再上设备。1971 年辽宁 4 号投入小批量生产，但终因力不从心，从 1971 年到 1979 年，勉强生产了 1940 辆，到 1980 年再也难以为继，不得不停止生产。

虽然整车生产没有成果，但沈阳轿车厂通过生产认识了汽车生产的规律，也找到了自己的发展方向。1974 年，沈阳两个厂的发动机车间合并，组建沈阳汽车发动机厂，专门生产 492Q 汽油发动机。

天津的汽车工业和上海类似，民国初年就开埠的天津也是外国汽车最早进入的城市。到新中国成立前，天津各类汽车修理和零配件生产企业有几十家，其中规模较大的有天津汽车制配厂、天津汽车修理厂、天津机器厂。经过改组联营，天津共有汽车配件生产企业 63 家。1965

年1月，天津市召开第一次"汽车大会战"动员大会，目标有三个：一是以SH58—1为基础改型设计的TJ120轻型载货汽车；二是从北京汽车制造厂手里接过来的BJ210C轻型越野车，在天津的生产型为TJ210C型轻型越野车。北京汽车制造厂不光将设计图样交给天津，而且连工装模具、材料、半成品、毛坯件以及两辆样车一并移交；三是TJ620型小客车。进入20世纪70年代中期，天津已经先后开发试制了载重1吨的TJ120型、轻型越野汽车TJ210、轻型客车TJ620、载重2吨的轻型货车TJ130。由于品种杂乱、质量低劣、成本高、效益差而难以生存，最后只剩下TJ620小客车和TJ130轻型货车还在勉强维持。

除了北京、南京、上海、沈阳、天津等地外，在"文革"时期，各地利用中央下放企业管理权限的机会，以大会战的形式形成大办汽车的热潮，终因批量小、无长远发展规划、无相应的资金投入，工艺水平和生产能力差、企业不具备生产条件、产品质量达不到要求，而一拥而上、一哄而散。到了20世纪80年代初期，犹如海水退潮，大浪淘沙，很多企业关停并转，退出整车生产。但仍有一批发展较好的轻型车骨干企业崭露头角：如以南京130为基本型的江西汽车制造厂、合肥江淮汽车制造厂、福建汽车厂；以北京130为基本型的成都汽车制造厂、长春东风汽车制造厂、宁波汽车制造厂、广州汽车制配厂、杭州轻型汽车总厂、福州汽车制造厂、长沙汽车制造厂、唐山汽车制造厂、保定汽车制造厂、郑州汽车制造厂、哈尔滨国营星光汽车厂等。另外还出现了一批从改装向制造逐步过渡的轻型客车生产厂，如河北红星旅行车制造厂、河北胜利客车厂、四川旅行车制造厂、北京燕京机械厂、昌河飞机制造厂等。随着经济和社会的发展，以及市场逐步放开，这些轻型车企业一个个如同鲤鱼跳龙门，在市场经济的大潮中各展身手，最后纷纷发展成为各具特色的大中型汽车企业，如江淮汽车制造厂、重庆江铃汽车厂、江西汽车制造厂、郑州汽车制造厂、保定汽车制造厂都发展成为行业的翘楚。

跃进握手依维柯

"六五"计划期间，市场过热，需求猛增，国内轻型车无法满足需要，为平衡市场需求，国家共进口了22.3万辆轻型车，其中轻型货车11.2万辆、轻型小客车11.1万辆，耗资十几亿美元。

为争夺轻型车市场，发展本地汽车工业，各地又一次大批上马轻型车项目，全国轻型车生产厂家达到57家，其中轻型客车厂10家，这还不包括众多的轻型车改装厂和农用汽车厂。客观地看，轻型汽车与社会和民生联系最为紧密，也是当时中国汽车行业最多、最乱的领域。

改革开放以后，中国落后的汽车产业受到了越来越大的压力与挑战。1982年，国家发文限制6吨以下农用柴油车生产；9月，国家经委宣布，南京NJ130型汽车为淘汰产品；同年，全军停止使用NJ230型轻型越野汽车。这两款汽车是南汽捧了几十年的饭碗，现在国家把这个饭碗给砸了，南汽人吃什么？

在最困难的时刻，南京汽车厂另辟蹊径——改装柴油机。当时生产拖拉机用柴油机的扬州柴油机厂也遇到了生存问题，江苏省要求双方开展合作。南汽与扬州柴油机厂都要求生存，时任南汽总装厂技术副厂长朱国璋与扬州柴油机厂谈判，朱国璋说："你们研发汽车用的柴油机吧，你们研发出来装到我们车上，我们就都活了。"结果扬柴真的生产出了适合汽车用的柴油机。装上柴油机的跃进汽车编号为NJ131。1983年，中央下发1号文件，允许农民买车，NJ131跃进柴油轻卡大批量进入了农村，南京汽车厂又过了一道坎。

经历了一段时间的发展和沉淀，南京轻卡业有了一定的技术基础，车型升级换代的要求越来越强烈。日本的轻卡技术世界领先，受中国市场的吸引，日本最负盛名的五十铃公司也希望在中国找到合作伙伴，以便进入中国市场。五十铃与南汽接触后主动邀请南汽专家小组赴日实地考察。南汽方面对日本五十铃的驾驶室技术很欣赏，双方定下合作意向，南汽以优惠的价格购进了日本五十铃的一套驾驶室模具。1986年年底，南汽引进日本五十铃平头驾驶室设计模具后推出改型，从此日本典型的平头车设计进入中国轻卡序列。曾任南汽厂长的李龙天认为："这次合作使跃进至少领先行业两年的时间，同时也为其他企业引进日本技术提供了借鉴，最终推动中国轻卡完成了第一次换代。"

但对南汽影响最大的还是与菲亚特依维柯的合作。1983年9月，时任中汽公司董事长饶斌率团遍访欧洲、美国、日本等国的主要汽车公司，包括在意大利的都灵考察了意大利菲亚特汽车公司。

菲亚特汽车公司是菲亚特集团旗下最大的经营公司。1978年，菲亚特汽车公司从集团业务中独立。菲亚特汽车公司主营轿车和轻型商用车，拥有菲亚特（Fiat）、蓝旗亚（Lancia）和阿尔·法罗密欧（Alfa Romeo）三大轿车品牌，商用车品牌则有菲亚特（Fiat）。依维柯是菲亚特控股的商用车公司，主要生产公路运输和越野用途的轻型、中型和重型商用车辆，以及客车、特种防卫车辆、民用防护车辆、消防车辆以及发动机，是世界上轮式运输车辆的佼佼者和车用及工业用柴油发动机的最重要制造商之一。

在依维柯汽车公司生产线上，菲亚特公司董事长得意地指着一种造型奇特的轻型车介绍："瞧，这是我们最新的S系列依维柯轻型汽车。"

饶斌带领的代表团里，时任南京汽车厂厂长李龙天的目光立刻被这款依维柯S吸引住了。与自己生产的NJ130相比，这款车无论是外观造型还是技术水准，都要领先整整一代。

依维柯S系列轻型汽车是依维柯公司1979年6月正式投产的新产品，其基本型为短头驾驶室、2.445升增压柴油机。依维柯S有良好的系列性和通用性，系列产品可由两种发动机、两种变速器、两种车架、一种前后桥、一种驾驶室组装出三种不同轴距，出产载重1.3~3吨共5个吨位级的轻型汽车，主要有基本型、双排座型、三排座型载货汽车、厢式货车、轻型客车和1.5吨军用越野车，共29种型别。

按照当时中汽公司对世界汽车业界的了解，执轻型车牛耳的主要是日本五十铃和美国福特两家，在内部商讨选择引进技术与合作对象时，这两家公司也得到了更多关注。但引进技术和开展合资合作，需要政治、经济、国家之间的关系，以及公司负责人的个人倾向、爱好、眼光、修养等多种因素综合作用，因此和哪个国家、哪家公司、什么产品开展什么形式的合作，其中大有文章。

1978年，中国首次将眼光投向海外，封闭太久，总想尽快建成现代化，由此出现第一次引进高潮。当时，中央号召全国实现农业现代化，农机部要为洛阳的第一拖拉机厂引进菲亚特公司的拖拉机。菲亚特旗下的CNH是世界工程机械第三大生产商，其农用拖拉机、联合收割机、牧草和饲料机械，以及葡萄采摘机械号称农用机械制造业的领导者。为了争取中国的引进项目，菲亚特公司投入了很多钱，专门为中国建成培训中心。但由于国力承受不了"洋跃进"，所以国家没钱支付一些引进项目，其中就包括菲亚特拖拉机项目。违约也使得国家信誉受到很大影响。在中国政府的暂时困难面前，菲亚特公司选择了理性的姿态。

1983年，饶斌带队出去考察和引进汽车项目时，时任国家计委主任谷牧要饶斌"去意大利看看"。1984年11月22日，中汽公司和南汽再次组团考察菲亚特。在依维柯公司的厂房里，饶斌和李龙天都看上了依维柯S系列轻卡，意大利人的热情和对中国的态度明显要优于不愿意向中国出口技术的美国和日本。回来后，中汽公司和南京汽车厂立刻给国家计委打报告，几经周折，南京汽车厂引进依维柯许可证生产轻型货车项目最终进入了国家"七五"计划。

第一次拖拉机项目没谈成。这一次，意大利人狮子大开口，要把第一次的损失补回来。时任南汽总工程师朱国璋回忆："我拿到财务分析表一看，脑袋都大了。依维柯轻卡的成本比日本五十铃轻卡高一倍。这么贵，在中国市场怎么卖得出去？又怎么跟引进日本五十铃的厂家竞争？"

时任厂长顾尧天回答："货车存在成本问题，但客车不存在，我们可以先干客车，再干货车。"

按照当时中汽公司和国家计委的设想，南汽引进依维柯后应该先上卡车，再上客车，由于成本过高，如果先上卡车，势必会出现因价格高而滞销。顾尧天认为，中国市场上不仅缺轻卡，而且更缺轻客，先上轻型客车，再上卡车，避开了先上卡车的风险。

较之美、日，地处亚平宁半岛的意大利与中国的关系要平和得多，在技术的输出上也较为开放。但良好的国家关系只是做成生意的前提，生意场上的价格问题谁也不会退让，双方各持立场、互不退让，谈判数次陷入僵局。意大利人也怕因为多赚几个里拉而把中国人吓跑了，即使谈判中几经讨价还价，最后拿出的条件也很具有吸引力：

第一，在中国生产的产品与意大利国内的同步开发、同步上市。

第二，对在中国开发的产品，意方负责进行15年技术跟踪。在这期间，开发的新技术要无偿转让给中方。

第三，所有技术文件，包括标准，都要出让给中方。

第四，意方向中方提供2.1亿美元的混合贷款。其中1.1亿美元为意大利政府软贷款，利率为1.4%，贷款期限14年，用于购买机器设备，意大利没有的可以向其他国家购买；1亿美元为硬（商业）贷款，利率为7.9%，用于购买汽车CKD零部件。

第五，菲亚特公司免费为中方的300~400人提供技术培训。

南汽对此条件倾向于接受，但还希望意大利方面能再"添"点好处。世界汽车市场竞争激烈，为了早日挤进中国市场，意大利方面咬咬牙，在与中方签订的协议中，又增加了A40—10小型客车及其衍生的4种变型车。

1984年，中意两国政府正式商定，将依维柯项目列为中意经济合作三年计划项目。

1985年3月，意大利菲亚特集团依维柯公司根据中意政府合作协议来到南京，与南京汽车联营公司和南京汽车制造厂签署了依维柯S系列29个品种的轻型汽车的《许可证转让合作项目协议书》。

1985年7月，国家物资局从意大利引进1000辆依维柯汽车底盘散件抵达南京，南汽开始以SKD方式组装依维柯轻型汽车。

1985年9月21日，外经贸部以 [特急]（85）外经贸技字第463号文件《关于轻型汽车许可证转让和技术援助合作的复函》，批准中汽公司进出口公司为南京汽车联营公司与意大利菲亚特集团依维柯公司签订的《轻型汽车许可证转让和技术援助合同》生效。

1985年10月31日，国家计委发出"关于南京汽车工业联营公司引进轻型汽车制造技术可行性研究的审查报告业经国务院领导批准"的批文。

1985年9月25日，中汽公司在（86）中汽规字第638号文件《关于印发汽车工业第七个五年固定资产投资计划（草案）的通知》中，正式确认了南京依维柯项目。

1986年9月12日，中意双方在北京正式宣布，《轻型汽车许可证转让和技术援助合同》全面生效，南汽正式开始了转型生产。

南汽依维柯项目的建设纲领为年产6万辆轻型汽车、7.5万台发动机，总投资10亿元。意大利政府提供混合贷款2.1亿美元、赠款1091万美元，建设周期为7年。这是"七五"期间汽车行业利用外资数额最大的项目，也是中意合作计划中最大的项目。

1987年7月9日，南汽庞大的生产线上显得冷冷清清，经过生产线旁几个工人一阵忙活，一辆跃进NJ134汽车下线，这是自1958年跃进汽车正式投产以来，南汽下线的最后一辆仿嘎斯型跃进汽车。30年来，南汽累计生产NJ130、230、330、134、135等仿苏嘎斯型跃进汽车共161 988辆。

1991年8月18日，南汽新厂生产线组装出了第一台依维柯A4010。1993年，国产化依维柯轻客正式下线。1994年11月21日—24日，依维柯轻型汽车引进项目通过国家验收。1996年1月25日，中意合资的"南京依维柯汽车有限公司"在北京人民大会堂举行合资公司揭牌仪式。1997年1月27日，"南京依维柯汽车有限公司"在南京五台山体育馆举行成立大会，合资公司当年产量达到1万辆，第二年达到2万辆。有意思的是，南汽依维柯合作的产品就命名为"得意"。在中国的客运市场上，这款轻型客车以其舒适、快速的特点，成为市场新宠。

"有心栽花"

20世纪80年代初期，针对中国汽车缺轻少重的现状，中汽公司对发展轻型车做了全面的部署：利用改革开放的有利时机，引进国外先进技术与资金，合资、合作、改造并发展中国的轻型汽车工业。"所有的鸡蛋不能放在一个篮子里"，中国汽车市场潜力极大，一个依维柯项目远远不能满足中国汽车市场的需求，再引进哪一家呢？中汽公司的眼光投向了东海邻居日本。与欧美相比，日本的汽车制造业是后起之秀，从20世纪50年代起步发展到80年代，日本已经成为世界汽车市场上仅次于美国的"老二"。为了争夺市场份额，后起的日本在汽车的工艺和技术上更为专注，其产品具有良好的质量口碑。中汽公司看中了日本的"五十铃"。

十一届三中全会以后，为改变中国企业的技术现状和管理水平，经国务院同意，原国家经委制定了在"六五"后三年引进3000项国外先进技术的计划。为适应改革开放形势，减少行政阻碍，国务院还向各省市下发了技术引进的审批权。由于多年没有抓经济建设，现在中央号召"以经济建设为纲"，而且打开国门，允许各地自行洽谈引进合作。一时间，各地蜂拥而上，由此引起"进口大潮"，仅"六五"期间，机械系统就签订了技术引进合同785项。

由于缺乏统一规划，各地自行其是，结果造成很多问题，如大量重复引进、引进已经落后的技术设备等，给国家造成很大损失，国家有限的外汇储备大量流失。1981年1月13日，国务院颁布了《技术引进和设备进口工作暂行条例》，条例严格限制成套设备进口，着重引进先进适用技术。以后又发布了《技术引进合同管理条例》等一系列法规来保证技术引进朝着规范化方向发展。

由于没有经验，当时引进合作的方式多种多样，如采用许可证贸易、进口设备带制造技术、咨询诊断、合作生产、外商直接投资带进市场等引进方式。除此以外还有技贸结合、"三来一补"（来料加工、来件装配、来图制造、补偿贸易）、合作研究、购买技术资料或软件、人才培训、引进国外智力、购买二手设备，以及联合引进等多种方式。

客观来看，改革开放之初，中国汽车工业的引进合作也是问题多多。中国打开国门，许多外国汽车公司都看到了中国的市场潜力，希望分享中国的发展成果。但在当时，因为对中国国内的情况不甚了解，尤其是对中国政府的政策缺乏认识，再加上中国汽车工业的基础极为落后，一些世界知名汽车厂商在与中国企业合作上缩手缩脚，多数只愿意向中国出售产品，而不愿意向中国出售技术和合资。饶斌率领中国汽车考察团"周游列国"时，为引进技术碰了很多"钉子"，绝大多数外国汽车公司都处于观望状态，少数公司也仅仅是与中国企业保持接触。

五十铃公司是世界知名卡车公司，为了占领技术制高点，有些中国汽车企业前往日本与五十铃试探洽谈引进技术。由于来的厂家较多，五十铃自觉奇货可居，便选择了与中国厂家多方接触，挑选合作伙伴，但并未做出决定。

中汽公司是代表中国政府的最高汽车行政管理部门，也开始了与五十铃公司的接触。1984年7月，中汽公司代表向五十铃公司提出以"技贸结合"的形式合作。

什么是技贸结合？技贸结合即将技术引进和贸易结合起来。一些大公司为了保持长久的领先优势，不愿意出让技术，只愿意卖商品。结合他们的心态，中方创造性地提出我们可以批量购买你们的商品，但你们必须将所买商品的技术一并卖给中方，这也是以后所谓的"以市场换技术"。由于中方经济技术水平落后，这是不得已而为之的办法，通过这种办法，可以消化吸收外方的先进技术，缩小差距。

技贸结合的提法源自于饶斌。1983年10月，中汽公司董事长饶斌在上报《关于汽车行业实行技贸结合试点的报告》中提到：

据统计，1950年—1982年我国进口汽车49.4万辆，其中近10年进口27.2万辆，平均每年进口2万辆，进口金额112亿元人民币（不含进口汽车配件金额），相当于第一汽车制造厂累计投资的12倍……批量进口汽车必须贯彻技贸结合、进出口结合，走引进技术、合作设计、合作生产的道路……建议对当前进口汽车的审批工作和有关进口业务进行适当调整。

技贸结合的提法得到时任国务院领导的肯定与重视，国务院领导在这个报告上批示：

应把技贸结合、进出结合作为体制改革的一项重要内容，可以考虑以冶金、汽车行业作为突破口，先行试点，探索经验，逐步推广。

1984年，国务院在批转《国家经委关于做好技贸结合和旧设备选购工作的报告的通知》[国发（1984）44号文件]中，对技贸结合给予了很多优惠措施：

对开展技贸结合需要进口的成套散件，其进口关税不按整机征收，减按零、部件税率征税；对于零部件在税则中没有单列税率的，减按整机税率的三分之二计征。

开展技贸结合需要进口的成套散件、零部件、元器件，进口环节的产品税（增值税）减按该产品应纳税额的60%计征。

技贸结合中进口的原材料，应照章征税。

上述准予减税进口的货物，需凭技贸结合领导小组（办公室设在国家经委进出口局）批准的技贸结合计划办理。

尽管技贸结合有明显的优惠，但外方对"技贸结合"仍充满警惕性。

　　五十铃公司自认为自己的产品不愁销路，为什么要把技术卖给你们呢？你们的生产水平很低，不用引进技术，就买我们的产品好了，我们保证供应。实际上，五十铃是在"哄抬物价"，此时广州、深圳、福建、江西、重庆、新疆的企业都在与五十铃洽谈技术合作、合资合作，五十铃要充分利用这种有利地位以求最大利益。

　　中国庞大的市场需求也吸引了日本丰田、日产等多家汽车厂商，它们也在觊觎中国市场，也在评估中方"技贸结合"对自己利益的影响。1984年中旬，几家日本汽车公司在日本鹿儿岛召开协调会议，以求联合应对中国的"技贸结合"政策。商场如战场，有了政策，还要有推行政策的手段与办法。中方虽然没有技术，但中方有庞大的国内市场，这是每个商家都梦寐以求的。陈祖涛告诉笔者："我们决定利用他们互相争夺中国市场的心态，分而治之。你不是很牛吗？好，我晾一下你。我们不与你五十铃接触，转而与其他公司洽谈，并正式通知五十铃公司，你们这种态度，可能失去与中国长期合作的机会。"

　　经过与三菱和日产协商，1984年10月，中汽公司分别与三菱公司和日产公司签订了技贸合同的协议，并在国内见诸报端。谁先签，意味着谁将先进入中国，如同占领商业制高点，有了市场先发优势。这一下在日本引起了震动，五十铃公司十分不满："啊，说是要协调行动，原来你们在搞缓兵之计，稳住我们，然后自己和中国人签合同，太不仗义了。"

　　日本人也很有意思，你做初一，我做十五，来而不往非礼也。1984年11月，也就是和三菱、日产技贸协议签字后不过一周的时间，日本五十铃株式会社社长飞山飞抵北京，与中汽公司高层会谈。飞山表示："以往对中国技贸结合理解错了，现在认识了，希望中方提供机会，五十铃愿意为中国汽车工业的大发展出力。"

　　中方的目的达到了。1984年11月，中汽公司与五十铃国内公司在北京继续谈判。日方和中方一样，中方利用日本公司来促五十铃，日方也利用与中方其他企业的谈判来与中汽公司讨价还价。就在中汽公司与五十铃谈判的同时，五十铃公司也在与中国的江西汽车厂谈判引进技术。国家经委进出口局《技术引进工作情况简报》第九期"中汽公司与日本五十铃公司技贸结合谈判"一文中记载了双方斗智的细节：

　　中汽公司与五十铃的谈判很紧张，特别在汽车价格和技术转让范围上，谈得很艰苦，有时处于破裂的边缘。在会谈时，五十铃公司另派一个组到江西会谈，报的汽车价和技术转让价比报给我们的高一倍。当他们估计与江西可能成交时，在北京的谈判立即发生了反复。五十铃公司推翻了技术不另计价的许诺；中汽公司当即与江西联系，统一行动，北京的谈判这才取得了突破。

　　通过这次技贸结合的谈判，中汽公司体会到，技贸结合必须要由工业部门和贸易部门紧密结合，利用大量集中进口汽车做筹码，有计划地利用准备让出的中国部分市场，为工业部门换取技术。仅此项目，买车少花1200万美元，节省技术费用1800万美元。

　　只有国内各地区、各部门的对外窗口协调配合、统一对外，才能打破外商的联盟。这次江西汽车厂与中汽公司协调一致，成功地迫使五十铃无偿转让了全部优势技术。

　　谈判结束后，1985年1月26日，国家物资局和中国汽车工业进出口公司与日本五十铃汽车公司在东京签订了《五十铃N系列载货汽车技术转让合同》和《五十铃N系列轻型载货汽车驾驶室技术转让合同》，以技贸结合的方式进口日本五十铃汽车公司于1984年投产的N系列轻型车产品4万辆，同时还引进了部分制造技术。

　　谈判取得成功，但费尽心机引进来的五十铃在"落户"问题上却让这次技贸结合的谈判成果付之东流。

日本五十铃的产品、技术引进后，按当时中汽公司的构想，要将引进的最新技术交给最强的企业，这样有利于技术的消化吸收。这也符合加速形成自我开发能力，最终达到摆脱技术依赖，创设自主品牌的目的。基于这一"朴素"的想法，确定北京汽车工业公司为接收单位，用于北京第二汽车制造厂老产品 BJ130 的换型。

北京二汽早就开始考虑 BJ130 改型的问题了，1981 年 3 月开始着手参照日本三菱轻型车产品对 BJ130 进行技术改造，并提出了 BJ135 设计任务书。1984 年 1 月，全国汽车规划会上，中汽公司决定北京二汽为全国轻型车重点发展基地之一，接受日本五十铃 N 系列轻型车项目，BJ135 项目遂终止。1985 年 6 月，北京二汽厂长赵发奎随同中汽公司和北京市汽车公司一起到日本签署引进协议。

当时明确引进 N 系列轻型载货汽车共 3 个系列，主要总成配套有三种驾驶室、四种发动机、四种变速器、三种前桥和四种后桥。北京二汽确定生产的基本车型为 NKR 系列，共四个基本品种，可以派生出六种车型。以北京二汽的实力消化日本五十铃的技术，资金明显不足。为了筹集资金以消化引进技术，北京二汽和中国国际信托投资公司以及香港肖特吉有限公司签署了合资经营协议，拟定在"七五"期间投资 1.5 亿元人民币和 3000 万美元。1987 年 3 月，国家计委批准立项。项目的重要内容为：

利用技贸结合引进的日本五十铃 N 系列轻型载货汽车为代表产品，替代 BJ130，生产能力由 2 万辆提到到 4 万辆，总投资 3.03 亿元人民币（含 3000 万美元）。

然后即开始一系列的相关准备工作，如在北京顺义建设新厂区，改造老厂区等。1988 年 3 月 25 日，国家经贸部以（88）外经贸资 51 号文件批准了北京二汽与中国国际信托投资公司、香港肖特吉公司组成的合资公司。1988 年 4 月 22 日，在人民大会堂宣布合资公司正式成立。热热闹闹，风光一阵，但真刀真枪的引进建设却雷声大雨点小，进展缓慢拖拉。

实际上，让北二汽转产五十铃是中汽公司的一厢情愿，中汽公司有心栽花，但北京二汽不见得领情。此时，北京二汽的 BJ130 正红火呢，放下正抢手的 BJ130 去上五十铃项目，意味着不仅要放弃唾手可得的收入，而且还要花费巨额资金去重新改造生产企业，毕竟 BJ130 的生产技术水平太低，无论是发动机还是底盘、车架与日本五十铃都不是一个层次上的产品，现在要上五十铃，基本上要对原生产企业下大功夫进行脱胎换骨的改造。仅对发动机、车身、前后桥、变速器，以及焊装、涂装等生产线的建设，费用起码就是 10 多亿元。即使成立合资公司，其总资本离这笔钱也相差甚远。谁来出这笔钱？此外，以北京二汽现在的生产设备、技术水平，消化五十铃的技术要耗费时日。再说，北京齿轮厂刚完成变速器的引进，认为再引进五十铃变速器技术难度太大。北京内燃机厂也不愿意要五十铃发动机，他们看中的是美国通用的发动机。

北京第二汽车厂并不是中汽公司的下属企业，中汽公司和这些企业只是业务指导和宏观调控，结果双方各吹各的号、各唱各的调，最终，五十铃的图样一直躺在北京二汽睡大觉。谈及此事，时任中汽公司副总张兴业一声叹息："在五十铃项目上，北京的失误太大了，北二汽有了技术图样，却不肯很好地消化，不愿舍弃 130 车型，在产品结构上左右摇摆，铸成了终身遗憾。"

按照引进时的构想，引进日本五十铃要花开两家，一边是北京，一边是由四川、云南、贵州和重庆三省一市联合组建的西南轻型汽车工业联营公司。由三省一市共享引进的五十铃车型技术，分工合作生产，年产纲领为 6 万辆轻型汽车。

西南三省一市的几家企业都是当年布局在深山里的"三线"军工企业。进入 20 世纪 80 年代，战争阴云逐渐远去，这些军工企业基本没有军品订货，守着现代化的机械设备，数万工人不得不想方设法地"找饭吃"。为帮助军工企业实现"军转民"，1984 年，由国务院三线办、航天工业部牵头，成立了西南轻型汽车协调领导小组，西南三省四方联合向国务院、国家计委提交了建设西南轻型汽车生产基地的规划报告，提出以分布在西南三省一市的九家大型国有企业为基础，利用国家引进五十铃 N 系列轻型车技术的契机，在西南建设一个轻型车生产基地。1986 年 6 月，国家计委批准了这个报告，国家计委和中汽公司决定，将五十铃这块蛋糕分一部分给他们吃。当时的布局是，在贵州建发动机基地，在云南建车身基地，在重庆建底盘基地。

1987 年 7 月，在成都组建了西南轻型汽车联营公司，确定由贵州航天工业总公司乌江机械厂、云南蓝箭汽车制造厂、重庆汽车制造厂、成都飞机公司为定点总装厂，年产 1.5 万辆。根据分工，贵航下属的红光机械厂、乌江机械厂、群力铸造厂和八一二所为西南联营公司成员单位，八一二所为工艺中心，乌江机械厂承担 1.5 万辆车的装配，红光机械厂承担后桥总成，群力铸造厂承担后桥、变速器等零部件的铸造。

西南轻型车联营公司牵涉到四个省级行政区、航天和航空，以及部分军工企业，企业隶属关系错综复杂，利益关系更是一团乱麻。有一部很著名的俄罗斯电影名叫《莫斯科不相信眼泪》，随着改革开放的进程，市场也不相信"眼泪"。以五十铃项目为纽带将三省一市的多家企业捆绑到一起，结果强扭的瓜不甜。企业再困难，也要遵从市场规律。从行政隶属关系上看，三省一市的企业每个人头上都有一个"婆婆"，地方政府和中央政府在财政上是分灶吃饭，企业是属于地方的，搞成了"西南汽车联营公司"，是听联营公司的还是听我地方政府的？每个"婆婆"都有控制"媳妇"的手段，更何况，这些企业各家都有各家的想法，都想自立门户，谁也不愿意为他人"打工"。按联营公司最初的要求，云南兰箭汽车厂花 1 亿元进口了五十铃的全套驾驶室模具，再投资 1 亿元的焊装线，又花了 6000 万 ~7000 万元建起油漆生产线，全部投资 10 亿元，年产纲领 6 万套。兰箭厂下血本投资形成专业化生产能力，但西南各厂分属于西南三省，各人有各人的"婆婆"，各家有各家的算盘，结果步调不一致，造成五十铃轻型汽车项目进展缓慢。原定的生产纲领是乌江机械厂、兰箭汽车制造厂、重庆汽车制造厂、成都飞机制造厂各自组装并实现年产 1.5 万辆，但直至 1995 年，仅贵州航天后组建的合资公司实现了年产 3400 辆，仍远远低于原来的预期，其他几家更是不知所终。

甚为遗憾的是，这些由官方出面主导，违反市场经济规律，仅凭"一盘棋"的主观愿望，让那些汽车企业"排排坐，吃果果"，你搞发动机，他搞齿轮，热热闹闹地搞"联合"，不情不愿地"拉郎配"，最终在地方利益、部门利益的干扰下，花巨资技贸结合引进的五十铃技术在几个地方都泡了汤。回顾这段历史，原中汽公司副总经理胡信民不无遗憾地说："所有这些规划，因与地方、部门、企业之间的想法不统一，最终都没有按计划实现。"

连小孩子都知道，来得容易的东西得不到珍视，费尽心机买进五十铃优质技术资源被纠缠不清的行政利益东拉西扯，最终"有心栽花花不活"。

"无心插柳"之一，江铃的故事

就在国家花巨资引进五十铃轻型车资源，并分别安排给北京和西南三省一市的时候，两个穷得没饭吃，正在到处寻找生路的江西汽车制造厂和重庆汽车制造厂与五十铃的合作却异军突起，"无心插柳柳成荫"。

20世纪七八十年代，江西汽车厂和重庆汽车厂在国内汽车行业属于未入流的小企业，既缺技术又无资金，产品无销路，企业负债累累，正处于生死存亡之际，但艰难困苦，玉汝于成。江汽负责人孙敏和重（重庆）汽负责人吴云在给企业寻找生路的时候，慧眼独具。他们两人以企业家的特质认定，虽然当前中国轻型车行业混沌一片、鱼龙混杂，但从长远看，中国市场和中国用户最需要的是优质的轻型车资源，而五十铃汽车技术就是这种优质资源。但江汽和重汽身份低微，无法在国家计委和中汽公司那里获得已经引进的五十铃资源，于是两人另辟蹊径、艰难开拓，利用中国改革开放的有利环境，一个采用技贸结合，以CKD起步，引进利用五十铃技术；一个采用合资模式，引进五十铃技术和管理模式。经过几年的艰苦奋斗，这两家名不见经传的企业声名鹊起，一跃成为中国轻型车企业的翘楚。这两家轻型车企，一个叫"江铃"，一个叫"庆铃"。

江西地处华东，经济落后，是一个以农业为主的省份。江西汽车厂的前身是新中国成立前江西省交通局下的一个汽车修理厂。新中国成立后改称江西汽车配件厂，以汽车修理为主，兼生产汽车配件。1967年，"文革"风暴席卷全国，江西汽车配件厂改名为井冈山汽车厂，仿制南汽的跃进130，生产的汽车叫井冈山牌汽车。汽车生产有其内在规律，无论你的名字多么响亮，如果不遵从客观规律，就谈不上质量，仿制的母本就是技术落后的嘎斯，江汽生产的"井冈山"质量能好吗？在计划经济时代，有比没有强，车不怕差，能跑就行。改革开放后，随着经济发展，市场逐步回归理性，谁都愿意使用质优价廉、性能可靠的产品，靠分配过日子的江西汽车制造厂的日子却越来越难过了。

江汽全厂3000多名职工说是造汽车，其实主要是靠手工敲打造驾驶室，生产效率极为低下；而发动机、底盘、车架等主要总成全靠外面买，产量最多的一年也不到1000辆，少的时候只有300辆左右，产品质次价高。犹如水果市场中，新上市的苹果香喷喷、红艳艳，惹人喜爱，而江汽的"井冈山"则如同扔在角落里的浑身虫眼、干巴巴、缩头缩脑的烂水果般无人问津。为了抛售出去，江汽唯一的办法就是压低价格贱卖，跃进牌卖1.2万元，井冈山就卖1.1万元。即使这样，也还是卖不掉。坐吃山空，江汽的亏损越来越严重。从1968年开始组装汽车，到1983年加入南京汽车联营公司，江汽连年亏损，总计亏5600万元，平均每年亏400万元，成为江西省最大的亏损户。虽然亏损，但在当时的社会环境下，既不能把厂关掉，也不能宣布破产，工人每个月的工资还要照发，全厂3000多工人，一年几百万工资，全靠政府每年的400万元财政补贴。江西省是个穷省，如此大的财政补贴谁受得了？在这个背景下，1982年年底，江西省下决心要解决江西汽车制造厂的问题。1983年1月1日，江西省政府工作组进驻江汽，接管江汽。

1983年7月，工作组使命结束，重新任命江汽领导班子。厂长郑明华，工作组成员孙敏任第一副厂长兼总工程师。两年多后，孙敏升任厂长，郑明华调离江汽。

孙敏，杭州人，1959年毕业于吉林工业大学汽车系汽车设计专业，毕业后被分配到农机部科技司，主要从事拖拉机的科研开发和管理工作。1964年下放到江西拖拉机厂从事设计工作，1969年再度下放到江西省泰和县农机厂，在这个县属农机小厂，孙敏整整干了10年。在这个小厂里，由孙敏牵头组织设计制造的联合收割机获得1978年全国科技大会奖。因为成绩卓著，1980年，孙敏被调到江西省机械设计院当室主任，并成为第一批享受国务院特殊津贴的科技干部。从那时起,孙敏开始接触汽车。

担任江汽厂长后,摆在孙敏面前的任务是怎样收拾这个烂摊子。江西省委省政府给孙敏的首要任务是,尽快解决企业亏损问题,给企业的3000名职工找饭吃。在孙敏之前,为了给3000名工人发工资,江汽什么都做过,钢丝床、洗衣机等,但什么都不行。孙敏认为,工厂做了几十年汽车,要找出路,也只能在汽车上想办法。孙敏搞技术出身,经过对井冈山牌汽车的分析观察,发现这款车身上有很多明显的缺陷,有些缺陷虽然是"胎里带来的",但完全可以改进,如发动机可以择优购买,车身的加工质量可以提高,装配的工艺可以改进。经过有针对性的改进,垂危的江汽缓过一口气来,1984年实现年产1200辆,江汽历史上第一次扭亏为盈——有了点微利。

1981年,中汽公司开始在全国组织"联营公司",按照区域划分,江西汽车制造厂被划到南京汽车联营公司麾下。对由中汽公司主导,搞得"热热闹闹"的联营公司,孙敏不以为然:"现在看来,联营这个目标没问题,但方法肯定有问题。如果用行政手段,而不是经济手段、市场手段来解决问题,肯定行不通。实际上,推进的效果也不理想。虽然全国也成立了几大汽车联合公司,但最后都不了了之。违背规律的事,岂有成功之理?"

由于分属不同的行政体系,联营公司将参加联营的企业分为紧密层、半紧密层、松散层。在南汽联营公司,江汽属于半紧密层,产、供、销由联营公司统起来,但人、财、物仍归地方管。江汽的直接领导是江西省机械厅,这样一来,头上由一个"婆婆"变为两个"婆婆",孙敏左右为难。如果纯粹从企业发展着想,最好把江汽厂并入南京汽车厂,人、财、物、产、供、销全部划转,企业也便于运转。但江汽穷得叮当响,既没什么好设备,又没有著名品牌,要了有何用?更何况,江汽身上还有5600万元的债务,谁愿意"替人还钱"?在两个婆婆之间的尴尬处境实在难熬,南汽联营公司也没给江汽带来任何"脱贫"的希望。与其跟一个不靠谱上级"打小工",不如自己出去闯天下。

头上的紧箍咒戴上了要摘下来可不容易。那个时候,改革开放刚刚起步,人们的归属意识特别强,走到哪里都要问:"你是哪个单位的?"孙敏想走自己的路,需要"跑部进京"来找项目,但北京的部、办、委都要认出身。孙敏回忆:"我们必须通过南联公司这个渠道才能跟中汽总公司和中央建立联系。那时,如果我要去中汽公司汇报工作,必须先到南联公司,请他们开张介绍信,这样到北京后才有正规接待。到后来,大家熟了才省了这道程序。一方面,我们得跟南联公司建立关系,让他们承认我们是小兄弟、是成员,并定期去报告工作。另一方面,我们还要争取更好的发展。这个矛盾当然很大,但我们也没办法。"

从南汽联营公司的发展历史看,当时划归南联公司旗下的还有江淮汽车制造厂、福州汽车制造厂、武汉汽车总厂。最后江淮汽车毅然独立,才有了今天的发展,而福州汽车制造厂和武汉汽车制造厂则是日渐式微。事实说明,依靠行政联营手段"拉郎配",最终无法解决亏损企业的出路问题。

在中汽公司与五十铃谈判时,孙敏为给江汽找出路,也来到了大海对岸的日本。孙敏认为,轻型车在中国有很大的发展潜力,当时五十铃销路最好的地方是广东,五十铃的驾驶室乘坐起来特别舒服,在轿车一车难求的时候,那些"先富起来的人"把五十铃买来当轿车。五十铃不光乘坐舒适,而且质量可靠,正常使用的话几年都不需要维修,可以节省大笔维修经费。市场和用户需要高品质的轻型卡车,BJ130、NJ130眼前好卖,那是因为用户没有挑选的余地,这些国产车跑了不过几百千米就开始出现毛病,进修理厂成为常态,看看满大街的汽车修理厂里修的都是什么车？都是国产的。虽然买的时候价格便宜，但也架不住三天两头交修理费啊。事实说明，价格低、质量差的车今后没有出路。

孙敏回忆："北京方面没有醒过来，当时很多人都没醒过来，我却醒过来了。通过市场调查，我认为，轻型车必须向高端发展，所谓高端就是高品质、高可靠性、极少的故障，甚至比轿车的故障还要少。所以我千方百计地要生产五十铃，而且要么不做，要做就做80年代的新产品，也就是五十铃N系列。"

1984年1月，时任江汽副厂长的孙敏东渡日本，开始直接跟五十铃接触。此时来找五十铃的中国企业不少，经过和五十铃公司反复磋商，并得到南汽联营公司和中汽公司的确认，在中汽公司技贸引进日本五十铃N系列技术行业布点中，有了江汽一个名额，这相当于给江汽引进五十铃技术做了"背书"。1985年3月，江西汽车制造厂与日本五十铃公司签订《五十铃NKR542LW双排座汽车技术》转让合同。孙敏如愿以偿地从五十铃公司得到了五十铃NKR的技术。双方签署了7个合同和协议，包括技术转让协议。江汽很幸运，因为五十铃的技术已经转让给中国其他企业了，所以五十铃公司收取江汽的入门费和技术转让费很低，还以相当便宜的价格卖给了江汽整套驾驶室的高质量模具。考虑到中国复杂的人事和行政关系，孙敏给自己留了一条退路。孙敏回忆："与五十铃签署合同时，全部是我签的字，但我也给自己留了个活口，这7份合同和协议的最后一句话是：本协议要等江西省政府批准，由我传真给贵公司才生效。也就是说，即使江西省政府批准了，但没有我的传真件，合同也不会生效。"

不出所料，孙敏代表江汽引进五十铃生产技术的消息一传回江西，江西省机械厅顿时开了锅，有人支持他，说他有眼光；有人反对他，说他胆大包天，竟然自作主张与国外签订合同；甚至还有人要追究责任和动机。无奈之下，孙敏找到时任江西省省长倪献策，请倪献策参加省机械厅对此事的讨论。经过一番辩论，倪献策说："听你们说了半天，我觉得老孙的决策是对的。"

据孙敏回忆，看到省长表态支持，他立即趁热打铁："倪省长，是不是散会以后，我就可以发传真给日本五十铃公司了？"倪献策当场表态："可以。"江汽引进五十铃技术的故事由此开始。

客观分析，改革开放，对外引进合资合作，让外国企业逐步认识到中国市场的潜力，作为一家外国公司，占领并扩大中国市场是符合其利益的事。五十铃公司已经和中国做了4万辆汽车的大买卖，也由此转让了部分技术给中方，现在又有中国企业上门要求购进技术。按照技贸结合的规定，每签一个协议，都会要进口相应的散件进行CKD组装，这和卖产品没什么两样。多多销售自己的产品和技术，只会增加自己在中方的市场份额和影响，还有大把的盈利，如此好的事情，五十铃何乐而不为？正因为如此，五十铃公司才"一女几嫁"，一个五十铃轻型车平台或分或拆，卖了东家卖西家，卖了南方卖北方，在中国市场赚了个盆满钵满。

有意思的是，五十铃公司也很奇怪，曾多次问孙敏："你们为什么不直接到北京要图样？"孙敏回忆："每当问这个问题时，我就支支吾吾地岔开话题。"我说："北京也给我们了，但有些内容他们翻译得不行，我还想看看原件。"

1984年、1985年两年内，经国家经委批准，江汽从日本五十铃公司以CKD、MKD方式进口散件2250辆。1985年3月，以1550万美元的价格，与五十铃公司签订NHR542LW汽车的全部技术转让合同。1987年7月，由日本引进的374套冲压模具和49套焊装夹具全部到厂。

江汽引进五十铃是自己寻找的求生之道，实施起来全身心投入，不光江汽，江西省有关方面也全力支持。江西省政府的主要领导多次到江汽现场办公，为江汽解决难题，改造排除障碍，江汽工程进展顺利。江汽引进 374 套的驾驶室冲压模具、焊装夹具、测试线及部分关键设备，开发出具有当代国际先进水平的双排座轻型汽车，并自筹数亿元资金用于加快技术改造。1987 年 12 月，油漆车间和冲压车间先后竣工；1988 年 1 月 15 日，完成驾驶室总成生产线；1988 年 12 月，完成前后桥国产化。至 1989 年，江汽先后建成冲压、焊装、油漆、内饰、装配等生产线，形成了 1 万辆五十铃轻型汽车的综合生产能力。

1986 年，通过 CKD 在江汽组装的五十铃开始下线，当年生产汽车 2609 辆，当年实现利税 316 万元，一举摘掉了连年亏损的帽子。1988 年生产 3730 辆，实现利税 3347.3 万元，成为江西省的盈利大户。1989 年生产汽车 5050 辆，实现利税 6410 万元，成为江西省首屈一指的盈利大户。1985 年—1989 年，江汽共生产 JX1030DS 双排座载货汽车 6938 辆，成功地在中国高端轻型卡车市场占据了一席之地。

1988 年 8 月，依据市场经济原则，江汽组建了以江西汽车制造厂为主导的江西省汽车工业集团，集团以五十铃产品为龙头，以 13 家生产汽车、汽车改装、零部件生产的企业为核心，跨地区，跨行业，多层次的 36 家企业组成企业集团，孙敏任总经理。1989 年 10 月，江汽集团同江西洗衣机厂、南昌缝纫机厂、江西拖车厂等企业签署产权转让合同，兼并了这三个厂，并将其建设成江汽一分厂、二分厂、三分厂。从 1984 年—1989 年的五年间，短短五年的时间，就在别的汽车厂还在为究竟上还是上不上五十铃争论不休的时候，孙敏已经在江汽完成了一系列令人眼花缭乱的动作，将一个苟延残喘、气息奄奄的江汽变成了一个生机勃勃、充满活力的现代化汽车集团，漂亮地完成引进五十铃技术的第一步。现在，孙敏甩开膀子准备跨出第二步——上发动机了。

对于任何汽车生产厂家而言，发动机都是关键。五十铃的发动机质量和技术要求很高，以江汽现在的设备和技术能力，暂时还没有能力上发动机。孙敏的打算是，先依靠进口发动机保证汽车的高品质，通过一段时间积累，有钱投资后再上发动机。依靠上乘的质量，江西五十铃一面世便受到市场的追捧。一个产品好与不好不只是靠专家们在会议室里以烦琐的论证来决定，而是靠千万用户用人民币来投票决定的。1991 年，同为 2 吨级的轻卡，一汽 CA 小解放售价 6 万元，江西五十铃售价 11 万多元，买一辆江西五十铃轻卡的钱几乎可以买两辆一汽小解放，买贵买贱，用户自有主见，价值决定价格，这就是市场经济。

江铃的经济效益越来越好，利润连年翻番，但江铃的发展一直受困于进口发动机。为限制汽车进口，国家对汽车整车和发动机等大总成的进口都实行配额管理制度。

进口配额制（Import Quotas）又称进口限额制，它是直接限制进口的一种重要措施。进口配额制是指一国政府在一定时期内（如一季度、半年或一年内），对某些商品的进口数量或金额规定一个数额，并加以直接的限制。在规定时限内，配额以内的货物可以进口，超过配额则不准进口，或者征收较高的关税、附加税，或罚款后才能进口。中国进口配额制涉及的商品有纺织品、服装、某些钢材、船舶、汽车、轻工电器制品、部分化工产品、食品，以及工艺、土产品。汽车又包括整车和发动机等大总成，发动机又分为汽油、柴油以及马力等方面。进口配额由国家计委管理，在自己生产发动机以前，江铃每年为发动机配额批件大伤脑筋。

1990 年年初，时任国务院总理李鹏来江铃访问，对江铃依靠技贸结合起步，扎扎实实苦干，最终发展成有影响的现代化汽车集团很赞赏，在时任省长吴官正的帮助下，李鹏指示有关部门给江铃解决了 5000 台发动机配额，这解了江铃的燃眉之急。但这也再次使孙敏意识到，光靠领导批示只能解决一时之需，如果自己不解决发动机，以后还会有大问题，要取得长远发展，只有自己上发动机。不说别的，仅从经济角度看也需要上发动机。从日本买发动机，再加上关税，一台需要 2.4 万元至 2.6 万元。如果国产，成本只要 1 万元左右，这样江铃的成本将大大降低。但发动机属于重大项目，企业上发动机项目需要国家立项，要通过国家立项，前提是要有一定的产量。为争取国家立项，在中汽公司的协调下，江铃公司联合也要上发动机的庆铃公司共同申请，通过了国家计委的立项审批。

上发动机项目的最大问题是钱，根据初步估算，大概需要 7 亿~9 亿元。这几年江铃虽然也盈利了，但钱还是不够。为了解决资金问题，孙敏开始策划上市。1993 年，江铃 A 股顺利上市，建发动机厂需要的 8 亿元资金顺利解决。

江铃发动机厂的总投资近 10 亿元，生产纲领为年产 12 万台套发动机。项目于 1995 年 12 月 1 日竣工投产，主要生产 4J 系列 70 余种发动机，主力品种 JX493Q（4JB1）系列发动机实现月产 7000 台套。江铃发动机厂拥有全套缸体、缸盖、曲轴、连杆、热处理、整机装配及试车等生产线，各生产线按"高起点、高标准"的原则，分别从德国、美国、英国、意大利等发达国家引进了世界先进设备，达到同行业领先水平。为持续提升企业的整体管理水平，江铃发动机厂按照 ISO9002 标准建立了质量保证体系，并于 1996 年 10 月通过了第三方认证；2001 年 12 月通过了 ISO14000 环境管理体系第三方的认证，为发动机产品取得了绿色通行证。江铃发动机厂投产后，自产发动机的成本为 1 万元左右，经过一段时间的运转，又降到了 9000 元左右。

通过技贸合作，江汽在经济上已经彻底翻身，江西五十铃汽车在国内的市场也在不断扩大。五十铃要扩大在中国的市场，也需要延伸和江汽合作的深度与广度，合资由此成为双方下一步的目标。孙敏回忆："我搞合资有两个原因：第一，是将来技术转让方便。一方面，我们可以将更多技术人员派过去培训，提高干部的管理水平。另一方面，请五十铃工程师到南昌来开讲座、办培训班也很方便，最多出个差旅费。第二，我更看重的是技术和管理经验的传输。最终我们以存量、对方以真金白银的方式进行合资。"

五十铃也希望合资，但它面临资金困难，经过商量，日本著名公司伊藤忠商社作为合资的第三方加入进来。1993 年 1 月 14 日，江西汽车制造厂与日本五十铃自动车株式会社、伊藤忠商事株式会社合资项目在日本东京签约。江西汽车制造厂、日本五十铃自动车株式会社和伊藤忠商事株式会社合资成立江铃五十铃汽车有限公司，江铃拥有江西五十铃 75% 的股份，剩下 25% 的股份由日本五十铃和伊藤忠商社各拥有 12.5%。4 月 19 日，江铃汽车有限公司在南昌成立。合资象征着日本五十铃与江铃汽车与进入技术、资本和管理的全面合作时期。

孙敏因势利导，通过资本运作先后兼并和收购了江西拖拉机厂、南昌齿轮厂、赣州齿轮箱总厂、抚州汽车底盘厂、江西车桥厂等企业，成为一个大型汽车企业集团。在市场的风浪里，江铃汽车栉风沐雨，闯过一个个急流险滩，由一个濒临倒闭的地方企业、江西省最大的亏损户变成了江西省最大的盈利企业，发展成为中国轻型汽车行业的重量级选手。江铃还是江西省第一家进入中国五百强的企业，江西省第一家上市公司。

市场险恶、风雨无常，江铃的发展也并非一帆风顺，与五十铃合资一段时间后，因种种原因，五十铃从江铃撤资，江铃也由此开始走向自主研发的道路。2013 年，五十铃与江铃再度联手合资，与此前合资方式有所不同的是，新公司"江西五十铃汽车有限公司"不再由江铃一家独大，而是由江铃集团与五十铃自动车株式会社共同出资，各占 50% 的股份。相比 1993 年的合资，江铃与五十铃更多了些成熟，也成为更平等的发展伙伴。

江铃成功了,很多人都在探索江铃成功的秘密,江铃的创始人孙敏自己也做了总结:不请示、不汇报。孙敏回忆:

能够取得这些成绩,我认为在于这么几点:

第一,企业必须坚持自主经营、自负盈亏、自我积累、自我发展,这十六个字方针是对的。其实,国有企业改革早就提出了这一点,但真正落实者太少,我认为一定要靠自己。

第二,一定要争取企业的自主权。我这个人非常有个性,所以也得罪了很多人。在江西省有关会议上我曾公开宣布,在企业自主权问题上,我是寸土必争、寸步不让。我说:"我不会向你们请示汇报,你们要想研究企业,可以下来调查,也可以打电话要我去汇报情况,但我不会向你们请示。该请示的我会请示,该要你们批准的我会找你们批准,但该由企业决定的事你们不能干预,这是我的态度。"

对这个观点,时任江西省省长吴官正很支持。《人民日报》记者林钢曾就这个问题采访吴官正。林钢问:"孙敏有个观点:不请示、不汇报。请问您对这个观点有什么看法?"

吴官正说:"孙敏是汽车专家,企业里面有什么问题,他请示我干什么?应该由他做决定。"

林钢又问:"但这怎么能体现党的政策方针的贯彻执行呢?"

吴官正说:"我们当然要关注了,如果我们发现他在执行政策的过程中背离了原则,那我会立刻找他谈话;如果他是在按照中央的政治方针办事,我去干预他干什么?"

第三,很重要的一个问题:一个企业要搞好,必须坚持做强做大,必须要有积累,要优化产品,要提高盈利能力。因为有足够的资金,当市场需要时,我才能随时启动一个产品。在江铃时,如果我想要启动一个产品,消息传出去,几家银行的行长就会亲自来找我,就是因为我的信誉好,从来不拖欠。我有著名的"六不欠":不欠国家的税,不欠银行的到期本息,不拖欠工资,不拖欠奖金,不拖欠社保,不拖欠医保。

作为企业家,你必须要有这个能力。正因为有这个能力,企业才有好形象,银行才会把你看成"香饽饽"。选准投资后,你一定要一鼓作气,以最快的速度上,这就是做强做大。我反对铺摊子,不量力而行,结果搞得资金链随时都可能断裂。企业领导人把主要精力都花在如何维持资金链上面,而不是放在研究市场上,这肯定不行。

第四,企业要重视培训。江铃很多职工被派到日本五十铃和美国福特去培训,我也请美日的专家到江铃来开讲座,以提高干部、职工的素质和管理水准。要提高管理水准、把工作效率搞上去,必须要有很强的责任制,责任必须到人。我推行的做法是单一首长负责制,任何一个部门,我只任命一把手,通常兼书记,由他"组阁",允许他选一两个助手;同时还任命一个副书记兼工会主席,但这要取得双方的同意,他们要合得来才行。只要这个分厂或这个车间出了任何问题,我就惟一把手是问。这是我的观点。所以江铃的干部素质非常高,他们都是竞争上岗。如果不行,就换一把手。

"无心插柳"之二,庆铃的故事

江西出了个孙敏,带出个江铃。与此同时,重庆也出了个吴云,带出个庆铃。

20世纪六七十年代,中国尚在短缺经济的环境中煎熬。汽车是当时重要的生产资料,全国各地需要汽车,都得到地方计委申请指标,然后到物资部门等候计划,买什么车不由用户挑选,给你什么就是什么。现在常用"缺重少轻"来形容那个时候汽车产业结构不合理，其实对很多地方而言，岂止是缺重少轻？而是什么都缺，包括载重 4 吨左右的中型车。重庆偌大一个城市，一年分配的解放牌汽车只有十几辆，杯水车薪，哪里够用？由此可知，难怪各地都会想方设法要自己生产汽车，穷则思变嘛。不得已，重庆市也挤进"造车大军"的行列，利用地方上的资源，开始生产"山城牌"汽车。

重庆市中梁山有一个地方名为马车站，也就是今日的协兴村 1 号，这里曾经是重庆市机械工业集中的地方，周边有轮胎厂、电机厂、起重机厂、标准件厂，还有一个中梁山煤矿。当年重庆市在规划工业布局时，想把这里建设成动力工业区。长江南岸有一处荒僻的地方名为野猫溪，岸边有一家整日里敲敲打打地从事船舶修理的小工厂，名为重庆协兴机器厂。1956 年，全国公私合营大潮中，协兴机器厂与重庆荣记机械厂合并，更名为重庆协兴船舶修造厂，迁到重庆中梁山，并以厂名命名了所在地的地名。以后又合并了重庆渝利翻砂车间、起重机械厂铸造车间，改名为重庆协兴动力机械厂，1958 年又更名为重庆第一动力机械厂，也有了 1000 多名员工，但没有定型产品。1960 年，机械工业部在全国布点生产电动机械，第一动力机械厂定点生产 6 吨以下的工矿电动机车；1965 年以后，又开始生产 1.5 吨的电动机车，动力厂的名字就是这样来的。

重庆是山城，全市的道路绕山而修，不是上坡就是下坡，无论是生产资料还是生活资料的运输，人拉肩扛实在费劲。因此，若说盼望汽车的心情，重庆人要比别的地方更多一些。"文革"大潮中，在备战备荒的背景下，中央将企业管理的权限下放地方，中国第二次"汽车大潮"涌起，重庆人抓住这次机遇，从 1969 年开始生产，以解放牌汽车为模本，自己敲打出方方正正的方形驾驶室，实际上就是在解放牌车架上罩上一个自己敲打出的驾驶室，从此诞生出"山城"牌汽车。1970 年，5 辆山城牌样车停在重庆市委人民大礼堂前，精心打磨的驾驶室油漆铮亮，车的四周围满了心情激动的市民，第一动力机厂也就顺理成章地更名为重庆汽车制造厂。

从 1970 年到 1983 年，重庆汽车厂为重庆生产出了上千辆汽车，自己也有了一些简陋的零部件生产能力，但毕竟不是正宗汽车生产厂家，所以自己拼装出的汽车怎么也赶不上一汽生产的解放牌，始终都是在拼装的低水平上循环。进入 20 世纪 80 年代，中汽公司在全国组建了 7 家联营公司，全国汽车企业大洗牌，重庆汽车厂为了给自己找一条生路，也希望加入联营公司，"靠着大树好乘凉"。重庆汽车厂先是加入了东风汽车联营集团，但也没什么发展，1982 年退出东风联营集团后又加入一汽联营集团，到了那里才知道什么是跟在人家屁股后面混的"小兄弟"，重庆汽车厂尝到什么叫"寄人篱下"的感觉。穷则思变，后来改革开放、对外合作给重庆汽车制造厂带来了机遇。

吴云，1953 年生人，中共党员，1976 年于湖南大学汽车专业毕业后分配到重庆汽车厂工作，经过几十年的努力，成为重庆汽车厂的"掌门人"。吴云是地道的重庆人，吴云的母亲有着令人尊敬经历，反映中共重庆地下党艰苦斗争的著名小说《红岩》中的"双枪老太婆"的原型，就是吴云的母亲。

看着厂里的现状，下一步怎么发展成为吴云思考的问题。经过对中国汽车工业发展现状长期的观察与思考，吴云观察到，缺重少轻已经成为中国汽车工业的主要矛盾。笔者多次采访过吴云，谈起庆铃的发展，吴云说："改革开放使得中国汽车工业能够面向世界，引进先进技术；改革开放使得国内经济快速发展，人民生活迅速提高，社会经济发展对轻型车的需求因而快速增长，轻型车发展有了巨大的空间，我们也能够走出国门去寻找优质的产品来改造和发展自己。

正是认识到这些，我才下定决心引进先进技术、发展轻型汽车，走自己的路。"

1982 年 12 月，国家体改委会同四川省委省政府在重庆调研，并提出在重庆进行经济体制综合改革试点的意见。1983 年 1 月 10 日，重庆市委市政府向四川省委省政府报送《关于在重庆进行经济体制综合改革试点的意见》，意见详细地列举了综合改革试点的方方面面，摘要如下：

一、改进计划体制

1. 国家对市实行计划单列。市的主要计划，包括工农业生产、固定资产投资、能源供应、主要物资和商品的分配收购调拨、劳动工资、财政信贷、对外贸易、科技和社会事业发展计划等，由国家计委和中央各部单列计划，直接下达到市和省。有关计划方面的全国性会议，市作为一个计划单位参加。省管理的计划指标，由省计委统一下达到市计委。

2. 市在保证完成国家和省下达的计划的前提下，统筹安排全市的生产、建设、流通和分配。国家和省分别管的主要物资和商品，在统一计划安排下，实行就地平衡、差额调拨、品种调剂、超产分成。

3. 鉴于 1983 年的计划已经确定，建议由中央、省和市的有关部门进行一次衔接和协调。

4. 改变计划编制程序。除国家和省必须控制的少数指标外，对其他计划指标，市可按上年预计和五年计划的分年数字，提前安排下年计划。

二、改革企业管理体制

1. 中央各部在渝企业，除铁路、长航、民航、邮电、石油、电力、煤炭、军工和其他少数关系国计民生的大型骨干企业外，全部下放市管；省属在渝工业、交通、建筑安装、商业、外贸等企业和大专院校、科研机构全部下放市管。中央部属未下放的企业，市要负责组织好能源供应和生产协作。

2. 在确保完成军工生产和科研的前提下，军工企业的民品生产建议以市为主，会同国防工业有关部委进行规划，纳入国家计划。民品生产的协作配套，按经济合理的原则，由市就地就近组织。军工的富余能力和科技力量，由市统一安排生产、协作，以及参加科技攻关、技术改造。军工先进技术可应用于民用工业，实行有偿转让。

3. 为了做好重庆地区交通运输的统筹协调工作，建议由重庆长航分局、铁路分局、民航等部门与市的有关部门一起，组成重庆市运输管理领导小组，负责统一规划港口、码头、车站、货场、仓库的建设，统筹协调铁路、民航、内河航运、公路、市内运输之间的关系，搞好运力与运量之间的衔接平衡。

三、改革流通体制

1. 商业体制。省在渝的商业和供销二级站，下放与市公司合并，统一收购和调拨商品，积极开辟新的商品销售市场。三级批发机构应打破行政区划，按合理的经济流向和经济区划建立。同时大力发展工商、农商联营，组织产销一条龙的经济联合体；本着平等互利的原则，积极发展跨地区的商商联合经营。

2. 物资体制。按照合理流向就地、就近组织物资供应。市属企业由市统一供应；对重庆周围地区的县和中央、省属企业所需的计划分配物资，可划转指标，由市供应；市按照经济区域和物资的合理流向建立物资供应网络。大宗物资尽可能组织企业之间的直达供应和长期定点供应，零星物资由物资部门设点就地供应。

3. 外贸体制。实行国家对市的外贸计划单列，市各外贸公司与经贸部各总公司直接挂钩，盈亏由各总公司统一核算。国家给省的有关外贸方面的管理权，下放给市，由市直接对外谈判、报价、成交、签约、结汇。同时积极创造条件，开辟重庆到港澳等地的直达航线。

四、改革财政税收金融体制

1. 加快利改税的步伐。1983 年对国有大中型企业全面推行征收所得税、税后利润合理分配的制度，其中有条件的直接实行国家征税、资金付费、盈亏自理的办法；对国营小型工商企业全部实行国家所有、集体经营、自负盈亏和承包租赁等办法。

2. 1983 年，省对市的财政体制实行定额上交、增收分成。从 1984 年起采取划分税种的办法，划分中央、省、市的财政收入，实行新的分级财政管理体制。

3. 建议对在渝所有企业（包括军工）均按销售（营业）收入征收一定比例的城市建设税，相应取消城市建设费和各种摊派费用。

4. 建议对市的各个银行赋予相当于省分行的职权。

五、改革劳动工资体制

1. 改革劳动制度，推行合同工、临时工、固定工等多种用工形式。企业吸收职工，一律实行公开招收、自愿报名、择优录用的办法。

2. 建立社会劳动保险制度，首先在合同工、新办集体企业和个体劳动者中试行。

3. 改革现行工资奖励制度，建议国家在重庆试点。

六、适当扩大重庆的行政区范围

除重庆现在领导的 4 个县外，建议再增加永川专区的 8 个县和南充专区的华莹工农区。重庆现有的城区范围要严格控制，积极发展卫星城镇。

接到重庆市报告的当天，即 1983 年 1 月 10 日，四川省委、省政府立即向中共中央、国务院报告。四个星期之后，1983 年 2 月 8 日，中共中央、国务院批准四川省委、省人民政府《关于在重庆市进行经济体制综合改革试点意见的报告》：

中共中央、国务院原则批准中共四川省委、省人民政府《关于在重庆市进行经济体制综合改革试点意见的报告》。在重庆这样的大城市进行经济体制综合改革的试点，是中共中央、国务院对当前我国正在进行的各项改革工作中的一项重要决策。认真搞好这个改革试点，对于进一步搞活和开发我国西南的经济，探索军工生产和民用生产相结合的新路子，以及探索如何组织好以大城市为中心的经济区，都具有重要意义。经济体制综合改革是各种经济关系适应生产力进一步发展需要的多方面调整，必须从实际出发，从经济发展的客观规律出发，充分走群众路线，注意经济效益，找出最佳的改革方案，有领导、有计划、有步骤、有秩序地进行，务必把试点工作搞好。

国务院各有关部门要组织和派出得力干部协同四川省委、省人民政府参加和领导改革试点工作，及时发现和研究、解决试点工作中出现的问题并随时报告中央、国务院。

中共中央 国务院
一九八三年二月八日

从此，重庆实行计划单列并成为全国第一个进行经济体制综合改革试点城市，计划单列使重庆市成为"行政上的省辖市，经济上的直辖市"。

经济体制综合改革试点城市并非一顶"空帽子"，而是有实实在在的含金量，计划单列内容主要是：重庆市的工农业生产、交通运输、邮电、固定资产投资、主要商品购销和分配调拨、能源及主要物资分配调拨、外贸进出口、地方定额外汇、劳动工资、财政信贷、科学技术，以及各项社会发展计划指标等均享受省级行政区域待遇。而且，重庆市的收支直接与中央挂钩，由中央财政与地方财政两分，无须上缴四川省级财政。比如引进外资，以前需要国家计委、经委、外经贸部等权力机关层层审批，由于审批时间过长，引进金额控制过严，所以很多项目因捱不过漫长的审批而不了了之，由于忍受不了冗长低效的行政审批，一些外商最终拍屁股走人。现在由重庆市自己审批，一下子砍掉了所有的繁文缛节。在这一改革政策推行中，重庆市的汽车工业成为最先受益的行业。

1984年，中汽公司与五十铃公司的谈判正在紧张进行中，吴云早已得知此事并密切关注，他也知道江西汽车制造厂也在与五十铃公司接触。吴云知道，五十铃轻型汽车是世界上最先进的高端轻卡；吴云也知道，重庆汽车厂已经被纳入中汽公司西南三省一市五十铃项目消化单位之一，但在中汽公司的计划里，重庆汽车厂不过是个无足轻重的小伙伴。重庆汽车厂早已通过前两次的"联营"尝到了"寄人篱下"的滋味，一个地方小厂，既无项目又无资金，几间破厂房，几十台老掉牙的机床、刨床、小冲床，一年装配几百辆车，所产汽车没有销路，每个月连发工资都困难，这样的企业，能指望人家施救吗？吴云感叹："我们出身低微，生于忧患，成长艰难，我考虑的主要问题是生存，当时还谈不到发展。"

既然重庆已经成为体制改革试点，有了这么好的环境，为什么不自己直接与五十铃单独联合呢？

吴云的想法得到了时任重庆市委书记肖秧的高度重视。肖秧，四川省阆中市人，原名陈玚。1947年进入清华大学电机系，在那里成为反抗国民党反动统治的进步学生。由于特务告密，陈玚等3名进步学生被国民党抓入监狱。为此，地下党做了大量的营救工作，但两名学生仍遭敌人杀害，陈玚因个子矮小，又没有半点证据，敌人只好将其释放。牺牲的两名学生，一个姓肖，一个名秧，陈玚取其姓与名，从此改名肖秧以作纪念。新中国成立后，肖秧历任中共华北局城市工作部干事，北京军管会干事，北京电信局军管组军事联络员，北京玻璃总厂厂长、党委书记，国务院第九办公室领导小组成员，北京市经委副主任、市外经贸委常务副主任，重庆市副市长、市长、中共重庆市委副书记、书记。

在到重庆任职之前，肖秧曾分管北京市的对外经贸工作，北汽和美国切诺基合资得到他的大力支持，他对于中外合资有丰富的应对经验。对于引进五十铃先进技术的想法，肖秧大力支持。由重庆市经委副主任李义和重庆汽车公司总经理艾金文带队，重庆汽车公司开始了与日本五十铃公司的合资谈判。

谈判过程很曲折也很艰辛。1984年6月20日，重庆汽车制造厂与日本五十铃汽车公司和京连兴业株式会社达成协议，全文如下：

中国重庆汽车工业公司（以下简称重汽司）、日本国五十铃汽车股份有限公司（以下简称五十铃）以及京连兴业（以下简称京连）达成了如下协议。即：在确实预测本事业可以获利以及有关该合资企业的设立、运营、技术援助的条件方面，在事业各方代表之间达到同意时，将在重庆和各方代表共同协商，生产NHR、NKR系列轻型卡车。

一、合资期限

重汽司、五十铃以及京连根据中华人民共和国颁布的《中外合资经营法》以及事业的各方代表今后所定的合同，成立生产NHR、NKR系列轻型汽车的合资企业。总的合资期限为十年，分为三期：第一期两年，第二期三年，第三期五年。若合资双方同意，可（适当）延长（合资）期限，最终达到年产NHR、NKR系列轻型汽车15 000辆的生产能力。今后，各方代表谈妥并达成协议后，从 1984 年起，开始第一期的生产。

二、合资经营内容

合资经营第一期的生产形式，为 SKG/TUP 方式，两年内总计装配生产 NHR、NKR 系列轻轻汽车 2500 辆。第二期、第三期的生产方式是在第一期生产方式的基础上，分步骤地由 MKD 过渡到 CKD，最后完全达到在中国自制的水平。

合资企业基于五十铃的技术资料，按照五十铃的设计和规格制造产品，五十铃向合资企业提供

1. 双方商定合资生产的 NHR、NKR 系列轻型汽车的散件。

2. 与合资生产内容相适应的"专有技术"的使用权。

3. 提供质量管理的方法，并帮助合营企业生产出达到五十铃质量标准的汽车。市场的扩大由重汽司和重庆市积极进行，并组织销售网及售后服务。

双方就第一期合资生产达成以下实施计划：

1. 生产车型为 NHR、NKR。

2. 五十铃向合资企业按成本提供包括散件手册在内的，SKD 组装时所需的技术资料。

3. 安装、检查时，所需的厂房、设备仪器、夹具由合资企业从中国国内或国外筹措。

4. 五十铃向合资企业派遣专家进行组装 SKD 的技术指导，合资企业派技术员在五十铃进修，按实际费用收费。

5. 合资企业接受重汽司的指导设置生产组装线，必要时，由五十铃派技术员进行协助。

三、第一期生产所需费用

1. 投资总额：按双方的协商，在第一期投资额中，包括设备投资资金、在库资金和周转资金在内约为 4300 千元。

2. 双方出资比例，中方为 75%，日方为 25%，合资企业开始设立时的资金为 815 千元，第二期以后的出资比率届时再由双方另行协商决定。

3. 出资比率确定时期：在协议后 8 个月之内，由双方决定各自的出资比例和金额。

4. 双方在附件 2 初步（暂定的）确认了合营企业的第一期生产原价、价格、利益、投资预算等。

四、合资企业的地位及主要人员的职位分配

根据《中华人民共和国中外合资经营法》规定：合营企业为中国国民经济组成部分，其经营活动受中国国家计划的指导。合资企业是独立的经济实体，具有法人资格，企业内的一切重大问题由董事会讨论决定。

双方商定合资企业成立董事会，董事会下设相应的办事机构，董事会成员为七人：中方五人，日方两人。

董事长一人，由中方担任（非常任董事）；

副董事长一人，由日方担任（非常任董事）；

董事总经理一人，由中方担任；

董事总工程师一人，由中方担任；

董事总会计师一人，由中方担任。

另设两名非常任董事，由中方、日方各派一人担任。

具体办事机构及办事人员，由总经理提出方案，经董事会讨论批准后执行。

五、劳动管理

合资企业雇佣的职工，执行中国政府《中外合资经营法》规定，经本企业考试合格，择优录用。其工资标准、工资形式、奖励、津贴等制度由董事会讨论决定，双方高级职员同工同酬。

本合资企业对于同生产、技术条件发生变化而多余的职工，或经过培训不能适应要求，也不宜改调其他工作的，应按劳动合同，规定给予补偿费用后可以解雇。对少数违反本企业规章制度，造成损失的员工，由董事会按情节轻重给予处分或解雇。

本合资企业必须执行中国政府颁布的劳动保险制度，保证安全生产，中国政府劳动管理部门有权进行监督检查。

六、土地使用权

合资企业向重汽司借用租借所需生产用地，由重庆司负责向重庆市人民政府申请使用权。

七、专有技术

1. 本协议规定：五十铃分期向本合资企业提供五十铃所拥有的 NHR、NKR 和"专有技术"的使用权，但另收费用，合资企业不得就此权利进行注册登记，也不得向第三者转让。

2. 商标：联合商标再由各方代表之间另行商定。

八、技术代价和技术人员派遣指导费

1. 五十铃和合资企业之间，按照另定的技术合同，向合资公司提供五十铃公司所有的专有技术，费用另收。

2. 根据技术援助合同的规定，为了对合资企业进行技术指导，五十铃将派遣技术人员，所需费用是从日本出发开始，一直到回到日本为止，由合资公司向五十铃支付，每人 1 次为 1969 千日元，以一个月作为起算标准。有关费用额，由五十铃每年进行一次评估，必要时进行改定。

九、设计变更

在技术援助期内，五十铃设计制造的产品及外购零部件设计变更时，五十铃应及时将该项设计变更的资料提供给合资企业。

十、税费

合资企业的税费，按照中外合资经营法规定执行。

十一、费用支付

1. 合资企业为了进修必要而派遣技术人员前往日本时，包括在日本逗留期间内的所需费用，合资企业必须在他们出国前，全部用日元或美元向他们支付。

2. 五十铃技术人员访中指导时，所需的费用，合资企业需用日元或美元支付。

十二、生产销售

合资企业生产的 NHR、NKR 系列轻型车，原则上在中华人民共和国内各地区销售，但为了使外汇收支平衡，事先与五十铃协商决定后，中方可以在五十铃无销售的地区和国家内销售。

十三、会计制度

合资企业的会计制度应根据中华人民共和国财政部颁布的中外合资企业会计制度执行，具体办法由合资企业另行商定。

十四、未尽事宜

未在这次协议议题内讨论的项目，待以后在有关合资企业及经营的交涉中协议：

1. 协议的废除或延长。

2. 不可抗力。

3. 仲裁。

4. 合资企业的解散及清算。

5. 合资企业的其他有关事项。

十五、合资企业的事业计划

1. 中方尽可能迅速做成第一期及第四期的事业计划，并通过京连送交五十铃，五十铃根据中方的事业计划研讨后，在三个月内是否承诺答复中方。

2. 五十铃在这次协议中，对下述事项表示担心：

为了进口散件所需的外汇，政府方面的许可；

政府对合资企业产品的销售价格以及销售台数的管理；

政府对中国国内制造的部件、资材、电力的管理；

对合资企业有重大影响的政府方针，以及中国国内的法律、条例、习惯使得合资企业难于达成当初预测或原定利益计划时而产生重大损失的情况；

中方必须标明，在有关合资企业的设立和合同中，如果出现上述情况，需对日方资金做出适当补偿。

中方注意到日方在十五条中表示的担心，上述问题会在下次会议根据中国法律和有关规定进行说明、解释、协商。

十六、今后的预订安排

1. 中方：事业计划草案的制定……………1984 年 7 月底

2. 日方：事业计划的承诺或将来建议………1984 年 8 月底

3. 日方：合资企业设立合同书草案、技术援助合同书草案建议……1984 年 9 月底第二次协议。

重庆轻型车代表团团长（重庆市计划委员会副主任）李义

重庆汽车工业公司总经理　艾金文

日本京连兴业株式会社代表取缔役　宋振远

五十铃汽车股份有限公司　小川久

20 世纪 80 年代中期，国门初开，改革开放航船刚刚出港。中国汽车技术落后，需要向先进国家学习。中日双方在汽车技术完全不对等的情况下谈合资，双方谈判代表互相观察、猜疑、思考、盘算，谈判过程真是战战兢兢、如履薄冰。日方在文件里阐明的"担心"实则是对中国改革开放政策的担心，是对政策能否落实，能否保持连续性的担心。在"摸着石头过河"的时代，这种担心也不算多余。

由于有中央给重庆计划单列的政策，重庆市政府批准了这个协议，紧接着外经贸部也批准了这个协议。据说，国家计委对此不满，据有关当事人回忆："汽车是行业管理项目，应该归口计委审批，经贸部怎么管宽了。"但事情已经过去，也就没有下文了。以后庆铃公司在到国家计委跑进口配额时，还是因此事而受到了批评与责难，但毕竟合资公司已经批准成立。

1985 年 1 月 1 日，重庆汽车厂与日本五十铃汽车公司成立合资公司。吴云回忆："当时从外经贸部拿回来的批文是一个盖着中华人民共和国外经贸部大印的空白文件，内容是由我们自己填的。这在今天是不可想象的，这就是改革开放。"

笔者看到了这份外经贸部的批准证书复印件，上面赫然写着"外经贸资字（1985）001 号"。

根据《中华人民共和国中外合资经营企业法》和有关法律规定，经审查，同意该合资经营企业各方签订的合资经营协议、合同、章程。现予批准。

从时间顺序上看，在与日本五十铃公司进行的技贸结合和合资谈判中，庆铃公司走在最前面，签约时间要早于中汽公司和江铃公司。但双方的合资股本却非常少，第一期投资总额仅为430万元，注册资本仅为108.5万元，其中中方81.375万元，占比为75%；日方27.125万元，占比为25%。如此少的金额也说明重庆汽车制造厂"穷"，五十铃投入如此少的资金也带有明显的"试水"性质。

1985年5月13日，庆铃公司总经理吴云与日本五十铃公司总经理小川久签订了五十铃技术转让合同。这份合同中有几条内容值得关注：

第13条：五十铃保证，按本合同规定向合资公司提供的"技术资料"是五十铃公司自己开发独有的，五十铃有权转让，至合同签署之日止，没有与第三者争议。

第14条：如果发生第三者对于五十铃提供给合资者提供的"技术资料"指控合资公司侵权，合资公司与第三方交涉时，五十铃将在上述活动中帮助合资公司。

第15条：本合同自生效之日起10年内，合资公司不得将五十铃根据本合同提供的"技术资料"转让任何第三者。合资公司为了制造而向协作厂公开有关资料时，必须与协作厂达成遵守本合同的规定，不得将资料向第三者公开。如果"技术资料"由五十铃泄露，合资公司便不再承担保密的义务。

第17条：五十铃公司保证，向合资公司提供的"技术资料"是在提供时期，五十铃公司拥有的最新技术资料。

第26条：五十铃承认合资公司在TOP及MKD方式生产的"合用产品"在中国国内销售时使用五十铃的商标（ISUZU）和铭牌，以CKD方式生产的"合同产品"的商标和铭牌另行商定。

这意味着，庆铃公司得到的将是五十铃公司最新的、尚未转让的技术。庆铃生产的产品将被允许使用五十铃产品的商标与铭牌。这也是合资公司产品与技贸结合产品最大的不同。

当然，取得五十铃公司独有的最新技术并可使用其商标和铭牌也要付出不菲代价，合同规定，合资公司要向五十铃公司支付2亿日元的"入门费"，还有销售价格2.5%的提成费。贵吗？这就是技术的代价。

需要强调的是，当时，在与五十铃的合作中，所有的企业都是采取技贸结合，唯独庆铃选择的是走合资路线。让吴云引以为自豪地是，庆铃公司是改革开放以来，中国第三家中外合资汽车企业，前两家是北汽与美国切诺基、上海与德国大众。作为一家层次很低、规模很小的地方汽车厂能挤进中外合资企业前三名，起码说明了庆铃也是"敢于吃螃蟹"的人。吴云说："在现代企业里，面对复杂的市场环境和竞争对手，仅靠一家公司是难以应对的，合资的好处是两家或者两家以上的企业合在一起共同投入共同经营，几个、几十个，甚至更多的股东将更多的社会资源配置进来有福同享、有难同当，这样的企业才有很强的生存能力和抗风浪能力，这已成为国际上各企业的共识。进入90年代以后，直到现在，中国社会对企业合资也不足为奇了。"

合资的第一步是组装五十铃的产品。那时候，很多企业想方设法、挖空心思地与外资合作，然后采取CKD方式组装产品到市场上赚取巨额差价。这些企业图的就是赚取差价。庆铃则不然，组装不是目的，组装是学习，指组装的过程中立刻就要开始零部件的国产化，从小到大、从简到繁、从小总成到大总成，吴云称之为"照着葫芦画瓢"。

五十铃之所以能成为高端轻卡，就在于其每一个总成每一个部件的技术水平都很高，对材料、加工设备、加工工艺、工人的业务素质、企业的管理水平等方面都有严格的要求，对于庆铃来说,"照着葫芦画瓢"的国产化过程极为痛苦、艰难。一汽、二汽这样的企业,在设计完成后,由国家投资建设,缺什么买什么,企业有包括总工程师在内的大批工程技术人员。即使规模小一些的北汽、南汽也有相应的保障条件。但对庆铃而言,这些企业所有的保障条件自己都没有。原重庆汽车厂的底子差,绝大多数的设备都是20世纪六七十年代的手工操作通用设备,资金更是少得可怜——合资资金108万元,在今天听起来都是一个笑话,多少人的个人资金都比这要多。重庆市虽然计划单列,但经济上极为紧张,根本不可能有资金投入,政府给创造条件办起合资公司,剩下的路就靠自己走了。道路是自己挑选的,困难是明显的,庆铃人别无选择,唯一的办法就是咬紧牙关,克服困难,严格按照日本五十铃的技术要求,一步一步地向前推进,仅仅几年工夫,就将驾驶室、变速器等四个总成啃了下来。

四大总成国产化完成后,1992年,庆铃公司开始冲击发动机。

发动机是汽车最关键的总成,也是生产难度最大、精度要求最高、加工程序最复杂的总成。按照庆铃与五十铃的协议,合资公司成立之初,发动机全部从五十铃公司进口,根据中国机电产品进出口管理条例,发动机属于限制进口产品,进口发动机需要申请进口配额。为申请发动机配额,吴云只能一趟又一趟"跑部进京"。笔者在北京采访吴云时,他指着原机械工业部大楼说:"那个时候我几乎天天往这里跑,为了换取人家的同情和支持,我甚至成为他们的义务保洁员,每次去了就给人家扫地拖地倒垃圾,申请配额的过程就是两个字:苦涩。"

申请到了配额,还需要外汇。那个时候,国家外汇紧缺,为了解决外汇问题,又要到一些主管部门去磨嘴皮子。吴云当时暗自下定决心,一定要建立自己的发动机厂。

上发动机厂需要主管部门的批准,需要数亿元资金,需要订购先进的组合加工设备,需要日方的技术支持,需要大批高素质的技术工人和管理人员,需要解决的问题一个接一个。每解决一个问题都如同攀爬一座高山,虽然这些高山道路崎岖、泥泞难行,但爬过高山就是充满希望的大平原。庆铃人跌跌爬爬、气喘吁吁,硬是在短短的两年时间里将这些困难一一克服了。1994年10月20日,庆铃汽车股份有限公司年产7万台发动机的工厂竣工投产。

一个地方小厂要上世界先进水平的发动机,这中间的差距是多大?很多人总是以花了多少钱,建了多少厂房等有形的数据来回应,殊不知,落后与先进的差距实际上是心理的差距,从落后向先进追赶,是心态的调整、变化的过程。建设和追赶的过程,就是由仰望变为平视,由无助变为自信,这是由弱者向强者转变的心理变化过程。这个过程,能够用金钱和实物来丈量吗?要认识庆铃人上发动机的难度,也需要将认识调整到与庆铃人"同步"。

发动机厂的建成投产说明庆铃公司进入了新的发展平台。通过投产最新、最具竞争力的产品100P,庆铃人开始品尝成功的喜悦。

经过十年磨难,庆铃公司在原材料、生产设备、加工工艺、生产管理、质量保证等方面建设了一套完整的生产管理质量保证体系,并建设了一支适应这套体系的工程技术人员、管理人员和工人队伍。这套体系和队伍的建成,为庆铃生产具有国际先进水平的轻型汽车奠定了坚实的基础。

在今天的一些报道中,经常见到听到某某企业的某某产品达到国际先进水平,这些说法似是而非。什么是国际先进水平?对于轻型汽车,国际先进水平有哪些衡量指标?吴云对笔者讲了几个全面的综合标准,其中一个是:轻量化。

"轻量化"这一概念最先起源于赛车运动。它的优势其实不难理解,由于车辆轻,所以起步时加速性能更好,刹车时的制动距离更短,可以带来更好的操控性,发动机输出的动力能够产生更高的加速度。在全社会高度重视"节能环保"的今天，汽车轻量化的意义更为重要。

轻量化首先是能够节省材料，两辆同等载重的汽车，一辆自重2吨，一辆自重1.5吨，这就能够节约大量的原材料。车辆轻了，在提高操控性的同时，还能够节省燃油。汽车的油耗主要取决于发动机的排量和汽车的总质量，在保持汽车整体品质、性能和造价不变的前提下，降低汽车自身重量可以提高输出功率、降低噪声、提升操控性和可靠性，提高车速、降低油耗、减少废气排放量、提升安全性。研究数字显示，若汽车整车重量降低10%，燃油效率可提高6%~8%；若滚动阻力减少10%，燃油效率可提高3%；若车桥、变速器等装置的传动效率提高10%，燃油效率可提高7%。汽车车身约占汽车总质量的30%，空载情况下，约70%的油耗都用在车身质量上。因此，减轻车身自重，对于整车的燃油经济性、车辆控制稳定性、碰撞安全性都大有裨益。当前，由于环保和节能的需要，汽车的轻量化已经成为世界汽车发展的潮流。

要实现轻量化，第一需要优化设计，即在保证既定的规格主参数尺寸的前提下，提升整车结构强度，降低耗材用量；第二是在保证设计强度的前提下，采用轻质材料；第三是改进加工工艺，减少材料消耗。每一项措施都包含了大量的科学技术因素和通过千百次试验积累的经验。比如钢铁材料具有价格便宜、工艺成熟的优势，但与有色合金和高分子材料相比自重大。汽车是大批量生产的产品，从价格角度考虑，不可能用昂贵的高分子材料取代钢铁，这就需要采取技术手段对钢材进行强化。如轿车自重的25%在车身，所以车身材料的轻量化举足轻重。20世纪90年代，世界范围内的35家主要钢铁企业合作完成了"超轻钢质汽车车身"（ULSAB，Ultra Light Steel Auto Body）课题。该课题的研究成果表明，车身钢板的90%使用高强度钢板（包括高强度、超高强度和夹层减重钢板）可以在不增加成本的前提下实现车身减重25%，且静态扭转刚度可提高80%，静态弯曲刚度可提高52%。日本日产汽车公司进行了590兆帕级高强度钢板在车身上的应用研究，他们选用TRIP钢、DP钢裸板和DP钢镀锌板，并运用有限元分析技术解决了冲压开裂和回弹问题，还优化了焊接工艺参数。实车检测结果显示，刚度和碰撞性能满足要求，比采用440兆帕级钢板时减重10公斤。

高强度结构钢使零件设计得更紧凑和小型化，这有助于汽车的轻量化。这些零件包括弹簧、齿轮等、高强度铸铁、新型粉末冶金材料等。以汽车弹簧为例，在传统的硅-锰弹簧钢的基础上通过降低碳含量，并添加镍、铬、钼和钒等合金元素，开发出的弹簧钢可实现40%的轻量化。

同样是钢材，除了自身理化指标外，还有热加工指标。庆铃公司使用的一种德国产的模具钢，其理化指标与中国国产同类型钢并无差异，但经过热加工后，国产的就容易断裂，德国的就不断。经过化验，才知道德国钢材里有若干微量元素。发现问题以后，庆铃公司所用模具钢和齿轮钢全部是到钢厂单独下订单，按照自己的配方炼制。经过各种轻量化措施，庆铃汽车的自重大大减少。庆铃人自豪地说："经过十几年的学习，我们已经在各个方面掌握了轻量化的技术要诀，同样载重2吨的轻型车，庆铃车的自重要少20%。"20%意味着几百公斤的重量，制造过程中，减少几百公斤的重量，这是多大的差距？轻和重的差距就是综合技术水平的差距。

卡车的轻量化是一个烦冗复杂的系统工程，涉及整车、发动机、悬架等各个领域，每个领域、每个产品又需要做大量的基础研究和实用研究。只有这样，才能形成技术优势，才能达到国际先进水平。

除了轻量化，还有安全性。作为一款运输工具，汽车每天都要在复杂的气候和道路交通环境下运行，事故难以避免。在发生交通事故时，怎样才能最大限度地保证驾乘人员和所运载物品的安全？安全性因而成为汽车品质的重要评测指标。碰撞、制动、侧滑等都是安全性指标，以碰撞为例，五十铃轻型车为平头驾驶室，但由于设计科学，所以在发生正面碰撞时，其驾驶室后面产生收缩吸收碰撞能量，从而有效地减少正面碰撞能量，起到保护前排驾驶员的作用。这些技术指标现在全部体现在庆铃的产品中。

除了安全，还有寿命与可靠性。与同类车相比，五十铃产品的使用寿命要大大高于同类，轻型车的三大总成驾驶室、变速器、发动机的寿命为同类产品的五倍。别的车，跑到 10 万千米以上，各种问题就纷纷出现，如油耗增加、齿轮箱噪声、刹车跑偏、发动机功率下降等，就需要进修理厂维修，曲轴磨损了要换轴瓦，发动机缸体磨损了要换缸套，齿轮发生点蚀需要换齿轮，驾驶室底部锈蚀了要"挖补"，这些都需要时间和金钱。衡量一辆车的技术水平高低有大修间隔（TBO）、首次无故障运营里程（MTTFF）、平均故障间隔里程（MTBF）、单位维修费用（MMC）等可靠性指标。日本五十铃承诺，除了这些技术指标外，还能实现 60 万千米无大修，无论是整车还是总成、零部件，都能做到可靠性高、寿命长，如此一来，用户的使用成本自然大大低于其他同类车辆。

以变速器为例，变速器是汽车的关键总成，齿轮是变速器的核心部件，齿轮的质量直接关系到变速器的质量。庆铃采用了五十铃的质量控制体系，吴云骄傲地称："别人的变速器跑 10 万千米，齿轮就会出现点蚀，但庆铃的变速器，跑 50 万千米，甚至直到报废也不会出现点蚀。别人的发动机跑 10 万千米就要换活塞、换轴瓦、换缸套，庆铃的发动机跑 50 万千米，绝对不用更换这些东西。原因就在于这些零部件除了材料不同外，材料加工工艺也大有文章。我们的齿轮、曲轴不是采用淬火而是采用软氮化处理，如此加工出来的齿轮、曲轴号称永不磨损。从五十铃学到的齿轮加工反变形技术省却了磨削工序，大大降低了生产成本，成为独门绝技。在五十铃几乎所有零部件的加工工艺过程中，类似这样的独门绝技非常多，所有这些先进技术的叠加构成国际先进水平。"

所谓"软氮化"处理也就是低温碳氮共渗，软氮化就是氮碳共渗，渗氮为主，并兼有渗碳的一个表面处理工艺。材料处理是一门高深的学问，在 20 世纪八九十年代，这种材料处理技术绝对属于前沿学科。而齿轮加工中的反变形技术，使得庆铃的齿轮加工走在全国同类企业的最前列，通过这种技术加工出来的齿轮，成本更低、技术水平更高、产品质量更好、使用寿命更长。一个原来破破烂烂的工厂却能够在这些高深的材料和特种加工技术领域得心应手，在国产化的道路上，庆铃的技术进步程度让人叹服。

舒适性也是先进水平的一大指标，如方向盘重不重、噪声大不大、座椅是否舒适。如果驾乘不舒适，驾驶员就易于疲劳，而疲劳与安全直接挂钩。影响舒适性的因素，那就太多了，需要一样一样解决。此外还有如油耗、排放、动力等各种指标都要达到最优最好。国际先进水平是一个体系概念，从整车设计到每个总成、每个零部件，全车的每一项产品上都有远高于同类产品的质量标准。

每一个产品都从设计开始，将设计理念转化为产品，然后经过大量的试验、评价、考核，再不断修改完善，直至找到最佳值。一辆车上有几大总成、成百上千个零部件，每一个零部件都经过类似的程序最后定型，定型后还要在使用中不断改进、提高。为了给用户提供最好的产品，最大可能地占领市场，很多试验的环境条件极为严酷。依靠这些，五十铃公司走在了世界轻卡最前列。

庆铃人利用合资优势，经过十几年的努力，吸收消化先进技术，对传统产业实行彻底改造，建成带开发功能的制造体系，形成从毛坯、零部件、总成制造到车辆装配的完整生产制造链条，拥有铸造、锻造、铸铝三类基础毛坯和发动机、变速器、驾驶室、前／后桥、车架六类关键总成的制造能力。具备薄板、中板、铸造、锻造、铸铝和塑料六类重要模具开发，车身及底盘开发、发动机局部开发、材料开发、工艺工装开发及理化检测试验能力。产品覆盖五十铃轻、中、重型全系列商用车和功率从 77 马力到 380 马力 5 个系列的柴油发动机及 1 个系列的汽油发动机。庆铃系列产品达到了五十铃的同类水平，这也意味着庆铃的产品达到国际先进水平。

吴云说："人只有在极端环境下才能体会到好产品的重要。新疆吐鲁番是中国最热的地方，要做到在 60 摄氏度的环境下发动机不开锅，能正常工作；在海拔几千米的青藏高原，空气再稀薄，但庆铃汽车发动机照样正常运转。在这种地方，如果车子坏了，出了质量问题，那就是性命攸关的大事。只有在这种时候，人们才能体会到质量就是生命，可靠性是第一位的。前几年西藏发生地震，极端的环境需要好车，商务部首先想到的就是庆铃车，点名调一批进藏。最困难的时候想到我们、使用我们，这就是对庆铃产品的最高奖赏。"

笔者到庆铃公司现场采访数次，听管理人员、技术干部和现场工人讲了很多庆铃公司发展的故事，但最入心入脑的还是庆铃人对产品质量那种如痴如醉的追求精神。笔者记述了几点，在这里与大家共享：

进入 2000 年，庆铃公司与五十铃公司的合资进入更深层次。庆铃方面要求：庆铃生产的发动机、变速器总成返销日本五十铃。作为合资伙伴，日方同意采购庆铃的发动机和变速器总成在日本国内装车，但提出要求，要按照日本国内的质量标准检查验收。这一要求合情合理，更何况自己的发动机生产线和变速器生产线都是按照五十铃的技术要求建设和生产的，公司的整个生产体系都是在日方的严格监督下开展的，对此，庆铃人有充分的自信。庆铃人自认为产品质量不怕评估。因此，双方设立了阶段目标，即 2002 年 9 月前完成工程评价、实物评价。

发动机的缸体缸盖有具体的强度指标检验，按照以往的国家标准要取样检查。所谓取样即用同一炉铁水在浇注完发动机后，再浇铸一根铁棒，将铁棒拿到实验室化验，铁棒的质量就代表铸件的质量。为了提高检验难度、更好地保证质量，庆铃发动机分厂并未采取这种检验方法。庆铃公司质检部门对整个发动机的缸体、缸盖全方位地画上坐标格，按照坐标格取样检查。按照这个方法，一个发动机的六个面检查点达到几十个，但日本五十铃的质检代表认为这种取样方法还不够，它只能检查外面而不能检查内部。他们将发动机缸体、缸盖如同切豆腐一样，按照固定的距离，横竖分别切成几十块，然后对每一块进行强度检验。

五十铃专家认为，铁水在浇铸过程中，缸体、缸盖不同部位厚薄不一样，冷却的速度也会不一样，由此导致各部位的强度和理化指标也不一样，会产生各种变性因素，只检查外观强度无法了解到内部强度，只有切开检查才能了解缸体、缸盖从内到外的质量是否均衡。在所有的质量技术指标检测完后，五十铃公司又提出"商品外观性指标"，简而言之就是要求好看。其具体要求是，每个连续浇注面（平面）不得有 3 个 3×1.5 毫米（直径 3 毫米、深度 1.5 毫米）的小坑。一个发动机有六个面，加起来约 3 平方米，形象地看，这个小坑大约就是一粒芝麻大小。用型砂做模子铸造的产品，3 平方米的面积上不得有 18 颗芝麻粒大小的凹痕，这个要求实在是太苛刻了。发动机是铸造产品，这对铸造模型所用的造型砂提出了更高的要求。根据这一要求，庆铃发动机被判定"不合格"，这一判定结果震动了庆铃发动机公司铸造车间，尽管有很多工人认为日本人是在"吹毛求疵"，但在对比了日本五十铃公司铸造的缸体后，大家只有一个想法——改，提高"商品外观"。为此，庆铃发动机厂不光改进了造型工艺，连造型用的型砂也更换了。

在庆铃公司采访的时候，听到了一个关于"打分"的故事。

按照质量检测要求，日本五十铃公司质量检测专家需要给发动机连杆生产线整体"打分"。之前，庆铃公司内部先自检一遍，他们给自己打了90分。2002年8月24日，五十铃公司专家堤直敏到变速器制造部现场指导工作，共指出了6个现场管理问题，并提出了剃齿机冷却油箱积屑较多而未开展管理，现场变速器壳体拨叉杆孔贯通检具精度管理内容、部位、方法不明确，生产线现物管理台管理内容标准及管理者未及时更新，设备精度管理曲线图控制线不完整等问题。

根据质检原则，每道问题都要扣分。检测完了以后，日本五十铃专家给出的分数是36分。这个分数让庆铃人无法接受。五十铃专家对每项打分给出了具体理由，日本人看重的不光是产品生产过程中机械的运转、生产、检测过程，他们把生产线和生产设备周围的环境、照明、生产过程中工人的关注度、工人的站立、走动、拿放产成品的动作、产成品进入下一道工序的交接等，全部作为打分依据。五十铃专家指出的问题非常具体，比如，作业者和检查人员共用同一把量具，起不到质量再次确认、监督的作用；又如，各工序普遍不重视外观质量。评价的结论是，由于庆铃对人员缺乏教育和培训，其知识、经验不足，故很难达到五十铃的管理要求。

尽管有各种不同的声音，但庆铃公司中方领导层在仔细分析了日方的评判标准后认为，日方的要求虽严苛，但有道理。虽然流水线上是机械在运转，产品是机械生产出来的，但机械是靠人控制的，人的精神状态和行为动作会直接影响机械的运转，要保证恒定地生产出合格产品，就必须对人的行为和动作予以规范。那些过去司空见惯，根本就不认为是"问题"的问题，与世界先进水平相比，庆铃的差距太大。

发动机车间制订了整改方案。2个月后，再请日本人来检测，评分仍旧不高，这又一次引起庆铃公司上下一片喧哗。

原因何在？庆铃发动机车间负责人认为，庆铃的产品是国内最好的，日本人指出的问题仅仅是某个环节未做好，是细枝末节，是偶然原因所致，不影响大局，更不是现实差距；而且一些日方人员站在中国工人后面长时间观察，造成中方工人心理紧张、行为失准。日本人如此挑剔，是不是不愿意我们的产品出口日本而故意为之？心里有抵触必然反映到行动上，虽然庆铃对日方发现的问题表面上做了整改，但传导到操作工人那里则是不全面、不彻底、不深入，更缺乏持久。

为对比了解情况，2002年9月底，吴云亲自带领部分中方人员到日本五十铃藤泽工厂进行实地学习。几天下来，庆铃人认识到，好的产品是人与机械和谐相处、高度融合后生产出来的，这个过程需要对操作工人的思想、行为做出调整，很多调整是只能意会不能言传的。发动机车间主任说，我也在一名日本工人身后长时间站立，但他完全不受影响，一切动作熟练自如，如同与机器共舞。庆铃人明白了差距在哪里，但也深刻认识到，这种人的差距恰恰是庆铃公司最需要关注，但又非一日之功能完成的。发动机车间组织工人观看日本工人的操作录像，然后对照找差距。

不比不知道，一比吓一跳。庆铃人沉下心来查找问题结果，结果发现了大量"小问题"：质量自主检查卡无图形标识，不便于操作者对照标准尺寸自检；量具管理方式明示化不够、防护不良、多品种混合；热处理过程管理粗放、质量监管模糊等大量问题。

以现代企业管理的眼光看，庆铃存在的诸多问题表面上是管理粗放，根子却是缺乏现代企业精益求精的认真精神。日方指出的差距，实际上是QCD竞争力上的差距。所谓QCD，从狭义上讲，是对质量、成本、交货期进行控制；从广义上讲，是整个公司管理水平能力的持续改善。这是一种长期的、动态的管理水平。日本产品之所以在世界上有较好的口碑和竞争力，就是高度重视QCD管理，他们总是将自己放在弱者的地位思考，如果我今天不努力，明天就会被市场淘汰，所以为了公司的明天，请努力吧。

通过认真听取五十铃专家提出意见，又到日本五十铃生产现场对比考察，庆铃公司终于"勇敢、坦荡"地承认，质量检查打分低是因为自身"段位"不够，而非五十铃故意卡庆铃。知耻而后勇，吴云决定，庆铃公司派发动机、变速器制造部的主要领导和管理人员到五十铃工厂去接受现场培训。

日本五十铃公司建议庆铃开展"品质向上"活动，从技术、制造、品质、设备、刀具、计量器具、5S、人员培训等各个环节，实施系统改善，建立可持续、稳定保证产品质量的体系，可由五十铃派遣专家给予援助，时间至少在6个月以上，且需长期坚持和进一步提高。

2002年10月21日—12月20日，2003年1月15日—1月30日，2003年2月7日—2月28日，2003年3月6日—4月25日，庆铃发动机公司分四次开展了"品质向上"活动。日本五十铃公司派出大昭丸茂、斋藤、高木、泽田、木村等10多名专家赴发动机公司现场指导。

日本专家的认真精神值得称道，庆铃发动机公司成立了专门的"品质向上"工作实施小组；日方则在五十铃本部设立了相应的指导小组及联络小组，以4JB1发动机为突破口，同时向MLD、6H两种发动机水平展开。以4JB1缸盖线和装配A线作为样板线入手，对毛坯入库、转运、机加接收、机加、成品检查、入库、出库、装配接收、分装、装配、测试、下线、入库等环节逐工位查找问题。对查找出的问题都要有对策管理表，对问题是什么、怎样整改、谁整改、什么时候完成都要有明确要求。过去企业的整改方案都由车间、班组负责人说了算，但日本五十铃的专家说：这种方法不对，要与生产线上的操作人员商量，他们在生产一线，他们最清楚问题发生的原因，整改必须征求他的意见。整改期间，每天下午5点下班前，日本五十铃专家和庆铃公司的部长、技术管理人员、班组长开会，通报现场发现了哪些问题，整改了哪些问题，整改效果如何。在这个阶段，共查找出机加、装配及测试、品质体系、物流、设备等环节的问题共1180个，其中自查问题733个，单在4JB1缸盖线和装配A线上就花了1个多月的时间全面实施整改。在整改既得的成果上，再向其他发动机生产线水平展开，使"品质向上"工作全面开花。

经过系统整改，庆铃发动机公司共修订各类作业指导书、自主检查卡、要领书、存放标准、记录凭证等4000余页；修订不适应的和新增各类管理要领文件200余份。修改后的作业文件挂置在离操作者近，方便操作者取阅的地方，以方便操作者学习、观看、取阅，实现了明示管理；针对计量器具、检具摆放不规范等问题，设计、制作了计量具、检具专用放置盒架以防磕碰和防尘装置，并对检测仪、标准件的精度进行了检查确认。

日本专家有很强的敬业精神，所有的专家每天和工人同时上班，仔细观察记录工人操作的每一个步骤，然后一件件记下来，一丝不苟。对送上门的老师，庆铃公司要求各车间的管理人员和工人认真学习五十铃专家查找问题的方法和思维，每天如实记录与日方人员交流，整理后交由公司管理人员学习，以便在五十铃专家离开后能自主开展高水平的管理。

通过"品质向上"活动，车间生产现场基本上能够直观地看见各种影响质量的异常和变化点情况，发动机制造体系的品质管理框架基本建立，庆铃公司全体职工也由以前被动接受管理转变为主动参与"品质向上"活动，由"目中无物"转变为主动发现问题，提出改善建议，实施生产现场的小改小革，从打工挣钱转变为"企业主人"。

以能者为师。站在巨人肩上，庆铃又取得一次进步。庆铃办公室吴主任说："从耳闻目睹中，我们心悦诚服地承认了自己的差距和不足，开始发自内心地进行'品质向上'活动，逐步形成了认真练本领的健康氛围。"

历时近两年时间，庆铃公司变速器经过3轮、发动机经过5轮工程品质评价，终获五十铃公司检测通过；铸造、锻造公司历时4个多月，分别经2轮和1轮工程品质评价，也以合格通过。

从最初不以为然、感觉良好，到遭受挫败时急功近利、心存侥幸；再到撞壁后有所触动，渐渐服气；最终面对现实，勇于剖析自己，进而心悦诚服，达成思想上的共识，并开始积极行动。在质量管理体系上经历了一次真正的脱胎换骨，这个过程是庆铃人金不换的宝贵财富，也是庆铃公司能够成为国际先进卡车制造商，始终站在中国轻卡产业前列引领潮头的原因。

庆铃公司的成功绝不只是出口几亿美元的发动机、变速器总成，而在于庆铃人通过这个过程，展现了中国汽车人努力追赶世界先进水平的努力。

据庆铃公司提供的资料，自1996年至2014年，庆铃公司向五十铃公司出口金额共计约2.4亿美元，其中，用于日本市场约1.7亿美元，用于欧美市场0.7亿美元。在出口日本市场的1.7亿美元产品中，发动机、变速器总成的核心部件价值约1.5亿美元。其中，发动机的缸体、缸盖、曲轴、连杆等关键件折合发动机36万台套、变速器核心齿轮组件34万台套，这些关键零件由五十铃组装成发动机、变速器总成，再装配到30多万台整车上销往全球各地。按出口1万美元折合出口1台整车测算，庆铃相当于出口了1.5万台整车。

庆铃产品已经成为国内商用车行业的质量标杆，物流、石油、邮政、电信、通信、金融、电力、烟草等重点行业采购时的首选车型就是庆铃。市政、环卫、消防、矿山、冷藏、机场服务等行业高附加值改装车的改装底盘首选仍然是庆铃。

20余年来，庆铃共获得国家级、省市级等各级奖项281项，其中国家级65项。2010年，庆铃入选"2010年中国机械500强暨货车10强"，在货车10强中居第5位。在全国汽车企业中，庆铃人均劳动生产率、人均销售额、人均利润均名列前茅；连续三年荣获全国质量效益型企业。

1990年，全国"七五"企业进步奖

1990年，全国机械工业工艺管理先进企业

1991年，全国"五一劳动奖章"

1997年，全国机械工业文明单位

1998年，全国机械工业管理进步示范企业

1999年，全国推行全面质量管理先进企业

2000年，全国设备管理优秀单位

2001年，中国机械工业核心竞争力"十强企业"

1999—2001年，庆铃公司连续三年被评为全国质量效益型先进企业

2001年，庆铃集团与上汽集团并列，获全国质量效益型先进企业特别奖。

由于五十铃的技术优势和市场优势，越来越多的企业开始努力向五十铃品牌靠拢。自从1985年中汽公司将五十铃引进中国以来，江西汽车制造厂、福建汽车制造厂、贵州航天汽车厂和广州羊城汽车制造厂等众多厂家都开始了"铃"产品的制造。1988年，中国汽车技术研究中心在和合肥江淮汽车制造厂联合研制中型客车底盘时，将五十铃N系列轻卡技术传授给江淮汽

车制造厂，于是，江淮的轻卡产品中也出现了"铃"。1996 年，在原山东诸城市机动车辆制造厂基础上，常柴集团有限公司、武进柴油机厂等 100 家单位发起设立北汽福田汽车股份有限公司。20 世纪初，北京轻型汽车有限公司陷入破产边缘，被北京汽车工业控股有限责任公司安排与韩国现代自动车株式会社进行合资之后，北汽福田继承了其所持有的五十铃 N 系轻卡技术和资产，成为轻型车市场上最大的一匹黑马。没几天，北汽福田的产品中也赫然出现了"铃"。随着汽车产品的需求越来越旺，市场上开始出现"众铃之争"，而且愈演愈烈。细数下来，产品带"铃"，自称为五十铃血统的汽车厂有重庆、江西、福建、广州、贵州、江淮、北汽福田等厂家，其品牌数量则是多得数不过来。这下可苦了那些购车的用户们，这么多"铃"，那么究竟谁是正宗的呢？五十铃技术源于是日本五十铃公司，还是日本五十铃公司说话最有权威性。

2004 年 6 月 11 日，日本五十铃公司在广东东莞举办了"五十铃物流运输车展示会"，《深圳商报》记者现场采访了日本五十铃汽车公司海外营业部课长川浪正人。摘要如下：

《深圳商报》记者："能谈谈五十铃与庆铃汽车公司之间的关系吗？"

川浪正人："飞速发展的中国市场是五十铃全球战略的重点，五十铃汽车公司得益于与重庆庆铃汽车公司 19 年的精诚合作，成为在中国市场获取成功的为数不多的国际商用车企业。庆铃汽车公司作为五十铃在中国最紧密、最深入的战略合作伙伴，是得到五十铃最新技术的企业。可以说，在中国市场，庆铃就等于五十铃。"

《深圳商报》记者："作为技术竞争的核心，现在国内很多轻卡都装载五十铃的 4JB1 发动机，这些发动机都是由五十铃生产供给的吗？与庆铃所使用的 4JB1 发动机有区别吗？"

川浪正人："4JB1 发动机是五十铃的主力发动机之一，以高可靠性、耐久性、经济性和轻量化优势称雄于小型柴油机市场。20 世纪 80 年代，透过技贸合作和合资方式进入中国市场，使得相当部分国内轻卡企业拥有了 4JB1 的技术图样资料，但拥有技术图样并不代表着能够生产出符合五十铃质量要求的发动机。而庆铃以合资的方式滚动引进，而非一次性引进 4JB1 发动机的制造技术，使得其拥有与五十铃同步的产品，拥有与五十铃一致的品质。现在庆铃独家拥有代表五十铃跨世纪最新小型柴油发动机技术的 4JB1 - T、4JB1 - TC 中冷增压柴油发动机，成为中国市场拥有五十铃轻卡最新技术的企业。"

《深圳商报》记者："庆铃近期提出打造全新'物流车'的概念，构建高速物流平台，您认为庆铃能不能担当这样的角色？"

川浪正人："在庆铃生产的五十铃系列物流运输车，完全体现了五十铃最新的开发理念，这就是为客户提供一辆耐久、可靠、排放水平高，全寿命低成本、低油耗、维修费用低的理想运输工具。它不仅在中国具有强劲的竞争力，即使在全球其他市场也具有相当的竞争力。五十铃在日本也从庆铃成批调用很多的零部件，庆铃已成为五十铃全球范围内重要的生产基地。庆铃完全有能力为物流企业提供可靠保障的物流用车。"

《深圳商报记者》："针对中国市场状况，五十铃下一步有什么具体计划吗？"

川浪正人："随着中国入世后的快速发展和市场竞争加剧，五十铃和庆铃汽车也面临新的挑战，我们在密切关注中国市场以及竞争对手的情况，并将继续巩固和发展与庆铃的战略合作伙伴关系，把最新的技术、最新的产品持续不断地导入庆铃现地生产，以此服务于中国新兴的物流发展，同时也将为销售服务提供有效的保障体系。近期，一个售后服务 ASC 项目将全面展开。"

2004 年 6 月 18 日，在庆铃公司举行的"新疆物流车辆展示会"上，日本五十铃汽车公司常务董事望月义人接受了《经济日报》新疆记者站、新华社《参考消息》、新华网驻疆记者、新疆电视台等媒体的联合采访，现将采访内容全文照录，供读者鉴定。

记者："我们知道，五十铃公司在中国与很多企业都有合作关系，中国的消费者非常喜爱五十铃品牌，但常常是花钱买不到真正的五十铃车，因此大家非常关心，在中国市场上谁代表五十铃品牌？"

望月："与我们有资本关系的合资企业在中国一共有三家——庆铃、江铃，在广州还有一家做大巴的企业，但只有庆铃和广州的企业可以使用'ISUZU'品牌，这是我回答你的问题前想说的几句。"

"我们和庆铃的关系始于80年代中期，是我们在中国最早的一家合资公司，在庆铃这边我们可以说投入了100%的技术力量，庆铃也因此一直保持与五十铃的技术同步，是我们最好的战略合作伙伴。"

"我想你的问题的核心是，我们现在与江铃的关系是处于一种什么状态。我们和江铃因早期中央政府对江西地方的支持，是处在一种合资的关系。但是在目前情况下，我们和江西已没有生意上的往来。"

"现在我们和庆铃的技术合作一直是滚动发展的，所以庆铃现在制造的车辆是用的五十铃最新的技术，也是一直保持五十铃的世界水平的品质，一直在中国代表着五十铃的质量和技术。"

"我们和江铃也不是没有技术合作，因为我们在80年代与他们有合作，他们引进的是几代以前的旧车型，在这个方面我们是有过技术合作的。我要着重阐述一下，目前在中国只有两家公司提供的是五十铃现有的、最新的技术和产品，允许使用'ISUZU'品牌，一家就是庆铃，一家就是刚才提到的广州五十铃客车厂。现在跟江铃的关系，我们已经没有给他使用'ISUZU'品牌的权利了。"

记者："现在国内很多轻卡都装载五十铃4JB1发动机，这些发动机是由五十铃供给的吗？与庆铃所使用的4JB1发动机有何区别？"

望月："首先，我想给大家介绍一下4JB1发动机导入中国的一个过程。20世纪80年代，我们通过与中国政府签订技贸合同，把这个4JB1发动机的整机技术转让给中国政府，中国政府就在中国的若干家厂家里进行了这种发动机的生产。大家知道发动机的型号编制是有一定规矩的，它是代表一个规格。但是除这个规格外，这个发动机也是一个活的东西，在不断地更新、提高它的内在质量，一是在它的功能上，比如说大马力，还有一个是对应排放上，可以说是不断地更新，跟中国政府当年签订的合同只是当时技术水平的4JB1发动机。以后，一直到目前为止，我们与庆铃公司一起对4JB1发动机进行了几次更新换代，导入了新的技术。所以，现在拥有五十铃世界级4JB1发动机性能和标准的只有庆铃这么一家。大家也知道，随着环保意识的增强，中国的排放标准也从欧洲1号提高到了欧洲2号，慢慢要达到欧洲3号，甚至以后还会是欧洲4号。庆铃引进的五十铃发动机的生产水平目前已经达到了能够制造欧洲3号标准的发动机。"

"也借这个机会宣传一下我们自己的公司。我们在2003年1月，对欧宝这个车型系列提供的柴油发动机已经达到了欧4的排放标准，也就是说，我们完全有能力在与庆铃的合作中，不断地给庆铃提供新的技术，使庆铃生产的发动机排放标准随时都能适应政策的变化。我们现在是有这个技术的。今后无论技术如何发展，我们都会及时给庆铃提供相应的技术援助和合作，以保证我们双方一起制造的发动机能达到中国最高的排放标准。"

记者："近日，江铃宣布：'一款全新的轻卡车型——江铃·凯运上市。这款新品车型由中日携手合作，在五十铃先进技术的基础上，针对中国市场的需求精心打造而成的'，请问五十铃提供了哪些先进技术？"

望月："就江铃凯运这个车型来讲，他们宣传时说使用了很多五十铃的先进技术，但我们对凯运这个车型没有提供任何先进技术。其他的情况我们也就不清楚了。"

记者："在中国，目前取得成功的国外企业都有一个比较清楚的带共性的发展思路，比如通用选择了上海为战略合作伙伴，日产选择了以东风为战略合作伙伴，本田选择了以广州为战略合作伙伴。而五十铃比这些企业更早进入中国市场，在中国前后同十多家企业进行过合作，那么有没有从中做出选择，确定自己的战略合作伙伴？"

望月："现在，从世界汽车行业来讲，在中国能否获得成功，是这个企业能否获得成功的一个非常重要的因素。我们在中国的战略合作伙伴当然是庆铃，在与庆铃的战略合作伙伴关系中，怎么样体现我们五十铃的利益呢？我给大家说明一下。我们和庆铃一起做了很多基础工作，已形成了很大的生产和技术能力，很多重要的总成和零件都可以在庆铃很容易地实现国产化。目前已经实现了很多重要总成的国产化，我们和庆铃共同在市场上通过整车的销售来发挥这部分设备的能力是我们合作的一部分。另外，我们还将庆铃的产品纳入到我们的国际采购系统里面，让庆铃为我们整个全球战略——争夺商用卡车世界第一的宝座，发挥重要的作用。所以，庆铃不光是在中国的战略中发挥作用，在五十铃的国际战略中也拥有重要的地位。"

"去年，中国汽车产量达到 430 万台，2010 年的时候也许会上到 1000 万台的台阶，现在世界上，有这么快的市场发展速度的国家，恐怕只有中国一个。有这样一个大的市场为依托的情况下，它的生产成本会很低。所以现在不止我们一家在中国有战略合作伙伴，其他很多世界知名的公司都在中国寻找战略伙伴，这也是大的潮流——通过与中国的合作，充分利用这些资源，达到在激烈的市场竞争中站稳脚跟的目的。"

记者："那么，作为五十铃的战略伙伴，庆铃生产的产品是否能够代表五十铃出口？"

望月："我们和庆铃在这方面的合作早已经开始了，庆铃的一些重要的总成、零件、毛坯已经向日本出口。庆铃现在有很好的资源，包括我们从庆铃进口了发动机或发动机的主要零部件，以及变速器等汽车的传动系统。现在庆铃拥有国际水平的加工和生产能力，我们一方面买来自己用，另一方面从五十铃的手里再卖到世界各个地方去。如何通过这两种手段，将庆铃现有的这种先进生产、加工能力利用得更充分，就是现在我们和庆铃一直在推进的一项工作。"

记者："我们看到，很多企业生产的产品包括轻卡、皮卡，几乎与五十铃是一样的，这对五十铃在中国市场的发展有没有产生影响？国外的企业，比如丰田汽车公司，对于知识产权已经采取了各种措施，请问五十铃怎么应对？"

望月："作为海外的厂家，我们对这方面也存在很多的疑惑，有时不是很清楚中国的法规、政策的力度到底能够达到一个什么程度。当然，从另一个角度讲，怎么在中国法律保护的范围内保护好自己专有的技术，这是我们需要对中国的法律、法规进行学习的一个重要内容。"

"现在中国政府对知识产权的问题也越来越关心，将会用更大的力度来整顿这方面的问题。比如像庆铃这种轻型卡车，在中国就有成千上万的模仿车出现，这当然是对我们有影响的，但是我们会采取各种各样的措施来保护。比如：对产品不断地更新，同时让客户在认知度上充分区别我们的车和其他车型；在有必要的时候，我们也会考虑用法律的手段来对应这方面的问题。

特别是在今后，随着我们的产品不断更新，我们会特别注意这方面的问题，采取各种措施来保护我们自身的利益。我想政府都是以保护消费者的利益来推出政策的，如果客户因为某种混淆而买到不是自己想要的车，这本身对客户就造成一种损害，最终是用户吃亏。所以在这种大的政策、法规的流向中，我们要很好地配合这方面的工作，一个是使我们的产品和其他产品更好地加以区别。另外，根据中国的政策、法规，配合中国政府更好地保护消费者的权益。从这个方面，我们会多做工作。"

几天之后，6月21日，广东东莞"五十铃物流车辆展示会"人流如潮，日本五十铃公司与国内众多先后与五十铃公司有技术合作的厂家都推出了自己的最新产品，各种颜色、各种款式的五十铃汽车在夏日的阳光下争奇斗艳。

然而，让一向在车市上推波助澜的媒体没想到的是，日本五十铃公司的代表再次在车展上就中国轻卡市场上一直暗流不断的"众铃之争"问题公开表态。

现将2004年6月21日，搜狐汽车刊登"五十铃在粤声明未向江铃凯运提供最新技术"的文章转载如下：

日前，庆铃汽车公司在广东东莞举行"五十铃物流车辆展示会"，令到场大批媒体记者意想不到的是，日本五十铃公司代表终于打破沉默，就一系列中国轻卡市场的焦点问题发表了公开声明。

声明之一：就记者问及江铃凯运系由中日联合开发，吸纳了五十铃技术精华一事，五十铃公司代表首次指出，五十铃公司没有给江铃凯运提供的任何最新技术援助，并强调，五十铃公司并不清楚江铃所指中日联合开发的依据来源于何处。

声明之二：就记者提及现在市场上奥铃、江铃、庆铃等若干厂家都称采用五十铃最新4JB1发动机，五十铃是如何提供的？五十铃公司代表澄清，拥有五十铃4JB1发动机最新技术的只有庆铃一家，作为日本汽车厂家最早进入中国商用车制造领域的五十铃公司，曾以技贸合作形式，与中国有关部门与1984年签订了一次性的合同，向中国提供了20世纪80年代技术水平的4JB1发动机，而庆铃则是单独与五十铃签订了滚动引进合同，因此庆铃现在拥有的技术已经更新到了五十铃公司20世纪90年代后期最新的技术水平，排放达到欧洲2号水平。五十铃代表同时希望媒体在宣传时以认真负责的态度，给予客户正确认识。不言自明，在标有4JB1字样的发动机上，还应该准确标上是80年代技术还是90年代末的技术。

声明之三：就记者重提当年江铃降价是因为不再支付五十铃技术转让费，而将好处让给消费者，这也是江铃售价低于庆铃的主要原因。五十铃公司代表说明，虽然江铃和庆铃均是五十铃的合资公司，但江铃只引进了五十铃最早进入中国的产品，技术转让合同期满后，由于五十铃没有提供最新的技术，所以江铃的产品已同五十铃现有的技术产生了很大差距。而庆铃一直是与五十铃保持同步的技术，产品的技术含量当然与江铃拉开了较大的差距；庆铃是采用五十铃居世界第一的发动机的最新技术机型，驾驶室也从内部乘坐空间、安全性、舒适性，降低驾驶疲劳等方面做了重大改进。技术不一样，附加值不一样，反映在商品的价值上当然是完全不一样的。

声明之四：就记者谈及五十铃品牌的轻卡、皮卡，在市场上随处可见外观几乎与其一致的各个厂家的产品时，五十铃公司代表严肃指出：我们十分遗憾在市场上看到了很多模仿五十铃的产品。我们知道中国加入WTO以后，对知识产权保护力度正在加大，我们相信中国政府执法的决心和力度。该代表还透露日本五十铃公司对大量涌现的模仿车不会听之任之，必要时将采取法律手段。同时，五十铃公司代表也谈到，从另一个角度看，也是因为五十铃的车优异，才会被模仿。五十铃和庆铃将共同加大宣传力度，引导客户了解真正的五十铃。

2008年10月12日，庆铃公司与日本五十铃公司携手发布新推出五十铃600P4吨级新型商用车。在发布会现场，《中国商报·汽车导报》采访了日本五十铃公司常务董事望月义人。望月义人就日本五十铃公司与中国庆铃公司的关系再次做出说明，摘要如下：

五十铃600P是五十铃上个月开始在日本国内正式发售的，是不折不扣的一款最新的N系列商用车。这款新车的亮点是搭载了全新的为适应日益提高的环保要求而改进的发动机——4KH1-TC，这款采用电控喷射中冷式增压技术的发动机的输出功率达到130马力，在中国只有庆铃一家生产这种发动机。

日本五十铃在中国一共有三家合资公司——庆铃、江铃和广州客车集团。我们和江铃的关系也是时间比较久了。但是在目前的角度来讲，我们还没有新的技术方面的合同。中国汽车产业和汽车市场都发展得非常快，我们会先做好跟庆铃的合作，今后对于其他企业的发展也会考虑。

我们认为，中国和日本是同样重要的市场，我们将会和庆铃一起在中国市场展开新的车型、新的技术研究，并且利用这个好的基础，不断将质量高的零件和总成在全球范围内进行销售，目前，这方面的工作我们也在共同推进。

为了说明自己与中国五十铃公司的关系，日本五十铃公司更是做出惊人之举，在《人民日报》上以一整版的篇幅刊登广告，声明庆铃公司与五十铃公司之间真正的合资关系。可以认为，五十铃公司多次发表如此言论，是向市场直接表明，日本五十铃与中国庆铃的血缘关系，避免国内"众铃之争"扰乱视听，也影响五十铃公司在中国的声誉与利益。这也从另一方面说明，庆铃公司依靠不懈的努力与刻苦精神，从一个没落地方小厂走向了中国高端轻卡的最前列。庆铃的成功说明，只要努力、认真、排除各种干扰，中国人就是能够在汽车领域做出让世人瞩目的成绩的。

30万辆胎死腹中

"七五"期间，中汽公司测算，中国商用车中，与社会民生结合紧密的轻型车需求量最大，占商用车总份额的70%。事实也是如此，"七五"至"八五"期间，全国各地轻型车发展如火如荼，几乎所有的大企业集团都在抢这块蛋糕，但让人疑惑的是，为何轻型车生产企业中没有中国第一大汽车集团二汽的身影？其实，二汽早已有所动作，而且是大动作，只是天不遂人愿，由于种种原因，二汽的轻型车项目流产了。此事已经过去几十年，由于多种原因，二汽轻型车流产的事情一直不为外界所知。笔者在撰写黄正夏传记时，黄老详细地讲述了此事的来龙去脉。虽然二汽上轻型车已经成为历史，但本书作为记述中国汽车历史的专著，这一宝贵的历史不能遗失。

把二汽发展成包括轻型车、重型车、轿车在内的多品种、大批量、专业化的世界级大型汽车集团，一直是黄正夏心中的梦想。自从走出大山来到襄樊后，他便开始逐步实现这一宏伟的战略发展目标。

二汽襄樊基地解决了重型车问题。1984年6月，中央领导又公开提出，要把汽车产业建设为国民经济支柱产业，国家政策鼓励，地方政府支持，手上资金充裕，国内市场需求潜力巨大，是发展轻型车的时候了。

黄正夏发展轻型车的思想源于在国外，特别是在日本的考察，是看到国外轻重车型比例引起的思考。中国的一汽、二汽都专注于中型卡车，缺重少轻，轿车更为稀少。日本的丰田、日产、日野等企业也都是从生产大车开始的，以后逐步过渡到轻型车、小轿车。丰田、日产集中发展轿车，同时保留部分轻型商用车，走上了一条高速发展的道路；而日野则将注意力集中在载重车、大客车上，结果造成了30年踏步不前，最后被丰田兼并。二汽决不能走日野的老路子。按照国际汽车通行的重、中、轻1：1：8的比例，中型和重型都为1，轻型车和轿车合在一起为8。商用车和乘用车的比例为2：8或3：7。也就是说，在轻型车里，轿车需求量最大，其次是轻型车。

除了结构问题外，国内运输市场对轻型车需求巨大。改革开放给中国带来的最大变化就是经济日趋活跃。成千上万的个体户要在城市之间运送产品，大量的农民要将自己的产品从农村拉到城里。山区的道路条件不好需要轻小的车，既可拉人，又可载货；城市里工商企业运输的生产、生活物资都属于"轻泡货"，用载重5吨的中型卡车拉严重浪费运力，而且城市里大街小巷、转弯抹角，大车也没法走，这些都对轻型车提出了市场需求。国内汽车产品几乎都是4吨、5吨的中型车。中型车是一个分化的车种，重的拉不了，轻的浪费运力。国外的城市里，大街小巷到处可见载重0.5~1.5吨的轻型货车，4吨以上的载重车难觅踪影。人家能干，我们为什么不能干？从日本考察回来后，黄正夏向国家经委副主任袁宝华、一机部部长周子健、中汽公司董事长饶斌汇报考察情况。在谈到调整产品结构时，黄正夏提出想发展轻型车，希望得到支持，但他们都没有表态。黄正夏回忆：

说实话，除袁宝华外，他们的想法我很清楚，那就是全国只要一个中汽公司，各地的汽车厂按照中汽公司的分工搞好生产就行了，至于怎么调整产品结构、发展什么车型，那是中汽公司考虑的事，你们不要瞎吵吵。这是典型的计划经济思路。这几年在建设襄樊基地的过程中，我已经意识到，二汽要发展，就要突破各种条条框框的束缚。你答应我，我甩开膀子干；你不答应我，我自己悄悄干。

（黄正夏口述，欧阳敏著，《艰难历程》，新华出版社，2007年）

20世纪80年代初期，汽车工业大发展的趋势开始出现。

作为国家汽车产业规划管理部门，中汽公司早在1982年就产生了"一汽""二汽""三汽"（正在筹建中的重型汽车厂）的产品要实行有计划分工的设想。1983年12月，中汽公司正式着手制订"七五"发展规划，这个规划明确了"一汽"生产轻型车、轿车，"二汽"生产5~8吨中重型车，"三汽"生产10~25吨重型车的产业分工布局。其中，要求"二汽"在"六五"末和"七五"共7年间，生产中重型载货车陆续达到15万辆（后来又修改为20万辆）。到1990年，"二汽"的发展目标是：再续建10万辆5~8吨中重型车产能。这个被简称为"一汽向下，二汽向上"的方案，给汽车生产企业划了个发展的圈子。黄正夏认为，对二汽而言，这就是画地为牢。"一汽向下"允许他们发展轻型车、轿车；"二汽向上"，前面有专门生产重型车的三汽挡在前面，让我们怎么向上？

1980年，黄正夏赴德国考察，德国大众公司总裁多克尔曾经与他探讨："大众公司可否与中国二汽合作生产轿车？"

黄正夏问他："你们不是正在和上海谈判吗？"

　　多克尔称，上海懂得汽车生产的人太少，合作起来困难很大。黄正夏告诉他，中国汽车工业由全国统筹安排，我们二汽已经被安排为"向上"，只能向重型车发展。多克尔当时听了就很不理解。

　　不准自行上轿车，重型车的路又被挡住，而轻型车是个空档。分析预测表明，轻型车有广阔的前景，而且轻型车与轿车通用部件也较多，还可以为发展轿车贮备能力。黄正夏决心，先上轻型车，以后视情况再上轿车，实行"轻轿结合""高中低档结合"，走中国式的通用、丰田、日产的道路。

　　不得已的情况下，二汽如同一个顽皮的孩子，和严加看管的"家长"玩起了"躲猫猫"。

　　1983年3月5日，东风联营公司在昆明开会，会议之余，与会人员参观了昆明的一个小型柴油机厂。这个厂生产75马力的四缸柴油机，正适合轻型车的动力。黄正夏与孟少农、李惠民、周维泰等人商量，想了一个绕开中汽公司的办法，组建"三南（河南、湖南、云南）公司"，作为东风集团的组成部分，联合生产轻型车。孟少农提出，如果叫轻型车，中汽公司不会同意。黄正夏说："你们干，出了问题我负责。他们不是不让我们向下吗，我们生产的产品不叫轻型车，而是叫'农用车'。遇到红灯，我们绕着走。"

　　这个主意一出，大家都赞成。孟少农自告奋勇，担任项目联合设计负责人。由二汽牵头，河南、云南、湖南三家参与，云南出柴油机，湖南出车桥、车架，河南总装。仅半年功夫，打着"农用车"牌子的轻型车问世了，销路很好。黄正夏回忆：

　　对二汽搞的这个产品，领导总是觉得不舒服，但又说不出什么来。有位领导在参观农用车时，见有记者照相，他立即扭着身子，不让自己的正面形象和农用车联在一起。我明白，他是表示不赞成二汽搞这些"旁门左道"。以后，我们说准备采用康明斯的四缸发动机做动力，领导才勉强同意二汽生产，并恢复"轻型车"的名称。这样，二汽的轻型车总算是合规矩了。

　　（黄正夏口述，欧阳敏著，《艰难历程》，新华出版社，2007年）

　　就在二汽发展的关键时刻，二汽的领导班子发生重大变化。

　　1984年2月初，中汽公司董事长饶斌通知黄正夏：中共中央组织部12月正式下文，调黄正夏任中国科学院党组书记，要黄正夏速到北京。2007年，笔者在武汉黄正夏的家中采访，黄正夏讲述了这段过程：

　　1984年2月初我接到饶斌的电话，通知我迅速到北京，有重要事情商谈。到北京后，饶斌告诉我，中汽公司接到中组部文件，调我到中国科学院任党组书记，并告诉我，中科院已经为我安排好了办公室和全家的住房，希望我尽快报到。此事来得很突然，此前没有任何预兆，我也没有任何思想准备。此时正是二汽发展的关键时刻，襄樊基地建设全面铺开，发展轻型车的第一步已经迈出，下一步还要有更大的动作，此时突然要离开，真是心有不甘。我告诉饶斌，我服从组织安排，但二汽现在正在全面大发展的关键时刻，请转告中组部，可否让我在二汽再工作一段时间，等到二汽大发展有了眉目，再去中科院工作，或者不去中科院继续留在二汽工作。饶斌表示，一定向中央如实反映。但中央文件已下，二汽领导岗位不能空缺，你这次来要立即推荐接班人报中组部审批。我说要先回二汽召开党委会定。饶斌表示，中组部催得很急，要我现在就定下来。饶斌同志是二汽的老领导，对二汽的干部情况非常熟悉，根据中央关于领导干部专业化、知识化、年轻化、革命化的要求，我和饶斌商定，推荐时任二汽总工程师的陈清泰为二汽厂长后备人选。我回而其后不久，接到饶斌电话：他向中组部如实反映了我的意见。在一次政治局会议上，薄一波同志提出，二汽正处在蓬勃向上、兴旺发达的时期，不宜调动二汽主要领导的工作。中央接受了薄一波同志的建议。

1984 年 7 月 23 日，中汽公司转来机械工业部（84）1604 号文件《关于陈清泰、黄正夏同志职务任免的通知》：中组部任字（1984）275 号通知："陈清泰同志任第二汽车制造厂厂长，免去黄正夏同志的第二汽车制造厂厂长职务"。

从此，陈清泰成为继饶斌、黄正夏后的二汽第三任厂长。黄正夏虽然不再担任厂长，但仍然担任着二汽党委第一书记和东风汽车联营公司董事长。

1984 年 9 月 2 日，四川省委常委、成都汽车工业联营公司名誉董事长刘西尧率团来二汽考察。刘西尧是黄正夏在湖北的老领导，数人见面非常高兴。刘西尧谈到了四川汽车工业发展的现状，以及当地道路交通与货物运输等情况，希望能有一种小吨位的轻型载货车。黄正夏向他介绍了国际轻型车发展和二汽下一步发展的方向。刘西尧说："要睡觉找枕头，咱们想到一起了。"

刘西尧表示，四川的汽车工业基础差，需要二汽帮助带动，最好能参与二汽轻型车发展项目。除了四川还有福建，原湖北省省委书记陈丕显介绍他家乡厦门市的一位领导来二汽，希望能参与二汽的轻型车项目，以此推动当地的汽车工业。二汽在湖北，湖北省早就想利用二汽的优势，带动本省汽车工业发展。湖北省委书记关广富明确要求，利用二汽扩散的产品，建设从十堰到武汉的 500 千米的"汽车走廊"。这些和黄正夏想发展大汽车产业集团的思路不谋而合，建设一个大汽车产业集团的框架逐渐形成。

就在这个时候，一个重大机遇出现了。美国福特公司致电二汽，希望 9 月下旬来二汽商谈 8 吨柴油车合作问题。对黄正夏来说，这才真叫"要睡觉有人送枕头"。

福特公司原来是与南京汽车厂谈合作，后南京汽车厂中断了与福特的谈判，转而与意大利的菲亚特公司洽谈合作。在和南京谈判无果的情况下，福特公司又把眼光盯上了二汽。1983 年年黄正夏访美，曾探讨过引进部分福特技术合作生产 8 吨柴油车，虽未达成协议，却建立起了联系。

福特是世界汽车产业界最有实力的企业集团之一，福特的轻型车在技术与质量上都比较先进。目空一切的美国人与精于算计的日本人也有所不同，美国人愿意拿出他们的新技术来合作，而二汽正好可以利用再次谈判 8 吨柴油车的机会，与他们洽谈轻型车合作。黄正夏决定，迅速复电福特，请他们来湖北武汉谈判，并邀请其英国轻型车公司来人一道商谈。

1984 年 9 月 26 日，二汽与美国福特公司的谈判在晴川饭店举行。福特的谈判代表是福特的副总裁阿尔卡；由于黄正夏已于 1984 年 7 月从二汽厂长位子上退下，头上仅剩下二汽党委书记和东风联营公司董事长的帽子，按照谈判对等的原则，二汽的谈判代表由新任厂长陈清泰担任，黄正夏在幕后"参谋"。

福特与二汽分别为中美两国最大的汽车集团，两大公司的谈判对中美两国，尤其是对中国汽车业界将会产生重大影响。双方谈判代表在谈判台前幕后的较量紧张激烈。从 9 月 23 日到 26 日，谈判共进行三天。每天谈判结束，黄正夏和陈清泰等人便一起分析情况、讨论对策。9 月 26 日谈判结束，双方初步达成了几点共识：

双方在中国合资生产轻型汽车，最优经济规模 30 万辆，总投资概算 45 亿元人民币，其中二汽投入 30 亿元，福特投入 15 亿元，合资期限 25~30 年。二汽和福特组成合资企业，一切有关事宜由二汽和福特双方谈判解决，各方的组织计划由各方自定。轻型车的总装、涂装、焊装、冲压生产线在武汉；发动机、车桥、铸锻件放在襄樊。正式签约生效后，用一年的时间设计和准备各项工作，第二年开始施工，第四年投入小批量生产，第六年达成设计目标。

（黄正夏口述，欧阳敏著，《艰难历程》，新华出版社，2007年）

依据双方达成的共识，阿尔卡表示：回国后立即向董事会汇报，并按照谈判结果进行"可行性"计算，三个月后拿出具体方案供双方进行正式分析；并会立即派遣专家小组来二汽及武汉进行考察，拟定厂址方案及外国专家生活设施建设方案。

二汽与福特谈判的时候，德国大众与上海汽车的桑塔纳项目，以及美国克莱斯勒与北京的切诺基项目已经基本完成，这也是二汽与福特公司谈判的筹码——福特必须要拿出最新的技术和车型，否则我们会另选合作伙伴。上海桑塔纳项目刚开始时只有3万辆，北京切诺基的项目更小，合资双方总资本才5103万美元。二汽与福特公司的30万辆轻型车项目合资资金高达45亿元人民币，远超上海和北京的项目。在当时，30亿元可建设10多个国家级的大型重点工程，相当于国家计委正在酝酿的"七五"全国汽车产业总投资。如此大的一块肥肉，福特公司能不重视？福特公司承诺，保证以优于大众和克莱斯勒的条件，不断给合资企业提供新技术、新车型。

中国外汇短缺，为了外汇平衡，二汽提出，投产后一定要做到每年有相当数量的出口以赚取外汇。阿尔卡表示，对于中方要求的出口数量，目前难以在协议上确定具体数字，但美方负责为平衡外汇所必需的出口数量。福特可以将设在德国科隆的发动机厂搬到中国来，让中国生产的发动机向全世界出口。

中国的企业是要接受上级监管的，尽管国家放开了对一汽、二汽的管理，二汽也以自筹资金为基础取得了对外经贸自主权，和外商进行谈判也是合法的，但二汽与福特的合资项目如此之大，二汽又是"先斩后奏"，国家如若怪罪下来，罪名也是不轻的。这次谈判项目牵涉到全国汽车产业布局，中汽公司、机械部是否同意？即使同意，能否立即上报国务院审批？如果他们有意见，不说反对，仅将你的报告"留住不发"，拖下去也受不了；更别说这个项目还违反了"二汽向上"的规定。

经过慎重思考和比较各种可能性，黄正夏决定先向湖北省委、省政府领导请示，同时联系对发展轻型车积极性高的有关省市，共同上报。1984年9月28日，黄正夏、陈清泰等人向省委书记关广富、省长黄知真等湖北省委、省政府主要领导汇报。关广富、黄知真没想到二汽竟然有这样的大动作，30万辆轻型车项目要远远超过上海桑塔纳和北京切诺基，几十亿的投资对湖北的经济将会产生巨大的拉动作用，他们完全支持黄正夏的想法和做法，并表示，可以联合相关省市直接上报党中央、国务院，抄报国家计委、经委、机械部和中汽公司。

二汽立即分别与四川、福建机械厅、局打电话说明情况，并允诺轻型车生产基地建成后，可以在这些省市设立装配厂，或安排部分总成零部件生产。30万辆轻型车项目如同一桌大餐，邀请你来免费就餐，谁会拒绝？四川、福建的机械厅、局长立即报告所在省市的负责人。30万辆项目得到两省的高度重视，认为这是一件大好事，建议二汽牵头操办。经协商，起草了以二汽牵头，湖北、福建、四川、武汉市"三省五方"与福特公司合资，开发30万辆轻型车的联合报告，直接上报党中央国务院。地方政府向中央报告工作，相关部门就不好指责二汽了。为了进一步实现建设大汽车集团的理想，联合报告上还专门加了几句话："在一定的基础上，争取较快地生产一种经济型的中档轿车"，为下一步发展轿车的计划埋下伏笔。

联合报告经湖北省黄知真省长签发后，二汽党委派专人飞赴成都、福州，请四川、福建两省和武汉市领导会签。10月4日，正式上报党中央、国务院。

报告全文如下:

耀邦、紫阳同志:

最近紫阳同志和国务院领导多次指示:"我国汽车工业要大发展,是必然趋势,也可能成为今后经济增长的一个重要组成部分。问题在如何因势利导,避免大的盲目性。"并指示"要以大的骨干企业为主搞好联合,以现有大的汽车厂为基点,在专业化、大批量的基础上,大量供应优质价廉的汽车""要避免重新出现小而全纷纷办汽车厂的情况""起点要高,步子要大""北面的一汽,南面的二汽,沿海企业,三线的工厂,一连一大片,会形成一个汽车工业竞争发展的局面。"在国务院的号召下,我们各省不少市、地、军工、民用系统相继出现了"汽车热"。为了吸取过去的教训,经过我们及各省(市)共同研究协商,建议由二汽牵头,以东风系列产品为基础,资助轻型汽车的专业化、大生产、大联合,为推动国民经济的发展,为尽快缓解汽车产需矛盾做出贡献。我们拟定了一个联合发展轻型汽车工业的初步方案,现报告如下:

生产纲领

根据国外轻型汽车发展的成功经验,较为经济合理的年生产量为30万辆,按照国内市场近期的需要,我们初步确定以30万辆作为联合生产纲领。在统一安排下,由二汽和三省(市)分别承担;湖北省除武汉市外,并由二汽和湖北省合作;另建年产5000至10 000辆底盘和改装车。将来根据需要,再向更高水平、更大批量的联合生产发展。

产品品种的选择

轻型车初步确定为普及型、多用途,载重1吨到1.5吨轻型客货两用车。实行多品种、系列化生产,能满足各种变形车、改装车的需要,供广大农村专业户、城乡零担货运,企业机关零星小件运输及商业物品短途运输等多种需要,并在一定的基础上,争取较快地结合生产一种低成本的经济型轿车。生产底盘和改装车计划,由二汽和湖北省研究落实。

联合经营的组织

以东风汽车工业联营公司为基础,从事联合经营开发。在东风联营公司的统一组织、规划下,实行"三不变""四有利"的大联合。"三不变"即不改变所有制性质、不改变隶属关系、不改变财政物资渠道;"四有利"即在坚持专业化、大生产、大协作,实行技术经济密切结合,实行联合与竞争相辅相成、协同发展的原则下,做到对国家、对地方、对企业、对东风联营公司发展共同有利。力争高质量、高效益。

联合生产的结构

根据汽车生产的特点,按照30万辆一盘棋的精神,按照三种类型组织生产。对关键的、技术复杂的,如发动机及其他可利用二汽现有基础集中生产的总成、零部件,由二汽为主承担;对需要进行大批量生产的总成零部件,由三省(市)择优选点,进行专业化定向生产,在三省(市)分别设置装配点。对可以因地变通及运输不便的总成、零部件,在各省(市)地方分别择优布点;除此以外,对变型车、改装车、一般零配件生产则充分利用各省(市)现有基础,发挥优势,定点生产。

资金来源

所需资金均由联营各方根据分工,分别自筹解决。遇到不足部分及周转困难时,可申请周转性贷款,所需外汇除各方尽量解决外,需要时请国家帮助解决一定的外汇额度,人民币均自筹解决。

建设方针和进度

在充分做好前期准备工作，尽量缩短施工时间，尽快发挥投资效益的原则下，实行改造、改建、扩建和必要的新建相结合的方针。建设初期，配合引进CKD散件组装，从装配开始，逐步从后工序向前推进，一面装车，一面盈利，力争1992年到1995年逐步实现30万辆生产能力和协议规定的其他要求，陆续投入生产。

在此期间，实行"以老养新"政策，利用各方现有产品逐步过渡。这既有利于现有生产系统改造，又有利于资金积累筹措，不致有大的起落。做到既保护各地方现有积极性，又符合科学技术发展规律及客观经济发展规律，稳步做好过渡。

我们一致认为，上述方案是比较实事求是的，也是有把握实现的。二汽表示，除自己集中抓紧老厂改造，上好8吨柴油载重车等原报20万辆能力外，对三省（市）提出的发展30万辆轻型车和底盘、改装车方案，可以在规划设计方面，在高难度总成方面在技术及管理方面做出贡献。在当前国家经济体制改革创造的良好条件下，我们能够共同建设一个坚实的、区域性的、轻型汽车工业基础，为90年代大发展打好基础。

此报告如无不妥，经国家原则批准后，我们即开展前后期各项具体工作。

当否，请批示。

湖北省人民政府
四川省人民政府
福建省人民政府
武汉市人民政府
第二汽车制造厂
1984年10月4日

文件报上去了，黄正夏简直是"望穿秋水"，天天翘着脖子等消息。四川省委书记杨汝岱是中央政治局委员，他那里消息灵通。几天后，四川省机械厅通报消息，10月中旬，中央政治局要开会。黄正夏叮嘱他们，立即将这个项目向杨汝岱做详细汇报，并请杨汝岱将"三省五方"的报告直接面呈国务院主要负责同志。10月14日，黄正夏赶到北京；10月16日，杨汝岱接见了黄正夏一行，他称赞二汽的安排对中国的汽车工业和三省的经济是一个有力的促进，他坚决支持。他说他已向国务院主要领导做了汇报，国务院主要领导对此也很支持，不日即可批示。10月18日，国务院主要领导做出批示：

"请吕东同志主持召集有关方面（包括计委）议一下，我看方向是对头的，数量及其他具体措施如有何问题，可向他们指出。总的看，似应予以支持。"

国家经委主任吕东批示：

即复印分发给赵东宛同志、安志文同志、周建南同志、饶斌同志研究，一商。10月19日。

批复件很快到了各个部门，二汽也得到了批复件。从10月4日报告送出到国务院主要领导批复回来，总共只有两个星期，这是二汽上报文件批复得最快的一次。国家经委主任吕东见到文件后，立即通知黄正夏前来汇报。黄正夏回忆：

吕东同志工作有个特点，什么时候找他他都接见。北京的部委机关办公时间被戏称为"九三学社"，即上午9点到办公室上班，下午3点离开办公室下班，可他不是这样。国家经委主管全国的经济工作，头绪多，工作忙，有时白天忙不过来，晚上还要加班。他经常安排我早上7点钟或是晚上10点钟找他，而且很认真地听取汇报。这次国务院领导的批示到了他那里后，他立刻找我，问我关于轻型车项目实施的具体办法。我从国内市场的分析、二汽自身的能力、资金的准备和调度、襄樊基地的建设、福特对合资的态度、项目建设的大概时间等方面详细地向他做了汇报：

工厂建设。因为生产批量巨大，拟采取二汽建设初期饶斌提出的老办法，由二汽各个专业厂负责包建聚宝。由于有跨国公司加入，所以这次聚宝不光要聚二汽之宝、中国之宝，还要聚国际之宝，将世界上最先进的技术设备都用到轻型车项目上来，一定要保证高起点、大批量、产品在国际上具有竞争性。整个项目争取在 90 年代初期完成。

班子配备。轻型车所属各个专业厂的领导班子都是调集二汽的精兵强将，已经配备得差不多了。轻型车最大最重要的总成是车身和冲压厂，我将毕业于吉林工大的二汽冲压厂的厂长王文德调来；二汽车架厂厂长张笃庆调来担任轻型车总装厂厂长；二汽发动机厂的厂长徐永吉调来担任轻型车发动机厂厂长。其他如水厂、煤气厂、试车场等都已配备好了得利人选。这些人都是二汽的台柱，将他们调来，就是要从生产组织上确保轻型车项目万无一失。

资金问题。发展 30 万辆轻型车所需资金还是打算靠自筹来解决。建设这么大的项目，有没有钱？没有钱，再好的计划最终也是镜花水月。二汽自筹资金发展到现在，由于生产形势越来越好，资金充裕，国家又给我们了利润递增包干政策，所以二汽每年的留成资金都在增加，预计 1985 年的利润可达 6 个多亿，二汽自己可以留 3 个多亿。每年按照 10%~20% 的增长速度，3~5 年后，二汽每年留成的资金可高达 5~6 个亿。按照和福特达成的协议，建设 30 万辆轻型车，二汽为主承担 30 亿。按规划 5 年建成，平均每年投入 6 亿，滚动向前发展，一两年以后就可以有收入。按第一年装配 5 万辆计算就有近亿元的收入，第二年就更多，相当于是自己赚钱自己建设，水涨船高，良性循环，建设所需资金完全不成问题。为了确保资金来源可靠、应用及时，我专门找到中国信托投资公司董事长荣毅仁，请他也支持我们这个大项目。荣毅仁非常开明，他说："我早就听说你黄正夏老兄了，我不光给你贷款，我还准备向二汽投资。你要多少我给你多少。资金你不用考虑，我信托公司发展正需要你们二汽这样的台柱。你们的效益这么好，发展这么快，我们谈起来就钦佩。"他是个很细心的人，和我谈完话还不算，马上将总经理王军叫来，当面给王军交代，王军又专门请我吃饭，说根据董事长的安排，有什么事情你直接找我。关于外汇额度问题我也找到中国银行交涉好了，可以说资金有十足的把握。

听我汇报完这些，吕东同志开心地笑了："听你这么一谈，我信心十足。你们这个项目是中国最大的项目，这个项目的建成，对中国汽车工业来说是个转折性的大发展。"

吕东决定，11 月开会，部署落实国务院领导的批示。

（黄正夏口述，欧阳敏著，《艰难历程》，新华出版社，2007 年）

11 月 25 日，北京秋高气爽，香山红叶似火，正是一年中最美的时节。国家经委召集的"建设轻型汽车专业工作会议"在香山召开。国家计委赵东宛、国家体改委安志文、机械部周建南、中汽公司饶斌以及湖北、四川、福建、武汉、厦门三省两市负责人与会，吕东主持会议。湖北、四川、福建、武汉机械厅局负责人和二汽共同向会议汇报。

由于前期工作到位，中央领导又有批示，国务院领导又有关于汽车工业要大发展的意见，因此在会议上，大家都认为，30 万辆轻型车是新中国成立以来最大的汽车发展项目，对改变我国公路运输"缺重少轻"，对中国的汽车制造业上质量上水平，都将是一个新的转折点。会议拟定，国家计委将 30 万辆的项目列为"七五"期间国家重点预备项目。各有关部委也要抓紧开展各项准备工作。会议还强调，二汽原定的 20 万辆中重型车的生产建设不要受影响，要继续抓紧实施。会议结束后，由吕东、赵东宛（代表计委）、周建南（代表机械部）、饶斌（代表中汽公司)等人会签了《关于鄂、川、闽三省建议二汽牵头联合发展轻型汽车问题处理意见的请示》并正式上报国务院。几天后，国务院主要领导圈阅同意。

请示文件全文如下：

关于鄂川闽三省建议二汽牵头，联合发展轻型汽车问题处理意见的请示

签发人：吕东（赵东宛、周建南、饶斌已阅）

紫阳同志：

根据你的批示，湖北、四川、福建三省、武汉市共同建议由二汽牵头，联合发展30万辆轻型车问题，二汽最近邀请各有关省（市）领导同志做了进一步研究，提出了一个《初步的可行性研究报告》，并分别向国家计委、经委、体改委、机械部、中汽公司的领导同志做了汇报。11月下旬，我分别同赵东宛、安志文、周建南、饶斌同志交换了意见，并于11月25日共同听取了二汽和三省一市负责同志的汇报。大家认为，从全国看，把许多工厂组织起来，经过通盘规划，一次建设30万辆轻型汽车，是新中国成立以来最大的一个汽车建设项目。这项建设如果成功，对于改变我国公路运输事业"缺重少轻"的结构，对于汽车生产真正上批量、上水平，对于我国汽车工业的发展历史，都将是一个新的转折点。该项目由二汽这样的大型骨干企业牵头，以各省的中心城市为依托，打破部门、地区的界限，在改建、扩建和少量新建的基础上，自筹资金，组织专业化、大生产、大联合，引进国际上20世纪80年代新技术，并争取与国外厂商合资经营，可真正做到起点高、步子大，是快速发展我国汽车工业的重要途径，方向确实是对头的，应当给予支持。但鉴于这个项目很大，需要较长的时间进行细致的准备工作，为此提出如下建议：

1.原则上同意这个项目作为"七五"期间国家前期工作重点预备项目，有步骤地进行各项准备工作。

2.二汽可以开始与国外谈判联系，做经济技术分析，对产品选项、建设方针与步骤、专业化分工方案、地方企业改造方案、配套工程、相应水平的附配件、资金筹措、人才培养等，提出可行性论证，经组织专家论证后上报审批。

3.项目由二汽总负责，对于这个大项目，有关省市、有关部门均要给予大力支持，搞好规划及各项准备工作。当前，二汽及有关省市要特别注意组织强有力的、年轻的领导班子，开展工作，并抓紧培训专业技术骨干。

4.在筹建上述轻型车项目时，对国家已安排二汽在"七五"期间形成25万辆中重型车生产能力（包括东风联营公司），在1990年生产汽车17万辆以上，必须首先确保。

上述建议如可行，二汽即可开始各项前期准备工作。

1984年11月28日

（黄正夏口述，欧阳敏著，《艰难历程》，新华出版社，2007年）

11月28日下午，黄正夏和孟少农一起到中南海，向国务委员张劲夫汇报了"三省五方"联合发展轻型车的情况。张劲夫原来是科学院的党组书记、副院长，现在又是国务委员，和黄正夏很熟悉。认真地听完了事情的全部经过后，张劲夫高兴地说："二汽被各省推出来牵头再搞大型的轻型汽车厂，国务院领导同志原则赞成，好嘛。现在你们提出'三省五方'联合发展轻型汽车，这是个大项目、大决心，你们就是要发挥大企业的自主性，放手发展，这符合中央的改革精神。"

从中南海出来，黄正夏的心情格外轻松，30万辆轻型车项目终于得到了国家承认和批准，

二汽从此再也不用在"向上"的阴影里躲躲藏藏。

黄正夏回到十堰后，二汽立刻开始了紧锣密鼓的准备工作。12月19日，黄正夏、孟少龙、李惠民分别到四川成都、福建福州、厦门、武汉和066厂等地调查了解各地汽车工业基础状况，和各地的领导商讨了轻型车生产的分工部署设想。几个地方跑下来，已经是1985年了。

福特公司对中国的30万辆项目也很重视，派出主管经营的副总裁豪斯泰德来到中国了解项目的详细情况。对豪斯泰德的到来，国家很重视，首先是国家经委主任吕东接待。黄正夏回忆：

1985年7月24日下午，我和二汽副总工程师许政润、二汽驻美国代表朱柏山到国家经委吕东同志办公室向他汇报了接待豪斯泰德的准备意见。吕东表示，我和周建南、安志文、饶斌同志一起与他见面。朱柏山汇报说："福特这次派出高级负责人，一是表明诚意，二是来了解虚实。为签订合资合同作准备。同时为了减少外汇，还准备了一个先上10万辆能力的第二方案。

这里面有一个问题，就是在几个月以前，二汽和福特公司的代表谈判时，我发现二汽一位领导同志老是说20万辆，我以为翻译说错了，于是就纠正说是30万辆。福特的代表说，你们提出了两个数字，一个20万辆，一个30万辆。今天我才听到你们二汽的董事长要上30万辆。我听到20万辆的提法感到很迷惑，问这位领导是怎么回事？他说20万辆的规模也够了。对此事我很有意见，30万辆不是哪一个人定的，是党委会和总厂领导经过反复研究，参照国际通常标准定的，上报了国家，是总理都知道的，怎么能由个人随便改成20万辆呢？1985年5月我和李惠民一起到英国福特轻型车公司去考察，我让二汽驻美国代表朱柏山也和我们一起去。他在电话里问我："厂领导说是20万辆，你说是30万辆，到底是多少万辆？"

我非常肯定地告诉他，党委会决定是30万辆，上报国家计划也是30万辆。我才知道，30万辆被改成了20万辆。到了英国福特后，他们也是说，一直以为中国二汽只上20万辆轻型车，今天才第一次听到董事长先生说要上30万辆。我这才知道，自从我1984年7月从厂长的岗位上退下来后，30万辆就不知什么时候被改成了20万辆。我们三省五方给国家领导人的报告明明白白地写着30万辆，现在在没有经过任何会议、决议的情况下，一下子减少了三分之一。这么大的变动，作为董事长我却茫然不知，此事真是难以想象。

听到朱伯山的话，吕东同志也发现了问题，他马上追问："我原来听你们的汇报方案是30万辆，现在变成20万辆，合理不合理？"

显然，对这个变化，连这个项目的国家主管领导也是不知道的。

许政润回答："20万辆所需的资金，如果技术的先进性不做大的下降，大约相当于30万辆的八成左右，实际上省不了多少钱，但能力及效益均减少一半。"

许政润是副总工程师，他的回答显然是合理的。投资和效益有一个最佳的比例，低于最佳的比例数，基本的生产设备少不了，但是自动化程度及能力和效益就要大打折扣了，将来再提升能力，还要花不少投资。

吕东同志明确表示："我看要上，规模还是大一些的好。"

他接着问："我想弄明白一个问题，外国搞汽车，短短几年就上去了。日本从1964年到1968年，汽车产量从40万辆提高到400万辆，为什么我国的就老是上不去？"

许政润解释说："上汽车工业需要大量投资，新中国成立以来国家集中投资不多，但各部门、各地方的投入计算起来并不少。"

吕东明显不同意这种观点："外国的投资也大多数是依靠贷款，但他们采取很多保护政策，例如折旧一般六七年，上十年就完；科研费、新产品试制费摊入成本，还有出口保护等，完全靠企业自己干，这是一种良性循环，而我们国家的企业要进入良性循环太难了。"

很明显，我们谈话逐步进入了一个敏感的话题，而这个问题不是我们几句话能汇报清楚的，它涉及国家对企业管理的体制和企业运行的机制问题。我将话头接过去说："我国汽车工业需要上起点高、批量大的项目才能发展快，才能具有竞争力。二汽只有上轻型汽车项目，才能够堵住大量的进口，才能多创外汇，才能抑制国内'小而全'的盲目发展，才能采用国际先进的技术成果来改造我们的传统产业，才能对现有技术人员进行知识更新，并培养出一批新兴人才。这样，在缩短同世界先进水平的差距上，可以缩短20年的差距，而这是什么投资也换不来的。"

吕东同志说："我更倾向于30万辆方案，到2000年时，总要搞上百万辆能力吧，汽车工业老是原地踏步不行。"

（黄正夏口述，欧阳敏著，《艰难历程》，新华出版社，2007年）

1985年8月5日下午，黄正夏、陈清泰和中汽公司负责人陈祖涛、张兴业、李荫寰陪同福特公司副总裁豪斯泰德率领的高级代表团来到北戴河中直俱乐部。国务院副总理万里在接见豪斯泰德之前，先听取了二汽厂长陈清泰及中汽公司总经理陈祖涛的汇报。万里副总理说："国内市场对汽车的需求量很大，现在什么都是日本货，我国水运、公路运输大发展的方针是定了的，但我们自己搞不出来。如果中外合作，产品又出不去。我想了解的是，借外资的钱怎么还？至于汽车搞多大规模我都赞成，30万辆还少了，一汽、二汽搞80万辆我都赞成。汽车工业要大踏步前进，国民经济发展没有汽车不行。国内有些人，一边要外国的汽车、电视机、电冰箱，坐外国车、吸外国烟，一边还在骂崇洋媚外。但像上海桑塔纳那样，全靠给人家装配怎么行？要引进外资合作生产，又打不进国际市场，返回给外资的美元从哪里来？"

陈清泰汇报了二汽自己开始出口汽车、赚取外汇了。万里说："好啊，中国也能出口汽车了。我最早坐的是福特的汽车，后来坐的是日本车，现在坐的是西德的奔驰，所有这些车里，奔驰车最好。"

陈清泰谈到福特公司担心中国能否让他们把赚到的外汇寄回国。万里表示："这也是我担心的事情。搞合资不让人家拿走外汇怎么行？我同意让他们拿走外汇。"

陈祖涛、陈清泰等人汇报完了后，万里副总理接见了豪斯泰德一行。在谈到合资产品竞争力问题的时候，豪斯泰德表示："我向您保证，福特非常有诚意协助中国发展汽车工业，我们将把最新的技术拿到中国来。福特的技术在欧洲很受欢迎，但我们这次来谈的是一种更新的产品，目前市场上还没有，要到1986年才生产。如果二汽和福特双方真诚地合作，相信是能够与其他国家竞争的。"

万里副总理说："对福特同二汽的合作，我很高兴。在我国，二汽的技术能力是比较强的。厂址选在襄樊我很赞成，这里位于中国的中心，交通方便，靠近武钢，取材方便。关于你们担心的投资利润返还问题，我们将按照中国的合资法的规定办。我们是守信用的，对到中国的投资者的利益无论如何是会保证的。现在你们看到，我们北京街上跑的车，大多数是日本的，美国的汽车最少，我们对福特这样有最新技术，又有管理经验的老公司抱有希望，希望我们能真诚合作。我们两家谈成后，协作的竞争能力在国际上会怎样？首先是能不能竞争得过我们的那位邻居——日本？"

豪斯泰德回答："我们有充分的信心，在技术、产品、设计上必定胜过他们，只要成本低就能够竞争过他们。当然，还需要有良好的管理才能在世界上竞争，汽车的每个单项产品也要有竞争能力。发展汽车工业，不光是汽车厂，连带的协作厂也很重要，只有一起发展才行。日本的汽车生产很厉害就在于有一个很强的供应系统。在世界上，一家汽车厂有许多零部件，是由很多供应商提供的，所以，良好的供应也是非常重要的。"

会见结束后，万里在和陈祖涛、黄正夏、陈清泰等人交谈时再次强调："二汽上轻型车这事要抓紧。我看二汽20万辆在襄樊干，方案有了，'七五'计划也有了，只要求政策不变。"

从北戴河回来后，黄正夏心中很是不安，30万辆变成20万辆，这么大的数字变化，怎么没有经过集体研究？他直接问接替自己的新厂长陈清泰，但谈话没有结果。几天后，时任国家计委主任的宋平来到二汽视察，黄正夏向宋平详细汇报了30万辆轻型车的谈判进展和对中国汽车工业发展的重要性，以及为落实30万辆建设所做的准备工作。宋平听完了汇报后强调："你们的这个轻型车项目是国家的重中之重，国家计委对全国的项目是有保有压，但无论国家怎么压缩基建项目，30万辆轻型车的项目我们都要确保。"

1986年，黄正夏已年满65周岁，从二汽领导岗位上退了下来；同年5月17日，在湖北省第六届人民代表大会上，黄正夏当选为常委会副主任。自此，他结束了在二汽13年的工作经历，来到了湖北省人大工作。

经过长达2年的谈判，30万辆轻型车项目各方面情况的谈判已经基本达成意向，准备签约。在实施步骤上，双方拟定从5万辆起步，通过滚动发展，逐年增加产量，5年内建成30万辆生产能力的具体方案。福特谈判代表团已来北京，住在友谊宾馆，和二汽的代表进入细节推敲，就要准备签约了。就在这个关键时候，整个谈判突然发生了戏剧性的转变。

1986年7月11日，二汽总厂决定，30万辆轻型车项目下马。7月12日，二汽两位负责人赶到北京友谊宾馆，通知正在与二汽谈判的福特谈判代表团：二汽决定终止30万辆轻型车项目。这个消息对于福特来说，无异于晴天霹雳，事前没有任何征兆。两年来，福特一直全力投入，真心希望与中国合作，以求在中国这个世界上最有希望的新兴市场中取得一块阵地，并为此做了大量的准备工作。现在没有任何理由突然终止，实在令人难以接受。福特的谈判代表阿尔卡当场就流泪了，情绪激动地说："真想不到，你们中国这么大的企业，说话不算数，没有商业信誉。"

黄正夏虽然已经离开二汽，但对二汽30万辆轻型车项目仍然牵挂在心，听说30万辆轿车下马，他感到极为震惊：

二汽的其他同志告诉我，二汽领导考虑要上轿车，决定终止30万辆轻型车项目。很多同志对此表示不理解，有的厂领导提出：是否不要一下子切断和福特的关系，在30万辆项目中，保留5万辆，甚至1万辆好不好？但这个意见也未被采纳。有关同志告诉我，终止30万辆轻型车项目是要上轿车，但当时连合作对象的影子也没有，想结婚，丈母娘还不知在哪里。

我正式离开二汽领导岗位还不满两个月，30万辆项目就下马了，难受啊！我强忍着二话没说，下决心要将实情搞清楚。我向中国汽车工业协会的胡信民同志了解过30万辆下马的原因，他说："不知道。我只知道，二汽30万辆轻型车下马，全国一下子上了77家轻型车厂，都是小敲小打，哪一个也没有真正上去。"

我向饶斌之子饶达了解情况，饶达说："我父亲对二汽与福特合资发展轻型车一直是很关心支持的。"饶斌当时的秘书顾尧天告诉我："你们二汽自己拱手把轻型车阵地让出去了，真可惜。"我问过国家计委的老主任袁宝华，袁宝华说，二汽领导找过他，但并没有实质性内容，也没有任何涉及轻型车下马的问题。我专门找到国家计委副主任甘子玉同志，他也帮我查问过计委的几位局长，都说是二汽自己提出下马的。甘子玉说，计委是坚决支持二汽上轻型车项目的。一直到 20 世纪 90 年代末。我偶遇原二汽工厂设计处处长钱芸州，他愤愤地谈了在北京友谊宾馆和福特谈判时，二汽通知下马的细节，并翻出 1986 年 7 月 12 日当天的的笔记，还和同时参加谈判的副总工程师许润政对照了笔记和日记，事实这才水落石出。

湖北省省委领导对 30 万辆轻型车擅自决定下马也非常不满，省委原书记关广富几次遇到我，谈到 30 万辆轻型车下马时非常生气。

1996 年 4 月 25 日，湖北省委书记贾志杰在建设百万辆级汽车工程第二次工作会议上的讲话中谈到当年 30 万辆轻型车时说："遗憾的是，这项机遇我们没有及时抓住，丢掉了与福特合作发展轻型车的良机，与法国雪铁龙公司合作生产轿车工作也由于种种原因推迟了工期，错过了一次占领国内市场的良机，而且至今还未投入批量生产，致使我省轻型车、轿车生产比其他省市落后 5 年以上。"

一个省委书记，在全省的大会上，公开批评二汽的工作，在二汽建厂几十年来，这还是第一次。此时，吕东的话不时在我耳边响起："我想弄明白一个问题，外国搞汽车，短短几年就上去了。日本从 1964 年到 1968 年，汽车产量从 40 万辆提高到 400 万辆，为什么我国就老是上不去？"为什么上不去？为什么上不去？我在以后的岁月里也常常自己问自己，其实答案已有了，为什么上不去，二汽的 30 万辆项目从孕育到胎死腹中就是答案。

（黄正夏口述，欧阳敏著，《艰难历程》，新华出版社，2007 年）

就在二汽自动放弃 30 万辆项目时，一汽等企业已经开始大踏步地行动了。1984 年 6 月 25 日，为了集中力量抓轻型车、轿车生产，一汽专门成立了"轿车轻型车指挥部"负责全厂的行动协调。10 月 22 日，一汽与美国克莱斯勒公司达成引进轻型车发动机的协议。1985 年 1 月 26 日，一汽整合了全东北的汽车生产企业，共同达成"东北地区联合生产轻型车规划方案"。1985 年 7 月 6 日，一汽安排在"七五"期间通过技术改造形成 20 万辆生产能力，并开始了初步设计。除了一汽之外，还有相当一批企业在"七五"计划中技改立项，大规模发展轻型汽车。但无论是哪里，都没有二汽 30 万辆的规模。

接替黄正夏担任二汽厂长的是陈清泰，那陈清泰为什么要终止 30 万辆轻型车的进程呢？难道他不愿意二汽发展吗？这肯定是不可能的。答案只能有一个：上轿车。从 1984 年中国国内汽车发展看，轿车已经"起势"，颇有后来居上之势，国内关于发展轿车的呼声也逐渐上涨。从发展前景看，轿车无疑是中国汽车工业最重要的发展方向；从经济价值看，轿车的利润要大大高于轻型卡车。眼看一汽、上汽都已经开始和外资合作发展轿车，二汽却因为 30 万辆轻型车项目而无法分身。如果继续 30 万辆轻型车项目，就意味着二汽起码在 5~8 年内不可能有资金和精力来发展轿车。这也意味着，在中国几大汽车厂商里，二汽有可能会错过发展轿车的最佳机遇，起码是会迟于一汽和上汽。如果乘此时尚未"签字画押"，断然终止 30 万辆轻型车，用发展轻型车所积蓄的力量就能抢占轿车高地。毕竟，此时一汽的"奥迪"和上汽的"桑塔纳"规模都只有几万辆，二汽不上则已，要上就是大手笔。事实也是这样，在决定放弃 30 万辆轿车前，二汽的谈判代表已经与福特谈判代表协商，是否可以从轻型车转而在轿车上合作，但遭到了福特代表的拒绝，二汽不得已才出此险棋。

事情已经过去几十年了，今日回头评论此事，黄正夏与陈清泰两人在长远发展方向上见仁见智。黄正夏并非不愿意发展轿车，上轻型车实在是因为中汽公司"一汽向下、二汽向上"政策所困扰而不得已，他在发展轻型车时就已经埋下了发展轿车的伏笔。而到了陈清泰时代，由于国家改革开放政策，中汽公司已经改弦更张，不再干预一汽、二汽的发展，陈清泰的决策也就有了更大的自由度。据此分析，影响黄正夏和陈清泰决策的均是当时的汽车管理政策变更所致。不到两年的时间，1986年，二汽就在北戴河争取到了发展轿车的机遇，遗憾的是，二汽在轿车合作对象的选择上"遇人不淑"，再加上国际国内政治局势的波诡云谲，导致和法国合作的轿车项目一拖再拖，结果在发展轿车上，二汽起了个大早，赶了个晚集，30万辆轿车项目历经周折，迟至1990年11月才与法国雪铁龙公司签订合资合同，还丢掉了本已谈成的30万辆轻型车项目，甚为可惜。关于这一点，将在本书的轿车介绍部分详细讲述。

1992年7月，陈清泰上调国家部委任职。同年9月3日，第二汽车制造厂更名为"东风汽车公司"。11月21日，马跃执掌东风汽车公司帅印。上任一个多月后，1993年1月4日，马跃在公司党委扩大会上做出一项重要决策："用两年时间建成3万辆3吨轻型车生产阵地"，并具体筹划了能力资源的配置、生产路线的安排、品种的细分和批量试制的时间节点，成立了"3吨轻型车能力指挥部"。3月5日，东风公司总经理办公会议确定：轻型车生产阵地选址在东风襄樊基地。轻型车总装厂、轻型客车厂、轻型车发动机厂通盘考虑。从3万辆起步，按10万辆规模筹划，另将7万辆1.5吨、2吨车型列为二期工程，东风公司副总经理顾林生担任轻型车事业领导小组组长。

1993年5月4日、5日连续两天，马跃主持召开"公司长远发展规划决策问题研讨会"。在会上，东风公司最高领导层达成共识："用15年左右的时间，把东风汽车公司建成年产100万辆的汽车集团"。其中，襄樊基地轻型车一期投资9亿元成为最大亮点。10月4日，东风汽车公司轻型车厂在襄樊基地隆重奠基，二汽内部称之为：这是东风人迈向100万辆级企业集团打响的第一炮。

1999年7月，历尽艰辛，东风公司轻型车事业板块——东风汽车股份有限公司成功上市。到2007年，东风轻型商用车产销已超过15万辆。轻型车制造基地由襄樊基地扩展到常州、郑州和海外。遗憾的是，全国所有汽车企业包括二汽，没有一家轻型车的产量超过当初定下的30万辆，中国汽车工业发展之路起起伏伏坎坎坷坷，有太多不尽人意的故事。

第五章　汽车力士——重型车

"黄河"奔流

中国重型汽车发展的历程表明，从诞生那天起，民用和军用便密不可分，而且军用的需求超过民用。从发展历史看，是军用重型汽车的需求推动了中国重型汽车全面发展。重型汽车在发展过程中，满足了国防和经济建设的需要，自身也得以发展壮大。故本书将重型车与军车列为一章。

重型车马力大、装得多、跑得快，一辆重型车的装载量相当于一辆半至两辆，甚至几辆解放牌卡车的载重量，而所占用道路面积几乎与之相同，消耗燃料只略多于中型载货车。从效费比看，重型车无疑更为经济划算，中国的军事、建筑、水利、运输部门都希望能有更多的重型汽车。但是重型汽车的所需的材料、制造工艺、制造设备都要高于中型汽车，以中国当时的国力和工业基础，造中型汽车就已经很费劲了，更遑论重型汽车。20世纪60年代以前，国内所需的重型载货汽车全部依靠进口。

20世纪60年代前后，中国进口重型车的主力是捷克斯洛伐克共和国生产的太脱拉。捷克斯洛伐克位于东欧西部，和德国接壤，国家虽然不大，但是工业发达，在其汽车行业，太脱拉、斯柯达两大品牌闻名天下。

TATRA（太脱拉）公司是世界著名的重型载货车生产企业，有着悠久的汽车生产历史。TATRA公司成立于1850年，在其长达150年的历史中，它在许多领域取得了举世瞩目的成就。

太脱拉汽车使用功率强劲的柴油发动机，最大的特点是采用风冷系统，由于不需要采用液体循环冷却，所以太脱拉重型汽车非常适用于极低温的环境和水源稀少的荒野甚至沙漠地带；太脱拉另一大特点是独立悬架和多轴驱动技术，这使得它具有极强的越野能力和牵引能力；太脱拉采用了中央脊梁式车架结构，传动轴和差速机构都封闭在中央脊柱的套管之内，不仅保证了传动轴的安全性，还大大提高了车辆的通过能力、增强了整车的抗扭转能力。正是因为这些特点，太脱拉多被于军用和野外工作的地质、石油、矿山以及大型建筑工地。除了太脱拉，与之齐名的还有斯柯达重型汽车。

新中国成立后，立刻面临着以美国为首的西方资本主义国家的全面经济封锁。当时，别说汽车了，时任美国国务卿杜勒斯曾咬牙切齿地说"连一个螺丝也不给他们"。困难时刻，中国的机械产品进口全靠以苏联为首的社会主义阵营国家。捷克斯洛伐克共和国是苏联阵营中机械工业较为发达的国家，它的机床工业和汽车制造工业在世界上有较高的声誉，生产齿轮制造机床的原北京中捷友谊厂就是捷克斯洛伐克援助中国建设的。在中国国民经济和国防建设极度需要重型汽车时，捷克斯洛伐克成为主要供应国。太脱拉和斯柯达成为中国运输市场以及军方进口的主要车辆。

进口汽车耗费宝贵的外汇。20世纪五六十年代，国家的每一个美元都是用千百头猪、羊、亿万斤水果，以及木材、矿石等资源换来的，由于没有外汇，有时候只能和人家以货换货。但这种局面并没维持多久，进入 20 世纪 60 年代，由于不能忍受苏联对中国的指手画脚、以大欺小和意识形态领域内的争执，中苏同志加兄弟的关系迅速冷却，经过几年的论战，冷却的关系进一步恶化。由于中苏关系的恶化，捷克斯洛伐克等国家也与中国越走越远，原来从这些国家进口的很多产品没有了。虽然捷克斯洛伐克并未终止向中国出口太脱拉重型汽车，但中国困难的国民经济也难以支付昂贵的费用。在国际关系的寒冬里，中国面临最困难、最严峻的时期，中国重型汽车的研制就始于这一困难时期。

20 世纪 60 年代初期，中国载重 8 吨的重型卡车"黄河 150"刚刚在济南诞生，年生产量尚不过百辆。当时国际形势险恶、强敌环伺，中国的国防急需要重型越野汽车，在国民经济极端困难的情况下，以济南汽车厂、洛阳拖拉机厂、四川汽车厂、陕西汽车厂等为代表的中国汽车人，克服一切困难，自力更生，奋发图强，开始了中国军用重型越野车的研制。短时期内，成功地为我军提供了第一代重型越野汽车。

20 世纪 80 年代中期，重汽公司引进斯太尔技术，重汽公司、川汽、陕汽三大中心汽车企业引用斯太尔重型车技术，相继开始第二代重型越野汽车的研制。20 世纪 90 年代，战争阴云已经远去，重型汽车成为国民经济建设的主力军。

2000 年以后，中国汽车产业快速发展，重型汽车无论是品牌还是产品结构均日益丰富，除了少数特种车辆外，国民经济建设和国防现代化需要的各类重型汽车和改装车都实现了中国制造。进入 21 世纪以后，国民经济飞速发展，国家先后开始建设"五纵七横"国道主干线和完善的公路网络，以及西气东输、西电东送、南水北调、2008 年北京奥运会、青藏铁路等六大工程，还有高速公路和高速铁路建设，这些重大的国民经济建设项目为重型卡车的发展提供了重大商机与市场需求。到 2010 年，中国重型汽车年产量突破 100 万辆，达到 106 万辆，稳坐世界第一的交椅。

济南，山东省省会，历史上著名的齐鲁之地，孔孟的故乡。其实，济南不光有着悠久的历史和古老的文明，自从进入 20 世纪，现代工业文明就开始浸润这片古老的土地。早在 20 世纪二三十年代，济南市内达官贵人就开始享用轿车。济南地处津浦路中段，汽车客货运也悄然出现。20 世纪 30 年代的济南，各国各型汽车多达数百辆。有了车，就有相应的维修保养。除了星星点点的私人修理作坊外，1935 年，国民政府山东省汽车管理局在济南成立了山东省第一座官办汽车修理厂，名为车机厂。抗战爆发，日寇侵占了山东，这座汽车修理厂落入日寇之手，成为日寇的战地汽车修理厂。日寇投降后，这座汽车修理厂被国民政府接收，称其为国民政府总监部第十修理厂。后来，解放战争进入关键时期，国军大量残破车辆需要修理，这个修理厂被军方征用，又改名为联勤部第 405 修理厂。

1948 年 9 月，许世友指挥山东部队一举攻占济南，第 405 汽车修理厂成为战利品。我军本来没有汽车，但在战争中缴获了大量汽车，汽车多了也为修理发愁。1949 年，华东军区将胶东解放区的新河镇、博山县、潍县几个小汽车修理厂和淮海战役缴获的国军联勤部第 404 汽车修理厂一起迁往济南，和 405 修理厂合并，正式成立华东军区汽车制配厂。在山东省，这个厂的规模和实力堪称第一。

王子开，农民出身，因为在铁匠铺当过 3 年徒工，参军后被分配到解放军胶东军区后勤部胶东兵站汽车修理厂，在修理厂当了 5 年车工，后被任命为制造排副排长。1949 年，时年 23 岁的王子开受命到华东军区汽车制配厂担任厂长，从此开始了他传奇般的人生。

　　1949 年 2 月，部队将汽车制配厂移交给地方政府，更名为济南汽车修配厂。1954 年，山东省交通厅将其收为省管，汽车修配厂又更名为济南汽车制配厂。更名的原因很简单，从现在起，你不光要修汽车，还要生产部分汽车配件。20 世纪五六十年代，一机部汽车局对全国的汽车修配资源统一安排，围绕着一汽的解放和南京的跃进，安排有能力的汽车修理厂转产汽车零配件。在第二个五年计划中，济南汽车制配厂的任务是为南京跃进汽车生产零配件。没想到这个任务引起了济南汽车厂的反感。说起原因很好笑，南京汽车厂的前身是国民党军联勤总部 401 汽车修理厂，被缴获后改为华东军区炮兵修理总厂，以后改名为南京汽车制配厂，原联勤部 404 汽车修理厂的一部也迁往南京并入南京汽车制配厂。以前大哥二哥都一样，你是 401，我是 405，新中国成立后都叫汽车制配厂；现在倒好了，你来造汽车，要我来给你生产配件，不行！这口气咽不下。你能干，我也能干，不就是造汽车吗？谁怕谁呀！

　　"大跃进"的年代，人们都有用不完的热情，全国各地都在造汽车。济南汽车制配厂的工人们将一辆嘎斯 69 拆开，用 17 天时间仿造出 1 辆 JN220 轻型越野车。人们给这辆车披红挂彩，送到市政府报喜。1958 年 5 月 1 日，这辆汽车作为济南市大跃进的成果展出。以后济南汽车制配厂的工人们又一口气造出 22 辆 JN220。作为奖励，济南市政府将济南汽车制配厂更名为济南汽车制造厂。仿造了轻型车还不过瘾，济南汽车制造厂又把目光转向载重 2.5 吨的嘎斯 51，以后又转向匈牙利的却贝尔 D420。汽车生产是有其内在规律的，像这样东一榔头西一棒子，如同狗熊搬苞米，掰一个，扔一个，怎么可能造出合格的汽车来？"大跃进"过去了，国家冷静下来，济南汽车厂的人们也冷静下来。可不造汽车了，济南汽车制造厂几百名员工出路在哪里呢？济南市政府也传出风来，"不能造汽车了，就不要叫汽车制造厂了，还是叫制配厂生产汽车配件吧"。时任厂长刘德惠和副厂长王子开反复商量，决定到北京去，去找一机部汽车局要项目。这的确是个大胆的举动。在 1958 年全国第一次汽车大潮中，像济南汽车制配厂这样的工厂全国有几十家，最后保留下来的只剩下北汽、南汽、上汽。王子开这次去能有什么结果呢？

　　在汽车局，王子开得知，全国汽车工业发展规划会刚刚开完，所有任务都已经分配了下去。你们厂条件有限，没有纳入国家规划，还是生产配件吧。王子开打铁出身，性格执拗，他在汽车局规划处反复争取，与他交谈的那位干部失去了耐心，说："你要是真要造汽车，这里还剩一个 8 吨的项目没人要，你们能造重型车吗？"王子开当时就被噎得说不出话来，载重 8 吨的重型车，王子开都没见过，但在部队里，他见过美国道奇十轮大卡车，那种车他也组织大修过。王子开一急，说："8 吨就 8 吨，我们干。"

　　连他自己也没想到，就这一句憋出来的话，竟然给济南汽车厂找到了闯出了一条求生之道。王子开回忆，在到北京火车站的路上，他见到了进口的斯柯达 796RT8 吨重型汽车，他围着这台车转了几圈，把它的印象深深地刻进脑子里。回到济南，他和刘德惠一起来到山东省交通厅汇报，山东省交通厅很支持他们的想法。天下事无巧不成书，国家分配给山东一批进口的斯柯达重型车，山东省交通厅领导当即决定，"给汽车厂两台，让他们照着做"。

　　阿里巴巴一声"芝麻开门"打开了藏宝的山洞，王子开一句赌气的话"8 吨就 8 吨，我们干"，也为济南汽车制造厂打开了中国首家重卡制造厂的大门。

　　两台斯柯达 796RT8 吨重型汽车放在汽车厂宽大的车间里，全厂职工里三层外三层地围了个水泄不通。刘德惠、王子开在动员会上的话也很简单："我们这是在为自己找饭碗，大家只能干好，不能干砸了。"

仿造汽车是修理厂工人们的绝活，拆卸、测绘、仿制，四个月后，1960 年 4 月 15 日，第一辆 JN150 仿制成功被命名为"黄河"。车造出来了，质量如何？

恰逢山东省交通厅要在青岛开会，王子开决定自己开着这辆刚试制出来的车去，算是一次"路试"。结果让王子开很沮丧，刚刚跑了 50 千米，前轴和钢板弹簧就都断了，这属于严重事故。发现问题不可怕，关键是要明白问题在哪里、为什么会产生、怎样解决。济南汽车厂按照相关规定对第一批 30 辆车开展全面检测，经过 2500 千米道路测试，发现的问题几百条积累了几大本。这也难怪，测绘样车，技术上是求助于长春汽车研究所和山东工学院，零部件完全靠手工单间加工，发动机是船用发动机，没有大型冲压设备，驾驶室是用大锤在水泥地上一点一点敲出来的。零部件问题就更多了，既有零部件加工的质量问题，又有加工设备自身就不合格，还有加工部件的材质问题，工装设备严重不足。更重要的是，工人的质量意识、生产纪律、工艺程序淡薄，管理松弛，多种问题凑到一起，质量能好吗？

王子开的心情沉重，这样鼓捣出来的汽车，能批量生产吗？知耻而后勇。济南汽车厂拿出一年多的时间，对工装设备和零部件加工工艺下大力气进行改进。"黄河"诞生的时期正是中国国民经济因为"大跃进"而陷入低谷的困难时期，生产、生活物资奇缺，人人都在为填饱肚子而想办法，试制成功的黄河重型车各项试验虽然也在推进，但效率却大大降低。进过中央三年的"调整、巩固、充实、提高"，国民经济终于走出谷底。进入 1963 年，国民经济各项指标均出现增长，人民也结束了饿肚子的时期，JN150 的各项试验也明显加快。

1962 年下半年，经过新一轮技术改进和工艺优化的 JN150 下线了。经过 50 000 千米道路测试，一切顺利。1963 年 3 月，一机部汽车局副局长胡亮带领长春汽车研究所、一汽、南汽的技术专家组成的产品技术鉴定专家组来到济南。经过十几天的试验和评估，仍旧发现一些问题，最后结论是初步验收，实际上是给济南汽车厂一个进一步完善质量的时间。1963 年 10 月 17 日，经过对进一步完善的汽车进行检验评估，认为产品合格、可以投入批量生产。一机部汽车局发出产品鉴定意见：

批准 JN150 产品定型，同意投入批量生产。

从此，黄河汽车在中国声名鹊起。1964 年 5 月，该产品获国家计委、经委和科委"工业新产品一等奖"。1980 年，济南汽车制造厂又研制成功 JN162 型 10 吨级重型车，为中国重型车家族增添了新成员。从 1960 起直至 1990 年，30 年间，济南汽车厂共生产约 10 万辆 JN150，为国民经济建设做出了巨大贡献。

得知济南汽车厂仿制出载重 8 吨的重型汽车，朱德委员长非常高兴，亲手为这款车提名"黄河"，意谓这款重型汽车犹如黄河般威武有力。

1978 年，中国和罗马尼亚签署合作生产罗曼重型汽车的技术合作协议。协议规定，在中国建设一条年产 6000 辆 8 吨载重车的汽车装配线，以 SKD 方式生产罗曼重型汽车汽车。罗曼是罗马尼亚引进德国曼公司的产品，经一机部研究决定，这条生产线建在济南汽车厂，组装 10 吨、12 吨、19 吨三种车型，每天组装 6 辆。组装罗曼车，济南汽车厂吸收了驾驶室、动力、转向等方面的技术。

作为中国唯一一个重型卡车生产厂，经过几年的生产，JN150 重型卡车进入军方的视野。

中国的军用车辆

中国的国情决定，重型汽车与军车发展密不可分，从中国重型汽车发展的历程看，是军用重型汽车需求推动了中国重型汽车全面发展。要说中国重型汽车，就不能不说中国军用汽车。

我军的军车装备走的是一条有中国特色的道路。我军初创时，没有政权，没有后方生产基地，所有的装备只有从敌人手里夺过来，这就决定了包括汽车在内的我军装备具有杂、乱、少、旧的特点。以汽车为例，我军军车装备的历史起源于抗日战争时期的 1937 年年底，在国共合作的前提下，中央军委将国内外友人赠送和自购的十几辆汽车组建了我军第 1 支汽车运输队。1945 年抗日战争结束时，全军陆续缴获各型军车 400 余辆。解放战争时期，我军从国民党军队手中缴获了大量军车。缴获最多的一次是鲁南战役，华东野战军一举全歼国民党军队第 1 快速纵队，缴获汽车 470 辆，并以此为基础组成华东野战军特种兵纵队。解放战争 4 年中，我军共缴获国民党军队各种汽车 2.2 万辆。1950 年，全军拥有缴获的和东北军区购自苏联的汽车共 24 000 余辆。

新中国成立后，国防建设需要大量军车，但当时我国没有汽车制造能力，面对帝国主义的经济封锁和军事包围，我军的军车只有依靠从国外，主要是从苏联购买。自 1951 年起，国家每年进口 1 万多辆汽车。到 1957 年年底，全军的汽车装备总数已达 9.2 万余辆。其中苏式汽车 5.5 万余辆，占 70% 以上；西方各国汽车 2.2 万余辆，占近 25%；东欧各国家汽车近 3000 辆，占 3% 左右。

在中国能够自产汽车之前，军车的来源主要是购自苏联。1956 年 10 月，长春第一汽车制造厂投产，虽然设计年产汽车 3 万辆，但直到 1966 年才达到设计规模，特种军用车辆仍主要依靠从苏联进口。

作为军队的装备，无论是国家安全还是军队正规化建设，中国都不可能依靠从国外进口汽车来维持军队所需。1958 年 5 月 23 日，一汽第一辆仿制吉斯系列的越野车下线。第一辆军用越野车的制造成功给一机部汽车局带来了莫大惊喜，1958 年 7 月 7 日，一机部六局给一汽发来（58）"六技密字"第 495 号文件：

日前，我局对国防建设所急需的各种军用汽车无论在品种和生产数量上均已大大落后于实际需要。为了在第二个五年计划期间建立适合国情的军用汽车系列，迅速制造出各种国产性能优良的军用汽车以满足国防需要，决定在你厂建立军用汽车设计小组，开展该项工作：

一、军用车设计小组的任务：第一汽车制造产小组负责各型轮式军用车辆的设计，目前应从速设计的为水陆两用汽车，以便 1959 年投入试制。

二、军用汽车设计小组的人员：由于此项工作带保密性，且技术情报难获得，更需要摸索制造，故配备的人员要求政治上可靠，并有一定的技术水平和经验，能独立进行设计工作。

三、开展工作中，应注意保密，如必要时应设立军用汽车设计组工作用的专门房间，重要资料情报应按机密程度与一般资料分开管理。

四、望你厂于 8 月初将该项工作的情况与小组人员报局，具体任务另行布置。

（《第一汽车制造厂长厂志》，吉林科学技术出版社）

根据一机部汽车局的指示，一汽立即行动，一边开始试制水陆两栖汽车，一边组织军用越野车的生产。但一汽毕竟技术能力和装备、生产能力有限，水陆两栖汽车进展缓慢，2.5 吨级 CA30 越野汽车年产量不过百余辆，远远不能满足部队的需要。

为了解决国产军车系列化的问题，1961 年 6 月，中央军委科学技术委员会专门成立了"军用轮式车辆专业组"，经过一年多的调研，军用轮式车专业组拟定出《军用轮式车辆系列化方案》，方案确定研制生产 0.5 吨、1 吨、2.5 吨、3.5 吨、5 吨和 7 吨级的 6 种军用车辆基本车型。以这 6 种车型为基础，可发展 20 多种变型车，并改装成若干种专用车，基本达到了军用车辆装备系列化、通用化和标准化要求。经中央军委贺龙、聂荣臻、罗瑞卿等领导同志审批，该方案于 1963 年 5 月 1 日颁发实施。从 1963 年开始，一机部按照军用车辆系列化方案，分别在第一汽车制造厂和南京汽车制造厂组织 2.5 吨级、3.5 吨级和 1 吨级越野汽车的生产。

一汽以苏联吉尔 157 越野车为蓝本，仿制生产了专门用于拖拽火炮的 2.5 吨级、3.5 吨级解放 CA30 型军用越野卡车，以后又利用该车底盘改进生产出了用于导弹控制、工程维护、通讯指挥、野战修理等各种变形车。解放 CA30 型越野车是中国汽车工业批量生产的第一种越野车。但解放牌卡车仿制于苏联吉尔卡车，而吉尔又是苏联按照 30 年代自美国购进的技术生产的。几十年前技术生产的产品，使用中陆续暴露出一些重大缺陷和质量问题，如动力不足、油耗高、通过性差、发动机开锅、驾驶室闷热、转向沉重、车架纵梁易开裂等。虽然经过不断改进，但很多毛病是"胎里带"，直到退役时都没有得到彻底解决。按照一机部部署，自 1958 年开始，南京汽车制造厂先后仿制苏联"嘎斯 51""嘎斯 63"生产 NJ130 和 NJ230，用于拖拽高射炮等小吨位武器的轻型军用越野卡车。

在军用越野车辆中，重型车是后勤保障车的代表，随着军队现代化建设步伐加快，军队建设对重型军用越野车的需求日益增加。

军用载重越野车通常分 6×6 或 8×8 两种，越野行驶时载重量达 5 吨以上并可同时牵引 5 吨以上的挂车或装备。军用重型越野汽车虽然只是一种运载工具，但在各国武器装中占有极其重要的地位，发挥着十分重要的作用：它不光用于牵引重型火炮，而且还是导弹、雷达等武器和作战器材的主要运输工具。由于重型越野车具备良好的越野性能，为提高装备的通用性和保障性，各国都利用军用重型越野车的底盘开发了大量的轮式装甲车辆。军用重型越野车成为各国兵器家族中的重要成员。

由于中国汽车工业的现状，1964 年以前，我军没有自己生产的重型越野车。牵引重型装备都是进口外国重型车辆或使用履带车辆。国民经济形势稍有好转后，中央即刻确定了在三线新建以生产 2.5 吨越野车为主的第二汽车制造厂、以生产 5 吨越野车为主的四川（重庆红岩）大足汽车厂和以生产 7 吨级越野车为主的陕西汽车制造厂。20 世纪 60 年代后期，北汽制造的 BJ212 轻型越野车和南汽的 NJ230 先后投产，洛阳拖拉机厂研制的 5 吨级东方红 LT665 重型牵引车也开始装备部队。进入 70 年代，第二汽车制造厂建成 EQ240、EQ245 汽车生产线，开始批量生产 2.5 吨级和 3.5 吨军用越野车。2.5 吨、3.5 吨军用越野车通用性强，部队需要的批量大，二汽成为中国军用越野车的主力生产厂。

到 20 世纪 80 年代，我国已形成每年为军队提供万余辆汽车的生产能力。我国第一代军用轮式车辆的 6 种基本车型如下：

0.5 吨级 4×4 型 BJ212

1 吨级 4×4 型 NJ230

2.5 吨级 6×6 型 CA30、EQ240

3.5 吨级 6×6 型 EQ245

5 吨级 6×6 型 SX250

7 吨级 6×6 型 JN252 和 CQ261

上述所有车型全部实现了批量投产的预期目标，与 70 年代初期研制成功的延安 SX250、黄河 JN252、红岩 CQ261、东方红 LT665 等越野汽车一起构成了我国军用越野汽车的第一代装备，解决了部队的部分急需。我军的炮兵、工程、通信、防化兵部队基本实现了摩托化，淘汰了部分马车，陆续替换了苏式车辆和 20 世纪 60 年代初装备的旧式国产汽车。随着国防现代化建设，我军装备的各种口径的重炮越来越多，导弹等重型武器也开始装备部队。这些新型武器身大力沉，一台 122 加农炮自重 5 吨多，一台 152 榴弹炮自重 6 吨多，有了炮却没有车来牵引，部队的干部战士急，军委的领导更急。中国汽车工业落后，生产不出载重 5 吨以上的重型军用越野车，李先念慨叹："有炮无车也白搭"。万般无奈，只能向国外进口，据统计，20 世纪 50 年代，我国年均进口重型越野车 500 辆，60 年代年均进口 3000 辆，70 年代年均进口 7000 辆，每年进口的费用都需要美元支付。那时候，中国穷啊，只有勒紧裤腰带，从嘴里省出来。中国的汽车工业什么时候能自己生产出重型越野车以解燃眉之急呢？

"有炮无车也白搭"

1966 年以前，中国重型汽车生产厂只有济南汽车制造厂，但年产量不足千辆，军用重型越野车更是没有。1964 年，中国开始部署重型军用越野车的生产，从此开启了中国军用重型车的发展。回望中国重型汽车的发展历程，可以说，真正推动中国重型汽车发展的是国防需求。

1966 年，中国第一代军用重型越野车问世。40 年多年来，中国的军用重型越野车从无到有，从仿制、引进技术到自行研制，已发展了两代若干车型，为提高国防实力发挥了巨大的作用。

1966 年以前，在中国的汽车产品中，重型军用越野汽车还是空白。当时，解放军炮兵部队重型火炮的牵引车有两种：一种是 60 式履带牵引车；另一种是进口的轮式越野汽车，法国如贝利埃公司的 GBC（6×6）越野车。使用履带车牵引轮式炮既无法发挥履带式车辆的越野优势，在公路上行驶时速度又赶不上汽车，而且对路面的破坏也很严重；进口车辆价格昂贵，国内又缺乏零配件，不能适应战备的需要。要根本解决部队的建设需求，还得依靠自己。

时间进入 1964 年，中国国际形势日益恶化，毛主席判断，中国面临战争威胁。未雨绸缪，毛主席提出要建设"战略大后方"，全面影响中国社会和经济发展的"三线"拉开序幕。

汽车是重要的生产资料，也是重要的战略物资。在国防现代化建设中，汽车是必不可少的重要设备。根据国家安排，第二汽车制造厂重新上马。

随着军队建设现代化加速，军队装备的大炮越来越多，86 毫米加农炮、105 毫米榴弹炮、122 毫米榴弹炮、152 毫米加榴炮，还有多管火箭炮等，大炮口径越大，大炮自身越来越重，我军装备的大炮多数是靠汽车牵引，但自己不能生产重型越野车，有炮无车无法形成战斗力。从某种意义上说，发展重型越野车就是发展战斗力，为此，国家开始紧急部署重型军用越野车的生产厂点。

1964 年 10 月，按照国家三线建设委员会、国防科委、一机部汽车局中汽总公司的安排，拟定在西北地区和西南地区各建设一个重型军用越野汽车生产基地。在西南安排为：四川汽车制造厂、重庆发动机制造厂、綦江齿轮厂、重庆汽车配件厂、重庆汽车弹簧厂、重庆汽车油泵油嘴厂和重庆汽车研究所，简称为"六厂一所"；西北的安排为陕西汽车制造厂和陕西齿轮厂。安排建设新的重型汽车厂从投资到建厂，到设备订购，再到安转调试生产定型需要较长的时间，而战争什么时候打起来？毛主席说过一句著名的话："我不是帝国主义的参谋长，我不能给他发动战争制定时间表。"作为备战的一方，总是希望能有万全的准备。

1965年11月3日，国防科委"军用轮式车辆专业组"会同总后勤部、一机部在北京香山召开全国第二次"全国军用越野车发展协调会"，简称为"6511"会议。这次会议极为重要，在中国重型越野车发展史上具有划时代意义。会议对中国第一代重型军用越野车生产企业和产品做了部署，参加会议的包括全国各汽车厂和重型机械厂。会后，中国第一代5吨级重型越野车分别落在四川汽车制造厂、济南汽车制造厂、新都机械厂（后演变为陕西汽车制造厂和长征汽车制造厂）、洛阳拖拉机厂。几年以后，这四家企业分别研制成功CQ261、JN252、SX250、LT665四型军用重型越野车，由此形成我国第一代重型军用越野车"四大金刚"分庭抗礼的局面。

1965年12月，4个5吨级第一代军用重型越野车分别在济南汽车厂、新都暖气机械厂、重庆綦江齿轮厂和洛阳拖拉机厂开始研发。头几个月，研发进程都还顺利，半年后，各家企业分别都拿出了样车。但1966年5月起，"文革"爆发，一切都乱了。

研制相对顺利的是洛阳东方红拖拉机厂。1953年，苏联援建中国156个项目，洛阳拖拉机制造厂是其中之一。1955年10月1日建厂奠基，1959年11月1日建成投产。由苏联哈尔科夫拖拉机厂提供德特54型拖拉机图样。洛阳拖拉机厂于1959年批量生产，生产的拖拉机定名为东方红-54型拖拉机。洛阳拖拉机厂全称为中国第一拖拉机厂，因为产品为东方红拖拉机，所以又称为东方红拖拉机厂。洛拖的生产设备齐全，有较强的设备加工和零部件生产能力，经过多年的生产建设，洛拖建立了一支较强业务素质的技术人员和训练有素的工人队伍，这给洛拖研发军用重型越野车提供了有利基础。

为了生产军车，洛拖于1966年5月专门组建了汽车厂，设有机一、机二、机三、机四、锻焊、总装6个车间；还有设计、技术、生产、财务、机动、工模、人保、供应、经营服务和分厂办公室共10个业务科室，以及党委办公室、工会、团委、武装部4个党群机构。为了纪念汽车厂的诞生，洛拖为将要诞生的汽车取名为"东方红665"军用越野汽车，计划在1966年年底前完成试制。

罗士瑜，1940年毕业于清华大学机械系，长期从事军工设计工作，担任过704式坦克总设计师。洛拖党委指定他担任665重型越野汽车总设计师，并集中了相当一批工程技术人员投入设计工作。在罗士瑜带领下，很快便制订出十几种技术方案。经过对比论证，初步确定了"东方红665"军用越野汽车设计指导书：

以法国GBC越野汽车底盘、捷克斯洛伐克太脱拉风冷发动机为基础，借鉴和吸收国内外其他车型的成功经验，研制中国自己的越野载重车。

1966年8月16日，洛拖第一辆军用重型越野汽车试制成功，编号为东方红LT665。样车试制完成后送到北京，叶剑英、谭震林、余秋里、张爱萍等领导同志在观看了LT665重型越野汽车后，兴奋地向一拖表示祝贺，要求一拖加紧准备，早日投入批量生产。经过道路试验后，1967年10月，LT665投入小批量生产，1970年正式投入批量生产，并实现了小批量出口。

东方红 LT665 采用了气动力装置控制双片干式液压传动离合器；装有暖风装置的长头型整体驾驶室，使用液压助力转向机构，即使在使用加宽超低压越野轮胎时，也可使车辆转向操纵依然灵活自如；各驱动桥上装配了气动操纵的牙嵌式强制差速锁，车辆在泥泞路通行能力大幅提高，部分车型还在车前加装了 10 吨的拉力绞盘。这些特殊装置都是首次在国产汽车上使用。东方红 LT665 使用 8120F 风冷柴油机，适用于缺水地区，也可避免在寒带地区发生冷却液冻结、不易起动和热带地区使用时水箱开锅等情况，满足了部队多种气候条件使用的要求。

济南汽车厂有 JN150 重型卡车的生产技术，越野车研发进度较快。1966 年 6 月，JN250 型 6×6 重型越野车样车问世。JN250 型 6×6 越野车以 JN150 为基础，技术较为成熟，起步阻碍小，时间不长就拿出了样车。济南 JN250 问世的时间不好，样车刚刚出来就碰上"文革"。1966 年 6 月，JN250 开始 25 000 千米道路试验，道路试验有其连续性和科学性，但"造反派们"认为试验的组织者不纯，不是"走资派"就是"反动技术权威"，厂长王子开和总工程师徐鸿敏都被排除在道路试验之外，以后连续不断的各种冲击使得道路试验无法进行下去。

四川汽车厂主要是引进法国贝里埃重型汽车技术，在重庆巴岳山下建设新汽车厂。法国贝里埃的重型汽车算是中国最早引进西方重型车制造技术。当年参与引进的陈祖涛回忆：

当时，苏联和我们关系紧张，找他们不太可能。除了苏联外，掌握载重车生产技术的主要是欧美等西方国家，美国为首的西方国家对我们实行全面封锁，他们怎么肯把属于军用的载重车技术卖给我们呢？但法国是西方世界里的另类，时任法国总统戴高乐将军有很强的民族情结，对美国的指手画脚非常不满，时时做出一些让世人哗然的事情。1964 年，出于对美国政策的不满，戴高乐将军毅然做了两件震惊全球的事：一是退出"北大西洋公约组织"，二是和中国建立正式外交关系。周恩来敏锐地意识到，这是中国打破美国封锁，与西方建立联系的时机，他指示，中国要和法国增加经贸往来，汽车工业是两国经贸往来的重要内容。贝里埃重型越野车是"北大西洋公约组织"标配的军车，质量、性能都很不错，我们的部队也看上了它。中国一次就从贝里埃公司购进了上千台重型越野车。根据周总理的安排，1964 年年底，中央指示汽车工业局组织重型汽车考察团，到法国贝里埃公司谈判引进他们的大型载重越野车技术，回来自己组织生产。胡亮为考察团长，团员有我和于军、庄群、陈善述、郑正莒等。经过艰苦的谈判，最终以 860 万美元的价格引进了贝利埃公司的 GCH（6 吨 6×6 军用越野车）、GLM（15 吨 6×6 自卸车）、T25（25 吨 4×2 矿用自卸车）、TCO（50 吨 6×6 牵引车）共四种车。1965 年 6 月，从法国贝利埃公司引进四种车型及相关的三个发动机产品和制造技术签订协议，这是我国第一次从资本主义国家引进整车技术。

（陈祖涛口述，欧阳敏撰写，《我的汽车生涯》，人民出版社，2004 年）

从重庆向南，越过歌乐山和缙云山，就是四川省大足县。纵目望去，一片蜿蜒起伏的丘陵地带，丘陵的尽头横亘着一条东西走向的大山，叫"巴岳山"。"巴岳山"宛若蛟龙奔腾向西，龙身上南北走向分布着一道道深深的山沟，山沟里到处生长着成片的毛竹，团团簇簇，青翠欲滴，简陋的农舍掩映在浓密的竹林里，时隐时现。山沟外分布着一块块绿油油的稻田，硕壮的水牛在泥泞的田埂上悠闲地散步，犹如一幅田园牧歌式的油画。巴岳山脚下是一个叫"邮亭"的小镇，成渝铁路和成渝公路从"邮亭"穿过。"邮亭"距重庆 100 多千米、距成都 200 多千米、距大足县城 30 多千米，交通条件较好。

根据一机部的指示，新的重型汽车厂由长春汽车工厂设计处负责设计，陈祖涛是设计的总负责人。根据靠山、隐蔽的原则，新厂址就设在这里。1965 年 9 月，一机部正式下文：

四川汽车制造厂的厂址定在重庆大足县邮亭区。

四川汽车厂实行以新带老、新老结合的方针，新建厂为重庆汽车制造厂、重庆发动机厂、重庆油泵油嘴厂、綦江齿轮厂、重庆汽车配件厂为老厂，总装放在双路镇（1974 年改建为双路区）。生产纲领为重型军用载重车、牵引车 1050 辆，厂名全称为"重庆重型汽车制造厂"，又叫"红岩汽车厂"，以后又称"四川汽车厂"，简称"川汽"。

四川汽车厂的产品、样车、部分工艺、工装、技术资料从法国贝利埃公司引进，部分关键设备从西欧各国引进，大部分设备自己生产。1965 年 3 月，集中设计；1966 年夏，基建任务基本完成。川汽是新厂建设和老厂改造（綦江齿轮厂、重庆发动机附配厂、重庆汽车附配厂）同步进行的，在大足新建了一个重型汽车底盘、钣金件总成和总装厂，还有经过改造后的重庆发动机附配厂、重庆汽车附配厂生产齿轮、发动机、汽车附配件。为加强技术手段，同时还建设了一个汽车研究所，在重庆发动机厂建立了发动机实验基地，在綦江齿轮厂建立了齿轮实验和测试基地。

1966 年 6 月，利用购买贝里埃技术带进的部分散件，四川的 CQ260 型样车试制成功。但"文革"一来，一切都变了。川汽尚未建设好就被"文革"搅得一塌糊涂，由于"武斗"过于残忍，造成的危害太大，重庆地方已经无法制止武斗蔓延，最后一直到惊动了周恩来总理。周恩来出面将两派代表接到北京做工作，但仍未能调解冲突。此时，国家某战略武器生产基地急需用越野牵引车，无奈的情况下，由国家下达死命令，派部队对四川汽车产实行军管，强制恢复生产，这才勉强用进口的部件组装了 35 辆 CQ260 交付部队。时任重庆汽车研究所试验研究室副主任李毓梁回忆：

组装时，有些零部件需要外出采购，但因为厂内厂外"武斗"太厉害，外出采购零部件都需要解放军战士护卫。虽然强制组装了 35 辆车，但整个工厂的建设、设备安装完全停顿，工厂生产建设根本无法进行，批量生产也就无从谈起。

"文革"严重地影响了工厂的建设进度和质量。看一组数字就能清楚：

1968 年生产量 4 辆（样车）；

1970 年生产 39 辆（CKD）；

1971 年生产 14 辆；

1972 年生产 26 辆；

1973 年生产 1 辆；

1974 年生产 93 辆；

1975 年生产 202 辆。

形势稳定后，厂里的生产才正常。

岂止是川汽，一汽、二汽、南汽、济汽、洛拖等几乎所有的汽车厂都陷入了"文革"漩涡，国家最急需的军用越野车研制项目在"文革"的狂风骤雨中飘摇。屋漏偏逢连阴雨，船破又遇顶头风。国内形势动荡，国际局势继续恶化。中美、中苏关系更为恶化，边境冲突不断，为防止战争突然爆发，国家战略武器的研发抓得更紧了。新研发的战略武器需要载重量、牵引力更大的重型越野车，上一次会议布置的军用重型越野车至今尚未能有结果，现在需要更大型、性能更复杂的重型越野车，谁来生产呢？

1967 年 7 月，"文革"已经进入第二个年头，各地造反派开始进入抢班"夺权"阶段。夏日的北京，酷暑难耐，但位于北京西郊的香山林木蔽日，浓密的树木挡住了火辣辣的太阳，成为难得的阴凉之地。第三次"全国越野车规划会议"在这里举行。这次会议内容极为重要：国家中程弹道导弹研制成功，需要为导弹配备重型越野汽车。一机部部长段君毅、一机部一办负责人都出席了会议，一机部负责汽车生产的是汽车局，一办负责大型主战武器生产。由一办出面，说明这次的重型越野汽车不光是一款汽车，更是大型主战武器。总参、国家计委、第二炮兵部队以及一汽、川汽、重汽都派代表出席了会议。

会上，第二炮兵部队代表发言直奔主题：国家某型中程战略导弹已经研制成功，但与之相匹配的 8×8 独立悬架导弹运载车辆却还没有动静，有弹无车形不成战斗力，总不能让战士们拉着导弹跑吧。国防急需，汽车工业要立刻将 8×8 重型越野车生产出来。这位代表满脸严肃："这种车事关国防，生产不生产这种车，不是经济问题而是政治问题。"沉重的话题点出了问题的严重性。

8×8 独立悬架重型越野车的项目任务书的技术指标如下：

具备良好的越野性能，8×8 驱动越壕能力不得低于 0.9 米；优良的平顺性，为了确保战略武器的精密度，悬架系统必须采用具有良好平顺性的独立悬架；承载力要强，整车越野载重不得小于 5 吨、拖挂质量不得小于 15 吨；装备质量（自重）不得大于 8 吨；重心要低，车架上平面距地面不得高于 1.01 米；通过性要好，车辆底盘离地间隙不得小于 0.3 米；该车要尽量采用成熟零部件，使之能够迅速投入批量生产。

在今天，这些技术指标完全不在话下，但在 1966 年，中国汽车工业只能生产载重 4 吨的解放牌汽车。济南的 JN150 虽说载重 8 吨，但是这些指标基本上没有一项能达到。不说别的，8×8 驱动的贯通桥技术，以及与之配套的驱动、分动、变速、轮边减速等系统都从未生产过，国内也没有一家企业有生产这些系统的专用设备，更遑论要同时具备上述 6 项指标。与会的生产企业代表一个个面面相觑、无言以对。

其结果很难堪，会上，没有一家企业敢揭榜，无能为力呀。

客观地看，国内仅有的几家重型汽车生产企业，条件最好的为位于重庆巴岳山下的四川汽车制造厂。川汽是国家花大钱从法国贝里埃公司引进技术并购买部分装备正在建设的重型越野汽车厂，贝里埃重型汽车技术中就有解决 8 轮驱动的"贯通桥技术"。采用贯通桥技术的 CQ260、CQ261 的通过性在第一代军车中是最好的，车辆底盘离地间隙可以达到 0.3 米。但四川汽车厂此时厂房没建好，厂里的"造反派"打得热火朝天，厂房里各种生产设备乱七八糟地扔着，"造反派"们抱着抢来的各种武器，正在认真地研究如何打击对手。这种状况还能指望他们生产汽车？另外，军方对贝里埃技术心存疑虑。尽管负责引进的陈祖涛向他们反复介绍了贝里埃技术的先进性，但贝里埃的"资产阶级血统"还是让军方高层犹豫不决。

川汽不行，一汽呢？早在 1965 年，全国第一次越野车规划会议以后，一汽副厂长王少林就安排技术人员在 CA30 型 2.5 吨越野车基础上开发 E242 型 8×8 独立悬架中型越野车和 E250 型 6×6 独立悬架重型越野车，但进展缓慢。

一汽不行，济南重汽呢？一机部部长段君毅、一机部一办负责人和军代表一起来到济南重汽。代表济南汽车厂参加会议的是厂革委会副主任苏俊德，看到川汽和一汽都未揭榜，现在部里领导也来了，说是调研，实为督战。苏俊德狠了狠心："我们重汽可以试一试。"

济南重汽的表态让段君毅喜出望外，关键时刻，总得有人挺身而出。经过听取国家计委和总参谋部的意见，最后决定"8×8 独立悬架重型越野车"项目由七机部和济南重型汽车厂联合研制。七机部一院 15 所负责车辆的上装部分，济南汽车厂负责车辆底盘的研制。这就将济南汽车厂"逼上梁山"了。

当时,济南的生产还算稳定,JN150年产已经达到1000辆,在全国也就独一份。揽了瓷器活,就要有金刚钻。设计中国第一款主战武器级的重型独立悬架越野车,首先得要技术上负全责的工程师。"文革"以来,济南重汽厂长王子开已经被"靠边站"了,走上设计一线的是刚刚毕业走出校门缺乏实践经验的大学生。1967年8月,编号为JN251的8×8独立悬架重型越野汽车项目正式启动。王子开虽然靠边站了,但责任心促使他紧紧盯住项目进展。当他发现项目组设计仍然基于生产JN150的材料和工艺时,便提出,这样的设计难以实现项目的战技术指标。但"文革"时,谁会听一个"靠边站"的"走资派"的话呢?

1967年11月,全部设计完成。新设计的JN251在一些地方采用了传统的设计,如传动布局、悬架系统、减振装置等,但和多数可以向前翻倾便于发动机维修的布局不同,JN251的驾驶室不可翻倾,只能整体吊装,这明显不利于战时维护;驾驶室前风窗玻璃不像JN250那样可以向前折叠翻倒放平而采用固定的,这也不利于恶劣气候机动时对前方的观测;前保险杠上没有自救和他救所必需的绞盘,这不符合战时自救必备要求;车架设计上,放弃了黄河重型汽车传统的Z型横截面,而采取了常规的槽型车架。更重要的是,出于减轻自重的目的,车桥、变速器、分动器的壳体采用了铝合金。铝合金壳体可以减轻自重,但作为一款高机动重型军用越野车,在战场环境下,生存才是第一位的。让人不解的是,设计中的这辆JN251居然没有延续黄河的品牌,而是在原来"黄河"两字的位置上镌刻着"东风"二字。据称,"黄河"是朱德题词,而"东风"是毛主席题词,这就是"文化大革命"中才有的事。

1967年12月,图样审查获得通过,一机部和七机部都给JN251开了绿灯。

经过一年多的时间,1968年4月13日,第一辆JN251试制成功。4月28日,开始进行为期3个月的第一阶段普通道路试验。3个月的道路试验结束后,JN251前往山东胶东地区,进行第二轮山区道路试验。由于设计中采用的是普通万向节而非等速万向节,在山区道路试验时,屡次爬坡试验皆告失败,最终只得将普通万向节改为等速万向节才算解决问题。1968年12月,按照试验大纲,要到海拉尔进行寒区实验,在海拉尔零下35摄氏度的高寒气温下,分动器、车桥、变速器的铝合金壳体全部冻裂,造成润滑油外泄,这属于最极端的灾难性事故,试验被迫中止。第一轮样车试验以失败告终。

试验失败震惊了一机部和七机部。1969年2月,国防科委主持在北京开办"学习班",负责设计的苏俊德、张朝金、陈松山等在学习班内对失败原因进行了探讨。就在学习班上,七机部通报,JN251除了要做东风3号导弹的运载工具外,还要改装成各种配套车辆,要求有长短两种底盘;并明确要求,1969年6月,要向上装单位提供底盘,这意味着,要完成改进,总共只有不到4个月的时间。

尽管要求6月份给七机部提供底盘,但"文革"时期,政治冲击一切,等到济南汽车厂把第二批两辆JN251样车制造出来,已经是1969年6月了,试验还没做,怎么能向上装单位提供?试车组立即安排样车投入道路试验,但军方和国家计委已经等不及了。6月27日,国家计委下达(69)计字096号文件:《关于安排东风JN251型5吨级越野车生产的通知》,通知要求:

鉴于国家急需,济南汽车厂要克服困难,立即安排67辆JN251的生产任务。

但两辆匆忙投入道路试验的JN251再次出现重大问题:车桥、分动器、变速器铝合金壳体再次出现断裂,由于强度不够,槽型车架出现塑性变形,进行加固后反而断裂。JN251试验再次出现如此致命问题,国家计委的096号文件无法执行。消息传出,一机部、七机部、国家计委一片震惊，这意味着 JN251 的问题出在设计上，设计问题不能靠修修补补解决，必须对原设计推倒重来。最为难的还是第二炮兵，导弹研制出来了，满怀希望地等待国产汽车，等来的却是再一次失败。一机部副部长沈鸿赶赴济南汽车厂了解情况。沈鸿仔细审阅图样后，连续提出几个问题，面对沈鸿的提问，造反派主导的设计组无法回答。这也难怪，离开校门才几天，肚子里的墨水就那么多，自己没有实践经验，又不让有实践经验的老工程师参与，如此儿戏，焉有不败之理？了解情况后，沈鸿立即找来被"靠边站"的厂长王子开，王子开一语中的："JN251 项目设计存在问题，不具备生产条件。"

1969 年 9 月，一机部、七机部、第二炮兵、国家计委、济南汽车厂在北京再次开会，就 JN251 要不要进行第三轮试验问题进行讨论。这次讨论接触到了问题的实质：济南汽车厂的造反派干预项目设计，以极"左"的思维排除老工程技术人员参加设计。而且，军方对 JN251 所提到战技指标要求太高，军方要求"JN251 整车重量不超过 8 吨"，以济南汽车厂的生产能力，短时间内难以实现。为了实现这个指标，年轻的设计师们只得放弃技术成熟、制造工艺可靠的铸钢材料，采用了比重低的铝合金，导致底盘因强度不够而断裂。

指标定得不合理可以修改，但军方对车辆的需要却一天紧过一天。1969 年，中苏边境冲突日益频繁，苏联百万大军压境，苏联军方叫嚣要对中国进行外科手术式的打击。新型弹道导弹是我国反击侵略最具威慑力的利器，但有弹无车怎么办？必须尽快修改设计，造出合格的载重汽车来。1969 年 11 月初，一机部再次致函济南汽车厂，要求必须尽快向七机部供应 JN251 底盘，同时在 1970 年第一季度必须向第二炮兵交付一批 JN251，解决有弹无车的问题。

要恢复试制必须修改设计，但设计是根据军方的战技指标来的，要修改设计必须和军方沟通，共同修订项目战技指标。接到一机部函件，济南汽车厂革委会派王子开、副总工程师徐洪敏和设计师张朝金紧急奔赴北京听取一机部和七机部的意见。一机部新任部长周子健，大名鼎鼎的科学家、七机部副部长钱学森亲自出面与王子开等济南汽车厂的工程技术人员讨论。期间，钱学森对周子健半是幽默、半是施压地说："周部长啊，要是你们再造不出运导弹的汽车来，我就和你去当导弹搬运工，抱起东风×，你扛一头，我扛一头。"

面对钱学森的笑话，周子健笑不起来，这个压力太沉重了。他盯着王子开问："你们说，该怎么改？"

王子开一路上都在考虑该怎么办，现在部长发话了，他说出了自己的想法："因为军方的战技指标定得过高，要满足这些要求，在材料和工艺上需要做大量工作，短期看难以实现。如果不在设计和材料上做根本的修改，就做点修修补补，我们谁也没有把握。与其冒险让 JN251 进行第三轮试验，不如在成熟的民用型 JN150 基础上研制一批 6×6 越野车应急。"

事已至此，王子开的办法是最为实用的，也是可行的，因为济南汽车厂一年前就研制过并生产出了 JN250 型 6×6 越野车，唯一不足就是由 8×8 变为 6×6。照此方案，车队机动能力和越壕能力稍逊，但技术成熟，可以解决部队急需。但部队能接受这个"缩水"的方案吗？问题又回到了第二炮兵。七机部、第二炮兵紧急协商，经反复讨论，无奈之下，决定先解决有和无的燃眉之急，然后再重新制定 8×8 的技战术指标。11 月 12 日，一机部、七机部和第二炮兵同意了王子开的意见，但强调，无论如何，要按时保证质量拿出来。

军中无戏言。返回济南，王子开带上张朝金等技术人员以临战姿态开始投入新的 6×6 型越野车设计。由于有原来的技术储备，1969 年 12 月 30 日，新的编号 JN253 的设计完成，试制工作随即展开。由于 JN253 本来就脱胎于 JN150 成熟车型，所以试制进展很快。1970 年 1 月 16 日，两辆 JN253 下线，随即到济南军区白马山坦克训练场进行破坏性试车。白马山坦克训练场里的道路被坦克碾压得乱七八糟，坑坑洼洼，很适合新型越野车试验。经试验，结果令人满意，济南汽车厂立即电告一机部。得知实验结果，一机部立即回电：

边试制，边生产，边试验，边改进。小批量生产 80 辆供七机部上装，并提供二炮部队使用。

就在济南汽车厂这边日夜兼程的时候，七机部、一机部和第二炮兵那边也在日夜兼程地对 8×8 项目战技术指标重新进行审查和讨论。在修订了一些过高的指标后，军方重新拿出了 8×8 型 5 吨高机动重型越野车技战术指标。新项目的技战术指标显然更为科学实用：

装备质量不大于 13 吨，运载质量不小于 5 吨，拖挂质量不小于 18 吨，最大速度不低于每小时 45 千米，最小稳定车速不低于每小时 2 千米。

1969 年 12 月 4 日，新的 8×8 项目战技术指标送到济南汽车制造厂，项目编号为 JN252。济南汽车制造厂此时两只手弹钢琴：一面组织 JN253 进行道路试验，一面组织 JN252 的设计研制工作。

在国家重大工程任务面前，济南汽车厂革委会这一次不敢胡来了。研制项目由已经担任厂革委会副主任的王子开全面负责，副总工程师徐鸿敏负责项目管理，张朝金、陈松山等共 25 人组成设计班子，针对新的技战术指标，结合 JN251 设计中的教训，一班人全力以赴、小心谨慎地工作。1970 年 3 月 30 日，JN252 设计完成。一机部立即召集长春汽研所、山东工学院、一汽、二汽、北汽的专家在济南审查设计方案，然后根据所提意见改进 JN252 的设计。

此时，首批送到部队的 JN253 使用信息反馈回来，部队反映：

JN253 马力大，爬坡能力强，低温起动性好，虽然越野机动性不理想，但作为应急装备还不错。

1970 年 4 月 15 日，一机部要求济南汽车厂再紧急生产 80 辆 JN253 供部队使用。

这是让济南汽车人骄傲自豪的历史，从这时起，总共 160 辆 JN253 重型越野车背扛东风某型导弹开始战备值班，用喷吐烈火的钢铁臂膀护卫共和国的安全。

1970 年 9 月 26 日，第一批四辆 JN252 型 8×8 高机动重型越野车试制成功。对于第一批 JN251 而言，JN252 就是涅槃的凤凰。在平原和山区进行了 3000 千米初步道路试验后，11 月 15 日，国防科委在北京召开"JN252 汽车与特装协调会议"，会议决定，黄河 JN252 将发展 4 种车型：黄河 JN252 基本型（短车架、带绞盘、带车厢）、黄河 JN252A 型（短车架，不带车厢和绞盘）、黄河 JN252B 型（长车架）和黄河 JN252C 型（长车架、长轴距）。

1970 年 11 月 25 日，JN252 样车在白马山坦克训练场再次进行完整的复杂地形条件越野试验，这次试验包括连续弹坑、泥泞地、沙石滩地试验，试验之好超出预料，一机部和山东机械工业局立即向参加试制的 25 个单位发出观摩邀请函：11 月 30 日到 12 月 4 日，在济南召开 JN252 越野车鉴定会。到会专家们对 JN252 横挑鼻子竖挑眼后一致认为：JN252 结构较为先进，具有较好的越野性、平顺性和操纵性。"该车能够适应二炮、工程兵的战备需要，可以组织投产"。

1971 年对于济南汽车厂来说是个大喜的日子，历经磨难的 JN252 型 8×8 高机动重型越野车正式投产。由于 JN252 是与 JN150 混合生产，因此此时的济南汽车厂并不具备批量生产的条件。JN252 的车架、车桥、底盘都与 JN150 不同，为了保证 JN252 的产量与质量，济南汽车厂一边加紧进行设备工装改造，一边向国家提出技改项目，建设"252 车间"。1972 年 3 月，"252 车间"技改项目得到国家计委的批准，JN252 的生产条件与设备都得到了改造，开始投入小批量生产。经过不断改进工艺，JN252 的质量日趋稳定。1974 年 3 月，"743" 会议在北京召开，会议认为，东风 × 型导弹可以选用现有状态下的 JN252 作为运载工具，但 JN252 尚存在动力不足、冷起动困难等问题，必须要尽快进行高温、高原和低温（俗称"两高一低"）试验，以确保万无一失。1975 年 3 月，在第二次东风 × 型定性会议上，与会人员再次提出，在"两高一低"试验未完成前，JN252 不能进行产品定型。

战备需要就是改进的动力。1975 年 5 月，在更换了上海柴油机厂新生产的 SH6136Q—1 水冷柴油机后，由济南汽车厂、二炮部队、七机部和上海柴油机厂组成的 JN252 "两高一低" 试验车队出发了。试验分四个阶段进行，5 月 21 日开始在聊城进行平原试验；然后再转往济南军区白马山坦克试验场进行复杂道路试验，其中包括爬陡坡、连续翻越弹坑、攀越垂直台阶、涉水、通过软土质和防空试验。平原试验完成后，1975 年 6 月，试验小组开赴青海，在共和县、西宁市海拔 2200~3900 千米的达坂山进行高原缺氧状态下的发动机动力输出试验和高原山区公路机动试验。在西宁至达坂山的公路上完成满载荷爬长坡试验后，1975 年 7 月，试验组长驱几千里，奔赴湖北麻城大别山区进行山区高温试验。麻城夏季最高气温达到 39 摄氏度，JN252 顶着 40 摄氏度以上的高温，在山区进行大载荷试验。1976 年 12 月底，是一年内最冷的时候，JN252 远赴内蒙古呼伦贝尔地区进行极端低温冷起动试验。在呼伦贝尔零下 40 摄氏度的极寒条件下进行了冷起动、低温山区道路试验等各项试验。

1976 年一年的时间里，JN252 经历了从零上 40 摄氏度到零下 40 摄氏度正负 80 摄氏度的温差，从海拔 4000 米到海拔 50 米的高差，从绝对干旱的西北到潮湿度达 80% 的长江之滨各种恶劣环境的考验，试验组最后得出结论：

通过试验，JN252 重型越野车基本可以满足东风 × 型武器系统配套使用要求。但是该车还存在动力性不足、车辆加速慢、驾驶室密封效果差等不足。

1977 年 1 月 20 日—27 日，一机部、七机部、总后军械车船部、地地导弹定型委员会、第二炮兵、工程兵济南军区、山东省机械厅、济南汽车厂的近百名专家汇聚一堂，在山东济南召开"JN252 型汽车定型会议"。经过激烈的讨论和严格的程序，与会专家一致同意，JN252 可以定型。

该车性能经过较全面的考核，设计上采用了先进结构，主要零部件强度比较可靠，具有较高的越野型和良好的平顺性，操纵比较轻便，环境适应性也基本满足了要求，可以定型。

历尽千辛万苦，JN252 总算定型了，但定型报告的语言中似乎有那么点保留。我们完全可以理解专家们惜墨如金的心态，毕竟是给共和国锻造倚天长剑系统，没有最好，只有更好。在 20 世纪六七十年代，作为一个生产条件简陋的企业，完全依靠自己力量开发的产品能经受住如此严苛环境的考验，拿出如此质量的产品，济南汽车人的确是把吃奶的劲都使出来了。

针对试验报告中反映的问题，济南汽车厂再次组织改进，动力不足只能换发动机，经协商，采用了上海柴油机厂最新生产的 6135AZ 涡轮增压柴油机；驾驶室密封不严，改进驾驶室风窗玻璃，研制橡胶专用密封材料；低温起动困难，研制专用低温起动设备等。经过一系列措施，JN252 真正成熟了。

JN252 "参军服役" 后，参与了共和国一系列重大行动：运输毛主席纪念堂的水晶棺；1980 年 5 月向南太平洋发射洲际导弹……

1984 年 10 月 1 日，国庆 35 周年。天安门广场人山人海，我军阅兵方队依次行进。在地地导弹方队里，JN252 驮着硕大的东风 × 型战略导弹通过天安门广场接受党和国家领导人的检阅。这是济南汽车人扬眉吐气的时刻。

1987年6月，国家科技进步评审委员会评定，"参加液体地地战略武器及运载火箭项目国家科学技术进步奖特等奖"。这是全体济南汽车厂人获得的最高奖赏。不知王子开老人看到这个奖项时的内心感受，从当年接下"重型车"项目，到今日辉煌成就，"芝麻开门"了，芝麻也开花了。

1989年，JN252停产。17年间，JN252共生产1262辆。

与JN252比肩的重型汽车是陕西汽车制造厂的SX250，和JN252一样，SX250也有一串长长的故事。陕西SX250的故事起源于新都暖气机械厂的裂变。

20世纪50年代初，太脱拉公司推出T138型10吨级长头载重车（6×4），这型车问世后受到用户的欢迎。隶属于公安部的北京新都暖气机械厂开始以T138为对象，仿制了一辆XD250型载重汽车，虽然没能批量生产，但试制成功也说明了新都机械厂的能力与水平。由此，新都机械厂进入了有关部门的视野。1966年，三线建设进入高潮，为了解决国防建设对重型汽车的需求，国家决定，新都机械厂搬迁到陕西，并筹建陕西汽车制造厂。1966年2月，一机部和国家计委下文《关于新都汽车配件厂迁建西北地区的通知》。陕西汽车厂主要生产重型军用越野汽车，新都汽车配件厂是一个劳改工厂，由劳改工厂生产军品不妥。此事报经军委叶剑英元帅批准，决定新都厂不用全部搬迁，只需将生产越野车配件的设备和非劳改人员调往陕西，以北京汽车制造厂为主、北京齿轮厂、南京汽车制造厂、杭州汽车发动机厂、济南汽车制造厂和长春汽车研究所各调集部分技术力量组建陕西汽车制造厂。1968年2月，来自四面八方的工人汇聚陕西，经过一番艰难的选址工作，1968年4月11日，陕汽的厂址定在了陕西省岐山县渭河南岸的麦里西沟。陕西汽车厂建设的大幕徐徐拉开。

陕西汽车厂的任务是生产部队急需的炮车。1968年6月，延安SX250的设计小组和国防科委十二院组成调查小组，深入炮兵部队，广泛征求官兵对炮车的意见。设计小组选择了苏联的乌拉尔375、法国的小戴高乐、捷克的太脱拉为参考车型，最后初步确定了5吨越野车的基本设计要求。

1968年12月30日，延安SX250第一辆样车在北汽试制成功。经过检测试验，新车马力强劲、越野性能好、机动灵活，但缺点明显——车身过高，车体庞大、笨重。按照要求，SX250D要立即改进，毕竟是新组建的企业，人员水平、设备能力、技术储备、资金等方面都不足，改进工作极为艰苦，成效也不明显。第一次改造后，车身重量减了不少，但是车辆的抗碰撞能力也大打折扣，各个零部件的质量都有所下降，这样的车肯定不能承担军事任务。但陕汽人劲头十足，再改。第二次改造后，车辆可靠性差、动力不足的问题仍旧非常严重。

为了促进陕汽建设，一机部将中国汽车工业泰斗、一汽副厂长孟少农调到陕汽担任总工程师。行家一出手，便知有没有。经过仔细调查，孟少农认为SX250存在很多问题。1972年4月，陕汽召开了"5吨车设计实验座谈会"，孟少农邀请了国内数位汽车专家为SX250"会诊"，共总结出离合器烧裂、使用寿命短、变速器不好挂档、容易跳档、加速性不好等6大问题、141个小问题。针对问题，孟少农组织逐一攻关，历时一年多，1973年12月，生产出了符合设计图样要求的延安SX250。

陕汽总工程师、技术副厂长陈军回忆：

那几年我们一直在做的事情，就是不断地发现问题，解决问题，最难忘就是样车测试中的爬坡实验。那时，中国还没有专业的卡车测试场。检验军用越野车性能只能在坦克测试场进行。

我们去的那个坦克测试场不但坡陡达到 30 度，而且路面坑洼不平，根本不是汽车走的路。爬坡前，我的心里真是捏着一把汗：这么陡的坡，能行吗？但我们的 SX250 硬是成功地驶上了陡坡，当车爬到山顶时，在场的人兴奋得使劲鼓掌。

1975 年，延安 SX250 正式量产并装备部队。一机部专门刊登了《我国自行设计的五吨军用越野车已胜利制成并定型》的消息。5 月，时任国务院副总理李先念看到了这篇消息后批示："很好的消息，请一机部再写份材料，这个汽车年产多少？哪些条件设备不具备，前景如何？"

很快，一机部的材料便递到了李先念的手里，他看过材料后再次批示："有炮无车也白搭，我们就是需要这样的越野汽车……"并要求亲自看一看这款车。6 月 13 日，一机部正式通知陕汽，"李、谷二位副总理定于 6 月 17 日在京观看'延安'五吨车，速派人送来，勿误！"

"中央领导要看我们的车"，陕汽领导激动不已，立即派人派车。6 月 14 日中午，陕汽工程师赵乃林等一行 6 人驾车启程驶往北京。从岐山到北京 2000 多千米，共行驶了两天三夜，17 日凌晨到达北京。

6 月 17 日下午 7 时，汽车开进中南海。李先念、谷牧二位副总理以及一机部部长周子健等人来到 SX250 面前。他们对目前中国军用重型汽车的发展、产品结构，以及延安 SX250 的技术参数进行了详细的询问。围绕着汽车仔仔细细看了几圈，李先念满意地说："你们搞得不错，谢谢你们。"

"有炮无车也白搭"，作为分管国民经济建设的副总理，李先念的题词说明，重型军用越野车在国防建设上的作用有多大！ 1978 年，SX250 获得全国科学大会奖，并成为中国第一批出口的军车。

陈军讲了 SX250 几个鲜为人知的故事：

延安 SX250 最辉煌的是与美国车的较量，是我们汽车试验历史上最难忘的一幕。1984 年，解放军总后勤部司令部、车船部联合发出了《关于使用美国 ANG 公司军用汽车和考核国产越野汽车质量的通知》。这次参加试验的车辆包括美国产的 M813 型 5 吨 6×6 越野车、M813 型 10 吨 6×6 越野车、M925 型 10 吨 6×6 越野车，以及国产的延安 SX250、红岩 CQ261。按照要求，这些车辆将在青藏公路上行驶，计划在西宁—拉萨之间往返 6 次、西宁—格尔木之间往返 4 次。4 月 19 日，美国三辆参试车辆向格尔木进发，5 天后返回。5 月 4 日，美国车和中国车一起向格尔木前进，在距离西宁 470 千米的地方，M925 车轮突然飞出，随后 M813 型 6×6 五吨越野车严重漏油；M813 型 10 吨 6×6 越野车刹车失灵，发电机也发生了故障。延安 SX250 发生了两次电器部件的轻微故障。行驶到唐古拉山口的时候，由于行车道全是便道和松软的路基，所以车辆无法通过，近千辆车被堵在山口。为了节省时间，延安 SX250 的驾驶人员决定通过这段草滩。草滩很松软，车开上去后明显下沉，但 SX250 的越野性能强劲，顺利通过，跟随后面的几辆美国车也顺序通过，结果一辆车陷在草滩动弹不得，最后还是 SX250 将陷入泥潭中的美国车拖了出来。长达 10 个月的马拉松式测试结束了。这次测试证明，延安 SX250 是可以信赖的，为中国汽车争了光，中国人造的车决不比美国差，为我们树立了信心。

在 1986 年"两山轮战"的时候，有一次，老山一带突然下起了百年不遇的大雨，通往战地的道路全被冲垮了，弹炮和给养全部运输不过去，守在山洞里的战士们已经饿了好几天，眼看弹药也将用完，从指挥员到官兵都万分焦急。指挥部决定，冒险抢运。部队里装备的德国本茨车成为运输车的首选，但是这辆车刚驶出基地不到 200 米便陷入了泥潭，经过几次努力，仍然进退不得。关键时刻，延安 SX250 挺身而出，它吼叫着冲入泥潭，车轮几乎一半没入泥中，但

12个车轮不停地旋转，超强的越野性和通过性征服了泥泞的路面，最终将给养和弹药送到了前线。战士们都称延安SX250为"英雄战车"。

走了一部分人，留守北京的新都汽车配件厂也没闲着，1968年开始，新都厂以1962年太脱拉公司生产的T138载重15吨的重型汽车为原型，于1969年年底成功仿制出了XD160载重12吨的重型汽车。1971年，新都汽车制造厂迁往河北邢台，更名为河北长征汽车制造厂，在这里生产的重型汽车编号改为长征CZ160载重汽车。1980年，长征汽车厂开始仿制太脱拉T148重型汽车，1983年仿制成功。重型汽车联营公司成立后，长征汽车厂归属于联营公司麾下，鉴于长征汽车厂的能力，1983年10月12日，国家经委进出口局主持，国家经委机电局、中汽公司研究决定，长征汽车厂引进太脱拉公司1979年最新推出的T815重型汽车制造技术，同时以CKD方式小批量生产并逐渐实现零部件国产化。太脱拉公司的T815是其在1979年推出的T813基础上的改进型，各方面性能都有了进一步的优化和提高。1985年7月1日，第一辆T815重型汽车下线。1988年年底，第一批3辆T815下线，这三辆车的国产化率已经达到了60%，中国又多了一个生产军用重型越野车的汽车厂。今天，长征汽车制造有限公司已生产了T111、T138、T148、CZ160、CZ161、T815、T812-Ⅱ，以及CZ3282、CZ1282等几代产品。具有年产整车生产5000辆、改装车500辆，以及太脱拉、斯太尔等重型车桥5000台的生产能力。

三汽流产与引进斯太尔

早在1978年5月，分管经济工作的副总理谷牧出国考察经济时，欧洲各国就竞相做出姿态，愿意以优惠的条件和灵活的手段向中国输出资本和技术。从1979年起，中国便陆续与发达国家签订了大量购买商品、引进技术、合资合作的协议。汽车是中国经济发展和国防建设必需的基础产品，但中国国内的汽车工业落后粗放、缺重少轻、轿车为零。为尽快改变这种现状，就要学习并利用国际先进技术，中国汽车人也要迈出国门。

从1953年到1978年，中国汽车人竭尽全力，汽车产量仍不过十余万辆，而且结构极为不合理，重型卡车年产量一直在几百辆徘徊，而且技术落后，质量不稳定；国防建设急需的重型越野汽车也迟迟研发不出来。面对"有炮无车""有弹无车"的尴尬局面，为了国防建设，国家不得不下狠心，将干瘪的口袋搜了个遍，花大价钱购买别人的产品。你想买，别人还不想卖。在那个时候，中国遭到全面封锁，西方的"巴黎统筹委员会"专门负责审批对社会主义国家的战略物资出口，无奈之下，还要花钱通过第三国中转。当时，国家的"库银"存量不足百亿，国计民生每天都要花钱，但为了国防，国家仍然咬紧牙关进口军队和建设部门急需的重型卡车。仅从1976年到1978年，国家每年进口重型卡车的费用就高达2亿美元。改革开放后，国民经济建设步伐加快，重卡需要的数量还在增加。面对急需，饶斌算了一笔账，按照这种进口规模，10年后就是20亿美元。如果我们现在拿出20亿美元自己建设一个现代化的重型汽车厂，10年后将无须再进口重型卡车，最多是花点小钱进口零部件。按照这种设想，建设重型汽车厂进入国家的议题。

作为国家投资建设的大型汽车厂，因为前面已经有了一汽和二汽，所以新筹建的重型汽车厂被称为"三汽"。为筹建三汽，时任一机部副部长的饶斌决定抽调曾任一汽党委副书记的方劼、时任二汽发动机厂党委书记的李岚清、一机部汽车局总工程师郑正栯组建三汽筹备组，筹备组后来又发展到百十来人。三汽筹备组一开始设在原农机部，农机部撤销后，其办公楼成为国务院第五招待所，三汽筹备组就在国务院五招租了一层楼，连住房带办公。饶斌要求，三汽要技术先进、起点高、批量大。中国没有生产重型汽车的技术储备，为少走弯路，决定借鉴国际先进技术与经验，走与外国合资的道路。

1978 年，由副部长杨铿带队，机械工业部汽车考察团到欧洲、美国考察汽车工业，目光主要集中在国内最为紧缺的重型车和轿车上。代表团前往了美国、德国、奥地利，考察了通用、福特、克莱斯勒、奔驰、大众、斯太尔等国际知名汽车公司，并与这些公司进行了意向性交谈。

由于三汽是新组建的，只是说要建设"国内第一"，世界上也要名列前茅的大汽车厂，而至于具体规模有多大，中方自己也不清楚。最初，提出生产纲领为 15 万辆；有人还提出，要搞就搞大点——20 万辆；而且在合作的方式上只提技术引进，这种方式引起那些大汽车公司的疑虑。原三汽筹备组成员李龙天回忆：

在和奔驰汽车厂谈判时，他们问："你们想建个什么厂？"我们告诉他们，我们要建设年产 15 万辆的重型汽车厂。20 世纪 80 年代，国内没有一条高速公路，哪能搞这么大的重型汽车厂？果不其然，对方说："我们奔驰厂的重型汽车也才年产 8 万辆，这个规模和投资已经很不一般了。你们别看是重型汽车，它比小轿车还难搞。你们哪里是搞汽车厂？准备同时搞坦克或者军工厂还差不多。"奔驰公司向我们建议，以中国现在的条件，搞 15 万辆根本不可能，最好从 6000 辆起步，搞一个"先行工厂"试试。

以后，根据考察的结果并结合国内的现状，三汽的纲领减到 5 万辆，后来又降到 2.5 万辆；再后来，结合国内经济调整，又降到 1 万辆。截至 1979 年 3 月前，三汽筹备组已与美国通用公司、美国万国公司、德国奔驰公司、瑞典沃尔沃公司、法国贝里埃公司接触过。对于中方要求引进技术，那些西方大公司也不愿意，技术是企业生存发展的根本，怎么能轻易出让呢？这些西方大公司更愿意卖产品。奔驰公司明言："我们只卖产品，不输出技术。"就在此时，美国通用公司提出了一个新的思路——合资。

1978 年 10 月 17 日，美国通用公司董事长墨菲率领一个由 17 人组成的代表团应邀来到中国，就引进重型汽车生产技术问题与中汽公司和三汽筹备组组成的代表团在北京饭店谈了整整一个星期。这是中国汽车工业首次与美国跨国公司进行合作谈判。由于双方认识方面的巨大差距，谈判进行得很不顺利，中方只愿同美方谈技术引进、转让技术，而美方又不愿意将自己的技术拱手让人。在这种情况下，双方谈得很不顺畅。在谈判陷入困境时，美方提出了一个新的名词——"合资经营"，这是中方第一次听到这个名词。李岚清在《突围——国门初开的岁月》一书中详细记录了这件事：

该公司首先向我们介绍了他们与外国企业合作的若干方式……他们在谈到"合资经营"时，出现了一个我们从没有听说过的英语词汇"joint venture"。尽管我们懂得一些英语，知道 joint 是共同或负担，venture 是风险，连在一起似乎应当是"共担风险"，但对它的确切含义并不清楚。这时，墨菲向我们提出一个问题，他说："你们为什么只同我们谈技术引进、转让技术而不谈合资经营？也就是说，我们双方共同投资，建立一个合资经营的企业。"

墨菲对合资经营做了形象的解释："简单说，合资经营就是把我们的钱包放在一起，合资共同办一个企业，要赚一起赚，要赔一起赔，这是一种互利的合作方式。若要再说得通俗一点，合资经营就好比结婚，建立一个共同家庭。"

（李岚清著，《突围——门初开的日子》，中央文献出版社，2008 年）

对于墨菲的比喻，中方不敢认同，共产党人怎么能同大资本家"结婚"呢？但美方提出的合资经营的确是一种全新的概念。按照当时的规定，凡是比较重要的对外谈判项目，都要向国务院"引进新技术领导小组"办公室写简报。因此，中汽公司谈判代表团写了一份题为"与美国通用汽车公司谈判合资经营重型汽车厂的情况"的简报，如实上报了谈判情况。谁也没想到，这份简报竟然在中国改革开放的进程中起到了关键性的催化作用。分管经济工作的副总理谷牧看到这份简报后，认为很重要，立即批示：请中央政治局各位领导同志传阅。邓小平在简报中关于通用汽车公司建议与中方开展合资经营的内容旁，写下了"合资经营可以办"的批语。

人们常常用"高瞻远瞩"这个词来形容见识高远。在极"左"思潮尚占统治地位的时候，邓小平同志的这个批示如同拨云见日，让人们从迷茫混沌状态中看见了事物的本质，这就是"高瞻远瞩"。没有邓小平的这个批示，中国汽车工业的发展估计还要历经很长时间的摸索。

有了邓小平的批示，中方和美国通用的谈判得以继续。谈判中，墨菲代表通用公司表态：固定资产双方投资，流动资金贷款解决，通用公司认股45%。双方你来我往，一共进行了三轮谈判。最后在北京签了一个备忘录：

通用先送6辆重型卡车来中国试验，双方互派专家小组研究产品的选型和发动机联合研制，双方各派6名专家对这个项目进行可行性研究，费用各自负担。

（张矛著，《饶斌传记》，华文出版社，2003年）

除了通用外，其他几家公司远没有这个热情。中方基础这么差，双方合资经营，要是亏损了，我投的钱岂不打了水漂？沃尔沃公司表示，如果合资经营，只愿意投资4%；美国万国公司只愿意投资6%~10%，其余由中方投资和贷款。法国贝里埃公司更是言辞闪烁，顾左右而言他，根本不正面回答中方的咨询。

1978年12月，国家计委、建委、经委、一机部、外贸部共同讨论三汽建设方针，就资金、厂址、建厂规模等几个问题达成共识：

一、必须充分发挥重型汽车"老根据地"的作用，按照专业化、大协作原则，尽量利用老厂、改造新厂，而不是像一汽、二汽那样集中建新厂。

二、建厂程序和规模。用"滚雪球"的方法，建成一个、投产一个，争取出口，赚了钱再扩建，把利润留给企业再投资。分两期建成，第一期（第7年）达到年产2.5万辆，第二期（第10年）达到年产5万辆。步骤上，在建设装配厂、冲压厂和科研中心的同时，先建有出口条件的毛坯厂、零部件厂和总成厂，以弥补一部分建厂期间所需的外汇。

三、尽量利用自制设备。通用、奔驰、沃尔沃等公司都有数十人到二汽去看过，他们对二汽的水平和我们用这样多的国产设备装备一个大厂表示钦佩。我们只需引进必需的控制系统，即部分冲、铸、锻设备，以及精密设备和仪器，以提高现代化水平和稳定性。也可技贸结合，在国内自制，估计60%~70%的设备可以国内自制。

四、提前培养技术人才和管理人才。一机部劳动局已经分配给了三汽4500名技工和500名中技生的招工指标。同时利用合营条件，选派技术人员到国外参加联合设计，共同进行样车试制。由于通用公司规定工人可到现场半工半学并由他们支付工资，因此可以多派些人去。

五、把科研中心的引进和建设放在首位。根据日本的经验，在引进新技术的同时，还应立即进行现代化技术的吸收，由仿制转向创新。

（张矛著，《饶斌传记》，华文出版社，2003年）

虽然通用态度积极，但饶斌认为，如此大的建设项目一定要做到小心谨慎、货比三家，因此还需对其他公司做些调查。1979年3月21日，一机部组成以饶斌为团长，由张建飞、孟少农、方劼、李岚清等20人组成的代表团出访美、欧、日。代表团先后考察了瑞典的沃尔沃，英国的贝福特汽车公司，美国的福特、通用、万国、美国汽车公司、国际收割机公司，奥地利的斯太尔公司，以及日本五十铃公司。考察为期一个多月，5月15日回到北京。有人戏称这次考察是"周游列国"。

饶斌带领的代表团有20余人，皆是从事汽车工业一辈子的老汽车人，也都是汽车工业资深专家，但这次考察仍然给他们带来了深深的震撼。在这些发达国家，公路上几乎见不到中型卡车，卡车向轻重两极发展：城市里跑的几乎全是2吨以下的轻型车，干线公路上跑的全部是重型卡车，而且绝大部分都是集装箱运输车或各种专用车型，专用重型货运汽车是物流运输的主要工具。大功率柴油发动机技术的发展，使得重型汽车也成为火炮、坦克等武器的运载工具；也为大客车、石油、林业、矿山、建筑机械的发展创造了条件。考察团成员一致认为，重型卡车在国防和经济建设中将起到重要作用，中国一定要尽快把重型汽车发展起来。

国际市场对重型汽车的需求不断增长，刺激了各国的大型汽车制造公司都在考虑发展和提高重型汽车的生产能力。沃尔沃公司的生产大半用于出口；通用公司正在建设"世界卡车中心"，大力发展重型汽车以抢占国际市场；五十铃公司原来是以轻型车为主，现在也在筹划发展重型汽车；苏联投入50亿美元，要生产世界上最大的年产15万辆的卡玛斯重型汽车。相比较国内，反差实在太大了。国内四五吨的中型卡车占了80%以上，花了几十亿新建一个二汽，主打产品仍是5吨中卡，还没投产就已经落后了。轻型车和重型车的落后更是惊人，分别年产不过千辆，远远不能满足国防和国民经济建设需要。由于国内无法生产，因此每年都要从法国进口几千辆军方急需的7吨级大功率三轴全驱动重型越野车，1978年又花费5000万美元从德国进口了1000辆。国防建设和国民经济急需，现在上三汽，正是国家建设的迫切需要。

回国后，考察组给中央写出报告，总结了我国汽车工业的三大差距：

一、在科研、设计、试验三方面差距惊人。考察团所到过的各个公司，无论大小，都有非常现代化的科研、设计和试验中心，集中了大量科技人才和完善的设备。通用公司1930年就设立了技术中心并不断扩大。仅就其国内设施而言，技术中心就占地404万平方米，由制造技术发展部、科学研究部、造型设计部、工程设计部组成，还附设大型试车场和热带试车场。工程设计部是设计汽车各种大总成的，工作人员3200人，其中包括1000名工程师，仅这一个部门，每年就有经费2亿美元。他们的研究、设计、试验的设备非常现代化，计算机应用普遍，而且取得了明显的成果。与之相比，我国汽车工业差距太大，我们对科研、设计和试验等方面的重要性认识不够，舍不得花钱，投入几乎是零。如不急速改变，想搞出高质量的汽车是不可能的。

二、货车制造技术差距巨大。三个国家各个公司之间，制造技术大不一样。新建厂的自动化水平较高，主要表现在：

1. 机械加工、焊接、装配，尤其同在一条生产线，一条线上进行多品种生产相当普遍。

2. 质量控制变成生产工序的一部分。

3. 机械设备不盲目追求精巧，许多加工设备有从液压回到机械传动的趋势。

4. 电子计算机普遍应用于生产，用电子计算机控制高价仓库很普遍。

5. 制造和运输全部机械化和自动化，任何零部件在加工过程中绝不允许落地。

6. 铸造方面，多数是按不同材料和品种组成的大流水生产的专业铸造厂。生产场地十分注意通风、除尘和环境保护。

7.制造方面和我国的差距不大,有些制造设备我国水平并不低,如通用公司最大的锻压机只有4000吨,有的厂仍在用空气锤,锻压前梁的方法与一汽一样。

三、在企业管理上需要学习其合理有效的方法。美、欧、日的企业有充分的行政和经济自主权,政府只通过政策、法令和税收来指导和影响企业,如对汽车的油耗、污染和噪声,政府规定不同年代应达到的标准。资本主义国家竞争激烈,企业间互相封锁,但在管理上非常注意计划、注重效率,也十分注意节约。日本企业普遍开展合理化建议活动,并给予奖励。企业普遍采用电子化管理手段,管理效率非常高。

（张矛著,《饶斌传记》,华文出版社,2003年）

饶斌回忆:

这次考察,除日本外,沃尔沃、通用、万国、福特原则上都同意与我合营,但具体办法只有通用谈得比较深入。通用公司肯定其投资可以占40%~49%,固定资产双方认沽投资,流动资金由合营公司贷款。但对合营公司的零部件是否达到100%的自制率,以及利润和出口保证问题,双方分歧很大。最后,双方同意把100%的自制率和25%的出口率作为奋斗目标。外企在中国的利润以共享利益、共担风险为原则。关于可行性研究问题,因为未向国内请示,所以没有马上答应,只是同意他们6月派代表来京时再研究。

这次出去考察,代表团得到一条经验,同资本家打交道,一定要让他们之间互相竞争。这次考察,有些公司不想和我们合营,但又担心失去中国这个市场,所以也都表示愿意合作。奔驰公司是百年老店,瞧不起中国的汽车工业,不愿与我们合营,但中国又是奔驰车的老客户,每年销量上千辆,所以奔驰现在也表示愿意与我们合营。

（张矛著,《饶斌传记》,华文出版社,2003年）

国家计委听取中国汽车考察组的汇报后,同意汽车工业吸收外资,积极筹备三汽建设,同时提出,寻找重型汽车合资合作对象时,要货比三家……先引进科研设备、试验设备,建立研究中心,培养技术力量。以老厂为基础,发展我国的重型汽车力量。

就在一机部鼓足劲准备筹建三汽的时候,由于20世纪70年代末80年代初的大规模"盲目引进",全国各地进口太多,几乎花光了国家所有的"库银",最严重的时候甚至出现因无钱支付而毁约的事件,国际影响极为恶劣,国民经济比例失调导致国家不得已而采取"调整、改革、整顿、提高"。三汽需国家投资几十亿,被列入调整范围,筹备虽未停顿,但进度已经大大放缓。就在此时,冒出来一个斯太尔。

斯太尔汽车公司全称为斯太尔-戴姆勒-普赫股份公司,是国际上著名的重型汽车公司,也是奥地利最大的股份公司,1934年由斯太尔、戴姆勒、普赫三家公司联合成立。该公司60%的股份归奥地利国家信贷银行所有,因此,也可以认为这家公司具有半官方性质。1979年全斯太尔汽车公司有职工18 000人,总部设在维也纳。公司下属有斯太尔厂、轴承厂、格拉茨厂、维也纳厂四个独立工厂。斯太尔厂是专门的重型卡车生产厂,拥有员工5500人,年产重型卡车1万辆,产量的三分之二销往国际市场。

中汽考察组在欧洲、美国考察时,也与斯太尔厂接触过,但由于斯太尔的规模和名气比不上德国奔驰和美国通用等世界知名企业,故只是礼节性地拜访,双方并未深谈。

1979年的欧洲正值第二次石油危机,油价从1979年开始暴涨,每桶由13美元猛增至1980年年底的41美元,由此引起很多发达国家出现通货膨胀和经济衰退。为应对经济危机,美、欧、日等发达国家加大力度开拓市场,向外输出产品与技术。改革开放,10亿人口的中国面向世界敞开大门，这几乎是一个具有无限容量的大市场，任你有多少商品，在 10 亿消费者面前也黯然失色，这就是欧美等发达国家为什么突然对中国感兴趣、愿意与中国做生意的原因。

　　刚刚打开国门的中国，对西方发达国家的众多企业尚缺乏明确的认识，仅仅知道通用、福特、奔驰等大公司，对一些虽然体量规模相对较小，但能力却很大的公司基本上不认识。在饶斌等人这一次考察之前，一机部部长周子健曾率中国机械工业代表团到德国考察，他们点名要考察奔驰公司，但在斯图加特大街上却发现满街跑的都是大众公司的车，他们好生奇怪，便向奔驰公司打听，才知道还有一个德国大众公司。周子健部长立即率团前往大众沃尔夫斯堡总部拜访。中国部长的突然造访让大众公司措手不及，这才有了和上海大众合资的开头。

　　奥地利也同样如此。得知中国要建设重型汽车制造厂，斯太尔公司高度关注，经过评估后认为，对于奥地利来说，这是"世纪性的机遇，绝不可错过"；这还是一块在空中飞舞的蛋糕，富于想象，具有优雅音乐素养的奥地利人要跳起来将这块蛋糕抢到嘴里。他们立即行动起来，主动出击。斯太尔公司很聪明，他们要做的第一件事情是要让中国人认识自己，斯太尔公司虽然不及德国奔驰和美国通用、福特的名气大，但也非等闲之辈，在世界重型卡车市场也占有一席之地。

　　1979 年 7 月，斯太尔公司在北京展览馆举办技术交流和车辆表演，他们展出了斯太尔最新的 91 型重型卡车。同时，斯太尔公司还向一机部递交了与中国合资合作建设重型卡车的建议书。同时表示，虽然奥地利是欧洲小国，但我们愿意和中国平等贸易。斯太尔的建议书暗示，斯太尔公司得到了奥地利政府的全力支持，包括金融支持。和我们合作吧，奥地利人口袋里的好东西多着呢！

　　那个时候，对于很多国人来说，奥地利很遥远，印象中唯一与这个国度相连的是音乐，尤其是旋律优美的《蓝色多瑙河》。拿小提琴、大提琴的手也能造重型车？看看奥地利人是如何推销自己的斯太尔 91 系列重型车的：

　　91 系列载重汽车是斯太尔公司在原 90 系列载重汽车的基础上开发的一种新的载重车系列。早在 1975 年，斯太尔公司就决定要生产一种优于 90 系列的新车型系列。经过三年的准备，1978 年中期，991-1491 首先问世；至 1983 年中期，总重为 40 吨的 2891 正式投入生产，91 系列重卡车的全部车型基本配齐。

　　91 系列重型汽车包括：装载质量为 9 吨的 991、12 吨的 1291、13 吨的 1391、14 吨的 1491、18 吨的 1891、25 吨的 2591、28 吨的 2891。其中 991、1261、1391 为二轴驱动 1491、2591、2891 为三轴驱动，1891 是四轴驱动。这些车辆可以根据所需功率的大小，分别装用自然吸气型、增压型、增压中冷型水冷直列六缸 WD615 柴油发动机，其功率覆盖范围从 200 马力到 370 马力。

　　各种吨位的车辆可以通过变更轴距、驱动方式、悬架结构来改装成牵引车或自卸车，也可根据不同的用途而选择多种变形底盘。

　　斯太尔公司在生产卡车的同时，也生产水平较高的军用车。从第二次世界大战时起，斯太尔公司就开始了军车生产，当时年产量曾达一万辆；1960 年开始生产中吨位 680 军车，以供应奥地利国防军，这种系列直至 1982 年仍在生产。除了本国军队使用外，斯太尔公司生产的轻型军车哈夫林格、平茨高尔等还向瑞士国防军出口。91 系列中有 2 个型号是军车，即 1291 型 4×4 M6 吨和 1491 型 6×6 M10 吨。后者在瑞士国防军中做过选型对比试验。参试的有瑞士、德国和奥地利的斯太尔。经过了严格的考核对比，斯太尔车的综合性能最好。

竞争是中国所希望的，加入竞争的对象越多越好。1979 年 9 月 20 日，一机部答复奥方：斯太尔 91 型系列车重型车符合中国引进重型车项目要求，欢迎其参加竞争。正如斯太尔公司所表示的那样，奥地利政府愿意向中国政府提供 5 亿美元的政府贷款，奥地利国家信贷银行也愿意拿出其中 1.1 亿美元用于重型汽车公司的斯太尔项目。在中国政府正为美元发愁的时候，奥方的条件的确很有吸引力，更何况，斯太尔 91 型谱宽广，军民通用，不光出资，而且转让技术，包括发动机、底盘、变速器、驾驶室等关键技术，又不像美国那么强势。几经考虑，1979 年 12 月 5 日，中奥双方在北京签署《重型汽车合作备忘录》，明确建设方案为利用老厂，生产纲领为第一期 1 万辆、第二期 2.5 万辆。精明的奥地利人成功地将一只脚踏进了中国大门的门缝里。但同时在敲中国大门，并已得到中方接待的还有通用、雷诺和沃尔沃，重型车项目究竟花落谁家呢？

绣球抛出去了，几只手都在抢这个绣球。国内，三汽筹备组的方劼、李岚清、郑正栩等人已经做了大量工作，三汽的建设究竟怎么搞，需要做出决断。

1980 年 6 月 18 日，一机部召开党组会议，专门讨论这个问题，方劼代表筹备组汇报。汇报完筹备情况后，方劼提出：节约国家投资，利用老厂"滚雪球"的方案。有人主张，要引进就引进世界名牌，现在总参要车要得急，就借军队这个东风。有人认为，要搞合营进度太慢，现在是缓不济急，不如进口技术，利用贷款发展，充分利用几个老厂，搞改造发展。

饶斌是汽车界的权威，他的发言最有分量。饶斌说了几条意见：

重型汽车厂的建设方案，中央是同意的，政治局和国务院大部分领导都圈阅了，不存在建不建的问题。建设纲领从小到大，从 1 万辆到 5 万辆。原来国家计委批准 5 万辆，外商都认为这个数字太大，连通用公司都认为人力、物力、财力不及，经过一年多的谈判探索，都认为从 1 万辆起步合适，这样做投资少、见效快。

……我们抓住一个奥地利斯太尔公司，又贷款，又补偿，合营如果搞不成，这条路还是通的。

关于选择对象问题。雷诺和沃尔沃可以做可行性研究，但对斯太尔也要做可行性研究。

（张矛著，《饶斌传记》，华文出版社，2003 年）

周子健最后总结：

从国家六五计划投资看，（建设三汽）这个项目实际上是缓了……目前情况下，并非要吊死在合营这棵树上，也不一定外资非要 49%，少一点也可以，但产品选型一定要选好。例如雷诺公司，如果别的方面不行，买他一个驾驶室也可以……50 年代每年进口 500 辆重型车，60 年代每年进口 3000 辆重型车，70 年代平均每年进口 7000 辆重型车，从减少进口的外汇中给我们二分之一或者三分之一用来发展重型车总可以吧！我们要把买车、技术引进和合营结合起来，要把技术引进放到济南、大足（川汽）、陕汽等老厂，看怎样经济合理。

（张矛著，《饶斌传记》，华文出版社，2003 年）

从周子健的发言中可以看到，根据当时的国内经济环境，三汽建设可能要"缓"了。三汽不搞了，但还是要利用老厂开展技术引进，关键是"要选好对象"。根据对现有重型汽车厂的综合评价，一机部决定：以重型汽车公司为引进和谈判主体，济南汽车厂、川汽和陕汽共同做好引进吸收的工作，各个厂有侧重地利用引进技术，结合老产品，研发出新一代产品。基本意见是，济南汽车厂以民品为主，川汽、陕汽发展军品；重汽集团内的潍坊柴油机厂和陕汽齿轮厂负责发动机、变速器等关键总成的消化吸收。

经过调整，中方引进阵营已经明确，那么引进对象究竟是谁呢？经过激烈的较量与竞争，酷爱音乐的奥地利人站到了竞争者的最前排。

虽然奥地利人站在了前排，但和斯太尔签约前，中方做了一件很重要也很有意义的事情，就是要对引进的斯太尔技术进行全面的检测试验。斯太尔公司推荐，斯太尔91系列车型是最新研发的具有世界先进水平的车型，但口说无凭，试验为证。

自中方发出引进重型汽车的信息，并与各国重型车公司接触后，为争取到中国这个项目，自1980年起，各有关汽车公司开始陆续给中方送来了样车、样机，包括美国通用汽车公司送来两辆将军型重型车，法国雷诺汽车公司送来两辆三轴重型车和一台发动机（型号：062045），斯太尔公司送来四辆重型车（包括一辆军车）和一台发动机（型号：WD615.65）；奔驰公司样车、样机已在国内。对送来的样车、样机，分别由重型汽车研究所、部队、高等院校、有关工厂做了性能测定和可靠性试验，并送使用单位做适应性使用考核，最终选定斯太尔公司91型系列。

斯太尔的引进是中国重型汽车发展的划时代事件，但凡关注中国汽车工业发展的人，无不关注斯太尔的引进过程。为此，笔者摘录部分斯太尔91型样车、样机试验报告，以飨读者：

一、样车试验

1980年7月，斯太尔公司3辆民用车到天津港；9月，1辆军车到达。车型号为：991型4×2（普通厢式车）、1491型6×4（重型车厢自卸汽车）、1491型6×4（轻型车厢自卸车）、1491型M6×6（军车）。

1980年8月到10月，3辆民车中的2辆交由清华大学汽车试验室与当时的重型汽研究所共同在北京做了整车性能测定。整车性能测定后，991型4×2普通厢式车由北京大型物资运输公司使用考核，2辆自卸车送北京交通部公路工程一局工地使用考核。此后又将其中一辆送山东铝矿公司作矿区使用考核。至1982年6月，3辆车分别的行驶了数万千米，使用中未发现重大质量问题，使用单位反映该车省油、操纵轻便、驾驶舒适。

通过使用和对样车的结构分析，中方担心其主车架及桥的刚度不够，决定将2辆民用车在海南岛试车场进行5000千米强化路的可靠性试验。出发前，991型4×2车已行驶了36 528千米，1491型6×4车已行驶了30 898千米。1982年下半年，两辆车从四川开赴海南岛试车场。

所谓强化路，乃人为仿制各种路面。强化路的比例为：散石路3.95%，扭曲路0.8%；乙种石块路4.77%，卵石路4.88%，片石路4.82%，搓板路9.58%，甲种石块路4.85%，水泥路3.45%，沙土路62.89%。

991车型总重为16吨，1491车型总重为26吨。两辆车经5000千米强化路试验后又行驶返回四川重型汽车研究所进行检查，至此已累计行驶接近5万千米。对原担心强度不够的桥壳和车架进行检查，均未发现残余变形及损坏现象。由此证明，91系列车的桥壳和车架强度是可靠的。

在严酷的道路试验中，试验车也暴露出如元宝梁开裂、油箱油管漏油，水箱下水室开裂，主、副纵梁连接板折断、螺钉松动，排气管支架断裂等问题。

军车试验从1981年4月开始，由总后装备部天津车船所主持，陕西汽车制造厂、济南汽车制造总厂、重型汽车研究所、吉林工业大学、清华大学参与。为做出对比鉴别，总后车船所专门安排5辆同等级当代军车做对比试验。五辆军车是：

德国：道依茨6×6；

德国：曼20.280. 6×6；

法国：吉比地（GBD）；4×4

法国：雷诺 TRM1000. 6×6；

奥地利：斯太尔 1491. 320. 6×6。

试验项目有：动力性、加速性、最高车速、最低稳定车速、燃油经济性、牵引性、制动性、操纵稳定性、越野通过性、沙地热状态适应性等。

在 1981 年 4 月至 8 月这 4 个月的时间里，这些欧洲血统的军车兄弟在同一竞技场上，你争我夺，互不相让。据总后车船所试验报告：14 个科目的试验，道依茨军车名列一、二名的占 10 项，曼军车名列一、二名的占 8 项，斯太尔军车名列一、二名的占 6 项，日耳曼血统的军车包揽了前三甲。

试验表明，斯太尔军车在燃油经济性、加速性、制动性、滑行距离、沙地通过性上尚有差距。奥地利人很重视这次试验结果，斯太尔公司立即针对上述情况做了改进。把原装用的 V8 型 WD815.61 发动机换装用 WD615.67 型发动机，这也是中方将要引进的发动机，并对包括制动器在内的部件做了调整。改装后的军车仍由总后车船所按原试验条件、项目再进行测试，结果表明，换发动机后，斯太尔军车的动力性、经济性、加速性、制动性均较原来有明显改善。

通过两次综合性对比试验，总后车船所对斯太尔军车车型基本满意，认为斯太尔军车可作为我军二代军车的换型车。在确定引进车型的论证会上，总后表态，赞同引进斯太尔 91 系列重型车。

二、样机试验

1980 年，斯太尔公司提供的样机为当时正在装车使用的产品——WD615.65 增压中冷柴油机，经过道路试验后，1982 年已由 WD615.67 代替。两者相比，功率及转速没变，最大转矩由原来的 940 牛·米提高到 1068 牛·米；转矩储备由 14.9% 提高到 30.4%。

样机测试由重型汽车公司筹备处组织，重型汽车研究所与杭州发动机厂参加。为了对比鉴别，决定雷诺 06204S、奔驰 OM401 和斯太尔 WD615.65 三家样机同台竞技。三台样机分别进行全面性能、可靠性试验及结构分析工作。从 1980 年 10 月至 1981 年 10 月，历时一年的试验及分析工作在杭州发动机厂进行。

试验项目包括：性能试验、1000 小时全负荷耐久性试验、3000 次（500）小时热冲击试验。斯太尔 WD615.65 柴油机在全速全负荷（280 马力、2400 转/分）工况下，每天 24 小时连续运转 47 天，共计 1000 小时。试验中，发动机运转正常，从未因故障而停机，也没有发生零件的损坏，试验期内的功率、燃油消耗率、排气温度、排气烟度等主要性能指标变化不大。

3000 次（500）小时热冲击试验后，检查发现，排气歧管前端有两处产生严重裂纹，排气歧管与气缸盖接触法兰面漏气和漏油，活塞顶部边缘局部剥蚀，凸轮轴的排气凸轮升程明显减少，进、排气一杆端出现凹坑磨损，高压油管局部擦伤，活塞环开口间隙增大，增压器转子径向间隙增大。

中国工程师的试验实际上是在帮助奥地利人改进产品。对试验暴露出来的问题，斯太尔公司均做了仔细的分析和说明，并指示国内生产厂进行改进。通过对样机的全面考核，1982 年 6 月，重型汽车研究所与杭州发动机厂的联合小组得出结论报告：

WD615.65 柴油机的动力性、经济性好，排温低、烟色淡，是一台具有当代先进水平的发动机。

该机零部件性能及整机性能可靠，在 1000 小时全负荷和 3000 次（500 小时）热冲击循环试验期间，没更换过零件（正常保养除外），在经受长时间的最大和热疲劳及交变机械负荷的考核后，关键零部件，如气缸盖及活塞未发生裂纹，也没出现拉缸现象，活塞与缸套工作表面接触良好，其他主要件磨损正常，整机可靠性好。

该机外形尺寸小、重量轻、外观简洁、拆装方便。

该机的加工精度、光洁度比国产机高一级，其他无太特殊的要求。

引进斯太尔WD615柴油机系列作为我国重型车的主要动力是合适的。

三、样车结构分析

重型汽车研究所承担对斯太尔公司提供的样车进行结构分析的任务，结构分析的目的为：深入掌握91系列整车及零部件关系、结构特点、主要零件材料、工艺、外协件等情况，为引进工作最后阶段的论证提供依据。

1981年11月至1982年3月，重型汽车研究所在四川以1491型6×6军车为主，结合民车进行了结构分析工作，分析的总成有：驾驶室及附件、发动机及附件、前中后桥、车架、悬架、电气系统、转向系统、制动系统、传动轴、变速器操纵装置等。与此同时，曲綦江齿轮厂负责变速器总成结构分析。

通过分析，初步掌握了91系列重型车的系列化情况，并对它的工艺、材料、外协件等有了基本了解，亦提出了若干个需进一步澄清的问题。

为时接近2年的全面检测试验证实，斯太尔公司的91系列重型车具有自重轻、载重量大、油耗低、操纵轻便、转向灵活、行驶稳定性及制动性好、驾驶室舒适性、隔音隔热效果好、军民车通用性强，维修保养方便等优点。

91型系列重型汽车整车由如下特点：

1.高度模块化的结构。91系列以尽可能少的总成（模块），采用适当组合的办法来满足不同载荷、不同轴数、不同发动机功率及不同变形的要求。如WD615发动机，在缸径、冲程，缸数相同的前提下，采用谐振、增压中冷等措施，可以提供五种不同功率。与这五种功率发动机匹配的离合器一共只有两种（直径380或420毫米）、变速器有四种、后桥有10、13、16吨级三种两个系列。行驶及操纵系则仅有两种从动轴，两种转向器及一套气路模块。高度模块化的结构不仅体现在用少量总成组装成多种变形的汽车，也体现在成系列的总成内部及总成之间。

2.多种变形选择。高度模块化结构使91系列的汽车可以提供各种不同的变型车底盘，为用户提供多种选用装置。

为了适应用户的需要，同时又要便于生产的组织和管理，斯太尔公司对91系列的各种车型（也包括发动机及驾驶室）除了基本装置外，还提供了大量各种可供用户自行选用的装置，这些装置统称"选用装置"。用户可以按自己的要求与销售部门共同商定选用。截至1987年年底，斯太尔公司提供的装置共有423种，可改装为大型客车、自卸汽车、自装自卸汽车、牵引车及半挂车、起重吊车、箱式汽车、市政环保汽车、消防汽车、建筑工程用车等。

3.良好的动力性、经济性和乘坐舒适性（平顺性、噪声等）和相对较低的总费用。1978年，德国《载货车与大客车》杂志社组织对曼、斯堪尼亚、斯太尔、沃尔沃四种载货汽车进行试验，斯太尔汽车在结构设计及传动系统匹配上均远远领先于其他车辆，加上相对来说较低的总费用，最终荣获冠军。国外汽车的一次使用寿命一般在30万~60万千米。试验表明，斯太尔91系列汽车在正常行驶条件下，可以达到90万千米以上。即使在恶劣的使用条件下，只要严格遵守保养制度，也至少在20万千米以上。

4.高质量的总成。除了斯太尔本厂制造的发动机、前、后驱动桥、分动器、车架、驾驶室必须具有 F1 优异的性能指标和质量外，其他一些总成及附件也都采用了一些声誉颇高的公司的产品，如德国 ZF 公司的转向器及变速器、F＆S 公司的离合器、美国伊顿公司的变速器、美国标准公司的制动系统阀类、博世公司的电器、西门子公司的仪表等。这些总成既保证了 91 系列整车有良好的使用性能，又保证了其具有足够的寿命。

除了上述特点外，斯太尔 91 系列军车还具有如下特点：

1. 各主要总成均与民车通用，如发动机、变速器、离合器、驱动桥、转向机等，车架只是横梁做了改进，而与纵梁的连接方式及结构变化不大。驾驶室只是为了适应军方的要求（过隧道）而将顶部两侧削去一角，风窗玻璃改为平面玻璃，这样既适用于生产，又便于维修备件的供应。

斯太尔现有的 1491 型 6×6M10 吨军车主要是作为军用运输车而设计的，轴距大、车体长、接近角小。我国对军车的基本要求是以作为牵引车用为主，变形为其他改装车所需的底盘。故要将轴距缩短，增大接近角，以提高通过能力和机动性。根据我国军方的要求，驾驶室要能乘坐五人，前风窗要改为二块平面玻璃。这些只要对现有的加长加强型全轮驱动驾驶室稍做修改，即可满足。为增强保障维护性能，我国军方要求 7 吨越野车与 12 吨越野车要尽量采用同一款发动机，斯太尔公司已经研制出了 615.94 型发动机，基本可满足 12 吨军车对动力性的要求。

2. 后悬架采用了四钢板弹簧结构，而不采用传统的 6 推力杆式平衡悬架，使得整车的车辆平顺性有所提高，同时也改善了车架的受力状况和稳定性。在总后组织的五辆进口军车的对比试验中，91 型军车的平顺性最好。

根据试验结果，国家计委、石油部、交通部、林业部、总后、总参及军事院校召开多次论证会议，综合了技术、经济、政治、协作态度等各方面的因素，统一了国内各有关方面的意见后，最后决定引进斯太尔 91 系列重型汽车。

按照我国的实际需要，重型汽车工业企业联营公司从奥地利斯太尔公司引进了其 91 系列重型汽车中的 991（单车总质量为 16 吨）、1291（单车总质量为 19 吨）、1491（单车总质量为 22 吨）、1891（单车总质量为 28 吨）及 2891（单车总质量为 40 吨）五种。

引进 MD615 系列发动机，由重汽公司所属潍坊柴油机厂与杭州发动机厂生产。

引进 161 系列中的 15 种变型驾驶室，包括标准 L 加长、高顶带卧铺、军用等各种变型。

作为整车引进项目中不可分割的一部分，根据斯太尔 91 系列重型汽车所使用的主要外购总成，重汽公司还引进了美国伊顿公司的 FULLERRT11509C、RT11609A 及 RT011609B 变速器；德国 ZF 公司的 ZF AK/S6—90 及 5S111GP 变速器和 ZF8043、ZF8046 液压转向加力器，及转向液力泵的设计、制造技术。

为了满足 91 系列重型汽车的生产要求，重汽公司下属各厂还分别从美国、德国、日本等国引进了阿里逊液力机械变速器等零部件的设计、制造技术等。

1983 年 4 月，重汽公司《关于重型汽车制造技术引进项目的可行性研究报告》上报国务院。报告提出：

实行重型汽车厂的紧密联合，改组"小而全""中而全"的生产格局，改造工艺、更新设备、组织专业化大生产，实现产品更新换代，发展系列化、多品种，结束单一品种的生产历史。利用老厂改造新厂，在老阵地上发展新的重型汽车生产基地。产品以老养新、以新促老，实行"双轨制"生产，交替发展前进。

1983 年 7 月 7 日，国务院以"（83）国函字 133 号文"正式批准了《重型汽车制造技术引进项目可行性研究报告》。

　　就在这个关键时期，斯太尔项目突然卡壳。原中汽公司副总经理吴庆时讲述了这段鲜为人知的过程：

　　引进斯太尔项目本来在1981年就已经确定了。但计划经济时期，企业引进项目的管理权在国家计委，我们只能不停地"跑部前进"，从1979年到1983年，跑了4年多时间。到1983年9月时，有种声音突然冒出来："奔驰汽车公司这个世界名牌我们为什么不引进，斯太尔是名不见经传的一个奥地利小品牌而已，要引进就要引进名牌嘛。"这个意见从下往上，一直反映到国家计委那里。在世界上，奥地利是个小国；但在汽车业界，斯太尔却不是个小品牌，而是世界名牌之一。当时三汽筹备组组长方劼有句名言："越是外行越大胆。"外行有时候领导内行，根本没办法。我们一去就要回答这个问题。就因为这，斯太尔的项目就批不下来！不批怎么办？只好由中汽进出口公司总经理张存道带队，邀请国家计委的一个局长参加，分别到奔驰和斯太尔去洽谈，然后再做比较。

　　我们第一站先到德国奔驰公司。奔驰是大公司，往会议室一坐，每人面前放了一大堆资料，技术方案、合作方案全有，都是硬皮的，里面的彩色照片漂亮极了。会议一开始，对方就提出来：合资不谈，引进技术可以，但有个条件，你要买我4万辆重型汽车。那时一辆不同型号的重型汽车售价1万多美元，4万辆就是4亿多美元。1979年，我国的外汇储备只有144.76亿美元，1983年因为大批进口，外汇储备更是少得可怜。我们问奔驰公司代表能不能少点？对方态度强硬：少了免谈。一点余地都没有。当天回到旅馆，那位国家计委的局长就说了，这个事根本不可能，（奔驰）不用考虑了。奔驰态度傲慢，自己放弃了与中国合作的机会。

　　再到斯太尔，斯太尔很想做成这笔买卖，谈的条件比较实事求是，除了收入门费，只要在生产过程中给提成即可。同时，奥地利政府还提供5亿美元的混合贷款。两相比较，高下立判。更何况，经过我们严格的检测、试验，斯太尔的质量水平与奔驰等世界名牌不分伯仲。这样，项目才最后定下来。1983年12月，双方在人民大会堂签字。

　　1983年12月17日，中国重汽公司与奥地利斯太尔公司在北京人民大会堂签订了《重型汽车制造技术转让合同》。1984年1月17日，外经贸部批准生效。

　　1984年11月7日，国家计委"计机（外）"[1984]2287号《关于重型汽车引进项目设计任务书》的批复：

　　一、生产纲领和建设进度：年引进斯太尔技术重型车100 000辆（含军车1000辆）、发动机1.5万台。在不影响斯太尔进度的前提下，济南汽车厂在现有产量基础上，充分发挥工厂潜力，尽可能多地生产改进型黄河162重型汽车，争取为斯太尔筹集更多资金，做到以旧养新。黄河162应吸收斯太尔的先进技术，逐步向新车型过渡。重型车是国家急需产品，要求在1990年达到生产纲领。

　　二、总投资和建设面积。总投资从上报国务院可行性研究报告时的3.5亿元增加到3.85亿元（包括引进需用外汇的人民币投资），其中国家拨改贷8000万元，建行基建贷款2.65亿元，自筹资金4000万元，并确定以重型汽车联营公司为单位实行投资包干……

　　三、外汇。技术引进和进口所需外汇，同意由原批准的3800万美元增加到4600万美元，由国家拨给。

　　四、协作配套。要抓紧对变速器、转向助力油泵的技术引进工作。转向机在已签引进合同的基础上抓紧消化吸收，形成生产能力。其他配套件应打破行业部门界限，择优配套，定点安排，并签订协议。协作配套要和主机同步进行，有关项目的改造和扩建也要做到同步进行。

1985年3月13日，济南汽车制造总厂第一辆SKD组装的斯太尔重型载货汽车下线。

1987年10月27日，国家计委发布"计机"[1987]1983号"关于重汽引进斯太尔技术项目设计复查和调整概算问题的批复"：

由于汇率变化和设备材料涨价，总投资调整到7.1亿元，外汇调整到4800万美元，其中新增1500万美元，由企业申请奥地利政府贷款（已批准使用）。

国家计委以"计贷"[1987]2065号发布"关于印发第二批奥地利政府混合贷款备选项目通知"：

批准重汽公司使用1500万美元用于斯太尔项目设备的进口。

国家计委以"计办贷"[1988]104号发布"关于申请奥地利政府混合贷款引进斯太尔散件问题的复函"：

同意重汽公司利用奥地利政府混合贷款1200万美元进口斯太尔散件装车。购买散件合同于今年8月1日在北京草签，合同总价约1000万美元，购买400辆斯太尔重型汽车的关键件和1130台发动机的关键件。今年10月26日，中国银行已签字生效。

国家计委以"计工二"[1988]441号发布"关于重汽申请奥地利政府混合贷款进口斯太尔汽车关键件问题的复函"：

批准重汽使用奥地利政府混合贷款5000万美元，用于1989年进口1000辆、1990年进口2000辆重型汽车和发动机的关键件。必须在1989年年底以前签订合同并生效。

中国重型车引进技术的大单终于落到了奥地利斯太尔公司手中。在斯太尔新技术的支撑下，中国重型汽车也开始了自己新的发展历程。

斯太尔项目是改革开放以后我国实施的第一个整车引进项目，也是迄今为止中国重型汽车规模最大、影响最深的技术引进项目，总投资11.58亿元，（实际使用14亿元），由12家直属工厂和一个技术中心组成的重汽集团组织实施。项目的实施直接推动了中国重汽、陕汽、四川红岩、潍柴、杭州发动机厂、陕汽齿轮厂（今法斯特）的产品开发与经营管理。斯太尔项目的实施全面缩短了国产重型载货车技术与国际先进水平之间的差距，整体提高了中国重型载货汽车的发动机、变速器、离合器、车桥、制动系统等系统和部件的技术水平，中国重型汽车从初始的仿制进入到了引进先进技术、消化、吸收、制造的第二阶段。在斯太尔基础上，我国开发出了第二代军用重型汽车，解决了我军急需的重型越野车平台问题。

斯太尔进入中国的模式也产生了后续效应，继斯太尔之后，德国奔驰、曼，捷克斯洛伐克太脱拉和瑞典沃尔沃等世界先进重型汽车生产厂家先后来到中国，与国内重型汽车生产厂家合资合作，促进了中国汽车工业与国际汽车产业的融合。2010年，中国汽车产销量为1800万辆，其中重型汽车产销量超过100万辆，毫无争议地成为世界重型汽车产销的第一名。而在这100万辆中，斯太尔车的产销量占到了65%，这很好地说明了引进斯太尔的意义。

解困

斯太尔项目的主要总成和整车生产由分布在全国5个省的12个生产重型汽车产品的大中型骨干企业和重汽公司技术中心合作进行，其余一些标准件、附配件则依靠全国有条件的零部件企业承担。中汽公司称：

不能不看到，中国汽车工业基础薄弱，如此多的企业分布在如此大的范围内，对具有 80 年代世界先进水平的重型汽车技术消化和吸收，组织专业化联合生产，其艰巨性和复杂程度是中国汽车工业发展史上前所未有的。

根据生产纲领，斯太尔年产 10 000 台（其中军车 1000 台），发动机 15 000 台。需要新增设备 5061 台、人员 11 865 人、新建设厂房 129 031 平方米、翻新旧厂房 32 872 平方米，共需投资 41 202.41 万元，其中拨改贷 8000 万元，建行基建贷款 26 500 万元，自筹 6702.42 万元。

斯太尔项目除奥地利斯太尔厂外，还有与之紧密相关的德国 ZF 变速器、转向机及转向油泵，美国富勒变速器等项目，这些项目仅主合同（包括产品图样、工艺流程图样、生产管理说明、销售服务说明和各种计算资料）就有 225 箱，计重 13.78 吨，由重汽公司技术中心负责全面验收、管理、翻译；翻译完成后，再将其编制成工艺路线表，将各生产厂的零部件任务具体化。

经初步核算，斯太尔项目共需进口各型设备 241 台（套）、专用机床 281 台，另需进口标准设备 892 台。全车共需标准件 852 个规格、168 个品种，套用国家标准 405 个规格和 61 个品种；未套用国家标准的，需要试制确定的有 447 个规格、107 个品种。潍坊柴油机厂和杭州汽车发动机厂负责全面消化斯太尔柴油机技术并组织生产。1985 年起，潍柴全面进入基建和生产准备阶段；1986 年起，杭州汽车发动机厂也开始进入生产准备阶段。驾驶室、车架、底盘等主要总成由济南重型汽车厂和川汽、陕汽承担。1987 年年底前，斯太尔厂开始交付驾驶室的冲模和焊装夹具，济南重型汽车厂和川汽、陕汽承担驾驶室中小模具 482 套的设计制造任务，确保 1988 年实现驾驶室生产。除了主机厂生产主要总成外，还需安排协作件生产厂进行配套生产等。整个过程犹如一场大的战役，各个方面军、各个部队都明确了自己的主攻方向、任务要求和完成时间。

斯太尔项目分为两步走，一方面建设自己的生产能力，另一方面以 SKD 方式组织装配部分整车，并在装车中逐步吃透技术、锻炼能力，为今后大批量生产打基础。考虑到产品既成系列化又各有侧重，济南汽车厂、川汽、陕汽三个主机厂同时开始装车，1985 年年底完成装配 1000 辆。

20 世纪 80 年代中期，正值改革开放逐步走向深水区，多种改革措施需要企业和社会消化。计划经济向市场经济过渡，旧有的体制尚未废止，新建立的体制机制尚不成熟，新旧体制机制互相矛盾，导致企业困难重重、举步维艰。企业产品从国家统购统销变为在市场上直接面对用户，市场改革初期的价格双轨制使得企业的产品成本与销售价格倒挂；财政体制改革使得一些原本由国家拨款支付的项目改为贷款，企业背上了沉重的负担；产品销售不畅、库存积压，企业资金变成库存产品无法流动，导致企业应收款无法收回、应付款无钱支付；由于没钱，原材料无法购进，引进技术无法消化，企业困难重重、不堪重负。从 1984 年期开始控制经济过热，很多大型项目停工，这些压力经过层层传导，导致主要用于经济建设的重型车滞销。

在引进、消化斯太尔技术的时候，这些问题全让重型汽车集团公司遇上了。

重汽集团公司三大厂：济汽、陕汽、川汽，其中陕汽、川汽都是以生产军车为主，现在战争阴云早已远去，军品订货大幅减少，没有订货就没有生产，没有生产就没有收入。虽然没有生产，但工厂里的生产设备照样要按时维修，折旧费要照样提，工人每个月要照样发工资，这些都要钱。但钱从何来？工厂陷入严重困难。

济南重汽的主要问题是滞销。从 1986 年下半年起，国产重型汽车和进口重型汽车开始出双重现滞销。济南重汽滞销一直持续到 1987 年 7 月仍未缓解。截至 1987 年 7 月，国产重型汽车压库 5000 辆，进口各型重型汽车压库数高达 20 000 辆。库存积压给企业造成严重困难，企业不光无资金购进生产原料、订购零部件，就连干部职工的工资也无法发放，群众情绪波动，对继续消化和吸收斯太尔项目造成了不利影响。

问题迅速反映到国务院，国务院领导责成国家经委调查、了解此事。国民经济出现重大问题，国家经委责无旁贷。时任国家经委分管副主任朱镕基立即责成国家经委、国家物资总局、财政部、中国工商银行和重汽集团公司组成联合调查组，迅速摸清情况，提出解困对策。

调查组由国家经委机电司副司长徐秉金带队，并由国家经委陈建国、国家物资局李国青、财政部潘跃龙、中国工商银行郝金键、重汽集团韩瑞麟和曹建芬等人组成。1987 年 9 月 1 日起，先后进入青岛汽车改装厂、济南重汽集团、潍坊柴油机厂，经过一个多月的深入调查，调查组向朱镕基交出调查报告：

......

以济南重型汽车厂为例，1985 年生产 9400 辆，1986 年生产 7600 辆，1987 年计划生产 8000 辆，因为滞销，到 1987 年 8 月底只生产了 3968 辆，生产出的汽车卖不掉，都压在仓库里。黄河 JN150 积压 4481 辆，压库的产品占用资金 1.8 亿元，企业出现巨额亏损，预计到 1987 年年底，亏损将达到 2500 万元。库存车辆停在露天场地里，风吹日晒，锈蚀严重，轮胎老化，电瓶已经报废。以国家物资局东北汽贸中心为例，到 8 月底，库存载重汽车 17 991 辆，占用资金 12.7 亿元，其中重型汽车 4395 辆，占用资金 3.32 亿元。库存积压的多数是苏联东欧进口的产品。苏联东欧的重型汽车水平低、可靠性差，几乎每台车出库前都要维修调整，有的出库后还需一再返回维修，例如苏联玛斯 5375 型重型汽车，到货 1453 辆，仅销售 6 辆；波兰伊尔奇重型汽车到货 370 辆，一辆也未售出。这批重型车库存最长达 2 年以上，而库存一年要支出各种费用 0.38 亿元。据初步测算，积压的重型汽车占用资金达到 15 亿元，对国家财政和国民经济造成极为不利的影响，这种情况是新中国成立以来不曾发生过的。

由于限产减产，全国几百家重型汽车生产厂、改装厂、配套厂都受到严重影响，受冲击最大的是济南重型汽车制造厂。在济南重型汽车制造厂，引进的斯太尔重型车项目刚刚起步，还未形成生产能力，老产品的市场就急剧衰退，造成了 4 年左右的产品空缺。为防止消化斯太尔项目造成的产能下降，该厂原拟改造老产品，用过渡产品黄河 162 投放市场以解决企业数千职工的吃饭问题并积累资金，以推动斯太尔项目的消化吸收和建设工作。但 162 没能形成批量，且存在不少质量问题，一时难以满足市场需求，也无助于企业摆脱困境。这种状况持续下去，对企业、对国家都将造成严重后果，不仅会造成巨额资金损失，更会影响中国重型汽车的发展。我们认为，上述问题的出现不能简单归结于"受进口汽车的冲击"，应对重型汽车的现状和以后的发展进行具体分析。

1. 商品经济的迅速发展和改革开放的新形势加速了国内用户对重型汽车提出了较高水平的需求。近几年来，我国能源、交通、工程建筑等国民经济重要领域对高水平重型汽车、专用汽车、改装汽车以及大宗货物运输车的需求一直得不到满足，1980 年至 1987 年，仅从日本新潟铁工所就进口了各种重型公路工程车 625 辆。这说明，不是没有需求，而是用户需要的是高品质的重型汽车，目前积压的重型汽车不能满足用户需求。

2. 近几年，受经济发展政策的影响，国家对道路、交通和油料供应等基本建设的控制以及信贷的限制，使得国内用户对重型汽车的需求受到遏制，年需求量预计只有1.5万~2万辆左右；而进口重型汽车数量过急过猛，加上国内已有的生产能力，1990年以前，即使不再进口、不再提高国内的生产能力，也有8万多辆重型汽车供市场消化，过多的资源只会造成更多的积压。

3.通过对国内用户消费水平和消费心理的调查，目前在库的质优价高和质次价廉的产品他们都不接受，而质优且价格适中的重型汽车及各类改装车才能被市场接受。库存的人家不要，用户要的又没有生产，由此造成了供需不平衡的局面。

4.国家对重型汽车工业的投资与其在国民经济发展中的地位不相适应。国家对重型汽车工业的累计投资不足5亿元，其中3.5亿元还是用来生产军用重型汽车。而同期，国家进口重型汽车却花去了25亿美元，是国家对重型汽车工业投资的16倍，这就严重制约了重型汽车工业的发展，造成了目前的被动局面。

我们认为，应该以保护我国重型汽车工业为前提，统筹考虑国内市场对国产和进口重型汽车的数量、质量和品种的承受能力。为此，我们建议：

一、对现有积压重型汽车要疏通渠道、积极推销

1.中国人民银行原拟议以发放买方信贷的形式解决积压的苏联、东欧的汽车的问题，建议将此方法扩大到积压的国产重型汽车，包括用赊销的方法来解决部分积压的重型汽车。

2.积极开展改装车业务，由重汽集团组织集团内外有关企业积极改装各种特种车、专用车，现有积压重型车改装后的销售享受同等优惠。

3.对今年底以前积压的重型车销售给予鼓励，请石化公司今明两年拿出5万吨油，每辆销售给予一次性供油2吨。

4.对现有库存积压的国产和进口重型汽车的销售价格进行统筹考虑。根据积压车的质量、性能和积压的时间，以及国内市场的需求程度，由国家物资局提出分层次的降价方案商财政部后予以实施。对今年国产重型汽车因减产和降价销售所带来的亏损，由财政部商重汽集团给予适当补贴。

二、控制重型车生产和进口数量

1.不能适销对路的国产重型汽车坚决停产。现在积压的国产重型汽车85%是黄河150，因此，黄河150除保留部分市场需要的底盘外，整车要停止生产。国产重型汽车的年产量要控制在1万~1.2万辆以内。

2.1990年以前，每年进口重型汽车的数量限制在3000辆以内，且要选择适销对路产品。

三、从长远来看，应该抓紧斯太尔项目的建设。由于这一车型系列较为完整，品种规格较为齐全，可以构成总重16~40吨五个吨级、15种基本车型和147种变型车，"八五计划"初期可以形成1万辆的能力。明后两年是建设高潮，应在资金特别是外汇上予以保证，以使该项目能如期建成、尽早获益。考虑到济南汽车制造厂对黄河162已进行了8年的研发，已投入9000万元，并有一定市场，但仍未解决该企业近几年的吃饭问题和建设问题，作为过渡措施，建议重汽集团商中汽联尽快批准追加2000万投资，形成年产3000辆的能力，明后年尽快投放市场。

四、重汽集团是三个汽车集团中财力最薄弱的，其若干骨干企业是刚由军品转为民品生产的企业，在市场开发和民品生产上都面临一些困难，市场不景气和由此而产生的资金不足使集团发展受到一定限制。因此，对重汽集团的工作应予以大力支持，克服传统结构造成的缺陷，通过企业联合改造、联合生产方式，由"全能"企业走向分工合作的现代企业之路。建议财政部从长计议，允许集团包干并给予部分优惠。

1987年10月15日

　　重汽集团的困境也直接影响了斯太尔的技术引进。根据重汽集团与奥地利斯太尔公司达成的协议，在一揽子总协议下，还需逐项签订各项子协议，但由于资金紧张和外汇额度发生变化，重汽集团迟迟未能与斯太尔公司签订5000万美元的关键件订货合同，奥地利人对此相当关注。

　　1988年3月1日，国家计委迎来了一批客人：奥地利驻华大使保罗·吴迈、奥地利斯太尔公司斯太尔卡车厂厂长普兰克、斯太尔公司驻北京代表沙菲尔和翻译杨阳。奥地利大使讲话满嘴外交辞令，斯太尔厂长则直接得多：贵我双方已经签订合作协议，我方正在按照协议规定，为中方准备1989年的1000辆份发动机和关键件的生产，但中方迟至今日未能与我方签订合同，我们不清楚这是为什么。希望重汽集团遵守已经签订的协议，尽快签订这份5000万美元的发动机和关键件订货合同，第一个合同应于1988年4月份签订，第二份供货合同（1990年引进2000辆份发动机和关键件）应于1988年8月份签订。

　　为了中国引进斯太尔项目，奥地利政府同意向中国政府提供的5亿美元的政府贷款，年息4.5%，还款期20年。作为贷款提供方，奥地利国家信贷银行指定其中的1.1亿美元用于中国重汽集团引进斯太尔项目。但中国国家计委只批准了重汽集团使用7700万美元，还有3300万美元没有批。斯太尔公司希望中方批准这3300万美元继续用于购买斯太尔的产品，这就是奥地利大使来国家计委的第二个目的。

　　国家计委批准重汽集团使用奥方的7700万美元贷款，其中6200万美元用于购买斯太尔汽车的发动机和关键件，1500万用于购买重汽集团斯太尔项目的建设设备。这是国际上贷款通行的原则，"我借给你钱，但你必须买我的东西。"

　　问题是，有些设备奥地利并不生产，能买到的设备仅值700万美元，1500万美元的设备款尚有800万美元需要在第三国购买，但这又受到奥方政府信贷条件的约束。"你要我买你的东西，但我要的东西你又没有，怎么办？"双方为此并未达成一致。现在，前一个问题没解决，奥方又希望中方继续使用剩下的3300万美元。

　　国家计委的意见很明确：这3300万美元能否批准给重汽集团使用，关键取决于那1500万美元的设备款如何使用。

　　国家计委负责人意味深长地表示："我们希望大使先生能做些工作，支持中国重汽集团和奥地利斯太尔公司的合作，以及与德国奔驰重汽的竞争，同意斯太尔公司用这800万美元的设备款从第三国购买。"

　　国家经委联合调查组的报告和奥地利大使的来访引起了国务院的高度重视，"只有解决好企业自身的问题，才能落实好引进项目"。1988年9月7日上午，时任国务委员邹家华在机械电子工业部三楼第二会议室召集国家计委、物资部、机械电子工业部、经贸部、建设银行、中汽联、国家体改委、财政部、交通部、海关总署、物价局、工商银行、北方集团、重汽集团负责人，共同商量并解决重型汽车工业发展中遇到的问题。这么多单位和部门的主要负责人为解决重型汽车工业齐聚一堂，本身就说明重型汽车在国民经济和国防建设中的重要作用和地位。那天的会开得很热闹，很多人发言，争得面红耳赤。会后，国务院专门发了会议纪要，全文如下：

《关于我国重型汽车工业的发展问题会议纪要》

　　1988年9月7日上午，国务委员邹家华同志在机械电子工业部第二会议室主持会议，研究我国重型汽车工业的发展问题，国务院有关部委、中汽联和重汽集团的领导同志出席了会议。

会议上，重汽集团总经理纪宝祥同志就重汽集团的发展和斯太尔项目建设情况做了汇报。

从第一辆国产重型汽车问世到"七五"末期，经过30多年的艰苦创业，我国重型汽车工业经历了探索、仿制、引进技术、消化吸收，到逐步形成具有国际水平的重型汽车生产手段和能力，现在已经到了成长发育阶段，走出了谷底。目前，我国已有重汽集团、二汽和北方集团三个重型汽车生产点。重型汽车集团起步较早，自1983年成立以来，按照"联合、专业化、高起点、大批量"的原则，通过引进斯太尔技术，加强技术改造，开发了一批具有世界先进水平的产品，部分产品已经打入了国际市场。今年计划生产300辆国产化大于50%的斯太尔整车，并投入四种车型供应市场，明年计划生产1000辆，后年计划生产2000~3000辆整车，1990年要达到整车10 000辆、军车1000辆、商品发动机5000台的生产能力。

会议认为，随着改革的不断深入，我国国民经济得到迅速发展，现在交通运输已经成为制约经济发展的重要因素之一。从世界经济发展的历史和我国运输力量必须综合考虑的实际情况来看，陆运结构的组成必将在加强铁路建设的同时，还要积极发展公路运输。公路运输结构的组成必将从中型汽车转向重型汽车，增加重型汽车运输的比例。因此，我国重型汽车工业必须发展，以满足国民经济建设的需要。重汽集团的发展实践证明，斯太尔项目的引进是正确的，是符合我国国情的。重汽集团在组织该项目的引进和建设方面做了大量的工作，取得了明显的成效，为我国重型汽车工业的发展打下了良好的基础。斯太尔项目的建设是我国重型汽车工业发展的重要组成部分，尽快建成这一项目，加快与德国奔驰公司关于重型卡车的合作，以及二汽重型汽车的发展，对满足国内需要、替代进口、改善我国出口产品结构、加快我国重型汽车工业发展都具有重要意义。

为了促进我国重型汽车工业发展，会议议定如下事项：

一、在引进国外重型汽车方面，对已同苏联、东欧签约的每年进口6000辆车，要力争做到不要增加并能逐年减少；其价格补贴标准应有利于国产重型汽车的销售；要严格控制进口西方重型汽车；对国内重大工程项目需要用的重型汽车，要采取招标的方法，只要国产车能满足要求和需要就一律不得进口。机械电子工业部要协助国务院机电设备进口审查办公室做好这项工作。海关总署要参考泰国、巴西等国的经验，研究、制定相关政策，用关税杠杆促进民族工业的发展。

二、要在保证原有性能的前提下，加速斯太尔的国产化。重汽集团要狠抓产品质量，加速开发变型车种，抓好产品的售前售后服务，提高企业的信誉和产品的知名度，努力开拓国内国际市场，加快出口创汇的步伐。

三、重型汽车集团经过五年的发展，已初具规模，正处在出成果的关键时期，需要国家在以下几方面给予扶植和支持。

1. 在国家压缩总投资规模的情况下，国家计委要把斯太尔项目作为重点来抓，在安排投资计划时，要把年度投资计划和总投资规模相衔接，并对斯太尔项目的技术开发中心建设给予足够的重视，所需外汇、国内贷款要予以保证。

2. 建议体改委将重汽集团列入"配套改革综合试点"单位，使之尽快成为外向型企业。重汽集团已形成的科研与生产相结合，跨地区，跨行业、跨所有制形式的大型企业集团，有较好的基础；但要成为外向型企业，不仅需要国家提供相应的条件，更重要的是重汽集团自身要自我完善、不断提高竞争力。

3. 建议交通部在制定有关政策、法规和公路建设规划时，要充分考虑和照顾到重型汽车的发展，并为其创造有利条件。在规划设计新建公路和桥梁时，要考虑到重型汽车的运行。各地交通运输部门赊欠重型汽车集团的货款，请交通部协助催付，以解决重型汽车集团的流动资金问题。

4. 对于斯太尔重型汽车生产所需材料，建议物资部纳入明年的物资分配计划，军用车辆所需材料应予以保证。

5. 汽车零部件、材料及其相关工业要与重型汽车工业同步发展，具体工作请国家计委与机械电子工业部商有关部门落实。

重型汽车集团面临的问题是改革开放进程中几乎所有国企都面临的通病，只是因为重汽集团引进斯太尔项目事关国民经济和国防需求，事关重大，在国家出面统筹布置下，所遇到的一些问题逐步得以解决。最终，在市场进程中，重汽集团解体重组，济南重汽与川汽、陕汽各分东西，由原本一口锅里捞饭吃的兄弟变成了互相竞争的对手，斯太尔引进项目也成为他们的主打产品，占据中国 15 吨级重型汽车的大半壁江山。

第二代军车谱系

在中国，国防需求是重型越野车发展的有力推手。

自力更生的第一代军车意义重大，但受制于我国汽车工业的基础，车辆的技术性能、质量指标、越野载重吨位和牵引重量还不能适应军队武器装备发展和现代化建设的需要。从 1975 年开始，总后勤部会同各军兵种车管部门和科研单位拟定了《第二代军用汽车系列型谱》。利用引进斯太尔、奔驰等先进重型越野车技术合作生产的机遇，在 20 世纪 80 年代末、90 年代初开始了第二代军用汽车的研制，确定采用 0.5 吨、1.5 吨、3.5 吨、5 吨、7 吨和 12 吨等 6 个吨级的基型车。在自行开发、自行制造的第一代军用越野车的基础上，逐渐形成以北汽、南汽、二汽（东风）等为骨干的轻型越野车板块；以中国重汽集团属下的陕西汽车制造厂、济南汽车制造厂和四川汽车制造厂、包头北方奔驰重型汽车有限责任公司、西南车辆制造厂等为骨干的中型越野车板块；以泰安特种车制造厂、万山特种车辆制造厂等为骨干的重型、超重型越野车板块，以及以汉阳特种汽车制造厂为代表的重型特种车基地。

轻型越野车吨级段有代表性的车型是：北京吉普自主开发的 BJ2022 型 4×4 越野车；南汽集团利用 IVECO 技术开发的 1.5 吨级 NJ2045 型软顶型、硬顶型、货车型越野车；东风汽车公司开发的 4 吨级 EQ2061E、EQ2102 等全军通用的、为多军兵种专用配套的中型系列越野车；还有陕汽总厂生产的 SX2150 型 5 吨军用越野汽车等。

斯太尔技术的引进给第二代军车发展奠定了技术基础。斯太尔 91 系列重型汽车引进后，我军二代重型越野车项目便规划了 5 吨级、7 吨级和 12 吨级三个车型。在斯太尔 91 系列中，7 吨级军车已经很成熟了，加拿大、奥地利和瑞士等发达国家的陆军也选用了这个车型。7 吨级项目的试制在陕汽进行，开始阶段主要是 SKD 斯太尔 1491M6×6 车型，生产编号为 SX2190。完成 7 吨级车型后，重汽集团开始筹划在 7 吨级车型的基础上研制 4×4 型 5 吨级和 8×8 型 12 吨级，即所谓的"去一个桥的轻量化车型"和"加一根桥的重型化车型"。研制的过程中发现，8×8 车型的越野承载能力完全可以突破 12 吨，实现 15 吨，经军方同意并重新规划，12 吨级车型就变成了 15 吨级车型，陕汽的 SX2300 型 8×8 和重汽的 JN2300 型 8×8 两款 15 吨级车型先后都通过了军方的定型试验。

20 世纪 90 年代，继斯太尔后，根据国防需要，兵工系统的内蒙古一机、内蒙古二机和重庆铁马引进了德国奔驰技术，中国重型汽车的水平和能力进一步加强。2000 年前后，国家某重点战略武器研制出来，但没有合适的车辆来运载，二炮有关领导指示重汽公司暂停 12×12 项目，先搞 12×10 项目和 10×10 项目，前者和后者相比多一个承重桥。济南汽车人不负众望，2002 年 5 月，编号 JN5560 的重型越野车完成了试验定型。JN5560 主发动机采用德国道依茨发动机、采埃孚全自动变速器（AT），以及国产的油气弹簧悬架系统和车桥，再加上重汽自身雄厚的技术储备，驾驶室视野开阔，驾驶舒适，操纵性堪比小轿车，与俄罗斯同类车相比，整车配置要好得多。

继斯太尔以后，20 世纪 70 年代末至 80 年代初，中国从德国戴姆勒·奔驰公司引进了奔驰 2026（6×6）8 吨级越野车装备部队，用于牵引重型火炮。奔驰 2026 的载重牵引能力和行驶速度等性能比部队原先使用的国产和进口重型越野车均有显著提高，完全可满足部队和国内民用部门的需要。根据原国家机械工业委员会"全国汽车工业调整改组方针"试行通知的精神，自 20 世纪 80 年代初开始，以重庆西南车辆制造厂为主的四川省 11 家相关企业以奔驰 2026 为基础，开始研制中国新一代重型越野车"铁马"。1982 年年底，铁马 XC2200（也称 TM-SC2030）（6×6）7.5 吨载重越野车样车研制成功，并一次试验成功。

为进一步提高我国重型车辆的性能水平，1985 年，经国家批准，又从原联邦德国引进了具有 20 世纪 80 年代国际先进水平的 ZF 机械变速器及 KHD413 系列风冷发动机技术，这些技术被用于 XC2200。1986 年，XC2200 设计定型并投入批量生产。与国产第一代重型越野车相比，XC2200 的高速行驶能力显著提高，最高速度达 85 千米/小时；该车装用的 ZF5S110GPA 变速器有 9 个前进档和 1 个倒档，使用了双 H 型换档装置，变速杆与高低档变速杆合二为一，简化了操作；轮间、轴间均有差速锁；驾驶室的内饰和显示灯、警告灯、操纵系统均比第一代重型越野车有较大改进；驾乘舒适性有了明显提高。XC2200 逐步成为陆军重型越野车的主力，除作为重型火炮的牵引车外，还利用其底盘改装了 90 式 122 毫米 40 管火箭炮、WS-1 多管火箭系统、重型机械化门桥运输车、重型机械化路面敷设车等；利用其技术还研制成功了 WZ551 轮式步兵战车、轮式装甲人员输送车、轮式 HJ-8 反坦克导弹发射车、WZ901 保安车、WJ94 装甲防暴车等。

为满足部队对坦克等重型汽车装备公路运输的需要，汉阳特种制造厂于 20 世纪 80 年代初研制成功了载重量达 50 吨的我国第一代运输车。该车由 HY473（6×6）牵引车和 HY962 半挂平板车组成。HY473 大量采用德国重型车技术，如 F12L413F 风冷柴油机、ZF5S-111GP 变速器、9 个前进档和 1 个倒档、气动操纵的轮间和轴间差速锁等。50 吨坦克运输车装备部队后，成为装甲车辆和重型工程机械设备的主要运输工具，对提高部队的战斗力发挥了极大的作用。1996 年，通过换装大功率发动机和引进技术，该车改进成为载重 75 吨的载重车。HY473 系列 HY2220S 底盘还被选作我国 LY60 地空导弹的运载发射车。

20 世纪 80 年代中期，陕西汽车制造厂在消化、吸收斯太尔系列车技术的基础上，研制生产了第二代陕汽（6×6）7 吨级重型越野车 SX2190。SX2190 大量采用了斯太尔的技术，所使用的 WD615 系列涡轮增压水冷柴油发动机为我国军用汽车首次采用；与之相匹配的 RT11609 变速器采用美国福特技术，有 9 个前进档和 2 个倒档，并配有机械式副变速器和液压助力转向装置。这些先进技术的采用，显著地改善了驱动系统对复杂环境的适应性能，提高了车辆的越野能力；车辆的运载和牵引力也有了显著提高。车辆采用了经改进的斯太尔驾驶室，驾驶员的视野更加开阔、乘坐条件更加舒适。SX2190 在 1996 年北京汽车博览会上正式亮相，目前已批量装备部队。

山东泰安特种车辆制造厂使用 TAS5380 系列 TAS5380SQ 型底盘研发出了我国新一代 8×8 重型越野车。这种车型的越野爬坡能力强（爬坡度达 35%）、车速高（公路行驶速度达 70 千米 / 小时以上），满足了部队对大载重、高速运输车辆的需要，成为我国 WM-80 式新型 273 毫米远程火箭和地地战术导弹运载发射车的底盘车。

进入 20 世纪 90 年代，我军第二代军用越野车从载重 0.5 吨到 75 吨已经形成体系：

北汽 0.5 吨级 BJ2022 型 4×4 军用越野车；

南汽 1.5 吨级 NJ2045 型软顶型、硬顶型、货车型军用越野车；

东风 4 吨级 EQ2080/2081 和 EQ2100；2.5 吨级 EQ2061E、EQ21024X4 军用系列越野车；

陕西汽车制造厂 5 吨级 SX2150 型 6×6、7 吨级 SX2190 型 6×6 军用越野汽车、12~15 吨级 SX2270 型 8×8、SX2300 型 8×8 重型军用越野车；

济南汽车制造厂和四川汽车制造厂、包头北方奔驰重型汽车有限责任公司 7 吨级 1926A、10 吨级 2629A，以及 15 吨级 JN2300 型、JN5560 型重型军用越野车；

西南车辆制造厂 7.5 吨级 6×6 型 XC2030 越野车、8 吨级 8×8 型 XC2200 系列重型军用越野车；

泰安特种车制造厂 20 吨级 TA5380，25 吨级 TA5450，30 吨级 TA5570、TA5570A、TAS5380SQ 重型越野车；

万山特种车辆制造厂 15 吨级 WS2300 型、20 吨级 WS2400 型、28 吨级 WS2500 等重型、超重型越野车；

汉阳特种汽车制造厂 50 吨级 HY473（6×6）重型牵引车和 HY962 重型半挂平板车。

国产军用重型越野汽车不仅满足了部队的装备需要，而且几乎所有型号的军用重型越野汽车都有相应的民用型号，在公路运输、石油勘探、工程建设等方面大量使用，为国民经济建设做出了巨大贡献。

第三代高机动越野车：猛士

在我国的军车系列中，有一款我军唯一的第三代高机动性越野车，也是唯一获得"国家科技进步奖一等奖"的军用越野车；更值得称道的是，它是完全依靠中国人自己的力量研制出来的。它就是东风汽车公司研制并批量生产的"猛士"，编号为 EQ2050。

军用轮式车辆是军队地面机动的主要装备，是军队机动的脊梁，其整体机动性水平已成为军队现代化的重要标志之一。为适应全球作战，面对战场的不确定性，战场上使用的车辆必须要有更强的适应性和生存性，在这种思想指导下，新的"高机动性"概念出现了。

高机动性越野车是军事用语。何谓车辆的机动性？何谓车辆的高机动性？高机动性怎样分类？解释如下：

军用车辆的战术机动性是指军用车辆实施兵力、兵器机动等遂行作战和保障任务时，在可能遇到的各种道路、地面和地形条件下快速行驶的能力。影响车辆机动性的各种因素、指标的综合和量化决定军用车辆机动性指数，其数值大小代表着车型机动性的高低，并以此来判别车型的机动性等级。

军用车辆的机动性一般分为高机动性、标准机动性、有限机动性、低机动性四个等级。

高机动性车辆，是指按军用要求专门设计制造的，既能在铺装路面上高速行驶，又能通过其他轮式车辆难以通行的起伏、泥泞、沙漠、岸滩、积雪、丛林和水障，并能克服其他轮式车辆难以逾越的障碍（如陡坡、侧坡、台阶、壕沟、弹坑、凸岭等）的全轮驱动的高性能车辆。它要求底盘技术先进，机动性能高。以 4×4 驱动为主，采用大功率柴油发动机、自动变速器、带转矩分配的全时分动器、轮边减速桥、大行程悬架、轮（轴）间限滑差速装置、特种轮胎（无内胎、泄气可行驶、调压）及牵引力控制系统等先进技术。它主要装备要求快速机动的部队，以及在战术前沿和战术前方遂行战斗、保障任务的部（分）队。

标准机动性车辆，是指按军用要求设计制造或军选民用的，既能在铺装路面上高速行驶，又能通过较深的起伏、泥泞、沙漠、岸滩、积雪、丛林和水障，并能克服一定的障碍（如陡坡、侧坡、台阶、壕沟、弹坑、凸岭等）的全轮驱动车辆。它主要装备在战术地域遂行战斗、保障任务的部（分）队。

有限机动性车辆，是指既能在铺装路面上以较高的速度行驶，又能通过较浅的坑洼、泥泞、沙漠、岸滩、积雪、丛林和水障，并能克服各种较小障碍的全轮驱动轮式车辆。它通常在标准机动性车辆的基础上增加装载质量或减少驱动轴数实现。它主要装备在战术后方和战役地域遂行保障任务的部（分）队。

低机动性车辆，是指军选民用，主要在铺装路面上以较高速度行驶的非全轮驱动车辆。它主要装备在战役地域遂行保障任务的部（分）队。

1979 年，美国国防部决定重新开发一种新型 1.25 吨级"高机动性"越野车辆，以代替现有的轻型越野车。这种车称为 HMMWV（High Mobility Multi-purpose Wheeled Vehicle），音译出来就是"悍马"。

"悍马"主要装备美军前沿作战部队，用于战术突击和战斗支援。美军提出，悍马要采用大功率柴油发动机，可以根据需要进行二次改装，以适应地面武器模块化的发展潮流。要配装大型宽截面轮胎，应用成熟的中央充放气系统，以适应在沙漠、沼泽、冻土融化等松软泥泞地面行驶，适应全球作战。要尽可能减轻重量，以保证空运、空投等远程战略机动能力。车内要有足够的容积，以保障前沿作战部队的士兵随身携带足够的物资。除了运送人员外，还需承担架设机枪、救护伤员、发射导弹等老吉普车无法承担的军事任务。

1981 年 2 月 20 日，美国陆军坦克汽车司令部向有意参与"高机动性多用途轮式车辆"项目的美国汽车企业发出招标通知，标书要求从研制样车到大批量装备部队在 3 年内完成。2 月 27 日，美国国内 61 家汽车公司前来应标。经过谨慎细致的审查后，7 月 1 日美国陆军坦克汽车司令部宣布：美国汽车公司 AMG 分公司、克莱斯勒汽车公司、达信·大陆公司这三家汽车公司获得了军方的研制合同。合同要求 1982 年 5 月之前，三家汽车公司向美国陆军坦克汽车司令部工程局各送交 11 辆样车，进行技术试验和作战效能评估。

从美国军队全球部署、到处制造和参与冲突的前景看，新的"高机动性多用途轮式车辆"是一块前景诱人的大蛋糕。三家公司之间你争我夺、明争暗斗，经过激烈角逐，美国 AMG 公司率先将一款采用 V8 型 6.5 升柴油机、四轮独立悬架系统、常时四驱系统，低车身、宽车体的悍马样车送到了美国内华达汽车测试中心进行全面测试。试验证明，这一款新研制的悍马动力强劲，车身低矮宽大，全车采用了大量的新技术、新材料，机动性、越野能力较美军原来使用过的所有车型都大大增强。1983年3月22日，美国陆军坦克汽车司令部宣布，AMG汽车公司的样车在进行3万多千米的性能试验后，表现最佳，获得了一致的认可。美国军方评审文件中称道："设计优越，可靠耐用，运载能力超乎想象，达到预期的机动能力。"经过对样车的再次完善后，美国陆军和AMG汽车公司签订了一份多阶段的供货合同。合同规定：美国陆军在1989年之前，预计向AMG公司订购54 973辆，合同总价值为12亿美元左右。其中，首批车辆生产订单为2234辆，合同价值为5980万美元，全部车辆在1985年交付装备。第二批订单为15 000辆，在1987年之前交付装备。

超前的设计思想和丰富的技术储备使得AMG公司在这次竞争中得了头彩。

悍马基本车型长4.72米、宽2.18米、高1.83米；车底由于采用双"A"臂独立悬架，离地间隙410毫米，与现代主战坦克不相上下，越野性能极为突出；公路最大速度113千米/小时，最大行程482千米，最大爬坡度30度，最小转向半径7.62米，涉水深0.76米；车体采用高强度合成树脂和铝合金制造，重量轻、强度高；车辆自重2416公斤，载重1077公斤；装置一台V型8缸6.2升水冷柴油机，最大功率为110kW（150马力）；装有动力辅助转向器，轮胎为泄气保用轮胎，并可以选装轮胎气压中央调节装置。作为高机动性车辆，悍马适合快速机动部署的要求，C-130运输机一次可运三辆，C-141运输机一次可运六辆，C-5A银河运输机一次可运五辆。"悍马"在设计时即按车族化考虑，各种变型车有30余种之多，包括人员/物资输送车、轻型战斗车、反坦克导弹发射车、防空导弹发射车、指挥通信车、装甲输送车、野战救护车等。

悍马的战技术指标如此先进，那战场表现如何呢？

1990年的"海湾战争"中，美国大兵们和悍马一起乘坐飞机迅速飞抵海湾，其集结和部署的速度几乎比美军第一装甲师和第一机步师等这些重装部队快4倍以上，表现出了优异的战略机动能力。在战斗中，搭载陶式反坦克导弹和大口径机枪、小口径机炮的悍马，凭借自身机动灵活的特点，在武装直升机的掩护下一马当先，冲在坦克、装甲车前面，把伊拉克军队的装甲师打得落荒而逃。广袤的中东沙漠，自然环境极为恶劣，根本没有道路，到处都是起伏不平的沟坎和沙丘石砾，悍马优越的越野性能在这里得到了最大限度的发挥，中东沙漠成了美国悍马的表演舞台。在这场战争中，悍马以彪悍的外形、强劲的动力、快速的机动能力和多样化的配置脱离了普通汽车的概念，成为一款名副其实的战术武器平台。战后，美国五角大楼在名为《波斯湾战争的胜利》的报告中称：

悍马军车满足了一切要求，或者说超出了人们的要求……显示了极好的越野机动能力，其可用性超过了陆军的标准达到90%。很高的有效载重能力对美军来说也是绝对的保证……

在海湾，悍马和第二次世界大战时的吉普一样成了战场明星。海湾战争如同武器试验场，既展示了悍马的性能，也暴露了悍马存在的问题，海湾战争结束后，悍马改进计划也随即展开。美军对悍马通过复杂地形，特别是穿越障碍物的能力、承载系统和动力系统做了大规模的改进。改进后的悍马被称为"重型悍马变型车"（Heavy HMMWV Variant），简称"HHV"，装备编号为M1097。1993年年初，美军又对发动机的涡轮增压进气系统和三元催化转化排气系统进行了优化，在发动机没有大的改动的情况下，输出功率提高到125千瓦；变速器也加装了电子智能控制系统，使车辆驾驶更为轻松。改进和完善后的悍马为M988A2，成为美军现役主力车型。

　　"悍马" M998 和 M997 表现出的卓越机动性为全世界所瞩目，发展和装备高机动性军用车辆已成为大多数国家军队的共识。继美国之后，德国、奥地利、俄罗斯、日本、意大利、西班牙、以色列等国家也相继开发和拥有了自己的高机动性车辆。其中有 8 个国家发展了 1.5 吨级高机动性军车。

　　美军以"悍马"轻型高机动性多用途轮式车（HMMWV）取代过时的 M274、M561/M792、部分 M151 和 M880 系列车型。截止 2000 年中期，AMG 已生产悍马车 16 万辆以上。其中美军共订购了 10.91 万辆，出口欧洲、中东、亚洲 30 个国家和地区约 5 万辆；同时，还同步开发了 A1 系列 A2 系列共 16 种变型车。

　　在西方发达国家，除了美国研制的悍马外，属于第三代高机动越野车的还有德国乌尼莫克（Unimog）系列高机动性越野汽车 U165L，奥地利 Pinzgauer 系列高机动性越野汽车，日本丰田公司生产的 Kohkidohsha 1.5 吨 4×4 高机动越野车，西班牙 URO VAMTAC（4×4）1.5 吨高机动性战术车，瑞士 BUCHER DURO（4×4）1.7 吨高机动性越野汽车。

　　早在 1988 年，总后驻北京汽车修理厂军代室就得到了一辆美军最新装备部队的悍马 M998 系列陶式导弹运载车，他们按照我军"军用越野汽车试验方法"对这辆车进行了综合性能试验，拿出了一份《M998 越野汽车性能试验报告》，为我军 1 吨级越野汽车的战术技术论证提供参考数据。这可能是我军最早的一份关于美国悍马军车的技术参数和性能参数：

　　美军现装备的 M998 汽车，具有较大的比功率和比转矩，最高试验车速结果为每小时 114.8 千米，能够顺利通过 39 度纵坡，0~80 千米加速时间为 21.28 秒，加速距离为 307 米，其动力性能优于国产同类型汽车。

　　仅以加速性为例，M998 与当时我军同类车型 NJ220、NJ221 相比，0~80 千米加速时间，M998 为 21.28 秒，加速距离为 307 米，比功率为 40.16，比转矩为 9.64；NJ220 为 22.15 秒，加速距离为 307 米，比功率为 33.33，比转矩为 8.33；NJ221 为 29 秒，加速距离为 412.5 米，比功率为 32.43，比转矩为 8.11。

　　在另外一份文件中，美军对第三代高机动性越野车有明确的定义：

　　非常规的动力性、高越野通过性、坏路、无路状态下的平顺性。

　　1.5 吨级轻型越野汽车用途广泛，发展我军的第三代 1.5 吨级高机动性军用越野汽车刻不容缓。2000 年，总装备部将高机动性越野车正式列入科研计划。2000 年 11 月，由总后勤部军事交通运输研究所和总装备部汽车试验场有关人员组成项目组，由总装备部定远试车场场长习增祥高级工程师担任项目组长，开始了《第三代 1.5 吨级军用越野汽车研制立项综合论证》工作。经过广泛论证和测算。2001 年 6 月，项目组拿出了研制立项综合论证报告，摘要如下：

　　我军高机动越野车使用定位：

　　机要车、气象观测/检修车、侦察车、巡逻车、装甲输送/步兵输送车、电子对抗/侦察车、各类通信车、指挥车、战勤作业车、救护车、装甲指挥车、炮兵指挥/侦察车、防化侦察车、工程指挥车、汽车抢修车、空降车、飞机牵引车等。

　　我军高机动性越野车作战使命和任务：

　　1.5 吨级军用高机动性越野汽车是我军未来全新的、具有高机动性能的第三代轻型越野汽车，主要装备于快速机动部队和在战术前沿、前方遂行战斗、保障任务的部（分）队，用于战斗班（组）机动、突击、侦察、巡逻；用于牵引飞机等武器装备；用作轻武器、轻型火炮和轻型反坦克、防空导弹的机动、发射平台；用于改装专用车辆，遂行机要、侦察、电子对抗、通信、装甲、炮兵、工程、防化、后勤、海军陆战队、空降兵等机动保障任务；用于改装水陆两栖、空降等车辆，遂行特种作战任务。

我军高机动性越野车的要求：

良好的越野性。根据1.5吨级高机动车的作战使命，确定要求适用于我国全境。高机动性越野汽车在战时主要用于战术前方，相对于标准机动性车辆，行驶路况将会更为恶劣。要求1.5吨级高机动车既可行于铺装路面，也可行驶于急造军路、乡村土路和越野路。越野路包括标准机动性车辆难以通行的起伏、泥泞、沙漠、岸滩、积雪地和丛林、水障等。

我军高机动性越野车造型要求：

高机动性越野车为军车，造型上应满足军用要求和功能，要体现军车特色，给人以威武和震慑感。造型应为粗犷——方直结合形，或者为粗犷——流线结合形。

我军高机动性越野车的防护性能：

防无线电侦破……随着电子控制技术在底盘上的大量应用，防无线电侦破性能问题将越来越突出，要通过整车外形、材料和涂层的处理，降低被侦察的概率。信息战对车辆的电子控制设备具有干扰作用或直接的攻击作用，在战场环境中，当遭受主动电磁干扰时，发动机管理等电子控制系统应能正常工作。为适应未来信息战的要求，车辆应具有定位定向能力，配备通用的通信系统和相应的天线结构，以提高生存性。

防可见光和红外侦破性能。未来战争中，侦察手段多种多样，为了提高车辆在战场中的隐蔽性，应采用复合材料车身、涂覆防红外涂料，尽量减小外形可视及红外特征，车身应设计成较小曲面，表面应涂伪装迷彩，并可吊挂伪装网等。

安全防护性能。为提高生存性，整车要有良好的操控性，驾驶区应视野宽阔，还应有性能良好的防空照明系统和良好的夜间行驶性能。考虑防护轻武器攻击和地雷爆炸，在结构和重量上应留有安装装甲防护的空间。要安装泄气可行驶车轮，以保证战场上轮胎损坏时，能尽快地脱离危险区；任何两个车轮泄气，应至少能行驶50千米，其中以每小时50千米车速在铺装路面行驶15千米，以每小时35千米的车速在急造军路和乡村土路上行驶15千米，以每小时20千米车速在越野路行驶20千米。

其他防护性能。要设置副油箱、枪架、防护栏、牵引装置、电动绞盘等，使车辆有保持机动、还击、自救和互救能力。软顶敞篷车防护较弱，为防止车辆倾翻时伤及乘员，要求设有防滚翻保护装置，防滚翻保护装置应制成可拆卸的。防滚翻保护装置的结构及设计，应考虑轻武器、轻型火炮和轻型反坦克/防空导弹等武器安装、发射的要求，并具有足够的承受后坐力的强度和刚度。

我军高机动性越野车的适应性：

要能适应高原、寒区、热区、沿海地区的自然环境及战场环境，发动机要具有良好的高原动力保持特性。为可能遇到的核污染和生化污染，整车结构应便于洗消；作为武器平台，要能承受武器发射造成的后坐力或冲击波；作为空降车使用时，要有空投功能；要具备良好的低温起动、运行和低温下风窗玻璃除雾能力、在环境温度-30℃以上时，不借助外部帮助，发动机要在1分钟内起动和运行。在环境温度-30℃（-41℃时，借助外部帮助），应能在45分钟内起动和60分钟内运行；在任何气温和工况下，发动机和其他的总成部件不得有过热现象，车内应有良好的隔热、通风效果；整车材料应能防霉变、耐腐蚀（含盐雾腐蚀）、耐老化和阻燃。

我军高机动性越野车的维修、保障、运输、安全、工效及人机工程等要求：

维修性。维修性能的好坏对于确保产品的可用度，提高效能，减少全寿命费用都有重要的意义。从车辆论证、研制工作开始，就要注重维修性的论证、分析、设计与试验工作。

保障性。为使装备保持和恢复完好状态，使之能持续完成作战与训练任务，要求采用模块化设计，以相同总成部件为基础和同一底盘结构为基本平台，同步发展基本车型和变型车，实现车族化。结构设计、材料选取（尤其车身）等应尽量轻量化，既要保证性能先进，又要考虑逐步强化到运载2吨的能力。尽量选用性能先进、轻量化、批量生产、供源可靠的民用总成、部件，通用性和互换性良好，便于器材供应与战时筹措。整车要便于操作、维修。应同步发展使用维修和封存所必需的仪器、机工具和器材，并符合国内有关标准、法规或惯例，便于操作、携带。对储存环境的要求不高于现有车型。车上应配备工兵锹、镐，以及水桶、燃油桶和随车工具。

运输性。要求可以方便地利用公路、铁路、海运、航空等运输工具输送。设置运输装卸的系留点和捆绑加固的系固点，能整车吊装和捆绑。软顶应可变敞篷顶，防滚翻保护装置可拆卸，风窗玻璃可前翻。

安全性。安全性是汽车非常重要的性能指标，部分指标是国家的强检项目，主要包括制动性、转向性、主动安全性、被动安全性、操纵稳定性等。

工效和人机工程。要解决防雨、防尘密封性。为适应严寒区的使用要求，解决乘员冬季防寒问题，通常应设置取暖装置。尤其对软篷顶车，冬季取暖问题更为突出。按照人的生理要求，一般冬季在环境温度4℃以上的条件下，操作人员才能长久静坐。要求车内配置取暖、制冷装置。军车的人机工程布置情况对驾乘人员的战术动作有直接影响，要求整体结构与布置应使驾驶员视野良好、操作方便，便于乘员上下车与乘坐，并适应战斗班（组）的作战展开。越野行驶时，车内突出物和装备应保证不损伤乘员。

论证报告强调指出：

悍马是唯一被美军称为高机动性的，被国际评为当代最优秀的第三代军车，世界各军事工业强国也相继研制了同类军车。

为贯彻胡锦涛主席关于军队装备"面临的机遇前所未有，面临的挑战前所未有"的科学论断，为发展和提高我军装备水平，我军将投入新一代最先进高机动性战术车型的研制。我军将要投入研制的1.5吨级轻型越野汽车承担着战斗班组机动、指挥通信、电子对抗、侦察巡逻、战场救护以及作为轻型武器装备运载、发射、机动平台等多种作战使命，对于我军整个车辆装备体系发展有着重要而深远的意义。作为划时代车型，新研制的高机动性越野军车的技战术指标要全面超过美军悍马。

对比悍马，要求做到：提高承载能力，提高耐久性，提高动力性，提高安全性，提高生存性，扩大战术机动范围，扩大环境适应温度范围，提高密封性、舒适性，提高越野平顺性和极限通过能力，提高汽车维修性，提高保障性，同一底盘要发展长、短头车型和民用车型。

总而言之，我们新研制的车型要瞄准国际最先进水平，做到全面的技术提升和高起点的技术创新。

（欧阳敏著，《中国猛士》，人民出版社，2007年）

2001年11月1日，总装备部陆装科订部在北京组织召开了1.5吨级高机动性越野汽车研制立项论证评审会议，参加会议的有军内外有关部门、科研机构、院校、军代表系统和部队的专家和代表。会议组成了评审组，听取了项目组关于研制立项论证情况的汇报，并对主要战技指标和论证报告进行了讨论、评审。评审组认为：

一、1.5吨级高机动性越野汽车是面向全军的轮式高机动平台，主要用于战斗班组快速机动、运载轻型武器装备和改装配套。为满足未来高技术战争和重点方向军事斗争准备的需要，适应军队各部门武器装备发展和机动保障配套急需，有必要尽快组织研制，填补我军高机动性越野汽车的空白。

二、立项论证工作指导思想正确，全面调研了各部门和部队的军事需求，分析了国外同类车型的性能指标和技术发展趋势。所提作战使命和编配范围定位准确、符合部队实际，主要战技指标先进，达到了外军同类车型的先进水平，与现役第二代越野汽车相比，机动性能有明显提高。

三、论证中贯彻了系列化要求，提出以一套总成部件为基础，一个底盘为基本平台，同步发展系列化车族的思路，拓宽了车型的配套面，有利于提高总成部件的通用化、系列化水平和降低研制生产成本，有利于部队的技术保障。

四、论证报告内容完整、数据翔实、论据充分，并在此基础上建立了相关数据库和军用越野汽车机动性、作战效能和效费比分析模型，对主要战技指标和初步总体方案进行了分析、计算和综合评价。论证工作方法科学、严谨、水平先进。

五、所提出的总体方案符合国内汽车工业水平和今后的发展方向，目前研制1.5吨级高机动性越野汽车的时机成熟、可行。

综上所述，评审组认为该项目已具备立项研制条件，希望尽快上报审批立项。

（欧阳敏著，《中国猛士》，人民出版社，2007年）

论证结果出来了，但研制任务交给谁呢？此车可是国防重点主战装备，除了生产能力外，军方还有一条铁定的原则：军用产品，包括第三代高机动性军用越野汽车的研制，一定要具有完全的自主知识产权，要百分之百的国产化。

在我国和我军现代化建设进程中，我们愿意学习和借鉴世界先进技术，但首先得依靠自己，国家安全利益永远是第一位的。在关乎国家安全命脉的关键领域，真正的核心技术和关键技术是买不来，人家也不会卖给我们，只能依靠中国工程技术人员的不懈努力，也必须依靠中国工程技术人员不断地自主创新。

早在高机动越野车立项前，时任总参装备部部长的贺鹏飞中将就曾向时任中汽公司总经理的蔡诗晴了解，中国汽车制造企业能不能完全自己研制生产性能类似于美军悍马的1.5吨级高机动越野车呢？蔡诗晴给了贺将军肯定的答复：能！我国的东风汽车公司，也就是以前的二汽有能力研制这款车。

1999年建国50周年大庆，天安门广场上举行隆重的阅兵式，当各种装备隆隆通过天安门时，站在观礼台上的总装备部领导与中国汽车工业协会负责人张小虞又谈到了研制中国的高机动型越野车。总装领导表示，中国军队非常需要悍马这样的第三代高机动性军车，但一定要具有完全自主知识产权且是百分之百国产化。张小虞说："经过多年的努力，中国的汽车工业的生产、科研能力已今非昔比，完全能满足部队的需求，位于湖北的东风汽车公司就具有这个能力。对军方急需的高机动性越野车，我们有两个百分之百的把握。一个是百分之百自主知识产权，一个是百分之百国产化。"

两人中国汽车工业的负责人将军方的眼光指向东风汽车公司。过去常说，二汽是因车而建、因车而兴，其实在准确意义上来讲，二汽是因军车而建、因军车而兴。二汽已经发展成中国最大的军用越野车生产企业，为中国人民解放军提供了数量最多、质量最优的军用车辆。二汽的发展与中国的国防紧密相连，每当国家最需要的时候，二汽人总是挺身而出。强国强军是二汽不变的宗旨。

贺鹏飞将军与蔡诗晴谈话的第二天，信息就传到了位于十堰市张湾区的东风汽车公司（二汽此时已改称东风汽车公司）总部。东风公司总经理马跃立即找来了技术中心主任黄松。黄松为黄正夏之子，他早就盯上了美国悍马，他曾慨叹："如果有一天我也能够搞出这样一款军车来，这一生就没白活了。"

黄松与贺鹏飞当年都是北京知青，两人早就认识。老熟人相见都很高兴，寒暄了几句后，话题很快就转到高机动越野车上来。贺鹏飞单刀直入："军队需要这个车，你们能不能搞？"

黄松毫不含糊："有钱就能搞。"

贺鹏飞表示："军方只能给 2000 万，我再跟国家计委军工局说说，争取再给你们 2000 万，再多没有了。"

4000 万与实际需要的数亿元之间差距太大，但此时正是东风公司最为困难的时候，东风公司也拿不出钱来补贴，巧妇难为无米之炊，中国的高机动越野车研制计划只能放下来了。

2001 年，总装备部高机动型越野车的论证项目正式出炉。得知消息后，已经担任东风汽车公司科委主任的黄松立即找到时任东风公司总经理的苗圩，表示东风公司一定要拿下这个项目。

苗圩，北京人，1955 年 5 月生，1974 年 2 月参加工作，1982 年毕业于合肥工业大学，先后担任机械工业部汽车工业司副司长、机械工业部副总工程师，1997 年 9 月调任东风公司党委书记、总经理。苗圩来的时候，正是东风公司最困难的时候。1999 年，时任中共中央总书记的江泽民同志视察了东风公司，他鼓励东风人克服困难、努力奋斗、勇闯难关，并随行带来解放军总装备部 2 万辆货车共计 16 亿元人民币的订单。对于东风公司来说，这份订单无异于雪中送炭。但苗圩很冷静："这是输血，造血还要靠东风自己。"

当历史的脚步跨入 21 世纪时，中国经济增速已经稳定在两位数上，大环境的优化加上苗圩对内部经营管理机制的一系列改革，东风汽车公司的经营状况也发生了显著的变化：1999 年实现利润 0.16 亿元，遏制了效益下滑势头；2000 年实现利润 13.81 亿元，圆满完成了改革脱困目标；2001 年实现利润 25 亿元，主要经营指标全面刷新历史纪录。2002 年，东风公司盈利高达58.5 亿元，2003 年盈利 61 亿元。手中有钱，东风人要大干一场。

对于黄松的提议，苗圩坚决赞成："干，东风公司的诞生、发展和壮大离不开国家支持，现在是我们为国出力的时候了。"他决定，先在公司内部立项。东风公司新型高机动性军车项目的名字叫"东风铁甲"，公司内部代号为"Y2"项目。"Y"为越野的"越"拼音的第一个字母，"2"代表东风公司自己研制的第二代越野车。

2001 年 3 月 21 日，"Y2"项目第一任负责人，时任东风公司技术处处长陈建贤在"Y2"项目计划书上郑重地签下了自己的名字，至此，东风公司"Y2"项目正式启动。

童东城，东风公司副总，"Y2"项目由他分管，他成了一名"悍马迷"。2000 年下半年，童东城参加军方在天津军事交通学院组织的一次会议，会议的内容也是论证我军高机动性越野车的发展。了解到军事交通学院收集了世界各国的许多最新车型，其中就包括美国的悍马，在军事交通学院库房里，童东城见到了他心仪已久的美国悍马。那是一辆陈旧的悍马，满身灰尘，油迹斑斑，车子被拆得一塌糊涂，已经完全不能开了。童东城完全忘了自己身着崭新的西服，先是围着悍马反复打量，然后一把掀开发动机舱盖，半个身子探在里面，从发动机到其他部件一个部位一个部位地仔细查看；然后蹲到轮胎边，仔细查看悬架部分，又伸手进去摸。看完外面再打开车门看里面，他在这台破旧的悍马上里里外外、进进出出，整整看了一个下午。走出库房才发现，崭新的西服上灰尘、油迹混合在一起，童东城惊呼："完了完了，这套西服糟蹋了，回去得让苗圩赔我一套新的。"

看了悍马仍未心满意足，童东城对科技部长黄松说："想法搞一台能跑的来吧，这个车不开一开怎么行？"

2001 年下半年，通过各种渠道，两辆二手悍马来到了东风。这两辆悍马一台被拆解研究，一台被童东城留下做对比试验。童东城胆子大，尤其喜欢开车，这台车在他的手里性能被发挥到极致。十堰市有一座黄龙滩水库，水库下游有一大片浅滩，童东城为了了解这台悍马的涉水性能，竟将车开到 1.4 米深的水里跑，把周围的人吓了一跳，还以为他开的是水陆两栖汽车。河滩里布满大大小小的卵石，最大的直径达到六七十厘米，他却不管不顾，在河滩里面横冲直撞；又将车开上壁陡的坡道，然后中途停住，倒车、掉头。黄龙滩里的山路路窄、坡陡、弯急、沟深，他以不低于 80 千米的时速在路上跑，吓得同行的人都不敢坐他开的车。只要听说哪里道路险要，他都要开悍马去试一试，他说："我就是要看一看这个车的性能究竟能好到什么程度，将来好让我们造的车超过它。"

要提高一辆汽车的性能其实不难，可以将所有的设备都往上加，如此一来，汽车性能是提高了，但价格也上去了。汽车是大规模生产的产品，在设计之初就要注意性价比。设计制造出来的车，要又便宜、又好用，让大家都买得起，市场占有率高，才是好车。奔驰、宝马好不好，当然好，但是有几个人能够接受奔驰、宝马的价格呢？如果你能将一辆夏利设计得有奔驰、宝马那样的性能，又只有夏利那样的价格，那你就了不起，你设计的就是一款成功的车。军车也是一个道理。

美国人的设计理念非常明确，悍马是军车，基于战场生存的理念，强调机动性和坏路无路的平顺性，并不强调舒适性，更不讲究美观。悍马的外形很怪异，不符合空气动力学，装有几乎直立的风窗玻璃，风阻系数相当高；车身低矮、宽大，几乎与坦克一样宽。外观粗糙灰暗，看上去如同一只癞蛤蟆。其实，美国人的设计是充分考虑了车辆的战场生存率。军方测定，战场上，车体每降低 100 毫米，伤亡率减少 30%，所以要拼命降低车体的高度、加宽车体宽度。外观粗糙灰暗是为了不反光，也减少车体的红外特征，便于隐蔽。整车布置上，强调有足够的战斗空间，所以它的驾驶舱空间较小，对于美国人这样的大个子，坐上去感觉很不舒服，就和在坦克装甲车里一样，但它保证了有足够的空间可以乘坐或改装其他装备。在悍马上，该繁的地方美国人却不厌其繁，如悬架上双三角臂减振、驱动上采用轮边减速、轮胎中央充放气、四轮 ABS，这些东西能保证车的越野性能和通过性能，所以一样不少；该简单的东西尽量简单，如车门上的玻璃，现在汽车的车门玻璃升降都是电动的，差一点的是手摇的，但悍马却什么都不要，就是一根绳子拉着，用的时候提起来挂着，不用的时候放下去。车门就靠两个插销固定，密闭性很差，但打仗时，士兵可以快速进出，两手抓住向上一提就可以扔掉，车上的座椅就是个铁皮板凳，什么装饰也没有。总装备部副部长张诗明中将看后深有感触地说："什么叫野战性？这就叫野战性。"

2001 年 12 月 28 日，第一辆"东风铁甲"概念样车造出来了。"东风铁甲"身上的所有零部件全部国产，外形与美军悍马几乎一样。1 月 30 日，总装备部的车船局专家于光、唐剑平来评审东风的另一款军车，黄松将他们带到了东风公司开发的 1.5 吨级高机动性概念样车"东风

"铁甲"面前。于光、唐剑平看到样车非常高兴，他们说，总装备部正要开发这样一款车配备部队，你们开发出来了样车，对我们也是个促进。

2002年5月中旬，"东风铁甲"在北京国际展览馆参加车展，在东风公司的展台前向全世界正式亮相，由于美国悍马的影响和"东风铁甲"的外形，舆论和社会上都将其称为中国"悍马"。中国悍马在北京国际车展横空出世，顿时引起轰动，媒体的记者蜂拥云集、军迷、车迷和热心观众整天围在车前，照相留影，询问性能、指标、价格、产量，"东风铁甲"一露面就成了车展明星并引起了连续的冲击波。

东风越野车公司生产部部长胡建国是当年指导试制第一辆东风铁甲概念车的现场负责人。现在谈起当年试制的情况他还难以掩饰激动的心情：

2001年12月1日，当时我在装备公司工作。一天，我接到设备制造公司总经理李国仁的通知，让我和另一位同志一起到原动力厂的一个老车间里装配东风公司自主研发的第一辆高机动性概念样车。全部试装人员包括我一共8个人，我们8个人是从装备公司各工厂抽调出来的，除了我和老苗两人懂汽车装配外，其余的都是焊工、钳工、机加工工人。当时我们手上只有技术中心提供的几张高机动性军车的三维图和概念图，没有具体的装配图。我搞了几十年汽车，这种高机动性军车还是第一次摸到。眼前就一堆散件，又没有装配图，这可真难了。拿到一个零件都要琢磨半天，有的地方不知道怎么设计的，只好反复地安装、拆卸。这个车设计得很紧凑，总成与总成之间有的地方连手都下不去，没有专用工具，根本无法装。有的总成装配还要分先后，顺序错了后面的就无法装了。我们几个人全靠平时的经验，互相商量，比画摸索着，一个总成一个总成地装起来。为了保证装配精度，我自己设计了一个定位架，先将车架固定在定位架子上，然后再把各个总成一件一件地往上装。几年以后装配图来了，对照我设计的定位架，居然完全一样。

我们8个人没日没夜地围着这个车整整干了28天时间，2001年12月27日下午，总算把它装配完了。完了后几个人围着车左看右看，摸摸这里摸摸那里，干了近一个月，这时才觉得这个车的样子很奇特，又低又矮又宽，敦敦实实地趴着。大家瞅了我一眼："开着试试？"我钻进驾驶室，拿着钥匙的手哆哆嗦嗦，心里咚咚地跳，平时开的车无数，今天这个家伙能不能动，心中完全没有底。我扭动钥匙，随着马达一声响，车子抖动了一下，发动着了。我让发动机均衡地转了一阵，试着挂上挡，左脚慢慢地松开离合器，右脚没敢加油，而是挪到刹车踏板上，准备随时刹车。车很平稳地慢慢动了，围在周围的人高兴地拍手叫起来，我这才发现，不知什么时候，车的周围已经围满了人。我慢慢平静下来。轻轻地加油换挡，车很听话，方向盘也很轻，在场地里转了一圈。这个时候我突然意识到，我是全中国第一个开我国自主开发的高机动性越野车的人。

在北京车展上，我们的车放在最显眼的展位上，别人的车前站的是漂亮的女模特，我们的车跟前站了两个穿着迷彩服、又高又壮的男模特。我们的车前围的人最多，每天从早到晚，里三层外三层，照相机的闪光灯从各个方向不停地闪动，刺得人睁不开眼。很多人挤都挤不进来。日产汽车总裁卡洛斯·戈恩，美国福特全球副总裁兼中国董事长，德国大众亚太区总裁和董事长，中国汽车行业的领导和专家，解放军总后、总装的领导，以及国家各部委的领导都来到车前观看。领导们来参观，我就成了讲解员。这些领导的问话很有意思，在详细了解性能特征后，都要问一句"比美国的悍马如何"？每当这时，我都很自豪地说，和他们的车处在同一水平。当时我们只是试制，生产图样还没出来，没有试验，更谈不上批量生产，还不知道我们现在的水平居然比美国的悍马还要高，要是知道有今天的水平，讲给那些领导听，他们一定会更高兴。除了他们外，问得最多的是那些媒体的记者，他们围在车前照相，提问题，一个接一个，我讲得口干舌燥。看到大家这个热情，我虽然讲得累，但心里的自豪感就别提了。

车展结束后，我将车开回东风公司驻京办，国展在北三环，东风公司驻京办在南三环，一路上，我们的车成了路上回头率最高的车，许多怪事出现了，一些车开过来和我们并行，车里的人伸出头来一边仔细瞧，一边和车里的人大声议论；有的车超到我们前面，然后压低车速，让里面的人慢慢欣赏。在一条路上，突然一个警察骑着摩托，摩托上亮着警灯，超到我的前面，警察打着手势让我靠边。我一惊，我没有违章啊。车靠边后，警察将摩托停在我的旁边，我还没开口，他却问起来：师傅，这车是哪国生产的？我这才知道，得，又遇上车迷了，只不过这回是个警察。我向他介绍这是我们东风公司最新的产品，这回是来参加车展的。他缠着我，又是性能又是价格问个没完。就在他问的时候，周围又围了一大圈人，七嘴八舌地议论个没完，我听得出来，他们的中心话题就是，这是咱们东风公司生产的中国"悍马"，和美国佬的一样。这可是在北京的大街上啊，说实话，什么是自豪感？怎样为东风公司骄傲？只有这个时候我的心里才最有体会。

（欧阳敏著，《中国猛士》，人民出版社，2007年）

除了吸引普通观众外，东风铁甲还吸引来了几位特殊的客人。

一天，"东风铁甲"展台前挤进来了几个金发蓝眼的外国人，和其他观众不同，他们开始并没有找工作人员询问情况，而是以行家的眼光，围着车前后左右、上上下下看了个遍，以后，他们通过工作人员找到送车来参展的"Y2"项目负责人陈建贤。这才知道，他们来自以生产军用越野车而闻名的德国"乌尼莫克"公司。

在此之前，生产"悍马"的美国AMG公司听说中国东风公司拿出了一款与他们的悍马模样相似的车，也早早来到展台前，与陈建贤开展了接触，并探讨双方合作的可能。双方的"合作"首先在酒桌上展开，在当天晚上，美国AMG公司的代表马克等人在陈建贤等人的"攻势"下，醉倒在酒桌上。听说美国人来了，急不可耐的德国人第二天就赶来了。乌尼莫克的代表提出：你们不要搞"悍马"了，我们合作，共同生产乌尼莫克。陈建贤的回答很有水平："只要有诚意，我们愿意和所有的人合作，我们对乌尼莫克的产品也很感兴趣，但我们现在要先开发我们自己的东风铁甲，等我们开发完成以后，我们再来合作开发乌尼莫克。"

得到招标通知，好几家汽车厂均表现出当仁不让的架势。经过严格的审查、激烈的竞争，最终，东风公司在竞争答辩中依靠实力赢得总装专家组全体专家全票通过。这是东风公司参与竞标标书对第三代高机动性越野车基本性能的描述：

这是一款适应现代战争需求的系列化、多用途、全新的第三代高技术、高机动性战术平台。全车所有的战术技术指标以美军装备最新改进型悍马A2的技术指标为基点。全车总质量5吨，装载质量1.75吨，牵引质量2吨，承载能力提高17%；动力性提高25%，油耗降低30%；续驶里程增加50%；炎热环境适应温度提高17摄氏度；驻车制动坡度从17%提高到40%；在坏无路驾驶平顺性、操纵稳定性、车身密封性、可维修性、机件耐久性等方面对悍马A2全面占有优势；通过性和运输性参数与悍马A2相当。

通过模块化设计，产品实现系列化、车族化；为适应加装武器，车的前风窗能翻倒，侧面车窗拆卸后可装轻、重机枪；车内中央有可加装重机枪、高射机枪、榴弹发射器的武器转盘，后箱有导弹发射平台，该车型可成为武器、计算机、信息通信系统、雷达、GPS的机动平台，形成能伴随装甲部队快速机动，也能单独作战的轻型高机动性轮式作战系统。

为了保持良好的战场适应性，该车设计强调扁平化，扁平化水平与坦克接近，整车质心低，横向稳定性高，防侦破性能强，极限路面通过能力强，适应战场生存状态。轮距与轻型坦克、轮式装甲车、载货运输车辆的轮距一致，能在同一车轮印迹下行驶，配合装甲部队的进攻和突击。该车配备泄气可行驶轮胎，保证任何两个车轮被击穿后，可继续行驶30千米。

为突出战略机动性和战役机动性，该车可以方便地使用我军现役各型飞机舰船运载、空投和吊运。该车可以在17秒内从零加速到80千米/小时，最高时速达135千米，续驶里程超过600千米。通过各种高机动性能的综合集成，使其既能高速行驶于铺装路面，又能快速行驶于急造军路、乡村土路，还能顺畅通过坏无路地区，克服其他越野车型无法通过的地面和适应的环境。大动力、高平顺性、高通过性，所有的战术技术指标充分满足第三代高机动性越野车的要求，全面超越美国悍马A2。

该车可以全地域、全气候使用，在海拔5000米高原能正常行驶。整车可以长时间深水涉水行驶。能适应超低气温，在-41摄氏度下正常起动，并正常行驶，同时保证乘员的舒适性。能适应超高气温，可在46摄氏度高温环境下正常工作，同时保证乘员舒适性。整车材料和表面处理工艺能阻燃、防霉变、防腐。

该车安全性极为突出，采用前后盘式制动器、四通道ABS系统，制动稳定、可靠、安全；转向轻便，操纵良好，反应灵敏，控制准确。

为保证乘员安全，该车车架前端设计了防护栏、吸能式转向管柱。发动机罩的强度在中间部分最薄弱，发生碰撞时，发动机罩可中间折起，避免对驾驶员的伤害。

为了防止车身翻滚伤及乘员，该车车身设计了可拆卸式防滚翻保护装置。

（欧阳敏著，《中国猛士》，人民出版社，2007年）

2002年10月，总装备部正式通知，东风公司中标，黄松代表东风公司、总装备部车船局刘汉基局长代表总装备部在研制合同上庄重地签上了自己的名字，从此，东风人正式承担起为中国军人研制世界先进水平的钢铁战车，中国汽车工业开始了新的征程。

2002年11月，总装备部以【2002】装计字第647号文批复：

决定立项研制1.5吨级高机动性军用越野汽车，5年内完成。确定东风公司为1.5吨级高机动性越野军车的研制单位，总装备部汽车试验场承担项目的型号管理和设计定型试验，驻东风汽车公司军事代表室对该型号研制进行质量监督。

高机动性越野车的全称叫"高机动性越野战术平台"，学名叫东风EQ2050军用越野车，东风公司称其为"东风铁甲"，东风公司内部研制序列号为"Y2项目"，社会上称为"中国悍马"，有些媒体又将其称为"中国汗马"，叫来叫去名字很杂。名字太长了不好叫，又因为美国悍马的影响，大家平时总是称其为中国悍马。

2004年4月，总后勤部在北京展览馆举办了一次军用车辆展览，黄松陪着总装备部副部长李安东中将和张诗明中将来到参展的"东风铁甲"身边。"东风铁甲"静静地趴着，有棱有角的身躯看上去结实有力、孔武强悍，给人以阳刚之美。李安东中将在车前听黄松汇报车的性能和研制进程。他边听边围着车前前后后地仔细观看。突然他停下来问黄松："这车叫什么名字？"

这一下子将黄松问住了，在研制的几年时间里，这个车一直是叫作"东风铁甲"，对内称"Y2项目"，还没有正式命名。他实实在在地说："我们一直叫Y2项目，有的人叫它中国悍马，这个名字不合适，请李副部长给起个名字吧。"

李安东沉吟了半晌，随口念出刘邦的大风歌："'大风起兮云飞扬，安得猛士兮守四方'，这个车看起来威风八面，是我军镇守四方的猛士，就叫'猛士'吧。"

李安东的话在全场引起一片掌声，从此，"猛士"成为东风公司生产的这一款军车的名字。

自 2002 年 11 月合同签字之日起，整个猛士研发开始按照军方规定的时间节点启动运行。猛士从 2002 年 10 月项目启动开始到最后设计定型共四年时间。

总装研制计划要求：整个开发工作分概念样车、初样车、正样车、部队验证四个阶段进行，每个阶段又分为设计、试制、试验三个节点，每个节点完成后由专家组进行评审，每个节点又由许多项具体内容组成，每个内容必须在规定时间内完成。整个研制开发工作必须严格按照节点要求推进，最后才能鉴定通过。

从概念样车阶段起，军方要求首先依据性能指标完成设计，设计完成后由专家评审，评审通过后做出样车，样车出来后再次由专家对实物进行评审，评审通过后才能进行试验；试验后发现问题，再根据问题进行讨论，有的修改设计，有的改进加工技术，直到最后形成技术生产的路线。概念样车要达到技战术指标性能要求，初样车要达到技战术指标可靠性要求，然后才能做正样车交给部队做试验。样车经过总装备部定远汽车试验场进行严格的定型基地试验、全面的性能可靠性试验，热区、沙漠、高原、寒区、沿海环境适应性试验，空投试验，在新疆喀什、黑龙江密山、成都川藏线、广东沿海进行部队试验。全部试验完成后，再进行专家定型审查，审查通过后才能投入小批量生产。

和任何一款高精尖设备的历程一样，猛士研制生产过程历尽艰辛，详细道来就是一部洋洋巨著，在本书中，受篇幅限制，只能介绍梗概。

概念样车阶段：

2002 年 10 月—11 月，东风公司制定东风 1.5 吨军车概念样车研制方案。主要完成下列工作：长头车型新造型设计，短头车型造型方案；V8 发动机车型的整车方案设计；车身人体工程改善。

2002 年 11 月 27 日总装陆装科订部车船局召开概念样车设计评审会，通过了概念样车研制方案；会后确定了概念样车试制品种和数量。

2003 年 1 月—3 月中旬展开概念样车的设计工作。主要内容为：

改进长头车型造型方案，细化短头车型造型方案；完成 V8 发动机车型整车定义和整车布置、发动机系统、自动变速器、传动轴的设计；四缸发动机功率升级到 150 马力，调整手动变速器五档速比；完成单排软顶车型整车定义和车身设计；完成车架、备胎架、副油箱改进设计；完成分体式车轮和轮胎内支撑的开发；完成新仪表的开发；完成短头车型转向、制动、发动机系统等各系统的适应性开发；完成短头车身整车布置，根据效果图手工敲制短头车身。

2003 年 4 月中旬完成 3 台概念样车的试制工作。

2003 年 4 月 28 日受总装陆装科订部车船局的委托，东风公司科技部和驻东风汽车公司军代室联合召开概念样车评审会，审查批准转入概念样车试验阶段。

2003 年 5 月—8 月，2 台长头概念样车进行性能试验。

2003 年 5 月—11 月，针对短头车型的不同方案前后进行 3 轮短头车型的设计和试制。

2003 年 9 月 17 日—18 日，总装陆装科订部车船局主持在襄樊召开 1.5 吨级高机动性越野车概念样车研制总结及初样车改进设计工作会，审查批准转入初样车设计阶段。

2003年5月—12月，完成厢式硬顶车型的开发，完成车身侧围、后围、顶盖、内饰等部分的设计。

在概念样车阶段，等速万向节的静扭强度达到设计要求，主减速器主被动齿轮强度、轮边减速器齿轮强度达到设计要求，前螺旋弹簧强度达到设计要求，主副油箱达到设计要求。

概念样车阶段共试制样车7台。

初样车阶段：

初样车试验由东风公司组织，总装备部汽车试验场派员观察整个试验，驻东风公司军事代表室参加试验，并进行监督。

根据军方批准的《东风1.5吨级越野车初样车试验大纲》要求，初样车从2004年7月开始陆续进行热区、沙漠、高原、寒区环境适应性试验，车辆模拟空投和飞机空投试验，以及整车性能和可靠性试验。

2004年7月—8月，在甘肃敦煌、西藏等地进行炎热、沙漠、高原地区适应性试验。2004年12月—2005年1月，在黑龙江漠河进行寒区适应性试验。2004年4月和10月分别在襄樊和开封进行整车模拟空投和飞机空投试验。试验结果表明，除了汽车空调暖风性能和V8发动机高温适应外，其他均满足要求。后对空调和V8发动机冷却系统进行全新设计。

在2004年7月—2005年5月，在襄樊、保康、定远汽车试验场分别进行两个批次初样车的性能和可靠性试验。试验结果表明，主要性能指标满足技战术指标要求，也暴露了一些可靠性问题，随即对问题进行改进。

2005年5月中旬—7月，针对暴露的问题进行改进后，重新生产2台新样车进行18 000千米专项可靠性试验。试验中出现球头松动、转向横拉杆断裂、中冷器管子断裂、轮辋螺栓断裂、车身腰线上部开裂、车身悬置松动等问题，其他问题全部解决。

2005年8月—9月，为了考核初样车遗留问题，新试制单排软顶四缸发动机车型和厢式硬顶V8发动机车型各1台进行18 000千米专项可靠性试验。除车身悬置松动和损坏、转向悬架球头松动外，其他可靠性问题得到解决。

2005年10—11月为考核国产化驱动桥、制动器、制动助力器等总成，进行6000千米山区考核试验，试验结果表明国产的驱动桥、制动器和制动助力器满足整车要求。

2005年12月—2006年1月，为考核悬架转向球头和车身悬置进行专项考核试验，试验结果表明车身悬置和转向悬架球头松动问题得到解决。

初样车阶段共试制样车22台，样车改造9台次，整车试验总里程48.5万千米。

初样车阶段是东风1.5吨军车研制的重要和关键阶段。在概念样车阶段工作的基础上，整车性能全面满足技战指标要求。通过多轮设计计算、仿真分析、试制和台架试验，逐步完成除V8发动机和AT变速器外的其他总成部件的国产化工作。经过五轮整车道路试验，各总成部件可靠性指标全面达到技战指标要求。

正样车阶段：

2005年7月4日—5日，总装陆装科订部车船局召开1.5吨级高机动性军车初样车研制总结和正样车设计评审会。会议认为该项目已经具备了转入正样车阶段条件，通过初样车研制总结和正样车设计评审。整个项目进入正样车阶段。

正样车的设计主要集中在如下项目：整车减重设计；车身密封性改进设计；V8发动机冷却系统改进设计；悬架和转向系统球头改进设计；ABS系统的匹配，制动和电器系统设计；制动器、制动助力器、驱动桥等总成国产化工作。

2005年7月—12月完成12台长头正样车的试制。2005年12月13—14日，总装陆装科订部车船局组织召开了正样车评审会，会议通过正样车评审。

按照总装陆装军工产品定型委员会批复的设计定型试验大纲，正样车设计定型试验由总装备部汽车试验场组织。

2005年6月—8月，在新疆吐鲁番地区、格尔木、西藏地区进行通风隔热、空调降温、发动机冷却能力、总成热状态、沙漠和高原适应性行驶等试验项目。

2005年12月—2006年1月在黑龙江哈尔滨、漠河进行发动机冷起动、汽车起步、采暖除霜、冰雪地面通过性、雪地自救互救、冰雪地面最大牵引力等性能试验和严寒地区适应性行驶试验。

2006年3月—7月为长头车型定型试验阶段，试验主要在总装备部汽车试验场进行。

2006年8月—10月，南疆军区边防某团在新疆喀什、黑龙江省军区边防某团在黑龙江密山进行部队使用试验。试验内容包括适应性行驶试验、战术行驶试验、维修保养试验和主观评价试验，试验总里程5000千米。

正样车阶段共试制样车21台（包括短头车），整车试验总里程43万千米，性能和可靠性指标全面满足研制总要求。

短头车的开发和试验：

短头车型是在长头车型底盘基础上改变转向系统和车身型式开发的变型车。

2005年1月—3月完成短头车整车、车身整体方案，1:1比例车头和车尾造型，外部造型数据测绘，车身骨架布置等工作；2005年11月完成工程设计；2005年12月14日，总装陆装科订部车船局组织召开短头车工程设计评审会，通过短头车工程设计评审。

2006年3月完成2台短头初样车试制，经东风公司内部评审后，进行适应性改进。2006年6月完成短头初样车试验。

2006年5月11日，总装陆装科订部车船局召开短头车造型评审会。根据会议要求，东风公司对短头车型进行重新造型。

2006年8月初完成2台短头正样车试制。

2006年8月10日，总装陆装科订部车船局召开短头车正样车评审会，同意通过短头正样车评审，转入定型试验阶段。

2006年8月—10月，总装备部汽车试验场进行短头车定型试验，性能和可靠性全面达到研制总要求。

（欧阳敏著，《中国猛士》，人民出版社，2007年）

概念样车评审时，车型问题成了争论的焦点，主要问题是关于车的外形，很多人都认为：为什么猛士和美军"悍马"那么像？会不会有抄袭之嫌？

在车辆制造上，各个厂家都会对自己的产品造型非常在意，谁也不愿意自己的产品和别人相似，以免给别人留下口实。东风公司当然知道这个问题的重要性。早在2002年夏天，概念样车试制出来并在北京国际车展高调亮相后，这个问题就一直存在，很多媒体称之为东风"汗马"。"悍""汗"，读音相同，车辆外观又相似，而且美军"悍马"的国际声誉又高，好事者多有附会之言。东风公司早就注意到这个问题，也在刻意"避讳"，送展的产品一直称"东风铁甲"，以后也一直在与军方沟通。军方的意见是，不管怎样设计，保证车的战术技术指标是铁律。最后，东风公司在设计车型时曾提出，改变车辆的前风窗玻璃的角度就可以有效避免相似问题，但被军方以改变角度会造成反光不利于防空而否定。

所谓外形很相似主要有几点：车型低矮、车身宽大、前风窗玻璃直立、底盘离地间隙高、整车扁平，而这些正是战术技术性能指标所要求的。因为美国悍马出生在前，中国高机动性越野车诞生在后，两者之间相像就引起猜想：它们之间有某种关系吗？黄松回答了这个疑问：

军车，尤其是高机动性能越野军车的外观与其技术指标有直接的关系。

首先，我们东风公司高机动性越野车的技术指标就是比照悍马来的，而且要全面超越悍马；其次与战场生存要求有直接关系。和美国悍马的相似点主要集中在车身的宽、高、长之间的比例，驾驶室前倾角度数等。如同黄金分割率一样，它们之间有一个最为科学的比例。只有这样的宽高比，才能在通过性、避弹、防侧翻、稳定等方面取得最好的效果。军车低矮非常重要，战场上，子弹、炮弹的飞行都有一定的弧度，呈抛物线，越低矮，越能减少被弹面积，按照军队标准，每低100毫米，伤亡率减少30%。同时，车身低矮，重心低，稳定性好，不易侧翻；为了有良好的通过性，车身的离地间隙尽量要求高，上面要矮，下面要高，这就必然形成扁平车身；驾驶室前倾角小是为了防空。倾角大了玻璃反光，不易于防空；倾角小了，不利于防止弹片侵彻，只有目前的角度才能在反光和防止弹片侵彻两者之间兼顾。设计师是最讲科学的，无论是中国的还是美国的，在这些性能指标的限制下，双方设计出来的东西就只能非常相似。但相似只是外观感觉，其实车身的具体数据完全不一样，我们的车比悍马高50毫米、宽100毫米，战技术指标也完全不一样。

（欧阳敏著，《中国猛士》，人民出版社，2007年）

猛士项目负责人东风汽车研究院院长陈建贤对猛士的设计过程和设计指导思想做了详细的讲解：

猛士从设计开始就是立足于自主设计自主制造。从设计到试制的整个开发工作，从第一张图样到每一颗螺丝钉；从概念样车完成到最后评审通过的全过程，我们没有和任何人合作，完全是在独立自主的情况下完成的。

开发前期，我们一共绘制了2300多张图样，这还不包括各家供应商的零部件图样。这2300多张图样需要计算、论证、画图，几十个人干了半年多，一张一张图样画出来的。加上明细表、技术条件要求等，这些都是自主设计的必要条件。仿制只能照着葫芦画瓢，这些设计指导思想谁给你？当年东风公司研制2.5吨军车，整个图样也不过一千多张，猛士的设计工作量可想而知。

猛士和悍马相比，所有的性能指标都比它高，美军悍马A2的载重为1.25吨，猛士为1.75吨，多500公斤；悍马A2的总重量为4.3吨，猛士为5吨，增加了700多公斤；在动力总成上，猛士使用自己成熟的东风康明斯4BTA柴油增压发动机，和悍马A2的完全不同；猛士较之美国悍马承载能力更强一些，整个底盘的设计完全不同，如底盘与动力总成之间的传动匹配，车桥的速比，轮边减速器的速比等，这些都是在大量计算的基础上，制作全套的数学模型，完全由我们自己设计。

特别值得一提的是猛士的独立悬架系统，采用独立悬架系统是为了提高通过性，但在这么大的车上采用独立悬架系统，难度是非常大的。猛士与悍马的底盘都采用独立悬架系统，但猛士的自重和载重量都比悍马大，猛士通过坏路、无路时受到的冲击载荷更大，要保持设计时所有的参数不变，保证良好的操纵稳定性，这意味着猛士的独立悬架系统的所有零部件，包括车身和车架的设计和制造面临更大的难度。承载量不同，所有的零部件尺寸、数据完全不同，特别是猛士采用了大直径螺旋弹簧，包括弹簧材料，这在国内是独创的，有很大的难度、很高的技术含量。还有新型球头也是这样，它的技术含量比悍马高，悍马的球头跑 5000 千米就坏了，猛士的新型球头可以跑 18 000 千米。最后定型考核时，12 项考核数据中，猛士除了 2 项与悍马相平外，其余的全面超越它，这就是我们的技术创新。

有人看到猛士与悍马外形相似便产生联想，问我们是不是仿制。这是战术技术指标限制造成的。设计时，我们做了很多外形，有时甚至刻意回避悍马的外形，但无论怎样设计，在战术技术指标的限制下，最后总是殊途同归。看看其他国家 1.5 吨级的高机动性军车，大家都长得相似。内行看门道，外行看热闹。我可以很自豪地说，猛士与悍马的所有数据完全不相同，猛士的性能全面优于悍马。对一些外行说技术数据他不懂。你说怎么解释？我打个比方，我们常出差，乘坐的飞机有欧洲的空客，有美国的波音，从外观上看他们几乎都一样，从生产历史看，波音在前，空客在后，但能说空客仿制了波音吗？他们内部有大量的不同。这些年中国发展很快，外国有什么，我们也有什么，一些外国人心理不平衡，总是贬低我们，动不动就污蔑我们抄袭、似乎这个世界上只有他们聪明，只有他们的月亮是圆的。大度地看，他们的这种心情可以理解，是一种恐惧和没落心态。但国内也有些人不相信我们自己的能力，总是小瞧自己，这就是一种不健康的心态了。国外有些技术的水平比我们高，但绝不是样样都比我们高，随着我们的发展，我们比他们高的东西会逐渐增多。与那些发达国家比，我们在跑着追赶。

（欧阳敏著，《中国猛士》，人民出版社，2007 年）

将中国猛士、奥地利 URO VAMTAC、日本 kohkidohsha、美国悍马、意大利 LAV、法国 Sherpa 等几款高机动性越野汽车放在一起，可以明显发现，0.9 的高宽比是各国高机动性军车设计者都在追求的黄金分割率。由于宽高比的相同，造成了它们外观的相近或相似。可以自豪地说，在这几款国际前沿的高机动性越野军车里，中国猛士在满足了战术技术条件外，无论是其外观还是其细部特征都体现了威猛、强悍的气势。较之美国"悍马"，猛士的外观明显要胜过其一等。

一款军车的造型，从构思到拿出概念图，需要在使用功能的基础上，再经过反复验证、认真推敲，并在认识上由表入里、逐渐深化，其中既有科学技术的规范和要求，也有大量个人感情、审美认识的投入，这是一个极为烦琐的过程。它的基本程序如下：

1. 寻求造型方向。
2. 定出造型趋势。
3. 部队与设计方共同定出细化造型方案。
4. 部队最终确定造型方案。
5. 设计单位在部队最后确定造型方案基础上制作出 1∶1 实体模型，建立模型各组成部分的 3D 数模及铣削验证 3D 模型。
6. 生产单位在此基础上制作样车。

这个过程复杂细致，完成这个过程的是东风公司三个名不见经传的年轻人，他们赋予了中国高机动性军车如同中国军人般的威猛形象，也赋予了高机动性军车一张具有东风血统与基因的脸，这是一段曲折动人的故事。

宣钢、王小翠、吴海涛三个人当时都是 20 出头的年轻人，大学毕业参加工作也没多久，几个人各自利用自己所能接触到的所有军用吉普车的资料，开始在脑子里对从未见过面的车型进行勾画。王小翠说："我们首先开始了资料的调查和搜集，渐渐地在脑子里形成一个轮廓，既然是军用越野车，那肯定是四轮驱动，车的底盘离地很高，军车的气势要粗犷、威猛，车身的线条要直，棱角要突出等。"根据这些理解和认识，几个年轻人开始了概念草图的勾勒。

他们现在还记得第一张概念图，那是一辆漂亮、威风的车，光滑的流线形外表，漂亮的油漆，类似今天的SUV。但黄松第一眼就否定了："这不是战场上需要的车辆"。军车到战场上是打仗的，不是选秀的，它不考虑漂亮的外形，更不需要光滑的油漆。它需要考虑的是满足战术技术性能指标，是战场上恶劣环境的适应性、生存性，只有完全满足了这些要求后，才能再考虑外表威猛、线条硬朗。一瓢凉水浇醒了几个年轻人，从此，在他们的思维里，符合战场要求成了第一考虑，设计出来的概念图也一张比一张更接近"野战性"。

年轻人思想活跃，不墨守成规。他们坚持认为，军车的外形要求，功能性当然是首要的，但在保证性能指标的基础上，符合中国人特别是中国军人阳刚之美的审美要求也是必不可少的。与悍马不同，我们的车有密闭性要求，我们对车门、车窗的设计自然要严于美军悍马，既要考虑保护车内的乘员，也要考虑车的野战性和可维修性。王小翠是一个温柔秀气的女造型师，更有个人对军车阳刚之美的理解："高机动性军车是一个作战平台，军人长时间在里面战斗，从人机工程角度考虑，应在不影响性能的基础上，尽可能增加它的可观赏性和舒适性，对车身内外线条作一点柔性过渡，这样做既能防止车身纯粹直角加工造成应力集中、容易断裂，也能使人的视线感觉柔和，避免疲劳。高机动性车多半在无路或坏路上行驶，行驶时，车体摆动厉害，驾驶员和车内乘员的晃动幅度也很大，难免有个磕磕碰碰，座椅周围方角改成圆角也有利于保护车内的乘员。"在她的坚持下，车身上锋利的线条全部做了圆弧过渡处理，车内的仪表盘全部做成圆的，座位部分的拐角全部改成圆角，与方正的车身刚柔相济，显得柔和多了。

高机动性军车是东风公司军车系列的延伸，应该具有东风公司军车产品的血统和基因。几名年轻的造型师在这方面又动开了脑筋，他们采用了东风公司军车一直沿用的方形大灯、防空灯和东风军车发动机舱覆盖件上的大梯形折角，车门加强筋由原来的"X"形改成倒"C"形，既突出了中国特色（CHINA的第一个字母），前小后大的造型又能给人以强烈动感。2001年4月，他们带着自己的高机动性越野车概念图到总装备部，得到了军方专家们的好评。

2007年，笔者采访东风越野车公司总经理李国仁，谈起猛士开发，他感叹不已："难呐，太难了。原来我以为，不就是生产一款车吗，咱们东风就是做车的，它能难到哪里去呢？"笔者留心统计了一下，与李国仁的谈话约2个小时，期间他几乎是每十几句就感叹一声"难呐"，从头至尾一共约有十几个"难"。李国仁曾经是东风公司最年轻的处级领导干部，工作足迹遍布全公司各个角落，一个工作了几十年的汉子，一个有几十年领导经验的领导者，一生阅历极为丰富，不知遇到过多少难题，现在他反复感叹"难"，足以说明研发猛士在他一生中的压力与分量。

年富力强的周旺生是东风越野车公司党委副书记兼副总，他也坦言：没有想到这个项目会有如此之难。周旺生将生产试制中发现问题、认识问题再到解决问题的全过程，一桩桩一件件地娓娓道来：横梁开裂、减振三角臂开裂、车身开裂等，几乎每一个总成，包括零部件都有认识深化的过程。每一个认识和解决问题的过程都是发人深省的故事。谈到故障率最高的"球头销"，周旺生激动起来："球头销是试制时故障率最高的零部件之一。一次次改，一次次试，一次不行就再来一次。光出图样就有 A、B、C、D、E、F、G，然后是 G1、G2、G3，每出一次图样，就意味着要试制一次，然后装车试验一次，每一次要在试验场的越野路上跑几千千米才能发现问题。发现问题后再回来进行第二次，第二次不行，再来第三次，你算算我们一共进行了多少次？试制一次那么简单呐？每试制一次，从材料、刀具、工具、卡具、辅具等全部得重来，这有多大的工作量？每试制一次，定远的试车员们就要在恶劣的越野路上跑上几千千米，一辆车一天最多跑 300 多千米，几千千米你算算要跑多少天？要耗费多少时间？要耗费多少钱？要耗费多少精力？每一个循环柴油都要跑多少吨？我们共做了多少次循环？这是多么昂贵的学费。这样的认识过程，谁能说不难？这样难的事谁能事先认识到？"

从 2004 年 4 月项目组成立到开始的初样车起，一直到 2007 年 12 月猛士正式列装部队，整整 3 年零 8 个月，猛士走过了初一、初二、初三，专项一、专项二、专项三样车、正样车的艰苦试验，最终成功定型；才有了软顶、硬顶、平背、溜背、长头、平头等系列的车族车系；才解决了大大小小数百项各类故障；才有了几十项的技术创新、专利成就；越野车公司才走过了从试制样车到生产准备到正式量产阶段，从无到有，白手起家；才有了湖北省科技进步一等奖、中国汽车工业进步一等奖、国家科技进步一等奖。整个猛士研制过程，上至总经理苗圩，下至每一个工人试车员，主帅全力以赴，项目组的成员个个拼命，东风人以自己的实际行动实践了对国家对军队的责任与承诺，这就是猛士。

站在新的军车前，新材质的车身全身布满铆钉，如同古代勇士身披铠甲，1686 颗铆钉，颗颗钢筋铁骨、硕壮浑圆、沉稳厚实，摸上去具有强烈的质感。乘坐在这样的车里，使人充满安全感和自信。

各型样车试制出来后便是艰苦复杂的试验阶段，猛士从最初的概念样车到最后的定型车，共跑遍中国最冷最热、海拔最高最低的各个地方，历经天南海北、酷暑严寒；还在军方的专用试车场里，进行了世界上最严酷最苛刻的试验。猛士从开始到结束的整个试验过程，有如下特点：

试验时间长、投入车辆多、试验区域广、试验项目多、试验强度大、参加试验人员多、试验里程长。

整个试验前后时间跨度为 4 年，投入样车共计 70 台，试验范围遍布我国东南西北全境，直接间接参加试验的工程技术人员多达上千人；在试验最紧张的时间里，每天 24 小时人停车不停；到各项试验结束，试验运行总里程接近 180 万千米。就一辆汽车试验时间而言，猛士的研发历程创下中国汽车研发之最。

让我们来看一看起于 2003 年、止于 2006 年的猛士试验的全过程：

概念样车：2003 年 5 月到 2004 年 7 月，试验总里程 10 000 千米。共投入 10 台样车，其中 4 台样车进行 60 000 千米可靠性试验，6 台试验样车交广州军区特战大队，试验里程 40 000 千米。

初一样车：2004 年 7 月到 2005 年 11 月，试验总里程 204 000 千米。共投入 8 台试验样车，其中 4 台样车进行 144 000 千米可靠性试验。4 台样车进行热区和寒区适应性试验，其中热区试验里程 40 000 千米，寒区试验里程 20 000 千米。

初二样车：2004 年 9 月到 2005 年 5 月，试验总里程 132 000 千米。共投入 8 台试验样车，其中 4 台样车进行 120 000 千米可靠性试验，4 台追加山区试验 12 000 千米。

初三样车：2005 年 5 月到 2005 年 8 月，试验总里程：42 000 千米（坏路和无路）。其中 2 台样车进行 36 000 千米可靠性试验，1 台样车进行 6000 千米可靠性试验。

专项考核一：2005 年 6 月到 2005 年 9 月，共投入 2 台样车进行 36 000 千米坏路和无路试验，主要考核 26 项改进措施。

专项考核车二：2005 年 10 月到 2005 年 11 月。共投入 2 台样车进行 1200 千米山区公路试验，主要考核国产制动系统和主减速器。

专项考核车三：2005 年 12 月到 2006 年 1 月。投入 1 台样车进行 6000 千米无路试验，主要考核球头销。

第二轮地区适应性试验：2005 年 6 月到 8 月，投入 4 台样车进行 40 000 千米热区、高原适应性试验。2005 年 12 月到 2006 年 1 月，投入 2 台样车进行 20 000 千米寒区适应性试验。

专项考核车四：2005 年 12 月到 2006 年 3 月。1 台样车进行 20 000 千米试验，主要考核风扇齿轮箱和车架。

长头正样车定型试验：2005 年 12 月到 2006 年 8 月，共投入 15 台样车，总计试验里程：18 万千米。其中 4 台基本车型进行 120 000 千米试验，4 台变型车进行 60 000 千米试验，7 台车做性能试验。

短头初样车试验：2006 年 4 月到 2006 年 7 月，2 台样车进行 34 000 千米试验。

定型试验前的使用试验和补充试验（不包括珠峰测量车 2 台，约 2 万千米）：共投入 7 台样车，试验里程达 113 000 千米。其中，帕米尔高原 2 台，试验里程 40 000 千米，黑龙江密山 2 台，试验里程 35 000 千米，二郎山 1 台，试验里程 18 000 千米，补充试验 2 台，试验里程 20 000 千米。

短头车定型试验：2006 年 8 月到 2006 年 10 月，共投入 2 台样车进行 30 000 千米试验。

溜背硬顶车定型试验：2007 年 1 月到 12 月，投入 2 台样车，预计试验里程 30 000 千米。

零部件试验总计 1250 台时。其中，主要总成试验情况为：

分动箱：共 12 轮性能和耐久性试验；

转向垂臂：共 3 轮静扭试验；

差速器：共 6 轮性能试验；

主减速器：共 5 轮静扭试验。

（欧阳敏著，《中国猛士》，人民出版社，2007 年）

篇幅有限，笔者无法将试验中那些惊心动魄的过程全部描述出来，在此仅选择几段最具代表性的事例以飨读者。

所有的试验中，最艰苦的是初三样车的可靠性试验。初三样车一共安排了三台试验车，专门在"坏路"和"无路"上进行性能试验，平均每台车要跑完 18 000 千米。

定远试验场的"坏路"由搓板路、石块路、扭曲路、卵石路、长波路等路面构成，其中还有一段"无路"，所谓"无路"就是越野路。定远试验场有一片起伏不平的丘陵，上面荆棘丛生，部队用推土机将表层的杂树推倒，露出坑坑洼洼的地表，然后再用挖掘机将地表挖出一个个不规则布置的乱坑，这些坑深的有六七十厘米，浅的有三四十厘米，几乎不到两米就有一个坑，坑里堆积着各种面目狰狞的石块，有的坑里满是积水，没有坑的地方则到处是大大小小的乱石块，这是模拟战场道路，也就是所谓的越野路。

站在这条路上放眼望去，到处是起伏不平的泥泞坑洼。下雨后，越野路上泥泞不堪，坑里积满了水，车子在又滑又颠的路上磕磕碰碰地向前跑，不时一头栽进几十厘米深的大坑。可以清楚地听到车轮和底盘上减振三角臂在石头上咣当咣当的撞击响声，每一次撞击，车轮都会溅起冲天的泥水，整个风窗玻璃一片模糊，稍不留神，车便滑到路边。如果连续晴天，路上的泥浆全部变成细小的尘土，车轮过去，扬起满天尘土，远远望去，越野路上黄云笼罩，能见度不超过两米。在灰尘中开车，驾驶员人人要戴口罩，一个循环下来，驾驶员的全身落满厚厚的尘土，戴着口罩的嘴里也全是细小的沙尘。由于车轮来回碾压，道路上的石头由大变小，由小变碎。看到路上的石头渐渐没有了，试验场的战士们又拉来大大小小的石头扔在道路上，始终保持道路的恶劣程度。

按照试车要求，在坏路上，猛士必须以每小时 40 千米的时速通过；在这种极端恶劣的越野路上，猛士要满载 1.75 吨载荷，还要拖带着 2 吨载荷的挂车，平均时速还要达到 22 千米以上。在如此严酷的环境里长时间奔跑，几天之后，挂车散架。在初三样车试验时，挂车成了易损件。挂车厂的销售人员对东风公司如此大量采购挂车很是高兴，还专门来到现场，看到猛士拉着他们的挂车在这样的路上跑，他大为惊讶："这样的路，我们的挂车怎么受得了？怪不得你们买这么多。"不夸张地说，任何一辆车以这种速度在这样的越野路上跑，都会颠散浑身的骨架，但猛士却要一直顽强地承受这种强烈的冲击跑满 18 000 千米。这对猛士车是最苛刻最严峻的考验。美国通用公司的设计师看了猛士试验所跑的坏路、无路后，惊讶地说："在这样的路上这样跑，就算车受得了，但人受得了吗？"

2005 年春节过后，一台猛士从外地试验完后停在襄樊试车场。那天襄樊市上空阴云低垂，大雪纷飞。到了半夜，那辆猛士车的电器部分被融化的雪水侵蚀造成短路，汽车的起动机自动闭合了，这就是俗称的发动点火了，车一下子发动了。猛士的司机停车是按照规范，将档位挂在低速档上，手刹也拉紧，但猛士功率强劲，在这种情况下竟然起步向前，将停在前面的 11 辆车推着向前走，一直推到一堵墙边被墙顶住才憋熄火。11 台车被顶得一片狼藉，寂静的停车场稀里哗啦一阵乱响，试车场看门的师傅被惊醒，爬起来一看，以为有人偷车，他抓起一把菜刀，奋不顾身地冲到那辆肇事的猛士车边，大声喝斥，但令他目瞪口呆的是，驾驶室里根本没有人。一个漏电的起动机给"猛士"做了一场特殊的大推力试验。

隔热通风试验猛士是热区试验项目之一。隔热通风试验是指在试验环境下，先将车的门窗全部关闭，使其升到最高温度，然后再打开门窗，监测其通风换气的速度和能力。做这种试验时，先选取一天中最热的时候，将车停放在戈壁中，关紧门窗，然后在车里观测温度上升的速度，当达到最高值时，再打开门窗，观测其通风降温的情况。做这种试验，简单说就是陪着车在沙漠里晒太阳。这实际上是对人的生理功能的挑战。上午将车开出去，停在戈壁里，安装好各种传感器，然后人坐进车内，关闭门窗，隔一段时间读取一次数据，做好记录。中午一两点钟的时候，戈壁滩上的太阳正悬在头顶，基本上没有人影子，经过半天烘烤，戈壁滩上的地表温度迅速上升，远远望去，地面上似乎有千万缕热气在袅袅上升，环境温度达到五六十摄氏度，停放在阳光下的汽车也随同环境温度迅速上升，车身表面温度高达六十多摄氏度，车内温度高达五十多摄氏度，由于门窗关闭，空气不流通，车身上的橡胶、塑料、汽油、机油等更各种气味都散发出来，混合成说不上来的怪味，人在里面憋得头昏眼花，如同在蒸笼里蒸馒头。此时需要迅速补充水分，喝水是生命的延续，在车里记录着温度上升的曲线，就是在记录自己生命的脉动。

这几个小时里，人的生理、心理、意志都要经受严峻的考验，也要经历一个由难受到适应的过程。刚开始看着温度曲线上升，人身上的每个汗毛孔似乎都张开了，此时身上汗流如雨，过了不久，没有汗流了，只觉得浑身冒火，躁动不安，恨不得立即冲下车去。但此时的车门窗绝对不能打开，否则数据就失去了真实性，前面的一切都白做了。工作的需要，使得人不得不耐下性子，坐下来，再过一段时间，人对温度和时间的感觉钝化了，皮肤表面黏黏的，对温度也不敏感了，人的行动也变得迟缓了。此时不能看时间，记录温度曲线时也只想到这是数字，而不是温度，否则将难以忍受。当数字上升到顶端，曲线变成直线时，说明温度已经到了最高值，这时才能够打开车门、车窗通风。当车门、车窗打开，戈壁滩外高热的风扑进车内时，在车里坐了几个小时的人如同获得大赦，连这样的热风也要深深地呼吸几口。

寒区试验，首要条件是找到温度的最低点。猛士寒区试验的地点选在北极哨所紧挨着黑龙江的岸边，北面正朝向对岸的俄罗斯。这里是一片开阔的雪原，背靠茫茫林海，北边来的冷空气就从这里登陆。从理论上来讲，这里应该是全中国最冷的地方。一天24小时内，什么时间温度最低？经过24小时不断检测，最后确定，温度曲线的最低值的时候是凌晨四五点钟左右。2006年1月5日早上7点43分，电气工程师陈健把测温仪拿到试验车跟前时，测得最低气温为 -42 摄氏度。终于达到规定的最低气温。试验队使用的是数字式液晶测温仪，在正常的环境温度下，它显现的数字是来回波动的，但这一次到了 -42 摄氏度时，它却不跳动了。陈健用手去试着按了按液晶屏，才发现，液晶屏已经冻住了。屏上显现的数字正好是 -42 摄氏度，负责记录的队员抢拍下了这张珍贵的照片。负责试验的队员立刻跨上车，按照起动程序、扭动电门钥匙，在外冻了一夜的汽车马达发出呜呜的声响，持续了40秒后，轰隆一声，发动机发出欢快的歌唱，低温起动试验成功了。

襄樊试车场是亚洲最大设施最齐全的综合性试车场，里面各种模拟道路齐全，能够试验从乘用车到商用车到大客车的各种复杂工况。笔者很荣幸地乘坐试车员王海鸿开的猛士车到襄樊试验场的越野路、卵石路、扭曲路上跑了一圈，看了王海鸿驾驶猛士过40厘米高的垂直障碍，侧身跨越 V 字沟，60度爬坡的精彩表演。乘坐在猛士上，人也似乎多了一份"猛"气，平时视为畏途的越野路、卵石路，在猛士呼啸而至的气势下，还没什么感觉就冲了过去，在车里也没有感觉到剧烈的颠簸，让我充分地领略到了猛士的越野性能和卓越的品质。最让人感觉到震惊的是过扭曲路和侧身跨越 V 字沟。

所谓扭曲路就是在汽车左右车轮的前方分别有规律但不对称的凸起物，当左轮被凸起物垫起的时候，右轮却落到两块突起物的凹槽里，当右轮被突起物垫起时，左轮又落到两块突起物的凹槽里，汽车前进时，左右轮交替起落，车身也随之扭动，故谓之扭曲路。襄樊试车场有三条扭曲路，每条路上的凸起物高度分别从10厘米、20厘米一直到30厘米，其中30厘米的最为艰险。扭曲路是模拟坏路对车身车架悬架系统扭曲造成的影响。王海鸿走的是30厘米高的扭曲路，也是最为险要的一条路。笔者是第一次感受扭曲路，车在几十厘米高的扭曲路上行进，由于速度不高和良好的减振系统，在车里没有感觉到多少振动，但随着车轮的轮番起落，车身车架随之产生剧烈的扭动。坐在驾驶室里，每当车身扭动时，只听到车的全身发出恐怖的咯咯吱吱的声响，尤其是车身，车身全身是铆钉铆接而成，车身扭动时，似乎每颗铆钉都在发出咔咔的声响，非常可怕，如果不是有对猛士有深入的了解，一定会觉得车马上就要解体了。王海鸿得意地说："几乎没有哪种车敢走这条路，除了我们的猛士外，目前也没有哪种车要试这个项目。"

如果说扭曲路让人感到害怕，侧身跨越 V 字沟的项目则让人感到震惊，这是笔者一生所见到过的最具震撼力的汽车表演。V字沟为不对称V字，V字角度约为120度，高的一侧为2.2米，低的一侧约为1米，V字沟底宽约半米。站在沟前，我绝对不相信猛士能翻越上这个高度远远超过车身，绝对坡度接近45度的大沟。王海鸿驾车，左前轮先从低端沟边驶入，左前轮进入沟底时，左后轮和右前轮悬空；待右前轮到沟底时，左前轮和右后轮悬空；当左前轮斜着靠上V字沟高端一侧时，只有左前轮和右后轮着地，车身倾斜角度达30多度。当时笔者的感觉是：糟糕，车要翻了。但王海鸿一加油门，只见左前轮不可思议地强行爬上了V字沟的较高一侧，右前轮随即着地，跟着也翻上较高一侧，两个后轮随之而上。整个过程一气呵成，让人紧张得端不过气来。这个过程在我脑海里幻化成一匹强健的战马四脚并用地翻越陡坡，猛士强劲的动力和极端优越的通过性得到充分展现。王海鸿说："过这个沟只能斜着过，正面过无法爬上去，车身会硌在沟沿上，斜着过要掌握好角度，角度小了，车身还是会硌着，角度大了，车身会侧翻。侧着过四个轮子，只有两个轮子对角着地，另外两个车轮悬空，其中有很高的技巧。"猛士从试验到定型的几年中，王海鸿给从军委首长到总装首长到中央相关部委领导的表演中，都有过V字沟这个项目，每次表演都赢着交口称赞。王海鸿说："我就是要想方设法把猛士优异的性能全部发掘出来。"看完他的表演，笔者的想法是，东风公司应该让王海鸿举办一个培训班，让更多的战士们掌握这个绝技，将来到了战场上好一展身手，将猛士的潜能充分发挥出来。

2006年10月，猛士全部定型试验完成，试验表明:该车型全部达到研制总要求的各项规定，技术性能、可靠性、耐久性和重要配制等所有技战术指标10项超过美国悍马A2，特别是军用电控发动机、AT、PE材料防护的开发成功，使猛士技术水平实现了进一步的跨越，登上新的制高点。经样车试验对比和查证，德国、俄罗斯、日本、法国、意大利等国同类车型均无如此全面超越，猛士全面达到国际领先水平，这标志着东风汽车公司拥有完全自主知识产权的猛士研制成功。

与目标样车悍马相比，12项性能指标中10项超过悍马，2项与悍马持平：

1. 承载能力：质量利用系数提高10%；

2. 动力性经济性：动力性提高25%，油耗降低30%；

3. 生存性：续驶里程增加220~500千米；

4. 适应性：炎热环境适应温度提高17摄氏度；

5. 安全性：制动力加大，驻车制动坡度从17%提高到40%；

6. 平顺性：悬架上跳动行程提高70厘米；

7. 操纵稳定性：稳态转向由中性转向转为不足转向；

8. 人机工程：车身密封性、隔声降噪、舒适性大大提高；

9. 维修性：发动机具有故障自诊断系统；

10. 耐久性：悬架转向球头、车架、车身耐久性等方面占有优势。

12项指标中，通过性、运输性与悍马持平相当，也处于较高水平。这些最重要指标的超越使猛士的整体战术技术水平比悍马有了质的跨越，完全实现了研制时定下的指标要求。

（欧阳敏著，《中国猛士》，人民出版社，2007年）

猛士在研制过程中，将一批车交给部队试用，让我们来听一听各试用部队对猛士的评价：

广州军区某部特战大队：

2003年6月，大队购买东风汽车公司试制的东风1.5吨级高机动性越野汽车6辆，按照演习科目需要进行改装。加装 12.7 毫米重机枪、35 毫米榴弹发射器，分别改装为火力运兵车、火力突击车各三辆。火力运兵车每台装载 12.7 毫米重机枪，运载人员 10 名；火力突击车可装载 12.7 毫米重机枪、35 毫米榴弹发射器，以发挥车载火力杀伤敌有生力量。所有车辆单车行驶里程超过 12 000 千米，参加演习以来，一直担负部队快速反应机动作战任务。该车越壕宽度为 0.7 米、垂直越障高度为 0.5 米、涉水深度为 1.5 米、爬坡度 45 度，表现非常好，具有很强的机动性。车辆配合各种武器使用试验，在车辆运动时，武器装备能够平稳射击，互换方便快速，武器平台旋转灵活，固定可靠，能够满足射击要求，并通过了多次演习和外事表演。该车能满足部队演习需要和多种武器的使用要求，得到军区首长的赞扬和基层官兵的喜爱。

该车外观威武，有军车特点，越野性能好，动力强劲，便于部队快速机动，同时能适应多种武器和通信器材安装互换，适合特种作战要求。三年多来，一直参加海训，长时间受海水浸泡并露天存放，但车辆外观较好，车身外表面及结构件表面质量较好，车身总体看来防腐性能较好，无锈蚀，橡胶件无老化龟裂，车内结构件没有锈蚀，使用可靠。我们认为该车辆能够满足部队特战任务使用要求。

2006 年 12 月 21 日

黑龙江军区边防某团：

该车具有良好的机动性和越野性能，可控性很好，特别是越野性能是我部现有车型中最好的。能够较好地保障我们在特殊路况条件下执行任务的需要。希望该车型尽快设计定型并投产装备部队，满足边防部队的急需。

2006 年 10 月 12 日

新疆军区边防某团：

该车型动力强劲，通过性好，越野性能优良，整车工作可靠，维修保养便利，外观威武，能够满足部队作战训练巡逻执勤以及在高原山地等特殊环境和恶劣气候条件下使用的标准和要求。

2006 年 11 月 18 日

新疆军区边防某团在写完结论后意犹未尽，又写出长长的建议：

……尽快通过审定，试装部队使用。我团处于……防区一线地处高原寒区，平均海拔 4500 米以上，一线哨卡分布在二个自治区、三个地区、五个县级行政区，最远的哨卡距团部 968 千米，最近的哨卡距团部 400 千米。防区道路条件差，多为搓板路、碎石路，全程共有 6 个达坂，冬季大雪封山，夏季洪水，泥石流泛滥，道路对车辆性能要求很高。今年 EQ2050（猛士）越野车在我团试验期间，曾多次参加我团的防区勘察、光缆施工等急、难、险、重任务，其出色的整车性能为我们完成任务提供了坚强保障。我们感到 EQ2050 越野车所具备的高机动性、越野性是我团现役通用车辆所无法比拟的，它的作用在我们完成边防勘察、巡逻执勤等任务中起到了不可替代的作用。如果该车定型生产后能装备到边防一线，将进一步改善一线官兵巡逻执勤的条件，鼓舞广大官兵的士气，增强官兵的民族自豪感，坚定我们……的信心和稳固边防的决心。恳请总部首批试装 EQ2050 时能配发我部，以增强我团……管边控边的能力。

新疆和田军分区写给东风公司的信：

你部 EQ2050 猛士车两辆，在参加我部组织的高原戈壁沙漠边境道路勘察行动中，能够在海拔 4500 余米、气温零下 20 余摄氏度的高原环境中正常运行、正常起动，充分发挥各种性能，下坡未出现"放炮"现象，在上下陡坡、通过山谷时，制动能力强、综合性能好，充分发挥了野战车辆越野性和机动性，未出现任何故障。该车在此次行动中发挥了很大的作用，保障了勘查工作的顺利进行，受到上级领导的充分肯定。从实用情况看，该车适合于在高原、戈壁、沙漠使用。分区司令员在勘察行动结束时，给予了该车"高原猛士唯有沙漠"的高度赞誉。

新疆和田军分区

2006 年 11 月 15 日

（欧阳敏著，《中国猛士》，人民出版社，2007 年）

2006 年 12 月 11 日，武汉东湖宾馆，陆装军工产品定型委员会办公室组织召开了猛士设计定型审查会。

参加会议的有总装备部首长、湖北省及武汉市领导、一级定委办公室、一级定委专家咨询委员会，以及总参、总后、总装、海军、空军、二炮各有关部门，国家发改委、湖北省科技厅，组织和参与试验、试用各有关单位，中国汽车技术研究中心、清华大学、北京理工大学、吉林大学，东风公司军代室和东风公司各级领导共 90 人参加。

评审会上，总装备部副部长张诗明对猛士的研制工作给予高度评价。他说："猛士 1.5 吨级高机动性军用越野汽车是我军第一个高机动性战术轮式作战平台，集成了很多先进的技术，科技含量很高。更为重要的是，该车型是东风公司的自主品牌，是自主创新的成果。东风公司比较圆满地完成了研制任务，对加快推进部队现代化、信息化进程起到了非常重要的作用。"

时任中央政治局委员、湖北省委书记俞正声也兴致勃勃来到定型审查会现场，参观了猛士系列展车。看到威武的猛士，俞正声高兴地说："东风猛士，威武，带劲。"

审查会议整整开了两天，几十名专家经过认真审查后认定：

1.5 吨级高机动性军用越野汽车设计定型试验项目全面、完整，基地和部队试验报告客观、准确、真实、可靠。试验结果证明：1.5 吨级高机动性军用越野汽车系列车型的战术技术指标满足研制总要求，该车型具有良好的综合性能和部队适应性，能够满足部队使用要求。1.5 吨级高机动性军用越野汽车的设计图样和技术文件完整、齐全、准确，符合标准化要求，可以指导生产和部队使用。1.5 吨级高机动性军用越野汽车的研制以一套总成为基础，匹配四种车身和两种动力总成，形成七个系列，符合车族化、系列化、标准化、通用化要求。1.5 吨级高机动性军用越野汽车的主要总成、零部件、原材料等均有稳定、可靠的供货来源，工厂质量保证体系运行有效，工厂基本完成了生产准备，已具备生产条件。

无遗留技术问题。

审查结论意见：

1.5 吨级高机动性军用越野汽车设计定型审查委员会经审查确认：1.5 吨级高机动性军用越野汽车的研制过程符合武器装备研制程序，产品战术技术性能满足研制总要求，设计定型审查委员会一致同意，通过设计定型审查。

2007 年 6 月 13 日国务院、中央军委第四届一级定委第六次全体会议宣布：

猛士 1.5 吨级高机动型军车越野汽车通过定型审查，批准装备部队。

猛士毕业了。东风人的努力和心血，变成了装备我军的钢铁利器。尖端的军事科技，事关国家生死存亡，我们突破尖端技术，就是在死生之地的奋争。

东风研制了猛士，猛士也成就了东风。猛士研制过程中解决了成千上万的设计、生产、材料、加工等方面的技术难题，积累了经验，储备了技术。整个研制过程中，共申报技术专利 75 项，其中获发明专利 8 项、实用新型专利 36 项，外观专利 8 项，发表论文、专著上百篇，培养出一批具有创新能力的人才，为以后更高水平的军车研制打下了坚实的基础。

2007年7月到8月，猛士参加了在军事博物馆举行的"我们的队伍向太阳"——新中国国防建设成就展，接受了中央领导以及全国近250万观众的检阅。

2007年9月28日，中国人民革命军事博物馆将东风公司赠送的东风"猛士"作为常设展展品，成为中国人民解放军装备发展史的重要见证。

2007年12月13日，首届国际特种越野车及改装设备和技术展在北京展览馆开幕，猛士在车展上大出风头，好评如潮。

2007年8月1日，军事博物馆举办纪念建军80周年大型主题展览《我们的队伍向太阳——新中国成立以来国防和军队建设成就展》，这次展览中，我军新研制装备部队的一大批现代化武器装备首次向社会公众亮相，猛士成了众多参展装备中的明星。

"猛士"系列新型高机动越野车、新型中程地地核导弹、新型地地常规导弹、"勇士"系列越野指挥车和我国第一代中近程地地核导弹"东风"2号亮相室外一号武器装备展区。

这些新设备在布展时就故事不断，猛士从北京南三环的丽泽桥辅道上一进主路，就惹了"麻烦"，一路上被各种各样的车"包围"。这些车将猛士围成一团跟着走，车里的人边开车边兴奋地议论评价。车队转弯进入长安街，有几辆大公共汽车的司机也过来凑热闹，长长的大公共汽车渐渐贴向猛士，一位大公共司机冲着猛士里的军博副馆长郝晓进大声喊："兄弟，什么车？是咱们国家造的吗？"这些车在长安街上围成一团，眼看会造成交通堵塞，郝晓进无奈，拿出事先准备好的警报器放在车上，警报器鸣鸣一叫，其他车闪开一条道，猛士这才突围而出。

由于猛士和其他大型装备一起放在广场上，它的模样又是国内从未见过的，所以引起了空前轰动。特别是部队的官兵，他们都希望自己的部队能够早日配备这款车，一个个挤在车前，又是照相，又是拉着担任解说的王海鸿问个不停。大家的问题最多的就是："这是我们造的吗？是不是仿制美国悍马？是不是技术转让生产的？"那几天，王海鸿重复最多的话就是："这款车百分之百是我们自主研发的，所有的部件百分之百国产化。"

在《我们的队伍向太阳》大型展览上，猛士亮相引起轰动，除了部队关注外，社会上很多人都在打听猛士的民用版出来了没有？很多汽车经销商找到东风公司，要求做猛士的国内经销代理。更多的新闻媒体记者们整天来到东风公司，想方设法地了解猛士的各种资料和背景。在这种情况下，东风公司决定在军博展览结束后，在北京延庆举行一次猛士性能展示活动，这次活动邀请了包括国家相关部委在内的一批对猛士有着浓厚兴趣的单位和大批新闻媒体参加。

这一次共有两辆车参加，一辆平硬顶，车门上喷有UN字样，这是将配备给我军维和部队使用的；还有一辆软顶溜背。王海鸿驾驶UN车演示，黄松向王海鸿交代，这一次表演，国家各部委来的人不少，各地经销商也来了不少，这是一次难得的机会，你要将猛士的性能全部展示出来，标准就是：你所跑的路，只有猛士能走，别的车走不了。听到黄松的这个交代，王海鸿专门到演示地点去转了半天，延庆表演场原来是一座建在山腰上的军营，很早就废弃了。后来为北京越野车俱乐部所用，山上有很多路障设施就是专为越野车爱好者准备的。这里只是在山下有条路，山上基本没路，到处沟沟坎坎，浅的几十厘米，深的几米，看了地形，他心中有数了。

听说猛士要表演，除了应约而来的各单位领导外，这里早早就聚集了一大批媒体的记者和越野车迷。那天上午，上百人聚集在这个小山包上，尤其是那些新闻记者们，一个个手里端着各式照相机、摄像机等长枪短炮，就等猛士露面。

猛士的出场就很刺激。演示前，王海鸿连黄松等人也没告诉，在与主要组织者商量好后，一个人悄悄地将车沿着山上的防火道一直开到山顶的灌木丛里隐藏了起来。只听一声发令枪响，躲在灌木丛里的猛士如同一头威武的猎豹，一头从灌木丛中冲出，随着发动机的轰鸣，山上腾起一股浓浓的烟尘，毫无心理准备的人们突然看到猛士嘶吼着从山顶冲下来，一个个激动得尖叫起来。记者们端起手中的"武器"对着猛士一通狂拍。山上没有路，王海鸿驾驶着猛士在山上转，一会儿越沟，一会儿钻沟，一会儿爬坡，一会儿涉水，过梯形槽、过驼峰，精彩刺激一幕接一幕。车来到半山腰，30多度的山腰上有一道坎，坎的垂直高度足足有两米多，坎边长满荆棘，坎下是一道浅沟，沟下是一直到山底的大长坡。车开到这里，王海鸿给参观者玩了一把绝活。他一扭方向盘，猛士向右一偏头就向两米深的坎下扎去，围观者以为他驾驶不慎掉下去了，人群中一阵尖叫。猛士斜着以近乎倾覆的角度下到沟底，在浅沟里走了十几米，前面又是一道2米多高的土坎，王海鸿加大油门斜着从2米多深的沟底爬上来，猛士的车身斜着，似乎就要翻过去，围观者中一些人再次发出尖叫，但猛士却带着一股尘土，咆哮着从2米多深的沟底猛地窜出来。现场围观者都看傻了，隔了一会儿醒过神来，顿时叫好声一片。一位资深记者说："我当记者十几年，看过很多次汽车表演，这次要是不是亲眼所见，我绝对不会相信这是真的。"

一位部队领导说："这哪里是汽车表演，履带式车辆能跑的路它能跑，履带式车辆不能做的动作它也能做，这个车兼具了两种车辆的优势，真是让人大开眼界。"

一位部队领导干部说："看了猛士的这些表演，让人都不想离去。"

其实，岂止是他们，连国家军委副主席曹刚川也看得舍不得走。2006年，猛士即将定型前，军委副主席曹刚川前来视察，视察前，有关领导专门打招呼，曹副主席很忙，在你们这里视察完了还要赶到广东去视察部队，你们抓紧点，按半个小时内容做好汇报。既然提前通知了，东风公司也就按半个小时做了安排，请曹副主席看看静态展示的猛士，然后由黄松做一个简短的汇报。

曹刚川乘专机抵达襄樊后，一行人直奔襄樊试车场。按照事先约定，黄松汇报得很简单。谁知曹刚川一到猛士跟前就不走了。曹刚川原来就分管国防科工委，对军队装备很内行，黄松汇报完了，他就一个劲地提问题，他提一个黄松回答一个，他又提一个，黄松接着回答。曹刚川不厌其细，边围着猛士仔细看边提问。这下急坏了身边的工作人员，他们又是看表，又是暗暗地让黄松打住。曹刚川毫不为他们所动，继续提问。东风公司一位领导说："原来我们还准备为曹副主席表演"，他下边的话其实是：曹副主席工作忙，只好等曹副主席下次来视察时，我们再为曹副主席表演。谁知曹刚川一下接过话头："当然要看表演。"这句话一出，东风公司的领导们非常高兴，他们就是希望曹副主席亲眼看一看猛士的优异性能。听曹副主席一讲，王海鸿立刻驾上猛士，使出浑身解数，过沟、爬坡、侧身单轮过V型槽、涉水、过垂直障碍等。曹刚川兴致盎然，看到精彩的地方，不停地鼓掌，一直到将表演看完才高兴地离去。原来安排看半小时，结果整整看了两个半小时。

真正对猛士做出评价的是2008年国家科学技术进步奖。

自从1999年设立国家科学技术进步奖以来，整整8届，作为支柱产业的汽车行业在特等奖、一等奖、二等奖等奖项中却一直缺席，没有一个项目被评上。对中国汽车人来说，这意味着什么呢？它暴露出中国汽车快速发展过程中存在一些什么问题呢？它又给全国人民、给全体汽车人带来什么样的反思呢？这一次，东风公司猛士的研制成功终于打破了这个令人尴尬的局面。从猛士研制成功通过总装备部审查定型后，便频频出现在各种评奖会上。

2006年，猛士首次被评为东风公司科技进步特等奖，这也是东风公司自成立以来评出的第一个特等奖。

2007年9月16日，在吉林长春举办的中国汽车工业科技进步奖评奖会上，在全行业30多名资深专家的热烈掌声中，猛士高机动性越野车以全票通过，成为中国汽车行业唯一的一等奖。

2007年12月，猛士高机动性越野车再获湖北省科技进步一等奖。

2008年，中国汽车工程学会以行业名义推荐猛士高机动性越野车申报国家科技进步一等奖，这是以汽车行业名义申报的唯一一个一等奖。

国家科技进步一等奖是共和国对于科技进步认定的最高奖项，是共和国授予的最高奖励，荣誉之高决定了其入选难度之大。为了保证真正评出代表国家最高水平的科技进步项目，国家科技进步奖的评审有一套严格科学的评选程序。奖励办公室从全国各个行业选聘了一批在本行业有最高科学造诣且符合其他评选条件的专家学者组成专家库，每次评选前，根据所评内容，从专家库中随机抽取相关专家组成评审组，以避免人为干扰因素。每次评审前，这些专家学者并不知道自己的评审对象，只是到了集中评审时才被告知。初评时，申报单位也不能与专家们见面，而是采取异地电话答辩，时间限定在15分钟。专家们看完申报材料后，通过电话提问，被评审单位在自己单位所在地接受了专家们15分钟的电话提问。答辩时可以商量、可以查阅资料，但答辩时间为15分钟，到时电话自动切断。

黄松对那次答辩现在仍记忆犹新："答辩前，国家科技进步奖励办公室电话通知：东风公司高机动性越野车评奖申报小组的人员在指定时间内接受电话答辩。经商定由我代表申报小组做电话答辩。那一天，我们整个申报小组的人一个个紧张得不得了，答辩规定的时间前几个小时，大家就集中到了我的办公室。如同参加考试一样，十多个人一个个面色凝重，大家谁也不说话，拿着事先准备好的材料，揣摩专家们可能要问的问题，反复在材料上做记号，我的心里也怦怦乱跳，压力太大了，万一回答问题中出了差错，全公司耗费多年心血的成果砸在我的手里，那个罪过就大了。到了时间，电话准时响了，我一把抓起电话，申报小组的其他人员一排站在我的面前，随时准备为我提供材料。还好，电话那一头的专家所提的问题全都在我的脑子里，问一个，我答一个，问一个，我答一个。由于紧张，我也不记得提了几个问题，只听那边一声'时间到'，电话咔嗒一声就挂断了。"答辩就这样结束了。答辩结束后不久，专家初评投票结果出来，31名专家投票，猛士高机动性军车得29票。

2008年6月10日，国家科学技术奖励工作办公室发布公告，正式公布2008年度国家科技进步奖初评结果，国家科技进步一等奖共10名，猛士高机动性越野汽车赫然在目。

2008年7月中评时，因为汇报音像资料出问题，屏幕上图像正常，但扬声器"鸦雀无声"，站在汇报席上的黄松顿时傻了眼。眼见得无声的画面不停地从屏幕上流过，需要介绍的内容却没有声音。他想改变汇报方法，采用口头汇报，但播放的画面却无法中途切断，且无法与音像资料的画面同步，想关掉音像资料重新再来，但汇报规定时间只有15分钟，想重来也不可能。黄松在台上急得浑身如同着火，台下的工作人员一下子也没了主意。一个月后，中评结果出来，猛士高机动性越野车项目虽然因汇报失误影响了票数，但最终得票数仍然超过了三分之二，惊险过关。

中评结束后，最后终审定案。国家科技进步一等奖共10名，猛士高机动性越野车项目位列第九。

猛士能够入选我国科技领域的最高奖项，是对猛士研发团队和全体东风人发挥"两弹一星"精神的最高奖励，也是对中国汽车人长期努力的最大肯定。

2008年5月12日下午2点28分，一场八级特大地震袭击四川汶川地区。东风公司决定，立即向灾区的救灾部队捐赠15辆猛士。15辆车中，有5辆送给了执行救灾任务的空15军。就在现场，战士们将刚刚送去的5辆猛士挂上"空降兵抗震救灾指挥车"的牌子，时任空15军参谋长李凤彪将猛士当成了自己的救灾指挥车。

向斌是参谋长的驾驶员，第一次接触猛士，对猛士的性能不太熟悉，驾驶起来有点谨慎，但连续两件事情，使他对猛士有了彻底的认识。一天，李参谋长乘车外出，在汶川红白镇发生了堵车，道路上停满了汽车，有的车见空就往里钻，结果堵得更厉害，前进不得，后退不能。李凤彪要急着赶路，但堵车让他无可奈何。道路的两边到处是一堆堆小山一样的房屋废墟，他灵机一动，指着废墟堆对向斌说："东风公司送车来的时候介绍，猛士车有极强的越野性能，这个废墟堆你能越过去吗？"看着足足有十余米高的废墟，向斌心中发虚，他不相信猛士能越过这么高的废墟，更担心车翻了会摔着首长。看到他的犹豫劲，李凤彪大手一挥："试一试，我给你保驾。"说完一下坐进车里。向斌仍犹豫着，他要求李凤彪下车，自己先试试。李凤彪烦了："怎么婆婆妈妈的，咱们空降兵什么地方不敢走？快，开车。"

向斌见首长态度坚决，立刻跨进车里，加大油门，猛士大声吼叫着爬上了高高隆起的废墟堆，随着车轮的转动，猛士歪歪扭扭地在废墟上扭动，一些碎砖乱瓦不停地从车轮下甩出，一会儿工夫，猛士就爬上了废墟堆，将被堵住的车龙落在了脚下。向斌在堆顶看准了前进方向，小心地从废墟堆顶上慢慢开下来，再爬上另一座废墟，一两个上下，他就摸准了猛士的脾性，油门、离合、加力、手刹交替使用，猛士一会儿小声哼哼，一会儿大声吼叫，虽然几次出现险情，但都被他化险为夷。在废墟下司机与群众惊异的目光和叫好声中，猛士很快将长长的堵车队伍甩在后面，李凤彪高兴地说："猛士名不虚传。"

又一天，大雨如注，李凤彪的猛士在什邡灾区的洛水河边被堵住了。地震使几乎所有的道路中断，车辆只能从洛水涉水过河走临时便道。这几天，灾区一直雨水不断，洛水河河水暴涨，水深达到一米多，河面波涛汹涌，水流湍急，临时通道中断了，两岸停满了等待过河的救灾车辆。看到滚滚波涛，李凤彪着急了，他问向斌，这条河能过吗？向斌就是从什邡入伍的，从小在此生长，他对洛水河再了解不过了。洛水是当地一条季节河，宽不过五六十米，平时河水清浅，河道里全是大大小小的卵石，人可以在河水里徒涉。但一到雨季，上游来水涌进洛水河道，洛水水量大增，小溪就会变成滚滚大河，阻断两岸往来。向斌认为，从现在的水情看，水深流急，再加上河底全是大大小小的卵石，过河有风险。李凤彪说："东风公司介绍，这种车能够涉水一米，越野性能非常好，既然现在水深不过一米多，应该能冲过去。空降兵哪天不冒险？冲过去。"

有了上次爬废墟的经验，向斌也不含糊，他挂上档加大油门，从一溜车队旁越过，轰隆隆只向河里扑去。猛士冲进洛水，溅起滚滚水花，向斌双手捏紧方向盘，脚踩油门，但心却悬到了嗓子眼，他担心驾驶不慎给参谋长带来危险。李凤彪却轻松自如，看到猛士在水中破浪前进，动力丝毫不减，他笑了："咱们小向不简单，把陆上猛士变成了水中蛟龙。"参谋长的轻松稳定了向斌的情绪，他紧握方向，踩稳油门，猛士一口气冲过洛水，顺利上岸。洛水两岸被阻的车辆看到猛士的涉水也备受鼓舞，一辆车轰鸣着跟在猛士后面冲进洛水河。但车与车不一样，那辆车在河里没走几十米，便熄火了，车困在河中间，前进不得，后退不得，司机急得将头伸出驾驶室向岸边的人大喊求救。李凤彪看到这一切，他对向斌说："咱们猛士有救生绞盘，去把他救出来。"向斌对猛士的性能已经心中有数，他迅速掉头，猛士再度冲进水里，来到被困的车辆旁，向斌跳进齐胸深的水里，和被困车的驾驶员一起，艰难地将救生钢缆摸索着挂上被困车辆，然后加大油门，激流中的猛士吼叫着，生生地将这辆车拽出了洛水河。

如今，猛士第三代高机动越野车已经全面装备部队。依靠中国汽车人的努力，在军用越野车上，我军已经和世界先进大国站在同一起跑线上。

重型汽车，风起云涌

在发展重型汽车上，一汽和二汽明显晚于重汽、川汽、陕汽等重型汽车企业。但由于实力雄厚，因此一汽和二汽重型车的发展速度明显快于其他汽车企业。

20世纪80年代以前的二汽，主要精力在完成设计规划的10万辆能力。由于"文革"的影响，二汽建成时间大大延迟。直至1984年才基本达到设计能力。而此时的中国汽车企业正在选择各自的起跑线，如一汽、上汽正在轿车上发力，重汽、川汽、陕汽正在消化斯太尔技术，北汽在引进切诺基，二汽则是开始建设襄樊基地。

襄樊基地建设的基本出发点是要引进美国康明斯柴油机，为上重型车做准备。

思想是行动的先导，2006年，笔者采访黄正夏，这位汽车老人详细地讲述了他为二汽发展所做的谋划，其中就谈到二汽的重型车。

汽车制造业发展100多年来日渐成熟，自有其内在规律，掌握和借鉴这些规律，可以少走弯路。其中一个重要规律是重、中、轻的比例。所谓"重"指8吨以上（国际上为15吨以上）载重车，所谓"中"指4~6吨的载重车，所谓"小"指三吨以下的车（含轿车）（今天的划分是按照商用车和乘用车来划分，在商用车里再按照载重吨位来划分）。在美、日、欧等发达国家里，道路建设完备，所以大、中、小型车的比例大致为1：1：8。即重型车为10%，中型车为10%，小车为80%。值得注意的是，世界小车发展速度越来越快，每三到五年翻一番。日本更快，20世纪50年代，他们的大车仅3万辆，小车（包括摩托车在内共）6万辆；到了80年代初期就发展到了1104万辆，其中绝大多数是轿车。开始时，日本和我们中国一样，主要生产大车，到了60年代后，开始主要发展轿车，把轿车出口作为主要国策，取得了惊人的成功。在发展了轿车后，日本又改造了大车，也取得了大量的出口，这些都是值得借鉴的经验。根据日本的经验，人均国内生产总值超过3000美元以后，会形成轿车需求的冲击波，这是任何国家任何力量都阻挡不住的。事实证明，中国也没有违背这个规律。在上大车和小车的问题上，日本的日野和丰田公司有过决然不同的教训。20世纪50年代，日野、五十铃和丰田、日产处在同一发展水平上，日野生产轿车的比例是45%，丰田生产小车的比例是43%、日产是48%。以后，丰田和日产都加大了小车（主要是轿车）的开发和生产的力度，在很短的时间内，产量上升到几百万辆；而日野则相反，他们压低了小车的生产比例，使之下降到2%，其余全部生产大车，结果30年原地踏步走，每年生产的客车、大车始终在7万~8万辆左右，最后终于被丰田收购。日野的教训值得中国汽车产业界引以为训。

小厂做大车，大厂做小车是世界汽车制造业发展的通行做法。按照世界汽车产业的通行比例，小车批量大，几十万几百万的年产量需要成千上万台套专用、高效的设备组成功能不同的流水作业线，只有这样才能做到产量高、质量好、成本低，产品在市场上才能具有竞争力和应变能力，这种能力是小厂所不具备的；而大货车、大客车、专用重型车的特点是批量小、种类多，所以只能采用小批量生产方式。小厂做大车，大厂做小车的做法是为了适应激烈的市场竞争，按照多品种、系列化、多批次的要求，重、中、轻同时生产，只不过批量和类型各有侧重。环顾世界汽车厂家，通用、福特、雷诺、丰田莫不如此。20 世纪 50 年代，日本汽车制造业和我们同时起步，他们起步的时候也是首先生产大车，但很快就调整结构，集中精力发展轿车，成功了以后，又转过头来用轿车的技术改造大车，很快大车也发展起来了。世界各大汽车企业的这种生产结构和我国的汽车生产结构恰恰相反，这还不够发人深省吗？

基于这种想法，黄正夏设想二汽也要发展轿车，而且一开始就要大批量。但当时中汽公司从全国一盘棋的思路出发，规定二汽不能和一汽、上汽去争轿车，规定"二汽向上"，意谓二汽只能发展大吨位的重卡。但在二汽前面又有一个专门发展重卡的三汽，发展重卡又会和三汽撞车，这就限定二汽只能在 8 吨以下、5 吨以上的空间发展。从全国汽车企业的体量而言，二汽是国家投资最多、生产能力最强的企业，在 5 吨车已经逐渐"不受待见"的市场面前，二汽不得已只能先发展 8 吨重卡，同时积蓄力量，"向下"发展市场急需的轻型车，为以后大规模发展轿车做准备。

在这种思想指导下，二汽开始发展自己的 8 吨重型柴油车。为生产重型车，二汽引进了美国康明斯 B 系列柴油机技术，在襄樊基地建设了年产 6 万台的柴油机生产线，驾驶室则引自日本日产公司。1990 年 10 月 18 日，EQ1538 吨平头柴油机顺利下线，标志着二汽 8 平柴已经具备量产能力。1994 年 12 月 26 日，二汽重型车建设项目通过国家验收，年产能力达到 1.5 万辆，成为当时中国最大的重型车生产基地。

一汽重型汽车的发展也是无心插柳，按照中汽公司的安排"一汽向下"，要让一汽一心一意发展轿车。当时一汽的掌门人耿昭杰和黄正夏一样，也是一心一意要把一汽打造成百万辆集团。轿车要发展，轻型车、重型车一样也不能少。既然中汽公司对一汽"向上"有限制，一汽便将重型车项目放在自己的联营企业进行。1985 年，一汽与丹东汽车改装厂联合开发了 CA155P 型 8 吨柴油重型汽车。这款车采用一汽自己的 CA6110Z 柴油机，引进日本三菱 FK、FM 驾驶室。1990 年，此时的中汽公司早已丧失对汽车企业的控制权，一汽也决心要成为中、重、轻、轿全面发展的世界级汽车企业。耿昭杰在全力推进轿车和轻型车之余，抽出手来部署重卡发展。1990 年 10 月 30 日，一汽兼并东北齿轮厂并将其改造成专用汽车厂，在这里大批量生产 CA155 重型货车。生产重型车首要的问题是动力，重新建厂时间长、投资大，经过谈判协商，1992 年 11 月，一汽一举兼并无锡柴油机厂。锡柴主要产品为 W、X、K、F、L、M、N 七大系列，功率覆盖 40~500 马力，具有年产 50 万台以上柴油机的生产能力。解决了发动机问题，一汽便扫除了重型车发展的一大障碍。经过一系列紧锣密鼓的准备，1997 年，一汽推出了解放重型九平柴 CA1170P2K1L2 和十六平柴 CA1260P2K1T1L2 货车系列产品，正式进入了重型行列，形成了中、重、轻、轿全面发展的时代。

2000 年，一汽和东风占领国内重卡市场份额为 96%，其中一汽为 59%、东风为 24%。但二汽很快追上来，2003 年，一汽与东风两家所占份额下降为 70%，其中一汽为 38%、东风为 32%，重卡生产的其他兄弟公司则分享了其余的 30%。

进入 21 世纪，几大因素影响着我国重型汽车的发展：

一是世界货车三大巨头——沃尔沃、雷诺、奔驰带着最新的技术与产品陆续进入我国，这些汽车集团与我国汽车企业合资合作，不仅带来了先进的技术，还带来了超前的营销理念和优秀的服务意识，它们的加入更加剧了我国重型货车企业之间的竞争态势。

二是我国公路建设尤其是高速公路建设快速发展。交通部"八五计划"提出：

从 1991 年开始到 2020 年，用 30 年左右的时间，建成 12 条长 35 000 千米的"五纵七横"国道主干线，将全国重要城市、工业中心、交通枢纽和主要陆上口岸连接起来，并连接所有目前 100 万以上人口的特大城市和绝大多数目前在人口 50 万以上的中等城市，逐步形成一个与国民经济发展格局相适应、与其他运输方式相协调、主要由高等级公路（高速、一级、二级公路）组成的快速、高效、安全的国道主干线系统。

这就是著名的"五纵七横"公路建设计划。根据这个计划，从 20 世纪 90 年代开始，中国进入了公路建设快速发展的时期，尤其是 1998 年我国实施积极的财政政策以来，我国公路建设投资数目之大、开工项目之多举世瞩目。1998 年，高速公路通车总里程达 8733 千米，居世界第六；1999 年年底，我国高速公路总里程已达 11 650 千米，名列世界第三位；2003 年年底，高速公路通车总里程达到 2.98 万千米；2005 年年底，高速公路总里程达 4.1 万千米；2007 年年底，我国公路通车总里程达 357.3 万千米，其中高速公路 5.36 万千米，居世界第二。四通八达的公路网，尤其是高速公路，为重型汽车运输提供了"通途"。

三是我国几大建设项目陆续开工建设，为重型汽车提供了"用武之地"。

进入 21 世纪以来，我国陆续推出西气东输、西电东送、南水北调、青藏铁路，以及 2008 年北京奥运会、大规模房地产建设等国家重点建设项目。

"西气东输"工程 2001 年动工，总投资高达 1400 多亿元，其中上游气田开发投资约 260 亿元，管道建设约 400 亿元，下游城市管网建设约 800 亿元。

"西电东送"是国家实施西部大开发战略做出的重大决策和标志性工程，即开发贵州、云南、广西、四川、内蒙古、山西、陕西等西部省区的电力资源，将其输送到电力紧缺的广东、上海、江苏、浙江和京津冀地区，总投资超过 6000 亿元。

"南水北调"总体规划推荐东线、中线和西线三条调水线路。通过三条调水线路与长江、黄河、淮河和海河四大江河的联系，构成以"四横三纵"为主体的总体布局，以利于实现我国水资源南北调配、东西互济的合理配置格局。南水北调总投资超过 5000 亿。

青藏铁路东起青海格尔木、西至西藏拉萨，全长 1118 千米，其中多年冻土地段约 600 千米，海拔高于 4000 米的地段 960 多千米，青藏铁路是世界上海拔最高和最长的高原铁路。青藏铁路总投资超过 330 亿。

2008 年北京奥运会总投资 2800 亿元。

此外，覆盖全国的房屋建设、热火朝天的高速铁路建设，这些遍布全国的大规模建设总投资加起来超过万亿。所有的建设项目中，基础设施建设、交通运输、工程施工和设备供应都是重型汽车施展身手的"战场"和"领域"。在汽车人眼里，这就是市场，就是"蛋糕"。

如此重大的商机与市场需求，哪个汽车厂的老总还能坐得住？一汽、二汽利用自己的实力在重卡市场再度发威。增强竞争力的重要内容之一为引进国际合作伙伴，以提升自己产品的技术含量与品质。

一汽一手牵两家，左手与奥地利 AVL 公司合作，开发 CA6DL 四气门柴油发动机，使一汽柴油发动机制造达到国际先进水平；2005 年，装备 CA6DL 柴油机的"奥威"产能达到 5 万辆。右手与德国道依茨公司合作，引进道依茨 1013、2012、2013 三大系列柴油发动机的 39 个机型，功率覆盖 122~300 马力，排放达到国三标准，具备国四潜力的产品和技术，在大连柴油机厂生产，依靠左右两手，一汽依靠两款高端发动机在中国重卡市场中的占有率连续多年保持第一。2004 年 7 月 15 日，装备新型发动机的"解放"第 5 代产品"奥威重卡"驶下总装配线，"奥威"的问世使一汽解放以高起点切入重卡市场。在解放奥威投放市场之后，解放 J5 平台产品解放悍威、大威、骏威系列货车相继投放市场，成为解放重卡拓展市场的主力军。从 2001 年 5 月开始，全新换代的解放重卡 J6 系列的产品开发正式启动。解放 J6 重卡主要定位于国内高端市场，面向当代欧洲先进货车技术水平，与进口车型相抗衡，并逐步实现出口欧洲市场的战略构想。2007 年 7 月 15 日，经过历时 6 年的努力，解放 J6 高端重卡下线，一汽又在 J6 的基础上，推出 CA4180 型 4×4 半挂牵引车和 CA4260 型 6×4 半挂牵引车，以及 J6P、J6M 等一系列车型，成为一汽引领市场的新一代重型货车主导产品。

面对一汽的强势出击，东风汽车毫不示弱，东风公司拥有自己的发动机、底盘和零部件生产能力，后劲十足。2002 年 10 月，东风引进雷诺 11.1 升 dCi 发动机技术用于东风重型货车上。2004 年 2 月，东风与雷诺成立合资公司，新公司将生产专为施工和非公路使用的雷诺 Kerax 重型货车，生产纲领 7000 辆。经过一段时间的研发与准备，2006 年 5 月 18 日，二汽第三代重型货车东风 L4181A 东风天龙问世，至 2007 年，东风天龙已有 80 多款车 300 多个品种，覆盖了重型汽车几乎所有领域。2008 年，东风重型汽车总产能达到 10 万辆。2013 年 1 月 26 日，经过近 7 年的马拉松式谈判，东风集团与沃尔沃集团签订战略联盟协议，正式构建全球最大的商用车战略联盟，新的联盟无疑将会使得东风公司的重型汽车更具竞争力。二汽引进国际重卡巨头沃尔沃货车公司，以国际先进技术提升东风重卡的内在品质，再次展示了要在重型车领域独霸一方，争夺头把交椅的雄心。

有饭大家吃，有活大家干。中国国内市场竞争机制早已形成，面对重汽这块大蛋糕，福田、北奔、江淮、华菱等企业纷纷拍马赶来，重卡市场的竞争风起云涌、波诡云谲。

中国重汽集团公司原来有三兄弟：重庆重汽、陕西重汽和山东济汽。2000 年 9 月，中国重汽集团公司重组，兄弟分家，下放到各省直接管理。改制后的中国重汽公司现拥有斯太尔和黄河两大品牌的重型汽车系列产品。在中国重型汽车企业中，中国重汽生产重型车资格最老、技术储备雄厚，在大吨位重型汽车上的优势突出，其中斯太尔血统 15 吨以上重型汽车销量占全国市场份额的 43.5% 以上，20 吨以上重型汽车销量更是占到市场份额的 85%。2003 年 6 月，中国重型与瑞典沃尔沃公司签订合资协议，合资公司名为"济南华沃卡车有限公司"，主导产品主要是引进 VOLVO 公司的 FH、FL 系列，2005 年年产 2500 辆，2010 年年产 10 000 辆。遗憾的是，这是一场短暂的"婚姻"。由于国内市场难以接受价格超过 60 万元的沃尔沃货车，市场的低迷导致双方合作不畅，直至最后分手。合作 6 年来，"华沃"依靠组装总共生产了 1000 辆车左右。但这并不影响中国重汽的发展，几年来，中国重汽一路高歌，2007 年年产量一举突破 10 万辆，闯进世界重卡产销前五名。

陕西重汽是原中国重汽集团公司三兄弟之一，2000 年 9 月兄弟分手。陕汽是军工起家，在重型军用越野汽车、高档大客车底盘和重型特种专用车制造领域具有独特的优势，技术水平始终保持国内领先，并与国际先进技术同步发展。现在其产品覆盖重型军用越野车、重型货车、大客车（底盘）及中型货车四大类十六个系列二百多个品种。2002 年 8 月，湘火炬与陕汽签署了《关于组建陕西重型汽车有限公司合资合同》。新组建的陕西重型汽车有限公司将推出国内市场重量级产品"陕汽德龙 F2000 重卡系列"，2003 年的产销目标是 12 000 辆。2003 年 12 月，陕西重汽全面引进德国 MAN 公司 F2000 底盘及整车技术；2008 年，陕汽集团推出轻量化的德龙 F3000；2010 年又推出轻量化德龙 M3000 新车型。凭借德国重型汽车的技术优势，陕汽要在重汽舞台上表演"夺宝奇兵"。

　　重庆重汽就是原来的四川汽车厂，又名重庆红岩汽车厂，重汽公司三兄弟之一，只是一夜之间兄弟成为竞争对手。军品是重庆重汽的主打产品，但重庆重汽依靠技术成熟的红岩系列和斯太尔系列也参与了民品市场的争夺战。重庆红岩汽车也曾经在市场上风光过，但与原来的两兄弟中国重汽和陕西重汽相比，资金和技术成为其发展最大的制约因素。市场问题只能靠市场之手来解决，重新整合资源是最好的办法。早在 2005 年 12 月 16 日，重庆重汽与上汽股份和依维柯三方在重庆签署战略合作框架协议，三方将合作重组重庆红岩公司，共同发展重型车整车和发动机。上汽实力强大，但结构单一，要成为世界级汽车企业参与国际竞争，就必须要补齐商务车的短板，在与南京依维柯和柳汽通用五菱结为伙伴补齐轻型车短板后，又将眼光投向重型车。2006 年 5 月底，上汽依维柯投入 6.2 亿元对重庆红岩汽车有限责任公司进行资产重组并得到国家发改委批准，新的上汽依维柯红岩商务车公司建设规模为年产 4 万辆商用车，其中依维柯原装车 4000 辆、依维柯红岩混装车 2.6 万辆、重型红岩车 1 万辆，远景规划重卡产能 10 万辆。重庆红岩加入上汽极大地增强了上汽在重卡领域的实力，由于其商用车的短板基本补齐，所以与一汽和东风并列成为中国车企"三剑客"。但重庆红岩重卡规模尚小，要实现远景规划还是"革命尚未成功，同志仍需努力"。

　　从生产坦克转产为重型汽车，北方奔驰是中国兵器行业最大的军转民项目。

　　1988 年，为适应军转民的需要，位于内蒙古包头市的坦克厂决定引进奔驰公司的重型车生产技术，转产重型越野汽车，新的名称为"北方奔驰"。北奔生产的重型越野车主要是供军方使用，军品的"高起点"让北奔尝尽了"高处不胜寒"的滋味，整整花了 8 年时间，费尽九牛二虎之力，完全保持了奔驰重卡的技术特点和质量标准。但在 1996 年正式投产以后的 6 年内，军方订货最多的年份也只有区区 806 辆，这如何能在市场环境下生存？作为合资方的德国奔驰公司如何能赚钱？2002 年，北方奔驰重卡与德国奔驰公司解除了合作合同。分道扬镳后，北方奔驰利用自身的技术优势，全面拓展民品市场。2004 年，北方奔驰月产量达到 1000 辆，2006 年便突破万辆大关。2008 年，北方奔驰重卡销量达到 25 000 辆，成为我国重卡行业的主流企业之一。

　　相对于国内众多的重卡厂家，北汽福田汽车股份有限公司（简称福田公司）是一个新手。1996 年 8 月 28 日，由北京汽车摩托车公司发起，联合全国 100 家法人单位成立了北汽福田车辆股份有限公司；1998 年 6 月 2 日，北汽福田在上交所正式上市。北汽福田是一家跨地区、跨行业、跨所有制、多产业经营，并快速走向国际化的上市公司。虽然是重卡新军，但敢于杀进沸反盈天的重卡市场，必然身怀独门绝技。北汽福田新开发的欧曼重型货车 2002 年投入市场，立即获得重大反响。2003 年 9 月，北汽福田与戴姆勒－克莱斯勒股份有限公司签署《战略合作框架协议》，双方计划在重型货车领域广泛合作，利用梅赛德斯－奔驰公司的重型车技术提升福田重型车的性能和质量，引进 OM501LA、OM502LA 发动机和新型奔驰重型载货车，共同组建中、重型货车合资公司等。2011 年 4 月 9 日，北汽福田汽车欧曼数字化工厂投产，该工厂的投产使福田汽车欧曼工厂的年产能达到 20 万辆，成为全球最大的重卡生产基地。

　　从 2009 至 2011 年中国重卡产量排行表上，可看出中国重卡竞争态势：

　　2009 年，中国重型汽车产量为 64 万辆，其中一汽 14.1 万辆、中国重汽 12 万辆、东风公司 11.8 万辆、北汽福田 8.6 万辆、陕汽 6.3 万辆、北方奔驰 2.7 万辆、上海依维柯红岩 2.6 万辆、华菱汽车 1.8 万辆、江淮汽车 1.2 万辆。

2010 年，中国重型汽车产量为 106 万辆，其中一汽 23.6 万辆、东风公司 21.2 万辆、中国重汽 19.7 万辆、陕汽 11.7 万辆、北汽福田 10.7 万辆、北方奔驰 4.6 万辆、上海依维柯红岩 3.4 万辆、华菱汽车 3.1 万辆、江淮汽车 2.6 万辆。

2011 年，中国重型汽车产量为 82 万辆，其中东风公司 20.6 万辆、一汽 15.2 万辆、中国重汽 13.4 万辆、北汽福田 10.3 万辆、陕汽 9.3 万辆、北方奔驰 5.4 万辆、江淮汽车 3.1 万辆、上海依维柯红岩 2.7 万辆、华菱汽车 2.3 万辆。

经过一番厮杀争夺，中国重型汽车已基本形成三大方阵：

第一方阵为东风商用车、一汽解放和中国重汽；

第二方阵为福田欧曼和陕汽；

第三方阵为北奔、上汽依维柯红岩、江淮和华菱。

从宏观角度看，中国重型汽车发展大致可分为四个阶段：

第一阶段为 1966 年—1984 年，这一阶段主要是自力更生，仿制，军品推动重卡发展。

第二阶段为 1984 年—1991 年，这一阶段引进斯太尔技术生产新产品，军民产品各有需求，但需求总量有限。

第三阶段为 1991 年—2000 年，市场经济逐步形成，各重卡生产厂家开始布局，民品需求大幅增长。

第四阶段为 2000 年—2010 年，市场经济逐渐成形，国民经济高速发展，重型汽车需求呈现井喷式增长，重型汽车进入竞争激烈的市场环境。

中国汽车史话 下篇

第六章 "红旗"飘飘

乘"东风"展"红旗"

1958 年 5 月 21 日下午，一辆崭新的小轿车驶进中南海，停在了怀仁堂前的小花园旁边。此时恰逢在北京召开中央会议，所以有不少代表围着车子观看。不一会儿，毛主席与林伯渠来到轿车前，毛主席满面笑容，在车子周围看了看，然后与林伯渠一起坐上车。轿车围着小花园转了两圈，毛主席高兴地说："坐上我们自己造的小汽车了。"此时距离毛主席 1956 年 4 月在中央政治局会议上说"什么时候能坐上我们自己生产的轿车开会就好了"刚刚过去两年。正是因为毛主席的这句话，才促成中国轿车工业迈出了第一步。

1956 年的中国万象更新、百花齐放，社会主义建设在各条战线上均取得了伟大的成就。借助苏联的帮助，中国开始建设自己的工业体系，钢铁、煤炭、石油、机械、电力、汽车、飞机、轮船、坦克、拖拉机等工业部门的建设初见成效。1956 年 4 月，中央政治局扩大会议在北京召开。面对满场代表，毛主席侃侃而谈。毛主席的这次讲话就是著名的《论十大关系》。他在讲话中谈到了即将投产的中国汽车，并说出了内心的希望："什么时候能坐上我们自己生产的轿车开会就好了。"

官员用车与政治有关。作为政府官员，尤其是党和国家的主要领导人，乘坐本国生产的轿车，既是民族自尊心的需要，又是政治需要。绝大多数能生产轿车的国家的领导人基本上都是乘坐本国生产的轿车。早期的苏联，斯大林等苏共领导人全部都是乘坐苏联自己生产的吉姆牌高级轿车。新中国成立之初，中国还没有造车能力，中国官员乘坐的轿车只有两个来源：一是从敌方缴获，二是外购。1949 年，毛主席在开国大典上乘坐的轿车就是斯大林送给他的吉斯 110 防弹轿车。

说者无意，听者有心。按照中国当时的生产力水平，生产轿车还不现实，毛主席的话只是表明了一种希望。但参加会议的一机部部长黄敬却将毛主席的话听进去了，作为汽车生产的主管机关，他要将毛主席的希望变为现实。

1957 年 4 月，黄敬到一汽来检查工作时，与饶斌等人谈到了毛主席的希望，要求一汽要准备试制轿车和越野车。一个月后，即 1957 年 5 月，一机部正式给一汽下达了生产小汽车的任务，并要求"越快越好"。这是中国第一个关于生产轿车的正式文件，这份文件首次吹响了中国发展轿车的进军号。

根据今天的分类，货车为商用车，轿车为乘用车。汽车发明之初，就是取代马车给人乘用的，所以在国外，轿车的研制生产一直走在货车前面，轿车的生产规模也要远远大于货车。但在中国，由于特殊的历史背景，因此只能先发展货车；现在说要生产轿车，我们是两手空空、一无所有，是完完全全地从零起步。

一辆轿车由发动机、底盘、车身、电气设备等几部分组成，共有 2 万多个零部件，这些零部件形状各异，由钢铁、橡胶、塑料、玻璃、电子等各种不同的材料制成，再安装在汽车上组合成一个完美的系统工程，它们分工合作、各司其职，共同保证汽车安全行驶。要使得这几万个零部件按照规范的要求相互配合、妥善工作，对机械、冶金、石化、纺织等基础行业都有着严格的要求，尤其是机械加工工业。人类最新发明的机器人、数控机床、自动生产线等高精尖设备都是在轿车的生产需求下应运而生的。轿车的发展历史说明，轿车生产能力是一个国家综合实力的反映，也是一个国家工业进步的动力来源之一。

因为功用不同，所以货车与轿车在设计与生产上都有着很大的差别。货车的功能是载货，要求坚固结实、动力足；轿车的功能是人乘坐，因此对安全、舒适、美观有着更高的要求，较货车而言，制造的难度也就更高。人们常用一种通俗的比喻，如果将货车生产看成是小学水平，那么轿车生产就是大学水平，中间隔着几个数量级。不管这种比喻是否科学，它都说明了轿车从设计到制造有着更大的难度。由于人类对"更好"的不断追求，使得轿车产品不断更新换代，可以毫不夸张地说，每一辆轿车都是当代高新技术的结晶。

一汽是按照货车厂设计的，所有的机械和工装设备都是按照货车生产配备的。从当时的设备与技术条件来说，一汽不具备生产轿车的条件。但毛主席的希望就是动力，一机部下达的文件就是压力。虽然客观条件不具备，但生产轿车作为重要的政治任务，一汽人毅然迈开了轿车制造的第一步。

根据一机部的要求和一汽的现实，饶斌提出"仿造为主，适当改造"。仿造的工作由孟少农具体领导。

要仿造就得有对象，一汽通过各种渠道找到了几辆轿车，有苏联的胜利、德国的奔驰、法国的西姆卡、英国的福特赛飞、日本的丰田等。朱德委员长在视察一汽时得知一汽要自己生产轿车，他非常支持，立即将捷克斯洛伐克政府送给他的斯柯达高级轿车赠送给了一汽作为样车。

经过对样车的测绘和研究，并在比较分析的基础上，孟少农确定了产品设计方案，要求试制的轿车有胜利那样良好的通过性、奔驰和丰田那样的经济型、奔驰和西姆卡的舒适性，以及福特和西姆卡那样的简单结构。把这些优点集中起来，发动机和底盘仿造奔驰190，加大轮胎宽度，提高底盘与地面间隙，保证良好的通过性；加大后桥变速比，采用奔驰的4档变速器以提高爬坡能力；车身结构仿造法国"西姆卡"，外形和内饰件在"西姆卡"的基础上再做一些改进。

孟少农绘制了"构想图"。根据孟少农绘制的构想图，轿车设计自重1230公斤，总重（乘坐6人及行李）1650公斤。最高车速128千米/小时，经济车速30~50千米/小时，平均油耗不大于9.5升/百千米。动力性低于奔驰，但高于胜利和丰田；经济性接近奔驰和丰田，并且优于胜利西姆卡和福特；座位宽敞舒适，优于奔驰和西姆卡；成本低于奔驰，接近西姆卡。

试制轿车设计方案出来了，产品号为CA71，CA为生产厂家一汽的代码，7为轿车的编码，1表示第一辆。但叫什么名字呢？一时间众说纷纭。黄敬提出，当时的国际国内形势是"东风压倒西风"，中国地处社会主义的东方，所以定名为"东风"。

孟少农是留美的高才生、中国的汽车专家，他懂得轿车生产与货车生产之间的巨大差距，虽然是仿制，但仍然要按照汽车生产的规矩——从最基础的绘图开始。

由于一汽没有生产过轿车，所以虽然有了对外国轿车的分析比较，也有了测绘图和试制图，但在试制过程中仍是改动不断，边制边试，边试边改。如试制过程中，有人提出中国的轿车要体现出中国的民族风格、要融进中国元素，这种意见在当时是很有市场的，但车的底盘、动力与中国风格无关，也没有能力动，最后只能在外形上下功夫。经过反复研究，最后将尾灯做成宫灯造型，车头上镶嵌一条昂首向上的小金龙作为车标，车门两边的装饰条上有毛主席手书的"中国第一汽车厂"几个字，车身由中国人喜爱的具有大福大贵意味的紫红色为主色调，顶部则为爽目的银灰色，整个轿车的车身全部用手工敲制。

车身和车头的小金龙均出自于一汽设计科科长吕彦斌之手。吕彦斌至今不忘这段经历：

1958年，我们接到任务要做东风轿车，厂里要求我们将仿造和自我设计相结合。设计处副处长史汝楫带上我和另一个工程师到北京去找样车，选中了法国西姆卡中级轿车。经过对西姆卡的观察并结合我们自身的条件，最后决定，里面的结构不变，发动机用德国奔驰190，车身自己设计。我们首先做小模型。做之前画效果图，外形用彩色，画好后让领导挑选合适的，然后做成1∶5的模型交给领导审查，由领导挑选一个做成1∶1的大模型，再根据大模型画试制图，最后用手工敲出一辆样车外壳。

东风轿车的车标是一条龙，这是孟厂长的主意。为了设计这个标，我拿着胶卷，跑到北京故宫、颐和园和北海公园这些地方去找龙，还求教过梁思成和中央工艺美术学院的教授。我记得有位教授说我选择的龙跟汽车不太协调。他说，龙是张牙舞爪的，而车是流线形的。我让他画了个图形，看上去虽然协调了一些，但不太容易被接受。最后，还是厂领导选定了一种常见的龙，将"第一汽车制造厂"做成立体的，前头就是放上"东风"两个字。最初，我们放的是"东风"二字的拼音，当时的中央办公厅主任杨尚昆看了后表示，这样会让人误解，好像是外国车子，还是改成中文好。

1958年5月10日，第一辆东风轿车试制完成，欣喜的一汽人立即将这辆中国自己制造的第一部轿车送往北京，向毛主席和党中央报喜。汽车先送到一机部，由一机部审看。正在参加中央会议的饶斌向中办主任杨尚昆汇报，想请毛主席以及其他中央领导检阅这辆车，谁知道这还引出了一个插曲。

5月15日至23日，中南海召开中央会议。杨尚昆指示先将车放到中南海的一块草坪上供参会代表参观。第二天，东风轿车开进中南海，杨尚昆立即来到车边仔细观看。杨尚昆看看着发现了问题，他问饶斌："车头的一排外文是什么？"

饶斌解释，那不是外文，是东风的汉语拼音。杨尚昆指出，有多少人能认出这个拼音字母呢？明明是我们自己制造的轿车，弄不好，别人还以为是外国车呢。他要求立刻改过来。饶斌立刻与送车的同志商量，决定将镶嵌在车头上的拼音字母取下来，然后换"东风"二个字上去。工作量倒不大，但现在是在远离一汽的北京，要在一两天之内换下来很不方便。另外，"东风"二字用什么体呢？一时间大家非常紧张。经过多方奔走，最后决定，"东风"二字用毛主席的手写体。他们了解到《人民日报》社有毛主席"东风压倒西风"的题词，于是立刻赶到《人民日报》社，讲明原委。报社的同志很支持，立即将"东风"两字影印下来交给他们。他们在北京找到一家汽车修理厂，请钣金工人将两字用薄金属板雕刻下来后拿去镀金，再将金光闪闪的"东风"两字镶嵌在车头。紧赶慢赶，终于在一天之内全部完成。第二天，"东风"轿车再度来到中南海。吕彦斌回忆：

我们连夜赶到灯市口找修配厂的老师傅凿掉了拼音，再换上"东风"这两个中国字。第二天送到中央会议现场的就是有中国字的那辆车，车后头还有两个宫灯。为什么设计宫灯呢？一位姓黄的技术员做了一个小模型，说这样更具有民族特色，结果领导同意了。车尾灯用宫灯，车前头用中国龙，两边是毛主席的题字，再加上"东风"两个中国字，这样一辆车行驶在大街上，人们都非常高兴，以前他们还没见过有中国字的车呢。

这一次杨尚昆很满意，为了让与会代表都能看到一汽制造的东风轿车，他让工作人员在每一位八大二次会议主席团成员的桌子上都放一份一汽带来的东风轿车的资料和照片。这样，中央领导和代表们就可以知道东风轿车在中南海展出了。听说中国自己造的轿车来展出，大家都很兴奋，那几天，崭新的东风轿车周围总是围满了开会的代表。

5月16日下午，朱德和彭真来到车边，饶斌拉开车门，请两位领导上车乘坐，并详细介绍了东风轿车的性能和试制情况。朱德笑眯眯地说："不错不错，咱们一汽工人真不简单，说造轿车就造出来了。"他又指着车头的小金龙问："这个金龙是用什么材料做的？"饶斌说："铜做的。"朱德听后频频点头。

5月21日下午2点40分，毛主席和林伯渠一起来到车边。毛主席满面笑容，与守候在车边的5位职工一一握手，并询问每个人的姓名和工作，然后围着车子仔细地端详。工作人员请毛主席和林伯渠上车试乘一下。毛主席用浓重的湖南口音说："好啊，我们来坐一下。"他拉开车门，请林伯渠先上车，然后自己坐进去。司机钱海贵稳稳地起动，东风轿车围着中南海的小花园转了两圈。林伯渠问钱海贵："这个车能开多大速度？"

钱海贵回答："每小时128千米。"

毛主席笑呵呵地说："这么快呀，我还没坐过这么高速的车呢。"

车停下来后，毛主席高兴地说："坐上我们自己制造的轿车了。"

轿车在中南海展出期间，代表们问得最多的话是：你们今年能生产多少？什么时候能批量生产？参会的代表绝大多数是全国各省市和中央机关的领导同志，由于外购轿车数量有限，他们有很多还是乘坐战争年代缴获的美式吉普车，能乘坐自己国家的国产轿车是他们的心愿。

除了参会的代表们外，还请了在京的苏联专家、有关大学的教授、工程技术人员和美术家来参观，请他们对东风轿车提意见。这些专家们从行家的角度出发，提了很多建设性的意见，如整车布置合理、重量分配较好、油耗也不高；但总的感觉是外表粗糙，车身衔接部分的缝隙太大，门开关不灵活。他们提出，在批量生产前，一定要先进行可靠性道路试验。

首辆东风轿车在北京成功展出给了一汽人极大的鼓励。1958年5月16日，一汽开始小批量生产轿车，首批100辆。但无论从厂内的零部件生产还是厂外协作产品的制造，都难以完成。一辆轿车需要数万个零部件，需要专用的场地、模具，所生产的各种零部件需要材料、设计、试制、开模，这些都需要高昂的费用和专门的技术人才；有些材料国内根本无法解决，如制造车身所需要的镀锌薄板。这些是一汽和很多协作企业所无法做到的。有些协作企业还提出，只试制，不签订合同。东风轿车的批量生产遇到难以解决的困难。

东风轿车是中国轿车工业的第一个"婴儿"，在一无经验、二无技术、三无人才的情况下，凭着冲天的干劲，用手工生产出来的，存在很多不足在所难免。但它的意义在于，中国人终于在自己动手制造轿车的路上迈开了第一步。

1955年7月8日，李富春副总理在第一届全国人民代表大会第二次会议上所做的政府工作报告中指出：

我国在建设社会主义的过程中，在进行社会主义工业化和社会主义改造的时候，都应该按照我国当前的实际情况，采取切实可行的办法，逐步地实现。在工业建设中，必须根据资金和技术力量的可能，贯彻重点建设的方针来进行建设。那种不分轻重缓急，认为要建设就应该处处大规模和样样现代化的想法和做法，对实现社会主义工业化是有害的。建设一个现代化的重工业企业，一般都要有五年左右的时间，要进行一系列的繁重工作，要有各个方面的配合。我们要建设起很多用现代技术装备起来的工业企业，才能达到工业化，哪能希望在一个短时期内，不费什么力气就建设成功呢？

报告对于汽车工业的要求是：

五年内建设并完工的第一汽车制造厂，在它发挥了生产能力以后，每年能够出产载重汽车三万辆，供应运输业的需要。设计能力比第一汽车制造厂大一倍的第二汽车制造厂，也将在第一个五年计划期间开始建设。这两个汽车制造厂将为我国奠定汽车制造工业的基础。

遗憾的是，1958 年的政治与经济形势使得报告的内容未能实现，克服急躁情绪的意见也未能贯彻执行。在"大跃进"的背景下，一机部汽车局拿出了"中国汽车工业发展意见"，这个"意见"相当于中国的第一部汽车产业政策。"意见"认为，中国是社会主义国家，在现有生产水平下，汽车生产的主要方向是解决生产和人民大众生活需要的交通工具。要多生产一些公共汽车，搞好公共交通，多开线路，做到四通八达。小轿车的使用对象主要是领导机关和对外接待，需要的是高级轿车，而不是像东风轿车那样的中级轿车。

根据一机部的意见，一汽放弃量产东风轿车的计划，开始布置生产高级轿车。

1958 年 6 月 25 日，一汽团委书记王道义在传达团中央会议精神时，告诉了与会者一个消息：北京市要试制高级轿车，向国庆献礼。这个消息让参加会议的人坐不住了，纷纷表示：一汽是中国新建的第一家现代化的汽车厂，生产轿车是一汽人当仁不让的责任，我们不能落在北京的后面。王道义向与会者提问："我们一汽能否在国庆节前试制出高级轿车？"

他的话如同一把火点燃了大家的情绪。当天晚上，一汽设计处处长陈全便召集设计处的全体人员开会讨论王道义的建议，众人议论纷纷，但观点完全一致：一汽一定要把研制中国第一辆高级轿车这个"第一"抢到手。这次会议制订了研制高级轿车的时间表：7 月末，底盘设计科交出底盘图；9 月，车身设计科试制出车身。

一汽党委采纳了设计处的意见，决定立即开始研制国产高级轿车，并向吉林省委做了汇报。吉林省省委书记吴德非常高兴，要求一汽尽快投入试制。根据当时中央"高举总路线、大跃进、人民公社三面红旗开展社会主义建设"的号召，吴德给新试制的高级轿车起了一个响亮的名字——"红旗"，一个具有浓厚政治寓意的名字从此在神州大地叫响。

从诞生的那一天起，红旗轿车身上就有着明显的政治内涵。

高级轿车长什么样？高级在哪里？一汽设计处的人谁也没有见过外国的高级轿车，如果连高级轿车高级在哪里都不知道，那该如何着手设计呢？和试制东风轿车一样，一汽决定先以外国高级轿车作为参照。但当时全国轿车都少得可怜，高级轿车更是难得一见。陈全是个说干就干的人，召开完设计处会议的第二天，也就是 6 月 26 日上午，他就赶到吉林工大并说明来意，将吉林工大教学用的一辆美国克莱斯勒 1955 型"帝国"C69 高级轿车借来，开进了试制车间。为了支持一汽试制高级轿车，一机部汽车局还送来了一辆美国林肯牌高级轿车，周总理也把自己的法国雷诺高级轿车作为样车送了过来。时任国务院副总理兼外交部部长的陈毅乘坐的是一辆德国奔驰 600 高级轿车，听说一汽要试制高级轿车，陈毅也将它送给了一汽，这其中还有一个小故事。

一汽负责轿车试制的王振听说北京有一辆全国最高级的轿车，也就是外交部部长陈毅乘坐的奔驰 600，于是他决定去北京亲眼看一看这辆奔驰 600，增加一些对高级轿车的感性认识。王振带上几名技术人员赶到北京，通过一机部介绍见到了陈毅的那辆车，试乘后感觉确实很先进。听说一汽要试制高级轿车，陈毅的司机李师傅挺高兴，他说："陈老总是外交部部长，天天要和外国人打交道,他说了多次不愿坐外国车,可是中国没有国产轿车!你们要是早点造出高级轿车来,陈老总就可以早点换车了。"

关于奔驰600高级在哪里,只有将它分解开后才能了解到。要是能将这辆车借回去看个究竟,对试制高级轿车会有很大的帮助。王振把这个想法告诉了一机部汽车局局长胡亮。胡亮说,我们来想想办法吧。他很快将这个消息传递给了周总理。周总理转告了陈毅,豪爽的陈老总立即把这辆奔驰600送给了一汽。

经过对几辆高级轿车进行反复比对,一汽决定以克莱斯勒"帝国"C69作为主要参照对象。

1958年,人们分外躁动,到处都在"放卫星",作为中国唯一的汽车制造厂,一汽自然"不甘人后"。1958年7月,一汽下达试制任务书,要求当年8月1日建军节前拿出第一辆车。仔细算下来,满打满算不到30天。紧接着,任务再度加码,要求在当年8月15日前再生产一辆红旗敞篷车,并在年底前共生产5辆红旗高级轿车。

在如此短的时间里要试制出高级轿车,这在今天是无法想象的。但在"人有多大胆,地有多高产"的年代,一汽人的积极性空前高涨,他们将作为仿制对象的轿车全部分解开来,数百个大小零部件总成逐一摆放,然后由全厂工人群众前来主动承接任务,谁能接下哪个零部件,谁就签下协定。协定的内容是:我保证在规定的时间内保质保量地完成任务。他们将这种做法形象地称为"赶庙会"。特殊时期,人的精神作用所产生的力量是不可估量的。通过"赶庙会",需要仿制的所有零部件被热情激荡的工人群众一抢而空。那段时间,全厂所有的车间处室都投入了红旗轿车的试制,当时的口号是:"乘东风展红旗,造出高级轿车去见毛主席。"

在一般人眼里,一辆轿车最抢眼的是车身,给人印象最深的也是车身。仿制轿车的主要问题是要有一个被中国人认可的、具有中国民族文化特色的车身。吕彦斌负责车身的外观设计,但他从来没设计过车身,要从哪里下手呢?吕彦斌决定还是先参考外国人的轿车,尤其是高级轿车。在当时的中国,轿车是极为罕见的稀罕物,吕彦斌回忆道:

1959年,我们做第二辆红旗高级轿车时,我负责车身设计。我从未设计过轿车车身,厂领导又强调要有民族风格,心里着实没底。最初,我查找民族形式资料时,还专程去找过梁思成、林徽因和几位中央工艺美术学院的教授。与他们交谈后心中有了点谱,然后决定再参考外国高级轿车的车身。上哪里去找外国高级轿车呢?我想到了驻华大使馆。当时,我们国家和印尼的关系不错。印尼驻华大使馆很阔气,门口总是有很多外国车,基本上都是美国车。我在门口找到开这些车的司机,告诉他们我们要做红旗给中央领导用。这些司机一听,都很高兴,说:"太好了。有了自己的车,省得再买外国车了。"这些司机很支持我的工作,把车开到很远的地方让我研究。大概有20多辆车吧,有高级轿车,也有中级轿车。美国车基本上都是大车,一般是两排座,但也可以改成三排座。我拍照就花了两三天的时间,拍了十几卷胶卷。回来后设计三排座时,这些资料很具有参考价值。以后,厂里又买了一辆林肯和一辆凯迪拉克车做参考,再加上原来的克莱斯勒,我们就有了三辆高级轿车做参考。总结这三辆车的结构特点,我们在红旗轿车上采用了不少元素,这也是我的主意,如前部基本上仿的是林肯,中部仿的是克莱斯勒,后部仿的是凯迪拉克。

从轿车制造的工艺流程上说,车身也是轿车最重要的关键总成。它的尺寸要与底盘、发动机、轮胎等相匹配;为了减少风阻,需要有良好的流线形外形,这些都需要精确的计算。在既无计算机,又无风洞的条件下,试制本身就很困难,但一汽党委要求一个星期拿出车身。按照今天的认识,一个星期连画草图的时间都不够,当时也确实没有完整的工艺图样,这真是难为人了。但一汽人艺高胆大，在与动力、底盘等结合部的基础数据定下来后，大胆设想，先做一个全尺寸的油泥模车身，这样可以随时修改。党委书记赵明新、厂长饶斌、副厂长郭力等厂领导轮番来到模型组，和工人群众一起日夜加班。

除了车身外，制造 V8 顶置气门的发动机也是一大难题。V8 发动机的气缸体形状复杂，铸模、倒模、铸造、加工等工艺环节不能少，尤其是汽缸体的铸造。一汽集中全厂铸造高手参战。然而制造缸体毕竟不同于制造车身，V8 气缸体的技术实在不是可以用简单的方法在短期内取得成功的。经过多轮突击后，绝大多数产品都不合格。时间不等人，无奈之下，最后百里挑一，选用极少数合格的铸件毛坯进行加工。最后终于将发动机这块硬骨头"啃"了下来。但在成功的发动机旁，废品堆积如山。其实何止是车身和发动机，几乎每一个产品的背后都有一个不计成本"刻苦攻关"的故事。

除了一汽外，红旗轿车的试制还有大量的协作件，涉及全国 11 个城市和大量的工厂。一听说是为毛主席造红旗轿车，这些工厂也是将其作为压倒一切的政治任务，不计成本地干。长春市玻璃厂为红旗轿车制造玻璃仪表盘罩，上海昌明钟表厂为红旗制造高级电钟，上海延安电器厂为红旗制造电器，沈阳床垫厂为红旗制造坐垫，南京电瓷厂为红旗制造火花塞，哈尔滨轴承厂为红旗制造特种轴承，哈尔滨仪表厂为红旗制造仪表……

最后的难点又回到车身上。油泥模车身完成后就要制作正式的车身。按照常规，正式的车身需要模具来压制，所以需要先制作模具；薄板在压制过程中需要分多次才能成型，所以需要多套模具。以轿车生产的投入而言，制造模具（俗称"开模"）是轿车制造中投入最大的项目之一。制造车身模具的首要条件是有充足的资金，因为需要购买大型冲压设备和锻压设备，这些几千吨重的大型冲压设备和锻压设备国内没有，也没有工厂能够生产出来；到外国买，别说资金短缺了，就是有钱购买也需要较长的生产时间。一汽人决定采用最原始的办法：用榔头将车身敲出来。

车身制作的工序称为"钣金"，用榔头敲出车身需要七八级以上的高级钣金工。一汽全厂也没有这么多高级钣金工。在当时，造红旗已经成为压倒一切的政治任务，它不光是一汽的事，也是全国的事。上海是中国资格最老的工业城市之一，那里藏龙卧虎，有很多能工巧匠。一汽马上与上海联系，一听说一汽要造中国的高级轿车，上海市二话不说，立即从全市调集了几十名高级钣金工到一汽。上海师傅陈福贵长期修理外国轿车，有着丰富的经验。在没有样图的情况下，他带着两名徒弟，自己在地上放样，硬是用手工敲出了全部钣金件。在陈福贵的带领下，这些上海师傅日夜连班倒，车间里整日响着疾风暴雨般的敲击声，他们全凭手摸榔头敲，硬是在规定的时间内用手工把红旗车身敲了出来。

经过一汽人和全国有关厂家的共同努力，整整 33 天，1958 年 8 月 1 日，中国的第一辆红旗高级轿车诞生了。

新红旗车的外观庄重大方、车内宽敞舒适，内外装饰充分体现了民族特色，扇面形状的水箱格栅，宫灯样式的尾灯，仪表盘采用福建大漆"赤宝砂"（这是一种工艺复杂，但视觉效果极佳的传统工艺漆），座椅及门护板面料采用杭州云纹织锦，显得富丽华贵。

第一辆红旗试制成功后，一汽立刻投入第二辆红旗，也就是红旗敞篷检阅车的试制。

1958 年 9 月 19 日，时任中共中央总书记的邓小平和李富春、杨尚昆、蔡畅等前来一汽视察，并在试制的红旗车旁听取了饶斌的现场汇报。

邓小平问饶斌："红旗比伏尔加怎么样？"

饶斌回答："比伏尔加高级。"

邓小平又问："比吉姆呢？"

饶斌答："比吉姆高级。"

邓小平兴奋地说："喔，比吉姆还高级，那你们可以多生产，油不够就烧酒精，反正做酒精的红薯干有的是，只要不烧茅台就行。"

同样历时一个多月，1958 年 9 月 26 日，红旗敞篷检阅车试制成功；经过调试后，于 9 月 28 日当夜运往北京，向建国 9 周年献礼。遗憾的是，由于试制时间短，又没有经过全面检测，这两辆红旗牌 CA72 高级轿车在北京期间毛病不断，质量问题多达 537 个，最终未能参加国庆阅兵。

虽然没有参加国庆 9 周年的游行，但一汽在短短两个多月的时间里试制出了两辆红旗轿车，这给了一机部极大的信心，也给了中央极大的信心。1959 年 1 月 7 日，中共中央书记处给一汽发来指示，要求一汽在 1959 年 "确保红旗轿车生产"。1 月 21 日，一汽党委决定，竭尽全力确保中共中央书记处下达的红旗高级轿车生产任务，决定立即将原东风轿车的工艺装备设计和制造全部停下来，全力以赴地保证红旗轿车的生产，并派副厂长王少林出国考察轿车车身制造。

1958 年试制的红旗的所有部件都以手工完成，批量生产就不能再采取这个办法了。为确保红旗车批量生产，除部分产品借用货车的生产设备外，还需要新建专门的厂房和工装设备。经过计算，需要新工艺装备 6222 套；新增发动机车间、冲压车间以及部分附件的专用车间，共需新增基建面积 17 500 平方米；外协件共 12 种、733 项，分布全国 11 个城市、60 多家工厂。

批量生产红旗的关键在车身，而车身的关键是冲模。一汽提出，要在两三个月内完成百余套大型冲模和千余套中小冲模。要做冲模首先要设计、要绘图。几千套冲模仅图样就得上万份，要在两三个月内完成上万份图样，就相当于每天要出 200 多份图样。在当时的条件下，这个任务几乎是不可能完成的。

关键时刻显出了饶斌的生产组织能力。他将全厂工具、发动机、冲压等车间以及部分职能处室的全部工程技术人员共 50 人，以及高级技工 40 人，外带 10 名领导干部，共同组成 "冲模设计联合突击队"，再将这些人分别组成 13 个突击小组，每组工人 3~4 人、工艺员 2~3 人、设计师 1~2 人。采取 "四包" "三边" "五比" 的做法，即包设计、包生产准备、包制造、包合格产品；边设计、边做生产准备、边制造；比思想、比干劲、比速度、比质量、比协作。一汽 T 区到处悬挂着 "时间就是红旗" 的口号。经过全厂共同努力，1959 年 2 月 15 日，红旗轿车冲模设计的全部图纸完成，并送到了生产车间。

不久，王少林考察车身归来，他们一行人到苏联和捷克共考察了吉尔 111、莫斯科人、海鸥、伏尔加、太脱拉 603、斯柯达 440 等轿车车身的制造情况。除了伏尔加和斯柯达 440 是日产 100 辆的批量生产外，其余的几乎都是小批量的手工生产。苏联方面告诉他，小批量生产如果采用机械化流水形式，经济上极为不合算；如果生产批量不大，完全可以采用手工生产。手工小批量生产对改型也有很大的方便，但手工小批量生产一定要注意模具的质量。根据王少林介绍的情况，一汽党委决定由王少林负责红旗轿车生产。

1959 年的国庆是中华人民共和国成立 10 周年大庆，北京要举行隆重的阅兵典礼和群众游行庆祝活动。中国自己制造的红旗敞篷轿车将作为阅兵指挥车，第一次正式向全国人民和全世界人民亮相。对一汽来说，这既是荣耀，又是压力。与世界上其他高级轿车相比，红旗的生产条件显然是落后的，那么质量是否可靠呢？要是指挥车在检阅途中因质量问题而抛锚，那可就是谁也担待不起的重大政治问题。在这个意义上讲，保证红旗轿车的质量问题成了重大的政治问题，必须要做到慎之又慎、稳妥可靠、万无一失。

为了保证质量，一汽党委召开全厂会议，号召人人都来保质量、找问题。在一汽团委的建议下，王少林成立了"红旗质量监督总岗"，在各个车间成立"分岗"，让每一个人都来监督红旗轿车生产中的每一个细节。同时，按照新车试验规范，对新红旗车进行全面的质量检测。1959年8月，3辆新装配的红旗车开始进行台架和专项道路试验；9月1日，两辆新红旗车在沈阳、大连、丹东围起来的三角地带进行了长达25 000千米的可靠性试验，平均日行驶里程达到400千米，最多达到1000千米。可靠性试验从夏天到冬天，气温跨度从零上28摄氏度到零下30摄氏度，红旗经历了雨雪冰霜等各种严酷天气的考验。到12月9日共100天，两辆红旗轿车顺利完成25000千米的可靠性试验。

经过一系列的保障措施，新的红旗轿车陆续下线。按照一机部的要求，要从下线的红旗轿车中挑选30辆（包括两辆敞篷检阅车）送往北京。两辆敞篷轿车将作为国庆10周年阅兵的检阅车，其余28辆配给中央领导使用。为保证车辆完好，一汽副厂长范恒光、陈子良带领30名技工组成特别保障队进京跟车服务。

1959年国庆节前的北京张灯结彩、喜气洋洋。从9月中旬起，新红旗便分批次陆续来到北京，一机部汽车局的领导像迎接新娘一样迎接每一批到京的红旗。每批车辆到京后，他们都要逐辆检查，并让其试行一段距离。为了保证车辆以最好的状态交接，首都汽车公司让出了自己最好的车库和维修场地。20多名司机开着这些新车轮番在京城各条大街上奔跑调试，长安街、八达岭、十三陵、香山和卢沟桥等地都留下了第一批国产红旗车的身影。中国人自己造的红旗高级轿车批量到达北京成为北京市当时的一大新闻。

虽然经过了严格的质量检查，但由于基础条件太差，所以很多零部件的精度难以保证，导致第一批量产的红旗车的质量问题仍旧很多。维修队的全体技术人员几乎整天24小时不间断地维修，但试乘人员还是在不断指出车辆存在这样那样的问题。看着故障频发的红旗车，范恒光、陈子良等人心中极为不安：这样的状况能顺利交接吗？他们找到正在北京开会的饶斌，向他报告送到北京的红旗车的现状，并要求增加技术维修人员。

作为一汽的厂长，饶斌当然了解红旗车的现状，但现在在北京的30辆红旗车已是万众瞩目，况且中央办公厅已经通知他，9月29日就要将这些红旗车配给中央领导乘坐；10月1日，红旗敞篷检阅车将要作为阅兵总指挥乘坐的检阅车。一汽现在已经没有退路了，再困难也要克服，一定要做到万无一失。饶斌要求维修队的全体人员不怕困难，加紧维修调试；对个别问题较大、短时间无法修复的车辆可以暂时不交车，等国庆节后再从一汽调新车来补交。同时，饶斌还与时任北京市副市长的万里同志联系，请求支援维修人员。万里很理解饶斌此时的心情，他说："中国的基础差，自己能够生产这样的高级轿车已经很不简单了，存在问题不要紧，加紧维修嘛。人手不够，我从北京给你们调。"

9月27日深夜了，北京市政府车务科的几位负责人奉命来到首都汽车公司停车场，他们除了带来了一批经验丰富的技术维修人员外，还给即将交付的每一辆车带来了崭新的牌照。他们说："为国产红旗轿车开绿灯，放行。"他们的行动表明了首都人民对红旗车的高度信任，这给了志忑不安的一汽维修队巨大的鼓励。又经过一天多的努力，这一批30辆红旗车的绝大部分都能基本保持正常的运行状态。

9月29日下午，庄严雄伟的大会堂内正在举行新中国成立10周年国庆招待会。和以往一样，大会堂外停满了参加会议的中央领导和各国贵宾的车辆。但与以往不同的是，大会堂东门外广场专门开辟了一块地方，集中停放了 20 辆崭新的红旗轿车。在秋日艳阳的照耀下，20 辆红旗轿车犹如 20 颗巨大的钻石，璀璨夺目，熠熠生辉。20 辆一模一样的红旗组成了一个巨大的方阵，与周围各色外国轿车相比，格外醒目。

下午 5 时左右，国庆招待会结束。事先接到通知的中央首长的秘书们兴冲冲地来到东门外广场，看到崭新气派的红旗车都喜不自禁，车内车外又看又摸。那时，轿车交接没有多余的手续，秘书们选定后，打个收条就把车开走了。第一批乘坐红旗的领导有：彭真、李富春、李先念、贺龙、聂荣臻、叶剑英、薄一波、习仲勋、杨尚昆、李维汉、林枫、吕正操、杨勇、章汉夫等。

10 月 1 日，北京晴空万里、红日高照。毛泽东、朱德、刘少奇、周恩来等中央领导与应邀参加庆祝活动的外国贵宾齐聚天安门城楼上。正对城楼的天安门广场上五星红旗高高飘扬。广场上聚集了数万名兴奋的群众，鲜艳的花朵、迎风飘扬的彩旗、欢快的音乐，使得这里成为欢乐的海洋。宽阔的长安街上，雄师列阵，旌旗猎猎。上午 10 时整，隆隆的礼炮响起，在阅兵总指挥杨勇陪同下，中央领导乘坐一汽的红旗检阅车检阅了受阅部队。新中国成立 10 周年阅兵是新中国第一次全部以国产装备接受检阅，国产最新式的歼 5 飞机、59 式坦克、105 毫米榴弹炮、自行火炮、双三七高炮等方阵如铁流滚滚，从天安门城楼前隆隆驶过，其中就有一汽生产的 CA30 解放新型越野军车和 CA72 红旗高级轿车。

这是一汽的红旗车第一次在全国人民面前亮相，从此，全中国人民都知道了中国有了自己生产的红旗高级轿车。红旗这个名字也由此开始在神州大地回响。从这一次开始，以后历年的阅兵检阅车都由红旗承担。从此，红旗车和民族汽车工业的兴衰系在了一起。很多人给一机部、国务院甚至中央写信，要求公开展示红旗轿车，让更多的中国人能近距离地看一看中国自己生产的轿车。为了满足群众的要求，1959 年 12 月上旬，一机部专门与一汽和北京汽车厂联系，调来 8 辆红旗车和 2 辆北京牌轿车停放在天安门广场上，供首都群众参观。12 月的北京天寒地冻，但这并没有挡住群众参观红旗轿车的热情，数千名群众在广场上排成长队参观，《北京日报》上也刊发了群众参观的照片和文章。

高高飘扬的红旗

红旗轿车问世的政治影响大于实际意义，因为当时全国人民并不知道造轿车的难度，也不知道红旗轿车是怎样造出来的，所以普遍对红旗轿车寄予了很高的期望。特别是 CA72 双排座红旗轿车在新中国成立 10 周年亮相后，各方面的要求随之而来，国务院机关事务管理局要求为部以上领导配车，外交部要求为礼宾司和驻外使领馆配车，国际贸易促进会要求首先满足他们出国展览的需要等。在平衡各方面的要求后，1960 年，一机部给一汽下达了生产 2000 辆 CA72 红旗轿车的任务。以后又以密件形式通知一汽，根据薄一波副总理的指示，在建党 40 周年前要生产出 300 辆，以供节日期间接待外宾用。

一汽当时是利用生产解放牌货车的车间，小批量地试生产红旗轿车，而现在需要如此大批量的生产，靠货车车间生产的零部件在质量和数量上均不能满足要求。一汽党委决定为红旗轿车生产开辟专门的车间。从 1961 年到 1964 年，一汽花了 3 年多的时间将原来分散在货车发动机、底盘、车身、附件等车间的 1268 种零部件和机电分厂生产的液压变速器全部集中到轿车车间，相应的生产人员和专业技术人员也全部集中到轿车车间。此时的轿车车间已经能够利用其他车间提供的铸锻件独立地生产发动机、变速器、底盘、车身和车架等轿车的主要总成了，一汽初步具备了试制和小批量生产红旗轿车的能力。

建设轿车批量生产能力需要的是国家机械加工工业的综合实力，以当时国内的工业实力，大量工装技术设备难以生产，由此可见，要建设批量生产能力不是短时间内能实现的，也不是一纸文件就能解决的。红旗轿车生产能力的建设从 1959 年开始，到 1973 年十几年过去了，也不过一年出产一二百辆。1973 年，一机部下令一汽扩建轿车厂，要保证年产 300 辆的能力。1975 年 9 月，扩建工程完工，一汽红旗轿车的生产能力基本能达到年产 300 辆。

20 世纪 60 年代初，国家负责接待外国元首的国宾车队装备的主要是苏联产的吉斯和吉姆高级轿车。随着中苏关系的恶化，无论从政治上还是民族感情上，用国产轿车取代苏联轿车已是大势所趋。1962 年 6 月，周总理来一汽视察工作时乘坐了改进后的 CA72 红旗轿车，他对造型美观、舒适大方的 CA72 很满意。1962 年 12 月，锡兰（今斯里兰卡）总理班达拉奈克夫人访华，周总理突然想到了自己在一汽乘坐过的红旗轿车，他认为，这是在外国友人面前展示国产轿车的很好的机会，于是立即要求一汽将他视察时曾乘坐过的那辆红旗轿车送到北京来接待班达拉奈克夫人。

将红旗作为接待外国元首的专车，这对红旗车、对一汽都是崇高的荣誉。一汽立即将那辆红旗车进行仔细保养，装饰一新后送到了北京中南海。细心的周总理仔细查看并再次乘坐了这辆红旗车，并与自己乘坐的吉斯 115 对比，他说："红旗车就是敞亮！明天就用这辆车接锡兰总理。"

1962 年 12 月 31 日，锡兰总理班达拉奈克夫人先是乘坐这辆红旗车从机场到市内，然后又换乘红旗检阅车接受几十万群众的夹道欢迎。在周总理的精心安排下，红旗轿车第一次承担了接待外宾的礼仪活动。

通过这次接待工作，有关部门提出，国宾接待车队换装红旗车；到 1964 年 10 月 1 日建国 15 周年时，红旗车开始正式承担外宾接送任务，一汽也将 40 辆崭新的红旗送到了北京。但也有人对红旗的性能和质量心存疑虑，于是，中央有关部门决定，通过道路对比试验择优而定。1964 年 9 月下旬的一个清晨，40 辆崭新的红旗 CA72 型双排座轿车和 40 辆苏联的吉斯、吉姆轿车分成两队，由首都汽车公司国宾车队的司机驾驶着从首都机场出发，经天安门驶向钓鱼台国宾馆。按试验要求，从机场至建国门路段以正常速度行驶，天安门至钓鱼台路段限速 5 ～ 10 千米 / 小时。结果，40 辆红旗全部顺利驶抵终点。从此，红旗被国家正式指定为国宾车队的礼宾车，代表国家形象、参与重大国事和礼仪活动。

20 世纪六七十年代，红旗轿车曾出口缅甸、朝鲜和东欧各国，并被作为国礼赠送给金日成、胡志明、西哈努克等外国元首。据说，当时外国政要访华所期盼的最高礼遇有三项：见毛主席、住钓鱼台、坐红旗车。日本首相田中角荣、印尼总统苏加诺、苏联部长会议主席柯西金、英国首相希思、巴基斯坦总统布托等来华访问时，乘坐的都是红旗轿车。德国总理科尔身材高大，访华前，他特意点名一定要乘坐中国的红旗轿车，走下飞机舷梯，科尔如愿以偿地乘坐上了 CA772 防弹型红旗轿车，尽管他身材高大，但他仍觉得非常满意。1972 年，美国总统尼克松访华，美方提出，按美国惯例，总统出访要乘坐由专机运送的总统保险专车。周恩来坚决地表示："中国有最高级的红旗轿车，可以接待最高级的客人。"尼克松率领的美国代表团人数多达 500 人，到达首都机场时，周恩来亲自到机场迎接，并把自己的"6 号"红旗车给尼克松使用，尼克松夫人则乘坐另外一辆 CA772。访问结束后，尼克松对中国的红旗轿车连声称赞。

在某种意义上，红旗轿车成了中国进步发展的一种政治标识。

红旗轿车的生产能力毕竟有限，生产手段也很落后，很多零部件的技术质量难以保障，自身存在的各种毛病问题也很多。各种意见在使用过程中不断被提出来，主要是故障太多，舒适性也较差；除了要求提高质量以外，还希望 CA72 红旗加大车身。作为国家的外宾接待车，有时需要翻译和警卫同时乘车，而两排座的红旗无法满足这种需要。根据各方意见，一汽决定重新设计新型的三排座红旗轿车，主要是拉长车身，在前后排中间增设一个中间墙，并安装自动升降隔音玻璃；中间座为活动座椅，后排座可以自动前移，靠背放下可以半卧休息，增加了一排座位，也便于在接待外宾时安排翻译和保卫人员；发动机功率提高到 210 马力，最高车速将可达到每小时 185 千米，并采用液压变速器和气液双制动系统。新车定名为 CA770 红旗三排座高级轿车。

1965 年 9 月 12 日，第一辆 CA770 红旗三排座高级轿车问世。1964 年 9 月 19 日，新车送进中南海后，时任中央办公厅主任的杨尚昆立即安排人试车，并找来毛主席、周总理的专车司机评车。试驾后，他们都对新的三排座红旗车赞不绝口。时任中央书记处书记兼任北京市委书记的彭真乘坐了 CA770 后说："这个世界上还有国王、总统，我们还要和他们打交道，用这个车接送他们就够规格了。"

1966 年，一汽首批生产的 20 辆三排座红旗高级轿车进京，正式给中央领导换车。朱德、邓小平、陈毅、贺龙、李先念等领导都换上了新的三排座红旗轿车。他们对新车很满意，认为乘坐自己生产的轿车与外国的领导人在一起，特别长志气。

由于红旗全靠手工生产，产量太低，供不应求，所以，当时配车的标准是"四副一高"，即副主席、副总理、副委员长、政协副主席和最高法院院长以上人员。以后车出多了，又扩大到了国家各部委的正职和各省（市）领导，以及驻外使领馆等。

CA770 投入生产后，使用单位反映车身过重、发动机油耗较大等缺点，一汽开始考虑改进 CA770。此时已是"文革"时期，一汽轿车分厂的设计科被撤销，全部设计人员下放到车间劳动。总装车间的部分工人自行将 CA770 的产品结构进行改变，取消了中隔墙，减小前悬以及后行李箱的尺寸，车轮毂改用小型装饰面罩。经过改进后的红旗车身全长比 CA770 减少了 400 毫米，车的整体重量变轻，油耗也相对减少，这一改进款被命名为红旗 CA773。

1968 年 12 月，红旗 CA773 诞生，并于 1969 年开始投入批量生产。由于 CA773 比 CA770 要稍短一点，于是人们将 CA770 称为"大红旗"，将 CA773 称为"小红旗"。从 1969 年到 1976 年，CA773 累计生产了 291 辆。

在换乘红旗以前，中央领导的专车全部都是购自于苏联的吉斯 110 和吉斯 115（防弹）高级轿车。吉斯 110 和吉斯 115 也是脱胎于美国。1936 年，斯大林汽车厂以美国豪华轿车帕克德（Packard）为蓝本，仿制出了供政府公务人员专用的 8 缸高级轿车吉斯 101。按照斯大林的命令，首批吉斯 101 配备给了当时苏共中央主席团全体成员和苏军 5 位元帅乘用。1945 年 6 月底，斯大林汽车厂在吉斯 101 基础上改进生产出吉斯 110 型豪华轿车。吉斯 110 装有 8 缸 6L 发动机，车速可达每小时 135 千米。斯大林对吉斯 110 的性能很满意，下令将该车作为苏共中央主席团委员的专用座车。以后，中国领导的专车也全部采用苏联生产的吉斯 110。鉴于中国自己已经能够生产三排座的红旗高级轿车以及中苏关系的现状，彭真决定，用新生产的红旗三排座高级轿车逐步取代苏联的吉斯轿车。但又出现了另一个问题,毛主席等少部分中央主要领导乘坐的吉斯115是防弹车。

吉斯115是斯大林汽车厂在吉斯110基础上改进制造出的防弹车,整个车身安装了8毫米厚的装甲和70毫米厚的防弹玻璃,能有效阻挡子弹及弹片;车身底部也安装了厚厚的防弹装甲,能经受步兵地雷的爆炸冲击;车厢内还有一道可升降的中隔玻璃,能与前面驾驶区隔开,既防弹又保密;整个轿车自重达到7.5吨,堪称轻型装甲车。

1949年,这款车刚刚研制成功,毛主席访苏时,斯大林便将刚刚生产出的吉斯115送给了毛泽东。从此,这辆吉斯115就一直伴随着毛主席出行。1951年,苏联政府又将5辆吉斯115防弹高级轿车送给中国领导人使用。红旗轿车取代吉斯以后,中央警卫局提出,新的红旗三排座高级轿车没有防弹功能,领导人的安全得不到保障。为此,中央警卫局给彭真打了一份报告,要求制造一批能够防弹的红旗高级轿车给首长使用。1966年1月5日,彭真批示"拟同意";第二天,邓小平和周恩来都圈阅同意。由此又推动一汽开始研制新的红旗防弹高级轿车。

红旗防弹轿车编号为CA772,由于事关中央主要领导的安全,所以中央高度重视,专门成立了"CA772领导小组",组长为中南海警卫局局长毛维忠,副组长为一机部副部长郭力,后改为周子健;领导小组成员有:一机部、五机部、化工部、建材部、一汽;一汽轿车厂副厂长李中康担任CA772总设计师。在那个特殊的年代,这是一项重大的政治使命,整个研制工作都是在极其保密的状态下封闭进行的,领导小组还从全国抽调了一批防弹装甲专家组织攻关。为保证秘密不泄露,参加试制的人员一律要经过严格的政治审查,在试制过程中,连零件加工的铁屑都要及时回收处理。

CA772整体造型与CA770相同。整车重4930公斤,装配250马力发动机,后觉得动力不足,又改装V8发动机,动力增加至300马力,最高时速可达130千米,防弹装甲厚4~6毫米,防弹玻璃厚65毫米,采用可以自动补漏的轮胎,轮胎被子弹击穿后可继续行驶100千米。该车被誉为世界上保险系数最高的轿车之一。

周总理配备的是5号车,1972年又换了改进型的6号车。1972年,毛主席的专车才由吉斯115换成了红旗CA772,车号为7号。由于毛主席当时年纪大了、腿脚不方便,为了方便他上下车,又给7号车特别装备了电控升降的脚踏台阶。毛主席是中国最高领导人中最后坐上红旗轿车的。从当年提出:"什么时候能坐上我们自己造的小汽车?"到在中央领导中最后一位坐上中国自己生产的最高级的轿车,这个过程留下了太多感慨。

从1969年到1983年,一汽共生产了12辆CA772三排座特种保险车,这12辆车成为红旗轿车系列中最辉煌的一个品类。

红旗轿车为一汽,也为中国赢得了巨大的声誉,在每年两次的广州出口商品交易会上,红旗轿车总是被陈列在最醒目的位置,成为中国工业的骄傲。有这样一个故事:一位双目失明的老华侨从海外回国参加广交会,听说展览会上有一辆中国产的红旗高级轿车,便立刻要求去参观。双目失明的老人坐着轮椅让家人推着来到展览会的红旗轿车前,老人用手一遍遍抚摸轿车前面的红旗车标,忍不住老泪纵横。老人对身边的人说:"中国能够生产高级轿车,这是我们每个海外华人的骄傲。"

红旗轿车也是中国驻外大使最醒目的标志之一。每逢红旗轿车停在街上,总是有很多外国车迷围观。他们无论如何也不相信,汽车工业如此落后的中国能够自己生产红旗高级轿车。有的人心存疑虑,非要司机打开前盖,看一看是不是装有外国的零部件,仔细审视完毕,他们才竖起大拇指。

毋庸讳言，中国汽车工业的基础决定了红旗轿车的质量难以尽如人意。红旗轿车从诞生起就是手工生产的仿制车型，中国汽车技术力量薄弱，没有一支专门的轿车技术研究队伍，基本上没有自己的技术研究，也谈不上技术储备，像这种不惜成本、手工作坊式的生产，质量问题在所难免。使用起来故障很多等问题影响了红旗轿车的声誉和形象。有的驻外大使反映：有几次，到机场去接外国总统，跑到半道，红旗轿车"抛锚"了，眼睁睁地看着别国的车飞驰而去，急得直跺脚。误了接人事小，影响了两国关系可就事大了。

万里是很钟爱红旗轿车的，但他也碰到了抛锚的尴尬事："我很喜欢红旗轿车，自己生产的嘛。但坐红旗我碰上两次麻烦事：一次是到机场去接领导，临到要走了，车却发动不起来；另一次在安徽，走在路上，车突然抛锚了，没办法，我只好坐公共汽车回来。为了不影响工作，我只好换车了。"

改革开放后，中国国门打开，外国轿车开始大规模进入中国，美国、德国、日本、法国，这些轿车外观漂亮、乘坐舒适、质量稳定可靠，再看红旗轿车，质量差距明显表现了出来。很多领导干部开始放弃红旗轿车，改坐起国外的高级轿车来。但从形象考虑，中央主要领导乘坐的还是红旗轿车，但为了防止出问题，当中央主要领导外出时，有关部门还是要多备一辆红旗轿车随行。

1981年年初，一位中央领导乘红旗外出时，行驶途中，车子突然冒烟了，工作人员们慌得手忙脚乱，马上中途换车。事后检查是化油器的毛病，属于小问题，但却影响形象啊。这位领导对此很有意见："红旗生产这么久了，质量还是上不去，这样的车还生产它干什么？"

1981年5月14日，《人民日报》登出了国务院下达的"第三号节油令"："红旗牌轿车因油耗高，从1981年6月起停止生产"。当年万众景仰的红旗轿车落了个关门下课的下场，无论是中国汽车人还是全国老百姓，心里都是不好受，但红旗轿车是先天不足，后天难补啊。

红旗轿车终究是中国轿车的第一个知名品牌，尽管是仿制的，但经过十几年的生产，在中国早已家喻户晓，已经成为一个凝固的符号，牢牢地镌刻在中国人民的记忆中。有过辉煌经历的红旗轿车究竟还要不要？这是摆在中国汽车人面前的难题。更为现实的是，红旗轿车停产了，但国家在公务活动中仍需要防弹高级轿车，为此，国家不得不花费大量外汇购买外国防弹轿车。经过比较，进口防弹高级轿车的舒适性以及防护性都不如我们自己的红旗CA772。自己的有毛病不要了，买来的又不如自己的，经过比较和鉴别，红旗轿车的再生被提上了议事日程。

1983年9月30日，一汽正式向国务院递交了《红旗轿车技术改造建议书》。10月22日，国务院副总理田纪云主持召开了生产红旗检阅车和红旗轿车改造汇报会，听取中汽公司和一汽关于重新生产红旗的汇报。

中汽公司总工程师陈祖涛和一汽厂长黄兆銮、一汽轿车厂厂长范恒光等参加会议。在会上，陈祖涛、黄兆銮、范恒光做了红旗轿车改进工作的汇报：

1.红旗轿车存在的问题有其历史原因。中国生产轿车是靠手工敲敲打打起步的，主要是仿制，没有技术储备。

2.没有资金来源。红旗轿车自1959年投入生产至1981年停产，共生产39种车型1542辆车，平均年产70辆。而从生产投入来看，每车最低成本6万元、最高22万元，而卖给国家只有一个价格：4万元，政策性亏损累计超过6000万元。

国家对一汽生产轿车没有任何资金支持，一汽全以货车养轿车，不堪重负。没有投入，哪来产出？没有资金来源，企业也无力研制或进口关键生产设备，个别总成，如车身，全靠手工生产，质量自然难以保障。

3. 没有专业的轿车技术研发人员，即使发现问题，也无人来解决问题。

4. 红旗轿车的问题在个别总成，而不在总体。红旗的使用对象特殊，一汽对红旗轿车的生产高度重视，从开始研制那天起就是作为政治任务来完成的，可以说是精雕细刻，车的总体指标因此并不差，完全可以和进口车一比高低。现在的关键问题是有些重要的总成，如发动机、转向系统、制动系统等存在质量问题。这些总成对材料和加工精度要求很高，一汽是用加工货车的设备来生产高级轿车，生产精度相差好几个量级，所以产品质量难以保证。要解决这些关键总成的质量问题需要有高质量的生产设备，但进口生产设备很贵，红旗轿车的生产批量又太小，所以不值。最好的办法是直接进口这些关键总成，有了这些质量有保障的关键总成，红旗轿车的质量绝对没有问题。

他们提出，红旗轿车是我们中国人自己创立的品牌，在国内、国际上都有重要的影响，也是中国轿车工业的先锋。红旗轿车停产，政治影响大于经济影响。参会人员郑重地向田纪云提出："红旗轿车改进质量后恢复生产。"

这些意见分析中肯到位，建议也切实可行，田纪云表示赞同："红旗轿车在国内、国际上都是有重要影响的产品，它的质量好坏影响着我们国家的形象，红旗轿车改造以及研制第二代红旗轿车这个路子我是赞成的，我们这么大个国家，总得搞一些轿车，总得搞一些自己的王牌。牌子不能丢，但质量要提高。活动篷检阅车可以立刻动手搞，先了解哪个国家的好，可以进口10套装车试试，如果好的话，再进口一些。"

会后，田纪云向胡耀邦总书记汇报了红旗轿车的情况，并提议红旗轿车改进质量后重新开始生产。胡耀邦表示，赞同红旗轿车重生，但一定要保证质量；并指示，1984年的国庆阅兵车就用红旗轿车。胡耀邦的指示使得红旗轿车得以再生。

随后，田纪云特批了300万美元用于进口关键总成，保证了进口所需的资金。

1983年12月2日，中汽公司正式向一汽下达了红旗检阅车的生产任务，拉开了红旗复产的序幕。12月3日，中央警卫局提交了对红旗检阅车的技术要求。

红旗轿车改造过程中出现过一个小的故事。国家要订购400辆奔驰轿车，为节省资金，经过谈判，决定由一汽进口400套散件自己组装。德国奔驰公司是世界上最为著名的汽车公司之一，奔驰轿车也是世界驰名的顶尖品牌，如果与奔驰公司合作，那么通过红旗轿车的改造过程就可以学习世界上最先进的高级轿车设计理念和制造工艺；而且，奔驰高级轿车的外形与红旗高级轿车相近，只需将前部、尾部外形稍加改动即可。一汽的这一想法得到了中汽公司的赞同，中汽公司出面与德国奔驰公司进行了三轮谈判，双方达成协议：中德双方采用技贸结合方式改造红旗轿车，车型选定奔驰123系列200型、230E型和加长型三种，先通过SKD和CKD形式组装1000台，由奔驰公司提供焊装线、油漆线设计和总装线部分专用工装夹具，总费用为367万联邦德国马克；第一期使用奔驰商标，但在车身侧方加上"长春制造"标志；第二期由奔驰公司提供400套冲模，3~4年后再提供剩余的175套冲模，费用为400万联邦德国马克。奔驰公司同时拿出由奔驰资深设计专家设计的红旗高级轿车的5种外形效果图。

红旗轿车是中国轿车行业唯一的自主品牌，而与奔驰合作的方案几乎是用奔驰完全取代红旗，意味着红旗品牌完全被放弃了，这与红旗轿车改进质量后再生的意图不符，最终被有关方面否决。看来，改造红旗轿车还是得靠自己。

　　一汽决定还是采用原定的外购关键零部件总成的办法来改造红旗轿车。中汽公司向一汽提出：要抓住机遇，组织力量，下大力气改进；红旗轿车的改造要"脱胎换骨"，但不能"改头换面"，因为红旗的外形已得到全国人民的认可。

　　1985 年 10 月 10 日，关键总成换成进口产品的新型红旗高级轿车 CA770G 试制成功，新的红旗轿车的动力性、操纵性和可靠性均有了明显改善，整车质量也有了很大提高。一汽将改进后的红旗送到北京审查。时任一机部部长周子健乘坐后很满意，他说："这车改得好，你们保留了红旗轿车的生机，谢谢你们。"

　　新红旗轿车送到中南海，胡耀邦总书记非常高兴，他仔细地察看并询问新红旗轿车的各项性能，并试乘了这辆新红旗轿车。胡耀邦下车后满意地说："我举双手赞成恢复红旗轿车生产。"

　　经过中央领导的支持和一汽的努力，红旗轿车重新恢复生产。

　　红旗检阅车就不这么简单了。1983 年 12 月 2 日，中汽公司正式给一汽下达了研制红旗敞篷检阅车的任务。中汽公司在文件中特别注明：研制红旗检阅车是迎接建国 35 周年的第一任务。

　　根据中央警卫局的要求，新研制的红旗检阅车要有自动升降活动篷，活动篷收落后要落入行李箱的指定空间中。要有自动升降底板以调整检阅时检阅者的站立高度。最难的地方在于，可升降活动篷要能够防弹。一汽曾经生产过 13 辆红旗检阅车，但从未安装过防弹的可升降活动篷。对一汽而言，可防弹的活动升降篷闻所未闻、见所未见，既无感性认识，又无相关技术资料。为此，中汽公司帮他们拿到一些国外的广告图片和相关改装厂概况，这些就是唯一的参考资料，而防弹的核心技术更是无从谈起。

　　1984 年 1 月 2 日，一汽成立了检阅车领导小组，组建专用车车间，同时将主要项目落实到专人，组织采购小组赴美采购防弹布、订购活动篷结构，并向英国史密斯液压件厂订购活动篷动力装置。防弹活动篷采用的是凯夫拉纤维，这是当时最先进的防弹材料，当时只有美国友升公司生产。一汽花了 18 000 美元向美国友升公司订购了两套全结构活动篷，但装车试验后发现达不到要求。于是，一汽向美国有关公司咨询，但对方狮子大开口，咨询费要两万美元，而且出多少钱都不卖专利面对唯利是图的西方大公司，一汽转而与国内军工部门合作，最终还是国内的军工部门解决了这个问题。

　　1984 年 8 月 20 日，两辆红旗 CA770JY 活动篷检阅车试制成功，又用 5 天时间对其进行了路试。9 月 3 日，一汽轿车厂副厂长郝世跃和崔洪松带领专业设计师及汽车调整、电气、缝纫、钣金等工种 25 人，将检阅车送往北京。检阅车首先停在一机部和中汽公司，饶斌和周子健对红旗检阅车进行了第一道"验收"。9 月 6 日，陈祖涛与郝世跃、崔洪松共同将崭新的检阅车开进中南海，中央警卫局副局长杨德中带人对车进行了严格的检查，检查完全合格后，正式办理了交接手续。

　　在 1984 年 10 月 1 日建国 35 周年的盛大阅兵式上，中央军委主席邓小平以及阅兵总指挥秦基伟分别乘坐两辆红旗检阅车检阅了中国人民解放军受阅部队。

　　因为一汽对这两辆特制红旗检阅车的重要贡献，同年 11 月 3 日，邓小平和秦基伟分别给一汽轿车厂签发了嘉奖令和慰问信，以表彰他们在国庆阅兵中做出的杰出贡献。

　　1984 年国庆大阅兵后整整 15 年，1998 年 3 月，一汽接到指示，为建国 50 周年准备新的红旗检阅车。经过认真研究，一汽准备了两套方案：1 号方案是利用一汽现产的 CA7460 红旗"旗舰"为基础，与美国公司联合开发新型检阅车；2 号方案则是在上一代的 CA770JY 检阅车上改进。两个方案同时开始推进，最后供中央选择。但谁也没想到，巴尔干半岛的一声轰炸，中断了中美合作方案。

20 世纪 90 年代下半叶，巴尔干半岛民族冲突不断，最后演化成科索沃危机。1998 年年底起，以美国为首的北约开始军事介入科索沃危机。北约凭借占绝对优势的空中力量和高技术武器，对南联盟的军事目标和基础设施进行了连续 78 天的轰炸，给南联盟造成了重大的财产损失和环境破坏，也造成了许多无辜平民的伤亡。中国政府对科索沃局势极为关注，坚决反对美国为首的北约军事干涉南联盟，但美国对中国却采取了令人意想不到的手段。格林尼治时间 1999 年 5 月 7 日夜，美国出动 B2 战略轰炸机，悍然轰炸了中国驻南联盟大使馆，使馆建筑遭到严重破坏，3 名中国记者牺牲，另有多人受伤。美国公然破坏国际关系准则，严重侵犯了中国的主权，激起了海内外中国人的极大愤慨。中美之间的一切政治经济往来全部中断，两国关系跌到冰点。事件发生后，中央决定，停止与美方的合作，红旗检阅车采用第二套方案，在 CA772 基础上加以改进。

1999 年 8 月，改进后的新红旗阅兵车送到了北京。新车加装了电动天窗、可翻转式脚踏板、扶手等检阅装置。为增加美观性，阅兵车采用了新式轮辋和装饰罩，整车的防弹性也有了改进。

1999 年 10 月 1 日，中央军委主席江泽民乘坐新型红旗检阅车，检阅了陆海空三军受阅部队。

2009 年 10 月 1 日，中央军委主席胡锦涛乘坐新型红旗检阅车，检阅了陆海空三军受阅部队。

红旗轿车作为共和国最高典礼活动的专用车辆，将永远伴随着共和国的脚步前进。

红旗轿车是中国第一个自主轿车品牌，也是深入人心、老少皆知的轿车经典品牌。从 1958 年手工生产的第一槌开始，伴随着中国的政治风云和汽车工业的进步，红旗轿车一直风雨兼程，并在不断改进。1996 年，一汽用克莱斯勒 2.2 升发动机配奥迪 100 轿车的车身，生产出了红旗 CA7220；1998 年，又推出全新的红旗 CA7460。随着中国汽车工业的进步，红旗轿车还将不断改进。但无论怎样改，中国汽车工业的第一面红旗，将永远飘扬在全国亿万人民心中。

在赞赏红旗时，我们也不得不面对一个尴尬的事实，由于缺乏必要的商业利益驱动以及市场竞争压力推动，尽管一汽为了红旗轿车的生产使出了吃奶的劲，但从 1958 年到 2000 年以前，红旗轿车的生产设备和工艺水平都没有实质性的改变，基本上还是在仿制的基础上进行手工作坊式生产。1975 年，日本丰田汽车公司代表到一汽考察后，说了两个没想到：没想到 20 世纪 50 年代一汽就能造出这样水平的高级轿车，当年的丰田也没这个能力；没想到几十年过去了，一汽生产的红旗轿车还是那个水平。其实一点也不奇怪，在当时的环境与条件下，红旗轿车是给少数中央领导人使用的"政治车"，产量受到严格限制，无法形成经济规模；国家对红旗轿车的生产只是作为政治任务来安排，没有必要的资金投入。投入少、产出低，又没有市场竞争的压力，提高技术水平自然无从谈起。

"凤凰" 与 "井冈山"

继 1958 年红旗轿车开进中南海报捷后，1959 年 2 月 15 日，一辆由上海汽车修理厂试制的名为"凤凰"的轿车也开进了中南海向中央报捷。

1958 年起，在党中央的号召下，中国全民投入社会主义建设高潮，掀起了轰轰烈烈的"大跃进"运动。"大跃进"是特殊时代的产物，尽管有弊端但却在客观上解除了人们思想上的禁锢，敢想敢干蔚然成风。破除思想禁锢是创新发展的前提条件，但过犹不及，真理与谬误之间就是一步之遥，没有科学依据地敢想敢干，成为那个年代的一大特色。"天上没有玉皇，水中没有龙王，我就是玉皇，我就是龙王，喝令三山五岳开道，我来了"，在如此的气魄下，"人有多大胆，地有多高产"，各行各业的"卫星"一个接一个地上天。汽车行业在这场狂热的运动中也不甘落后，无论有无条件，各地纷纷造出自己的汽车，其中还不乏轿车的身影。从某种意义上讲，这正是中国轿车的发端。中国工程技术人员和工人群众打破对轿车的神化和迷信，虽然也是依样画葫芦，但对轿车的基本结构和功能有了初步的认识，为以后发展轿车工业迈出了极为可贵的第一步。

上海汽车工业起步于汽车零配件制造。20世纪上半叶，随着外国汽车的进入，汽车修配业在上海应运而生。1901年，上海首次出现了两辆奥兹莫比尔牌汽车，成为中国最早出现汽车的城市。到了20世纪二三十年代，外商开始在上海经销汽车，至40年代，上海的机动车保有量已达3万辆，是当时中国汽车保有量最多的城市。由于世界各国的汽车品牌几乎都在这里汇集，所以上海又被称为"万国汽车博览会"。

随着国外汽车的不断增加，上海出现了中国最早的汽车修理业。1928年，福特汽车公司在上海开办了一所汽车修理学校培养修理技工。至1949年，上海经营汽车修理的商行近200家，从业人员1200人。

新中国成立后，上海汽车工业开始从修配业向整车制造过渡。1951年，上海公交修造厂（后为上海汽车发动机厂、上海客车厂）试制出1000型无轨电车。1957年9月，上海汽车装修厂（后为上海汽车厂）试制成58型越野车。1957年12月，上海汽车装修厂又试制成58—Ⅰ型三轮汽车。同年，上海客车厂试制成57型公共汽车。

"大跃进"也燃起了上海工人制造轿车的热情，听说一汽工人造出东风轿车后，上海汽车装修厂的工人师傅们也不甘落后，开始了轿车试制。

与一汽试制东风轿车时一样，他们也是首先确定造车的"参照物"。工人师傅们以借来的一辆波兰产的"华沙"牌和一辆"顺风"牌轿车为样本，将车"大卸八块"之后，决定车身参照"顺风"轿车，底盘参照"华沙"轿车的结构，动力采用南京汽车厂生产的M20型4缸50马力发动机，整个车身全部靠人工用榔头一点一点敲出来。据说，一个车身需要敲10万多次，一些钣金师傅夜以继日，胳膊都敲肿了，吃饭都拿不住筷子。仅仅一个多月，一辆汽车就"试制"出来了。手工敲打出来的车身，刮上腻子，喷上油漆，看起来铮明瓦亮，煞是好看。因为一汽试制的轿车叫"东风"，车头上装有一条龙，所以以龙凤呈祥为寓意，上海汽车装修厂的工人师傅们给自己的轿车起名叫"凤凰"。

凤凰轿车的参照物华沙轿车属于普及型轿车，为了提高档次，1959年1月，上海汽车装修厂又以苏联的"吉姆"牌高级轿车为蓝本，试制高档凤凰轿车。这一辆高档凤凰轿车采用嘎斯51型的70马力发动机，工人师傅用无缝钢管焊接做后桥，很快试制出了第二辆档次稍高的凤凰轿车。工人师傅们兴高采烈地开着这辆凤凰轿车到上海市委去报喜；在上海市委领导的鼓励和支持下，他们又到北京去向中央报喜。1959年2月15日上午9时，报捷的凤凰轿车开进了中南海。周总理乘坐这辆凤凰轿车在中南海里兜了一圈，下车后语重心长地说："还是水平问题啊！"

1959年上半年，一机部汽车局召开轿车工作会议，要求上海进行新一轮轿车试制，向国庆10周年献礼。上海汽车工业总公司的前身上海市动力机械制造公司决定以奔驰220S型轿车为样板，试制新的更高档的凤凰轿车。他们将从锦江饭店借来的奔驰220S分解开，由全市几十个最有实力的工业企业参与相关总成的试制。上海内燃机配件厂试制发动机，上海郑兴泰汽车机件厂试制变速器总成，上海汽车底盘厂用 7 个月时间完成了悬架、转向器、前减振器、传动轴、制动器等 18 个总成，上海汽车装配厂试制车身并总装。各个企业都领到了一个相关部件的攻关生产任务，然后要在规定时间内把自己试制的零部件拿到上海汽车装配厂进行整车组装。经过几个月的努力，1959 年 9 月 30 日，5 辆新的"凤凰"诞生了。

但上海轿车工业生不逢时、坎坷不断，由于大跃进的影响，1960 年开始，国民经济进入困难阶段。当时最大的问题是要吃饱肚子，试制出的凤凰轿车因而没有安排量产。1960 年全年，上海一共生产了 12 辆凤凰轿车，之后便偃旗息鼓。1964 年，上海恢复轿车生产，凤凰牌改名为"上海牌"，在凤凰轿车基础上改进的上海 SH760 轿车定型并投入批量生产。1965 年 12 月，一机部在北京召开技术鉴定会，"上海牌" SH760 轿车通过技术鉴定，上海因而成为当时中国国内生产普通型轿车唯一的生产阵地。由于投入不足，从 1964 年到 1966 年，两年中累计生产 232 辆。1972 年，国家投入部分资金，给上海下达了年产 5000 辆轿车的扩建任务，上海汽车厂的生产条件逐步改善，有了自己的车身冲压生产线，能够自产六缸发动机。1976 年，上海轿车年产量达到 2500 辆，1980 年的产量突破 5000 辆；到 1991 年停产，上海轿车共生产了 77 054 辆，并形成了一定的技术装备力量。

上海轿车是当时国内唯一的普通型公务用车，也是机关、企事业单位和接待外宾的主力车型。从 1956 年到 1982 年的 26 年间，国家对上海汽车工业的投入一共只有 8000 多万元，在国家投入如此少的情况下，上海轿车工业能够发展到这个地步，实属不易。

与红旗轿车相比，由于档次低一些，因此上海轿车与百姓的距离也要近一些。上海的老人回忆，20 世纪 60 年代，上海普通百姓结婚时如果能有一辆上海牌轿车做婚车，是最有"台型"（面子）的事，能引起周边百姓的羡慕。"大跃进"年代一飞冲天的凤凰开创了上海的轿车工业，正因为有这个基础，上海才有了以后在全国率先与德国大众合资生产桑塔纳轿车的机遇。

除了普通型公务车外，1965 年，上海还在上海牌轿车基础上开始试制敞篷检阅车，并且从外形设计到内饰做工都达到了很高的水平。上海牌检阅车试制成功说明上海有着较强的工业生产能力，但全国有资格使用检阅车的地方又有几个呢？更何况，一汽的红旗检阅车有着无法撼动的地位，最终，上海牌检阅车总共只生产了两辆，没有市场，没有竞争，中国社会的政治与经济现状，使得它的生命周期还没有正式开始就结束了。

除了检阅车外，上海还在 SH760 基础上试制出了 SH770 防弹车。这款防弹车的各项指标都很高，但是与检阅车一样，在试制出来之后便无人问津。

在中国，1958 年生产出轿车的，除了一汽、上海外，还有北京。

1954 年 3 月，北京市朝阳区呼家楼地区红旗飘扬，推土机、挖掘机轰鸣着刨开地面，作为长春第一汽车制造厂和洛阳第一拖拉机厂配套工程的北京汽车附件厂正式破土兴建。当年 9 月，一机部汽车局决定将原有的北京汽车配件厂和新成立的北京汽车附件厂合并，定名为北京第一汽车附件厂，生产化油器、汽油泵、气缸垫、汽车灯等 17 种汽车、拖拉机的配件。

1958 年 2 月，和一汽、上海一样，在全国大跃进形势的鼓动下，并不具备生产小轿车基本条件的北京第一汽车附件厂决定开始试制小轿车。和一汽、上海的过程一样，几个月后，即 1958 年 6 月 20 日，一辆被命名为"井冈山牌"的轿车试制成功。北京的企业有着地理上的优势，第一辆井冈山轿车试制成功那天，工厂召开了庆祝大会，一机部汽车局局长张逢时也来到会场祝贺，并宣布该厂改名为北京汽车制造厂。当天下午，北京汽车制造厂的干部职工将刚刚试制出来的井冈山牌小轿车送到中南海报喜。毛泽东、刘少奇、周恩来、朱德、陈云、邓小平等党和国家领导人都来参观这辆小轿车。朱德和李富春还乘车在中南海内转了一圈。应该厂的要求,朱德为该厂亲笔题写了新厂名。6 月 27 日下午,工厂举行改名庆祝大会。从此,北京有了第一家汽车制造厂。井冈山轿车试制成功后不久,为了迎接即将到来的国庆,工厂又号召生产百辆井冈山牌小轿车迎国庆。由于生产条件不具备,尽管全厂职工们使出吃奶的劲儿,到国庆时也只完成了 30 多辆。由于这个车型未经过鉴定,因此试制出来的轿车也存在诸多质量问题,小批试制后便停止了生产。

1960 年,北京汽车制造厂又参照苏联的伏尔加轿车图样试制出了东方红牌轿车,并拟建设年产 5000 辆的能力,但也因资金和技术力量等问题而下马。至此,北京停止了发展轿车。进入 20 世纪 60 年代后,根据一机部和解放军总参谋部的安排,北京汽车制造厂开始研制军用吉普车,并生产出了长盛不衰的 BJ212。

在那个年代里,一汽的"红旗"和上海的"上海",成为支撑中国轿车工业的两根顶梁柱:红旗轿车成为中国省部级以上官员的坐骑,上海牌轿车则成为厅局级干部公务用车的主力。

20 世纪 50 年代,凤凰、井冈山等轿车的试制是那个特殊年代里带有浓厚政治色彩的行为,从轿车生产所需的客观条件来看,当时无论是企业还是国家,均缺乏轿车生产所需的技术、资金等必备条件,也没有市场需求拉动,基本上不具备大规模发展轿车的能力的,企业试制的积极性完全是建立在强烈的民族自强精神之上。也正因为如此,试制出来的轿车仅仅限于展示能力,没有购买对象,也没能投入批量生产。但不能不看到,红旗、凤凰、井冈山都是中国汽车人制造轿车的大胆尝试,是中国轿车发展难能可贵的第一步,其经验和教训弥足珍贵。

·

第七章 国家决策

畸形的轿车消费市场

从新中国建立一直到改革开放之初，国家收入水平和国民经济现状决定了，轿车离普通百姓的生活如同月球到地球那样遥远。虽然国民经济发展水平、产业结构决定了中国轿车的生产水平和能力，但对于轿车属性认识的偏差是百姓对轿车可望而不可即的根本原因。

轿车的根本属性为代步工具。改革开放前的中国，由于生产力低下，因此不具备大规模生产轿车的能力，使得轿车成为"按官分配"的"特供"产品（注意，不是商品），轿车由国家出钱购买，再配以专职司机，专门为相应级别的官员服务。改革开放前，轿车与官员品级的具体匹配大致如下：

中央领导：大红旗；

省部级领导：小红旗；

地厅级领导：上海；

县团级领导：北京吉普。

从苏联东欧等国进口的轿车也相应匹配如下：

中央领导：吉斯；

省部级领导：吉姆（也包括海鸥）；

地厅级领导：胜利（也包括伏尔加、华沙）；

县团级领导：吉普。

这种配车模式很快为社会所熟知，看到红旗与吉斯，不用说，乘车者的身份起码是省部级以上官员；伏尔加、上海的乘坐者则是厅局级官员；如果来者乘坐的是北京吉普，那么他的级别则是县团级。轿车就这样成了官员级别与身份的名片。

除了官员用车外，还有少量的外事接待部门需要数量有限的轿车。

改革开放后，官员乘车开始打破以往的级别界限，轿车需求数量随之上升。以一个地级市为例，改革开放以前的市级领导中，只有地厅级正职有专车，其余的副职只能共用一辆或几辆车，而其他部门领导则基本无车。到了20世纪80年代中期，配车、购车的限制放松，地级市的市委、市人大、市政府、市政协四大家中，正副职主要领导基本上都有自己的专车，市里下辖的县（市、区）也有四大班子，正职领导也都有自己的专车。市里的各职能局（正处级）局长都有自己的专车，（副处级）副局长共用一辆或几辆车，以后逐步发展到正副职分别都有自己的专车。但那时用车的级别限制为"县（处）级干部"，科级干部是享受不到配车待遇的。1984年，国家关于县团（处）级以下官员和同级企事业单位领导不得配用轿车的规定撤销，用车"紧箍咒"的撤销，官员用车数量顿时激增，随着用车制度的弱化，轿车使用范围扩大到了乡镇（科级），乘车的官员越来越多。一个地级市官员使用的轿车从原来的几辆到几十辆到几百辆到上千辆，翻着倍地往上涨。一市如此，一省乃至全国，轿车需求可想而知。

除了正规的官员外，还有大量的"相当于"县级、地级的国有事业单位和企业，这些单位和企业的正副职也比照官员享受着乘坐轿车的待遇，这一体制支撑着中国轿车的需求量一涨再涨。

出租车行业是需要轿车的另一群体。改革开放使得中国的国门逐渐打开，越来越多的外国人开始进入中国，各级地方政府开始发展出租车行业。广州是中国改革开放的大门与窗口，广州出租车行业也是全国最早建立的。1978 年，广州市成规模地购入了一批日本车作为出租车。丰田皇冠、日产公爵、阳光、蓝鸟、三菱和大发等车型就是在那个时候登陆中国市场的。广州的这些出租车被油漆得遍体通红，分外抢眼，鲜艳的车身上还印着各个酒店的名称，如白天鹅宾馆、东方宾馆、花园酒店、中国大酒店等高档五星级酒店。这种时候的出租车司机只收取外汇兑换券，服务对象主要是外国人和香港人。继广州之后，北京、上海等一批一线城市也相继建立起了出租车行业。出租车行业最为青睐进口车。

20 世纪 80 年代，经过 10 年的改革开放，中国的经济发展展现出蓬勃的活力，电视、冰箱、洗衣机等千元级的高档耐用消费品已日益普及，国家需要有新的万元级的高档耐用消费品来满足人民群众不断增长的消费需求。拥有一辆私人轿车，提高效率、追求速度，享受方便与快捷，已经成为先富起来的一部分人的强烈愿望。社会需求对轿车的呼唤如同夏日里天边隐隐作响的闷雷。

"先富起来"的人是私人用车的先锋，他们绝大多数是私人老板。由于国家对轿车的控制，当时的政策还不准他们购买属于官员专用的轿车，于是，一种适应他们需要的"农夫车"和"的士头"应运而生。"农夫车"就是今天的高档双排座轻卡，如日本五十铃，前后排各有三个座位，后面还有一个货厢，社会上将这种车统称为"农夫车"，也有人戏称其为"两室一厅"。"的士头"就是今天的皮卡，在南方，出租轿车被称为"的士"，皮卡的前半部分很像轿车，因此被称为"的士头"。"先富起来"的人群多集中在广东、浙江的沿海一带，根据他们的需求，1980 年起，广东省第一客车装配厂开始用进口日本丰田轻卡散件组装名为"丰田之花"的"农夫车"。日本轻卡设计精巧、乘坐舒适，在市场上非常热销，组装一辆卖一辆。为了能买到一辆农夫车，有人甚至守在组装线旁，车子一下线就一手交钱一手交货。"的士头"与轿车的区别更小销售也更火爆。随着口袋的丰盈，先富起来的这些人很快便不满于这种车了，开始盯上了漂亮的外国轿车。那时，购买轿车手续繁杂，要通过国营的物资公司和机电公司，要提供各种官方的证明，要经过各级"控办"复杂的审批手续，即使过了这些关卡，到了国营的物资供应部门也只是一句："现在没货，等着吧。"在这种情况下，这些口袋里揣着大把现金的人也无可奈何。

在国内生产供不应求的情况下，进口应运而生。作为一个人口大国，一定时期内进口一定数量的汽车产品以满足市场需求、缓解结构矛盾，这只能作为一种权宜之计，但中国的汽车进口，尤其是轿车的进口却表现出时间长、数量多的鲜明特征。

据统计，从 1950 年到 1977 年的 27 年期间，中国汽车进口总量为 327 491 辆。其中，进口载重汽车 221 148 辆，约占进口总量的 67.53%；进口轿车 15 061 辆，约占进口总量的 4.6%；进口特种车和专用车约占进口总量的 28%。从那个时代中国经济发展情况看，进口汽车的种类和数量都处于严格的控制下，进口的目的也是解决国内供求矛盾，数量与金额也都在承受范围内。

改革开放之后，中国经济运行发生了深刻变革，与此同步，中国的汽车进口也进入了一个新的时期。

首先，汽车进口数量大幅上升。据统计，从 1977 年到 1990 年的 13 年间，中国共进口汽车 1 101 670 辆，超过前 27 年的总和的两倍多，年均进口达到 84 744 辆，为前 27 年年均进口量的 4 倍左右。其中，仅 1985 年一年的进口量就达到 353 922 辆，超过了前 27 年进口量的总和，创下当时汽车进口历史中年进口量的最高纪录。

其次，在进口车中，轿车成为主力。进口载重车由原来占进口总量的 70% 下降为 31% 左右，进口轿车则高达进口总量的 52.1%，这还不包括处于"灰色地带"的走私车。各种颜色、各种款式、各种档次的轿车汇聚成滚滚浪潮冲向中国各地的海关口岸，成为用外汇最多的商品之一。几年之内，轿车购买数量和资金呈几何级数增加，这仅仅是通过正规渠道进口的，走私渠道则成为谁也说不清的"灰色数字"了。据一位行业内资深人士粗略估计，走私的数目起码为正规渠道的 5 倍以上。

随着日、美、欧、韩等外国汽车厂商的各种各样的轿车通过各种渠道开进中国的城市，我国的资金则滚滚流入外国汽车厂商的口袋，进口的数量与金额都已经超出了国家的承受能力。有人算了一笔账，进口汽车所花费的外汇相当于 30 年来中国汽车工业总投资的两倍还要多。1984 年到 1988 年，全国累计进口轿车 24 万辆，耗资 11.4 亿美元。1984 年，偌大的中国，外汇储备只剩下 14 亿美元，只够半个月的经济运行所需。恰恰是这一年，国家明确下文，解除了县团级以下单位不得配用轿车的规定。这一文件打开了需求欲望的阀门，全国数万个县团级单位和相当于县团级的企事业单位争先恐后地将各色各样的轿车、吉普车开进了自己的家门。据当时的国家计委统计：

1988 年，进口散件组装轿车 28 756 辆。其中，上海桑塔纳 15 000 辆、北京切诺基 4500 辆、天津夏利 3000 辆、一汽奥迪 500 辆、广州标致 4756 辆、112 专项 1000 辆。国内生产上海牌轿车 5000 辆、北京 212 吉普 21 000 辆。从苏联东欧等国以货易货进口轿车、吉普 34 000 辆。

1988 年，全国小轿车保有量 50 万辆，其中 50% 以上行驶已超过 20 万千米，每年仅更新就需要 10 万辆，再加上其他需求，每年新增轿车共计四五万辆。初步估计，1989 年国内市场的轿车需求（含吉普车）约为 15 万辆。但当年能供应的只有 8.4 万辆左右，供求量相差 5 万~7 万辆，矛盾十分突出。

进口轿车花费了国家大量宝贵的外汇。1985 年，国家的外汇储备只剩区区 14 亿美元，分管经济的副总理姚依林严令时任国家经委副主任的朱镕基采取非常手段控制轿车进口。虽然进口的阀门被国家强行关住了，但轿车需求仍在节节攀升，供需矛盾带来一系列"怪现象"：小批量生产的车和大批量生产的车一样赚钱；质量次和质量好的一样有销路；20 世纪 50 年代的车与 20 年代的车摆在一起卖；本该淘汰的产品反而供不应求，本该迅速发展的产品却迟迟上不来。

进口关被卡住了，国内数量有限的轿车成了市场上抢手的紧俏商品。计划经济年代，轿车属于生产资料，只能由国家控制的机电公司专卖。轿车从生产厂家出来后，通过计划指标分配到全国各级机电公司，再由各省、市、地区的计委层层分配指标，各级机电公司再拿着分配指标到厂家提货。各用车单位经过层层"控办"报计划、批指标，拿到指标后再到当地的机电公司排队等候，有的还需要先将货款打到机电公司的账户上。由于轿车货源奇缺，因此给了一些人可趁之机。这些人弄来轿车供货指标或者是批条，然后倒卖获利。这些供货指标或批条在流通领域层层转手，中间加价；也有的地方想方设法地雁过拔毛，出台各种名目的收费项目，最常见的有"专控商品附加费""特别消费税""管理费""保管费"等。往往一辆轿车还没见到面，仅仅在各级机电公司之间互相转手和在各地以各种名目加价，车的价格就已被层层加码，最后到了购买者手里，一辆车的价格较原价已高出许多。

以1988年的价格为例。当时，上海桑塔纳出厂价格为79 200元，因为从德国进口散件需要美元，所以另加收美元额度10 500元，全国统一销售价格为88 870元；此外，还要加收车辆购置附加费、横向配套费、特别消费税、特别消费税占用流动资金补偿费等，最后卖给消费者的全国统一销售价和价外税费合计：145 390元；如果不收美元现汇或额度的统一销售价和价外税费合计：179 720元。从出厂的79 200元到卖出的179 120元，多出了10万多元。

一辆天津夏利的出厂价为56 560元，最后到用户手里为102 390元；一辆广州标致出厂价为48 300元，到用户手里为190 180元；一辆北京切诺基出厂价为34 500元，到用户手里为164 170元；国产的上海轿车出厂价为37 000元，到用户手里的价格为76 590元；北京212吉普出厂价为18 590元，到用户手里为40 550元。所有的价格均翻了一番，这些还是属于国家正常加价，如果再算上其他加价费用，用户接车时的价格就更吓人了。

销售价格的混乱又导致销售过程漫长且"猫腻"不断。一位买车者对当年购车的"痛苦经历"记忆犹新：

一辆轿车从销售到仓库提货要经过如下手续：首先要提出购车申请，单位领导层层审批后再到"控办"办手续。"控办"经过层层审核后，再到当地计划部门要"购车指标"。"购车指标"需要集中审核，一般是一个月甚至数个月才审核一次。审核通过后，再到当地物资局办手续。物资局审核通过后，再到机电经销部门办理购买手续。购买手续办妥后，再到银行办理汇款手续（购车必须要外汇额度，如果购车单位没有外汇额度，便无法办理银行购车款）。银行汇款手续完成后，还需要等待银行划款。在没有计算机的时代，银行操作全靠手工笔记和算盘，因而业务繁忙，所以一般不单笔办理，需要等同类业务汇总到一定的数额后才办理一次。如此下来，购车款少则一两周，多则一个月，甚至更久才能到达机电经销单位。机电经销单位收到货款后再看自己的仓库里有无轿车；如果没有，就需要耐心等，等的时间不定，短的数月，长的半年甚至更多。等机电经销部门轿车到货后，购买单位再到机电经销部门办理提货。在这个过程中，需要各单位的领导层层签字盖章，少了一个环节，都意味着前面的所有功夫都白做。

以上还是指所有过程都顺利通过的，如果碰到哪些"卡壳"的地方，还需要通过"攻关"来解决。从申请购车到提车，花费半年时间是很正常的；如果碰到"问题"，购车时间就更是没个准了。

整个购车过程犹如闯关破阵，困难重重，购车者逢"关"必"攻"，权力、朋友、亲戚，直至金钱全部可以发挥作用。一个批条、一个指标、一个电话就可以带来利益。

轿车销售价格混乱和销售程序繁杂使得购车单位苦不堪言、怨声载道。1989年9月27日，国务院总理办公会专门研究了关于加强对小轿车销售的管理的问题。会议指示国务院相关部门拿出办法，控制住轿车销售中出现的混乱现象。国务院办公厅以（1989）3号文件转发国家计委《关于加强小轿车销售管理的请示》，国家计委会同物资部、中汽联、国家工商局、海关总署、财政部、国家税务局、交通部、机械电子工业部、中国工商银行等单位联合制定了《关于加强小轿车销售管理的实施办法》。在买轿车如同买白菜一样的今天，这份管理办法看起来恍若隔世。

关于加强小轿车销售管理的实施办法

1. 小轿车的经营单位

由国家工商局会同物资部、中汽联核定的轿车经销单位为 56 个（名单见附件 1）。附件 1 所列经营单位已经登记注册的，到原登记的工商局结合年检，办理换照手续；未登记注册的，按国务院的有关规定，办理登记注册。未办理上述手续的，不准销售小轿车。

已核准的经营单位，不准开展小轿车销售联营业务，也不准另设销售小轿车的分支机构。除已核定的小轿车经销单位外，其他单位自 2 月 1 日起，一律不准销售小轿车。其现存的小轿车由工商行政管理机关封存，经清点后，交核定的经营单位收购或代销……

2. 小轿车经营单位的经营范围

经工商行政管理机关核准登记注册的中国汽车贸易总公司及原中国机电设备总公司所属的华北、东北、华东、中南、西南、西北汽车贸易中心、广州公司可以从事小轿车批发业务，即可批发给其他核准的小轿车经营单位，也可零售给最终用户，但不准开展小轿车互相批发业务。其他经营单位只能把小轿车直接销售给最终用户。北京吉普汽车有限公司、北京汽车工业联合公司、天津汽车工业销售服务公司、长春第一汽车制造厂、上海汽车拖拉机工业联营公司、广州轻型汽车供销联营服务公司和中国金雁汽车船舶工业公司，只能把自己的产品直接销售给最终用户或委托给其他核准的经营销售单位。

经核准的经营单位，只能把小轿车销售给持有社会集团购买审批证明的用户和持有乡人民政府或城市街道办事处以上政府出具证明的纯属个人购车的用户。各地公安机关车辆管理部门凭核准的小轿车经营单位开具的并经工商行政管理机关验证盖章的发货票及"控办"证明，办理核发小轿车牌证。

3. 小轿车价格管理

由国家物价局会同物资部、机电部、中汽联有关部门逐一制定小轿车每种车型的出厂价格和全国统一的销售价格（含进口小轿车的销售价格）。在全国统一销售价格外，根据市场普遍能接受的价格水平，另外加收车辆购置附加费、横向配套费、特别消费税。

……

疯狂的走私

何谓走私？据百度词条解释：

走私是指进出境活动的当事人或相关人违反《海关法》及有关法律、行政法规，逃避海关监管，偷逃应纳税款，逃避国家有关进出境的禁止性规定或者未经海关许可并且未缴应纳税款、交验有关许可证件，擅自将保税货物、特定减免税货物以及其他海关监管货物、物品、进境的境外运输工具在境内销售的行为。

现代社会，为追求利润差价，走私已经成为一种社会现象。一般来说，凡国内市场上紧俏、国内外差价大的商品，都会有人为了利益挺而走"私"。改革开放以来，彩电、冰箱、收录机、照相机、手表、VCD、DVD 等各种家用电器都有过"走私热"。但在各种"走私热"中，轿车可能是走私金额最高、规模最大、持续时间最长、国家打击力度最大的商品。

为控制进口轿车对国内轿车市场的冲击，国家规定对进口轿车征收高达 200% 以上的关税。

1994 年，为了配合中国复关谈判，国家才将 3.0 以下轿车的进口关税降为 110%。这意味着，如果从国外进口一辆轿车，只要逃避过海关的监管，就可以有 200% 以上的利润，这是任何商品都不可能取得的高额利润。有走私贩子说，以一次走私 100 辆计，走私 10 次、失败 9 次，只要一次成功，就可以将前面的全部损失捞回来。一方面有市场，一方面利润惊人，轿车走私这条罪恶之藤开始冒头并迅速蔓延，从少到多，从小批量到大批量，中国东南沿海的海面走私轿车的船只多不胜数，大到万吨货轮，小到渔船，都参与走私活动，它们有的遮遮掩掩，将进口轿车藏在货柜里；有的堂而皇之，进口轿车就停放在甲板上。刚开始还是黑夜里偷偷摸摸，后来发展到大白天也敢公然交易，走私者越来越大胆，轿车走私愈演愈烈，逐渐渗透的涓涓细流演化成汹涌狂潮。各色各样的外国轿车经过走私贩子之手，通过各种渠道登陆中国的口岸。

就全国而言，走私最为严重的是广东。作为改革开放的前沿，广东面临南海，历来是中国进出口码头。对于走私分子而言，这里有着地利之便，各种走私货物从绵延漫长的海岸上悄然渗透，然后再从各种渠道进入其他省市。

轿车走私的高发态势引起了国家关注。1984 年，中国政府开始下大力气打击汽车走私，其中最有代表性的就是海南岛汽车走私案。

1981 年年底，中纪委的一份《信访简报》披露了广东省一些干部，包括某些担负一定领导职务的干部极端严重的走私贩私的违法犯罪活动。当时的中央领导人先后做了批示。1982 年 1 月 5 日，时任中共中央政治局常委、中央纪委第一书记的陈云在简报上批示：

对严重的经济犯罪分子，我主张严办几个、判刑几个，以至杀几个罪大恶极的。雷厉风行，抓住不放，并且登报，否则党风无法整顿。

（《百年潮》2000 年第五期《80 年代广东的反走私斗争》）

奉中央命令，中央纪委副书记王鹤寿专程来到广东传达中央领导的批示和中央书记处关于严打走私的精神。紧接着，任仲夷、刘田夫、李坚真、梁灵光、郭荣昌、吴南生等 19 位广东省的党政负责人被召到北京开会，将广东省委、省政府几乎全部负责人集体召到北京耳提面命，在新中国的历史上绝无仅有。随后，中央以及广东省打击走私的一套组合拳相继出台，一批走私的违法犯罪分子被抓，一些案件被公布，走私的势头得到了初步遏制。

走私有如鸦片，尝到甜头后就再也难以抑制内心对金钱的冲动，虽然中央领导决心下重手整治，但在高额利润的驱使下，一些人不顾悬在头上的达摩克利斯之剑，依然疯狂地在走私的道路上越走越远，规模也越来越大。由于供给与需求的巨大差距，走私因此如同大海的涨潮退潮，一波退潮后，更大的一波走私狂潮再次出现。

1983 年 3 月，国务院通过了《加快海南岛开发建设问题讨论纪要》。根据《加快海南岛开发建设问题讨论纪要》，当时还未建省的海南岛获得了免税进口汽车的优惠政策。但这份文件明确规定，进口汽车只允许在海南岛本地使用，不准出岛。由于当时的汽车进口税率高达 100%，因此这意味着进口汽车只要出岛卖掉就可以变成大把的钞票。海南岛政府的领导对中央利好政策的到来显然还没有做好心理和精神准备，在中央的优惠政策面前，他们迷失方向、举止失措。为了最大限度地利用优惠政策，快速解决海南岛发展中的资金短缺难题，当时的海南政府领导人决定倒卖进口汽车。

如同魔术中的点石成金，在海南岛，人们"点车成金"，汽车顿时从"生产资料"变成了可以赚大钱的工具。在海南岛政府领导的推动下，海南岛的各级党政机关、企事业单位几乎全部动员起来，那一段时间里，买车与卖车成了他们的主业，而身为海南岛政府主要负责人的雷宇，每天被疯狂的人群追逐包围着干着一件最简单却最赚钱的事情——在申请进口汽车的公文上签字。有了他的签字，海外轿车便可以堂而皇之地登上海南岛，然后再加价转手倒卖到内地。

星星之火，终成燎原之势。在利益的驱使下，海南全岛陷入疯狂，人人争跑批文、个个倒卖汽车，半年时间内，全岛出现了872家倒卖轿车的公司。1984年上半年，海南的进口汽车才2000多辆，到7月份，当地政府共批准了1.3万辆汽车进口。当时，连岛内幼儿园都有集资买车的，海口市几乎所有的空地上都停满了大大小小的汽车。一些政府部门收取了几千元的办证费后就公然为汽车"合法出岛"提供便利。结果，80%的免税车便堂而皇之地出了岛驶向内地。到案发时为止，海南共签了8.9万辆汽车进口批文，对外订货7万多辆。

走私轿车又造成倒卖轿车的丑陋局面，进口轿车并不是自己使用而是为了转手倒卖赚钱。一辆轿车不用出岛，便以批文的形式，从张三手上卖给李四，李四加价后再卖给王五，王五再加价后卖给赵六。批文转了一圈，倒卖者还没见到汽车是什么样、在哪里。

那一年，日本的几大汽车公司着实火了一把，因为不管是什么车，只要是轿车，都有中国人来买。日本各大汽车公司生产线上的成千上万辆轿车直接开上大小滚装船，然后乘风破浪驶向海南岛。据非官方的数据，1985年，仅丰田公司一家经过各种途径"进入"中国的轿车就高达10万辆，这个数字令日本人都相当吃惊。以后精明的日本商人也发现，那些批量买车的中国人似乎并不太在乎车的性能状况，于是一些残次品，甚至二手车也混杂在滚滚车流中开上海南岛，又从这里流向中国各地。

1985年，著名报告文学作家理由就此事件写出长篇报告文学《世界第一商品》，深刻、生动地揭示了走私狂潮下疯狂的海南岛众生相：

当访问者乘坐的民航客机飞越琼州海峡，临近海南行政区首府海口市上空时，眼前骤然变得明亮了，地面上放射出斑斓的光华。天蓝色的、鲜红色的、米黄色的、银灰色的、青黛色的、乳白色的……一大片强烈的反光物赫然扑入眼帘。那是成千上万辆汽车组成的庞大图案。在人们的现代生活中，汽车并不是鲜见的东西；然而，人们难得一眼看见那么多的汽车，而且尽是簇新的小轿车和面包车。它们密密麻麻地停放在码头边、空场上、院落中、道路旁，一望无际，几乎覆盖了海口市建筑物以外的每一块土地，犹如一片汽车的海洋，蔚为奇观。

从1984年年初到1985年3月，海南行政区共批准进口89 000多辆汽车，而海南岛解放30多年来使用过的汽车也不过1万辆。这个数字也超过全国每年进口小轿车和面包车的总和。这宗巨大的、突击性的贸易，一时间买光了日本某些汽车厂家的现货库存，忙坏了香港的中间代理商人，波及了国内二十几个省、市、自治区。中外舆论一片哗然。外面有的报刊率先披露其中的弊端，讥为"海南汽车狂潮"。

……尽管海南岛的许多人尚分不清丰田、皇冠、尼桑、福特、雪铁龙的区别所在，但他们已在短短的时间里懂得了这是时髦的买卖，能赚大钱。

人们的身上拧紧发条，梦呓般重复着同一个声音：汽车，汽车，汽车！发财近在眼前，金银唾手可得，汽车载着人们的全部梦想。

……不知从哪儿冒出那么多的经纪人，从二道贩子、三道贩子，依次排到n道贩子。他们推销汽车也收购汽车，左右逢源，过手渔利。当然也闹出了荒唐的笑话。据说有这么回事：一个经纪人向朋友放出风声，有一批新车待售，每辆5万元。朋友当时看了货，要他等几天。他一面等候佳音，一面招揽新的生意。他的朋友又去找朋友，朋友的朋友再找朋友，信息在酒楼、旅馆和街头传递着。不久，又一宗买卖找上门来，来者向他推销汽车。说是设备全新，看货论价，他欣然跟随前往。走过几条马路，拐进一个停车场。他不禁愕然，这里停放的正是他向朋友兜售的汽车！

当时，凡是头脑稍微冷静的人都觉得这样闹下去不妙。海口的一个机关干部回忆说："每天推开大门，就看到人们在街上乱糟糟地做着汽车的交易。这一切太出格了，我想一定会出事的！"

……在海南岛内部，一切阀门都是大敞的。所有的监督与职能部门都失去了职能，或改变了职能。在码头的人群中走动着工商管理部门的人员，他们是来雁过拔毛的。销往内地的汽车发票本来都盖着"只限岛内使用"或"不许出岛"的字样，这是销售者转嫁责任，给自己留一条后路。工商管理部门也来个红绿双灯，每辆出岛汽车罚款四五千元，加盖一枚印章"罚款放行"。被罚者面无难色，只当小意思。琼山县工商局看着眼热，居然派人到海口来"捞地界"，在码头、旅馆和街头招揽内地的主顾，以每辆汽车几百元的奖金，悬赏收罚；成批汽车出岛，奖金可高达上万元。罚公奖私，受罚者成了工管部门竞相争夺的上宾。儋县工商局更有奇招，索性花几块钱从税务局买来几本发票，化为公司名义给买车的主顾重新开出放行凭证，票面金额相差几千元或几万元。单靠几本发票就当了坐收其利的"三道贩子"。全岛"罚款放行"的汽车共5600多辆。这当中的漏洞百出，营私舞弊的手段贪婪而又笨拙，一个个的尾巴留得长长的。

……海南的银行店门大开。农行、建行、工商行都紧急修改制度。只要有谁搞到汽车批文，弄个营业执照，订了购销合同，总之，只要这笔汽车生意眼看可以成交，就向他大量发放贷款。汽车事件造成信贷失控，信贷失控又为汽车事件提供了金融条件。几百万元的金额不再经过审批，由各支行自行掌握，因此展开一场互相追逐的抛款竞赛。贷款月息扶摇直上，从六厘升到七厘、八厘、九厘。许多银行干脆把手一伸，卖车赚钱拿来一股、有利均沾。要利润、要额外的手续费，要汽车，要彩电……琼山县工商银行更是直截了当，自己给自己贷款，与人联营倒买倒卖汽车，赚了66万元。这些奇事干者不丑、闻者不怪，反而竞相效法、比赛新招。全世界站得住脚的金融家都以声誉为至上至重，而这里的银行毫无顾忌，声誉变得最不值钱。账目出现几亿元的透支也不会查封，没人来挤兑，更不至于倒闭，只要汽车继续向前开动就大吉大利。汽车交易的庞大轮子把海南经济秩序轧得天翻地覆。

……当风波稍息之后，一个年轻的理发员一面给一位来自北京的长者理着头发，一面嘟嘟囔囔地说："依我看，这场买卖是一道贩子赚二道贩子的钱，二道贩子赚三道贩子的钱，说来说去，是把国家大口袋里的钱装进海南岛的小口袋，本地人赚内地人的钱，到头来，还是外国人赚了中国人的钱！"

（理由著，《世界第一商品》，华岳文艺出版社，1988年7月）

1985年年初，由中纪委、中央军委、国家审计署等机构的102人组成的庞大调查组进驻海南。不久后公布的调查数据显示，在一年时间里，海南非法高价从全国21个省市及中央15个单位炒买外汇5.7亿美元，各公司用于进口的贷款累计42.1亿元，比1984年海南工农业总产值还多10亿元。

1985年7月31日，新华社发出题为《严肃处理海南岛大量进口和倒卖汽车等物资的严重违法乱纪事件》的电讯：

原广东省海南岛发生一起大量进口和倒卖汽车物资的严重违法乱纪事件。中共海南区党委、海南区政府的一些主要领导干部在1984年1月1日至1985年3月5日的一年多时间里，采取炒卖外汇和滥借贷款等错误做法，先后批准进口89 000多辆汽车，已到货79 000多辆，还有电视机、录像机、摩托车等大量物资，并进行倒卖。这是我国实行对外开放以来的一个重大事件。海南行政区党委和某些负责人违背中央关于开发海南的方针，从局部利益出发，钻政策的空子，滥用中央给予的自主权。这一严重违法乱纪行为，冲击了国家计划，干扰了市场秩序，破坏了外汇管理条例和信贷政策，败坏了党风和社会风气，不仅给国家造成很大的损害，也给海南的开发建设增加了困难，延缓了海南岛开发建设的进程。

事件发生后，中纪委、国家审计署、国家经委以及广东省委省政府等单位组成联合调查组。经过两个多月的调查，事件的真相查清。中纪委向党中央国务院转报了调查组的报告并获中央批准。中纪委的报告同意广东省委给这一事件的主要责任人雷宇以撤销其中共广东省委委员、海南区党委副书记、海南区人民政府党组书记职务的处分，并建议行政上撤销其海南行政区人民政府主要负责人的职务……

官方对海南岛事件背后的原因有诸多的表述，但客观分析，除了体制、财政等诸多因素外，市场因素或者说需求因素不可忽视。没有需求，何来走私？正是因为改革开放造成经济发展、市场活跃，中国日益增长的轿车消费市场才逐渐浮出水面，但国产轿车供不应求，有市无车，这才给走私车可乘之机。

直到中国国内开始大规模生产轿车，轿车价格逐步趋向理性，走私之风才渐渐消匿。

仔细审视中国轿车现状就能发现，尽管国家外汇紧缺，但为了应付不断增长的需求，每年都不得不要花费拿出巨额外汇进口汽车。有钱买车，无钱造车，面对如此现状，从中央到地方，从专家到官员，越来越多的有识之士提出：为何不用这笔钱用来发展自己的轿车工业？

舆论先行

从1957年建立汽车工业起，中国汽车人就开始动手自己生产轿车，但直到与外国合资前，中国自己生产的轿车只有远远落后于世界水平的"红旗"和"上海"。几十年来，世界轿车工业飞速发展，当中国人走出"文革"阴影、面向世界时才发现，自己生产的轿车不仅质量落后，而且供不应求，国内需要的轿车几乎全部来自于欧、美、日等轿车生产大国和地区，轿车成了国家用汇最多的进口商品之一。在全国城乡公路上，跑的几乎都是进口轿车，人民大会堂每逢开会，停车场里就成了"万国汽车博览会"。

20世纪80年代中期以后，在每年全国人大会议、全国政协会议的议题中，抨击指责进口轿车、呼吁发展民族轿车工业成为代表、委员们的传统话题。1988年"两会"期间，中国新闻社发表了一篇关于进口轿车问题的专题报道：

两会期间，首都北京街头长串的轿车洪流再次引起民众的议论。

……有细心人在全体会议期间，在人民大会堂前的停车场上数了数轿车的数目，总计556辆，其中495辆为进口轿车：丰田、皇冠、奔驰……中外合资的24辆，纯国产37辆。进口轿车太多的问题已经不止一次引起民众的议论了。有位人大代表是汽车专家，每当他赴人民大会堂议政时，一路上心情都会非常沉重。车窗外，长安街上前不见头、后不见尾的车队皆为丰田、奔驰、福特……唯独没有国产的红旗。故此，此次政协会议尾声时，一位名叫王洲的政协委员在讨论会议文件时提议："建议在会议文件中，加进提倡领导干部乘坐经济型国产轿车。"

还有一位可敬的老人也将目光定在了人民大会堂外的停车场上，他就是原一机部副部长，中国著名军工专家沈鸿。抗战八年中，沈鸿在延安茶坊（安塞）兵工厂带领技术人员和工人为子弹厂、迫击炮厂、枪厂、火药厂和前方游动修械厂设计并制造了134种型号、数百台套机器设备，还为根据地的制药、医疗器械、造纸、印刷、造币、化工、制铁、炼焦、玻璃、石油等工厂设计制造了400多台件成套机器设备，为抗战做出了巨大贡献。1942年，在边区政府发给沈鸿的特等劳动模范奖状上，毛泽东亲笔题写了"无限忠诚"四个大字。

沈鸿坚决不坐进口轿车，为了表达对他的敬意，在沈鸿80岁寿辰的时候，一汽送了一辆红旗轿车给他作为贺礼。作为一名老机械专家，沈鸿对自己乘坐的这辆红旗轿车的质量非常关注，发现什么问题都专门用笔记下来并及时反馈给一汽。后来，他专门给一汽写了一封信，他在信中写道：

每次我乘坐轿车到人民大会堂去开会，大会堂前都黑压压地停满了车，放眼望去，其中只有一辆国产轿车，就是我乘坐的红旗轿车。你们要努力，造出更多更好的中国车。

在当时，国民经济发展水平较低，轿车需求有限，主要是领导干部和部门接待，以及极有限的出租车，轿车属于生产资料，普通百姓基本上无权也无能力购买轿车，因此，汽车行业造轿车的要求，遇到了很大的阻力。当时一个颇为时髦的观点是：轿车是奢侈品，乘坐轿车是资产阶级享乐主义，国家提倡艰苦奋斗，不提倡享乐主义。有人提问："国家公路就那么多，造轿车在哪里跑啊？国家油就那么多，造轿车烧什么啊？"

"车多了要修路，修路要占农田，农民没田种，我们吃什么？"

"对轿车生产就是要像计划生育那样严格控制，一辆也不准多生产。"

这种认识在当时颇有市场，并在相当长的时间内左右了轿车发展的思路。

"文革"结束时，中国的经济发展水平还很低，国家有限的资金首先要保证国民经济急需的项目。就那么多钱，这里用了，那里就会缺，且不说能不能发展轿车，即使是能大量生产轿车，又有多少人买得起呢？1982年，大学毕业生每月工资为54.5元，而当时一辆轿车的价格起码在3万元以上。在当时的收入水平下，私人想拥有轿车确实是痴人说梦。

1982年，中国还没有高速公路，全国公路总里程不过90万千米。公路上，货车、拖拉机、自行车、牛车、马车、毛驴车混行，在这样的路上，轿车多了怎样跑？1982年，全国原油年产量仅为1.1亿吨，汽油、柴油作为重要的战略物资，全国计划供应，每一吨油都需要层层审批，在这种情况下，私人轿车到哪里去买油？

在当时的经济水平下，发不发展轿车，的确是一个两难的选择。

但如果从另一个角度来看问题呢？在工业生产中，轿车只是一个终端产品。一辆车由一两万个零部件组成，涉及机械、电子、化工、钢铁、橡胶、玻璃、公路运输等产业。轿车上凝聚了几乎所有现代高新技术的精华，世界最新技术，如机器人、微电子等技术都在轿车产业中得到了广泛应用。由于关联度极强，所以轿车生产能带动100多个相关产业的发展。从上游来讲，钢铁、机械、橡胶、石化、电子、纺织等行业都会受益；从下游来讲，保险、金融、销售、维修、加油站、餐饮、旅游，包括废品回收行业等都会得到不同程度的发展。从宏观角度而言，汽车产业可以给上下游产业带来2.5倍以上的波及效应。据测算，汽车制造业每增值1元，就可以给上游产业带来1元以上的增加值，还可以给下游产业带来2元以上的增加值。汽车产业里一个人就业，可以带动6~7个人在相关行业中就业。正是由于汽车产业的市场需求量大、产品附加值高、波及效果广，对国民经济的影响才会超过其他行业，所以汽车产业不是一般的部门经济，它是具有战略性的带头产业，发展汽车工业，就能够有效地促进这些上下游产业发展。轿车工业是当今世界上唯一零件以万计、产量以百万计、保有量以千万计、投资以亿计、技术密集、关联面广、产业链条长的综合性大产业，对国民经济和社会发展有着巨大的推动作用。

大规模地发展轿车工业能够带动各项产业的发展，能够解决就业问题，能够使我国的制造业上一个台阶，也能够减少进口，为国家节约宝贵的外汇。只有跳出陈旧的思维惯性，摒弃轿车是资产阶级的生活方式的思维，让轿车回归其代步工具的根本属性，让轿车进入普通百姓家庭，成为大众的代步工具，轿车工业才会有源源不绝的发展动力，轿车工业才能成为支柱产业，中国轿车才有可能发展。

他山之石，可以攻玉。看一看汽车大国的发展情况，或许对我们拓宽思维会有所帮助。

美国是世界上最早的全面普及轿车的国家之一，通过纵览汽车在美国的发展，可以从一个侧面看到汽车对社会发展的推动作用。1925 年，汽车工业成为美国最大的工业部门，产值居所有工业部门之首。汽车工业的兴旺发达和全社会的普及使用，带动了美国国民经济的增长和繁荣。

长期以来，有这么一种说法：农民赚了钱，就买一架钢琴。现在，农民一旦富裕起来，就买一辆汽车，汽车可以把产品运到镇上，工人会驾着汽车上工厂。汽车与其说是引起了人们嫉妒，不如说促进了和睦团结。

由于汽车的使用和普及，加油站如雨后春笋般遍布全美国。在城镇里，红绿交通灯也出现了。随着汽车的发展，轮胎制造也成了一个新兴的行业。坐汽车现在成了人们不可被剥夺的权利。

（莫鲁瓦著，《美国史：从威尔逊到肯尼迪》，上海人民出版社，1977 年）

美国"胡佛社会趋势研究委员会"在 1929 年的一份报告中写道：

"在汽车和电气用品工业的带动下，大规模的生产技术广为传播。……诸如汽车、电话、收音机、洗衣机已成为生活必需品。

"在战后（第一次世界大战）的年代里，美国的汽车工业赢得了巨大的声誉。这件事对美国社会的影响大概比历史上任何一件事都来得深刻……20 世纪 20 年代的汽车把美国历史上第一次真正的消费推向高潮。"

美国政府早在 20 世纪 20 年代就提出自己的执政目标是要"让每个家庭拥有一辆汽车"，在这种需求的推动下，美国的汽车工业快速发展，很短的时间内就实现了平均每个家庭拥有一辆以上的轿车，成了架在"车轮上的国家"。汽车工业的飞速发展也给美国经济带来了强大的活力。据 1999 年的统计数据，全美国有 87% 的从业人员是自己开车上班，82% 的人靠汽车外出度假或到商场购物，汽车如今已经成了美国人在任何情况下都必须拥有的东西，没有汽车寸步难行并不是一句夸张的话。根据生活需要的不同，美国很多家庭已经有了不止一辆轿车，1/3 的家庭拥有 2 辆轿车，1/5 的家庭拥有 2 辆以上的车。汽车产业对美国国民经济做出了巨大贡献，据 1999 年的统计，美国纯汽车产值（不包括上下游相关产业）占美国国民经济总产值的 5%，就业人数为 17%，也就是说，在全美国每 6 名职工中，就有 1 名与汽车产业相关。

汽车工业是美国最大的工业部门，产值居所有工业部门之首，橡胶产业 80% 的产品用于汽车，玻璃产业 75% 的产品用于汽车，机床产业 25% 的产品用于汽车，钢铁产业 20% 的产品用于汽车，90% 的汽油用于汽车，汽车产业促进了钢铁、化工、石油、建筑、房地产、金融保险和公路建设。从 20 世纪初以来，汽车工业的兴旺发达和在全社会的普及使用有力地带动和促进了美国经济的增长和繁荣，奠定了美国经济和军事强国的地位。

日本也是如此。第二次世界大战结束后，日本经济残破凋零。1953 年，日本汽车产量不到

5万辆。在日本经济起步初期，日本国内也曾围绕着要不要发展汽车工业展开过一场讨论。日本通产省赞成，而交通省则反对。日本银行总经理万田就是坚决的反对派。他说："在日本建立汽车工业是毫无意义的，现在是世界分工时代，日本最好还是依靠美国来获得汽车。"

经过讨论，多数人都认为日本自己发展汽车工业可以带动和促进其他产业的发展。于是，1955年，日本政府做出决策，支持汽车工业的发展；通产省也制定了《培养国民汽车纲领》。1963年，日本政府对经过合并后实现大批量生产的汽车企业给予长期低息贷款的扶持政策，向汽车工业投入大批资金，促进汽车生产的专业化和现代化。日本汽车产业逐步突破了欧美几十年来沿用的管理体制，最终建立起一套如精益生产、全面质量管理等具有日本特色的管理体制，逐步建立了自己的品牌和技术体系，一跃成为世界汽车生产强国。1961年，日本汽车年产50万辆，超过意大利；1964年，年产180万辆超过法国；1966年，年产231万辆超过英国；1967年，超过联邦德国；1980年以年产1104万辆超过美国，成为世界第一汽车生产大国，占世界总产量的1/4以上。1970年，日本汽车保有量达到1800万辆，平均每12人拥有一辆轿车。到了1980年，日本人均轿车拥有量与美国相当。

汽车产业的迅速发展促进日本的经济如同发面团一样膨胀，平均每年递增15.8%，位居各行业之首；汽车产业总产值占日本全国总产值的1/10，为全国三大支柱产业之一。1967年，日本的国内生产总值超过英国和法国，1968年超过联邦德国位居世界第二。日本人的人均收入也大幅提高，1965年的人均收入为785美元，到1979年就达到了7421美元。可以说，没有汽车产业，就没有日本的经济奇迹。今天，汽车已经成为日本走向世界的产业名片之一。

韩国也是一个较为典型的例子。20世纪60年代末，韩国的经济水平很落后，1962年，其国内生产总值只有23亿美元，人均国民收入只有87美元，还未解决温饱问题，汽车工业基础较中国要差得多，相关的钢铁、道路、石油等问题都很落后，但韩国政府毅然将汽车发展作为重要支柱产业，着手制定适合本国汽车发展的政策。韩国从1976年开始发展轿车工业，经过短短十几年便从无到有，建立了现代、大宇、起亚3大汽车公司。到1987年，韩国汽车产量猛增到百万辆，年平均增长达到60%。现代公司生产45万辆，其中30万辆出口；大宇公司生产14万辆，其中8万辆出口；起亚公司生产11.85万辆，其中8.5万辆出口。1989年，韩国汽车产量达到250万辆，年出口100万辆，成为世界第五大汽车生产国和第六大汽车出口国。

汽车的广泛使用和家庭轿车的普及还促进了韩国的公路网建设。韩国国土面积不过99 237平方千米，还不如中国的辽宁省大，但1988年，韩国公路铺装率为60%，1990年已达到72%，公路网总里程达到5.7万千米。汽车工业还带动了韩国制造业的快速增长，1985年—1987年，韩国制造业增长45%。汽车带动经济发展的作用也日益明显，1962年，韩国的国内生产总值只有23亿美元，人均不过87美元；1980年，韩国年人均收入达到1520美元，进入小康社会；1989年，韩国年人均收入达到4968美元，一举跨进发达国家行列。

其实，除了国民经济发展现状外，造成轿车发展滞后的原因主要是认识问题、是思想解放的程度问题。这个问题解决了，中国的汽车工业和轿车工业就会有大的发展。只是中国国家大，经济发展长期落后，积累的问题多，解决认识问题自然需要时间。在统一思想认识上，一个有着十几亿人口的大国与一个只有几千万人口的小国毕竟有着很大的不同。

实际上，轿车作为一种代步工具，如同自行车、收音机一样，就是一件普通商品，任何有条件的人都可以自由地拥有它。需求决定发展，如果不是以社会大众的需求作为出发点，就势必会导致中国轿车的市场容量有限；而没有强劲的市场需求，轿车发展就缺乏动力。中国有十几亿人口，如果轿车进入家庭，市场该有多大？

1988年1月，新华社资深记者李安定就轿车发展问题采访了中汽联理事长陈祖涛，陈祖涛向李安定详细分析了轿车进入家庭的重要性和可能性：

1988年，我国城乡居民节余购买力已达数千亿元，为这些资金寻求新的消费商品可以达到分流社会购买力、抑制通货膨胀、调整产业结构的目的。当时，除了买房外，轿车是唯一的单价在万元以上的商品。将轿车引向家庭将为过于集中的消费打开一个泄洪口，有利于国民经济的健康运行。1988年，全国个体户已达357万户，从事文艺、体育、企业等行业的高收入人群18万户，留学归国人员2.2万户，农村富裕户60万户，这么大的一个群体的生活、工作都需要"代步"工具。如果按10%~15%的需求比例来计算，那么我们的轿车需求量就会达到40万~60万辆；而且，随着经济发展，富裕户还会不断增多。这是一个要大力开发的潜在的市场，要开发这个市场要做好两个工作：一是政府要出台相应的政策，鼓励私人买车；其次是考虑到轿车建厂需要5~7年的周期，所以国家要为大批量生产提前做好准备，现在就要安排私人轿车的生产。

1988年1月23日，李安定在《经济参考报》上以《鼓励小轿车进入富裕家庭》为题，报道了采访内容。

李安定是新华社资深记者，长期关注中国轿车，尤其是家庭轿车的发展，曾写过大量深刻反映中国轿车发展的分析文章，如《但愿不是一个梦——关于轿车私有化的思考》《由远而近的叩门声》等，引起社会高度关注。1989年，李安定在1989年第2期《瞭望》周刊中撰文《但愿不是一个梦——关于轿车私有化的思考》。文中称：

一部分先富起来的人赚钱没处花，便和那些工人、教师、公务员一样，都把钱投向吃、穿、用。不平衡的收入水平挤在过于狭窄的消费领域里，副食和日常消费品的价格不抬起来才叫奇怪！让一部分人先富起来本是十年改革的成果之一，但是谁曾料想，他们较高的消费能力又成了哄抬物价的动因。况且，将会有更多的中国人逐步富起来，为何不打开轿车私有化的闸门，缓解消费资金膨胀带来的巨大压力？有个比喻说得好：住房商品化，好比取消粮食补贴，事关家家户户的承受能力，推行的难度怎样估计也不会过分；轿车私有化却如同名烟、名酒提价，有财力、有嗜好的人，愿者上"钩"，那些平日与"茅台""云烟"无缘的老百姓并没有承受问题，推行起来自然要顺利许多。

从认识到现实，中国轿车还有很长的一段路要走。

消费刺激生产，生产满足消费，轿车作为新的消费热点，已成为经济发展的必然趋势。只有让轿车作为经济发展的成果进入中国千家万户老百姓的日常生活，才会形成两条腿的消费市场，中国的轿车工业才能得到持续的发展动力。

发展中国自己的轿车工业，逐渐为人们所认识，并逐步成为舆论主流。为了解决发展轿车工业的认识问题，从中央领导到各有关部门的负责人，再到专家学者纷纷开会撰文，各抒己见，中国的轿车发展成为舆论关注的中心。

1982年3月，中汽公司成立。在中汽公司第一次会议上，国家机械委副主任沈鸿就明确表示支持发展轿车工业：

……汽车是文明的产物，我最近到海南岛去开会，坐的是日本的海斯面包车，一车9个人，1200千米的距离，一路上跑得飞快，没有停过一次车。每百千米的油耗只有7升。苏东坡当年被贬到海南岛，由于交通不便，没有到天涯海角，据说非常遗憾。现在我们乘坐小汽车，"呼"

一下就到了。

发达国家说他们的支柱产业有三个：一是建筑业，一是钢铁业，一是汽车业。其实还有石油工业。石油工业促进汽车工业的发展，汽车工业又反过来促进石油工业的发展。汽车工业比哪一种工业都要复杂，投资大，关系面多……现在全国说起来有几百家汽车生产厂，可一年生产三辆车也叫汽车厂？

一说起发展轿车，有些同志只想依靠国外，自己不想也不敢动手。什么都靠外国，恐怕靠不住。有的人一说到轿车就想到买，买也买不到"四个现代化"……好端端的阵地，大量让给外国人，是我们造不出来吗？我看是没有下功夫去做。

（张矛著，《饶斌传记》，华文出版社，2003 年）

1984 年 7 月 27 日，国务院召集有关部门领导，讨论中国发展自己的轿车工业的问题。在听取大家的意见后，国务院明确表态要发展中国自己的轿车工业。几天之后，8 月 11 日，中央财经领导小组在北戴河开会，听取一汽汇报。万里、姚依林、胡启立、张劲夫、杜星垣、郝建秀、李鹏、田纪云、陈慕华、王丙乾、宋平、王任重等领导参加。中汽公司领导饶斌、李刚列席会议。一汽党委书记徐元存、厂长黄兆銮汇报了一汽的生产发展、面临的困难和希望中央给予的支持问题。

这么多中央领导集中在一起听取一个汽车企业的生存与发展情况汇报，这再明确不过地说明了中央对于汽车工业发展的高度重视。不光是重视，而且还有了明确的动作。到会的中央领导明确表示：中国汽车工业要大发展，要给一汽、二汽这样的国有大型汽车企业松绑放权，让他们到市场上去发展。这次会议的会议纪要指出：

随着国民经济的发展，小汽车的需求量会很大，如出租车，不但城市需要，中小城镇和经济发达的农村地区也很需要；家庭私人用车也会逐渐增多。汽车工业的规划和发展需要考虑到这种趋势，组织专业化、大批量生产，或进口一些散件在国内组装，以缓和供需矛盾、控制盲目生产。近期不发展成本高的高级轿车，要大力发展质量好、成本低的中档以下的经济型轿车。

1984 年 12 月，"全国汽车行业工作会议"在北京召开，中汽公司在《关于中国汽车工业现状的报告》中呼吁：

要发展中国的汽车工业就一定要发展中国自己的轿车，轿车工业不发展，汽车工业就不可能得到真正的发展。只有货车和轿车统一均衡发展，汽车产业才能够真正成为支柱产业，才能够成为国民经济新的增长点。

1985 年，中共中央在《关于制定国民经济和社会发展"七五"计划建议（草案）》中明确提出：

根据加快交通运输建设的要求，要把汽车制造业作为重要支柱产业，争取有一个较大的发展。

1986 年 7 月，国家科委、国家计委、国家经委共同组织 18 个部门的专家，对中国发展轿车工业进行了前期论证，并于 7 月 13 日将论证报告《发展轿车工业，促进经济振兴》上报了国务院。论证报告提出了："把轿车作为带动国民经济发展的主导产业，国家给予重点扶植等应遵循的九条原则。" 8 月，时任国务院主要负责人在这份报告上批示：

是否在讨论小轿车发展规划时一并研究，请李鹏同志酌定。

1986 年 8 月，国务院发展研究中心副主任张盘在一汽主持召开了"轿车工业政策研讨会"。在会上，国务院决策咨询协调小组成员段君毅、周子健、周建南、饶斌等机械工业部的老领导在深入调研的基础上拿出了《中国汽车工业发展战略的建议》。其中提出，要大力发展中国自己的轿车工业，"尽快审定汽车工业中长期发展规划和确定轿车工厂建设项目"。

那段时间，上至国家部委，下至各行各业，发展轿车工业成为最热的话题。在所有舆论热潮中，最重要的当数1987年春天在湖北十堰召开的一次轿车工业发展会议。

1987年5月，位于中国版图正中的秦巴山区万木葱茏，湖北十堰春意正浓。乘着浩荡春风，中国轿车发展史上最重要的一次会议在这里召开。这次会议的全称是"中国汽车工业发展战略研讨会"，由国务院经济技术社会发展研究中心组织，由国务院决策咨询协调小组负责人马洪主持，国家计委、经委、科委的官员，以及理论界权威、汽车界元老、专家、骨干汽车厂的负责人，如一汽的耿昭杰、二汽的陈清泰、机械工业部的老领导段君毅、周子健、祁田、饶斌，以及国家各部委的领导共200多人参会。会议的核心问题是：中国到底适合发展轿车吗？

31位专家为论证会提供了25万字的研究报告，材料、机械、电子、燃料、道路、市政等行业的代表都发表了本部门的研究结果和意见。日本的丰田和日产两家汽车公司也应邀分别派出专家组，专程从日本赶来就中国发展轿车发表自己的意见。

中国要不要发展轿车是历来就有争议的课题。中国工业基础差，国民经济发展不平衡，很多人对发展国产轿车有着不同的看法，集中于如道路问题、汽油问题、资金问题、轿车的使用对象问题等。这次会议就是要彻底明确：中国究竟要不要发展轿车、中国能不能发展轿车这两个事关国家经济发展的重大战略问题。

这次会议上，发言热烈踊跃，支持发展国产轿车的观点成为会议上的主流声音。

会议的东道主，二汽厂长陈清泰首先发言。他发言的题目是《振兴我国轿车工业的重要抉择》，其中提出了5个抉择：

战略重点的抉择，要从以货车为主有计划地向以轿车为主转移；

市场目标的抉择，提倡以国际市场为目标、以国内市场为后盾的出口导向战略，取代以国内市场为目标的进口替代战略；

发展模式的抉择，主张双市场企业型的"联合开发，合资办厂"模式，抑制进口替代型企业的"技术引进、自主建厂"模式；

依托力量的抉择，反对全国支援、新建企业，主张以骨干汽车企业为主体，联合地方、军工力量建设两三个轿车基地；

筹资方式和经营主体的抉择，提倡以企业为主体，通过留利积累、集股、借贷方式筹集，反对走"国家出钱，企业建设"的老路。

陈清泰发言的核心是：以大企业为依托，出口导向、合资办厂、自筹资金，一次建成年产30万辆规模的轿车工业基地。

一汽厂长耿昭杰发言的题目为《发展我国轿车工业的几点意见》。耿昭杰强调，依据中国汽车工业的现实情况，发展轿车需要依托大企业集团的优势，起点必须要高，批量一定要大。一汽正符合这一特点。他列举了一汽发展轿车所具有的6大优势：

具有29年生产轿车的历史和实践；

具有全国最大的汽车研究所、汽车工厂设计院，集中了一批从事了20多年轿车开发工作的技术队伍和装备设计力量；

具有比较强大的后方，经历了3年换型改造的实际考验和锻炼，掌握了自主改造老厂、包建新基地的技术和能力；

具有自筹资金的优势，能用自筹资金完成过换型改造任务；

具有"轻（型车）轿（车）结合"的优势，已经从美国引进了轻轿通用的 488 发动机，轻型车、轿车所用的车轮、化油器、散热器等零部件都已经统一做了规划布点；

已经为开发中级轿车开始了产品的开发和研制工作。

耿昭杰认为，结合中国轿车需求的现实，发展轿车需要从中高级轿车起步，轻轿结合，挡住进口，一次规划，分期实施，最终达到年产 30 万辆的经济规模。建议分两步走：第一步，结合上轻型车，引进外国技术，改造红旗轿车生产基地，形成年产 3 万辆中高级轿车的生产能力；第二步，再选择外国合作伙伴，建设符合规模经济的轿车生产基地。在"七五"期间形成国产化轿车生产能力，在新的轿车更新高潮到来之前，以一定数量的国产轿车加上适当的保护政策挡住进口。

中国两大汽车企业集团分别表态亮相，二汽提的是"出口导向"，一汽提的是"进口替代"，各有侧重，但都强调发展轿车工业需要大规模、高起点，起点要定在年产 30 万辆的经济规模上。

这是中国发展轿车工业的一次大讨论，大家争相发言，经过激烈争论，到会者一致认为：中国应该发展轿车工业，中国现在就要动手发展轿车工业，在发展轿车问题上，我们已经晚了，我们不能再晚了。

会议结束后向中央提交了三个报告：《关于发展我国汽车工业的建议》《发展轿车工业，促进经济振兴》《关于发展轿车工业的建议》。

这次会议上有一个引人注意的走向，耿昭杰和陈清泰分别代表中国最大的两个汽车集团表态：耿昭杰主张进口替代，陈清泰主张出口导向，与会者的掌声全都给了出口导向。这并不是因为陈清泰的口才比耿昭杰好，而是中国太需要汽车出口以换回宝贵的外汇了。虽然我们希望将自己与外国人合作生产的轿车重新卖给外国人，但鼓掌者却没有仔细想一想，外国人到中国来是为了开拓新的市场，这些为赚钱的外国人会将自己从万里之外运来的零部件组装成车，然后再自己花钱买回去吗？从那时起到今天，中国的汽车年产量已经达到 1800 万辆，轿车产销量也已经达到 1200 多万辆，但中国造的轿车却很少卖到美、德、法、日等发达国家去，相反，倒是这些国家的轿车行驶在中国的城乡。那时"出口导向"受到热烈欢迎，可见我们的想法仍不切实际。

会议后不久，1987 年 6 月 25 日，国务院根据中国汽车工业发展现状做出决定：撤销中国汽车工业公司，成立中国汽车工业联合会，陈祖涛任理事长，蔡诗晴任常务副理事长，吴庆时、李荫寰、丁志寰、夏德明、薄熙永、王立三任副理事长。成立中国汽车工业联合会的目的就是要大力进行汽车工业领导体制的改革，为中国汽车工业大发展创造一个宽松的环境，使汽车工业尽快成为国民经济的重要支柱产业。中央的决定为中国的轿车工业的起步和发展创造了条件。

1987 年 7 月 16 日，国务院经济技术社会发展研究中心向国务院提交了《关于发展我国汽车工业的报告》。国务院主要负责人批示：

印发国务院常务会议，北戴河会议期间议一次。

经过从中央到地方各级部门，以及大量有识之士奔走呼吁，发展轿车的意见逐渐成为主流共识。那段时间，呼吁发展轿车的意见和建议如雪片般飞向北京。在众多的文章中，国务院经济技术社会发展研究中心总干事马洪的文章观点鲜明、条理清晰，受到中央决策层的高度重视。马洪认为，轿车发展绝不是一个产业的问题，而是事关中国宏观经济发展的重大问题，应从国民经济发展角度进行长远考虑。1988 年 7 月 9 日，马洪起草《关于发展轿车工业的若干政策建议》上报国务院。摘要如下：

形势紧迫

目前，国内轿车市场供求矛盾日益尖锐，几十万辆轿车的更新期即将相继到来，进口压力巨大。轿车价格居高不下，在超高利润的刺激下，不少地方都想利用"时间差"酝酿上轿车项目，有蜂拥而起之势，很可能会冲击国家定点的轿车厂的建设和生产。我国轿车工业起步很晚，国际上强手如林、竞争激烈，我们的轿车"走向世界"，机会和风险并存，将面临严峻的挑战。国内外形势都迫切要求我国轿车工业的发展必须坚持"高起点、大批量、专业化"的原则，一定要抢时间、快建设、早出车。正确决策之后，应当尽一切努力加快建设速度，以发挥预期的替代进口、出口导向的重要作用，不致再一次失去振兴民族轿车工业和跻身国际市场的宝贵机遇。

三大轿车基地的建设任务艰巨。一方面，投资规模巨大，超过百亿，外汇平衡不易；技术集约化、生产专业化、零部件和原材料配套社会化的程度和要求都相当高。另一方面，新旧体制转换阶段，宏观环境还不够理想；同时，物资紧缺，相关产业落后，也起着制约作用……当务之急主要有两件事情：一是保证轿车工业的合理布局。应当明令重申，在国家定点的企业之外，严格禁止随意上轿车项目和制造轿车，必须吸取货车办厂"遍地开花"的教训，坚决纠正争上轿车项目不计后果的行为，并采取相应的行政干预和疏导措施。二是要继续严格执行国务院关于不准进口小轿车整车的决定。

……为增强企业集资能力，建议国家继续对一汽和二汽实行利润递增包干制度，直到新轿车项目建成投产。一汽采取"自行滚利，以轿养轿"的办法……二汽采取"以中养轿"的办法。

一汽、二汽作为大型轿车工业基地建设的投资主体，承担了巨大的责任，国家也应赋予企业相应的自主权，在宏观调控和政策指导下，具体事情放手让企业去干。建议在一汽、二汽实行轿车建设项目总承包，使企业责、权、利紧密结合。项目总承包的基本内容包括：工程概算、投产后产品的数量、品种、质量、出口数量、外汇平衡、国产化进程等。

轿车工业的建立和发展是以零部件工业与主机厂同步或超前发展为前提和基础的。我国零部件工业的发展滞后，还没有形成完整的体系。为尽快改变这种状况，应当抓住大型现代化轿车厂上马的有利时机，立即着手，统一规划，集中布点，建设具有经济批量和符合通用化、标准化、系列化要求的外向型零部件生产体系……轿车工业的发展，对设备制造和钢材、有色金属材料、塑料、玻璃、橡胶、电器等产业，既有带动作用，又受其制约，有赖于这些相关产业的同步发展，而相关产业发展往往有个滞后期，建议国民经济综合管理部门协调各有关产业部门统筹规划、及早安排。

报告认为，中国轿车工业发展存在一些关于体制与政策性的问题：

1. 缺乏明确的产业政策，使轿车工业的发展在理论上和政策上依据不足。制定产业政策，明确优先发展某些产业，是经济发展的一条捷径。轿车工业是否优先发展？在国民经济中的地位如何？其发展战略和发展模式是什么？需要什么样的扶持政策？国内消费政策如何制定？这一系列问题急需在国家总的产业政策中加以明确，否则，轿车工业就只能在一种摇摆的、举棋不定的状态下发展，只能在各种政策的限制下发展，这是违背轿车工业自身发展规律的，在这种状况下的轿车工业不可能得到健康发展。

2. 投资分散化趋势与轿车工业投资密集的特点相矛盾，把轿车工业全部挤到中外合资经营的狭路上。实际情况表明，我国轿车工业起步已经为时过晚，为了尽快发展以满足国内需求，根据轿车工业投资密集的特点，国家应在资金上重点支持。然而，产业政策的不明确性影响了投资政策对轿车工业的倾斜。已经动工的 5 个项目（一汽奥迪、二汽雪铁龙、上海桑塔纳、北京切诺基、广州标致）几乎都没有预算内安排，专项贷款计划仅占 20%（9 亿~10 亿元人民币），而且目前也只安排了区区不足 2 亿元。根据日本、韩国等国家和地区的经验，在国家强有力的政策支持下，轿车工业起步尚需 10 年，以我们目前的投资水平来看，真正起步恐怕要拖到2000 年以后。

由于投资不足，使得我国的轿车项目不得不转而采取合资方式（中外合资方式享受两年免税、6 年减半的优惠）。在已决定上马的五个项目中，有三个是中外合资经营项目（北京切诺基、上海桑塔纳、广州标致），一汽与二汽的项目也是中外合资。"三大三小" 6 个轿车项目，5 个要合资（合资时间均为 25~30 年），剩下一个天津也在所难免，这种现象是值得认真研究的。

积极利用外资发展轿车工业是必要的，但如何利用外资、正确地选择利用外资的方式却是非常重要的。如果整个轿车工业都采用这种方式，又鉴于中方在技术和资金上的不足，那么中国的轿车工业将受控于国外几大汽车集团。届时，我国轿车市场将被国外几大汽车集团控制与分割。搞不好，30 年后，我国轿车工业也依然是步人后尘。

3. 几个轿车项目同时起步，同时消化吸收，我国现有工业基础难以支撑。没有大量的集中投资，换来的就是小项目的同时上马。现已开工的 5 个项目，其生产纲领都只是经济规模的10%~20%，6 个项目引进了 4 个国家（美国、德国、法国、日本）的产品技术，由于产品标准、设计规范、用材体系、配套厂家各不相同，零部件配套很难形成系列化、大批量生产，只能围绕主机厂家自成体系，无规模经济可言，无形中加大了投资，相关工业更难系统地引进技术，在有限的投资内成分散化状态，今后的消化吸收也更为困难。轿车工业对零部件和相关工业的要求比货车工业高得多，我国现有的工业基础，不论是质量、精度还是生产批量，都不适应轿车生产的要求。如果扭转不了四面出击的现状，预计到 1993 年以前，轿车工业还是无法摆脱CKD 组装的局面。

4. 轿车市场价格扭曲造成错误信号，面临重蹈轻型车分散化覆辙。随着"七五"计划的实施，载重汽车的发展呈现出逐渐集中的态势，而过热的轿车市场使许多地方和部门热衷于上轿车项目，使得轿车发展逐渐呈现出分散化态势。有的厂家利用原来的微型车生产点搞测绘仿制；有的搞超微小型轿车布点；有的购买国外淘汰的轿车模具；还有的利用维修旧车进口配件的机会，分批地进口轿车总成零件，再非法拼装整车，严重搅乱了国内轿车市场，影响了国内轿车工业的起步发展。如果不控制住这种盲目发展轿车的势头，国内轿车市场一些"小而全"的企业间将会出现抢市场、抢资金、抢资源的"混战"，这不仅会分散建设资金，使得在建项目难以形成经济规模，而且还会给国外大汽车资本集团控制中国轿车市场、从中渔利的可能。

……

马洪的这篇报告极富远见，以中国轿车工业今天的现状而言，其 20 多年前的预言都不幸言中。

北戴河决策

北戴河背山面海、沙软潮平，夏无酷暑、冬无严寒，在长达 10 千米的海滩边，绿树成荫。宜人的气候使得这里成为全国最佳的避暑胜地之一。每年盛夏时节，中央会在这里召开各种会议。

1987 年 7 月，北京骄阳似火、暑气逼人。时任中汽联理事长的陈祖涛与副理事长薄熙永一起到上海去看望病重住院的饶斌。两个人一路在商讨中国轿车工业发展的问题。薄熙永对陈祖涛说："发展轿车工业牵涉到党和国家的大政方针，咱们在各个层面的工作都做了，目前中央领导都在北戴河开会，我们最好去直接向中央领导陈述咱们的意见，以使他们下决心。"

陈祖涛非常赞成薄熙永的意见，陈祖涛又通知中汽联副理事长李荫寰和二汽厂长陈清泰一起来到北戴河，向中央领导汇报中汽联对发展轿车的认识与意见，这是一次重要的"游说"行动。

每到夏季，中央领导有到北戴河办公的传统。陈祖涛等人来到北戴河后，马不停蹄地开始约见中央有关领导。由于中央领导都很忙，他们能约就约，约不到的就干脆到领导的住处去敲门，总之，想方设法也要将他们对发展中国轿车的意见直接转达给中央领导。

陈祖涛等人第一个汇报对象是德高望重的薄一波。薄一波是开国元老，时任中顾委常务副主任。薄熙永是薄一波的二儿子，所以约见薄一波有着最大的有利条件。薄一波曾任国家机械委主任，直接分管中国的机械工业，高度关注中国汽车工业并给予了极大的支持，多次过问中国汽车工业的发展，出主意想办法，帮中国汽车工业解决了很多困难。当年红旗轿车复出后，薄一波第一个将自己的座车换成红旗，以实际行动支持中国汽车工业。中汽公司管理体制改革，一汽、二汽等特大企业松绑放权都与薄一波有着直接关系。经过薄熙永的联系，陈祖涛等人顺利地见到了薄一波。薄一波虽然年事已高，但精神矍铄、思想敏锐，他仔细听完陈祖涛等人的汇报后表示："发展轿车工业是中国汽车工业跨上新台阶的重要一步，这一步走好了，对中国的汽车工业真正成为国民经济重要的支柱产业有着极为重要的意义。我支持你们的努力，希望你们能将这个工作做好。"

陈祖涛等人的第二个汇报对象是国务院副总理李鹏。陈祖涛与李鹏都是革命后代，在延安时就认识，他们既是儿时的伙伴，又是在苏联留学时的同学。时任副总理的李鹏分管机械工业，是陈祖涛的顶头上司，对陈祖涛的工作非常支持，只要是有关汽车工业的问题和要求反映到他那里，总会得到他大力的支持。这次呼吁发展中国的轿车工业，对中国汽车工业发展有极为重大的意义，当然就更需要他的支持了。

李鹏的住处就在北戴河海边，在面向大海的阳台上，几个人、几把椅子围坐一圈，在阵阵涛声的伴随下，开始了有关中国汽车工业发展命运的讨论。陈祖涛向李鹏说明了来意，详细介绍了中国汽车工业的现状和发展方向，希望中央能够因势利导，研究此事并出台相应的政策，发展中国的轿车工业。

李鹏认真地听完了陈祖涛的汇报，又和陈清泰、薄熙永、李荫寰等人就轿车发展的一些相关问题展开讨论。陈祖涛回忆这段经历时说："李鹏说，你们讲的意见很好，在中央讨论这个问题时，我会发言的。"

第三位汇报对象是时任中共中央政治局常委胡启立。胡启立对中国汽车工业也非常关心，1983 年夏天，中汽公司在北京农展馆举办第一届全国汽车展览会，展会开幕时，邀请胡启立参加，他不光参加了开幕式，还很感兴趣地看完了全部展览。当时，胡启立边参观边与陈祖涛交谈中国汽车工业的现状和发展中的问题等。让陈祖涛没料到的是，第二天，胡启立又专门给陈祖涛打来电话，对中国汽车工业的发展表示支持。有了以前的这些铺垫，陈祖涛对向胡启立的汇报也充满信心。胡启立是中央政治局常委，工作很忙，经过和他的秘书预约，在一个晚上，陈祖涛等人到了胡启立的住所。陈祖涛等人先向他汇报了前来的目的，然后详细地谈了中国发展轿车工业的重要性和必要性，发展的具体部署和设想等。胡启立的思想很开放，对发展轿车的意见和思路很赞同，并将此问题放到政治的高度来看待。他说："汽车进口问题已经不只是方法问题、经济问题了，它还涉及我们民族的自尊心、自信心和民族尊严，成了政治问题了。各国都用自己的轿车，包括印度。汽车工业发展要有战略布局，要有竞争，要在竞争的基础上扶持。你们的意见很重要，我一定把你们的意见带到中央。"

第四个汇报对象是中共中央政治局常委兼国务院副总理姚依林。姚依林长期抓经济工作，原来是陈云的助手，在副总理中，分管经济工作。姚依林认真听完陈祖涛等人的汇报后，没有说话，严肃的脸上也没有表情，并陷入了较长时间的沉思。看着他一言不发地沉思，陈祖涛等人的心也一下子悬了起来。陈祖涛事后回忆说："当时生怕他有反对意见，毕竟中央内部对发展轿车有着不同的意见，而且他是政治局常委，一言九鼎，他要是有不同意见，我们的工作难度就大了。"

过了好一会，姚依林开始提问了，他向陈祖涛等人提了很多关于轿车自身以及发展轿车与宏观经济等方面的问题。陈祖涛回忆说："虽然当时我们很拘谨，但他的问题考不倒我们，我们这几个都是经济和汽车方面的专家，他提的那些问题，我们早就考虑过。听完我们的回答，他并没有像前两位领导那样明确表示支持，而是说：'好，你们的意见我知道了，我们先讨论一下吧，我们讨论完了以后再定吧。'"

陈祖涛等人离开姚依林家后，心里还七上八下的，担心姚依林是否会有不同意见。事实证明他们的担心是多余的。几天以后，中央在北戴河召开的发展轿车工业的会议就是由姚依林主持的，在这次会议上，姚依林代表中央做出了发展轿车工业的重要表态。

第五个汇报的对象是时任国家经委副主任林宗棠，林宗棠是中国电力、机械方面的专家，20世纪60年代曾担任上海万吨水压机的副总设计师，还担任过国家航空航天工业部部长，现在就分管机械工业。林宗棠是陈祖涛的老熟人，陈祖涛在莫斯科读书时就和他认识，陈祖涛的夫人赵淳媛与朱镕基、林宗棠都曾在东北工业部计划处工作，陈祖涛那时与林宗棠就有工作上的来往。由于在国家经委分管机械工业，所以林宗棠对发展轿车持积极的态度，明确表示支持，并有清晰的发展思路。

林宗棠之后的汇报对象是国家计委副主任黄毅诚。陈祖涛与黄毅诚是老熟人，在工作上联系很多，但彼此之间都是很讲原则的。陈祖涛曾提出在北京发展30万辆轿车，并将报告转交到了邓小平那里。邓小平以及其他很多中央领导都批了意见，但到黄毅诚那里，他却有不同意见，最后把30万辆项目分成了两个阶段来完成。陈祖涛等人向黄毅诚汇报后，黄毅诚并未直接表态，而是说："这件事太大了，涉及国家的产业政策，我们要认真研究。"

陈祖涛等人在北戴河的汇报持续了十来天。

8月12日，在北戴河一座绿树环绕的别墅里，中央召开会议研究汽车工业，会议由副总理姚依林主持，李鹏、张劲夫、黄毅诚、林宗棠、何光远、陈祖涛、陈清泰等参加会议，会议首先听取了陈祖涛关于轿车发展的汇报。

到会的各位领导都发表了自己的意见，姚依林在会上宣布：

中央决定，中国要发展自己的轿车工业。为了做好这件工作，决定成立国务院振兴汽车工业协调小组，由姚依林、邹家华、段君毅、周子健、陈祖涛5人组成，陈祖涛任办公室主任。会议决定：中国要发展自己的轿车工业，根据中国汽车工业的实际情况，全国建设一汽、二汽、上海三个轿车生产点。在车型及发动机档次上合理分工，一汽生产高、中级轿车，排气量2.0以上；上海生产中级的"桑塔纳"轿车，排气量1.8；二汽生产普及型轿车，排气量在1.3~1.6之间。天津、北京、广州三个生产点从进口轿车散件组装开始，逐步实施国产化生产。除此以外，要严格控制轿车的生产，防止一哄而上。

（陈祖涛口述，欧阳敏撰写《我的汽车生涯》，人民出版社，2004年）

1987年11月13日，姚依林主持召开了国务院振兴汽车工业协调小组会议，参加会议的有邹家华、段君毅、周子健和陈祖涛，以及黄毅诚、唐自元、林宗棠、吴威力等领导。这是继北戴河会议关于中国轿车发展定调之后，具体落实北戴河会议精神的一次重要会议。

这次会议做出了以下决定：

一、关于小轿车的发展

坚持8月12日北戴河会议的决定，今后轿车生产主要依靠一汽、二汽和上海大众。一汽要抓紧3万辆轿车项目的建设，争取早日出车，近二三年内尽可能地提供小批量产品。二汽要抓紧与国外谈判，谈判中要争取能出口和吸收外资的优惠条件以加快建设速度。上海大众汽车公司要抓紧实现国产化。在全国范围内不再安排新的轿车生产点。

为了限制进口并满足国内急需，目前有些地方，如北京、天津、广州等地可利用地方财力，在已引进的微型车和吉普车的基础上，适当生产一部分变形的轿车和民用吉普是可以的，但一定要按已与国外签订的合同内容办，不再继续发展。

对于已确定的三个轿车生产点的车型分工，总的原则是近期档次不要重复，从长远来说可以适当交叉。

一汽主要生产排量1.8升以上的中级和中高级轿车3万辆（每年）（包括少量"红旗"），然后依靠"滚雪球"的方式发展到年产15万辆；

二汽生产排量1~1.6升的普通型轿车30万辆，其中2/3争取出口；

上海大众汽车公司生产桑塔纳轿车，在加速零部件国产化基础上，尽快形成年产3万辆生产能力。

会议要求：三个生产点要在生产第一代车的基础上重视自行开发第二代新车型的问题。

（陈祖涛口述，欧阳敏撰写《我的汽车生涯》，人民出版社，2004年）

中国轿车终于得到了起跑的号令。

"八五"规划与中国轿车

北戴河会议决定大力促进中国轿车工业发展，建设一汽、二汽、上汽，以及北汽、天汽、广汽"三大三小"共六个轿车生产基地，而如何落实这个决定成为中国现代轿车工业发展的关键。此时，中国汽车工业正面临国内经济调整和管理体制结构发生重大变化的历史转折期。由于年事已高，为中国汽车工业做出卓绝贡献的饶斌已经退出了中国汽车工业领导岗位，并于

1987 年 7 月底病逝。饶斌的离去，是中国汽车工业难以弥补的一大损失。

随着改革的深化，中央决定，一汽、二汽两大骨干汽车企业实行计划单列并独立面向市场，中汽公司也改为以协调服务为主的中国汽车工业联合会，中国汽车企业头上的枷锁打开了。由于轿车销售的利润巨大，所以中国各地上百家汽车制造厂和各地"诸侯"们为利益所驱动，一个个跃跃欲试，都想在轿车发展中分得一杯羹，无论中央怎样三令五申不许随意上轿车项目，但大大小小的轿车项目仍不断浮出水面。有的边申报、边开工；有的先斩后奏，开工后再申报；有的将项目化整为零，糊弄国家主管部门；有的干脆绕过国家主管部门，以别的名义进口零部件组装；有的干脆不声不响，"只干不说"。中国轿车发展刚起步就面临乱局。面对混乱复杂的局面，谁来落实中央指示，把握方向、控制乱局、指挥协调，成为中国汽车工业下一步发展的关键。

邹家华，中国革命先驱邹韬奋之子，1926 年 10 月出生，上海市人，1945 年 6 月加入中国共产党，1944 年在淮南参加新四军，1948 年赴苏联莫斯科包曼高等工业学院机械制造系学习；回国后，在沈阳第二机床厂（中捷人民友谊厂）先后担任工艺师、副主任工程师、副总工程师、副厂长兼总工程师、代厂长、厂长；1964 年任第一机械工业部机床研究所所长兼党委书记；1973 年起先后担任国务院国防工业办公室副主任、党组副书记、国防科工委副主任、党委副书记；1985 年任兵器工业部部长、党组书记，是中国少有的专家型领导者；1986 年，邹家华受命出任国家机械工业委员会主任、党组书记；1988 年出任国务委员兼机械电子工业部部长、党组书记；1989 年出任国务委员兼国家计划委员会主任、党组书记。

当时，国家计委是国务院最重要的综合部门，承担着国民经济建设发展全盘规划的制定与实施工作。国家计委的职能中有一项是：

提出全社会固定资产投资总规模，规划重大项目和生产力布局；安排国家财政性建设资金，指导和监督国外贷款建设资金的使用，指导和监督政策性贷款的使用方向；引导民间资金用于固定资产投资的方向；研究提出利用外资和境外投资的战略、总量平衡和结构优化的目标和政策；安排国家拨款的建设项目和重大建设项目、重大外资项目、境外资源开发类和大额用汇投资项目。

改革开放之初，国民经济基础薄弱，资金紧缺，全国各地无论是地方政府还是个大企业集团都希望自己的发展速度更快一点，都想方设法地加快自己的发展步伐，争资源、争资金、争项目，国家计委因而成为全国各地和各大企业集团"围猎"的第一目标。中汽公司改为中国汽车工业联合会后，包括"三大三小"在内的汽车企业从发展计划到资金和物资的调配供应全部由国家计委统筹安排，一汽、二汽等汽车企业与外商合资谈判的全过程都要向国家计委汇报，并需得到国家计委的同意才能实施。从某种意义上讲，国家计委承担起了指挥协调中国汽车工业发展的重任。

20 世纪 80 年代中期起，国家正处于深化改革的转型时期，由于过分追求不切实际的高速度，中国国民经济发展比例失调，大上大下、大起大落，由此造成市场疲软、经济效益低下、流通不畅，国家预算内亏损大幅上升，亏损面一度高达 20%，国民经济出现严重的通货膨胀现象。为扭转不利的经济形势，国家不得不开展治理整顿，大规模压缩投资，很多企业"关、停、并、转"，国民经济出现暂时性的"抑制性平衡"。国家就是在这种困难的局面下决定大力发展投资巨大的轿车工业的。

中国国民经济的最大特点是国民经济发展以五年为一个阶段，从宏观上对国民经济实行总量控制，确保重点、平衡发展。1986 年，正是"七五"计划第一年，国民经济发展总盘子中能拿来发展轿车工业的资金不过区区二三十亿元,与实际需要相差巨大。尽管北戴河会议做出了发展轿车的决策,但由于经济困难,所以仍然有很多人认为中国汽车工业,尤其是轿车工业发展应该暂缓一步,先把能源、交通、原材料等基础工业发展起来后再发展轿车。

面对中国汽车工业发展的急需之势和无米之炊的困局,邹家华认为,汽车工业,尤其是轿车工业是投资、技术、劳动密集型产业,产业关联度高,集现代工业之大成,对国民经济发展有着极为重要的拉动效应,发展轿车工业有利于产业结构调整、有利于提高基础工业能力、有利于国民经济发展。虽然当时国民经济处于过热后调整的不利局面,但他顶住压力,力挺轿车工业,提出:"我国轿车工业发展的方针是沿着技术集约化、组织集团化的方向发展,走高起点、大批量、专业化的道路。集中财力、物力和技术力量统一规划、合理分工,按照经济规模,采取技术引进、合资办厂等不同模式,建立独立自主的轿车工业体系;零部件工业和相关工业应同步发展,加速实现引进技术的国产化。"

1988年,政府机构改革进一步深化,国家经委机电局与国家计委机电司合并,原国家经委机电局副局长徐秉金带领机电局7名工作人员合并到国家计委。国家计委将新合进来的机电工业管理职能重新整合成立工业综合二司(简称工业二司),负责国民经济原材料和生产。王进曾和张仁琪先后担任司长、徐秉金任副司长,分管全国机电和汽车工业。为适应汽车产业发展的形势,在徐秉金提议下,工业综合二司又专门成立了由徐秉金分管的汽车处。汽车处共4个人(梁喜闻、陈斌、陈建国、李刚),首任处长梁喜闻。从成立的那天起,这个精干的组织机构便承担起了中国汽车工业发展的规划、组织、协调、管理等重要职能。

1988年8月上旬,国家计委召开会议,讨论二汽轿车合资项目。会上提出,国家计委应拿出一个对全国汽车工业发展有指导作用的发展战略。23日,时任国务院副总理李鹏在国家计委上报的"二汽轿车合资项目"纪要上批示:

整个小汽车发展战略应由国务院常务会议正式讨论后做出决定。

9月14日,邹家华批示:

建议请计委牵头,召集有关单位按照李鹏同志指示研究提出"小汽车发展战略"报国务院常务会议讨论决定。

10月10日,甘子玉批示:

委内由工业综合二司牵头办理。

根据领导批示,工业综合二司副司长徐秉金牵头组织汽车处深入调研。徐秉金亲自执笔起草了《关于我国轿车工业的发展战略》(以下简称"发展战略")。在近一年的时间里,"发展战略"广泛征求意见,几易其稿,经过国家计委办公会数次审查讨论,1988年12月4日,国家计委邀请全国部分省市和国务院有关部门的代表对"发展战略"进行了深入讨论,邹家华亲自出席了讨论会,并做了重要发言,强调了发展轿车工业对中国机械电子工业和整个国民经济所产生的重要意义。吸收了各方意见并反复修改后,经国务院常务会议讨论通过,1989年年底,这份对中国汽车工业发展有着重要意义的"发展战略"终于正式出台。

"发展战略"开宗明义:

轿车工业是当今世界上唯一零件以万计、产量以千万计、技术密集、关联面广、生产链条长的综合性大生产工业,对国民经济和社会发展有巨大推动作用。积极发展轿车工业,将有力地促进冶金、化工、石油、机械、电子、建材、轻工等相关工业的发展,同时也可促进道路、城市建设和第三产业的发展并有利于产业结构现代化。

"发展战略"对发展轿车工业所需的钢材、汽油、技术装备、道路交通等重要因素也做了详尽的分析：

每辆普通轿车耗钢材约1吨，但国产钢材的品种和质量尚无法得到保证。

目前我国原油年产量1.3亿吨、加工量0.9亿吨，生产车用汽油0.15亿吨。预计2000年，我国原油加工量1.75亿吨，生产汽油0.42亿吨、柴油0.6亿吨。届时国内汽车保有量可达1250万辆，需汽油0.33亿吨、柴油0.11亿吨。

轿车工业技术装备所需资金约占全部投资的70%左右，除部分大型关键、精密以及测试仪器需进口外，要充分利用我国机电行业和军工的力量，组织科研攻关，自己试制生产设备。

目前，我国公路路面质量差。混流交通，通过能力低，道路发展压力大。可以通过以车养路的方式来增加道路建设资金。

轿车数量的增加将加快城市建设进程，推动大城市的卫星城发展，促进城市的现代化。

"发展战略"对轿车零部件发展提出了明确原则：

1. 相对独立并适度超前。

2. 外向型发展原则。在国内轿车工业尚未达到经济规模前，必须积极打入国际市场，形成高起点、大批量、专业化的格局。

3. 统一规划的原则。要做到标准化、系列化、通用化。轿车厂不能单独搞自己封闭的零部件生产配套体系。

4. 特殊扶持的原则。为保证轿车零部件发展所需资金，设立轿车零部件发展基金，利用每年进口整车和全套散件的调节税，以及各地收取的轿车横向配套费的一半作为基金的来源，用于全国集中安排的零部件项目。对零部件外向型企业给予税收优惠。

冶金、化工、石油、建材、纺织、轻工、机械、电子等行业与轿车工业配套的产品，在数量、品种和质量上都应根据轿车工业的要求同步发展，列入本行业的发展规划和计划。

应该明确引进产品必须国产化，国产化的产品必须达到引进技术的标准。

"发展战略"提出，发展轿车工业一定需要国家出台扶持政策：

1. 投资政策。中国轿车起步已晚，为保证发展速度，必须保持足够的资金。在投资多元化的基础上，国家应采取投资倾斜政策。

2. 关于利用外资和中外合资政策。

3. 关于轿车进口替代和出口创汇的优惠政策。

4. 实行特殊的金融政策。

5. 实行关税保护和优惠关税政策。

6. 关于治理开发和人才培养政策。

"发展战略"提出，1989年到2000年的总体战略目标为：

1. 销售方向上着眼于国内、国外两个市场。2000年以前，应以满足国内需要为主，兼顾出口。国内需求流向主要是公务、商务、旅游、出租等集团需要，少量进入家庭。

2. 生产数量上，1990年以前，除自己生产外，极少量进口部分整车（主要从苏联及东欧国家进口）；1995年以前，除特殊专向用车外，不再进口整车；2000年以前，基本满足国内需要，不再进口，并少量出口整车，大批量出口轿车零部件。

3. 产品发展上，1995年以前，以引进技术、消化吸收和联合开发为主；1995年以后，以引进技术和自主开发并重；2000年以后，以自主开发为主。

4.技术水平上，2000年前后，初步形成具有我国特色的轿车车型体系，质量和成本基本达到20世纪90年代国外同类产品水平，国产化率达到90%左右。

5.资金投放上，要针对我国轿车工业发展最薄弱的环节，给予适度的政策倾斜，逐步完善和确立轿车零部件工业体系和相关工业体系。

这份"发展战略"是中国汽车工业发展史上的重要文献，依据中国汽车工业的现实和中央的发展要求，从实际出发，为中国轿车工业制定了发展蓝图和具体规划。即使以今天的眼光看，这份"发展战略"也仍然具有生命活力。

根据国务院轿车发展的总体安排，1989年，国家计委工业综合二司对轿车项目所需投资做出测算：

"三大"轿车合资项目总规模为42万辆，固定资产投资约80亿元，其中利用外资约30亿元；

一汽15万辆，其中国家投资30亿元；

二汽15万辆，其中国家投资37亿元；

上海12万辆，其中地方自筹12.85亿元。

国务院做出发展轿车工业的决定时已是"七五"末期，建设三个大型轿车厂所需的几十亿投资在"七五"期间已不可能安排，只能在国民经济"八五"规划中进行安排。1990年1月9日，国家计委召开主任办公会议，讨论研究国民经济"八五规划"，发展轿车工业成为会议讨论的重要内容，资金问题是讨论的焦点。此时，中汽总公司也向国家计委提交了《八五期间汽车工业基本建设安排方案》。

根据中国汽车工业发展现状，1989年，中汽总公司成立，蔡诗晴任总经理，负责全国汽车工业发展的组织协调和行业管理。新成立不久的中汽总公司从汽车工业行业自身需要考虑，除了要求一汽、二汽两个轿车厂在"八五"期间同时上马外，还要求重型车、轻型车等项目在"八五"期间动工，要求国家在投资上平行安排。中汽总公司的方案的基本内容如下：

"八五"期间共安排260个项目，投资140亿元资金，其中专项贷款资金84亿元。260个项目中，先上项目57项，投资74.3亿元。其中整车及总成项目29项，投资58亿元；零部件项目28项，投资16.34亿元。

中汽总公司设想，"八五"期间，中国轿车、轻型车、重型车齐头并进，其中仅轿车工业便要形成51.5万辆的生产能力，共建设50个轿车零部件"小型巨人"。中汽总公司希望借助这次中国轿车工业发展，使得中国汽车产业能够借助国家政策得到一次全面的、跨越式的发展。其想法可以理解，但这个方案与国家的经济实力有着明显的差距。

拿到中汽总公司这个规划，国家计委相关司局倒吸一口凉气。140亿的投资规模远远超出了国家计委80亿的测算，即使国家计委将"八五"期间全国机电、纺织、汽车等项目所有的资金都给中汽总公司都不够。他们认为，中汽总公司的《八五期间汽车工业基本建设安排方案》与中央的要求存在很大差异。

在《中共中央关于制定国民经济和社会发展十年规划和"八五"计划的建议》中，对国民经济发展有着明确的要求：

必须坚持国民经济持续、稳定、协调发展……必须坚持社会总需求与总供给的基本平衡，在经济建设和人民生活的安排上认真执行量力而行的原则，稳扎稳打，注意防止和克服急于求成的倾向。合理确定和安排国民经济发展的重大比例关系，保持全国财政、信贷、物资、外汇各自的和相互间的基本平衡。

今后十年，特别是"八五"期间，要立足于现有基础，少搞新建，多搞挖潜，加强技术改造，强化经济管理，为长远的经济发展创造更为良好的条件。

汽车制造工业在整个经济发展中占有重要地位，应当在全国范围内统筹规划、合理布局，促使其健康发展。

可以清楚地看出，中央对"八五"规划的要求是："持续稳定协调发展""坚持社会总需求与总供给的基本平衡，在经济建设和人民生活的安排上认真执行量力而行的原则，稳扎稳打，注意防止和克服急于求成的倾向""立足于现有基础，少搞新建，多搞挖潜，加强技术改造"；对汽车制造业更是要求明确，"在全国范围内统筹规划，合理布局，促使其健康发展"。

虽然国家计委工业综合二司最初为"三大三小"规划了80亿元，但这仅仅是主管司局所做的测算，在国家"八五"规划的"笼子"里，全国各行各业要上的项目太多，大家都往"笼子"里挤。工业二司副司长徐秉金回忆：

当时国家要上的项目太多，初期预算给机电项目的总数不过30亿。这点钱建一个汽车厂都不够，"三大三小"六个项目还有零部件项目怎么办？我们当时的做法是，对中汽总公司过大的方案拼命压。反过头来，在国家的大"笼子"里，又拼命地为汽车项目争取资金。

国家计委与中汽总公司关于"八五"期间中国汽车工业发展的分歧主要集中在两个方面：一是关于整车厂，二是关于零部件企业建设。

关于整车厂，中汽总公司的意见是"三大三小"齐头并进，尤其是正在与德国大众谈判的一汽轿车项目和正在与法国雪铁龙谈判的二汽轿车项目都要同时上。

国家财力有限，整个"八五"期间，国家给机电产业包括汽车在内的投资只有不到30亿元，建一个轿车厂也不够。矛盾的焦点集中在一汽、二汽两个轿车合资企业究竟是同时上，还是一个先上、一个暂缓。手上的钱请一桌客都不够，却有两桌客人要同时入席，怎么办？围绕着这个问题，中汽总公司、国家计委，甚至国务院领导对此都提出了不同看法，李鹏总理召开了两次国务院办公会议都没能协调下来。

为解决难题，国家计委内部长期规划司、投资司、外资司、工业综合二司，会同机电部、中汽总公司、二汽厂领导一起反复商量测算。期间，按照邹家华的指示，徐秉金带领汽车处的陈建国、陈斌等人到二汽驻京办与二汽负责人一笔一笔地算账。经过反复计算与调查，写出了《关于"八五"期间我国轿车工业发展的调整意见》（以下简称"意见"），摘要如下：

一汽1988年通过技贸结合引进德国大众公司奥迪100轿车技术，生产纲领年产3万辆中高级轿车，1989年已组装4000辆，国产化水平6.7%。在此基础上，再扩大生产未来型高尔夫普及型轿车。

二汽于1989年经国家批准同法国雪铁龙公司合资生产普及型小轿车，生产纲领15万辆。由于法国政府贷款未落实，至今尚未启动。

上海于1984年经国家批准同德国大众公司合资生产桑塔纳小轿车，生产纲领为年产3万辆、发动机10万台、经国家批准的散件组装轿车8.9万辆，到目前已生产5.2万辆，国产化水平达到28%。

北京于1984年和美国克莱斯勒公司合资生产切诺基吉普车，生产纲领年产2万辆、发动机3万台，1989年组装6000辆，国产化水平达到30%。

广州于1985年经国家批准同法国标致汽车公司合资生产标致504及其变形505，生产纲领为年产1.5万辆、发动机3万台，1989年生产3700辆，国产化水平达到24%。

天津汽车公司1989年经国家批准从日本丰田汽车公司所属的大发公司引进技术生产夏利微型轿车。生产纲领为年产3万辆、发动机4万台，1989年生产4600辆，国产化水平达到40%。

除了这"三大三小"外，上海每年还可生产上海牌轿车7000辆。综上所述，每年可向国内市场提供轿车资源4.33万台。这与国内最低需求标准（10万辆）还有相当大的差距。

目前，国内轿车市场供需矛盾日益突出，前期进口的20多万辆轿车的更新期相继到来，进口压力越来越大，由于轿车的价格居高不下，在超高利润的刺激下，不少地方都想利用"时间差"酝酿上轿车项目，有蜂拥而上之势。如不加以控制，有可能冲击国家定点轿车厂的建设和生产。

"意见"最后提出：

为了抑制盲目发展趋势，根据当前我国国民经济治理整顿的要求，对原来的轿车发展方针进行适当的调整是必要的……根据我国轿车发展的实际需要，"八五"期间共需投资86.65亿元。这个方案比中汽联提出的"八五"期间发展轿车需要176亿元投资、51.5万辆总规模方案压缩了50%。在86.65亿元的总投资中，基本建设36.7亿元，其中利用外资14.62亿元；技术改造49.95亿元，其中利用外资0.88亿元。鉴于轿车发展的关键在于零部件，所以在总投资中，用于零部件的投资为45亿元，这在我国汽车工业发展史上是前所未有的。

我们认为，对已确定的"三大三小"轿车项目要区别情况、量力而行，不能齐头并进。"三大三小"中要优先考虑"三大"的发展，"三大"中又要确保一汽、二汽。一汽、二汽要根据它们的现有条件进行综合分析、比较，确定先后，错开投资高峰，在"八五"期间，集中财力建成一个。根据国家的财力和一汽、二汽的现有条件，一汽先起步，"八五"内建成；二汽在"八五"期间做好前期准备，"八五"末期再考虑开工，"九五"期间建成。

这份"意见"具有明显的针对性，分析有理，具有很强的说服力，对解决问题起到了极大的作用，受到邹家华的高度重视。邹家华批示：

一汽、二汽合资要错开投资高峰，两个汽车厂的建设都要上，但要分步实施，确保重点。

国家计委最终决定：根据国家的财力和一汽、二汽的现有条件，"八五"期间，一汽项目先起步，1991年开工、1994年建成；二汽项目"八五"期间做好前期准备，1994年开工，"九五"期间建成；"首先确保一汽三万辆先导工程"。国家计委将这一方案上报国务院。

1990年2月，国务院正式批准一汽15万辆轿车合资项目的可行性报告。1991年4月，全国人大七届四次会议通过国家计委起草的国民经济发展"八五计划"纲要，纲要中明确提出：

汽车制造工业在整个经济发展中占有重要地位，应当在全国范围内统筹规划、合理布局，促使其健康发展。

邹家华大力发展中国轿车工业，"八五"期间关于汽车工业"重点建设一汽、二汽、上海的轿车合资项目"的设想终于得以实施。

零部件工业尤其是轿车零部件工业的发展是"八五"规划中另一重大难题。

汽车生产主要指轿车和货车。货车的技术要求相对较低，而轿车的舒适性、安全性较之货车要高得多，因此，国际汽车行业有一种共识，货车生产是小学水平，轿车生产属于大学水平。

在欧美老牌汽车国家的发展历程中，汽车首先是坐人，然后才是拉货。中国的国情与这些国家的不同，国家经济落后，工业基础差，百姓生活贫穷；国家没有汽车生产能力，汽车全靠进口。新中国成立后，为解决国民经济建设对生产运输工具的需要，在苏联的帮助下，我国建立起了自己的汽车工业，但只能生产单一的货车。以后，随着需要开始逐步发展轿车，但中国的轿车工业是在货车工业的基础上起步的。本来就散乱差的货车零部件企业面对技术要求完全不同的轿车零部件，显示出了极大的不适应。当刚刚开始合资的轿车企业拿出零部件要求在国内组织生产时，全国竟然没有几家企业能够生产出符合技术与精度标准的产品来，有的即使试制出来了，但以现有的加工设备、技术水平和生产能力，也无法实现批量生产。上海桑塔纳零部件国产化的艰难和缓慢，彻底暴露了中国汽车零部件企业的真实水平。要发展中国轿车工业，就一定要解决零部件企业发展问题。

在制定汽车产业"八五"规划的同时，邹家华还指示工业综合二司副司长徐秉金，同步安排汽车零部件产业"八五"规划。国家计委在编制"八五"规划时，需要和相关部门协商。为此，国家计委工业经济二司、长期司、投资司共同与中汽总公司就"八五"期间全国汽车零部件企业技改方案进行了深入的协商。1990年8月15日，工业综合二司机电一处戴钦吉、李凝就协商情况写出报告：

从中汽总公司"八五"技改方案来看，与国家"八五"规划总思路及重点项目的安排原则脱节，有些项目改造内容不清、改造目的不明。

零部件是"八五"汽车工业规划的重点，中汽总公司的方案重点安排70种关键品种，以及170个既能国产化配套，又能出口创汇的项目，形成50家"小型巨人"。但在具体安排项目中，安排了28个限上项目，其中国内配套25个、出口项目3个，而限上项目的总投资仅占"八五"拟安排投资的22%；同时，限上项目安排的原则标准说不清。有78%的投资共142个项目作为限下项目投资，这样必然造成限下项目投资分散，与国务院领导再三强调的零部件企业要"高起点、大批量、专业化"及安排项目一定要考虑经济规模和面向两个市场的原则不符。

我们的意见是，"八五"技术改造规划应按照"控制总量，调整结构，提高效益，整顿秩序"的方针，针对汽车工业存在的问题和国家财力有限的实际情况，提出明确的安排原则。整车项目，应以提高产品质量、扶优治散为原则，重点支持有出口能力、替代进口、节能节汇及引进新机型的消化、吸收工作。

零部件项目应在"七五"引进56项技术的基础上，择优选择一批产品具有20世纪80年代或90年代国际水平、覆盖面广、有一定的经济规模、产品有一定的外销比例、企业具有自我开发能力的项目，确保"八五"期间建成。资金要多渠道，集中支用，限上项目应占总投资60%~70%左右，要避免"遍地开花不结果"的现象发生。

建议中汽总公司按照家华同志和有关领导对零部件规划发展的指示精神，认真编制好"八五"技改规划。

几天后，邹家华在这份报告上做了重要批示：

我赞成狠抓一下零部件批量生产的技术改造。现在原则都有了，要研究具体意见。

1. 有多少资金？包括银行贷款、企业自筹。

2. 确定哪几个零部件？

3. 按这些零部件确定一些工厂。

4. 这些工厂的技术改造内容有哪些？要达到什么目标？

5. 这些零部件都和谁配套？

6. 最后要以质量和价格的竞争力取胜。

7. 当然，能干多少要看经费的可能。

8. 总之要集中力量办成几件事。

9. 其他就靠企业自筹自己解决了。

做完这些批示，邹家华意犹未尽，又在报告上补充了几句：

举个例子说，如轿车上所需要的反光镜、雨刷子、门锁。

邹家华长期在基层从事生产管理工作，对企业的想法和生产中的实际情况了如指掌。他的批示具有极强的针对性和指导性，尤其是后来举例说的三个产品。反光镜、雨刷子和门锁的技术含量不高、生产简单，根据中国零部件企业的现状，完全可以作为"高起点、大批量、专业化"的起点。邹家华以后也多次对汽车企业说，一辆车上有两个前门和后备厢共3把门锁，50万辆轿车需要多少？再加上零部件市场储备，这是多大的量？科技含量高的产品我们暂时不能生产，我们应该从这些简单产品入手，逐步向科技含量高的零部件发展，就能取得成果。

根据邹家华的指示，徐秉金代表国家计委与中汽总公司再次就"八五"期间汽车工业零部件发展规划进行了协商。虽然双方反复商讨，但未能取得一致意见。1990年8月17日，中汽总公司仍按照自己的意见向国家计委报送了《汽车零部件行业"八五"计划说明》（中汽规字1990年438号）。

8月25日，这份文件送到邹家华的案头。在这份文件上，邹家华仅做了简短且意味深长的批示：

请工业二司研究。

经过一段时间的认真分析对比后，1991年1月30日，徐秉金给分管领导国家计委副主任郝建秀写了书面研究报告。

建秀同志：

遵照家华同志和您的批示，从去年8月份起我们就同中汽总公司就"八五"期间汽车零部件规划问题进行了反复协商和研究。中汽总公司很重视，并提出了汽车零部件"八五"规划草案。该方案共有400项，总投资为102亿元，其中需要贷款78亿元。我们认为该方案过大，与蔡诗晴同志向家华同志汇报时提出搞几十个小型巨人的想法有较大出入。为此，我们又与中汽总公司交换意见，但中汽总公司仍坚持他们的原方案，这样就很难落实家华同志的"狠抓一下零部件批量生产，集中力量办成几件大事"的指示。为把工作落到实处，我们对中汽总公司方案逐个进行了分析，发现中汽方案的一个主要问题是项目十分分散，没有按照择优布点的原则进行安排，也没有按照每个零部件的需求量和资金承担能力来考虑重点发展的零部件项目。如照此安排，很可能造成大家一起上，最后谁也上不去；即使上去了，也会由于拖了很长的时间，又变成落后了的局面，还得再次引进。举例如下：

散热器安排11个厂点，新增能力230万只/年，约为年需要量的2.4倍；

车桥安排9个厂点，新增能力675万根/年，约为年需要量的3.8倍；

减振器安排10个厂点，新增能力1370万只/年，约为年需要量的5倍；

活塞安排13个厂点，新增能力2175万只/年，约为年需要量的5.5倍；

活塞环安排11个厂点，新增能力20100万片/年，约为年需要量的17倍；

起动机安排16个厂点，新增能力312万台/年，约为年需要量的3.5倍；

发电机安排12个厂点，新增能力227万台/年，约为年需要量的2.6倍。

在我委研究"八五"汽车发展规划中，1995年当年汽车产量初步定为90万辆，其中轿车25万辆，按此规划并考虑留有充分余地。中汽总公司安排的零部件的项目新增能力也大大超过需求，我们认为这样的重复和浪费不能再继续下去了。

为了贯彻家华同志关于零部件项目规划安排的 9 点具体指示，我们认为每个零部件品种只能确定 2~3 个厂点，并要考虑零部件本身对车型需要的覆盖面，还要充分利用现有企业能力和竣工企业的优势来统筹考虑编制"八五"计划。目前，先确定 40~50 个零部件项目，作为第一批零部件技改专项启动，并从中再选择几个重中之重的项目，在"八五"前 3 年重点抓，抓出成效来。

郝建秀批示：

拟同意二司的意见。不要将摊子铺得太大，国家又没有投资，反而搞不成。还是突出重点，少而精比较好。

邹家华批示：

总的精神是对的，每一种零部件的点不能铺得太大，而且要尽可能利用现有的能力，最好能在现有的厂点中选择班子好、质量好、技术好、基础好的厂点，重点予以支持和扶植。当然，实在选不出来也不排除新安排。不要有饭大家吃，结果一个也上不去。此件请光远、诗晴同志阅。

事情过去 20 多年了，徐秉金回忆此事时仍然情绪激动：

当时，国家经济那样困难仍然下决心要克服困难上轿车。我们应该体谅国家的困难，制定出实事求是、符合实际情况的规划。中汽总公司的方案就是"钓鱼"，先把盘子做大，然后再来慢慢向国家要钱。这种不顾国家财政现状的"钓鱼"工程造成多少"胡子工程"，浪费了国家大量的钱财，最后很多投资都打了水漂，吃亏的是国家。

1991 年 4 月，国民经济发展"八五"计划在全国人大七届四次会议上通过；6 月，国家计委和中汽总公司联合在广东东莞召开轿车零部件工业座谈会，这是国家计委第一次为轿车零部件发展专门召开的会议。国家计委相关司局、中汽总公司、国家海关总署、国家税务局、中国工商银行总行、中国建设银行总行、中国国际工程咨询公司、国家机电轻纺投资公司，"三大三小"六个轿车厂和部分零部件企业，以及各省市的分管领导和行业主管部门都出席了会议。会议的目的是统一思想、统一认识、统一行动，是轿车零部件工业在"八五"期间有一个显著的进步。

会议开得十分热闹，虽然大家各抒己见，也有为了利益问题而争吵，但都认识到：轿车零部件是轿车工业的基础，现在这项工作已经抓晚了，如果再不加快轿车零部件工业的发展，就势必会打乱国家对轿车工业的整体战略部署，甚至还会影响到 20 世纪末实现我国汽车工业的发展和规划目标。要实现这一目标，落实"八五"轿车零部件规划必须要实现三个转移：

1. 要从发展一般汽车零部件转移到以发展轿车零部件这个中心上来；

2. 国产化工作要从试点、试制、小批量供货转移到按主机配套要求、形成一定批量、稳定质量、降低成本、严格供货期的重点上来；

3. 从一般的依靠技术进步，转移到更有针对性、攻克轿车零部件技术难关和发展高技术领域方面来。

鉴于国内现有的轿车零部件企业规模小、基础差、技术水平低；产品品种少、批量小、专业化水平低、没有技术开发能力；技术改造资金极度缺乏，存在着严重的结构性缺陷，不完全适应"三个转移"的要求。要解决这些问题，必须从改善产业结构和提高企业素质着手。

1991 年 7 月 27 日，国家计委工业二司副司长徐秉金与中汽总公司副总经理吕福源两人联名向国家计委副主任郝建秀和主任邹家华写出汇报材料，提出落实"八五"汽车零部件发展的意见：

"八五"期间轿车零部件工业发展的指导思想是：

1. 紧紧围绕"三大三小"，重点是"三大"，兼顾其他；

2. 布点、选点要充分利用现有基础，每种重点关键零部件扶持1~2个点，在规划工作上，将宏观控制和引入竞争机制结合起来；

3. 集中力量建设几个具有大批量、高起点、专业化、质量优和一定产品开发能力的骨干企业；

4. 国家、行业以及各地要采取倾斜政策，给规划内轿车零部件企业予以扶持；

5. 通过轿车零部件工业的建设，进一步改善整个汽车零部件工业的产业结构和企业素质。

针对轿车零部件企业散、乱、差的现状，徐秉金和吕福源在汇报材料中提出，实施"八五"汽车零部件规划，一定要做到统一规划、择优布点、分步实施、重点扶持。

不论是中央还是地方，都要将建设项目和建设资金统一纳入国家的规划，在统一规划的基础上，集中力量建成几个大的零部件项目，并以这些企业为龙头，逐步形成若干个生产专业产品的企业集团。如办一个模具生产联合体，把国内已经具有一定能力的几家汽车模具工厂联合起来，组成全行业的模具生产联合体；同时成立模具设计开发中心，将技术、开发、信息、CAD技术集中在该中心。通过这样的组织，可使我国汽车模具的设计制造水平大大提高一步，几年后就可不再购买外国模具，再过几年就可以独立进行车身设计和开发，还可以出口模具。再譬如，是否可以在现有汽车集团、军工企业、地方骨干企业中，挑一些条件比较好的零部件企业进行重点培养，发展成为行业服务的骨干零部件厂，比如一汽水箱厂、车轮厂等。

这一设想突出了集中力量办大事的体制优势，如果得以实行，中国轿车零部件的几大核心总成，如发动机、变速器、车架、车身、汽车电子、汽车模具等需要大规模投资的项目就很可能会取得突破性进展，也许中国今天的轿车发展会是另外一种格局。遗憾的是，由于多种原因，他们的这一美好设想并未得以实施。

邹家华在他们的报告上批示：

我赞成这个规划，总的原则是三条：厂点少、品种多、批量大。主机厂自制比例应是30%~50%，其余都要搞协作配套。我们的办法就是要重点扶持，每个产品扶持两三个厂。

国内汽车状况不容乐观，国际汽车发展情况如何呢？有比较才有鉴别，1990年6月27日—7月14日，徐秉金等人率团考察了世界汽车工业的代表企业——美国通用和日本丰田。面对世界顶级汽车企业令人眼花缭乱的汽车新技术和新产品，中外汽车工业的差距令代表团在震惊之余也陷入深深的思考。回国后，代表团写出了考察报告。摘要如下：

我们在美国通用汽车公司重点考察了技术发展研究中心，S10及S15轻卡生产厂、底特律试车场、西格诺铸造厂、凡嘎特前桥传动轴全自动生产厂、别克奥斯墨比凯迪拉克集团冲压厂，以及凯迪拉克分部"里阿太"高级跑车生产厂等企业。在日本丰田汽车公司重点考察了发动机厂、冲压厂、总装厂、技术培训中心、车身厂、电装公司（零部件企业）、丰田博物馆等。通过参观考察，汽车工业的专业化大生产、新技术、新工艺、新材料的应用、研究与发展，生产企业的现代化管理都给我们留下了深刻印象。

1. 汽车工业必须走专业化、大生产之路

……专业化大生产是美、日汽车工业发展的基础，可以说，没有专业化大生产就没有汽车工业，尤其是零部件工业。

通用公司别克奥斯墨比凯迪拉克集团冲压厂有23条冲压线、17条自动线、46条焊接线，这些装备绝大部分为20世纪六七十年代的老设备，通用公司并没有淘汰这些过时的设备，而是增加了由计算机控制的自控设备，使其生产能力大大提高。一个冲压厂向31家企业提供冲压件，年耗钢材21.6万吨。丰田的冲压厂也是一样，宽大的厂房里，67台从300吨到2400吨的冲床分别组成19条生产线，负责提供整个丰田所需的冲压件，年消耗钢材17万吨。通用公司的西格诺铸造厂的专业化程度更高，该厂要为6个不同的发动机工厂提供铸件，平均每天生产6个品种的缸体和5个品种的缸盖，共1万件缸体和1万件缸盖。

2. 高技术领域是汽车工业竞争的焦点

高科技的运用使得汽车工业在技术上始终处于其他行业的先导地位。美国通用和日本丰田为了保证汽车的高速、安全、可靠、舒适、美观、节能、豪华、排放净化，不惜斥巨资研究新技术、新工艺、新材料。通用公司每年投入30多亿美元用于物理、化学、数学、生物、电子、电气、计算机、热能、工程学、工程服务、工程机械、环境保护等方面的研究，内容极为广泛。既有基础理论，又有产品开发，很多先进和尖端的技术，如超导、智能化、激光、大规模集成电路和计算机技术都已经在汽车生产和产品上采用了。日本丰田公司也投入巨资用于高新技术的运用。丰田推出了一款大规模应用高新技术的高级轿车"塞尔希尔（Celsior）"用于与德国奔驰公司的奔驰轿车相抗衡，这款产品使得奔驰公司极为震惊。为使产品更具竞争性，丰田公司采用最新的工程经济技术，使汽车总成和零部件均能达到统一的龄期，仅此一项，就能大量节省原材料、降低生产成本，大大提高产品的经济性和竞争力。

3. 汽车工业已经进入电子化时代

以大规模集成电路和计算机为代表的微电子技术已广泛用于汽车生产和汽车产品上。通用与丰田从产品的研究开发、模具设计、生产过程控制、质量控制、性能检测、各种安全可靠性试验，直至销售订货和市场信息反馈，全都广泛地采用电子技术。生产过程中，大量使用数控机床、机械手、机器人、柔性加工线、加工中心，在汽车产品上广泛采用电子点火、电子起动、电子仪表、发动机电子喷射供油、电子悬架控制、制动自动控制、车速控制、"无钥匙锁合系统"、具有记忆的调教装置、综合安全系统、道路识别系统，以及各种维修诊断技术。可以看出，未来汽车的竞争将主要是高技术领域中电子技术的应用。

4. 完善的产后服务体系是争夺市场的重要因素

……

5. 技术发展各具特点

除了雄厚的实力和先进的管理外，通用与丰田在技术发展上还各具特色。

美国通用公司技术中心有将近50%的课题是属于长期产品设计和基础理论研究，这种着眼长远的做法使得通用有着雄厚的技术储备，其产品始终居于全球领先地位。而丰田公司对生产管理和技术应用更为重视。丰田公司在生产阶段普遍采用其独有的"看板生产"，即利用计算机网络管理整个生产过程，动态显示车间具体的生产情况，随时处理生产中发生的问题，此举大大提高了劳动效率和产品质量，使得丰田的产品成本普遍低于国外同类产品，因而更具竞争力。

6. 我国汽车工业与发达国家差距继续拉大

由于高技术和先进管理理念的发展和运用，世界汽车工业发展呈现加速态势。先进的计算机辅助设计和计算机模拟实验使新车型的研制周期大大缩短，以往需要七八年时间才能推出一款新车，现在只要两三年，甚至更短的时间就能推出一款新车。零部件的技术进步也是日新月异，如丰田公司的发动机，在材料和加工技术不断改进的情况下，重量减轻了48公斤，而动力增加了25马力。电装公司的汽车发电机在输出功率不变的情况下，重量减轻了1公斤。对比我国的汽车工业，尤其是轿车和零部件工业，企业结构上各自为政、生产管理落后、技术陈旧、小作坊式的生产方式。我国的汽车工业与发达国家汽车工业的差距越拉越大。要改变这种不利局面，只有在"八五"期间树立明确的战略目标和发展方针，只有观点突破，才有可能使这个差距不再继续拉大。

……

要想彻底扭转中国汽车工业落后的局面，使汽车工业走上健康发展的道路，逐步缩小与国际汽车工业的差距并争取逐渐赶上，必须提高认识、改变观念，对现有的汽车工业布局做出强有力的调整，使生产厂点相对集中，加强规划、统筹安排、强化管理、集中投资、确保重点，这样才能有所作为。

几点建议：

1. 强化计划管理和指导。汽车工业是高技术密度、高投入、高度专业化、大生产的工业。我国工业基础较弱、资金不足，要发展现代汽车工业需要强化计划管理和指导，通过中长期发展规划、固定资产投资、技术引进、提高管理水平，并引入必要的竞争机制……要采取强有力的手段，排除各种阻力，解决生产厂点严重分散的不利局面。对整车、关键总成和关键零部件必须强调集中计划管理。

2. 增加投资，加快结构调整。"八五"和今后10年是我国汽车工业发展的转折点，尤其是轿车和零部件工业的发展。如果国家能适当增加投资强度，确保重点工程进度，支持相关工业的发展，汽车工业内部就要坚定不移地在结构调整上狠下力气，做出成效，还要组织和引导铸造、锻造和冲压等行业走专业化生产的路子。

3. 积极走合资的道路。根据我国汽车工业的现状，应该创造条件，积极走合资的路子，技术和资金密集的小轿车更是如此。走合资的道路一方面可以解决资金不足的问题，另一方面可以跨越若干技术发展阶段……引进新技术和先进的企业管理经验，加快人才的培养，缩短与发达国家的差距。

4. 加快汽车工业人才的培养。要彻底改变我国汽车工业管理素质低的状况，使我国汽车工业走上良性发展的道路，关键之一是人才。今后10年，要有目的、大规模地培养自己的汽车工业人才，建立起我国汽车工业系统的研究、开发、试验力量。

5. 建立严格的引进技术审查制度。为确保引进技术的系统性和成套性，避免引进技术的随意性，必须建立严格的引进技术审查制度。建议组织一个专家委员会，从是否符合我国汽车工业发展战略和总体部署的角度，对引进的车型、总成和关键零部件技术的先进性、适用性、系统性、继承性、消化吸收的可能性进行科学严格的评审，以帮助国家主管部门进行科学决策。

6. 筹建对外合作组织。

7. 加强汽车行业管理。目前，中汽总公司既是一个经济实体，管理一部分企业，又肩负着行业管理职能，任务繁重。为加强行业管理，切实做好汽车工业的统筹规划、计划和政策的研究，建议在机电工业部增设分管汽车行业管理的机构，会同中汽总公司一起加强这方面的工作。

8. 据我国实际，编制切实可行的汽车及零部件产品发展的5年规划和10年规划。

邹家华在这份报告上批示：

请光远、诗晴同志阅，专业化、大批量、全国统一规划、狠抓零部件都是对的，急需落实。报告中所列的国内外的情况有道理，要和国内的实际情况结合起来落实。

国内国际轿车工业发展情况的比较说明，中国与世界轿车发展水平的差距正在进一步扩大，如不迅速从政策层面采取果断措施，中国轿车发展将面临政策不明、资金缺乏、技术落后、市场混乱、管理无章的极为不利的局面。从以后发展的实际情况看，由于复杂的国内、国际政治和经济环境，即使国家早在1985年就做出决定"将汽车工业作为国民经济支柱产业"，但一直到1993年，国家对于轿车工业也还没有明确的政策导向，对于轿车能否进入家庭也没有做出政策决断，导致轿车工业发展不时出现左右摇摆，很多与汽车产业发展相关的政策也不明朗。直到1994年，国家《汽车产业政策》出台，中国汽车工业才首次有了明确的政策依据和发展方向。

"博弈"

进口渠道被限制与走私渠道被取缔，国内需求又持续升温，为巨额利润所推动，很多人又打起了自己生产轿车的主意。

轿车在需要者的眼里，是速度与身份的象征；在投资者眼里，是获取利润的"印钞机"；在制造者眼里，是移动的"技术堡垒"；但在有些人眼里，它不过是四个轮子上加上一对沙发——简单。既然如此，为何不自己动手造呢？

1985年开始执行的国民经济"七五计划"将汽车工业列为国民经济发展支柱产业。为了加快本地经济发展、增加地方财政收入、安排劳动力就业，一些地方政府和部门不顾中央三令五申和自身能力，一哄而起，纷纷将轿车发展列为本地的"支柱产业"，自行与外商谈判合资，或引进技术，或自行进口散件组装，到处都在圈地建开发区、汽车厂。一时间，全国汽车制造厂的数量如同发酵的面团般迅速膨胀，短时间内达到百余家，除了西藏外，各省市自治区都有自己的汽车制造厂，有的省的每个市，甚至包括县都有自己的汽车制造厂。仅按数量而言，中国汽车制造厂的数量位居世界第一。除了一汽、二汽、上汽、重汽等国家投入巨资建设的汽车厂外，其余百余家汽车制造厂产量多的年产上千辆，少的几十辆、十几辆，甚至几辆。这些所谓的汽车制造厂，既无技术，又无资金，几个人弄来点零件敲敲打打、拼拼凑凑就自称是造汽车。中国汽车工业出现了汽车制造厂数量最多、汽车产量世界最少的"世纪笑话"。汽车工业高起点、大批量、专业化的发展战略和国家外汇收支平衡受到严重影响。

面对各地追逐轿车项目的"热情"高涨，就如同是对待一群不听话的孩子，中央又是"吓唬"，又是"打屁股"。1985年10月15日，国务院下发了《关于加强汽车进口管理的通知》，一个多月后，又批转下发国家计划委员会、国家经济委员会、机械工业部、中国汽车工业公司《关于加强宏观管理促进汽车工业健康发展的报告》。但在各地方政府的眼里，中央的"通知""报告"讲的是大道理，而轿车项目给地方带来的却是实实在在的利益。在地方利益的推动下，一些地区和部门我行我素。眼看各地造汽车的热情一浪高过一浪，1987年10月31日，国务院再次发出国发（1987）97号文件《国务院关于进一步严格控制轿车进口的通知》，通知规定：

1. 除执行政府间已签订的长期贸易协定和国家批准的技术贸易合同外，所有机关、团体、学校、部队、事业和企业单位一律禁止进口轿车（含吉普车、30座以下的旅行车和工具车，下同）及其散件。对于违反者，进口的车辆及散件一律没收，并追究当事人和负责人的责任。对30座以上的大客车，也要从严控制进口。

2.国家批准的长期贸易协定和技术贸易合同需要进口的轿车（包括散件），不论外汇来源，不分进口渠道和方式，继续由国家经委每年组织制定集中报批方案，控制指标，限量进口，报国务院批准后下达执行。在执行过程中，各地方、各部门要严格审批手续，按照现行汽车进口许可证管理制度办理……

3.除国务院已经批准的外，在全国范围内不再安排新的轿车生产点。未经批准的地区、部门和企业不得再同外商洽谈引进轿车整车设计制造技术和装配线，或者建立这类中外合资、合作企业。

……

这份文件口气严厉、措辞强硬，但很多地方政府和部门仍然将此当作"狼来了"的故事，并未严格遵守执行，仍然在无序地安排轿车生产点，自行进口散件组装轿车，导致进口轿车散件混乱、走私猖獗，国家外汇流失严重。

据国家计委初步统计，违背中央精神，自行上马的轿车项目有：

柳州微型汽车厂1988年6月与法国雪铁龙公司签约，引进VISA车身生产线、模具和夹具，合同总金额1248万美元，拟形成1万辆微型轿车生产能力。

重庆长安兵工厂拟以技贸结合方式引进日本铃木汽车公司的ALTO微型轿车，计划投资人民币7亿元，形成10万辆生产能力，已与日方签订意向性协议。

贵州011基地拟购买日本富士重工"康贝"微型轿车模具和设备，计划投资3.9亿元人民币，形成3万辆生产能力，已与日方签订意向性协议。

江西景德镇372厂拟引进日本铃木汽车公司"卡鲁塔斯"轿车的二手模具和设备生产微型轿车，已开始与日方接触。

哈尔滨拟引进波兰126P微型轿车二手模具和设备，已与波兰接触。

山东省拟与韩国合作，在烟台生产微型轿车。

未经国家计委批准，已经开始自行研制微型轿车的有：

陕西843厂开始研制排量0.65升SX720型微型轿车，产品已通过兵器工业部鉴定，列入中汽联产品目录。

湘潭282厂开始研制排量0.497升HN710型微型轿车，产品已通过兵器工业部鉴定，列入中汽联产品目录。

重庆383厂开始研制排量0.65升HN710型微型轿车，已试制出产品。

柳州机械厂利用自产的微型发动机，试制了排量0.65升的微型轿车，产品已通过地方鉴定。

福建省拟与中国台湾、意大利合资建设30万辆轿车厂。

很多省都眼睁睁地盯着，想看看中央如何处理这些违规项目，如果中央放过这些项目，那就意味着给他们也开了绿灯。一位汽车业内资深人士称，当时各地争上轿车的形势是："三条大狗、三只小狗、一群野狗都在争抢中央手里的肉。"

国家计委一位领导忧心忡忡地说："置中央的三令五申于不顾，置国家大局于脑后，为了地方和部门利益，轿车大战的趋势已现端倪。这种状况如不及时改变，我国轿车工业的发展将重蹈家电业发展的覆辙。"

广西中北部有一条秀美的江水被称为柳江，柳江两岸物阜人丰。早在汉武帝元鼎六年（公元前 111 年），这里就开始建设城池，取名潭中；唐太宗贞观八年（公元 634 年）改称柳州，唐玄宗天宝元年（公元 742 年）在此设龙城郡，故柳州又名龙城。虽然历史文化悠久，但和全国各中等城市一样，柳州的工业水平也仅限于一点敲敲打打的手工业，有几十台机床的柳州汽车修理厂就算是当地的骨干企业了。和全国很多地方一样，柳州人也希望能改变自身贫穷落后的面貌，早在 1969 年，就靠手工拼装出了"柳江"牌汽车。虽然"柳江"牌汽车并没有给当地带来工业腾飞，但却给了他们一种信心：只要努力，就可以达成目的。

在全国各地纷纷抢着上轿车项目的时候，柳州也不甘人后。柳州以微型汽车厂为基础，与法国雪铁龙公司谈判，投资 2 亿元，引进雪铁龙公司淘汰的排量 1 升的 VISA 车技术，购置全套车身模具和部分工装设备，建设规模为年产 5 万辆的轿车厂。同时，柳州机械厂也在组织进口日本散件生产夏利小轿车，生产规模为年产 5000 辆。

VISA 车是法国雪铁龙公司已经淘汰的产品，该公司在与一汽、二汽洽谈合作项目的时候，打算将这一款车型的全套模具与工装设备作为"添头"无偿送给中方。1988 年上半年，柳州组团访问雪铁龙公司，表达了引进该车型的意图。法方表示，中国政府对于与外方合作发展轿车项目有相关文件控制，法方受此政策制约。柳州方向法方表示，柳州微型车厂已经同香港公司合资，合资公司可以不受国内主管部门的约束，要求雪铁龙公司有偿转让 VISA 车的技术、模具和工装设备。原本打算无偿送出的东西现在有人上门求购，雪铁龙公司何乐而不为？于是，双方未经中国主管部门审批，便签署了引进 VISA 车型全套软件技术、全套车身模具和焊装夹具、1000 辆份散件的合同，总价值 2000 万美元。法国雪铁龙公司"一个姑娘许两家"，原本送人的东西换回 2000 万花花绿绿的美元，自然乐不可支。柳州方面签署合同后，立即组织人员赴法国拆除 VISA 车的工装设备，有的已经装船起运，一锅生米即将做成熟饭。

柳州违反国家规定，擅自与国外签订协议引进轿车生产技术与设备的事情反映到中央后引起了邹家华的高度关注。国家三令五申之下还是有人顶风作案，此风不刹，何以正人？邹家华指示，国家计委、中汽联组织调查组对此事进行认真调查。由中国国际工程咨询公司机电项目总工程师汪文江与王传太执笔的调查报告认为：

对各地违反中央规定、自行其是的做法，中央应该有个明确的态度，决不能听之任之。为了不致造成浪费和维护国务院的决定，我们建议：（一）对广西柳州市的这一做法应在一定范围内予以通报处理，否则国务院和决策部门的有关指令将失去其严肃性。（二）根据"治理整顿"的精神，对广西柳州微型汽车厂和柳州机械厂两个项目，从实际出发，由国家计委委托中汽联牵头，提出实事求是的处理意见，及时予以处置。（三）鉴于 VISA 车是雪铁龙公司已生产多年且即将淘汰的产品，与该公司现生产的 AX、BX 系列和即推出的 N2 系列车（二汽与雪铁龙合资生产的车型）在发动机、变速器等一些部件上有通用性，而且广西柳州已经花费外汇引进了VISA 车的技术和旧工装模具，今后广西柳州要自行发展轿车工业又不容易，建议在适当的时候可促使广西柳州微型汽车厂并入二汽集团，其轿车产品的生产由二汽统筹安排。

邹家华雷厉风行，立即批示：

先请计委通知广西，立即停止轿车生产的组织。

按照邹家华的果断处置，国家计委釜底抽薪，刹住了柳汽发展轿车的企图，柳汽转而进入东风汽车集团联营公司，开始一心一意地发展微型面包车，到了 20 世纪 90 年代，柳州微型车已经遍布全国城乡。

虽然打了柳州的屁股，但杀一只鸡并未吓住一群乱跳的猴。轿车发展乱象是由无序的需求引起的，只要需求问题未解决，"跃跃欲试"者便大有人在。

国家旅游局是轿车使用大户，每年都要求进口轿车。1988年7月29日，国家旅游局给国务院打报告，要求大批量进口小轿车和大中型客车：

大中型客车："七五"后三年，也就是1988年、1989年和1990三年，需要3500辆，其中自制试用500辆，进口整车3000辆，今年（1988年）要求进口整车1000辆。

小轿车："七五"后三年需要4000辆，其中进口散件组装2000辆，进口整车2000辆。

国家旅游局的报告被送到了邹家华的办公桌上。4000辆轿车是一个不小的数量，更何况，国家正在坚决堵住进口轿车的歪风。邹家华立即给国家经委副主任房维忠、物资部长柳随年、国务院副秘书长王书明写信，旗帜鲜明地提出：

根据国家坚决控制集团购买力的要求，以及我国汽车工业的实际情况，为了支持旅游事业，我认为，我国完全可以集中一批国内制造的小轿车和大型客车，优先满足国家旅游局、亚运会以及出租车的需要，坚决不进口小轿车，限制进口大中型轿车，这样也能从资源的控制上支持国家关于控制集团购买力决定的执行，同时也使我国汽车工业能够正常地发展。

……所需4000辆小轿车完全从国内解决，一辆也不进口。

国家旅游局的进口要求被坚决拒绝了。但要进口轿车的何止国家旅游局？广州市政府打来报告，因为承办第六届全国运动会，所以要求进口轿车2000辆；北京市政府打来报告，因为申办第十一届亚运会，所以计划进口乘用车8000辆；政府国宾车队打来报告，现役车辆老旧，要求更换使用年限超过3年以上的全部奔驰轿车。还有那些如雨后春笋般冒出的无数的宾馆、度假村、会议中心、中外合资企业，都纷纷申请进口轿车。

按下葫芦浮起瓢，强劲的市场需求推动一些地方仍在以各种名目上"轿车项目"。面对这些越来越不听话的"孩子"，1988年12月14日，国务院又一次发出《关于制止擅自安排轿车生产点的通知》：

1987年10月31日，国务院发出了《国务院关于进一步严格控制轿车进口的通知》（国发（1987）97号文件），通知中明确规定，除已经国务院批准的以外，在全国范围内不再安排新的轿车生产点。但近来，有的地方和部门仍擅自同外商洽谈引进轿车的制造技术和装配生产线；有的假借微型汽车、轻型汽车和旅行车的名义发展轿车，有的盲目发展某几种轿车零部件，有的以各种方式进口轿车零部件拼装轿车。为了防止轿车工业一哄而起，盲目发展，造成大的损失，以促进我国轿车工业的健康发展，现通知如下：

一、未经国务院批准，各地区、各部门和企业不得擅自安排轿车生产点（包括限额以下项目）；不得再同外商洽谈引进轿车整车设计制造技术和生产装配线；不得进口散件组装整车，不得建立轿车中外合资、合作企业。对违反上述规定的，要追究有关领导人的责任。

二、对未经国务院批准已经投资建设的轿车项目，一律作为计划外项目清理、停建，检查清理的情况于明年1月底专题报告国家计委。

三、为了防止变相上轿车、吉普车、微型车、超微型车项目（不分限额上、限额下项目），需一律报国家计委审批。

四、各地区、各部门可以向一汽、二汽、上海等轿车生产基地，按照高起点、大批量、专业化的原则，重点发展零部件生产及其相关工业，加速提高轿车生产的国产化水平，并采取多种方式扩大汽车零部件出口；也可以向三个轿车生产基地投资，在以后的轿车生产中，可以协商按照投资比例共享利益和产品。

五、对国务院批准的三个轿车生产基地，以及天津、北京、广州三个生产点进口的汽车散件，实行差别税率……

六、严禁用维修配件名义，进口关键总成和零部件在国内拼装轿车，今后进口维修备品配件，要与中国汽车工业联合会组织的进口汽车维修配件国产化工作结合起来，每年年底由中汽联编制下一年度进口汽车维修配件计划，经国家计委会同国务院机电设备进口审查办公室统一审批进口，不再零星审批。如果发现仍然以维修配件名义进口关键总成和零部件在国内拼装轿车，除照章征税外，还要按照《海关法》的规定严肃处理。

中华人民共和国国务院
1988 年 12 月 14 日

从 1985 年到 1988 年，4 年时间，3 个文件，轿车生产混乱情况可想而知。中央为了控制各地乱上轿车项目三令五申，不遗余力，虽然也阻止了部分计划外项目，但仍有一些地方的轿车项目在暗里潜行。

是什么力量使得这些地方敢于不听中央三番五次的"打招呼"，顶风作浪，违规而行？其实，真正在背后推波助澜的是市场这只"看不见的手"。有需求，就有人来供应；有缺口，就有人来填补。"上有政策下有对策"，"变通"是那个时候时髦的公关用语。

生产不足，市场紧缺，一汽、二汽的轿车项目又迟迟未能落实，怎样做才能解决眼前国内对轿车的继续呢？ 1988 年，刚就任国家计委主任的邹家华给姚依林副总理和李鹏总理写信，提出解决困难的思路。

依林副总理并李鹏总理：

自从中央决定我国发展小轿车后，一汽和二汽目前正按货比三家的原则积极寻找合适的国外合作伙伴，至今都未最后确定。一汽正在同美国克莱斯勒公司以及德国大众两个公司谈判，二汽正在同法国雪铁龙、雷诺、意大利菲亚特、美国福特等公司谈判（原来与日本富士重工及美国通用合作的方案，即三方各投资三分之一，三方各销售三分之一的方案，由于对方内部未能一致而搁浅，现在二汽按三分之二出口与外商谈判比较困难，当前还是要以出口导向为原则，力争出口二分之一左右）。总之造成了一种竞争态势，两个厂都力争取得一个对己比较优惠条件的方案。详情待有明确意见时再报。

当前的问题是，即使很快谈成开始合作，一汽也要到 1991 年才能开始批量出车，二汽则要到 1993 年才能开始批量出车，因此就存在一个从现在开始到一汽、二汽成批出车中间三五年之内，如何解决国内各用户需要车辆的问题。经和段君毅同志商量，拟提出如下几条建议：

1. 继续严格贯彻中央不从国外进口小轿车整车的政策。

2. 促进上海桑塔纳、北京切诺基、广州标致、天津夏利（标致、夏利两种车型实际已经在生产）这 4 种车型国产化的同时，近几年内可根据国内市场的需要，适当增加一点进口散件由工厂装配出厂。每年的需要量由工厂分年申请报批。

3. 在对苏联、东欧贸易中适当增加一点小轿车进口数量。上述这些车型的级别都低于现在的"皇冠""尼桑"等日本车型，更低于"奔驰"，这样也可相对抑制国内用户对高级轿车的需求。

4. 抓紧"红旗"车的改型工作，加强对现有"红旗"车的维护和修理工作，以满足国内对高级车的需要。

5. 加强车辆维护修理工作，延长某些车辆的使用年限。

这样经过三五年的时间过渡，一汽、二汽开始批量生产，我们的小轿车就可以走上靠自己生产，满足国内的需要和适当数量出口要求的道路上来。

姚依林在邹家华的信上批示：

第二项不宜大发展，因为外汇不足。必要时可适当增加从苏联、东欧的进口，其他均同意。

李鹏批示：

同意依林同志意见。（另，可否提倡以轻型面包车作为一般公务用车以抑制消费，请酌。）

根据邹家华的意见和姚依林、李鹏的批示，中国汽车工业联合会立即做出响应：

光远副部长并转家华国务委员：

……

当前，尽管国家大力压缩财政开支，对购买小汽车实行"社控"，但由于商品经济发展，各部门、各地区对小轿车的需求量仍在不断增加……国内市场每年需新增小轿车10万~12万辆……现在国内每年生产仅3万辆（包括进口CKD装配），从苏联、东欧国家进口3万~4万辆，尚缺3万~4万辆，供需矛盾十分尖锐。此问题如不妥善解决，将会再次导致大量进口轿车。

根据邹家华国务委员向姚依林副总理和李鹏总理报告的批示精神，现提出以下具体意见：

1. 继续严格控制进口轿车。坚决贯彻国务院的严格控制轿车进口的政策，立足国内解决轿车需求，并将此作为一项长期国策。

2. 增加进口轿车散件装车。近几年，北京切诺基、天津夏利、上海桑塔纳、广州标致、一汽轿车的装配水平不断提高，1988年可达3万辆，1989年将具有6万辆的装配能力。明年可在装配3万辆的基础上，继续提高国产化率，并增加进口2万辆的散件，这不仅能缓和国内供需矛盾，而且对吸引外资、加快国产化进程能起到推动作用。

3. 适当增加进口苏联、东欧国家的轿车数量。根据国内重型车能力提高的现状，应大大减少对重型车的进口，增加轿车的进口比重，在今年进口2.6万辆轿车的基数上，再适当增加数量，以弥补国内轿车需求。同时，可以选用不同车型以降低出租车水平，如伏尔加、拉达、达契亚、波罗乃兹、波兰产菲亚特等。

4. 增加轻型面包车生产。根据李鹏总理指示，经我们调查认为，用轻型面包车代替一部分公务用车是可行的。在我国现阶段，客货流量都比较大，一般轻型面包车、吉普车、微型厢式车既可乘坐，又可载货，是一种比较合乎国情的经济型乘用车，可优先供县级以下单位以及厂矿、农村用车。明年，我们拟调整产品结构，增加轻型面包车和硬顶吉普车的产量，从今年的4万辆增加到5万辆，同时根据需要，可适当进口一批空调车作为出租车用。

……

中国汽车工业联合会

1988年8月12日

正是有了这份报告，从20世纪八九十年代起，全国城乡一下子增加了成千上万辆的小面包车，这些车辆在城乡道路上走街串巷，为乘不起轿车的普通百姓提供了很大的方便，人们亲切地称之为"小面"。中汽联的报告原本是将这种车配置在县级以下城镇使用，但没料到，全国各大中城市，包括北京在内也涌现出了无数的"小面"。由于这种车主要是用作出租，所以又被称为"面的"；而北京的出租"面的"全部为黄色，又被戏称为"蝗虫"。直到21世纪初，中国轿车需求彻底缓解了，这些"面的"才在京城渐渐淡出，直至销声匿迹，但这种既能载客又能运货的面包车在全国城乡仍然是广受欢迎的车型。

在中国，轿车需求强劲，在国内生产满足不了、国家控制进口的情况下，一种以货易货，从苏联东欧等国家进口轿车的方式悄然而出。

进口西方国家的轿车需要硬通货，但中国财政囊中羞涩，拿不出大把的美元，特殊环境下，中国与东欧各国的易货贸易应运而生。

苏联以及东欧的罗马尼亚、波兰、捷克等国汽车工业都有一定基础，与西方发达国家相比，他们的产品粗糙、技术落后，但对于急需轿车的中国而言，这些汽车不需要硬通货，便可大大减轻中国的外汇压力。于是，20世纪70年代，中国决定采用易货贸易的形式，从苏联、东欧等国家进口一批轿车（含吉普），苏联的伏尔加和拉达、罗马尼亚的达契亚、波兰的波罗乃兹、波兰产菲亚特等车型纷纷进入中国市场，连在世界轿车工业中不起眼的罗马尼亚"阿罗"吉普车也趁机进入了中国市场。

20世纪七八十年代，罗马尼亚属于以苏联为首的华约集团，在中国与苏联在政治上对抗的"反修""反霸"阶段，罗马尼亚共产党总书记齐奥塞斯库顶住苏联的压力，力主与中国保持着较为友好的国家关系，两国间也有一定数量的经贸往来。

罗马尼亚的汽车工业有一定的基础，产品主要有"罗曼"重型货车和"阿罗"吉普车。当时的中国济南重型汽车厂每年能生产数百辆载重8吨的"黄河"牌重型汽车，但国产机床却出口不畅。为解决国内机床出口，也为了帮助罗马尼亚罗曼货车走出困境，1978年8月20日，时任国务院副总理的纪登奎与罗马尼亚副总理格·奥普雷亚在布加勒斯特签订了中罗两国政府《生产技术合作协议》。协议规定：

中方用机床换回等值的罗马尼亚载重9吨的罗曼货车。每年所进口的罗曼货车及部件，由中国济南汽车制造厂组装。

这并不是一笔划算的买卖。协议规定，中方每年都要从罗方进口6000辆"罗曼"货车。当时，国内除了原有的济南重型货车厂外，四川"红岩"、陕西"延安"等重型汽车厂正在建设，进口如此多的"罗曼"汽车便挤占了国内的重型货车市场，造成国内重卡销售不畅。实际上，自1978年—1988年，中国每年只进口了大约1000辆罗曼货车。就是这样一笔进口业务，国家每年还要拿出八九千万人民币的财政补贴，中罗汽车合作成了中方的一大财政负担。

1988年，中罗协议的10年期限已到，中方本可以放弃"罗曼"，但若放弃"罗曼"，中国机床出口便又成问题。此时，中国国内轿车供需矛盾突出，为了弥补轿车缺口，原本用作军用指挥车的北京212吉普成了颇受欢迎、供不应求的轿车代用品，很多县级干部都乐呵呵地坐着北京212吉普东奔西走。但僧多粥少，北京汽车厂每年的产量不过5000辆，于是武汉、天津等地也照猫画虎，生产本地版的北京212吉普，就是这种山寨版的212吉普也仍然是抢手货。当时的中国不需要罗马尼亚的罗曼载重车，但罗马尼亚的"阿罗"吉普还是有一定吸引力的。

"阿罗"吉普由罗马尼亚穆赛尔公司的阿罗汽车厂生产，外形与苏联的"嘎斯69"相似，且性能相近。批量进口，既不用硬通货，又可以缓解国内的轿车紧缺情况，是件好事。1988年，罗马尼亚总统齐奥塞斯库访华，在研究接待齐奥塞斯库访华的会议上，引进"阿罗"吉普成为讨论的焦点。

1988年8月和10月，机电部两次提出减少罗曼载重货车散件进口，改为进口"阿罗"10型吉普车散件，由济南汽车厂组装。1988年11月10日，机械电子部唐仲文副部长给国家计委写信，要求减少"罗曼"货车进口金额，用于进口"阿罗"10型吉普散件，每年进口

1000~1500 辆，这样也可带动国内机电产品的出口。

国家计委基本同意机电部的意见，但在落实时又遇到了问题。按照常规，引进"阿罗"散件就需要引进生产线组装，国内有的单位提出，引进"阿罗"吉普生产线自己生产；也有人反对，认为"阿罗"吉普水平太差，进口少量的只是调剂余缺，如果引进生产线则是引进落后，不合算。中汽联向国家计委建议：减少进口 200 辆"罗曼"货车，用这笔外汇进口 800 辆"阿罗"10 型吉普散件。按此方案，仅需添置部分焊接夹具和专用运输工位器具即可。这些设备全部由工厂自制，仅需人民币 100 万元，一年可组装 1000~1500 辆车。这样做既能减轻中央财政对"罗曼"货车的补助，又能解决济南汽车厂自身的生存问题。

经过认真研究，国家计委同意了中汽联的意见，但强调引进"阿罗"吉普只是解决市场紧缺的临时措施，国家不给财政补贴，不上新生产线，装配厂不属国家吉普车正式生产点；不签长期合同，根据销售情况，合同一年一签。

就这样，在中国轿车供应极为紧缺的情况下，罗马尼亚的"阿罗"吉普车借着罗曼货车的渠道也来到了中国。除了"阿罗"吉普外，苏联的伏尔加和拉达、南斯拉夫的"小红旗"，波兰的"乃茨"、罗马尼亚的"达契亚"等轿车和吉普车也先后进入了中国市场。

"千呼万唤始出来"

产业政策是政府直接干预产业的一种行为。它是国家为促进经济长远发展而采取的政策干预措施，新兴国家多以此作为追赶发达国家的手段和工具，其对国民经济发展有着重要的指导意义。产业政策一词最早出现于日本。

1963 年，日本政府提出了产业结构的长期展望，明确规定了"最佳产业结构"要发展"收入需求弹性值高""生产率增长快"的产业。为此，日本以产业立法的形式制定了《机械工业临时振兴法》《电子工业临时振兴法》等产业政策，指导日本经济发展的重点。在此政策的指导下，日本的钢铁、炼油、石化、机械等产业快速发展。虽然日本有了这些做法，但一直没有一个专有词汇来界定，1971 年，日本通产省在"经济合作发展组织工业委员会"发表以《日本的产业政策》为题的演说，于是"产业政策"一词问世。

日本的产业政策在国际上得到了广泛关注，也受到了经济正在蓬勃发展的中国的高度重视。

改革开放后，为调动地方发展经济的积极性，中央将财政、金融、投资体制等很多与经济发展紧密相关的权力下放到了地方。但由于各地经济发展水平不均衡，分权体制下，地方市场分割，以邻为壑，低水平重复建设现象纷纷出现，投资需求和消费需求急剧膨胀，导致物价上涨、产业结构恶化、经济秩序混乱。一哄而起、一哄而下、一放就乱、一乱就管、一管就死，经济乱象导致国家总体经济运行出现了较大起伏。

对于经济发展中出现的混乱情况，陈云忧心忡忡，多次在中央的有关会议上批评这些乱象。1989 年 9 月 4 日，邓小平在中央政治局常委会上说：

陈云同志讲，各路诸侯太多，议而不决，决而不行，各自为政。这个批评是正确的。中央的话不听，国务院的话不听，这不行。特别是有困难的时候，没有中央、国务院这个权威，不可能解决问题。有了这个权威，困难时也能做大事。不能否定权威，该集中的要集中，否则至少要耽误时间。

（《邓小平文选》第三卷，p319）

　　汽车工业，尤其是轿车工业在经济发展中的混乱情况引起中央领导的高度关注。国务院副总理朱镕基曾任国家经委副主任，长期分管国家汽车工业的全面规划，对汽车工业的现状与问题有着透彻的了解。1991年10月7日下午，朱镕基轻车简从地来到中汽总公司视察，在听完中汽总公司负责人的汇报后，针对汽车工业乱象，提出了尖锐的批评：

　　我为什么老不来，就是因为汽车问题太复杂了。对汽车问题还是要有两点论，一是汽车工业有很大的发展，应该说很有成绩，货车、轿车、重型、中型、轻型都做出来了，而且有一定水平，性能在国内也还可以，对成绩要有足够的估计，这是一方面。另一方面，汽车工业确实是典型的重复建设的行业，造成极大的浪费……问题确实严重，不知浪费了多少钱。宏观管不住，微观搞不活；投入多，产不出，花了多少冤枉钱。

　　汽车工业一直有一个毛病——发高烧。一直高烧不退，到处铺摊子，造成现在几千家这个局面，怎么得了？贯彻中央工作会议精神，应把汽车工业作为一个重点进行整顿。调整结构，加强宏观调控。我赞成家华同志的意见，这么搞下去，控制不住……这么下去怎么办？再不管不行了。中央工作会议提出，要把经济工作的重点转移到调整结构和提高效益的轨道上来，首先就要把汽车工业作为重点。

　　面对汽车行业的乱象，出台产业政策进行管制和引导已是势在必行。

　　产业政策最大的特点是国家对产业发展进行干预。早在1985年5月，国家计委、国家经委、国家体改委、机械工业部三委一部就联合发出了《关于汽车工业发展规划和管理体制改革若干问题的通知》，从宏观控制与微观搞活的角度，对国家汽车工业发展和管理体制改革提出了明确要求。9月，中共中央在《关于"七五"计划的建议》中正式提出"要把汽车工业作为重要的支柱产业"。11月，中顾委副主任、国家机械委主任薄一波在中汽公司首届五次和二届一次会议上提出：要进一步抓好改革，进一步放权，打破条条块块的界限，按照经济发展的规律联合起来，在全国范围内组织专业化生产，走"大批量、高起点、专业化"的发展道路。

　　1987年，中央北戴河会议专题讨论汽车工业发展问题，决定发展轿车工业，并再次明确了汽车工业支柱产业的重要地位。为加强产业政策的研究与制定，1988年，国家计委成立了产业政策司，专司产业政策研究。

　　1988年3月，国务院发展研究中心向国务院提交《我国产业政策的初步研究》，提出："要创建一个竞争与干预相结合的经济体制，实施以产业政策为核心的指导型计划；追求动态平衡下的结构均衡，及在此基础上的资源最优配置格局。""当前，我国产业组织最大缺陷是缺乏专业化协作基础上的集中度和分散度以及创新能力差，技术储备不足，市场行为短期化和被动化。""作为政府对市场机制的调控手段，产业政策并不只着眼于局部市场均衡和总量均衡等现象，而是更致力于资源最优配置和增强企业竞争能力等经济发展的本质问题。"

　　鉴于中国的产业现状，中国的产业政策应具备以下特点：

　　1.产业政策是建设和改革的结合；

　　2.产业政策应体现发展阶段性的要求；

　　3.产业政策将体现计划和催育市场；

　　4.产业政策具有稳定性和法律功能。

　　在此基础上，1989年2月14日，国务院颁布了《中国产业政策大纲》，"产业政策"一词首次出现在了中国政府的正式文件中。3月15日，国务院又颁布了由国家计委制定的《关于当前产业政策要点的决定》，提出"合理制定产业政策，在压缩和控制社会总需求的同时，下功夫调整和改造产业结构，以防止出现经济滞涨现象，在优化结构的基础上提高国民经济的素质和效益""以产业政策为导向，加强宏观控制，指导市场发育"。

虽然国家层面的产业政策已经明确，但由于多种原因，具体指导汽车工业发展的汽车产业政策却一拖数年迟迟未能出台。

1993年7月17日，受国务院委托，机电部在一汽举行汽车产业政策座谈会。一汽74栋（一汽宾馆）会议室中，全国汽车工业各路诸侯云集，机电部部长何光远主持会议。从他们的发言中，可以感受到汽车人对汽车产业政策的理解与要求。

耿昭杰（一汽厂长）说："目前，国内轿车生产的现状是'散、乱、差'，越治越乱，其结果是国家的资金分散，不能集中资金办大事。汽车，尤其是轿车工业的发展规律，就是要集中投资，大动作、大手笔。我们目前的问题是重点不突出，国家要抓几个重点，扶持企业集团必须要明确几个条件：经济规模、产品水平、自主开发能力、综合素质（必须要达到国际竞争水平的100万辆、100亿美元的资产）。治理散乱的办法只有两条：一是限制，一是扶持。从政策上限制不符合产业规模的小企业，从政策上扶持符合产业规模的大企业。"

张兴业（中汽总公司副总经理）说："发展汽车，尤其是轿车工业，要以政策来促进技术进步，要集中投入。国家集中投资，5年内争取一个厂形成几十万辆的能力。"

汪声銮（天津汽车公司总工程师）说："各地纷纷搞汽车是为了赚钱，集中起来就断了地方的财路，他们能有积极性吗？要说服中央决策人下决心解决这个问题。中央要发展轿车，就得下决心在集中力量上。"

蔡诗晴（中汽总公司总经理）说："产业政策重点必须解决三个问题：

1. 规模经济搞上去，生产点要控制，而且必须是规模经济的点。

2. 科技要放在突出地位，市场竞争归根到底是产品竞争。要有自己的开发创新的能力，跟着人家走，是走不出自己的路子的。

3. 零部件问题。零部件问题散乱差的现象很严重，与国外比，同步也难以做到。

发展汽车工业需要中央和地方都有积极性，要走一条产业资本和金融资本结合的路子。

王秉刚（中国汽车技术中心）说："产业政策要明确支持经济规模，要有政策鼓励，合资项目也要有规模要求。要用具体政策鼓励企业自我开发和零部件的发展，限制重复引进，支持家用轿车发展，改革汽车产品目录制度。"

裴志民（重汽公司）说："政策要体现出鼓励大型企业集团、鼓励自行开发。要坚决限制重复建设，通过立法来制定汽车项目的标准。"

黄正夏（原二汽厂长）说："产业政策应明确全国建设两三个特大型企业集团参与国际竞争，规模起点起码是100万~150万辆，这也符合国际汽车产业的发展趋势。没有规模就没有效益，没有效益就无法生存，这已成为国际竞争的铁律。"

李龙天（南京汽车集团）说："不上轿车成不了支柱产业，不进入家庭，轿车就发展不起来。合资轿车国产化需要有明确的比例，也要有明确的年限，不这样，技术进步就没有压力。"

张盘（国务院经济研究中心主任）说："支柱产业不是要来的，而是产业在国民经济中的战略地位所要求的，是客观存在的。作为支柱产业，产品必须要做到这么几点：产品附加值高、技术含量高、对国民经济有较强的拉动作用、在国际贸易中占有相当的份额。支柱产业也不是自然而然形成的，而是需要政策保障。产业政策的核心是政府干预、是资源分配、是政策导向，包括扶持和保护。"

方喆（重汽集团）说："汽车产业政策是要调动国家、地方、企业的积极性，我们面对的是大而穷的基本国情，从这个意义上讲，积极性多一点比少一点好。经济发展有一个过程，企业竞争优胜劣汰是市场经济的产物，汽车产业政策应充分考虑这个问题。"

何光远（机电部部长）说："产业政策必须明确，到 2010 年，汽车产量要达到 300 万辆，初步形成支柱产业。产业政策要分阶段做出 2000 年规划和 2005 年规划，明确各种车型的比例和各自的发展目标，中国汽车支柱产业必须以轿车为主体；要有具体可行的政策来扶持零部件专业化；必须要突出规模经济。全国重点保证 3~5 家重点大型企业，2005 年有两家产量达到了 100 万辆，若干家达到了 30 万辆。扶持促进汽车产业发展是产业政策的核心，解决发展资金问题是产业政策的重点。"

在座谈会的基础上，机电部和中汽总公司起草了《关于汽车工业产业政策要点》，摘要如下：

一、存在的主要问题

1. 生产能力弱小，数量、产品、性能、质量、价格、售后服务长期满足不了国民经济发展的需求。

2. 产品技术水平低，消化吸收能力差，没有形成自己独立的汽车设计开发能力，产品更新能力差，合资企业都没有产品开发机构，在技术上受制于人。

3. 汽车工业结构不合理，生产规模小，生产集中度低。

4. 零部件工业、相关工业和后方基础薄弱。

5. 资金不足，投资分散，形不成经济规模，没有市场竞争力。

6. 宏观调控乏力，投资决策多头，责任权利不统一。

二、振兴汽车工业的目标及发展步骤

1. 发展目标

到 2010 年，汽车产量达到 600 万辆，基本形成国民经济支柱产业。

2005 年，汽车产量达到 300 万辆，其中轿车占 60% 以上；汽车工业总产值达到 3960 亿元（按 1990 年不变价），约占当年国内制造业产值的 6%；汽车工业增加值达到 1200 亿元，约占当年国民生产总值的 2.4%；汽车保有量达到 2860 万辆。

通过联合、改组、兼并、参股等手段使汽车工业初步达到经济规模，并形成四五个具有经济规模和一定国际竞争力的企业集团。主要企业集团的生产集中度达到 70% 以上。

产品品种基本满足国内市场的需求，产品水平基本达到国际 20 世纪 90 年代水平，并进入国际市场；整车出口 25 万 ~30 万辆，年创汇 25 亿美元。轿车、主要总成和关键零部件以及模具初步形成自主开发的科技体系。

到 2010 年，汽车总产量达到 600 万辆，汽车工业总产值约 6500 亿元，占当年国内制造业的比重达到 8%；汽车工业增加值为 2000 亿元，占当年国民生产总值的比重为 3.1%，年出口额为 50 亿美元；汽车保有量为 4800 万辆；汽车行业从业人员 2500 万人。

2. 发展步骤

大体分为三个阶段：第一阶段从 1993 年到 2000 年，产量目标为 220 万 ~230 万辆，并以每年 15 万辆的速度增长，新增投资估计 1000 亿元。第二阶段为 2000 年到 2005 年，平均每年增加 20 万辆，到 2005 年达到 300 万辆以上；形成具有竞争力的产品、具备产品的设计开发能力、零部件同步发展能力和几个初具规模的企业集团。第三个阶段是 2005 年到 2010 年，到 2010 年达到年产 600 万辆的能力，基本形成国民经济的支柱产业。

1993 年 8 月 7 日—11 日，时任国务院副总理李岚清在北京主持召开了"汽车工业产业政策座谈会"。中央财经工作领导小组、国家计委、国家经贸委、国务院税则办、国务院机电办、国家体改委、财政部、机械工业部、外经贸部、人民银行、国家税务总局、国务院研究室、国务院发展中心、中汽总公司、一汽、二汽、上汽总公司、天汽总公司参加会议。国家计委、国家经委、国家体改委和机械工业部，以及上海汽车研究所、东风汽车工程研究院、长春汽车研究所都参与了政策制定的全过程。

1994 年 1 月，中央财经领导小组听取了机电部、中汽总公司关于汽车工业情况专题汇报后，对汽车工业发展做了五点指示：

1. 制定和实施汽车工业产业政策，国家用产业政策引导发展，使其尽快成为支柱产业；

2. 建设和生产都要坚持规模经济；

3. 要重视培养自己的技术开发能力；

4. 要优先发展零部件工业；

5. 汽车进入家庭要统筹规划。

1994 年 3 月 21 日，国务院第 16 次常务会议审议通过了国家计委起草的《90 年代国家产业政策纲要》（以下简称《纲要》），《纲要》第三条"积极振兴支柱产业"明确表示：

努力加快机械电子、石油化工、汽车制造和建筑业的发展，使它们成为国民经济的支柱产业。……汽车工业要尽快形成少厂点、大批量的生产体制和有序竞争的市场结构，提高其国内市场占有率和国际竞争力。

国家将通过以下措施，加快支柱产业的发展：制定和发布统一的产业政策，并以法律、法规等形式保证实施；逐步建立有利于促进支柱产业发展的投融资体系和规范化的企业直接融资机制，国家在年度股票和债券发行规模中对支柱产业优先予以安排；政府将从财力、物力上支持支柱产业中某些重要领域的技术开发，经国务院批准，赋予少数大型企业集团与其资本和收益比例相适应的海外直接融资权和担保权。按照国际惯例和有关协定条款，将支柱产业的部分产品作为幼稚工业品，采取适当的、有时限的保护；同时，为了换取关键技术和设备，允许有条件地开放部分国内市场。

……

各项产业政策的制定由国家计委牵头，会同有关部门进行。产业政策的实施以各行业主管部门为主，由国家计委进行综合协调。

为了发挥规模经济的优势，《纲要》对汽车投资项目的经济规模定下标准：轿车项目 15 万辆以上、轻型货车 10 万辆以上、轻型客车 5 万辆以上都需要国务院批准。

经过一系列前期准备，1994 年 7 月 3 日，国务院正式颁布《汽车工业产业政策》，这是新中国成立以来中国第一部汽车产业政策。自从 1985 年国家将汽车列为"重要的支柱产业"后，时隔 9 年，中国汽车产业政策终于"千呼万唤始出来"。

《汽车工业产业政策》（以下简称《产业政策》）明确了两个政策目标：

一是规模特性。要改善投资分散，生产规模过小的散、乱、差局面，促使产业合理化，实现规模经济化；对外资和进口实行严格控制，同时国家实行准入控制，实行定点生产和促使产业集团化等措施。

　　二是提高产品的技术水平，实现中国汽车产业的自主开发、自主生产、自主销售和自主发展。国家鼓励技术引进和学习，推进国产化政策，支持企业的研发活动。

　　《产业政策》对中国汽车的投资、消费、产品与企业生产许可、国产化、鼓励与限制发展的产品和项目、贸易与服务等诸多领域提供了具体而明确的规定，为抑制汽车产业发展乱象、引导和规范汽车产业发展起到了重要的政策支持和保障作用。中国汽车工业产业政策的出台，为中国汽车工业大发展提供了政策支持。

　　进入21世纪后，中国汽车产业飞速发展，与此同时，对1994年颁布的《产业政策》的议论与评价也日渐增多，指陈弊端、病垢之言也不乏其人。意见的焦点集中于两点：一是"筑起行政门槛限制竞争"；二是"在注重产业集中度时却忽视了自主开发"这一历史性命题，以至于造成今日世界汽车巨头抢占中国市场，而中国自主轿车发展乏力的现状。

　　《产业政策》出台前专门听取了行业内专家和汽车工业企业的意见，征求了有关方面的意见，在政府的经济管理综合部门和专业部门之间，进行了几个轮次的协调、协商。但鉴于当时国民经济的发展水平和改革的进程，征求意见的对象也有明显的局限性。当时，征求意见的对象主要来自政府管理部门和国营汽车工业企业，《产业政策》主要反映了他们的利益诉求。从政府公共政策制定角度看，其公开性、透明度、广泛性远远不够，社会和公众基本没有参与，他们的利益诉求也没有得到表现和重视。当时，民营经济的实力过弱，尚未涉及技术与资金密集的汽车工业，所以他们的投资愿望也未得以表现。

　　其实，政策存在局限性并不奇怪，这与当时的政治经济环境和汽车生产的特性紧密相关。任何政策的出台都有其特定的历史背景，《产业政策》是在中国汽车产业要大发展却又面临"散、乱、差、少"的不利局面下孕育诞生的。《产业政策》的出台就是要解决中国汽车工业"散、乱、差、少"的不利局面。

　　汽车是一个规模经济效应非常明显的产业，一个轿车项目如果一次达不到年产15万辆以上的规模就没有经济可行性。中国汽车工业与世界发达国家汽车工业的巨大差距给中国政府和汽车工业界以强大的冲击，相比世界主要的汽车企业年产几百万辆的规模，中国的汽车企业规模小、技术水平低、专业化程度低（小而全），要发展轿车，解决国内轿车供应短缺，建设几个大批量生产企业成为当时唯一的和首要的问题。

　　那时中国经济的市场化程度、开放程度、民营经济发展程度远远不能与今天相比。在当时的经济体制下，汽车工业发展主要依靠国家资源配置和资金投入，在资源与资金都缺乏而各地都要争着上的时候，计划控制的手段便显得重要且必要，"好钢用在刀刃上""集中优势兵力打歼灭战"，只有集中使用优先的资源与资金，才能保证国家支柱产业的形成，才能保证产业政策的顺利实施。这些特殊历史时期的政治经济环境对《产业政策》的产生有着重要而直接的影响，这是今天评价《产业政策》时要充分考虑的因素。

　　对《产业政策》质疑的声音很多，但角度、立场、眼光、态度因人而异，因而各执一词。清华大学公共管理学院的俞静教授从一名学者的角度，在2005年9月第五届经济学年会上以《为什么一个产业政策在中国会失败？——关于中国汽车产业政策的政治经济学分析》为题，从几个方面论证了汽车产业政策失败的原因。摘要如下：

　　一、抑制不了的投资——产业准入的失败

　　汽车产业本身产业链长必然对所在地税收、就业、GDP都有巨大的拉动效应。同时中国的汽车产业由于国家保护，高价格带来了巨额的利润空间，90年代中期国际上汽车工业的平均利润率大致为 10%，而中国汽车工业（整车业）的利润却高达 30%~60%。1999—2003 年全国汽车整车销售收入年增长率达 33.38%，同期利润年增长率高达 53.22%。2003 年全行业销售收入 9256.64 亿元，利润总额 754.56 亿元，行业平均利润率为 8.15%，远远高于全球平均水平。高额的投资回报率吸引着所有投资主体。

……"九五"期间，全国有 22 个省把汽车工业列为地方性支柱产业。国家汽车产业政策本应是中央政府统筹规划的"一盘棋"政策，然而各地方政府在利益驱动下，从本地区利益出发，实施了区域封闭的"汽车产业规划"，以保护本地汽车工业……新的轿车项目还是在不断上，最后达到了 30 多家；目前全国除了西藏、青海、宁夏等个别经济欠发达地区外，其他省、区、市都建立了自己的汽车工业体系。

近年来，无论中央政府如何严把准入关都抑制不住各地政府争上汽车项目的冲动。上海市计划用 10 年时间耗资 500 亿元要建成号称"亚洲第一"的汽车城；2002 年北京宣布举全市之力用 8 年时间耗资百亿元，在顺义建汽车城，计划到 2008 年产销 100 万辆，实现销售收入 1000 亿元；一汽大本营长春更是言必称"中国的底特律"，明确指出自己的目标是打造"世界汽车城"；广州在 2003 年就宣称要打造"东方的底特律"，计划到 2010 年轿车年产目标到 130 万辆，产值 3000 亿元以上；天津市政府计划 2010 年的汽车总产量为 80 万辆，实现产值 1000 亿元；地处华中的湖北则在勾勒着以武汉为圆心、半径 1000 千米的"汽车产业带"；重庆计划 2020 年整车产能达到 260 万辆，产值 2000 亿元，汽车产量占全国的 15% 以上。除了这些大城市外，还有更多的省市有着自己的汽车发展规划。新一轮的汽车热背后所蕴藏的重复建设和散、乱、差，以及资源浪费是谁都不会顾及的。

《汽车工业产业政策》中明确提出通过投资、准入的控制来实现产业合理化的目标之所以难以实现，主要原因是没有解决我国汽车产业组织结构优化问题，面对"诸侯经济"和地方保护主义造成的市场分割，优势企业很难通过资本市场来完成产业整合过程。

控制准入的政策手段没有针对问题的根源对症下药。但是这个政策工具在新版的 2004 年的产业政策中还依然存在，原因也在于控制审批的部门本身就从中获取了权力和利益。

二、扭曲了的产业退出机制——目录管理带来的逆向选择

国家从 1985 年开始对汽车产业开始实施目录管理制度，只允许目录中的企业生产汽车，同时对汽车产品和生产地点进行严格限制，政策本意是想控制生产汽车的企业和产品，改善散、乱、差的局面。但是在实际运行中，"目录"本身变成稀缺资源，不但阻滞了市场优胜劣汰机制，还滋生了"寻租"行为，引起了多种批评。

其一，目录管理阻滞了市场优胜劣汰机制，那些没有市场竞争力的目录内企业和目录内产品，由于有了"目录"这个壳的保护得以存续，一些企业尽管不生产一辆汽车或年产量低于 100 辆，但他们获取了稀缺的许可证和产品目录后，就可以将其居奇待售，有规模也不一定经济，或者说没规模也可能经济，扭曲了汽车产业的规模效应规律，形不成优胜劣汰的机制，从而阻碍了产业组织结构的优化。

其二，目录管理滋长了企业的倒卖目录行为，反而为目录外的汽车进入汽车行业提供了机会，目录管理形同虚设，违背了政策初衷。

其三，目录外企业可以通过多种变通做法取得目录资格，如以"6"字头的客车目录生产"7"字头的轿车，或者收购目录内企业的目录内产品而取得进入市场的机会。

其四，目录管理对于目录外企业尤其是民营企业是不公平的。

……上述这些因素的存在，使得产业组织结构并没有因目录管理得到优化，反而强化了结构刚性，加大了结构调整的难度……

三、变形的产业整合政策

跨地区、跨部门的资产重组会直接削弱或损害地方政府和部门的局部利益，为此受到他们强烈的抵抗。不得已，中央政府做出妥协。20世纪80年代中期，国家出台"三不变"政策，即所有制不变、企业行政隶属关系不变、财政上缴渠道不变。试图通过利益协调来打破阻碍汽车产业重组的行政壁垒。

经过这样的退让后，整合起来的企业集团联系松散，各子公司只能在所辖地区和部门利益格局所允许的空间活动，各自的管理和生产计划基本上都是独立的，企业集团总部对子公司在决策上并不具有控制力。银行信贷的属地管理体制更加剧了问题的难度……

阻碍产业整合的还有另一个重要因素，由于中国汽车企业纷纷走上合资道路后，合资企业是独立法人，不受国有企业集团的指挥和约束，因而给兼并重组增加了难度。国家产业政策规定，外资"同一领域只能建立两家合资公司"，但中方却有很大的自由度。中方在建立合资企业时，只要为外资提供牌照和土地即可，由此出现合资伙伴为不同跨国公司，而旗下各合资公司相互博弈的局面，以至于中方要在各合资企业之间实现资金、技术和人才的流动都很困难。从此意义上看，中方虽然可以在多家合资企业控股50%，也可以说是其实一家合资企业都不在掌握中。而外方虽然有两三家合资公司，却始终保持"母—子"的致密结构；如果持股比例达到50%，还可顺理成章地并入母公司财报……。近年来，国内汽车业重大的兼并重组其背后的推手都是外资……

由于各行政部门利益的阻碍使得国家产业重组、整合的政策在执行中完全变形了……

四、汽车市场的"诸侯割据"

地方政府为了保护本地汽车企业，出台各种政策，对非本地汽车产品的销售、使用加以种种限制。如有的城市规定微型车不能作为出租车，有的限制微型轿车作为出租车，各种区际贸易壁垒名目繁多，使得我国汽车市场出现了明显的地域分割，阻碍了全国统一市场的形成，使得一个不大的企业在某一区域拥有强大的市场力量，强化了寡头结构……在这样一个市场中，企业既没有超额利润存在，又无改革和创新的内在压力，企业之间的生产力、生产水平、产品品种和质量的竞争退而求其次，主要表现为企业背后的地方政府各汽车项目和地方汽车市场保护之间的竞争。中国汽车市场成为低效生产者垄断和共谋的天堂。

地方保护主义阻碍了统一大市场的出现，制约着汽车产业规模生产和产业合理化实现。

（摘自《公共管理评论》，2006年第2期）

除了学者外，政府官员也对汽车产业政策提出了意见。2001年11月14日，《中国汽车报》发表了国务院发展研究中心产业经济研究部石耀东撰写的《新时期中国汽车产业政策的问题与调整方向》一文，摘要如下：

一、严格的贸易保护政策和投资限制措施已明显不适应WTO国际通行规则的要求，面临挑战。

在货物贸易领域，我国政府沿用多年的汽车产品高关税和非关税保护措施已经难以为继。首先，按WTO的多边协议中有关汽车产品进口关税的减让幅度和时间表，在2006年7月1日将整车进口关税和零部件平均进口关税分别减让到25%和10%。其次是按照普遍取消数量限制原则取消进口数量限制，在加入WTO后的限定时间内可有限度地保留配额和进口许可证等限制性措施，但必须符合"非歧视"原则和"透明度"原则。在利用外资领域，我国现行汽车产业政策中有关国产化比例、进口与出口挂钩、禁止进口部件总成装车等有关规定明显与 WTO 有关的投资措施协议 (TRIMS) 的有关要求不符。在汽车服务与贸易领域，我国对外商从事与汽车产业相关的销售、维修、进出口服务、客货运输等做出了严格限定，上述这些措施都与 WTO 的有关条款不符。

二、严格的行政性进入限制弱化了市场竞争机制的基本功能，必须调整。

汽车产业是一个典型的竞争性产业，竞争性的市场机制是汽车产业发展的最基本的和最重要的功能性要素。政府政策的基点应建立在培育与维护一个健康、公平、有序的市场竞争机制的基础上。在市场进入与退出上的企业自主性，是形成市场竞争机制的一个重要基础。然而多年以来，我国政府在两个层面上对汽车产业实施了严格的行政性进入限制：一是严格的投资审批制度，即对于轿车、轻型车整车及发动机投资项目，不分限上限下一律由国家审批立项。这一政策的初衷是通过行政审批来限制社会资本盲目进入汽车整车和发动机生产领域，改善汽车产业的"散、乱、差"局面。然而，它却严重地弱化了市场竞争机制的形成，在汽车产品细分市场上，由于行政性壁垒的存在而呈现出明显的竞争不足的问题。失去了源自新进入者的竞争压力，原有企业就失去了提高效率的动力。二是严格的目录管理制度，即只有政府有关部门认可的特定企业和特定产品才能开工生产和销售，同时，生产企业开发新产品也受到严格限制。这种行政性限制大大地削弱了市场经济条件下企业在"谁生产、生产什么和如何生产"上的自主权，进而削弱了竞争机制的形成。

三、不合理的消费政策已成为汽车消费市场扩大的重要障碍，必须尽快改革。

目前，中国的汽车消费政策存在以下问题：一是名目繁多的价外税费使得消费者不得不承受高昂的不合理税费，过高的税费已经严重影响了汽车消费市场的扩大；二是消费政策不统一，地方保护主义严重。各地收费的名目和水平不统一，有的地方政府为了保护本地企业，或明或暗地在汽车消费和流通领域为外地产品制造障碍；三是消费政策没有充分体现政府产业政策意图，如政府已经明确鼓励轿车进入家庭，但对于家庭购买和使用经济型轿车的消费鼓励政策却长时间未出台（我们高兴地看到，最近激励性汽车消费政策开始启动）；四是市场销售体制不适应形势需要。传统的机电公司销售方式所带来的市场价格混乱、产品销售链条过长、费用增加、售后服务无保证、生产企业的市场营销策略无法实施等弊端日益明显，汽车连锁专卖店制度和销售融资等国外成熟的营销模式还没有得到足够的政策支持，汽车产品销售市场上各种假冒伪劣产品屡禁不止。

四、政策的统一与协同问题始终没有得到根本解决。

一是多年来中央政府与地方政府在汽车产业政策上的矛盾与冲突一直没有得到根本解决。地方保护主义成为阻碍国家汽车产业发展的最大障碍之一。在高税收、高产值、高利润的利益驱动下，地方政府实施了区域封闭的"地方汽车产业政策"，在对本地汽车企业实行各种倾斜政策的同时，对其他地方的汽车产品实行了歧视性政策。二是我们还没有找到汽车产业政策与其他经济政策和体制之间的最佳结合点。这样的经济政策和体制主要有投融资政策、税费政策、金融政策、城市规划、国有资产管理体制、企业制度和外贸体制等。例如私人购车后，一般讲会持续地每年增加相当于车价 1/10 到 1/5 的各种消费，由于购销环节的高收费，大大抑制了居民购车欲望，使汽车消费拉动经济增长和就业的作用得不到释放。另一个典型案件是，20 世纪 90 年代初期我国政府为吸引外资，曾允许外资企业免税进口轿车，一时间各种名目和形式的外资企业如雨后春笋般滋生，随之而来的是大量的免税进口轿车蜂拥而入，对国内轿车市场产生了不小的冲击。

……

任何一个政策的出台都有其特定的历史背景，随着中国改革开放的不断深入，国民经济发展水平和社会消费环境也有了长足的发展，1994 年出台的《汽车工业产业政策》存在的不足与弊端日渐显露。根据新的经济与社会发展需要，对其做出修订与完善，也是势在必行了。

第八章　上海先手破局

上海"巧遇"德国大众

其实，在中央决定大规模发展轿车前，中国轿车工业就已经艰难起步了，时间是被称为"改革开放元年"的 1978 年，起步的形式是与西方跨国公司合资经营。

"四人帮"被打倒后的首要问题就是要发展经济，改变国家积贫积弱的状况。该如何发展经济？早年在资本主义熔炉中锻炼过的邓小平认为，应该面向世界，学习引进西方先进的技术，利用西方过剩的资金来发展自己。

1978 年 5 月，中央决定，派谷牧副总理率领代表团赴西欧考察。这次考察，对中国打开国门起到了探路的作用。

由于考察引起的反响和带来的效果，中央又相继派出各部委组成代表团到美国、日本、西欧各国进行考察访问。这些代表团从不同的角度看到了中国与世界先进水平之间的差距，增加了改革开放的动力。

1978 年以后，国内轿车需求急剧上升，大量进口使得国家外汇储备捉襟见肘。1978 年，外汇储备仅剩 1.78 亿美元，还不够一个月的进口支付。鉴于供给与需求的巨大矛盾，1978 年 6 月，国家计委、经委和外贸部联合向国务院上报了《关于对外加工装配业务的报告》，提出开展对外加工装配业务，准备引进一批机电产品装配线，其中包括一条轿车装配线。国家计委当时的想法是，引进轿车装配线，一是减少进口以节省外汇，二是争取出口以换回外汇。对此，德国大众公司董事长哈恩在其自传《我在大众汽车 40 年》中说：

当时，中国考虑的不是建立自己的轿车工业，因为在那时的中国，私人轿车是一种奢侈品，国内没有哪个私人享受得起。中国人要利用国内低廉的人力成本进口汽车部件来装配汽车，靠出口成品汽车来获得迫切需要的外汇。

当时做出要引进一条装配线的人也许没有意识到，这一历史性的决定，实际上启动了中国轿车发展的按钮。此时恰逢饶斌被重新任命为一机部副部长、党组成员。得知国家计委的计划后，饶斌立即与上海市领导联系，建议上海向国家提出要求，将这条拟议引进的轿车装配线放到上海，并以此为契机，改造上海的轿车工业。他认为，上海有较好的工业基础，又是当时国内唯一的普通轿车批量生产基地，如果将引进的装配线与上海的轿车工业结合起来，能够较快地消化吸收，为中国轿车批量化生产打下基础。

饶斌的这一想法得到了上海市领导的全力支持。经商议，决定由一机部汽车总局、上海市机电一局、上海汽车拖拉机公司共同起草，以一机部和上海市市政府的名义联合向国务院写出题为"关于上海轿车一万辆规划的报告"（以下简称"报告"）。"报告"提出：

通过引进国外轿车制造技术，提高我国汽车工业的生产制造水平……把引进轿车制造技术放在上海，对上海轿车厂进行改造，使之成为一个现代化的小轿车制造厂……建设现代化轿车制造企业和选用 B 级车市场定位。

"报告"首次提出了引进轿车技术和规模化生产的概念，以及"优势互补、互惠互利、实现中外两利"选取合作伙伴的原则。

上海市机电局局长蒋涛对那段历史有极为详细的回忆：

1978 年 7 月 29 日，我当时是上海市机电一局局长。时任一机部汽车总局副局长的胡亮和局长助理王恩魁从北京专门到上海，他们一见到我就说："蒋局长，我们向你报告好消息来了。"

"什么好消息？"我笑着问。

"国家计委、国家经委和外贸部联合向国务院上报的《关于开展对外加工装配业务的报告》，国务院已经批准了。在报告中提出引进一条轿车装配线，拟安排在上海，对上海轿车进行技术改造。饶斌部长派我们来和上海领导研究项目落实政策。"

我一听到这个消息，简直是喜出望外——这不正是我时时盼望的好机会吗？于是就立即向汪道涵市长做了汇报，并通知拖汽公司做好准备。

当天晚上，陈锦华就会见了胡亮和王恩魁同志，他们初步商量了项目落实措施。陈当时是上海市副市长，他让我组织人员，和胡亮、王恩魁两人一起，以一机部和上海的联合名义共同起草《关于引进轿车制造技术和改造上海轿车厂的报告》，并上报国务院领导。

1978 年 8 月 9 日，饶斌和上海市副市长陈锦华签署意见后，"报告"立即被送到时任中共中央副主席李先念和国务院副总理纪登奎、余秋里、谷牧、康世恩的案头。8 月 11 日，李先念将这份报告批给余秋里。9 月 13 日，余秋里批示：

同意与外商商谈。

同谁谈呢？ 1978 年 9 月底，饶斌率团"周游列国"，逐个去"敲"外国汽车公司的大门，中国向世界抛出了联系引进汽车生产技术的"绣球"。此时，正值国际石油危机蔓延，西方资本主义国家被日渐上涨的石油价格折磨得焦头烂额，正在想方设法地寻找新的投资市场和产品销售市场，改革开放的中国正好给了他们一个寻找新市场的机会。根据中方的邀请，通用、福特、丰田、日产、奔驰、大众、雷诺、雪铁龙等世界知名汽车公司先后派代表团来华商谈。

由于中国经济发展的现实和对中国的肤浅认识，一开始，几乎所有的外国公司都不看好中国市场。在他们眼里，中国的工业基础，尤其是汽车工业极端落后，轿车工业更不值一提。他们对中国汽车工业参观访问后得出结论，中国的汽车工业，尤其是轿车工业尚处于原始状态，无法接受现代汽车工业技术，更谈不上发展科技和资金密集型的轿车项目；中国的基础设施，如道路、钢铁无法支撑现代化汽车工业的发展；中国的经济水平过于落后，国内购买力太低，无法形成市场规模。在这种情况下，他们只热衷于向中国推销他们的产品，而对中国所提的引进轿车生产线自行装配轿车则缺乏积极性。在上海轿车厂的生产现场，日本丰田公司的代表被车间里震耳欲聋的榔头敲击声所震惊，他们当着中方接待人员的面直接说，"这是我们爷爷辈的生产方式。"言语中充满不屑。

倒是具有探险精神的美国人先行了一步。1978 年 10 月，美国通用汽车公司董事长墨菲率领一个 17 人组成的代表团应邀来到中国，就引进重型汽车生产技术问题与中方谈判。谈判中，墨菲提出了著名的"合资经营"概念，他的这一提法得到了邓小平的首肯。就在邓小平对合资经营表态后，时任国家计委副主任的顾明向邓小平请示：轿车项目可不可以搞中外合资经营？邓小平回答：

可以。不但轿车可以，重型汽车也可以搞合资经营。

顾明立即将此情况告知了时任一机部副部长的饶斌。饶斌非常兴奋,立即电话通知了上海汽车拖拉机公司负责轿车谈判项目的翁建新,电话通知的时间是 1978 年 11 月 9 日下午 4 点 06 分。

从此,一种新的经济形式在中国开始出现,而且,是在中国汽车工业中首先出现。从以后的结果看,党和国家最高领导人的这个表态开启了中国现代轿车发展的大门。

有意思的是,最早在中国提出合资经营理念的通用汽车公司却没能成为最早进入中国的外国汽车公司。墨菲在中国提出合资经营得到了中方的响应,但他的美国同行却并不认可他的想法。墨菲回国后,向通用汽车公司董事会报告了中国之行的结果,并提出在中国办合资公司的想法,但通用汽车公司的绝大多数董事都不认可墨菲的想法。在他们的眼里,中国汽车工业尚处于原始状态,生产水平低,技术极度落后,没有汽车市场的基本概念,在这样的地方投资无异于白白扔钱。墨菲的动议被董事会投票否决。政治上的偏执与经济上的短视使得通用汽车公司董事会的董事们错过了首先进入世界上最大的汽车市场的机会,而将这一历史上最大商机让给了欧洲的德国人。多少年后,墨菲谈起此事还懊悔不已。

关于中国与大众牵手合作还有一个鲜为人知的传奇故事,这个故事的主角是时任中国机械工业部部长的周子健,故事的讲述者是时任德国大众公司董事、人事经理的马丁·波斯特。故事就从周子健部长率领中国机械工业代表团欧洲之行说起。

邓小平关于轿车可以合资的指示传到上海时,正值机械工业部部长周子健率领中国机械工业代表团赴欧洲考察访问,考察团的主要任务是开阔眼界、了解世界机械工业发展情况。考察团成员是清一色的国家各部委及直属企业工作人员,唯一的地方成员是上海机电局局长蒋涛。在欧洲,蒋涛接到了上海打来的电话,传达了邓小平的指示。听后,蒋涛心中一阵高兴,自己正在欧洲汽车强国访问,可能会有谈合作的机会。考察团先后访问了罗马尼亚、南斯拉夫、意大利、联邦德国、法国、瑞士共 6 个国家的 50 多个企业和研究单位。

中国代表团抵达联邦德国后,首先去的地方是奔驰汽车公司总部所在地斯图加特,其目的是要考察德国的奔驰汽车公司。在斯图加特街头,中国代表团惊讶地发现,除了极少数的奔驰外,满街跑的汽车基本上都是顶着大众车标的甲壳虫和高尔夫。代表团的人员向奔驰汽车公司询问这些汽车的制造商是谁,奔驰汽车公司向中国客人介绍,这些车都是由来自沃尔夫斯堡的大众汽车公司生产的。周子健立刻决定:到沃尔夫斯堡去。

抵达沃尔夫斯堡后,代表团徒步从火车站赶往大众厂南部的一个大门。借助于翻译,周子健向当班的警卫做了如下的自我介绍:"我是中国的机械工业部部长,想与大众公司的负责人对话。"

那名警卫面对着身穿中山装,徒步到来的中国部长惊讶不已,于是便设法找个能接待他的人。谢天谢地,那一天,负责销售的大众董事施密特博士正巧在公司上班。警卫于是致电给他:"施密特博士先生,我面前站着中国机械工业部部长,他想与您对话。"

施密特博士的惊讶程度不亚于那名警卫,他充满敬意和新奇地回应道:"那就请他到大楼里我的办公室来吧,那将是我的荣幸。"

中国政府和大众的对话便如此开始。

(马丁·波斯特,《上海 1000 天——德国大众结缘中国传奇》,中信出版社)

这段传奇般的故事说明,国门初开的中国对世界的了解是何等的缺乏,但一旦发现有用的信息又是何等的果断与坚决。如果周子健部长当时不是那样的果断,而是层层请示、汇报,再等待批示，上海大众公司的历史或许会被改写。

11月20日，在参观德国大众公司的预备会上，蒋涛向周子健部长建议:在参观后的座谈会上，能否向大众提出与上海合资合作经营轿车厂的意向？周子健同意了这个建议。

沃尔夫斯堡，德国大众轿车生产厂，车间里设备密集，工人劳动有条不紊，流水线上闪亮的轿车排着队，一辆一辆地驶下装配线。眼前的景象使代表团的成员明白了什么是现代化的轿车生产。站在一辆辆驶过的轿车面前，蒋涛不禁想起了自己的上海汽车厂，两相对比，令人汗颜。

参观完毕后，主客双方进入会议室。蒋涛抓住机会对大众公司董事施密特提出:希望大众公司能够与上海汽车公司合作经营轿车厂。中方翻译的话音一落，施密特先生就热烈响应，他将双手高高举向空中，大声地说:"我双手赞成。"施密特说:"大众汽车公司正和另一国家商谈在亚洲合作建厂的问题，如果中国愿和大众汽车公司合作，那么大众汽车公司将放弃与那个国家商谈的项目。并且，大众汽车公司愿意出资金，也愿意转让技术，将大众汽车公司研制的最新车型提供给上海选择。"

多少年以后，德国大众亚太地区副总裁雅格比说:"当时，我们正在与韩国谈合作，认为韩国的汽车工业基础比较好，是理想的合作伙伴。但从韩国的市场来看，毕竟不如中国，而且劳动力成本高，政治局势也不稳定，最后还是放弃了。"参加谈判的一位德国大众的代表比喻说:"中国像一只雄鸡，中国的市场潜力巨大、前景诱人。"

施密特的表态令在场的所有人，尤其是中方来宾十分振奋，蒋涛更是分外高兴。中国代表团中还有一个关键人物，他就是时任机械工业部外事司司长的江泽民，此行考察，江泽民担任中国机械工业代表团的秘书长。会见一结束，江泽民就立刻亲自对蒋涛交代:"此事极为重要，你们千万不要放过这一机遇，回国后要抓紧向中央各部委和市委市政府的领导汇报，争取他们的支持。"

蒋涛回来后席不暇暖，立即向上海市委市政府的领导汇报了德方的表态。时任上海市市长的汪道涵是蒋涛的老上级（在原华东局工业部，汪道涵任部长，蒋涛是办公室主任），听完蒋涛的话，在场的上海市领导一致同意，要抓住这千载难逢的机会。汪道涵立即指示:"这一项目由蒋涛负责，组织班子着手准备对外谈判。"

得知上海的安排后，一机部立即向德国大众公司发出邀请，请他们派人到中国上海洽谈；德国大众公司也立即派出代表来华。从此，中德双方拉开了谈判的序幕。

石油危机带来的合资机遇

汽车工业是技术密集型产业，而西方发达国家一直对中国实行技术封锁，其中就包括汽车的相关技术。那为什么现在却对中国表现出兴趣？美国、德国等世界汽车产业大国为什么会将目光投向汽车产业基础极为薄弱，并且是封锁对象的中国？其中的根本原因是为了扩大产品市场等利益取向；具体看，还有着石油危机，以及日本汽车产业崛起并大规模进军欧美等多种原因。

石油号称现代工业的血液，是工业大国须臾不可离的重要战略资源。

第二次世界大战后，世界经济快速发展，人类迎来了石油开发利用的黄金时代。1948年，全球每天的石油消费量为930万桶；到了1973年，石油的日需求量增加到5600万桶，整整增加了5倍。石油成为工业经济须臾不可离的"血液"。

受石油危机影响最为明显的是汽车产业。由于中东石油产量减少价格暴涨，美国、西欧各国、日本等经济发达国家的汽车制造成本大幅上升、利润大幅下降。美国国内的汽油价格直线上扬，汽油价格上涨导致汽车销量直线下降。

第二次石油危机之前，美国经济如日中天，美国国内的企业，尤其是汽车企业，日子过得滋润舒服。美国汽车企业实行高福利政策，员工工资在全国名列前茅；高管更是拿着天价年薪，就业时收入丰厚，退休后还要保证收入不减，几乎每一家美国汽车企业都背负着沉重的退休金负担。面对着高福利员工、天价高管、低效营销网络、畅销车型匮乏、节能环保滞后、天文数字的债务等，美国的通用、福特、克莱斯勒三大汽车企业不堪重负、危机四伏，但低至3~5美元一桶的石油和高至一万至数万美元一辆的汽车仍支撑着庞大而充满危机的美国汽车企业。

第二次世界大战后的美国成为世界霸主，美国人也被惯坏了，大大咧咧、大手大脚。大房子、大汽车是美国人憧憬与追求的基本生活方式。车身宽敞、装载量大、道路适应性强的SUV成了美国人追捧的经典车型，私家车中，SUV保有量高达六分之一。每到假期，这些耗油量大的"油老虎"就在美国的各条公路上威风凛凛地呼啸奔驰。尽管SUV价格不菲，但各汽车企业却毫无顾忌，照样生产，原因很简单，3~5美元一桶的石油比水贵不了多少，而每卖出一辆SUV，汽车企业就能赚进1万多美元的净利润。低油价支撑着美国汽车业的虚假繁荣。

第一次石油危机前，一桶石油3~5美元；第一次石油危机后，一桶石油涨到10~12美元，整整翻了3倍，各大发达工业国家的生产成本因而大幅增加。油价一路飙升，视油如水的美国人第一次感受到了油价高升的压力。如果说第一次石油危机只是使这些国家感受到了压力，那么第二次石油危机则使这些国家受到了沉重的打击。第二次石油危机前的1978年，一桶石油13美元；第二次石油危机以后，油价再翻一倍，涨到了每桶30多美元，而且在30多美元的基础上继续维持小幅上涨的趋势。

两次石油危机极大地改变了美国的汽车需求结构，人们的选择热点开始由大型车转向节省燃油的小型车，而美国三大汽车公司此时才发觉，自己手上根本就没有小型车的技术储备。

石油危机是美国大型汽车的危机，但却给节油的日本汽车带来了极为难得的机遇，出口量迅速增加。到1977年，日本汽车出口达到447万辆，超过了产量的一半。1980年，日本汽车产量超过美国，夺取了汽车王国的桂冠。20世纪80年代，日本汽车的年出口保持在600万辆左右，主要输往欧美。以丰田为代表的日本汽车乘坐着一艘艘滚装船越过波涛滚滚的太平洋，从美国汽车三巨头手中将汽车市场一步一步地夺过来——丰田汽车成功地取代通用汽车，坐上了世界汽车的头把交椅。

美国是世界上最大的汽车市场，也是全方位开放的市场，任何国家的产品，只要符合美国的相关标准，就可以在美国销售。这样开放的市场为具有强大资金和技术实力的日本汽车工业进军美国创造了条件。从20世纪70年代后期起，价廉物美的日本汽车便如潮水般涌进美国。1977年11月，福特汽车公司向美国汽车工人工会提出一份报告，报告中警告：如果日本汽车对美国出口达到270万辆，美国将有13.5万人失业。1978年3月，美国汽车工人工会带着美国工人的愤怒来到日本，要求日本由在日本生产然后出口美国，改为到美国投资建厂生产汽车，以扩大美国人的就业机会。但日本以美国工人工资高、生产成本高为由拒绝了美国人的要求。

日本人的态度激怒了美国人，1979年12月，美国汽车工人工会主席在媒体上撰文猛烈抨击日本汽车"抢夺了美国工人的就业机会"，在美国社会上引起了强烈的反响。

价廉物美的日本汽车几乎把美国的汽车工业逼上了绝路。通用一家接着一家地关闭工厂，大批工人失业；福特一度亏损 23 亿美元；克莱斯勒濒于倒闭。

本国的汽车工业在日本车的冲击下几乎遭到灭顶之灾，美国政府岂能置之不顾。美国政府对日本政府施加了强大的压力，经过数轮谈判，日本最终被迫与美国签订了《对美出口轿车自主限制协议》的城下之盟，决定把 1981 年—1983 年的对美出口汽车数量限制在 168 万辆；以后又将这一限额增加到了 186 万辆，并延长到 1984 年；同时，还同意到美国投资设厂，包括整车和零部件，以增加美国人的就业机会。

尽管日本表面上做出了让步，但日本的汽车出口仍在继续。1990 年，美国对日本的贸易逆差达到 4100 亿美元，其中汽车贸易占 75%。为了摆脱困境，美国的汽车厂家再三敦促政府和议会尽快对进口日本汽车实施限制，听命于资本家的美国政客们也在国会摇唇鼓舌，要求政府对日本施加更大的压力，以解决日本汽车对美国的压力，并称"汽车问题已成为当今美国具有政治意义的问题"。

1992 年 5 月，美国商务部通过关贸总协定正式指控日本在美国倾销小型厢式车，声称将对其课以 7.75%~12.50% 的惩罚性关税。同年，美国总统老布什率领美国汽车三大公司的高层访问日本，再次对日本施压。日本汽车工业不得不退却——继续减少对美汽车出口。1994 年，日本的汽车产量为 1055 万辆，比上一年减少了 6%，从此痛失世界第一宝座；1994 年，美国三大汽车公司总共销售了 1113 万辆汽车。至此，美国重新夺回了世界汽车工业第一的桂冠。

客观地看，美国汽车与日本汽车这一轮交手，胜负的主要因素是石油。

石油危机和日本轿车惊醒了美国和欧洲的资本家们。面对石油危机和日本汽车的双重压力，为了应对危机、寻找出路，美国福特、通用、克莱斯勒等几大汽车厂商不约而同地将眼光投向海外，寻找新的低成本市场和出口商机。而此时，大洋彼岸的中国正结束"文革"危机，拉开改革开放的序幕，开始执行以经济建设为中心的政策，中国汽车行业也正在寻求与西方开展轿车合资。一个有着几乎"无限潜力"的大市场展现在了这些西方大公司面前。

德国大众抢滩上海

虽然上海方面开始了与德国大众的接触，但当时中方的合作对象却没有仅锁定德国大众，眼光仍在扫描美、日、法等其他大型汽车公司，希望找到更心仪的合作伙伴。

1979 年元月初，上海提出赴美与通用汽车公司洽谈合资经营的方案。元月 26 日，国务院副总理谷牧在上海的方案上批示：

　拟同意，请秋里、耿飚、方毅、王震、世恩、慕华同志批示。

邓小平于 2 月 11 日再次圈阅同意。得到中央的首肯后，1979 年 3 月 6 日至 4 月 16 日，饶斌率领以上海汽车工业代表为主的中国汽车工业代表团，赴美国、德国、法国、日本对通用汽车公司、德国大众、奔驰、法国雪铁龙汽车公司和丰田汽车公司进行考察，商谈合资经营事宜。

在美国通用汽车公司，美方请中方代表参观了工厂，还请中方成员试驾了他们新研制的小轿车。但对中方合作的要求，美国通用公司的回应是：中方生产部分汽车零部件，再由他们提供其余的零部件在中国装配，产品纳入他们的世界生产体系。这如同通用雇佣一个帮他们打工的小伙计，离中方自己生产轿车并要出口创汇的想法相差万里。日本是中国的近邻，日本的汽车公司善于在生产上精打细算，对于选择合作伙伴也是极为精于计算。日本汽车公司奉行的是"只卖商品，不卖技术"，他们更不愿意用自己的技术去培养一个潜在的竞争对手。法国的雷诺和雪铁龙倒是有积极性，但他们完全不了解中国的市场和中方的想法，提供的车型也不适合中国的市场。

中国代表团的考察活动断断续续地持续了近2年之久，但这次全球环游毫无成果，中国代表团的成员心情郁闷。原上海大众公司董事长陆吉安后来说："我们用了2年多的时间周游列国，但没想到的是，这次面向全世界招募合作伙伴并不顺利，日本、美国的各大汽车公司相继拒绝了我们。"

这些西方大公司拒绝中方的原因很简单：中方的合作内容让他们无法接受。蒋涛说："我们在选择合作对象时坚持了以下几条原则：首先是能提供适合我国市场需要的先进车型；其次是能提供先进的生产技术和科学管理模式，共同建设完整的现代化轿车工业，对方要在国际上已具备较强的竞争力，并能参与商品出口，以解决外汇平衡；第三，同意对横向零部件企业提供技术帮助，加快零部件国产化。"

对照中方的条件，多数外国大汽车企业不屑一顾。他们认为，出牌要对等，中国的汽车工业是如此落后、市场环境是如此糟糕、市场容量是如此有限，中国完全没有发展轿车的基础与条件，中方凭什么提出如此高的要求？他们对中方说：你们没有必要自己生产轿车，进口我们的产品就行了。

德国大众公司是这些西方公司中的另类，相比较其他西方大公司，德国大众公司是唯一既愿意提供最新技术、又愿意投入资金的大公司。在这种情况下，饶斌认为，还是德国大众的条件较好，这才选定德国大众汽车公司作为谈判对象。

原上海大众总经理仇克后来回忆道：

德国大众公司的代表博诗到上海主要是我接待的。我们也很清楚，德国大众派他来是想了解中国情况，探讨合作条件。他来了后，先是参观了上海汽车厂。我告诉他，我们的要求是：引进技术、利用外资，建成年产15万辆的合营企业，主要是出口。

这里面还有个小插曲。我邀请他到和平饭店吃饭，看到很多日本人，他指着这些日本人开玩笑说："日本人一定也和你们谈了。我只有一个人，怎么能和他们那么多人竞争？"

我也笑着回答："历史上以少胜多的事情也不少，而且你们以后也可以多来一些人呀！"

接下来就是1979年4月，饶部长率领中国汽车工业代表团访问大众，他们特地安排了我们参观每天生产3700辆轿车的沃尔夫斯堡轿车厂、高尔夫轿车的自动装配线，还看了技术中心、试车场、碰撞试验室等，以及大众在产的各种车型的展览大厅。参观完后，大众公司董事长再次重申，他们愿意和中国合作在上海建设现代化轿车厂；还提出，为了降低生产成本、提高竞争力，愿意帮助中国发展零部件产业，并同意整车返销60%。代表团一行都认为，大众公司提出的条件比较实际，可信度较高，符合我们国家的要求。

后来，德国大众又派代表团正式访问中国，由纳德布什带团。他们这次带来的情况是：他们是想在亚洲寻找合作伙伴，第一家找到了伊朗，双方谈得很深入，后来因为伊朗国内动乱而取消。现在正在谈的是韩国，韩国有许多条件是大众公司愿意接受的……但大众仍然愿意跟中国合作，主要是看到中国汽车市场的发展潜力非常大，而这正是韩国所缺乏的。因此，他们最终将中国定为合作伙伴。

由此可见，中国与德国大众合作是在没有挑选的情况下做出的决定。从此，上海和德国大众开始了艰苦曲折、起伏不断的长达 6 年的马拉松式合资谈判。

德国大众公司是一家什么样的公司？为什么那么多西方企业拒绝与中方合作，而它会反其道而行之呢？要了解这些，就得先认识大众公司。

德国是汽车的故乡，自从 1886 年汽车在德国问世后，执着细致的德国人便开始痴迷于改进和制造这个"改变世界的机器"。1901 年，德国有 12 家汽车制造厂，职工总数 1773 人，年产汽车 884 辆；到了 1908 年，汽车厂猛增至 53 家，职工 12 430 人，年产汽车 5547 辆。不仅能供应国内市场，还把大量的产品销往到世界各地。到 1913 年第一次世界大战爆发以前，德国汽车工业已基本形成一个独立的工业部门，全德国共有 5 万多人从事汽车制造，年产汽车 2 万辆，汽车保有量已达 10 万辆。

两次战败也曾使得德国汽车工业一蹶不振，第二次世界大战美国和英国推行"马歇尔计划"，帮助德国恢复经济。德国工业部门得以复苏，其中就包括汽车工业。

第二次世界大战结束后，大众汽车的创始人波尔舍因为曾经为纳粹工作过而获刑 2 年，并于 1951 年中风去世。大众汽车公司则在英国的监管下开始重新生产民用汽车。1946 年，英军任命著名的汽车专家、前欧宝汽车厂厂长鲁登霍夫为大众汽车厂厂长。鲁登霍夫接任后，带领全体工人在废墟上重建工厂，很快便使汽车厂恢复了生产。1949 年 9 月，英国将大众公司的托管权移交给联邦德国政府；1960 年联邦德国政府将大众公司私有化；从此，德国大众汽车公司进入了快速、平稳的发展时期。当时，大众公司的主要品牌就是大众汽车，由于该车外形酷似甲壳虫，所以在 1968 年时，大众公司在自己的官方广告中称之为"甲壳虫"。甲壳虫的研发者将研发目光放在经济水平有限的普通大众身上，强调该车经济实用、坚固结实，并且维修方便，甲壳虫由此成为欧洲最畅销的车型。拿下欧洲市场后，鲁登霍夫又将甲壳虫打进了美国市场。

在甲壳虫的滋养下，大众汽车公司迅速发展起来。到了 20 世纪 70 年代，大众汽车公司已成为一个在加拿大、美国、南非等世界许多国家都有生产厂的跨国汽车集团，旗下有"兰博基尼""布加迪""高尔夫""奥迪"等多个世界知名品牌，年产销 300 万辆，成为欧洲第一、世界第四大汽车公司。继甲壳虫以后，大众公司又开发出了高尔夫等一系列深受市场欢迎的产品，并以此稳固地占据着经济型轿车市场"老大"的地位。

20 世纪 70 年代，面对席卷西方世界的石油危机和日本汽车的竞争，大众公司感受到了空前的威胁。为了改变不利局面，进一步扩大自己的实力，大众公司积极地采取了"走出去"的战略。

世界上最大的发展中国家，十几亿勤劳的人民正在进行的改革开放事业，使得德国大众将目光投向中国。在大众公司的"走出去"战略中，与中国合作无疑是其最大的和最重要的战略布署。力促德国大众与中国合作的有两个人，一位是大众公司董事施密特，就是他首先做出了与中国合作的决定；两年后，卡尔·哈恩博士接任大众公司董事长，将大众公司与中国的合作进一步推广，最终使得中国成为大众公司最大的合作伙伴。

卡尔·哈恩博士 1926 年出生于德国凯姆尼茨的一个工业世家，1954 年进入大众汽车公司，1959 年至 1964 年担任大众汽车美国公司的总裁，1973 年至 1981 年担任德国汉诺威大陆轮胎公司的董事长，1982 年担任大众汽车公司的董事长。在任期间，他实现了甲壳虫后继产品（帕萨特、高尔夫、波罗）的成功以及奥迪品牌的复兴。但他最主要的业绩是通过在中国、西班牙、葡萄牙、土耳其、斯洛伐克、波兰、匈牙利等国家和地区建立生产基地，让大众汽车集团跻身世界顶级企业行列。

哈恩博士为什么要力主与中国开展合作呢？ 20年后，哈恩在自传《我在大众40年》中谈了自己当时的见解：

中国的汽车工业基础确实很差，但要用历史的眼光看待中国人，这个民族有其不可预见的能量，只要能将他们的民众团结起来，万众一心，他们就能做出让世界瞠目结舌的事情，他们研制出了火箭、导弹、原子弹就是例证。现在，他们正在进行改革开放，他们愿意拿出资金和力量来发展轿车工业，如果我们现在错过与他们的合作，将来我们就会为此而后悔。与其等到他们自己做出来后将我们作为竞争对手，还不如我们现在就参与他们的发展，与他们合作成为合作伙伴。

事实证明，哈恩的选择是明智的。在谈到他当初下定决心来中国的最重要原因时，他认为是中国悠久的历史和古老文化独一无二的特征打动了他。他在《我在大众40年》中回忆：

20世纪80年代，我希望能够参与中国强大的经济发展，使中国巨大的潜力能够被发挥出来。80年代初期，中国汽车工业技术虽然很薄弱，但是到后来，和当时的上海汽车拖拉机联营公司有了进一步的接触和交流以后，更进一步坚定了我们对中国的信心。只是当时只有我们有这样的信心，其他外国汽车公司没有这样的信心。特别是对于很多外国汽车公司来说，它们并没有把自己的技术转让给中国的愿望。

中国有着悠久的历史文化传统，这样的国家会有未来，也能造好汽车。

虽然哈恩有远大的目光，但必须看到，德国大众决定与中国上海合作，包括以后与中国一汽合作，都是在其全球战略的角度考虑问题的，其出发点是为了大众公司的利益最大化。而中国也需要在与大众公司的合作中学习到先进的技术与管理，这也符合中国利益最大化的要求。正是出于这一共识，中德双方才走到了一起。原上海机电局副总工程师翁建新说：

在确定大众作为我们的合作伙伴前，我曾经从各方面搜集过资料。资料证明，大众向我们提供的条件是从他们的全球化战略来考虑的。我调查到，大众在欧洲、北美、南美和非洲都已经建有工厂，唯独亚洲没有。在我们双方接触初期，大众的经营情况很好。积累了一些富余资金，也很想在亚洲发展战略合作伙伴。

最初他们曾想和日本合作，但日本不想干。后来，他们和印尼等国家有些接触，但发现印尼没有条件。再和伊朗接触，又感觉到伊朗的政局不稳定。再后来就是跟韩国商谈，但感到韩国国内资源缺乏，而且韩国国内已经有几家大型轿车厂，整个国家的市场份额也不大，就有些犹豫不决。在这种条件下，他们感觉到，上海是他们最理想的合作伙伴。他们也对中国市场做过调查，中国地大人多，是一个很大的轿车潜在市场，因为中国的新领导提出改革开放政策，所以他们相信中国的经济一定会加速发展，轿车市场也会逐步扩大。还有一点，他们认为中国人聪明勤劳，一定能把轿车厂办好。所以，他们愿意放弃与韩国的合作，转向与中国合作。

漫漫谈判路

引进轿车装配线放到上海的项目被称为"上海轿车项目"。上海轿车项目的基调是：中德双方合资，预定投资3.87亿美元，双方各占50%股本，各出1.6亿美元，年产15万辆，80%用于出口。上海方面提出，合作生产的轿车应是最新款的、能作为公务车和出租车使用的中级车。德国大众同意提供他们正在研制的 B 级轿车"桑塔纳"。

德国大众美国公司的生产厂坐落在加利福尼亚州桑塔纳山谷下。桑塔纳山谷以盛产名贵葡萄而饮誉世界，由于气流的作用，桑塔纳山谷经常刮起一股股强劲的旋风，当地人把这种旋风叫作"桑塔纳"。大众公司便以这种风的名字为自己生产的这款中级轿车命名，希望这款轿车开行起来犹如强劲的旋风。

桑塔纳在德国的原型为帕萨特。1973 年，大众公司研制生产了第一代帕萨特（Passat B1）。产品面世之后，用户提出了各种意见；大众公司的工程技术人员根据意见，对这一款帕萨特进行了重新设计，并换装了新型发动机，这就是第二代帕萨特（Passat B2），也就是以后来到中国的"桑塔纳"。同时生产这款车的还有巴西大众、阿根廷大众、墨西哥大众等德国大众在拉美国家的企业。在日本，由大众公司授权日产公司生产，称作 Nissan M30（生产时间 1984 年—1990 年）。

桑塔纳属于中级轿车，又是德国大众最新的产品，德方也愿意将这个车的技术全部转交给中国，这都符合中方在谈判时所提出的车型和转让技术的条件，桑塔纳就这样有缘于中国了。有趣的是，桑塔纳在德国的销路并不怎么好，仅仅生产了 13 万辆后就停产了，但在中国却演绎了一个轿车领军者的角色，成为生产量最大、保有量最多、连续生产 20 年的长盛不衰的车型。

曾任上海大众副总经理的德方代表马丁·波斯特说：

中国人对桑塔纳的装配尤为感兴趣。上海大众制造桑塔纳，是合营合同里确定的条款，而且是中国人的愿望。大众公司在谈判进程中，最先提供的是奥迪 100，但中国人喜欢桑塔纳。是饶斌说服了中国政府，中国真正需要的是：并非大奔模样，而是一款省油、廉价，又安全的汽车，并且是一辆在与德国人合作初期容易制造的车。

（波斯特，《上海 1000 天——德国大众结缘中国传奇》，中信出版社）

虽然协议规定合资公司生产桑塔纳，但中国国内有些人对于这个车型仍存在一些不同意见。当时，引进轿车的主要用途是作为公务用车。作为公务车，中方有些人提出，桑塔纳太小了，不够气派。1985 年，上海提议，在生产桑塔纳的同时，还要同时生产大众集团的顶尖产品——在欧洲刚刚获得巨大成功的奥迪 100。奥迪 100 属于 A 级轿车，是德国大众刚刚投产的一个新品牌。但是来自奥迪公司的代表对上海汽车厂混乱的生产环境极为不满，认为上海没有能力生产奥迪；而上海大众的德方人员正被桑塔纳的生产和零部件国产化进程搞得焦头烂额，也认为上海大众公司的外汇额度、生产场地和人员素质都不适合再增加生产奥迪 100。但经不住上海方面的坚持要求，经过双方的反复协商，最终确定采用散件组装的方式在上海小批量"组装"奥迪 100。

1986 年夏，德方从德国发来了 500 辆份奥迪 100 的散件给上海方组装。就在这个时候，德国大众开始了与长春一汽的合作；经过国家有关部门的协调，决定将奥迪 100 交给一汽，上海专心做好桑塔纳。这样，在"全国一盘棋"思想的指导下，上海方面眼巴巴地看着一款 A 级轿车离开了自己。

有段时间，曾经有舆论说，德国大众给中国的桑塔纳是大众公司的一款滞销车型，德国人觉得不好卖了，才将它甩给中国人。对此，波斯特做出解释：

关于这一点，那个时期有诸多错误的看法，好像因为桑塔纳退出市场，我们便迅速迫使中国人接盘，这种顽固的成见流传至今。真实情况却是，桑塔纳尽管在欧洲不怎么畅销，但在世界其他地方，比如巴西，却是一款实实在在的畅销车型。理由很充分：它是一款以最先进技术配置的耐用型大众中级轿车，中国人想要的就是这种汽车。此外，桑塔纳还在西班牙、南非生产，更以许可证方式在日本日产公司制造，这是许多人所不知道的。所以，它终归是我们最新款的汽车。我们把"旧货"卖给了中国人的那种传言，完全缺乏根据。可以说，桑塔纳是我们当时拥有的最先进的汽车。1982年，在试装合同框架范围内决定引进桑塔纳的时候，它才上市一年。

（波斯特，《上海1000天——德国大众结缘中国传奇》，中信出版社）

车型好坏决定企业命运。选择属于中级车的桑塔纳主要考虑到"适应国内市场的需要，同时又具有国际先进水平，外形美观大方，综合性能可靠"。事实说明，桑塔纳受到了中国的欢迎。从开始100%由德国零部件组装到以后100%由国产零部件生产，桑塔纳在中国已经走过了20多个年头。据2003年的数据，在中国，桑塔纳轿车的保有量已经超过200万辆，稳居各种轿车销量的榜首，被称为中国国民第一车，成为中外合资轿车第一品牌。桑塔纳在中国的成功，从某种程度上说也是车型选择的成功。

谈到上海轿车项目，就不能不谈蒋涛。

蒋涛，汉族，1921年12月出生，河北涞源县人；肄业于保定师范学校，进修于晋察冀边区师训班；1938年5月参加革命，1940年7月1日加入中国共产党，历任助理员、区长、科长、县长等；1949年1月随军南下，4月23日渡过长江；过江后，蒋涛任皖南新区财经委员会秘书长。1950年12月，皖南皖北合并成立安徽省，蒋涛调入上海，任上海钢铁委员会秘书长、华东局工业部办公室主任、上海市委工业部处长；1954年，蒋涛调入上海市重工业局、机械局，历任机电局副局长、局长；1979年任上海市计委副主任、上海市八届人大常委、上海汽车工业联营公司、上海海上石油工程联营公司、上海工业联合供销公司董事长。1978年起，蒋涛主持上海与德国大众汽车公司轿车合资项目。

上海与德国大众合资项目谈判历时6年，从1978年11月开始，直到1984年11月签约。这6年中，蒋涛的工作变动了两次，一次是1979年12月，由上海机电工业局调入上海市计委，这个项目继续由他分管。1982年7月，蒋涛调入上海市人大常委会任常委。上海市政府随即发文给相关部门："蒋涛同志虽然工作有所变动，但作为项目负责人保持不变，继续负责领导这一合营项目的筹建工作。"从1978年到1984年，蒋涛自始至终组织、领导和参与了上海轿车项目，被德国大众汽车公司誉为"上海桑塔纳"之父。

但在改革开放刚刚开始起步的国内政治经济环境下，上海轿车项目犹如大海上的一叶扁舟，在起伏不定的波涛中，时而跃上峰顶，时而落入谷底。

上海轿车项目遇到的第一波风浪来自于中国国内。

在当时，这是全国最大的汽车项目。1979年，国家开始对许多在建项目和引进项目进行整顿。时任上海市委副书记的韩哲从北京回沪后对谈判小组成员仇克说："我们这个轿车项目很危险，国家经济调整，很多项目要下马。我们这个项目年产15万辆，国家计委透露消息说，项目下马的可能性很大。"

得知国家的决定后蒋涛非常着急，他曾经是上海工业的掌门人，对上海的工业家底最清楚，上海轿车与国外轿车的隔代差距更是让他寝食难安。这一次上海轿车合营项目是发展上海轿车工业的一次难得的机会，如果失去这个机会，我国自己生产的上海牌轿车绝不是进口轿车的竞争对手，要不了多久就会被挤垮。在某种意义上说，失去这次合资机会就等于放弃上海轿车工业，作为项目的主要负责人，这是蒋涛无论如何也无法接受的事情。

蒋涛一面向上海市委书记陈国栋和市长汪道涵汇报，请求他们继续支持这个项目谈下去，绝不能半途而废；一面找来上海轿车项目组的有关同志，向他们宣布两条纪律：一是上海轿车项目可能停的消息不能外露；二是与德方谈判不要停。他对大家说："说不定几年以后谈判成功，国家经济形势好转，我们就能有准备地上轿车项目了。但如果现在不和外商谈判，那一切都完了，今后即使有这样的机会，也不一定会轮到上海市。"

关键时刻，饶斌做出了决断。1979年5月，饶斌正好率领中国汽车工业考察团回国，在上海下飞机后，他立即召集蒋涛、仇克、翁建新等人在一起商量。饶斌说："轿车工业是汽车工业的重要组成部分，要振兴汽车工业，必须发展轿车工业。但我们与国外的差距太大了，光靠自己探索不行，不但时间长，而且水平不高，必须引进技术。国内虽然进行经济调整，部分建设项目暂缓，但轿车项目刚刚开始谈判，需要一定时间，不能马上建设，所以继续谈判和经济调整并不矛盾。说不定到谈成时，国内形势好转，那就能有准备地上马。过去有教训，一说缓，就处处开红灯，什么工作都不得不停下来；一说上，没有准备也仓促上阵，结果是欲速则不达，还是上不去。你们不要松劲，继续抓紧工作，我回北京再去做工作。"

其实，作为中国汽车工业的总负责人，饶斌比蒋涛等人还着急。上海轿车项目是饶斌极力保荐由上海来承担的，现在却面临下马的局面。如果上海轿车项目下马，就意味着刚刚起步的中国现代轿车工业夭折，受到影响的不光是上海的轿车工业，还有全国的轿车工业。回到北京后，一机部为机械工业的很多项目是上还是下开了3个半天的扩大会议。饶斌在会上汇报了在国外考察的情况。他说："这次到国外参观了很多生产轿车的企业，也看了一些技术研发中心，感到我们和国外的差距实在是太大了，只有引进技术、认认真真学习才能缩短差距，把我们的轿车工业搞上去，抵挡住轿车进口。所以（上海）这个项目不能下，而且要快上。"

讨论的结果是，一机部党组一致同意这个项目继续谈判。饶斌又向薄一波、姚依林等中央领导和国家计委、国家进出口领导小组汇报了一机部党组和上海市委的意见。饶斌关于"上海轿车项目现在还在谈判，并未进入建设阶段，现在的谈判绝不能停"的观点得到了他们的认可。一机部立即拟定报告上报国务院，批准后，谈判继续进行。

华裔德国人李文波时任大众公司中国总代表，他得知中国将大量压缩基建项目后，极为不安。与中国合作是德国大众在全球布局方面做出的战略决定，如果中国单方面放弃，德国大众将会蒙受重大损失。1980年的春天，李文波带着德国大众的重要使命前来拜访饶斌，希望中国方面给出一个确实的意见。饶斌坦率地告诉李文波："中国经济确实遇到了问题，国家将要对很多在建项目实行调整，很多项目，其中也包括汽车项目已经叫停。但干轿车我们是铁了心的，上海轿车项目绝不会停下来。"

听完饶斌的话，李文波惴惴不安的心情平静了。事后，李文波回忆说："完成来京使命之后，心里不知有多开心。这样，中德双方的合作大门不仅没有关上，双方还增进了了解。"

上海轿车遇到的第二波风浪来自德国。1980年3月6日，饶斌率团到德国、法国、奥地利考察汽车项目，并在德国大众公司，和德方商谈了建厂方案。双方经过研究讨论，确定大项目分三个阶段进行建设：第一阶段是利用上海汽车厂的原有厂房建成年产3万辆轿车、10万台发动机和10万台变速器的工厂。其中，3万辆轿车满足国内需要，7万台发动机和7万台变速器返销给大众公司以平衡外汇。第二阶段是建新厂房，形成10万辆轿车生产能力。第三阶段形成15万辆整车能力。双方同时还确定，在当年九十月份，大众公司派由22人组成的大型代表团来中国做具体规划。但谁也没料到，一向严谨守时的德国人这次却爽约了。到了1980年11

月 21 日，德国大众公司只来了个海外合作部负责人纳德布什和翻译李文波两个人。蒋涛立即感到：情况有变。李文波向他和王恩奎说明了情况："德国大众公司发生了经济困难。我们出发前，公司开了一次董事会，董事们认为 15 万辆的中国项目投资太大，他们建议取消这个项目。对此，我们也感到很突然，毫无思想准备。"

李文波还告诉了蒋涛等人一些内幕消息："对于终止与中国的合作，大众公司董事长最初有些犹豫，但在财务总裁的坚决要求下，还是决定不按原计划进行。同时，财务总裁还提出可以给中国方面出几个难题，让中方知难而退。纳德布什和我都不同意，因为和中国一直谈得很好，我们觉得不能那样做。最后，生产总裁、销售总裁和人事总裁都说，还是听听中国的意见后再说。这样，我们就立即赶来了。"

1980 年正值第二次石油危机爆发，油价至直线飙升，西方经济遭受沉重打击，受影响最大的莫过于汽车工业。1980 年，德国大众出现全面亏损，全年利润首次出现负数，为此，德国大众叫停了几乎所有的对外投资项目，大众公司董事会也要求取消与中方的合作项目。对大众公司与上海联手，大众公司内部的反对声始终不断。大众财务方面曾做过一个分析，认为和中国合作并不划算，在中国办厂要花很多钱，但不知道什么时候才能得到利润，而且外汇又难以平衡。为此，大众公司财务总裁就是坚定的反对派。

其实，德方叫停上海轿车项目还有另外的想法。上海轿车项目预定产能为 15 万辆，根据中方的要求，其中 80% 用于出口。由于中国没有轿车零部件工业，因此这 15 万辆的零部件要全部从德国运来，在中国装配后再出口 80%；这样一进一出，成本将大大提高，这意味着德方在进行无利的投资。经济形势好的时候还好说，现在经济形势急剧恶化，德方当然会产生叫停的想法。

李文波的话让蒋涛非常震惊，他一方面与仇克、翁建新等人商谈对策，一方面立即电话告知饶斌。饶斌的第一反应是：一定要想办法保住这个项目。

蒋涛说："我们正在研究。仇克等同志也建议我们可以把项目规模改小些，这样投资少了，风险也就小了，大众总裁也好对财务总裁说话了。"

蒋涛认为，大众公司在亚洲建现代化生产基地的全球发展战略是不会变的。对中方来说，大项目改为小项目，是有利的，因为小项目可以利用老厂房，不要土建，投资也小，可以按技改项目报批，这样也比较容易通过。饶斌非常赞同这些意见。两人商定，由仇克出面和大众谈判。

听取了蒋涛等人的意见后，饶斌亲自会见了纳德布什等人。饶斌告诉他们："中方对上海轿车项目非常重视，将尽全力支持这个项目。同时，中方对德方的困难也完全理解，为了不给德方造成经济负担，中方可以考虑上海轿车项目在初始阶段缩小规模、减少投资，将原定的 15 万辆压缩到 3 万辆，如果这样合作顺利的话，再逐步扩大规模。中国是世界上最大的国家，中国的国民经济建设需要大量的汽车，包括轿车。历史将证明，德方与中方合作是明智的选择。希望德方认真考虑。"

纳德布什听进去了饶斌的话，立即用长途电话向大众公司总部执行委员会汇报。大众公司立即召开董事会，讨论中方的意见。虽然财务总裁仍然反对，但饶斌的意见得到了大众公司大部分董事的赞同。大众公司董事会决定，继续执行上海轿车项目。

1981 年 1 月 5 日，大众公司董事施密特亲自带队来中国，谈判一开始，他就说："大众公司愿意和中国进行长期合作。"

在这次谈判中，中德双方商定了年产 2 万辆轿车、10 万台发动机的小项目。其中，2 万辆轿车满足国内所需，8万台发动机返销到大众公司以平衡外汇。规模小了，但项目却保住了。

哈恩在其自传《我在大众40年》中也记载了这件事：

20世纪80年代初的第二次石油危机破坏了大众的所有计划，公司举步维艰，下令停止全部项目。经过努力做工作，董事会才被说服，没有将通向中国的大门关上。

第三波风浪还是来自国内。就在德方提出叫停的时候，国内反对的声音也响了起来。在封闭的环境下，人们思想僵化、认识扭曲，有的认为与大众公司合作是违背了社会主义"自力更生"的原则。有的直接反对上轿车项目，他们认为"轿车都是给官员坐的，给老爷坐的，不是群众所需"。

行业内有些同行也极力反对，他们认为"大厂搞小车，小厂搞大车"是惯例，意思是按照世界搞汽车的规律，大货车技术要求较低，应该由小厂干；要搞技术含量高的轿车，就要拿到大厂去搞。

最让项目组感到不满与不理解的是来自上海内部的声音。1982年5月，上海财政局第一分局在《财政报》"情况反映"上发表了一篇调查报告，题目为《我国同西德合资办厂是不适宜的》。这篇文章称：

这个项目不符合中国国情，因为轿车是高级消费品，不是急需的。我们经过计算认为，这个项目德方稳得利、中方稳亏损。

由于是内参，这份报告迅速反映到了中央。薄一波在这份调查报告上批示：

"要请有关主管机关仔细研究"。

拿到薄一波的批示后，饶斌立即与上海市委联系，并邀请上海市计委、上海市机电一局、上海汽拖公司和其他有关同志进行座谈和讨论。在这次会上，项目组详细汇报了项目情况，并对中德双方的实际收益进行了详细计算和对比，证明我方所得的项目的综合经济效益占总收益的86%，德国所得仅占14%。大家认为这个项目对加速上海牌轿车换型、提高轿车工业的技术水平和减少轿车进口是必要的，应该继续进行。

陈国栋和汪道涵对那份调查报告反映的内容很不满，认为上海轿车项目的实际情况并不是这样的。上海市委市政府立即给中央写了一个报告澄清情况；上海拖拉机汽车公司也写了一份《关于和西德大众汽车公司合营改造上海轿车厂的情况汇报》，这份报告报送到中汽公司，中汽公司立即转送给薄一波，以让中央领导了解事情的真相。饶斌也专门给薄一波写信，对情况做了详细解释，此事才逐渐平息。谈起此事，蒋涛感慨万千：

当时的形势非常不好，概括起来讲就是"一下二停三撤"。国民经济调整，要下；德国大众财政困难，要停；国内有些人的观念跟不上，要撤。眼看这个项目就搞不成了。我相信事在人为，只要努力，就没有在上海办不了的事。

为了化解困难，我们到处做工作。首先，项目组还专门整理了一份详细的汇报材料，由中汽公司分发给相关部门。其次，我们到处去做解释工作，强调搞汽车工业一定要从长远着眼，主要目的就是化解认识上的误区。我们说，今天国家不需要轿车，明天就可能需要；或者今天需要得少，明天可能就需要得多，因此这个轿车一定要搞，哪怕只打个基础也要搞。第三，饶部长写信给中央领导同志进行详细说明，澄清事实，取得一致意见。

第四波风浪是法律问题。这也是最为头疼、最为伤脑筋的问题。那个时候，中国的改革开放还远没到建立和完善法制的阶段。但德国人却不认可，他们认为，双方是合营公司，要是发生经济纠纷该如何处理？哈恩在回忆录里说："具体的合同谈判十分艰难，旷日持久。中国虽然正以十分惊人的速度迈向市场经济，但它不可避免地缺少这方面的经验，同时也缺少相应的法律和行政条件。既没有专利法，又没有保护投资的法律，更谈不上一个正常运转的银行系统。相应地，我们的合同里必须写进立法的有关部分，以便从开头就排除未来可能出现的分歧，在出现争议时能够按照一个行之有效的司法制度来阐释我们的合同。我们通过仲裁法庭调解纠纷的附加条款来保障它。"

仇克是清华大学1962年的毕业生，毕业后就到了上海汽车厂，是上海项目谈判组中的大知识分子。他对中德双方在法律问题上的谈判以及国内的阻力进行了详细的回忆：

这个项目谈得最多也最棘手的就是法律问题。谈判时，国家连个粗略的《合资法》都没有。德国人问我们："你们连个合资法都没有，怎么谈？"我们把这个事情反映给中央，中央也感觉到这是个问题，于是马上组织小组起草《合资法》。我那时是上海拖拉机汽车公司总经理，副总经理费辰荣也参加了这个小组。

我们在很短的时间内就出台了《合资法》，这也是中国第一部《合资法》，可以说是非常简略。德国人看后说："如果根据你们的《合资法》谈判，很多问题都不能解决。"

举个例子，双方在合资执行中发生了矛盾，协商不妥就需要诉诸法律。根据什么法律裁判呢？德国人就说："你们的《合资法》太简略，不适用，能否用德国法律？"

我们回答说："不行"，因为合资企业是在中国，必须用中国法律。"

我们又把情况反映到国务院，国务院说可以把《合资法》再细化。但细则没出来之前，这个问题实际上仍未得到解决。其间，德国人提出，不用德国法律也可以，能不能用瑞士法律？我们详细了解后发现，瑞士《合资法》实际上是德国《合资法》的翻版，便拒绝了他们的要求。

可以说，这两年每次都谈法律，每次都没谈下来。为此，我还专门请示过顾明。好像是1981年，顾明时任国务院法律领导小组组长。有次我去北京汇报工作，到中南海找他，但他那天不在办公室。打电话跟他约定后，我就到他家里去找他。说明情况后，顾明说："这的确是个问题，但我们现在也拿不出详细法律来，你还是继续谈吧，反正这个实施条例要搞了，搞出来后可能会好些。"

一直到1982年下半年，《合资法》的实施条例出台，我们才理直气壮地给德国人讲，一定要用中国法律。我记得最后一次在德国谈判时，他们仍然希望用第三国法律，但我们没有同意。

双方僵持不下时，德国人请来他们政府的一个法律顾问，大概七八十岁的一位老者，他也参加了谈判。谈判中，他问我有何看法，我说出用中国法律理由后，他发表意见时说："争执了这么长时间，现在只能同意中方的意见，用中国的法律。"由于他代表政府，事情就这样解决了。

当然，这两年中还有其他一些问题，比如说我们没谈合同。为什么没谈？德国人提出来应该先有基础协议。什么是基础协议？就是一个意向性东西。他们说，基础协议搞了后再搞合同，但这个基础协议同样具有法律效力。这个事情我们同样吃不准，我就去请教国家外经贸部。外经贸部开始时说："我们也没经验，但德国人提出来要有法律效力，你们就答应吧。"

然后我们双方就谈基础协议，从1981年谈到1982年，大的原则差不多已经定下来了。有一次，我去外经贸部汇报工作，他们的人告诉我："我们现在已经搞清楚了，一开始谈合资不要谈基础协议，这个基础协议没有法律效力。"

"你们原来都同意过啊！"我说。

"我们原来是同意，但现在不同意了。"他们回答道。

就这一句话，把之前谈的都给推翻了，所以这两年又白费劲，合同根本没谈。

真正谈合同是从1983年到1984年8月份，这是第三阶段，大概用了一年零八个月，重点是谈合同、章程、技术转让协议和十多个附件。

正式合同签订前我们先做可行性分析，可行性分析分两步：第一步我们自己做，做完后向上海市政府和国家汇报，国家原则同意后再跟德国人逐条讨论；第二步核心的可行性分析由双方共同讨论确定。这个可行性分析我们大概做了两三个月，过程中经历的事情比较多，比较突出的有两条。一条是在正常生产情况下，德国人的利润要维持在投资额的18%~20%之间。德国人说："如果正常生产的利润，多少年也收不回我们的投资，这个事情我们不能干。"这个比例最后确定为投资额的15%~20%。

德国的投资目的是为了赚钱；作为公司总经理，我也要赚钱，因此谈过几次后，我们基本上同意了。但我到外经贸部去汇报时，他们却不同意。他们也有他们的道理，他们说："你是合资公司，你赚钱不赚钱是你们的事，为什么要我们保证有一定的利润？"我说是在正常生产情况下，如果是不正常的话，合资公司本身就应该负责。而且我都谈判这么多年了，从发展趋势看，轿车是高利润产品，如果我们不加以限制，只会让对方赚得更多。但外经贸部一直不同意，他们说："这是你自己的一个算盘。"

另一条是销售问题。1984年，德国人提出，在刚开始生产的几年中，销售由中方负责。他们说："你们是社会主义国家，定价卖车都需要政府批准。合资产品出来后，你们政府批准卖，我们才可以卖，如果不批准，我们就不能卖。"我们当时想，如果自己销售就可以得到销售利润，但是，这个问题一到外经贸部又碰壁了。外经贸部说："你们合资公司卖出卖不出产品是你们的事，为什么叫中方包销呢？"

就因为这两个事情，谈了几年也定不下来。外经贸部不点头，我们也不好松口。最后一次谈判是1984年8月，外经贸部专门派了两个人参与谈判。实际上我明白，他们派人就是监督我们，看谈判是不是违背他们的意见和原则。在谈判前，我们得到一个信息，1984年10月德国总理访问中国时要签这个合资合同。消息已经被公开报道过了，在这种情况下，我觉得如果完全听外经贸部的，这个项目肯定就完了。完了谁负责？作为项目经理，首先我要负责，因为我没把项目谈下来，说明我没本事。于是我找到外经贸部派来参加谈判的两个同志，给他们摊牌说："这两条我要妥协，我知道你们来是为了监督我，谈完后我会向部里汇报，不让你们负责。你们就不要参加谈判了吧。"

事后证明，上述两条对我们大为有利。就这样，我跟德国人最后拍板，同意了他们的要求。回来后，我的心理压力非常大。我想，这个事情如果部里不同意怎么办？向部里汇报情况时，我们去了一大帮子人，包括上海市副市长、蒋涛和我。听汇报的有外经贸部专管合作项目的魏副部长以及7位领导。听的过程中，魏部长一声不响。有些领导表态说："没有经过部里同意，你单独拍板是不对的。"后来，大家争论了一番，魏部长讲话了。他讲了两句话。第一句，他说："仇克，你没经过我们同意，就这样单独答应了，这是不对的。"第二句，他说："但是，这是一个非常重要的项目，不仅仅是经济问题，因此，最后同意你这样的协议。"

领导一拍板，我心里的石头就落地了，感觉6年来从未这样轻松过。

你知道谈判过程中的压力大到什么程度吗？我的胃炎是1982年落下的，心脏病是1984年落下的。有次我在德国沃尔夫斯堡的医院还住了一个多星期。

如果说国外压力为30%的话，那么国内压力就是70%。为什么？这个项目光汇报就不得了，在北京，我需要汇报的部级单位就有10个，而且一个单位还要汇报好几次。只要一个单位不同意，那就得完全推翻重来。除了北京，还有上海市的领导。当时蒋涛是上海市计委副主任，他大力支持我们。但直接管我们的是上海市经委，他们经常给我们泼冷水，他们批评我们："亡羊补牢，为时不晚。"还说："你们老是跟德国人没完没了地谈判，何必一棵树上吊死呢？自己开发，自己搞吧"。

我们为什么用了6年时间谈判？其中的具体困难和压力讲也讲不完。

（《汽车商业评论》，2009年10月19日，《蒋涛、仇克、翁建新还原桑塔纳谈判》）

中德双方是两个性质完全不同的国家，一个资本主义国家的企业将大笔资金投放到一个体制和意识形态完全不同的国家，自己的投资在中国是不是能够被保护？德方惴惴不安的心情是完全可以理解的。针对德方的深切疑虑，中德双方反复磋商，问题最终得以解决。1983年，中德两国政府签订了《投资保护协定》，中国政府承诺对外商投资实施政府保护，德国人这才吃下了定心丸。

在谈到上海轿车项目谈判困难时，蒋涛深有感触：

想到这个项目从1982年小平同志特批同意，到后来上海开始组装，到1984年双方同意年产30 000辆并签字，这中间真是千难万难。仔细想一想，其实都难在自己人手中，难在思想认识上。真是让人感慨万千啊！

时任上海拖拉机汽车公司经济技术研究室主任应爱斌一语中的：

我们的谈判与其说是与德方讨价还价，倒不如说更多是在与国内各级政府机关讨价还价。

大众公司是一个跨国公司，在世界很多地方都有合作伙伴，也有着丰富的合作经验。这一次大众公司的合作伙伴不同以往，中国是一个大国，也是一个在政治体制、意识形态、经济体制上与德国完全不一样的国家。与中国合作，对于德国大众是第一次，犹如两个完全不相识的陌生人在一起谈生意，对方是否可靠是双方在评估对手时要仔细考虑的问题。因为存在信任问题，有时做出一些动作试探一下对方也在所难免。

1982年6月，仇克与德方代表在德国沃尔夫斯堡正在就生产技术问题逐项推敲。突然，德方提出要先签订一个试装合同，先在中国组装一批桑塔纳轿车。德方声称，如果当场拍不了板，谈判就中止。

这是一个战术性的试探动作，也符合商业原则。商业谈判犹如市场购物，如果双方对商品和价格都满意，就可拍板成交；如果一方对合作条件或产品不满意，也可终止谈判。中德双方谈判已经两年有余，德方排除了内部的不同意见，放弃了其他的项目，坚持与中方合作。这就如同一场赌博，德方将所有的赌注全部押到一个人身上，如果此时中方找到了更合意的合作伙伴甩手而去，德方岂不是鸡飞蛋打。这就是德方突然提出让中方先组装一批轿车的含义，其目的是为了试探中方究竟有无诚意。

仇克明白此事事关重大，虽然中方已经与德方谈判了两年，但国内的反对之声一直未绝，与外商谈判中途停止的事情也不是没有过。但作为中方谈判代表，仇克只能按照国内的指示，他本人无权做出决定。回到宾馆后，仇克连夜向坐镇上海的蒋涛报告了此事；蒋涛当即向市领导请示后拍板："可以！"这是中方回答最为爽快的一次，德方信服了，说中国人有能力、讲信誉。蒋涛回忆说："这也好，不是有人怀疑我们的项目吗？现在就拿出车来，让大家看看我们在干什么！"

对于上海而言，这次试装真是大开眼界，与原来自己生产上海牌轿车相比，他们明白了什么叫作现代轿车生产。按照协议，首批组装车的总成发送到原上海汽车厂，由中方员工在德方技术人员的指导下进行组装。首次自己动手组装外国轿车，为了慎重，上海汽车厂还专门组织了一批经验丰富的老师傅组成"试装小组"。

陈争鸣1973年中学毕业就进入当时的上海汽车厂当钣金工，多年来，在轿车车身制造上积累了丰富的经验，被称为"老法师"。在上海话中，"老法师"是形容那些专业达到顶尖水平的人。陈争鸣是组装第一辆桑塔纳轿车七人成员之一，他对试装第一辆桑塔纳轿车的感受是："中国轿车是敲出来的，外国轿车是造出来的。"他回忆："我们试装小组成员在原上海牌轿车拼装车间里，圈出一块空地来组装桑塔纳，当全部从德国进口的'白车身'（未油漆的桑塔纳车身）从包装木箱中拿出来时，我们都惊呆了，这简直是工艺品。这个车不用'敲'，按图样拼装即可，而我们的上海牌轿车则要靠榔头敲，图样只是参考。"

德国车身的平整度和光亮度完全像镜子一样，根本不用手工敲打、涂腻子、抛光等程序。不光是车身，桑塔纳的每一个零部件都展示着现代化生产的水平。随着车架、车身、底盘等零部件的组装，德国产品的工艺和质量让组装的老师傅们感到震惊。

第一辆桑塔纳组装成功后迎来了大批参观者，人们将这几辆新车的车门打开，从里到外、每个角落、每个零件地仔细端详。有的领导来了，还要将新车开一圈，试一试乘坐和驾驶的感觉。桑塔纳起步、停车、加速、超车，轻巧灵活，而上海牌轿车笨重、费油、噪声大，加速反应慢，两种车有隔代之差，德国记者称之为"技术差距起码有30年"。围着这几辆崭新的、具有世界先进水平的轿车，蒋涛、仇克等人终于看到了久违的笑脸，听到了一片赞扬声。

只有对比才能看到差距，所有人都认识到了中国轿车生产与世界先进水平之间的巨大差距。技术没有阶级，科学不分国界，落后不丢人，而不承认落后，将脑袋埋在沙子里，甚至夜郎自大，才丢人。只有承认差距、正视现实、下决心迎头赶上才是唯物主义的态度。以这样的先进制造技术改造我们落后的行业，才能缩短我们与国外的差距。新车给人们带来了共识与希望，怀疑和反对的论调从此销声匿迹。

中方按照德方的提议，率先组装出第一批桑塔纳，赢得了德方的信任，谈判的进程加快了。

经过3年的谈判，中德双方开始商谈合资的实质性问题，双方都同意先从散件组装车入手。此时，德国大众公司董事长走马换将，哈恩坐上了这把交椅。上海大众项目是德国大众公司对外合作最重要的项目，就任不久的哈恩对项目的落实还有疑虑。1982年4月16日，他给时任中汽公司董事长的饶斌写信，提出三个问题：

1. 关于中方限制轿车进口问题。
2. 关于合资企业的地位问题。
3. 关于中方的外汇问题。

很明显，这三个问题都是关系到上海轿车项目能否继续下去的关键问题，在中国当时的实际情况下，这也是很难回答的问题。5月28日，饶斌亲笔给哈恩回信，对哈恩的疑问一一作答：

1. 限制轿车进口问题。我们公司是我国汽车工业的领导机构，为保持与支持我国汽车工业的发展，赞成限制轿车进口的政策。最近，我国将进口轿车的税率提高到80%~120%，以保护和促进国内汽车工业的发展。

2. 合资企业的地位问题。目前，我国经济还不发达，轿车市场还不大。为此，合资第一阶段的计划产量可以低一些。如果我们在上海与大众公司成功地建立起轿车合资企业，将来需求量增加，有必要增加产量，我们将优先考虑与大众公司的合作。

3. 外汇问题。中国外汇相当紧缺，但为了减少轿车进口、节省外汇，我国政府还是决定拨出一定数量的外汇，支持上海建立轿车合资企业。我相信，有政府必要的支持与帮助，加上大众公司的技术援助与密切合作，上海轿车合资企业一定能建立起来并获得成功。我们的长远目标是搞一个有竞争力、能出口的大项目，我深切期望大众公司能成为好的合作伙伴，希望您能积极推动上海合资项目加速进程，早日签字。我谨邀请您方便的时候访问中国。

蒋涛将饶斌的亲笔信带到沃尔夫斯堡当面交给刚刚就任董事长不久的哈恩。饶斌的诚恳减少了哈恩的疑虑，双方的谈判进程大大加快。当年6月就签下了100辆桑塔纳轿车SKD试装配的协议和购货合同，还商定了组装所需的焊接、涂装、总装等装备的订货制造和人员培训计划，并草拟了合资经营基础协议草案。

哈恩与饶斌之间的理解与信任也由此开始。哈恩回忆：

我最重要的对话者开始是机械工业部部长饶斌，而他的前任周子健已经于1978年率先访问了沃尔夫斯堡。

我和饶先生有着很深的感情。通过上海大众的建立，我们也建立了深厚的友谊和默契。尽管我们两个人来自不同的国度，却有着许多人性上相通的东西。直到今天，我还经常到他家里坐坐，和他的家人聊聊天。

零部件国产化进程是谈判中中方极为重视的一个问题。

一辆轿车由上万个零部件组成，每个零部件都有相应的技术指标和要求。德国大众有自己的零部件生产和管理系统，对零部件的质量也有着严格的要求。中德合资公司成立后，中国将要自己生产桑塔纳轿车。生产的前期，由中国用德方提供的零部件组装，然后逐步由中方自己生产零部件来替代，这样中方便可以大大减少进口零部件所需的外汇；同时，在国产化的进程中，还可以建立自己的现代化生产和质量检测及控制手段，这也是中国引进外资与技术的主要目的。

德方对零部件的国产化也非常重视。德方认为，倘若中方实现了合同规定的零部件生产国产化，便可以在中国安排符合德方标准的桑塔纳零部件的生产，上海大众公司便可以成为大众集团在全球范围内的横向供应商，还可以将中国生产的零部件提供给南非、巴西的大众工厂。由于中国的劳动力成本要大大低于德国，所以廉价的中国零部件能有效地降低大众汽车的生产成本。同时，出口零部件可以带来外汇收入，这也是中方所乐意看到的。

从这个意义上讲，双方的利益是一致的。正因为如此，德方才明确表示，愿意帮助中方提高零部件生产技术水平。为此，中德双方互相组织技术专家到对方的零部件厂参观。参观后，双方专家根据零部件生产的难易程度，共同拟定了一个长达7年的桑塔纳零部件国产化规划表，分别对每年零部件国产化的进度做了安排。按照这个安排，到了第7年，上海桑塔纳的国产化率要达到90%以上。这份规划成为中德双方关于成立上海大众公司合同的附件。

双方商定，零部件国产化采用两种方式：一种是引进技术，另一种是跟德国的零部件厂合营。德方承诺："按照桑塔纳轿车的技术标准，哪个零部件达到了国产化要求，哪个零部件就不用再进口了，中方可以自己生产。"

对于中方而言，能够按照德国大众的图样生产制造零部件还不够，还要自己能够开发新的轿车产品，这才是达到了合资的目的。为此，中方要求德方转让桑塔纳的全部开发技术，要求新成立的合营公司自身具备轿车开发能力。

轿车开发是汽车公司最为核心的机密，这一要求就如同猫教老虎上树，把自己的看家本领交给你，然后我吃什么？德方提出，从中方的基础看，现在不具备中级轿车的开发能力。而中方认为，现在没有，不见得将来没有，正是因为现在没有，所以才需要你教我。事实上，中方提出的这个问题也是在考验德方的合作诚意。

对中方的要求，德方的回答是原则上同意，但附加了几个条件：一是中方的需求量要足够大，因为开发新产品需要巨额资金，开发的费用要摊到每辆车上，如果需求量少就会赔本；二是生产规模要足够大，只有相应的生产规模才能保证效益；三是要有充足的开发资金。

这几句话也是颇有深意。按照双方原来的想法，轿车生产的经济规模起码要达到 15 万辆，但中方因为国内市场等原因，将数量压到了 3 万辆。这说明中方的市场需求有限，而没有市场需求，生产规模自然也上不去。中方在协议中反复强调产品要出口以求外汇平衡，说明中方资金紧张、没有钱，没有钱自然不可能开发新产品。德方清楚，一款轿车新产品的开发，没有数亿甚至更多的资金是不可能的。缺乏这些前提和基础条件，德方即使答应了，技术开发对于中方来说，也是水中花、镜中月。

零部件问题关系到桑塔纳项目的国产化，对上海市的汽车产业有着重要的和直接的拉动。上海市委对此非常重视，上海市计委专门成立了桑塔纳轿车零部件国产化办公室，负责安排和组织实施零部件国产化；为了解决德方提到的资金问题，上海市还专门筹集了 60 亿人民币作为国产化基金。

除了零部件问题，还有外汇问题。

现代化要花钱，不仅要花人民币，还要花美元、马克等对于中国政府来讲极为紧缺的外汇。合资企业中的外籍员工的工资要靠外汇支付，先进的生产设备要在国外订购，开始装配桑塔纳的零部件也几乎 100% 要从德国购买，这些都需要外汇。外汇支付是合资公司最需要保障的问题，当然也是德方最为关心的问题之一。蒋涛说：

合资项目有很多先进设备要进口，最初还有汽车零部件需要进口，再加上要支付各种对外费用，需要支付给德国大众相当一部分外汇。但项目建设初期没有产品可以换汇，虽然德方有些支持，但仍然不够，必须有一定外汇额度。反过来，如果外汇额度不落实，项目就无法实施。德方对这个问题非常关注。

当时，我国外汇由中国银行统一管理。外汇有很多困难，举个例子就知道。我国加入联合国后，周总理作为代表团团长去参加联合国大会，通过全国的中国银行把所有现汇集中起来，也只有 5 万元外汇。他们就拿着这么多外汇出国，非常节约。谈判中，大众公司多次提到中国银行的重要性。我很理解他们的用意。因此，我和翁建新同志于 1983 年 10 月到外滩中国银行上海分行找当时的代理行长咸铭同志，请他给予支持，并建议分行参股合资企业，共同经营。

咸铭当时也是上海市计委副主任，对合资项目也有所了解，参股他本人同意，但还要向总行请示，总行通过后才可行。在咸铭同志的积极争取下，总行同意参股，这是金融部门向企业直接投资的一个先例。与此同时，我们还积极争取到了国家计委的大力支持。国家计委同意在 5 年内拨给我们 1 亿美元的外汇额度。这个消息传到谈判会场时，参加谈判的全体人员都非常振奋。大众公司的谈判代表对我们的两项措施非常满意，他们说："今后外汇问题不用再谈了。"这样就解决了德国大众公司对外汇的信任问题。

还有就是取得行业主管部门的支持问题。这个事情发生在合营合同正式签署的头一天晚上。我记得那是 1984 年的 10 月 9 日晚，在北京我们宴请德方，他们又向我提出一个问题："这个项目机械工业部、中汽公司目前很支持，但签约后，他们不支持了怎么办？"这话一出口，我们就明白了他们的意思。当天晚上，我找到饶斌同志，转告了大众代表的谈话内容。我说："这个项目太重要了，中汽公司也入个股吧，否则德国人还有顾虑。"

饶斌同志认为这个意见很好，但他说："入股没钱啊，国家计委也不会给。"

"这个你不要顾虑，让银行贷给你，只求中汽公司出个名就行了。"我说。于是，我们再跟银行商量，他们同意贷款。

最后一个问题解决后，我们第二天在人民大会堂签订合营合同时，中方又增加了中汽公司。签约时，在中方50%的股比中，上汽25%、中国银行15%、中汽公司10%。现在股份结构又发生了变化，其他两家的股份被上汽收购。但是谁也没想到，当初出资几千万元，最后却赚了10多亿元。

（《汽车商业评论》，2009年10月19日，《蒋涛、仇克、翁建新还原桑塔纳谈判》）

有意思的是，不知是对自己的这款车缺乏足够的信心，还是对中国轿车市场缺乏深入的了解，在谈判销售权的时候德国人却缩了回去，他们主动放弃了销售权，要让中方包销。殊不知，在20世纪80年代，轿车还是属于计划分配的紧缺物资，按照当时中国百姓的实际收入和消费水平，百姓个人根本不可能购车，轿车主要是用作公务和出租。购车者都是各个单位，排着队都买不上，根本不愁销路，现代化的桑塔纳就更不用说了。桑塔纳问世时，许多人都把它当作了"高档车"；刚刚开始生产时，由于产量少，因此供不应求，需要国内的"控办"下计划，批条子才能买到。由于产品紧俏，导致转手倒卖成风，一辆桑塔纳最高价可卖到22万元，超出出厂价一倍还多。当时有人形容，卖桑塔纳不用店铺和营业员，只要总经理一个人开票就可以了。从以后的销售情况看，德国人的这个决定的确"亏了"。虽然后悔不迭，但严谨的德国人还是遵守协议，并未反悔。

谈判继续进展，涉及各种各样的问题，包括德国员工到上海来的吃、住等生活问题都逐一谈妥，双方都向国内的最高领导人做了汇报并分别得到首肯，最后一道程序就是签署合作协议。

1984年10月10日，双方的合作协议在北京人民大会堂签订。饶斌、蒋涛、周梦熊分别代表中汽公司、上海轿车项目组、中国银行上海信托咨询公司，德国大众公司董事长哈恩博士，以及合资企业董事会第一副董事长施密特博士共同签署了合作协议。两天后，1984年10月12日，时任国务院副总理的李鹏陪同德国总理科尔来到上海，参加上海大众汽车公司的奠基仪式。上海市委书记陈国栋、市长汪道涵和德国大众董事长哈恩博士、中汽公司董事长饶斌等其他领导也一同参加。蒋涛说：

看到中德领导满面笑容，握手致意，挥锹奠基，想到这个项目从1982年小平同志特批同意，到后来上海开始组装，再到1984年双方同意年产30 000辆并签字。这中间真是千难万难。仔细想一想，其实都难在自己人手中，难在思想认识上。真是让人感慨万千啊！在我看来，30 000辆实是太少了，按照经济规模，起码应在15万辆以上。但在那时，有这30 000辆就算很不错了。它的意义在于开了头，在于闯开了一条路。

50%对50%的股比是中德双方在合资合同中最早提出来并被国家产业政策固化下来的，以后的汽车合资企业都是照此股比，并沿用至今。对此，哈恩称：

50%对50%是基于这样一个考虑：中国需要我们，我们也需要中国。毕竟我们是外来者，中国这么辽阔的国家，不是访问几次就可以了解清楚的，所以很多事情还是需要中方的配合与合作。50%对50%是最平等的一个比例，谁也不多，谁也不少，这样有助于双方的平等交流。因为中方开始的股东组成也比较复杂，除了上汽、中汽公司，还有中国银行。在50%对50%

的框架下，大家可以融为一体来合作。我特别高兴的是，上海大众的合同签订之后，双方再没有拿出合同来互相争执，也没有认为有歧义。我认为最好的合同就是这样，签订以后锁在柜子里，谁都用不着。

协议签订后，为了让中方对即将引进的桑塔纳车型的现代化生产方式有一个完整的了解，1985年元月，哈恩博士邀请饶斌率领中国汽车工业代表团到巴西、墨西哥、美国等大众公司的合资企业考察。哈恩的目的是用德国大众在巴西的企业和经验给中国人上上课。哈恩说："我带饶斌去了巴西，他看到了汽车给一个发展中国家带来的变化，从零部件到钢铁和基础设施建设。那里也是先有了汽车，然后才建起了更多的高速公路。"哈恩认为，正是那一次访问，使他的谈判对手饶斌认识到，上海大众当时仅有3万辆车的产能是远远不够的。但哈恩没想到，中方代表团通过考察得出了自己的看法：德国大众确实有组织国际汽车协作生产的经验和办法，桑塔纳轿车在巴西、墨西哥都有不错的销售量，是一款不错的适应发展中国家市场需要的中级轿车。巴西政府采用税收杠杆促进外国投资和促使投资者将更多的利润用于本地汽车零部件配套企业的做法值得借鉴。但巴西的汽车工业全部为外资控制，自身只充当装配车间的角色，这是中方要高度警惕的问题，是决不能接受的教训。

（张矛著，《饶斌传记》，华文出版社，2003年）

饶斌在考察回来后向中央写考察报告说：

上海轿车项目选择的合作对象和车型是合适的，建议将此项目列为国家重点基本建设项目，并给予资金等扶持政策。从国外发达国家和发展中国家的经济发展过程来看，无论是巴西、联邦德国还是苏联，当人均国民生产总值达到500美元时，轿车市场的需求就会急剧增长，轿车工业也将走向发展期。根据我对1995年以后每年需要40万辆轿车的市场分析和测算，发展轿车工业是国民经济发展的必然规律。从现在起，用20年时间使我国轿车达到100万辆的生产能力是必要的和可能的。我设想，应以此作为轿车工业的长远规划和战略思想。

（张矛著，《饶斌传记》，华文出版社，2003年）

在20世纪80年代中期，中国改革开放和中国轿车工业刚刚起步的时候，饶斌就见微知著，看到中国轿车工业发展的前景，历史也证明他的这一看法是完全正确的。今天重温他的这一见解，让人更加激动。

1985年3月，中德合资的上海大众汽车公司正式成立，第一任董事长和总经理分别由中方的仇克和张昌谋担任，德方的马丁·波斯特和保尔分别出任副董事长和副总经理。

6年的合资谈判旷日持久，之所以如此艰难，总结原因有千条万条，根本的就在于当时的上海在刚刚开始的合资中走在最前列，是在改革开放的大河里"摸着石头过河"，小心谨慎、战战兢兢是可以理解的。改革开放初期，中外合资相应的法律、法规、机构尚处于空白状态，虽然邓小平说"轿车可以合资"，但具体怎么操作确实谁也不知道。如合资谈判中，大众公司为了表现出合作的诚意，一口气给了中方16个专利；而拿到专利的中方却手足无措，因为当时国内根本就没有专利保护机构，结果几个月过去了，中方还不知道去哪里登记专利、申请保护。后来，还是大众公司驻中国首席代表华裔德国人李文波找到德国对外经济合作部，说服部长，把专利保护纳入德国与中国的合作项目，由此也推动了德国与中国在专利保护方面的合作。

谈判的艰难实际上就是改革开放的艰难，也是改革开放道路拓展的艰难。而谈判的艰难还只是开头，接下来的艰难更让上海方面，也让德国方面没有预料到。

磨合

汽车行业有一句俗语叫"磨合",它指的是新车生产出来后,各部分的零件都带有加工和装配过程中的痕迹,如毛刺或配合松紧等,所以新车不允许立即就高速运转,而是要在限定的速度内低速运转,使各部分机件之间有一个互相适应的过程,这个过程就是"磨合"。德国大众和上海汽车拖拉机工业联营公司(简称上海汽拖公司)分属于两个体制和意识形态完全不同的国家,其运作模式和管理方法也截然不同,这样两个不同环境里成长起来的公司如今要组合在一起运转,磨合就是必不可少的过程。

安亭位于上海市西北郊,是以轿车工业和轿车生产配套工业为主的现代化综合性工业城,也是上海西部的中心城镇。安亭南濒沪宁高速公路,西接江苏省,北临嘉定区,为嘉定、昆山、青浦三地之交界,距上海市中心32千米,距上海虹桥机场20千米。安亭为历史古镇,"汉仍秦制,十里一亭",以安名亭,以亭为镇,历史悠远,沿袭至今。明万历年间,安亭镇已成为"南北可二里"的丰邑大镇。1939年2月,日寇侵华期间,安亭划归昆山县管辖;1946年复归嘉定。1958年1月,安亭随嘉定县从江苏划归上海市。

走出历史,现实中的安亭是一个美丽的江南小镇,这里稻田环绕、四季常青、鸟飞雀鸣、空气清新。镇上有一些工厂,其中最著名的就是生产"上海牌"轿车的上海汽车制造厂。

1985年,安亭的老百姓好奇地发现,这里出现了黄头发、蓝眼睛的外国人,他们不解地互相打听:这些洋人跑到我们这里来干什么?根据协议规定,上海汽车制造厂将作为合资资产并入上海大众公司,上海大众将要在老上海汽车制造厂的厂区先组装桑塔纳,同时另选地方建设新厂房。德国人来到了安亭,成了当地的一条重大新闻。

合作协议的签署只是一瞬间,但从文字的协议到每件工作的具体落实,双方却要越过不同文化背景和不同社会制度形成的重重坎坷,这个难度不亚于翻越喜马拉雅山。中国上海的汽车人和德国沃尔夫斯堡的汽车人尽管目标一致,但双方的观点、认识、做法却大相径庭。尤其是处在社会发展转型过程中的中方,对合资企业究竟该如何做的思想认识也在逐步变化。两股道上跑的车要合到一股道上跑,双方几乎在每一件事情上都会出现碰撞,有时候甚至严重到溅出火花,磨合过程极其困难,甚至是痛苦的。

关于上海桑塔纳合资过程中的故事,国内报刊媒体有过大量的报道。上海大众副董事长德国人马丁·波斯特离开中国后,将其在上海大众三年的生活体会写成了一本回忆录《上海1000天——德国大众结缘中国传奇》,他从一个对中国只有概念性书本认识的外国人的视角出发,记录了自己亲身经历的德国与中国合作的过程,其中不乏独到的见解。

上海大众公司是中德双方共同出资建立的合资企业,这种企业在中国是新鲜事物。德国大众虽然是一家跨国公司,在世界各地有不少生产企业,但是50%对50%的合资股比,在德国大众也是第一次。在这个意义上而言,不光是中方对合资有认识和适应的过程,德方也同样存在认识和适应过程。

按照协议规定,原上海汽车制造厂的厂房和一些设备作为中方的出资股本,德方则需要出资建设生产桑塔纳的新厂房。在新厂房建成之前,合资公司需要在原上海汽车制造厂的厂房内装配桑塔纳轿车,而此时上海牌轿车仍然还要保持生产,这就出现了一家屋檐下住着两家人的局面,而且原来的主人变成了客人。德国人的不适应首先就从这里开始。

我坐着出租从上海市区出发,前往其西北部30千米之外的安亭——嘉定县一个所谓的工业区中的一个村庄。由于路上的自行车、水牛，加上本身的路况，车开不快，我们在路上就花了整整一个小时的时间。我们看到的是农民在路边的稻田里劳作。我们的车也顺带给农民们特意铺晒在路上的稻子脱了粒。尽管我早已预感到，中国人急需实现生产的现代化，但第一眼看到某一天会成为上海大众的那块地方，这种隐约的预感变成了痛苦的事实：大量的金属废料散乱地堆放在厂区的地面上，那些房屋，与我想象中的生产厂房，风马牛不相及。

窗户漏风；那条满是沙土，未经夯实的道路从厂区中央穿过；室内不仅与室外同样潮湿，而且还同样阴冷；没有暖气。我觉得，这一切如此荒废，可以说是到了拆毁的境地。根本无法想象如何从这样衰败的厂房中生产出我们认可的轿车……谁要想在这里同中国人合作，那将会面临巨大的挑战。

我们行走于厂区，简直是跋涉于废料堆间……一不留神，就会被到处乱扔的锈铁皮、钢丝、丢弃的器具或其他破烂绊倒。

（马丁·波斯特，《上海1000天——德国大众结缘中国传奇》，中信出版社，2008年）

1985年10月17日，德国《时代日报》一个叫作雍布鲁特的记者写了一篇《大众之于人民共和国》的文章，以下是他眼里的上海汽车制造厂厂区：

……厂区的道路和草地上，甚至满是坑坑洼洼的草地上，那些油漆完毕，但未装上轮胎的上海牌轿车的壳子，横七竖八地堆放在裸露的泥地上。尽管下着毛毛雨，但篷垫座椅早已装入其中，有些车窗也未关闭。一个幽暗的厂房里，已做底漆的白车身凌乱地堆放着……

德国奥迪公司负责生产的董事史度比希在考察了工厂后认为："工厂的清洁状况简直是灾难性的，这里永远也造不了符合质量要求的好车。"

落后的生产方式与先进的生产方式并存。与德国的轿车生产技术相比，毋庸讳言，上海轿车的生产方式极为原始落后，尤其是车身制造。由于没有成套模具，轿车车身的成形全靠数百名"钣金工"拿着榔头叮叮咣咣地敲打。骤雨般的榔头敲打声令波斯特和保尔烦躁不安、难以容忍。他们认为，既然这里已经交给我们了，你们就不能再在这里继续生产了。他们要求，上海汽车制造厂要尽快撤出。

但中方面临难题，合资前的上海汽车制造厂有数千名职工，但进入合资企业的只有2000人，这也意味着要解决另外数千人的就业问题。当时市场上，上海牌轿车还是一车难求的抢手货，新组装的桑塔纳轿车数量很少，远远满足不了市场需求，因此中方需要继续生产上海牌轿车，直到桑塔纳轿车能够完全取代上海牌轿车为止。要继续生产，就需要厂房。中方希望在桑塔纳新厂房建设好之前，新旧双方就在现在的厂房里过渡一下。波斯特写道：

那些继续以手工方式制造老式"上海牌"的上海拖拉机汽车总公司的员工，在我们开始进行修缮和各种改造工作时，却不允许别人打搅他们的工作。在那个我们的车身车间应安家于此的厂房里，他们仍然手挥锤子，敲打着那些专供领导干部使用的轿车车身的铁板……这是两个不同的产业圈共存的混乱局面，而这两个产业圈之间，时间相隔超过半个世纪，真是天差地别。厂房的一端用祖辈的手工作坊式的方法压制或油漆"上海牌"轿车的零件；与此同时，另一端却应用电子控制设备大工业化地生产桑塔纳。

（波斯特，《上海1000天——德国大众结缘中国传奇》，中信出版社）

德方要中方的老厂搬走，可在新厂房建好之前，中方能搬到哪里去？没有办法的情况下，中方就只能"拖"。每次德方提出要中方搬走，中方总是回答"今年上海汽拖公司就会搬出去"或"我们保证，这个问题月底前就会解决"。有一次，中方甚至称"几天内"上海汽拖公司及其员工就会离开。可事实上，老上海汽车制造厂的部分员工和设备一直拖了一年多才搬走。数千名中方员工到哪里去找自己的饭碗？市场上需要的上海牌轿车又由谁来供应呢？这些问题，德国人是不会想的，但中方不能不想。国情所致，拖，也是一种无可奈何的办法。

生产环境差只是小问题，令德方头疼的问题一个接一个：由于港口物流管理落后，压货压港使得新建厂房和生产线急需的设备无法按时运抵。波斯特称：

上海港口的物流结构令人绝望地满足不了精准与可靠的需求，工厂急需的设备堆积在码头上无法提出来。有的货物虽然到了，但是它们被挤压在其他大货箱下面，这些货箱不被提走，工厂的设备就无法提出，有的设备甚至被积压长达10周。

在舒适的环境中工作和生活惯了的德国人对上海的工作和生活环境也极为不满：

我们的办公室位于工厂中一幢四层办公楼里，既无空调，又无暖气。夏季即使窗户大开，还是会整天大汗淋漓。第一个冬天来得很快，天气极冷，我们不得不穿着大衣、戴着手套工作。处于亚热带气候的上海，尽管温度很少降至零摄氏度以下，但空气湿度很高，寒冷渗入骨头里，体感温度明显低于零度……不管是夏天还是冬天，空气总是那么潮湿，那些用来记东西的纸张也变得湿湿的没法用。我们身处发展中国家，许多东西都是最初级的。我们最大的奢侈，是夏日里的一台冰箱和冬日里一只泡热茶用的开水壶……办公楼里没有一个像样的厕所，只在另一栋楼里有简陋冰冷而又湿漉漉的中国式蹲坑厕所。

我们的办公家具是中国木匠用那些运送设备的木箱打制的……整个企业只有唯一一部电话——而这部电话总是被中国人占用着。我们对中国人与哪个人不停地通话、谈些什么一无所知，这确实困扰着我们。

（波斯特，《上海1000天——德国大众结缘中国传奇》）

作为合资企业，上海大众聘用了35名德国员工，他们的收入是中方员工的200倍，而且全部都是外汇，如此悬殊的收入差距理所当然地激起了中方员工的怨气，甚至是怒气，矛盾几乎发生在每名德籍员工身上。一位中方经理就直言不讳地指出："多数德方领导懂些管理，但其中也有些对此几乎一窍不通的人，尽管这些德国人既无能力，又无技能，或者是没有必要的领导经验，但他们仍然坚持要拥有我们必须尊重的最后决定权，他们根本就拒绝中方员工所提的各种意见和建议。我们的一些员工有一定的经验和能力，而现在却必须在不具备相应本领的德国人的手下干活。"

由于存在感情障碍，因此双方摩擦不断。波斯特也认识到：

当时，我们外籍人士对跨文化合作的概念知之甚少。

事实证明，德国人不习惯于将自己视为上海大众的团队成员，这成了一直持续影响我们相互理解的重要障碍。几乎每个外籍员工都自动生活在这种意识之下："我们是大众来的，我们是最伟大的！"而且，有些人还让中国人明显感觉到了这一点，使得中国人痛苦不已。在最初的几个月里，保尔和我就注意到了这样的情况，每当德国人说"我们大众……"时，一种沉闷的气氛就会在中国人中间蔓延开来；如果一个德国人表现出他知道得更多，举止像个祖师爷那样，中国人就会严阵以待，并予以反击。

（波斯特，《上海1000天——德国大众结缘中国传奇》）

原上海大众董事长陈祥麟说："先进的管理也得由人来确定和实施。那时，大众公司派遣了许多担负领导职能的员工和专业人员前来上海，但是，所派人员能力迥异，有时会让人有种感觉，似乎降低了管理经验和技术门槛。"

经过艰难的磨合或者说是"斗争"，最后双方达成共识：推行"副理制度"。每一个重要的领导岗位配置两名负责人，一名中方人员和一名德方人员，如果一名中方人员能够胜任这份工作的80%，那么中方人员将负责这项工作，德方人员作为副理；反之，则由中方人员作为副理。这项制度很快就有了效果。事实说明，中国人的能力并不在德国人之下，只要给他们机会，他们也能够干好。

波斯特也认识到：如果我们的副理制度不起作用，如果没有信任，如果没有相互间的理解、尊重和重视，我们便不会取得成功，因此我们必须团结起来。

外汇问题一直是中方头疼的问题，上海大众公司的合同中重要的一条就是要靠产品出口来实现外汇平衡。但桑塔纳工厂的建设需要时间；建设时期，还要花费大量的外汇进口生产设备和零部件。在这种情况下，外汇只出不进，平衡是无法实现的。中方为此警告德方："如果在外汇收支平衡和零部件国产化方面，你们没有更多的举措，我们就会寻找另外一个合作伙伴。"

中方的话并不是空穴来风。就在此时，美国的克莱斯勒、福特、通用都在中国寻找机会夺回大众抢占的市场份额；日本丰田的考察团、法国雪铁龙的考察团在中国到处游说，推销自己的产品与计划。面对西方竞争对手与中方伙伴的压力，为了保住自己的蛋糕不被别人抢走，德国大众想方设法地在外汇平衡上做文章。哈恩在桑塔纳刚刚开始建厂时就要求波斯特："必须为节省外汇而明确地尽我们道义上的责任，推动中方以批量生产来和我们紧密联系起来。"

哈恩是个懂得中国人想法的可爱的德国老头，他不仅要求节省外汇，还想方设法地帮助中方赚取外汇。20世纪80年代中期，德国还有很多以煤为燃料的热电厂，哈恩提出，能否从中国进口煤炭用于德国的热电厂，因为这样能为中方赚取外汇。大众公司每年要从德国运送大批散件到上海组装，运送散件的任务由德国大众公司旗下的物流公司的集装箱船执行。但为了让中方多赚取一些外汇，1985年11月，哈恩决定，在上海的船厂订购两艘集装箱船。所有的这些都是为了平衡外汇而做的努力。

尽管双方都在一个公司里合作，但不同的价值观、不同的实践经验、不同的文化背景导致中德双方在沟通上存在着极大的障碍。波斯特的翻译陈韵秋说：

德国人喜欢直截了当、干干脆脆；中国人却习惯于委婉地表达意见。德国人和中国人的思维方式和工作风格非常不同。负责技术的保尔先生需要生产人手，便找了主管人事的费先生。交谈了一次、两次，第三次他让我翻译。费先生向他解释说："我们已尽力与某某谈了这件事""我们尽力协调了这个和那个科室"。而保尔先生只想要知道，他到底能否得到相关的人。我重复着保尔的话，费先生也重复着他的回答。最后，保尔先生失去了耐性："我不想听什么尽力不尽力的事，而是要一个明确的回答，有还是没有？陈女士，你翻译得是否正确？"

我将保尔的话再翻译一遍，但得到的还是同样的回答。我请费先生给予一个简单明确的回答，费先生便指责我超越了我的权限："你是翻译，你只要翻译我的话就行。"当我试图向他解释保尔先生对他的"尽力"不感兴趣时，费先生却怀疑我是否正确翻译了保尔的意思。

一方只想要一个明明白白的回答，而另一方却反其道而行之，只说明自己努力了，却不肯简单地说出"没有"这个答复。

此类沟通问题几乎存在于每天的每件事情中，发生在所有可能参与的人身上，出现在漫长的一天又一天之中。波斯特的理解是：

我们对中国知之甚少，更谈不上什么中国人的价值观、经验、习惯及文化了，这个问题至今也仍然存在。同样，中国人对我们也一无所知。我认为，中国人同样必须为这种跨文化交流做准备。1985 年时，上海大众的情形是，没有任何一方在这方面做过准备，我们所有的人都措手不及。时至今日，导致中外合资企业失败的 80% 的问题，不是来自产品或成本核算方面。这些企业既未败于竞争，也未败于市场，而是败在自己身上，败在人与人之间沟通交流的困难上，这曾经是，现在也依然是个大问题。

（波斯特，《上海 1000 天——德国大众结缘中国传奇》）

波斯特的认识没错，但他也仅仅停留在问题的表面。深层次的问题是什么呢？在合资公司里，德方总是以强者的身份出现，在技术、管理等方面都明显强于中方，所以他们的潜意识里总是瞧不起中国人，凡事都要求按照他们的方式来，这种做法伤害了中国人的自尊心，抵触情绪自然产生。更何况，中方并非完全不懂，对于工业建设，中方也有中方的见解。对中方的见解，德方又站在对立面，如此一来，无休止的碰撞在所难免。在上海大众成立的头几年里，公司领导之间的争执从未间断过，中方总经理张昌谋说："我们两天一小吵，五天一大闹。"

其实，文化差异只是借口，无论是中方还是德方，各自都要对自己的上级负责。中方的总经理要对上海、北京负责，上海、北京的领导们总是希望合资企业里的中方代表能够维护中方的利益，有时甚至要充当国家行政机关的"延伸的手臂"；德方代表则要对沃尔夫斯堡的德国大众公司负责，要遵循总公司发出的指令，要保证大众公司的利益。

无休止的矛盾冲突使得双方精疲力竭，如果长此以往，上海大众的工作将难以按照协议进度进行。合资公司里的中德双方都在考虑和寻找双方利益的共同点，以结束这种不愉快的合作。应该说，中德双方的代表都是聪明绝顶，经过坦诚沟通，双方很快就找到了利益共同点：作为一家合资公司，德方投资者德国大众公司最关心的是，自己在上海大众投资所获得的利润能否实现最大化和长久化；中方投资者关注的是，上海大众能否给中国落后的轿车工业带来发展，生产新产品，掌握先进技术，减少进口，培养技术队伍，建立中国现代轿车生产样板。如果听任德国沃尔夫斯堡和中方有关部门的任意干预，上海大众就会成为失控的木偶，最终受损的是双方投资者的利益，而上海大众则会成为替罪羊，这是双方投资者都不愿意看到的。解决问题的根本办法就是尊重上海大众合资公司的相对独立地位，给予其现场处置权，让上海大众能够不受干扰地自行解决遇到的问题。

合资公司是一个独立的利益共同体，上海大众公司内的中德双方都是一条船上的人，一旦这条船漏水或面临沉没的危险，遭殃的首先是船上的全体船员。无论是上海或北京的关心，还是来自沃尔夫斯堡的指令，都必须符合上海大众公司的根本利益。波斯特说：

有时我们双方都确信一点，即我们合资企业需要一个必要的自由空间，这是成功的关键。……每当我们向沃尔夫斯堡解释事情不能像他们所想象的那样进行时……沃尔夫斯堡方面便会惊愕不已……"究竟是谁付给你们工资啊？"此时我总有早已准备好的答案："谁付给我们工资？当然是上海大众了。我们自己赚钱，不再从沃尔夫斯堡获得持股资金外的一个子儿……如果上海大众不繁荣昌盛，那最后对大众集团也不会有任何好处。"这是我们的准则，这必须成为我们的总路线，一切工作必须符合上海大众长期繁荣发展的要求。

……大家必须懂得，我们是在为上海大众工作，若非如此，我们就完成不了任务。

（波斯特，《上海 1000 天——德国大众结缘中国传奇》）

张昌谋也说："尽管有冲突，但我们最终在'一切以合资企业的利益为重'的前提下取得了一致。""必须特别指出，中方和德方的投资者不应过多地干涉合资企业的事务。他们必须清楚，他们应该将合资企业的利益视为任何事情的出发点。只有当合资企业发展良好并获得盈利时，双方投资者才会获得自己的那份盈利。"

有两件事情很好地说明了这个问题。一件事是关于运输成本。上海大众所需的所有的汽车零部件和生产设备全部需要从德国运来。原来负责承运的是德国大众公司旗下的大众运输公司，这个运输公司有自己的集装箱船队，属于全球经营的大型物流联盟。但大众运输公司的运输费用较之中国的中国远洋运输公司要高得多；如果换成中国的中国远洋运输公司，就意味着上海大众公司所生产的每一辆桑塔纳的成本将会降低。为此，中方总经理张昌谋希望将原来由德国大众运输公司承运的汽车零部件和生产设备转包给中国远洋运输公司。他向波斯特详细地计算了一份账单，两相比较，波斯特明白，这是一件有利于中方却不利于德方的事情。但波斯特没有拘泥于此事不利于德方，而是考虑到此事有利于上海大众。两人经过商量后决定，将上海大众的运输业务转交给中国远洋运输公司。这个决定大大刺激了德国大众总部，却受到了中方的欢迎。中方人员称赞波斯特："波斯特不是大众的人，他为我们工作，他是我们的人。"波斯特则反驳道："不，我不为你们工作，我为上海大众工作，这是我义不容辞的责任。长期保障上海大众公司的正常运行，这不光是我们的行为准则，而且是每一位员工的行为准则。如果你们是上海大众的人，那就行。"

另一件事情是关于打破"铁饭碗"。企业体制改革前，中国的企业存在着严重的"大锅饭"现象，消极怠工现象司空见惯，德方对此大为不解，也大为不满：

中方员工有的无所事事，闲坐在车间或办公室里消极怠工……两栋厂房之间绑着晾衣绳，上面晾晒着各式衬衫、长裤、内衣等。有一天，工厂停水，原因是工厂边居住的农妇们为了清洗家庭衣物而擅自将水管改道。中方的女工若不想将她们生病的孩子送到幼儿园，就会带到车间来。

工位保持清洁，这种事情中方员工闻所未闻，只有当通知说德国、中央或上海市的领导要来访问时，他们才会卖力地擦拭打扫；等到参观结束，懒懒散散的老样子就又出现了。

我们有几百名富余员工，可是一个也不能辞退。

（波斯特，《上海 1000 天——德国大众结缘中国传奇》）

西方的企业管理机制使得每一个从业者总是置身于强烈的竞争意识中。而在中国工作不久，波斯特便惊讶地发现，上海大众的中方员工置身于培养懒汉的"铁饭碗"制度下，工作被动，缺乏积极性和创造力，有些员工上工不干活、出工不出力，擅离职守，公开地干私活，对工作缺乏责任心、工作效率低下，产品质量根本无法保障。这些现象令德方深恶痛绝，但却对此无能为力，因为无法开除有重大工作失误的职工。经过深入观察后，德方提出实行绩效挂钩的统一的薪酬标准。这个建议刚一提出，便遭到了中方的断然拒绝。

经过无数次的沟通，中方终于认识到这样做对上海大众的正常生产有重要的保障和推进作用，双方终于慢慢地统一了认识，最终达成共识：必须彻底改革薪酬制度。1986 年 5 月，上海大众开始实施新的具有 18 个工资等级的薪酬制度。薪酬制度所带来的效果令中德双方的管理者都感到很振奋。

从实施的第一天起，这套制度就起了作用。从那时起，我们总是能够达到我们的计划产量并且质量合格。有时我们甚至发现生产物料补给困难，因为中国人的造车速度突然之间达到了世界冠军水平。显然，每个中国人都明白了这样一个事实：他是我们这个整体中的一分子……由此，中国人养成了一种整体的、互相关联的质量意识。最后，我们新的薪酬制度在上海流行，其他企业将它视为范本。

（波斯特，《上海 1000 天——德国大众结缘中国传奇》）

张昌谋则称："德国人对工作有一种细致和坚持不懈的精神，这种热情传染给了中方员工。"张昌谋的后任王荣均也说："在多年的合作期间，我和我的中方同事从德国人那里学到了很多东西。德国同事行事以结果为导向，非常注重实效；中国同事注重的是过程，即使结果不怎么好，他们仍旧认可为此所做的努力并加以表扬。比如，如何评价一位经理，德国同事会根据其思考能力、协调能力和解决问题的能力来下断论；相反，中国同事却主要根据那位经理是否听话，是否给予上司足够的尊敬……同样，对待产品质量的态度也非常不同。德国同事强调细致和精确，避免任何形式的疏忽马虎；尽管中国同事原则上同意德国人的这种做法，但涉及具体工作时，还是不愿意这么细致或精确。但最终他们不得不让步。特别是质量问题上，德国同事有时非常固执，有时甚至给我们一种死板的感觉；不过，他们严守法律和各种规定，其坚强的精神也让人印象深刻。有些德国人给我们留下了一种高傲的印象，但是大多数德国人都能通过他们负责任的态度让人信服。"

在碰撞中相互理解，两股道上跑的车渐行渐近，最终并轨。波斯特称：

上海大众要成为中国最好的企业，要成为中国市场上的第一名，产品要具备最好的质量，要为客户提供最好的服务，要有高素质的员工，要成为中国前所未有的最先进的、最优秀的和最美观的汽车制造厂。

1986年，胡耀邦总书记来上海大众视察。一位总装线上的普通员工在回答总书记的提问时说："上海大众要成为中国市场产品数量和质量第一的企业，要在产品质量、劳动生产率和成本方面占据全国领先地位。"在竞争观念还远未普及的时候，这句话出自一位普通员工之口，让在场的所有人都震惊了。这说明，上海大众的发展已经与每一位员工息息相关，已经成为全体员工共同努力方向。

思想的统一带来了效率的提高，原来残破不堪、四面漏风、昏暗无光、灰头土脸的上海轿车厂的老厂房被修葺一新，宽大的厂房从内外墙壁到全部地坪，重新平整后全部刷上了白色的油漆；每根立柱都漆成了深灰色；车间内破旧的木门窗全部换装成崭新的钢窗；所有的玻璃都擦拭得亮闪闪的，一尘不染；总装线上成百上千台的机器设备干净整洁，外表没有一点油腻；各类工装设备按照工位需求，规划整齐，摆放有序；车间内人员、车辆移动行走的线路全部用蓝色的油漆画上了明确的标识。这样整洁的车间让人对清洁更为敏感，任何多余的器物、垃圾、油腻都会立刻被发现。在这样的车间里工作，谁也不会、也不愿意、也不敢乱扔工具、零件，生产秩序由此得到了保障。为了保证油漆地面和墙面的干净，公司规定每隔半个月就要清理一次。除了车间从里到外穿上了"新衣服"外，上海大众上到总经理下到普通员工，无论男女，也全部换上了带有大众标识的浅蓝色防风夹克。新的工作服选料考究、制作得体。在这样的工作环境里穿上整齐划一的服装，共同生产桑塔纳轿车，上海大众人的荣誉感和凝聚力空前增强。走在外面，"我是上海大众人"成为员工最为骄傲、最有面子的事情。

作为当时中国最大的合资企业，上海大众取得了初步成功。

1986年6月初，国家经委在北京召开"中外合资企业发展研讨会"，时任国家经委副主任的朱镕基在会上以上海大众的发展为例，列举了合资企业成功的五个决定因素：

第一、可行性研究中切合实际的假设；

第二、合适的合资伙伴；

第三、牢固的、符合中国法律规定的合同基础；

第四、符合中国特色的、特殊形式下的科学管理；

第五、涉及面广，以形成一流管理为目标的教育与培训。

朱镕基认为：

可以让合资企业根据迄今为止积累的经验对其经营性业务加以改进，政府应出台相应的政策法规为合资企业提供必要的支持……我们需要互相信任与支持……我们在合资企业里，不能像国有企业那样工作，又不能像外国企业那样干活。我们需要的是某种能为我们量体裁衣的东西……政府不应插手合资企业的管理职责。有些地方，政府机关在未与企业董事会商量一致的情况下，干涉了企业的正常经营，这是一个需要各级政府部门高度关注的问题，这种现象再也不能继续下去了。政府部门必须停止干涉企业经营，政府部门必须认可企业董事会做出的决定。

国产化绝不允许"瓜菜代"

中德双方在上海大众项目中遇到的最大的、拖延时间最长的、发生矛盾最多的问题是桑塔纳零部件国产化。

中国建立现代轿车工业是一个渐进的过程。1978年，国家提出引进一条组装线只是为了缓解国内的轿车供应短缺，减少入不敷出的外汇支出。但中国汽车人因势利导，从引进轿车生产提出要发展和建立自己的轿车工业，引进桑塔纳轿车成了建立中国现代轿车工业的第一步。

现代化的轿车工业需要现代化的零部件生产体系做支撑，更需要相应的政策和行政管理体制做保障。中国引进了现代化的桑塔纳轿车，但是国内却没有与之相适应的现代化的零部件生产体系。现有的几乎全部零部件企业，无论是生产批量、技术水平、质量保障，还是现代企业管理能力都远远落后于国际水平，数千家中国的汽车零部件生产企业均处于小农经济时代。不要说技术质量无法满足桑塔纳的装车需要，数万辆的批量他们也无法做到。当上海大众提出零部件国产化时，很多企业在严格的质量技术要求面前都噤若寒蝉、不敢开口。1985年上海大众公司正式成立时，桑塔纳的国产化只有3%；两年后，1987年，桑塔纳的国产化率仅为5%，远远没有达到预想的目标。上海大众第二任董事长陆吉安说，中国汽车零部件工业与国际水平相比，"落后30年"。

不改变现有的小农经济作坊式生产，不建立起具有技术质量保障的现代化零部件生产体系，中国就不可能建立现代轿车工业；不建立现代轿车生产工业，引进桑塔纳这样的现代轿车就毫无意义。桑塔纳国产化的重要意义也在于此。从某种意义上讲，桑塔纳零部件国产化是建立中国现代汽车工业迈出的第一步，由于情况复杂、改革难度极大，建立现代化零部件生产体系也要"摸着石头过河"。

建立现代化零部件生产体系需要技术、资金、管理，还需要政策保证和观念更新，更需要有敢冲敢闯的改革开放实践者。蒋涛、仇克、翁建新、张昌谋、王荣均等人是建立中国现代轿车工业的首批实践者，但光脚探路，他们饱受伤痛、身心疲惫。

1986年至1987年的两年间，上海大众中方主要负责人相继更换，蒋涛调上海市人大，张昌谋辞去总经理，仇克退休。王荣均接任上海大众总经理，陆吉安接任上海大众董事长。

首先接手总经理担子的是王荣均。王荣均为原二汽党办主任，因才能出众，调湖北省担任机电局局长。王荣均到上海大众的直接动因是桑塔纳国产化。1986年，时任上海市市长的江泽民找到他的老同事、老朋友，中国汽车公司总经理陈祖涛，他告诉陈祖涛，上海大众国产化进展很慢，原因很多，但重要的一条是缺少既懂得汽车生产，又有管理水平的复合型高级管理人才，他让陈祖涛给他推荐几个在现代化汽车生产大企业里干过的人才。陈祖涛立即推荐了王荣均。

王荣均回忆：

1986年7月，陈祖涛打电话找我："老王，听说你在北京，你能不能到中汽公司来一趟，有事商量。"我去了后，陈祖涛告诉我："江泽民同志要我推荐一个上海大众总经理，我推荐了你。他说认识你，他正在北京参加会议，你可以打电话与他直接联系。"回到一机部苏州胡同招待所后，我就给江泽民同志在北京的家挂电话，接电话的正是江泽民。我在电话里对他说："祖涛同志说推荐我去上海大众，我干得了吗？"江泽民同志很爽快地说："你来吧，上海大众正需要你这样的人。等我开完人代会回去后，你到上海来一趟，先了解一下情况。"

1986年8月初，我到了上海，江泽民接见了我。当时跟我一起去的还有二汽副总工程师、规划处处长刘炎生，他也准备和我一起到上海大众工作。江泽民说："欢迎你们来上海工作，上海需要人才，上海的汽车工业更需要一大批人才，不是你们几个，而是要几十个，几百个……"就这样，我来到了上海大众。

王荣均到上海大众时，上海大众已经以CKD形式小批量组装桑塔纳，国产化工作刚刚着手，新厂区的征地，新厂房建设，老厂房改造，生产设备的订购、安装和调试，以及让上上下下头疼不已的国产化等工作，一起摆到了他的面前。

王荣均首先要解决的是设备订购问题。设备订购有一个周期，只有与订购方签订协议，并支付一定数量的定金，对方才能安排生产，这些都需要时间。但王荣均发现，很多设备订购合同都压着等总经理签字，但前任总经理张昌谋还未签字。经过了解，王荣均才知道设备订购里面有很大的文章。他听到了这么一个故事：

油漆厂房时，需要大量的油漆，买谁的油漆呢？中德双方意见发生了分歧。德方认为，要买德国杜尔公司的产品，理由是质量好，但杜尔公司的油漆价格很高。中方一些人认为，我们的外汇本来就很紧，油漆又不是什么高技术的产品，中国自己生产的油漆价廉物美，为什么非要买外国油漆？双方争执不下。张昌谋是总经理，此事需要他签字决定。而张昌谋担心购买了德国的油漆会引起内部的批评，一时难以定夺。无奈之下，只得请示中汽公司董事长饶斌，饶斌发了话，张昌谋才签字。这件事说明，中方总经理的决策权受到多方掣肘。

现在摆在王荣均面前的订单一大摞，最为重要的发动机生产线订单急需解决，加工设备没有订购，发动机生产将无从谈起。经过了解，德方在设计时已经提供了所需设备清单，只是这些设备大都需要进口。与前面的油漆采购一样，发动机生产线设备订购也面临着国内的压力。中方负责规划的刘炎生告诉王荣均，一汽、二汽、中汽公司和外贸部的进出口公司都认为，上海大众发动机生产线主要选用进口设备是"崇洋媚外"。一顶"崇洋媚外"的帽子仍压得张昌谋难以举起手中的笔。了解到这些情况后，王荣均认为，如果不将这些问题厘清，今后还会发生类似的问题。他和刘炎生请来即将离任的张昌谋，又从一汽、二汽、南汽请来了七八位搞发动机工艺和设备的专家，几个人一起来讨论德方的设计方案。

王荣均首先请德方发动机厂厂长向专家们做工艺设计介绍，再讨论哪些设备可以用国产的、哪些设备必须进口。

德方介绍完后，王荣均发话了："在座的各位，你们都是国内发动机行业的大专家，我们以前都是老朋友、老同事，现在很多人都在说，上海大众发动机生产线采用进口设备是崇洋媚外，应该采用国产设备。作为上海大众总经理，我认为，只要能达到三条要求，我就完全赞成采用国产设备。"

王荣均提的三条要求是：第一，设备的精度要达到要求，只有这样，加工出来的零部件才能达到质量标准；第二，设备的可靠性要高、开动率要高，这是保证产量必不可少的；第三，要能按期交货，这样才能保证发动机厂建成投产的时间。

王荣均提的这三条都是二汽建设中付出代价的教训。二汽建设采用"聚宝"形式，所需设备均在国内订制。二汽提出设备要求时，不少机床厂都表示能做出来，但签了合同到交货期时，这些企业又拿不出来，一拖就是一两年，严重影响了二汽的投产；有的设备安装了，但性能达不到要求，无法使用，只得又用了几年时间搞"设备攻关"；有的实在解决不了问题，又不得不再申请进口。二汽建设时的教训还能在中德合资的企业中重演吗？

王荣均请来的都是专家，经过他们认真的、负责的讨论，大家取得了共识：德国的设计基本符合我国当前的实际情况，为了保证质量和进度，该进口的还得进口。达成共识后，王荣均坚定地签订了购货合同。

订购大型冲压机也是一道难题。大型冲压机需要对外订购，德国大众公司提出把它在南非的合资企业南非大众生产厂的冲压机转让给上海大众，实际上等于购买二手设备。在国际市场上，购买二手设备是很划算的，只要设备质量和性能符合要求，购买二手设备还能节省一大笔钱。但国内意见又起，认为二手设备是人家不要的破烂。花钱买人家不要的破烂，这个"帽子"谁敢戴？张昌谋为此一直没签字。总经理没签字，大型冲压设备迟迟不能定，德方非常着急，合同规定，对方要在规定时间内完成建设任务，现在建设进度完不成谁来负责？

王荣均先找到德方技术执行经理保尔，向他了解这套设备的价格计算问题。

保尔解释了这套设备原价多少，转卖给中方相当于打了几折。这个设备虽然是二手设备，实际上在南非大众只生产过两三万辆车，基本上是全新的。如果现在重新订货不会有这个价，时间也来不及。听完保尔的介绍，王荣均立即找来中方执行经理费辰荣、规划部负责人刘炎生和范立增，以及财务部科长孙复成商量。经过讨论，大家认为这个价格不吃亏，设备又是从另一家大众公司的生产线上拆下来的，质量有保障。更重要的是，厂房建设不能再拖了。王荣均决定拍板签字。

王荣均的果断立即引起了议论。有人说，张昌谋几个月都不敢签，王荣均来了没几天工夫就都签了，难道这些问题都解决了？

王荣均是技术专家出身的总经理，他不怕这些议论："签快了有什么不对？老拖下去怎么办？工厂还建不建？谁还有其他更好的方案吗？"

在上海大众，中德双方经常发生冲突，究其原因，德国人始终如一地坚持质量，遇事不退让。比如，德国人发现零件不合格，怕砸了自己的牌子，要求将其砸掉，但中方舍不得，砸掉不就成废铁了吗？这些零件拿到外面当次品卖还能收回点钱。有些中国人认为，不能凡事都听德国人的，不能受外国人控制，总是要和德国人斗，要为中国人争话语权。这在当时很有代表性。王荣均发现这种状况后，很不以为然。他对中方干部说：我们与德国人合作，要平等互利、互相尊重，不能说一定要谁服从谁。他对德方经理说：我们之间的关系是互相信任、互相学习。你们对的，我们就接受；我们对的，你们也要接受。中德双方要讲合作。在中方干部开会时，王荣均明确要求：在质量方面，要按德国技术标准办。

有人认为他这样对德国人不够强硬。王荣均反问："强硬什么？人家坚持质量有什么错？与其将来因为汽车质量不好受到批评，还不如现在受些压力和指责，老老实实地向德国人学本领，坚持质量标准。"他讲了两点理由。第一，我们没有建设现代化轿车厂的经验，国内企业也没有这种经验，如果我们自己什么都懂、什么都对，那还引进干吗？第二，各个技术部门都要按企业管理的基本原则办事，落实责任负责制。中国副手有意见可以提，但由部门正职经理做最后决定。如果他错了，你还可以证明你是对的，以后你说的话就有分量了。

王荣均在《不能忘记德国朋友对国产化的贡献》一文中说：

当时，改革开放时间还不长，对于与外国人合作，企业内部还存在着许多思想上的分歧。一提共赢，就总怕自己会吃亏，怕我们的钱都被外国人赚跑了。甚至，有些人非但不主张合作，还打定主意要和外国人斗！我坚决主张在平等互利的前提下，双方都按合营合同办事。既然是合作伙伴，我们就应该拿出合作伙伴的姿态来，相互尊重、相互信任、相互学习，遇到问题就打开天窗说亮话，坦诚地拿到桌面上来讨论、解决。时间证明，我的坚持得到了回报。在经过一段时间的磨合后，我们和德方逐渐形成了默契，而我们双方的合作，也逐渐走向了一个"黄金时代"。

（范安德主编，《大众的力量》，新华出版社，2008 年）

王荣均以实事求是加雷厉风行对付坐而论道，上海大众的新总经理带来一股扑面清风。

陆吉安，1952 年华东纺织工学院毕业，在上海纺织行业工作了 27 年，后任上海市经委副主任，以踏实稳重而见长。陆吉安回忆："20 世纪 80 年代中期，上海有几大项目要同时上马。市里决定，由各部门的主要负责人各分管一个项目，最后由市长统一协调。市经委分到汽车、化工、飞机三个项目，经委分工决定由我负责汽车。这就是桑塔纳国产化。"

对陆吉安来说，"这是个烫手的山芋。"要干的事太多，而且都是之前都没有想到也没碰到过的。上海汽车行业基础薄弱，没钱、没人、没技术，尤其是缺乏外汇，水、电、煤、路、厂房、设备都不到位，外方埋怨，中方无力协调。问题反映到市里，成了令人头痛的大难题。除了最头痛的桑塔纳国产化问题之外，还有基础设施和新厂房建设中遇到的各种问题。德国《明镜》周刊报道：

上海大众好像是被扔在一座孤岛上生产——国内几乎没有任何配件厂。

由于桑塔纳国产化进度太慢，国内反应强烈。1987 年年初，时任国家经委副主任的朱镕基奉国务院指派，带着一批由各专业专家组成的专家组前往上海调查桑塔纳国产化进展情况。上海经委副主任陆吉安陪同朱镕基考察，朱镕基边看边提问题。他的问题一针见血，很多在场的人都面红耳赤、张口结舌，回答不上来，陆吉安则不断地为汇报人员做补充和解释。陆吉安的表现引起了朱镕基的注意，他问："你怎么比汽车公司的人还清楚情况？"

在长达十几天的陪同中，朱镕基向陆吉安提出了很多问题和质疑，陆吉安则介绍了上海汽车工业底子薄、基础差、技术和管理落后、人才缺乏的实际情况，从行业到企业，从宏观到微观，实事求是，但又不乏思考和想法。陆吉安的表现给朱镕基留下了深刻的印象。

一个月后，全国对外经济合作会议在天津召开。晚上开预备会议时，陆吉安突然听到会场的扩音器里呼叫："上海的陆吉安请注意，朱镕基主任有事找你。"

陆吉安闻讯找到朱镕基。没料到朱镕基对他说："跟我走，我请你吃饭。"对于朱镕基的请客，陆吉安觉得奇怪，朱镕基是自己的上级，平时两人没有私人交往，今天突然邀请自己吃饭，这是怎么回事？看到满面疑惑的陆吉安，朱镕基说："我有重要的事对你说。"

　　谁知在饭桌上，朱镕基并没有告诉陆吉安什么重要事情，而是对他说："你先安心吃饭，我已给你买好今晚回上海的机票。车已经在门口等着，吃完饭你就走，到上海会有车接你。"

　　这个饭吃得陆吉安越发疑惑。陆吉安领教过朱镕基严厉果断的办事风格，但这次他请自己吃饭，而且还买好机票叫自己回去，就是不说事由，这里面肯定有文章。但究竟是怎么回事，朱镕基不说，自己也不好问。当晚飞机在上海一落地，市里的专车就已经停了舷梯旁，陆吉安被径直送到了康平路上海市委办公室。走进会议室，只见黄菊、赵定玉、郁品芳等上海市委市府领导都在会议室里，这个阵势让陆吉安一阵紧张。究竟是什么事情，从朱镕基请吃饭，买机票让我回上海，回来后又有这么多领导等着，他心里犯起了嘀咕。见大家表情严肃，陆吉安便扯了个理由说先去洗手间方便一下，想独自整理一下思路。谁知时任上海市委统战部副部长的赵定玉起身跟上，在洗手间对他说："老陆，你是否同意弃官从商？"

　　一句话把陆吉安问得愣住了。赵定玉也没让他多想，接着就说："组织上想让你到上海汽车工业公司任总经理兼任上海大众汽车公司董事长，你干不干？"

　　至此，陆吉安一下子明白了朱镕基让他赶回上海的原因。

　　原来，朱镕基在上海大众考察完后，对于上海大众现在的状况很不满，提出要上海市委换人，并推荐了陆吉安。上海市委市政府决定接受朱镕基的建议，让陆吉安挑起上海大众的担子。虽然对这一提议很是意外，但陆吉安还是果断地表示接受。从此，陆吉安转换了人生角色。上任后不久，朱镕基就对陆吉安下了"死命令"："今年国产化率要完成25%，明年50%，不能少，否则你就引咎辞职。"

　　1987年7月，陆吉安走马上任。上任前，他向市里立下军令状：三年完成桑塔纳国产化，完不成任务引咎辞职，"弃官卖厂"。为了给陆吉安的工作提供方便，上海市政府决定，暂时保留他市经委副主任的职务，除兼任上海大众董事长外，还兼任上海轿车国产化协调办公室主任一职。市政府明确表示，"全力支持上汽发展桑塔纳轿车，相关的所有工作由陆吉安负责，各部门要做好协调配合工作。"

　　当时的上海汽车配套企业都是些为上海牌轿车和拖拉机配套的弄堂小厂，有不少是20世纪五六十年代遗留下来的作坊式工厂。从厂房、设备、资金、技术、管理、人才等各方面都无法适应和接受桑塔纳轿车配件的现代化生产，面对桑塔纳才知道什么叫落后，什么叫差距。经过对生产企业的能力的逐个排查，陆吉安得出结论："落后30年！桑塔纳给出了我们与国外差距的定量概念。上海原有的汽车配套体系必须推倒重来，必须建立符合德国标准的零部件体系才行，别无选择。这就意味着，我们要在3年当中缩小与国外30年的差距。"

　　在上汽公司第一次会议上，陆吉安宣布："桑塔纳国产化工作是我们上汽的第一任务，这个工作搞不上去，其他工作搞得再好也没有用，因为'0'乘任何数字的结果均为'0'。"陆吉安用"0"的概念告诉大家，国产化对于上汽意味着什么。

　　国产化进程不光困难在生产设备和技术人才上，更重要的是思想认识和思维方式。在桑塔纳国产化进程中，一些中方人员送给德方一个外号"方脑袋"，意思是指德国人遇事死板、不会变通。实事求是地讲，德方在桑塔纳国产化零部件质量把关上，的确是死板、毫不变通，对质量没有100%达到德方技术指标的零部件，坚决不予通过。但真应该感谢这些德国"方脑袋"，正因为他们的死板和坚守原则，才有了数十年畅销不衰的桑塔纳轿车，才使得中国轿车工业有了高质量的零部件工业生产体系。

　　按照中德双方达成的合作协议，桑塔纳轿车有个长达7年的国产化计划表，按照这个计划表，国产化应该每年都有一定进展，到第 7 年，桑塔纳国产化率要达到 90% 以上，但实际进展却没有达到计划要求。原因很简单，中方的零部件企业完全不具备给桑塔纳配套的水平。时任上海市市长的江泽民知道了这些情况后提出，零部件国产化不能只盯着上海的企业，桑塔纳不是"上海牌"，而是"中华牌"，要在全国范围内，特别是给一汽、二汽配套的技术水平稍高、引进先进设备较多的零部件企业，以及那些拥有先进技术设备的军工企业中选择具备条件的企业。按照这一思路，经过挑选，共有 130 多家企业入围。但是更大的尴尬又来了。

按照合同规定，桑塔纳国产化的零部件必须拿到德国去测试，由总部设在沃尔夫斯堡的德国大众公司认可。但全国范围内选定的企业送出的样品在德方严苛的技术指标面前全部铩羽而归。

一个桑塔纳轿车就将中国汽车工业水平的落后现状彻底曝光了，这就是发展了 20 多年的中国汽车工业的现实。

在严格的技术标准面前，几乎没有零部件厂愿意给桑塔纳配套。有些零部件厂拿到样件图样后说，从来没有见过这样高的技术标准，做不了。有的厂来人一看样品就吓跑了，根本不敢接手。

为什么高标准的设计指标会吓跑了大量的生产企业？要知道为什么，就必须了解一件产品从设计图样到产品生产的全过程。

任何产品都是从设计图样开始的。拿到设计图样后，工艺部门需要根据产品图样来编制生产工艺，生产部门再根据图样和工艺流程来制造成完成生产所必需的各类工装设备和模具、夹具、刀具、辅具、设备、厂房，人员培训，以及原材料采购等。从试制到批量生产还需要能力建设、质量控制、生产准备、零部件供应商的质量管理等一整套生产管理系统。生产部门通过这套系统将产品试制出来，经过检测质量合格准予批量生产后，再组织投入批量生产，最后再交给主机厂装车。这是从图样到产品的全套过程，过程中的任何一点展开来都是一套子系统或者说是子过程，如同一张庞大的网络，环环相扣，互相关联，少了任何一点都不行。这个过程就是现代化的科学生产所必不可少的过程。德国人的严谨、日本人的精细皆源自于此，且仍在不断创造发展着这个过程。

新产品试制是一件极为烦琐和严谨的过程。一个精度要求极高的新产品要投入试制，首先要从单件开始。以化油器为例，单件生产与批量生产一样，模具、夹具、刀具、辅具、设备、原材料等要素一样都不能少。每试制出一个产品，都需要经过严格的检验和测试，有的还需要装车试验。为了测试疲劳强度，需要按照规定在不同的气候条件下跑上 6 万千米才能取得数据。试验车一天只能跑 500~600 千米，试验员需要按照规定，隔一段时间记录一次数据，6 万千米跑下来，往往寒暑易节，这个过程需要大量的时间和资金保障。等到中方检测合格后，再将产品交给德方，德方需要将产品送交德国总部的质检部门检测。如果检测不合格，就需要将这个过程重新再来一次。如此往复，直到合格为止。

每试制一次，材料、刀具、工具、夹具、模具、辅具等全部得重来一次，这有多大的工作量？每试制一次，试车员们要在不同的气候和道路条件下跑上几千甚至上万千米。需要多少天？要耗费多少时间？要耗费多少钱？要耗费多少精力？桑塔纳全车数十个总成，大大小小数千个零部件，涉及金属材料、薄板、油漆、纺织（内饰）、电子、机加工等方方面面，如此做下来需要多少时间？投入多少资金？

桑塔纳零部件国产化是对国家机械制造能力的检验，是对国家工业体系是否完备的考验，是对生产企业技术人员的水平、能力、素质的考验。

试制产品从德国领到检测合格证以后，下一步就是批量生产。生产企业需要投入资金从厂房、设备、检测机构、人员培训方面全面着手，相当于重新建设一个企业。从某种意义上讲，这是国家工业体系的建设。一辆轿车从设计到试制，再到投入批量生产全过程解决了，才意味着国家机械加工能力的整体跃升。全国 2500 余家零部件生产企业，有能力完成这个过程的连 1% 都不到。桑塔纳零部件国产化的难度也在于此，桑塔纳零部件国产化的意义也在于此。

完成这个过程需要时间，也需要资金、技术和人才。这恰恰是中国汽车工业最缺少的。

从 1983 年 4 月 11 日组装第一辆上海桑塔纳轿车到 1985 年，三年间，桑塔纳的国产化率只有 2.7%，这 2.7% 就是轮胎、喇叭、天线、标牌这 4 个零件。其中，除了轮胎还值点儿钱，其他的就值几百块钱。而真正涉及轿车生产关键的发动机、底盘、车身、车架等关键零部件，中方一个都不能生产。

就在桑塔纳国产化如老牛破车般蹒跚前行之时，中国轿车发展却风卷云涌、滚滚而来。

从 1985 年起，中国轿车发展的步伐明显加快。1985 年 3 月 15 日，经国家批准，广州汽车厂、中国国际信托投资公司与法国标致汽车公司、巴黎银行国际金融公司在广州签署建立广州标致汽车公司 (有限) 的合资合同。同年 7 月 22 日，广州标致合资公司成立。1985 年 9 月 26 日，中美合资北京吉普汽车有限公司举行切诺基轿车投产仪式，第一辆北京 BJ2021 型切诺基越野汽车下线。1986 年 3 月 18 日，天津市汽车工业公司引进日本大发公司夏利轿车技术许可证转让合同在天津签字，紧接着天津夏利开始组装。1987 年 8 月，国务院北戴河会议确定，通过加快发展轿车工业来振兴我国汽车工业的发展战略，同时确定了一汽、二汽和上海汽车厂作为我国轿车生产的三大基地。同时，天津夏利和北京切诺基的国产化也在稳步推进，进程也快于桑塔纳。

全国轿车发展进程对桑塔纳国产化步履维艰的上海大众造成了极大的压力，批评桑塔纳国产化进展缓慢的声音从中央到地方不绝于耳。上海大众起了个大早却赶了个晚集，若再不加快步伐，随时都有末位淘汰的危险。面对压力，为了加速国产化进程，1986 年 10 月，上海市召开了"桑塔纳轿车国产化工作会议"，出台包括免税和贷款等 6 条优惠政策，但效果仍然不明显。上海乃至中国零部件配套企业的基础条件如此，免税贷款能起多大作用？要适应现代化轿车生产，必须对中国的汽车零部件产业从根本上动大手术。但这里面牵涉技术、设备、资金、外汇、人才，特别是现代汽车生产观念等，要想在朝夕间解决问题，谈何容易。

实事求是地看，以中国国内汽车工业的基础，有些关键零部件技术确实很难啃得动。比如，发动机缸体和曲轴的铸锻件毛坯，本以为一些大厂能干得了，但干了两三年之后还是拿不出符合质量标准的产品来。有些生产企业为了上零部件，靠贷款进口设备，靠借债买原材料，费了九牛二虎之力，背了一屁股债，结果产品质量还是达不到德方要求。借了债又没有效益，很多企业因为债务缠身已经难以为继，牢骚怪话也随之而来，如认为遵循德国标准是"崇洋媚外"，"德国人是故意卡我们、刁难我们"。

由于压力太大，中方曾经有人提出能不能降低点标准？中国的经济和人民生活水平还不高，道路状况也差，而桑塔纳目前只在国内销售，能不能从实际出发，灵活一些，搞个过渡标准；待国内生产条件改善后，再逐步提高质量要求，这样可以给桑塔纳国产化一个缓冲。德方对中方的这个提议立即做出最强硬的反应：桑塔纳的质量代表德国大众的质量，消费者花了如此多的钱，就应该得到一辆安全性能、产品质量和外观完全合乎德国大众标准的桑塔纳轿车，无论是在世界哪个地方，德国大众绝不考虑任何降低质量的要求。

王荣均讲了这样一件事：

一位领导直接打电话给上海大众采购部的中方经理，"我们这些厂都投资这么多了，你们还不采购，这让我们怎么办？企业是为你们配套而背负的债务，现在产品已经生产出来了，你们就应采购。"

采购部经理有压力，向我汇报，问我怎么办？我说："你们还是要坚持原则，合格了就要，不合格就不要。不要怕。"

1987年6月初，在上汽系统的国产化工作交流会上，发生了一件让王荣均当场难堪的事情。这次会议的目的是推进零部件国产化问题，在电器厂召开，参加会议的有上汽及所属零部件企业的厂长、党委书记和技术科长100多人。王荣均在会上讲到了上海大众技术执行经理保尔重视国产化的事例。他拿出蚌埠一个配套厂生产的机油滤清器样品告诉与会者，这个样品已经得到德方认可。

正讲到这里，那位曾经给上海大众采购部经理施加压力的领导刚进会场，坐下来就插话："不要把德国人说得那么好。"然后他点了上海大众两位负责国产化工作的部门负责人的名字说："你们不要跟着德国人跑！"他的话让所有人都愣住了，大家都看着王荣均。王荣均很生气，但并未与他争吵。王荣均看了一眼那位领导，又接着讲："国产化已经有所进展，要感谢大家努力，但是一定要保证质量。不保证质量，我们的国产化就不会成功，不愿意保证质量就意味着甘愿落后，甘愿落后就只能被淘汰出局，上海桑塔纳不需要不合格的产品。"

王荣均事后回忆：

我一直这样认为，如果只讲国产化的速度，不讲质量的高标准，那么上海牌轿车本来就是100%国产化的了，何必还要引进桑塔纳呢？媒体还把我这些话登在了报纸上。

就在这期间，又发生了一个"喇叭事件"。德国对汽车喇叭的质量标准是按5万次，但对中方配套厂则要求10.5万次。中方配套厂认为是"德国人故意刁难我们，不想国产化"，对此很有意见并往上反映，一直告到了北京。王荣均听说后，让具体负责国产化的蒋昉初去做调查，蒋昉初告诉王荣均，德国标准的确是5万次，但考虑到中方的使用频率，故对中方提出如此要求。

王荣均去过德国多次，知道德国绝大多数城市都不允许按喇叭，他们只是偶尔用一下，往往一辆汽车到最后报废时，喇叭的使用寿命还没到。而中国在1987年时按喇叭不受限制，连上海这个大城市也是这样，走在马路上，汽车喇叭往往不绝于耳。上海桑塔纳的售后服务部门曾到出租车公司专门做过喇叭使用频率测试，跟车走了一个月，司机就按了5万多次喇叭。再做进一步了解才知道，这个10.5万次的要求还不是德方提出的，而是中国一个懂行的领导提出的。王荣均事后猜测可能是饶斌，但没得到证实。这位领导是根据中国人的使用习惯定了比德国标准更高但适合中国的标准，只是配套企业做不出来，才认为是德国人故意卡脖子。一辆车上有两个喇叭，两个喇叭加起来不过14马克，德国人会为了这点儿钱而不让我们国产化吗？王荣均认为，德国经理们并不负责采购，也不是来做喇叭生意的，他们也只是根据中方的使用实际提出要求，但我们中的一些人有想当然的多疑心态，对此做出了误判。

王荣均把调查结果向有关领导做了汇报，但有些人认为王荣均有替德国人辩护的嫌疑。王荣均无奈地说："这是我了解到的真实情况。如果领导也认为这是我软弱的话，我可以辞职。"

经过中德双方专家的共同努力，喇叭使用10.5万次的要求最终还是达到了。

喇叭的问题解决了，可其他问题又接踵而至。和"喇叭"厂家持有相同看法的厂家还为数不少，很多生产配套零部件的工厂都认为自己的产品质量已经相当好了，但就是这些他们认为相当好的产品，在检测时却多半没能获得通过。于是，他们就把原因归结为上海大众有意刁难。上海延峰是一家创建于1936年的老牌汽车配件厂，他们接到的任务是为桑塔纳配套转向盘。厂长黄康宁认为，小小的方向盘又有何难，但一接到图样和技术指标就傻眼了。过去，中国的汽车转向盘生产只有6个指标，而桑塔纳的方向盘的测试指标竟有106个。1983年签订试制合同，直到1986年，整整3年，试制产品在德国沃尔夫斯堡的质量检测中心总是通不过。令黄康宁心里很不平的是，试制期间，德方对方向盘的设计一再调整，他们的模具也只得跟着调整。3年下来，花了好多钱，可产品始终不被认可。这一次更令人郁闷，产品发送到德国，一年多却没有任何音信。延峰厂的工程师气得与上海大众质量部大吵一场。如此无限制地拖拉，使得中方厂家非常有意见，因为厂家拖不起呀！

尽管各方面对国产化议论纷纷，王荣均对德方有些做法，如送检产品拖延的时间太长也有意见，也很着急，但如同"方脑袋"的德国人一样，他始终坚守质量是桑塔纳的生命线，质量检测不合格的产品坚决不能要。如此一来，他便成了一些人攻击的对象，他们质疑王荣均，认为他坚持德国标准是替德方说话，站在外国人一边。于是，关于"德方在质量问题上卡中方""中方总经理站在德方立场说话"等问题被不断地向上反映，最后一直反映到国务院。这期间，为桑塔纳国产化坚守质量关的王荣均承受了沉重的压力。

桑塔纳国产化进程缓慢引起了中国领导的高度重视。

1986年6月，朱镕基到上海大众视察时，听说国产化仍旧裹足不前，生气地说："如果在中国生产的零部件比例不能顺利提高到40%，我们就关掉上海大众。"他向德方解释道："我们主要有两个困难：经济性和外汇平衡。桑塔纳的国产化进程太慢，其责任不仅在大众身上，也在我们这里。我们在天津有一个项目，现在那里已经有30%的零部件实现了国产化。"

时任国务院副总理的李鹏到上海大众视察时，专门与波斯特和保尔等人见面。李鹏说："我们选择了大众，是因为你们在技术转让中推行一种很好的政策。我们想通过你们来尽快实现我们自己制造轿车的愿望。但1985年以来，国内生产比例的进展令人不满，每一方都必须改进自己的工作。桑塔纳在中国的成功不仅在于它的价格和质量，也在于中央政府对这个项目的全力支持。我希望，国产化工作能通过贵方较大的灵活性得以加快。"

1985年年底，联合国大会期间，中德两国总理会晤时，提及德国大众在中国的合资企业进展不顺，德方有意拖延双方合作生产的桑塔纳轿车的国产化工作，大众对中方生产的国产化零部件提出高于自己产品的技术要求。

桑塔纳国产化问题得到了德方高度重视。德国外交部迅速向德国大众公司了解真实情况。不久，时任国务院副总理的李鹏也向哈恩提出了相关问题，指出德国提供的桑塔纳轿车存在诸多质量问题，如有关操纵机构不灵活、车门把手装置的锈蚀和吱吱作响。李鹏特别点明德国大众向合资公司提供的CKD散件供货价格过于高昂。

除了国务院两位总理，中汽公司总经理陈祖涛也对德国大众对于中国国产化零部件采用双重标准表示了强烈不满。在一次出国访问途中，德国《商报》对陈祖涛进行了采访，在问及中德合资的上海大众的建设进展的问题时，陈祖涛谈了自己的看法。德国记者将他的谈话整理成四条意见登在《商报》上：

第一，大众有意拖延国产化工作；第二，对中国的配套厂商，比如在喇叭零件上，提出了比自己的产品还要高的质量标准；第三，以不断变化的技术要求拖延中国零件的生产，比如对方向盘的认可；第四，发往德国用于测试的样件，发货一两年后，音讯全无。

中方高层的所有这些意见全都汇集到了德国大众，并迅速反馈到上海大众德方经理波斯特等人那里，"方脑袋"的德国人坐不住了。应该说，中方高层领导提的那些问题全都存在。尽管造成这些问题的原因有很多，但德方必须对这些问题做出合理的解释，否则，将会对上海大众的发展，甚至中德合作造成障碍。

1986年11月底，波斯特专门带上问题最为集中的两件产品——汽车喇叭和方向盘赶到北京，对中汽公司总经理陈祖涛做出解释。为了创造较为和睦的谈话环境，波斯特还专门带上了德籍华人李文波一同前往。在陈祖涛的办公室里，三人开诚布公地进行了交谈。

波斯特首先说："双方合作需要互相信任，你公开发表对我们的批评有点过分，不利于我们双方将来充满信任和富有建设性地合作，我们必须澄清这一事件。"波斯特的这番话与其说是解释，不如说是兴师问罪。

陈祖涛说："那些记者采访过我，我们进行过坦率地交谈，但那些外国记者写的内容并没有经我过目，我不能为他们的报道承担责任。"

陈祖涛接着说："在《人民日报》上我说过，中国的汽车工业需要不同伙伴的新技术，合作双方都要有利可图。但就现状而言，我对目前桑塔纳国产化工作的进展并不满意。"

陈祖涛具体指出："1983年12月，你们和上海一家制造厂签订了一份试制方向盘的合同。1984年8月，你们先是要求一种带四个轮辐的方向盘，后来改为两个轮辐。1984年底，你们再次要求更改，遭到厂方的反对。最后，你们同意让步。但是时至今日，你们以这只方向盘存在质量缺陷而没有给予认可。中德合资不可能长期靠CKD的方式支撑，中国政府外汇紧缺，我们不能不断地为你们的更改来支付费用。"

波斯特对陈祖涛提出的问题做出辩解，他比画着带来的那个方向盘说："由于中国生产的方向盘没有通过沃尔夫斯堡的撞车试验，我们断然拒绝认可它。如果在车上装上这种不合格的方向盘，即使是发生相对而言不怎么危险的驾驶事故，它们都会碎裂胀破，同时还会穿透驾驶员的肺或心脏。"波斯特以挑衅的口吻问："这种桑塔纳的二流装备肯定不会是你的兴趣所在，对吧？"

双方的话题又转到喇叭。陈祖涛说："国际上和中国对喇叭的要求统一为要有5万次频率的生命周期。而你们一直要求有12万频次的周期。"

波斯特再次做出解释，他说："在德国制造喇叭的技术要求，我们确实没有改变过。但与我们欧洲人的习惯不同，中国司机总是不停地按响喇叭，为此，我们将其标准提到12万频次。后因为技术上无法达到，所以一致同意将其调至10.5万频次的周期。中国政府期望我们将桑塔纳根据中国当地的特殊情况做出相应的匹配，我们已经做出了计划，针对中国市场特点，桑塔纳将做出350项调整，其中一项便是针对喇叭的。"

因为陈祖涛对大众公开的批评在德国引起了不小的风波，让联邦德国总理科尔和外交部部长根舍着实忙乱了一阵子，也给了哈恩很大的震动。哈恩甚至禁止波斯特在未经授权的情况下单独面对媒体。波斯特也不愿这类事情再次发生，他提议："今后不再将双方在合作中共同的问题公布于众。"

陈祖涛同意了他的这项提议，但同时强调："我们应该往前看，而不是向后瞧。我的基本态度不会改变：我们必须加快国产化进程。"

　　国产化进程缓慢除了给企业造成困难，国家也面临严重的困难。按照当时的汇率，组装一台桑塔纳要花一万美元的外汇进口零部件，而中国的外汇储备已经见底，很难支撑桑塔纳零部件的大批进口。为此，国务院专门委派国家经委副主任朱镕基来到上海大众考察国产化进展缓慢的原因。见到刚刚上任不久的总经理王荣均，朱镕基没有任何寒暄，劈头就问："上海大众干了两年多了，国产化才 2.7%，为什么这样慢？"

　　王荣均详细汇报了具体原因，并明确指出："中国汽车零部件工业水平落后，无法满足桑塔纳的技术指标。如果不顾质量，采购没有达标的国产化零部件，那就没有必要引进德国技术，上海牌轿车原来就是 100% 的国产化嘛。"

　　上海方面在汇报时也坦承"我们必须明白我们的痛苦教训，三年来的国产化工作实际上几乎没有迈出一步。"

　　王荣均请朱镕基看了两张当天在总装线转毂试验台上拍摄的轮胎爆裂的照片。他介绍说："生产轮胎的设备、模具是进口的，橡胶也是进口的，结果还出现这样的质量问题。如果汽车出厂后在行驶中发生这样的问题，后果不堪设想。"

　　了解到国产化率低的根本原因，了解到国产化缓慢的真实原因，朱镕基深深震惊了。作为国家经委主管全国工业发展的常务副主任，他深深地明白国产化缓慢说明了什么。在汇报会上，朱镕基表示，如果是这样的国产化，那每个零部件都相当于坐在火山口上，这样不行。朱镕基态度很坚决："桑塔纳国产化决不能搞'瓜菜代'，桑塔纳国产化的所有产品都必须 100% 合格，降低 0.1% 我们都不要。"

　　"瓜菜代"是 20 世纪 60 年代的一个专有名词，因为天灾人祸，从 1959 年至 1963 年，中国粮食极度缺乏。为了解决全国人民饿肚子的问题，国家号召全国人民因地制宜，大量种植南瓜、红薯，以及各类青菜等快生农作物来代替主粮，这项措施被称为"瓜菜代"。朱镕基称，桑塔纳国产化绝不能搞"瓜菜代"，说明中国轿车工业零部件问题的严重。朱镕基毫不客气地指出："现在是在用 CKD 方式加快汽车的发展，这种发展无法持久，国家外汇难以支撑，中国发展轿车工业的关键是要上自制率。国产化实现不了，上海大众就要关门。"

　　朱镕基说的是大实话。早在中德双方合资谈判时，德方就提出建立一个有效的零部件配套体系需要 10 年的时间，而在中国需要的时间更长。因为中国没有现代轿车生产基础，一切都要从零开始。但中方并没有接受德方的意见，中方提出桑塔纳国产化的时间为 7 年，双方签订的合资协议也是这样表述的。

　　国务院批准的上海大众合资项目为年产轿车 3 万辆，第一阶段生产纲领仅为 2 万辆、发动机 10 万台，其中 8 万台返销德国以换取外汇。但生产能力建设需要几年的过程，其间，进口装车散件和生产设备全靠国家和上海市支付外汇。国家计委批给上海大众的散件组装指标一共为 89 000 辆，全部要用外汇支付。一辆散装件的外汇就需要 1 万美元，89 000 辆就需要将近 9 亿美元，这 89 000 辆组装完成的时间预计为 7 年。当时，国家外汇极度短缺，所以，国家要求上海大众在这 7 年间完成超过 80% 的国产化，如果零部件国产化率逐步递增，国家外汇支出就可以逐步减少。如果不能按时完成进度指标，国家将不再拿出外汇进口散件组装，也就是说，如果 89 000 台桑塔纳组装指标用完后还不能实现国产化，上海大众就将面临因没有散件装车的局面而必须关门的尴尬局面。如果上海大众因此而关门，就意味着中德合作的失败，既是德方在中国投资的失败，又是中国对外开放、引进先进技术消化吸收政策的失败，这对中德双方而言都难以承受。对中方而言，除了经济上的损失，在政治上对改革开放造成的负面影响更大。

王荣均说："散件装完，国产零部件上不来，德国人就得卷铺盖走人。因此，他们在国产化问题上和我们一样着急。但如果不坚持高标准，质量频频出问题，德国公司也一样要倒牌子、垮台。"

正是如此，朱镕基"国产化实现不了，上海大众就要关门"的这句话才震惊了所有的人，朱镕基的话等于是向上海大众亮了黄牌。桑塔纳国产化的成败被放到了中国轿车工业发展的高度上和合资公司生死攸关的高度上。如果再不加快步伐，上海大众就可能面临淘汰出局的严重后果。

1987年10月，德国大众董事长哈恩博士来中国，上海市政府在北京昆仑饭店举行宴会，与汽车有关的部委领导也应邀参加。席间，时任上海市市长的江泽民说："上海大众是我全力支持的项目，有什么困难我都会帮助解决。我跟总经理王荣均是有热线联系的，他有什么困难可以直接打电话给我，我都会帮助解决。"

听到江泽民这样讲，哈恩博士也站起来说："刚才听了江市长的讲话，很受感动。对热线联系的做法我很感兴趣，现在我也宣布，我对王先生也要建立热线联系，我不管飞到哪个国家去出差，只要他打电话过来我都接，有问题都帮他解决。"

两个人，一个是上海市的最高行政负责人，一个是德国大众公司掌门人，他们的态度都说明，推进上海大众建设符合中德双方的共同利益。

哈恩承诺，为了尽快提高中方配套企业的技术水平，大众公司将组织为其配套的德国汽车零部件企业到中国来，对口指导和帮助中国企业。

为了配合国产化的技术转让与消化，德国大众在人力资源上也给予了援助。德国有一个退休专家服务机构"联邦德国退休专家组织"（SES），其中全是德国的退休专家，这些人受聘到世界各地，利用自己的专长帮助人家工作。为了协助推进桑塔纳国产化，德国大众聘请了这个机构里的一批退休专家来华。这些专家分别到大众公司的各个配套企业进行技术指导。这些可敬的德国退休专家到中国工作不要任何报酬，聘用单位只需提供他们的往返机票和食宿。桑塔纳国产化进程中有着他们的汗水与心血。通过对口支援和聘请技术专家，桑塔纳国产化进程明显加快。

汽车是资金密集型和技术密集型的产业，高投入、高产出是汽车行业的特点。轿车生产尤其如此，试制和生产准备需要大量资金投入，所有的一切都需要钱，生产企业的工具、夹具、卡具、模具、生产线、各项生产设备、原材料订购，哪一样不要花钱？厂房建设、设备购买、技术引进、试制中的开模等也都需要钱。投资是要回报的，零部件供应企业是要效益的。零部件生产企业需要依靠出售自己做出来的产品来盈利。当时，为桑塔纳这样先进的轿车提供零部件，除了技术精湛、责任心强的人外，还需要厂房、车间，还需要各种工装设备，这些都需要钱做基础。但试制过程中，企业是没有任何效益的，缺钱成了几乎所有国产化配套企业的"通病"。如同栽树需要浇水，资金就是国产化进程中的"救命水"。但去哪里找"水源"呢？

1987年11月底，第六届全国运动会在广州召开。同年10月，广东省要求订购500辆桑塔纳作为运动会用车。国家计委批给上海大众500辆组装计划。因为进口桑塔纳全套散件需要外汇，所以上海大众提出，每辆车要收一万美元的外汇额度，没有外汇额度就要收34 000元人民币。国家计委不同意上海大众征收这笔钱，但上海大众本来就已被国产化拖得焦头烂额，哪里有能力为广州出这笔外汇呢？没有钱就不给车。面对僵局，聪明的广东人拿出了解决问题的办法。当时，桑塔纳属于紧俏商品，市场上根本见不到，全凭各级"控办"批指标购买。广东需要购车的单位多得很，于是广东省政府提出，这 500 辆桑塔纳以广东的名义批下来，但广东省不要这批车，而是将其转卖各单位、各企业，这笔外汇额度或者 34 000 元人民币由购车单位出；而买车单位买到的车要义务为全运会服务两个月，问题就这样解决了。和广东人一样聪明的上海人从中看到了门道，他们提出，完全可以学习广东，"以车养车"，每辆桑塔纳加收一定的外汇额度或人民币，再将这笔钱用于急需资金支持的国产化。经过与国家计委和财政部协商，决定设立"国产化横向配套基金"。从 1988 年起，每辆桑塔纳加收 28 000 元人民币作为国产化基金。从 1988 年到 1994 年，上汽公司共收取国产化基金 74.6 亿元人民币，加上存贷利息的收入约 24 亿元人民币，本息总计（包括中央资金在内）约为 100 亿元人民币。这笔钱对桑塔纳国产化起到了"救命水"的作用，如果没有这笔钱，没有这笔改造资金，实现国产化也就是一句空话。陆吉安说："这是命根子钱。"

1987 年 12 月 21 日—25 日，中国汽车工业联合会和上海市政府在上海召开了"上海桑塔纳国产化工作会议"。国家计委、经委、机械委、中国银行、军工等部门，以及为上海桑塔纳配套的厂家等 206 个单位的 250 多名代表参加了会议。国务院副总理姚依林、国务院振兴汽车工业协调小组副组长兼国家计委顾问周子健、国家经委副主任朱镕基、中汽联理事长陈祖涛、上海市市长江泽民、副市长黄菊、李兆基等也参加了会议。这是桑塔纳国产化进程中一次极为重要的会议，这次会议落实了以下几个关键问题：

1. 基本落实了横向配套厂家。桑塔纳轿车横向配套零部件共计 1556 项，布点 132 个厂家（上海 73 家、其他省市 59 家、军工企业 18 家），其中 101 家与上海大众签订了试制协议。这些配套厂都将列入国家经委消化吸收引进技术"一条龙"计划，享受相关优惠政策。

2. 明确了国产化目标。1986 年桑塔纳国产化率为 2.7%，1987 年为 12.6%，1988 年力争达到 25%~30%，1989 年达到 50%，1991 年达到 85% 以上。

3. 落实了横向配套厂技改资金渠道。桑塔纳轿车配套项目总投资估算为 11 亿元，其中专项贷款 6.8 亿元、外汇额度 1.3 亿元。

4. 上海大众公司将组织成立"上海桑塔纳轿车零部件国产化生产共同体"，其主要任务是沟通情况、交流经验、协调国产化进度。

这次会议落实了朱镕基倡议成立的"上海桑塔纳轿车国产化生产共同体"。朱镕基的设想是：桑塔纳国产化对中国建立现代轿车工业具有直接的和现实的意义，鉴于中国汽车工业基础力量薄弱、一家单干难以完成，应该动员全国各方面的力量，建立以整车为龙头、零部件企业利益为纽带，科研院所和高校参加的跨行业、跨部门、跨地区的"产学研"相结合的"桑塔纳轿车国产化共同体"，集全国之力"把我国轿车工业搞上去，达到国际水平，进入世界市场，这就是我们成立共同体的目的"。这一倡议得到了广泛的响应，作为主机厂的总经理，王荣均受命负责筹建工作。

1988 年 7 月 1 日，"上海桑塔纳轿车国产化共同体"在上海召开成立大会。来自上海市工业系统各主管局、汽车拖拉机联营公司、航空工业公司和中汽系统、航空航天系统等共 105 家定点配套单位，及 16 家高校科研单位和银行的 130 名代表参会。刚刚就任上海市市长不久的朱镕基到会做了题为"国产化是上海桑塔纳轿车的生命线"的重要讲话；时任上海市常务副市长的黄菊做了题为"团结一致，建设好共同体"的指导发言。大会通过了《上海桑塔纳轿车国产化共同体章程》，选举产生了共同体第一届理事会，王荣均任理事长；德方代表，上海大众技术执行经理保尔、上海汽车拖拉机工业联营公司副总经理陈廷越为副理事长。

以产学研共同体方式来推进桑塔纳国产化，客观上集成了社会资源，打破了条块分割，实现了跨地区跨部门联合，重新梳理和改造了零部件行业，整合了行业资源。不少共同体成员单位经历了这番历练之后成为行业老大或龙头企业。一位消声器企业的老总说："是共同体帮助我们达到了德国标准，置之死地而后生。"更多的企业得到了脱胎换骨的技术改造，调整了产品结构，跻身于先进零部件制造行列。事实说明，共同体为桑塔纳国产化奠定了共同发展、责任共担、成果共享的平台，为桑塔纳国产化提供了技术和利益保障。

在今天来看，当年如果没有朱镕基的强势干预，没有上海大众王荣均等人坚持质量底线，没有中央有关部委和地方政府的支持和帮助，仅靠上海大众一己之力，要想如期实现桑塔纳的国产化计划，是很困难的。如果没有全社会的参与，桑塔纳国产化的意义和价值也就不会这样深远。就中国轿车工业发展的历程来看，完全可以认为，桑塔纳国产化工作开辟了中国现代轿车工业的新纪元，奠定了中国现代轿车工业发展的基础，初步改变了与国外相差30年的落后局面。

中国有句古话：谋事在人，成事在天。从实践来看，其实谋事在人，成事更在人。1987年11月，一直关注上海大众的原国家经委副主任朱镕基调任上海市委副书记、市长。朱镕基当了上海市市长后，把发展上海轿车工业生产、扩大"上海桑塔纳"的产量当成发展上海生产力的第一要务来抓。

波斯特回忆了朱镕基上任后到上海汽车公司视察时的一件事。

1988年4月，朱镕基带着上海各个部门负责人，共20余名官员来到上海大众视察。朱镕基问德方副总经理波斯特："波斯特先生，您有什么困难都可以提出来。"

波斯特直言不讳地提出了自己的问题："尊敬的市长先生，我有三个重要的问题，希望此后中方有所推动。请允许我先谈最紧迫的问题。那条穿过我们厂区的公共道路，一直没有得到封闭。市长先生，您知道灰尘对油漆车间意味着什么吗？穿过本来就不很密封的窗户进入油漆车间的每一粒灰尘，您以后都会在出厂的桑塔纳的漆面上找到。照理说，这条路两年前就该封闭，合资合同里是这么规定的。"

朱镕基随即向跟随他的主管官员发问情况是否属实。随后，朱镕基斩钉截铁地说："如果这条路24小时之内没有被封闭，请您打电话给我。"

朱镕基离开后，波斯特充满疑虑："朱镕基与他的视察团离开我们这里的时候，厂里所有人都在问，这条三年都封闭不了的路，怎么能一天之内就封闭？无人能够想象，这种拖了这么久的事，会一日之内就彻底解决。我对同事们说："要是仍然什么事都没发生，我们明天早上还得给市长打电话的话，那事情就着实不痛快了。"

第二天，一如往常。早晨六点半，保尔和我就驱车驶往工厂。在我们就要到达目的地的时候，我们遭遇了堵车。在厂区入口前，一辆巨型吊车横卧在路上，将路堵死了没人可以继续前行。中国人一夜之间从哪里弄来了这样一辆吊车，谁又将它运来横卧在我们的厂门前，我们从来不曾知晓。不过，从那时起，洛浦路就在我们的厂门前打住了，同一天还开始了周围道路开通的挖掘工作。我们舒了口气，感受到了朱镕基雷厉风行的工作作风。

桑塔纳配件国产化之所以进展缓慢，有很多方面的问题，更多的是认识问题和行政效率问题。在朱镕基的强势干预和直接推动下，桑塔纳国产化进程明显加快了。

通过4年（1987年—1990年）艰苦卓绝的努力，桑塔纳国产化终于喜获硕果。1991年4月，上海大众在上海商城举办了"上海桑塔纳轿车国产化汇报展览"，来自全国50余家跨行业、跨地区的零部件企业展示了国产化的成果，这预示着中国现代化的轿车生产体系已初步建成。数据显示，从 1987 年上海桑塔纳国产化 5% 到 1991 年达到 70%，关键零部件，如车身、发动机、变速器三大总成和前后桥总成相继实现国产化；同时，上海大众宣告年产 6 万辆整车和 10 万台发动机的产能已经形成，并建立了符合德国大众质量保证体系标准的全国 180 余家零部件企业所组成的配套体系。1991 年 8 月，上海大众结束了以进口散件组装生产轿车的方式，终于实现了国产化。

难以想象，要不是当年王荣均顶住巨大压力，坚持质量底线不让步；要不是朱镕基坚持"国产化必须 100% 坚持质量标准，哪怕是降低 0.1% 也不行，绝不允许'瓜菜代'。"上海桑塔纳会是什么命运。客观地看，桑塔纳国产化的进程就是中国汽车零部件行业现代化改造的过程。引进一个车型，改造一个行业，奠定中国现代轿车发展的基础，这就是桑塔纳国产化的意义。

国产化问题解决了，产能问题又凸显出来。轿车生产有其自身规律，产量越大、成本越低。国际汽车界将规模效益的起点定为 15 万辆，但上海桑塔纳的产能只有 3 万辆，这意味着上海大众即使建成达产，也不可能摆脱亏损的命运。桑塔纳的产能不扩大，为其配套的零部件企业也将因产能不足的问题而难以为继，解决问题的根本途径是提高产能。扩大产能涉及资金和市场等问题，这又涉及国民经济发展的整体规划，要增加投资，必须要国家计委对全国轿车生产发展规划做出调整，要做到这一点很不容易。

1991 年，朱镕基由上海市委书记调任国务院副总理。到任后，他立即找到国家计委负责汽车产业的工业二司司长徐秉金，要求徐秉金想法调整计划，解决桑塔纳扩大产能的问题。朱镕基曾任国家经委副主任，是徐秉金的老领导、老同事，两人在国家经委共事十几年，彼此间非常熟悉。朱镕基告诉徐秉金，尽快解决上海桑塔纳的产能问题，事关中国轿车工业的均衡健康发展，也能让为桑塔纳配套的零部件企业走出困境；零部件企业的产能扩大，也有利于其他轿车基地的建设，希望徐秉金能想方设法解决这个问题。

早在 1990 年，"八五"计划就已经制订完毕，经全国人民代表大会审议通过后，于 1991 年已经开始实施。按照常规，发展计划总的大盘子定下后，再做调整就不太容易了。实际情况是，由于"七五"后期的调整措施得当，给"八五"打下了快速发展的基础，所以"八五"计划的五年是中国国民经济发展最快的五年，平均每年增速达到 12%。据此发展速度，到了 1993 年，中共十四届三中全会提出对"八五"计划做出适当调整，其中就包括对轿车工业的投资。这说明，计划虽然已经制订了，但在计划执行过程中，根据实际情况做适度调整还是可能的，这就是计划与市场之间的辩证关系。

经国家计委领导批准，带着朱镕基交给的任务，徐秉金与国家计委投资司、长期规划司、工业综合一司和外资司的数名干部组成国家计委工作组来到上海，与上海市政府磋商桑塔纳的产能扩大问题。上海市委市政府对国家计委工作组的到来非常重视，时任市委书记吴邦国、市长黄菊都来与工作组座谈，希望国家计委支持上海桑塔纳扩能工作。由于同来的国家计委其他司局也有他们的计划，工业二司要在现有规划内作调整，他们也需要做出相应调整，但他们经过反复核算后得出结论，上海桑塔纳生产规模只能扩大一倍实现产能 6 万辆。但徐秉金清楚，6 万辆不能满足朱镕基的要求，也不符合轿车工业发展规律。他认为，在现有的规划中调整，在 6 万辆的基础上再扩大一倍是有可能的。但作为同级干部，自己不便指挥其他司局长，思前想后，徐秉金给上海市计委副主任蒋以任出了个点子："你们给国家计委写个报告，报告内容就按照我们工作组的意见，将桑塔纳扩能到 6 万辆，可行性研究报告、项目建议书都按 6 万辆写。但在 6 万辆后面加一个括弧，注明'单班'。"

蒋以任一听就明白了。汽车厂哪有开单班的，不都是双班生产吗？6万辆一下子就变成12万辆了。1991年4月18日，上海市计委向国家计委报送《关于上海大众汽车有限公司'八五'期间第二汽扩建工程项目建议书的报告》：

上海大众汽车有限公司……已形成单班3万辆的生产能力……在1995年形成年产单班6万辆轿车，3班15万台发动机的生产能力。

不出徐秉金所料，国家计委批准了上海的报告。日后蒋以任见到徐秉金就说："你当年的主意救活了桑塔纳，要不然扩能的事情还不知要拖到什么时候。"

扩能牵涉到发动机。上汽用的是大众公司提供的EA827发动机，如果产能扩大4倍，就需要增加近10万台发动机的进口量。徐秉金对上汽董事长陆吉安说，国家计委支持你们扩大产能，但发动机不能受制于人，你们要扩大产能就必须自己上发动机项目，这是解决问题的根本办法。陆吉安听进去了这个意见，然后下大力气上了30万台发动机，彻底解决了桑塔纳扩大产能的瓶颈。

为集中力量发展桑塔纳轿车，1991年11月25日，上海牌轿车停产。1993年，桑塔纳轿车年产量突破10万辆，1996年突破20万辆，1998年累计完成100万辆。冲破了国产化和产能限制，上海桑塔纳终于实现了快速发展。

2009年，全国政协主席贾庆林参观了上海大众三厂和试车场，高度评价了上海大众："上海大众中外合作的成功给全国树立了好榜样，它的成功远远超过了合作本身的意义，它为我们提供了许多宝贵的经验"。

目前，桑塔纳产量已超过300万辆，成为全国轿车市场保有量最多的车，国产化率达到93%以上，加上全国400多个维修网点的后勤保证，为上海大众的发展积累了厚实的经济基础。多少年后，曾经拒绝与上海合作的丰田公司原社长奥田硕来到上海，看到满街的桑塔纳，不禁感叹道："现在连一辆皇冠都看不到了！"

在中国现代轿车产业发展的历史上，上海桑塔纳是当之无愧的先行者，从公务车、出租车到进入百姓家庭，桑塔纳都曾是首选。业内人士对桑塔纳的评价是：进得了城，下得了乡；既能当商务车用，又能当私家车用。

桑塔纳是名副其实的中国合资轿车第一品牌。

上海大众发展回顾：

1981年9月6日，国务院授权国家外国投资管理委员会，批准上海轿车外资合营项目建议书，同意和联邦德国大众汽车公司合资对上海轿车进行技术改造。

1983年4月11日，第一辆上海桑塔纳轿车在上海汽车制造厂组装成功。

1984年10月10日，中德双方签署上海大众汽车有限公司合营合同。

1991年10月24日，中德双方决定，将上海大众汽车有限公司建成年产15万辆轿车的生产基地。

1995年4月20日，上海举行上海大众汽车有限公司成立10周年暨年产20万辆轿车生产能力建设二期工程竣工投产仪式。

2002年4月12日，江泽民总书记出席《大众汽车公司与上海汽车工业（集团）总公司延长合营合同》签约仪式。新的合营合同规定：上海大众的合营期限将在原25年的基础上，再延长20年，即延长至2030年。

第九章　一汽"优先"

哈恩的第二只钓钩

　　哈恩博士是一名真正的企业家，除了具有组织生产管理的企业家的素质外，还具有政治家的头脑，他对与中方的合作有着长远的计划与谋略。哈恩认识到，为了求得经济快速发展，中方需要国外先进的技术、管理与资金，而德国大众具备这方面的条件，更何况自己在中国已经捷足先登，而且已经被中国人所认可。中国的国土是那么辽阔，中国的人口是那样众多；全欧洲的人也没有中国人多。虽然中国现在经济尚不发达，但一旦经济起飞，其庞大的市场将具有无穷的潜力，进入这个市场取得相应的份额是任何一个跨国公司所梦寐以求的。现在，在其他国家的大公司还没睡醒的时候，德国大众已经成功地进入了中国。但中国市场那么大，一个上海显然还不够，还需要在此基础上进一步扩大市场。哈恩希望在亚洲，尤其是在中国建立一个大众汽车帝国，以抗衡日益咄咄逼人的日本和新崛起的韩国。30年以后，他在回应《汽车商业评论》杂志的采访时说：

　　30年前，我们刚刚开始和中国开展合作，当时的中国经历了"文革"的破坏，百废待兴，整个国家是一个贫穷的状态，处于一个非常落后的计划经济体系当中。但在那个时候，我对邓小平实施的改革开放政策就有了信心。中国以惊人的速度完成了向市场经济的转变，这是所谓的"新长征"，但我认为不是什么新长征，这完全是一个新的"加速跑"。

　　大众……不像其他西方汽车公司那样对中国缺乏信心，除了我刚才说的对中国的政策和前景的信心以外，我对中国有信心还在于，它有着悠久的历史，中国人的勤劳和智慧使我们相信，如果一开始我们不和中国合作，中国汽车工业的发展速度可能会慢一些，但是中国人最终一定会发展起自己的汽车工业。与其这样，不如我们一开始就参与其中，与他们共同推进中国汽车工业的发展。

　　拥有如此眼光，哈恩当然会为德国大众在中国争取到更多的机遇。在大众与上海的合作正在进行时，他又盯上了中国另外两个货车生产基地——一汽和二汽，并成功地与一汽达成了合资协议。

　　哈恩究竟是怎样和一汽取得联系的呢？这在中国轿车发展史上是一个很有趣的谜。

　　就在大众与上海达成协议，合作正在逐步开展的时候，一汽正在与美国的克莱斯勒公司接触，二汽也在与通用公司接触。这些情况哈恩都有所了解，他在密切观察事态的进展，以选择更有利的出击机会。

　　一汽的厂长耿昭杰是一位精明的企业家，早在上汽开始与德国大众接触商讨引进轿车生产线时，他就在密切关注事态的发展。他认为，一汽要跻身世界汽车制造大厂，仅靠货车和少量手工生产的红旗轿车是远远不够的。更何况，诞生于20世纪50年代的红旗轿车从技术质量和生产水平上已经大大落伍了，国家需要红旗这样的高档公务车，社会也需要更多的轿车。作为共和国长子，在发展轿车上，一汽义不容辞。但在当时的经济体制下，国家对轿车发展的控制极为严格，没有国家主管部门的批准，进入国家计划的"笼子"，想自己上轿车，门都没有。耿昭杰也是一个极为倔强的人，一旦看准的事，九头牛都拉不回。耿昭杰认为，从国家发展前景和社会需要，以及近期的舆论看，中国发展轿车只是早晚的事，凡事预则立，不预则废，与其等到国家放开控制，大家一哄而上，不如自己暗地里早做准备，到时候便可抢占先机。

1984年，为了改变中国汽车工业缺重少轻、生产布局严重不平衡的局面，中汽公司开始布置轻型车的生产。根据中汽公司的安排，一汽和二汽都做出了发展轻型车的规划。一汽规划提出："七五"期间，年生产能力实现20万辆，其中中型货车10万辆、轻型货车7万辆、重型货车1万辆、中高级轿车2万辆。但是这个规划没有通过，原因就是轿车。

一汽当时的领导徐元存、黄兆峦不死心，把规划改为"货车10万辆，轻型车10万辆"，把轿车的规划藏在了轻型车的名下。生产轻型车符合国家规划，所以一汽的新规划很快就获得了批准。一汽以实现20万辆产能规划为名做了两件事：一是建设第二厂区，二是引进轻型车发动机。其实，一汽的领导班子当时心里想的是为上轿车做准备。

1984年，一汽曾有一次上轿车的机会。1981年5月，国产红旗轿车停产。红旗轿车是中国高端公务用车，也是国务接待活动中的接待用车，红旗轿车停产立即导致高端公务用车缺口。国务院机关事务管理局向中央打报告，要求尽快解决高级公务用车。经过对国际上适合做高级公务用车的车型进行性价比的筛选，最终决定采用德国的奔驰。中方谈判人员提出，由德国提供散件，由中国自己组装，这样不光价格上能有优惠，同时也能给中国提供学习生产高级轿车的机会。1984年年底，中德双方开始谈判。1985年1月20日，国家经委正式给一汽下达了组装奔驰200型、230E型中高级轿车的任务。1985年1月24日，一汽与德国奔驰公司并达成协议，由德国奔驰公司提供1000辆份奔驰轿车SKD散件，由中国一汽组装。为了装配这批奔驰轿车，一汽专门建成1万平方米的厂房，以及一条长84米的装配线。

这是一汽与德国奔驰公司合作的一次绝佳机会，当时一汽有意和奔驰继续合作，作为复兴"红旗"的一个契机。但奔驰公司压根没将一汽放在眼里，他们认为一汽的配套基础太差，生产水平过于落后，又没有现代轿车生产基础，双方差距太大，没有进行技术合作的可能性，唯一的办法只能是买奔驰的散件，进行SKD组装。如果要建合资企业，那只能全部用奔驰的品牌，这意味着一汽要将"红旗"的牌子扔掉，去做德国奔驰轿车的装配厂，这是无论如何也不行的。"红旗"虽然停产了，但是只要在技术和可靠性方面加以改进，照样还能恢复生产。再说，扔掉"红旗"，党中央不会答应，全国人民也不会答应。最终，一汽共组装出产了828辆奔驰后，便停止了与德国奔驰的合作。

失去和德国合作的机会后，一汽又将目光投向了日本。日本是距离中国最近的汽车生产大国，当时中国大街小巷跑的外国车几乎全是日本车，特别是丰田的车。丰田的皇冠尤其对中国人的口味，车头车尾两头一样平，中间突起的轿厢宽敞、气派、豪华，黑色的油漆铮明瓦亮，透露出威严和神秘，和中国古代官员乘坐的"轿子"颇为类似，这种车最适合做公务用车。但一汽两次与丰田的谈判都扫兴而归。日本人将一汽的谈判代表带进自己现代化的车间里，炫耀丰田产品的先进与品质，但对一汽合资的提法却根本不进行正面回应，更不愿意技术合作。丰田的谈判代表说："中日是近邻，应该互相关照，但建立起像我们这样的汽车生产厂，中国还不具备这样的条件，你们何必要花那么多的钱自己建设这样的汽车厂呢？丰田公司从来不卖自己的技术。我们丰田公司有很强的生产能力，你们中国需要什么样的产品，我们就保证提供什么样的产品，这样你们还能省很多钱。何必要建立汽车生产厂呢？"

日本人要的是市场，而不是生产与技术上的竞争伙伴。

德国人不愿谈，和日本人又谈不拢，一汽只得将眼光转向大洋彼岸的世界汽车王国——美国。美国被誉为架在车轮上的国家，世界著名汽车公司通用、福特、克莱斯勒都来自美国。经过对美国几家公司的考察，一汽看中了克莱斯勒公司的道奇600。这款车型标准排量为2.2升，宽敞舒适，大小与红旗相似。如果引进这一款车的生产线和模具，只需要在前脸和后尾做少量改动，其他的部件都可以通用，这样做投入少、见效快，能以最快的速度拿出"红旗"轿车的替代品。此时，恰逢克莱斯勒公司打算停产道奇600生产线以更换新的车型。一家想要，一家刚好想更新，两家想法一拍即合。

要生产整车，首先要考虑发动机。一汽对克莱斯勒488发动机很感兴趣。488是中国后来的叫法，它是克莱斯勒在德国大众发动机基础上改进而成的，设计先进，有2.2升和2.5升两种，四缸，基本功率为105马力，还可以配涡轮增压。

1984年年底，一汽以生产轻型车为名，与克莱斯勒开始了引进道奇2.2升488发动机的谈判。1984年10月22日，一汽轿车厂厂长范恒光与克莱斯勒代表签订了购买道奇488发动机的备忘录。虽然签订了备忘录，但由于国内烦琐的报批程序和一汽自身条件的限制，此事一放就是一年多。直到1985年6月，原一汽副厂长耿昭杰执掌一汽帅印，此事才被重新提起。

耿昭杰，安徽巢湖人，1935年出生，1956年从哈尔滨工业大学毕业后分配到建设高潮中的一汽，从设计员、工程师、铸造厂党委书记、汽车研究所所长，直到总厂副厂长、厂长。30年的风雨磨炼，使他成为一位颇具胆识和魄力的企业家。

耿昭杰上任的头件大事，就是在轻型车的"掩护"下，开始做生产轿车的准备。他以联营的形式将设计中的轻型车生产外移，转交给吉林、哈尔滨等地的地方企业生产，自己则腾出手来发展轿车。耿昭杰认为，要发展轿车，好的发动机是必须的条件。要像建设一汽那样一切从头开始，只会贻误时机，先引进一个发动机干起来，其他的事情以后就好办了。1986年4月，一汽副厂长徐兴尧、刘经传、李光荣等人再度赴美，与克莱斯勒公司就购进发动机的问题继续进行谈判。但美方对中方的诚意表示怀疑，谈判拖拖拉拉，进行得很不顺利，直到1986年10月，克莱斯勒公司国际开发部部长兰菲斯特来到一汽，了解了一汽的真实意图后，美方的态度才有所改变。

1987年2月4日，一汽副厂长李中康与克莱斯勒公司就购进道奇600发动机草签了引进协议。耿昭杰盘算，有了这个发动机，到时候再从美国引进道奇600的整条生产线和模具，就能以最快的速度拿出国家急需的高档公务用车，实现进口替代。

1987年5月20日，耿昭杰在去十堰参加轿车研讨会的途中，到北京向新任国家机械委主任邹家华汇报工作。也就是在这次汇报中，邹家华建议把恢复"红旗"生产和引进项目结合起来。

一汽的情况引起了国务院的高度重视，此时正是国务院决定发展中国轿车工业的关键时候，国务院副总理李鹏决定亲自到一汽考察。1987年6月19日，国务院副总理李鹏、国家机械委主任邹家华、计委副主任黄毅诚、经委副主任叶青等来到一汽视察。耿昭杰将一汽发展轿车的思路向李鹏、邹家华等领导和盘托出，做了彻底详细的汇报：一汽从3万辆中高级轿车先导工程起步，再向下大发展，形成15万辆的规模，并争取最终达到30万辆产能。

耿昭杰的想法得到了李鹏、邹家华等中央领导的积极支持，这也为一个月以后中央北戴河会议决定发展轿车奠定了基础。

1987 年 7 月 21 日，一汽与克莱斯勒公司在人民大会堂正式举行引进 488 发动机技术签字仪式。

克莱斯勒的春顿工厂有一条 488 发动机生产线。石油危机使得美国汽车产量锐减，这条发动机生产线处于闲置状态，美方打算将其淘汰。了解到情况后，耿昭杰专程到美国考察了这条生产线。这条生产线的设备有七八成新，共有年产 30 万台的缸体加工线、缸盖加工线、连杆加工线、油泵水泵加工线各一条，缸体加工线上有 22 套共 85 台设备；缸盖加工线有 13 套共 95 台设备；连杆加工线有 6 套共 22 台设备；油泵水泵加工线有 7 套共 15 台设备。这条完整的发动机生产线，包括线上的设备都要优于一汽现有的发动机生产线。如果按照 488 发动机生产线需要逐台订购这些设备，等到生产厂将设备生产出来再将它们安装调试达到生产状态，起码需要几年的时间，费时费力，还需要大量的外汇。如果购回这条发动机生产线，就将大大缩短建设时间、节约宝贵的外汇、降低发动机生产成本，真是一件极为合算的买卖。耿昭杰决定，购回这条生产线，派人去拆了它运回来。

但当时克莱斯勒的几个负责人非常傲慢，他们中的部分人对中国抱有成见，反对把生产线卖给一汽。美国技术公司（中国）总经理是克莱斯勒进入中国的中介人，也是中方的朋友，中方称他"石头"。"石头"对克莱斯勒的做法很不满意，他找到了原美国驻中国大使伍德科克说："一汽项目很重要，未来还有整车合作的可能。你能不能帮助联系艾柯卡，说服他同意卖生产线？"

伍德科克在中国和美国都有着很重要的影响。1978 年，作为美国官员，他亲自与邓小平商谈中美建交。1979 年中美建交后，他成为美国首任驻中国大使。退出政界后，伍德科克曾经担任过美国汽车工会主席，在汽车界的影响力非常大。伍德科克对于中国的了解远胜于克莱斯勒，他立即给艾柯卡打电话。在伍德科克的影响下，艾柯卡表示愿与中国一汽合作。

由于有这个插曲，一汽与克莱斯勒购置生产线的谈判才得以开展。

一汽方面由吕福源、李光荣和白平易负责谈判。谈判的过程很艰苦，克莱斯勒公司有几位律师自始至终都在谈判现场，对所有的条款字斟句酌。有一项条款，双方竟然连续谈了 32 个小时才达成一致。经过反复讨价还价，一汽终于与克莱斯勒达成购买协议。大大咧咧的美国人将发动机生产线打折卖给一汽，条件是：你们自己拆了运回去。

1987 年 9 月，一汽第二发动机厂筹备组组长王镇昆带领人到美国开始了拆除生产线的工作。经过整整两个月的紧张工作，1987 年 11 月，拆除的发动机设备开始装船。488 发动机生产线的全部设备整整装了 441 个集装箱。在底特律港口，由中国远洋运输公司大连分公司"居庸关"号货轮装运，441 个集装箱将船舱基本都装满了。由于集装箱是立方体，所以与船舱之间还剩下一些空间，船长对负责拆装的一汽代表建议，考虑到船在大海上航行，随时会遇上风浪，应该买点木头撑满这些空的部分，这样可以在遇到风浪时，防止装运机器的集装箱发生移动碰撞船舱。根据船长的建议，一汽负责拆装的人员花费 20 万美元买回一大批木头填充在船舱与集装箱之间做支撑。

启航前，一汽与克莱斯勒双方还在底特律举行了隆重的交接仪式。但谁也没想到，天有不测风云，"居庸关"轮离开底特律港不久就遭遇"魔鬼风暴"的袭击，据"居庸关"轮航海日志记载，那天，风力最大时达到 13 级，"居庸关"轮在大风暴中挣扎了近一天，最严重时，船身倾斜达到 28 度。

剧烈的摇晃使船舱里的集装箱发生了移位造成互相碰撞、挤压，有的箱体严重变形。幸亏出航前按照船长的要求在船上加装了那些木头堵塞空间，否则，损坏的后果将更为严重。"居庸关"轮抵达大连港后，面对东倒西歪挤压成一团的集装箱，一汽接收货物的代表目瞪口呆、大惊失色。他们给厂领导打回电话说："惨不忍睹，就像一堆废铜烂铁。"

据初步估算，设备损失达 400 万美元。根据合同，一汽向保险公司提出索赔。但保险公司提出，由于装船存在问题，所以货主应向负责装船的克莱斯勒公司提起连带索赔。按照规定，拆下来的设备由克莱斯勒公司雇用的工人负责装箱，设备在装进集装箱前要很牢牢地固定在木制的架子上。可根据现场查看，那些装在集装箱里的设备并没有按照要求固定好，一些设备在固定的木框架上出现漏钉，还有一些固定设备的木头框架质量也不合格。根据保险公司的提议，一汽将克莱斯勒公司也列为索赔对象。双方在海事法院对簿公堂。克莱斯勒公司认为此事与他们完全无关，双方辩论得十分激烈，互不相让。

美方负责谈判的代表是作为中介的伍德科克，一汽购买克莱斯勒公司生产线的过程中，伍德科克曾发挥过作用，现在克莱斯勒请他代表本公司与中方谈判。一汽负责谈判的是时任一汽副厂长吕福源，两人唇枪舌剑、各陈其词、互不相让。最关键的一场谈判从晚上 7 点谈到深夜 11 点。伍德科克对吕福源说："你们遇到了全世界都知道的魔鬼风暴，这属于保险条款中的不可抗力，你们却要让美国公司赔偿，这简直是个笑话，你们的索赔要求不合理，你们没有任何理由让美国公司赔偿，这是世界上任何一家公司都不能接受的。"

吕福源在一汽负责处理涉外事务，有着丰富的经验。他对伍德科克说："既然你以不可抗力为由拒绝承认美国公司的责任，那我们也将使用不可抗力条款。根据一汽与克莱斯勒公司的协议，一汽要向克莱斯勒公司支付技术转让费用。现在一汽由于不可抗力原因使得协议规定的投产日期不能按时实现。我们一汽现在需要筹集资金、整修或者重购部分设备。那么，合同上所有的其他承诺，包括一汽对美国公司的承诺，也都不能够履行。"

吕福源的这番话正好击中克莱斯勒的要害。根据吕福源的计算，一汽的这个做法将使克莱斯勒公司承担比货损赔偿更多的损失。伍德科克无可奈何了："你们很聪明。我拿这个理由跟克莱斯勒说，我相信他们能赔。"

最后双方达成协议，克莱斯勒赔偿货物损失的 8%。克莱斯勒明白，让一汽发动机厂投产是主要的，一汽的发动机投产了，自己的利益也就有了。

最终结果，保险公司赔付 363 万美元，克莱斯勒公司赔付 37.75 万美元，两项共计 400.75 万美元。

这次谈判充分显示了吕福源的谈判才能，后来他被中央任命为商务部部长。

经过一汽干部和工人的努力，用了不到一年的时间，受损的设备全部修复。1990 年，488 发动机生产线安装调试完成，1991 年 7 月 15 日正式投产。

就在与克莱斯勒公司签署引进发动机协议的同一天，也就是 1987 年 7 月 21 日，一汽向国家计委上报了 3 万辆先导工程和 15 万辆轿车基地的方案。根据原定方案，耿昭杰一面安排建设第二发动机厂，一面开始与克莱斯勒谈判引进道奇 600。

商场如战场，商业战争的原则是争取资本利益最大化。克莱斯勒公司是商战老手，在与对手打交道时，商业利益高于道德原则。他们认为，道奇 600 虽然已经过了时，但眼下市场销售情况还算不错；另外，中国一汽已经购买了自己的发动机，与自己合作已经是板上钉钉的事情，在这种情况下，向中国一汽转让道奇 600 生产线的事情可以再拖一拖，可以做做文章，让中国人多掏一些钱。

一汽在引进了克莱斯勒488的发动机后，真心实意地希望在轿车生产上与克莱斯勒公司进行全面合作，如合作顺利也考虑用他们的C系列高级轿车改造一汽的大红旗。客观地看，这是克莱斯勒公司进入中国高级轿车市场的最好机遇。

1987年9月，一汽副厂长李治国、吕福源、李中康、范恒光、李光荣等5人组成的代表团赴美，就引进"道奇600"型轿车开始谈判。

李治国、吕福源等人走下飞机舷梯，在机场迎接他们的是克莱斯勒公司国际部部长巴道尔。一番握手寒暄后，巴道尔给李治国等人每人一张复印好的《人民日报》（海外版），报纸上醒目的位置刊登着记者报道《一汽将从美国引进轿车技术，并考虑合资建厂》。这条消息还报道了时任国务院副总理李鹏到一汽观看美国克莱斯勒公司提供的引进轿车样品。

看到这篇报道，李治国等人心中掠过一道阴云。商业谈判和军事作战一样，讲究的是出其不意；而商业机密如同战场情报一样，如有外露，将会导致战局失利。事实上正是如此，这篇报道对一汽与克莱斯勒公司的谈判起到了极为不利的作用，它将一汽将要进行的商业活动全盘暴露在了世界面前，相当于给一汽的谈判对手克莱斯勒公司提供了重要的"经济情报"。克莱斯勒公司对中国的政策和企业引进外资技术项目的运作程序很有研究，他们清楚，在计划经济管理模式下的中国，企业没有任何决策自主权，一旦国家做出批准引进项目的决定，企业只有按照政府的安排执行，而不可能更改。所以，他们要在道奇600轿车项目上狠狠地敲一汽一笔"竹杠"。

李治国一行在克莱斯勒公司的谈判室里刚就座，巴道尔就陪同克莱斯勒公司副总裁海姆斯走进了谈判室。海姆斯身材魁梧、大大咧咧，他一屁股坐在椅子上，身体后倾，脑袋上扬，态度十分傲慢。双方连正式谈判前的寒暄还没开始，海姆斯开口就报出引进道奇600的价格。他的报价比双方以往达成的基本意见高出几倍，同时还提出，一汽要另交1760万美元的天价"入门费"。李治国、吕福源等人顿感意外。李治国回忆：

对海姆斯的报价，我们稍事商量后回答："海姆斯先生的报价比我们原来共同商量的价格高出几倍，而且还有如此高价的入门费，这是不可想象的，也是不能接受的。"海姆斯提出可以还价。我回答："不是我们还价的问题，而是你们应该将价格降到双方原来商定的价格上来，你们这样抬高价格将使我们失去谈判的基础。"海姆斯说："如果不方便，我先出去一下，你们可以商量商量，等会儿我再来。"说罢起身而去。

海姆斯毫不客气地离席而去。他用自己的行动表示：是你们来找我们，更何况，你们的政府都定了和我们合作，你们就得接受我们的价格。谈判顿时陷入僵局。

就在一汽陷入困境时，耿昭杰突然接到了德国大众董事长哈恩的电传，要求来长春面谈。这是怎么一回事呢？

德国大众公司驻北京办事处的负责人是李文波，此君在德国大众与上海合资中，以华裔身份在中德之间斡旋，为德国大众立下汗马功劳。为了中国的业务，德国大众安排李文波常驻北京。

1985年9月，李文波受邀参加吉林工大校庆，他第一次访问了一汽。李文波在大众国际部有多年工作经验，懂得汽车生产高投入、大规模的基本规律，看到一汽巨大的厂区和货车生产实力，李文波深感震撼。他觉得，一汽和沃尔夫斯堡大众工厂的规模极为相似，他压根没想到中国竟有规模如此宏大的汽车生产工厂。在一汽厂区西部，他看到"在一片296万平方米的空地上，一汽一些有生产经验的汽车专家们，正在计划建造一座年产30万辆轿车的生产基地。"

多年的工作直觉告诉他，这才是大众要寻求合作的平台。

李文波立即将他在一汽的见闻写成报告送到了沃尔夫斯堡。李文波的报告引起了哈恩的关注，但哈恩并未动作，他觉得此时的时机并不成熟。哈恩认为，中国如同一个大池塘，在中国投资如同钓鱼，什么时候在什么地方下钩很有讲究，必须深思熟虑、瞅准机会。哈恩是一个好渔夫，知道该在什么时候下鱼钩。

李文波的夫人是中国人，夫唱妇随，李太太随丈夫也在海外生活了一段时间。外国的生活虽然富足，但她仍然有着浓浓的思乡情节。李文波很体谅自己的夫人，于是决定将家安在北京。但那时的北京可不是想进就进的，即使你是外籍华人也不行，解决不了户口就得不到在北京生活的基本条件。这下，长袖善舞的李文波着实犯难了。

一汽副总工程师荣惠康此时正在北京，就在一汽与克莱斯勒引进道奇 600 会谈陷入困境的情况向时任机械工业部部长的段君毅汇报。荣惠康与李文波认识，偶然的机会，他听说了李文波的难处，热心快肠的荣惠康于是主动帮李文波操心。他将李文波的难处报告了段君毅，请段君毅为之解决。部长出面，李文波一家的户口问题顺利解决了，为此他非常感谢荣惠康。在一次与荣惠康的交谈中李文波了解到，因为美国人的天价入门费，一汽与美国克莱斯勒的谈判陷入了僵局。李文波对一汽下一步发展表示关切，荣惠康顺势提出请李文波到一汽去考察，了解一下一汽可否与德国大众合作。就在此时，德国大众监事会成员纪普来到北京，与大众公司驻北京总代表李文波商量工作。李文波立即将这个重要的情况通报给了正在北京的纪普。纪普详细了解了一汽与克莱斯勒谈判受困的情况后，迅速给哈恩发出了电传。

历史中往往有那么多偶然。当年，周子健部长在没有收到邀请的情况下，径直前往德国大众总部要求与大众负责人对话，开通了大众来到中国上海之路。纪普给哈恩的电传也是如此。作为世界级企业的老板，哈恩很会享受生活，每年都要到风景秀丽的地方休闲度假。意大利萨丁岛位于气候宜人的地中海，此时的哈恩正在撒丁岛风景秀丽的度假别墅里惬意地享受迷人海景。虽然人在休假，但哈恩仍然时刻关注世界汽车发展形势。当时没有今天这样方便的手机，传真机也刚刚问世，而追求时尚的哈恩立即在自己的别墅里安装了一台。这天下午，刚刚从自己最喜爱的三桅游艇上回到别墅的哈恩一眼就看到了纪普发来的传真。沐浴着地中海灿烂的阳光，哈恩读完了传真，静静地思考了一阵。

自从和中国上海合作以后，哈恩一直就在想在中国找到第二个合适的合作伙伴，纪普的电传使他敏锐地觉察到，机会来了。如果现在不搭上一汽这班车，就有可能会错失良机。没有任何犹豫，哈恩立即向正在上海的波斯特、保尔和北京的李文波发出指令，让他们立即赶赴长春；同时让奥迪公司董事长史度比希飞到长春与他们会面，到一汽实地调研，以了解德国大众是否可以在那里与中国的一汽合作生产奥迪 100 高级轿车。一口气发出几份指示后，哈恩闭上眼睛，开始静静地思考该如何进行下一步的动作。

一封传真让哈恩做出了历史性的决定，使得中国一汽有了与大众合作的机会，也在一定程度上改变了中国汽车工业的格局。

哈恩在自己的回忆录中写道：

我的朋友纪普 1987 年在北京偶然听说了此事。谢天谢地，他立即"打扰了"正在度假的我，他的这次通报给了大众汽车公司意义深远的推动。幸好这一年我在我的夏日别墅里安装了一台传真机，我立即在我的小型日本打字机上给耿昭杰厂长写了一封信，24 小时内就收到了他的访问邀请。

20多年后，哈恩谈到当年做出决定的初衷时说：

第一，我了解历史，知道中国曾经有过怎样的辉煌。即使到了当代，看看当时"亚洲四小龙"的经济奇迹，也不能不叹服华人的创造力。第二，我信任邓小平等中国领导人的改革开放政策，他们不固守传统的意识形态，对世界抱有一种诚恳交流的态度。当然，也靠直觉，靠对人的判断。我和耿厂长一见如故，在以后的合作中彼此尊重、彼此信任，建立了深厚的友谊。而且，我也不能不抓住机会，当时，一汽已经和克莱斯勒签订了发动机的合同，我必须马上证明奥迪将更适合中国高端车市场。

哈恩与一汽接触的确有其偶然性，但偶然往往蕴藏于必然之中，中国的发展和哈恩给大众寻找新的发展机会就是这种必然。

此前，上海在生产桑塔纳的同时，还以 SKD 方式组装了 500 辆奥迪 100，上海方面希望以此作为"噱头"，以便接下来名正言顺地和大众公司合作，在上海同时生产桑塔纳和奥迪 100 两款轿车。但奥迪公司的代表经过实地考察后认为，以当时上海汽车厂的生产环境和条件，不可能生产奥迪 100 这样的高档轿车。哈恩是一个精明的企业家，他并不认同奥迪公司代表的意见，条件不具备是可以改变的，但他却接受了奥迪公司的意见，没有将奥迪 100 拿到上海去生产。西方有一句谚语："要想钓到更多的鱼，就需要在池塘里放下更多的钓钩。"哈恩是一个高明的垂钓者，他的想法是，一个产品如同一个钓钩，他要在中国这个大池塘里钓更多的鱼。哈恩 30 年后在回答《汽车商业评论》提问时说：

作为汽车企业的管理者，我一直是支持多品牌战略的。20 世纪 80 年代，我刚刚成功地使奥迪进入到了豪华品牌的行列。但是在当时中国的社会经济条件下，特别是在市场的需求下，奥迪的需求量注定也不会很大。一汽当时主要是作为一个货车厂呈现在我们面前的，所以我们一些同事认为一个货车厂怎么能造得好轿车，特别是奥迪这样的高档车呢？我的一些同事都认为，在中国前景未明的情况下，在我们已经有不少麻烦的合资企业的情况下，再搞第二个合资项目实际上是没有什么太大意义的。但是我说，如果我们坚信中国市场的前景、坚信它未来的潜力，我们就必须要拿出更多的产品，特别是把我们的第二个品牌奥迪拿到中国来。这是我当时的看法。

一汽大众建立起来以后，我们等于在中国池塘放下了两个鱼钩，在这个池塘里，你放下的鱼钩越多，钓上来的鱼就越多。

李文波、波斯特、史度比希等几个德国人在一汽做了认真的考察，他们得出的考察结论是：如果克莱斯勒在那儿以一款轿车起步，比如道奇，那我们在长春就再无机会了。

接到他们的报告，哈恩明白，挤走克莱斯勒的机会来了。

哈恩之所以志在必得，在于他手里捏着克莱斯勒的一个死穴。克莱斯勒卖给中国一汽的 2.2 升 488 发动机，本身就是从大众公司旗下的子公司买去的，因此大众能够轻而易举地在这个发动机的基础上匹配其他系统。更何况，他早就知道，中国政府需要一款高档的公务车，而奥迪 100 C3 正好能够满足这个需要。

奥迪 100 是德国大众子公司汽车联盟公司的最新产品，有趣的是，没有多少人能记得汽车联盟公司，但在世界上，尤其是在中国，却几乎尽人皆知奥迪轿车。1968 年 11 月 26 日问世的奥迪 100 以其优美的外形、流线型的车身、强劲的动力和让人称道的低油耗成为市场上销量最高的中高档轿车。1982 年秋，奥迪公司在奥迪 100 的基础上推出了第三代奥迪 100 C3。新的奥迪 100 车身结构全部采用轻量化材料，风阻系数仅为 0.30。由于技术先进，新款奥迪 100 C3 成了先进设计的同义词。德国媒体称："从空气动力学特性上来看，新款奥迪 100 C3 是汽车行业绝对无与伦比的骄傲。"

为了能在中国这个池塘里钓到第二条鱼，哈恩决定将自己手中的这款看家产品拿出来与克莱斯勒竞争。

就在一汽与克莱斯勒为天价入门费对峙的时候，耿昭杰接到了哈恩希望能见面商谈合作的传真。角力场上突然冒出个第三者，给耿昭杰提供了选择的机会。耿昭杰迅速回应：请哈恩到长春会面。

1987 年，深秋的长春寒意袭人。10 月 20 日，当哈恩第一次踏上长春的土地时，长春给他留下的是这样一种印象：

一个庞大的身穿棉袄的欢迎委员会和一辆中国产的加长红旗在等候我们，宽阔的大街上是没有尽头的沉默的骑着自行车的人流。

哈恩、波斯特、史度比希以及李文波等人首先参观了一汽，一汽庞大的生产规模和完整的生产体系让哈恩深感震惊。波斯特回忆道：

就面积而言，一汽是世界上最大的汽车制造厂，拥有近 100% 的生产深度。也就是说，他们的产品货车、大客车和红旗牌国宾车的几乎所有的零部件都是自己制造的。在考察生产情况时，我们吃惊地认识到这样一个事实，即一汽的生产技术水平已经到了何种的高度。此情此景，让外国人认为中国不可能自行研发或生产轿车的看法烟消云散。

（马丁·波斯特著，《上海大众 1000 天》，中信出版社，2008 年）

企业家与企业家的会面没有那么多的繁文缛节，简短地寒暄后，哈恩一行 4 人与耿昭杰带领的 12 人在一汽著名的"74 栋"（原"专家楼"）的会议室里开始了面对面的会晤。10 月底的长春还没有送暖气，在零下的室温里坐着不动实在不是一件舒服的事情。尽管一汽给哈恩一行每人准备了一件蓝色的棉大衣，但这些在舒适环境下生活惯了的德国人仍冻得瑟瑟发抖。哈恩回忆第一次到一汽谈判时的情景：

我们住在一汽简陋的招待所里，一汽方面给我们每人准备了一件蓝色的棉大衣。由于气温实在太低，我穿上后 24 小时都没能脱掉它，因为整个城市的供暖系统还没有开始工作……最痛苦的是，第二天一早冲进浴室时，只有几乎是快冻成冰的水。

虽然与耿昭杰是第一次见面，但哈恩却非常老道，他明白，自己是以商人的身份出现，而一汽正在与克莱斯勒谈判，只有端出最有诱惑力的菜品，才能吸引正在另一个餐桌上的食客。他对耿昭杰说："中国一汽是个令人印象深刻的企业，德国大众是世界上有着重大影响的企业，我们之间有两个合作领域，第一是与上海大众在零部件生产国产化方面的合作，第二是生产奥迪 100。为在一汽生产奥迪 100 或者也可以是奥迪 200，大众准备提供成套模具。"

耿昭杰深藏不露，仔细地听着这位世界著名汽车公司的董事长的全部想法。哈恩详细介绍了奥迪处于世界领先地位的四轮驱动以及全自动变速器技术，并明显带有诱惑地称，如果双方开展合作，将向中方转让这种世界先进技术。哈恩坦言，如果双方能够合作，对德国大众的长期亚洲战略将具有深远的意义，他也没有忘记阐述这种合作对中国轿车工业的发展所具有的重大好处。针对一汽已经购买了美国克莱斯勒的发动机，哈恩聪明地指出："将一款克莱斯勒的发动机装入奥迪一段时期，并非不可能。"

耿昭杰同样是一位具有战略眼光的企业家，中国汽车工业和轿车工业的现状，以及一汽所具备的实力使得他决心将一汽建设成为中国汽车工业的"老大"。眼下，德国人与美国人都在争着与一汽合作，相比美国人苛刻的条件，德国端出的条件明显要优惠得多；更为重要的是，德国人没有美国人那种让人感到压抑的骄傲自大。但耿昭杰并未立即表态，与哈恩不同，虽然同样是企业家，但作为中国的企业家，尤其在那个时候，他头上的"婆婆"太多了，即使他有合作的意向，仍少不了要层层汇报并取得同意，否则，一切都是空谈。

李治国、吕福源等人回到北京，向中汽公司总经理陈祖涛汇报了和克莱斯勒谈判陷入僵局的情况。第二天，他们得到通知，到北京怀柔向国务委员邹家华等领导汇报。当天听取汇报的有：时任国务委员邹家华、原机械工业部部长段君毅、周子健、中汽公司总经理陈祖涛，原一机部副部长祁田、中国汽车工程学会会长胡亮、原一汽厂长刘守华、李刚，以及国家计委、国家经委的领导；另外还有二汽厂长陈清泰、上海汽拖公司总经理陆吉安、上汽总经理王荣均、重汽公司总经理纪宝祥。可以说，这次会议聚集了中国汽车工业的老前辈、老领导、决策者和各大企业的负责人。

会议由邹家华和陈祖涛主持，陈清泰、纪宝祥先汇报了二汽和重汽的项目进展情况，接下来由李治国汇报与克莱斯勒谈判陷入僵局的情况。李治国回忆：

我如实地介绍了海姆斯的傲慢无礼，坐在大沙发上的段君毅越听越生气，不时地站起来，双手背在背后来回走动。

李治国向领导们汇报了德国大众公司到一汽访问，并介绍，无论是造型还是工艺，德国的奥迪100都比美国的道奇600有很大的优势。段君毅首先表态："可以与德国大众公司接触一下。"与会的各位领导也一致同意这一意见。

与哈恩在长春几乎同时，大洋彼岸，克莱斯勒底特律总部再次出现了戏剧性的一幕。

1987年11月，时任国家经委副主任的朱镕基带队参加在美国举行的中美"大西洋论坛"。北戴河会议以后，作为新崛起的支柱产业，汽车工业为朱镕基高度关注。现在来到美国，他立刻让同为代表团成员的中汽联理事长陈祖涛带他去看看美国的汽车工业。陈祖涛与中汽公司驻美国的总代表朱柏山一起陪同朱镕基到了美国的汽车城底特律。受耿昭杰委托，正在美国底特律与克莱斯勒继续"周旋"的吕福源、范恒光等人立即赶来向他们报告谈判情况。范恒光说：因为涨价和1760万美元的天价"入门费"，一汽和克莱斯勒公司的谈判陷入了僵局，美国人对此很不重视，显得有些漫不经心，谈判一直拖着，时断时续；为了不受制于人，一汽同时也在和德国大众汽车公司谈，现在德国大众公司的代表团正在一汽；德国大众要和美国人竞争，给出了很优厚的条件，一汽因为前期买了克莱斯勒公司的发动机，所以这件事还没有最后定。耿昭杰专门派他来请示，同时请朱镕基与克莱斯勒方面接触一下，了解一下克莱斯勒方面的想法，可否促使克莱斯勒改变主意。

朱镕基听完后说："好，明天我们和你一起去见克莱斯勒公司的董事长，听听他们怎么说。"

第二天，范恒光陪同朱镕基来到克莱斯勒公司拜访。克莱斯勒店大欺客，连起码的礼貌都不顾，中国负责国民经济主管部门的最高领导登门，克莱斯勒董事长亚柯卡居然都不露面，只安排了二把手格林华特见面，而这个狂妄的格林竟然声称"只谈30分钟"。

朱镕基不管那些："30分钟就30分钟。"

会谈中，朱镕基问格林华特："听说你们与中国一汽在技术转让上遇到了价格问题？"

格林华特一点表示也没有，只是简单地回答："我知道。"

朱镕基又询问关于"入门费"的问题，格林华特态度强硬地一口咬定，"入门费"问题是汽车行业惯例，此事不容商量。朱镕基是何等人物，他丢下一句："好，我们不谈了。"起身便离开了克莱斯勒公司。

离开克莱斯勒公司后，他对范恒光说："告诉耿昭杰，德国的条件优惠，就和德国签。你们也还可以和通用汽车公司谈，可以考虑和他们合作生产 C 级轿车。"朱镕基的意思很明白，要善于利用外国对手间的竞争。

朱镕基的信息立刻传到了长春。但耿昭杰还有自己的想法：一汽已经购买了美国克莱斯勒的发动机，如果与德国合作，前提条件是一定要用这种发动机，否则，花这么多钱买的发动机生产线和正在建设的生产厂岂不是白费了？

在 74 栋会议室里，耿昭杰端坐在座位上回应哈恩道："为加快中国轿车研发步伐，我们需要外国合作伙伴。我们对大众公司和奥迪车有很大兴趣，上海桑塔纳国产化对我们也有利；但双方要合作，需要有长远计划，我们有自己生产的克莱斯勒发动机，所有的合作决定皆取决于此条件。"

耿昭杰的意思很明确，我们已经有了 2.2 升的 488 发动机，你德国人要来就必须在我们这个发动机的基础上生产奥迪 100。哈恩也不含糊，这款发动机本来就是克莱斯勒从大众买去的，改装一下又有何难。为了表示合作诚意，他立即安排以最快的速度在德国组装一辆装载有 488 发动机的奥迪 100 样车送到长春。看到德国人的行动，耿昭杰相信，德国人是真心实意地要与一汽合作。耿昭杰立即与正在美国克莱斯勒谈判的一汽副厂长吕福源联系。耿昭杰告诉吕福源，现在德国大众董事长哈恩博士在一汽，他希望我们去看看奥迪 100。我们担心以前引进的发动机是否能装到奥迪 100 上，哈恩说大众能够完全解决这个问题。美国人如果不能让步，我们就和德国人谈了。你先到德国大众去看一看。

接到耿昭杰的电话，吕福源在第二天的谈判中对海姆斯说："你们的价格我们是绝对不能接受的。此刻，大众公司董事长正在一汽访问，如果你还坚持这个价格，我们就和德国公司合作。"

美国人底气十足，你们政府已经有了决定，你们已经买了我们的发动机，你们已经将自己绑在我们的车上了，这个时候去和德国人谈有什么用？再说，刻板的德国人更会让你们体会到什么是技术的价值。海姆斯说："非常好啊。如果你能够选一个德国合作伙伴，那我祝贺你们。"

海姆斯的话等于关上了继续谈判的大门。吕福源说："那好，再见。但是作为合作伙伴，你们一定要明白，你们错过了一次非常重要的机会。"

事隔多年后，当世界上各大汽车公司争先恐后地挤搭"中国班车"时，克莱斯勒才深深体会到吕福源这番话的分量。

一汽副厂长兼总经济师吕福源和总工程师林敢为承担了与德国大众谈判的重任。德国人抢走了美国人的生意，但他们并不是慈善家，他们也是为了利益。很快，吕福源感到与德国大众的谈判和与克莱斯勒的谈判一样艰难。哈恩是个很聪明的人，他随时掌握着谈判进程。他对吕福源说："德国有一句话叫作'魔鬼都在细节里'。我对你提个要求，当你觉得谈不下去时，谈崩了要回国时，请你不要立刻走。给我的秘书打个电话，我一定抽时间和你再谈一次。"

刻板严谨的德国人知道自己技术的价值，虽然他们同意转让奥迪 100 的技术，但技术转让费的要价极高，态度也极其强硬，几乎没有回旋的余地，而且与之相配的 ABS 系统和自动变速器系统的技术不给一汽，要求一汽另外出高价购买，同时还对中方设置了很多限制严格的条款。当时，中国与国外技术合作不多，汽车方面的合作更少，在汽车，尤其是轿车技术方面，中方两手空空，可以作为谈判筹码的国内汽车消费市场又尚未形成，当时也没有这种概念。可想而知，吕福源手里几乎没有什么牌可打。面对刻板固执的对手，谈判数次濒于崩溃。吕福源按照哈恩所约，给哈恩打了电话，称谈判陷入僵局，准备回国。当晚，哈恩信守诺言，亲自出面请双方代表吃饭。

说是吃饭，实际上是与德方谈判的继续，只不过谈判对手换成了大众的最高负责人。哈恩很有意思，他带来了一个大纸板，上面详细罗列了大众的所有条件。哈恩问："我们所提的条件是完全有道理的，为什么你们不能接受呢？"

虽然处于谈判劣势，但吕福源仍据理力争："既然是买一个整车，这个整车又配有这些先进技术，就应该一起转让给我们，为什么要单独拿掉？你们声称将奥迪100的技术转让给我们，又收那么高的技术转让费。我们是中国企业，我们必须按照中国政府的技术转让合同法规来谈，否则，即使我们同意，我们的政府也不会批这个合同。"

哈恩是真心要将手伸进中国一汽，他让吕福源在谈判破裂前给他打电话，就是要防止谈判破裂，他必须要阻止这种情况出现。他的策略是，让自己的谈判代表将该提出的问题都提出来，最后自己根据实际情况做决定。原则是，一定要达成协议。作为德国大众的董事长，关键时刻，哈恩总是亲自出马。这一次也不例外，哈恩决定，自己直接与耿昭杰谈。

哈恩飞到长春，与耿昭杰促膝长谈。耿昭杰是真心要引进，哈恩是真心要在中国放下第二个鱼钩，两位老总的基本观点相同，这是谈判成功的基础。为了表示自己的诚意，哈恩开出了具有诱惑力的条件：大众公司向一汽提供奥迪100和奥迪200两个基本车型的15种变型车，包括全部产品图样、工艺文件、工装图样，并且提供部分工装模具和车身制造技术。这个条件的确具有相当高的含金量。耿昭杰向国家计委和一机部汇报后得到批准，德国大众和中国一汽两个老总的坦率对话终于促成了合作协议的达成。

1988年5月17日，一汽与德国大众签署了技术合作协议，大众公司同意以1000万马克的价格向一汽转让奥迪的整车技术，同时还提供人员培训和部分模具。大众和一汽还将继续就下一步的合作进行谈判。

克莱斯勒公司很快就知道了德国人真的抢走了他们的生意，于是事情立刻发生了戏剧性的变化。克莱斯勒公司副总裁格林华特从美国飞抵长春，试图挽救这笔失去的生意。格林华特称："如果双方马上签约，我们的入门费不要了，只要象征性的一美元。"

耿昭杰的回答是："很抱歉，我们已经和德国大众签了协议。"

哈恩在回忆录中说到：

我们和一汽在谈合作的时候，都是我亲自出马，而不像其他外国大公司那样只是派代表团或者是一些授权的代表来。我是亲自出马跟耿厂长他们谈，当时他们跟克莱斯勒的谈判进行到要签字引进他们的整车了。后来我和耿厂长见了面，耿厂长当机立断，停止了和克莱斯勒的进一步谈判，当然也很幸运，他们买的那款发动机本来就是克莱斯勒此前买的大众的技术，所以我们能够很快将这款发动机匹配到我们的车型上。因为我跟耿厂长是直接交流合作的，所以彼此之间有更好的信任。

饶斌后来这样评价哈恩：

他是20世纪80年代汽车工业战略奇才，他最先发现中国是世界上最大的潜在的汽车市场，并最先用最可行的方案和高明的谈判技巧感动了中国汽车人。

得胜的猫儿欢似虎，此时的哈恩正沉浸在胜利的欢乐中，他还要继续出击，目标是二汽。他给时任中汽联理事长陈祖涛写信，表示自己还希望与中国二汽合作。陈祖涛对此却另有看法，

"不能把所有的鸡蛋都装在一个篮子里"。一汽与大众的合作正是得益于有克莱斯勒的竞争,没有竞争就不会有公平。如果将所有的中国汽车都放到大众一个"篮子"里,对中国汽车而言,危机就不可避免。陈祖涛迅速将此信息转达给了姚依林、朱镕基等人,并明确表示了自己的反对意见。

波斯特回忆:

第二天,我们回到北京,国家经委副主任朱镕基要见我们。我们猜想,肯定是一汽重新选择合作伙伴的消息已经传到了北京。一见面,朱镕基果真对我们说:"我来这儿之前,收到我们驻波恩大使馆的一份传真,说你们目前在三个方面正积极行动着:第一是上海大众;第二是你们想与一汽合作生产奥迪;第三,你们还想与二汽合作。我希望你们把精力集中放在上海大众身上。我不知道你们是否丧失了对上海大众的信心,与你们相反,我倒是很相信上海大众。"

（马丁·波斯特著,《上海大众1000天》,中信出版社,2008年）

哈恩如愿以偿地将目光短浅的克莱斯勒挤出了一汽,在中国成立了两家合资公司,但却没能涉足二汽的轿车项目。

在德国大众和一汽开展合作一年后,1988年10月,克莱斯勒董事长亚柯卡带了一架专机和庞大的随行人员来一汽进行工作访问。参观完一汽后,他不无遗憾地说:"我来迟了。"亚柯卡因自己的傲慢和短视丢失了克莱斯勒公司进入中国市场的最佳时机。

30年后,哈恩在接受《汽车商业评论》杂志的采访时,毫不掩饰自己对中国的信心:

我相信中国在今后仍然会继续保持10%的增长。欧美国家在过去十年里面取得了经济的增长,又避免了通货膨胀,最主要的因素就是大量中国制造的产品进入欧美市场,这些产品以低廉的价格平抑了有可能出现的通货膨胀,所以说过去十年,中国不仅是世界经济的发动机,也是世界经济的稳定器。如果说过去的世界是靠美国这一个发动机,那么现在我们是靠两个发动机,一个是中国,另外一个是美国。

"先导工程"

耿昭杰与哈恩不同,哈恩做出了决定就能立即执行,而一汽不同,一汽是全资国有企业,企业的重大活动,尤其是轿车生产,必须要向国家主管机关报告,所需资金由国家解决,要经过国家权威审核机关的审核评估,通过后再报国家主管机关,批准后方案才能实施。所需步骤,少一样也不行。

1987年7月1日,一汽《关于从三万辆先导厂入手,建设十五万辆轿车生产基地的报告》上报国家计委。

无论是一汽还是大众公司,目标都不是只生产3万辆奥迪轿车。一汽的目的是要引进德国大众的先进技术,并与其合资建设现代化的15万辆以上规模的轿车项目以实现进口替代,哈恩的目的是要在中国建设年产量在15万辆以上规模的合资企业。但中国政府的条件是,先建设好这个3万辆的项目;3万辆的项目建设好了,才有可能批准15万辆轿车合资项目,故将3万辆轿车的一期项目称为"先导工程"。

由于有刚刚开过的北戴河会议精神,所以国家计委以最快的速度审批完一汽的报告,于1987年8月4日以计机（1987）1972号文件《关于审批第一汽车制造厂生产中级、中高级轿车项目建议书的请示》向国务院报告：

第一汽车制造厂轿车生产基地的建设按规模经济要求，一次规划，分期实施。第一期，"七五"期间主要利用现有基础，争取建成3万辆轿车的先导厂，并为建设15万辆轿车做好前期准备工作。第二期，"八五"期间，在一汽建成年产3万辆先导厂的基础上，通过改造和扩建，1995年建成年产15万辆的轿车基地。

1987年11月12日，国家计委以计机（1987）2106号文件通知一汽：

我委《关于审批第一汽车制造厂生产中级、中高级轿车项目建议书的请示》业经国务院批准，现印发给你们，请照此执行。

1988年5月16日，国家计委批准了一汽《3万辆轿车先导工程的可行性研究报告》。国家计委在批准报告中强调：

轿车配套所需投资纳入轿车零部件国产化一条龙计划，所需贷款在年度技术改造专项贷款中解决，所需外汇争取由联邦德国政府贷款解决。其余外协件要结合全国汽车零部件规划，尽量实现利用军工、地方、汽车零部件公司、北京吉普车和上海桑塔纳轿车零部件布点企业统一安排，要尽快落实建设自建和轿车项目同步建设，保证实现国产化计划。

汽车工业是资金密集和技术密集的产业，最大的特点就是高投入、高产出，尤其是轿车工业，投入起点高，一次性资金投入动辄几十亿。而在当时，国民经济发展最缺的就是资金，尤其是外汇。没有资金保障，发展轿车工业便是一句空话，这是中国轿车起步阶段所遇到的最大难题。

大众开出的条件是：组装奥迪的1900万马克技术转让费先行搁置，如果到1991年双方达成15万辆高尔夫轿车的长期合作协议，这笔钱将免收。2100万马克的模具先付1000万马克，其余算今后建立合资企业的投资。这样算来，只要先付1000万马克，一汽就能启动3万辆先导工程。但就是这1000万马克，一汽也拿不出来。

1987年，改革开放已经10年，农业经济承包到户的改革极大地调动了农民的积极性，农业发展取得了明显成效，中央改革的重心转向城市。中国经济体制正在经历从计划经济向有计划的商品经济过渡，这一过程艰苦而漫长。改革中，企业逐步获得了一定程度的自主权，但离企业完全自主还有相当一段距离。像一汽这样的特大型国有企业，建设时是国家全额投资，生产所需能源、原材料由国家统配供给，产品交由国家统一销售，所得的利润当然也要交给国家。在当时的情况下，除了允许留下1%左右的技改资金外，所有利润都要上缴国家，然后再由国家拨给企业工资和生产建设所需费用。企业的发展规划、发展资金、进口设备所需外汇、与外国合作伙伴的谈判授权等都要向国家有关部门汇报，国家有关部门再根据全国总的规划来决定是否支持企业的要求。这就是当时的特定环境。

一汽面临的问题首先反映到了国家计委。一汽是"共和国长子"，一汽轿车是继上海桑塔纳合资后的又一个重大轿车合资项目，一汽轿车项目进展得是否顺利对中国轿车工业将产生重要影响。1988年11月2日，受国务委员国家计委主任邹家华的委托，时任国务院副秘书长王书明与国家计委工业二司副司长徐秉金专程到一汽，调研3万辆先导工程进展情况。他们在一汽整整停留了一个多星期，深入车间和建设场地，举行了数场意见听取会，和耿昭杰进行了深入的讨论和分析，全面地了解了一汽上轿车项目的有利条件和面临的困难与问题。

20世纪80年代初，一汽建设已经30年，但由于原设计的功能性局限，其产品始终局限于载重4吨的解放牌货车，与二汽的东风牌货车相比，在技术性能、载重、油耗、产品质量方面都处下风，面对汽车产品由国家包销转为自己面对市场的改革，一汽立刻感受到了空前的压力。在资金、技术等诸多不利条件下，一汽人拿出当年艰苦奋斗建设一汽的拼命精神，自我奋斗，在老产品不停产的情况下，开展了"换型改造"。经过三年产品开发和三年的生产准备，一汽对老解放牌货车进行了换代改造，开发了具有20世纪80年代先进水平的CA141型货车，结束了老解放30年一贯制的历史，并进入了产品的系列开发阶段。通过对产品的换型改造，一汽对整个生产系统进行了彻底改造，大规模采用了新工艺、新技术、新材料，新增生产设备7632台套，新建生产线79条，改造生产线124条，建立了技术开发、人才培训和汽车装备设计制造三个中心。对配套的扩散件、附配件等相关工厂也都进行了相应的改造。这一切使得一汽初步具有了自我发展和自我建设的能力。一汽换型改造的成功，为3万辆先导工程和15万辆轿车基地的发展奠定了坚实基础。

一汽与德国大众公司就3万辆奥迪100轿车先导工程的引进技术、模具CKD组装等谈判已经完成，并正式签约。

一汽为奥迪项目新建了总面积为505公顷的二厂区，轿车先导厂、第二发动机厂、第二铸造厂、车身厂四个主体厂房已经基本完工；老轿车厂的油漆、焊装、总装生产线的改造即将完工。

轿车生产所需的535种协作配套产品已有239种进行了选择布点，已与五所大学和研究所签订了人才培训和技术合作的协议，还派出了技术人员赴美国和德国培训。

由此可以得出结论，一汽已经初步具备3万辆轿车的生产条件，也为下一步15万辆轿车的发展做好了准备。

由于摊子铺得较大，一汽在资金方面出现了巨大的缺口，特别是进口设备所需的硬通货，急需国家出面协调解决。如果这个问题不能得到解决，不仅15万辆轿车发展难以实现，就是已签约的3万辆先导工程也难以按期完成。通过耿昭杰和一汽有关领导的汇报，徐秉金与王书明感到了问题的严重性。

11月12日，王书明与徐秉金回到北京。经过仔细准备，11月26日，王书明、徐秉金联名给国务院写了《关于一汽建设3万辆轿车先导工程的情况和建议》的报告，说明了一汽建设3万辆先导工程中所做的努力和遇到的困难，并针对这些困难和问题提出了建议。摘要如下：

家华并李鹏、依林同志：

11月2日—13日，我们与国家计委工业综合二司、投资司、技改司的几位同志到一汽，重点调查了解3万辆轿车先导工程建设和15万辆轿车基地建设的情况，并对其主要建设工程、技术和相关配套项目的建设进行了3天实地察看，又用一天时间听取了耿昭杰厂长的汇报和座谈。现将有关情况报告如下：

一、一汽在"六五"期间经过六年的努力，对老产品进行换代改造，开发了具有先进水平的国家级新产品CA141型货车，使我国中型货车的水平向前跨越了三十年，达到国际八十年代初的水平，而且使产品进入系列开发阶段……一汽"六五"换型改造的成功，为该厂"七五"的三万辆先导工程和"八五"的十五万辆轿车基地的发展奠定了坚实的基础……

二、一汽具有发展轿车的优势，三万辆先导工程进展较快。"六五"换型改造后，进一步提高了技术上的优势，锻炼了队伍，近年来的建设改造为年产三万辆轿车创造了条件，也为今后发展十五万辆轿车基地做好了前期准备工作。已与德国大众公司就引进技术、模具、CKD组装轿车正式签约……新的轿车生产基地已进入设备安装，水电、蒸汽、煤气等外网已投入使用，老轿车厂的油漆、焊装和总装三条线的改造正在加紧进行，可在明年上半年完工投产……

三、三万辆先导工程国产化进程安排比较切合实际，他们采取边建设边CKD装车，并不断提高国产化率，计划三年迈出三大步，到1991年，国产化率实现80%以上……

四、关于一汽轿车发展中的问题和我们的建议。

1. 建设投资构成及资金缺口

1985年7月至1988年6月，国务院、国家计委和中汽联批准了一汽"七五"技术改造项目，即包括3万辆轿车在内的6个改造和扩建项目，生产纲领为年产汽车23万辆，其中轿车3万辆、轻型车6万辆、中型车13万辆、重型车1万辆，投资规模为33.9亿元（含外汇2.42亿美元）。其资金来源为国家贷款5.94亿元（含国家外汇额度1.1亿美元）、自筹资金27.96亿美元（含外汇1.32亿美元）……在调减后的27.41亿元投资规模中……尚有资金缺口5.46亿元，加上1989年—1992年应还银行贷款的4.86亿元，资金总缺口达到10.32亿元。据我们调查了解，上述资金缺口确实是一汽自身难以克服和解决的。其主要原因有四：一是一汽是老企业，产量满负荷，利润递增包干时基数为6万辆，起点高；与二汽相比，上缴利润相差无几，但留利额相差悬殊。二是换型转产期间产量下降，不仅没有递减利润包干，还要上缴1.37亿元，企业换型要增加投入，上缴利润要增加，企业减收近8亿元。三是按规定，CA141应享受新品免税三年的待遇，但由于中央地方分灶吃饭的关系，没能兑现。四是新产品产量低、成本高，单车利润少。上述几项原因使企业减收近10亿元。

2. 我们的几点建议：

一是对一汽调整后的规划方案和投资规模尽快予以批准。

二是对国家已批准的贷款额度5.94亿元和外汇缺口0.3亿美元，应按一汽年度的建设和改造进度，由国家按企业年度用款、用汇需要给予安排。

三是在1990年—1991年两年中，给一汽增加进口CKD散件2万辆，进口优惠税率50%不变，使企业能够解决4亿元建设资金。

四是为加快轿车建设，早日实现进口替代，建议使一汽享受中外合资企业的某些特殊政策，如引进设备减免关税25%、进口散件按合资税率执行。轿车是进口替代产品，允许企业收取一定数量的外汇。当国产化进程中的一些原材料和备件国内不能满足需要时，允许一汽利用已有的进口渠道自行进口等。

五是按照国家计委、中国人民银行、审计署今年11月发布的（88）765号文件认购重点企业债券的规定，一汽在今后3年内需要认购3亿债券。一汽提出，请求准予免购。我们认为，一汽目前改造、扩建任务繁重，现在所用资金本来就是靠自筹所得，而且缺口很大，在资金极为紧张的情况下，认购债券确实是个难题。建议请国家计委商有关部门研究变通办法，予以解决。

六是对一汽生产建设所需原材料，请物资部门给予积极支持。

王书明、徐秉金
1988年11月26日

这是中国轿车工业发展过程中极为关键的一份报告，这份报告正赶在一汽发展轿车的节骨眼上，引起了中央领导的高度关注。邹家华当日即在报告上做出批示：

李鹏、依林同志：

书明和计委的同志这次去一汽做了详细的调查研究，一汽在中央确定上轿车后做了大量的工作，报告中所提到的建议符合一汽的实际情况，如原则同意，请书明及子玉同志具体协调落实。

11月30日，李鹏批示：

用CKD办法来筹集建设资金不是一个好办法，能否有更妥善的办法？

姚依林批示：

请书明同志和子玉同志协调具体落实。

12月8日，邹家华再次批示：

我领会李鹏、依林同志的批示精神，最后六条建议中除第三条要研究外，其他请你们协调具体落实。关于第三条再研究一下，有没有更妥善的办法。总的精神还是支持的。

考虑到领导批示中的不同意见，国家计委常务副主任甘子玉批示：

请工业二司协调有关司及委外有关部门，提出六条建议的落实意见，如各方面意见不一致，也把矛盾提出来，以便同有关领导商处。

根据甘子玉的意见，国家计委工业二司分管汽车、电子工业的副司长徐秉金牵头与计委内有关司局协调，于1989年1月16日，再次给国家计委副主任郝建秀和甘子玉写出《关于一汽三万辆轿车及一汽改造工程资金等问题协调情况的报告》

建秀、子玉同志：

为落实"关于一汽建设三万辆轿车先导工程的情况与建议"中提出的六条建议，按委领导和国务院领导同志的批示精神，我们于元月十一日会同委内技改司、投资司、长期司、综合司的同志进行开会研究，大家一致认为，一汽上轿车的条件是好的，尽管存在一些需要协调的问题，也要下决心争取解决，把一汽搞上去。现将具体情况汇报如下：

一、调整"七五"扩建、改造规划方案。考虑到国内汽车市场情况和压缩投资规模精神，大家一致认为，按以老养新原则，应该把三万辆轿车项目与一汽扩建和改造项目做一个整体考虑，投资规模从33.9亿元调减为27.41亿元。调整方案由技改司主办，其余相关司会签，春节前报国务院。

二、落实已批准的贷款额度。"七五"期间，由国家计委、中汽联、中汽公司发文批准一汽贷款额度共5.94亿元……对此，工商银行提出，资金困难。我们的意见是，轿车国产化项目与三万辆轿车项目有直接关系……国家应予保证，需进一步请工商银行协商解决。

三、落实已批准的外汇额度和解决外汇缺口。"七五"期间，经国务院、国家计委、中汽联批准，一汽共需要外汇2.16亿美元。截止1988年年底，国拨外汇已安排6340万美元，尚需4660万美元。1989年一汽需要国拨外汇5000万美元，目前尚未落实……鉴于一汽在自筹外汇方面已经尽了最大努力，再增加自筹额度实在有困难，为确保一汽1992年三万辆轿车达产挡住进口，我们建议，应视年度外汇使用情况，尽可能予以支持。

四、关于增加CKD和关键件。一汽建设从一开始就十分重视国产化工作，对国产化进度做了扎实的安排……四年中由于国产化而取消国外订货共计节约外汇达2亿美元。为使一汽在国产化中尽快掌握生产工艺中的技术难点，摸索国产化的经验，我们建议，在原批准的12 500辆CKD的基础上再增加2500辆份CKD散件和17 500辆份关键件是必要的。

五、给予某些特殊优惠政策。一是对扩建、改造需进口设备减免25%关税；二是进口CKD散件按合资税率，即50%收取关税；三是在轿车销售中，允许一汽收取一定数量的外汇现款和外汇额度；四是在一些原材料备件不能满足需要时，允许一汽利用已有的进口渠道自行进口。这些优惠政策需要与海关总署、外汇管理局、经贸部等单位协商落实。

六、免购重点建设债券。考虑一汽扩建改造任务重，基金资本上靠自筹，缺口较大，我们认为，应对一汽采用变通方法，在核定年度认购基数时予以照顾或缓购。

七、关于原材料供应。请物资部在分配订货上给予支持。

如上述建议能够落实，一汽三万辆轿车及扩建工程所需资金缺口可大体解决。落实上述建议需工商银行、建设银行、海关总署、经贸部、物资部、外汇管理局等单位支持，可否请委领导和王书明同志召集相关单位开会协商解决。

根据领导批示，这份报告迅速得到落实。几天后，国家计委以及中国人民银行、海关总署、审计署、物资部等部门共同商讨落实措施。1989 年 2 月 20 日，郝建秀、甘子玉两位副主任联名给国务院领导做出汇报：

家华并李鹏、依林同志：

为贯彻李鹏、依林、家华同志对《关于一汽建设 3 万辆轿车先导工程的情况和建议》的批示精神，我们与各有关部门进行了协调，并在委内召集有关司局听取了一汽的汇报，对"报告"中所提的六条建议，逐条进行了协调与落实，现将有关情况报告如下：

1. 关于调整规模问题

遵照国务院压缩基本建设投资规模问题，本着以老养新、轻轿合一的原则，经商技改司拟将 3 万辆轿车项目和一汽整个改造扩建工程作为一个整体考虑，把原定的 23 万辆规模调减为 19 万辆（其中轿车 3 万辆），投资由 33.9 亿元调减为 27.47 亿元（含外汇 2.16 亿美元），已商请技改司会同有关司办理复文并报国务院。

2. 关于贷款问题

"七五"期间，国家共批准一汽银行贷款总额为 5.94 亿元。截至 1988 年年底，扣除已安排的外，尚有 4 亿元在 1989 年至 1991 年 3 年中纳入不同渠道陆续安排。考虑到增加技改贷款有一定的困难，拟将其中轿车零部件项目所需的 2.3 亿元，从对轿车经营中收取的零部件横向配套基金中分期解决。余下的 1.34 亿元贷款分 3 年安排，即 1989 年安排 0.44 亿元、1990 年安排 0.5 亿元、1991 年安排 0.4 亿元

3. 关于外汇问题

"七五"期间，一汽共需外汇 2.16 亿美元。除了已落实的 1.1 亿美元国拨外汇和一汽自筹的 7600 万美元外，尚有 3000 万美元的缺口。我们认为可在 1989 年到 1991 年的 3 年间，视国家外汇情况，每年解决 600 万~700 万美元，其余部分通过中行贷款、出口信贷等多种渠道由一汽自行筹措。

4. 关于 CKD 散件问题

为贯彻李鹏总理的指示精神，将一汽提出的增加进口 2 万辆份 CKD 散件压缩为 8000 辆份，这 8000 辆份 CKD 散件是一汽保证 1990 年国产化水平达到 65%、1991 年达到 80% 所必需的，拟分两年安排，即 1989 年 3000 辆、1990 年 5000 辆，这在进口 CKD 散件总量中的比重是较小的。

5. 关于重点建设债券问题

投资司已同意采取变通办法，即不免、不减，可按上缴后再返还给一汽作为建设投资灵活解决。返还具体办法由委内有关司商定落实。

6. 关于优惠政策问题

海关总署同意对一汽进口 CKD 散件关税按优惠税率 50% 计征，对进口设备免征 25% 的关税，海关总署将会同一汽商定落实。

国家外汇管理局同意，对一汽销售轿车按规定收取一定数量的外汇或外汇额度。

对一汽小轿车先导工程建设中要求自行进口某些原材料、备品配件及所需国内少量统配原材料，拟商请经贸部、物资部给予支持解决。

综上所述，一汽轿车项目按照国产化3年3大步的实施方案，即1989年到1991年实现国产化80%的进度所需解决的问题已经初步落实。按照这个要求，一汽从1988年至1991年4年中预计生产4万辆轿车。由于国产化水平逐年大幅提高，经核算可为国家节约外汇2.5亿美元，并为国家解决了轿车急需，为下一步15万辆二汽工程奠定了可靠的基础。如上述六条建议可行，我们将在年度计划中逐项协调落实。

1989年2月21日，机电部办公厅会议室里，国务委员兼国家计委主任邹家华、国务院副秘书长王书明、国家计委副主任郝建秀、工业综合二司副司长徐秉金、机电部部长何光远、中汽联理事长蔡诗晴等人一起听取了一汽厂长耿昭杰对3万辆轿车先导工程和15万辆轿车项目前期准备工作等问题的汇报。会议议定了几条意见，摘要如下：

1. 同意一汽15万辆轿车的车型选型，从现在的3万辆中高级车（即德国大众标准的C级、D级车）向低档车发展，生产A级车，这样不仅适合我国国情，还有利于产品进入国际市场。可选择德国大众公司将于1991年左右投产的高尔夫A2型车，并同意一汽与该公司合资生产。

2. 同意一汽以技贸结合方式购买大众公司美国威斯莫兰厂的二手设备，价格要再压一压，集中付款方式要再比较一下，争取以对我方最有利的条件买下来。

3. 同意以现有发动机、底盘等总成与德国大众公司合作生产轻型小货车出口，以解决自身的外汇平衡问题。该项目应与15万辆轿车项目捆在一起统筹考虑和谈判。

4. 为避免重复建设、节省投资，原则上同意一汽与上海轿车厂共同建设几个专业化、大批量、高水平的总成厂，具体问题由中汽联组织协调。

5. 一汽15万辆轿车项目可以进行可行性研究并提出报告。关于投资问题，一汽要根据工作的进展情况对资金来源和使用投资的时间提出具体安排的建议报告，国家将在"八五"计划时通盘考虑。

对于耿昭杰来说，这个会议和一系列的政策措施来得太及时了。

除了资金问题，生产场地问题也是困扰耿昭杰的一大拦路虎。

一汽厂区的生产布置是比照苏联斯大林汽车厂的布置，将车身、车架、铸造、锻造、发动机、底盘等几乎所有的总成都集中摆放在一起，汽车业界人士称之为"大院式"方式。这样做的好处是最大限度地缩短了运输距离，便于生产组织；最大的不便是生产格局固定，以后就很难改动，不利于发展。一汽从1956年投产开始，老的解放牌货车几乎30年就没动过，被称为"30年一贯制"，几十年前的老产品远远不能适应市场的需求，为此，一汽正在进行老解放货车的换型改造。换型改造需要对老的生产线以及相关设备进行拆换，这就如同在一间挤满家具的屋子里重新布置这些家具，这些厂房、设备、电力线路、热力管线，甚至道路都是原来规划好的，动一个车间就会对整个生产进程产生影响，远比重新布置家具要难上百倍。由于国家交通运输的需要，在对生产车间的设备布局进行大调整时还要保持正常的生产节奏，每年给国家上缴的汽车产品一辆也不能少。这些已经是极为困难的事情了，现在又要同时建设新的轿车生产线，更是难上加难。

3万辆奥迪生产线绵延数百米，一汽老厂区里根本没有它的地方。二厂区建设新轿车生产线又需要时日，非短期能够完成。更何况，一汽与大众下一步的合作正在洽谈，在尚未谈成前，轿车生产线也不可能定型，但一汽又急需这批新组装的奥迪车投放市场产生效益以推动下一步发展。这么多需要堆积在一起，既是对一汽领导班子胆识与能力的考验，又是对十多万一汽人困难中求发展的决心与意志的考验。经过反复计算，耿昭杰决定，二厂区的轿车标准厂房继续施工建设，奥迪3万辆组装线放到一汽东区老红旗生产车间，拆除车间里用不上的老设备，对原有的总装、焊装、油漆三条生产线进行快速改装，在这里建设奥迪100生产组装线。命令一下，全厂行动。一时间，一汽新老厂区里，拆的拆、搬的搬、建的建、生产的生产，人欢马叫，热火朝天，一汽人重新找回了当年建设一汽时那种昂扬向上的感觉。

搬迁重建改建从1988年年底开始，历经整整半年时间，1989年8月1日，第一辆奥迪100装配下线，1989年全年组装完成391辆。新组装的奥迪立即被抢购一空。经过一汽人与德国大众公司的合作，四环连成的奥迪轿车终于第一次在中国的土地上诞生了，它的诞生意味着中国高档公务车将不再依靠进口，也意味着一汽"进口替代"战略逐步成为现实。

1989年4月21日，新的奥迪轿车装配线也建成投产。在上汽、一汽、二汽三大轿车基地中，从协议签订到批量生产，一汽的速度是最快的。哈恩专程赶来参加新生产线的落成剪彩仪式。看着一辆辆驶下生产线的奥迪，哈恩感叹："同一汽的合作，使大众公司拥有了一个最具实力的伙伴。你们的速度不是一辆货车，而是一辆奥迪200。"

但一汽人对于"红旗"仍有着难以忘怀的情节。奥迪100上市几年后，国产化率逐步提高，当一汽第二发动机厂引进的克莱斯勒488发动机正式生产后，红旗重生的机会来临了。根据一汽与大众的协议，奥迪轿车在装配一汽生产的488发动机之前，使用奥迪品牌和四环商标；而使用了一汽自己生产的488发动机后，就不能再叫奥迪了。这就给了一汽红旗重生的机会。红旗本来就是一汽的自有品牌，引进的奥迪轿车和016变速器技术已经经过自己消化吸收，奥迪车的国产化率也已达到62%。经过多次讨论并专门征求了中央领导同志的意见后确定，搭载一汽生产的488发动机的车型命名为红旗CA7220。这款红旗的车身较奥迪100也稍微做了些改动，为与以前的红旗相区别，这款红旗又被称为"小红旗"。

"小红旗"与奥迪100的外形区别不大，属于"借壳上市"，出于对老红旗的热爱，社会上对这款洋出身的红旗颇有微词。殊不知，这就是轿车车身开发的困难之处。开发一个车身需要数百套冲压模具，轿车冲压模具的精度要求很高，开发程序极为烦琐，而且耗资巨大。中国合资生产轿车，除了技术缺乏外，资金极度紧张也是重要的原因，这也就是中国以前生产轿车车身全靠人工用榔头敲的原因。正是如此，一汽引进奥迪品牌时，也同时购进了几百套大型车身冲压模具，这些耗资亿万的模具不可能一下扔掉，所以一汽红旗重生分为两步走：第一步是搭载自己的发动机，保留奥迪的外形；第二步是筹集资金，解决红旗的冲压模具问题。直到1997年一汽红旗上市，才筹集了20多亿资金；2000年7月15日，红旗的换代产品——红旗世纪星下线，一汽人真正圆了红旗重生的梦想。引进一个产品并在短时期内实现了进口替代，又恢复了红旗品牌，一汽人功不可没。

先导工程是一汽人的骄傲，一汽人算了一笔账：

从1988年开始建设，到1996年二厂区涂装线投产，3万辆轿车先导工程历时9年。截至1997年年底，10年间，一汽共生产奥迪轿车95 502辆，在奥迪基础上开发的"小红旗"共生产了27 792辆，合计123 294辆，销售119 633辆，实现销售额311亿元，上缴利税70亿元，税金46.5亿元，附加税7亿元。实现净利润19.5亿元，利税总和为总投资的10倍。

一汽轿车先导工程真正实现了耿昭杰倡导的"进口替代"，1993年7月15日，一汽3万辆轿车先导工程正式通过国家验收。

一汽优先

对于当时的中国来说，3 万辆轿车似乎是一个很大的数字。但对于轿车工业而言，3 万辆是一个不值一提的数字。从性价比角度而言，批量越大，成本才能降低。一家正规的汽车厂，年产 15 万辆是最基本的也是最起码的产量，只有到了这个层级，汽车厂才能谈得上盈利。对于一汽而言，眼下的 3 万辆只是一汽轿车发展的"先导"，下一步的战略目标是建立 15 万辆轿车生产能力，在当时，这可是全国最大的规模。

哈恩是跨国集团的董事长，他的眼光始终是"世界级"的。在哈恩眼里，一汽 3 万辆轿车工程只是自己与一汽全方位合作这道大餐前的"开胃小菜"，他的目的是要在中国发展远东最大的合作伙伴，以抗衡日本和新兴的汽车大国韩国。上海大众虽然已经开始起步，但规模太小，一汽现有的基础与条件都可以有更大的发展。更重要的是，中国政府的政策支持使得自己的设想成为可能。

哈恩与耿昭杰的想法不谋而合。1988 年 8 月 24 日，应哈恩的邀请，耿昭杰飞抵德国，与哈恩就进一步合作展开会谈。两人很快达成共识：一汽与大众公司合资在一汽建设 15 万辆轿车生产基地，车型为大众刚刚投产的高尔夫（在中国生产的车型改称为"捷达"）。双方组成工作小组进行 15 万辆轿车项目的前期工作。为了长期稳定发展，一汽与大众决定建立长期合作关系，并签署了"双方建立长期合作关系"备忘录。

国家对国民经济建设的每一个大型投资项目，尤其是像一汽、二汽这样投资数十亿的大型项目，都有极为严格的审批程序，项目单位首先要制定可行性研究报告上报主管部门审批，国家计委是最高审批主管机关。一汽的可行性研究报告要报送中汽联、机电部，这两个部门审批通过后报送国家计委终审。由于环节多，这个过程往往很耗费时日。自从中央北戴河会议以后，中国的轿车工业处于起步阶段，一汽、二汽、上汽如同短跑线上的三名选手，都在想方设法地加快速度，谁也不愿落后，谁能抢先一步，谁就能在以后的竞争中争取主动。

为了加快进度，耿昭杰决定，项目申报和可行性研究报告齐头并进。自己在一汽坐镇，负责项目方案的申报工作；一汽总工程师林敢为率人到德国沃尔夫斯堡大众总部与大众公司共同编制一汽与德国大众 15 万辆轿车合资的可行性研究报告。

1989 年 1 月，第一轮可行性报告在德国沃尔夫斯堡出炉，经过讨论后提出修改意见；1989 年 3 月，第二轮可行性报告完成，经过再次讨论后进入第三轮修改。1989 年 4 月，修改后的第三轮可行性报告完成。报告主要内容如下：

1. 建设规模和生产纲领：年产大众公司高尔夫 A 系列普通轿车 15 万辆，EA111 型发动机 30 万台，085 型传动器 18 万台。

2. 建设方式：一汽和大众公司合资建厂，共同组成长春大众公司（CVW）。注册资本为总投资的 40%。在注册资本中，中方出资 60%，德方出资 40%。合作期限为 25 年。

3. 厂址和工厂组成：厂址位于一汽二厂区，占地 117 公顷。工厂组成包括轿车厂、发动机厂、传动器厂、CVW 总部、销售服务中心、外协件仓库、公用工程、厂区生活设施等，建筑积 376 464 平方米，其中新建面积 292 114 平方米。

4. 建设投资：项目总投资为 348 472 万元，其中工程建筑 43 222 万元，设备为 213 308 万元，其他费用 91 942 万元。总投资中含外汇 45 233 万元。

5. 建设进度：CVW 于 1990 年成立，1991 年开工建设，1995 年建成投产，1997 年达产；当年产量 15 万辆，国产化率达到 97%。

报告立即送往中汽联、机电部、国家计委审批。

1989 年 7 月 5 日，耿昭杰、韩玉麟、吕福源到北京向国家计委汇报 15 万辆轿车项目进展情况。7 月 8 日，时任国务院副总理邹家华听取了一汽的详细汇报，邹家华要求一汽要排除干扰，继续推进 15 万辆轿车项目，国家各有关部门也要拿出实际行动支持一汽与德国大众的合资项目，发展中国的轿车工业。

国内各部门对一汽项目也给予了最快捷的审批。1989 年 7 月 26 日至 8 月 5 日，中汽咨询公司组织了 16 位专家对一汽与大众公司合资建设的 15 万辆普及型轿车项目进行可行性评估，并于 9 月 23 日以中汽联的名义正式向国家计委报送评估意见：

1. CVW 项目可行性研究报告（以下简称"报告"）的基本内容符合国家对一汽轿车项目规定的发展原则和要求，项目的依据是充分的。"报告"具有一定深度，对今后项目工程设计和建设工作将起到较好的指导作用。

2. CVW 项目是一个很迫切、很成熟、很有效益的项目。

3. CVW 项目由一汽负责承办是必要的，也是有利的。

在国家计委审批一汽大众合资轿车可行性研究报告的会议上，国家计委各司局的意见认为：

中国轿车发展决策的时候到了，"三大三小"一起往上拱不行，"八五"期间不能都上，集中力量上一个风险较小……只能上一个。

1990 年年初，国家计委开始编制国民经济发展"八五"计划（1991—1995）大纲。1 月 10 日，国家计委常务副主任甘子玉主持召开主任办公会议，专题研究"八五"期间中国轿车工业发展的调整方案。会议上讨论非常激烈，有干部指出："谁上谁不上，牵涉到多方利益，二汽的能量很大，要是决定一汽先上，二汽后上，委内应该统一意见并向上反映，明确二汽轿车项目到'九五'再考虑。"

一位领导提出："我与工业二司多次研究，国家笼子就这么大，大家都要急着上，最终是谁也上不去。要依照条件来，谁的条件具备谁先上。我亲自去做了调查研究，一汽的条件最好，当然一汽先上。定了一汽，其他几家不服，我们都要顶住。要把有限的资金用到一汽。"

经过反复比对条件，最后的意见很集中：一汽先上，二汽后上。会议纪要摘要如下：

根据当前治理整顿的要求和"八五"期间国家的财力及市场需求预测，有必要对 1987 年确定的轿车工业发展"三大三小"的方案进行适当调整。"八五"期间，"三大"只能建成一个。综合各方面条件，建设一汽轿车合资项目可以做到投资省、速度快、国产化率高、效益好，拟安排建成轿车先导工程和 15 万辆轿车合资项目。二汽轿车合资项目，"八五"期间可以做好前期准备工作。后期开工建设。上海大众形成 3 万辆整车和 10 万辆发动机的能力，抓好国产化，不考虑上新厂。"三小"项目，可以考虑北京吉普完成 2 万辆生产纲领，广州标致完成已开工的轿车改造工程，天津夏利建成 3 万辆的能力。

根据主任办公会的意见，1990 年 1 月 12 日，国家计委以计工二（1990 年）30 号文件《关于第一汽车制造厂与西德大众汽车公司合资建设年产 15 万辆轿车项目可行性研究报告审批意见的请示》上报国务院。报告明确提出：

1. 一汽具有较好的建设轿车合资项目的客观条件。

2. 相对错开投资高峰，合理安排一汽、二汽轿车合资项目建设，挡住进口，扩大出口。

3. 请中国银行出面为一汽轿车合资项目外汇贷款担保是必要的和适宜的。

1月16日，邹家华在这份报告上批示：

已经和各方面都协调好，拟同意。

1月18日，李鹏批示：

办公会要议一次。请计委准备三个汽车厂的规模和进度，以便有一个总的平衡。

2月5日，邹家华再次批示：

2月4日，我向李鹏同志汇报了最近一汽工作进展的情况和几个轿车厂今后需要的初步预测。李鹏同志同意批准此可行性研究报告，并要求注意其他两个厂的规模和进度。办公会目前不开了，故拟同意批准此报告。

2月9日，国务院正式批准一汽大众合资轿车项目。

1990年11月20日，一汽与德国大众公司15万辆轿车合资项目在北京人民大会堂举行签字仪式。这是当时中国机电行业最大的合资项目。国务委员邹家华、国家计委副主任郝建秀、机电部部长何光远、吉林省省长王忠禹出席签字仪式。耿昭杰和哈恩分别代表一汽和大众公司在合同上签字。该项目总投资为42亿元人民币，一汽注册资本占60%、大众公司占40%，合资期限为25年。

经过多方努力，一汽15万辆轿车项目也是当时中国最大的轿车项目终于获得国家批准，哈恩也如愿以偿，在中国这个大池塘里钓到了第二条大鱼。

德国人"送"一座总装厂

1988年12月，哈恩与耿昭杰就双方下一步的15万辆轿车合作项目进行谈判。15万辆的主力车型是A级车高尔夫。大众公司按发动机排量和车身长度将轿车分为ABCDEF六个档次，A级车的市场占有量约为39%~42%，是处于黄金档次的普及型轿车，高尔夫、捷达就属于这个档次。

关于高尔夫技术引进还有一个富有传奇色彩的故事。

哈恩希望扩大在中国的生产规模，他向耿昭杰提出，如果在3万辆先导工程后，双方继续合作建设15万辆的生产规模，大众公司将以更优惠的条件提供自己畅销的高尔夫车型。耿昭杰多次参观过大众的各种车型，他也认可大众提供的高尔夫车型，但他要求大众必须在价格上做出更多的让步。谈来谈去，两人为价格问题谈卡壳了。据参与谈判的人说，在沃尔夫斯堡德国大众的会议室里，两人相向而坐，双方谁也不说话，有时候一坐就是一个通宵，为了各自的利益，双方谁也不愿让步。到了第二天，熬不住的哈恩提出，如果接受他的价格提议，他可以将大众位于美国威斯莫兰的一个全新的捷达生产厂以最优惠的价格卖给一汽。这个提议具有相当大的诱惑力。

威斯莫兰是美国宾夕法尼亚州的一个小镇。为了争夺美国市场，1978年，大众公司在这里投资建设了一座汽车组装厂，1979年生产汽车17.51万辆，1980年生产汽车22.59万辆。1984

年又对工厂进行全面技术改造，工艺技术达到 20 世纪 80 年代中期水平。1981 年以后，石油危机影响了汽车厂的进一步扩展；又因马克汇率变化，由德国大众运来的轿车散件价格大幅度上升，成本上升导致销路下滑，工厂经营情况日渐恶化。无奈之下，大众公司只得关闭了这家工厂。一个价值 4 亿多美元、年产 30 万辆的轿车生产厂就这样无疾而终，4 亿美元打了水漂。

耿昭杰提出，先去考察一番。

走进冷落的厂区，四周静悄悄的。打开封闭的车间大门，一汽考察人员眼前一亮，就如同阿里巴巴发现了宝藏。26 万平方米的车间里，长长的生产线如同巨龙似的静静地躺着，生产线两边布满各种先进的设备，虽然没有运转，但设备都保养完好。陪同的德方人员介绍，只要稍加维修保养，这条生产线立即就能恢复生产。经过仔细清点，整座工厂里共有焊装、油漆、总装共三条生产线。焊装车间有 11 条先进的自动线、611 台生产设备，其中 5 条自动线上共有 62 台机器人。油漆涂装线是最先进的柔性生产线，可以根据计算机的指令在一条生产线上给不同的车辆喷涂不同颜色的油漆。所有的设备基本完好如新。一汽考察人员得出结论，这是一个完好的现代化轿车工厂，如果买下这座工厂，将大大缩短 15 万辆项目投产的时间，可以节省大量投资，并使一汽的轿车生产水平一下子提高到 20 世纪 80 年代中期的国际水平，也能使一汽储备继续扩大产能的潜力。

一汽领导班子在 74 栋的会议室里召开了一天的会议，最后确定，将威斯莫兰整个工厂设备买下来，搬回来生产普及型捷达轿车。

买东西要钱，买外国东西要外汇，但一汽手里没有钱，更没有外汇，东拼西凑地凑足了 2000 万美金的外汇额度。而一座价值 4 亿美元的现代化轿车工厂，德国人会出什么价？用 2000 万美金购买价值 4 亿美金的整个工厂，这实在是件难以想象的事。

与德国人谈判的任务再次交给一汽总经济师吕福源与副总工程师李光荣。谈判进行得异常艰难。德国大众开价 3900 万美元，一汽手上只有 2000 万美元，差距为 1900 万美元。为了这 1900 万美元，双方整整磨了 21 天。最后，刻板的德国人将价格降到 2500 万美元就再也不让了，他们说："我们从 3900 万美元降到了 2500 万美元，你们为什么不让一点呢？以这样的价格卖掉这个工厂对我们来说是件不光彩的事。"

但吕福源没法降，因为手上只有那么多钱。谈判最终没有达成协议。但买卖不成仁义在，德国人送客前要请吕福源和李光荣吃饭。

事情没谈成，吕福源和李光荣愁眉不展。这件事情对一汽来说太重要了，如果工厂买不下来，那么接下来的发展计划就要推倒重来，一汽 15 万辆轿车的进展就要大受影响。这一切，难就难在手中无钱。

告别宴上，没有了谈判的压力，大家都很放松，中德双方几个人东拉西扯、随意聊天。几个德国人端着酒杯用英语聊天，说奥迪的新车型开发没跟上，销售量达不到保本点就要亏损，亏了公司就可能裁员，这次还不知道轮到谁。吕福源的英语极棒，脑子也极为灵活，立即将这几个德国人发愁的事与自己发愁的事联系起来。吕福源清楚，国家每年都要进口大量轿车，为了减少进口轿车所花费的外汇，国家计委提出进口一部分轿车散件自行组装。如果能将这部分德国奥迪作为进口组装的散件接过来，国家用于进口轿车散件的外汇就有可能解决一汽外汇不足的问题。他立即对这几个德国人说："先生们，我们可不可以互相帮助解决一点儿困难呢？我们资金紧张，不能给你们 2500 万美元，但我可以争取让我们国家买你们一部分奥迪车的散件，采用 CKD 方式组装，使你们在未来的两年中能够达到保本点。但条件是，你们要把威斯莫兰的那个工厂完全送给我们，而且，你们卖给我们奥迪散件的价格要与我们以前买的价格一样，不能再加价。"

如同喝一杯浓咖啡一样，听了吕福源的建议，这几个德国人立即兴奋起来。他们立即要求吕福源和李光荣先别走，退掉机票，他们要向大众董事会报告。当天，吕福源也立即将这一变化用电话报告耿昭杰。耿昭杰立即连夜召集会议商议对策，并与吕福源保持热线联系。

第二天，谈判进行得很顺利。德方提出，如果一汽在未来三年能买 20 000 辆大众奥迪 100 散件，大众公司免费将威斯莫兰工厂送给一汽。经过反复讨价还价，最终以一汽购买 14 000 套奥迪 100 散件，大众将威斯莫兰工厂送给一汽成交。

一家价值 4 亿美元的轿车组装厂就这样白白送给了一汽。

这样做大众公司吃亏了吗？没有。哈恩并不傻，虽然威斯莫兰工厂是一座现代化的工厂，但这座厂已经闲置，在某种意义上讲，已经废弃。如果将这样一座工厂卖掉，在欧洲、美国，包括日本都可能无人问津。如果搬回德国，以美国劳工的价格，仅拆装、运输这样一个现代化的工厂就需要一大笔美金。再说，这样一座工厂运回去又有什么用呢？豆腐盘成肉价钱，与其废弃掉，不如以优惠的价格卖给中国人，这样做还能捞回点本钱。现在中国人同意购买 14 000辆奥迪 CKD 散件，德国人该赚的钱已经赚到了，一个废弃的威斯莫兰工厂送人又算什么呢？再说，哈恩的目的不是只图眼前，而是真心真意要与中国建立长久的合作关系。大众与一汽 15万辆合资项目正在谈判，有了威斯莫兰厂作为钓钩，和一汽的谈判还会有问题吗？只要是能长期地合作，对大众这样的跨国公司而言，眼前付出点蝇头小利又算得了什么呢？

事实说明，哈恩的做法具有长远战略眼光。看一看今天中国的城乡，除了上海桑塔纳外，销量最高的就是一汽的捷达和车头顶着四环的奥迪，德国大众公司今天的财源滚滚皆源于当年哈恩的"慷慨"与"舍得"。

买方与卖方，各算各的账。对于耿昭杰来说，哈恩的出价也是一笔极为划算的买卖。

中国现在的轿车供不应求，每年国家要花数十亿进口轿车，一汽能够多生产奥迪轿车，就能够减少国家的进口。面对如此大的市场和如此短缺的供应，14 000 辆根本不多，不光不多，甚至还不够。答应了这个条件，意味着既能解决国家需要，又能白得一座现代化的汽车厂，解决了一汽 15 万辆轿车生产的需要，为下一步大发展奠定了基础，还能为国家节省数亿美金的投资，这是一个两全其美的好事。一汽所要做的事情是需要派人到美国将这座工厂完完整整地拆运回来。这种事情，一汽已经干过一次，美国克莱斯勒发动机厂就是一汽自己去拆回来的。

耿昭杰与哈恩击掌成交。1989 年 2 月 22 日，一汽代表吕福源和大众代表保尔分别代表双方签订了购买德国大众威斯莫兰工厂的技术贸易协议。签约后，大众公司兴高采烈地举行宴会庆祝双方的进一步合作。在德方的招待宴会上，兴奋的吕福源开始考虑拆迁的问题。吕福源考虑问题极为细致周详，他在脑子里按照拆迁顺序逐条理了一遍，突然想到拆迁后剩余工业垃圾的处理问题。美国是一个很重视环保的国家，工业垃圾的处理有一整套完整的程序，按照这个程序，处理拆迁后的剩余工业垃圾至少要上百万美元。吕福源当场就向德国大众首席谈判代表保尔提出，拆迁后剩余的工业垃圾由德国大众处理。签约后的保尔处于兴奋状态，听到吕福源的问题，他没有过多思考就同意了。细心的吕福源担心保尔事后反悔，他要保尔立即签字画押。保尔环顾了一下灯红酒绿的餐厅说："吕先生，这里没有纸，回去后再说吧。"

吕福源可不愿意等到回去以后，一旦这个德国人清醒了以后，他有可能会做出另外的决断。吕福源扫视了一下酒桌，聪明地从餐桌上拿来一张餐巾纸，递给保尔，请保尔在餐巾纸上签字承诺。保尔没有丝毫犹豫，龙飞凤舞地签下自己的承诺，这张餐巾纸立刻价值百万。

事情果然如吕福源所料，一汽在威斯莫兰工厂拆迁完毕后，德国大众本部派来验收的代表坚决不同意由他们来处理工业垃圾，他们称："这是世界上从未有过的事，你们吃饭我们打扫垃圾。"

吕福源拿出保尔在餐巾纸上的签字给他们看。德国人是讲诚信的，看到保尔的文字承诺，虽然极度不满意，但他们也无话可说了。

在德国签订了关于威斯莫兰工厂的技贸协议合同后，吕福源和李光荣直接从德国赶到美国。此前，因为和美国克莱斯勒有购买发动机的协议，所以一汽派出部分人员在克莱斯勒公司进修。吕福源到了威斯莫兰后，立即将这些进修生调来，守住大门，并交代："从现在起，这里面所有财产都是中国一汽的。没有中国一汽的同意，任何外国人不得拿走一颗螺丝。"

在这里看守厂房的几个美国人惊得目瞪口呆：这么大个工厂，怎么一下子变成中国人的啦？

吕福源、李光荣在威斯莫兰的工厂里仔细盘点设备，面对着一台台现代化的设备，还有国内从未使用过的焊接机器人，他们喜不自禁，同时也开始犯愁，这样现代化的工厂，国内还从来没有见过，更没有人操作和管理过。如果要让国内派人来拆迁，见都没有见过，拆迁时难保设备完好无损，回去后的安装调试更成问题。再好的东西不会用也白搭，弄得不好给搞坏了，损失就更大了。怎么才能让我们的技术人员顺利拆装、搬运并熟练操作这些设备，掌握先进技术呢？简单的办法是让德方或者美方派人拆迁，但那将会花费大笔资金，而且对方还未必愿意。如果向德方或者美方提出，让他们培训我们的技术人员，然后再拆迁，也少不了要花大笔钱。吕福源等几个人反复商量，最后想出了一个绝妙的好主意：与德国人交涉，我们花钱买下这座工厂，但这个工厂已关闭近一年了，你们必须向我们证明这些设备都是完好无损的，然后我们才能拆装。德方要使这条生产线运转，事前必须要逐一检查所有的设备，这就给了中方参与拆迁的工程技术人员学习的机会。

这个主意很轻松地得到德方的同意，决定执行技贸结合合同，双方联合拆装。

1989年4月，吕福源、崔明伟等人带领40余人的拆装队伍来到威斯莫兰，受一汽邀请，国家计委委派工业二司副司长徐秉金、规划司司长刘志松与拆迁队伍一起来到威斯莫兰。

威斯莫兰是一个不大的小镇，占地数平方千米的大众组装厂是小镇上最大的工业建筑。4月的威斯莫兰春意盎然，路边的树木枝叶茂盛，碧绿的草坪一望无际。一汽拆迁组的工人们无心欣赏异国春景，来到威斯莫兰后便一头扎进厂区。为了提高工作效率节省开支，40人的队伍全部自带行李，在车间里打地铺，累了就席地而卧，醒了就立即工作。由于外汇紧张，从普通工人到领队的副厂长、国家计委领导，每人每天只有2美元的生活费。为了省钱，大家集中开伙，每天专人到镇上购物，主食是面条，美国的蔬菜很贵，只有鸡蛋便宜，所以大家几乎天天吃鸡蛋面条。

徐秉金是第一次到威斯莫兰组装厂，几百米长的总装线、30万辆规模的油漆涂装生产线、矗立在生产线旁的焊装机器人，看了确实震撼，想到这些东西都是我们中国的资产了，又觉得特别开心。由于车间太大，吕福源带着徐秉金和刘志松乘着电瓶运输车在厂房里到处巡视，一个车间一个车间地清点查看。他们来到油漆涂装线的厂房里，发现一个房间里有一大筐油漆生产线上使用的油漆喷头。

柔性油漆生产线最大的好处是能几乎同时给一条线上的轿车喷涂上不同颜色的油漆，做到这一点需要两个条件：一是计算机控制的软件，二是能在最短时间（一秒以内）自动清洗并更换高速喷头。这个速度与生产线行进的速度是一致的，外行根本看不懂，一条生产线上的车身怎么会喷出不同的颜色？这种喷头属于高科技产品，喷头的孔极为细密，肉眼几乎无法看清，通过它喷出的油漆细腻均匀，没有任何颗粒。吕福源告诉徐秉金，在国际市场上，这种喷头一个就要一万多美金，而且西方国家将其作为高科技产品，对中国封锁，不卖给我们，不想在这里一筐一筐的，一下子捡到这么多，粗粗估计一下，少说也有上千个。看到捡来这么多"宝贝"，两人开心得不得了。

要将一个有数千台已经调试完好，处于生产状态的工厂完整地拆开、打包装好、装运上船，到达大连海港后再下船通过陆路运输到厂，再拆开包装将其原样装配起来，这可不是一件容易的事情。经过反复计划，拆装人员精心绘制了上百张图样，对每一台机器，哪怕是一颗螺丝钉也做了精确安排，确保一次拆运、一次成功。

既然已经买下了这座工厂，那这座工厂里的每一样东西都可视为中国财产。既然是中国财产，就每一样都不能丢失，只要是有用的，连车间里的桌椅板凳都要运回去。拆装工作异常艰苦，焊装生产线需要消耗大量电源，车间里的电源线采用的是厚厚的铜板，这些铜板一段一段地安装在车间的墙上，每段长3.5米、重150千克，共1430块，总长度有5000米。车间里没有任何起重设备，全凭工人一块一块地搬上搬下，一块铜板四人抬，体力耗费极大。但一汽的拆装人员硬是将1430多块铜板全部拆下打包，没有任何损伤。

经过三批人员一年多的劳动，威斯莫兰工厂设备于1990年2月起开始分批装船回国，直到1990年7月才全部结束。上万吨的设备运回一汽后，一汽人克服重重困难，把11条焊装自动线、64台机器人和数十台自动焊接机一次安装调试成功。

拆迁威斯莫兰工厂设备的过程很辛苦，也发生了很多小插曲。

插曲一：这里的一切东西都是中国一汽的

吕福源和李光荣在德国迅速签订了威斯摩兰工厂的技贸合同后，就直接赶到美国去接收工厂。一汽驻美办事处负责人跟福源、李光荣一起来到威斯摩兰厂。进了大门后，一眼看见车间大门前停着十多辆车，有面包车也有轿车。事有凑巧，一汽驻美办事处前几天刚刚出了车祸，报废了一辆汽车，这位负责人向吕福源提出，能不能把这些车给驻美办事处一辆。吕福源认为，这些车是工厂的一部分，一汽应该有权处置。他向留守的美国人索要车钥匙，没想到，那几个留守的美国人坚决不同意，声称："卖工厂，卖设备，不包括卖车辆。"

吕福源反复向他们解释，那几个美国人就是不同意。吕福源火了："我和德国大众谈判，不是和你们谈判，我们在德国签的协议是'Everything，Except people'，就是除了人员以外，这里的所有东西都是中国一汽的。你有什么意见，你找德国人去。"他拿出和德国大众签的协议交给那个美国人看。

看到中德双方的协议，这下美国人没话说了。其实，这几个留守的美国人不过是德国大众在当地的雇员。现在大众已经将这个工厂交给了中国人，他们想在这里揩点油。看到中方出示的协议后，他们表示，中方可以拿走这些汽车，但他们不能白白在这里看守这么长的时间，这几辆车无论如何也要分给他们一些，否则就要诉诸法律。考虑到强龙不压地头蛇，吕福源也没太为难他们，双方商量的结果是一家一半。一汽一共留下了3辆面包车、2辆奥迪和1辆捷达。这几辆车在拆装设备，购物运输中发挥了很大作用。全部设备搬迁上船时，3辆面包车也随设备一起运回长春，一汽驻美办事处也不用再买车了。

插曲二：你们不能影响我们就业

威斯莫兰镇一下子来了一群中国人，这在当地成了新闻。了解到这些中国人是来拆除汽车组装厂的，美国人来找茬了。当地的美国人找到美国钢铁工人协会，美国钢铁工人协会立即找上门来："你们在这里工作影响我们美国人就业。"德国工厂建在美国的土地上，建设、拆除都要雇佣当地人员。根据美国法律，不雇用当地人是违法的。美国是一个法律条文周详的国家，在他们那里开展劳务活动，必须要掌握和了解他们的法律。为此，一汽驻美办事处请来了律师和他们交涉，在交涉前，一切拆迁工作都停顿下来，折腾了好一阵，答应给他们一点补偿，他们这才允许中方开工。

插曲三：德国人要反悔

这边在拆迁搬运，一汽那边正在和德国人就合资的商务合同进行谈判。谈判中有一个重要内容，就是一汽要对自己进入合资公司的资产进行估价。从威斯莫兰拆回的组装厂也被一汽算作资产进行估价。一汽以 3800 万马克（当时相当于 1.87 亿人民币）报价。为此德国人非常不满，他们说："我们送给你们的工厂，现在还要我们花钱来买，这实在是太不合算了。"为此，大众要求一汽停止拆迁，双方重新谈判。已经达成协议的事情，怎么能够说停就停呢？吕福源与徐秉金、刘志松商量办法。最后决定，要谈就在美国拆迁现场谈，不在中国谈也不在德国谈。谈也要讲技巧，等德国代表来了以后，再告诉他们，合同已定，不能随意推翻。再说，此事我们已经报告了中央政府，政府官员也在此，我们要听他们的意见。

商量好后，吕福源立即电告德方，让他们 3 日之内赶到威斯莫兰。3 天内，大众公司的谈判代表按时来到威斯莫兰。德方的代表中就有德籍华人李文波。根据事先商量，徐秉金、刘志松、吕福源 3 个人都不与德方见面，让李光荣与其周旋，摸一摸德国人的底，看他们究竟想要干什么。整整拖了 3 天没与德方代表见面，没能与有决定权的人见面，德方也很无奈。李光荣反馈的信息是，德国人并没说出什么具体的意见，只是觉得吃亏了，想找点便宜回来。既然这样，吕福源、徐秉金等人决定与德国人正式见面。双方在谈判桌前一落座，徐秉金就立即用中文半开玩笑地对李文波说："李文波先生，你在上海大众干得很不错，得到德国人的赏识，现在你又到一汽大众来。我想提醒你，不要忘了你自己的中国血统，不要忘了你是吃中国饭长大的，你必须向着我们说话。"

李文波在上汽时就认识徐秉金，知道徐秉金代表中国政府，也知道徐秉金的谈判风格。他也用中文回答："好的，好的，我明白，我明白。"

双方开始了谈判。吕福源先声夺人："中国有一句古话，覆水难收。意思是说出去的话如同倒出去的水，是无法收回的。你们德国人说话向来是认真的，我们双方已经签订了协议，达成了的协议怎么能反悔呢？再说，这些东西对你们来说也没多少用处。你们要搬回去也没地方放。你们要反悔，我们来的这么多的人在这里的所有费用全部由你们承担。更重要的是，你们与中国究竟要不要长期合作？如果要长期合作，说出去的话就不能反悔。如果你们要反悔，那我们双方的合作也要重新考虑。"

这些话是有一定分量的，如果德方反悔，中方就不会同意购买 14 000 辆奥迪 100 散件，这样一来，吃亏的还是德方。大众公司来的这几个人对此很清楚，所以说起话来底气也不足，除了表示白送这么一座工厂吃了亏，其他的也说不出什么。谈去谈来，他们说，我们把工厂送给你们了,但你们搬回去后再作为合资方的实物出价,出的价格比我们卖给你们的都要高,这实在让人难以接受。另外,我们对原来那些美国的雇员也没有任何回报。你们能不能把留在这里的几部汽车给我们,我们送给那些美国雇员,算是给他们一些回报。

吕福源与徐秉金、刘志松几个人简短地商量了一下,表示关于出价问题可以再商量;至于汽车,将剩下的车又给了他们3辆。这个事情就这样解决了。

插曲四:要去一起去

中国负责机电产业发展计划的主管官员徐秉金到了美国,美国通用驻中国总代表立即将这一消息告知了美国通用汽车公司总部。美国人很清楚,中国国家计委是中国经济建设的最高决策机关,任何外国大企业与中国进行的合作都需要得到国家计委的批准,为此,他们非常重视与中国国家计委的沟通。现在,中国国家计委负责机电产业和汽车发展的官员来到美国,这是建立人际关系的天赐良机。美国通用公司立即做出反应,他们与徐秉金取得联系,邀请他参观美国通用汽车厂。

徐秉金告诉他们,我与中国一汽的几位朋友一起来的,要去就一块去。同行是冤家,参观汽车厂能够了解到很多秘密,怎么能让"冤家"来看自己的秘密呢?通用公司拒绝了。他们回答,我们只请您一人参观。徐秉金拒绝了他们的邀请,他说:"我一个人不去,要去就大家一起去。"

美国人很热情,通用公司海外部几乎天天打来电话,但徐秉金就是不理他们。一直拖了一个多星期,通用公司终于松了口,同意大家一起去。能到世界上最大、最现代化的的汽车制造企业去参观,吕福源等人也很高兴。到了通用公司设在底特律的汽车厂,通用公司海外部总裁的夫人——一位名叫乌兰的美籍蒙古女士负责接待他们。参观的过程让徐秉金觉得很窝火:一个电瓶车拉着他们几个人在车间里缓缓地转了一大圈,他们想停下来到总装线上看一看,却被告知不可以。徐秉金提出要看一下研发中心的风洞,这是研发车身、研究风阻的重要设施,也遭到婉言拒绝。

参观结束,乌兰驾车一直把他们送到一汽驻美国底特律的办事处大门口。徐秉金很不客气地对乌兰说:"我来通用是为了考察你们企业,寻求中美双方的合作机会。在你们的车间里坐着电瓶车转了一圈,我什么都没有了解到,我不是来游山玩水的,对此我很不满意。请转告你们总裁,我是第一次来美国通用,也是最后一次到你们美国通用。"

见客人不领情,乌兰急忙解释,说总裁现在正在澳大利亚,她立刻就向他报告。就在徐秉金他们回到威斯莫兰的第二天,这位美国通用公司的海外部总裁就从澳大利亚飞回了底特律,他亲自登门向徐秉金赔礼道歉,并再次邀请徐秉金以及吕福源、李光荣等到通用公司。这一次,通用公司敞开大门,整条生产线任他们自由参观,保密的风洞试验室也让他们进去看。吕福源、李光荣都是汽车专家,他们兴奋极了,每个细节都不肯漏过,几个人在通用转了整整一天。回威斯莫兰的路上,吕福源告诉徐秉金,以前饶斌等人带领中国汽车工业代表团到美国通用,美国人都没让参观技术中心和风洞试验室。通用向中国的汽车专家打开大门,这还是第一次。

讨价还价

社会文明的进程使得人们学会了以谈判的方式来解决双边,甚至是多边存在的利益和矛盾纠纷。随着社会交往内容的增加，谈判的内容也上至国际政治、经济、军事、法律，下至百姓民生，几乎无所不包。虽然谈判内容各不相同，但任何谈判都是智力的较量和实力的抗衡。虽然中国政府做出决策，全力以赴支持一汽与德国大众合资轿车项目；大众公司也做出决定，无论出现什么情况都要坚持与一汽的合作，但大众公司在中国投资并不是开展慈善事业，他们的目的是赚取利益，正因为如此，在牵涉到具体利益的商务谈判上，双方谈判代表才互不相让，几乎每一个问题都要争吵，谈判进行得非常艰苦。有时因为话不投机，双方代表竟然对坐半天而不发一言。商务谈判主要负责人是一汽总经济师吕福源。吕福源身体不好，有心脏病。有一次，由于谈判时间过长，过度劳累使得吕福源突然感到心脏不适，为了不影响谈判进度，吕福源让李光荣和翻译张银福直接与德国人交锋。傲慢的德国谈判代表当即提出异议："张先生是翻译，他怎么能谈呢？"

德国代表的话让本来就很劳累想让情绪平静一下的吕福源火了，他当即一拍桌子，大声说道："不！他不仅是翻译，他还是我们的副主谈！"

"外汇平衡"是谈判中一个重要的问题。在中德双方谈判时，中方坚持写进"只有在外汇平衡条件下才允许汇出利润和股金"。话音刚落就遭到了大众方面的强烈反对。大众认为，一汽的提法是不尊重大众投资方的地位，会给大众公司的投资带来风险，并称一汽的提法违反了两国政府间投资保护协定。中德两国政府在《投资保护协定》和议定书中规定：

由国家主管部门批准的合资企业……所获得的利润，中国政府要保证投资者自由转移。根据投资者之间订立的合同投入的资本，在合资企业期满后，没有足够的外汇可供支付时，中国政府可提供转移所需的外汇。

德方代表据此要求，拒绝中方所提外汇平衡的条件。其实，德方这样做属于偷换概念。一汽大众合资公司销售轿车时，并没有限制其只准收人民币，而是可以收取人民币和部分外汇。中国政府还同意德方申请在中国银行设立独立的外汇账户。所以，中方提出的"只有在外汇平衡时才允许外方汇出利润和股息"并不违反两国政府间的投资保护协议。对于这个问题，一汽与大众公司联合编写的《合资可行性研究报告》中是这样表述的：

若发生外汇不平衡时，合资企业董事会和管委会将负责寻求适当措施予以解决，具体措施将在商务谈判中解决。

国务院批准的《一汽合资轿车项目报告》中关于外汇平衡问题也有明确的意见：

合资企业应按计划先还贷后分红。外汇不平衡时，由企业自行寻求解决办法。

一汽谈判代表按照国家批准的精神提出"只有在外汇平衡时才允许外方汇出利润和股息"是完全合理的，体现了利益共享、风险共担的原则。如果这一条不能坚持，就会造成中方单独承担风险的态势。德方代表并非不懂这个道理，他们之所以坚持反对中方代表提出的这一条，实际上是他们的谈判策略。他们故意忽略合资公司出售轿车时可以收取外汇这个条件，企图利用投资保护协议来使中方在谈判时让步，以达成有利于他们的条件。德方认为，自己在中国最困难的时候将筹码押在了中国一边，现在是到了收取红利的时候了。中方谈判代表对此非常清楚，于是在谈判中据理力争、绝不让步。

从1990年2月到9月，谈判一共进行了五轮，整整谈了半年，虽然取得了一定进展，但在主要车型高尔夫A2的CKD价格等几个关键问题上，双方都不肯让步。第五轮谈判中，德方对每辆高尔夫A2散件报价为17 000马克。经过艰苦的讨价还价，德方退让到16 000马克；但一汽不同意，后又退到15 500马克。德方谈判代表保尔声称，这已是最优惠的价格，但一汽仍不同意。经过反复商量。德方在价格上坚持不再让步，但同意在这一价格的基础上另外开出一些优惠条件，如：

为了减轻合资企业初始阶段产量低、费用高的负担，大众公司愿意在1991年和1992两年内，以14 120马克的特殊优惠价格向合资企业出口CKD散件；大众公司免费向合资公司提供生产高尔夫和捷达的焊装夹具。

这犹如在餐馆里吃饭，主菜价格很高，但可以送你一小碟萝卜条、花生米等小菜，一汽不接受这点小菜。

同样，德方对一汽以实物出资的报价也不接受。第五轮谈判中，一汽提出的实物出资主要内容为：场地使用权、冲焊厂房、威斯莫兰厂的设备、厂外基础设施。一汽的场地主要是指新建的二厂区，一汽报价为1.15亿元人民币；冲焊厂房报价为8920万元人民币，威斯莫兰厂设备1.0773亿元人民币，厂外基础设施8400万元人民币。德方认为中方报价过高，德方谈判代表不知从哪里弄来一份吉林省政府"关于鼓励外商投资的优惠办法"的文件，对照文件，他们认为一汽大众公司属于优惠对象，为此将场地使用权的价格压低至3000万元。这个价格一汽无法接受，谈判陷入胶着状态。

耿昭杰和哈恩原定1990年11月在北京人民大会堂正式签订商务合同，但现在已经9月了，商务谈判还没完成。即使现在完成主合同，还有7个附件和12个附表要逐一谈判。这些内容全部完成后，还有文件起草、报批等程序，照此算来，时间已经很紧。但现在主合同的主要内容尚未定下来，双方代表都显得焦躁不安。

一汽将问题反映到国家计委。由于西方国家对中国的经济制裁，一汽与大众合资轿车项目此时已经超出一般的经济合同，合资公司早日正式签约，对打破西方国家的经济制裁具有很重要的影响。就这个意义而言，一汽大众公司商务合同谈判具有重要的政治意义。中国政府的主要领导，从李鹏到邹家华都非常关注谈判情况，时常了解谈判进展。中央领导重视，主管部门更是全力以赴。了解到一汽反映的情况后，1990年9月12日，工业二司副司长徐秉金专程来到一汽，就几个关键问题与德国大众驻中国特别代表保尔直接进行商谈。

关于CKD价格问题

CKD价格是以高尔夫A2，包括EA827发动机、4档变速器、4门以及与上海桑塔纳选装件相同的车型为基础报价的。保尔认为，CKD的价格被中方压得过低。1990年，大众公司这种车的CKD价格为15 500马克。大众公司同意1991年和1992年以14 120马克的价格供给一汽5500辆。大众公司这是亏本赚吆喝，所以合资公司头两年可以，但不能继续。所以，1993年以后进口的2万辆，要以1990年的单价15 500马克为基数，再加上历年的通货膨胀指数（2.1%~2.3%），这样大众公司方能保本。

徐秉金指出，CKD价格要充分考虑到合资企业组装车的出厂价格以及市场上的竞争力。据中方核算，目前德方提出的价格已经接近上海桑塔纳的出厂价格。高尔夫的车型与桑塔纳相比并不占优势，如果价格也失去优势，市场命运可想而知。一汽大众是合资企业，生产的产品卖不出去，亏损的是大家。从这个角度出发，为了一汽，更为了大众公司，希望大众公司三思。徐秉金问保尔："你们到中国来是为了什么？不就是要扩大市场，赚取更多的利润吗？按照你们的计算，每辆车提了一点，多赚了几马克，但导致每辆车的成本上升，失去市场竞争力，车压在仓库里卖不出去，你们还要照样支付银行高额的贷款利息，你算一算怎么划算？"

一番话说得保尔如梦初醒。事后徐秉金笑着说："难怪人们说德国人是'方脑袋'，他们只会机械地算账，却不肯将眼光再拓展一下，看得长远一点。"

徐秉金表示，大众公司应该向一汽提供 CKD 及其零部件分解的价格构成明细表，以便于双方更好地沟通与理解。

关于发动机问题

德方认为，高尔夫车装 EA827 发动机是大众公司董事长哈恩先生提出的想法。1990 年 4 月，哈恩向中方提出，打算在中国建设一个排量 1.3~1.7 升，年产 60 万台的发动机生产厂，其中高尔夫 30 万台，奥迪 3 万台，供应台湾市场 3 万台，其余出口。这样做在经济上是合算的，对一汽扩大生产也有好处。

徐秉金认为，在一汽与大众联合可行性报告中，高尔夫和捷达排量在 1.0~1.4 升，这是符合我国轿车工业的发展布局及能源政策的。更何况，EA111 发动机是大众公司新开发的机型，而 EA827 是上海大众早已引进的技术。上海已经在生产了，一汽还有必要再重复投资建设生产同一机型的生产厂吗？

关于实物出资估价问题

德方认为，一汽的实物出资估价过高，难以接受。德方提出，建设 15 万辆生产基地的二厂区属于合资企业，合资企业中就包含大众公司，中国政府对于合资企业的优惠政策当然应该惠及大众公司。现在一汽以此作为一汽的资产估价，等于是占大众公司的便宜。徐秉金对保尔说："早在与大众公司商议建立合资企业前，一汽就已经出资购买了建设二厂区的土地，为了适应新厂区生产建设的需要，一汽又出资对电力、供水能力扩容。这些都是在与大众合资以前的事，在当时并不享受合资企业的优惠政策。再说，一汽属于中央企业，地方政府的相关规定不适用。现在一汽与大众合资，将自己以前用真金白银买的土地进行估价，这是理所当然的。一汽大众成立合资公司以后，又享受了中国政府提供的相关优惠政策，你认为到底是你占了一汽的便宜还是一汽占了你的便宜呢？"

这番话弄得保尔非常尴尬。德国人知错就改的勇气还是让人佩服的，保尔频频点头称是，表示一定在整个项目谈判中通盘考虑。

关于大众公司为合资企业海外筹资问题

资金问题也是一汽大众面临的难题。大众公司希望中方能够帮助大众公司减轻资金压力。徐秉金告诉保尔，为了解决资金问题国家计委已经采取措施，让中国银行为一汽大众融资提供担保。徐秉金认为，德国大众在欧洲有着广泛的关系，可以利用其与金融界的关系做好与有关银行和金融财团的工作。保尔声称，大众公司已经与中国银行商讨过担保贷款问题，问题已经基本解决。联邦德国的金融机构已经推出牵头银行为一汽大众合资轿车项目开始了资金筹措工作。

商谈至此，几个卡壳的核心问题都已交换完意见。保尔真诚地对徐秉金说："大众公司与中国一汽的合资项目影响很大，整个欧洲都瞪大眼睛盯着我们。大众公司也把这个项目放在公司工作的首要位置。对徐先生提出的问题与意见，我将及时地向大众公司总部转达，也将与一汽认真研究，尽快推进谈判。同时非常希望中国国家计委的领导们能在 11 月份商务合同签署前到大众公司实地考察，以便就遗留问题进行商谈。"

徐秉金回答："一汽大众合资轿车项目得到国家计委与国务院领导的高度重视，请向哈恩先生转达我们的意见：我们赞赏大众公司与中国一汽的合作，希望大众公司将眼光放得更长远一些。中国是一个发展中国家，中国正在进行改革开放，中国的建设进度将会逐年加快，市场前景广阔。合资双方在谈判中应体现充分理解、协商互谅的精神，早日达成协议，结束谈判。"

徐秉金离开长春后，一汽与大众公司又进行了第六轮谈判。由于有了中国国家计委的协调与沟通，双方各自再做了一些让步，第六轮谈判终于达成协议。每辆高尔夫散件 CKD 价格从 15 500 马克降到 15 250 马克。同时，大众公司还提供几项优惠：

一是 1991 年—1992 年 5500 辆高尔夫散件 CKD 优惠价格为 14 120 马克；

二是为弥补合资企业初期的亏损，大众公司向合资企业提供 250 万马克的补助；

三是大众公司免费向合资企业提供用于高尔夫 A2 和捷达 A2 的焊装夹具；

四是大众公司免费为合资企业修复威斯莫兰厂的焊装机器人并提供备件。

一汽对实物出资价格也做了调整。场地使用权从 1.15 亿元降为 1 亿元，厂外基础设施 0 元。合资公司需要的厂外工程由一汽建设，固定资产属一汽所有。大众公司为一汽提供 750 万马克用于厂外工程建设。另外，增加奥迪轿车的冲压设备作价 7313 万元。至此，一汽大众合资轿车项目的商务谈判基本结束。双方开始起草文件。

艰难的谈判终于有了结果，保尔兴奋地向沃尔夫斯堡的哈恩做了汇报并准备返回德国去述职。9 月 20 日到达北京后，保尔去向徐秉金道别。没想到这一道别使得谈判再生枝节，保尔不得不立即退掉机票，再次返回长春。徐秉金回忆了这段有趣的故事：

保尔兴高采烈地来见我，见面就说："徐先生，很感谢你上次到一汽，根据你的意见，我们与一汽的代表进行了认真的讨论，双方就价格问题达成一致。"

我问："是吗？是多少啊？"

保尔说了数字。我一听就说："不行，这个数字我们不能接受，你们报高了。"

保尔满面疑惑，怎么报高了呢？你们的一汽代表也同意了啊。我告诉他，一汽是中国的国有企业，一汽对外谈判的最后结果都要报告中央政府，也就是要向我们这个部门报告。如果我们不同意，他们同意了也没用。听完我的话，保尔当时就傻眼了。他说："那怎么办？我已经向哈恩先生和董事会报告了。"

我告诉他："那也没用。如果中方的政府不同意，到时协定就无法签字。"

保尔很不满意地盯着我问："徐先生，你认为多少才能接受？"

我将他报的每辆高尔夫散件 CKD 价格降了 46 马克。保尔的头摆得拨浪鼓似的，嘴里连声"NO、NO"。我也不作声。隔了好一会，保尔如梦初醒般站起来，连声表示不走了。他当时就回去退了机票，立刻返回长春。我当即将情况电话告知了耿昭杰，耿昭杰乐得哈哈大笑。没过几天，一汽报告，大众将 CKD 的价格再降了 46 马克。

虽然每辆车只降了 46 马克，但乘以 15 万辆车就是个不小的数字，对于外汇极度紧缺的国家来说，这可是一大笔钱。事后耿昭杰为此很感谢徐秉金，称他为一汽做了大贡献。

9 月 18 日离开长春回北京后，徐秉金迅速将与保尔的谈话内容向国家计委领导做了口头和文字汇报。

建秀同志：根据家华同志关于要抓紧一汽轿车项目进展的指示精神，9 月 7 日到 9 日，我去长春一汽，了解了一汽与德国大众轿车合资项目进展情况。据一汽反映，目前，该项目谈判已经进入最后阶段，合同条款及有关附件基本结束，但遗留了几个关键问题：CKD 价格问题，发动机选型问题，实物出资问题。这些问题的谈判比较艰难，希望国家计委在必要时给予支持。

9月12日晚，我应邀会见了德国大众驻中国特别代表保尔先生，为了促使一汽的同志在谈判中处于有利地位，针对上述问题进行了如下商谈。

一、CKD价格问题。保尔先生认为，CKD（高尔夫车身装EA827发动机）的价格，前两年进口5500辆，单价已经降到了14 120马克，对大众公司来说，已经发生了亏损。1993年进口的2万辆，以1990年单价15 500马克为基数，加上历年的通货膨胀率计算，尚可保本，大众公司已经进行过核算。

我们提出，CKD价格要考虑到合资企业组装车出厂价格在市场上的竞争力。目前，德方提出的价格，根据我们的核算，已接近上海桑塔纳的出厂价格，因此，在我国内市场不具有竞争力，从合资企业的发展考虑，这个价格是难以接受的，希望大众公司认真研究这个问题。

二、发动机选型问题。保尔先生谈到，高尔夫装车的827发动机是今年4月大众公司董事长哈恩先生提出的想法，拟在中国建设一个年产60万台827发动机的生产厂，排量在1.3~1.8升，主要供应高尔夫30万台、奥迪3万台，供应台湾3万台，其余出口，这样做比较经济。

我们提出，一汽与德国大众公司联合可行性报告中的选型是高尔夫、捷达，发动机排量在1.0~1.4升，这是符合我国轿车发展布局和能源政策的，况且EA111机型为德国大众新开发的机型，而EA827机型是上海大众早已引进的技术。就目前情况而言，不可能就同一机型建立两个生产点。

三、关于实物出资估价问题。我们提出一汽早在与德国大众公司商谈建立合资企业之前，就已经出钱购买了土地及电力、水力增容，当时并不享受合资企业的优惠政策，希望大众公司认真考虑实际情况。保尔先生表示，要认真研究，可以从整个项目中通盘考虑。

四、关于大众公司为合资企业海外筹资问题。我们提出，希望大众公司全力以赴支持该项目，并做好有关银行、金融财团的工作，尽量避免受德国大众公司在东德、捷克项目上的影响。

保尔先生表示，有关贷款担保问题已与中国银行商讨过，问题已经基本解决，现在德国金融机构已为该项目贷款组织了牵头行进行资金筹措工作。

五、我们提出，希望大众公司提供CKD及其零部件分解的价格构成明细清单，保尔先生表示可以考虑。

保尔先生最后表示，德国大众公司与一汽轿车合资项目影响很大，整个欧洲都在注视着这个项目，大众公司也将这个项目放在首位来认真研究，对徐先生提出的提意见，我将及时向大众公司总部转达；同时提出，非常希望中国国家计委的先生能在11月份签订合同之前到大众公司实地考察，以便就遗留问题进行商谈。

我们最后提出，一汽与大众公司轿车合资项目得到了国家计委和国务院领导的高度重视，请保尔先生向哈恩先生转达我们的意见：大众公司对一汽轿车合资项目应该把眼光放得更远一些，要看到今后发展的前景，在此基础上，对合资项目应该体现充分协商，互谅互让的原则精神，最终得到大家都比较满意的结果。

工业综合二司　徐秉金

徐秉金的汇报引起了邹家华和国家计委领导的高度重视，决定立刻召集有关部门一起，共同听取一汽的汇报。

9月24日，耿昭杰风尘仆仆赶到北京，国务委员邹家华、国务院副秘书长王书明、国家计委二司司长徐秉金、经贸部部长李岚清、机电部部长何光远、中汽总公司副总经理吕福源、张小虞等单位和部门负责人济济一堂。

　　耿昭杰汇报说:"自 2 月 9 日国务院批准一汽大众合资建设 15 万辆轿车可行性报告后,中德双方经过六轮商务谈判,已完成合资合同、合资企业章程和技术转让协议文本及有关附件、附表的谈判工作,7 月 20 日草签了合资合同等 3 个文本,并商定于 1990 年 11 月中旬在北京正式签约。但目前仍存在很多问题,特别是外资贷款以及贷款担保等问题都未落实。"

　　根据耿昭杰的汇报,与会者围绕着发动机选型、外方信贷、合同细节、国家投资等问题进行了细致的讨论,并以"国阅(1990)180 号"发表了会议纪要,摘要如下:

　　经会议讨论,原则上同意一汽的汇报,考虑到这个项目前期准备工作比较充分,签约不仅是个经济问题,更重要的是可以打破西方国家对我国的经济制裁,政治影响很大。因此,赞成一汽与德国大众公司的合资项目合同尽早签字。会议议定如下事项:

　　1. 发动机选型一定要谨慎。可行性研究报告确定 EA111 发动机为基本型,考虑轿车要添加空调装置,装配 1.4 升的 EA111 型发动机是否可行,需请德方予以确认。必要时可以选装 EA827 发动机。

　　2. 关于外汇借贷及德方担保问题,在正式签约前,请德方予以确认。

　　3. 鉴于一些外国公司借口本国政府对华实行经济制裁而单方面违约,已给我国经济建设造成损失,在这个合资项目合同签字前,要认真研究合同中有关制裁违约行为的条款。

　　4. 要把小轿车技术开发作为汽车行业的重要战略问题来对待。在"八五"期间,一汽要通过合资和引进技术,争取形成依靠自己的力量开发新车型的能力。另外,要做好轿车国产化的规划,从发动机、车身、前后桥等大型部件入手,抓紧组织实施。

　　5. 关于投资问题,一汽与大众公司合资建设轿车项目的建设资金一定要打足、落实,国家计委不仅要把项目投资列入"八五"计划,而且在年度计划中也要给予充分保证,以利按合理建设工期尽快建成投产。

　　1990 年 11 月 20 日,一汽大众公司合资合同正式签约;1991 年 1 月 16 日,经经贸部批准生效;同年 2 月 6 日,一汽大众汽车有限公司正式成立。

"现场服务"

　　1991 年 1 月 11 日,江泽民总书记莅临一汽大众视察,对正在热火朝天建设的轿车项目给予了高度的评价,并指示有关方面要积极支持这个项目,发展中国的轿车工业。

　　江泽民的视察促进了一汽建设的进展,也给一汽解决建设中存在的问题创造了条件。

　　在那个时候,建设一个大型合资轿车企业很不容易,尽管中央全力支持,合作对象大众公司也实心实意地要与一汽共进退,但仍有一些问题难以解决,其中最让人头疼的问题就是钱。因为资金不足,中德双方商议,在国外筹措外汇贷款,由德国德累斯顿银行牵头组成银团,对一汽大众合资企业贷款,贷款金额为 2.884 亿美元。既然是贷款就要有担保单位,几经协商,最后决定由中国银行对外担保。中国银行接到国务院与国家计委的函件后,立即表态积极支持,并与国家计委、一汽、大众以及德累斯顿银行驻北京代表处多次联系。了解到一些于我不利的实际情况后,中国银行认为,合资企业中中德双方股份比例不同,对外筹资,中国银行只能承担中方的 60% 份额的担保。第二,要控制贷款成本。第三,由于德累斯顿银行牵头组织国际银团成本条件过高,且带有政治压力,可以考虑其他融资渠道。由中国银行或中银港澳(海外)

集团牵头组织国际银团，并对外担保。还可以由国家计委安排专项指标，由中国银行全额外汇贷款解决。

接到中国银行的函件后，国家计委经过研究，回函同意。

中国银行：

……根据国务院批准的原则，请中国银行对德国德累斯顿银行为一汽轿车合资项目筹资贷款提供全额担保。在此前提下，中国银行会同一汽，本着对国家、银行、企业都有利的原则，尽快与德方接触，开展工作。如果德方筹资成本过高、条件苛刻，也可考虑由中国银行牵头组织海外银团筹资并全额担保，以保证一汽轿车项目所需资金迅速到位。

国家计委

1991 年 3 月 13 日

在中国银行的努力下，一汽轿车项目所需资金总算有了着落。但好事多磨，由中国银行担保，国际银团提供的 4.2 亿美元贷款直到 1993 年 6 月 8 日才落实到位。

建设一个年产 15 万辆轿车的合资企业，从土地购置到厂房建设，从电力扩容到供水管网建设，从进口设备的关税到上交给财税部门各种名目的税费，几乎无时无刻不与财政、工商、税务、土地、电力、水务、道路交通等部门打交道，每个部门都有自己的办事程序与规则，请示、汇报、研究、种种绕不过的坎耗费了宝贵的时间。这些繁杂的程序与规则如同道道网络交织成一张绵密的大网，企业几乎每动一步几乎处处受阻、步步坎坷。

门难进、脸难看、事难办、效率低的官僚主义、形式主义的体制性弊端严重影响项目进度。一汽常驻北京代表荣惠康找到徐秉金，向他谈起一汽 15 万辆轿车项目进展遇到的巨大阻力，希望国家计委能够帮助协调解决一些问题。徐秉金听后感觉到问题的严重性，仅靠国家计委协调解决个别部门的阻力并不能解决根本问题。一汽碰到的困难是体制性的问题，要解决体制性的问题，只有利用体制的优势，即由国家出面组织有关部门共同来解决问题。经过考虑，他给邹家华写了一份报告，报告中提出：

一汽大众项目是西方对中国无理制裁后与西方大企业签订的第一个大型合资项目，一汽轿车合资项目建设不光具有重要的经济意义，同时也具有重要的政治意义，为此建议国务院授权国家计委出面组织国家相关部委到长春共同为一汽轿车建设项目排忧解难。

邹家华在报告上批示：

一汽轿车项目必须纳入"八五"规划，年度所需资金必须及时足额到位。国家计委牵头，组织相关部委到长春召开现场服务会，一揽子解决一汽轿车项目建设中存在的所有问题。

从荣惠康等人的申诉到徐秉金的写信再到邹家华的批示，促成了一次国家级的领导机关服务经济建设的"大会战"。

1991 年 3 月 13 日，国家计委发出通知，拟定于 3 月下旬在长春一汽召开"现场服务会"。参加会议的单位和部门有：国家计委（工业二司、投资司、经贸司、外资司）、国务院生产办公室、国家机电轻纺投资公司、人民银行、建设银行、工商银行、财政部、海关总署、国家税务总局、物价局、机电部、中汽总公司、吉林省、长春市。

1991 年 3 月 21 日至 3 月 23 日，虽然时令已至春季，但地处北国的长春依然春寒料峭，道路两边厚厚的积冰告诉人们，寒冷仍然是这里的主基调。虽然天气寒冷，但一汽厂长耿昭杰和一汽全体干部职工却忙得浑身大汗。国家计委副主任郝建秀带领 12 个国家有关部委 36 名主要领导干部来到一汽现场服务，解决问题速度之快，令他着实兴奋。

郝建秀向到会的各部门要求,一汽15万辆轿车项目是"八五"期间国家重点建设项目,对于减少轿车进口,促进我国轿车乃至整个汽车工业的发展具有重要意义。这个项目投资大、工期短、要求高、面临的问题多、建设难度大,需要各有关部门同心协力,全力以赴地支持。

耿昭杰向到会的各部门和单位领导详细汇报了合资公司建设进展情况,并将存在的困难和问题毫不客气地全盘托出。听完耿昭杰的汇报后,根据他所提的问题,由国家计委协调,各单位根据自己的职能分工,将所有问题分组,现场解决,即使现场无法解决的,也要带回去明确解决时间。会议明确解决的问题有:

一、资金问题

1. 同意项目总投资按已签字的合同所规定的42亿元计算,并在此基础上进行初步设计,建设中由于汇率变化、涨价因素产生的变动,在年度执行中将根据实际情况对投资进行相应调整。

2. 建设所需3.9亿美元外汇,由中国银行同意全额担保并负责筹集,有关具体问题由中国银行及有关部门尽速办理。1991年进口CKD散件所需的3000万马克及配套人民币由中国银行负责解决。

3. 关于建设所需资金,建设银行表示,原承诺的3.5亿元基建贷款及1.8亿元的流动资金贷款依然有效……待初步设计批准,经建设银行补充评估承诺贷款纳入国家计委固定投资计划及信贷规模后,建设银行将予以保证。

4. 关于该项目1991年所需1.85亿元基本建设投资问题,待4月份批准项目初步设计后,其中1.5亿元贷款由中国人民银行增加信贷指标,国家计委安排相应的投资规模,下达年度计划,建设银行予以贷款。

5. 一汽支撑项目所需流动资金贷款,由工商银行承担,贷款指标由国家解决。

二、财税政策问题

……今年试装轿车,其关税按50%计征。一汽在执行海关总署(90)署税字495号文件中所遇到的问题,由一汽合资企业提出报告,报海关总署、国家计委、国家税务总局予以解决。

三、设备问题

合资企业共需设备5166台,其中进口设备1363台,对于需要在国内制造的设备,机电部表示要加强领导,组织国内最好的厂家,保证按照合资企业的要求组织生产,保证质量,按期交货。

四、公用动力配套问题

1. 由吉林省统筹解决5万千瓦电力缺口,并免交集资费和增容费。

2. 吉林省长春市保证在统筹用气规划中优先考虑一汽每年1.2亿立方米的用量。

3. 吉林省长春市建设一汽专用管线,并确保水压、水量。

4. 吉林省长春市负责解决外国专家的食、宿、娱乐,以及一汽厂区的通信。

5. 一汽的环境、城建项目由一汽上报计划,长春市予以重点支持,所需资金从一汽上交的城市建设费中解决。

五、一汽合资企业所需调剂外汇,由国家外汇管理局协调支持。

六、有待进一步解决的问题

1. 鉴于合资企业建设初期将出现亏损,同意在车辆购置附加费、特别消费税、横向配套基金等方面给予适当照顾,具体解决办法,商请有关部门专题研究解决。

2. 关于一汽请求免交固定资产投资方向税、土地使用税,以及支撑项目进口设备税等问题,考虑到一汽自筹资金能力不足,商请有关部门专题研究解决。

3. 关于一汽申请财政优惠政策问题，由财政部与一汽会商后具体解决。

4. 关于国内设备所需进口配套件和部分散件的少量用汇、免进口关税、组织统一进口、联合对外等问题，请机电部提出具体意见，上报有关部门解决。

5. 关于孟家屯车站及铁路运输线的改造问题，建议由铁道部按产权商请国家计委及有关省市在论证基础上解决。

6. 为保证合资公司的供暖及工业用煤气的供给，由国家计委商有关部门解决一汽每年新增30万吨统配煤指标。

……

国家计委

1991 年 3 月 23 日

3 月 27 日，邹家华在国家计委的会议纪要上批示：

这件事办得好，深入现场，解决问题，推动重点发展。请各有关单位努力支持、抓紧建成、早日出车。

1991 年 3 月 24 日的《人民日报》以《12 个部委到一汽现场服务》为主标题，以"3 天解决高尔夫轿车工程几个关键问题"为副标题，报道了此事：

国家计委等 12 个部门的工作人员来到长春第一汽车厂现场服务，从 3 月 21 日到 23 日三天，研究解决了高尔夫轿车工程的十几个关键问题。一汽厂长耿昭杰说："你们下来一次比我们到北京跑十次成效更大。"耿昭杰详细介绍了一汽轿车工程的施工准备情况，以及在资金、外汇、设备制造、电力、水源、交通、通讯公用设施配套等方面存在的问题。国家计委、财政部、建设银行、工商银行、中国银行、国家外汇管理局确定全力帮助一汽解决合资企业的建设资金、流动资金和外汇，并拟定了实施方案。机电部结合一汽提出的 5166 台套设备清单，对其中的国内设备要动员组织全国机械行业的重点企业加工制造，保证质量，按期交货；对国外设备也将协助外贸系统及时订货。铁道部、沈阳铁路局、长春铁路分局将适应一汽需要进行铁路站、线的扩建和改造。吉林省政府决定为一汽增加 5 万千瓦输电量，天然气、煤炭供应予以协调解决。长春市政府保证今年完成通往一汽的 50 千米专用供水管道工程，并协助解决电话通信网络和公用设施问题。参加现场服务的还有国家物价局、国家税务总局、海关总署、中国汽车工业总公司的工作人员。由一汽与德国大众汽车公司合资的 15 万辆高尔夫轿车工程预计 1994 年建成投产，1996 年达到设计产量。

一汽建设轿车合资项目一下子得到如此多的实惠"大礼包"，让耿昭杰笑眯了眼。特殊时期的特殊项目，使得一汽再享当年举全国之力建设一汽时的荣耀。在中国轿车发展史上这也是仅此一回、独此一份，以后中国轿车企业"群雄并起"，就没有哪家企业再享受过如此殊荣。

1991 年 4 月 26 日，国家计委以计机电（1991）537 号文件批准了一汽大众公司 15 万辆轿车项目建设的初步设计。

1991 年 6 月 18 日，国务院正式批准国家计委"关于批准一汽大众汽车有限公司年产 15 万辆轿车项目开工建设的请示"，这意味着一汽大众轿车合资项目得到国家的批准，全面进入建设阶段。

大众公司是大赢家

1988 年 8 月，一汽与大众公司在人民大会堂签署了合作生产"小红旗"的合同。在这份合同中，明确规定：

一汽今后如果大规模生产轿车，必须与大众公司合作，双方同意"GOLF A3"（捷达）为第一款合作车型。

捷达是大众公司 1982 年推出的新款车型，大众对其寄予了很高期望，投入巨资在美国威斯莫兰建设了生产厂。但捷达在美国并未获得消费者的青睐，没过几年，威斯莫兰的捷达工厂就悄然关闭。捷达的美国战略失败了。但哈恩却成功地实施了中国战略，从贱卖到送出威斯莫兰工厂，这里面包藏了哈恩的"阴谋"；或者说哈恩不愿意让捷达的投资打了水漂，而是想法将其转向轿车工业与市场都刚刚起步的中国。中国的轿车工业基础差，与世界轿车工业的联系也有限，想要的车型，人家要么不给，要么贵得让人望而却步。缺乏选择条件的中国伙伴被动地接受了捷达，但大众和一汽都没想到，大众对捷达的投资在中国得到了回报排量小、价格便宜的捷达居然成了中国用户眼中的香饽饽。从 1991 年开始小批量组装直到进入 21 世纪的前一个 10 年，在众多外国车型的挤压下，捷达仍然长盛不衰，销量一直位居前列。一个桑塔纳，一个捷达，创造了大众历史上最赚钱的、生产量最多的车型，也成了中国保有量最多的车型。

捷达究竟是一款什么样的车？它又有什么样神秘魅力让它在中国一炮走红？让我们来认识一下捷达。

1979 年，第一代捷达 Jetta A1 于诞生于大众，但当时其名字为高尔夫。同年夏天，捷达 MK1 在欧洲上市。根据配置的不同，捷达 A1 被分为基本型、L 型和 GL 型，再加上选择不同的发动机，捷达 MK1 有 8 种以上不同形式的配置上市。 1982 年，大众公司推出捷达 C 型，C 型使用 1.3 升的发动机。此后又推出了装备 1.5 升发动机的 CL 型。1984 年，第二代捷达 A2 上市。第二代捷达为三厢 4 门车型，但让人失望的是，除了大灯造型与尾部构造有所变化外，第二代捷达与第一代几乎完全相同，其他部分零件也完全通用。捷达 A2 有四种不同的配置，分别为 C、CL、GL、GLX。由于口碑不佳，1987 年，捷达 A2 用 16 气阀发动机替换了原来的 8 气阀发动机，这款车也被称作 GTI。但改进的捷达 A2 在大排量汽车盛行的美国却遭到了空前的冷遇，各专卖店的捷达 A2 几乎无人问津。无奈之下，德国人关闭了设在威斯莫兰的汽车厂。然后如前面所言，中方同意引进捷达，大众则将威斯莫兰的工厂拱手奉上。

对于追求时尚新潮的欧洲人而言，装有老式化油器的捷达已经显得陈旧，尤其是环保概念开始时兴，老式化油器使得捷达排放连欧洲 2 号标准也难以达到。面对日益缩小的用户群，1991 年，捷达 A2 寿终正寝，在德国宣布停产。但对于轿车工业刚刚起步的中国而言，捷达还是一款新型的现代化轿车。也就是在这一年年底，1991 年 12 月 5 日，一汽人利用从美国威斯莫兰搬回的捷达生产线组装出第一批捷达。从此，捷达 A2 与上海的桑塔纳一起，开始面对急需轿车的中国人。

早期的捷达采用 SKD 的方式装车，每装一辆，德国人就收回 15 250 马克。随着国产化率逐步提升，交给德国人的费用逐步递减。1996 年，捷达的国产化率达到 80%。

汽车是集机械、电子、材料等前沿科技于一身的产品，随着科技不断进步，汽车的改进也如影随形。1992 年，欧洲第三代捷达 A3 在德国下线。与中国人喜欢三厢车不同，崇尚创新实用的欧洲人对两厢车情有独钟，两厢捷达 A3 有一个新的名字 VENTO。哈恩严格地遵守与一汽达成的协议，将最新的捷达技术也使用到一汽生产的捷达上。1997 年，一汽生产的捷达的外形出现了些许变化；以后，内饰也出现新的变化。如果对照欧洲版的捷达 A3，就能找到其中的变化。1998 年，第四代捷达 A4 在德国下线，大众公司赋予该车型一个新的名字 BORA（宝来），捷达 A4 在中国的产品就被称为"宝来"。宝来与捷达在外形上已经完全不同了，但仍旧有着密不可分的血缘关系。

有着德国血统的捷达在中国很受用户追捧，小排量和"皮实"的特性虽然不符合公务车的要求，但对于刚刚跨进"购车时代"的中国百姓而言，捷达却是个既实惠又体面的代步工具，销量一再上升。仅仅一年零两个月的时间，1993 年 2 月 17 日，第 10 000 辆捷达轿车就在总装车间下线了。由于购买捷达需要地方"控办"的证明，所以市场上的持币待购者一车难求。1993 年 2 月 4 日，江苏省华西村一次性购买了 250 辆捷达，为全村每户居民配发一辆。这件事一时间被媒体炒得火热，"捷达国民车"的概念开始为社会所关注。1993 年 2 月 24 日，300 辆捷达在大连港装船销往缅甸，终于实现了中国轿车出口零的突破。1995 年 3 月 18 日，第四十三届世界乒乓球锦标赛在天津开赛，天津的百姓惊奇地发现，大赛所有的服务用车全部是国产的捷达轿车。看着街头巷尾一辆接一辆的崭新捷达轿车，中国百姓唏嘘不已，要知道，这是国产轿车首次被指定为世界级体育大赛的专用轿车。

1996 年，靠卖捷达赚了一大笔钱的一汽大众公司首次对捷达 CL 进行了升级改造，改造后的捷达将原四档变速器全面改换成五档变速器。1997 年 5 月，装备五气门发动机的"捷达王"正式下线。1998 年 2 月，全新改型"新捷达王"上市。1999 年 1 月，国内首台装备自动变速器的捷达"都市先锋"轿车率先进入市场。2000 年，捷达换上一身新衣，名称也改成"捷达前卫"。2001 年 8 月，一汽大众再次推出电喷发动机和 AG4 自动变速器的新捷达"海风之旅"。2002 年 3 月，捷达月销售量首次突破万辆大关。2009 年，捷达累计销量突破 180 万辆，成为中国有史以来单一车型销量冠军。

随着中国轿车工业越走越快，捷达也在不断变"脸"。一款 1979 年研制的轿车在中国居然有如此强的生命力，这是哈恩和耿昭杰做梦也没有想到的，是捷达设计先进还是中国轿车工业善于化腐朽为神奇？是因为中国轿车工业落后缺乏自主设计能力还是可供老百姓挑选的车型太少？答案在中国百姓的心里与嘴里。

到了 1991 年，以一汽捷达轿车下线为标志，哈恩的中国战略基本取得成功。德国大众在中国最大的城市和最大的汽车厂成功地各布设了一个合资企业。

公正地评价，德国大众公司对中国跨入现代轿车生产国的行列无疑有着重要的贡献，但德国大众也成功地利用中国汽车产业分布不均的现实，在中国制造了两个互相独立、互不兼容的汽车集团，成功地确保了自己的利益最大化。

上汽与大众合作时，上汽要求同时上两种车型，即桑塔纳和奥迪，但大众公司以上海不具备生产环境为理由，拒绝了上海的要求；之后又与一汽联系，将上海想要的奥迪作为礼物送给一汽，成功地在中国市场这个大池塘里分别放下了两个钓钩。在一汽投放捷达，在上汽投放桑塔纳；在一汽投放奥迪，在上海投放帕萨特；在一汽投放宝来，在上汽投放 POLO。车型不同，零部件无法实现通用和互换；南北大众在零部件采购和销售上也是互相独立、自成体系。大众的这种做法美其名曰"品牌差异化"，实则是利用中国轿车工业发展水平低，采用以车型投放和零部件布局互不兼容为手段分而治之，控制中国一汽大众和上海大众南北两大汽车集团，最终成功地实现了自己的利益最大化。中国轿车工业发展至今，可以看到，大众公司基本上是最大赢家，德国大众公司至今仍在坐收当年进军中国决策的红利。

一汽和上海并不是没有看到德国大众的这种分而治之之手段，只是基于中国轿车工业起步时的实际情况而不得不接受这种令人不快的现实，但大众的这种做法让上海和一汽都耿耿于怀。

　　既然你可以利用中国国内市场分割的特点牟利，我也可以利用国际汽车跨国集团之间的争夺竞争来打破你的垄断。1997 年，经过谈判，上汽公司与美国通用公司组成上海通用公司。为表现合作诚意，通用公司拿出了自己最得意的产品"别克"，并在中国建设了中国汽车人要求最为迫切的汽车研发机构"泛亚技术研究中心"。

　　一汽大众成立后，大众公司以保证轿车质量为由，对一汽的技术研发采取了严格的控制策略。一汽对所有大众产品没有更改权，所有国产化过程中遇到的问题都得经过大众方面的批准。和上海桑塔纳国产化是遇到的问题一样，一汽也遇到了类似的问题。业内人士曾经讲过一个真实的故事：中方将自己国产化的部件送往德国检验，结论总是不合格。依照德方的检验标准，中方自己对该部件进行检验，结果是完全合格，但德方对中方的检验结论不予认可。聪明的中方将购买的德方部件换成中方的商标后送检，结果也是不合格；而将中方的部件换上德方商标后送检，检验结果是合格。这个故事说明了什么呢？

　　20 世纪末期，随着中国经济发展和起飞，中国轿车市场日渐升温，市场魅力日渐显现。中国轿车起步时，中国的汽车人上门"取经"，请求合资，结果都是无功而返。今天，中国市场日渐扩大，强大的利益引力使得欧、美、日轿车企业一改以前只卖产品、不输出技术的做法，开始放下身段，主动与中国企业谈婚论嫁，通用、丰田、日产等汽车巨头从"临渊羡鱼"转而开始"退而结网"，占有市场"地利"的中国汽车企业可以在世界跨国汽车巨头中"挑挑拣拣"了。为了抗衡美、日汽车巨头大举"入侵"中国汽车市场，为了保住自己的既得利益，德国大众被迫在中国做了 3 件事，一是在一汽大众投放奥迪 A6 高级轿车，二是在上海大众投放帕萨特中级轿车，三是在上海建立大众技术中心。1999 年 9 月 6 日，一汽大众公司的奥迪 A6 高级轿车下线；11 月，上海大众技术中心揭幕；12 月 15 日，上海大众帕萨特轿车下线。

　　新产品是汽车企业的生命线，但是，大众拿出的这些新产品都不是白给。为了获得奥迪 A6 的生产许可证，一汽大众向德国奥迪公司支付了 2 亿元人民币。此外，一汽在日常管理上也做出妥协，比如，提高德方管理人员的工资、增加德方管理人员的比例，允许德方人员管理合同中本属中方管理权限的部门，如采购和销售等。

　　所有这些都意味着中方利益的损失。一位一汽集团的高层人员说："德国大众是生意人，总希望自己赚的钱越来越多，所以它想要独资管理、控股管理。毫无疑问，这些都是极正常的心理。问题是，在谈判席上，中方往往没有什么砝码，虽然有了可以讨价还价的市场，但没有自己研发新车的能力，往往一提后续车型，中方就没有话了。"

　　为了打破大众的控制与封锁，争取更多的话语权，和上汽一样，一汽也需另外再找一个伙伴。2002 年，一汽选择了与日本丰田公司合作。为应付中国快速发展的轿车市场，大众公司不得不将全新的斯柯达品牌投放到上海大众名下。

　　投放新的品牌除了可以赚取高昂的许可证费用外，还可以控制中方零部件国产化的努力，控制零部件国产化是德国大众公司长期占有和控制中国市场的重要手段。美国高盛和麦肯锡公司曾指出，一汽大众和上海大众在德国本地零部件采购成本居高不下，已经占到公司经营成本中的 60%~80%，比发达国家高出 50% 以上。

　　经过多年的努力，上海大众桑塔纳等车型的零部件的国产化率已经相当高，但像帕萨特这类中高档车的国产化率并不高。作为上海大众中高档主力品种的帕萨特，其发动机全部靠进口。重要零部件的进口加大了上海大众的负担，弱化了其竞争优势。据披露，德国大众给上海大众的零部件价格普遍高于国际水平 30%。为了维持自己的高利润率，大众公司极力主张零部件实行全球采购。一位曾在上海大众供职过、不愿透露姓名的专业人士说："大众汽车的全球采购是为其赚取更多利润的幌子,每年向中国销售进口零部件的利润,能占到大众(中国)投资有限公司全年利润的30%以上。从外购零部件上得到利益,是大众极力主张全球采购的根本原因。"

一汽大众和上海大众各自有自己独立的零部件采购体系,作为双方的合资伙伴和技术来源,德国大众自己又有一套部分外购零件的供应体系,就是依靠这三条不同的又缺乏透明度的零部件采购体系,德国大众将许多零部件在欧洲价格的基础上再加价,卖给国内合资厂商,有的加价幅度高达30%。

目前,德国大众在中国的合资企业中生产的各款车型里,桑塔纳和捷达的国产化比率最高,但作为大众公司进入中国的钓饵,这两款20世纪七八十年代研制的车在欧洲早已进入博物馆,在中国也已经创造了天价利润,现在大众公司也没指望它们挣钱。那些在一汽大众和上海大众靠CKD散件组装、国产化率很低、价格昂贵的车型才是德国大众在中国的主要利润来源。为了组装这些新车,仅一汽大众每年从德国大众采购的零部件就有百亿元之巨。

降低成本是企业永恒的宗旨,与当年中国政府以行政压力促使上海桑塔纳国产化不同,今天政府对企业的干预已经大大减少,实行零部件国产化主要靠市场调节,也就是说,是外采还是内购都靠企业自行决定。要实现高价值、高技术含量的零部件国产化,就需要大量的资金投入和技术支撑,对于缺乏技术储备、一盘散沙的中国零部件企业而言,要做到这一点极为困难,这便给了那些大型零部件跨国公司乘虚而入的机会。经过在中国市场的多年"经营",这些跨国公司也懂得,要长期占有中国的汽车市场,就必须从零部件下手。和整车进入中国一样,只要通过产品和部分技术转让,就可以"合资"与"控股"中国的零部件企业,因为中国零部件企业过于弱小,这种"合资"和"兼并"的投入更小。控制了中国的零部件生产企业,让中国的零部件企业生产的产品打上外资标签,合资的主机厂在中国国内采购也就与"全球采购"一样,由于中国劳工的低廉价格,再加上国内采购减少了大量的运输费用,对于跨国公司而言,从零部件到整车,成本更低、利润更高。经过几轮"兼并合资"后,中国汽车产业几乎百分之八九十的零部件企业都成为外资公司的子公司或为外资所控股,外资跨国公司对中国汽车市场的"经营"已经进入了最基础的层面。和主机厂合资一样,在零部件行业,新产品与新技术逐步进入中国,但核心技术却半点也没有交给中方。

零部件合资"以市场换技术"究竟是否划算,现实在拷问政策的制定者与执行者。从主机厂到零部件企业全面合资,对中国汽车产业来说,是福是祸,业界、社会、大众见仁见智、众说纷纭。

经过几十年的努力,中国轿车工业已经建立,中国百姓开始享受自己的汽车工业带来的方便与快捷。但中国的轿车工业并未成熟,由于基础薄弱和急功近利使得自主创新步履蹒跚,自主品牌十分弱小。虽然中国现在可以号称世界上最大的轿车市场,但实质上不过是世界上最大的轿车装配车间,随着装配线上流水一般的轿车滚滚而出,最大的赢家仍然是德国、美国、日本、法国等世界汽车巨头。

市场的争夺充满了血腥和铜臭,市场经济环境下,中国汽车工业已经进入激烈纷争的战国时代,为了打拼出属于自己的市场份额和地盘,各汽车厂家纵横捭阖、潜伏暗战、金戈铁马、刀光剑影、硝烟弥漫、杀声震天。从眼下来看,最早进入中国的德国大众公司仍是大赢家。

一汽大众发展回顾：

1988 年 5 月 16 日，国家计委批准第一汽车制造厂引进德国大众汽车公司奥迪 100 型轿车技术组装轿车（3 万辆轿车先导工程）。1989 年 8 月，首批奥迪轿车组装下线。

1990 年 11 月 20 日，第一汽车制造厂与德国大众汽车公司 15 万辆轿车合资项目在北京签约。

1991 年 2 月 8 日，一汽大众汽车有限公司成立；12 月 31 日，第一辆捷达轿车试生产下线。

1995 年 2 月，一汽大众 100 辆奥迪轿车和 300 辆捷达轿车首批出口东南亚。

1996 年 6 月，奥迪 200 系列轿车在一汽大众汽车有限公司批量下线投放市场，标志着一汽大众汽车有限公司年产 15 万辆轿车生产基地建成。

第十章 "起了个大早,赶了个晚集"

曲折多变的二汽轿车项目

第二汽车制造厂与美、日、法等国汽车制造商合资的谈判早于一汽,但其间频遭坎坷,最终建成投产是"三大"中最晚的一个。业内人士形象地说:在轿车合资上,二汽起了个大早,赶了个晚集。

二汽是中国自己投资、自己设计建设的当时国内最大的、最现代化的汽车厂。1966年在湖北十堰开始动工,饱受磨难的二汽终于于1973年开始小批量生产,设计年产2.5吨军用货车和5吨民用货车共计10万辆。从酝酿建设到设计和建设,二汽一直都是单纯的货车生产厂。但二汽人并不满足于单一的货车生产,早在国家同意二汽上轿车之前,二汽就曾经想过上轿车并已经开始谋划。二汽原总经理黄正夏对笔者讲了这段故事:

1983年5月,为了在深圳抢占一个桥头堡,二汽也成立了东风深圳联营公司。我去参加成立仪式,深圳的李灏副市长请我吃饭,他希望二汽支持深圳发展汽车工业,我对他说:"二汽在这里上轿车项目好不好?"

李灏一听,眼睛都睁圆了,立刻说好。他指着深南大道北边说:"你要是在这里上轿车项目,深南大道北边的土地,你要多少我给你多少。"

我说:"我上轿车需要一个前提条件。"

李灏不知道我要出什么题目,瞪大两个眼睛疑惑地望着我。我笑了:"你别紧张,我说了保证你高兴。"

李灏说:"愿闻其详。"

"我投资、我派人、我管理,一切我都包了。我对你只有一条。"

说到这里我又停下来了。李灏连声说:"你讲、你讲,不外乎土地、政策,你讲嘛。"

我说:"只要你做到两个字——保密。对外不准说是二汽要在这里建设轿车厂,要以你们的名义和外商联合生产,规模为5000辆。"

我将中汽公司为我们发展划了一道杠,规定只准"向上"做货车而不让我们做小车,我们是在不得已的情况下这样干的,要是被"上面"知道了,我们可就是违反了'天条'。李灏听了嘘唏不已:"没有想到,在中国要发展汽车还这么难。"

以后,深圳真的找了丰田、日产等公司,可惜当时的丰田、日产只愿意卖车给中国,而不愿意与中国合作生产,此事遂不了了之。

(黄正夏口述,欧阳敏著《艰难历程》,新华出版社,2007年)

二汽是北戴河会议定的全国三大轿车基地之一,按照安排,二汽是生产小排量的普及型轿车。消息传递出去后,世界各大汽车公司各有各的考虑。

作为著名的"经济动物",日本人有着极为灵敏的嗅觉。虽然丰田等大企业曾拒绝了中方的合资意愿，但也有其他公司希望在中国寻找到机会，富士公司就是一个。

富士重工业株式会社是日本十大汽车公司之一，它的前身是中岛飞机株式会社，是第二次世界大战期间日本主要的战斗机生产商，曾被美国轰炸机炸为平地；后于 1953 年 7 月 15 日，由五家日本公司共同成立并且更名为富士重工业股份有限公司；1955 年又合并富士工业、富士汽车、大宫富士工业、宇都宫车辆、东京富士重工业而形成一个多元化工业集团，主要生产汽车，兼制飞机、铁路车辆、发动机等。富士公司主要有四大事业部：汽车事业部、航空宇宙事业部、产业机器事业部、运输机器事业部。1958 年，日本经济开始起飞。富士汽车事业部针对当时轿车已经起步但百姓购买力有限的情况，推出斯巴鲁 360 微型轿车，这也是日本最早的一款微型轿车。这款车成为 20 世纪五六十年代日本百姓广泛使用的交通工具，畅销 12 年没有改变过型号，在经常推陈出新的日本汽车业中，这的确很少见。1965 年，富士公司又率先推出发动机前置前驱动轿车斯巴鲁 1000，成为日本最早的前驱动型轿车。但相对于丰田、日产、本田等汽车公司，富士斯巴鲁品牌的市场占有率明显偏低。

20 世纪 80 年代末期，中国改革开放的成果日益显现，富士公司了解到中国二汽轿车项目的目标车型为小排量普通轿车，认为这个领域正是自己的强项，于是积极活动，希望借此机会进入中国市场。日本人也懂得走上层路线，富士重工的社长为此专门给时任国务院副总理的谷牧写了封信，提出希望和二汽合资建设年产 30 万辆微型轿车，并且附带了很多优惠的条件。谷牧把信转给中汽联理事长陈祖涛，陈祖涛迅速将信转给二汽的厂长陈清泰，让二汽与之接触。

根据北戴河会议二汽轿车项目要与美日合作的要求，二汽在与富士公司联系的同时，也与美国通用公司进行了联系。通用公司是当时世界排名第一的汽车公司，旗下品牌很多，但是，在崇尚大房子、大车子的美国风气影响下，通用公司本身就没有多少小排量的轿车。以当时的情况而言，大大咧咧的美国人对中国发展轿车并没有多大的信心，他们也没有做仔细的市场调查，仅仅根据二汽的技术指标要求，提出可以提供通用公司的子公司奥贝尔（中文译名：欧宝）公司的"卡蒂特"车型参与中方合作。

欧宝汽车公司建于 1862 年，是以创建人阿德姆·奥贝尔（Adam Opel）命名的。欧宝公司最初生产缝纫机和自行车，1897 年开始生产汽车；1923—1924 年建成了德国第一条汽车流水生产线；1928 年，欧宝汽车公司以 37.5% 的市场占有率成为德国第一大汽车制造商，在德国廉价汽车领域独占鳌头。此时的德国正处于世界上第一次经济危机的阴影中，国内经济萧条、政局动荡，欧宝公司陷入严重的经济困难之中。1929 年，美国通用汽车公司乘机收购了欧宝公司 80% 的股份；1931 年，又收购了剩余的 20% 股份，欧宝变成了通用 100% 的子公司。

对于三方合作方案，富士公司表示可以拿出自己的发动机与欧宝的车相匹配，以此为基础，中美日三方开始就合作情况进行会谈。

1988 年 10 月 7 日，在瑞士苏黎世的通用公司欧洲总部，三方代表首次坐在了一起。会议的议题有二：一是确定富士公司的发动机与欧宝车匹配的可能性；二是确定下一步预可行性研究工作计划。当天，通用公司副总裁兼欧洲总部总裁伊顿与中、美、日三方代表会见，伊顿饶有兴致地介绍了通用汽车在欧洲的发展情况，同时也坦率地承认，他对中、美、日这次合作的情况不是十分了解。二汽与富士公司的代表则先后介绍了二汽合资轿车项目的事由和进展过程。以后的几天里，富士和欧宝将发动机与整车体匹配工作做了报告。10 月 11 日，三方人员来到德国欧宝公司试车场，参观了欧宝车系列产品。德国人以其惯有的认真，仔细地向二汽代表展示了其发动机系列产品，并开放其发动机生产线供二汽代表参观。

经过在欧宝公司一周的观察和讨论，三方得出基本结论：

1. 关于发动机与整车匹配问题。从富士与通用欧宝的研究结果看，三方一致认为，经过对发动机某些部位及配件稍做修改后，富士的发动机完全有可能装在现有的欧宝车上，在技术上也是完全可以解决的。

2. 三方一致同意，以装有富士发动机的欧宝车（T卡，C级）和CORSA（S卡，B级）作为下一步预可行性研究的产品。二汽提出，最终的合同产品应为：欧宝T卡和S卡的下一代产品。而且这些产品应根据出口市场和中国市场的特点做出必要的修改。

3. 下一步工作计划。富士公司的代表提出，1989年4月前结束可行性研究，通用则建议到1989年6月份结束。二汽认为，富士，尤其是通用动作迟缓，使得二汽丧失了很多宝贵时间。二汽早在上一年就向通用提出了合作的意向，但通用在预选车型上动作极为迟缓，整整拖了半年之久才拿出欧宝。国内各汽车厂的合资步伐越来越快，二汽所受的压力也越来越大，对通用的"慢"动作，二汽很不满意，提出必须在1989年2月底完成整个预可行性研究，并提出分四步实施的建议：

第一步，1988年12月16日—21日，三方在北京开会，确定产品、市场、出口、销售，以及工厂初步规划，国产化计划、厂址及投资估算。

第二步，1989年1月20日—30日，三方派出具体工作人员在东京完成经济效益分析及编写可行性研究初步报告。

第三步，1989年2月初—2月中旬，三方各自向总部报告，并对预可行性研究报告做出审查。

第四步，1989年2月20日—28日，三方在二汽完成正式预可行性研究报告并签字。

中美日三方基本同意这个结论。看起来三方合作似乎有了头绪，但问题远没有那样简单。

对于三方合作，二汽是留了一手的。当年中国要发展轿车工业，饶斌带领中国代表团到欧、美、日转了一大圈，前后花了近两年的时间，但各国反应冷淡，因为这些国家并不相信中国有实力发展轿车，他们只愿意向中国出售产品，而对中国提出的转让技术、提供资金、返销产品毫无热情。当年联系的对象中就有通用公司。10年后的今天，看到中国改革开放成就斐然，德国大众与上海合资迈开步伐，他们才有些动心了，但仍旧不是很热情。这次二汽提出合作，通用就显得心不在焉、拖拖拉拉，时隔半年多才拿出一个欧宝。面对这种情况，二汽当然需要有相当高的警惕性，现在虽然已经有了个合作的架势，但对涉及的技术转让、投资、产品出口销售等根本问题都还没有明确意见。如果一门心思扑在一个方案上，到时候人家出一道难题，二汽怎么办？另外，合资本来就是一件颇费周折的事情，牵涉的厂家越多，谈判时的困难也越多。本着货比三家的原则，二汽一边与美、日商讨合作，一边还在继续寻找新的合作伙伴，到时候做出明确的对比再择优而从。正是基于这一原则，二汽同时开始了与法国雪铁龙的合作探讨。

但没有不漏风的墙，二汽与雪铁龙的接触很快就被无孔不入的媒体知道了。1988年10月13日，欧洲《金融时报》刊登消息：中国二汽准备筹建中国最大的轿车厂，正在通用与雪铁龙之间考察。可以想象到通用公司看到这篇报道时的情绪。

通用代表气冲冲地拿着报纸找到二汽的谈判代表，让他们证实是否确有其事；同时质问：二汽与雪铁龙的合作到了什么程度？通用代表言辞激烈地要求："为了三方的商业利益，建议中、美、日三方共同签署一份保密协议，内容为：鉴于三方已经开始商讨合作，通用公司已经让二汽观看和了解了通用的生产和发展规划，因此在选择合作伙伴上，通用应该有优先权；在预可行性研究期间，二汽不能再同其他公司开展同样的工作。"

面对气势汹汹的通用代表，二汽代表沉着地指出：去年10月3日，中、美、日三方签署的合作协议中已经有明确规定，二汽一直严格地遵守着这一条款，目前的工作是过去工作的继续，因此没有必要再签署什么保密协议。关于优先权问题。二汽最早选择通用和富士作为合作研究的伙伴，但由于通用在产品上的障碍，致使整个工作推迟了8个月，二汽在此期间寻找新的合作伙伴是理所当然的，这并不违背协议精神。请记住，任何一方都无权禁止另一方同其他公司接触。对于中、美、日三方的合作研究项目，二汽将会全力以赴地完成；至于优先权问题，合作关系是否确定要看研究的结果，而不能成为前提。

谈判到了如此地步，结局可想而知。尽管如此，三方仍未最后决裂，1987年12月，中、美、日三方还在中国开展了联合选址工作，但最终通用和富士没能满足二汽的条件，三方合作终止。而法国雪铁龙则利用自己开出的优惠条件，成功地挤了进来。

雪铁龙公司的产品有雪铁龙AX、BX、CX系列，还有雪铁龙TDR等。20世纪80年代末90年代初，雪铁龙公司推出了具有世界领先水平的雪铁龙ZX系列车型，与中国合资的第一个产品就是ZX。中国对其赋予了一个具有时代意义的车名"富康"。

与一汽和上汽不同（这两家之前都有过生产轿车的历史），二汽则完全是白手起家。但二汽的起点更高，出手就是30万辆，这是最为理想的起步产量。

1988年1月16日，国家计委批复了二汽合资轿车项目建议书。中国二汽与法国雪铁龙公司开始了合资谈判。

1988年12月16日，二汽厂长陈清泰与法国雪铁龙公司执行总裁哈维诺在巴黎共同签署了《中国第二汽车制造厂——法国雪铁龙汽车公司合资建设30万辆轿车厂联合可行性研究报告》。该报告主要内容为：

一、产品选型

30万辆轿车项目分两期实施，第一期车型为雪铁龙公司计划1991年投产的N2系列普通型轿车，发动机为TU系列3F和5F，排量为1.3~1.6升；合资公司计划1993年投产。第二期车型为新一代的AX系列轿车，发动机为TU系列的9型和1型，排量为1.0~1.3升。

二、技术转让

雪铁龙公司向合资企业提供未来型产品，提供动态技术、开发技术和计算机应用技术，并与二汽合作在两厢车型基础上为合资企业开发三厢车型。双方同意由二汽接受雪铁龙的技术转让，并协助合资企业消化吸收。法方同意免费为合资企业进行3000人/月的劳务培训。

三、资金筹措

30万辆轿车项目的建设资金为53.1亿元，另加利息和流动资金8.3亿元，合计为61.4亿元（含7亿美元）……合资企业的股份，中方占70%，雪铁龙占30%……中法政府1988年财政议定书申明，支持二汽与雪铁龙合资建设轿车厂。该项目所需外汇除雪铁龙直接投资外，可分年度从法国政府混合贷款中获得……

四、国产化计划

1993年投产实现时，国产化率为66%，到1999年实现国产化目标为97%……

双方明确：除合资企业和二汽承担部分生产任务外，将遵照"等效替代"原则，充分利用国内兄弟轿车厂零部件国产化的成果，遵循"集团对口"原则，由二汽和雪铁龙公司牵头，促进相应技术转让及生产准备；并遵循"超前工作"原则，零部件尽早动手、不等整车。

五、销售出口及外汇平衡

在合资企业建立起自己的销售网络之前，国内销售由二汽负责，外销工作由雪铁龙负责……同时，二汽有权到海外销售并建立自己的销售网络体系。首先以东南亚和环太平洋地区为主要市场，之后向北美市场进军。30万辆达产第二年，即2001年，对外出口11万辆，雪铁龙对外销售21.3%，总计出口占总产量的38%。如不能达到所规定的外汇平衡，雪铁龙不得以外汇分红。

1998年可实现外汇累计平衡，1999年可实现外汇盈余累计超过1.5亿美元。

六、经济效益

第一期工程年产15万辆，1990年开始建设，1993年投产，1996年达产；第二期工程年产15万辆，1996年开始建设，1998年投产，2000年达到30万辆目标。合资企业1995年开始盈利。达产后预计合理的出厂价为：C级车每辆3.1万元，B级车每辆2.64万元。

二汽轿车项目预计1990年开始建设，到2005年，不仅在中国建成一个现代化的大型轿车厂，而且在还清贷款的基础上，还可实现上缴国家利税94亿元、银行利息9.5亿元；企业除还贷和再投资之外还可分利31亿元。中方国家利税、银行、企业的直接收益累计130亿元以上，含外汇结余17.6亿美元，还可带动一批相关行业，具有巨大的社会经济效益。

可行性报告为二汽轿车项目勾画了一个美好的前景。尤其是第五条规定的："二汽有权到海外销售并建立自己的销售网络体系。首先以东南亚和环太平洋地区为主要市场，之后向北美市场进军。30万辆达产第二年，即2001年，对外出口11万辆，雪铁龙对外销售21.3%，总计出口占总产量的38%。如不能达到所规定的外汇平衡，雪铁龙不得以外汇分红。"如果这一条真的能兑现，二汽合资项目将是三个合资企业中最有前景的一个。

此时的二汽，步子迈得很快，二汽厂长陈清泰也雄心勃勃，全力推动项目进展。和任何一个商业谈判一样，二汽与美、日，以及与雪铁龙的谈判风云变幻、充满变数，各方为了争取最大的商业利益而施展权谋、互相算计，谈判桌上温文尔雅，谈判桌下刀光剑影。尤其是法国雪铁龙，为了达到击败竞争对手的目的，表现出了罕见的积极态度，几乎满足了中方所提出的所有条件。一年多的谈判过程如果要详细记录下来，足以写成一部洋洋洒洒的"谈判战争"。1988年12月28日，国务院发展研究中心给国务院写出调查报告，就中法和中、美、日两个谈判结果做出对比，摘录如下：

去年，国务院在北戴河开会时，确定二汽轿车项目的建设方针为出口导向、合资建厂。这样一个带有"外向"色彩的大项目，选择比较理想的合作对象至关重要。二汽先后与十多个外国厂家进行过接触，经过筛选，现在仅剩两方三家，即法国雪铁龙公司、日本富士重工与美国通用汽车公司（后两家组成一方）有待最后决定。

一个比较理想的合资伙伴，至少要符合这样四个条件：

1. 自身素质较好，能提供为实现出口导向战略所需要的产品、技术、设备和管理经验；

2. 中长期战略意图与我方有吻合之处，不担心合作对象成为重要竞争对手；

3. 有可信的合作诚意，愿意共担风险；

4. 比较优惠的，至少是合适的商务条件。

用这个标准衡量，法国雪铁龙公司具有明显的比较优势。首先，上述三个合作对象在技术、管理上各有千秋，都是可以接受的。从总的实力比较，通用公司最强，但通用公司正处在投资的收缩期，近几年已经关闭了20多家工厂。它与中国合作主要是想打入中国市场，同时推销已关闭工厂的一些设备。富士重工是日本7家汽车制造商中最小的一家，在日元升值后，经济上遇到很大困难，三方合作主要靠通用公司的力量和中国合资建厂。同时，日本政府不同意将政府贷款用于轿车项目，显然是既不愿意失掉中国市场，又对中国这个潜在对手有所提防。法国雪铁龙公司正处在景气时期，近几年营业额以10%的速度增长，它与标致公司组成的PSA集团1988年轿车产量可达到200万辆，出口量居欧洲各国之首，在欧洲轿车市场占有12.7%的较大份额。这家公司的技术特点是新颖、超前，如其TU系列发动机、液压悬架等被汽车界公认是20世纪90年代的技术。该公司的中长期战略目标是争取在欧洲继续有较大发展的同时，大力拓展亚太（包括中国）市场，再进一步打入北美市场。由于法国的税收、职工工资水平和运输费用等原因，在法国生产然后运到亚太地区以及北美进行销售，成本太高，无法与日本、韩国竞争，所以它很想寻找一个合作伙伴，用自己的技术、资金和管理经验与合作方廉价的劳动力、原材料和税收结合，以实现其战略目标。我国二汽轿车的发展战略是，以国内市场为依托，坚持出口导向，第一步先打入东南亚市场，待条件成熟后再打入北美市场，这与雪铁龙公司的战略目标是很接近的。

其次，雪铁龙公司建立在战略利益基础上的合作诚意已经在行动中表现了出来，是比较可信的。

在产品方面，雪铁龙已答应拿出准备在1991年投入市场的N2系列产品来合作，并正在按照二汽的要求加以改进，以适应两个市场的需要。

在技术方面，雪铁龙已答应提供N2系列产品设计开发的全部资料，联合进行产品开发和改进工作，并帮助二汽培训一部分技术人员和工人。

在国产化方面，雪铁龙公司认为，没有高比例的国产化，产品的成本不可能具有国际竞争力。因此答应以集团对集团的方式大力推行国产化，同时还主动组织欧洲为雪铁龙产品配套的13家零部件供应商到中国寻找合作对象，进行"一揽子"合作。

在销售问题上，同意按出资比例负责外销工作。如果合资企业没有达到外汇平衡，不以外汇分红，与中方共担风险。而在这几个方面，通用、富士重工的态度则远不如雪铁龙积极。

第三，在合作的商务条件上，雪铁龙公司也明显优于通用和富士重工。雪铁龙公司配合中方对法国政府做了大量的工作，法国政府已同意向这个项目提供全额政府混合贷款，其中软贷款占52%，年息2%，还款期30年，宽限期11年；出口信贷占48%，年息8.6%，还款时间从设备安装完毕的6个月后开始，10年还清。对中方来讲，这个承诺意味着二汽轿车厂的建设已成为不需动用国内外汇的项目，外汇平衡问题被分散在30年内解决，大大缓解了外汇平衡的矛盾。法国雪铁龙公司在该项目中占全部股份的30%，算上法国政府的出资，共达7亿美元，占全部资金的份额超过了50%。此外，为支持该项目，法国政府还同意赠送2000万法郎，作为前期准备工作的费用。对于技术转让费，经过艰苦的谈判，法国雪铁龙公司已同意将最初的报价降低50%，也比其他公司优惠。

针对合资厂投产后的前3年产品成本高、国产化率低、外汇肯定出现不平衡的情况，法国雪铁龙公司提出以下建议：

1. 由雪铁龙公司大批量购买合资厂符合雪铁龙标准的零部件，并通过合资厂向轿车配套厂采购零部件；

2. 由二汽组织一部分其他货源，通过合资厂向雪铁龙出口；

3. 外汇不平衡时，不要中方保证分成外汇的承诺。

总的来看，法国雪铁龙公司的素质较好且有诚意，这是选择长期合作伙伴的第一位条件。如果没有这样的条件，就如同没有好的新娘、光有好的嫁妆，结局是不会美满的。我们认为，二汽轿车项目"货比三家"的选择合作对象阶段，应该告一段落。

很明显，该报告认为法国"新娘"既漂亮，又带有丰富的"嫁妆"；尤其是针对中国最关心的资金、外汇平衡和产品出口等问题，法方表态积极主动，是理想的合资候选人。

从二汽雪铁龙项目合资后一直到今天，法方以轿车出口、外汇平衡的承诺为诱饵，使得二汽饱受"折腾"之苦，特别是所谓"出口导向"以及"2001年出口11万辆"至今未能兑现而成为笑柄。二汽合资轿车建设，出口是关键，这是中方同意合资建设30万辆轿车项目的基础。二汽雪铁龙合资过程中的一系列麻烦和问题说明，在万花筒般变幻的国际政治和波诡云谲的汽车市场面前，这份调查报告显然过于轻信了法方的口头承诺，最终被法方"忽悠"了一把。

1989年1月16日，二汽与法国雪铁龙合资建设30万辆轿车厂联合可行性研究报告上报到国家计委。3月底，机电部、中汽联和国际工程咨询公司都已完成对这份重要报告的评估，并将评估意见上报了国家计委。此时"七五"计划已近尾声，一汽、二汽轿车项目耗资巨大，只能在"八五"计划中予以考虑，但"八五"计划中不光有二汽合资项目，也有正在紧锣密鼓谈判的一汽合资项目和上汽扩产项目。鉴于国家的经济实力，这三个项目不可能同时安排，只能选择条件最为优惠、最能迅速投产的一个先行。谁是最佳候选人呢？国家计委现在就要做出周密的计划。

二汽轿车项目事关重大，涉及中法两国政府、企业、银行的承诺，为慎重起见，国家计委召集有关部门听取审查意见，参与审查的部门基本认可二汽雪铁龙合资建设轿车厂的可行性报告，但也认为，关于建设资金等几个重要问题需要国务院审定。为此，可行性研究报告未能及时通过。得知此消息后，二汽厂长陈清泰很是焦急，为此专门给国务委员兼国家计委主任邹家华写了一封信，就这些问题做出解释与说明：

家华同志：

二汽30万辆轿车项目前期工程是在国务院和有关部委的指导下，按照国家基本建设程序进行的……但尚有几个问题需由国务院予以审定。

1. 为保证建设资金，二汽要求延长利润递增包干问题。利润递增包干源于80年代初期，由于国家资金困难，二汽建设面临下马。二汽主动向国家提出自筹资金建设后续工程，国家对二汽实行利润递增包干优惠政策。现在二汽希望延长二汽包干10年，主要是考虑到二汽自身建设发展需要资金，还要投入资金到合资轿车项目中，而合资轿车项目跨越"八五""九五"两个五年计划，为弥补"八五"期间资金缺口，故提出继续延长利润递增包干政策，使二汽能筹集相应资金。

2. 人民币贷款问题。二汽一期建设除法方投入资金外，尚需10.8亿人民币中长期贷款。但计委投资司认为，这笔钱国家难以负担，为此二汽建议将这笔贷款列入国家"八五"信贷计划。

3. 法国政府为轿车合资项目提供的混合贷款专项用于合资企业的问题。法国政府提供混合贷款之事源于1988年10月，外贸部郑拓彬部长与法国财长进行财政议定书谈判时，双方以换文形式表示："从更广泛的意义上，我们表示了两国政府对法国在华投资，尤其对中、法合资形式的兴趣。为鼓励这一发展，我们同意将财政议定书的贷款扩大于在华的合资项目的设备。"换文中明确："法国政府对十堰汽车厂项目将给予积极考虑，并准备与经贸部在今后的财政议定书范围内对该项目的资助。"据此，我们认为两国政府已经同意向合资企业提供混合贷款，而且合资双方已经将合资企业取得法国政府专项合作贷款作为合作的基础……建议国务院确认二汽雪铁龙轿车项目的政府贷款可直接贷给合资公司。

4.法国政府贷款用于合资企业后，对中国的转贷银行进行担保问题。若按股比，雪铁龙选一法国银行担保，相当于法国政府提供的贷款再由法国担保。法国担保银行必定要求中国的合资企业以其财产做抵押，最终风险仍在中国。合资企业还要向法国银行支付高额担保费。我们建议，请国务院批准由机电部担保，合资企业以财产做抵押。

目前，国内轿车供求矛盾尖锐，二汽轿车项目已经国务院领导多次肯定，加速这一高起点大批量的项目建设有利缓解对轿车的需求，改善出口结构，现在批准联合可行性研究报告的外部条件已经具备，恳请国务院领导对上述问题给予指示，以便计委尽快批复可行性研究报告。

陈清泰

1989 年 4 月 20 日

邹家华立即将陈清泰的报告转报国务院分管副总理姚依林。1989 年 5 月 3 日，姚依林召集国家计委、财政部、经贸部、机电部、中汽联、国务院特区办、人民银行、工商银行、中国银行建设银行、二汽等单位和部门，邹家华、王丙乾、甘子玉、徐秉金、白美清、丁关根、何光远、李岚清、蔡诗晴、陈清泰等参加，专门研究二汽合资轿车可行性研究报告中的有关问题。

陈清泰首先就二汽合资轿车项目情况做了汇报，汇报对资金来源问题做了详细说明。经过认真讨论，到会人员同意陈清泰的说明，并对资金来源做了认真讨论。会议最后同意二汽继续与法国雪铁龙公司继续谈判，但强调"二汽雪铁龙合资轿车项目，出口是关键，这是我们合资建设 30 万辆轿车项目的基础"。会议纪要摘要如下：

1.我国轿车工业的发展必须搞好综合平衡。二汽 30 万辆合资轿车项目可先定下来，"八五"计划时再纳入国家计划。

2.二汽要抓紧与法方进行下一阶段的商务谈判。谈判中要采取恰当的方式让法方承担生产成本、产品质量方面的责任，特别要加重法方在出口方面的责任。出口是关键，这是我们合资建设 30 万辆轿车项目的基础，这个问题一定要解决好。还要注意法方价格偏高的问题，特别是软件费用偏高，要尽量压低。作为特批，法国政府为此项目提供混合贷款可专项用于合资企业，由机电部担保，并由二汽向机电部反担保，合资企业以其资产作为抵押。

3.合资轿车项目第一期工程需要 10.8 亿元人民币贷款，其中 8 亿元纳入国家中长期信贷计划，其余 2.8 亿元可通过适当增加组装轿车以购车储蓄或其他方法解决。具体由邹家华同志组织有关部门及二汽商定。

为保证轿车项目按合理工期建设，以缩短建设周期，提高产品在国际市场的竞争力，同意投资概算（包括外汇）一次纳入国家计划，资金可跨年度调整使用。

4.实行利税分流是今后发展的方向。二汽合资轿车项目的建设资金，采取利税分流的方法筹集。自 1991 年到 2000 年，除将实现利润总额的 30% 至 35% 作为所得上交外，其余全部留给二汽。"八五"、"九五"期间，二汽轿车项目建设和货车基地更新改造任务十分繁重，国家新增税费可对二汽实行让步政策。二汽也要挖潜和节约，如"八五"期间资金仍有缺口，由财政部拨款支持。具体方案，请二汽和财政部进一步算账确定。

5.鉴于二汽合资轿车项目前期准备工作比较成熟，请国家计委尽快审批其可行性研究报告。

拿到这份会议纪要时，陈清泰长长地舒了一口气。

二汽轿车项目准备已久，这个项目有利于中方也有利于法方，但后因法国从中作梗，项目险些被中止。而如果就此放弃，对中国和法国都不利，尤其是法国企业对此大为不满。为打破法国政府的经济制裁，经过仔细研究，中国政府决定采取主动。

1989年7月7日，国家计委审批通过了二汽雪铁龙轿车合资的可行性研究报告；同时提出，"法国政府对二汽轿车合资项目的贷款还没有做出具体承诺，因此建议可行性研究报告批准后，由二汽尽快组织完成商务谈判，待法国政府正式承诺后，再补报利用外资报告，经国家计委批准后才能正式签订合资合同。"

这份文件以"特急件"报送国务院，姚依林、李鹏、邹家华分别圈阅后，1989年7月19日，国务院正式批准了"二汽雪铁龙轿车合资项目的可行性研究报告"。报告内容为：二汽年产30万辆轿车项目，一次规划，分两期实施，第一期为15万辆。

中国政府在此时批准中法合资项目，意在采取主动，打破以美国为首的西方国家对中国的制裁。中国主动了，法国怎么办？球踢到了法国一边，但法国却躲到了一边。

二汽雪铁龙合资项目的关键之一是法国政府贷款。1989年7月底，为了促进法国政府贷款的落实，中方提出中法双方草签商务谈判合同，但法国代表却拒绝了中方的提议。在这种情况下，双方只得封存了合同文稿。

但合作的脚步并未停下太久。1989年12月12日，法国驻华大使马乐约见中国外交部西欧司司长姜恩柱，递交了一份关于法国政府的照会。照会的内容是法国政府原则上同意向二汽雪铁龙轿车合作项目提供政府贷款。

马乐大使说："最近中国报刊在提到法国雪铁龙公司同中国第二汽车制造厂合作计划时，指责法国似乎不想履行承诺。现在，我奉法国政府指示，向中方提交照会，确认雪铁龙－二汽合作计划是法国政府的优先项目。当两国政府可以重新举行财政谈判时，法国政府将同意此项目使用政府贷款。而贷款的条件中国方面已经很清楚了。至于贷款使用的具体方式，可由两个合作伙伴商定，并经两国政府审核后最后付诸实施。"

姜恩柱问："照会中提到'两国政府可以举行财政谈判时，法国政府将同意此项目使用政府贷款'的含义是什么？法方认为什么时候可以举行上述财政谈判？"

马乐回答："对这一问题，目前尚不能回答，因为这超出了法国政府的职限，需要在欧共体12国之间进行协调之后，法国才能确定财政谈判的具体时间。"

可以看出，法国政府在玩弄两面人的角色，既要拉住中国，以免到手的利益丢掉；又要考虑左右关系，不要太得罪人。

以下是照会译文全文：

北京

中华人民共和国外交部西欧司：

法国大使馆向中华人民共和国外交部致意，并谨说明如下：

1988年10月，法国政府曾通知中国政府，它赞成在湖北省武汉市由中国第二汽车制造厂和法国雪铁龙公司建立合资企业制造汽车的项目。

我们现在向你们确认，雪铁龙项目居法国政府各个优先项目中的首位。

当两国政府能重新举行财政谈判时，法国政府将表示同意该项目可以使用政府间议定书规定的贷款。中国政府了解这些贷款的条件，不论是在选择方面，即可以使用法国的设备和技术服务；还是在可能占主导地位的财政条件方面。

具体的贷款细则可随着第二汽车制造厂和雪铁龙汽车公司为建立该合作企业并使其投入生产而制定的一系列必要的协定而逐步加以明确，并于两国政府审议了这些协定之后最终确定下来。

顺致崇高的敬意

法国大使馆

1989 年 12 月 11 日于北京

与外交部接到法国政府的照会几乎同时，1989 年 12 月 13 日下午，二汽厂长陈清泰接到了法国雪铁龙公司总裁代表哈夫纳的电话，内容是关于法国政府关于二汽雪铁龙轿车项目的政府贷款。可以想象陈清泰接到这个电话时的心情。放下电话，陈清泰立即给中汽联理事长蔡诗晴和机电部部长何光远写信报告此事：

诗晴、光远并报家华同志：

12 月 13 日下午，雪铁龙公司总裁代表哈夫纳先生来电话告诉我们，12 日晚（巴黎时间），法国政府财政部国库司副司长亚布沃告诉他，法国财政部国库司已正式通知法国驻华大使馆商务处，并希望由大使出面向中国政府做出口头照会，表明法国政府对二汽轿车项目提供政府贷款的保证。他们准备在年内再向中国政府提出正式书面承诺。哈夫纳先生希望中国方面对此照会能有积极反应。在得到中国方面的反应后，以便法国财政部国库司在一月初向中国经贸部贷款司发出邀请，就此项目的贷款财政议定书在巴黎进行具体商谈。

我们从外交部西欧司也获悉，12 月 12 日，法国驻华大使马乐先生已经约见了外交部西欧司司长，对法国政府原定同意向二汽轿车项目贷款一事做出保证。法国驻华大使馆商务处古乐专员 13 日也向经贸部贷款司提出 18 日上午见面，商谈法国政府为二汽轿车项目提供贷款的有关问题。我们希望经贸部贷款司在此次见面时能给予积极响应。

第二汽车制造厂 陈清泰

1989 年 12 月 13 日

蔡诗晴立即将陈清泰的来信转呈给机电部部长何光远和邹家华。邹家华批示：

即呈请李鹏、依林同志阅示。再转告计委、经委，如确实如此，我们也采取相应的积极态度。

法国政府虽然确认了以前的保证，但在经济利益上斤斤计较，专打自己的小算盘。12 月下旬，法方向中国驻法使馆转达法方提出的二汽雪铁龙合资轿车项目第一期工程的实施意见，但这一意见与以前的承诺有所不同。法方要求将第一期工程 15 万辆分成三段实施，每段 5 万辆。法方的这个意见无异于主动推翻此前双方共同做的可行性研究报告。同时，法国政府官员又公开表示对二汽雪铁龙轿车合资项目能否正常进行的怀疑。所有这些表明，法方之所以确认以前的保证，是为了拉住中方，保住法国政府在此项目上的踏脚石。提出变化的意见是想借用目前国际上于中国不利的形势，压制中方接受更有利于法方而不利于中方的条件。

法方的多变引起了中方的警惕。此时，国家计委已开始考虑编制"八五"计划，从国民经济全局和轿车发展全局考虑，12 月 16 日，国家计委副主任甘子玉在"八五"期间轿车发展安排的文件上批示：

"八五"期间，若三个大型轿车项目（上海、一汽、二汽）同时上，在技改配合上恐怕做不到。而贷了款不用又不可能，这种情况对考虑二汽何时上很有关系。请建秀同志阅示，请工业二司把小汽车的安排意见早日报告。否则一个一个定了，到年度又安排不了。

12 月 18 日，国家计委副主任房维忠也批示：

明年投资规模定了，"八五"前期的投资规模大体上只能维持这个水平。可以按此考虑汽车工业的建设。同意子玉意见。

12月25日，甘子玉再次批示：

三个轿车项目投资加起来达240亿元以上，还有不少配套项目的投资还没有考虑。如果三个一起上，都在"八五"期间建成，到明年技改资金就超过几十亿了。请算一下，除了用外资外，国内还要多少配套技改资金？另外，配套厂要多少技改资金？材料能否配套等。总之，"三大三小"应错开进度，一起上齐头并进是国力所不及的。

虽然国家计委对"八五"期间二汽合资轿车项目是否能与一汽、上汽同时上已经有所考虑，但这些仅仅作为编制"八五"计划前的思考和酝酿，并未对外公布，所以二汽仍在按照计划推进。

1990年元月3日，陈清泰再次致函蔡诗晴、何光远与邹家华。

蔡诗晴、何光远并报家华主任：

法国驻华大使马乐12月12日正式向我外交部递交了法国政府原则同意向二汽雪铁龙轿车合资项目提供政府贷款，并作为"法国各个优先项目中的首位"的正式承诺。二汽与雪铁龙的商务谈判已于12月21日对可供正式签约的合同文稿（英文本）进行了小签，商务谈判已基本具备正式签约条件。

合同文稿坚持了可行性研究报告批准的原则要求。由于本项目所需的外汇是由法方出资和法国政府提供的混合贷款解决，对实际需要的外汇和人民币在国家汇率调整后都没有变化，仅法方的注册资本将因汇率变化而减少，这部分外汇缺额需另增加法国政府贷款数额予以补足。利用外资数额将由可行性研究报告批准的3.7亿美元增加到不超过4亿美元。根据国家计委对可行性研究报告审批意见的精神，建议同意我正式签订二汽雪铁龙合资轿车项目的商务合同，以促进法国政府与我国政府尽快进行财政议定书谈判，落实政府贷款。

邹家华第二天就在这份报告上批示：

拟同意，总的是符合原批准的可行性报告，可以考虑签订合同，以利进一步进行财政贷款的谈判。请子玉同志批示。

但由于有了前面的想法，甘子玉的批示却是意味深长的：

工业二司准备一个轿车项目安排的意见，建议办公会讨论一次。

元月9日，在国家计委办公会上，工业二司副司长徐秉金拿出了一个较为详细的意见：

关于二汽与雪铁龙公司合作之事，我驻法使馆曾于1989年12月31日及1990年元月11日两次发电，致外交部、经贸部、机电部、中汽联。第一封电报谈到的主要内容是：法方提出了第一期工程分步实施的意见，即把原双方可行性研究报告确定的15万辆的规模分三个阶段实施，每个阶段5万辆。另外，法方官员表示，对我二汽上30万辆轿车有疑虑。第二封电报，使馆建议2月5日正式签署合同，使馆认为，如该项目由于我方原因而拖延，将对中法关系产生消极影响，不利于打破法对我的制裁，也有损于我国声誉。遵照子玉同志的意见，现将有关情况及我们的意见报告如下：

1.二汽和雪铁龙轿车合资项目无论从规模还是投资程度来看，都是新中国以来最大的一个合资项目，国务院领导和我委及有关部门极为关注，以最快的速度于1989年7月19日正式批准了双方联合制定的可行性研究报告，并准备尽早与法方草签合同。但法国带头对我国实行经济制裁，法方提出不能草签，故推迟到现在。电报中提到草签并封装合同初稿是不确切的，只是封装合同初稿，并没有草签。

2. 去年12月中旬，法方通过二汽向计委试探，要求将注册资本由原来规定的三分之一缩减为四分之一。我驻法使馆电报中也谈到，法方将一期工程的15万辆分三步实施，每步5万辆。并通过我使馆转达了法方的疑虑。如果是这样的话，那么就要重新修订双方共同制定的可行性报告，我方还要组织人员重新评估，等于推翻了以前所做的工作。所有这些表明，法方是在后退，不能不使人怀疑法方的合作诚意。

3. 落实法国政府贷款是二汽轿车合资项目合同正式签署的前提，签约必须按已批准的程序进行。由于法国政府带头对我国实行经济制裁，所以截至目前，法国政府贷款尚未落实。1989年12月12日，法国大使曾约见我国外交部西欧司司长，递交照会。其中谈到，两国政府重新进行财政谈判时，法国才能提供政府贷款，至于何时进行财政谈判，尚无法肯定，需要在欧共体12国之间进行协调后，法国才能确定财政谈判的具体时间，故法国政府贷款何时落实尚无法确定。

经国务院批准的可行性报告中明确规定："法国政府对东风-雪铁龙合资项目贷款还没有做出承诺，待法国政府正式承诺后，再补报利用外资报告；再经国家计委批准，才能正式签订合同。"目前一是贷款不落实，二是还未提出利用外资的报告，这种情况下草率签署双方的合资合同是不适宜的，也不符合国务院批准的签约程序。

4. 电报中谈道："如果该项目由于我方原因推迟，将对中法关系产生消极影响……"等。李鹏总理在1989年11月8日会见法国雪铁龙公司哈夫纳先生时就说"万事俱备，只欠东风"。这已经表明了中国政府对此合资项目的重视，充分表明了中方的合作诚意和急切愿望。但由于法国政府贷款不落实，已使该项目耽误了近半年的时间。因此，项目拖延的责任是在法方，是由于法国政府采取的经济制裁措施所致。在二汽轿车合资项目上，法方虽然表示信守承诺，但无实际行动，我方应利用二汽合资轿车项目打破法国政府的经济制裁，切忌造成我有求于他或急于求成的事态。

计委工业二司的这几条意见分析有理，得到了计委办公会的认同。二汽签署商务合同的要求只得暂缓。

计委办公会讨论研究了"八五"期间轿车发展的调整方案。"八五"计划期间，国家要求全部建成投产的基本建设大中型项目约为845个，建成投产的限额以上的重点技术改造项目约为374个。这么多项目要上，一汽、二汽的轿车合资项目能否一起上是讨论的焦点。根据"八五"期间总的盘子，属于工业二司负责的机电项目总投资只有28.9亿。这么点钱，连一个汽车项目都保不住，更不用说两个项目了。在国家拿不出那么多钱来支持两个轿车项目同时上的条件下，就只能用这笔有限的钱保证一家先上。讨论此问题时，一位干部发言："关于二汽的问题需要认真做一下工作，二汽的能量比一汽还要大，希望委内统一口径、向上反映，'八五'期间二汽不要上了，'九五'再考虑。"

另一位干部也说："目前确实到了决策的时候了。二汽合资项目的可行性报告已经批了，但不要拿外国人压我们。"其言外之意也是很明确的。

一位领导发言说："国务院定了三大三小，我们遭受了各方面的围攻，各个层次的人都来找我们。现在都要上，结果只能是谁也上不去。看准一个上一个，这样才能稳定一下。现在定了一汽，其他的两家都不服气。我们要顶住，把我们有限的资金用到一汽。"

根据一汽二汽两家的各种条件综合平衡，最后决定，"一汽优先"。办公会议原则同意：

"八五"期间建成一汽，二汽因为建设资金尚未落实而与一汽错开一段时间，以便于国家调整和落实资金。

至此，国家计委关于二汽雪铁龙轿车终于有了重要表态。

1990年1月12日，国家计委在给国务院《关于一汽与大众公司合资建设15万辆轿车项目可行性研究报告的审批意见》中明确提出：

我们认为，在1990年至1997年的8年里，一汽、二汽同时建设，在资金安排、配套建设等方面都存在一定问题。两个轿车厂的建设应有先有后，错开投资高峰。

比较一汽二汽轿车合资项目的条件，二汽要滞后一汽两三年的时间。从国内外客观条件出发，一汽轿车合资项目先起步，并在"八五"期间重点保证所需投资。二汽在"八五"期间主要做好前期准备工作，根据项目进展情况，在"八五"后期统筹考虑。

虽然已将意见上报国务院，但尚未形成正式文件。

1990年3月13日，法国驻华使馆商务参赞致函中国外经贸部贷款司司长称："法国政府现在希望就这个投资项目进行预评估"，并要求中方就汽车市场、税制、进口配额等几个问题进行承诺和表态。在贷款未定的情况下先就某些条件做出承诺，这实质上是向中方提出使用贷款的先决条件。国家计委外资司认为，这是没有先例的，法方的做法更引起了国家计委的警觉。此时，经贸部转呈来二汽雪铁龙轿车合资项目商务谈判合同文稿以及相关审批意见，在对商务合同文稿审议中，国家计委工业二司发现，除了上述问题外，该商务合同在几个重要问题上与国务院批准的可行性研究报告审批意见不符：

1. 关于注册资本。雪铁龙提出将注册资本减少到总投资的四分之一，这既不符合可行性研究报告，也不符合国家工商总局《关于中外合资经营企业注册资本与投资总额比例的暂行规定》。"暂行规定"明确要求"投资总额在3000万美元以上的，其注册资本至少应占投资总额的三分之一"。

2. 关于出口保证条件和外汇平衡。国务院领导同志多次明确指出："二汽合资轿车项目的出口问题是关键，这是我们合资建设30万辆轿车项目的基础，这个问题一定要解决好。"审批意见中规定："在合同条款中要明确法方对产品成本和产品质量应承担的责任，明确法方应承担产品出口的主要责任，明确双方可行性研究报告中确认的出口目标。到2010年，当年出口量应达到当年产量的三分之一以上。"而在商务合同文稿中，对法方在产品成本、产品出口应负的责任却没有具体要求。

审批意见中明确要求："合资公司建成后的外汇来源主要靠产品外销收入，内销收取部分外汇只是临时性的补充措施。因此，合资公司要努力增加产品出口，以平衡企业的生产用汇。"但在商务合同文稿中，却把合资企业产品内销收取外汇作为外汇平衡的实质条件，而没有明确法方承诺的出口保证条款。

3. 关于产品国产化。审批意见中规定：同意合资公司一期产品的国产化目标，投产时达到66%，"国产化工作要和进口散件计划及逐年生产计划挂钩，如果合资企业和二汽配套部分达不到合同规定的国产化率，要相应扣减进口散件计划和年度生产计划指标"。而商务合同文稿中仅以合资企业本身自制件的国产化率为考核标准，并与生产计划挂钩，未以可行性报告中提出的国产化目标与进口散件和生产计划挂钩。为此，国家计委建议经贸部按国务院对可行性报告的审批意见，对二汽雪铁龙合资轿车谈判商务合同进行认真审查。

根据国家计委领导同志批示的意见，在征求了中汽总公司和二汽的意见后，国家计委工业二司提出：

项目要拖到 1994 年后，这样贷款和合资均需重新考虑。这次法国特使来京，我方也很难提确意见。法国特使特别重视二汽雪铁龙合资项目，专门要求约见二汽陈清泰厂长。如果我变主意，势必造成思想上的紊乱。

鉴于二汽雪铁龙项目是按照中央批准部署，经过双方长期准备，中法两国领导人均较重视。，我们认为，在中央对这一项目没有新的指示前，对外口径仍按国家批准可行性报告不变，应尽快向法方正式提出贷款计划。

至于国内几个轿车基地在产品、资金、信贷上如何更好地统筹安排，我们将根据国内外条实情况提出报告，请国家研究确定。

蔡诗晴

1990 年 4 月 21 日

同一天，二汽厂长陈清泰的信也到了。

光远并家华同志：

二汽雪铁龙合资轿车项目严格按照国家规定的程序，每一个重要步骤都是在国务院领导和计委、机电部、中汽总公司等有关部委领导下进行的。可行性报告已于 1989 年 8 月经国家；商务合同已于 1989 年 12 月 21 日小签；经贸部已经对合同进行了预审；工艺设计、初计和设备订货谈判已经超前交叉进行；零部件布点已落实 116 家；襄樊基地的公用动力和设施已基本建成；武汉基地规划红线已划定，征地搬迁、"三通一平"的准备工作已经就绪，已经修进厂区。签约前的工作已经完成。

二汽轿车项目是国际瞩目的合资项目，对改善中法关系有重大的政治影响，两国政府十分。1989 年 11 月，李鹏总理接见雪铁龙公司哈夫纳先生时指出：中国政府支持这一项目的没有变，现在是"万事俱备，只欠东风"。邹家华国务委员也说："这个项目要走 100 米，已经走了 99 米，只差 1 米，就是解决贷款问题。"

在哈夫纳先生回国后积极推动下，1989 年 12 月 11 日，法国政府照会中国政府，同意对这项目提供政府贷款，并承诺作为"法国政府各个优先项目中的首位"。今年元月 9 日，法国政宣布停止向台出售军舰。之后，法国驻华商务处和财政部的官员就这个项目的贷款问题已与经贸部官员多次接触，希望中方正式提出这个项目所需贷款的用款计划。3 月 13 日，法国华商务处在中国政府尚未提出贷款申请的情况下，又来函表示："法国政府现在希望就这个项进行预评估"，希望了解中国政府对这个项目的立场，以便作为资金安排的依据。3 月 25 日，国议会代表团在武汉听取了二汽轿车项目的情况介绍，表达了法方对这个项目的关心。4 月日，法国总理特使将访华，特别提出要与陈清泰厂长会晤。这一系列行动都表明法方对这个目的重视和愿意促成的态度。另外，我们也从哈夫纳先生那里获悉，法国政府有关部门对这项目的支持态度没有变，希望中国方面予以积极响应，他们对近期落实政府贷款持乐观态度。实这个贷款，有可能成为打破西方对我经济制裁的突破口。如果由于我方原因拖延或推迟，对中法关系产生消极影响，也有损我国改革开放的形象，不利于打破西方的制裁。

……由于国际大气候的影响，建设进度已经推迟了半年多，如果我们再不抓紧时间积极推或者打算再推迟两三年，那么产品的优势将丧失殆尽。

……

鉴于上述情况，我们建议：

1. 对这个项目仍应坚持家华同志"两个不停顿"的原则，一方面，请各有关部门协同配合，正是由于法方对我国的经济制裁及对二汽轿车合资项目的消极态度，贻□时间，干扰了我国轿车发展的总体部署，责任全在法方。在这种情况下，中□车发展的总体安排进行相应调整。"八五"期间，考虑到国家的财力、物力及□不可能把国内外建设条件不成熟的二汽轿车合资项目作为发展重点，只能做□工作。

综上所述，对二汽轿车合资项目所需政府贷款申请的时机，我们赞成经贸□的意见，需做进一步的研究，以免造成我有求于人或急于求成的态势。具体□国内外情况酌定。

关于二汽轿车合资项目使用法国政府贷款的时间与额度问题。从时间上□的我国"八五"计划轿车发展的总体安排相一致，即二汽轿车合资项目于199□工作，1994年考虑开工建设。贷款额度要按照国务院可行性报告审批意见规□握。对经贸部签报中提出的5.62亿美元，在落实时应不超过批准的额度为宜□赠款，也应按照经贸部有关规定适量掌握。

对于二汽合资轿车项目进展而言，国家计委工业二司的这份报告无疑具□工业二司是国家计委负责汽车产业的职能部门，它的意见有着相当大的分量和□

二汽雪铁龙轿车合资项目久拖不决，法方也显得焦急。为修补因制裁受□月25日，法国参议院国防外交委员会主席勒卡尼埃率领法国议会代表团访华□了二汽合资项目的情况介绍。4月27日，法国总理特使访华，又特别提出要与□会晤。法国政府的一系列行动表明，出于巨大的经济利益，法国政府希望中法□力促这个项目成功。

4月19日，国家计委召集外交部、经贸部、中汽总公司等部门共同研究"□款情况"。计委在会上提出：鉴于二汽合资轿车项目的现状，以及国家的财政能□轿车项目错开安排，"二汽在'八五'后考虑"。

尽管只是讨论，但国家计委这个意见一提出来，最难以接受的就是二汽和□汽合资项目是中国现行轿车项目中最大的，但这个项目从起步就不顺，先是选□了一年多时间，好不容易与法国谈上了，但又停滞不前；好不容易法方想通了□济状况又无法承担两个轿车合资项目一起上的压力。

二汽是"三大"中最大的一家，也是唯一一家30万辆的合资项目，现在一□热火朝天，二汽这边却一拖再拖。好不容易法国方面有了动作，却又因为国内经□如此拖下去，项目拖黄了怎么办？

二汽的想法是，"八五"期间二汽合资项目一定要上。其实，鉴于国内轿车□求压力，国家计委也想一汽、二汽项目一起上。但国家的盘子里就这么多钱，□多少泥，与其两家都上，最后都上不去，还不如错开投资高峰，让有条件的一汽□

为了促使二汽雪铁龙项目能挤进国家"八五"计划的笼子，二汽和中汽总公□后急不可耐地同时给机电部部长何光远和国务委员兼国家计委主任邹家华写信。

光远并报家华同志：

4月19日，国家计委召集有外交、经贸以及我公司等有关部门参加的研究'□贷款使用情况"统一口径的会上，计委报告中对二汽与雪铁龙项目提出："二汽要在□（口头上讲是1994年后安排）。根据这一口径，据我们了解，外交、经贸等有关司□

积极做好对法工作，促进落实政府贷款；另一方面积极做好国内各项准备工作，力争基本按照可行性报告批准的建设进度实施。

2. 在法国特使来华前向法方提出项目的贷款用款计划，正式通报可行性报告批准的有关内容，以不失我方主动，坚定法国政府对这个合资项目的信心。

3. 建议李鹏总理和家华同志接见法国特使时，再次重申中国政府对这个项目的积极态度，也可给予必要的压力，告诉他们不要久拖不决。

陈清泰
1990 年 4 月 21 日

先后接到国家计委和蔡诗晴、陈清泰的报告，作为分管国家计委的国务委员，邹家华明白国家计委做出决定的无奈，也理解二汽此时的心情。从国家层面综合考虑，邹家华做出批示：

按照总理几次对法国情况的批示精神，应该有可能突破法国的制裁，可以把球踢过去。所以我和李岚清同志说，可以向法国政府正式申请二汽项目所需的政府贷款。至于具体内容和我方内部有什么问题，可以进一步研究。

"把球踢过去"是个比较好的办法，这样做可以逼出法国政府的真实动作。按照"把球踢过去"的指示精神，外经贸部开始启动向法国政府财政部申请二汽雪铁龙合资项目贷款程序。但法方反应迟缓，时隔半年，法方的回应才到。1990 年 10 月 5 日，法国驻华使馆就二汽雪铁龙合资项目再次照会中国外交部。

法国驻华大使馆向中华人民共和国外交部致意。并谨陈述如下：

1988 年 10 月，法国政府向中国政府表示，法国政府将积极考虑由二汽和雪铁龙公司在湖北省共建一家合资公司，实现年产量最终达 15 万辆的汽车项目。

法国政府继而于 1989 年 4 月和 12 月两次确认对该项目的关注，并希望直接根据该项目产品在中国市场销售的前景确定投资的数额和投资的时间安排。

1990 年 7 月，法国政府从在巴黎开会的二汽和雪铁龙公司得知，为明显减少初始投资，他们准备分阶段实施最终年产量 15 万辆汽车的项目。该项目第一阶段的总装能力为年产 3.75 万辆左右，但第一阶段的某些设施现在就应该按以后要达到的规模去安排，以便能用比第一阶段少的投资来完成以后阶段的工程。

法国政府同时得知，第一阶段的产量和在中国市场的销量实现后，两家合作企业将根据中国市场的实际需求量，共同审议未来几个阶段的生产和销售事宜，以逐步达到年产 15 万辆汽车的能力。

法国政府还从这两家合作企业得知，上述项目的一阶段工程建设需投资 46 亿法郎，其中约 23 亿法郎（按 1989 年 1 月 1 日的比价计算）为外汇，主要用于支付雪铁龙公司的转让许可证及其所需技术援助、培训和生产设备的费用。

法国政府认为，因该项目建设分阶段进行，减少了初始投资额，从而使两国政府支持的这一项目的商业和财政风险有所减少，并使两个合作企业能够着手签订建立合资公司的协议。

此外，第一阶段的投入还包括支付雪铁龙公司 3 年内向二汽出售 3.5 万辆 CKD 汽车散件以及在合资公司建厂期间由二汽组装汽车所需的外汇。这一阶段的外汇将按已告知中国政府的方式，即视情况用出口信贷或援助贷款解决。

两国政府在时机成熟进行财政谈判时，法国政府将同意把该项目列入新的法中政府议定书，其实施细则将在签字时加以明确。两家合作企业应在政府议定书签字前向法国当局确认：

所申请的资金基本上只能用于法国所提供的货物和服务；

所申请的资金绝大部分需用于合资公司与明确确定的法国企业间所签订的商业合同；

签妥确定两家企业间和两家企业与各方与合资公司间关系的全部商业协议。

法国驻华大使馆

1990 年 10 月 5 日

法国使馆的这份照会暴露出诸多问题，表明法国政府对合资轿车项目疑虑重重，所提贷款条件也更为苛刻，如只能购买"法国所提供的货物和服务"，"所申请的资金绝大部分须用于合资公司与明确确定的法国企业间所签订的商业合同"，有些已经违背了国务院批准的可行性报告的原则。

经贸部外资司认为：法国驻华使馆照会中分阶段建设方案违反了可行性报告的原则。如该项目改为分阶段建设，那么可行性报告需要重新编制。另外，在已小签封存的合同中，已写明了项目的支付数额和指定在法国雪铁龙公司购买 10 亿法郎的设备和工具等。在政府贷款尚未正式承诺的情况下，能否先签订商务合同还需认真研究。

国家计委外资司认为：在"七五"期间，我国政府利用法国政府贷款项目，如广西平果铝厂、广东抽水蓄能电站、黑龙江电话、湖南电话等项目，还有约 2.5 亿美元没有落实。如果法国恢复政府贷款，首先应该安排"七五"续建项目。另外，法国政府照会中，将二汽合资轿车项目分阶段实施，违反了可行性报告的原则，如按此方案实施，需要重新编制可行性报告。

国家计委工业二司也对法国政府照会提出诸多疑问，主要有：

1. 照会中所提分阶段实施，第一阶段仅 3.75 万辆，在中国市场销售实现后，再根据中国市场的实际需求来考虑今后的生产和销售方案，这从根本上违反了国务院批准的可行性报告的原则。按此方案，"八五"期间无法安排该项目的建设，也难以按经济规模考虑相应的零部件配套项目。

2. 在合资双方签订合资合同前，必须落实几个问题：

国内项目资金的落实。"八五"期间汽车工业的基本建设投资规模初步确定为 44 亿元（"七五"结转 16.7 亿元，一汽轿车项目 25 亿元）的基础上，至少增加 30 亿元（尚不包括轿车项目的支撑工程）和零部件技改专项贷款 5 亿~10 亿元。

法国政府贷款的使用条件。法国照会中对政府贷款的使用提出 3 个先决条件，这些条件显然会对合资企业使用贷款的采购范围和订货价格有很大的束缚，无法做到货比三家、择优而从。对此贷款使用条件要进行认真谈判。

二汽雪铁龙公司已小签封存的商务合同中写明，指定在雪铁龙公司购买 10 亿法郎的设备和工具。但据悉，目前法国能落实的设备仅占整个贷款的 20% 左右，如果雪铁龙公司提供不了整个合资项目所需的进口设备，那么合资企业就只能在第三国采购，而这笔资金必须落实。以免项目启动后因外汇问题再度受阻而搁浅。

国家计委主要职能部门提出的这些问题具体而细致，这些问题不搞清楚，二汽项目不能贸然决定。因为法国政府态度左右摇摆、政策反复多变，所以二汽雪铁龙轿车项目再显变数。

二汽轿车项目究竟要多少钱

由于资金紧张，一汽、二汽、上汽三个轿车项目不能同时上马，只能一汽先上，二汽项目错开时间，放到"八五"后期。为此，中汽总公司和机电部提出反对意见，此事一直反映到国务院。

国家财力有限，只能量力而行，但轿车发展又是国家重大战略决策，二汽轿车合资项目已经进行到关键时刻，如果因为资金问题停下来，很可能会错过宝贵时机。是上还是暂缓上？二汽轿车项目被列入国务院议题。1990年9月，国务院总理李鹏在中南海西花厅亲自召开会议讨论二汽轿车项目。参加会议的有李鹏、邹家华、甘子玉、徐秉金、李岚清、何光远、蔡诗晴等。

蔡诗晴代表中汽总公司首先汇报二汽与雪铁龙合资进展的情况。何光远代表机电部要求二汽轿车项目不要与一汽、上汽错开而是同时上。何光远与蔡诗晴汇报完后，李鹏要求编制"八五"计划的国家计委拿意见。国家计委参加会议的有三个人，邹家华是国务委员兼国家计委主任，甘子玉是国家计委常务副主任，徐秉金是国家计委工业综合二司（主管机械工业发展）副司长。

从宏观发展角度考虑，邹家华认为，发展轿车工业是国家的重大战略决策，尤其是在西方国家在经济上制裁中国，给中国造成暂时困难的背景下，更要全力发展自己的轿车工业，不光要挡住进口、节省外汇，还要能够出口换汇，更重要的是要使中国的汽车工业整体上一个台阶，从小学水平一跃为大学水平，为将来的发展奠定基础。从中国的国际环境考虑，促进二汽与法国雪铁龙合资轿车尽快落实，也有利于中国打破西方国家对中国的经济制裁。出于这些综合考虑，邹家华认为应该尽快将项目定下来："二汽轿车项目条件已经基本成熟，前期也做了充分准备，现在应该尽快将这个项目定下来。"

虽然邹家华有了原则性意见，但二汽合资轿车项目除了法国政府贷款外，也需要国家大量的投资。国家计委"七五"已经扫尾，"八五"计划正在制定过程中。根据正在编制中的"八五"计划，预计"八五"期间，国家要投入建设的大中型项目约为845个，重点技术改造项目约为374个。这批项目中，属于国家计委工业综合二司控制的机械电子行业基本建设总的笼子只安排了26.9亿，经过反复努力后追加了2亿，总计28.9亿。这么点的钱怎么够？一汽、二汽任何一家的建设资金就需要近40亿。何况机电项目并不全部是汽车，还有其他行业呢？

二汽与法国雪铁龙轿车合资项目是国家重点，一汽与德国大众合资项目也是国家重点项目，上汽项目也在建设，这些都需要大量的资金支持，凭着手里的不足30亿资金，要让这几个大项目同时上，钱从哪里来？巧妇难为无米之炊，这也是计委领导和工业二司极力建议二汽项目要与一汽项目错开时间的原因。

自从改革开放以来，国家经济发展经历过几次大的调整。1978年—1983年，由于希望快速发展经济，上的项目太多，基建投资过大、战线过长，由此造成经济过热、通货膨胀。为保证经济正常发展，国家采取"调整、巩固、充实、提高"八字方针，强制控制财政支出，相继停建缓建了一大批在建项目，当时，连尚未完全建成的二汽也被列入"停缓建"名单。1984年，中央提出"对内搞活经济，对外实行开放"方针以后，经济出现恢复性增长。这一年，国内生产总值（GDP）增幅达到15.3%，固定资产投资同比增长21.8%，基建投资同比增长23.8%，市场物价上升，经济再度出现过热。到了1985年，零售物价指数和消费物价指数分别高达8.8%和9.3%，基建投资同比增长42.8%，出现改革开放以来的第二次通货膨胀。不得已，国家再次实行货币、信贷"双紧"政策。到了1986年，过热的经济开始得到控制，经济再次上涨。1988年，全国的改革开始进入"价格闯关"，货币供应和信贷投放迅速增长，国民经济再次出现严重的通货膨胀，零售物价指数和消费物价指数分别高达18.5%和18.8%，国民经济遭遇了改革开放以来的第三次剧烈波动，国家被迫再次实行严厉的治理整顿，国民经济增长幅度随之大幅下滑，1989 年、1990 年的 GDP 增长仅有 4.2% 和 3.8%。根据中国的国情，为了保证足够的就业和财力增长，国民经济增长幅度不能低于 6%，不得已的情况下，国家再次放松银根，到了1991 年，基建投资又出现反扑势头。

一放就乱、一乱就收、一收就紧、一紧再放，在改革开放的摸索中，中国国民经济跟跟跄跄，走出一条明显的 W 型曲线，这种忽高忽低的经济曲线反映了中国国民经济基础不稳固，上下波动幅度太大也不利于国民经济平稳发展。作为国家经济的总管，国家计委参与了所有这些调控政策的制定与执行。国民经济每次出现剧烈波动时，国家计委就疲于应付，拆东墙补西墙，努力将"笼子"编好，争取国民经济在发展中不要出现大问题。现在编制"八五"计划，一定要吸取前面的教训，量入为出，类似于二汽合资项目这样投资几十亿的项目更是需要事前做出周密计划。如果事前没有资金安排，而是说上就上，势必造成中途做饭断火，形成"夹生饭""胡子工程"，既会给国家造成损失，又会影响合资项目进程，欲速则不达。正是因为考虑两个轿车项目同时上的投资强度过大，国家财力难以支持，国家计委工业综合二司才提出，一汽、二汽轿车项目的投资时间错开。

现在因为客观原因所致，二汽要求立刻上马的积极性很高，领导也表态支持，作为具体办事部门就不能不谨慎了。

邹家华发言后，李鹏问："计委还有什么意见？"

汇报前，李鹏要求机电部与中汽总公司算一笔详细的账：二汽轿车项目究竟需要多少钱？机电部与中汽总公司的汇报中说，二汽雪铁龙合资项目需要国家投资 23 个亿，到 2000 年，可以向国家交出两家 15 万辆轿车生产厂。但计委常务副主任甘子玉和负责此项目的工业二司司长徐秉金对这个数字却有不同的看法。他们认为，中汽总公司汇报的数字太虚、水分很大，有些需求没有计算进来。以一汽大众合资项目为例，一汽大众 15 万辆的轿车项目就需要 43 亿元，而二汽项目比一汽项目大一倍，却只要 23 亿元，这怎么可能呢？无论怎么计算，23 亿根本不够建成年产 30 万辆的轿车厂。在汇报时将项目资金"缩水"，先争取项目立项，进入国家计委的"笼子"，等到项目展开后，资金不够再向国家要求追加，这就是"钓鱼"。为了让自己的项目能够列入国家计划，这是许多部门常用的做法；这也是许多项目进入国家计划后，由于资金不足而难以为继，最后成为"半截子工程"或"胡子工程"，迫使国家治理整顿的原因。

面对总理的提问，甘子玉说："二司负责这个项目，请徐秉金说吧。"

目光都集中到了徐秉金身上。为了一汽轿车项目，徐秉金经常到一汽去，也经常与一汽的耿昭杰在一起算账，所以对一个大型轿车项目需要多少钱，他心中有数。他认为，一汽的条件不比二汽差，甚至还要强过二汽；德国大众给出的条件不比法国雪铁龙差，甚至还要更优惠。就是这种条件，一汽也要花 43 亿元，二汽 23 亿元怎么拿得下来呢？但领导已经表了态，自己如果照直说不行，岂不是与领导唱反调？更何况机电部与中汽总公司又坚决要上。徐秉金略加思考后说："如果情况真如一机部与中汽总公司的汇报，投资 23 个亿就能建成两个 15 万辆的轿车项目，那当然很好。我建议，就按照他们的意见，将这个项目承包给他们，我们计委想法将23 亿资金挤出来。但他们必须立下军令状，就这些钱，到 2000 年前，向国家交出两家 15 万辆的轿车厂。"

这句话当然是话里有话，在场的人谁都听明白了。

作为国务院总理的李鹏当然更清楚徐秉金的话外之音。李鹏说："看来这个项目汇报还不成熟，这个项目今天还不能定，请机电部和中汽总公司重新做一个详细的汇报方案，下一次拿到国务院常务会议上审议。"

一周后，国务院在怀仁堂召开总理办公会。参加会议的有总理、副总理、国务委员、各部部长，以及有关部门的工作人员。召开会议时，各部委领导都坐在前面，甘子玉与徐秉金代表国家计委参加。这次徐秉金多了个心眼，他没有与甘子玉坐在一起，而是找了个不起眼的角落坐下。

机电部与中汽总公司再次就二汽轿车项目进行汇报。汇报内容与前一次相比基本没变。汇报结束后，财政部等相关部门的领导均表示，只要 23 个亿就能建成两家 15 万辆的轿车厂，轿车厂建成后 2/3 可以出口换汇，这是件大好事，我们坚决支持。会场上气氛很热烈。大家发言完了后，和前一次一样，李鹏问："国家计委什么意见呐？"

国家计委是国务院最重要的综合部门，对于大型项目投资有一票否决权。甘子玉与徐秉金分坐在两处，现在听到李鹏总理发问，邹家华瞅着甘子玉，甘子玉则远远地目视徐秉金，意思是让他发言。

徐秉金知道甘子玉的意思，但机电部与中汽总公司的汇报与上次的汇报完全一样，现在大家都说好，他一个司长能说什么？于是低着头装着没看见。看到计委没人发言，李鹏再次说："计委必须要发表意见"。

眼看躲不过了，甘子玉只得说："这个项目上次在总理家已经研究过一次，当时总理要求机电部和中汽总公司将报告再修改一下，但今天听完后觉得和上次的内容一样。我们计委的意见也还是和上次的意见一样，二汽轿车项目如果要干，就承包给一机部和中汽总公司。"

甘子玉一说完，怀仁堂里顿时哄堂大笑。徐秉金在总理家说承包给机电部和中汽总公司是委婉地表示不同意见，现在在总理办公会上说承包给机电部和中汽总公司，虽然也是表明了不同意见，但在如此正规的会议上提出让国务院一个部门承包一个工业项目，则是从来没有的事。

李鹏当然听出甘子玉的意思了，他说："原来说让机电部和中汽总公司对方案做一些修改，看来你们还没有修改，那这件事情暂时不定了。"

邹家华分管国家计委和国家机械工业，对轿车项目盯得很紧，两次总理办公会定不下二汽的轿车项目，这让他很生气。会议一散，性格温和、从不发脾气的邹家华很不客气地批评了机电部与中汽总公司的负责人："叫你们修改方案，你们为什么不修改？就这样还想拿到总理办公会上来糊弄？"

徐秉金自从参加工作起就在邹家华的领导下工作，是他的老部下。邹家华非常了解他遇事认真、从不敷衍塞责的性格，从这几次徐秉金"诤言进谏"看出，机电部与中汽总公司的汇报恐怕有问题。但二汽项目事关国家打破西方制裁和中国汽车工业长远发展的大事，不能不上。他对徐秉金说："你们不是对他们的方案有不同意见吗？那好，你去给他们算算账，看看二汽项目究竟要多少钱？3 天之内拿出方案来。"

领导点了将，徐秉金不得不照办。按理说，将人家的预算推倒重新核算，这是件很得罪人的事，因为要给人家重新算账就带有查账的意味，一般不太会这么做。但现在涉及国家计划的"笼子"，涉及国家大原则，徐秉金也就管不了那么多了。他受命带领二司的干部陈建国、陈斌、李刚三人来到二汽驻京办事处，让二汽将所有的轿车合资项目预算全部搬来，从头开始一笔一笔细细算来。几个人关在屋里翻箱倒柜整整干了三天三夜，对二汽建设需要的资金情况做到了心中有数，然后又与计委的投资司、长期司、外资司以及机电部、中汽总公司、二汽领导一起反复算账，最后总算达成一致意见。徐秉金连夜写出报告。

建秀、子玉、维中同志并报家华同志：

根据国务院领导同志关于"八五"期间轿车项目建设的指示精神及对一、二汽轿车项目的安排意见，我们在 11 月 7、8 两天上午，会同委内长期司、投资司、外资司、机电部、中期总公司及二汽厂领导，结合"八五"期间汽车工业发展规划，具体研究了一汽、二汽轿车项目如何建设的问题。会议期间，中汽总公司正式提出了《"八五"期间汽车工业基本建设安排方案》及两个轿车项目的投资安排意见。经研究，我们认为，该方案有不足之处。如在考虑两个轿车合资项目投资的安排上平行推进，年度贷款未能平衡，利用外资未考虑已明确变化的汇率，实际差额达到 9.8 亿元，在年度投资安排上考虑项目建设的实际需要及企业自筹能力不足。我们又和一汽、二汽领导对年度投资及企业资金落实情况进行了深入、细致的研究，现将我们拟定的初步安排方案及我们的意见报告如下：

一、方案安排依据

1. 保一汽、二汽及重汽、南汽合理工期，"七五"结转项目在"八五"前期建成投产，及早发挥效益，为轿车项目可靠地筹集资金。

2. 根据国务院领导关于两个轿车项目都要考虑、错开投资高峰、一汽先出车的精神，安排两个轿车项目的建设进度。

3. 在不违反两个轿车项目执行对外合同的条件下，并根据目前二汽轿车项目前期工作由于法国政府的经济制裁已滞后一年半左右的实际情况，错开投资高峰，国家贷款前三年重点保一汽，后两年保二汽，二汽前两年主要利用外资和企业、地方自筹。

4. 两个合资企业必须严格按照国务院批准的可行性研究报告中主要条款进行建设。

二、方案安排意见

1. 总的情况。"八五"期间汽车工业基本建设总投资需要 92.05 亿元，其中贷款 24.49 亿元、利用外资 33.02 亿元、自筹 27.84 亿元、预算内资金 6.7 亿元。总投资中，扣除利用外资，实际需要国内资金规模为 59.03 亿元，其中"七五"结转 9.63 亿元、"八五"新开项目 49.4 亿元。两个轿车项目总投资 70.5 亿元（包括轿车支撑项目 9.1 亿元），其中利用外资 32.8 亿元、贷款 19.2 亿元、自筹 18.4 亿元。

2. 两个轿车建设进度安排。一汽轿车项目国家原批准可行性研究报告为 1990 年开始建设、1994 年建成，现在推迟到 1991 年开始，并力争在 1994 年建成。二汽轿车项目国家原批准可行性研究报告为力争在 1993 年建成，根据目前实际进展情况，安排 1991 年开工，争取在 1995 年投产。

我们认为此方案可以保证"七五"期间结转项目按期建成，为企业积累资金创造条件，同时还可以满足两个轿车项目"八五"建设的需要，基本符合项目建设进度要求。国家贷款年度可以错开高峰，企业自筹也能赶上年度需求，项目可以在规定的期限内建成，产量基本能满足国内市场对轿车的需求，挡住进口。

三、投资规模及资金落实情况

1. 投资规模落实情况……两个轿车项目投资规模缺口为：贷款 5.49 亿元（一汽轿车支撑工程 3.59 亿元，二汽轿车支撑工程 1.9 亿元），利用外资 30.02 亿元（一汽 11.32 亿元，二汽 18.7 亿元），自筹资金 8.09 亿元。

2. 资金落实情况。已落实利用外资 33.02 亿元，自筹资金 27.84 亿元，贷款 19 亿元。预算内资金 2.38 亿元，合计 82.24 亿元。资金缺口为 5.49 亿元。也就是说，国家只要再拿出 5.49 亿元贷款，就可保证两个轿车项目的实施。

四、需要解决的问题

1. 增加全行业基本建设投资规模 47.92 亿元。

2. 增加贷款 5.49 亿元及预算内资金 4.32 亿元。

3. 1991 年投资规模，按委内初步确定的 6.5 亿元，还缺 5.1 亿元。

五、我们的意见

"七五"期间基本建设总投资完成了 23.5 亿元，在投资司的大力支持下，"八五"初步确定总规模为 44.13 亿元，已有大幅度的增加。

鉴于国家已批准两个轿车合资项目的可行性研究报告，以及目前国内外实际进展情况，两个合资项目在"八五"规划中都要相应考虑。尽管我们已对"七五"结转、"八五"新开项目在投资规模上做了尽可能的合理压缩，但由于两个轿车投资规模较大，在错开投资高峰的前提下，仍需增加投资规模 47.92 亿元，其中利用外资 30.02 亿元、贷款 5.49 亿元、自筹 8.09 亿元、预算内 4.32 亿元……考虑到按合同规定，1991 年，一汽、二汽都必须投入资金、都要开工。我们认为，规模和资金缺口可采用与地方协商、调用地方规模或适当增加年度规模予以解决。此外，为了满足一汽、二汽轿车合资项目建设进度，保证国产化目标的实现，还需要在技改资金中增加 8 亿~10 亿元的专项贷款。

此方案可以满足……两个轿车项目"八五"建设的需要，基本符合项目建设进度要求，国家贷款年度可以错开高峰，企业自筹资金也能赶上年度需求，项目可在规定的期限内建成，产量能基本满足国内市场对轿车的需求。

工业综合二司徐秉金

1990 年 11 月 13 日

这份报告意味着，经过调整投资规模，一汽、二汽两个轿车合资项目勉强可以同时上，但必须要错开投资高峰。至此，二汽合资项目建设的算账问题才告一段落。

围绕着二汽轿车合资项目，国家计委与机电部、中汽总公司有着很多认识与做法上的冲突，徐秉金回忆：

在"算账"之前，当时中汽总公司急于要上二汽轿车项目，为了能让可行性报告通过，说了一些与事实不符的情况，但国家计委外资司负责人指出，中汽总公司的说法与事实不符。双方各陈己见，中汽总公司与国家计委的意见一直难以统一。意见不统一，计委就不能立项；计委不能立项，二汽合资轿车项目就无法进展。邹家华很着急，专门到二汽考察，了解实际情况。为了能让邹家华了解到真实情况，1990 年 11 月 7、8 两天，我召集国家计委工业综合二司、长期司、投资司、外资司、机电部、中汽总公司以及二汽负责人开会。会议开始前，我不客气地说："二汽轿车项目是国家重要项目，要向领导反映真实情况，以便于领导做出正确决策。有些人爱说假话，这很不好。今天开会，大家敞开发言，但条件是都要讲真话，我们不搞笔录。"我拿出个录音机往桌上一放："咱们以录音为准。"一时弄得气氛很僵。

在会上，我指出中汽总公司《"八五"期间汽车工业基本建设安排方案》和一汽、二汽两个轿车项目的投资安排意见存在很多问题。例如，将一汽、二汽两个轿车项目投资进度平行安排未能均衡年度贷款，也未能考虑国家计划的笼子；在利用外资方面未能考虑汇率变化，实际差额竟然接近几十亿元。两个轿车项目，尤其是在二汽轿车项目年度投资安排上未能考虑项目建设的实际需要，二汽合资轿车自筹资金能力不足等问题。

李鹏总理和家华同志对二汽轿车合资项目高度关注，根据他们"两个轿车项目都要考虑，错开投资高峰，一汽先出车"的指示，我们将国家贷款前3年重点保一汽，后两年保二汽。二汽前两年主要靠利用外资和企业地方自筹资金建设。这样才解决了二汽建设的资金问题。

法国雪铁龙方面显然知道中方关于二汽轿车合资项目的进展与争论，为了不使这个项目"流产"，他们也加紧了对法国政府施压。10月24日，法国财政部官员就向中方重申：一旦合资公司成立，即可商签第一阶段所需的24.2亿法郎的财政议定书，并将采用新的程序，对此项目的贷款在1991年一次性拨付。

为了打消法国的担心，促进二汽轿车合资项目的进展，10月31日，李鹏总理接见了法国雇主协会代表团成员、雪铁龙公司总裁代表哈夫纳。李鹏总理重申，中国政府对此项目仍持积极态度，希望法方拿出实际行动，促进项目取得进展。11月1日，国务委员邹家华接见哈夫纳，除了表示中方支持项目进展外，也给法方施加了压力：合资双方的商务合同完成后可以签约，但在合同条款中应注明：如果政府贷款不能落实，则合同失效。

这些信息被迅速反馈给法国政府并触动了法方敏感的神经，法方立即采取了行动步骤来促进合资进程。11月26日，陈清泰致电邹家华：

邹家华国务委员：

雪铁龙公司总裁代表哈夫纳先生随法国雇主协会代表团访华后，11月23日，PSA集团总裁卡尔维先生给我来信，信中说：合资合同中"决定性的一步已经完成"，一旦合同文本的具体工作做完，我们就可以签订合同，"以使中国政府能与法国政府商讨法国政府贷款这一重要问题"。

鉴于合同中的主要问题都已解决，法国政府贷款已得到正式承诺，雪铁龙方面明确表示同意签约。双方初步商定12月8日在北京正式签订合同。

届时希望您和李鹏总理接见中法企业领导并参加签字仪式。

陈清泰
1990年11月26日

国际形势的好转和国家计委"算账"的结果令对二汽合资建设项目高度关注的邹家华稍感安心。当日，邹家华即将国家计委的报告和陈清泰的来信转呈国务院总理李鹏。

李鹏同志：

根据你主持二汽发展轿车会议的精神，国家计委有关同志又进行了测算和安排，内外资金基本落实，笼子略有超过，四五年内可以及时调整。一汽、二汽投资高峰可以错开，总的来看是可以的。

你指示工作可以继续进行，所以二汽厂长陈清泰继续和法方在这一段时间里就合同问题也都谈完了。最近法厂方又来信表示同意近期签字，并准备来京参加仪式。

我认为，经过这一段工作条件基本成熟，特别是现在签订这个合同，一方面是利用法国允诺贷款这个机会，另一方面也是对西方制裁的一个大突破，对欧洲其他国家放松贷款也将是一个推动。经过几年建设后，我国可以自给小轿车，还可以期望出口小轿车，现在签字不会有大的风险。建议批准，以利做好签字准备工作。

关于和法国政府商议此项目的财政议定书，我已和岚清同志商议过，正在进行准备，待签字后即可正式进行。

邹家华
1990年11月26日

经过一年多的磨合调整，二汽雪铁龙合资轿车项目终于见到了启动的曙光，但在以后的发展再次验证了中国的成语"好事多磨"。

法国不是省油的灯

12月的巴黎虽然已经是冬天，但海洋性气候却使得巴黎冬天不冷、夏天不热，也使得浪漫的法国女性在冬天仍然能够身着一袭长裙，始终保持着优雅迷人的风韵。

按照中法双方的商定，二汽雪铁龙合资轿车项目签字仪式在巴黎举行。1990年12月17日，陈清泰率领二汽代表团一行12人抵达巴黎。临行前，二汽向国家计委报告此去将要与法国雪铁龙公司草签协议，请国家计委派领导参加。国家计委立即通知正在美国出差的工业二司副司长徐秉金从美国直飞巴黎，代表国家计委参加签字仪式。同时代表中国政府参加的还有经贸部投资司司长吕振。

到达巴黎后，二汽代表团一行来不及倒时差，当天就开始繁忙的公务活动，首先拜会中国驻法大使，紧接着会见雪铁龙总裁代表哈夫纳，随后与PSA集团总裁卡尔维会见。按照中方的要求，第二天，二汽代表团参观了雪铁龙技术中心实验室，在这里，他们像端详新娘一样，从内到外仔细地把将要合作生产的ZX系列轿车看了个透。

为了表示对中国客人的欢迎，浪漫的法国主人在巴黎塞纳河上举行游艇晚宴。傍晚的塞纳河碧波荡漾，两岸建筑上的灯光倒影在河水里，闪闪烁烁，悠扬的乐曲回绕在塞纳河上空。突然一声轰响，塞纳河两岸焰火升腾——为了显示热情，法方专门安排了焰火表演。随着声声巨响，夜空里五彩缤纷、星光灿烂，更增添了浪漫之都巴黎的绚烂色彩。装饰一新的豪华游艇在清波中缓缓前进，宽敞的游艇大厅里摆放着长长的餐桌，身着黑色晚礼服的主人脸上堆满了笑容，手举斟满香槟的酒杯频频与客人互相祝贺，琥珀色的香槟酒泛起白色的泡沫，大厅里弥漫着浓郁的酒香。经历过重重坎坷的合资项目终于到了签字的时刻了，主客双方都显得格外轻松。

在法国媒体的包围下，陈清泰接受了采访，发表了热情洋溢的讲话。媒体也没有放过代表国家计委参加的徐秉金。法国记者问徐秉金对二汽雪铁龙轿车合资项目的看法，徐秉金回答："中国政府积极支持中法企业合资建设轿车项目，我代表国家计委前来出席就是证明。但我有一条必须申明，法国政府承诺的贷款必须落实，如果贷款不能落实，即使草签了协议也不会生效。"

19日，中方代表团参观了昂内工厂的ZX轿车生产线。昂内工厂的车间里，二汽代表认真察看焊装、总装和试制生产线。当天晚上，巴黎最著名的香榭丽舍大街豪华的勒多雅安饭店里灯火通明、珠光宝气，大厅里人头攒动、气氛热烈。在新闻媒体的簇拥下，中法双方代表来到会议桌边。法国政府总理办公室、外交部、工业部、财政经济部、外贸部都派出代表参加签字仪式，法国驻华商务参赞也专程从中国赶来参加签字仪式。中国驻法使馆代办、商务参赞、国家计委代表、经贸部代表也出席了签字仪式。法国雪铁龙公司的哈夫纳和中国二汽的陈清泰庄重地在合资协议上签字，随着他们手起笔落，大厅里响起热烈的掌声，中国第二汽车制造厂与法国雪铁龙汽车公司合资生产轿车的项目终于尘埃落定。双方签约的合同为第一期工程，目标为年产15万辆C级普通型轿车，最终目标为年产30万辆C级和B级普通轿车。

合同签字的当晚，巴黎各电视台、电台即时播出了中法双方合同签字的消息。第二天，法国各主要报纸都刊登了消息及文章。《欧洲时报》在《法中经济合作的大手笔》一文中写道：

法国雪铁龙公司与中国第二汽车厂在巴黎正式签订了合资生产质优价廉轿车的协议。这是法中两国最大的合作项目……法中两国经济关系从发生困难到很快走出低谷的变化，使我们看到了这样一个事实：从中国来说，只要社会内部安定、政治经济稳定、改革开放政策不变，就不愁外国商人不来。对法国来说，有远见的政界人士始终看好中国这个庞大的市场。这次法中两国在汽车工业领域里合作的产物"神龙汽车公司"的正式成立就是一个很好的说明。

《费加罗报》的标题是《ZX 将雪铁龙公司带到了中国》，《经济报》的标题是《雪铁龙公司脚踩刹车回到中国》。

根据程序，二汽轿车合资项目下一步的几项工作是，1991 年元月，法国政府财政部对合资项目进行贷款前评估，中国经贸部向法国政府提交贷款方案，中法两国政府财政议定书谈判。只有这几项工作都完成了，二汽轿车合资项目才能继续前行。

落实二汽轿车合资项目贷款仍是合资成败的关键问题。尽管双方的合同里明文规定"贷款不落实，合同不生效"，但法国政府关于贷款问题的立场仍然有微妙变化。距离合同签字不过一个月，1991 年元月 31 日，法国财政经济部对外合作司司长黑蒙与中国经贸部贷款司吕振司长会晤时便称："法国政府已对二汽项目做出预算，但只能按 1988 年的水平提供政府贷款，据测算只有 16 亿法郎，这与二汽合资轿车项目需要的 23 亿法郎政府贷款有 7 亿法郎的差距。法方建议以出口信贷补充，但贷款利率由 2% 提高到 8%，还款期由 30 年变成 10 年。"

法国人不光生性浪漫，在生意上也精明过人。法国政府实际上是在贷款问题上玩了个花招，原来承诺的 23 亿法郎政府贷款是由 52% 的软贷款和 48% 的出口信贷组成，现在则变成了 37% 的软贷款和 62% 的出口信贷。软贷款条件是年息 2%，还款期限 30 年；而出口信贷年息 8%，还款期限 10 年。两相比较，法方占了中方的大便宜，而中方的财政负担又要加重了。

法国政府这一手搞得中方非常不高兴。中方提出，可行性报告是双方共同拟定的，现在法方条件发生变化，我方要做工作，雪铁龙公司也同样要做工作。

在此之前，1991 年元月 20 日，受法国政府委派，法国专家希戴内、林祥泰来华做贷款前的评估工作，这是中法政府财政议定书谈判的前提。中方对这两个法国人给予了最热情的接待。两人除了在北京与有关方面谈判外，还参观了一汽奥迪项目、上海桑塔纳、广州标致、二汽武汉基地和襄樊基地。两位法国人从东到西、从南到北，几乎游遍了大半个中国。2 月 2 日，两人酒足饭饱，带着中方的希望飞走了，临走时表示，要促成法国政府贷款尽快落实。

就他们两人还在中国转悠时，元月 29 日，法国外贸部长罗什又兴冲冲走下飞机旋梯，踏上中国的土地。改革开放的中国前进步伐太快，一大批建设项目陆续推出，法国倚仗自己科技发达、资金实力雄厚，为了挣钱，几乎什么都想要。邹家华在人民大会堂会见罗什时，向他展示了手头上的待建清单：汽车方面，中国不仅有二汽，还有广州标致；在电力合作方面，秦山核电站、大亚湾核电站二期工程、抽水蓄能电站、广州地铁、稀土合作等。在罗什眼里，中国的每一个项目都是流金淌银的宝贝，他希望将这些项目都装进自己的行囊中。

在中国二汽与法国雪铁龙合资项目签署后，1991 年法国政府批准向台湾出售"拉斐特"军舰，1992 年批准向台湾出售"幻影 2000"战斗机，严重影响了中法关系。

对法国的错误行为，中方做出强烈反应：撤销部分拟议中与法方合作的大型项目，如广州地铁、大亚湾核电站二期工程、购买法国小麦等；不再与法国商谈新的重大经贸合作项目；严格控制两国副部长级以上人员的往来；立即关闭法国驻广州总领事馆。

中国的做法让法国认识到，法国必须为自己的错误行为付出更为沉重的代价。

期间二汽雪铁龙项目虽然没有停下来，但进展也明显缓慢下来。等到中法关系重回正轨，二汽轿车项目已经停滞了4年多。

从1988年二汽与雪铁龙公司接触开始，直到1992年5月18日，神龙汽车有限公司才成立。1993年元月、3月，神龙汽车公司武汉工厂和襄樊工厂分别奠基开工。1995年9月，神龙汽车有限公司生产的第一辆富康轿车终于走下了生产线。这与原定1992年投产的规划晚了三年多。

1998年2月27日，神龙汽车有限公司与香港索菲纳有限公司在武汉签署首批12辆神龙富康轿车的出口合同，这是在"进口替代"口号下建设的二汽轿车合资企业第一次出口，如此的出口数量让人们对当年"进口替代"口号再次进行了反思，12辆这个数字与当初声称2/3出口的承诺也让合资项目的当事人与推动者备感尴尬。

2000年11月，二汽雪铁龙合资项目一期工程通过国家竣工验收，实际完成投资131亿元，大大超出二汽当年给国家上报的《可行性研究报告》中的61.4亿元。2004年元月，二汽30万辆轿车工程奠基开工，预计2006年完工，大大晚于二汽当年给国家上报的"可行性研究报告"中所保证的完工时间。

二汽雪铁龙合资轿车项目，起了个大早却赶了个晚集。

神龙争夺战

二汽要与法国合资生产轿车的消息一传出，便引起了全国各地的高度关注。一个年产30万辆的轿车厂放到哪里，对那个地方经济的拉动作用是明显的，上海和一汽便是榜样。于是，各地围绕着二汽轿车厂的定址展开了激烈的争夺，各地挖空心思、想尽办法、拉上各种关系，甚至派出"侦探"，随时了解二汽和中央的任何动向，以便随时采取对策，说这是一场争夺战一点也不过分。

当时全国共有12个省来争夺，12个省的省委省政府领导带队来二汽找总经理陈清泰。江苏省领导甚至带了南京市歌舞团来到二汽慰问。面对各省纷纷抛出的绣球，根据各方面的基础条件，陈清泰在这12个省中筛选了3个省，即江苏、湖南、湖北，然后上报国务院。根据当时的激烈情况，他也无法决定到底放在哪里。时任国务院副总理李鹏亲自过问此事，李鹏专门把中汽公司总经理陈祖涛找去："祖涛啊，这个问题很重要，你得亲自去选址。"

陈祖涛回忆道：

李鹏将我找去，要我亲自去选址。当时，二汽轿车厂厂址的争夺几近白热化，这么大的事，我可做不了主。于是我请示李鹏："这3个省你看定在哪里，你给我交个底，然后我再选。"

李鹏的回答也很有意思："选一个交通发达，位于中国中心地带的省。"

听了他的话，我心里明白了几分。

陈祖涛带队首先来到湖南。湖南是中国革命发祥地，为中国革命做出过独特的贡献，在中国老一辈革命家中，毛泽东、刘少奇等一大批革命领袖都是从三湘大地走向全国。但由于多方面的原因，在国家经济建设布局中，湖南一直没有得到过中央的大型项目，导致湖南的重工业基础相对薄弱。当年，李富春曾设想二汽建在湖南，并命名为"毛泽东汽车厂"，一机部也曾派人到湖南等地踏勘厂址，但湖南最终与二汽失之交臂。这一次湖南以照顾革命老区、平衡全国经济布局为由，极力争取将二汽轿车厂放在岳阳。省委书记熊清泉、省长陈邦柱等省里的要员陪同陈祖涛在岳阳考察。

岳阳地处长江边，襟三江而带五湖，八百里洞庭直逼岳阳城下，登上岳阳楼，放眼四望，烟波浩渺、水天一色。虽然岳阳的交通条件较好，建厂也有用水之便，但岳阳的工业基础落后，尤其是缺乏汽车零部件基础。在这里建设一个年产30万辆的现代化轿车厂，基本上相当于白手起家，建设投资是个大问题。陈祖涛在岳阳看完后，没有表态。省委书记熊清泉很精明，他明白湖南的基础条件比不过其他地方，但湖南有湖南的优势，那就是极为深厚的中国革命领导人的人脉。看到湖南可能要落选，熊清泉便找到了帅孟奇。帅孟奇是著名的老一辈革命家，1926年参加革命，党的中共十一届三中全会后当选为中央纪律检查委员会常委、第五届全国政协常委，中央组织部顾问。由于帅孟奇为人刚正不阿，在党内受到广泛尊敬，人称"帅妈妈"。陈祖涛早就认识帅孟奇，1951年回国后，帅孟奇就代表中组部管理他们这些归国留学生。她在陈祖涛面前说话是有权威的。

陈祖涛一回北京，帅孟奇就把他找了去。帅孟奇的家在中组部后面的一个四合院里，陈祖涛去了一看，湖南省省委书记熊清泉也在座，他心里就明白了。帅孟奇对他说："祖涛啊，你可知道，我们湖南出了多少中央领导，从主席到少奇同志那可是数也数不清，但他们工作都面向全国，没有给我们湖南任何项目，所以我们湖南经济落后了。这回二汽轿车这个项目，你可得照顾湖南呐。"

陈祖涛当时比较为难，自己走时专门请示了李鹏，李鹏也有了原则意见，自己总不能违背总理的意见乱表态。于是他说："帅妈妈，您老的话我当然要听，但我这次是受命选址，这次只看了湖南，还有几个省都没有看，怎么能定呢？您的话我记住了，等我看完了其他几个省后，向中央汇报时综合考虑。您看行吗？"

帅孟奇到底是老革命，见陈祖涛这样说了，连声说好。

到了江苏，陈祖涛也遇到了难题：江苏力争将把这个项目争取放到镇江。镇江是苏南地区沟通大江南北的重要城市，位于长江下游南岸，西接南京、东临上海，与苏、锡、常毗邻，北与扬州隔江相望，长江和京杭大运河在此交汇，是长江三角洲一座集港口、工业、商贸为一体的中型城市。具有发展经济贸易所必需的港口、水源、能源等组合优势。江苏省的汽车配件企业密集，经济实力雄厚，20世纪70年代，国家筹建三汽时，镇江就是主要候选地，后来因为三汽下马，镇江错过了这一时机，现在又有了这一机会，江苏表示要动员全省的力量，全力争取二汽轿车厂落户镇江。江苏的两位副省长曾经和陈祖涛一起在大连学习过，他们一见陈祖涛就说："老同学，这次你可要照顾我们江苏，这个项目无论如何要放在我们江苏。"无奈之下的陈祖涛也是拿出"看完了才能定"的挡箭牌才过关。

第三站到了湖北武汉。与镇江和岳阳相比，武汉的优势明显。武汉地处中国的中部，是著名的经济、文化、商业城市。30万辆的现代化轿车厂，原材料运进，产成品运出，对交通运输条件有着极高的要求，而武汉首先就满足了这一点。武汉自古就是"九省通衢"的水陆码头，波涛滚滚的万里长江西起重庆顺流而下，经过武汉，在上海汇入东海，连起中国大、中、小近百座城市，形成著名的长江经济带。京广铁路与长江在地理位置上形成十字交叉，从南到北连接起首都北京和改革开放的前沿广东。将要建设的高速公路网连接湖北周围的湖南、江西、安徽、河南和湖北省内的黄石和宜昌，而航空更是四通八达，这种交通条件完全能够满足大规模工业生产建设所需的物流要求。其次是具有雄厚的经济基础。武汉有武钢、武锅、武船、武重等一大批中国重要的大型骨干企业和一批新兴的高科技企业，已建成的葛洲坝和将要建设的长江三峡电站能够保证生产建设时的物资和电力的需求。另外，武汉提出建设轿车厂的地理条件好，轿车厂的位置初步定在武汉的西边，那里开阔平坦，便于现代化大型企业组团布置，地质条件也很不错。有了这些有利的条件，陈祖涛的心情本来是非常轻松的，哪知情况远比他想象的复杂。

在和湖北省、武汉市领导在一起交换意见时，陈祖涛遇到了麻烦。武汉东湖边有一座风景如画的宾馆，这就是著名的"梅园"。当年毛主席每次来到武汉，都是下榻这里。在梅园宾馆会议室里，湖北省委书记关广富、武汉市市长赵宝江以及湖北省委、省政府的其他好几位负责人一起与陈祖涛探讨二汽轿车厂在湖北的布局。陈祖涛是汽车专家，他从汽车工业建设的规律考虑，提出轿车厂建设必须要将整车总装和主要的总成生产都放到一起，但省委书记关广富与武汉市长赵宝江的意见却不一致。

在谈到生产布局时，关广富提出发动机和总装要分开——发动机放在襄樊，总装放在武汉。关广富解释，二汽第二基地在襄樊，二汽的第三铸造厂、试车场、康明斯发动机厂都建设在襄樊，将二汽轿车厂的发动机生产基地放在襄樊，可以更好地利用二汽第二基地的有利条件，节省投资；襄樊还有很多军工企业，可以将轿车零部件扩散给他们。发动机放在襄樊的目的是要带动湖北西部的汽车工业发展，构建从十堰经襄樊、随州到武汉的"汽车走廊"。

陈祖涛对关广富谈了自己的意见：30万台发动机放在襄樊有三个问题，一是生产上不便于管理；二是运输距离过远、增加成本；三是运输不方便。他问道："30万台发动机每年有几百万吨的物流，怎么解决？"

关广富认为可以通过汉江来解决运输问题。陈祖涛说，当年建二汽时就考虑过利用汉江来运输，但汉江水的丰水和枯水之间差别很大，丰水期是运输没问题，但枯水期无法通行大型船舶，运输就要成问题。更何况，汉江滩浅礁多，20世纪60年代自己在二汽选址时就亲自从丹江坐船沿汉江而下，对汉江的运输环境有直接的了解。若要将其作为重要的物流通道，则需要进行大规模的航道整治，工程量太大，而且还要受上游来水的限制。从现代化大企业的生产、管理所必需的环境和条件来看，总装和发动机最好在一起统一布置。但关广富仍然坚持发动机放在襄樊，陈祖涛对此很不理解。但出来时李鹏对他已有交代；同时也要尊重地方党委的意见。陈祖涛事后称："二汽轿车厂总装与发动机两地分设，这件事成了我选址中的一大遗憾。"

武汉市长赵宝江对于轿车厂与发动机厂两地分设也很为不满，但省委书记定了调，他也无可奈何。赵宝江提出，武汉将总装厂放在汉阳的沌口。

一条长江、一条汉江将武汉市分为武昌、汉口、汉阳三镇。三镇中，汉口、武昌工商业发达，汉阳却明显要落后得多。当年崔颢有"晴川历历汉阳树，芳草萋萋鹦鹉洲"的诗句，美则美，只是略显空旷荒凉。武汉市决定将汉阳建设为经济开发区，迎娶二汽轿车厂入驻。

沌口离武汉市区十几千米，是武汉的近郊，这里交通运输方便、地形开阔平坦，便于厂房建设。用电用水也都有保障。赵宝江和武汉市政府秘书长任德亮的积极性很高，二汽轿车厂地址中央尚未定下来，他们就开始着手大规模建设前的"三通一平"了。

三个省的选址完成了，但没有明确定下究竟选哪里，所以三个省都虎视眈眈、志在必得，不断地了解项目的进展情况，也都在做有益于自己的工作。陈祖涛汇报了三省的考察情况后，便静等国务院决定了。

襄樊切了一块蛋糕

二汽第二基地的建设奠定了襄樊的汽车产业基础，为襄樊市经济带来了新的发展机遇，也为襄樊争夺二汽合资项目创造了重要的基础条件。

为争夺二汽合资轿车项目，三国古战场烽烟骤起。

二汽将要和法国合资建设轿车厂的消息很快不胫而走。得到消息，襄樊市立即预感到，汽车工业大发展的机会来到了。襄樊市政府立即采取对策，专门成立"轿车办公室"，由市委副书记鄂万友负责。襄樊距二汽总部十堰市不过百里之遥，有地利之便，鄂万友立即找到二汽总经理陈清泰，向他核实消息，并提出将轿车厂放到襄樊。陈清泰仅仅证实有这个消息，但称，具体情况"八字还没一撇"。鄂万友立即紧叮一句："二汽建立轿车厂，襄樊市愿意紧密配合，举全市之力，拿出政策所能给予的最大优惠，此事请陈厂长放在心上。"

陈清泰则回应："根据国家的安排，我们生产轿车有三分之一要出口，因为出口有一个交通问题，所以，建厂恐怕首先要考虑沿海。"

一句话让鄂万友的心凉了半截，襄樊作为内陆城市，交通条件自然无法与沿海比。但鄂万友的原则是，事情不到最后关头，决不轻言放弃。他紧跟一句："不管轿车厂放在那里，二汽是主体，总会有倾向性意见。"

陈清泰笑答："我是什么主体，国家才是主体，我不过是个打工的。"陈清泰此言不虚，二汽作为计划单列的国家特大型企业，要由国家出资与国外合资建设年产30万辆的轿车厂，决定权当然在国家。

尽管二汽尚没有明白话，但襄樊依然按照自己的思路开始做争取轿车厂落户襄樊的准备。

首先是找依据、摆条件。襄樊已经给了二汽第二基地6500亩土地，二汽的发动机厂、铸造厂、电厂、水厂，以及亚洲第一大的试车场的建设都已经全面铺开，这么扎实的汽车生产基础，对轿车生产极为有利，国家也好，二汽也好，不会不考虑这个最有利的条件。襄樊是交通枢纽，公路、铁路、航空、水运系统完备，汉江通江连海，具备大规模水运的条件。为了证明襄樊的交通条件完全能够支撑大型轿车厂的物流所需，襄樊市专门请国家计委交通研究所来襄樊调研考察，论证襄樊市的交通条件，最后得出考察报告。襄樊市将这些相关材料送交二汽，但"剃头挑子一头热"，二汽仍然没有表态。

其次，争取省里的支持。襄樊市委市政府给湖北省委省政府写出专题报告，附上自己的理由与条件，请省委省政府支持。但湖北省委省政府也没有明确态度。

第三，积极搜集信息，随时采取对策。襄樊市在北京设立了一个信息搜集小组，专门搜集全国各地对二汽轿车厂建设的反应和动作。

第四，和其他省市争取支持一样，襄樊也利用自身的社会人脉资源，广泛争取支持。

原空军司令员张廷发与襄樊曾有一段历史。张廷发是1933年参加红军的老革命，1947年任桐柏军区第三军分区司令员；1948年率部南渡汉水开辟新区，任中共汉南工委书记和汉南指挥部司令员兼政委，率部参加解放邓县、宛西、宛东、襄樊等战役；1949年任中共襄樊地委书记和襄樊军分区司令员兼政委；1951年抗美援朝时离开。1987年夏的一天，襄樊市接到空军司令部的电报，张廷发将军将故地重游，请襄樊市做好接待工作。听说老书记要回来，襄樊市委高规格接待并指定鄂万友全程陪同。

张廷发故地重游兴致很高，对鄂万友说："我给你们市委市政府带来了一件纪念品。"他提了提手里的一根手杖："这是当年解放襄樊时我使用过的，跟了我几十年，现在我回来了，这个东西也该物归原主，送给你们吧。"这根手杖现在就保存在襄樊市博物馆。张廷发在襄樊时，鄂万友没跟他提轿车厂建设的事情；张廷发回到北京后，鄂万友为此事专程去北京向他汇报。张廷发听完鄂万友的汇报，表示赞成襄樊的努力。

就在关键时刻，时任国家主席李先念来到了襄樊。李先念住在襄樊漂亮的南湖宾馆。南湖宾馆位于襄阳羊祜山山麓，园林庭院式建筑依山傍水、环境优雅，有襄樊"钓鱼台"之美誉。

李先念对鄂西北这块土地有着深深的感情。1935年，红四方面军从大别山区的鄂豫皖根据地突破国民党军队的重围开始长征。从随州、枣阳一路向西，在襄阳城郊打了一场恶仗。李先念时任红30军政委，他的多少战友倒在了这块英雄的土地上。从襄阳附近渡过汉水后进入郧阳，再从郧阳进入陕西，翻过大巴山进入四川，红四方面军站住脚，建立了川陕根据地。1946年6月初，蒋介石密令郑州绥靖公署主任刘峙指挥20余万部队将我中原解放区包围压缩，企图一举歼灭我中原军区所部。为打破国民党的图谋，经中央军委批准，6月26日，在中原军区司令员李先念的指挥下，中原军区6万部队分期突围，震惊中外的中原突围战役开始，解放战争的第一枪由此打响，解放战争的帷幕也由此拉开。在李先念的指挥下，中原军区数万官兵边打边撤，大军锋芒一直向西，沿着当年红四方面军的西进路线，再次在汉水之滨、秦巴山区与围困我军的国民党刘峙、胡宗南部展开艰苦卓绝的战斗，多少英雄儿女的鲜血洒在鄂西北的大地上。这也是李先念格外眷念这块英雄土地的原因。

湖北省委书记关广富陪同李先念一起来到襄樊，一天，关广富通知襄樊市委："先念同志要听市委的工作汇报。"襄樊市委一听喜出望外，这下可有说话的机会了。汇报会上，鄂万友重点汇报二汽轿车厂的建设问题。鄂万友回忆道：

我在汇报时说："由您亲自批准的二汽第三铸造厂已经在襄樊建成投产，这是我们中国唯一的薄壁铸造厂，具有世界先进水平。"同时，我重点汇报了二汽合资轿车选址、各地对轿车厂选址的激烈竞争以及襄樊努力争取的情况。

李先念说："二汽建设轿车厂，这事我不知道啊。"

我便详细地介绍了参与竞争的各个城市的情况，也详细介绍了襄樊所具有的优势。我说："我们想请先念同志向总书记和总理转达襄樊的意见。"先念同志极为爽快地回答："可得。"我们立即将事先准备好的汇报材料呈上，先念同志说："明天早上你们来拿。"第二天上午我去取回材料复印件，先念同志在我们的材料上批示：

紫阳、李鹏，二汽发展轿车我不知道。这一次我到湖北襄樊休息，听省委市委同志们讲厂址至今未定，弄得熙熙攘攘。我的意见，放到襄樊为好。

这封信由先念主席的秘书处理，具体结果我们不清楚，但从以后二汽轿车项目部分到襄樊来看，先念同志的表态明显起到了作用。

陈祖涛在三个省跑了一圈后回到北京向李鹏复命。以后，湖北、湖南、江苏三个省的四个市（武汉、襄樊、镇江、岳阳）为了二汽轿车厂能在自己那里落户，争得不亦乐乎。国务院决定，通知各个省的负责人前来汇报，有什么话都放到桌面上讲。

1988年7月9日，湖北省的武汉和襄樊、江苏省的镇江、湖南省的岳阳这四个市的负责人齐聚北京，各自面陈自己的理由。会议在京西宾馆第二会议室召开，邹家华主持，陈祖涛、甘子玉及国务院相关部委主要领导参加。

邹家华开场白开门见山："今天我们开一个'三国四方会议'，主要讨论二汽轿车厂定点的事。你们地方党委政府很有积极性，你们过去都在暗中使劲、都在搞地下工作，我们在哪里开会你们都派人盯着，今天我们把地下转到地上，专门将你们请来，听听你们的汇报，今天你们可以将自己的想法搬到桌面上来谈。"

襄樊市委副书记鄂万友与邹家华相识。襄樊市区内有多家国防军工企业，因为历史的原因，这些军工企业的日子过得非常艰难。改革开放后，这些军工企业开始转向民品，襄樊市为此做出很多协助工作。鄂万友曾经帮助一家军工企业改制后走出困境，时任国防科工委主任的邹家华来视察时对襄樊的做法给予了很高的评价，鄂万友由是结识了邹家华。

听邹家华说完，鄂万有立即抢先举手发言。邹家华说："好啊，请襄樊的老鄂讲。"

为了争取二汽30万辆轿车项目落户襄樊，襄樊市几乎使出了吃奶的劲，对外到处说服各级领导，对内认真准备资料。就在这次开会的前一天，襄樊代表团获悉，当天在邹家华主持的"二汽轿车项目汇报会"上，二汽提出将总装厂放在武汉。听到这个消息，鄂万友分外着急，当天就起草了一份语气急促的"紧急报告"送交邹家华。报告送出后，他几乎一夜未眠，整夜都在考虑明天在会上该怎样说。现在邹家华让他首先发言，他立即按照事先准备好的讲稿，着重强调了几点：二汽轿车厂放在襄樊可以充分利用二汽第二基地的所有生产设备，以及电厂、水厂、试车场等后勤供应设施，尤其是先进的铸造三厂，这样可以节省大量的投资。

鄂万友这次是有备而来，他说："都说襄樊交通不行，今天我就重点汇报交通问题。襄樊交通便捷，铁路、公路、航空、水运各种手段齐全。襄樊有襄渝、焦枝、汉丹三条铁路线，外加黄河以南最大的铁路编组站；公路交通四通八达，连通河南、陕西、四川、湖南和省会武汉；航空有两个机场；有号称中国多瑙河的汉江，我们现在正在进行汉江航道的疏浚工作，明年完工后，500吨的轮船可直接达海通江，而汉江码头改扩建工程，家华同志还专门发来贺电。这样的水、陆、空立体交叉交通网完全能满足轿车厂的生产、后勤和物流需要。"鄂万友将襄樊市委托国家计委交通运输研究所做的《襄樊交通问题调研报告》拿出来："家华同志，这是您领导的计委交通运输研究所关于襄樊交通运输情况的调研报告。"

鄂万友的发言有一点颇具前瞻性："交通运输问题主要是针对轿车出口而言，国家要求出口导向是对的，但我们认为，要做到这一点不可能一蹴而就，而是需要一个过程。我国没有轿车生产的经验，刚刚开始建设就要出口，我们的产品有国际竞争力吗？法国人与我们合资，是希望他们的产品来占领我们的市场，我们要将它们拿来的零部件组装起来再卖给他们，这样一折腾，价格肯定会高于人家本地的产品。人家会买吗？我们不是反对出口；而是认为，建厂之初距离产品出口还有一个相当长的过程，现在不应该将这个问题作为建厂在哪里的唯一决定条件。"

困扰中国多年的轿车出口问题被鄂万友不幸言中，历史发展到今天，二汽决定上轿车项目时所定的"三分之二出口"的目标仍未能实现。不光是二汽，一汽、上汽等国家主要大轿车厂也没能实现批量出口。中国轿车是在特定的环境和背景下与西方大汽车公司合作发展起来的，至今在技术上仍对外有依靠，技术水平与产品质量还整体落后于国际水平，自主之路步履蹒跚，没有竞争力的产品是无力打开国外尤其是欧美市场的。商场如战场，严酷的事实告诉我们，市场选择是不以个人的意志，尤其是不以某些领导的意志决定的。

从以后的结果来看，襄樊市的发言对中央关于二汽30万辆轿车究竟放在那里起到了很重要的作用。

襄樊以后，武汉、镇江、岳阳等市也做了精彩的发言。

大家都讲完了以后，邹家华结合各地争上轿车项目这件事做了重要讲话：

你们的意见我都听清楚了，今天我们不下结论，我们还要向总理汇报，最后才能定。

发展轿车工业是党中央国务院做的重要决策，我们要认真贯彻执行。大家有发展轿车的积极性是件好事，但轿车工业是资金和技术密集型产业，上轿车项目需要一定的条件，如果你也搞、我也搞，到处铺摊子，规模小，成本高，技术水平低，浪费了国家的资源，最终轿车也发展不上去。这种局面绝不允许出现。发展轿车一定要从经济批量、经济效益来考虑，中国的轿车工业一定要做到高起点、大批量、专业化。不光是整车厂，零部件厂也一样。上海桑塔纳配套企业定了132家，上海本地有68家，但许多问题还没有最后解决。批量小了，效益肯定不高，这样企业就没有积极性。二汽主机厂定点只能在一个地方，但配套企业还很多，90万只座椅、30万只轮毂、120万条轮胎，还有很多，这些各地都可以干，要发挥横向配套的积极性。配套企业也要走高起点、大批量、专业化的道路。有的地方条件有限，也可以考虑几个地方联合起来投资。联合投资，联合扶持，合理分配利益。要坚决杜绝小农经济、小打小闹、低水平重复的做法。

三个省中，湖北的心态很最好，二汽在湖北，现在又是二汽上轿车项目，这是其他两个省比不了的最有利条件。武汉、襄樊都在湖北省，两个市都有一定的条件，争争没关系，在哪里都可以，反正肉烂了在锅里。时任湖北省常务副省长的李大强说："武汉、襄樊条件都不错，但有一条，不要因为你们争而把轿车厂弄跑了。国家最后定下来后，省里还要根据你们两个市的优势统筹考虑。"

二汽是轿车合资的主体，轿车厂放到哪里，二汽的意见最为重要。

三省北京会议开过后不久，1988年7月25日，二汽给国家计委写出报告《关于第二汽车制造厂30万辆轿车厂厂址定点的请示》。文件对武汉、襄樊、岳阳、镇江四个城市从地质、运输、动能、城市综合设施，以及建设费用等做了综合评价，最后提出了自己的意见：

根据上述厂址方案的综合比较，并经国内有关专家的考察论证，从兼顾国内外两个市场，方便国际交往，建设、经营费用低廉，以及便于发挥二汽母体作用等诸因素考虑，我们建议将30万辆轿车的总装配（含大型冲压与塑料件）部分的厂址放在武汉，将毛坯、发动机加工部分的厂址放在襄樊。这样，整车总装可发挥武汉"九省通衢"地理位置和交通优势，利用长江"黄金水道"和大型铁路枢纽的优越条件，确保整车内销、外销，促进出口导向。在襄樊，与二汽在建的康明斯柴油机厂一起构成一个完整的毛坯与发动机加工阵地。因此，这是较为适宜的厂址方案。

至此，二汽轿车合资项目的厂址之争已再无悬念。

1988年年底，湖北、江苏、湖南三个省的领导再次来到北京，在京西宾馆召开会议。李鹏一锤定音："二汽30万辆轿车项目定在武汉。"

湖北省政府根据二汽的发展和湖北省汽车工业整体布局，决定二汽轿车项目的总装、焊接、涂装、油漆放在武汉沌口，发动机和3万辆SKD总装项目放在襄樊。二汽30万辆轿车项目终于尘埃落定。

经过不懈努力，襄樊终于从二汽轿车这块蛋糕中切下了香喷喷的一块。

国家计委同意武汉、襄樊对二汽轿车厂址的选择，正式下文批准项目启动。

二汽零部件国产化的几个故事

和上汽一起一样，二汽轿车合资项目也面临零部件国产化的问题。

汽车工业的发展，离不开零部件产业的发展，从某种意义上看，零部件产业的发展水平决定主机厂的发展。

当时，中国的汽车零部件产业大致有三类：

一是大汽车厂自己的零部件厂，相当于汽车厂的一个车间。中国一汽、二汽建设时都是按照大而全的生产模式设计的，都有自己的汽车电器、标准件、专用刀具、活塞、冲压、车厢、车架、模具等专业厂，这些企业的技术水平较高、生产设备先进、产品任务单一，生产资金分配、原材料购进、产品销售都由主机厂统一安排，旱涝保收，吃穿不愁。

二是各省、市、县地方所有的零部件厂，这些企业都是地方经济体系生成的，是"诸侯经济""小而全"的产物。这些企业多半是"大跃进"时期和20世纪七八十年代各地争上汽车项目时建设的，大小不一，企业的装备水平、生产能力和产品质量都较差，产值、税收和利润均纳入地方经济体系，所在地方的经济发展水平决定这些企业的生存状态，企业的发展方向取决于地方政府的意志。这些企业全靠地方经济支持，靠给大主机厂配套生存。

三是众多的"乡镇企业"，这些企业是当年"社队企业"的基础，有很多因为发展不下去而转给个人承包经营，设备简陋、技术水平极低，只能干一些大企业不愿干的傻、粗、笨、脏的简单产品。这些企业姥姥不疼、舅舅不爱，生产资金、原材料、销售渠道都不固定，全靠着千千万万的业务员身背零件，穿行在各个生产企业之间讨生活，要一口、吃一口。虽然生存艰难，但这类企业机制灵活，不受地方行政干扰，船小好掉头，在水平有限的中国汽车工业庞杂的市场空间里，靠"残羹剩饭"在夹缝中求生存。

综合全国几千家汽车零部件企业看，绝大多数都还处在散、乱、差的水平线上，这种局面不改变，中国汽车零部件企业将难以得到健康发展，零部件企业的现状不改变，正在起步的合资轿车也将会难以为继。

和对整车一样，邹家华对零部件国产化问题也给予了高度关注。针对中国零部件企业散、乱、差的现状，邹家华在不同的场合多次强调，零部件企业和整车企业一样，要适应现代汽车工业发展，一定要走高水平、专业化、大批量的发展道路。

1990年10月16日，邹家华带领国务院副秘书长王书明、机电部部长何光远、国家计委副主任叶青、国家计委工业综合二司副司长徐秉金、中汽公司总经理蔡诗晴等一干人马在湖北省省长郭树言、副省长徐鹏航和襄樊市领导的陪同下，到襄樊视察轿车产业布局。视察期间，邹家华就轿车工业零部件产业的改造发展做了重要的讲话，摘要如下：

我们国家的汽车工业已经走过了40年，由于国家底子薄，汽车工业发展起点低，和世界汽车工业发展相比，我们现在还很落后。造成汽车发展落后的问题很多，第一个问题，也是最大的问题，就是散、乱、差。全国一百多家汽车制造厂、一千多家零部件厂，一年生产的汽车加起来还不到50万辆，抵不上人家一个厂。批量小、规模小、专业化程度低、技术水平低、成本高。汽车工业要发展，必然要走大批量专业化之路，那种小打小闹是维持不了多长时间的。

低水平的零部件生产阻碍了全国汽车工业的发展，直接影响整车降低成本、提高质量、发展品种。我举个例子，汽车上的雨刷子，大车也好，小车也好，每辆车都离不开。一个看起来很不起眼的小东西，它里面的技术含量高着呢。日本生产的雨刷可以使用几十万次，价格也低廉。一个厂的产量就达到几百万，全国两三个厂就占了全世界产量的一大半。而我们中国呢？现在全国有30多个点在生产这种雨刷子，少的每个点生产几千把，多的生产一万多把。生产规模小，技术含量低，质量怎么可能有保证呢？发展汽车工业不是弄几个零件凑合凑合就可以的，轱辘能转，方向能打，后面能装东西，这就叫汽车了？

有些人不知道汽车工业的深浅，以为生产简单，产品有利可图，不顾自己条件是否具备，拼命挤着往里跳。有些人一提汽车就要上整车，买点散件来装，弄个装配车间，弄点焊接不难。但要上质量、上规模就抓瞎了。有些改装厂生产批量很小，生产设备就那么一点点，改装的大轿车连钢板也弄不平。弄不平又不好看，怎么办呢？就拼命地蹭腻子，一层又一层，就像老太太脸上的坑，用粉来抹平，跑上一段时间就开始掉皮，一块一块地掉，简直难看死了。这样的车谁愿意要？现代轿车生产没有这样搞的。有的人还为这种车找理由，说是"好用就行"。这是典型的小农经济思想，国家要发展汽车工业，决不能用"好用就行"这个标准。我特别反对"好用就行"，决不能用"好用就行"作为我们汽车生产企业的最低标准。我们到商店里去买衣服，还要翻来覆去地挑选，如果用"好用就行"来衡量，这岂不是多余的？用户永远都希望买到最好的产品，谁也不愿意用质量低劣的东西。"好用就行"是不负责任的标准，汽车工业决不能用这个谬论。有人可能认为我们汽车工业就这个样子，我要告诉大家，我们一定要下决心把它扭过来，5年不够就8年，8年不够就10年，花再长的时间也一定要把它扭转过来，要让中国的汽车工业走上正常的、健康的发展轨道，我们今天做的就是这个工作。我们要集中财力、物力全力扶持几个国家重点企业，使其走上高水平、大批量、专业化、多品种的道路，真正让这几个厂做到质量好、性能好、价格低。

零部件企业也必须一样，必须走高水平、大批量、专业化的道路。零部件的布局不光地方上要考虑，国家也要从全国考虑，通盘布局。全国的汽车发展有先有后，零部件的发展也要有先有后，决不能自行其是、乱铺摊子。有人可能会认为，我地方上拿钱，与你无关。你地方上的钱也是国家的钱，如果没有全国通盘布局，今天你搞一个、明天他搞一个，产量就那么一点点，钱花了，却没有取得应有的效果，谁负责？要是资本主义国家的企业，这么干还不得跳楼？

汽车产品的生命在质量，质量是企业最重要的硬指标，这个指标达不到，其他的指标上去了也没用。发展汽车零部件产业不要求大、求全，抓住一样做精、做好、做出水平，在此基础上上批量，这样才符合经济规律，才有最好的效费比。前面讲了雨刮，再以锁为例，一辆汽车上从车门到后备厢有三四把锁，二汽30万辆轿车就需要一百多万把锁，再加上市场配件，再面向全国，这是多大的市场？只要保证质量，将锁做精、做好，人家开关一万次，你做到两万次甚至更多，就会有最好的效益。

邹家华的这番讲话生动活泼、深入浅出，第一次全面系统地强调了汽车零部件产业在配合整车发展时一定要走"高水平、大批量、专业化"的发展道路，一定要把质量作为产品的生命线。

根据邹家华提出的这一思路和要求，全国各地的零部件产业开始了艰难的改造转型道路。

二汽合资轿车项目也遇到了零部件企业改造转型的问题。

为了保证合资轿车产品质量和品牌声誉，在零部件国产化过程中，雪铁龙公司提出，将部分原来为它配套的外国厂商带入中国，让这些企业与中国企业合资合作生产零部件。这种合作方式能够较快地学习和掌握国外厂商先进的生产与管理技术，推动和促进国内零部件企业实现跨越式的发展。法方的提议受到了中方的欢迎。此时的鄂万友已从襄樊市调任湖北省发展轿车领导小组副组长，负责协调二汽轿车零部件国产化的工作。但由于部分零部件企业的地方属性，在合资合作时，出现了一些意想不到的事。

二汽轿车项目第一个国产化的零部件是汽车空调。二汽原来的空调配套定点厂在湖北沙市，这是一家专门生产空调压缩机的企业。就国内企业而言，这家企业有一定的规模，但与法国雪铁龙公司配套企业瓦里奥公司相比，生产设备和生产技术就落后很多，产品质量与生产能力也相差悬殊。鄂万友力推沙市空调压缩机厂与瓦里奥公司合资，法方也愿意促成此事。经过谈判，双方达成协议，沙市空调压缩机厂出土地和设备，法方瓦里奥公司出资金和技术。经过资产评估，法方出资超过50%，因此法方为合资公司大股东，这意味着公司的董事长由法方担任。签约仪式定在法国巴黎。因为该合资企业是二汽零部件国产化的第一家，所以湖北省政府很重视，湖北省委书记关广富亲自率领鄂万友、沙市空调器厂原负责人等中方代表赴法国参加签约仪式，中国政府驻法大使也确定参加了签约仪式。谁知，签约前一天，突然出事了。

已经到了法国参加签约仪式的沙市空调压缩机厂的厂长突然反悔不干了。这位厂长认为，自己的企业是中国的，是湖北沙市的，是堂堂正正的国有企业；自己这个厂长是沙市市委组织部任命的，是正牌的国家干部。现在双方合资，法方占有大部分股份，法国人任公司的董事长、总经理，自己充其量只能任副职。在外国人说了算的合资企业里，自己一夜之间就什么也不是了，弄得不好还会被外国老板炒鱿鱼，签订这个合同不就是签订自己的卖身契吗？回去后，怎么对组织上交代？厂子里的群众还不把自己骂死？自己一夜之间就会成为企业的罪人。想到这里，他待在宾馆里死活不肯参加签约仪式。这样一来，关广富和鄂万友等人都着急了。企业厂长的想法可以理解，这是企业改制时经常遇到的问题，国有制的大锅饭使得很多人对自己的"身份"极为敏感。关广富指示鄂万友，赶紧找到这位厂长做好工作，不要丢人丢到外国了。

鄂万友赶紧赶到这位厂长住的宾馆。一见到鄂万友，厂长这个四五十岁的人了竟然孩子似的，眼泪唰地就落下来了，嗓子哽咽得话都说不出，可见其压力之大。鄂万友对他连哄带劝，要他不要胡思乱想："你哭什么？企业合资是好事情，你代表企业签字不是你个人的行为，而是代表湖北沙市，是政府要你签的。省委关书记带你来的，你着什么急呢？即使合资了，沙市市政府也不会对自己的股份甩手不管，在企业里学习法方的先进管理技术和生产技术，你还任重道远，怎么想到炒鱿鱼上去了呢？明天法国工业部长也要来参加签字仪式，你一甩手，就是临阵脱逃，不光关书记没法下台，也是给咱们中国政府出难题，这可不是小问题。"

这句话有一定的压力，这位厂长虽然有些想不通，但从大局出发，还是参加了签字仪式。

松滋电光源厂合资也遇到了同样的难题。二汽轿车合资项目所需的汽车车灯由湖北松滋电光源厂生产。松滋电光源厂的前身是生产普通白炽灯泡的地方企业，属于湖北荆州地区管辖。得知二汽合资轿车的消息，荷兰飞利浦公司香港分公司希望能为二汽轿车配套电光源。

飞利浦公司成立于1891年，总部设在荷兰的恩德霍芬市。该公司以照明电灯泡起家，经过百年发展，现已规模宏大、技术先进，在世界十大电器电子工业中排名第五。该公司的经营范围有家用电器、军用雷达、军用民用通信、医疗设备等。在美国的航天飞机以及国际空间站上都有飞利浦的产品。

鄂万友与飞利浦香港分公司的林老板见面了。鄂万友向他建议，既然是想给二汽轿车项目配套，那你把这个项目放到湖北有地利之便。这位林老板说，上海的黄菊市长多次找我，要我将轿车电光源项目放到上海。黄菊的理由是：上海已经有飞利浦灯泡厂，再放一个汽车灯泡来，可以节省投资。另外，上海桑塔纳轿车也需要灯泡，你还可以参与这个项目，上海是国际化大都市，落户这里符合飞利浦国际大公司的身份。

鄂万友对林老板说："我也有几个理由：第一，我们湖北荆州有一个松滋灯泡厂，这个企业也是从匈牙利引进的设备，条件很好，与他们合资，同样可以节省投资；第二，二汽轿车项目在湖北，你把这个项目放到湖北，与二汽接触也方便得多。"

这位林老板也有他的想法，到上海挤进桑塔纳的配套项目当然不错，但上海已经有相应的配套企业了，再挤进去，少不得一番争斗。二汽轿车项目刚刚上马，现在争取配套，没有强有力的竞争对手；而且二汽轿车项目起步就是 30 万辆，比上海桑塔纳大得多，他当然愿意择善而从。他对鄂万友说，与二汽合作是件大事，需要向总部汇报，也要很多投资，如果我们费了很大的劲，到时二汽没有选择我们，岂不是白忙一场。他提出一个条件："你如果能让二汽给我一个承诺，我就将项目放到湖北。"

鄂万友转身就找到二汽配套处，说明飞利浦的加盟将会给二汽轿车合资项目，也会给地方配套企业带来新的发展机遇，二汽配套处非常支持，立即写了一个承诺意向书，意即只要飞利浦公司在中国的合资企业生产的轿车电光源产品质量合格、价格合适，二汽轿车项目将优先考虑选用其产品。

这个意向书给这位林老板吃了颗定心丸，他开始行动了。没多久，鄂万友陪同他到松滋灯泡厂考察。当时没有高速公路，松滋县城地处深山，交通极为不便，路上又是等船渡河、又是汽车抛锚，经历过一系列颠簸，总算结束了考察。林老板说："灯泡厂设备还不错，但交通太不方便了。"

鄂万友是个有心人，事前已经做了相应的案头工作。他早已了解到飞利浦公司对外合作的原则是：本地化、离城市化。荷兰的飞利浦公司总部也没建在大城市，而是在一个偏远的小镇恩德霍芬，这两条对于松滋灯泡厂都是有利条件。鄂万友以此为由，最终说服林老板做出与松滋灯泡厂的合资决定。经过评估，中方以土地、设备、房产入股，占45%的股份；飞利浦拿出 4000 万美元现金和技术，占 55% 的股份。一切谈妥后，双方决定在北京王府饭店举行签字仪式。

4000 万美元的投资在当时是一件很大的事，湖北省省长贾志杰决定由副省长李大强出席。按照安排，湖北省政府代表团和国家相关部门负责人先到北京，松滋县政府与松滋灯泡厂的负责人则乘火车赶来。谁知，与前一次一样，临上阵之前，松滋变卦了。签字仪式的前一天，荆州地区经委主任急匆匆找到鄂万友，告诉他，松滋县委决定不干了。理由是，松滋灯泡厂是我们辛辛苦苦十几年攒下的家业，现在一合资，一眨眼就变成洋人的了，这是卖国行为。4000 万美元再好是人家的，我们拿不到一分钱，灯泡厂哪怕只有 100 万元也是我们自己的，我们可以说得算。

这一下弄得鄂万友下不来台了，省里、部里的领导都请了，飞利浦公司分管电光源的总裁也来了，媒体的消息也发出去了，松滋突然出这一招，怎么办？关键时刻，鄂万友采取非常手段，找到原松滋县县委书记，让他打电话告诉现任松滋县委负责人："这件事情是省里决定的，松滋地处深山，经济落后，现在有这么好个机会，有这么大一笔投资，可以搭上二汽轿车建设项目，可以大大地带动松滋地方经济发展，彻底改变松滋灯泡厂落后的生产方式，一举赶上国际先进水平。并且可以改善松滋县的财政状况，这个项目建成以后，光交给地方的利税就会远远超过地方现在的财政收入。这是天上掉下来的好事，人家想都想不到，你们还不干？以前你们天天找我们要项目，现在这么好的项目送到嘴边你们不干了。你们表面上说得好听，到关键时候就掉链子。你们不干也可以，以后你们再也不要来找我们要项目了。"

经过软硬兼施，松滋县委负责人终于同意了，松滋灯泡厂厂长与县委代表按时参加了合资签字仪式。合资后的灯泡厂改名为"飞利浦汽车照明湖北有限公司"。

正如鄂万友所说，这个项目给松滋县带来了巨大变化，每年上缴巨额税收，解决大批就业人员。1995 年 12 月，松滋撤县改市，飞利浦汽车照明湖北有限公司出钱在县城里修建了一条现代化的"飞利浦大道"，这条漂亮的大道给新的松滋市增光添彩。

2010 年 7 月 21 日，飞利浦公司宣布，将再追加投资 1520 万美元，把 11 条国外生产线转移到松滋，届时松滋将成为飞利浦公司在全球最大的生产基地之一。

汽车座椅是轿车零部件国产化中一个重要部件。法国雪铁龙轿车座椅上调整座椅角度的"调角器"加工精度很高，一般企业拿不下来。襄樊有一个航天部的弹射救生座椅生产企业，是全中国唯一为飞机生产弹射座椅的高科技生产企业。为了解决座椅"调角器"的问题，鄂万友专程到这家企业去考察。他发现这家企业的"精密冲压"能力非常强，鄂万友与他们商量，问他们愿不愿意承接二汽轿车项目中的座椅"调角器"。他们很高兴，拿到产品图样和样品后，很快就拿出样品；经过检验，质量完全合乎要求。样品没问题，但能大批量生产吗？因为批量生产需要投入模具、采购精密冲床，这需要专门投资。该企业是军工单位，没有这一的投资渠道。鄂万友表示，湖北省坚决支持你们干。最后，襄樊市拿出几百万给他们解决了冲压设备，该企业很快就拥有了年产5万套的能力，基本满足了二汽合资轿车的需求。

为了尽快实现轿车零部件国产化，国家经委提出"双加计划"，即加快发展速度、加大发展力度。"双加计划"是有资金支持的，鄂万友立即让该企业申请加入"双加计划"，但其上级单位不同意。他们认为轿车座椅是个"小玩意"，搞这个"小玩意"会浪费精力，担心会影响国家的科研任务。鄂万友找到国家经委副主任徐鹏航（原湖北省副省长），请老领导帮着做工作，将该企业列入了"双加计划"，为其争取到了一笔资金，解决了大批量上"调角器"的资金。由于技术力量雄厚，这家企业在汽车座椅调节装置、精冲及精冲模具的研究与制造上一发不可收拾。2000年12月成立了"湖北中航救生科技股份有限公司"，之后改制为"湖北中航精机科技股份有限公司"，年产座椅"调角器"400万套，产量稳居全国第一。生意还做到了印度、墨西哥，在那里建立了自己的分厂。

这几个故事说明了解放思想、破除陈旧观念的重要性。鄂万友将这几件事报告给了时任湖北省省委书记的关广富，关广富专程到沙市，与沙市市委市政府的领导和沙市空调器厂的那位厂长一起交谈。关广富说："现在企业改制搞得轰轰烈烈，我们有很多企业干了几十年，到现在连工资也发不出。二汽轿车合资项目给我们提供了发展机会，我们要解放思想，就是要将这些经营好的企业推到改革开放的前线，让他们争取到发展机会。地方领导不要像乡里的土老财，把企业紧紧地搂在怀里，舍不得拿到市场上去考验，这样搞，企业永远发展不了，最后市场也会丢掉，到头来吃亏的还是自己。"

二汽轿车合资发展回顾：

1988年1月16日，国务院批准《关于第二汽车制造厂年产30万辆普通型轿车项目建议书》。

1991年12月19日，第二汽车制造厂厂长陈清泰、法国雪铁龙汽车公司董事长卡尔维在法国巴黎签订二汽雪铁龙轿车项目合资合同。12月，国务院批准第二汽车制造厂30万辆轿车合资项目。

1992年5月18日，第二汽车制造厂与法国雪铁龙公司合资成立神龙汽车有限公司。

1993年元月、3月，神龙汽车公司武汉工厂、襄樊工厂分别奠基开工。

1995年9月，神龙汽车有限公司生产的第一辆富康轿车下线。

2000年11月，二汽雪铁龙30万辆轿车合资项目一期工程通过国家竣工验收，形成15万辆整车、20万台发动机的年生产能力。

第十一章 "战国时代"

北京吉普横空出世

中国汽车工业，尤其是中国轿车工业最大的特点就是具有极强的政治色彩，从一汽建设时毛主席亲自到苏联谈判定下第一个汽车项目，到中共中央下文"三年建成一汽"，毛主席亲自为一汽奠基题词。展现中国人自豪精神的红旗轿车从三面红旗的标识到使用对象的确定，更凸显了鲜明的政治内涵。改革开放后起步的中国轿车工业，也得益于邓小平所说的"轿车可以合资"。1987年8月中央北戴河会议做出发展中国轿车工业的决定，才出现中国轿车工业万马奔腾的大好局面。今天，中央反复强调，自主知识产权是轿车发展的根本。新中国成立以来的汽车发展历史证明，政治始终主导着轿车工业的发展，这就是具有鲜明特色的中国轿车工业。

80后、90后的年轻人如今已经不知道北京吉普为何物了，但他们的父辈谁都知道，北京吉普是20世纪七八十年代县级及以下干部的标准"座驾"。社会上广为流传"听见吉普响，来的是官长，官儿也不大，顶多是县长"的民谚。北京吉普本来是作为军用指挥车研制的，由于中国轿车始终供不应求，问世以后阴差阳错，北京吉普竟取代轿车成了县级官员的座驾，这不得不说是历史的误会。

1949年，位于石家庄的华北军区汽车修理厂进入北京，接收了国民党军联勤总部409汽车修理厂。409厂原是侵华日军的一个流动汽车修理部队，后改称华北自动车北平出张所。日寇投降后，这个厂由国民党军队接收，改为北平汽车修理厂，厂内几十名日本技工被留用，直至1946年全部遣返。新中国成立前夕，北平汽车修理厂共有职工518人、各类维修设备149台。1949年6月，北平军管会将这个修理厂转交给华北军区后勤部运输部管理，华北军区将位于石家庄的华北军区汽车修理厂迁入北京，接收409汽车修理厂后改为北京汽车修配厂。1951年，北京汽车修配厂划归解放军总后勤部统一管理，更名为北京第六汽车制配厂，1951年7月更名为第五汽车制配厂。1953年，解放军总后勤部将第五汽车制配厂移交给一机部，移交后更名为北京汽车配件厂。1953年8月，为给长春一汽和洛阳一拖生产附配件，一机部决定利用北京现有的汽车附配件生产资源，在北京组建一个附配件生产企业，专门为一汽和一拖生产附配件。1954年9月15日，北京汽车配件厂与北京汽车附件厂合并，命名为一机部汽车局第一汽车附件厂；后将企业下放给北京市，改名为北京第一汽车附件厂。合并后的新厂址位于北京朝阳门外七圣庙，主要依据苏联图样生产化油器、汽油泵、调温器、汽油滤清器、刮水器、汽缸垫、油封等。1955年8月，北京第一汽车附件厂新厂动工建设；1957年7月，新厂建成验收。新厂区建筑面积达到5.9万平方米，职工人数达到1650人，工程技术人员达到146人，厂党委书记为冯克、厂长为李锐。这是新中国第一个完全正规化的大型汽车附配件企业。

1958年，在"大跃进"的氛围中，冯克和李锐向一机部和北京市提出：我们要造汽车。北汽有着修理汽车的经验，敲敲打打造出车身配上发动机底盘，造出几辆可以行驶的汽车并非难事。北汽于1958年4月提出造车设想，经过全厂职工的努力，当年6月20日，花费40天的时间，一辆仿照德国福克斯瓦根的小轿车生产出来了，这辆轿车被命名为"井冈山牌"。当天，厂长李锐将新车送进中南海报喜，受到毛泽东、刘少奇、周恩来、朱德等领导人的接见和表扬。北京第一汽车附件厂也正式更名为北京汽车制造厂，朱德还亲自题写了新厂名。时任北汽厂长冯克回忆：

1958年，我国迎来了第一个汽车热潮。当时国内只有一汽一个汽车厂，而一汽也只有解放牌中型货车一种产品，远远满足不了市场需要。而建立一汽后，国家也再没有力量建设新的汽车厂了。中央提出地方上汽车工业的想法，并大幅度下放了经济管理权限，包括把大多数中央企业下放给地方管理。在这种形势下，各地方也加紧了研制汽车，时任北京市委书记的彭真和时任北京市市长的刘仁都主张北京上轿车，还成立了北京汽车试制领导小组。真的要动手造汽车，只能仿制。经过多方面的比较，我们从印度大使馆买来一辆德国大众的小轿车，它是后置发动机，结构比较简单。我们把它作为样品仿制。我们提出口号"大干100天，生产100辆"，并成立了汽车指挥部。我是总负责，清华大学毕业的总工程师张世恩负责技术。厂里成立了工艺科和设计科。1958年6月20日，北京第一辆小轿车诞生，这就是井冈山轿车，车长4100毫米、宽1560毫米、高1450毫米，排量1.192L，额定功率36马力。试制成功后，我们把车开到彭真家里报喜，然后召开庆功大会。一机部汽车局负责人张逢时到会祝贺，并在会上宣布将第一汽车附件厂改名为北京汽车制造厂。大会结束后，彭真带队，我们将井冈山轿车开进了中南海，向毛主席报喜。毛主席、刘少奇、周恩来、朱德、邓小平等中央领导都看了井冈山轿车。毛主席看后说："好，附件厂能生产汽车，谢谢你们！谢谢你们！"

汽车有了，我给北京市委书记彭真打电话，想请他题词。彭真说："我给你找人，找总司令来题。"朱德答应得特别干脆，立刻就题了"北京汽车制造厂"。1958年7月27日，北京汽车制造厂正式挂牌。为了向"十一"献礼，北汽一共生产了100辆井冈山轿车，其中近50辆参加了国产9周年游行。因为质量太次，过天安门时，有些车动不了了，结果游行群众连推带开才弄走。

因为质量不行，井冈山轿车被形容为"刮风透，下雨漏"，结果未被立项。

虽然这一次没能成功，但如果没有井冈山轿车，就没有后来的北京汽车工业。

在大跃进的热潮下，由于对汽车生产规律和所需条件缺乏认识，此时全国众多地方都在一拥而上地生产汽车，但受到条件制约，敲敲打打拼凑出几辆可以，要实现批量生产则无法实现。短时间内，这种大海涨潮似的造车热情很快退却，只留下一大堆汽车制造厂的空名。就全国而言，北汽的条件还算好的，造出井冈山轿车后，一机部汽车局随后给北汽下达指示，要求其试制北京牌高级轿车。1959年1月，北汽仿照美国别克试制出六辆高级轿车。

1959年，正逢建国十周年大庆，中央决定在天安门举行盛大的阅兵活动。中央要求，阅兵的检阅车要由中国人自己制造。当时，全国有能力造轿车的只有一汽，一汽刚刚开始试制红旗，产量也很少。新中国成立10周年阅兵是一件大事，用自己造的车检阅更是一件露脸的事。陈祖涛给笔者讲述了北汽和一汽关于检阅车之争的故事：

在当时的北京市委领导的支持下，北京调动了市内汽车行业的全部力量，研制出了两辆高级检阅车，希望在阅兵式中使用。一汽知道了北京在试制检阅车，作为红旗高级轿车生产厂，他们自然是当仁不让，也加快了自己的试制步伐。1959年9月，北京和一汽的检阅车都送到了阅兵指挥部接受挑选。两个地方、两种车型，从外观来看，都显得大方、气派。一汽研制的

"红旗"车使用的是手动档，北京研制的检阅车使用的是自动档，马力也比一汽的"红旗"检阅车要大一些。选谁的呢？双方各不相让。车是要跑的，好坏只有跑一跑才能立见高下。指挥部的领导决定：两种车都在天安门前排练一次，以决定优劣。排练的内容是：仿照阅兵形式，阅兵总指挥乘一辆检阅车迎面驶向乘坐在另一辆检阅车上的国防部长，要求两辆车平稳行驶，相交时在一米的距离内停稳，以便阅兵总指挥向国防部长报告。排练开始了，随着现场指挥的一声令下，北京的两辆检阅车相向驶来，两车快相交时，司机很紧张，开始减速刹车，但因为是自动档的原因，车没有停住，两车停稳时已经错过去了一点，应该面对面的报告变成了背对背。这一下，军队的同志不满意了："这还行？到检阅时变成背对背怎么办？这个车不行。"北汽的同志非常后悔，要求再试一次，但部队没有答应。这次检阅车之争，以"红旗"胜出而告终。虽然北京的检阅车夭折了，但能试制出当时很先进的自动档高级检阅车，说明北京是有一定的汽车生产基础的。

1959年11月，一机部汽车局又向北京下达了试制中级轿车的任务，选型方案定为苏联生产的伏尔加轿车，国务院机关事务管理局还拨给北汽一辆1959年苏联生产的伏尔加M21N型轿车作为仿制样车。接到任务后，北京组织市内所有的汽车零部件厂开始了试制工作。产品最初的名称是星火牌760轿车，后来改名为东方红牌轿车。1960年年初，苏联一个5人专家小组到海南试验伏尔加轿车，途中经过北京，参观了北汽，并与厂领导座谈了中国汽车工业发展的有关问题，对北汽的试制工作给予了指导，并留下了一套伏尔加轿车的生产图样。北汽即按照苏联伏尔加轿车图样生产东方红牌BJ760中级轿车，终因不具备轿车生产实力，又逢国家调整"大跃进"的发展方针，北汽的轿车生产梦想再次破灭。就在这个时候，一个新的发展机遇敲响了北汽的大门。

1960年12月13日，中央军委总参谋部向第一机械工业部所属的北京汽车制造厂下达研制和生产0.5吨级轻型越野车的任务。12月30日，一机部汽车局召开了由总参谋部和总后勤部等七个部门参加的专题会议，明确了我军迫切需要用于军用指挥的轻型越野车，并要求这种轻型越野车具备牵引轻型火炮、防化和装载无线电通信设备等功能。根据部颁标准，将该车型定为BJ210型，要求尽快组织试制。

1961年，经呈报李富春副总理批准，总参、国防工业办公室和一机部确定以北京汽车制造厂为基地生产军用轻型越野车。设计原则以"东方红"轿车为基础，动力与传动系统等与"东方红"通用，车身、分动箱、前桥等重新设计，共提出210、210A、210B、210C、210D五种不同参数的方案，经反复筛选，最终确定采用BJ210C型。1961年6月，北汽试制出BJ210C样车。

1962年，中国经济陷入谷底，面对全国大大小小几百家汽车制造厂，最少的平均一个月还不能生产一辆的混乱局面，一机部决定对全国的汽车工业统一规划。除长春的一汽外，一机部从全国大大小小近百个汽车厂中选定了北京、南京、济南、上海四个地方作为汽车工业发展重点。

1964年11月，经一机部批准，北京汽车制造厂、北京齿轮厂、唐山齿轮厂、北京汽车附件厂合并组成中国汽车公司北京分公司。

一辆汽车由发动机等几大总成共几千个零部件组成，一家汽车制造厂不可能全部自己生产。为保证BJ212实现批量生产，一机部决定对北京地区的汽车企业进行调整组合，并指定由长春汽车工厂设计处处长陈祖涛负责这项工作。当时，北京市内有好几家与汽车生产相关的企业，朝阳区的呼家楼有北京汽车厂，再往南是北京齿轮厂、北京内燃机厂、北京旅行车厂和北京轴承厂，这些企业在全国都是排名靠前的企业，只要稍加调整、改造，就可以基本构成汽车几大总成的生产基地。在讨论"北京吉普"的生产布局方案时，出现了三个方案：一个点、一条线、一条街。

所谓"一个点"，即在北汽原有的基础上扩改建，或者另择新厂址重建，这样费时、费钱、费力；"一条线"是指利用北京教学仪器厂和华北金属结构厂，从北京到山西大同一线选厂完成规划方案，这样做摊子铺得太散，实施起来协调难度大；"一条街"是指将在垂杨柳的北京轴承厂内迁，然后在其基础上扩建改造，与之相邻的北京汽车制造厂、北京齿轮厂、华北农业机械厂同时扩建改造，建设北京汽车工业一条街。华北农业机械厂（简称农机厂）原来生产农用柴油机，但因为国家压缩基建规模，此时已经处于极度困难的境地。方案提出，利用农机厂的机械设备和生产能力，将北汽的BJ492Q发动机交由农机厂生产。原农业部副部长、时任农机厂厂长李本回忆：

北汽和我们隶属不同部委，他们归第一机械工业部汽车局管，我们厂归农业机械部管。按照规划，北汽为部队造吉普车，但它只能做车身，没有配套发动机，所以一机部打算在湖南建发动机厂。但北汽和我们厂只隔一条街，双方实力都很清楚，如果就近配套，隔条马路就能送到，这比从湖南用火车运输过来可节省很多费用。有次在北京市委开会，北汽厂长冯克来找我，要我们给北汽配发动机。

我们党委成员都愿意，毕竟发动机是汽车的心脏。我们厂生产柴油机发动机，给联合收割机配套，这方面较有经验。但我们不属于一个系统，怎么办？北京市委很支持我们两家合作，但它同意也不行，怎么办？北京市委出了个主意：让我们两个厂以就近互相配套为由，联合给北京市委打报告。再由北京市委上报国家计委，同时抄报给一机部。当时国家计委负责人是李富春，北京市委负责人是彭真和刘仁，一机部负责人是段君毅。此事就由国家计委出面，跟一机部和农业机械部协调。大约3个月后，两部委均表示同意，我们两家从此开始合作。

坦白说，我们当时很困难，我们生产柴油机，主要给天津拖拉机厂、鞍山拖拉机厂配套。虽然我们厂的康拜因在农机系统里名列第一，但农民买不起联合收割机，康拜因的销路因而受限，我们一直希望能找到好产品。通过合作，北汽把发动机的设计图纸、工艺文件、工艺装备等全部无偿转给我们，这真是无私的帮助，北汽拯救了我们厂。给北汽配套，是我们厂从农业机械转向汽车内燃机的起端。本来农机部不希望我厂给北汽配套，后来通过做工作，才同意首先保证农机配套，同时发展汽油机。

我们开始试制汽油机。难度很大，我们也缺乏这方面的专家人才，厂里还要养活2000多名职工。有一件事让我印象深刻，当时我住在双井附近的工厂宿舍，每天骑自行车上班，有次半道上被工人拦截住。工人对我说，只要每月14日下午准时发工资，你叫我们干什么都行。那时正是三年困难时期，经济本来就紧张，工人们的生活也很艰辛，厂里多数是单职工，一人要养活一家人。我们每月都想办法给职工发工资，他们拿到工资马上去购买棒子面。在这种背景下，要让正在研制的汽油机过关。开会讨论时，工人们问我："咱们喊什么口号？"我想了半天，一是要让产品过关，二是要准时给职工发工资，便想出了四个字"过关吃饭"，当时工厂里的工人都知道这句口号。

汽油机定型后，产量逐渐上升，当北汽年产量达到1万辆时，我们厂的发动机产量差不多接近2万台。当时北京市正解决马车不进城问题，北京第二汽车制造厂正在研制北京130，在北京市的牵头下，北汽、我们厂和北京第二汽车厂形成专业化协作，我们给他们配套发动机。BJ130 大获成功。沈阳、河北等其他省市也开始造轻型车，我们扩大配套。除配套轻型车外，还为北京旅行车配套，我们的发动机产量在全国名列前茅，我们厂也改名为北京内燃机总厂。

"一条街"是陈祖涛提出的。他认为，相比前两个方案，充分利用北京现有的生产能力，在重新整合的基础上，建设一个新的具有较强生产能力的汽车综合企业，省钱、省时，而且易于操作，他称之为"汽车一条街"方案。由于意见不一致，陈祖涛给当时任国务院副总理的李富春和任国家经委主任的薄一波写信，详尽地阐述了自己的方案。1964 年 12 月，李富春和薄一波同意了他的方案，并责成他组织实施。一条街方案的实施，为北汽批量生产 BJ212 创造了条件。

1962 年 10 月，北京汽车制造厂试制出了 2 辆模型车、4 辆样车；至 1963 年年初，完成了 2500 千米工厂定型试验，部队试车队也开始进行 25 000 千米的道路试验。试验结果表明，样车已经达到了设计纲领的要求。1963 年 2 月 14 日，北汽提出申请审批 BJ210C 轻型越野车技术鉴定的报告；3 月 21 日，一机部根据副总参谋长张爱萍的建议，批准 BJ210C 定名为"北京牌"，并通过了一机部组织的技术鉴定。

1963 年 3 月，北汽在部队中广泛征求意见；1964 年 4 月，中央军委扩大会议在北京召开；4 月 6 日，北汽将两辆样车送到会场供部队领导观看和试坐。

BJ210C 在外部结构、车身布置上明显受美国"威利斯"吉普的影响，只是水箱护罩格栅改为横条，发动机盖改为弧型线条，发动机改为仿"伏尔加"的直列 4 缸 51.5 千瓦的发动机。驱动桥的结构和"东方红"轿车相同。众多将军们观看并试坐了 BJ210C 后提出意见：BJ210C 车身偏小，而且只有两个门，上下车不方便，不符合军用指挥车的实战要求。国防科委根据时任副总参谋长的张爱萍上将的指示，要求北汽在 BJ210C 的基础上，重新设计一种车身稍大、四门、双排座、宽敞舒适的军用指挥车，其性能指标不能低于嘎斯 69。根据这个意见，北汽立即组织工程师们重新设计。半年后，BJ211 和 BJ212 两个样车诞生了。1964 年 12 月，正好赶上第四次全国人民代表大会在北京召开，各大军区的司令员都来京开会。会议期间，将军们来到北京汽车厂对 BJ210、BJ211 和 BJ212 进行综合评定。经过试乘试驾，大家一致认为 BJ212 的各项性能比较突出。根据大家的意见，总参谋长罗瑞卿拍板定案：选用 BJ212。冯克回忆：

那时正好赶上人代会召开，八大军区的司令都在北京开会。他们看过样车后，认为第一款车的缺陷是只有两个门，敌机轰炸时，司机和助手下车后，首长才能下；第二款车由于长，所以变窄了些，开得快时拐弯就容易翻车。这八大军区司令都赞成 212——三款车的发动机基本一样，而 212 的外壳是自己做的，更好看。为了向这些将军们展示汽车的性能，我们在人民大会堂东门做试验，那里有很多台阶，我们将 212 从台阶开上去，然后开下来，让这些司令见证了 212 的性能。选用哪款车最终要由军队总参谋长决定。最后，总参谋长听了军区司令们的意见，决定用 212。

定下项目后，我们就组织制造，形成批量生产。当时一汽不同意我们生产军车，怕影响对附件的供应。我们表示，即使生产军车也绝不会影响汽车附件的生产。那时，饶斌同志是一汽厂厂长，后来任一机部部长，他看了我们的 BJ212，连声说："佩服，佩服。"

1965 年年初，在对样车进行初步性能试验的基础上，北汽按照产品图样制造出第一辆 BJ212 轻型越野车交总参技术装备部进行试验。1965 年 12 月，部队试车队完成 20 000 千米道路试验。1966 年 1 月 6 日，中汽公司副总工程师孟少农主持召开北京牌 BJ212 轻型越野车技术鉴定会。总参、总后、国防科委、中汽公司、天津汽车公司、长春汽研所等单位参加会议。会议认为，BJ212 轻型越野车的主要技术参数和各项指标均达到了设计要求，动力性、燃油经济性等少数指标超过嘎斯 69，具备定型条件。1966 年 5 月 5 日，国务院军工产品定型委员会正式批准 BJ212 轻型越野车定型。

BJ212 的成功在于选对了产品。当时我国经济发展水平很低，汽车市场容量有限，BJ212 解决了部队急需，又可供地方县团级干部使用。在长期不发展轿车的前提下，地方干部都把 BJ212 当作轿车的替代品来用。再加上 212 价格较低、坚固耐用，尤其适合边疆、山区和农村等道路条件差的地方使用。以至于社会上有民谚曰："听见吉普响，来的是官长，官儿也不大，顶多是团长。"北京 212 当年的生产纲领也就是 5000 辆，粥少僧多供不应求，北京吉普全靠分配供应。在需求的推动下，全国很多有一定条件的地方也跟着仿制，在社会上形成了一股吉普热。北京吉普一直生产了近 20 年，成了大多数地方领导干部的主要交通工具。到了 20 世纪 80 年代，随着需求口味的提高，乘坐更舒适的轿车才逐渐取代了北京 212。

北京切诺基

改革开放前，整个中国汽车工业都存在着品种单一、几十年一贯制的现象。国产汽车技术水平低、产品质量差，在国际市场上缺乏竞争力，产品开发和制造技术落后国际水平几十年，北汽也不例外。BJ212 生产了十几年，产量低、技术落后的矛盾日益突出。北汽当时也想对现有的生产体系做一些调整，对技术做一些改进，更换一些陈旧落后的生产设备，但当时不具备条件。

改革开放给了中国汽车工业面向世界的机会，和上汽几乎同时，北汽也开始了引进国外先进技术的尝试。北汽引进国外先进技术涉及一个关键人物——美籍华人沈坚白。

改革开放之初，一批具有强烈爱国心的外籍华人回到祖国，他们利用自己的资金和人脉关系，积极地为国内发展牵线搭桥，引进资金和技术，为国内经济发展做出了重要的贡献。

沈坚白，美国友升国际公司总经理，1945 年毕业于上海交通大学，1945 年到 1947 年在京沪铁路管理局工作，1947 年留学美国，1948 年获麻省理工学院工程硕士，1950 年获哈佛大学商学院工商管理硕士，毕业后留在美国工作。

1952 年，沈坚白进入了美国著名的本迪克斯公司。本迪克斯公司是一家主要承包美国国防部和美国国家航空航天局的一些工程业务的高新科技公司，沈坚白在这家公司工作了 22 年，从一名普通科技人员发展为该公司研究院的院长，并于 1967 年当选为副总裁，主持该公司在全球的工程与研究工作。这是美籍华人在当时美国高新企业界得到的最高职位。1974 年，沈坚白离开本迪克斯，开始自己创业。凭着自己的能力，他很快创建了八个独立的制造企业，自己分别担任这些企业的董事长或行政总裁。沈坚白虽然在美国事业有成，但他始终没有忘记自己的祖国。从 1973 年开始，沈坚白夫妇便经常回国，与中国专家交流科技方面的工作经验，北京市、一机部、哈工大、北京工业学院等单位曾多次邀请他讲学。沈坚白还受聘担任了哈尔滨工业大学、北京工业学院的顾问和名誉教授。为了促进中美两国科技教育界的交流，他曾先后两次组织美国哈佛大学商学院代表团访华，并为中国联系了在哈佛大学进修的十个奖学金名额。为了促进中外交流，沈坚白与中国旅行社北京分社合作，在中国投资建设了北京第一座五星级酒店——长城饭店。

沈坚白还先后应邀担任中国上海市、天津市、广东省、江苏省、湖北省、广西壮族自治区和山东省烟台市等各级人民政府的高级经济顾问。为促进中美之间的了解交往，他做了大量卓有成效的工作。

1979 年元月，沈坚白开始到中国讲学。先是到哈尔滨工业大学，后来又到北京。在北京讲学时，时任一机部副部长兼中汽公司总经理的饶斌也在台下听讲，在与沈坚白互动交流时，饶斌要求沈坚白重点讲一讲合资的问题。沈坚白就此认识了饶斌。通过与饶斌的交流，沈坚白得到了中国希望与世界上知名的汽车公司开展合作、引进技术的信息。

美国汽车公司（AMC）是一家专门生产军用越野车的公司，其生产规模在美国国内排行第四。20 世纪 80 年代中后期，美军的订货大大减少，美国汽车公司顿时陷入了困难的境地；石油危机也使得生产大排量、"油老虎"的美国汽车公司受到沉重打击。为了走出困境，美国汽车公司开始将眼光投向外界，希望以扩大市场份额来谋求新的发展。沈坚白在美国是知名人物，在中国与高层领导也有很多交往，在美国与中国都有着极为广泛的人脉。为了进入中国市场，美国汽车公司主动聘沈坚白为高级顾问，希望通过他寻求与中国合资合作的可能。

了解到饶斌的想法后，沈坚白认为此事完全有可能做，他立即派自己的助手杨汉华来一机部联系，一机部立即决定由北京汽车工业总公司负责接洽。得到沈坚白的信息后，美国汽车公司也非常兴奋，因为庞大而神秘的中国市场具有极大的诱惑力。1979 年 1 月 16 日，沈坚白携夫人，与四位美国汽车公司的代表飞到北京，准备进行谈判。但谁也没有料到，这竟然是一场旷日持久的马拉松谈判。

谈判时，外方为五个人，四个美国人加沈坚白；中方代表也是五个人：胡亮、吴忠良、朱临、王明先、高克勤。虽然有沈坚白做中间人，但中美双方究竟是初次接触，为慎重起见，从 1 月 16 日到 23 日，双方花了一个星期的时间进行谈判准备，双方进行先期接触，互相摸底。

十一届三中全会是 1978 年 12 月下旬召开的，距离美国人来不过一个月。中国虽然决定实行改革开放政策，但"文革"刚刚结束，阴影尚未散去，国内政治、经济、社会集疴甚重，大量问题需要解决。由于长期闭关锁国，对外交流极为有限，因此与外国人，特别是美国人谈经济技术合作是从来没有过的事情。没有合资的先例，没有相应的法律法规，与美国人谈到什么程度？谁有拍板决定权？这些统统都是未知数。虽然北汽对与美国汽车公司这样的大公司合作很高兴，但由于思想禁锢又没有任何自主权，所以大家都是小心谨慎地和这些美国人接触。这些美国人来北汽参观时，北汽甚至不知道该以什么样的态度接待他们，热情？冷淡？还是不冷不热？

1979 年元月 23 日以后，双方开始交谈，美方向中方介绍了美国汽车公司的情况，中方也请美方到工厂里参观。交流是开始了，但双方犹如鸡同鸭讲，虽然美方滔滔不绝，中方却言语谨慎，是合资？还是只花钱买技术？中方几乎对任何问题都不敢做主。中方采取的策略有二：一是天天汇报，每天谈完后就向上汇报，并请示下一步的行动，谁也不敢越雷池半步；二是多听，让美国人先谈，听听他们的具体想法，然后再提出相应的问题。

赵乃林回忆：

双方谈判从 1979 年 1 月开始，这是北汽第一次进行合资谈判，我们跟美国人打交道没任何经验，只能谨小慎微。另一方面，美国对中国也不了解，而且还打过仗，曾经是敌对双方。再加上美国是市场经济，而我们是计划经济，彼此互不了解，使得谈判很难推进。

美国人到中国来究竟是一种什么心情？后来当我们在合作中成为朋友后，在一次交谈中，他们讲了实话：是冒着危险到中国探险。探险为什么？为了做生意。我们怕上美国人的当，谈判时往往是美方先谈方案，我们再提问。

美方代表团团长克莱尔是美国汽车公司负责国际事务的副总裁，在滔滔不绝地讲了一大通后表示，双方认为条件能接受，他们当场就能拍板。但由于中方不能当场拍板，所以每次在美方讲完后，中方总是表示"我们将认真研究你们的想法"，然后再连夜将会谈内容整理出来，第二天立即向政府相关部门汇报；得到意见后再谈，谈完后再汇报。美方对于中方的拖拉很不理解，好在沈坚白在中间做了不少沟通的工作，断断续续的谈判才没有中断。

1979年2月2日，一机部与北京市政府联名向国务院提交了题为《关于北京汽车制造厂和美国汽车公司合资经营吉普车公司》的报告。3月3日，国务院副总理余秋里、李先念、耿飚、王任重、谷牧、康世恩六位国务院副总理签署意见"原则同意"，并指定此事由北京汽车工业公司负责。原北汽厂长赵乃林回忆：

经过几次这样的接触以后，谈判内容终于有了一些眉目，但一机部不敢拍板，于是由一机部再将北汽的报告上报给国务院。国务院6位副总理批示：同意干，可以继续谈。其意义大概相当于现在的立项。一个合资项目要6位副总理批，现在看起来可能觉得太兴师动众了，但在当时确实非同小可。立了项后还得接着谈，这种马拉松式的谈判搞得美方也很累，但他们看好中国的市场，所以尽管一年往中国跑四趟，也还是愿意到中国来。

1979年10月，北京汽车工业公司成立商务谈判组，此时中方与美方的谈判才算正式开始。北汽与美方的谈判得到了一机部部长饶斌和北京市委书记段君毅的大力支持，虽然谈了几年没有什么进展，但他们总是给北汽出主意想办法，支持他们把谈判进行下去。

1980年以后，中汽公司成立了，饶斌任总经理，陈祖涛任总工程师。北汽和美国汽车公司的合资项目是中国汽车工业和外国公司的第一个合资项目，成败与否对中国汽车工业有很大的影响，但谈判进展缓慢让饶斌很着急。根据饶斌的意见，一机部重新组建了以陈祖涛为团长、北京市经委主任张建民（后任北京市副市长）为副团长，汽车专家赵乃林（后来任北京合资厂的第一任董事长、总经理）、国家经委、国家计委共同组成的谈判代表团。

美国汽车公司（AMC）有着深厚的美国军方背景，双方每次谈判时，美方代表团中始终都有一个叫"海德"的退役将军在场，而且这个海德将军对美国汽车公司的谈判结果有否决权。美国汽车公司对开拓中国市场有着很高的热情，为了争取与中国合资成功，美国汽车公司邀请中方代表团到美军沙漠演习场和设在埃及的吉普分厂，卖力地向中方进行各种表演。

从1979年1月到1983年5月，四年半时间内，美方来华18次，中方赴美3次，中方向各级领导机关汇报500多次，中方谈判小组五易其人。经过几年的谈判，中美双方合作框架逐步明朗，北汽提供厂房和设备，美方提供美国汽车公司正在生产的切诺基轻型越野车，双方成立合资公司。

谈判中最困难的在于美方提出的技术入股。按照双方的注册资金比例，美方提出美方的专利技术与工业产权以800万美元的价值入股；对此，中方提出中方的BJ212也应作价入股，但美方不同意。他们认为北京吉普谈不上技术水平，不能以技术入股。美方提出，如果中方将北京吉普作价800万美元的话，美方的技术入股就作价1600万美元。双方在这个问题上互不相让，谈判进入胶着状态。考虑到合资公司的经营成本，经过协商和请示，中方放弃了北京吉普技术入股，双方终于达成了合资意向。事后赵乃林说："说实话，由于是第一次，当时我们确实不知道技术究竟该如何定价，以及到底值多少钱。"

1983 年 2 月，陈祖涛率中方代表团访问美国，准备与美国汽车公司草签合同。谁知到了美国汽车公司后，美方将中国代表团让进会议室，他们却迟迟不见人影。从上午直到中午。代表团成员赵乃林回忆道：

美方主动请我们来，怎么还把我们"晾"在这儿了？大家心里都没了底儿。一直等到中午，克莱尔才匆匆赶来，他一边擦着脑门儿上的汗，一边如释重负地说："解决了。"后来我们才知道，法国雷诺公司是美国汽车公司的控股方，他们不愿意一款花了上亿美元研制的新型越野车被区区 800 万美元买走，正在为此召开紧急董事会。克莱尔费尽力气向法方解释此事的意义绝不是几百万美元，最后法方才算点头同意。

最后，陈祖涛和美国汽车公司副总裁克来尔分别代表中方和美方在合资意向书上签字，合资组建中美北京吉普汽车有限公司，生产美国汽车公司 1983 年投产的 CJ 系列产品和原北汽 212 轻型越野车改进后的车型。

1983 年 5 月 5 日，北京吉普汽车有限公司的经营合同以及合资章程在北京人民大会堂签署，陈慕华副总理出席签字仪式。合同于 1983 年 6 月 1 日生效。新公司注册资本为 5103 万美元。其中，北京汽车制造厂以制造 BJ212 的南厂区的部分厂房、设施和 660 万美元投入，合计约 3503 万美元，占总股本的 68.65%；美国汽车公司以吉普品牌的产品、技术以及 800 万美元现金投入，占股本的 31.35%。1984 年 1 月 15 日，北京吉普正式成立。以后，美国汽车公司被克莱斯勒收购，北京吉普汽车有限公司成为北京汽车制造厂和克莱斯勒的合资公司。

合资公司首任董事长为吴忠良，副董事长为克莱尔，第一任总经理为查特顿，副总经理为赵乃林。合资公司以美国汽车公司的 CJ 系列汽车为基础，采用联合设计的方式，开发中国的第二代轻型越野车。

1984 年，时任国务院副总理陈慕华访问美国，受美方的邀请，陈慕华来到设在底特律的美国汽车公司。

美国密歇根州的底特律市是全球闻名的汽车城，通用、福特、克莱斯勒、美国汽车公司（AMC）等著名大公司的总部都设在这里。美国汽车公司有一座楼层不高，但占地面积达 4 万平方米的巨大三层建筑，这里是美国汽车公司吉普货车工程部。楼内设有设计部门、试验室及项目控制等部门，是当今世界上著名的汽车设计机构之一，简称 JTE。JTE 在郊外还有占地 1540 公顷的切尔西试车场、亚利桑那热带试车场和内华达沙漠试车场。2000 多名工程技术人员整日在这里面绞尽脑汁，根据客户要求设计出各种新奇的产品。切诺基、卡曼奇、道奇 T300 小货车及软顶越野车等车型都是他们的杰作。

1983 年 2 月，JTE 将新设计的 XJ 正式投放到美国汽车公司在美国俄亥俄州特利多市的吉普车厂生产。这是一款多用途四轮驱动乘用车，兼有越野车和轿车功能，具有较高的越野通过性、坚固可靠性和乘坐舒适性。设计师将其命名为"切诺基"。

美国北部大湖流域的土著印第安人有一个分支名为易洛魁族，这个族群中有一个部落自称"切诺基"。在部族争夺土地的战争中，切诺基人被特拉华人和易洛魁人击败后迁徙到南方山区。为了生活和狩猎，切诺基人需要在山区奔跑攀越，因而锻炼得身体强悍、吃苦耐劳，尤其善于登山。美国汽车公司将这款车称之为"切诺基"，意谓此车具有很强的越野性能。切诺基从 1974 年起开始设计，耗资近亿美元，从设计到投产耗时近 10 年，是美国汽车公司精心打造的一款全新的轻型越野车。在当时，无论是设计水平还是技术性能，切诺基都可以被誉为世界水平。切诺基一亮相便立即引起喜爱汽车的美国人的关注，1984年在全美三家著名汽车杂志的评奖中均荣获桂冠。

在美国汽车公司琳琅满目的展品中，陈慕华一眼就看中了最新研究的XJ切诺基。

为了适应口味不断变化的市场需求，美国汽车公司每年都要对其产品进行改型，每年生产的产品称为年度型。一个年度型生产不了多久马上就会被新的产品替换。美方向陈慕华介绍，这一款XJ切诺基是最新款型。

陈慕华了解到，中美合资公司原定合作生产的CJ系列已经投放试产4年多，这意味着北汽引进的是一款即将淘汰的产品。陈慕华回国后派外资局长找赵乃林说："你们与美方合作的产品马上就要淘汰了，你们为什么不引进他们刚刚投产的XJ切诺基？"

赵乃林回忆：

就当时而言，切诺基无论是技术还是设计，都算得上世界一流，它被称为吉普皇冠上的一颗明珠。从生产落后的BJ吉普一跃生产最先进的产品，那时候我们想都不敢想。当时，XJ的技术相当高，美国1983年刚投产，1984年我们就要引进，技术怎么消化？这是其一。其二，我们生产的BJ212，美国专家来一看，就说这款车的变速器和大部分总成件来自于1937年的福特汽车——苏联从福特引进后，1956年推出伏尔加；1959年我们获得伏尔加图样，1964年我们推出BJ212，当年感觉还很先进，但美国人认为很落后。

得到陈慕华提供的消息，北汽马上组织部分人员到美国汽车公司考察，在那里他们看到了切诺基。切诺基让中方眼前一亮，中方马上向美方提出，协议规定，合资企业生产的产品要与美国汽车公司同步。因此，中方要求放弃CJ系列，改为生产XJ。

美方不愿意将这款最新的年度车型交给中方，理由是，这款车技术含量高，中方目前没有能力生产这款车型。但中方坚持要与美方同步生产，最后美方提出，先用CKD方式由中方组装，以此为起点，逐步实现国产化；在掌握了这款车的技术后，再逐步过渡到自己生产。

陈慕华回国时，美国汽车公司赠送她一辆宝石蓝切诺基，陈慕华将这辆车转送给北汽做样车。北汽以这辆样车征求国家各机关部门，包括军队的意见，大家一致同意引进最先进的XJ系列，可作为高级别公务用车，再经过国产化搞二代军车。

赵乃林说："新车型对生产技术和配套厂的要求极高，我们想在短时间内达到标准根本不可能。经过多次协商，双方在1984年10月确定产品方针：引进切诺基XJ车型，以CKD组装为起点，逐步实现国产化；熟悉并掌握美国汽车公司的新技术，最后达到开发合资公司新产品的目的。该车投产后，军队陆续购买XJ车，漆成军绿色，作为部队专用车。"

由于双方缺乏互信，美方又对中方的产品充满不屑，所以合作期间一直磕磕绊绊。1984年7月，中方技术人员设计出了一款新的车型，这款车型是中方技术人员多年心血的结晶，中方希望与美方在此基础上进行联合设计改进。但美国的技术人员对中国人设计的车型不买账，横挑鼻子竖挑眼，共挑出了200个问题，基本上否定了中方的方案。为此，双方发生了激烈的争论。

双方面临一个严峻的现实：新成立的合资公司的产品究竟怎样定？1984年10月，北京吉普汽车有限公司董事会在美国底特律召开，双方经过反复讨论，重新确定了北京吉普公司的产品定位，考虑到自身的技术实力以及合资公司运营后立即就要拿出产品投放市场，否则将面临亏损的命运，中方放弃了联合设计新车的要求，确定由美方提供切诺基散件，由北京吉普合资公司进行组装并销售，以此为基础逐步实现国产化。

按照董事会决议，美方应在一个月内向中方提供切诺基的全套图样资料，但一直到1984年年底，几个月过去了，除了几张总装配图外，切诺基的全套图样和相关资料都没有到中国。图样资料不到，生产建设无法进行。此事不仅中方着急，美方总经理查特顿也是急不可耐，他几乎每天都要给底特律的公司总部打电话催促，但公司总部却一再支支吾吾、动作迟缓。后来才了解到，美国汽车公司的控股方法国雷诺公司将美国汽车公司的总裁换了，新任总裁来自法国雷诺公司，名叫戴德瓦代。戴德瓦代上任后交代"不能全套供应图样，图样发放的进度要看中方国产化的进度；每国产化一个零部件，发放一份图样。"

经过紧急商量，北京吉普董事长吴忠良和中方副总经理赵乃林决定亲自赴美交涉，要求美方履行合同。1985年元旦，吴忠良、赵乃林赶赴美国。下飞机后，两人直奔美国汽车公司总部，要求美方解释不履行合同的原因。

戴德瓦代的解释带有明显的意识形态歧见："根据我们与某些社会主义国家交往的经验，一旦将全部技术拿到手后，我们的存在将变得毫无意义，他们会将外国人赶走。"

戴德瓦代此言明显违背合同条款，在吴忠良与赵乃林的严词诘问下，戴德瓦代自己也无法自圆其说。吴忠良强硬地表示，根据双方共同签订的协议，合资公司将保留采取进一步行动的权利。这样，切诺基的图样才给中方发过来。

北京与美国的合资与上海和德国的合资基本同时，但到了1985年，上海桑塔纳已经开始生产了。看到满地跑的桑塔纳，北京市政府、一机部希望北京切诺基也尽快地投产。经过近10个月的努力，1985年9月26日，首批BJ2021切诺基驶下生产线。国务院副总理陈慕华来到组装线前给崭新的切诺基剪彩。1987年，北京市政府将当时第一辆切诺基赠送给美国华盛顿市市长马利恩·巴利。这辆车参加了美国建国200周年大游行，并珍藏于华盛顿博物馆。

"吉普风波"

切诺基投产后，美方动作不断。先是换掉与中方配合良好的总经理查特顿；没过几个月，美方要求再换总经理。美方的动作引起了中方不满。吴忠良是董事长，更换总经理必须得到董事长的认可，吴忠良拒绝了美方的要求，但美方坚持己见。不得已，中方提出，让美方推荐的圣皮尔"试用"3个月。美方又要求中方承担美方职员的住宿费。美方的雇员在北京都是在高档宾馆包房，费用高得令人咋舌。中方曾经质问美方："我们的总理一个月工资不过几百元人民币，而你们在宾馆一天就得几百元，谁承担得起？要住可以，这笔费用，你们自己承担。"作为反建议，中方提出要提高中方职工的生活福利，从所占利润的4%提高到10%。美方再提要求，要求提高组装产量：1986年4000辆、1987年7000辆、1988年10 000辆。中方告知，提高产量涉及增加外汇额度，需要政府批准。作为反建议，中方要求美方在这3年内的投资达到2.2亿美元。美方提出，只有实现美方提出的产量增长数额，美方才能提供1.7亿美元的投资。如同一家人吵架，双方你来我往、互不相让，矛盾日渐升温，最终大干一场。

矛盾的焦点就在外汇上。北京切诺基的投产是建立在CKD基础上的，国产化率非常低，北汽所做的工作基本上就是组装。而组装就得依靠美国发货。CKD组装需要大量外汇。1985年、1986年两年中，大量进口轿车几乎耗尽了国家的外汇储备。面对严峻的形势，国务院多次下文，要求严格控制轿车进口，其中也包括进口散件组装轿车。依靠CKD散件组装的北汽也受到了严重影响。

北汽合资公司成立时，政府就要求公司做到外汇平衡。但由北汽组装的切诺基投产还没多久，切诺基的出售对象是国内用户，产品没有出口，所以收不到外汇；非但收不到外汇，CKD散件进口还需要大量外汇。这个时候要实现外汇平衡是不现实的，也是无法实现的。

继1985年北京吉普公司首批订货720辆切诺基散件后，按照生产进程，美方陆续将1008套散件发送到码头，准备10月12日装船起运。但由于没有外汇额度，北汽此时连散件进口的许可证都还没拿到。没拿到进口许可证，银行就不发给付款信用证。对于美方而言，银行的付款信用证意味着"货到付款"；没有付款信用证，美方拒绝货物装船发送。不能装船，大宗货物堆放在码头上占用了货位需要付款；货物量太大，再运回去费用太高。不得已，美方只得在码头租用仓库将这批货存放起来，同时催着中方付款。由于美方散件不能及时发货，北汽的供应链中断，隆隆的组装线停了下来。北汽是合资企业，一停，中外双方都急，员工工资、设备维护、保养都要钱。北汽着急，美方恼火。

1985年11月18日，美国汽车公司中国项目部经理曲莫火速赶到中国，但此时国内经济过热，正在治理整顿，外汇额度问题一时无法解决，着急的曲莫与赵乃林甚至发生了争执。曲莫认为中方处理合资企业缺乏诚意，称：中美双方中间有一条深深的裂痕且难以愈合。可以认为，曲莫的观点代表了美国汽车公司的主流看法。

曲莫回国后向美国汽车公司董事会汇报，美国汽车公司董事会的几位负责人联名给北京吉普公司发来电传，主要内容为：

……

北京吉普公司没有履行CKD散件装船计划，违反了双方合作协议；

1986年的CKD计划、数量定不下来，美国汽车公司第五次董事会批准的投资失效；

1985年第四季度的CKD散件不能按期发运，将造成1986年第一季度之后停产；

……

美国汽车公司董事会单方面做出了停止资本投入、停止技术转让、停止技术培训，撤回在北汽的美国人的决定。这就是所谓"三停一撤"。

控制轿车整车以及散件进口是国家决策，北汽无能为力。美方是合资公司的股东，也是技术与产品的来源，美方的高压态度给合资公司前景蒙上了浓厚的阴霾。北汽一面向北京市和一机部、中汽公司汇报，争取高层给出解决问题的办法；一方面给美方回电解释：中国政府此时正在编制新的五年计划，希望美方对此能够理解，不要动辄就采取违反双方协议的行为。中国驻美大使也为此事与美国汽车公司做了沟通和解释，表明了中国政府支持合资公司的态度。虽然中国大使代表政府表示了态度，但由于互信程度降低，双方解决问题的过程中仍然充满矛盾。

1986年2月19日，美国汽车公司副总裁弗利来到北京与北京吉普公司交涉。双方在长城饭店会谈，中方代表为吴忠良、赵乃林，美方代表为弗利、圣皮尔。整整三个小时，双方几乎没有谈拢。弗利表现出空前强硬的态度："我对北京吉普公司的前景非常担忧，我已经算过，XJ明年5月要停产，这对北京吉普公司、对美国汽车公司、对中国、对美国都是一个极为严重的问题，特别是对中国的改革开放政策将会产生极为不利的影响。如果硬要我们停产两年干国产化，那么你们只有另外去找伙伴了，我们马上就走。"

尽管中方试图缓和局势，但拿不出任何有效的措施与动作，空话是打动不了美方的。弗利第二天甩手而去。

1986年2月21日，美国汽车公司董事长戴德瓦代单方面向美国媒体宣布，由于中方违反协议给美国方面造成经济损失，美国汽车公司决定，停止与北汽的合作。具体措施为：停止资本投入、停止技术转让、停止技术培训，撤回在北汽的美国人。戴德瓦代具有"政治头脑"，他懂得对中方施压最好的办法就是从政治上下手，他公开宣称："中国不适合搞合资。"

北汽与美国汽车公司的合作举世皆知，犹如中国对外开放的一个窗口，现在突然"三停一撤"，美国舆论顿时哗然，好事的各大报纸杂志纷纷撰文，标题一个比一个火爆。还有一些美国媒体以此攻击中国的对外开放政策。这就是著名的"吉普风波"。

虽然闹得很凶，但美国汽车公司也并不想就此丢掉好不容易才打开的中国市场，他们不过是想闹一闹，以影响中国的政府，然后再按照他们的想法来解决问题。

中汽总公司是中国汽车工业的总领导，代表政府管理全国的汽车企业。而美国人对怎样与中国打交道是有点研究的。他们清楚，中国的企业不过是政府的孩子，孩子总是要听家长的。合资公司出现今天这样的局面，家长是有责任的。美国汽车公司副总裁克莱尔在合资谈判过程中与中汽总公司总经理陈祖涛打了不少交道，有点交情。1986年2月28日，克莱尔致电陈祖涛，向他全面阐释了美方的立场，请他介入此事。3月3日，美国驻华使馆一秘希尔约见陈祖涛，表达了美国政府对此事的"关切"。3月4日，美国驻华使馆商务参赞约见中国经贸部外事局局长张歧，再次表达了美国政府希望中方妥善处理的意见。3月14日，北京吉普公司美方总经理圣皮尔给时任中共中央总书记胡耀邦写了一封信：

......

合资企业在中国是一个新概念，初期时会遇到巨大的挑战。我们是合资企业的先驱者之一，所以首先遇到与合资企业有关的困难。我们失败的结果将对中国现存的和未来的合资企业产生非常消极的作用，中国政府也将难以承受这个合资企业失败给中国正在实行的开放与合资政策所带来的冲击。

......

经美国汽车公司这样上下一闹腾，"吉普风波"引起了中国最高层的重视。胡耀邦在一份内参上批示：

这件事要从维护我国对外关系的决策和信誉的高度来对待，请经委帮助解决。已合资企业不要轻易使之倒闭。

李鹏、姚依林、田纪云、谷牧、陈慕华、宋平等中央领导也都做了批示。中央决定由时任国家经委副主任的朱镕基负责处理此事，并成立由中汽总公司总经理陈祖涛、北京市常务副市长张健民，北汽副总经理赵乃林等人组成的工作组，负责与美方谈判。

美国汽车公司将此事政治化的目的达到了。

朱镕基办事大刀阔斧、雷厉风行。1986年5月8日，朱镕基接见前来谈判的美国汽车公司副总裁克莱尔。朱镕基说："中国政府始终支持北京吉普公司，过去是这样，现在还是这样。中国政府从来都是讲究信誉、遵守合同的。北京吉普公司当前的困难有客观原因，也有主观原因。客观原因是，在过去的一年多里，中国在经济体制改革方面步子迈得很快，由于经验缺乏，摇晃了一下。也就是说，先是银根放得过松，进口过多。发现问题后，又收紧了银根，压缩了进口。我们去年进口了30多万辆汽车，总值28亿美元，消耗了外汇储备……为了帮助北京吉普公司度过暂时的困难，政府有关部门将根据情况给予必要的帮助，例如，进口许可证将采取适当灵活的方法。至于主观原因，是你们的经营战略未能适应这种变化，你应该与中国同事们研究、调整经营战略。"

朱镕基明确表示了对美方单方面向媒体爆料的不满："我认为，为了创造良好的气氛，谈判中，我们最好对媒体保持沉默，等我们达成协议后，再共同发布。"

朱镕基与克莱尔谈完后，谈判的任务便落在陈祖涛、张健民、赵乃林等人身上。中美双方就国产化、出口创汇、产品、CKD 散件、投资规模等五个问题进行了一场马拉松似的谈判，整整 5 天 5 夜连轴转。谈判的焦点集中在 1986 年—1990 年这 5 年期间切诺基的产量上。美方要求产量起码要达到 5 万辆，照此计算，需要用汇 4.75 亿美元。由于外汇的限制和国产化进程等原因，中方只不同意安排这么多，双方僵持不下。2004 年，笔者采访陈祖涛，虽然已经是耄耋老人，但他对几十年前处理"吉普风波"的事情仍记忆犹新：

1986 年 5 月 16 日，美国财长贝克要访华，国务院主要领导要接见他；同时姚依林副总理要访美，美国总统布什要接见他。因为北京吉普是中美合资的第一个项目，所以肯定会成为会谈的话题，而项目目前又存在一些问题，怎样解决这些棘手的问题，成了中美双方都要面临的难题。就在这时，美方代表克莱尔给国务院领导写信，反映合资中的出现的一些具体问题，提出要中方在进出口、外汇等政策上给予优惠条件。国务院领导将信转给副总理谷牧，谷牧将信批给朱镕基，朱镕基找到我，要我负责处理此事。

我和北京市常务副市长张健民、北汽总经理赵乃林共同组成谈判组，和克莱尔展开了艰苦的谈判。国务院对这次谈判非常重视，直接掌握谈判动向，我们每天谈判完了后，都要给谷牧同志写出情况报告，然后根据谷牧同志的意见确定谈判方针。由于北京吉普是中美的第一个合资项目，很多做法都在摸索过程中，美方在谈判中要求政策优惠牵涉到我国的外贸、外汇管理等政策，我们也无权表态。只能一边谈，一边汇报，汇报有了结果就接着谈，没有结果就只能拖，非常被动，谈了好久都没有结果。最后，克莱尔威胁要退出谈判。那天，朱镕基给我打电话询问谈判的情况，他半开玩笑半认真地说："老陈呀，谈判一定要成功，否则我俩乌纱帽都会没了。"

面对这么大的压力，我们谈判组只有与克莱尔坚持谈下去。有一天，我和克莱尔谈到深夜 12 点，我们的晚饭都是在谈判桌上吃的。克莱尔再次提出，他要退出谈判，回国报告。此时我的心里也很紧张，因为国务院没有表态，我也很为难。我分析了克莱尔的心理状态，认为他也承担着沉重的压力，谈判失败了他回国也难以交差。所以在他威胁要回去时我说："要走你就走吧，我也回家休息。"

克莱尔很生气地离开了，我们立刻向谷牧同志报告了情况。谷牧同志告诉我，经研究，国务院已经同意在相关政策上给以优惠，根据这一优惠政策，北京吉普进口散件的问题就解决了。有了国家的授权，我们终于在克莱尔就要赶往机场之前达成了协议。协议内容大致为：

到 1990 年，北京吉普公司生产切诺基由美国最初要求的 5 万辆降为 1.25 万辆，美方要采取有效的实际行动来支持中方加快国产化进程。

由于时间太紧，在克莱尔上飞机前，协议已来不及起草和打印了，他就在一张白纸上先签了字。他说："陈先生，我相信你，我先签字。"此时是 1986 年 5 月 14 日的上午，我立刻将协议情况报告了谷牧同志和朱镕基同志。这场持续了 7 个月的吉普风波终于告一段落。

经过艰难谈判，双方最终在 1986 年 5 月 14 日下午 3 点达成协议。协议规定，到 1990 年，北京吉普公司生产切诺基 12 500 辆，美方承诺将协助中方加快国产化进程。

1986 年 5 月 23 日，中美双方分别在北京和底特律发表新闻公报：

……经过讨论，双方原则上同意采取行动，使北京吉普公司能够继续进行切诺基的项目，并加速国产化……

"吉普风波"虽然以双方都做了有限的让步而结束，但它却折射出改革开放之初，中外合资企业的生存环境。作为主要当事人，赵乃林的话真实反映了企业当时的尴尬处境："最开始，合资企业是个孤岛，没人关心你这些事儿……但这样一闹，上上下下都重视，一些相关政策就慢慢出台了。"

事后，《洛杉矶时报》前驻北京记者吉姆·曼恩（Jim Mann）著书《北京吉普：西方企业在中国的案例研究》，这本书被美国之音连播近一年，后来又被翻译成日文，成为当时日本企业界跟中国合资的必读书。

纵观北汽与美国汽车公司合资生产切诺基的历程，这条路从开始就走得很不顺。1985年9月，第一辆自己组装切诺基在北汽下线。新的切诺基一面世反响还不错，因为当时国内轿车产量很少，好路坏路都能跑的切诺基还算销得不错。但随着国内轿车数量增多，切诺基暴露出来的产品弱点便越来越多：

价格高，切诺基的价格要高出同时代的桑塔纳和捷达。

配件少，因为是散件组装，美方也没有像德国大众那样对切诺基在中国有国产化要求，导致切诺基配件奇缺。一旦维修需要更换配件，有时甚至还需要美国发货，这又造成配件价格奇贵。

专业维修人员少，由于产量不高，因此美方也没有花力气培训维修人员，这导致全国各地的维修人员极其缺乏。车一旦抛锚，叫天天不应，呼地地不灵。

油耗高，美国汽车最大的特点是马力大，这也带来了油耗高的缺点。这些缺点导致切诺基在民众心中的形象迅速变差，因为维修、使用费用太高如同割肉，所以民间戏称切诺基为"切肉机"。

国产化进程缓慢，由于美方不积极，中方也没有明确的措施，导致切诺基的国产化进程极为缓慢。1985年的国产化率为1.73%，主要为牌照支架、随车工具、护板、使用手册。经过整整10年的努力，一直到了1995年国产化率才达到80%。

基于上述原因，切诺基的产量和销量始终也没有超过3万辆。虽然产量不高，但公司几千名工人的工资，还有那些拿高薪的美国高管，处处都要花钱。处于亏损状态的北京吉普实际上一直靠北汽老产品BJ212支撑着。

合资谈判时，美国汽车公司以技术作价800万美元入股，中方要求BJ212也作为中方的技术投入，但美国人却非常鄙夷地认为这种车没有价值。但北京汽车厂并没有因为美国人瞧不起就放弃。尽管合资了，但BJ212的生产始终没有中断过，1987年—1993年间，北汽在不断引进、消化和吸收先进技术的基础上，对BJ212不断实施车型改进和新技术嫁接。BJ212先后演变为BJ212L、BJ2020N、BJ2020S，还派生出一款加长型可乘7人的BJ212A。根据需要，BJ212系列越野车还被改装成无后坐力炮运载发射车、红箭反坦克导弹运载发射车、无线电干扰车、炮兵侦察校射车、防化侦察车、通信工程车等作战、指挥专用车辆。民用北京吉普更是供不应求，由于产量有限，甚至还要控制供应。

北汽在引进切诺基后，又将许多技术移植到BJ212越野车上，进行了百余项改进，延长了其生命周期，大幅提升了其技术水平，发动机功率由原来的75马力提高到85马力，并首次在国内采用了子午线轮胎，解决了危及行车安全的侧滑问题。选用四速变速器，前进档之间采用了同步器，改善了换档性能。车身面漆也由单调的草绿，发展为白、红、蓝等多种颜色，产品由军用扩展到民用。一系列改进使北京吉普青春常在，谱写了汽车行业的老兵新传。

1995 年，北汽的产量达到了 82 000 多辆，这是北汽历史上的第一个高峰。但其中只有 2 万辆切诺基，而北京吉普 2020 却有 6 万多辆。切诺基亏损，而 BJ212 的纯利润则达到 3.5 亿。

北汽合资还带来了北京汽车生产资源的分化重组，也深刻地影响了北京汽车产业发展的走向。早在研制 BJ210 成功后，北京汽车的发展便围绕北京汽车制造厂展开。北京第一汽车附件厂组成的北京汽车厂成为一机部的直属企业，而在同一条街上的北京金属结构厂、北京齿轮厂、北京内燃机厂等都是北汽的配套企业。20 世纪 70 年代后，经过调整，上述企业联合组成了北京汽车工业公司，由北京市政府管理。大家都是一个家长管理下的"孩子"。吃着同样的饭，享受同样的政策。

当成立合资企业时，美方不要与合资企业生产无关的部分，结果导致北京汽车制造厂将最核心的部分拿出去合资，然后将剩下的资产进行了再次整合，继续通过产品改进等各种方式谋求发展。新成立的合资公司与合资剩余资产重组的公司之间的差别立刻显现了出来。政策导致内外资企业的生存发展环境出现巨大差距，其中之一就是工人之间的劳动报酬有了明显的差别，合资公司的工资几乎要多一倍。原来一起上班的同事，有的甚至是夫妻的收入，就因为合资而一下子拉开差距，这使得人们的心理上产生了极大的不平衡。合资企业和非合资企业的生产管理、工人的劳动态度也产生了明显差别，以前上班不久就可以溜号，有的利用上班时间买菜、洗菜、择菜，打扑克等一系列消极怠工现象在合资公司看不见了，从生产线到班组、车间，岗位分明。但在一墙之隔的国有公司内则一切照旧，这一切到造成了非合资企业与合资的北京吉普之间的反差与不和谐。

随着改革的深化，这些合资后剥离出来的汽车企业开始自找发展途径。1987 年 6 月，北汽与北京摩托车厂组建北京汽车摩托车联合制造公司。进入 20 世纪 90 年代后，又与山东的民营企业福田汽车公司重组成为北汽福田汽车公司。

围绕北京吉普成立，北京的汽车资源形成了三股力量，它们之间身份的不同成为后来汽车资源整合管理上的大难题。

原属一个母体的几家企业在计划经济与市场经济的演化过程中、在中国汽车工业发展的过程中分分合合、荣衰互见，演绎着北京汽车工业发展的"战国时代"。

对北汽的合资，历来是仁者见仁、智者见智。北汽中方总经理赵乃林认为：

合资的路肯定是走对了，我们与外资相互需要。北京吉普起的是一个修路者的角色，在北京吉普以后，相继是广州标致、上海大众的对外合资，他们纷纷派一套人马到我们这儿学习，我们也毫无保留。但在合资进行到一定阶段以后，我们必须要加强自主开发、自主品牌建设，这方面问题解决不好，将会影响我们汽车产业最终的发展。关于这一点，我不想说得太多，总之一句话：我认为自主开发的关键问题不在整车，而在零部件！

原北汽党委书记郑焕明回忆：

北汽与美国汽车公司合资经营谈判之初，我们明确提出美方要转让技术，在美国底特律，仅技术问题双方就谈了 3 天。美国人不同意我们的意见，专利更不用说，技术中心也建不了。为说服对方，我们颇费口舌。最后双方仍达成协议，确定建立合资企业的技术中心。在总合同及章程中，也写明了要建立技术中心，合资开发二代车。但执行结果却大相径庭。合资公司直到第 11 年才建起技术中心。为什么？归根结底就是开发北京吉普二代车出了问题。一种说法是犯了"技术饥饿症",不去搞二代车开发,都在忙着引进切诺基。

在向饶斌同志汇报时,他非常恼火,并严厉批评。但他也没办法阻止,切诺基问题成为既成事实,北汽完全放弃二代车开发。作为中国第一家整车合资企业,这个结果非常令人遗憾。

事实是,切诺基从引进到最后都没赚过钱,一直靠BJ212养着。这倒也罢了,相比之下,更重要的问题在于二代车没了,合资初衷完全改变了。最后只剩一条,就是中美双方高管人员同工同酬,一年10万美金。美国人开始说我们技术比你们高,你们工资不能跟我们一样。但我们的一个技术员发现了他们的发动机外胎性曲线的错误,第一次指出来时,美国人拒不承认,并连夜做试验。第二天一早,我们看了他们的试验结果,指出这还是错的。他们又连夜试验,这下终于承认。我们就抓住这个典型例子跟美国人谈同工同酬。我们的理由是,你说你们技术高,我们也承认你们比我们高,但在这个问题上我们水平也不低,那就算一样了吧。最终争取到了同工同酬待遇。

现在回想起来,合资签约之初我们还很有干劲,在BJ212基础上搞了个概念车。但美国人一下就提出200个问题,千方百计地维护他们自己的技术。在北京吉普合资问题上,饶斌同志的观点是正确的,就是要自主开发。现在回过头来想,如果我们当时按照合同执行,可能合资企业就不会走到今天这一步,或许我们能探索出一条合资企业自主开发的路子。

其实,切诺基适不适合中国市场也好,北汽能不能赚钱也好,这些因素都不是最重要的失误。最重要的是,我们因此失去了自主研发的机会,而成了一个毫无技术含量的组装加工工厂。这一点,对北汽,甚至是中国汽车工业发展的负面影响都是非常深远的。

原北汽老厂长、中汽公司副经理总冯克认为:

一个企业要做好,关键是产品。北京汽车工业当时为什么比较好?就是因为当时有212这一主打产品。在合资企业的利润中,北京212就占了一半以上,切诺基只有40%多。

那个时候我们对知识产权不太重视,让合资厂把这款产品拿走了,成了他们的产品。所以说,汽车工业有了产品,尤其是有了自己的产品才是最根本的。实际上,我们自己也不是不能开发,是没有这种精神。买的产品来得更快些,也容易得多,但不是自己的。

与国外汽车巨头合资,引进他们的先进技术,发展中国的轿车工业,这是历史做出的抉择。合资建设加快了中国轿车发展的步伐,而中国人民现在正在享受这一成果。合资过程中出现了种种问题,包括现在议论最多的有关自主发展、自主知识产权等问题,这些都是当时的历史环境和主客观原因造成的,应该说是正常的,也是必然的。我们不能用今天的眼光来看过去,也不能用今天的观点来指点甚至非议过去。我们的前辈所做的事情已经成为历史,北汽的合资过程也是中国汽车工业发展历史的组成部分,我们应当尊重历史。在回顾历史时总结出经验与教训,避免重复过去的教训则是我们现在和今后要做的事情。

> 北汽与美国汽车公司自合资以来先后生产了切诺基系列的六种车型:
> 化油器式四缸发动机分时四驱车型BJ2021;
> 汽油喷射六缸发动机手动变速器分时四驱车型BJ2021M6和BJ2021E6Y;
> 汽油喷射六缸发动机自动变速器全时四驱车型BJ2021A6;
> 汽油喷射四缸发动机手动变速器分时四驱车型BJ2021E;
> 化油器式四缸发动机两轮驱动车型BJ7250;
> 右置方向盘车型CR1。

从 1985 年至 1996 年的 13 年生产中，北汽共生产切诺基 13.58 万辆。在这 13 年中，切诺基的发展大致经历了三个阶段：

第一阶段为 1985 年至 1988 年，主要是靠 CKD 散件组装，与美方特利多（TOLEDO）吉普车厂同步生产，在这个时期是 BJC 消化产品、完善工艺和熟悉装配的过程，但国产化率很低。

1985 年 9 月 26 日投产的化油器式直列四缸发动机、四轮驱动的 XJ 车型成为北汽切诺基的基本型（BJ/XJ213）。1989 年 8 月份开始，北汽切诺基车型编号由 BJ/XJ213 改为 BJ2021。

1989 年起至 1993 年为第二阶段。这一阶段的特征是国产化率逐步提高，达到 60% 以上；生产规模逐渐扩大，技术与美方同步。

1988 年前，北汽基本上只生产化油器式四缸发动机四轮驱动一种车型，1989 年投产了六缸发动机车型 BJ2021M6、BJ2021A6，分别用于出口创汇。1992 年，根据司法、公安、石油等部门的使用要求，北汽改进了新型切诺基的悬架系统，开发投产了越野悬架的汽油喷射式六缸发动机车型 BJ2021E6Y，以及多点喷射式四缸发动机越野悬架车型 BJ2021EY。

从 1993 年开始为第三阶段。此时的切诺基车型越来越多，1997 年的国产化率已达 80% 以上。随着对切诺基技术的进一步吸收和国产化率的提高，北汽基本形成了自己的开发能力，1994 年、1995 年、1996 年先后开发生产了 BJ7250、BJ2021E 和 BJ2021A6 车型。

1993 年，为填补北汽中档汽车的空白，经中美双方讨论，同意北汽在 BJ2021 车型基础上，取消前桥驱动系统；把助力转向系统改为机械式转向系统，使之成为化油器式四缸发动机两轮驱动的 BJ7250 经济型车型。1994 年 8 月 24 日，BJ7250 正式投产。以后又自行开发多点电子喷射四缸发动机四轮驱动的 BJ2021E 代替化油器式四缸发动机四轮驱动车型 BJ2021。后来还在 BJ2021E 的基础上开发出了宽轮胎、加强悬架、多点喷射发动机的"西藏型"切诺基。

失败的"婚姻"

1997 年 10 月 31 日，法国标致与广州正式签署协议，结束了双方不成功的"婚姻"。与广州合资了 13 年，在中国轿车工业发展风头正劲的时候，法国 PSA 与广州的合作再也无法继续下去，终于退出广州，这是在"三大三小"合资轿车项目中，第一家以失败而退出的外国在华公司。与当年签署合资协议时体面而热烈的气氛不同，这一次双方代表签字后，场面冷清，没有鲜花，没有琥珀色的香槟酒，没有兴奋的合影。签完字后，PSA 公司代表神情凝重，低着头退出会场；中方代表则久久地望着他的背影，似乎在回想 13 年前双方签订合资协议的一幕。

1984 年到 1985 年，轿车热席卷中国，全国各地都在轿车热中躁动不安。华南、东南沿海的轿车走私受到重拳打击，当地的党政领导有的受到处分，有的受到严厉批评。但打击归打击，如果市场需求问题未解决，各地的轿车热就不会降温。各地方八仙过海各显神通，想方设法要从中央的计划中找出缝隙来实现自己的轿车梦。虽然中央的态度如此严厉，但对于有准备的人来说，机会总是有的。

1984 年，中国汽车工业公司在广州召开全国轻型车会议，为解决中国汽车缺重少轻的问题，会上对发展轻型车做了布局。在一些人眼里，轻型车就是机会。在轿车奇缺的时候，先富起来的多是广东等地的生意人，出于生意需要，也出于面子需要，在轿车求购无门的时候，他们降格以求，看中了进口的轻型载货汽车和俗称"皮卡"的轻型小货车。这种车车体小巧，车内装饰也不错，坐进去可以找到轿车的感觉。尤其是皮卡，除了后面的小货箱外，简直就是个"小轿车"。一时间，广东等地的轻型小货车和皮卡销量猛涨、供不应求。供不应求就增加进口，进口多了没外汇，善于动脑筋的人便由此看到了商机——可以进口散件组装皮卡，这样既能满足市场需求，又不违反中央关于限制发展轿车的规定。

1985 年，时任广州市市长的叶选平来到北京，他此行的任务是要为广东省争取一个皮卡项目。

广东地处华南沿海，与香港、澳门毗邻。改革开放前，这里是海防前线，国家重要的经济建设项目都远离这里，钢铁、石化、汽车、机电等大型现代工业项目都没有安排到广东。但广东又有一个怪现象，虽然没有重型工业，汽车工厂却遍地开花。"汽车热"导致各地市，甚至包括县在内，大量的小型汽车厂星罗棋布，仅注册企业就有 117 家，其中纳入国家目录的有 46 家，还有改装厂 41 家。这些所谓的汽车企业批量小、成本高、质量差，多数处于破产边缘。其中唯一能提得起来的汽车厂是在广东省汽车修造厂基础上发展起来的广州汽车制造厂，生产仿"解放"的"红卫"牌货车，但由于产品质次价高，1979 年停产下马。

来找国家计委和中汽总公司争取项目的除了叶选平外，还有广东省省长梁灵光。经过他们的努力，国家计委最终批准了广东的一万辆皮卡散件进口项目。

广东进口皮卡散件来源于法国，经过谈判，广州决定引进法国标致汽车公司的标致轻型货车，也就是皮卡。

标致公司同意与广州合资也是颇有意思的。改革开放前，外国对神秘的中国知之甚少，标致公司认为中国只有三座大城市，即北京、上海、广州。北京是首都，上海是中国最大的工商城市，广州则是因为每年一次的"广交会"而闻名。经过香港有关方面的介绍，法国标致公司得以与中国的第三大城市广州合作。对于标致公司而言，这也是插足神秘中国扩大市场的机会。

1985 年 3 月 8 日，国家计委批准《广州标致合资可行性研究报告》；3 月 15 日，中法双方在广州花园大酒店签约。鲜花、香槟、笑脸和对未来的期待使得签约仪式隆重而热烈。

虽然广州标致公司成立了，有关人士也很高兴，但明眼人却一针见血地指出，这个企业是广州人得名、法国人得利。何出此言呢？看一看广州标致的股份组成便知原因。广州标致的股份构成为：

广汽公司 46%、中信公司 20%、国际金融公司 8%、巴黎国际银行 4%、法国标致公司 22%。但法国标致是以产品技术入股的，也就是说，它是空着两只手拿的干股，没有投入一分钱。法国三方拿出的真金白银只有 12%，加上标致公司的技术股 22%，法方共占有 32% 的股比。根据中法双方协议，广州标致公司总经理由双方轮流担任。因为中方缺乏管理经验和技术，所以双方商定，前 8 年由法方担任总经理。广州标致董事会共有 11 个董事席位，占有 46% 股本的广州分到 4 席，占有 22% 干股的法国标致分到 3 席，占有 20% 股本的中信公司分到 2 席，法国巴黎银行和国际金融公司各分到 1 席。从数量上看，中方共有 6 席，法方共有 5 席。按照董事会章程，要改变总经理的决定必须要四分之三的董事同意。这意味着，只要总经理做出决定，中方即使全部不同意也达不到四分之三。"聪明"的法国标致凭借 22% 的干股，在广州标致公司里取得了总经理"一票否决权"。同时，在公司内部分工上，法方还掌握财务、零部件采购、和国产化认可大权，完全控制了广州标致的命脉。

在 20 世纪 80 年代末期，在中方资本占多数的合资公司里，天平就这样不公正地向着外方倾斜。为什么会出现如此反常的权利分配格局呢？要是将法国人与广州人调换一下位置，法国人会认可这种利益分配格局吗？

虽然公司管理大权落入法方之手，但广州标致合资项目使得广州在中国现代轿车布局上抢占了先机，成功地在全国轿车生产"三大三小"布点中争得一"小"的席位。1985年到1988年，广州标致赶上了发展的黄金时期，依靠CKD，从1985年的2000多辆起步，每年增加1000多辆还供不应求；到1988年，产量超过5000辆，广州标致的账本上终于出现了盈利的黑字。大好形势下，广州标致乘势而上，要从皮卡转而上轿车。

广东人的确聪明，当年要上皮卡，纯粹就是两步走方案，先上皮卡，同时为上轿车做准备。标致505轿车就是标致504皮卡的升级版，前者与后者与除车身外，其他部件基本通用，机会一到，立刻由皮卡"变脸"为轿车。"三大三小"的轿车生产布局给了广州标致进入中国轿车生产企业序列的机会，广东省向国家计委送交广州标致二期工程的报告，并且在国家计委未批之前，率先"遇到黄灯抢着走"——于1989年9月11日开始组装标致505SX轿车。

广州标致的做法受到了国家计委的严肃批评。1989年12月，广州市副市长谢世华、谢干成等专程到北京向国家计委汇报广州标致二期工程。

广州标致一期工程投资5.7亿元人民币，建成了简易的总装、焊装生产线，但关键的发动机生产线没有，冲压和涂装生产线也很简陋，所谓冲压生产线也就是几台冲床。这些条件组装皮卡还凑合，但要组装轿车根本不具备条件。此前，广州多次来人向国家计委要求上二期项目，都因为没有发动机生产线而遭到否定。后来，广州汇报说发动机生产线问题已经解决，请国家计委工业二司副司长徐秉金去查看。徐秉金与工业二司的几个干部来到广州汽车厂，摆在他们眼前的却是这样一幅场景：一台发动机被分解拆卸开，铺在不到20米见方的地上，几个工人用手工将这些凌乱的零部件逐个组装起来，所有的缸体、缸盖、飞轮、曲轴、活塞等关键零部件全部要从法国购买，这就是广州标致的"发动机生产线"。徐秉金看后很生气。他不客气地说："你们这不是糊弄人吗？发动机生产线不是小孩过家家，这样装配出来的发动机，质量靠什么做保证？"

除了发动机生产线外，车身问题也未解决好。广州提出，标致504皮卡与标致505轿车的差别主要在车身，在皮卡的小货箱上做一个覆盖件就可以代替轿车车身。可标致毕竟是世界级汽车公司，怎么能容许自己的产品如同"摆地摊"一样凑合呢？广州的意见也遭到法方的强烈反对。国家计委与法方的反对给了急于求成的广州一个教训。

广州市政府立刻做出深刻检讨：一期工程急于求成，主要是为了抢市场，有些工作做得不细，申报项目也违反了程序；在二期工程中，对存在的问题一定要彻底解决。

二期工程共投资3.1亿法郎，包含建设7000平方米的油漆生产线，增加两个焊装工位，一条冲压生产线等内容，实现3万辆产能规模。经过审核，国家计委对广州标致二期工程提出了具体意见：

1.要集中力量尽快解决发动机生产线问题。

2.504产品出口是保证外汇平衡的关键，如果504和505同时上，504的出口就会出现矛盾。广州市要研究方案，拿出切实可行的措施，确保完成出口数量。

3.二期工程合同修订不全面。合同对产品、销售权、产量都做了修改与界定，但对一些限制性条款，尤其是对法方的限制性条款却没有任何改动，这会造成双方权利与义务的不对等，这是不妥的。

4. 二期工程可行性报告存在不少漏洞，如没有整车返修内容，需要认真研究和补充。可行性报告中没有合同修订的内容，这是很大的漏洞。再如，没有新增出口计划，所需外汇从何而来？国产化目标没有切实的措施保障，到时如何落实？

按照国家计委的意见，广州标致二期工程存在一些"硬伤"，这些问题不解决，二期工程就不能批。

20世纪80年代末期，广东已是全国改革开放的前沿阵地，思想解放，看准了就干，不受旧的条条框框的限制，使得广东经济发展的步伐明显快于内地，轿车市场更是炙手可热。国家虽然还没有批准广州标致轿车二期工程，但广州标致仍旧在两条腿走路：一边积极申请，一边加快二期工程进度。1990年4月27日，国家计委终于批准了广州标致二期工程计划，同意在第一期1.5万辆轻卡的基础上增加1.5万辆轿车产量，产品为505SX5和505SW8。一、二期工程的总纲领为年产3万辆。虽然这3万辆中还有1.5万辆皮卡，但广州标致早已制订了3万辆CKD505的计划，皮卡的历史任务已经完成，广州现在可以放开膀子，名正言顺地大干轿车了。

风水轮流转。1993年，广州标致二期工程基本完成，当年产量达到20 800辆，产量虽然上来了，但问题也来了。双方合资这些年，矛盾逐步暴露，作为大股东的广州方面提出要更换总经理；而法方的报复手段是利用自己技术输出方的地位对广州标致的零部件订购、付款条件、发货等百般刁难。比如，广州方面订购300辆CKD散件，货到了以后才发现不配套，缺东少西，顶多只能装一百多辆。中方向法方提出，法方也答应立即补充发货，但仍旧不能按时到；一追问，不是在路上，就是在港口。有时货到了，这边的法国人却休假去了，近的到香港，远的满世界跑。他们拿着高于中方员工几十上百倍的高工资，对自己不负责任造成的工作失误却毫不羞愧。广州标致人发现，这些法国人并不关心合资公司的发展前景，他们只在意广州方面订购多少CKD散件。广州标致公司如同在跳"慢三"，进两步退一步，慢慢悠悠地原地转圈，这又加剧了合资公司销售状况的恶化。

广州标致裹步不前，但中国其他的合资公司却在快马加鞭。广州人无意间发现，前两年还俏销的标致505轿车，现在问津者越来越少。

随着国民经济的持续快速发展，市场环境逐步宽松，20世纪80年代中期和末期建设的上海桑塔纳、一汽捷达、一汽奥迪等几大合资品牌已经投产，产量快速上升，历经坎坷的二汽神龙富康轿车也开始小批量供应市场，再加上天津夏利、北京切诺基、北京212等各种档次的轿车、越野车都在努力发展，国家轿车市场极度紧缺的局面开始有所改观。其中，上海桑塔纳的表现尤其突出。1993年，上海大众的桑塔纳系列轿车已经占有全国超过60%的市场份额。为此，1993年2月，财政部决定取消购买轿车的控购审批，各类旅行车、越野车和工具车也无须再办理控购审批手续。这意味着轿车市场之门打开了，购车人和单位可以根据自己的需要和爱好来决定买什么车。市场放开意味着桑塔纳、捷达、奥迪、高尔夫、富康、夏利、北京切诺基、北京212、标致等当时国内厂商所生产的各种款式、不同档次的轿车、越野车，外加上漂洋过海而来的进口车一起摆在了消费者面前，供人们自由挑选，中国轿车开始进入品牌、性价比、售后服务的竞争时代。面对激烈竞争，法国人的标致505表现如何呢？

标致504/505是标致公司1968年上市的车型。1968年，标致公司在巴黎车展的9月预展上，推出新标致504。504轿车基本型安装2升发动机、5速手动变速器、发动机前置后轮驱动。1983年，标致504在欧洲停止生产。到了20世纪80年代末期，标致505在欧洲也基本被淘汰。相比同时代的上海桑塔纳、一汽捷达、奥迪和神龙富康，除了捷达车型略显老旧外，奥迪、桑塔纳和富康几乎都是外国公司同步生产的产品。由于国家的强烈要求，这三种车型的零部件国产化进展也在稳步推进。零部件国产化为用户的维修保养提供了方便。在车型的竞争上，标致505相比之下就落后了一步。

广州并不是不了解这个问题，合资谈判时也曾要求标致公司提供更先进的车型，但却遭到标致公司的拒绝，理由是广州生产条件差，不具备生产更先进车型的条件。事实也是如此，标致504起步时，广州没有任何轿车生产经验，虽然号称有十几个小厂，但都是些既无技术、又无质量的地方小企业，根本无法形成配套的产业体系。与上海汽车厂、一汽、二汽、北汽、天津汽车厂相比，广州的汽车产业基础最差。无奈之下，广州只得接受了这个落后的车型。虽然车型落后，但法国标致公司和广州标致依然信心满满，按照他们的想法，中国轿车市场是那样的狭小，消费者有车买就不错了，就是这种落后的标致505也足够在中国市场火一阵子了；等到赚了一大笔之后，再考虑车型升级换代也不迟。头一两年，市场也似乎证明了他们的想法是对的，广州标致生产多少买多少，用户将款打入广州标致后，提车要等上几个月。从1988年首次盈利开始，广州标致的盈利每年都要上升一个新水平，到1992年，广州标致已成为广州市位列前茅的盈利大户。但无论是法国标致公司还是广州标致，谁也没有料到中国车市的拐点来得这样早、这样快。

1993年，广州标致实现产量20 800辆，但只销售了12 000辆，积压8000多辆。面对如此高的积压量，广州标致只得大幅降低产量。1994年，生产8000辆；销售接近8000辆；1995年，生产8000辆，销售7000辆。随着时间一天一天推移，标致505的销售日渐惨淡，库存积压进一步上升。近万辆积压的标致505成了广州市的一大景观——只要有大面积的空地，就有停放在露天空地上的标致505。每一辆标致505都是广州掏3.3万法郎从法国标致公司购回散件组装的，每积压一辆就意味着20多万元资金无法流转，8000多辆就是十几个亿，再加上损耗和折旧，哪一家公司经受得起如此重压？轿车生产出来就是要跑的，长时间停放，车内机件就会损坏。广州地处华南，雨水多，空气湿度大，上万辆轿车停放在露天里，风吹雨淋，日晒夜露，很多机件生锈了，老鼠也钻进车里啃噬电线。后来，即使有人要买，但一看到车辆的状况也都缩了回去。1994年，广州标致亏损6800万，1995年猛增为3.2亿元；然后翻着倍地往上升，到1997年，亏损上升到了29.6亿元。

看着局势日渐恶化，广州标致虽然着急，但法国标致公司却未掏出一分钱，当然无切肤之痛。

美国通用公司总裁在向中方介绍合资公司时曾打过一个形象的比方：合资公司就是两家公司将资本集中在一起经营，如同男女二人结为夫妻，双方的财产集中在一起，有利共赢，亏损共担。但在广州标致公司里，法国标致公司的股份属于技术入股，实际上根本没掏钱。如此一来，广州标致的亏损并不会影响法国标致。不光不亏钱，由于广州标致要从法国标致购回CKD散件，因此法国标致照赚不误。统计显示，到1995年的时候，法国标致公司向广州标致出售了大约33.3亿法郎的零部件，成功地实现了自己的盈利目标。而这一年，广州标致则亏损3.2亿元人民币。据广州标致一位工程师说：“虽然公司亏损严重，但公司里的法国员工照样拿着高出中国员工几十倍的高工资，每个周末到香港、澳门去度假，丝毫没有与合资公司共渡难关的意思。法国标致公司也压根没想将广州标致发展成重要的合作伙伴，当年提供给我们的生产线也全部是手工生产，没有一台机器人，单班产量也就是几十台。”

亏损只是一方面，更为严峻的形势接踵而来。1994年，国家出台《汽车工业产业政策》，政策规定，轿车企业的生产规模基准为 15 万辆。这意味着，到 1997 年，如果广州标致不能达到 15 万辆的生产规模，就将被淘汰出局。为渡过难关，各方股东经过商议，决定上三期工程，引进新车型，扩大生产规模。

1993 年 6 月，广州标致召开第 12 次董事会，对三期工程的建设目标、产品选择、国产化率、投资总额都做了初步决定。三期工程的目标为：1997 年建成 15 万辆的生产规模，当年实现产量 8 万辆，2000 年建成 30 万辆规模。车型为法国标致公司 1987 年 5 月投产的标致 405。广州单方面投资建设一座与整车生产能力相适应的发动机厂。整个三期工程预计需要投入超过132.3 亿元人民币，其中总装厂 54 亿元、发动机厂 28.5 亿元、横向配套 43 亿元、开发中心 6.8 亿元。

这个规划基本体现了轿车项目规模效益的特点，如果按照这个规划运作，广州将会脱离"三小"的范畴，步入与一汽、二汽、上汽一样的大型轿车汽车生产集团。

但这个方案却没能得到法国标致的认可，原因很简单：法国标致一毛不拔。

1994 年 7 月，广州标致召开第 14 次董事会，会议内容为讨论并通过三期规划的可行性报告以上报国家计委审查。但法国标致代表却疑虑重重：3 万辆的二期规划至今未能实现，再扩大规模，15 万辆的前景将会如何？按照规划，为了实现外汇平衡，需要实现大批量的出口，广州标致有这个能力吗？竞争激烈的国际轿车市场会认可广州标致的车吗？法方代表更为犹豫的是，三期工程将需要法方投入资金，但法方下不了这个决心。法方的犹豫有多种原因，首先，对中国市场和中国改革开放缺乏深刻的认识；其次，标致公司的子公司雪铁龙公司在中国湖北已经有 30 万辆规模的合资计划正在实施，项目进展缓慢，且中国市场对富康两厢车不认可，市场反应冷淡。巧的是，当时广州标致和神龙富康两家公司的副董事长都是由法国标致的孟高菲一个人兼任。两个项目进展不顺，此人便认为中国市场不行。

第三期规划一拖就是一年多，时间进入 1995 年，广州标致的经营状况每况愈下，广州方面心急如焚，多次催促法方拿定主意。面对广州标致的状况，法国标致无动于衷，直到 1995 年12 月，法国标致总裁加列维才决定亲自到中国广州来考察是否有必要投入资金。这是一次决定广州标致命运的旅行。在广州，广东省、广州市的领导亲自出面游说，他们给加列维描绘了一幅美丽的远景图。但加列维并未为之所动，他非常清楚中国的政治经济体制，3 万辆的小项目地方上可以做主；但 30 万辆的大项目，没有中央政府的首肯，广东做得再多也只是一厢情愿。加列维决定到北京去了解中央政府的态度。

北京之行使得加列维更加灰心，国家计委对广州标致的评价是：批量小、销售不好、配件贵、维修服务差，希望广州标致尽快解决眼下的问题，对下一步的发展不予考虑。

其实，在与广州合资前，法国标致汽车公司已经存在严重的经济危机。1980 年到 1984 年间，法国标致汽车由于经营不善，亏损已达 15 亿美元，处于破产的边缘。就在这时，经香港的关系介绍，法国标致开始与广州洽谈合资，法国标致希望扩大自己在世界，尤其是在亚洲的布局。但标致公司并不像德国大众公司那样，大众公司种下一棵树，等到树长大了再摘果，所以他们注意给树挖坑、施肥、浇水。而法国标致压根儿没有想在广州发展轿车工业，他们只是想在广州投机，捞一把算一把，自己分文不出，每年仅凭 CKD 就可赚取数亿美元。在经济极为困难的时候，与一个只赚不赔的伙伴合作，标致公司何乐而不为？现在要扩大生产规模就意味着要增加投资，把钱投在一个自己不看好的地方，这与捞一把的性质完全不同。此时的标致公司表现得犹如葛朗台先生，广州标致的生死与自己无关，自己只关心自己的利益。加列维接受美国媒体采访时称：他对中国汽车市场并没有制订周密的计划，至少在他看来，中国汽车市场还没有重要到他认为的程度。因此，他宁可愿意接受克莱斯勒在欧洲的工厂，也不愿意扩大在中国的合作。

法国标致是这样一种态度，广州标致的命运就可想而知了。

随着市场形势继续恶化，广州标致病入膏肓，亏损越来越大，到1997年已亏损29.6亿，每天仅利息就高达120万元。广州的纳税人每天都要将几百万元扔进这个深不见底的"黑洞"，广州也由此看到与法国标致的合作绝无前途，这场同床异梦的"婚姻"走到了尽头，广州开始认真地考虑与法国标致"离婚"。

1996年4月27日，广州市委召开会议，通过了由市汽车办提出的《关于调整广州轿车工业发展战略的意见》。这个"意见"的核心是"更换合作伙伴，让法国标致退出广州"。时任广州市委书记的高祀仁在会上谈了三条：

1. 广州标致今后的发展将极为困难。

2. 广州应该有自己的汽车工业，应该充分利用广州标致的基础来发展。

3. 广州标致还可以继续和法国标致谈判，要求法国标致加大投资力度，以对现有企业进行改造，引进新的车型，并研究做好销售服务的工作。如果这三条中有一条做不到，就要下定决心更换合作伙伴。

1996年夏，原国家计委工业二司副司长、时任国务院机电办主任徐秉金来到广州。广州市市长黎子流与徐秉金会面时称，广州决心与标致分手，现在正在与美国通用公司的欧宝公司谈，希望徐秉金给予支持。徐秉金表示，法国人办事太随意，广州标致拖到今天不死不活，应该坚决与他们分手，当断不断，反受其患。但徐秉金并不认可欧宝的产品。他向黎子流详细介绍了欧宝公司的状况：欧宝公司是美国通用公司收购的欧洲公司，为在中国争夺市场，通用公司专门在北京召开新闻发布会，宣布要把欧宝推向中国市场。但欧宝车是一款适合欧洲市场的车，中国百姓的认知度较低，如果贸然引进，市场不认可，恐怕广州经受不起第二次折腾。

黎子流告诉徐秉金，广州市政府对此也很慎重，除了欧宝外，还在与日本的本田公司接触。徐秉金认为，日系车设计精巧，中国市场上的日本进口车多，社会认知度也高，而且日系车在中国还没有合资厂家，可以考虑和他们合作。但更换伙伴是件大事，应该取得中央的支持。

广州市政府给国务院和邹家华、李岚清、吴邦国副总理分别送交了关于与法国标致合作情况的汇报。邹家华在广州市递交的报告上批示：

从现在的情况看，与法标难以合作下去，原则同意广州提出的更换伙伴的意见，要妥善做好外方的工作，货比三家，选择新伙伴。请岚清、邦国副总理批示。

李岚清、吴邦国也分别表示同意邹家华的意见。

请神容易送神难，广州方面要"离婚"，法国标致却不同意。他们的算盘再清楚不过：你们的亏损与我们无关，但只要双方的合作关系存在，我就能继续盈利。在劝说无效的情况下，广州标致准备采取法律措施——申请破产，但多数人都不同意这个办法。因为当时广州标致已经借了大量的贷款，虽然是合资公司，但绝大多数贷款都是由广州方面单独担保的，由于亏损严重，广州标致已经资不抵债，如果破产，法国标致仍旧不受损失，实际上破的是广州自己的产。

当时，广州标致尚欠法国标致3亿多元货款，还有1500辆份CKD散件未付款，两项欠款共计约5亿元。破产后，广州标致的残值几乎为零，这个结局对法国标致来说，不仅面子上不好过，而且很有可能影响其在法国的股票价格。经过向国家计委汇报，决定采用国际惯例，由广州市对广州标致公司的资产进行清算，并收购广州标致公司中法国标致所占的22%的股份。由于广州标致已经资不抵债，所以收购价为象征性的"1法郎"。

可以想象法国标致接到广州标致通知时的心情。法国标致坚决不同意"1法郎"方案。关键时刻，国家计委、经贸委、机械部多次做工作，提醒法国标致不要因此而影响其他项目，这句话实际上是提醒法国标致在中国二汽还有雪铁龙的合资项目。经过一番权衡，1997年3月26日，中法双方草签了《出资额转让合同》。但在资产清算中广州方面究竟要给法方多少钱的问题上，双方反复交涉。法方摆出不捞一把绝不放手的姿态，使谈判多次陷入僵局，双方就这样拖了半年多。

1997年，广州方面已经开始与新联系的合作伙伴接触，但法国标致不走，新伙伴就无法进行谈判。最后在中法两国有关部门的斡旋下，法国标致与广州各退一步，广州方面为了早日与法国标致割断纠葛，同意补给法国标致一笔钱，法国标致这才同意以"一法郎"转让其在广州标致的股份，双方终于有了一个彻底了断。1997年10月31日，出现了本章开头的那一幕，法国标致的代表与广州市正式签署了退出协议。

合资十几年，没有建立起一个正常的生产经营机制，反而让合资方大赚一笔，自己还背上了29.6亿元人民币的债务，教训不可谓不深刻。这是中国轿车工业第一个合资失败的案例，引起了社会各界的深刻反思。不少当事人都著文探讨失败的原因。作为合资公司的当事方，广州对此自然要有一个态度。1998年11月11日，广州市政府汽车工业办公室向市委、市政府提交《关于认真贯彻省市领导指示精神加快我市汽车工业发展的报告》，报告中对广州标致失败做了如下总结：

我们与法标合作12年，其经验和教训都是十分深刻的，代价也是非常沉重的，值得在今后的工作中认真吸取。总结起来，主要有：

一是具有同等的股比和权益及义务是经济合作的前提和基础，这是选择合作伙伴的首要条件。原广标的股东太多，而且股比分配不合理；法标虽是产品技术的提供者，但只占股22%。广标搞好了，他们得不到较多的利益；广标搞坏了，他们也不用承担什么责任与风险。

二是配备一个懂业务的、强有力的领导班子是企业取得成功的关键。在很长一段时间里，原广标的总经理都是由法标派任的，他们都缺乏在中国管理汽车生产和销售的实践经验，而我方管理人员又未能起到应有的作用，在一些大的原则问题上表现得过于依赖和软弱。因而，广标没能在起步阶段打好坚实的基础。

三是具备一支高素质的人才队伍是企业生存和发展的重要条件。原广标已经培养出了一支汽车工业的人才队伍，但高层次的技术骨干和管理骨干仍然比较缺乏。

四是在中外合营企业中，中方人员一定要统一思想、团结一致，敢于保护中方，乃至合营企业的合法权益。这是忠实贯彻中方的投资战略和经营思想的根本保证。据了解，这也是上海赖以在与大众公司的合作中取得成功的宝贵经验。

五是引进先进的技术，一定要坚持滚动发展的原则。其实，我们引进生产标致505轿车初期，505轿车也是有一定的先进性的，但由于我们没有产品的改进权，所以505轿车自在广标投产以来也没有实质的改进，10多年来仍然是老样子，这样必然落后。

六是引进技术的同时，还要引进先进的、适合我国国情的管理经验和方法，这是确保合作成功的重要手段。法标是世界著名的汽车公司，其本身的企业管理也有先进和成功之处，但我们没能掌握他们的先进管理经验和先进方法。

七是要建立富有竞争力的销售网络和高效周到的售后服务网络。销售网络不好和售后服务跟不上是广标及其产品缺乏竞争力的重要原因之一。

八是在大力推进产品国产化时要严格执行产品的技术标准和质量标准，不能因为国产化而降低产品的技术水平和质量标准。

这份报告仅对合资中存在问题做了几点陈述，但对深层次的原因，尤其是当事方广州自身应该承担的责任，却闭口不谈。这是难以服众的。近30亿元的债务，每天的利息高达数百万元人民币，最终都将由作为纳税人的广州百姓承担，他们当然有权知道事情的来龙去脉。

广州的汽车工业基础极差，软件硬件都极为缺乏，尤其是缺乏具有专业知识的专家团队。没有一个像上海的蒋涛、翁建新、仇克、陆吉安、王荣均；一汽的耿昭杰、吕福源、李治国；二汽的黄正夏、陈清泰；北汽的赵乃林那样的汽车专家团队。从广州标致诞生起到败落时的几乎所有重要的会议和文件中都可以看出，广州标致的几乎所有活动都由广州市政府一手包办，企业的任何重大决策几乎都要听从政府的"指示"和市政府官员们的决策，企业自身没有任何话语权，这是很不正常的。

一个大型工程建设自然需要各方面的参与，其中尤其需要政府从政策到资金等方面的全力支持。但企业运作有其特定的规律，需要大批的专门人才，像汽车这样专业性极强的企业建设，只能依靠技术专家和懂得汽车工业规律的人来指挥和管理。政府再热心，也始终是场外指导的角色。若政府领导自始至终在场内充当"运动员"，"深度参与"合资企业的建设和管理，那么企业里那些从事管理和技术生产的真正的专家便失去了自己的位置，企业的运行也会因偏离自有的规律而处处踩着政府的"鼓点"舞蹈。不客气地说，广州标致是一个行政色彩鲜明的"官办"合资企业。

虽然原因可以总结出千条万条，但根本的原因是，有些人总是将自己的发展命运寄托在跨国汽车公司身上，而这些跨国汽车的希望则是能在中国赚取足够多的利润，而并不希望培养出一个竞争对手。合资双方的想法如此南辕北辙，广州标致汽车遭遇失败就不令人奇怪了。

广州标致失败了，失败的教训和昂贵的"学费"给广州汽车人好好地上了一课。虽然这一次合资失败，但它给广州轿车以后的再生与辉煌留下了重要的机遇。没有广州标致，广州就不可能跻身"三小"，也不可能在中国轿车工业布局中占有一席之地；没有广州标致，也就没有以后与日本本田、东风汽车公司合资的谈判基础。

1亿元"市场准入费"

与标致分手后，广州开始寻找新伙伴。广州寻找新伙伴的要价非常高：新的伙伴要在广州标致的原有厂址上动手建设，还要替广州标致背负几十亿元的债务。一个破了产的地方汽车企业，为何能开出如此苛刻的条件呢？

1997年的中国，经济高速发展，正处于起飞的时刻。"八五""九五"以后，国民经济全面发展，汽车工业更是领跑其他行业，平均每年以20%以上的速度高速前进。1997年，中国汽车总产量达到162万辆，其中轿车产量更是达到创纪录的50万辆，市场购销两旺，前景一片光明。在这种环境下，中国汽车工业的合资选择对象已经今非昔比。上海大众和一汽大众取得的丰厚回报吸引着更多跨国公司渴望进入中国淘金。以前那些曾不看好中国市场的外国汽车巨头，此时都争先恐后地以各种方式挤进中国，美国通用、美国福特、法国雪铁龙、日本丰田等世界级的汽车公司都先后在中国建立了自己的合资企业。在他们的带动下，日本、法国、意大利、韩国等大大小小的汽车企业都急不可耐地与中国接触，希望得到进入中国市场的入场券，这其中就包括日本本田汽车公司。

1997年，中国广州与法国标致汽车公司"分手"，给本田进入中国提供了契机。

在外人眼里，广州与标致分手后独自背负着30亿元的天价债务，既缺乏发展汽车所必备的技术，又缺少汽车专业技术人才，眼睛看得见的资产只有原广州标致破旧的组装厂房和几千辆停放在露天空地上日晒雨淋、日渐陈旧的标致505轿车。广州标致还能发展轿车吗？

但广州人自己不这样看，他们认为，1994年国家出台《汽车工业产业政策》，利用政策门槛限制各地乱上轿车，这对于已经进入国家"三大三小"布局的广州是一大利好，相当于有"汽车户口"。1997年以来，中国汽车工业快速发展的趋势和火热的市场形势，说明发展汽车是符合潮流的。广东省是中国改革开放的前沿，广州是广东省的省会，思想解放、政策优惠、市场繁荣，汽车保有量几乎占全国汽车保有量的1/10。从经济发展来看，这里是全国最为有利的地方。办成一件事情需要有"天时、地利、人和"三大条件，广州既有"汽车户口"，又有优惠政策，还有良好的市场环境。改革开放造成国内大批人才"孔雀东南飞"，由此可以大批延揽汽车人才。天时、地利、人和三个条件广州全占了。

依据上述条件，广州市政府决定：对内重整旗鼓，对外全面出击，一定要把发展汽车的大旗重新树起来。广东省委书记谢非提出："找一名副市长专门抓汽车，一定要保留住广州的汽车户口。"关键时刻，广州市副市长张广宁临危受命。其实何止张广宁，1996年4月，在广州"标致大厦"即将倾倒时，广州市政府副秘书长、汽车办主任张房友就已经挺身而出，担当起了广州标致的中方负责人。新任广州市市长林树森也可以称为"汽车市长"，关键时刻，他亲自带队"跑部进京"，做通了上至国务院副总理下至有关部委的司长、处长的工作，为选择新的合作伙伴定下了基调。

1997年4月，广州市利用时任国家计委副主任曾培炎到深圳开会的机会，请曾培炎到广州标致视察，以实地了解情况。曾培炎实地察看了广州标致后，提出两条意见：一是请东风公司来广州，建设大汽车集团；二是与日本本田公司合作。为什么将东风公司与本田公司扯到一起呢？

早在1991年，东风公司与法国雪铁龙的合作裹步不前的时候，东风公司便心有旁骛，最后与想进入中国市场的日本本田公司在广东惠州合作成立了一个零部件公司，先试一试水的深浅。其想法是，先从零部件合作入手，待条件成熟后再上整车。犹如下围棋，东风公司和本田公司在中国的华南投下了一枚"闲棋"。但这枚棋子投下后，几年时间内动静也不大。以后，双方决定在惠州合作生产发动机，但也进展不顺，一直拖到1996年才在国家计委立项。1996年，邹家华提出，国内要以一汽、二汽等几大汽车厂家为基础，组建大型汽车集团，并鼓励这些大的汽车企业收购地方企业。东风公司与本田公司在广东已经有了基础，根据建设大汽车集团的原则，国家计委的基本思路是，让东风公司与本田公司一起与广州重新合作，让东风公司帮衬广州一把。按照这一思路，广州轿车将成为东风公司的一部分，"三小"中的广汽很可能不复存在。

广州人个性十足，虽然一跤跌得鼻青脸肿，但仍决意要自己发展。在日本本田之前，广州已经与欧宝、宝马、奔驰、菲亚特、现代、通用、本田等十余家汽车公司联系，经过反复对比，最后决定在美国通用和日本本田中二选一。

美国通用公司当年错过了进入中国的机会，现在志在必得。他们拿出当年与二汽合作时的"欧宝"系列车型，也愿意帮着广州标致消化部分债务。双方谈判进展顺利，用广州官员的话来说，"谈判已经完成了80%~90%的内容"，双方已经签署了"合资经营意向性协议"，就差"举行婚礼进洞房"了。通用公司也是信心满满，派遣大批相关的技术人员来到广州投入具体工作，还在广州60层高的贸易大楼租了一层当办公室。但关键时刻，美国人遇到了更具竞争力的日本人。

广州与法国合资吃了大亏，这一次选择新伙伴时多了几个心眼，始终坚持"货比三家"、择善而从。基于这一思路，广州一边在积极推进与通用公司的合作谈判，一边也在与其他公司探讨合作的条件。国际商务合作就是这样，只要没有正式签约，就可以继续挑选合作伙伴。

广州虽然想自己单干，但国家计委的意见不能不考虑。

依照国家计委的意图，东风公司将与广州合作的意图转达给了本田公司中国北京事务所所长门胁嘉二。门胁嘉二迅速将此信息汇报给了本田总部。时任本田副社长的宗国旨英对此相当重视，立即指示门胁嘉二全力以赴投入谈判。广州与东风、本田的谈判大幕拉开了。

1997年4月，东风公司副总经理沈宁吾、东风公司南方事业部部长周文杰；本田公司北京事务所所长门胁嘉二；广州市副市长张广宁、广州汽车工业办公室主任张房友两国三方代表坐到了一起。三方代表各怀心事，各打各的算盘。日本本田的条件是，本田公司在新的合资公司中占有50%的股份；东风公司的要求是，在剩下的50%股份中，东风公司要占控股地位；广州的要求是，不管谁与广州合作都要平等相待并共同承担债务。

东风公司、本田公司、广州三家在一起，如同两个巨人一个矮子，要三人平等合作，确非易事。东风公司与广州都是中国人，但东风公司与本田公司已经是8年的生意伙伴，三方中各方有各方的利益，犹如藤树共生，藤缠树，树绕藤，谈判一开始便出现复杂的局面。最初，东风公司与本田公司经过商量，联合向广州提交了一份合资公司股比划分方案：本田公司50%，东风公司26%，广州24%。合资公司优先考虑在广东惠州生产发动机，本田公司与东风公司在管理、生产、采购、销售领域持有主导权。

惠州的发动机是东风公司与本田公司的合作产物，合资还未开始，首先就考虑自己的利益，这有些不够仗义。这一方案明显只考虑东风公司与本田公司的利益，而弱化甚至边缘化了作为地主的广州，广州对此不能接受。虽然你们都是大公司，但公司是建立在广州，我是地主，请两个帮工来与我一起持家理政，但你们两个外来户居然要排开我来掌管我家里的大政，这说得通吗？广州对东风公司更有意见，都是中国人，你们却胳膊肘朝外拐，先与日本人商量好再来逼我就范，这哪里有同胞之谊？

面对根本权益，广州毫不退缩。1997年5月31日，张房友约见东风公司沈宁吾与周文杰，明确表明广州的立场："广州更换伙伴，但没有说定谁是新伙伴。东风公司是国家的大型汽车集团，我们不排除东风公司。国家有关部门要求广州走与大集团合作的路子，但并没有确定广州一定要选择哪一家。我们的原则是，在选择合作伙伴时，既要维护广州的利益，又要能平等合作，照顾各方利益。关于东风公司与本田公司共同提出的股比方案，广州无法接受。我们的要求很明确：第一，在中方股份中，广州不能低于25%；第二，广州现在身背债务，在新的合作伙伴中，不论中方还是外方，都要按照股比承担债务；第三，广州与东风公司同为中方，应先统一意见，再一致对外。"

东风公司虽然是国家大公司，但只是一家货车生产公司，自身的轿车也是刚刚起步，与法国雪铁龙公司的合作之路也走得磕磕绊绊、很不顺利，在自身的技术与经济条件都有限的情况下，与负债累累的广州合作，前景如何，谁都心中无数。在前景不明的情况下就要先承诺承担多少债务，任何人对此都需三思而后行。这就如同玉石界的"赌石"，一大块石头被拍出天价，但石头中究竟有没有玉、有多少玉，就全靠出资者的经验与运气了。东风公司敢拍板吗？

沈宁吾立即将广州的意见上报总部。经过一段时间的内部测算和协商后，东风公司总经理马跃邀请广州派人前来公司总部洽谈。8月11日，张广宁、张房友来到湖北东风公司总部与马跃会谈。马跃给广州合资公司起了个别号为"一、二、三工程。即一个项目，两个公司，三个合作伙伴"。由于有了前期的铺垫和之后的测算，因此会谈并无纠葛，两天之内，双方就股比问题达成了协议并签署了会谈纪要：

将合资公司中的整车和发动机分为两个项目，整车公司广州占40%、东风公司占10%，发动机公司东风公司占40%、广州占10%。本田公司在两个项目中都占50%。

如此折算下来，广州和东风公司双方仍是各占25%，但双方的利益重点都得到了照顾，这真是个聪明的办法。广州与东风公司的会谈纪要上报国务院，邹家华副总理表示同意。合资公司中，中方两家的利益关系就此明确。

但日本人不干了。日本本田公司最大的担忧是出于不信任，你们两个中方伙伴商量好了再来与我谈，这本身就不能接受。另外，发动机与整车密不可分，合资建设一个汽车厂，还要把发动机公司分离出去，这不是相当于将一个人的左右手分开管理吗？这样的左右手能与统一整体的左右手相比吗？日本本田的宗国旨英威胁要退出谈判。

日本人是真的不干了吗？从世界汽车形势分析看，日本是唯一没有进入中国的汽车大国，本田公司也一直跃跃欲试。在当时的政策环境下，由于有汽车"户口"，因此广州是外资汽车公司进入中国的唯一地点，舍此之外，别无其他。1997年，中国市场的实力已经显露无遗，世界上著名的大跨国公司都在不遗余力地争取机会搭上中国发展这班快车，对于本田公司而言，进入中国的机会就在眼前，精明的日本人会不干吗？日本人的威胁是因担心自己的利益受到影响而发出的咆哮。针对日本人的意见，广州又回过头来再给日本人做工作。张广宁耐心地给宗国旨英解释：成立整车与发动机两个公司是一个过渡方案，将来条件成熟后，自然会合二为一。经过协商，三方决定举行高层会议。中国东风公司总经理马跃、广州市委书记高祀仁、日本本田公司会长宗国旨英两国三方在日本东京举行了一次最高层会谈，终于就此达成协议。两家合资公司的总经理均由本田公司指派。本田公司的要求也得到了满足。

股份比例敲定，接下来的就是商务谈判。与任何合资公司一样，最难谈的是商务谈判。三方商定，谈判地点定在湖北武汉东风公司驻武汉办事处和广州成悦大厦。

商务谈判分成五个小组同时进行。

1. 综合组。这个组由各方最高的谈判代表，负责最关键的谈判问题。日方代表为宗国旨英、门胁轰二；广州方代表为张广宁、张房友；东风公司方代表为周文杰、刘玉和。

2. 资产财务组。负责对日本本田、东风公司和广州的资产进行核算，包括盘点、审计标致公司剩余遗产。广州标致公司的管理混乱在资产清理时暴露无遗。如广州标致公司账本上有一百多台车，资产组对这些车进行核对时却发现这些车只剩下了十几台，而且大都残破不堪，有的完全是个空壳，根本有名无实。问管理者，管理者支支吾吾说不清去处。有的说是"借给人了"，问"借多久了"，答"好几年了"。有的是"送去修了"，问"修多久了？"答"不知道"。更多的是"不了解""不知道""不清楚"。

3. 建设组。负责工厂建设投资论证规划,对现有厂房有哪些可利用,哪些不能利用做出判断。

4. 法律组。负责项目进程中的所有法律事务。

5. 销售组。负责合资公司产品销售的相关事务。中国目前遍布全国的"4S"店的销售模式便是由此次谈判而来。

首先的拦路虎是对"发动机总成"的界定。分歧的焦点在于发动机总成包不包括变速器。轿车变速器的附加值很高,如果将其算在发动机总成里面,发动机公司的量值就将会大幅增加,这意味着占总股比40%的东风公司将会获利更多,而占总股比10%的广州的获利将会减少。反之,如果算在整车公司,广州的获利将会增加,而东风公司的获利将会减少。在利益面前,双方各执一词、争论不下。那么发动机总成究竟包括不包括变速器呢?东风公司技术代表刘玉和甚至专门查找国家标准,核对国内国际各汽车公司的分类,说明变速器与发动机在技术文件上就是一体的。但广州不认可:"发动机就是发动机,你到哪个厂家去购买发动机,它会给你一套变速器吗?既然购买时就是各算各的价,那为什么要在合资公司里将它混为一谈呢?"

双方为此争得面红脖子粗,互不相让,延续长达几十天。最终因为变速器单价太高,如果算在发动机公司里,就会超出发动机公司在合资公司中的总金额,所以最后决定发动机总成不包括变速器。争论的结果,广州得分。

日本本田公司也面临同样的问题。合资初期,采用CKD方式生产,本田公司开出每套雅阁CKD价格为2.2万美元。这个价格遭到了广州的强烈反对,双方对CKD散件的每个单件逐个讨论,真应了"斤斤计较"四个字。本田最终也退下阵来,以1.8万美元成交。广州又得一分。

谈判过程艰难而复杂,而广州得分最高的恐怕要算让日本本田公司掏出"1亿美元市场准入费"了。

自从德国大众开始进入中国市场以来,无论哪家外国公司与中方谈判,要中方缴纳"技术转让费"都已经成为一项通例了。德国、法国、美国、日本几乎无一例外。但这一次谈判中,广州提出,广州轿车是中国政府批准的有权与外资合作的生产企业,也就是"三小"之一,与广州合作就意味着取得了进入中国市场的入场券。从当时中国轿车市场的火热前景看,谁拿到入场券,就意味着谁进入了藏宝窟,含金量如此之高的入场券决不能白送,需要掏一亿美元来购买。在众多的中国合资企业中,提出"市场准入费"这个条件的,广州是第一家。

听到广州开出的这个条件,本田公司倒抽一口凉气。广州新的轿车合资项目起步数量为3万辆,总投资额为2亿美元。按照中日双方各占50%的股份算下来,本田公司需要出资1亿美元。除此之外,还要再出1亿美元交"入门费"。两项相加,意味着本田要交出2亿美元的真金白银。按照当时的汇率,1美元折合8.3元人民币,也就是说,为这个项目,本田要出16.6亿元人民币。

项目尚未起步就要交出这么大一笔钱,本田公司划算吗?当时担任本田谈判代表门胁轰二翻译的王涛介绍了当时的情况:

本田介入这个项目很晚,按照排序来说,在美国通用和韩国现代之后。当时美国通用与广州市政府已经谈得差不多了,双方已经签署了合作意向书,年产10万辆的规模。项目已经启动,广州方面的技术人员也开始与通用方面洽谈技术、图样、施工等方面的具体内容了。本田已经觉得没有什么希望了。但广州方面很诚恳，并没有因为通用公司而排斥其他新伙伴，从货比三家出发，还希望看看本田公司有没有更好的条件。在与门胁先生谈判时，张房友介绍了29.6亿元债务的来历，不外是产品积压、亏损、贷款利息、购买法国CKD散件等，还需要钱遣散工人、还利息、购买法方的股权等。张房友说，中央让我们更换外方伙伴，我们只有将法方的股权收购回来后才能考虑更换外方伙伴。我们现在急需资金解决问题，如果你们能够帮我们解决资金问题，我们就与你们合作。

这是广州亮出的底牌——谁拿钱我们和谁干。其实，在1997年年底，广汽与美国通用高层在北京赛特大厦的谈判曾一直进行到凌晨3点，双方最终签署了合作意向书。双方达成重要协议：

欧宝和广州均同意以现金形式各出资7500万美元对合资公司进行财务重组，偿还公司现有债务。

中美双方共出资1.5亿美元，以当时的汇率计算，为12.4亿人民币。7500万美元，对于被债务压得喘不过气来的广州来说，这有多大的吸引力。但是这个项目没能得到国家计委的批准，理由是广州没有进行对比就单方面与通用签署协议是不被允许的。了解情况的人清楚，之所以没有批准通用与广汽的项目，首先是通用与上汽的项目已经在1996年签署了。"不能把两个重要的项目都给通用"，这是来自高层的声音。更重要的是，当时二汽高层主张二汽与本田联手拿下广汽的计划也在推进中。既然美国人不能参加"游戏"，那么新的参加者就必须掏钱买入场券，这就是张房友为本田开出2亿美元的理由。

门胁轰二清楚了广州的底牌——只要多出点钱就能取代美国通用。

门胁轰二曾经是本田公司驻加拿大的总代表，代表本田公司与加拿大方面谈判建厂，因而对于如何与地方政府打交道很有经验。他很清楚，在任何地方，投资都是要付出成本的，但关键的问题是，投资方是能否明确，汽车厂建成以后是否能产生效益，如果能产生效益，就将会给投资方以及当地带来巨大的效益。门胁轰二认为，中国市场是一个正在发酵的面团，在中国的投资绝对是值得的，于是他爽快地回应张房友："我可以答应你们的条件"。

王涛回忆："我们在成悦大厦谈了9个月，天天鼻子对鼻子、脸对脸，有时候时间紧张，双方就在谈判室里吃盒饭，谈到半夜两三点也是常事。谈判时，张房友总是很冷静，但这次听到门胁的回答，他的眼睛都发亮了。我理解，这是他们最想解决的问题。"

双方立即签订了一个协议，大意为：

广州同意接纳本田公司为合作伙伴，本田公司同意缴纳1亿美元的市场入门费。以后广州方面为遗留问题产生的债权、债务纠纷，与本田公司没有任何关系。

1亿美元的"入门费"就这样解决了。这意味着本田公司将挤走美国通用欧宝成为第一个进入中国市场的日本汽车公司。王涛说："协议签订后，一直沉着镇定的张房友就急忙问门胁先生：'你们的钱什么时候能到我们的账上？明天可以吗？'每天300万元的利息把他们压得受不了啦。"

宗国旨英回忆当年谈判时的心情：

决定与中国广州谈判时，我的压力很大，我是揣着辞职信来的。我没有别的想法，就想着本田在广州不能失败。如果本田在这里失败了，以后就再也没有机会进入中国市场了，谈判那段时间，我就是抱着这样的心情。

这是一个戏剧性的结果，这个结果来得似乎太突然，以至于广州方面还来不及考虑该如何将已经开始动作的美国通用公司打发走。

协议签订后的当天，张房友等人带着门胁轰二等人再次来到原广州标致的厂房查看，这一次日本人的心情就大不一样了。王涛说："我们到车间去了很多次，每次去看到的情况都是一团糟，地上乱七八糟地扔着不知是有用还是没用的零件，有些包装箱也扔在生产线旁。每次去看时，门胁先生的脑袋都摇得跟拨浪鼓似的，嘴里总是念叨：'怎么会是这样？怎么会是这样？'这次去时是夏天，车间里，工人们光着膀子，睡觉的睡觉，打扑克的打扑克，组装线上停着装了一半的车，地上扔着散乱的零件，到处凌乱不堪。看到领导带着人来参观，那些打扑克的人一哄而散，几个躺在包装箱上睡觉的人也慌忙爬起来。门胁先生走到他们跟前对他们说：'睡吧，睡吧，现在你们还能睡一阵，等到我们公司成立了，你们就没机会睡了。'"

与本田达成协议，该怎样对已经开展前期工作的通用说呢？毕竟双方已经签订了意向性合同，人家也答应替广州支付部分债务。可广州人聪明绝顶，据了解，广州方面以最为有理有利的理由终止了通用的进展：

中国国内轿车合资品牌主要有德国大众、法国雪铁龙、美国通用，这些都是欧美车系，如果广州再与美国通用合资，那么几乎整个中国的轿车品牌就都是欧美车系，中国的轿车市场将出现欧美独大的局面，这不符合均衡竞争的思路，也不符合风险共担的原则。从平衡战略考虑，因此，国家有关部门不批准广州与通用的合作。

可以想象到美方听到这一消息时的表情。据称，美方代表立即提出："是哪个部门不同意？我们去解释。"

广州的反问更为有趣："阁下是在中国，中国政府的决定，你有权利干涉吗？"

商业贸易有其独特的规则，在没有签订正式的合同之前，一家公司可以与几家公司同时谈判，也可以与之签订意向性协议。意向性协议没有任何法律效力，只代表谈判双方相互之间的约定。但合同就不同了，商业合同具有法律效力，一方违约就要承担违约成本。但广州并没有与通用欧宝签订商业合同。

送走通用，广汽与本田很快达成协议。主要内容是：

新成立的广州本田和东风本田用 11.1 亿元购买原广州标致公司的固定资产，并给广州标致公司 5 亿元用于偿付债务。本田公司另支付 8.3 亿元的"市场入门费"。三个星期内，约定的资金必须全额到账。原广州标致公司共有职工 2080 人，两个新公司录用 1650 人，其余的转岗和退养。

经过本田公司与东风公司共同出资，广州标致的 29.6 亿美元债务消化得只剩下 5.2 亿元。广州将积压的 5000 辆标致 505 全部打折，原价 18 万元一台，现在以每辆 10 万元出售，收回资金 5 亿元。原广州标致遗留的 29.6 亿元债务全部解决。

善于经营的广州人在轿车合资上摔了一个跟头后终于打了一个漂亮的翻身仗，这是广州在谈判中得到的最重要的一分。以此为基础，广州可以轻装上阵了。

1997 年 11 月 13 日下午，广州汽车集团有限公司与日本本田技研工业公司在日本签订了基础协议，正在日本访问的李鹏总理出席签字仪式。

1998 年 5 月 7 日，本田公司与广州轿车公司、东风汽车公司正式签订了合资合同。

1998 年 7 月 1 日，广州本田汽车有限公司和东风本田发动机有限公司正式挂牌。日本本田公司成为挤进中国市场的第一家日本汽车大公司。

1998 年 9 月 8 日，广州、日本本田公司、东风公司三方代表在广州花园酒店举行仪式，庆祝广州本田公司正式成立。庆祝仪式上，陆志丰、门胁轰二、周文杰、国家计委工业二司陈建国四个人的手紧紧握在一起。此时离 1997 年 10 月 31 日广州与法国标致签订合同退出广州刚好 9 个月。广汽终于苦尽甘来，浴火重生。

广州与本田合资取得成功有多种原因，但归根结底，在于中国改革开放的大环境使得轿车的生产经营发生了根本改变。思想解放解除了人们头脑中的精神桎梏；在中国经济发展大潮中，轿车工业的发展速度领先于其他国内工业；轿车从公务用车逐步走向家庭，市场购买力日益强劲；广州更是得改革开放风气之先，多种因素促使广州从一个汽车工业基础落后的城市一跃成为国内的轿车生产基地。

广州的好消息还没完。刚刚开张的广本公司所有的钱基本还了债，新公司两手空空，关键时刻，广本公司收到了国务院机电产品进出口办公室的大礼。

广州本田公司首批车辆全部靠 CKD 组装，而 CKD 散件进口需要 "国家机电产品进出口办公室" 的审批。因为国家汽车形势大为好转，所以对于具有整车特征的 CKD 散件进口控制得更为严厉。1998 年 8 月，张广宁、张房友、陆志丰、曾庆红等 6 人来到北京，找到了国务院机电进出口办公室主任徐秉金。老朋友见面，寒暄几句后，张广宁等人直奔主题：新广本合资公司成立了，但起步阶段需要 CKD 来打开市场；为了送走法国人，我们的口袋都掏空了，现在新公司要运转，我们手里一点钱也没有，请你一定要支持。

徐秉金了解广州汽车工业坎坷发展的全过程，于是爽快地表示，支持广本公司的发展符合国家政策，他大笔一挥，分两次共批准了 6000 辆本田雅阁 CKD 散件进口。本田雅阁 CKD 散件进口 1.8 万美元一套，按当时的汇率计算，折合人民币 16 万元左右。当时，一辆进口的本田雅阁的销售价为 43 万元；而广州生产的同样款式的本田雅阁的市场销售价为 30 万元人民币，比进口车便宜 13 万元，扣除 CKD 成本 16 万元和组装成本 4 万元，平均每辆车净赚 10 万元。新上市的广州本田雅阁受到市场热烈追捧，销售情况异常火爆。广州再次出现找关系、托熟人，甚至加价购买本田雅阁的场面。短时间内，6000 辆本田雅阁一抢而空，广州本田公司净赚 6 亿元，为下一步的发展奠定了基础。

本田公司能够取得成功，原因很多，其中很重要的一条是本田公司推出了自己的看家产品——雅阁。

雅阁的英文名字 Accord，据翻译者称，这句日文意味着动力、油耗等性能和谐匹配的意思。第一代雅阁为两门 1.6 升经济型，1976 年在日本上市，由于适逢石油危机，所以省油的雅阁取得了不错的销售业绩。1978 年，本田趁热打铁推出 1.8 升四门 LX 雅阁。1981 年，第二代雅阁在日本和欧洲同时发布，并于 1982 年登陆美国，当年就成为美国市场销量最好的日本品牌。1985 年，第三代雅阁在日本和欧洲同时发布，上市就热销使得雅阁成为本田公司的招牌品牌，也使得雅阁跻身世界经典车型。1990 年，第四代雅阁启用了全新的 2.0~2.2 升发动机配 CB 底盘，雅阁也由此走进中级豪华车队列。1994 年，第五代雅阁用上了更大的 CD 底盘和 2.7 升 V6 发动机，1997 年，本田雅阁在美国创下一年销售 27 万辆的业绩。根据对中国市场对中高档车的需求，为了一炮打响，本田在中国投放的是在美国和日本国内同时生产的最新型第六代雅阁，这款车采用 2.0 升 4 缸 16 气门发动机，最大功率达到 112 千瓦，最高时速可达 200 千米，搭载 4 速自动变速器，ABS 防抱死装置，双安全气囊，多点燃油喷射技术。以当时的技术看，这属于世界顶级水平，比当时的桑塔纳和捷达等车都要高一个档次，与奥迪同级。但奥迪的销售对象是公务用车，而雅阁的销售对象是公务和工商人士，价格也要低于奥迪。

广州人对日本本田雅阁并不陌生，无论是当年走私还是后来名正言顺的进口，雅阁都是主力车型。大气、舒适、省油、漂亮、造型前卫的雅阁在广东很受欢迎，尤其是其良好的空调系统，特别适合闷热、潮湿的广东。

事实说明，本田的投资是对的，他们得到了丰厚的回报。1999年3月26日，第六代雅阁在广州本田工厂正式下线。新"广本"自上市之日起就一路火爆，产品供不应求，客户排队购买，预订后4~6个月才能拿到产品。29.7万元一辆的雅阁被炒到32万~35万元。以此为契机，广本的生产规模不断扩大，在不断扩大的中国轿车市场上牢牢地占领了自己的市场份额。

2000年12月13日，第三万辆雅阁下线；

2001年，广州本田完成5万辆产能改造；

2002年，广州本田完成12万辆产能改造；

2003年3月，第七代雅阁上市；

2004年，广州本田完成24万辆产能改造；

2006年6月，广汽本田增城工厂落成；

2007年12月，第八代雅阁驶下广州增城工厂的生产线。

4S店：全新销售模式的诞生

今天，全中国一、二、三线城市，到处可以看到装修豪华、长相几乎一模一样的汽车销售店，这种店里卖车、修车、提供车辆销售信息、组织各种促销活动，经营得红红火火；用户买到车后，定期会得到店里发来的各种维修保养的提示信息，唯一特别的是，这种店只卖本公司的品牌。这种汽车销售店被称为"4S店"。4S店是一种以"四位一体"为核心的汽车特许经营模式，包括整车销售（Sale）、零配件（Sparepart）、售后服务（Service）和信息反馈（Survey）。它拥有统一的外观形象、统一的标识、统一的管理标准，而且只经营单一品牌的特点。它是一种个性突出的有形市场，具有渠道一致性和统一的文化理念，在提升汽车品牌、汽车生产企业形象上，4S店具有显而易见的优势。

但这种风行全国的4S模式是怎样来的呢？

计划经济时代，国家对商品统购统销，汽车，包括轿车都属于生产资料，只有经过国家计委与工商总局批准的物资部门具有销售经营权，物资部门的汽车经销网点在公安部门也是作为特殊行业管理。改革开放后，物资部门逐步放开直至最后取消，但小轿车的销售经营权仍然被严格管理。要取得轿车销售经营权需要先向国家计委和工商总局申请，再到当地公安局备案，经过复杂的审批程序后，才能取得销售经营小轿车的资格。

小轿车不同于其他商品，除了价格高昂外，天天在路上跑还会造成机件磨损，也难免不出事故，而机件磨损需要定期保养，出了事故后需要维修。但用户从销售商手里买到车，就算完成了商品流通的全部环节，至于以后的修理、维护等，卖家不管，厂家不管，用户只能自己去找修理厂。修理厂的管理归口于交通系统，与厂家和卖家之间没有横向和纵向联系，由于投入和培训等方面的问题，各地的修理厂良莠不齐，配件渠道杂乱，收费标准不统一。

维修需要零部件，而零部件渠道就更乱了，大厂的生产有生产计划，一般较少顾及市场上修理所需的零部件，这就给了那些没有资质和水平低下的小企业以仿冒和造假的空间。出于价格的考虑,各个销售部门从各地不同水平的零部件生产厂采购,导致零部件市场假冒伪劣猖獗、鱼龙混杂。所有这些乱象最后影响的是消费者和生产厂家的利益。

在这种管理模式下,厂家只管生产,商家只管卖车,修理厂只管修理,用户成了产品链条的终端,生产、销售、市场或者说厂家、商家、用户之间的关系被各种行政机构所割裂,三方的信息无法互相反馈。产品从生产到销售再到用户,只有起点与终端,而没有形成将起点与终端相连的规范的渠道,而这个联系恰恰是厂家了解市场和保护用户权益最重要、最需要的。

如何才能解决从生产到市场之间畅通渠道呢?唯一的做法是将生产、销售、用户、修理之间网络化,使所有的信息互相沟通。

日本本田公司与广州合资的商务谈判中谈及销售问题,门胁先生向广州方面介绍:在日本,有一个"3S"模式,即整车销售(Sale)、售后服务(Service)、零部件供应(Sparepart)。这三个英语单词都是以"S"字母开头,故简称为3S。这个3S都集中于"经销商"(也可称为代理商授权的品牌经营店)一身,本田公司对经销商的销售网点建设有严格要求,新合资公司的销售应该采用这种模式。因为与中国传统的经销方式不符,而且受到很多行政框框的制约,门胁的这种经销想法遭到了广州方面的质疑。广州有原广州标致全资的"商贸公司",其销售模式是拷贝上海大众的销售模式。上海大众公司仅仅只是一个生产型的公司,德方是不管销售的。为了销售上海桑塔纳,上汽集团另外成立了一家全资子公司"上海汽车销售公司",这家公司是上海大众所有产品的总经销商。广州称,我们广汽集团有自己全资的"商贸公司",由他们做合资公司产品的总代理;关于产品销售,我们有自己成熟的经销模式,不用你们的3S模式。

门胁坚决反对广州方面的观点,其理由是,我们不光要生产产品,还要经销产品,产品卖得好坏事关合资公司的生死存亡,把销售权交给这个经贸公司,相当于将自己的生死大权交给别人掌握,这绝对不行;在中国销售本田车,应该建立新型的经销商模式。

广州方面以产品销售涉及工商、税务、公安等部门,手续复杂,合资公司以难于办下执照为由推辞;同时提问,建一个像你所说的3S店需要投入几百上千万的资金,我们的资金够紧张了,没有必要再花钱。我们在中国卖了十几年车,我们还不如你了解中国市场?有哪个卖车的代理人愿意一下子投入几百上千万去建一个专门的房子来卖车?至于修理的问题,指定专门的修理厂就行了。要按照你这个模式,还得专门建修理厂,这个成本谁来承担?

广州方面认为门胁的想法幼稚可笑、不懂中国市场。但谁能料到,几年后,中国车市出现"井喷",4S店如雨后春笋,有多少人手提大捆钞票找到汽车厂要求成为"经销商"。中国人不认识中国市场,或许正应了"不识庐山真面目,只缘身在此山中。"

双方各执一词未能达成一致,当时已经有多达几十家经贸公司申请做新成立的合资公司销售代理。但在销售模式未定之前,门胁坚决不同意确定由谁做销售总代理。广州方面后退一步:现在可以不定销售总代理,但是,销售合资公司产品的第一家店一定要建在广州,这家店要由我们广汽集团的商贸公司来建设;我们把这家店做起来以后,以事实说明我们有资格做合资公司产品的总代理。广州的意思是,在激烈的总代理竞争面前,广州要先走一步,做出榜样,以此说服日本人。

门胁勉强同意了这个建议,但提出第一家店一定要按照本田公司规范的3S店的模式建设,并向广州方面推荐了本田公司北京维修站,建议他们去北京考察。

本田公司北京维修站是怎么回事呢?

1994年,北京市汽车修理公司董事长张彤去了一趟泰国,在泰国看到了本田公司的一家经销店，这家店就是按照本田 3S 专营店模式建设和运行的。宽敞明亮的全玻璃大厅，地面一尘不染，大厅中的陈列产品光可鉴人，服务接待人员衣着整洁、彬彬有礼，与销售大厅连为一体的修理车间，简洁快速的维修程序。这一切与国内的买车到柜台，看车看图片，大厅里熙熙攘攘、烟雾腾腾、嘈杂不堪，修理车间远离销售点的购车和维修现状相比，差距实在太大了。张彤大开眼界，于是仔细考察了这家店；并在回到北京后立即宣布，我们一定要在中国按照这家店的样子建设我们自己的修理门店。

1996 年，张彤在位于刘家窑的北京市汽车修理公司第三修理厂建立了中国第一家与本田 3S 店类似的修理门店，这个门店宽 60 米、进深 40 米，分为半上下二层，一层为维修接待和产品展示大厅，二层为展厅和办公区，后面是修理车间。门店的正面为全玻璃结构，通透明亮，门前一个大大的挑梁伸出去，非常气派，与周围的建筑形成鲜明对比。这就是今天中国到处都能见到的 4S 店的最早雏形。为了获得本田公司特约维修站的授权，1996 年年底，张彤找到了本田公司北京事务所，请门胁先生前来参观。门胁对这个维修门店大加赞赏，称其为中国第一家符合本田规范的修理门店。门胁希望张彤的门店还能同时销售进口的本田轿车，但是张彤的第三修理厂没有进口轿车销售权，于是门胁又给他联系了一家经销本田进口轿车的经销商，让他们两人合作，将在北京销售的本田轿车放到这个店里展示、销售，将销售、售后服务和修理结合起来。这就是本田公司在中国的第一家销售维修网点。这个店是按照本田 3S 店的样子建起来的，店内也只销售本田车，修理厂也只维修本田车，这个店也成为本田在中国品牌经销的萌芽。

根据门胁的建议，广州方面由陆志丰带队到北京考察北京汽修三厂的这家门店。北京汽车修理公司总经理助理杨晓丽接待了陆志丰一行。与张彤在泰国的感受相同，北京的这家门店给了陆志丰很大的震撼，尤其是从销售到维修的 3S 模式所展现的快捷、方便和透明。一个名叫黎地的工作人员偷偷地从不同角度拍下了北京 3S 店大量的照片，这个黎地以后成为广州本田销售部的中方部长。

黎地后来回忆："这个店是我们从未见过的，销售、修理全在一起，房子大气、抢眼，品牌标志鲜明，店内宽敞、明亮、整洁，工作人员衣着统一、服务到位，给人留下了深刻印象。我们回去后立即向张总汇报，张总表示，我们要照着这个样子建，而且要建得比北京的还要好。"

很快，广州在原广州标致销售公司的原址上花了 2000 万元依照北京汽修三厂建设了广州本田的第一家销售店，起名"广州本田第一特约店"，这个店的确建得比北京的还要漂亮。

4S 店运营的最大障碍在于轿车销售资格。在中国，取得轿车销售资格必须经过国家计委的审查批准，然后再到国家工商总局审批。以前是代理商将自己的资料上报给国家计委审批，国家计委审批通过后，代理商再去有关部门办理相关手续，程序复杂，时间长，很不方便。门胁为此事多次找国家计委主管司局和国家工商总局，请求解决代理商销售资格的问题。此时中国的市场化程度日益加深，商品流通渠道的改革非常快，各地的物资部门已经全部市场化运作，生产厂家已基本与市场对接。国家计委的官员提出，我们要简化审批程序，以后我们和工商总局一个窗口对你们生产厂家，你们厂家自己掌握代理销售商的资格，然后你们将代理销售商的资料报给我们备案就可以了。

这种改革也强化了厂家的品牌意识。以前，工商总局批准的经营内容一般都是"小轿车"三个字，现在，既然是厂家授权给经销商，厂家的条件就是只能销售我的产品而不准销售其他的产品。广本进一步与工商总局协商，要求在工商总局审批的营业执照经营内容上注明"广州本田小轿车"。这一要求得到了工商总局的同意。自此以后，经销商的经销资格就授权给了生产厂家，"广州本田第一特约店"就是广本合资公司第一个授权的经销商。以后，全国各品牌的轿车经销商也都无一例外地逐渐运用了这一模式。

商品经济的发展终于以自己特有的力量推动了市场改革，行政限制的条条框框开始逐步退出历史舞台。

1999年3月26日，广州本田第一辆雅阁车下线；第二天，1999年3月27日，"广州本田第一特约店"正式开业。以后，"广州本田第一特约店"也成为广州本田经销商建店的标准模式。

3S店建起来了，但问题又来了。产品销售链的终端到了用户那里就停止了，由于没有信息反馈渠道，因此厂家没法得到用户的信息，而在市场竞争日益激烈的环境下，用户的信息是厂家改善服务、改进产品的依据。合资公司也遇到了销售和售后服务方面出现的问题。很多经销商经常以用户的名义欺骗厂家，如有经销商称：用户的发动机坏了，要求更换。但厂家要求了解用户对发动机的使用情况，却得不到用户的信息。顾客是谁？什么时候买的车？车跑了多少里程？是否定期保养过？车辆维修状况如何？售出去的车，何时需要保养？需要更换什么样的配件？顾客对车的意见等，在以上这些方面，经销商均无法提供准确的信息，有时甚至提供模糊和错误的信息，即使回馈了部分信息，也是凌乱得不成系统，合资公司的销售系统因此开始考虑要加强用户和售后服务的信息反馈，建设更为成熟的网络系统。

合资公司销售部日方负责人提出，要在原来3S的基础上再凑一个以S字母开头的、与信息反馈有关的英语单词。本田公司事业部营业科科长，时任门胁翻译王涛回忆：

1998年秋天，公司刚刚成立，中日双方为3S的争执还未结束，日方就已经在考虑如何完善产品的销售模式了。一天，销售部日方部长金山玉哲与我在一起探讨改进销售网络。在谈到增加信息反馈渠道时，金山说，要是再能凑一个以S开头的、有关信息反馈的英语单词就好了。当时我的工作除了市场销售外，还承担市场调研。市场调研中有一种被称为"地毯轰炸式采样"，这种调研的英文为Survey，意思涵盖信息、采样、交流、数据等，我们给它定义为"信息反馈"。我说用Survey这个词怎么样？金山高兴得一拍大腿："Survey这个词好啊，就用它了。"又经过销售部销售系系长徐玉云的确认和门胁总经理的批准，最后在本田公司销售的3S中再增加了一个Survey，"4S"就这样诞生了。公司建立了一个称为"DCS"的计算机系统，在购买车辆时，顾客需要填写准确完整的个人信息，这个信息立即输入"DCS"，以后的维修服务情况都陆续不断地进入这个系统，一辆车从卖出去到使用维修，一直到报废，在这个系统中都有完整的记载。公司销售系统与各个4S店之间时刻同步进行以车为轴心的信息交流，根据千千万万的车辆和用户的相关信息随时做出准确、及时的反应。4S模式就这样产生了，并日臻完善。

4S的模式出炉后很快得到各大汽车公司的关注。2000年以后，轿车开始加速进入家庭，千千万万的百姓加入购车大军，厂家与用户之间的信息交流也更为重要和突出。各大汽车公司纷纷采用这种模式，4S店在全国各地的建设如雨后春笋。今日，4S店已经为几乎所有汽车生产、销售和客户所接受，成为规范的销售模式。王涛说："4S模式出现后，本田中国区董事长不无遗憾地说，我们创立了这么重要的模式，你们当初为什么不申请专利呢？你们太没有法制概念了。"

天津轿车:"华夏得利"

和广州一样,天津轿车也是从轻型车起步的。新中国成立前,天津是一个老牌工商业城市,汽车基础薄弱。1946年2月,原天津汽车制配厂接收日本信益洋行,从洋行里接收了几辆日本大发公司生产的三轮汽车和一批汽车零部件。天津的工人师傅们立即自己动手,利用这批零部件装配出10辆三轮汽车,并为其取名"飞鹰牌",并于1946年6月13日将这10辆"飞鹰牌"汽车披红挂彩,沿平津公路开进北平。由于是中国人自己制造的汽车,他们沿途受到公众热烈欢迎。当时的电影界也拍摄了"飞鹰牌"三轮汽车开进北平的新闻纪录片。这批三轮汽车的组装,开启了天津汽车工业发展的第一步。

1951年,天津汽车制配厂得知抗美援朝前线志愿军将士急需各种军车,于是克服重重困难,在美式吉普车的基础上,自己动手仿制出了一批军用吉普车。同年9月17日,这批吉普车从车间里开出来就直接装上火车运往朝鲜前线,志愿军战士又将其中大部分改装为吉普炮车。这是天津工人阶级为抗美援朝战争做出的贡献。而天津真正建立起汽车生产体系却是1965年。

1965年,中国国民经济从几年前的经济困境中全面恢复,汽车的需求激增。但当时全国汽车产量不过5万辆,远远不能满足需要,各地开始新一轮自行建设汽车厂的热潮。也就是在这一年,天津将自身所有的各种汽车资源重新组合,成立了天津汽车制造厂。天津汽车厂用北京210吉普的图样,试制并小批量生产了TJ210轻型吉普车。以后,天津汽车厂以日本丰田轿车为范本,东拼西凑,敲敲打打,开始仿制日本丰田轿车;从1973年到1979年,共生产了63辆TJ740型仿丰田轿车,平均每个月不到一辆。这种小批量、低水平的仿制不是汽车工业发展的方向。经过对自身实力和社会急需车型的评估,天津发现,中国当时只有载重4吨的解放牌中型货车,而城市里大量需要的是小吨位的轻型载重车,例如北京汽车制造厂生产的载重1.5吨130轻型载货车,一上市就受到热烈欢迎。根据天津自身的实力,1980年起,天津汽车制造厂开始改变产品方向,参照北京130图样,上马轻型载货车,并率先在国内开发出双排座轻型载货车。天津汽车厂的轻型货车一炮打响,产品供不应求。天津汽车厂与国内轻卡行业中的北京第二汽车制造厂、南京汽车制造厂和沈阳汽车制造厂一起成为20世纪80年代中国轻卡行业前四强,在汽车行业被称为轻卡"四大天王"。

改革开放使得中国汽车开始更多地接触了世界汽车行业的先进技术与产品,其中就包括微型车。微型汽车一般是指发动机排量1升以下,车身长度不超过3.8米,宽度不超过2米,高度不超过1.6米,载重量1吨左右的小汽车。与体型庞大的中型重型货车相比,微型汽车具有燃料消耗少、使用费用低、占地面积小、用途多、价格低,适应性广等特点。日本城市内街道狭窄,为了方便运输,日本汽车制造商首先在日本大量制造和使用微型车。微型车的出现,使得中国汽车人开始认真地审视中国汽车工业的布局与发展。

1984年,中国汽车工业公司在天津召开"微型车工作会议"。时任天津市市长李瑞环对这次会议很感兴趣,他对饶斌说,天津有一定的汽车工业基础,中汽公司应该将首个微型车的生产基地放在我们天津。就这样,中汽公司和天津双方都同意以天津的汽车工业为基础发展中国的微型车。

汽车工业是知识、技术和资金密集型产业,地方上建立汽车工业基地必须要具备几大要素,一是国家政策支持,二是要有地方政府的财力支持,三是要有一定的汽车工业基础,四是要有懂得汽车生产规律、有组织生产能力的领军人物。

在前面三要素具备的情况下，人才要素显得尤为重要。经过和天津协商，饶斌决定，调一汽副总工程师汪声銮来主持天津的汽车工业。

汪声銮 1929 年 8 月生于北京，是地地道道的北京人；1948 年从北京五中高中毕业，考上了"国立北洋大学"（后更名为天津大学）机械系；1951 年大学毕业后，被分配到重工业部汽车工业筹备组，跟着郭力和孟少农一起筹建中国的汽车工业；1952 年 12 月，受中国政府委派赴苏留学，在斯大林汽车厂实习。1954 年 6 月，汪声銮实习期满回国，被分配到一汽车身厂技术科，1958 年任技术科长；1965 年，一机部成立专家组，汪声銮被指名调入；1978 年，国家筹建三汽，汪声銮调入三汽筹备组；1982 年，三汽筹备组解散后，他又回到一汽任工艺处处长，后任一汽副总工程师。

但在汪声銮此次调动的问题上，却一波三折。当中汽公司人事部门给一汽打电话要求调汪声銮时，被一汽拒绝了。人事部门多次联系，但一汽就是不答应，最后饶斌亲自给一汽党委书记徐元存打电话。此时一汽正处在垂直转产的关键时刻，像汪声銮这样的副总指挥级人才的确难以离开。徐元存说："饶部长，我这里正在换型，老汪是副总指挥，不能走。"

中汽公司的负责人亲自出马向企业调人遭拒绝这种事情在以前是不可能的。其实，此时正是中汽公司日渐式微之时，随着改革开放的深入，一汽、二汽正在全力向中汽公司争"独立"，要发展成大规模的汽车产业集团，人才是第一宝贝，谁愿意将自己的帅才拱手送人？

但建设微型车基地是从全国汽车发展布局考虑问题，饶斌打了四五次电话，徐元存一直不肯松口。当年饶斌在一汽当厂长时，徐元存是一汽团委书记，老领导有老领导的办法。几天后，饶斌第五次拨通了电话："小徐啊，当初咱们建设一汽时全国支援，现在国家要建微型车基地，这是全国大局，你为什么不支持？"

饶斌的这番话微言大义，徐元存不好再说什么了。饶斌要求一汽支持的除了汪声銮外，还有其他 9 个人。徐元存说："饶部长，你一定要老汪，行，我给你，但那九个就不能给了。老汪一个顶九个。"

与此同时，汪声銮的大学同班同学，中汽公司副总经理张兴业来到汪声銮家。老同学边吃饭边聊天，张兴业说："老汪，今天我来你们家，是带了饶部长的口信。饶部长几次点你名，要你去天津建微型车基地。李岚清同志也提到你，都说必须让你出山，你看如何？"

汪声銮回答："如果你征求我个人意见，对不起，我不愿去。我今年 55 岁，在一汽工作了30 多年，已经很习惯这里了。可如果组织要求我去，那我就服从组织分配。"

张兴业离开后没几天，汪声銮收到了李岚清写给他的信。李岚清时任天津市副市长，他与汪声銮在一汽是老同事，又一起筹建过三汽，关系非同一般。李岚清在信中写道：

三汽一别又几年过去了，我们合作的那段仍常以为念。天津发展微型汽车，大家都想到您。在中汽公司大力支持下，我们终于又有了合作机会……现在市委的正式决定已下达：1.汽车公司从机械局划出，为独立的局级单位；2.正式任命您为公司党委常委，付（副）经理兼总工程师（李跃同志为书记，纪学潋同志为经理）。同时，亦告一好消息，即同大发已正式签了合同。看来在天津搞，比我们那时搞三汽的条件要好不少，还是大有可为的……由于引进与对外经贸有关，同时我又是汽车工业老兵，我亦很关心，其他领导同志亦常同我商量，所以以后支持汽车公司的工作还是有条件的。衷心地欢迎您早日来津……

1984 年 3 月 22 日

1984 年 4 月 5 日，饶斌直接打电话通知汪声銮，一是通知他调动工作的事情，二是让他马上到北京参加天津微型车工作会议。汪声銮由长春直奔北京，4月9日，汪声銮参加了中汽公司听取天津关于微型汽车技术引进和天津汽车发展的汇报。这次会议上，汪声銮被宣布调天津工作。看着自己的老部下，饶斌一字一句地说："老汪，给你三年时间，把天津微型汽车基地建成，生产要达标。如完不成任务，拿你是问！"

1984年4月10日，汪声銮从北京来到天津，住在南京路上的友谊宾馆。13日，李岚清同志到住处看望他，向他介绍了有关情况，并对他提出要求和希望。

汪声銮就这样来到了天津。在一汽那样的大企业工作了几十年，面对天津汽车工业作坊式的车间和管理粗放、脏乱的工作现场，汪声銮很不习惯。在天汽，他是总工程师，是最高技术负责人，他拿出当年建设一汽时的全部经验和劲头，对所有的技术文件都要亲自过目、审查校对，唯恐疏忽大意出差错。所有技术工作的组织落实，如从购买日本焊装生产线，移植一汽的英国油漆生产线，从日本引进小松冲压线和模具中心，以及跟国外厂商的谈判等，他都是亲自负责到底。在汪声銮的努力下，天津微型汽车迅速走上正轨。汪声銮因病去世后，日本谈判代表团一位负责人曾对天汽的一位领导说："我们最害怕与你们汪总谈判，他滴水不漏、针锋相对、寸土不让。"

1995年，汪声銮年过六十，正式退休。从1984年到1995年，汪声銮在天汽工作了11年。如同当年王荣均调到上海大众后许多的不适应一样，汪声銮在天津也有许多的不适应，但这是中国汽车工业发展过程中不可避免的问题。毕竟全国只有一个一汽和二汽，正是为了全国汽车工业能够同步发展，饶斌才坚持将汪声銮这样的骨干调到汽车工业基础相对落后的地方。一汽不光要出产品，还要出思想、出人才。这是饶斌的思路，这个思路带动了中国汽车工业的整体前进。

1984年4月，中汽公司在天津召开的微型车工作会议上明确表示要发展中国的微型车，并确定引进日本大发汽车技术在天津建设微型汽车生产基地。

日本是一个资源缺乏的国家，所以在工业化的过程中非常注重节约能源。日本政府更是从政策上积极引导和支持发展低能耗的汽车，所以微型车在日本发展得很快。从全球看，微型车发展最好最有规模的是日本。在日本国内，微型车做得最好的是大发汽车公司。

中国主动放开市场提出与大发合作，大发公司喜不自禁，一家日本的小汽车公司得到中国的重视，率先进入中国市场，这是大发公司没想到的，于是积极响应中方的要求，双方开始了谈判协商。谈判进行得很顺利，1983年7月，国家计委批准天津微型汽车技术引进及技术改造项目立项。1984年3月，天津市汽车工业公司引进日本大发850系列微型汽车技术转让许可证合同在北京签署。天津汽车厂从日本引进Hijet 850微型汽车全套制造技术，对老厂进行技术改造，于1988年形成年产2万辆大发微型汽车、3万台发动机的能力。

1984年9月25日晚上10点05分，第一辆微型汽车在位于天津市郊杨柳青镇的天津市汽车制造厂组装完毕，顺利开出生产线。由于这种微型汽车形似面包，因此人们又称其为"面包"。大发面包车问世后市场反映很好，产品供不应求。天津再接再厉，引进大发公司的微型轿车。1986年3月18日，天津市汽车工业公司引进日本大发公司微型轿车技术许可证转让合同在天津签字。协议规定，天津汽车集团以技术转让方式引进大发汽车公司排量1.0升的Charade微型两厢轿车生产制造技术。天津汽车工业公司于协议签订的当年，就生产出了第一辆两厢式轿车，填补了中国经济型轿车市场的空白。

中国文化对名字特别看重，名字需要充满寓意，寄托人们的希望。人名如此，汽车也一样。引进的日本大发轿车的英文名为 Charade，意思是"字谜"。天津汽车工业公司按照音译起名为"夏立德"，意思是"为华夏立下功德"。1986年，李瑞环在听取天汽汇报时认为，"夏立德"三个字不好叫也不好听，应该改一下，微型货车就叫"华利"，微型轿车就叫"夏利"，合起来就是"华夏得利"。此语一出，在座一片叫好，于是，天津大发由此改名为"天津夏利"和"天津华利"。不过，微型货车"天津华利"的名气远没有它的兄弟"天津夏利"响亮。

与之前中国厂商的惯用方式不同，天津汽车选择的是合作而不是合资。之所以选择合作是为了不受日方控制，在以后的生产经营过程中保持自己的独立性，同时还可以获得这两款车型的全部知识产权。正因为如此，后来生产的夏利轿车才并没有像桑塔纳或捷达一样，必须在中国产地后面加上产品的英文名，而是采用了完全属于自己所有的中文名称"夏利"，汉语拼音"Xiali"。

除了不采用合资形式外，其他形式基本一样，一开始也是采用 CKD 形式，从日本大发公司进口散件，由中国组装、装焊、油漆、总装、质检等一样不少，然后逐步实现国产化。由于要求没有像桑塔纳轿车那样严格，所以天津大发的国产化进程远远快于桑塔纳和捷达。从1986年2月天津大发的灯具零部件开始国产化，到1987年年底，零部件的国产化率已由1984年的8%上升至85%，这一速度令日本人咋舌。"萝卜快了不洗泥"，为图快而不注重质量的国产化使得大发车的质量受到了影响，一段时间，车子的质量因一批比一批差而受到用户的诟病。这也为以后大发退出市场埋下了隐患。

1987年，天津出现了第一辆大发出租车。由于这种厢式车形状如同面包，所以天津大发出租车又被称为"面的"。打出租的目的不是为了显示身份，而是为了快捷地到达目的地。与出租轿车相比，"面的"价廉物美，既能坐人又能带货，前排可坐2人，后排可坐5人，一家老小，三五朋友，都坐得下；拆掉座位后，有近8立方米的空间，成为厢式货车，既能送货又可以坐人，为城乡老百姓出行提供了轿车的替代品，尤其适合在运输路程短、道路狭窄的城市大街小巷使用。

天津是一个老城市，街道狭窄，巷子深深，身材娇小的大发车走街串巷不仅转弯方便，停在路边也省地。在当时那段特定的历史时期，大发"面的"以其空间大、载人多、省油、方便、快捷等诸多优势，给收入有限的普通老百姓带来了极大的方便和实实在在的好处，因此极受百姓欢迎。大多数人对天津大发的记忆就是从作为出租车的"面的"这个时候开始的。很快，天津大发出租车就风靡全国，包括首都北京。

20世纪90年代初，为适应城市发展，北京出租车开始加速发展，北京市政府提出了"一人招手，几辆车等候"的北京市出租车行业发展方针，价廉物美的天津大发成为车型的首选，天津大发车由此开启了北京出租车平民化的历史。由于北京的大发出租车是黄色涂装，所以人们戏称为"蝗虫"。北京的各条马路上到处都有"蝗虫"在奔跑，大街小巷到处停着揽活的"蝗虫"。1993年，北京的"蝗虫"保有量高达3万辆。从1984年9月至1999年9月，天津汽车制造厂总共生产了30万辆大发面包，其中90%被全国各地的出租行业使用。仅天津，最高峰时保有量超过5万辆。一时间，天津大发面包供不应求，各地的人们蜂拥到天津买大发。天津汽车厂厂长赵家良回忆说：

1992年到1993年，南市旅馆街住满了要买大发车的外地人，产品供不应求。那时候，我们生产各式各样20多个型号的大发车，出厂价是2.8万元，可被车贩子一炒，就能卖出5.2万元的天价。

20 世纪 80 年代末，中央电视台播出天津大发汽车的广告："要发家，买大发，发发发！"更是助长了这种火爆的态势。当年极力主张引进大发车的饶斌以及众多的汽车专家们绝没想到，引进不过短短几年时间，大发面包车竟会成为中国诸多城市街道上的一道风景线。直到夏利、捷达、桑塔纳、富康等主力车型大规模面世后，大发面包车才逐渐退出市场。1999 年 9 月 29 日，北京出租汽车市场淘汰最后一辆"面的"，车主是北京天成汽车出租公司，车号为京 B68635。但在很多中等城市和县城中，"面的"仍然还在大街小巷为百姓服务。

与几乎同期问世的桑塔纳、标致 505、捷达等主要定位为公务用车市场，北京吉普 212 主要定位为军方和公务车市场不同，夏利的定位鲜明，就是民用轿车。刚上市的夏利售价 8 万 ~10 万，与桑塔纳、标致 505、捷达、富康等售价 20 多万的价格相比便宜一半还多。有钱的人嫌它小，不够气派而不屑于买，而手中资金紧缺的老百姓却喜欢它的平民价格。由此，夏利与它的哥哥大发"面的"一起，成为服务中国百姓的货真价实的"平民车""百姓车"。从此，夏利一炮打响，成为城乡居民人尽皆知的知名品牌，也成为平民车、国民车的代名词，更成为国内经济型车的市场霸主。投产 20 年来，夏利轿车总产量累计达 154 万辆，市场保有量超过 100 万辆。

夏利引进时的规模产能是年产 3 万辆，由于当时中国的汽车市场还没有成型，轿车消费基本以公款为主，私人消费少得可怜，而排量仅为 1.0 升的小夏利又不为公款消费者入眼，仅仅靠出租车市场维持，所以 3 万辆的产量也迟迟未能达产。价格也是初期产量不高的重要原因。投产初期，夏利基本靠 CKD 散件组装，价格难以降下来，直到后来发动机和变速器等关键零部件国产化以后，夏利的价格才由初期的 10 万人民币逐步下降到七八万元。1993 年年底，夏利跨过年产 5 万辆的门槛。1994 年，"夏利轿车 15 万辆扩建项目"被国家计委批准列为"八五"重点建设项目之一；天津市委市政府将其列为"天津市一号工程"项目，总投资 21 亿元。1996 年二季度全面投产，天津夏利成为继上海汽车之后第二个拥有 15 万辆轿车和 20 万台发动机批量生产能力的厂家。进入 2000 年以后，夏利主动降价，大大冲击了中国的轿车市场，单价四五万元的夏利轿车的销量一直遥遥领先，位居轿车销量的榜首。

随着中国经济的复苏和发展，以及出租车行业快速发展，夏利凭借其出色的燃油经济性、方便的维修和相对便宜的价格，成为中国各地出租车市场的主力军。虽然自 20 世纪 90 年代末起，国内一些大中城市开始露出嫌贫爱富的暴发户心态，公然出台措施限制甚至淘汰深受百姓欢迎的夏利出租车，但在大多数经济欠发达的中小城市，夏利仍然是出租车的第一选择。而且在大城市淘汰夏利出租车之后，普通百姓仍然是夏利车的主要买主，夏利的销量仍然位居全国轿车销量前列，足见其影响之大。

从市场的欢迎程度和保有量看，天津大发和夏利的引进是完全成功的。

随着采用富士斯巴鲁技术的云雀以及铃木奥拓在中国的投产，中国微型车领域的竞争开始趋向激烈。为此，天津汽车在 1997 年启动了"Z913"工程，改进并加长了车身，换装上了 1.3 升的发动机。1999 年，为了应对新环保法规，又为全系车型改装电喷系统，并推出了搭载 1.3 升丰田 8A-FE 发动机的"金夏利"。此时夏利的价位横跨 4 万元到 10 万元的价格区间，累计销量高达 60 余万辆。

夏利维修方便、经济性出色，但也存在明显的缺点，如动力不足、高速稳定性差、工艺质量也比较粗糙，这些都是下一步发展中需要改进的。

天津大发和天津夏利的辉煌给了中国汽车人一个重大的启示：以普通百姓为市场主力是中

国轿车工业发展的方向，只有百姓的口碑才最为宝贵。

> 夏利发展历程：
>
> 1986 年 9 月 30 日，以 "CKD" 方式引进生产的第一辆 "夏利" 两厢轿车下线；
>
> 1990 年 10 月 14 日，第一辆 "夏利" 三厢轿车下线；
>
> 1992 年，夏利轿车荣获 "92 年消费者信得过国产车金奖产品" 称号；
>
> 1994 年，夏利轿车荣获 "中国名牌产品" 称号；
>
> 1995 年，通过 ISO9002 标准质量体系认证；
>
> 1995 年年底，国家 "八五" 重点建设项目——"夏利轿车 15 万辆扩建项目" 竣工，形成年产 15 万辆整车、20 万台发动机的能力；
>
> 1999 年 1 月 5 日，夏利被国家工商局商标局认定为 "中国驰名商标"；
>
> 1999 年 6 月 28 日，"天津汽车" A 股在深圳证券交易所上市发行；同年 7 月 27 日，"天津汽车" A 股在深圳证券交易所挂牌上市；
>
> 1999 年 10 月 20 日，中国质协用户委员会授予夏利系列轿车产品为 "1999 年度全国用户满意产品"；
>
> 2002 年 1 月 12 日，夏利系列轿车价格大幅下调，带动全国轿车价格相继下调；
>
> 2002 年 6 月 10 日，第一批夏利轿车出口美洲；
>
> 2004 年 4 月，夏利系列轿车批量出口西亚；
>
> 2004 年 4 月 8 日，1.1 升夏利新 A 系全面上市；
>
> 2004 年 8 月 8 日，第一百万辆暨全新夏利 N3 下线。

群雄并起

由于历史的原因，中国汽车工业发展过程经历了几次大的起伏。第一次是 "大跃进" 时期，由于当时全国实行企业管理权下放，因此各省市纷纷利用汽车配件厂和修理厂仿制和拼装汽车，形成了中国汽车工业发展史上第一次热潮。从 1956 年只有一汽一家发展到 1960 年的 16 家，汽车改装厂从 16 家发展到 28 家。北京汽车制造厂、南京汽车制造厂、上海汽车制造厂、济南汽车制造厂都是这段时期的产物。

20 世纪 70 年代初期，由于全国汽车供不应求，加上国家再次将企业管理权下放到地方，因此形成了第二次汽车发展高潮。到 1976 年，全国的汽车厂家增加到 53 个，专用改装厂增加到 166 个，同时一大批零部件和附属配件厂也应运而生。北京第二汽车制造厂、天津汽车制造厂都是这个时期的产物。20 世纪 80 年代以后，全国经济发展持续高涨，汽车产品供不应求，汽车制造厂和改装厂再度猛增。到 1993 年，全国共有 127 家整车生产厂，600 多家汽车改装厂和 2000 多家零部件厂。以汽车企业总数来看，中国堪称世界第一，但其中，年产 10 万辆以上的只有 4 家，1 万辆左右的 20 余家，其余近百家企业的年产量都在几千辆甚是数百辆左右徘徊。生产规模之小也创造了世界之最。

1994 年以后，国家公布了汽车产业政策，明确宣布要发展轿车工业，鼓励私人购买轿车。由于轿车的稀缺和高于成本数倍的价格，使得轿车生产具有极高的利润。稀缺和高价格、高利润诱导社会资源向轿车生产倾斜，地方财政包干的政策使这种趋势变成了政府行为，各地竞相上轿车项目，纷纷宣布将汽车工业作为本地经济发展的支柱产业，由此使得轿车成为第三次汽车发展热潮的焦点。

这些新成立的轿车企业既有中国本土企业，又有合资企业，它们或是借壳上市，或是兼并重组，一时间，各地轿车厂如雨后春笋般纷纷冒了出来。让我们顺着时间的轨迹来看：

1993年4月，中国长安汽车公司与日本铃木汽车公司签订合资生产长安奥拓轿车的协议，成立重庆长安铃木汽车有限公司。

1993年，贵州航空工业集团汽车总厂引进日本富士重工斯巴鲁车型生产"云雀牌"微型轿车，合资后历经劫难，合资方数度易主，直到进入21世纪后才勉强投入小批量生产。

1995年，跃进汽车集团公司与马来西亚金狮集团合资成立跃进农用车有限公司，后更名为江苏南亚自动车有限公司；公司购买西班牙SEAT工厂生产IBIZA车型的全套设备，在南京江宁开发区建厂生产"英格尔"轿车；1999年，马来西亚金狮集团转让股权，跃进汽车集团公司与意大利菲亚特集团AUTO公司合资经营江苏南亚自动车有限公司，除保留生产"英格尔"轿车外，还合资生产"派力奥"和"西耶那"轿车。

1995年11月23日，东南（福建）汽车工业有限公司在福州正式成立。

1997年3月25日，上汽公司与美国通用汽车公司合资成立上海通用汽车有限公司，上汽通用主要生产别克中高级轿车，"泛亚汽车技术中心"同时成立；上海通用公司一跃成为当时国内最大的汽车合资企业。

1997年，由安徽省国际信托公司、财政信托公司、建行投资公司和合肥市开发区、合肥市建行投资公司共同投资组建国有股份制企业——奇瑞汽车有限公司。奇瑞公司购买英国一条发动机生产线，参考斯柯达车型，委托外国专业公司设计了奇瑞轿车，并于2000年投产上市。受"目录"所困，2001年，奇瑞无偿划拨20%的资产并入上汽集团换取"出生证"，2002年生产"上海奇瑞"轿车5万辆。后终于脱离上汽自立门户。

1997年，由生产建筑五金、建材和摩托车创业的民营企业家李书福创建吉利集团，并开始介入轿车生产。在参考天津夏利车型基础上，1998年，吉利生产出首批样车，并在浙江临海征地建设豪情汽车厂。1999年，吉利豪情开始投入小批量生产。随后又在宁波新建美日汽车厂。吉利成立后，同样为"目录"所困，董事长李书福上天入地、想方设法，最后从一个有目录而不生产的厂家手中购得"目录"，终于"借壳下蛋"取得合法身份。2001年4月，吉利汽车工业股份有限公司成立，这是中国第一家民营汽车企业，它的成立意味着中国轿车发展进入投资主体多元化阶段。吉利汽车的出现给国有企业一统天下的汽车行业吹入了强劲的新风，开创了新的竞争格局，具有划时代的意义。

1998年4月28日，广州市和日本本田技研工业株式会社签署合资协议。7月1日，广州本田汽车有限公司正式挂牌成立。

1999年5月，经江苏省计经委批准，江苏悦达汽车制造厂与韩国起亚自动车株式会社签署合资协议及章程，成立盐城悦达起亚汽车有限公司。1999年7月1日，合资公司正式揭牌。合资企业成立后不久，起亚汽车被韩国现代集团兼并。2000年1月26日，江苏悦达股份有限公司与韩国现代集团签署了扩大合作意向书，现代集团购买盐城悦达起亚汽车有限公司悦达方七分之二的股权，合资方因此变为悦达、起亚、现代三方，股权比例变为悦达占50%、起亚占30%、现代占20%，合资公司改名为"江苏现代起亚悦达汽车有限公司"。2002年，东风公司参股江苏悦达起亚汽车公司，公司更名为东风悦达起亚。

2000 年 12 月，天津汽车工业（集团）有限公司与日本丰田汽车公司合资成立天津丰田汽车有限公司，生产"威驰"轿车，建设规模年产 3 万辆，2002 年 10 月投入生产。

2001 年 4 月 25 日，长安汽车公司与美国福特汽车公司合资成立长安福特汽车有限公司。

2001 年，沈阳华晨金杯汽车公司与意大利设计公司联合开发"中华牌"轿车，2002 年开始小批量生产。与此同时，华晨一脚踩住两艘船，华晨中国汽车控股有限公司与德国宝马集团成立合资公司，利用华晨金杯新建的部分工厂进行整合，生产宝马系列轿车。

2002 年 4 月 29 日，北京汽车工业控股有限责任公司利用北京轻型汽车有限公司原外方退股后在顺义厂区的厂房、设备，与韩国现代汽车公司合资成立北京现代汽车有限公司，生产"索纳塔"轿车。全国合资生产轿车起步最早的北京，在全国轿车发展大潮中最后一个成立轿车合资公司。

至此，美、日、德、法、意、韩等世界汽车制造业巨头纷纷在华建立了自己的滩头阵地。除以上新增的一批轿车厂外，原来生产微型货车、微型客车的"长安""哈飞""西安秦川"等汽车公司也都采取合资、引进或联合开发的方式，拓宽产品范围生产微型轿车。2002 年年末，全国生产轿车的企业已扩大到 25 家。

这是中国汽车工业发展史上发展速度最快的 10 年，这些新冒出的汽车厂家都是在国家汽车产业政策发表后出生的。究其原因，一是市场需求的拉动；二是中央和地方财政分灶吃饭，地方需要建立新的经济增长点以保证地方财政收入；三是受 GDP 效应影响。一时间，中国轿车市场风起云涌、热闹非凡。整个中国从东到西、从南到北，除了甘肃、青海、西藏、山西等省和自治区没有汽车厂外，其余各省全都有，而且都有制造轿车的冲动。各地为了发展轿车各显神通、合纵连横，演出了一出汽车发展的"战国时代"。

中国轿车工业是在国内强劲需求推动并借助石油危机造成世界轿车生产转移之际发展起来的，世界汽车巨头借此进入中国轿车市场，分享中国轿车工业的发展成果。由于中国轿车企业在技术上对外资的过分依赖，随着中国轿车市场越来越大，这些跨国汽车巨头在中国轿车市场的获利也越来越大。

截至 2010 年 12 月 31 日，通用汽车全年在中国销售累计达到 2 351 610 辆，大众汽车集团全年在中国销售汽车 1 923 500 辆，现代起亚汽车全年在中国市场销售 1 093 071 辆，日产汽车在中国销售累计达 1 023 638 辆。除了这四家外，还有丰田 84.6 万辆、本田 65.5 万辆、福特 58.2 万辆、标致-雪铁龙 37.6 万辆、铃木 27.5 万辆、宝马 17 万辆。这 10 家公司的销量之和为 929.6 万辆，占中国汽车市场一半以上。

惊人的销量意味着丰厚的利润和广阔的市场前景，世界汽车巨头纷纷将注意力集中到世界汽车市场的"最后的一块蛋糕"上，在中国放手一搏。到今天为止，世界 500 强企业中，以美国通用、日本丰田等为首的 15 家汽车企业全部在中国建有合资企业和机构，并以此为基础在中国汽车市场展开疯狂角逐。这 15 家汽车企业跨国公司在中国的平均资产利润率达到 11.2%，远远高于在世界其他市场的平均利润率。

让我们来看一看这些世界跨国汽车巨头在中国的战略构成：

通用集团（含通用汽车、铃木、五十铃、菲亚特、富士重工和大宇）：上海通用、金杯通用、上汽通用五菱、长安铃木、昌河铃木、庆铃、北轻汽、北铃专用车、南京依维柯、江苏南亚、贵州云雀、桂林大宇（客车）和烟台大宇（零部件）；

大众集团：上海大众和一汽大众；

福特集团（含福特汽车、马自达和沃尔沃轿车）：江铃和长安福特；

丰田集团（含丰田、大发和日野）：一汽丰田、天津丰田、四川丰田、沈飞日野和金杯客车（技术合作）；

戴姆勒－克莱斯勒集团（含戴姆勒-克莱斯勒、三菱和现代）：北京吉普、亚星、奔驰、北方奔驰、湖南长丰、东南汽车、北京现代和东风悦达起亚；

雷诺－日产集团（含雷诺－日产、日产和三星）：三江雷诺、郑州日产、杭州东风日产柴、风神和东风汽车；

标致－雪铁龙集团：神龙；

本田公司：广州本田、东风本田（发动机）；

宝马公司：沈阳华晨。

在外资企业大举进入中国进行战略扩张的同时，中国汽车企业之间合纵连横、攻城略地，整个中国汽车（含轿车）市场烽火连天、硝烟弥漫，联合、兼并与重组越演越烈。截至 2009 年，已初步形成以一汽、二汽、上汽三个大型企业集团为"霸主"和 9 个重点企业集团（公司）各霸一方的"3 + 9"战略格局，即一汽、东风、上汽三大集团，加上重庆长安、广州本田、安徽奇瑞、沈阳华晨、南京菲亚特、浙江吉利、哈飞、昌河和比亚迪汽车 9 个独立骨干轿车企业。

由于企业之间的互相攻伐，一汽、二汽、上汽"三大"在中国汽车企业里所占份额呈逐年下降之势。在中国市场，一种和汽车工业发展规律相悖的奇特现象出现了。在世界上，汽车工业的生产集中度越来越高；而在中国，汽车工业的生产集中度越来越低。国际上对一个国家汽车工业的评价通常都用"三厂集中度"来评价。所谓"三厂集中度"就是产量最大的三家工厂的汽车产量占全国总产量的比重。集中度越高，说明企业的生产规模和效益越大、竞争力越强。美、欧、日、韩等国家的这个指标都在 80% 以上，而中国的"三厂集中度"则呈逐年下降的趋势。

2008 年以后，由于新的汽车产业政策的调整，汽车厂家开始了新一轮整合，有几十家汽车厂分别进入了一汽、东风、上汽、长安四大汽车集团；四大集团自身也分别与德国、日本、法国、美国等跨国公司组成了大集团，汽车生产能力刚刚开始向百万辆接近，规模经济效益开始显现。但一汽、东风、上汽三大汽车集团的"三厂集中度"仅仅只有 50% 左右，另外 9 个独立生产商的汽车产量合计约占全国的 45% 左右。

美国三大公司集中了全国 80% 的产量，韩国现代汽车公司在世界大汽车公司中排名靠后，但年生产能力也达到 250 万辆。由此可以看出，即便在亚洲，中国也缺乏有影响力的汽车企业，更无力在世界上占有一席之地。

公平竞争是改变局面的关键。长期以来，中国的汽车企业是国有企业一统天下；国有企业中又以一汽、二汽这样的大型中央企业得到的政策实惠最多，地方的国有企业次之。"抱着的孩子长不大""穷人的孩子早当家"，计划经济向市场经济转换的一个最重要的环节就是在市场环境下公平竞争、优胜劣汰。但长期享受国家优惠的国有企业却不愿意面对竞争局面，其理由为避免造成"资源浪费"；而国家给它们的护身符就是"汽车目录"管理办法。企业生产的轿车要上市出售，必须要在"目录"上有名，"目录"上无名的就是黑户，产品就无缘进入市场。政府用"目录"这种行政手段筑起了一道高高的门槛。

中国汽车产业界几乎无人不知奇瑞、悦达和吉利就演绎了打破目录的故事。

20 世纪 90 年代末，国家的产品目录上，奇瑞轿车使用的是"六字头"客车目录。国家为了堵住这些自行闯入轿车生产"俱乐部"中的"黑户",只好在目录上做文章。按当时规定,这些产品不能作为轿车销售,只能算客车。奇瑞、悦达、吉利在内的车型统统被认为是"另类",不给予支持。产品没有上"目录"就不能名正言顺的上市。

但奇瑞、吉利、悦达这些企业的负责人是"铁了心"地要造轿车,你批我也要上,你不批我也要上。为了取得一个身份,新成立的奇瑞汽车上天入地地到处想办法,最后由深谙汽车内部门道的资深人士支招:找一个有目录资格的国企联姻,用它的牌子。一语点醒梦中人,奇瑞立即行动。奇瑞公司找到了上海汽车,愿意自带"嫁妆"过门到上汽做"小媳妇"。在付出20%的股权后,上汽和奇瑞终于达成了合作协议,车后被迫挂上了"上海奇瑞"的标牌,这才得以名正言顺地上市销售。悦达也采用这样的办法嫁给了东风公司,悦达的轿车上也挂上了"东风悦达起亚"的标牌。

公平竞争的难点是要治理"诸侯经济"、调整地区利益,目前全国已有15个省、市将汽车产业列为本地经济发展的支柱产业,另有4个省区要"大力发展"。改变这种不利局面只能是继续进行"合纵连横",通过市场公平竞争,优胜劣汰,兼并、重组产生出占压倒优势的新"霸主",才能彻底改变中国汽车产业"天下纷争"的混乱局面。

第十二章 自主创新：中国轿车发展的必由之路

CKD：成也萧何败也萧何

CKD 是英文 completely knocked down 的缩写，意思为"完全散件组装"，即通过进口产品的散件，在进口国组装整件产品，并就地销售的一种国际贸易方式。它集生产、技术引进和贸易于一体，在汽车贸易中被广泛运用。

由于汽车产品技术含量高，资金需求量大，一次性需求数量多，因此一般发展中国家汽车起步阶段大都采取 CKD 方式，在装配中学习技术并力图通过零部件国产化来提高本国汽车工业的基本制造能力，缩小与发达国家的差距，最终达到自己制造的目的。

美国福特公司是最早采用 CKD 方式的企业。20 世纪初，由于生产线的推广，福特公司产量大增，为了节省向外输出产品的运输费用，福特公司开始在外国设立装配厂，1916 年在阿根廷，1924 年在智利，1925 年在巴西和墨西哥等。福特开了头，通用和克莱斯勒也紧随其后，CKD 为这些汽车巨头带来了滚滚财源。

20 世纪 50 年代以后，各国为了保护自己的市场，纷纷对整车输入采取不同程度的限制，但对散件进口则宽容得多，例如，整车进口征税按 100% 计，CKD 征税只有 50%，这在相当程度上鼓励和刺激了 CKD 的发展。到 20 世纪末，世界各国设有 CKD 工厂近 300 家，其中发展中国家占 70% 以上。

必须清醒地认识到，CKD 只是汽车进口的一种方式，能否利用 CKD 方式发展本国汽车工业，关键要看进口国对 CKD 采取何种对策。在这方面，日本是最为成功的例子。20 世纪 20 年代，日本汽车工业开始起步，因缺乏技术，所以也是以 CKD 方式起步。1925 年，美国福特公司和通用公司分别在日本横滨和大阪开设了 CKD 装配工厂。这些工厂开设后不久，日本政府便强制要求这些企业采用本地生产的零部件。根据通产省的安排，日本国内约有 30 多家转包商开始按照美国企业标准为 CKD 工厂生产零部件。随着生产规模的扩大，这些零部件转包商又在锻造、铸造、薄板、机加工和油漆等领域建立了二级转包，日本的汽车工业由此打下了基础，并初步建立了自己的汽车工业。

第二次世界大战后，日本工业体系完全被战火摧毁，国民生活全靠美国救济，政府根本拿不出钱来发展经济。在这种情况下，日本政府鼓励国内生产厂家与国外公司采用 CKD 方式恢复和建立现代汽车工业。日本通产省设想，用 7 年左右的时间熟悉并掌握轿车生产技术，然后逐步过渡到自己制造。1952 年 12 月，日本日产公司与英国奥斯汀公司签订了为期 7 年的 CKD 协议。协议条款的主要内容为：

1. 日本每年进口 2000 套奥斯汀 A40CKD 散件；

2. 日产逐步转向自制零件，并在 3 年内完全自制奥斯汀产品；

3. 奥斯汀同意提供装配和零部件制造的技术帮助；

4. 奥斯汀允许日产公司使用任何它所拥有的专利；

5. 需要的话，双方可以交换技术人员；

6. 从生产的第二年开始，日产公司必须支付专利权费，第二年以日本奥斯汀产品的工厂零售价格（包括税）的 2% 支付，或者不少于 30 000 英镑；

7. 合同期为 7 年。

1953 年 11 月，首辆日本奥斯汀下线。1954 年 1 月，日本的零部件企业已经能够提供 220 种零部件。1955 年年底，日产公司已经能够提供包括发动机和变速器等核心零部件在内的 80% 的奥斯汀零部件。因为外汇管制，日产规定，最高月产量限定为 200 辆，直到完全使用日产自己的零部件为止。到 1959 年年底合作到期时，日产公司成功地推出了自己的第一款产品 cedric（公爵），同时日本 CKD 组装的奥斯汀产量开始逐年下降。7 年间，日产共支付技术转让费和专利权费 6 亿日元（按照当时的汇率折合 170 万美元）。第二次世界大战后，日本很多企业都是走上了日产公司所走过的路，从发达国家引进技术，恢复和奠定了自己的工业基础，为迅速赶上欧美发达国家创造了条件。

在世界汽车发展史上，依靠 CKD 发展成为世界汽车工业强国，与美、欧等老牌资本主义旗鼓相当，日本汽车工业是一个最为成功的特例。迄今为止，CKD 仍然是绝大多数发展中国家发展本国汽车工业所采取的方法，中国也不例外。

发展中国家之所以采用 CKD 起步发展本国汽车工业，不外乎两条原因：一是缺乏技术；二是资金短缺，尤其是外汇短缺。可实际上，CKD 并不能节约多少外汇。其价格组成为：出厂价 + 包装费 + 海运费 + 保险费 + 关税，再加上专利权费和许可证费（单车价格的 5%），还有 50% 的利润要用外汇支付给 CKD 输出方。里里外外加起来与整车进口费用已经相差无几，达不到规模数量的 CKD 所耗资金甚至超过直接进口整车。

CKD 成败的关键在于国产化进程。实现国产化必须要有规模、数量保障，才能最大限度地降低成本，发挥其带来的技术与推进整车国产化的作用。如果没有完整可行的国产化计划并以政策为保障，并以明确具体的步骤坚定不移地去落实，那么 CKD 就不可能起到发展本国汽车产业的先导作用，弄不好，还会影响，甚至阻碍本来已有的轿车发展势头。中国在这方面有血的教训。

1986 年 8 月北戴河会议后，中央决定大力发展中国轿车工业，鉴于中国汽车工业发展水平的现状，发展轿车的主要方式为合资，即与西方大型汽车集团合作，引进其资金与技术合作生产轿车。从此，北京汽车与美国克莱斯勒、上海与德国大众、一汽和二汽与法国雪铁龙先后合资，中国国有资产最多的几家企业分别走上了与外资合作生产轿车的道路。

为了发展中国的轿车工业，国家拿出了最好的资源（一汽、二汽等国内最现代化的汽车企业）、出台了最优惠的政策、让出了国内的市场、投入大笔资金、派出最好的干部（一汽、二汽的干部都是由中央考核、中组部直接任命），建设起了中国的合资轿车企业，开始了中国现代轿车之路。合资之初，中央对合资有着严格要求：一汽是"进口替代"，二汽是"出口导向"；同时要求，零部件必须在一定的时间内实现国产化，并定出了逐年递增的国产化比例。

但十多年过去了，结果如何呢？

到今天，从全国主要汽车厂的生产线上源源不断开下来的几乎囊括世界上所有汽车品牌：大众、通用、丰田、本田、福特、菲亚特、标致、雪铁龙、现代等，进口替代实现了，出口导向却完全放了空炮。二汽起初生产的神龙富康和以后生产的东风日产、东风标致，都是帮着外资抢占国内市场，出口导向再也没人提及。随着合资企业的不断增多、生产规模的不断扩大，零部件国产化也不再被提及。随着合资企业生产规模的不断扩大，中国轿车市场变成了跨国企业的乐园。这一切的代价是，平均每一辆洋品牌的车走下生产线，都意味着少则几千、多则上万的资金流回品牌所属公司。中国合资品牌公司每年生产近千万辆轿车，随之就有成百上千亿的资金以"技术转让""专利使用""品牌使用""CKD 散件购买"等各种名义流向海外的母公司。

零部件国产化是 CKD 成败的关键。合资之初，业界人士还将希望寄托在洋品牌零部件的国产化上，希望经过几年的努力，洋品牌的零部件国产化率逐步提高，每辆车外流的资金会逐步减少。零部件国产化的关键在于国内零部件企业的现状。

由于中国汽车工业基础薄弱，中央和省、市财政分级吃饭，除一汽、二汽有自己相对独立的配套零部件企业外，全国的零部件企业基本上分散在全国省及省以下的地、市、县、乡镇，甚至是社队中，这些零部件企业规模弱小、凌乱，毫无技术储备可言，面对技术指标要求严格的合资产品，根本无力为合资企业配套。

据当年中汽公司的统计数据，1984 年国民经济治理整顿后，中国汽车零部件产业的状况如下：全国共有 2400 个汽车零部件工厂，职工 47.8 万人，占汽车行业总人数的 50%；固定资产 30.1 亿元，占汽车行业的 34.3%；1983 年的总产值为 30.2 亿元，占汽车行业的 36.6%。这么多汽车零部件企业的生产组织结构极不合理，如同散沙一样分散在全国各地，都是 20 世纪 70 年代大办汽车工业的产物，隶属于各地"经济诸侯"，它们的人财物、产供销都被各省、市、县，甚至乡镇的地方政府控制，依附于各主机厂"讨生活"，给一口、吃一口。这种产业组织结构导致汽车零部件质量极差。

零部件质量的高低直接决定着整车产品的质量，国际汽车生产厂家对于零部件有严格的质量认证标准、严密的产品配套体系、整体较高的产品技术门槛，这些要求将国内零部件企业的产品挡在了合资企业的门外。上海桑塔纳的国产化之路就是典型的例子。为了保证合资企业的国产化进程，合资企业的外方纷纷将自己在国外的配套厂商引进中国，帮助弱小、落后、凌乱的中国零部件企业升级改造，以适应国产化之需。中央也适时提出，国内零部件企业要实现高水平、大批量、专业化，全国要建设一百家零部件企业"小型巨人"。但国内零部件企业问题太多，困难重重，积重难返，要实现这些目标，无论是技术、资金、研发队伍都无法满足。

北京吉普是中国第一家中外合资的汽车企业，1984 年与美国汽车公司合资时确定的产品方向是：以美国汽车公司新产品 XJ 为基础，用 CKD 方式起步，逐步实现国产化；在掌握美国产品技术的基础上，最后达到开发新产品的目的。1985 年 9 月第一辆切诺基下线，其国产化率仅为 1.73%。1986 年后，北京吉普公司曾设定了雄心勃勃的国产化目标——每年增长 10%，到 1990 年实现国产化率 84.1% 的目标。但实际上，1990 年，北京切诺基的国产化率仅为 43.51%，仅实现预定目标的 52%。

上海大众以 CKD 装配桑塔纳起步，其目标也是通过 CKD 方式学习和掌握现代轿车生产技术，并逐步实现国产化。1985 年，上海大众首批桑塔纳下线时，国产化率只有 3%，仅仅牌照架、桑塔纳铭牌和轮胎是国产的。3 年后的 1987 年，桑塔纳的国产化率仅为 5%，远远没有达到预想的目标。为了解决国产化问题，中国汽车产业界几乎全民动员，到 1990 年才实现国产化率 60.9%。桑塔纳的国产化过程艰难坎坷，充分暴露了中国汽车工业，尤其是基础的零部件工业存在的严重问题。

1990 年，中国几个主要合资品牌轿车的国产化率分别为：

上海大众：60.9%；

北京切诺基：43.51%；

一汽奥迪：13.66%；

广州标致：31%；

天津夏利：40.47%。

随着中国的合资品牌越来越多，各种品牌轿车 CKD 生产的数量越来越大，但国产化却裹足不前。中国政府采用 CKD 形式发展轿车工业，本意是以市场换技术，通过消化吸收，最终建立中国自己的轿车生产研发体系。由于"诸侯经济"造成国内汽车市场人为分割，市场机制和价格体系不成熟、不完善，没有技术储备，生产装备和技术水平落后，使得主要零部件国产化并带动国内企业自主研发轿车的目标大大落后于原有期待。

由于 CKD 进口零部件需要耗费巨额外汇，在外汇极度短缺的情况下，国内轿车合资企业对零部件国产化的需求一刻也不能等。时任国务院总理李鹏、时任国家经委副主任朱镕基等领导多次对合资的外方提出要求，要他们加大中国零部件国产化的力度。为此，外资企业开始将他们在国外的零部件配套伙伴引进中国，让这些外资零部件企业在中国对口帮助国内的零部件企业。但缓不济急，中国国内零部件企业在资金、技术设备、技术人员队伍、产品质量与技术标准上与外资企业的要求相差甚远，要生产出符合外方要求的零部件产品绝非一日之功，最快的办法就是对零部件企业也采取"合资"的办法，由外资投入资金、设备，在中国直接生产。为了及时解决合资轿车零部件国产化的燃眉之急，也为了占领中国市场，在中国政府优惠政策的支持下，外资零部件企业巨头开始大规模地与中国的零部件企业开展合资，以后更是直接发展到收购和兼并。国内零部件企业的上级单位迫于资金与技术的压力，以及出于"甩包袱"的思想，甚至是乐得看见这种局面，纷纷以极为优惠的条件将自己所属的零部件企业"嫁"给外资或是"送"给外资，还美其名曰"嫁姑娘，送嫁妆""不求所有，但求所在"。由于地方政府的各种"优惠政策"，这些零部件合资企业多数没有遵守国家要求的合资比例不得超过 50%，多数都是让外资控股，有的更是成为外资企业的全资子公司。包括德尔福、伟世通、博世、电装等在内的各跨国零部件公司纷纷以合资、控股、独资、兼并或收购等手段"抄底"，将弱小凌乱的中国零部件企业收入自己囊中。短短几年的时间，全球排名前 100 位的汽车零部件供应商中有 70% 都已来华开展业务，这些跨国零部件巨头在中国建立起零部件企业近 500 家，而在中国大陆进行汽车零部件生产的外资企业超过 1200 家。这些跨国零部件企业凭借管理先进、技术领先、产品质量等绝对优势成为整车企业的首选。特别是在附加值高、技术含量高的核心零部件领域，外资零部件企业的产品更占有绝对优势。随着零部件企业和零部件市场的"全军覆没"，整车企业通过零部件国产化以实现"自立门户"的希望也被这些"洋品牌"的零部件断了后路。

但这并不是说中国零部件国产化就一无是处。早在 20 世纪 90 年代，在国家计委和上海市，尤其是朱镕基的强硬政策下，上海桑塔纳的零部件国产化进程有了明显提高。对于中方的零部件国产化努力，外资方小施伎俩便轻易便化解了。合资企业中的外方为了牢牢控制中国的市场，但又不让中国汽车企业成长起来，纷纷以推出新产品为由，不断要求出产新的零部件。这些外资品牌的新产品推出速度远远快于零部件的国产化，使得缺乏核心技术、自身研发实力薄弱的中方只能被动地跟在后面为不断更换的新产品付钱。如上海桑塔纳的国产化率高达80%以后，德国大众便推出帕萨特、POLO、斯柯达等新品牌；一汽捷达高度国产化后，德国大众便推出宝来、速腾、高尔夫和奥迪A4、A5、A6、A8等；美国的通用、福特，日本的丰田、本田等莫不如此。日本丰田公司在这方面表现最为恶劣，他们的有些负责人公然声称，就是要在技术上对中国保持20年的优势。甚至是，这些合资方中的外方以新的品牌需要全球采购为名，到国际上采购合资的中国零部件企业的出口产品，这些贴着洋品牌"出口转内销"的产品经过加价，再以CKD的名义运到中国装车，购车的百姓看到的是各款新车不断面市，却没想到自己要为此掏钱埋单。

今天，中国汽车除了中型车外，乘用车尤其是轿车CKD几乎全面开花，形成浪潮。我们不得不面对一个令人难堪的现实：中国汽车工业发展至今已经接近一个甲子，轿车生产也已经过了20多年。2010年，中国生产汽车达到1800万辆，其中轿车1300多万辆，稳居世界第一的位置。但细细端详中国轿车列表，大多数轿车是合资品牌，真正属于自己的自主品牌轿车仅占30%左右，洋品牌仍牢牢地统治着中国轿车市场，满大街跑的基本上还是"万国牌"。与20世纪50年代满大街的"万国牌"有所不同的是，这些"万国牌"是在我们自己的工厂里"组装"的。而我们所希望的掌握轿车生产研发的核心技术，自己设计研发轿车的想法却似乎离当初的设想越来越远。

造成上述问题的原因大致有以下几点：

一、政府在国产化过程中缺位

大规模的CKD引进汽车，尤其是轿车生产，对任何一个国家的工业生产体系和上下游产业链都会直接产生极为重要的影响。事关国计民生，任何国家都不会对此掉以轻心，谁也不愿意将本国市场拱手让人，因此每个国家对引进国外汽车生产都非常重视，设置了大量的政策门槛，以保护本国的工业和汽车生产体系。日本、韩国在汽车工业起步时都是这样做的，巴西、墨西哥等发展中国家对CKD方式起步的汽车工业国产化率也都有明确和严格的规定。有的国家在谈判引进时就预先规定采用CKD方式起步的国产化率；有的国家以政府令的方式分年度、分车型地分别规定国产化水平；有的国家指定企业、指定品种，并规定国产化应达到的水平。大多数国家的国产化政策都具有法令地位，政策目标与政策手段紧密配合，如果不能按期达到，就要给予处罚，甚至要求CKD输入国退出本国市场。

中国现代轿车工业起步于20世纪80年代中期，受国内经济体制改革深化的影响，那时的中国汽车工业管理体制也在进行着深刻的变革。1986年，原来承担全国汽车工业管理职能的中国汽车工业公司更名为中国汽车工业联合会，一汽、二汽等主要汽车企业被赋予更多的自主发展权。随着改革开放不断深化，汽车企业直接面向市场，真正实现了财、物、产、供、销自己当家做主。中国汽车工业联合会迅速被边缘化而徒有虚名，再也不能代表国家对汽车企业发号施令，组织生产研发更成为空想。

对于中国合资企业的CKD轿车项目，尽管国家主管部门也提出了明确的国产化计划，时任国家经委副主任的朱镕基甚至强硬地向上海大众提出，如果不能按时实现国产化率，就要关闭上海大众。但国产化并非是一两个主机厂凭借自己的努力就能达到的，而是需要众多的零部件生产厂商来共同完成。国产化是一个庞大的系统工程，它涉及中央及地方政府的职能与权限，涉及众多的零部件配套企业、原材料供应企业，涉及财政、金融、税收等方方面面，尤其是复杂的中央与地方两套财政体系，地方政府自成一套的工业生产管理体系，地方上又分为省、市、县等相对独立的财政和生产管理体系。受这些不同的指挥体系的影响，企业国产化过程中个别成本与社会成本，个别收益与社会收益存在着明显的差异。中国多达几千家的零部件企业除少数具有一定的实力外，绝大多数为地方中小企业，一部分靠着大型主机企业讨饭吃以维持生计，一部分靠着地方政府输血打气过日子。这些企业设备差、技术水平低、研制能力弱、资金紧张，要试制出达到外方质量要求的零部件，人员、管理水平、生产设备、资金、技术储备等方面严重不足。企业属性和生存状态决定了他们参与国产化进程步履艰难，有其心而无其力。国产化初期，由于试制技术难度大、资金投入多、产量低，导致产品成本高、价格昂贵，主机厂不愿接受。零部件厂只有投资不见效益，自然也没有积极性。类似的情况在地方零部件配套企业中不在少数。

事实说明，在市场机制和体制尚不完善的情况下，仅靠市场机制调节来推动轿车零部件国产化是远远不够的。

建立中国自己的轿车工业生产研发体系，是事关国民经济全面布局的大事，面对国产化进程中遇到的困难，如同当年国家调动全部力量建设一汽、二汽一样，也需要国家利用体制优势，从政策、资金、人才等方面来全面统筹、协调落实。改革开放后，国家给中国汽车企业松绑放权，给了汽车企业高度的自主权，让汽车企业自己在市场上去打拼。在当时的环境下，这样做无疑具有积极的意义。但中国的国情决定我们要走的是社会主义市场经济，计划与市场必须要有机的结合，日本、韩国等国虽然也是市场经济国家，但国家通过政策进行宏观管理和调控却毫不放松，它们的汽车工业起步时，政府就为其营造了极为有利的政策保护环境。

纵观中国轿车工业零部件国产化的过程，当年"三大"起步时，各级政府还有一定程度的支持，但随着轿车合资范围的扩大，见到轿车销售利润惊人，各地纷纷争上轿车项目，中央政府的干预，尤其是刚性干预却明显不足，仅局限于下文件、发指示，政策过于笼统，不够具体，也缺乏操作性，没有从资金、人力、市场调控等最关键的地方着手，因而效果不明显，散、乱、差和零部件研发能力严重不足仍是中国汽车工业面临的主要问题。仅以研发投入为例，据国家信息中心信息资源部主任徐长明称：2007年，全国7000多家零部件企业的研发资金仅占销售收入的0.66%。对比博世公司，据英国劳工部统计，2007年到2008年，博世在零部件研发上的资金投入为26.1亿英镑。换算过来，中国全国的零部件企业研发投入之和只相当于博世一家公司的七分之一。进入中国的零部件企业除了博世外，还有电装、德尔福等世界零部件产业巨头。庞大的技术研发团队和高额的研发投入使得他们始终牢牢占据着零部件核心技术的制高点。没有投入，哪来产出？中国的零部件企业要想在技术上变得强大，不解决研发投入问题不行。然而。要投入，资金从何而来？除了研发资金外，还有技术人才队伍建设，这更是非一日之功。

二、市场畸形

由于国内市场需求旺盛，CKD方式生产的轿车虽然成本很高，但经过加价后仍然供不应求。按20世纪90年代的价格，一辆上海桑塔纳的CKD价格不过3万余元，在国内组装后成本7万余元，国家售价12万余元；但经过各级机电公司层层加价后，市场上卖到22万元还供不应求。畸形的市场使得CKD输出方和购进方都获得丰厚的利润，输出方不用说，只要签订CKD合同后，便可以坐着收银子；购进方也不亏，虽然需要付输出方大笔外汇，但由于市场紧俏、产品供不应求，所以仅靠CKD组装后加价就能坐享其利。既然如此，谁还愿意干那种费钱费力吃力不讨好的"国产化"呢？这种从消费者那里转移来的超额利润严重弱化了

CKD 企业的国产化动力，也减轻了 CKD 企业国产化的压力，CKD 由一种综合贸易方式蜕变为一种单纯贸易方式，零部件企业失去了国产化的积极性。"市场换技术"变为让出市场而没有换到技术。

三、国产化周期长于产品开发或更新的周期，主机厂和零部件企业的信心受挫

CKD 初始阶段，由于对国产化的规律性缺乏认识，从政府主管部门到 CKD 组装企业竞相提出不切实际的国产化目标。但处于散、乱、差环境中的中国汽车工业能力有限，资金、技术、人才和必要的政策环境都缺乏，要"小学生"去做"大学生"的课题，本来就很艰难，消化、吸收和创新更是有其心无其力。

国际汽车品牌更新速度日渐加快，周期从 10 年左右缩短到 5~7 年，由于中国汽车零部件工业的整体实力有限，没有技术储备，所以国产化进程相对较慢。一个品牌的国产化少则 8 年，多则 10 年甚至还多。为了实现国产化，上海桑塔纳几乎动员了全国的力量，130 多家企业从 1985 年干到 1994 年，达标国产化率尚未达到 80%。等中方费尽力气解决一个品牌的国产化问题，这个品牌产品的生命周期已经结束，中方 10 年的努力只是复制了一个行将淘汰的旧产品。中方费尽力气解决了一个产品的国产化，外方立刻又拿出新的产品，中方只能周而复始地开始新的国产化，始终跟在人家后面亦步亦趋，技术消化与创新因而无从谈起。凭着丰厚的技术储备和雄厚的研发资金，国外汽车巨头都是超前研发，不断地推出新型产品。现在，美国通用公司已经在研发 10 年后的各款新型发动机了，外资方依靠手里掌握的超前核心技术，除了赚取超值利润外，始终以 CKD 方式掌握着合资品牌的主动权，进而直接威胁中国汽车产业的安全。

四、跨国公司合资并购中国零部件企业，造成中方熟练技术工人断档

除了垄断了核心技术外，更为可怕的是，由于这些跨国零部件产业巨头几乎全盘兼并收购了中国一盘散沙般的零部件企业，使得中国零部件生产企业的熟练技工队伍基本散失。一个新产品的生产，即使有了全套完整的图样和技术资料，也离不开电、车、钳、刨、铣、磨等基础工种的熟练技工来完成初始产品，并在此基础上制定加工程序，而这样一些熟练技工的培养起码需要 3~5 年甚至更长的时间，一些异形产品的加工、开模更是需要掌握绝技的七八级高级技工才能做到。当年一汽制造红旗轿车时，集中了全厂数百名高级技工还是不够，在一机部的统一调配下，全国支援来了包括钣金工在内的一大批高级技工，就是靠着这些高级技工的聪明才智、心灵手巧，第一辆红旗轿车才能在短时间内完成。而零部件企业被外国跨国巨头兼并收购后，这些真正的技术活完全不需要中方来完成，中方的车间里只需要安装上外资企业已经设计定型的生产流水线。随着产品从流水线上滚滚而下，中方企业里的高级技工和熟练技工队伍失去了用武之地；随着时间流逝，他们的业务逐渐荒废。十几年来，无数中方零部件企业里的高级或熟练技工队伍就这样在合资并购的大潮中被慢慢淘汰。时至今日，在中国的劳动力市场上，七八级高级技工已是难以寻觅，五六级的高级车工、钳工、磨工、铣工即使是月薪 6000~8000 元也一人难求。

以企业密集的天津为例。高级技工已经成为天津市装备制造业奇缺的关键性人才之一，镗工、铣工、车工、钣金工、安装工、氩弧焊工、机械技工等缺口严重。2010 年 9 月，天津举办大型人才招聘会，800 多家企业共推出了万余岗位，有企业开出年薪 8 万元、10 万元的待遇招聘高级技师，却几乎无人揭榜。一些急需高级技工的企业感叹："眼下想找一个高技能的车工、钳工、铣工，比找一个博士还要难。"天津市人力资源部门做了一个统计，在全市技工队伍中，高级技工（含以上）的比重仅为 10% 左右，而按照国际劳工组织提供的发达国家的合理布局，中高级技工应分别为三分之一。随着老一代高级技能人才的逐渐退休，很多企业原本就奇缺的

高级技能人才出现断层现象。由于技术工人，尤其是高级技能人才的短缺状况十分严重，许多企业引进了先进的机械设备却无人能操作。一位业内人士称："当年，工厂里一名八级工拿的工资和厂长一样多，高级技术工人在企业中备受尊重。可现在，愿意当工人的人越来越少了，能把当高级蓝领作为自己理想的人更是稀有。"

广州也是如此。"十一五"期间，广州全市企业单位急需各种工科类技能人才，汽车、石油化工、信息产业等行业位列榜首，机修工、维修工、车工、焊工等工种奇缺，有的企业月薪高达上万元仍一人难求。天津、广州的问题实际上也是全国的缩影。

任何技术创新都需要靠人来完成，在技术工人队伍流失断档的基础上，技术创新岂不是镜花水月？在某种意义上讲，外资跨国公司合资兼并中国的零部件企业，等于是断了中国汽车产业发展的"根"。根深方能叶茂，断了根的树能长大吗？

CKD的初衷是放开市场、引进技术，通过消化、吸收来建立中国人自己的现代化轿车工业。但从25年后的结果来看，我们的轿车市场被人占领、技术为人控制、发展的基础被人挖空，这与当时的初衷完全背道而驰。CKD，成也萧何，败也萧何。

中国汽车产业的现状为那些因产量过千万而沉浸在喜悦中的国人敲响了警钟。

《汽车品牌销售管理实施办法》帮了谁的忙

2004年12月8日，商务部第17次部务会议通过《汽车品牌销售管理实施办法》，并于2005年4月1日正式颁布实施。《汽车品牌销售管理实施办法》中的相关内容摘要如下：

……

第四条　境内外汽车生产企业在境内销售自产汽车的，应当建立完善的汽车品牌销售和服务体系，提高营销和服务水平。

第五条　汽车供应商应当制定汽车品牌销售和服务网络规划（以下简称网络规划）。网络规划包括：经营预测、网点布局方案、网络建设进度及建店、软件和硬件、售后服务标准等。

第六条　同一汽车品牌的网络规划一般由一家境内企业制定和实施。境内汽车生产企业可直接制定和实施网络规划，也可授权境内汽车总经销商制定和实施网络规划；境外汽车生产企业在境内销售汽车，须授权境内企业或按国家有关规定在境内设立企业作为其汽车总经销商，制定和实施网络规划。

……

品牌销售管理办法的本意是规范中国汽车销售市场，但管理办法的第六条："境外汽车生产企业在境内销售汽车，须授权境内企业或按国家有关规定在境内设立企业作为其汽车总经销商，制定和实施网络规划。"这就为跨国公司控制中国汽车销售市场提供了政策依据。

汽车品牌销售的核心是授权，根据此规定，中国和国外的汽车生产企业都可以通过授权来制定自己的总经销商。按国际惯例，为防止垄断，一般是不允许汽车生产企业授权给自己的企业作为总经销商的，但《汽车品牌销售管理实施办法》的第六条却将境内和境外的汽车生产企业画上了等号，使得境外的汽车生产企业也可以在中国设立独立的汽车销售公司，并授权自己的全资销售公司做其产品的总经销商。如此一来，跨国公司便可以名正言顺地在中国控制其汽车销售的各个环节，并直接向合资企业营销网络渗透。由于中国各大汽车公司几乎全部合资，所以合资品牌汽车，尤其是乘用车占了全国乘用车生产销售的70%以上。这意味着，跨国公司通过其总经销商，直接或间接地掌握了70%的中国汽车市场，基本垄断了进口汽车的营销网络。这既冲击了中国自主品牌汽车的销售市场，也直接危害了还很脆弱的中国汽车工业。

自20世纪80年代中国与外资合作发展轿车工业至今，虽然中国轿车工业有了足够大的规模，但由于外方对品牌和核心技术的控制，因此中方始终未能培育出核心竞争力，轿车工业至今依然主要依靠外国的技术在生产外国品牌的汽车，合资企业的话语权仍旧掌握在外方手里。现在再丧失销售市场的控制权，就意味着中国轿车工业从生产到流通环节全部受制于外资，中方的权益受到了极大的影响。

《汽车品牌销售管理实施办法》实施以后，境外的跨国公司、境内的合资公司纷纷抛开原来的中方合作伙伴，成立独资或绝对控股的销售公司，控制以4S店为代表的销售市场，在产品供应、核心技术、销售网络、配件供应、售后服务等各个环节形成彻底的商业垄断，由于外资和合资品牌汽车已占有70%以上的中国市场，因此外资公司成立由自己控制的销售公司如同在中国的汽车市场划定属于自己的地盘。如日本丰田公司首先在中国设立了总代理（丰田中国投资有限公司），并取得了营业执照和汽车销售权，丰田汽车进口销售的"许可证领取——开信用证——通关——商检——报关——配送"等一系列环节全由日方控制。这样，在中国的合资企业从汽车的研制开发、生产制造、产品营销、网络控制，直到售后服务，整个体系全部控制在外方手中，凭借这些手段，跨国公司可以自定价格、操纵市场、攫取高额利润，严重损害了中国经济和消费者利益。

《汽车品牌销售管理实施办法》的核心是授权经营，本意是为了保障消费者的合法权益，但境外跨国公司却将"品牌管理办法"变成"对经销商的管理权利"。国内经销商为了获得外资品牌"授权"，不得不委曲求全，无条件地按照国外厂商的标准和要求建设4S店，一个4S店占地面积不低于1000平方米，有的旗舰店甚至超过2000平方米。以北京为例，一汽大众和上海大众的4S店分别有38家，东风雪铁龙有27家，一汽丰田有22家。一些外国厂商为追求品牌影响，对4S店建设过分追求奢华，对建筑材料、建筑设计、建筑风格、装饰材料，甚至包括家具都要求必须到指定的国外供应商那里购买。按照这种标准，一个4S店的建设费用少则1000万元，多的要七八千万元，甚至更多，这些费用全部由经销商承担，高昂的投资大大增加了经销商的经营成本。经销商是以赢利为目的的，如此高的建设费用不可能由个人承担，最终都会通过维修和配件销售等手段转嫁给消费者，如此一来又推动了维修费用高涨。为了转嫁经营风险，外资品牌供应商对国内经销商采取签订短期商务合同、征收高额保证金、压库、搭售等行为，大大增加了国内经销商的经营成本和风险。

为了最大限度地有利于自己，跨国公司与国内经销商的合同以英文为准，以外国法律为依据。合同规定，如出现纠纷，仲裁地在国外。文件要以外文为主，在中国发生纠纷要以外国法律为依据，要在境外打官司。跨国公司利用《汽车品牌销售管理实施办法》将汽车经销网络当成了自己的地盘，玩起了治外法权，严重损害了中国的主权。

由于垄断了进口汽车渠道，跨国公司通过采取全资、控股等方式在我国设立进口汽车总代理商，客观上造成了两者之间的恶意关联交易，如低价报关偷漏海关税费，高价报关将利润留在海外，虚报参展和物流等费用加大整车成本，控制整车价格、操纵销售网络，低价入市冲击国内自主品牌。这些都涉嫌违反《中华人民共和国进出口关税条例》《中华人民共和国海关审定进口货物完税价格办法》等法规。

加入世界贸易组织后，我国取消进口汽车配额和许可证管理制度，进口车关税从平均80%~100%降至25%，人民币也大幅升值，但进口汽车的价格不但没有下降，反而有所上升。以2008年的价格为例，宝马X5 3.0I的到岸价为58 042美元，而完税后的价格为人民币659 786元，但由于生产厂商控制了销售渠道，因此其批发价高达832 350元人民币，市场售价则为895 000元人民币。如此赚取的利润是国际市场的数倍，甚至超过10倍。日本丰田公司在国际市场上的单台利润为12 870元人民币，而在中国市场的单台利润超过10万元人民币，所有的利润都经由跨国公司在中国设立的独资总经销商流入跨国公司的口袋。消费者没有得到市场开放、竞争升级和降低关税带来的好处，跨国公司却从中国市场上获得了超过国际市场利润近10倍的暴利。更为严重的是，2010年7月18日，WTO争端解决机构通过了专家小组的报告，裁定中国2005年4月实施的《构成整车特征汽车零部件进口管理办法》违反WTO贸易规则。这意味着，奔驰、宝马等豪华车生产商可以以较低的关税进口零部件在中国组装整车，然后再高价卖给中国消费者，继续赚取暴利。

跨国公司在国内设总经销商，对中国的自主品牌汽车也产生了严重影响。由于外资总经销商对国内经销商的绝对控制，因此销售其产品的4S店的所有维修配件都由外资厂家指定。外方可以以低于成本的价格低价卖车，抢得中国境内的市场份额，再以高价维修和更换零部件的策略收回利润，以此策略打击中国的自主品牌。比如，外资控制的国内一个零部件企业生产的某个产品的出厂价是300元，产品全部出口，外资控制的4S店维修时指定要使用这个产品，但却需要从国外购买；经过"出口转内销"后，这个产品的价格摇身一变成了3800元，上涨了120%，外方小施伎俩便可攫取暴利，而中国消费者则要为此埋单。

市场控制问题并不完全是经济问题，也是一个严肃的政治问题。当年，日本汽车起步时，为了保护其国内刚刚起步的汽车产业，日本政府对1.5升以下的进口汽车采取了极为严厉的限制措施。20世纪80年代，日本汽车大举进军美国市场，为了保护美国市场，美国政府动用国家力量，总统亲自出面，强压日本"自律"，大幅减少对美国市场的出口。为了减少进口，保护本国车企，日本、韩国、印度对本国汽车市场都有极为严格的控制手段。2008年的金融海啸中，美国通用汽车公司资不抵债、即将崩溃，关键时刻，美国政府出手相救。道理很简单，救汽车产业就是救美国。2011年5月9日在美国华盛顿召开的第三轮中美战略与经济对话时，美方公然提出，要求中国将"自主创新与政府采购脱钩"。美方这样做无非是担心中国提倡自主创新和政府采购会影响美方汽车产业对中国市场的占有率，这再有力不过地说明，西方政府早已将市场占有率视为重要的政治问题而进行积极干预了。

中国也一样，需要从政治和战略全局上来看待中国的汽车市场。放眼全球，中国汽车市场是全球最为活跃和最大的市场，谁占有中国市场，谁就占有了世界汽车发展的主导权。目前，虽然中国本土车企、外资品牌和合资品牌在形式上三分天下，但中国本土车企实力有限，在进口、合资品牌的双重夹击下，其实独木难支。为了扩大中国市场的占有率，外资和合资品牌除了在中高端市场占据绝对控制权外，又将产品向中低端市场延伸，以其技术和实力，中国本土车企难与其匹敌。一旦这一块市场被外资和合资品牌鲸吞蚕食，中国本土车企的发展空间在哪里呢？作为重要战略资源的中国汽车产业，其发展能建立在外资和合资品牌的基础上吗？

在中国汽车产业发展的关键时刻，中国本土汽车市场当然希望得到国家力量的保护和支持。但是眼下的政策不仅不能为本土车企守住自己的市场助力，反而成为世界汽车巨头在中国汽车市场攻城略地、巧取豪夺的尚方宝剑。

今天的中国，汽车工业已成为国民经济重要的支柱产业，2010年汽车产销超过1800万辆，远远超过产销1200万辆的美国。如果说美国是架在汽车轮子上的国家，那么，中国也已经成为架在车轮上的国家，如果一路向前的中国汽车被外资控制，就如同将汽车的方向盘交给跨国公司，国家的经济安全如何保障？国家重要的战略产业绝不能受制于人，中国汽车产业发展的主导权也决不能拱手相让。

有人认为，《汽车品牌销售管理实施办法》的出台是中国为了履行加入世界贸易组织的承诺而出台的，修改或者废除会影响政府形象。其实这种想法过于幼稚。WTO的规则我们要遵守，但是不能盲从。WTO的所有规则最终都要转化成各个国家自己的政策，任何一个成员国考虑的都是如何利用这个组织及其规则来最大限度地为自己谋利。美国代表就曾公开声称：如果WTO的规则影响美国的国家利益，美国就将毫不犹豫地退出WTO。美国能如此，中国同样能够如此。国家有关部门在制定相关政策时，首先应该考虑的是如何保护本国利益，绝不能仅仅为了机械地遵守WTO规则而制定出可能对本国利益造成损害的政策办法。

《汽车品牌销售管理实施办法》出台后不久，从国务院机电办主任转任中国欧洲经济贸易协会会长的徐秉金便开始关注，并先后写出《对汽车品牌管理实施办法的意见》和《汽车品牌销售管理实施办法存在的问题及建议的汇报》，详细阐述了自己对《汽车品牌销售管理实施办法》的看法，摘要如下：

不难看出，自主品牌的汽车从技术、性能、市场份额上都不能和合资以及外资品牌同日而语。合资品牌有一半的中国血统，但技术却完全掌握在人家手里，市场限制在境内，想出国门难上难。美、欧、日、韩的大型汽车企业技术成熟、产品质量高，对中国汽车市场垂涎三尺，如果将它们与国内汽车厂商同等对待，凭借技术优势，他们便可以长驱直入中国汽车市场，中国汽车产业的安全堪忧。

我参与中国复关入世谈判10年，汽车谈判是我手中最重要的一张牌，而市场就是这张牌的基础。市场丢了，牌就没有了。牌没了，也就失去了与人家讨价还价的筹码。

一旦美国、日本等一些发达国家认为自身的利益受到损害时，他们想到的就不是规则，而是利益。为什么日本汽车进美国曾那么难？为什么日本汽车进不了韩国？为什么这些国家的车难敲开印度的大门？这些都值得我们深思和借鉴。

汽车流通领域存在的问题引起了各方高度关注。2008年，受财政部、工信部、国资委委托，由原机电部部长何光远、原外经贸部副部长谷永江、原中国贸促会会长俞晓松、原商务部副部长张志刚等人为顾问，徐秉金任组长的《中国汽车流通政策对汽车产业安全的影响与研究》课题组写出报告。2009年8月27日，工信部邀请商务部、中国国际贸易学会、中国汽车技术研究中心、中国汽车流通协会、商务部研究院等机构的专家对该报告进行了评审。评审专家认为：

汽车产业是中国加入WTO谈判过程中中外交锋最激烈的领域之一，也是社会各界最关注的产业之一。为应对入世，特别是后过渡期，一系列汽车流通政策先后出台，对汽车产业的健康发展产生了一定的积极意义。然而，由于中国汽车流通政策存在缺陷，致使政策的实施对中国汽车工业生产及汽车流通领域健康发展的负面影响日益显现。

……跨国公司在分享中国市场巨额利益的同时，中国企业付出了较大的市场代价……但并没有获得所需的核心技术。跨国公司通过技术转移来控制合资企业的生产和发展，同时严格控制合资企业的技术部门，通过黑箱策略、知识产权保护、技术更新策略来封锁核心技术。跨国公司对转让技术收取高额费用，在合资企业还没有足够的收益弥补成本费用时，又推出新的成熟技术赚取转让费或委托开发费……合资外方往往能赚取全部利润的 80%。大多数中国汽车厂商丧失了独立生存能力，丧失了可持续发展能力。

跨国汽车集团对中国汽车产业的控制体现在对汽车产业链的全程控制上。在加工制造环节，以直接控制为主，同时向加工制造的上下游环节渗透，上游的研发设计、零部件制造等环节，下游的营销和售后服务、消费金融领域，处处都有它们全面渗透的身影。

……入世以来，中国汽车产业竞争力有所提高，但总体市场竞争力仍然落后，国内市场仍然是合资品牌占绝对优势并呈强化趋势，2008 年外资品牌市场份额达到 81.7%，自主品牌与合资品牌的差距依然非常明显。

为了绕过整车企业合资比例的限制，当前外资在中国零部件产业控股、独资化倾向越来越明显，跨国公司正试图通过对关键零部件及其主要技术的控制来实现对整个产业链条的控制，从而强化对中国汽车产业的实际控制能力。

……现行的《汽车品牌销售管理实施办法》对中国汽车产业的健康发展和产业安全带来了许多负面影响。

允许外国大品牌厂商在中国自行设立销售公司，大大加快了国外生产的整车直接进入中国的步伐，本质上方便了外资直接控制进口车渠道……客观上使得外国汽车制造商处于主导地位，造成国外汽车制造商对中国汽车销售市场的垄断。

……进一步强化了外国汽车品牌在中国市场上的绝对强势地位，制约了中国自主汽车品牌的发展。

……目前，中国汽车企业未培育出核心竞争力的同时，正在失去销售网络的控制权。流通渠道的丧失必然导致产业控制权的丧失。

2014 年 8 月 1 日，国家工商行政管理总局发布《工商总局关于停止实施汽车总经销商和汽车品牌授权经销商备案工作的公告》（工商市字 [2014]145 号），宣布自 10 月 1 日起停止实施汽车总经销商和汽车品牌授权经销商备案工作。

2016 年 1 月 6 日，商务部发布了《汽车销售管理办法（征求意见稿）》面向全社会征求意见。该文件在维护公平公正的市场竞争秩序，保护消费者的合法权益方面发生了很大变化。

中国的汽车商业政策，理所当然地要维护中国汽车产业和中国消费者的利益。对总经销商授权时，应该根据国内实际情况并借鉴别国的经验，对境内外的汽车生产企业加以限制，授权要优先考虑有实力的中方企业做总经销。美国有就规定，生产厂不能从事销售，销售必须由经销商来做。韩国和日本也是如此，就连中东的沙特和阿联酋等国也不允许外商在国内市场直接销售，而规定必须由本地人做总经销商。外国人能如此，中国为什么不行？

自主创新：中国轿车新的长征

2010 年，中国汽车产销已达 1800 多万辆，其中乘用车累计生产 1389.71 万辆，销售 1375.78 万辆。但剥开世界第一汽车产销大国的外衣，我们能拿出手的品牌有几个呢？中国汽车工业呈现在人们面前的真实面目又是什么呢？

北京是中国城市乘用车保有量最多的城市，来到街头，看一看满大街的滚滚车流，你就会发现，在这些颜色各异、造型别致的汽车中，美国、欧洲、日本、韩国的乘用车占到 80%，甚至更多，奇瑞、吉利、长安、比亚迪等自主品牌却难得一见。更让人难堪的是，这些自主品牌汽车几乎全部是集中在 10 万元左右的中低档车型，被人称为"低档次、低水平、低价位"的"三低"产品。客观地看，中国汽车产业处于全球汽车产业价值链的较低位置，产品缺乏国际竞争力；自主开发能力和零部件研发能力薄弱，核心技术和市场为跨国公司主导；汽车产业集中度低导致规模效应低下；汽车专业人才缺乏；汽车产业发展的市场环境恶劣，诸侯经济与外资集团共同影响国内汽车产业布局，人为分割汽车流通市场。这些都是正在蓬勃发展的中国汽车产业所面临的一道道难题。

汽车产业是国家的重要支柱产业，提高汽车产业的自主创新能力，通过自主创新掌握具有自主知识产权的核心技术，创立自己的知名品牌，建立创新型国家，提高汽车产业的国际竞争力具有极为重要的战略意义。

汽车产业开展自主创新的提法已有很久了，奇瑞、比亚迪等自主汽车企业也在努力开拓创新。但从全局看，中国车企自主创新效果甚微，整车设计和发动机、变速器、车身、汽车电子等核心部件的研发尚无明显突破。汽车产业自主创新为什么这么难呢？

创新不能凭空而来，需要有广泛而坚实的国民经济生产研发体系和政府相关政策做支撑。自 1956 年起，在苏联的帮助下，中国建立了自己的汽车工业。几十年来，由于各种原因，中国汽车产业步履蹒跚，进步迟缓，与几乎同时起步的日本汽车工业相比，我们大大落后了。究其原因，我们落后就落后在自主创新不足。我们对汽车的产业属性和社会属性认识不足，仅仅停留在以能造汽车为满足。改革开放后社会需求旺盛，政府和企业强调的都是产量，重整车轻配件，重主机轻配件，并未在自主创新上下真功夫。从汽车企业的组织机构、人员结构、资金使用分配比例均可说明此问题。没有投入，何来产出？

创新也需要社会氛围。1903 年，美国莱特兄弟发明飞机，飞行成功后，纽约万人空巷去迎接，美国政府立即从财政和政策上支持其投入生产，说明社会对创新者的认可程度。英国工业革命、美国 20 世纪初期崛起，其根本动力都是科技创新。对比我国汽车产业发展的现实，可以认为，创新的国民经济生产研发体系和社会氛围尚未完全建立。

汽车产业是建立在电力、钢铁、石油、化工、机械、电子等各种现代基础工业的基础之上的，没有这些基础工业体系的现代化，发展现代化的汽车产业就是无源之水、无本之木。一辆汽车的身上集中了几乎所有的现代工业发展成就，汽车产业能够发展到今天的高度，就是建立在不断的发明和创新的基础上的。比如，蒸汽机的发明推动了汽车的诞生，内燃机的发明推动了汽车的大规模生产，并使其成为社会发展必不可少的工具；电子技术的发明，使得汽车更为快捷安全、更为节能环保、更为智能化、更符合人性特点；材料科学的发展，使得制造汽车的材料越来越轻、强度越来越高。眼下的新能源潮流，势必将汽车发展引领向新的、更高的发展阶段。这些都生动地说明，创新对汽车产业的影响是革命性的。

一辆汽车由数万个零部件组成，如果将汽车形象地比喻为 100 这个整数，那么所有的这些创新都是一个个单独的"1"，只有这些"1"相加，才能有完整的"100"。而在中国的"100"中，有很多的"1"都落后于发达国家。以基础材料工业为例，如钢材，一辆汽车所需钢材为其自身重量的 80%，所用部位不同，对钢材的厚度、强度、材质的要求就不同。这就需要相应的生产和研发体系来满足汽车发展对材料不断更新的要求。

由于基础材料工业落后，虽然中国已是世界第一钢铁生产大国，但汽车、飞机、舰艇所需的特种钢材有相当一部分自己不能生产，比如冲压轿车车身所需的双面镀锌薄板，对钢板的延展性、镀锌层的厚度、钢板的幅宽、钢板在恶劣环境下的抗腐蚀能力等都有极高的技术要求。20 世纪 80 年代，我国的钢铁工业生产技术与生产设备落后，轧制不出如此高标准的薄板，结果不得不长期进口。以后武钢、宝钢下大力气花高价进口先进轧制设备，才算部分解决了问题；但其产品在各项技术指标上至今与国外先进产品仍存在差距。由于钢材材质和加工手段的落后，一台同样马力的发动机，我们自制的重量要大大超过发达国家的产品，自重大又导致发动机油耗增加、公斤输出马力比例低。

随着时代的发展，汽车上装备的现代电子科技产品越来越多，如电子技术推进了防侧滑、防抱死、导航、高级音响、视频、空调、测速、燃料优化等；发动机的创新带来了高压共轨、涡轮增压、顶置可变气门等。汽车电子技术更是中国汽车创新的短板。除了钢铁、电子技术外，石油、化工、精密加工、精密铸造等基础工业也都存在类似的问题，这就是基础材料创新的差距。

基础理论创新的差距就更大了。基础理论创新是一切创新的基础，是解决"所以然"的重大问题。中国的发动机生产、研制瓶颈一直未能突破，飞机、舰艇、汽车一直患有"心脏病"，中国的特种材料研究总是卡壳，原因皆在于此。反观日本，现在在特殊材料的研究上已经达到了材料寿命阶段，即这辆汽车上所用的各种材料均为 20 年左右寿命，寿命期内各种检测指标完全合格，但一到了设计寿命的时候，几乎所有材料的指标急速衰减，这辆汽车必须报废。这样就保证用户必须买新汽车。创新既节约了原材料，又保证了它的商业利益持续不断。

基础材料和基础理论，以及与汽车设计、生产相关的所有创新研发分别涉及一个个相对独立又互相关联的"1"，每个"1"的研发、创新都需要专门的理论知识体系，都需要专门的研发人员，都需要投入巨额资金，都需要千百次的试验，并不断发展。

技术创新的最大特点是原创与继承。创新并非凭空而来，而是随着对事物认识的深化而循序渐进的。比如，汽车刚发明时，仅仅是在车架上安装一台发动机，这导致人们在感受快捷时，对发动机爆炸般的噪声难以容忍，于是又发明了消声排气管；车轮与车身是刚性连接，行驶时震动大，乘坐极为不舒服，于是人们又发明了减振器和充气的橡胶轮胎；晚上行驶看不见，于是增添了车灯；发动机油耗高，于是发明了各种化油器和节油装置。发动机、底盘、传动、转向、车架、车身的配合如何做到最安全、最科学、效率最高，都是建立在一次次的观察、思考、总结、试验和一次次失败的基础上的。将一辆汽车分解开，拿起一个个形状各异、设计精巧复杂的零部件，第一个要问的就是，它怎么长得这个样？它为什么长成这个样？答案很简单，这就是不断创新发展的结果，这就是认识深化的结果。有一个很有说服力的例子。中国的航空工业是在苏联的帮助下建立起来的，中苏关系恶化后，苏联断绝了对中方的所有技术援助，不得已，我们只能对人家的产品进行仿制。仿制就是依样画葫芦，你是圆的，我就画圆的；你是方的，我就画方的；你这儿有个洞，我就按照原尺寸在这儿打个洞。在测绘仿制某型飞机机身框架时，工程技术人员发现有一个洞是空着的，没有用处。可没有用处，为什么要打这个洞呢？不明白这个洞是干什么的，但又不知道能不能省掉。基层的工程技术人员不敢擅自做主，于是层层汇报、层层反映。一些高级工程技术人员也来分析，他们根据自己的科学常识，有的认为是"配重"，即保证飞机平衡而减轻某一处的重量；还有的认为是预留安装孔，讨论了很久没有定论。飞机是要上天的，安全为第一要素。仿制飞机时也一定要遵循这个要素，在没有搞清楚的情况下，不允许做任何改动，于是决定依照原样，也在这里打个孔。所以在中方的图样上，这里也有一个相同尺寸的孔。多少年来，这个孔一直延续了下来。多少年后，中苏关系解冻。

一次，苏方原飞机设计者来华访问，双方闲谈时，中方技术人员提起此事，这位设计者回答："这个洞是个废洞，没有任何作用，是当时机械操作人员错误操作造成的。"

听了他的话，中方的人员顿时无语。这个故事可以悟出很多道理：发明创新一定需要从头到尾的全过程，需要循序渐进。从中间接过人家的产品，不了解其所以然，创新也就失去了基础。

现在媒体上不断地有汽车企业购买某国知名品牌为自己所用的"新闻"。从消费者角度来看，这意味着能够购买到品质更高的产品；但从制造者而言，你能购买知名品牌，但能购买来人家的核心技术吗？能购买来人家工程技术人员的创新思维吗？能知道这个品牌优势的"所以然"并加以改进吗？如果我们买一个品牌，人家再创造一个品牌，我们再买，人家再创造，我们能永远跟在后面买吗？这如同给人家奉献再创造的资金，这种引进又有何意义呢？改革开放初期，我们花巨资从国外买来磁带录音机技术，等到我们耗巨资建设生产企业，产品刚刚投放市场时，外方又推出新一代"VCD"光盘播放机。于是我们放弃磁带录音机转而进口"VCD"生产设备及技术，等到我们的"VCD"产品开始铺天盖地占领国内市场时，外方又推出改进的"DVD"。于是我们再跟进，引进"DVD"技术专利和设备，耗费巨资的"DVD"技术消化和生产布局完成后，市场上"DVD"取代"VCD"风靡一时。就在很多人对"DVD"的操作尚未完全掌握时，外方电子技术从模拟升级到数字技术，推出数字电子技术产品，如3G手机、3D动画、平板电脑等新一代的电子技术产品又成为引领市场的先锋。我们怎么办？再买吗？轿车也是如此，由于既缺乏原始创新又缺乏技术储备，我们始终无法掌握产品升级换代的核心技术，只能购买和享用人家的产品，成为人家创新技术的资金提供者和产品销售市场。不断购买，不断落后，这种现状发人深思。正是在此意义上说，自主创新任重道远，需要从头做起，有的甚至要从基础研究做起；对引进技术一定要消化吃透，知其然，还要知其所以然。

除了基础产业创新、基础理论创新和技术储备严重不足外，自主创新还面临不少困难。

资金短缺是创新的一大拦路虎。任何一件产品从设计到试验，再到改进定型、批量生产，中间过程需要大量的投资。一辆汽车有车身、发动机、变速器三大核心部件，还有近百个关键总成、上万个零部件，每个零部件仅从模具而言，便需要极为高昂的资金投入。上海桑塔纳投产后，车门把手使用中出现质量问题，从总理到普通用户均对此提出疑问。上汽下决心进行改进。改进成功后，上汽董事长陆吉安称，仅仅是改进门把手的模具以及相关模具便耗资一个多亿。汽车行业的人都知道，模具与黄金等重，模具开发离不开数控三坐标测量仪和数控三坐标高精度铣、镗等精密设备和仪器，这些都意味着天价的投资。要解决车身、发动机、变速器以及汽车电子等三大核心部件，仅靠各个企业的自身投资是远远不够的。

自主创新的关键是人才，没有具有创新思维的人，一切创新都是镜花水月。培养创新人才，需要建立配套的教育和人力资源体系。

创新需要能够容忍失败的社会环境和舆论氛围。在一切都以"GDP"作为考核硬指标的社会环境和用人体系下，又有多少人能够容忍花了钱而又面对失败呢？

汽车产业是国家重要的战略支柱产业，要建立自己的不受制于人的汽车产业，我们可以借鉴、吸收和消化国外的先进技术，但要从根本上解决问题，只有依靠自主创新。由于中央对自主创新的高度重视和大力提倡，创新已经成为一个时髦的用语，今天，几乎每一个企业都有自己的"技术中心""研发中心"，都有自己的研发队伍，都投入了相当数量的研发资金。但平心而论，至今为止，我们这么多的研发中心又解决了几个"核心技术"难题，掌握了几项"具有自主知识产权"的核心技术呢？

汽车是科技密集型产品，中国汽车产业要开展技术创新，面对基础理论和基础材料产业落后，缺乏原创技术，缺少甚至没有技术储备的现实，这不是各个企业投入有限的资金各自为战就可以解决的，它需要集中巨额资金和大批具有聪明才智的工程技术人员选定课题、集中攻关。但计划经济时代的组织结构已不复存在，各家企业都是市场上的"自由人"，谁能将他们统一组织起来，团结一心共同攻关呢？只有国家。

为了保障我国的国民经济安全，使我们的庞大的汽车产业能够真正成为不依赖外人的支柱产业，面对自主创新遇到的重重困难，我们应当借鉴当年研发"两弹一星"的经验，发挥国家体制上的优势，充分依靠国家力量，由国家相关部委出面，组建国家控股企业参股的"研发中心"，集中产学研的科研工程技术人员，集中财力、物力，重点解决车身、模具、发动机、变速器、汽车电子等汽车开发核心问题，实现由国家主导、企业参与共同投资的创新研发体系，最终实现谁投资谁受益、谁参股谁受益。

自主创新需要有完备的国民经济体系和科研创新机构体系，需要大量团结协作、不畏艰苦、富有创意的创新人才队伍，需要有异想天开的创新思维，需要巨额创新资金投入，需要默默无闻的研究，需要坚韧不拔、经受得起失败打击的创新意志，需要国家的创新政策支持，需要建立完整的国民创新体系和社会舆论氛围，需要社会对创新的理解与宽容。急功近利、巧取豪夺、投机钻营、唯书唯上都是自主创新的天敌。

自主创新是人类进步的起源，是一个国家发展的动力，是提高中国经济和中国汽车产业竞争力的关键，是从汽车大国走向汽车强国的必由之路，也是中华民族自立自强的最高精神境界。

自主创新是一个艰苦卓绝、艰难探索的过程，世上本无路，走的人多了便成了路，创新也是如此。

自主创新该从哪里做起

从诞生那一天起，汽车就是技术创新的产物。一辆汽车尤其是乘用车上集成了钢铁、机械加工、石油化工、电子、纺织等新兴工业革命带来的大量技术。随着时代的发展和社会经济技术水平的不断提高，消费者对汽车提出了更多更高、更新的要求，使得新材料技术、先进底盘系统及其控制技术、先进传动系统及其控制技术、多元化洁净能源、先进节能技术、轻量化技术、智能化技术等不断创新和改进。创新的目的在于提升产品价值创造经济效益，不能转化为产品的技术对企业没有任何经济意义。正是在这个意义上说，创新是汽车产业持续发展的不绝动力。

今天，世界上几乎所有的跨国集团公司都在中国找到了自己的合资合作伙伴，建立了自己的生产销售据点。2010年虽然中国汽车产业已经有了值得称道的1800万辆的总产量，但在这1800万辆中，轿车市场70%以上的份额为跨国集团所控制的合资品牌所占有，号称中国自主品牌的仅有30%且都集中在中低档车型。车身、发动机、变速器、底盘、电子控制等关键核心技术几乎全部掌握在外资手中。由于没有掌握核心技术，合资企业实际上成为外资品牌的装配厂，每年高达数万亿的巨额利润流入跨国公司的钱袋，空心化严重威胁着中国汽车产业下一步发展。这种危险的局面如果不尽快改变，中国汽车工业就会在跨国公司的全球战略中逐步沦为附庸，最终丧失自己独立存活的能力。

改变被动局面的唯一办法就是自主创新。中央"十二五"规划明确提出："实施自主创新战略，建设创新型国家"，将"自主创新"写到了国家发展战略的旗帜上，2011年5月30日下午，中央政治局就"培育发展战略性新兴产业研究"进行第29次集体学习，再次强调：

着力增强自主创新能力，完善以企业为主体、市场为导向、产学研相结合的技术创新体系，发挥国家科技重大专项核心引领作用，结合实施产业发展规划，强化企业技术创新能力建设，建设产业创新支撑体系，加快培养造就高素质人才，集中力量突破一批支撑战略性新兴产业发展的关键共性技术。

号令已发，千军涌动。中国汽车产业落实自主创新战略该从哪里做起呢？

汽车产业政策是政府指导和干预中国汽车产业发展的纲领性文件，汽车产业自主创新的精神一定要在汽车产业政策里得到充分的体现。

1994年、2004年国家先后出台了两部汽车产业政策，这两部汽车产业政策都有一个显著的共同特点：一是限制，一是扶持；从政策上限制不符合产业规模的小企业，从政策上扶持符合产业规模的大企业。为了治理散乱差，尽快形成"高起点、大批量、专业化"的目标，以达到相应的产业集中度，两个政策都在准入门槛上设置了严格的条件：

跨产品类别生产轿车类、其他乘用车类产品的汽车生产企业应具备批量生产汽车产品的业绩，近三年税后利润累计在10亿元以上（具有税务证明）；企业资产负债率在50%之内，银行信用等级AAA。

新建汽车生产企业的投资项目，项目投资总额不得低于20亿元人民币，其中自有资金不得低于8亿元人民币；要建立产品研究开发机构，且投资不得低于5亿元人民币。新建乘用车、重型载货车生产企业的投资项目应包括为整车配套的发动机生产。新建车用发动机生产企业的投资项目，项目投资总额不得低于15亿元人民币，其中自有资金不得低于5亿元人民币；要建立研究开发机构，产品水平要满足不断提高的国家技术规范的强制性要求的要求。

虽然在政策上支持大型企业集团，限制新的投资准入，但2005年全国29家主要轿车生产企业的年产量不过201.9万辆，尚不及国外跨国公司一个轿车厂的生产规模，这意味着中国轿车生产企业远未达到经济规模。为此，国家发改委在2006年再一次出台调整政策。在《关于汽车工业结构调整意见的通知》中进一步提高了乘用车的准入门槛：

现有汽车整车生产企业异地建设分厂，除满足产业政策要求外，上一年汽车销售量必须达到批准产能的80%以上；原建产能未经国家批准或备案的，上一年汽车销售量应不低于：轿车10万辆、运动型多用途乘用车（SUV）5万辆、多用途乘用车（MPV）5万辆、其他乘用车8万辆。

汽车产业发展成熟和成功的标志是拥有具有自主知识产权的核心技术，能自主开发具有市场竞争能力的产品。但我们却尴尬地发现，经过50多年的努力，中国汽车企业仍旧缺乏核心技术、缺乏自主创新能力，市场大部分被占领。由于缺乏创新机制和创新压力，我们大力支持的国有大型企业合资后不仅没有掌握自主开发能力，甚至连原有的开发能力也丧失了。

原日产公司法籍总经理戈恩曾称："我们的中方合作伙伴在技术与管理上的贡献率基本为零。"其狂妄的语言曾刺痛了多少中国人的心。但现实就是如此，由于自己技术能力的现状，在合资企业里，中方在技术上的话语权寥寥无几，为了维持并扩大本企业的市场份额，合资企业只能不断地引进与购买国外合作伙伴的技术与品牌，合资企业的中方没有也不被允许对其品牌或技术进行修改，由此导致其对外国的品牌和技术依赖程度日深，以至于外方一断奶，自己就闹饥荒。日本 2011 年 3·11 大地震造成核心零部件供应中断，中方企业出现困境就是鲜明的例证。

我们有相当部分人曾将中国的汽车工业发展寄希望于经济全球化，寄希望于"以市场换技术"。殊不知，跨国公司进入中国只是为了开发和占领中国市场，为了进入中国市场，他们可以拿出部分技术，但他们绝不会让出汽车研发的核心技术。原因很简单：吃饭的本事给你了，我吃什么？

事实教育我们，通过技术引进和学习国外的先进技术是必要的，但是如果不去学习消化，而是将这种引进变成依靠和依赖，不光国内的市场会丢光，自己的创新思维和创新能力也会随之萎缩，而抱着奶瓶的企业永远也不会长大。改变困局的唯一办法就是以我为主、依靠自己，在引进和购买外国技术与产品时，一定要强调自主创新，一定要掌握具有自主知识产权的核心技术。当有了这个能力时，再回过头来引进与购买人家的先进技术与产品也就有了讨价还价的条件。

自主创新需要工程技术人员的创造性努力，更需要国家体制优势和国家政策的支持与保障。日本、韩国其在经济发展，尤其在汽车产业发展上，利用美国和欧洲的技术建立了自己的汽车工业，同时利用国内政策成功地将美国和欧洲的汽车挡在国门外，最终双双走上了世界汽车先进大国的行列。新形势下，我们也要学习日、韩等国在汽车产业上成功的经验，利用我们国家集中力量办大事的体制优势，将计划与市场多种手段综合运用，为自主创新提供政策保障。

因为自主创新和自主开发比任何其他选择都更加关系到中国汽车产业的前途，更加关系到由这个产业的发展所涉及的重大国家利益，因此，国家应该从国策高度审视当前中国汽车市场的现状。当前，中国汽车产业面临因缺乏核心技术和产品开发能力造成中国汽车产业空心化、市场被外资控制的严峻局面，改变不利局面的根本办法是：

放弃旧有的追求产业规模和产业集中度的思维模式，大幅度修改有利于外资合资而不利于自主开发的汽车产业政策，尽快出台新的明确支持自主开发和自主创新的汽车产业政策以及相关政策；实行自主开发为主、引进为辅的两条腿走路的战略，形成新的开放竞争的格局，发展和壮大中国自主汽车产业。将支持的重点放到自主企业上；围绕着扶持自主企业思考问题；修改完善原有的汽车产业政策和出台新的有利于自主开发的汽车产业政策。

产业政策不是经济问题，而是涉及国家发展与经济战略安全的重大政治问题。汽车产业是国家重要的战略支柱，战略支柱不可能建立在受外资左右的合资企业的基础上，而只能也必须建立在中国自主企业的基础上。

中国汽车企业集群中，中外合资企业和中国自主企业，一强一弱，泾渭分明。只有将"屁股"和"脑袋"实实在在地移到自主车企上来，才能解决"替谁着想，为谁说话，给谁帮忙"的立场问题。

新的汽车产业政策应该旗帜鲜明地宣布：国家大力鼓励和支持"中国汽车企业"自主开发，外国企业和合资企业中的外方不属于政策所指的"中国汽车工业"。这样做的目的是培养一个或几个能威胁到合资企业市场利益甚至生存的，靠自主创新自主开发发展的中国自主品牌企业。通过生存法则和竞争压力，迫使更多的合资企业走上自主创新、自主开发道路，形成开放竞争的新格局。

技术是思想和劳动的结晶，有着原创和传承的特点。技术的载体是产品，产品的技术含量决定其使用价值和市场价值。事实说明，只有自主开发产品，才可能发展技术能力；自主开发的过程，就是创新的过程。合资、技术引进代替不了自主创新、自主开发。汽车产品关联度广、技术含量高、开发需要的周期长、投入资金量大，自主创新绝非易事。工信部部长苗圩在任东风汽车公司总经理时对自主创新打造中国自主品牌的汽车曾有过一个精辟的说明：

打造中国自主品牌汽车关键取决于中国汽车业在自主研发能力上的突破和创新。一个成熟的汽车自主品牌的研发，一般要求企业达到200万辆的生产规模、10亿美元的固定资产投入、10亿美元的运转费用，同时还需要8000到1万人的技术研发队伍，约30个实验室，且平均两年能开发一款新车等。从投入产出来讲，一个新车型的开发，必须要求产品达到一定规模才能收回研发成本。

中国汽车工业传统体制下的重点企业都是长期依赖国家保护的企业，多年来在国家的怀抱里生长，合资后又依靠外国品牌靠组装吃饭，生存压力小，惰性极重，很难有适应"丛林法则"的生存基因。这些企业的中方主要领导由国家任命，承担着为企业创效益，为国家缴利税的重担。如果在任期内为自主创新大规模投入，短期内不能见效，企业利润和效益就将大幅下滑，对内对外都无法交代。在他们的任上，效益成为压倒一切的最高目标。由于中国汽车市场的高利润，组装洋品牌成为最好的选择，虽然外资方以品牌占用、技术转让为名拿走了利润的大部分，但合资企业的中方也能分一小杯羹，既轻松又见效快，不去自主创新也不用承担什么压力，更不用去冒产品开发的风险。这就是合资企业的中方津津乐道于扩大产能，而至今未能拿出真正打上自主标签产品的真正原因。中国汽车工业的大型国有企业就是在这样的环境中一步一步地失去了自主开发的动力。这种情况下，要他们拿出"破釜沉舟"的决心投入巨资开展自主创新，他们因顾忌太多而畏首畏尾，同时还要顾及合资的外方而难以放开手脚。

相对于合资企业，国内的那些自主品牌企业都是从市场上的"野孩子"中成长起来的。发展初期，"姥姥不疼、舅舅不爱"，生死由命，成长靠天。吉利、奇瑞起步靠着"打拼"一路成长起来。今天，他们已经成长为中国汽车产业的台柱子之一，也有了自己的一片天地。与合资企业相比，自主品牌虽然能力尚弱，但他们的血液里有着拼搏奋斗的基因，知道只有向前才能活、退后就是死的最基本道理。在政策措施上明确支持这样的企业，如同给其施用肥料，不仅将使其发展更快、成长更茁壮，还能对合资品牌企业形成强大的压力。

新产业政策第二点是改变游戏规则。明确将"自主创新和自主开发"替代原来的"投资规模和产业规模"作为新的准入门槛。

改革开放初期，为防止各地一哄而上浪费资源，为了尽快提高产业集中度，汽车产业政策将"投资规模和产业规模"作为准入门槛。在这道门槛前，外资财大气粗，合资的国企是共和国的"特保儿"，长期由国家投资，他们的资金来源充足。相对而言，奇瑞、吉利等自主品牌企业几乎都是"穷小子"，靠借钱起家，由于资金和技术劣势，产品维持在中低档水平上，小本经营，慢慢积累。两相对比，强弱分明——与合资企业和外企拼资金、拼规模，国内自主车企始终处于劣势。在当时的情况下，这道政策有它的合理性，但在今天，这个政策已经成为有利于合资企业而不利于自主品牌企业发展的"壁垒"。这个"游戏规则"不改变，中国轿车市场的强弱格局就将长时间无法改变，自主品牌企业就难以突破"壁垒"大步前进，开放竞争新格局也就难以形成。

新的环境下，在中国市场上制定新的竞争原则，就要有利于自主品牌企业，应将是否"自主开发"作为企业的准入标准。自主开发的认定标准可以讨论，但原则必须是"中国企业拥有对产品的设计确认权"。依据此标准，中国轿车市场的任何新进入者都必须是自主品牌和自主开发企业（即使是委托设计，也必须拥有设计确认权），从而形成全新的竞争格局，打破外资和独资企业一统天下、独霸中国轿车市场的局面，也给了国内游资和民营资本一个新的投资热点。

政策的制定和落实需要人的努力，需要社会的理解和支持，需要市场要素的配合，更需要政府的权威。当年，为适应改革需要，国家撤销了汽车产业的相关政府机构；今天，为了适应新形势的需要，国家应该考虑通过相关机制，用国家的力量和政府的权威来保证"自主创新、自主开发"的政策落实。

大力开展自主创新，掌握具有自主知识产权的核心技术，是党中央"建设科技强国、制造强国"的重大战略部署，移动"屁股"、转变"脑袋"、改变"游戏规则"就是在汽车产业落实党中央的战略部署。这个问题解决了，其余如政府采购、税收优惠、资金倾斜、人才流动、地方的歧视性法规等一切问题都会迎刃而解。

或许有人会认为这样的政策过于偏激，是否会影响到外国投资，但必须明确，当年中国改革开放，打开国门、让出市场是当时开放政策的需要，中国汽车工业也从这个政策中获得收益。今天，这些外国投资者早已经赚得脑满肠肥，中国汽车市场的绝大部分已经为他们控制了。世易时移，新形势下，中国的汽车产业政策做相应的调整理所当然。

市场有着鲜明的民族和国家属性。尽管国内外有些人不断提到在 WTO 的框架下，经济全球化已成为大趋势，但放眼美国、欧盟、日本、韩国等发达国家，他们的市场封闭程度远远超过了中国。为保护自己的市场份额，他们不断对中国产品，如钢材、橡胶轮胎等发起"双反"调查。在他们眼里，我的市场是我的，你的市场也是我的；我的奶酪你是万万不能动的，你的奶酪我是一定要分享甚至独霸的。对此，我们一定要有清醒的认识。

必须明确，以自主创新为原则，改变"游戏规则"，并不是关闭市场、闭门谢客。我们的市场始终是开放的，仍旧是欢迎外资和合资品牌进入。但我们的政策是明确的，一定要支持在外资合资品牌压力下，正在苦苦奋斗的靠自主创新和自主发展求生的自主企业。这样做也是符合世界各国的通用规则的。看一看世界各地，无论是美国、日本、欧洲还是俄罗斯、印度，哪个国家的汽车产业政策不是支持自己的企业？中国的合资企业由于有外国人的限制，产品无法走出国门，走出去的都是中国的自主品牌企业，这些自主汽车企业在走出国门的时候，哪个企业没有尝过外国人对我们"关、卡、压"的滋味？

各国管各国的事，中国制定汽车产业政策是中国自己的事，是自己的"家事"，不需要去征求外国企业和合资企业中外方的意见，更不用去看人家的"脸色"。

中国首次自主品牌车展

2010 年 7 月 15 日，由商务部中欧经济技术合作协会与中国汽车流通协会联合主办的"中国自主汽车技术与产品成果展"在这里拉开了帷幕。这是首次以拥有自主知识产权的汽车产品和技术为主题的全国性大型展会，目的是展示中国自主汽车技术与产品的发展过程与最新成果，以提升国产自主品牌汽车的影响力和在消费者中的认知度，并推动自主汽车的进一步发展。参展企业包括北汽、上汽、广汽、东风、奇瑞、比亚迪等 16 家中国汽车厂商，展出车辆超过 150 辆，其中新能源车型和节能减排车型占 20%，展览面积约 22 000 平方米。

　　自从 1986 年中汽协在北京展览馆举办中国第一届车展以来，中国车展已经有几十年的历史，但举行"自主技术与产品"车展在中国还是第一次。

　　2008 年 7 月，徐秉金与陈光祖、中国汽车报社社长李庆文等一行到华晨汽车公司参加该公司第六代阁瑞斯面包车的下线仪式。期间，徐秉金一行参观了华晨的中华骏捷等系列自主品牌产品，中华轿车是国内最早的自主品牌之一，最初生产时，质量不稳定，有很多小毛病，口碑不好。后来经过华晨人多年的不懈努力，中华汽车系列产品不光技术工艺成熟，产品的产量和销量也都同步增长，性价比很高，一辆两厢版的中华骏捷售价不过六七万元，很受消费者欢迎。

　　徐秉金一行都是汽车专家，与汽车几乎打了一辈子交道，大家惊讶地发现，这一自主品牌轿车无论是外观还是内在质量，都可以与国内合资轿车厂家的同类品牌一较高低。特别让人高兴的是，发动机、车身、变速器等核心部件全部是自己制造的。经过静态观看与动态驾驶，大家的结论是，经过多年努力，中国的自主品牌产品已经逐步成熟了。

　　华晨的自主技术产品让参观者感到振奋，但面对国内自主汽车的现状，大家又感到深深的忧虑。从 20 世纪中叶开始，中国开始与外国厂商合资制造轿车，当时的目的是通过合资生产引进技术，逐步建立自己的轿车工业。从 1985 年到 2008 年，20 多年过去了，中国汽车年产量已经达到一千万辆。在这个过程中，国内一些企业的自主品牌汽车开始问世并逐步发展，技术和质量不断提升，有些自主品牌企业还具备了自主开发车身、发动机、变速器等关键部件的能力。截止到 2008 年，国产的小排量乘用车凭借其价格优势已经占据了市场绝对优势。但从整体看，中国汽车，尤其是乘用车发展现状堪忧，乘用车中高端市场基本被合资轿车品牌占领，真正属于自主技术开发和制造的汽车满打满算还不足 30%、产值不足 15%。由于自主品牌乘用车的技术水平与质量明显低于进口和合资产品，所以消费者的口碑也较差。合资几十年，中国市场让出去了，核心技术却没有引进来，这种现状与当年的引进目的有很大的差距。

　　因为工作的关系，除了中国汽车企业外，徐秉金与国际上所有的汽车巨头，如通用、福特、克莱斯勒、大众、雪铁龙、丰田、日产、本田等汽车企业的最高层都有过长期接触，其中有友好的交流，也有激烈的交锋。徐秉金认为，当前，中国汽车产业发展中最大、最重要的问题是自主发展的问题没有解决好。这个问题不解决，中国汽车产业几十年的发展成果就有可能沦为外国汽车巨头餐桌上的一道美味大餐。他在参观后的座谈会上忧心忡忡地说："加入 WTO，中国与国际全面接轨，借助这个机会，世界汽车巨头长驱直入地进来了。在中国汽车市场上，他们反客为主，而我们中国的汽车企业却变成了观众，连话语权都没了。这种局面不改变，中国汽车产业的下一步发展将面临严重困难。"

　　徐秉金认为，以前，我们的自主技术产品尚有差距；今天，华晨的产品给了我们这样一份自信，我们的自主产品已经有了长足的发展，如同演员表演需要舞台一样，我们要搭建一个专供自主技术与产品表演的舞台，让全国人民认识和了解中国汽车自主产品与技术发展的成就，向消费者展示中国自主技术与产品的实力。此议一出，立即获得与会者的一致赞成。

　　回到北京，徐秉金立即投入展会的组织筹备工作。经过认真思考和与有关部门协商，决定由中国欧洲技术合作协会、中国汽车流通协会作为主办方，利用新中国成立 60 周年这一契机，于 2009 年夏，组织一次非营利性的中国汽车自主技术与产品成果汇报展。

　　2009 年 3 月 3 日，农历新年刚过，徐秉金和国机集团董事长任洪斌去看望原国务院副总理、人大常委会副主任邹家华，当面向邹家华报告了自己的想法，并将两人联名起草的《关于举办'继往开来，和谐共进——建国 60 周年中国自主品牌汽车技术与产品成果展览'"的建议》送交邹家华。《建议》写道：

家华同志：

经过半个多世纪的发展，伴随新中国一起成长的中国汽车工业从无到有、从小到大，取得了巨大成就，尤其是改革开放30年来，通过引进国际先进设备、技术和资金，我国汽车工业迈上了新台阶，不仅国际知名汽车品牌纷纷进入中国市场，自主品牌汽车也有了长足的进步与发展。2008年，我国汽车总产量已达到934万辆。

但不能不看到，在我国汽车工业高速发展时，自主品牌汽车发展乏力，产量及市场占有率都不高。据不完全统计，我国自主品牌乘用汽车大约仅占乘用车总产量的25%，产值不足15%。打造"国民车"、塑造自主品牌汽车形象、提高消费者对自主品牌汽车的认可度已成为政府、企业和消费者共同关注的焦点……如何充分利用目前的机遇，提升自主品牌汽车的综合竞争力，已成为我国汽车界面临的重要任务。

为了回顾和总结我国自主品牌汽车及技术的发展历程和取得的成就，抓住机遇，推动我国自主品牌汽车及技术的进一步发展，提升自主品牌汽车的影响力及消费者的认知度，中国汽车流通协会、中国欧洲经济技术合作协会、中国机械工业集团及汽车行业有关单位拟在建国60周年之际，于2009年9—10月间，在北京联合举办"继往开来，和谐共进——建国60周年中国自主品牌汽车技术与产品成果展览"。

在与徐秉金、任洪斌的交谈中，邹家华称这个展览是一件很有意义的工作，希望他们努力做好，并在这份报告上批示：

请张德江副总理阅示。此建议似符合中央振兴十大产业和提倡自主创新的精神。

3月6日，张德江副总理将报告批给时任工信部部长李毅中。李毅中批示：

可将建议内容纳入到国家60周年成就展里去。

在中国，举办任何一件全国性的活动必须要得到相关部委的认可、审批和支持。早已退出领导岗位的徐秉金只是一个民间协会的负责人，要在几个相关部委中推动此事的进展实属不易。为了促成此事，徐秉金使出了浑身解数，最终得到工信部、发改委、商务部等国家主管部委的批准。

2009年是新中国60周年华诞，北京将举行盛大的阅兵仪式，各行各业也早在一年前就安排了丰富多彩的庆祝和纪念活动。汽车展占地面积大，北京能够举办像汽车展这样的大型展览的场所早就被各种纪念活动预订一空了。年过七旬的徐秉金带领工作人员跑遍了北京每一个可以举办汽车展的大型场馆，先考虑了位于丰台的北京汽车博物馆，但该博物馆场地面积有限，总共不过两三千平方米，这点面积对于大型汽车展来说远远不够。最后看上了国家会议中心，但国家会议中心2009年的活动内容已经安排满了，只能提供2010年的时间。2009年9月，工信部、发改委、商务部三部委最后决定，"中国自主汽车技术与产品成果展"定于2010年7月15日—19日在国家会议中心举办。

"舞台"敲定了，接下来就是参展的"演员"报名。

作为展会主要负责人，徐秉金表露了自己的心迹："我鼓励大家一起做自主车展的目的，一方面是希望把自主汽车企业的领导、产品、技术，以及关注自主企业和产品的用户、媒体都聚集在一起，解决自主汽车产品'不好卖''卖不出去'的问题；另一方面，要让大家进一步清醒地认识到，中国作为世界汽车大国和世界汽车强国的差距，把大家从急功近利的焦躁中拉出来。"

但组织过程中的重重困难说明，并没有多少企业理解他的"苦心"。

在展馆敲定之前，展览组织者就已经开始积极地与国内各自主品牌汽车生产厂商联系了。听说要举办自主汽车展，重庆力帆、沈阳华晨等企业积极报名。力帆公司董事长尹明绪第一个签订了参展协议，并办完了所有的参展手续，紧接着一汽、重汽也都相继明确参展。但并不是所有的自主汽车生产企业都是这样。客观地看，对于第一次举办的"中国自主汽车技术与产品"车展，很多厂家都是抱着一种观望的态度。国内各种展会实在是太多了，打着展会旗号圈钱的也不在少数，虽然是三部委下了批文，但作为主办方的"中欧经济技术合作协会"和"中国汽车流通协会"这两家单位听起来还是有些"生疏"。出于这种心态，对展会持观望态度者居多，它们一是想看看这次展会究竟是不是"玩真的"；二是想看看有多少兄弟企业参展。几乎所有的厂家都问，都有哪些厂家参加了？一汽、二汽、上汽这些大厂家参加了吗？而一汽、二汽、上汽这些大厂家也在互相问，那两位弟兄参加了吗？第三条，也是最重要的一条，有些汽车生产企业并不喜欢"自主品牌"这顶帽子，在一些人眼里，自主品牌意味着"低价位、低水平、低质量"。基于这些原因，观望与犹豫的企业占了大多数。对组织方的问询，他们的表态耐人寻味："我们正在走程序。"

一位业内资深人士道破了这些厂家的心态："眼下，厂家参展的目的在于品牌宣传，参展成功与否在于车的销售额是否有所增长。至于自主技术与产品，那是虚的，真正要做起来也绝非一日之功，展不展没多大意思。"

随着展览推迟至 2010 年，庆祝新中国成立 60 周年的理由也不再存在了，组织工作变得更为困难。从 2009 年 9 月起到年底，自主车展的报名几乎没有任何进展，非但没有进展，除了力帆外，一些原来已经定下来要参展的企业也宣布要退展，各企业的观望态度使主办方处于尴尬境地。非营利性自主车展的本意是要让全国自主品牌汽车集体亮相，展示中国汽车自主技术与自主产品的进步，增加全国人民对自主品牌汽车的认识，增强自主品牌汽车生产企业的信心，谁料"剃头挑子一头热"，生产自主品牌汽车的企业对"自主车展"没有任何兴趣。负责联系参展企业的主办方工作人员述说了联系展会的遭遇：

新中国成立 60 周年成果汇报展的光环去掉以后，那些企业认为这个"自主技术与产品展"就没有意义了，我们无论是打电话联系还是去直接去企业联系，遇到的几乎全是"白眼"和"闭门羹"。客气的说一声"我们在考虑"，不客气的直接说"7 月份展览，北京天气太热，我们不参加"。一家知名自主品牌企业的办公室负责人说："你们给我们一份材料吧，我们研究研究。"材料交给他们半个月后，再与他们联系，这位负责人却问："你们有什么事情？"我的感觉像是掉进冰窖里。

徐秉金在国家机关主管汽车工作多年，在汽车业界人脉丰富。为了推动自主车展，他开始对这些汽车企业的主要负责人做工作，或是写信，或是打电话，通过"个人路线"，最终有 16 个品牌的汽车厂商参展，它们是：上汽、广汽、北汽、东风、奇瑞、比亚迪、长安、长城、华晨、华泰、力帆、双环、陕汽、永源、金龙礼宾车和奔腾经销商。

16 家厂商共带来参展汽车 154 款。其中，小排量汽车近百辆，达到了参展汽车总额的70%；新能源汽车 9 辆，包括电动车 4 辆（长安 2 辆、比亚迪 1 辆、双环 1 辆）、混合动力车 3 辆（华晨、广汽、东风各 1 辆）。

据不完全统计，全国共有 30 多个企业的数百款产品号称是自主品牌，2009 年，这些企业的自主品牌汽车共销售 258 万辆，市场份额达到 30.8%。虽然为数众多，但此次报名参展的不过 16 个品牌的 154 款产品。

不光参展厂商和产品不多，参观者也有限。车展共进行了 5 天，据统计，观众只有 5 万余人，与火爆的北京、上海车展相比，实在不值一提。中国汽车第一次自主技术与产品展示为何会遭到冷遇，这确实值得每一个中国人深思。业内资深人士一针见血："合资品牌的汽车有着国外大公司的背景，这意味着技术水平高、质量好、服务好，虽然价位较高，但消费者仍旧愿意购买。

虽然参展厂商和参观观众有限，但并不说明展览不成功。相反，中国自主技术与产品的"第一次"集体亮相仍意义重大，它以事实说明，在中国汽车工业大发展的关键时刻，大力发展自主技术与自主产品是何等重要，让全国民众了解自主技术与自主产品发展的水平是何等及时。

与观众不多形成鲜明对比，中央领导对这次展览高度重视。展览会一开幕，人大常委会原副委员长邹家华就来到了展会现场。虽然年事已高，但邹老仍然精神矍铄、步履轻盈。当年，就是他身体力行，亲自组织、筹划、协调、指挥了中国汽车工业崛起的大战略。

开幕第一天晚上，时任中共中央政治局常委、全国政协主席贾庆林来到了会场。新华网报道：

7 月 15 日，中共中央政治局常委、全国政协主席贾庆林来到北京国家会议中心，参观了正在这里举办的中国自主汽车技术与产品成果展。参观过程中，贾庆林仔细察看了我国自主研发的汽车，详细了解自主品牌汽车的发展历史、生产和市场销售情况，对近年来我国汽车研发取得的自主创新成果给予了充分的肯定。他强调，要深入贯彻和落实科学发展观，切实提高自主创新能力，加大自主汽车研发的投入和支持力度，加快实现自主品牌汽车在技术上的超越和产业上的跨越。要把增强自主创新能力作为贯穿汽车企业各项工作的主线，作为把握产业发展主动权的核心，大力开展原始创新、集成创新和引进消化吸收再创新，提升总体研发水平。全国政协副主席、科技部部长万钢一同参观。

贾庆林办公室通知，贾主席的参观时间为半小时。谁知贾庆林兴味盎然，走进展馆后，对每一个展台前的每一个产品都很感兴趣，仔细询问，认真察看。结果 2 个小时还没参观完。恰好邹家华也来到展馆，新老领导见面格外开心，两人并肩在自主产品的车阵中检阅。

第二天下午，时任中共中央政治局常委李长春来到车展。新华社 7 月 16 日报道：

中共中央政治局常委李长春 16 日参观了中国自主汽车技术与产品成果展。

下午 4 时许，李长春来到北京国家会议中心，兴致勃勃观看展览，认真听取新车型、新产品介绍，详细询问技术研发和市场销售情况，对我国汽车自主研发取得的积极进展感到十分欣慰。他指出，提高自主创新能力、建设创新型国家是国家发展战略的核心，是调整经济结构的中心环节，是转变经济发展方式的根本出路，是深入贯彻落实科学发展观的必然要求，是增强企业核心竞争力和发展后劲的关键所在。希望汽车行业努力打造更多拥有自主知识产权和自有知名品牌的骨干企业和产品，为建设创新型国家做出更大贡献。

李长春强调，宣传思想战线要加大对自主创新的支持力度，大力宣传自主创新的重大意义，积极宣传自主创新的新成果和新经验，热情为创新企业和知名品牌的发展鼓与呼，在全社会大力弘扬创新精神、培育创新文化、优化创新环境，营造尊重劳动、尊重知识、尊重人才、尊重创造的氛围，努力形成创新激情竞相迸发、创新成果不断涌现的生动局面。

李长春在参观时，语言风趣活泼，深深地感染着参展厂商和展会组织者，展会组织方对他的即席讲话做了翔实的记载：

　　去年，我们成为世界第一生产大国，但主要不是我们自己的车，主要是外国品牌汽车，我们一定要关注具有自主知识产权的车。在金融危机的情况下，我们的销量比美国好，这对刺激世界经济做出了巨大的贡献。但是有些人不识数，外国人把市场都占了还自豪。

　　我在韩国现代考察时，韩国人说，中国生产汽车50年，但没有成为世界轿车生产大国。这对我的触动很大。韩国从日本引进技术，到最后开发出具有自主知识产权的汽车，仅用了10年，而中国用了50年。

　　生产别人的汽车不是本事，生产自主品牌汽车才是本事。

　　无志之人常立志，有志之人立长志。我们每个企业都不甘人后，都是要争第一的。

　　中华汽车要真正代表中华，奇瑞汽车是中国轿车自主创新的一面旗帜。

　　今后我们的援建项目都要用我们中国的自主汽车。商务部要鼓励汽车走出去，但一定要加强规划，加强宏观指导，避免出现"内战"。媒体要大力宣传这一点：自主创新是自立于世界之林的必经之路。

　　根据李长春的要求，以中央电视台为首的国内主流媒体加大了对自主车展的宣传报道力度。7月16日、17日，中央电视台《新闻联播》接连两天播出自主车展的消息，《新闻1+1》《焦点访谈》《经济半小时》《对话》等栏目全方位地深度连续宣传自主车展，产生了重要的社会影响。

　　第四天，中央政治局委员、中组部部长李源潮也从百忙中抽出时间赶到展会现场。李源潮在参观时发表了很多重要观点：

　　我们要在合资过程中培养我们自己的技术人才，企业要做好人力资源的规划。

　　价格高低是影响汽车销售的一个重要因素，但是一定要保证每辆车的质量，要造合格的汽车。

　　华晨的车如果质量等各方面都达到了要求，是可以作为公务车的。

　　看完这个展览，很受鼓舞。总的来看，我国汽车工业已经发展起来了，这是产业升级的表现。我们中国从做鞋、做伞和做服装起，用了10年时间，现在到做机电产品，从生产小国成长为生产大国。现在通过合资等方式，从汽车小国到汽车大国，又用了10年。

　　在今后的发展中，各个领域都要有技术先进的自主产品。我们要鼓励产业升级、鼓励自主研发和自主创新，现在正是自主汽车发展的时候。

　　现在我国的汽车工业群雄争霸，将来的竞争是质量的竞争、人才的竞争，是节约成本的竞争，要通过兼并、重组等方式，出现几个大企业。

　　自主汽车生产企业和产品的集中亮相成为众多媒体关注的焦点。

　　2010年7月15日展会开始当天，《人民日报》便以头版头条做了报道。

　　7月16日，《经济日报》以头版头条的方式报道了展会开幕的消息，随后连续三天分别以不同的题目、从不同的角度连续报道了自主汽车与技术的发展与存在的问题。国内各主要报刊、也都以不同的版面集中报道了中国自主汽车的发展。新华网、搜狐、网易、易车等网站也都以专题的形式对自主汽车发展和本届展会进行了集中的报道。

　　北京举行的大型汽车展览多得数不胜数，但如此多的中央领导密集光临，中央主流媒体全方位立体报道却是极为罕见的，对比参展企业的消极态度和观众的冷淡，其中的原因难道还不够清楚吗？

　　本次成果展开创了国内汽车展会的多个"第一"：

　　第一个有多位中央政治局常委及委员专程前来参观的展会；

第一个由《人民日报》、中央电视台、新华社等国家权威媒体集中大规模报道的展会；

第一个完全由自主汽车生产企业参加，全面展示我国自主汽车行业实力的展会；

自主车展是中国部分自主品牌的第一次集体亮相，该如何看待和评价中国汽车在自主技术和产品上取得的成果呢？

参展的各自主品牌轿车旁，热心的参观者都在议论："现在的自主品牌做工好多了，原来的做工很粗糙。""车辆的各个指标越来越好了，无论从工艺上还是性能上，越来越给人信心了，成熟了。""乍一看，与国外同型轿车看不出什么明显的差别，外观上就给人以自信。"

参观者的言论给人以信心，那市场认可度如何呢？据最新统计，2010年上半年，号称自主品牌的乘用车的市场占有率达到了30%。从数字上看，这应该算是一个不错的成绩，但是对这些自主品牌的汽车产品做一个分类就会发现，这些轿车90%以上属于售价在10万以下的紧凑级入门车型。除了技术水平处于低端外，在衡量汽车品牌价值的技术服务、企业利润、市场潜力等方面，与合资大品牌相比，自主品牌汽车都明显不足。为什么呢？还是参观者的话："这些车要是和国外的车比，那还是有差距的。比如，奇瑞的A3与国外同类的凯越、POLO等车型相比，就让人难以树立起信心。"

外形相同，跑起来感觉也不差，消费者为什么会难以建立信心呢？差距在哪里呢？英国TOP GEAR汽车节目曾经对民营的吉利汽车公司大加嘲讽，他们认为吉利公司的GE轿车"山寨"了他们的劳斯莱斯。无独有偶，当年也有外国汽车公司认为奇瑞的QQ仿制了他们的产品，并为此向法院提起诉讼。姑且不论吉利GE轿车是否"山寨"了英国的劳斯莱斯幻影豪华轿车，但这起码说明了一点，部分中国自主品牌轿车目前还没有摆脱仿制的道路。

中国汽车工业，尤其是轿车工业，要取得真正意义上的发展，光靠模仿和购买人家的品牌是成不了大气候的，要在竞争激烈的国际汽车市场上占有一席之地，就需要拿出具有自己独特个性的、拥有自主技术的产品，还要敢于在各项技术性能指标上与国外的同型轿车放手一搏，让质量说话，"是骡子是马，拉出来遛遛"。

中国自主品牌厂家更应该记住，一辆轿车是否被认可不取决于广告上动人的语言，不取决于专家的点评，也不取决于领导的鼓励和表扬，只能取决于市场，需要千百万消费者用手中的人民币来投票，这才是自主品牌发展的硬道理。

面对国际汽车巨头的步步紧逼和围剿包抄，中国自主汽车发展如同逆水行舟，不进则退。如果不在核心技术上下大功夫，一味打着"品牌战略"的幌子，将本来并无多大差别的产品包装上一个个让人云里雾里看不清真相的名字来"忽悠"消费者，光指望多卖点产品、多赚点现钞，那么发展自主技术、创立自主品牌就是一句空话。

早在2003年，原一汽厂长耿昭杰在接受记者采访时，就曾针对自主品牌的问题发表了自己的真知灼见，在汽车产业界引起了很大的反响，摘要如下：

合资前，我们对造轿车可以说基本不懂，或者说只有书本知识。合资后，我们知道了轿车厂应该怎么建，建起来后该怎么管，学会了生产轿车。从生产制造角度讲，我们跨入了"大学"的门槛。要不是合资，光靠自己摸索，不可能在这么短的时间里取得这么大的进步，不合资甚至不会有今天的中国轿车工业。

合资使中国轿车加入了国际化大循环，但是我们决不能停留在这一步，这不是我们希望的最后结果。我们干了50年，干来干去还没有自己的品牌，什么都是人家的，等于说参加奥运会请的都是外国运动员。尤其是作为在汽车战线上干了50年的老兵，我对这样的结果是很不甘心的。

直接把外国的产品拿来生产，经济效益来得快，而且不需要巨大的投资，风险也小。而搞产品开发需要有很大的投资，见效比较慢，还有很大风险，所以很多人就采取"拿来主义"。特别是大企业有这种条件，国家能给它批项目，资金方面还可以得到支持；又因为企业名气比较大，也比较容易找到国外有名的企业合作，往往这条路很容易走成。而一旦尝到了甜头，就不愿意再走艰苦的路子了，就放弃了自主开发。虽然在内心里也认识到应该搞开发，但是因为搞开发太辛苦，就不想干了。现在出现一种奇特的情况，就是那些没有条件合资的企业反而积极搞自主开发；尝到合资甜头、得到巨大现实利益的企业，反而不愿意搞自主开发。这是很危险的。

国家原来有一些政策，合资的第一个产品可以全部拿过来，但第二个产品要联合开发，否则要征收很高的开发费用。鼓励外国公司到中国联合成立研发机构，开始可以在国外开发，但联合的程度要不断地加深，产品要属地化，是双方的知识产权。引进奥迪A6时，我们提出联合开发，德国人开始不赞成，说他们已经开发完了，还开发什么？那时我们有一张牌很厉害，就是不联合开发，政府不批准，德方只好同意。联合开发，把奥迪A6后排加宽了，外形更漂亮了，符合中国市场需求，很畅销。类似的例子还有捷达改型。当时我们引进的是第二代捷达，底盘很好，就是外形差，我们提出把外形改一改，德国人不赞成，说："老太太就是老太太，再化妆也是老太太，捷达A3、A4都出来了，直接用我们的新产品就行了，还改什么？"但我们坚持要改，德方说说你们一汽会改吗？实在要搞就由我们搞吧。我们和他们一直谈到长春机场，临别达成协议：两家各搞一个方案，董事会上比较，谁的好用谁的。我们正儿八经地干了，带着数据、照片到沃尔夫斯堡开会；而他们还没有动手，也没想到我们真能干起来。捷达改型后一直卖得挺不错，一汽大众这几年的效益主要来自捷达A2，如果不改形，早就灭火了。

没有自主开发能力的企业，搞合资也不一定能搞好。自己没有产品开发，只是生产别人的品牌，就只是一个装配厂，不是一个完整的汽车公司，这是很危险的。无论你的股比占多少，你对合资企业也没有控制力，你得成天跟人家讨饭吃，不给你新产品，你就活不下去。现在，外国汽车公司在中国的胃口越来越大，还要拿配套权，汽车配套件一般占整车比例的60%~70%，外方控制了配套资源，合资企业就失去了配套权。过去我们有"等效替代"的政策，指望配套还有一块效益，以后就不行了。现在外国公司强调品牌是它的，配套零部件也必须是它的体系，我们的零部件企业也不得不改名换姓。说是什么国际融合，其实是利益驱动，全球采购不应该有这种观念。如果各家都把自己的零部件带来，各搞一套体系，中国零部件企业的规模就无法做大。

贸易同样如此，它强调要建立网络，是按照品牌建立的，必须卖它的品牌。而品牌是知识产权，虽然是在中国生产的，但也是它的知识产权。要是维护我们自己的权益的话，就不应该合并，我们总不能不战而降。

品牌的核心是知识产权，如果只是几个中国字，像捷克的斯科达，把品牌买过去，也变成了人家的品牌。如果企业所有的部门都和人家全面合资，就意味着放弃自主发展；产品开发部门和别人合资了，就很难保证品牌还是自己的。双方共有品牌，世界上还没有先例。

当年一汽与奔驰合资谈判失败，就是因为一汽不愿意放弃"解放"品牌。这样做是对是错，由历史来评价，现在不能简单地做结论。但必须看到，不搞自主开发的企业，没那么多事情可做，要那么多的领导干什么？最后是把自己搞下岗了，把企业搞下岗了，这是很悲惨的。

这种模式发展的企业，赚钱快，工资拿得高，人也变得很娇气，没有产品开发功能了。相反像奇瑞、哈飞这样的企业，倒是热火朝天地搞开发，尽管没有强大的产品研发机构，但可以请别人弥补自己力量的不足，越搞兴趣越浓，说不定这条路子在中国能成气候。

其实在国际化的今天，不是没有自主开发条件，而是有了更多更好的条件——靠别人的技术搞开发，这是所有大公司都走过的道路。意大利一些研发机构就是专门给全世界的汽车公司搞产品开发的。如果我们坚持走下去不动摇，这条路就可能走得通。所谓开发不是说一下子就开发一个整车，而是可以先利用别人的平台开发一个车身；也可以买一个车身，请人帮你改进，再把做模具的、各种零部件的开发小公司引来，路子就越走越宽。

企业靠什么存在？靠品牌，如果没有"解放""红旗"，一汽在世界上就没有位置。一个企业，不管你生产多少车，如果生产的都是别人品牌的车，那这就不是你的辉煌，是人家的辉煌。所以我一辈子都在为"解放""红旗"奋斗，总希望这两个品牌不仅在中国，而且在全世界都有自己的位置，如果这个事情没有实现的话，就是我们的事业没有成功。

徐秉金是自主技术与产品成果展的始作俑者，对于如何看待中国自主技术产品汽车，他有自己鲜明的观点：

首先，不要因为我们还较弱就否定自己、妄自菲薄。同时，也不要看到我们生产了一千多万辆车就盲目地骄傲自大、迷失自我。组织这次自主车展，就是要集中展示中国自主品牌汽车企业的技术、产品，让消费者了解自主品牌的汽车产品相比以往已经有了质的飞跃。同时也要看到，尽管全球汽车产业格局正在发生变化，中国汽车产业显示出良好的成长性，但我们离汽车强国的标准还有较大差距，根本还在于自主品牌的核心技术与整体竞争力与发达国家的汽车产业相比仍有差距。这个成果展也是一个放大镜，大家都来为汽车产业、各家企业找亮点，也找差距、找问题。

徐秉金对自主品牌问题做了详尽透彻的说明：

所谓品牌，就是商品的牌子。自己打出一个牌子容易，但人家认不认你这个牌子就是另一回事了。一个品牌的创造凝聚了发明创造者几十年甚至数百年的心血。品牌必须有一定的市场占有率，有一定的市场知名度，有相对稳定的用户群，有雄厚的科研开发做技术支撑，在用户那里建立起信任度、美誉度和忠诚度，这样的产品才能称为知名品牌。

汽车不光是技术密集型的产品，也是关联度非常高的产品。汽车生产涉及机械、电子、轻工、纺织、石油、化工等基础行业。轿车工业的发展，对这些基础工业提出了很高的要求。如果这些基础工业技术水平落后，那么发展轿车就是一句空话。比如轿车车身需要特殊的宽幅镀锌钢板，很长一段时间，我国自己不能生产，全靠进口。直到国内的武钢、宝钢引进了宽幅轧机，才解决了这个问题，但与日本、德国的同类产品相比，质量水准还有待进步。再比如发动机，一款输出功率相同的发动机，中国国产的重量就高于国外的，这涉及铸造和加工技术水平。再比如自动变速器技术、发动机电子技术等，我们自己的产品与进口先进技术产品相比，还有相当大的差距。还有油漆、内饰、电子元器件等等，与世界先进技术水平相比，也都存在着一定的差距。

一辆汽车上的零部件以万计，从复杂的发动机到最简单的雨刷，无不凝聚着技术的含量。外国大品牌公司生产的雨刷，在温度适应范围和使用频次上，远远超过国产雨刷，秘密就在橡胶配方上，这就是核心技术。再比如发动机的电喷技术，它涉及节能、排放等一系列精российское复杂技术，是从最早的机械化油器逐步演化而来的，每一次技术进步都带来一次革命性变化。人家的排放标准从欧洲1号一直到4号、5号，每一次技术进步就带来一次排放指标的变化。相对而言，由于原来的基础太差，因此，我们在汽车，尤其在轿车方面的技术积累非常有限，没有技术储备。

一辆汽车上有几百个总成，每一个里面都包含着研发者十几年、几十年的心血，一年一小改，几年一大改，技术逐步积累，数百个总成，上万个零件集合起来，就是产品的技术含量，就是品牌的价值。从这个意义上讲，我们即使能够模仿人家的外观，但在每个具体零部件的技术含量上也难以达到人家经过几十甚至近百年的技术积累。为了保持技术领先，西方汽车巨头在人力和资金上始终保持高强度的投入，不断地研发和改进新的、更先进的技术和产品作为储备，以保持领先地位。在市场经济条件下，差距就是市场占有率，差距就是经济效益，差距就是经济水平。

中国发展汽车工业不过几十年，这几十年里，由于基础太差，所以基本上都是"拿来主义"，或是购买人家的技术，或是购买人家的散件组装，真正自己的研发极为有限。现在有部分汽车企业开始打出自己的自主品牌，但与知名品牌相比，仍有差距，所以我们现在还不能够自称这是真正的自主品牌，而只能说这是我们的自主产品。这样说并不是抹杀我们的努力与成绩，我们的自主技术轿车已经起步，在较短的时间内能够取得今天的成绩，这就是一个了不起的进步。今天的展览就是要让全国人民看到我们的进步，同时也要看到不足，"知耻而后勇"，这样才能继续努力。只有埋头苦干、锲而不舍，从每一个零部件着手，在技术创新和产品质量上下功夫，中国自主品牌轿车才能发展，并从小到大、从弱到强，最终赢得市场和消费者的信心。

有人曾经幻想通过合资让外国人将核心技术传授给我们。但几十年的实践证明，合资只是将国外现代轿车制造技术带进了中国，而核心技术却没有教给我们。西方的汽车巨头们只是希望用自己的产品来占领我们的市场，以求得到更多的利益回报，这符合资本趋利的本性，无可指责，因为谁也不会将自己花费无数心血和资金得到的技术拱手送人，更不会将这些技术用来武装自己潜在的竞争对手。市场竞争既激烈又残酷，国外汽车巨头只希望中国成为他们的销售市场，而绝不希望中国成为他们的竞争对手，从美国欧盟不断向我们提起反倾销调查就可看出问题来。

现在又出现了一种新现象，即购买人家的品牌。有人认为，购买来了人家的品牌，就能获得人家的核心技术。作为企业，购买人家的品牌本身无可厚非，但我们必须牢记，即使买来人家一个品牌，核心技术也是买不来的。还是以发动机为例，在汽油发动机问世后的百年里，西方发达国家围绕着发动机的改进投入了数不清的资金和人力，这才有了今天的技术积累，在这些技术积累的基础上，人家已经在研制最新型的发动机，他们会将这些新技术交给你吗？

能引进一些先进技术当然更好，但发展自主品牌只能也必须靠我们自己的努力，脚踏实地，逐步前进。自主品牌研发出来了还不算，还要提高水平、提高质量、降低价格。自主品牌的成败取决于市场，最终要看消费者是否购买。轿车是除了房产以外最贵的生活消费产品，消费者在购买时会精挑细选、反复比较，选取性价比最高的产品，而不会看这款车是不是自主品牌。说到底，自主品牌需要消费者用人民币来投票，这是最严厉的也是最可靠的评比。

发展自主品牌，汽车行业主管部门重任在肩，要鼓励企业自主创新，为自主企业争取最为有利的政策环境。自主汽车企业应该摒弃急功近利的心态，有志者立长志，要有长远的发展观，要在自主创新上下功夫，形成技术储备。与汽车发展紧密相连的钢材、燃料、电子、化工、机械加工等行业也要共同发展，为自主技术与产品生产提供优质材料，培养出成熟的队伍。国家相关部门应主动有所作为，积极抵制和应对国际大品牌的霸王条款，不能让自主品牌企业在自己的家里被动挨打。

现在中央提出技术创新，鼓励企业发展自主品牌，其意义非常深远，可以带动我国的工业体系整体进步，汽车工业发展了，自主品牌创立了，意味着我国的工业行业，包括基础工业整体发展了，国民经济的总体实力和竞争力提升了。反过来，国民经济整体提升又可以促进自主品牌汽车的进一步发展。这就是发展自主品牌与国民经济水平提升的辩证法。

自主品牌的困惑

在汽车产业快速发展的今天，自主品牌已是一个常见的名词。在北京、上海以及全国各地的车展上，自主品牌汽车（主要指乘用车）都是国人以及媒体关注的重点。由于国家大力提倡自主创新，因此相关部门出台了各种名目的奖励措施和优惠政策，如取消养路费、减免车辆购置税、汽车下乡等，自主品牌成为最大的受益者。面对真金白银的优惠政策，各家车企都争着给自己的产品戴上"自主品牌"的帽子，有的合资企业"在西服外面套上马褂"，给自己的产品起一个中国名字，以"合资自主"的名义混杂其间。面对自主品牌汽车李逵李鬼真假难分的现状，人们不禁要问，究竟什么是自主品牌汽车？国家权威部门有没有界定自主品牌汽车的标准？虽然早在2006年，有关主管部门就在制定自主品牌界定的办法，但几年来却只听楼梯响，不见人下来。至目前为止，国家权威部门仍未出台相关界定标准。一时间，自主品牌成为媒体和社会热议的对象。要认识自主品牌，先得认识品牌。

何谓品牌？社会上解释颇多，大致意思是：商品的文字和图形标识。《辞海》对品牌的解释是：商品牌号、商标。《新华字典》对品牌的解释是：产品的牌子，特指著名产品的牌子。在现实生活中，品牌的概念涵盖了商品生产者和消费者，它既包含了商品的质量、技术水平、销售、售后服务，以及生产企业的企业文化；又包括消费者购买和使用该品牌商品所获得的情感认知，以及形成的消费经验和消费习惯。在消费者为主的买方市场环境下，消费者的信任度、美誉度和忠诚度是品牌生存的基础。没有消费者的认可，再好的品牌也是镜花水月、毫无意义。

今天，中国经济的全球化进程日益加快，在品牌大潮的冲击下，国内厂商的品牌意识逐渐苏醒和增强，开始注重自己的品牌培养和宣传，为了自身的利益，消费者的品牌意识也日渐强烈。

在汽车市场竞争日趋白热化的今天，汽车品牌关系厂商的生死存亡。经过百年发展，汽车在欧洲和北美已经形成各具特色的品牌。如沃尔沃汽车以安全质量著称，同样是汽车，驾驶沃尔沃就能多一分安全感。经过百年精雕细琢，奔驰汽车凸显出其精致与品质，提到世界级的顶级轿车，人们脑海里立刻会想起大名鼎鼎的奔驰。

经过几十年的努力，中国汽车产业从小到大，从不会造车到年产1800万辆，已经成为名副其实的汽车生产大国。但在这1800万辆汽车里，有多少是中国自主品牌呢？

由于时代的限制，《辞海》和《现代汉语大辞典》里都没有自主品牌的词条。"百度词条"对自主品牌的解释是："自主品牌（Self-owned Brand）是指由企业自主开发，拥有自主知识产权的品牌。它有三个主要衡量因素：市场保有量、生产研发的历史及其在整个行业中的地位。企业自主品牌首先应强调自主，产权强调自我拥有、自我控制和自我决策，同时能对品牌所产生的经济利益进行自主支配和决策。

　　这种解释过于概念化和原则化。一辆汽车由数万个零部件组成，其中发动机、车身、变速器等核心总成又分别由众多零部件组成。今天，汽车产业的国际化程度日益升高，很多零部件生产企业分散在中国和世界各地，全球采购已经成为整车生产中最常见的形式，在这种情况下，汽车自主品牌的界定变得极为复杂和不易。

　　奇瑞、吉利、比亚迪、华晨等企业的产品号称中国自主品牌，但由于国内权威部门尚未发布自主品牌的界定标准，因此这种自主品牌在理解上也只是相对于洋品牌而言，算是一种约定俗成。品牌是商品的灵魂，品牌建设是企业发展的最终目的，也是建设创新型国家的需要。目的不明，如何发展？中国汽车自主品牌的界定标准问题绝不容含糊。要建设和培育中国的自主品牌汽车，就一定要对自主品牌有一个基本定义。针对中国汽车产业大而不强的现状，自主创新，掌握具有自主知识产权的核心技术是中国自主品牌建设的核心。

　　"自主"的提法源于20世纪五六十年代，在那个时代，中国人民克服困难，依靠自己的力量，造出了"红旗轿车""东风汽车""北京吉普"等当时国内的知名品牌汽车。这些汽车是中国汽车企业完全依靠自己的力量生产的汽车，汽车上所有的零部件从头到脚都是"中国造"。从这个意义上讲，这些汽车都是中国的"自主品牌"。

　　由于起步较晚，又是靠仿制起步，所以中国自主品牌汽车生产企业在技术上先天不足、实力有限，产品在低水平、低质量、低价位徘徊，企业的研发、生产、市场和售后等环节都无法与合资品牌相抗衡。多数自主品牌车企都没有掌握发动机、变速器、汽车电子控制等核心技术。在近200个主要汽车零部件品种中，几乎100%的电喷系统、发动机管理系统和90%以上的ABS系统均依赖外资或合资零部件供应商提供。虽然奇瑞已经成为完全掌握底盘、发动机、变速器和发动机电子管理系统四大关键技术的自主品牌企业，但与国际著名品牌的差距依然十分明显。

　　自主品牌汽车"三低"的现状使得消费者对自主品牌产品的认知度和容忍度较低，这又直接影响了自主品牌的市场形象，即使有些自主品牌在技术上取得了一定突破，也无法获得品牌溢价，而市场占有率低又进一步限制了自主品牌的影响力。2009年自主品牌车企投放市场的产品为30余款；2010年则大幅下降，投放市场的新车型仅有20款左右，与外资品牌差距巨大。这与自主品牌车企在新车研发及规划上投入不足有关系，也与合资品牌在全国到处布点，将扩张的目标指向二三线城市，打压和挤占自主品牌的市场有关。

　　为了掌握核心技术、不受制于人，党中央大力提倡自主创新。"十一五"时期，我国经济社会发展的一个重要目标就是要掌握核心技术、培育和发展自主品牌。中共十六届五中全会强调："形成一批拥有自主知识产权和知名品牌、国际竞争力较强的优势企业。"国家《"十一五"科学技术发展规划》指出："掌握汽车设计与制造的核心技术，实现自主品牌产品产业化。"《国家中长期科学和技术发展规划纲要(2006年—2020年)》指出：汽车产业应"重点研究开发混合动力汽车、替代燃料汽车和燃料电池汽车整车设计、集成和制造技术，动力系统集成与控制技术，汽车计算平台技术，高效低排放内燃机、燃料电池发动机、动力蓄电池、驱动电机等关键部件技术，新能源汽车实验测试及基础设施技术等"。

　　在国际化大生产中，处于高端的是标准、核心技术和知识产权，处于低端的是加工、组装，而决定品牌价值的往往是技术含量。自主品牌的核心是掌握具有自主知识产权的核心技术，但核心技术最大的特点是原创和继承。国外的汽车企业经过百年发展，经历了从零部件到整车、技术水平从初级到高级的全过程，掌握着汽车开发的核心技术，在动力、车身、底盘、变速器、汽车电子、新能源等核心总成的研发上具有深厚的技术储备，并不断改进和推陈出新。为适应技术的进步与发展，国外的汽车企业普遍建有庞大的技术研发机构，还有着高素质的研发队伍，每年投入巨额研发资金。相对于外方，由于起步晚，因此中国自主品牌汽车企业基本上都是从仿制和装配起家，没有核心技术，自主研发力量薄弱，技术储备不足。很多企业虽然都相继建立了研发中心，但投资与技术人才双重缺乏，要在短时间内突破外方的技术封锁，依靠自己的力量掌握汽车开发核心技术，形成拥有自主知识产权的知名品牌，的确困难重重。

面对不利形势，对于要不要发展自主品牌汽车，业界认识也不是一致的。在"2005 花都汽车论坛"上，全国政协常委、原机械工业部部长何光远认为："要使汽车产业更加健康、协调、可持续发展，必须发展中国汽车业的自主创新能力和民族品牌。"

2006 年，国家统计局在中国汽车产业的一次新闻发布会上宣布："中国本土汽车品牌迅速崛起也是今年初的一大特点。1 月—2 月，奇瑞、吉利、哈飞、比亚迪等本土品牌的产销量增幅均实现翻番。在轿车产销量前十大品牌中，本土品牌已占据三席，奇瑞汽车产量超过众多外资品牌跃居第二，进入主流轿车品牌之列。"

国家统计局将自称为自主品牌的奇瑞、吉利等汽车品牌称为本土品牌，并在统计数据时将这些本土企业与外资品牌划分开。而国家统计局的观点应该被认为是代表国家的权威意见。

但本土品牌的提法以后再未见到，从国家相关部门的文件，尤其是国民经济"十二五"计划和中共十六届五中全会文件看，自主品牌的提法还是主流。2008 年 11 月 20 日，国务院机关事务管理局和中共中央直属机关事务管理局联合发出通知，要求中央和国家机关各部门、各单位切实做好公务用车节能减排工作，"带头使用国产自主品牌、小排量、经济环保、手档变速的汽车。"2009 年月 14 日，国务院常务会议审议通过的《汽车产业调整和振兴规划》的规划目标中就有"实施自主品牌战略"一项。2010 年 2 月 20 日，全国品牌委行业调查专业委员会发出《全国自主品牌创新示范基地暨入选评定通知》，"通知"称："为贯彻落实国家关于提高自主品牌创新能力，建设创新型国家的政策方针，和《国家中长期科学和技术发展规划纲要 (2006 年—2020 年)》的相关配套政策，国务院有关部门出台了近 100 项，包括税收激励、金融政策、创业投资和政府采购等支持政策，通过拉内需、促增长、保民生措施，中央和地方财政加大集中投入，鼓励企业自主品牌创新，大力推进自主品牌创新产品应用。"

这些都说明，国家对发展自主品牌的意见和态度是明确无误的。

国家强调发展自主品牌汽车已为时不短，遗憾的是，时至今日，自主品牌汽车仍只有概念而尚无官方认定的明确界定标准，这给培育和发展自主品牌带来概念混乱与困惑。综合当前种种关于自主品牌的疑问，大致有如下数种：

如果说中国独资企业生产的汽车品牌就叫自主品牌，拥有中国自主知识产权的汽车品牌也可以叫作自主品牌，那么该品牌所有零部件是否都必须是拥有自主知识产权的？如果不一定，那么多大比例才算是自主品牌？如果讲比例不一定科学，那么强调核心零部件可不可以？如果可以，拥有哪些核心零部件的自主知识产权，才算自主品牌？知识产权也是一种商品。中国的企业买断外国企业的知识产权，算不算中国的自主知识产权？如果不算，是不是所有的自主知识产权都要是中国的原创自主知识产权？中国企业收购国际汽车品牌，算不算是自主品牌？中外合资企业生产的汽车，如果起一个中国名字，这种品牌可不可以称为自主品牌？在中外合资的汽车生产厂商中，绝大多数都是中国人，这类企业里中国人获得的知识产权，算不算中国的知识产权？反之，如果中国独资的汽车制造商引进外国的技术人员，这些外国技术人员在中国独资或中国控股的汽车制造厂里所获得的知识产权是不是中国的自主知识产权？类似的问题还有很多，不管提问的初衷如何，但起码说明自主品牌的界定还存在相当多的不确定性。

今天的中国，汽车工业已成为国民经济重要的支柱产业。对于这样一个重大产业，自主品牌的界定将起到标准和导向的作用，意义极为重大。培育自主品牌对于发展国民经济基础产业和中国汽车产业，增强整体竞争实力，提升中国汽车产业的国际地位，有着举足轻重的作用。中国汽车产业要谋求在中国市场和国际市场上长远发展的主动权，培育出过硬的自主品牌，就必须努力突破跨国公司的技术垄断与封锁，大力开展自主创新，掌握具有核心技术的知识产权，才能培育中国人自己的知名品牌，中国汽车才有可能在激烈的市场竞争中立于不败之地。在这一点上，当年日本与韩国依靠自主创新建立和发展自主汽车品牌的做法值得借鉴。

不得不承认，由于世界汽车工业的发展已达到相当的高度，全球采购造成我中有你，你中有我，因此，界定和甄别自主品牌的难度很大。但品牌界定事关中国汽车产业发展，关系到国家一系列优惠政策的落实，还关系到创新国家建设，正是如此，界定政策考验着当局者的智慧与良知，也考验着众多的专家与精英的智慧与良知。

让开大路，占领两厢

今天，中国汽车市场烽烟滚滚，自主品牌车企从小到大，正处在发展过程中。经过几十年的建设和发展，合资品牌车企已经控制了中国汽车市场的 70% 以上，其中中高端市场的占有率达到 90% 以上，由于技术与实力，以及品牌信誉的差距，自主品牌车企的市场占有率仅在 30% 左右，而其中中低端市场的占有率高达 70% 以上。由于自主品牌乘用车主要集中在中低档次，所以车企利润极低，单车利润率普遍仅 2%~5%，即一两千元，甚至更低；有些低端市场的经济型自主品牌的单车利润仅 200 元。20 辆吉利或者奇瑞轿车的利润都抵不上一辆宝马的。

巨大的利润差距使得一些自主品牌车企的决策者不由地将眼光投向了中高端市场。为追求高利润，一些自主品牌车企不惜拿出人力、物力、财力，甚至借钱也要甩起膀子与外资和合资品牌较劲。但由于技术与实力的差距，这些车企拿出的中高端车型无论是市场知名度还是市场销售额都难令人满意。

市场上竞争的是产品，产品背后的竞争是技术。由于历史的原因，目前，中国自主品牌车企在技术上远远不是以外资跨国公司为背景的合资企业的对手。在技术实力不如人的情况下，如果要在中高端市场上硬拼，结果可想而知。自主品牌一心想要谋求中高端市场一杯羹，殊不知，已经取得中国 70% 市场的合资企业并不以控制了中高端市场为满足，而是将发展的目光转向了自主品牌的传统市场——二三线市场。2011 年 1 月 21 日，中国汽车消费网报道：大众计划针对我国二三线市场开发一个全新的品牌，这个品牌将主打更小的车型，这款被称为合资自主品牌的车型的售价将在 10 万元以内。大众中国总监卡尔·纽曼在接受采访中称："中国的自主品牌正在通过占有二三线城市场而获得高速发展，我们也需要一个新的品牌来进军这个细分市场。"2011 年 4 月上海车展上，大众汽车集团 (中国) 公司倪凯铭博士接受记者采访时称，中国发展自主品牌，"这将给我们带来发展的新机会，我们也将积极地探讨这种可能性"。完全可以将纽曼和倪凯铭的这番话看作是合资企业进军二三线市场的进军号。岂止是大众，日本、美国、法国、韩国的汽车企业一个个也都跃跃欲试。

参观最新销售数据：

赛欧三厢 1.2 SL MT 手动温馨版 2010 款，商家报价：4.08 万 ~5.68 万元。

赛欧三厢 1.4 SE MT 手动理想版 2010 款，商家报价：4.68 万 ~6.48 万元。

这个价格与自主产品相似，甚至更低。如骏捷 FRV 1.3MT 舒适型 2010 款，商家报价为 4.63 万 ~6.38 万元。以合资品牌的品牌影响和技术实力，赛欧这样的产品在消费者的心目中无疑更占优势。

合资轿车 4 万 ~5 万元的价格，对同等档次的自主品牌轿车具有强大的冲击力。商场无情，在利益争夺上，从来没有任何脉脉温情可言。任何产品是否会被市场接受，关键是看消费者。消费者手里的每一分钱都来之不易，他们有理由、有权利选择价廉物美、质量过硬的品牌，无论你是自主品牌还是合资品牌。在对合资品牌和自主品牌的选择上，消费者是用人民币来投票的。

在这场新的竞争中，胜利者又该是谁呢？从技术与实力来推测，我们不难得出结论。进军中高端市场困难重重，自己的传统市场又要遭人觊觎，自主品牌车企将如何应对呢？面对实力的差距，如何做一名竞争场上的智者呢？我们的忠告是："让开大路，占领两厢。""大路"就是竞争激烈的北京、上海、深圳、广州等特大城市和一些省会城市，"两厢"就是二三线市场，主要是全国各中等城市和县、乡镇。二三线市场人口众多，消费者的收入水平与北京、上海、深圳以及一些省会城市相比有明显差距。收入水平决定购买能力，可以认为，相对于二三线市场而言，一线市场的主要消费者需要的是中高档车型，二三线市场需要的主要是中低档车型。人口基数庞大，收入水平相对较低，这就为自主品牌车企提供了庞大的潜在市场；而合资车企面向二三线市场，恰恰也是看中了这一块巨大的"奶酪"。

客观地看，自主品牌车企如果不能在中低端市场中保持并逐步提高销量，并在合资品牌的挤压下逐渐丧失传统市场，那就将面临越来越严峻的生存环境。自主品牌车企在中低端的经济型轿车上具有传统优势，在实力与现实面前，应该冷静判断，有所为有所不为；不能急功近利，以己之短击人之长。面对气势汹汹的"来犯者"，应该扬长避短，集中精力于经济型轿车，在质量、工艺上精益求精，扎扎实实地培养自己在中低端市场的品牌优势，依靠庞大的消费者群体将经济型轿车做好做精，培养品牌信任度与美誉度，以实力迎接外资品牌的挑战。在经济和技术实力均明显逊于合资品牌的情况下，盲目追求大而全，高中低端车型都要，只会导致最终没有任何核心车型，就如同伸开十个指头按跳蚤，最后一个都按不住。将眼前利益与长远利益相比较，蹲下去是为了跳得更高。在这方面，我们不妨看一看世界汽车强国——日本和韩国。无论是日本还是韩国，他们的国民绝大部分都是购买排量在 1.5 升以下的小排量汽车。20 世纪 60 年代，小排量车成为日本家庭的第一辆"入门车"。以后，随着其国民生活水平的提高等原因，小排量车曾经一度受到冷遇。但随着科技水平和意识的提高，小排量车节省能源、易于驾驶的特性受到日本社会的广泛重视，尤其是 2005 年汽油价格一路飞涨以来，普通排量汽车的销售不断萎缩，而小排量汽车的销售则一路看好。为了支持国民使用小排量汽车，日本政府在税收上给予优惠，全社会形成了前所未有的小排量汽车热。2006 年在日本，小排量汽车的销售总量首次突破了 200 万辆，在日本国内的新车销售总量中，小排量汽车的比例也超过了 35%。日本的这些小排量车质量上乘、做工精致、外观考究，照样保持了自己产品的竞争力和合理的利润空间。韩国也是如此，为了保护本国市场，韩国对购买进口轿车设置了很高的门槛，如要购买进口高档轿车，首先需要提供收入证明和纳税诚信证明，然后要缴纳相当于轿车价格 200%~300% 的特别消费税。如此一来，谁还愿意花这笔冤枉钱？当然，这些都是建立在国产小排量经济型轿车价廉物美、质量上不输于进口轿车的基础之上的。在这方面，中国的自主品牌轿车还需要努力。

自主品牌车企的生存状况直接影响国家汽车产业的发展。大力开展自主创新发展自主品牌汽车是国家的国策，为贯彻国策，国家应关注自主品牌汽车企业的生存状况，并帮助其进行科学决策。除了政策引导外，还应在组织自主品牌车企团结应对外资、合资品牌上给予帮助。日本在这方面为我们树立了榜样。早在 2003 年 10 月初，由丰田、日产、本田等 15 家国际知名日本汽车企业组成的日本汽车工业协会北京代表处落户北京国贸，负责为在华的日本汽车企业搜集情报、制定策略、统一规划、协调投资生产计划等，它意味着日本在华汽车产业的利益与权益有了组织保护，对日本在华企业的发展起到了保驾护航的作用。

外国企业在中国能够如此，那中国的汽车行业协会呢？

今天，自主品牌车企面临严峻的发展形势，需要对市场发展做出重大抉择，是"让开大路，占领两厢"，还是"大路""两厢"都不放弃，已经容不得他们再犹豫彷徨了。在新的形势下，为了保证中国自主车企应对挑战的能力，除了自己选择科学合理的发展策略外，是否也应该像日本那样，由国家相关部门成立相关机构、采取某种形式来帮助和协助中国自主车企科学决策共渡难关呢？

第十三章 汽车社会

大道通天

汽车是用来载物（人与货），道路则是用来承载汽车的。汽车再多，没有道路也寸步难行。由此曾经引起一则公论：改革开放之初，有人大力呼吁发展汽车产业，有人则竭力反对，其理由是，中国是个农业国，十来亿人要吃饭，修建公路要占用大量农田，没有田地，就没有饭吃，饭都没得吃，还造什么汽车？另外，修路需要花费大量的钱，公路就是用百元人民币一张一张铺成的，没有钱，修什么路？没有路，造了车到哪里跑？既然如此，还造什么车？这些在今天被认为是奇谈怪论的话，在当初的确是中央高层争论的焦点。当然，如今这些争论早已被事实推翻。但切不可忘记，与汽车密不可分的公路，当初的确是发展汽车工业的一大制约。而中国公路，尤其是高速公路的建设成果，为中国汽车产业提供了大发展的基本保障。

自1958年起，中国公路建设就下放给地方，新中国成立以来，国家基本上没有公路建设的投资预算，每年仅有两三亿的预算资金，主要用于边疆战备公路的建设和保养。由于投入不足，20世纪80年代初期，全国公路的通车里程仅七八十万千米。其中，一级路只有几百千米，二级路有几千千米，其余全是三级、四级路，都是些沙石路、土路。那时的公路基本上都是双向两车道，各种运输工具，包括货车、客车、拖拉机、摩托、自行车、马车都在狭窄的公路上行驶。路面坑坑洼洼，汽车在上面跑，颠簸起伏，扭来扭去，被戏称为"纽约路"（"扭腰"之谐音）、"伦敦路"（"轮顿"之谐音）。公路等级不高，而且没有联成网，走了一截就没有了，这种路被称为"断头路"。这种断头路往往在省际交界、城际交界之处最为严重，中国那么大个国家，仅仅就这么点公路，还通行不畅。时任交通部部长钱永昌回忆：

有一次我去江苏出差，在南京去扬州的路上，本来就很拥挤的公路上，又挤进来一辆拖拉机，拖斗上装满了红红绿绿的棉被等各种结婚嫁妆，还有穿了新衣服的新郎新娘，一路吹吹打打，好不热闹。但慢吞吞的拖拉机在路上跑，导致后面的各种汽车只能慢吞吞地跟着，犹如送亲的车队。过了一会，迎面又来了一辆拖拉机，这一次拖拉机的拖斗中则载满了穿了丧服的出殡的家人以及丧葬用品。红白喜事在一条公路上对了头，双方的拖拉机在公路上旁若无人地缓慢行驶，造成大量汽车行进缓慢。看到如此景象，我在车里感叹不已！

由于国家没有公路建设的预算投资，所以公路维修建设的资金全由各地政府解决，而各地方财政更为紧张，公路建设全靠养路费结余的有限资金。养路费结余能有多少？有一口，吃一口，这就导致当时的公路建设严重滞后。那时，中国的公路都是破破烂烂的，再好的车辆在公路上也只能慢腾腾地爬行。

党的十二大以后，以经济建设为中心的指导思想开始全面落实，开放引资、物资交流、商品交换、港口疏运、人员出行等日益活跃，公路运输的重要性日益显现。但中国公路长期没有投入，远远不能满足快速增长的物流需求，公路运输不堪重负，交通运输已成为制约经济发展

547

的"瓶颈"。当时在各省广泛流传着一句话"要想富,先修路",这充分说明了国家与百姓都有着改善公路面貌的迫切愿望。

为了解决公路建设问题,1984年12月27日,国务院召开常务会议,专题讨论了"关于加快公路建设的问题",提出了有关建设公路资金来源的多项政策,为加快公路建设创造了条件。回忆当年修公路的情况,钱永昌说:当时国家没有钱,我们的公路建设是从"以工代赈"开始的。当年修路不像今天,到处是机械化,那时全靠人海战术,特别是县乡道路,要动员大量的民工修路,出一天工给一天工钱。当时国内经济发展水平低,农村的农民经常要靠国家救济,但国家的经济也困难,这样长期救济也难以维持,于是采用国家投资建设基础设施工程,受赈济者参加工程建设获得劳务报酬,以这种办法取代直接救济,谓之"以工代赈"。

交通部提出要大规模修路,但修路没资金,当时的国务院领导提出,国库里积存有大批粮食、棉花、布匹、日用百货等物资,可在这些物资上想办法。获此消息后,交通部副部长王展意提出了一个"以工代赈"建路实施办法,并向国务院提出报告,将这些库存物资无偿划拨给交通部,实行"以工代赈"的政策来修路。这个意见得到了国家的同意。

交通部通过地方政府将国库里的这些棉花、布匹、粮食以及大量的日用品,如闹钟、自行车、收音机、搪瓷面盆等,折算成工分,发给出工修路的民工。这样农民们既修了路,又有新衣服穿、新被子盖,又有饱饭吃,很受农民欢迎,这样既消化了大批库存积压物资,又解决了广大农民的生活困难,还修了路,于国于民都有利。从公路建设的总体及长远来说,"以工代赈"只能解决极小部分的问题,只能算是"杯水车薪";要建设覆盖全国的公路网络,从长远看,仍需要有稳定的资金来源。

交通部曾提出增加养路费收入以解决修路资金来源,但在财政部会签时,因为考虑到会由此增加车辆使用单位的负担而带来不良的社会影响而遭到了否定。没想到,在中央没能通过,在地方竟然取得突破。突破口就是改革开放的前沿——广东。

改革开放初期,为发展经济,各省、市地方政府及交通厅在改革的大形势影响下,也在积极探索公路建设资金的出路。作为改革开放前沿的广东省的物流量大幅增加,公路不堪重负。面对破破烂烂的公路,在国家无钱投入的情况下,广东省在养路费上动起了脑筋。当时,国家规定的养路费收费标准为营业收入的8%,而广东省交通厅将8%提高到12%,将增收的部分专用于新建公路的建设资金。这一政策经广东省政府批准后,1983年起在广东全省推行实施。实施后效果明显,好几条公路的建设维护同时上马,人们感叹,车一到广东就好走了。

有些办法,既然在广东省可行,那么别的省为什么不能这样做呢?面对"地方经济"体制,钱永昌想了一个办法,在全国交通工作会议期间,他让广东省在会上介绍经验,然后在会议总结讲话中对广东的做法予以肯定。有了广东省的先例,全国其他省的交通厅也开始仿效他们。由此,全国大部分省有了一笔可自己支配的筑路投资费用,各地的公路维护建设都有了明显的起色。

当大部分省份将养路费标准提到12%时,广东省又把收费标准提到了15%,而且开始酝酿出台"贷款建路(桥)、过路(桥)收费"的办法。广东的做法究竟是地方政府行为,而交通部要统筹考虑全国公路建设的资金,就必须要从政策源头解决资金来源。源头在哪里呢?

20世纪80年代后,国内对汽车的需求快速增加,汽车进口一浪高过一浪。大小汽车加起来,每年进口汽车多达数十万辆。车是要到路上跑的,面对快速增长的汽车保有量,中国的道路建设却远远不能适应。1984年,中国公路总长刚刚过90万千米,但其中80%以上为四级和等外公路，一二级公路只有 2.3%，道路铺装率为 20%，而美国为 100%、欧洲为 96%、日本为 57%、印度为 36%、墨西哥为 46%、连泰国都有 35%。没有铺装的道路，晴天扬灰，雨天泥泞。不光道路差，而且路上除了汽车外，还挤满了拖拉机、人力车、畜力车、自行车。当时，全国拖拉机保有量 310 多万辆，自行车近 3 亿辆，这些车与汽车挤在一起走，汽车的平均时速因此不到 30 千米。面对国内公路现状，各种意见纷至沓来，集中起来就是：路少车多，道路状况太差。如此差的路况，交通部为什么不修路？《人民日报》《经济日报》等新闻单位先后发表了《高速公路与现代化》《世界的高速公路》等文章介绍高速公路基本常识，呼吁尽早建设我国的高速公路。

车多了要修路，要修路国家又没有钱，但有钱购车就有义务出钱修路，于是交通部因势利导，向国家提出了几项政策要求：

一是适当提高养路费征收标准，提高的部分作为专款用于公路建设，原则上从历年来一直沿袭的按营业额的 8% 收费，提高到 12%。考虑到全国经济发展水平不平衡，提高的标准不搞一刀切，根据各省的情况允许有所不同，一般征收 12%，最高为 15%。

二是对所有购置车辆的单位和个人，包括国家机关和军队，一律征收车辆购置附加费。车辆购置附加费的标准为：国产汽车征收车价的 10%，进口汽车征收车价的 15%，这笔钱由交通部负责征收，只准用于公路建设，专款专用。具体做法为，交通部委托进口城市及生产城市的省政府代收。为提高和保证地方政府认真收费的积极性，与地方政府实行三七分成，30% 留地方财政，用于建路专用；70% 上交交通部，用于全国建路统筹专用。

三是集资或贷款修建的高速公路和主要交通建筑物，如桥梁、隧道等，车辆通过时允许收过路费和过桥费用于还贷。

1984 年 12 月 27 日，国务院召开第 54 次常务会议，听取了交通部关于加快公路建设的有关问题的汇报，除个别部委的领导同志提出了一些不同意见外，国务院的领导一致支持与赞同这几项政策及办法。会议通过了提高养路费收费标准，征收车辆购置费附加费，贷款修路、收费还贷等三项政策。国务院办公厅于 1984 年 12 月 27 日下发了《关于加快公路建设问题的国务院常务会议纪要》，摘要如下：

（一）适当提高养路费征收标准。征多少，不要搞得太死，要允许各省有所不同。一般征收 10%~12%，个别需要提高的，也不要超过 15%。征收范围，包括军队、企业，以及参加营业运输的其他军用车辆，不包括国家机关的小汽车和军用物资运输车辆。具体征收办法和标准，由交通部、财政部和计委等有关部门研究制定。

（二）为了使公路建设有长期稳定的收入来源，除征收养路费外，对所有购置车辆的单位和个人，包括国家机关和军队，一律征收购置车辆附加费（即从汽车销售中加一道税）。征收标准，可以考虑国产汽车加价 10%，进口汽车加价 15%。将来汽车多了，可以降低，但要坚持征收购置车辆附加费。这笔资金只能用于公路建设，中国汽车工业公司不要抽头。征收办法，由交通部、财政部等有关部门研究拿出方案。

（三）集资或贷款修建的高速公路和主要交通建筑物，如桥梁、隧道等，车辆通过时允许收过路费和过桥费，但通过一般公路和桥梁不要收。为了保证车辆行驶速度，拖拉机不能上高速公路和一级公路。

1987 年 10 月 13 日国务院又发布了《中华人民共和国公路管理条例》，摘要如下：

第九条，公路建设资金可以采取以下方式筹集：国家和地方投资、专用单位投资、中外合资、社会集资、贷款、车辆购置附加费和部分养路费。公路建设还可以采取民办公助和以工代赈的办法。

第十条，公路主管部门对利用集资、贷款修建的高速公路、一级公路、二级公路和大型的公路桥梁、隧道、轮渡码头，可以向过往车辆收取通行费，用于偿还集资和贷款。

1984年12月25日国务院常务会议的决定，是中国公路建设的一次分水岭。

在改革开放的大环境下，长期困扰中国公路建设的资金问题，终于找到了长期稳定的资金来源，这是中国公路建设历史中带有突破性意义的重要决策。各地方政府有了建路的资金来源，都积极部署当地的公路规划，交通部有了统筹全国公路建设的资金，开始部署规划全国的公路建设，并以资金补助的方式调动各地规划建设公路的积极性。

有了这几项政策，加上中国汽车工业快速发展，汽车产量越来越多，到了20世纪90年代，中国汽车产量跨过了100万的门槛。车越多，交的养路费和过桥过路费就越多，中国公路建设由此形成了良性循环。公路营运里程及公路等级，都有了令人振奋的提高。到2006年底，全国公路总里程已达345.70万千米，其中高速公路已达4.53万千米。

以"快速、安全、经济、舒适"为特征的高速公路不仅是交通运输现代化的重要标志，同时也是一个国家现代化的重要标志。高速公路的发展不仅仅是经济发展的需要，也是人类文明和现代生活的一部分。

20世纪80年代末期，中国高速公路建设也开始提上议事日程。中国高速公路的发展经过了一个曲折的过程。早在1975年，交通部公路副局长王展意等六人去日本考察高速公路，这是中国第一次将目光投向高速公路。1978年3月，时任交通部长叶飞去西欧考察，目睹高速公路的优越性及其在经济建设中的重要作用。叶飞果断提出，中国也要发展集装箱运输和高速公路，并提出将北京至天津塘沽的公路作为我国第一条高速公路进行规划建设，但在当时的环境下，这一想法未能实现。20世纪80年代初期，交通部开始规划中国的高速公路建设，但遇到了来自各方面的不同意见和反对声音，社会上也是议论纷纷：

高速公路投资大、造价高，我国经济实力尚不够条件，人均收入不高，只有等到人均收入达到1000美元才有必要和有条件修建高速公路。

高速公路需要大量钢筋、水泥，我国建材本就不敷应用。

高速公路占地多，占用农民的地，又不能让拖拉机上路，不允许自行车通行，脱离人民群众。

高速公路主要为小汽车服务，我国小汽车不多（当时才几十万辆），作为社会主义国家，今后也不应该大量发展小汽车。

提倡修高速公路，发展小汽车，是资产阶级自由化和高消费的表现。

因为认识问题未能解决，特别是有些主管领导也有不同认识，所以交通部给国家计委的高等级公路建设的立项报告也久久得不到批示。以后在立项审批的过程中，有领导提出："既然已封闭，流量不大，造价又高，何必建四车道，为节约造价，来回双车道就行了。"

经过多方努力，交通部关于建设高等级公路的报告终于获得审批通过。高速公路建设开始进入路线选择阶段。

交通部最早选择建设的是：京津塘（北京—天津—塘沽），沪宁（上海—南京），广深（广州—深圳）和沈大（沈阳—大连）四条高速公路。

为什么确定这四条线呢？

天津港和塘沽新港是北方和渤海湾经济圈的主要港口，是华北，也是北京的海上门户，在政治上、经济上都具有重要的地位。但港口的后方主要靠铁路疏运，由于疏运能力不足，天津港和塘沽港每年都发生严重的堵塞现象，因此急需一条交通大动脉来缓解交通压力。

沪宁路是长江三角洲重要的经济带，沿途有镇江、常州、无锡、苏州、张家港等城市，这里人口稠密、经济发达，虽有长江水运、铁路、普通公路和长三角内河水网，但交通通道仍不敷需要，这是全国汽车流量最繁忙的一个区域，也是高速公路的需求最为突出和紧迫的地区。

广深路，广州和深圳是我国改革开放的前沿，广深两市之间大量的城镇"三来一补"经济十分活跃，商品流通量增长迅猛，是发展珠江三角洲经济的重要通道，现有公路远远不能满足经济发展的需要。

沈大路，大连是辽宁重要的海上门户，从辽宁沈阳到大连是辽东半岛主要的出海通道，在没有高速公路前，和天津新港一样，大连港口的货物转运只有一条铁路，疏港不通畅，常常出现港口堵塞，所以急需建设一条运输效益高的高速公路。

1984年，交通部邀请北京市、天津市、河北省的领导共同商议京津塘高速公路的建设问题，落实了资金、建设组织等相关问题，并决定取名为"京津塘高速公路"。道路设计为双向四车道，全长140千米，计划投资预算为5.4亿元人民币。资金由世界银行贷款及地方出资两部分组成，世行贷款1.5亿美元，余下的由北京、河北、天津三地按里程比例分摊。《关于建设京津塘高速公路建设的报告》报国务院并很快得到批准。

1987年12月，京津塘高速公路开工建设；1990年9月，北京至天津杨村段72千米建成通车；1993年9月25日全线贯通。

1984年，交通部于就将沪宁高速公路列入计划，但江苏省因为资金问题动作迟缓。拖至1989年，江苏省才将沪宁高速公路列入计划，1992年6月正式开工，1996年2月全线贯通，1996年9月投入运营。

广深高速公路则是起了个大早，赶了个晚集。早在1983年，广东就提出了建设广深高速公路的计划。直到1987年5月，广深高速公路才全面开工。1993年12月，广深高速公路基本建成，1994年7月全线试通车，1997年7月1日正式通车运营。

"神州第一路"。在当时建设的几条高速公路中，沈大高速公路最值得一提。

沈阳到大连是东北重要的经济走廊，大连是辽东半岛的海上门户。但以前的沈大公路除了沈阳到鞍山有一段二级公路外，其余全部是三级路。这条路长年失修、交通拥挤、事故频繁，完全不能适应经济发展的需求。1983年年初，辽宁省政府和辽宁省计委将沈大路列为建设重点。1983年10月，辽宁省《建设"汽车专用公路"可行性报告》初审在沈阳举行，该报告得到了交通部的支持。1984年5月国家计委批复，批复文件中规定沈阳、大连两头修建一级公路，中间为二级公路。辽宁省动作很快，在接到批复后的次月，即1984年6月就开工了。辽宁采取的是"迂回前进"的战略，开工建设时就设想以时速120千米的高速公路作为长远目标，但采取分期施工，分阶段实施，对外秘而不宣。

1984年10月，交通部发出"关于贯彻中央和国务院领导指示精神搞好交通运输改革的通知"，"通知"中提到，"在公路建设方面，要建成以京津塘、广深、沈大三条高速公路为骨干的一批高标准公路"。这为辽宁省将沈大路建设成高速公路提供了依据。1986年，沈阳至鞍山的一级公路建成通车。这条一级公路实际上已经具备了高速公路的基本条件，只是因为国家计委批的是一级公路，所以才按一级公路的建设标准，沿途没有封闭，有些道口没有实现立交。一条具备高速行驶条件的道路却没有按照标准实施封闭，还允许各种交通工具包括拖拉机上路行驶，这本身就隐藏着极大的危险性。1987年4月，在灯塔（地名）路段发生了一起重大交通事故，一辆东北电业管理局的面包车与一辆拖拉机相撞，车上电管局的领导3死7伤。这一事故引起了社会震惊和国务院、交通部及辽宁省的重视。在交通部的支持下，辽宁省领导立刻指示辽宁省交通厅在这条道路上增设相关设施，改成全封闭全立交的一级公路。1987年9月，国家计委批复了辽宁省的报告，同意沈阳、大连两头建设全封闭的汽车专用公路，但中间仍定为不封闭的一级公路。生命和鲜血的教训换来了沈大路的等级提升。

道路实现封闭，说起来容易，做起来就有很多问题需要加以解决。道路封闭了，拖拉机等其他交通工具不允许上路，就必须给它们一出路。在辽宁之前，交通部在河北省曾进行过试点，将一条从沧州到吴桥的二级公路全部封闭起来，改造成只允许汽车行驶的"专用公路"，在封闭公路的旁边再修建一条辅路，供其他交通工具通行。封闭以后，在这条二级公路上，汽车的时速可达80千米，有效地解决了混合交通的问题，实现提高车速的目的，在当时公路平均时速只有30~40千米的年代，应该说是一个很有效的办法。对河北的做法，交通部组织向全国推广，鼓励有条件的地方可以对道路实行封闭改造，定名为"汽车专用路"。但同时提出要求，凡是实行封闭的道路，一定要在主干道旁边修筑一条辅道，若没有辅道，就不得对道路实行封闭。辽宁借鉴了这个经验，迅速地将道路封闭了起来。

建设高速公路是一件费钱的事，辽宁省的财力有限，省内也有不同意见，道理很简单：一是没有钱，高速公路一千米的建设费用就是几百万上千万，辽宁哪里找这么多钱？第二，除少数人外，多数人都没有见过高速公路是什么样子，对高速公路缺乏感性认识，建高速公路有什么好？辽宁省的领导很有办法，缺钱，就靠大家的力量。高速公路就是钢铁与水泥，辽宁有鞍钢，有大型水泥厂，他们利用优惠政策鼓励、动员沿线的企业参与建设。所需的钢材就动员鞍钢做贡献，建路所需的水泥则由辽宁自己的水泥厂提供。一条耗资巨大的高速公路就这样建起来了。

对高速公路持反对意见的人不是对高速公路没有感性认识吗？为了说服省内有不同意见的人，当沈阳到鞍山段建成通车后，时任辽宁省省长李长春组织省里的四大班子（党委、人大、政协、政府）的领导坐车从沈阳直奔鞍山，让大家以自身的感受来思考该不该发展高速公路。这种方法非常有效。车子一上高速公路，时速一下子就是120千米，行驶平稳、乘坐舒适，平时在公路上那种灰腾腾、慢吞吞、不停颠簸的感觉全都没有了，从沈阳到鞍山平时要跑半天，现在一个多小时就到了。下了车，一位持反对意见的领导表示自己这一生头一次体会到什么叫"风驰电掣"了。大家都亲身体会到了高速公路的优越性，反对意见烟消云散。

1988年10月，沈阳、大连两头分别建成了全封闭的汽车专用公路，并开始分段收费通行。辽宁趁热打铁，开始将中间部分也按照高速公路标准建设。到1989年7月17日，全封闭的汽车专用公路全线建成。1990年9月1日，沈大高速公路举行全线通车典礼。沈大高速公路是东北地区一条重要的运输大动脉，也是国内第一条长达374千米的高速公路，沈大高速公路的建成通车实现了中国高速公路零的突破，因此又被称为"神州第一路"。沈大公路全长374千米，总计投资22亿元，平均每千米造价586万元。但它所创造的经济和社会效益是不可估量的，每年仅省油、省时、减少车辆磨损等可以计算的经济效益就达4亿元。更为重要的是，它为辽东半岛及整个东北筑起了一条振兴经济和对外开放的黄金通道，为全国树立了一条"样板路"。在通车典礼上，时任国务委员邹家华充满激情地称沈大路是"志气之路，腾飞之路"！

1990 年 8 月 20 日，新华社向全世界发布消息，"沈大路的建设成功表明，中国公路建设已经跨入高速公路时代"。8 月 21 日，《人民日报》《光明日报》在头版头条以《神州第一路》为名发表了一组文章，盛赞沈大路的通车。

全长 374 千米、气若长虹的沈大公路纵贯辽东半岛，将沈阳、辽阳、鞍山、营口、大连 5 个大中城市、3 大港口和两个国际机场连接了起来。城市与城市之间实现了 1 小时车程。沈大公路修通后，许多辽宁人感觉"辽宁变小了"。鞍钢的领导说：以前从鞍山乘车到沈阳来，路上要走四五个小时，省里开一天会，我们要提前一天动身，在沈阳住一夜；第二天开完会，第三天上午动身，下午到鞍山，前后要三天时间。现在，早上 7 点动身，能赶上 9 点开会；一天会议结束，还可以当天回鞍山吃晚饭，节约了两天时间。沈阳的老百姓说，修了沈大路，相当于给沈阳增加了一个海港，假日可去海滩洗海澡。过去从沈阳到营口鲅鱼圈港，乘汽车需要四五个小时，而现在只需 1 个多小时。通车后，百姓的生活大大丰富了，给交通运输部门带来的好处那就更多了。

沈阳会议——中国高速公路建设的里程碑

以前没有高速公路，对高速公路的优越性理解不够，没有感性认识，难免会有很多议论，通过现场感受和亲身体验来消除争议及各种疑虑是一个好办法。

1989 年 7 月，交通部在沈阳组织召开了"高等级公路建设现场经验交流会"（以下简称"沈阳会议"），十一个经济发展上需要、经济实力又允许、有条件修建高速公路的省、市（黑龙江、辽宁、吉林、广东、河北、浙江、江苏、山东、福建、上海、天津）参加会议，国务委员邹家华也亲自参加了这次会议。

这次会议的目的非常明确，就是让所有与会的人通过在高速公路上乘车后，以自己的亲身感受做出结论：高速公路的优越性在哪里，到底该不该修高速公路？整个会议的安排非常紧凑，由邹家华进行动员，交通部长钱永昌把交通部的决心、规划、措施向参会者做了交代，辽宁省领导还介绍了建设沈大高速公路的经验。会上不组织讨论，次日，全体与会者乘上汽车，让大家亲身体验高速公路上快速、安全、经济、舒适的感受。

宽阔笔直的沈大高速公路上，十几辆大巴排成长龙，呼啸着从沈阳直奔大连。乘车的这些人是省、市分管交通的省（市）长和交通厅（局）长，所有人都是第一次在国内高速公路上乘车。平时，多少年来都是在二三级公路上出行，由于混合交通、人车混流、二车道双向行驶、颠簸劳顿，所以汽车只能用低速运行，每小时也就跑二三十千米。现在一到了高速公路上，道路平坦宽阔，汽车单向行驶、风驰电掣，轻轻松松地就能达到 100 千米的时速，而且全程都平平稳稳、舒舒坦坦。374 千米，3 个多小时就跑完了。每个人都切身体会到了高速公路的舒适、安全、快捷，所有的疑虑、争论都基本消失了，加快建设高速公路的认识得到了基本统一。

在大连的总结会上，邹家华指出，现在已经不是争论我国能不能建设高速公路和要不要建高速公路的问题了，而是我国必须建设和快速发展高速公路。钱永昌在总结讲话中强调，建设高速公路已不能再延误了，不然我们将落后于形势，拖了建设和开放的后腿。沈阳会议结束了要不要、该不该建设高速公路的长期争论，统一了思想认识，吹响了全国大规模建设高速公路的进军号。

白沈大等四条高速公路通车后，中国高速公路建设进入快车道，以后相继建成上海—南京、上海—杭州、广州—深圳—珠海、重庆—成都、北京—沈阳、南昌—九江、济南—青岛、杭州—宁波、合肥—铜陵、郑州—洛阳、武汉—黄石等。到1999年，不到10年的时间，中国高速公路的通车里程已经达到了一万千米，跃居世界第四位。

截至2009年，中国虽然公路总里程低于美国，但高速公路总里程已经达到7万千米，大大高于美国的1.82万千米，高速公路占公路总里程的1.68%，高于美国的0.82%。从公路等级看，全国登记公路所占比例远大于登外公路，这说明，中国的公路建设已从重视数量转到了重视质量。来看一组2009年全国部分等级公路里程表（按高速公路里程数量排序）：

省份	等级公路里程（千米）	高速公路	一级公路	二级公路
河南	177 235	4861	565	23 671
山东	223 992	4285	7551	23 925
广东	160 180	4035	10 040	18 793
江苏	134 192	3755	8469	20 775
浙江	102 153	3298	4099	8882
河北	142 777	3303	3632	15 596
湖北	168 834	3283	1725	16 261
辽宁	83 153	2833	2613	16 507
安徽	139 424	2810	475	10 312
陕西	128 487	2779	781	6814

随着公路建设快速增长，从2005年到2009年，公路客运量、货运量大幅增加。从《中国统计年鉴2010》中的数据可以看出，公路客运量占客运总量的九成以上，公路货运量占货运总量的七成以上，数据说明，公路发展滞后对国民经济造成的"瓶颈"已被彻底打破：

2005年，公路里程334万千米，高速公路4万千米，公路客运量16.97381亿人次，公路货运量13.41778亿吨；

2006年，公路里程345万千米，高速公路4万千米，公路客运量18.60487亿人次，公路货运量14.66347亿吨；

2007年，公路里程358万千米，高速公路5万千米，公路客运量20.50680亿人次，公路货运量16.39432亿吨；

2008年，公路里程373万千米，高速公路6万千米，公路客运量26.82114亿人次，公路货运量19.16759亿吨；

2009年，公路里程386万千米，高速公路6万千米，公路客运量27.79081亿人次，公路货运量21.27834亿吨。

根据交通运输部公布的数据，到2010年年底，全国已建成通车的公路的总里程达到398.4万千米，其中高速公路通车里程已达7.4万千米，高速公路通车里程位居世界第一。全国"五纵七横"的公路主骨架的建成，为促进国民经济发展起到了重要的基础性作用。

高速公路的建设对社会生产、生活等方方面面产生了重大影响。

1. 促进了各种运输方式之间的竞争，推动了综合运输体系的改善与建设。高速公路的异军突起打破和冲击了各种运输方式之间原有的结构平衡，特别是对作为客运主力的铁路运输产生了强烈的冲击，有些短途铁路客运因此而停运。由于竞争，"铁老大"也不得不放下身段，一方面提高运输和服务质量，一方面开始建设快速列车和高速铁路。竞争的结果是全国广大百姓得到了实惠。

2. 促进了物流业的快速发展，尤其是与国计民生有直接关系的"南菜北运"、"肉、蛋、奶"等鲜活产品运输，快速便捷、点对点的服务使得全国城乡人民能够吃到隔天，甚至当天新采摘的鲜菜，以及鲜奶、鲜蛋、鲜肉。

3. 促进了游业的快速发展，拉动了旅游经济。今天，每到节假日，全国城乡各旅游点人满为患，成千上万的私家轿车、客运大巴在高速公路上风驰电掣，以城市为中心，半径 200~300 千米内的旅游景点异常火爆，成为城市居民休闲度假的去处，催生了活跃的旅游经济。

4. 增强了投资吸引力。交通是商品流通的重要条件，流通又直接影响着产品的成本，交通便利成为各城市招商引资的基础条件，也成为投资者的首选条件之一。

5. 促进了中国汽车产业的快速发展。四通八达的高速公路网为中国汽车产业的腾飞提供了坚实基础，刺激和促进了汽车制造业的快速发展，也给汽车厂家扩大产能提供了最基本的道路保障。新的道路条件使得汽车生产厂家打破了原来单一的 4~8 吨的货车和低档次客车，开始面向市场调整产品结构，生产出吨位更大、技术含量更高的货车和更舒适、更安全的高档客车，汽车制造产业由此得到快速发展。

我们需要什么样的汽车社会

道路越修越长、越修越好，汽车越生产越多，有汽车的家庭日益增加，飞速发展的中国跟跟跄跄地跨入了汽车社会的大门。

汽车社会的来临是伴随着汽车大规模进入家庭开始的，国际上对汽车社会也有明确的界定，即一个国家或地区每百户汽车拥有量达到 20 辆以上，这个国家或地区就可以认为是进入了汽车社会。百户汽车拥有量达到 20 辆也成为进入汽车社会的初始标准，业界称之为"汽车社会元年"。就全国而言，汽车社会元年的到来，意味着汽车开始真正进入到大众普及阶段。

由于各国经济发展水平不同，汽车与社会元年到来的时间也不同。德国、美国是汽车的发祥地和普及地，它们早在 20 世纪 30 年代便进入了汽车社会；日本、韩国是 20 世纪六七十年代后崛起的新型经济强国，它们的汽车社会到来的时间与环境对我们很有借鉴作用。

与日本、韩国相比，中国汽车产业以合资为主，也走出了一条快速发展的道路。

中国汽车产业始于 1953 年一汽建设，由于历史的原因，汽车发展饱受坎坷。20 世纪 60 年代中期，全国汽车产量不过五六万辆，轿车产量刚刚过千辆。虽然能生产红旗、上海等轿车，但产品质量、技术水平与产量都远远落后于世界水平，从某种意义上讲，只是手工作坊式生产。历史事实说明，一个国家的汽车社会不可能在一个弱势的经济环境中突然到来。

改革开放扫除了中国经济发展中的认识障碍，中国经济开始持续高速发展，GDP 平均增速超过 8%。进入 21 世纪后，经济的发展速度更快，2008 年，人均 GDP 突破 3000 美元，2010 年更突破 4000 美元大关。经济的强劲增长增强了国家的经济实力，也极大地改善了国民收入，汽车和房产一道成为社会需求最大热点。一时间，中国轿车市场风生水起，被业界形容为"井喷"。据中汽协统计，2009 年，中国汽车产销分别为 1379.10 万辆和 1364.48 万辆，其中，乘用车产销1038.38 万辆和 1033.13 万辆，跃居世界第一，中国成为继美国和日本之后，第三个汽车年产量超千万台的国家。2010 年，中国汽车再创佳绩，产销分别达到 1826.47 万辆和 1806.19 万辆，其中乘用车产销分别为 1389.71 万辆和 1375.78 万辆，中国汽车销量占全球总量的 23.5%。

鉴于中国汽车保有量日渐增加，2010 年，国务院发展研究中心和中国汽车工程学会发布的《中国汽车社会蓝皮书》，建议把 2009 年设定为中国汽车社会元年。其理由如下：

百户家庭拥有量每增长 1 台大约需要 110 万乘用车市场销售增量作为支持。2009 年乘用车市场销售增量为 420 余万台，由此推算，2009 年底百户家庭汽车拥有量可达 12 台左右。

2009 年百户家庭汽车拥有量达 12 辆的判断是在全国 13 亿人口平均保有量的基础上推算出来的。虽然中国经济总量体量巨大，但全国经济发展极为不平衡。东西部之间、城乡之间，经济收入差别巨大。2009 年，全国私人汽车保有量已达 4500 万辆，客观地估计，80% 在城镇。如果以城镇 6 亿人口、户均规模 3 人来推算，则城镇每百户家庭汽车拥有量很接近 20 辆的水平。国务院发展研究中心和中国汽车工程学会由此认为：

基于全国整体百户家庭汽车拥有量已超过 10 辆，以及占人口总数接近一半的城市人口中百户家庭汽车拥有量接近 20 辆的现实，按照国际的通行惯例，从数量层面来看，2009 年中国已经跨入汽车社会门槛。2009 年为中国汽车社会元年。

这个推断出来的说法未免牵强，既然是跨入汽车社会，就应该是全国户均数量，而不应该有那么多"估计""接近"。其实，不仅是 2009 年，到了 2010 年，中国百户人均轿车数量也未达到 20 辆的临界标准，那么，国务院发展研究中心和中国汽车工程学会是不是太性急了？2011 年 12 月 3 日，中国社科院社会学研究所发表了一份《中国汽车社会发展报告》，报告称：

2010 年，全国机动车保有量为 2.07 亿辆，家用轿车 3443 万辆，2010 年百户均拥有接近 15 辆。依此增长速度，到 2012 年第一季度，中国私人轿车拥有量将达到 8650 辆，中国百户家庭拥有量将达到 20 辆，从数量而言，中国进入汽车社会。

即使按照这个预计，中国进入汽车社会也只是"将要"。那么中国到底是进入了还是尚未进入呢？总的来看，应该是全国范围内尚未进入，部分地区已经进入。据国家统计局数据，2010 年中国汽车保有总量为 7802 万辆，其中私人汽车保有量 6539 万辆，占到 83.81% 的比重。家用轿车的保有量为 3443 万辆，占汽车总保有量的 44.13%。根据 2010 年第六次人口普查数据计算，中国百户家庭拥有的汽车数量已从 2001 年的不到 2 辆，增加到 2010 年的近 15 辆。

强劲增长的经济，已经将中国的百姓们带到了汽车社会的大门口，百户家庭汽车拥有量已基本达到汽车社会的门槛，一些省市已在 2010 年率先进入汽车社会行列。这些城市是：

北京：百户居民私人汽车拥有量约 60 辆；

成都：百户居民私人汽车拥有量约 30.7 辆；

西安：百户居民私人汽车拥有量约 28.6 辆；

深圳：百户居民私人汽车拥有量约 27.6 辆；

苏州：百户居民私人汽车拥有量约 25.8 辆；

天津：百户居民私人汽车拥有量约 25.3 辆；

南京：百户居民私人汽车拥有量约 25.2 辆；

沈阳：百户居民私人汽车拥有量约 21.4 辆；

广州：百户居民私人汽车拥有量约 21 辆。

除了一二线城市外，唐山、温州、东莞、鄂尔多斯等城市百户居民私车拥有量也超过 20 辆。2010 年，浙江省城镇居民百户私车拥有量达到 26.43 辆，山东省城镇居民百户私车拥有量达到 19.9 辆。从发展趋势看，汽车正快速进入中国城镇地区，驶向汽车社会的城市梯队已经形成。

中国已经跨过了汽车社会的门槛，大家也许会问，汽车社会究竟什么样？几乎没有一本教科书描述过汽车社会的"长相"，美、欧、日早于中国进入汽车社会，看看他们的汽车社会什么样，或许能帮助我们认识和了解"汽车社会"。一位朋友到美国驾车游历，通过他的讲述，我们或许能对美国的汽车社会有所认识。

在美国开车，一个重要的标志是停车标志。这个停车标志出现在所有可能出现争议的路口，如没有信号灯的十字路口、大型商场的停车场出入口、居民区的主要出入口、有信号灯但仍可能发生意外事故的路口等。遇到停车标志必须停下，这种规定非常奏效，本着先停先走的原则，不管是多么荒凉、视野多么良好的路口，你都会看到大家依次停车，然后再离开。尤其是在人烟稀少的公路上，车速往往比较快，这种依次停车无形中把车辆的间距拉开了。

加州交规中关于校车的规定让人感触颇深。美国的校车都是统一颜色、规格和标志的。美国法律规定，在公路上随意超越校车是违法的，如果校车要停车上下学生，双向车道的所有车辆都必须停下，即使是警车和总统的车辆也不例外。加州交通法规规定，校车在上下学童的时候，靠道路一侧的前方和尾部会有明显的红灯闪烁，在汽车尾部会自动出现停车标志，所有的与校车同向的车辆必须停车，直到校车的红灯熄灭。这是多么人性化的规定啊！对于美国"花朵"的保护可谓淋漓尽致。

加州交法规定，如果路边有停车执行任务的公车，经过公车时，速度要低于15英里，在可以变道到隔一条车道的时候必须变道，违反的代价是罚款1000美元。

美国的停车场绝大多数都辟有残障人士专用的停车位，这种停车位除残障人士外，任何人不得占用。即使在最繁忙的时候，很多车宁可一圈一圈地转着找车位，也绝不敢占用残障人士的车位。如有违反，等着的是1000美元的罚款。周末，美国各大卖场是很难找到车位的，你可以观察哪个已经买完东西的人要走，然后远远地等着使用那个车位。一般情况下（至少我遇到的是这样），如果对方发现你在等他（她）的车位，他们绝对会以最快的速度离开，然后还会对你报以歉意的微笑，似乎认为拖延一秒钟都是可耻的。我们见过的美国商场停车场都是无人管理也不收费的，地上没有垃圾，标志标线清楚。美国收费的停车场要么在地下，要么在建筑里，要么是路边。如果选择路边停车，则自己到自动收费机前投币选择停车时间。在加州的帕萨迪纳市，我被告知如果超时停车，100%会受到罚款通知。如果停车不入位，如压线、出线、一车占两位等，都会视同违例停车，罚款100~200美元。

美国高速路在穿过市区的时候都会有10~20英里的车道带有"搭便车"车道，这种车道的优势在繁忙时刻非常明显。我开车穿过洛杉矶市区，右侧5条车道铺满蜗行的车辆，最左侧的"搭便车"车道则一马平川，上面的车子都在以70英里左右的速度飞驰。在不同的地方，"搭便车"规定的形式是不同的，有些地方需要2人或者以上，有些地方需要3人或者以上，违规的罚款也会大不相同，在341美元~741美元之间。为了尝试一下，我拉着其他3个同事，终于开上"搭便车"车道享受了一下，果然不同凡响。看到右侧不见首尾车龙在路上慢慢挪动，我也奇怪，为什么那些美国人不过来呢？

美国高速公路的限速多是每小时65英里，但我看到，很多车道的车速都在75~80英里之间。美国朋友告诉我，警察对于超速的理解很简单，只要你跟着车流走都不会违例，如果你不合拍，太快或者太慢，被抓的概率就很大。洛杉矶的电视台有一档讲述女交警的节目，其中抓违例的流程是：高速公路上空有直升机观察行为异常的车辆，然后通知地面的警察，警察拦车盘查。因此长时间违例被逮的可能性是很大的。

从这位朋友的经历中，我们可以看到发达国家汽车社会的一个方面：严厉的法制、人性化的交规、文明的驾驶。

不同的国家有不同的做法，法国汽车社会又向我们展示了对违规者教育的另外一面。法国交警对驾车者不系安全带的处罚非常严厉，除了罚款外，警察还要对违规者进行教育，其做法令人耳目一新。警察将驾车不系安全带者锁进一辆特制的轿车里，然后起动开关，这辆特制的轿车做出高速行驶时突然翻车的动作，会在翻滚数圈后停止。警察打开车门，被关在里面的人摔得鼻青脸肿。经此一回，再也没有人会忘记系安全带。

我国跨入汽车社会门槛后，我们面对的是一个怎样的社会形态呢？

堵车。汽车产业发展了，道路越修越多了，但车与路的矛盾却越来越尖锐，已成为一大社会问题。1978年，中国汽车产量不过10多万辆；2010年，中国汽车产销已达到1800万辆，年均增长11.9%。

进入新世纪，中国汽车保有量大幅上升。汽车社会的一个主要考量标志是家庭汽车保有量。1978年前，中国汽车产量为15万辆，家庭汽车保有量为零。1978年中国汽车保有量为135.84万辆，但那时中国没有也不允许有私人汽车。2000年，中国汽车保有量为1608.91万辆。根据公安部的数据，截至2010年年底，全国机动车保有量为2.07亿辆，其中汽车为9086万辆，家用轿车3443万辆。来看一组国家统计年鉴提供的数据：

2001年，中国汽车保有量为1802万辆，其中私人汽车保有量为771万辆；

2002年，中国汽车保有量为2053万辆，其中私人汽车保有量为969万辆；

2003年，中国汽车保有量为2383万辆，其中私人汽车保有量为1219万辆；

2004年，中国汽车保有量为2694万辆，其中私人汽车保有量为1481万辆；

2005年，中国汽车保有量为3160万辆，其中私人汽车保有量为1848万辆；

2006年，中国汽车保有量为3697万辆，其中私人汽车保有量为2333万辆；

2007年，中国汽车保有量为4358万辆，其中私人汽车保有量为2876万辆；

2008年，中国汽车保有量为5010万辆，其中私人汽车保有量为3501万辆；

2009年，中国汽车保有量为6280万辆，其中私人汽车保有量为4574万辆；

2010年，中国汽车保有量为7802万辆，其中私人汽车保有量为6539万辆。

数据呈现出一条明显上扬的阳线。中国汽车保有量从1000万辆到2000万辆用了7年时间，从2000万辆到3000万辆用了3年时间，从3000万辆到4000万辆用了2年时间，从4000万辆到5000万辆用了1年时间，从5000万辆到6000万辆用了一年不到的时间，从6000万辆到7000万辆用了不到8个月的时间。增长速度和绝对增长量都创出世界水平。

中国各地经济发展不平衡，与之相对应，汽车保有量上也有明显的地域差别。在汽车保有量中，私人保有量的增长最为惊人。受经济发展和个人收入增长的双重作用，在国家轿车进入家庭的政策鼓励下，长期以公车为主的轿车消费市场转变为以私人消费为主的市场。当今中国，私人轿车消费成为中国轿车市场的主流。在1985年以前，中国没有建立私人汽车保有量的数据统计；1985年当年，中国私人汽车拥有量为28.49万辆，到2000年增加到625.33万辆，平均增速达到22.9%。2010年，中国私人轿车拥有量达到5938.7万辆，十年增速达到25%以上。根据2010年全国第六次人口普查的数据：

北京百户私人汽车保有量为60辆，名列第一；成都百户私人汽车保有量为30.7辆，位居第二；西安百户私人汽车保有量为28.6辆，深圳百户居民私人汽车保有量达到27.6辆，浙江全省城镇每百户居民私人汽车保有量为 26.43 辆，苏州百户私人汽车保有量为 25.8 辆，南京百户居民私人汽车保有量为 25.2 辆，沈阳百户居民私人汽车保有量为 21.4 辆，广州百户私人汽车保有量为 21 辆，山东省城镇居民百户私人汽车保有量 19.9 辆。另外还有多达 100 多个二三线城市的百户居民私人汽车保有量超过 20 辆。

随着汽车保有量的增加，具有汽车驾驶资格的人数也大幅增加。1978 年，中国汽车保有量为 135.84 万辆，据当时的资料，全国具有驾驶资格（有驾驶执照）的正规驾驶员尚不足 200 万人，占当时全国人口总数的 0.2%。根据 2009 年中国统计年鉴资料，全国取得机动车驾驶资格的人员达到 19167.58 万人，占全国总人口的 14.36%，其中汽车驾驶人员为 13740.73 万人，占全国总人口的 10.29%；其中八成为男性，年龄在 26~50 岁之间。

在全国各省、市、自治区的汽车驾驶员中，按人口比例算，北京最多，有 549.84 万人具有驾驶资格，占人口的 31.33%；甘肃最低，仅为 5.64%。按人口比例排名前十位的分别是北京（31.33%）、上海（18.88%）、天津（18.46%）、浙江（13.83%）、辽宁（12.91%）、内蒙古（12.86%）、河北 12.78%、广东（12.60%）、山东（12.01%）、江苏（11.81%）。另据公安部统计资料，2010 年年底，全国机动车驾驶员的数量上升到 21293.71 万人，占人口的 15.89%，其中，汽车驾驶员人数为 15181.90 万人，占全国人口的 11.33%。机动车和汽车驾驶人员的比例上升得如此之快，令人咋舌。全国 13 亿人之中，除掉 18 岁以下的未成年人和 60 岁以上的老人，青壮年男性几乎半数以上都与汽车结缘。想一想，如此庞大的人口都是在近 10 年中取得驾驶员资格的，这的确说明，中国已经是架在车轮上的国家了。

车辆的增加要远远快于道路的增加，每千米道路上，汽车的密度指数一再攀升，据统计，2010 年，全国汽车密度最大的城市为深圳。深圳道路里程为 6000 千米，深圳汽车总量为 190 万辆，车辆密度为每千米 300 辆，超过国际上 270 辆的警戒值。如果每条道路都为双向车道，每辆车占用 6 米，那么深圳的 190 万辆车将首尾相连地铺满全部城市道路。何止是深圳，全国每平方千米的汽车密度的平均值为 16 辆，北京、上海、天津的汽车密度都远远高于全国平均水平。

据《中国统计年鉴 2010》，全国每平方千米汽车密度最高的省市依次为：

北京 177 辆，上海 126 辆，天津 91 辆，浙江 40 辆，广东 36 辆，江苏 30 辆，河北 26 辆，山东 24 辆，辽宁 24 辆，福建 18 辆，山西 16 辆，海南 15 辆，宁夏 14 辆，吉林 14 辆，河南 13 辆，广西 12 辆，四川 11 辆，安徽 11 辆，黑龙江 11 辆，陕西 10 辆，内蒙古 10 辆，云南 9 辆，湖北 9 辆，湖南 9 辆，重庆 8 辆，江西 8 辆，新疆 7 辆，贵州 6 辆，甘肃 6 辆，青海 4 辆，西藏 3 辆。

按照一辆轿车静态占地 4~6 平方米，动态占地 10~20 平方米计算，如果各省市的车辆全部出动，那么所有的道路将全部饱和。由于全国各城市的路网布局不同，中心城区和郊区道路的车辆承载水平不同，所以行人和机动车对道路的占有都使道路的运输效率大打折扣。据《新京报》的数据：

2010 年，北京有近 500 万辆汽车，但只有 248 万个停车位。据北京市交通委的数据：全市 16 个区县和亦庄、北京西站临时占道停车场、路外公共汽车停车场、地下停车场共计车位 74.1 万个，其中二环以内不足 10 万个。深圳的汽车保有量突破 170 万辆，但车位不足 70 万个。

路少车多，车只能与人争位，人行道、自行车道、绿地，所有的地方，车主们见缝插针。每到入夜，所有的城市都变成大停车场。城市大了，车多了，可道路并没有增加多少，车均道路面积越来越少，所以，几乎每个城市的道路都只能承担部分车辆出行。根据《中国城市统计年鉴2012》的数据，全国车均道路面积前10名为：

安徽，年末实有道路面积为17 240万平方米，人均城市道路面积8.84平方米，民用车辆167.36万辆，车均道路面积103.01平方米；

重庆，年末实有道路面积为8953万平方米，人均城市道路面积5.80平方米，民用车辆90.89万辆，车均道路面积98.50平方米；

湖北，年末实有道路面积为15 272万平方米，人均城市道路面积9.94平方米，民用车辆168.32万辆，车均道路面积90.73平方米；

宁夏，年末实有道路面积为2678万平方米，人均城市道路面积10.37平方米，民用车辆31.54万辆，车均道路面积84.90平方米；

江苏，年末实有道路面积为36 848万平方米，人均城市道路面积13.95平方米，民用车辆436.81万辆，车均道路面积84.36平方米；

甘肃，年末实有道路面积为5542万平方米，人均城市道路面积6.83平方米，民用车辆65.75万辆，车均道路面积84.29平方米；

黑龙江，年末实有道路面积为12 183万平方米，人均城市道路面积8.94平方米，民用车辆160.17万辆，车均道路面积76.06平方米；

辽宁，年末实有道路面积为17 890万平方米，人均城市道路面积9.56平方米，民用车辆242.07万辆，车均道路面积73.90平方米；

山东，年末实有道路面积为40 585万平方米，人均城市道路面积14.82平方米，民用车辆553.51万辆，车均道路面积73.32平方米；

湖南，年末实有道路面积为12 261万平方米，人均城市道路面积9.68平方米，民用车辆167.59万辆，车均道路面积73.16平方米。

有人算过一笔账，北京二环路全长为32.7千米，双向共6车道，如果按照一辆小汽车4.5米长计算，二环路全排满可容纳近4.36万辆车。同理，三环路可容纳6.4万辆车；四环路可容纳约11.61万辆车。三条环路排满也只能容纳22.39万辆车。仅以2010年的数据，北京的汽车保有量就已经超过500万辆。也就是说，如果这些车全部上路，北京市的3条环路，包括所有的大街小巷将全部成为"停车场"，城市交通将处于瘫痪状态。这些交通压力给北京市市民的正常生活带来的混乱与困难无法统计。

车多路少，结果只有一个：堵车。有这样一个真实的故事，一个人到机场送朋友乘飞机去上海，2小时后，朋友来电话告知已平安到达，问他在哪里，由于堵车，他此时还没有驶出三环。还有一次，一辆救护车载着一名危重病人赶往医院急救，但车被堵在马路上前后动弹不得，眼见得病人在救护车上慢慢离去。这是一种多么痛苦的尴尬和无奈呀！

2010年11月8日，一个普通的周一，到了晚上10点，多数人都准备上床休息了，北京东南二环的路上仍然红灯一片，成千上万辆汽车首尾相连，二环路上俨然成为一个环形停车场。原因很简单，从宣武门到建国门，短短数千米的城市路段上，连续4起追尾事故造成了数万人滞留在道路上。这仅是北京交通状况的一个缩影。其实，堵车的岂止是北京。现在，从北京到上海，从南京到成都，从武汉到广州、重庆、深圳、长沙、南昌……几乎无市不堵。更严重的是，堵车已经从一二线城市向三线城市发展，每天的汽车长龙成为各个城市一道"亮丽"的风景线。

2003 年 2 月 1 日春节，时任国务院总理朱镕基看望北京公交集团职工，他在讲话中说：

同志们，我当过市长，我最重视公共交通运输，我到上海去首先解决的就是交通问题。当时，上海堵车是不得了啊。

说老实话，我就是不赞成每个人都去买小汽车，这不符合中国的国情。

中国就是人多啊，哪一个国家都没有像中国这样，百八十万人口的城市多的是。怎么能够每家都有一部小汽车？哪个城市都受不了啊。

（朱镕基著，《朱镕基讲话实录》）

2011 年 4 月 22 日，朱镕基以清华校友的身份参加清华大学校庆，在演讲时他回忆了 8 年前自己的那次讲话。朱镕基说："那是我的（任内公开的）最后一次讲话。我拜托大家别拿公款去买小汽车、去补贴小汽车了；拜托大家多发展公共汽车，发展公共交通吧。如果这么做了，现在北京就不会那么堵车了。"

今天，对道路和汽车的关注已不仅局限于交通和汽车产业界了，而已经成为城市建设、道路规划、教育、医疗、公共安全、商业、金融、服务业，以及统计学、心理学、伦理学等社会科学和自然科学等社会各界共同关注的话题。这意味着，中国已经实实在在地进入了汽车社会。

"车祸猛于虎"

第一次站在汽车社会门口的中国人，通常看到的是这番景象：

十字路口，汽车、行人无视交通信号灯我行我素，红绿灯的警示作用成了"仅供参考"；交通要道，各种车辆胡乱横行，无提示的随意并线串道，导致事故频发；在环路出入口，众多车辆竞相"加塞"，挤作一团，无法按顺序进出；在胡同小路，车辆沿街随意停放，双向车道变成了单行道，道路上停满了车辆，四车道变成双车道……

离开自行车坐进了小轿车的人们，一个个变得烦躁易怒，看到有人挡在车前就疯狂鸣笛，看到行人违章就会咒骂不已；只要个人需要，就可以将车辆停在人行道上，对绕道而行的路人视而不见；深更半夜在马路上故意大肆鸣笛，让周围楼房里的人惊闻"夜半笛声"……

中国经济快速发展，汽车保有量持续增长，道路事故也显著增加，从 20 世纪 80 年代末起，中国（未包含港澳台地区）每年发生交通事故超过 10 万起，连续 10 年居世界第一。2009 年，中国汽车保有量约占世界的 3%，但交通事故死亡人数却占世界的 16%，连续多年蝉联第一。这种世界第一，让人不寒而栗。

21 世纪中国历年交通事故死亡人数官方统计：

2001 年，全国公安交通管理部门共受理交通事故案件 75.5 万起，共造成 10.6 万人死亡，平均每天死亡 300 人，每 5 分钟就有一人死于交通事故，直接经济损失达 30.9 亿元。（来源：中国新闻社）

2002 年，全国共发生交通事故案件 77.3 万起，事故共造成 10.9 万人死亡，56.2 万人受伤，直接经济损失 33.2 亿元。（来源：中国新闻网）

2003 年，全国共发生交通事故案件 66.75 万起，事故共造成 10.437 万人死亡，直接经济损失 33.7 亿元。（来源：京华时报）

2004 年，全国道路交通事故死亡人数 9.4 万人，居世界第一。驾驶员是交通事故最重要的影响因素，因驾驶员因素导致的道路交通事故占交通事故总数的89.8%，造成的死伤人数分别占87.4%和90.6%。（来源：新华网）

2005年，全国共发生交通事故案件450 254起，事故共造成98 738人死亡，569 911人受伤，直接经济损失18.8亿元。（来源：新华社）

2006年，全国共发生交通事故案件378 781起，事故共造成89 455人死亡，431 139人受伤，直接经济损失14.9亿元。（来源：新华社）

2007年，全国共发生道路交通事故327 209起，事故共造成81 649人死亡、380 442人受伤，直接财产损失12亿元。（来源：公安部交管局）

2008年，全国共发生道路交通事故265 204起，事故共造成73 484人死亡、304 919人受伤，直接财产损失10.1亿元。（来源：中国新闻网）

2009年，全国共发生道路交通事故238 351起，事故共造成67 759人死亡、275 125人受伤，直接财产损失9.1亿元。（来源：公安部交管局）

2010年，全国共接报道路交通事故3 906 164起，事故共造成65 225人死亡、254 075人受伤，直接财产损失9.3亿。（来源：中国公路网）

中国的汽车产销世界第一，中国道路交通事故率和死亡率也是世界第一。虽然从2004年起，交通事故死亡人数呈明显的逐年下降趋势，但仍然高达六万多人。每年六万多条鲜活的生命离我们而去，六万多个家庭陷入失去亲人的痛苦之中。"车祸猛于虎"，残酷的现实令人无法接受。

综合分析中国发生的交通事故，驾驶员的文化素质、教育水平、心理状态是导致事故发生的主要原因，如酒后驾车是导致交通事故的罪魁祸首之一。消灭"马路杀手"从幼儿开始。美国从1928年起，开始在保育院、幼儿园进行系统的安全教育。日本从1970年起开始在幼儿园进行系统的安全教育，每月一天为"交通安全指导日"，每年春、秋两季举行交通安全活动。法国从1950年起规定，儿童从幼儿园开始接受道路交通安全培训，中小学安排专门课程，每月安排半小时交通知识教育和一个半小时技术训练。与它们相比，我们的教育呢？

汽车与污染

20世纪40年代，不断扩张的洛杉矶拥有250万辆汽车。到了70年代，洛杉矶的汽车保有量增加到400多万辆。市内高速公路网占市区面积的30%，达到3000平方千米，每天每条公路上有16.8万辆汽车在奔驰。几百万辆汽车的尾巴同时喷放出大量的有害气体，汽车废气、一氧化碳、氧化氮的混合物在阳光照耀下生成美丽的蓝色轻烟。这种蓝色轻烟使得洛杉矶的人莫名其妙地头疼、咳嗽、眼睛刺痛，还使家畜死亡；空气能见度下降，车祸频发，甚至飞机坠毁。以后人们才知道，这种"美丽"的蓝色轻烟被称为"光化学烟雾"，有严重的毒害作用，是前述一切病害事故的元凶。由此，洛杉矶成为美国著名的"烟雾城"，有害光化学烟雾造成的生态灾难，成为美国环保事业的重大案例。

汽车数量剧增，汽车排放的一氧化碳、二氧化碳、碳氧化合物、碳氢化合物对空气、水资源、土地资源、人文环境和人类健康带来越来越多的危害。目前，在各类大气污染物中，汽车排放的氮氧化物排放量约占我国总排放量的1/3，而在氮氧化物排放中，一辆黄标车的污染物排放量相当于 28 辆国 4 标准汽车的排放水平。全国黄标车的数量约占机动车总量的 17%，排放的污染物达到一半以上。重型柴油车的氮氧化物和颗粒物问题也十分突出，它排放的氮氧化物接近机动车排放总量的六成，颗粒物超过 90%。汽车制造过程中消耗大量自然资源，产生大量废弃物，如汽车塑料配件所用的氟利昂严重破坏臭氧层，铅基涂料和油漆溶剂污染土壤、空气和水。城市中的噪声污染，汽车尾气排放造成的空气污染和二次反应造成的光化学污染。一个成年人每天呼吸大约 2 万多次，吸入空气达 15~20 立方米。生活在被污染的空气中，对人体健康，有直接的影响。汽车在给人带来方便快捷的时候，也成为人类健康的隐形杀手。

　　汽车对环境的危害主要来自于汽车的尾气。汽车尾气内含有的有害物质为：一氧化碳、一氧化氮、有机物、二氧化氮、悬浮离子、二氧化硫、二氧化碳等。这些物质会危害我们的健康，比如悬浮离子，如果吸入肺中，极易导致肺癌。同时，尾气中的这些物质在空气中聚集到一定程度后，还将带来灾难性气候。以二氧化碳为例。二氧化碳被称为最大的环境杀手，目前，发达国家的二氧化碳排放量仍高于发展中国家。尽管中国现在的汽车保有量不高，但在二氧化碳的排放上仅次于美国，居世界第二位。欧洲第三，日本第四，印度第五。在未来的 30 年中，由于发展中国家汽车数量的急剧增加，二氧化碳排放将等于甚至超过发达国家。届时，世界二氧化碳的排放总量将大大增加。但是，我们的环境容许二氧化碳排放量可以无限制地增加吗？答案当然是否定的。当空气中二氧化碳的浓度达到 500ppm 的时候，地球将会出现灾难性气候。就在 2000 年，空气中二氧化碳的浓度已经接近了 500ppm。如果我们不采取任何措施，按照这个趋势发展下去，到 2050 年，空气中二氧化碳的浓度将会达到 850ppm，难以想象那时候的地球会变成什么样子？

　　据统计，21 世纪初，汽车排放的尾气占了大气污染的 30%~60%，汽车保有量的增长意味着尾气排放量也在同比增长，汽车尾气中的细颗粒直接导致了全国大中城市灰霾天气增多、酸雨加剧。在经济发达的京津冀地区、长三角地区、珠三角地区，城市灰霾最为严重，特别是珠三角地区，灰霾天气有的已经占到了全年天数的一半，有的甚至是一半以上。兰州、太原等很多城市正成为"笼罩在烟雾中"的、"卫星上看不见"的城市。雾霾天气严重影响人民的身体健康，呼吸道疾病"缠"上了这里的人民，尾气已经笼罩了我们的生活。全球气候变暖已成为科学家忧虑的问题，其作恶者正是汽车排放的尾气。看看我们生活的城市。夏天，北京三环以里的气温要高于五环外 2~3 摄氏度。在全球气候大会上，中国政府做出了"到 2020 年中国单位国内生产总值二氧化碳排放比 2005 年下降 40%~45%"的承诺。要实现这一庄严的承诺，除非汽车排放在短时间内有大幅改善，否则，降低汽车增幅将成为政府的不二选择。

　　今天的中国，随着经济快速增长，越来越多的人扔掉自行车，换上了四个轮子的汽车，北京、上海、广州，深圳，从一线城市到二三线城市，从省会城市到地级市、县级市，甚至乡镇，机动车数量仍然快速增长。马路上成天拥塞不堪，空气中弥漫着刺鼻的尾气，车轮碾过春末的落花，鸣笛盖住了初夏的蝉鸣。人们无暇触摸季节，每天都被锁死在局促的铁壳里，目睹着道路拥挤、空气污秽的城市，逐渐变得烦闷不安、暴躁易怒。有人形象地称此为"汽车病"。不管我们是否做好了准备，一个与初始意愿背道而驰、令人备感痛苦的汽车社会正在中国加速形成。我们不得不说，汽车社会来得太快，整个社会的应对系统都还没有做好准备，眼前的乱象不是一个成熟的汽车社会应有的表现。

　　汽车社会绝不是数量的堆积，汽车社会是工业社会和经济发展到一定阶段，特别是轿车大规模进入家庭后出现的一种社会现象。在汽车社会里，汽车不仅仅是一种交通工具，更是社会活动的组成部分,是人的社会属性的扩展和精神活动的延伸。不断增加的汽车对人口、生态环境、城市、社区变迁、文化和传统习俗,都产生了深刻影响,各种新的问题与现象不断涌现出来,很多人在汽车面前迷失了自我。

汽车社会有着极为丰富的内涵,包括政策、法律、教育、文化、环保、能源、城市建设、安全、人际关系等,只有这些社会问题都处理、协调好了,汽车社会的到来才有意义,汽车才能成为真正意义上的"改变世界的机器"。美国城市学家刘易斯·芒德福指出:"汽车社会的问题在于,不是规划汽车和公路以适应我们的生活,而是人们迅速规划自己的生活以适应汽车。"面对一辆辆外观漂亮、乘坐舒适的汽车,我们希望的是速度与效率、安全与和谐,而不是放弃这些去适应"疯狂"增加的汽车。如果汽车的增加与我们的要求南辕北辙,对普通百姓而言,这种汽车社会要它又有何用?

后　记

振奋精神，重塑车魂

2011年7月8日，继2010年第一届自主品牌车展后，第二届"中国自主品牌汽车博览会"再次在北京开幕。

应组委会所请，邹家华同志挥毫泼墨，奋笔写下"自主创新——车魂"几个大字。这个题词充满他对自主创新的理解，以及对中国汽车产业发展的希望与祝福，也是对中国汽车人的耳提面命。

魂是什么，魂是精神。所以屈原在《国殇》中歌颂为国战死的英雄"身既死兮神以灵，魂魄毅兮为鬼雄"。肉体虽死，但英武不屈的精神长存。宋代著名女词人李清照虽为一名柔弱女子，却高唱出令所有男人振聋发聩的豪言："生当作人杰，死亦为鬼雄"，同样是歌颂不死的精神和刚毅的灵魂。

人有魂，车也有魂。车是人造的，人的精神物化在车中，车也就有了"灵魂"。看一看世界上各种性能各异、造型不同的著名品牌汽车，德国宝马、奔驰，日本丰田，美国凯迪拉克等各种世界名车无不凝聚着设计者和制造者的精神和智慧，由简到繁，代代传承，民族精神和独特的民族个性点点滴滴融汇其中。

由于历史的局限，中国汽车产业起步较晚。20世纪50年代末，中国汽车人在一穷二白、极端困难的条件下，自力更生，奋发图强，自己动手造汽车，历尽千辛万苦地建立起了自己的汽车工业体系，完全依靠自己的力量生产出"解放牌""东风牌"货车，"红旗牌""上海牌"轿车和"北京吉普"，充分体现出中国汽车人克服困难、吃苦耐劳、奋发进取的创新精神。这就是中国汽车人的"车魂"。

尤为值得称道的是红旗轿车。在完全不具备生产条件的环境下，中国汽车人硬是凭着一股顽强精神，克服千难万险，从车身到发动机，从底盘到每一颗螺丝，全部由中国工人亲手制造。经过短短几个月的时间，终于造出了中国第一辆红旗轿车，并开进中南海向毛主席、党中央报喜；以后又不断改进、提高，批量生产出红旗高级轿车和更高级的红旗防弹检阅车。由于红旗身上体现出了庄重大方的中国特色和浓郁的民族风格，所以受到世界的广泛敬重，外国人称之为中国的"劳斯莱斯"。

红旗轿车的生产，就是中国汽车人高扬自主创新精神打的一场翻身仗，充分体现出了中国汽车人的"车魂"。时至今日，凝聚着中国车魂的红旗轿车一直受到中国人民的怀念与景仰。

经过几十年的努力，中国汽车产业取得了很大的进展，产销量均已登上世界第一的宝座。产量虽然世界第一，但都是谁的车呢？在中国庞大的轿车市场中，70%的市场份额被外国品牌占领，核心技术基本掌握在"洋人"手中。汽车，尤其是轿车的自主创新和自主品牌发展现状令人担忧。

国外的汽车企业经过百年发展，经历了从零部件到整车、技术水平从初级到高级的全过程，掌握着汽车开发的核心技术，在动力、车身、底盘、变速器、汽车电子、新能源等核心总成的研发上具有深厚的技术储备，并不断改进和推陈出新。为适应技术的进步与发展，这些企业普遍建有庞大的技术研发机构，依仗着技术优势和资金优势，它们始终占领着汽车发展的技术制高点，并以此为资本在中国汽车市场蚕食鲸吞、攻城略地。相对于外方，由于起步晚，中国轿车基本上是从仿制和装配起家，缺乏核心技术，自主研发力量薄弱，技术储备不足。要突破外方的技术封锁，依靠自己的力量掌握核心技术，形成拥有自主知识产权的知名品牌，的确困难重重。

要造出有魂的车，首先要有有魂的人；人没有魂，就不可能造出有魂的车。今天，我们的物质生活已经极大地丰富了，但我们不能迷失了方向、丢了魂。

有些人对中国汽车产业发展面临的危机视而不见，躺在成绩上沾沾自喜、不思进取。装配人家的产品，产量再多又有什么意义呢？有些号称是自主研发的轿车身上看不出中国特色，从外形到名称都透出浓浓的"洋味"，被人讥讽为"山寨"；有的为图省事，一掷千金，将外国的品牌一把买进。但是，买得进产品、买得进技术源流吗？买得进人家的智慧吗？买得进人家的创造精神吗？有的"西服外面套马褂"，打出"合资自主"的招牌，替跨国公司来争夺国内市场份额，自己分得一杯残羹。种种怪象不一而足。

"自主创新，建设创新型国家"是党中央针对新时期中国经济发展和社会进步面临的机遇与挑战提出的号召。结合中国汽车产业发展，邹家华同志为中国自主车展题词"自主创新——车魂"，将"自主创新"升华为"车魂"，正是高屋建瓴，从精神层面强调自主创新是中国汽车人须臾不可离的"灵魂"。

我们强调自主创新，并不是关闭市场、闭门谢客。中国的市场始终是开放的，始终欢迎外资和合资品牌进入。在经济全球化的今天，我们不可能什么东西都自己动手做，但对事关国计民生的战略支柱产业，我们决不能因依靠外国人而丧失动手的能力。

振奋精神，重塑车魂，振兴中国的汽车产业，努力打造更多拥有自主知识产权和自有知名品牌的骨干企业和产品，有着光荣传统的中国汽车人任重而道远。

徐秉金　欧阳敏

参 考 文 献

[1] 国务院发展研究中心产业经济研究部.中国汽车产业发展报告（2008）[M].北京：社会科学文献出版社，2008.

[2] 谢攀.沧桑变迁——百年汽车品牌 [M].北京：机械工业出版社，2007.

[3] 张矛.饶斌传记 [M].北京：华文出版社，2003.

[4] 陈祖涛口述，欧阳敏撰写.我的汽车生涯 [M].北京：人民出版社 .2004.

[5] 欧阳敏.邓难历程——黄正夏采访实录 [M].北京：新华出版社，2007.

[6] 贾新光.大洗牌：中国汽车谁主沉浮 [M].北京：机械工业出版社，2010.

[7] 范安德.大众的力量 [M].北京：新华出版社，2008.

[8] 中国第一汽车集团公司.第一汽车 50 年大事记 [Z].2003.

[9] 第二制造厂史志办公室.第二汽车制造厂志 [Z].2001.

[10] 中国第一汽车集团公司.一汽创业五十年 [Z].2003.

[11] 马丁·波斯特.上海 1000 天——德国大众结缘中国传奇 [M].项玮，译.北京：中信出版社，2008.

[12] 李春林.走出困惑——中国汽车工业发展问题报告 [M].沈阳：沈阳出版社，1998.

[13] 胡鞍钢.中国大战略 [M].杭州：浙江人民出版社，2003.

[14] 李安定.家庭轿车诱惑中国 [M].北京：作家出版社，1997.

[15] 程振彪.WTO 与中国汽车工业发展对策研究 [M].北京：机械工业出版社，2001.

[16] 钱振为.21 世纪中国汽车产业 [M].北京：北京理工大学出版社，2004.